《2015中国城市经济年鉴》编辑委员会

《2015中国城市经济年鉴》编辑委员会

副主任

《2015中国城市经济年鉴》编辑委员会

编委（以姓氏笔画为序）

《2015中国城市经济年鉴》编辑委员会

编委单位（以参加时间为序）

《2015中国城市经济年鉴》编辑部

主　　编： 张巨功

副 主 编： 王利公　倪鹏飞　赵　弘　肖金成　叶裕民　宋　丁　周家来　刘文俭　黄静进　解怀颖

编　　辑： 杨延龄　胡　颖　程婧洁　何大勇　王海文　李　丽　张　莲　郭占国　卢文弟　孙　惠

特约撰稿：（以姓氏笔画为序）

马　剑　王林凤　司　汉　张　锋　李　东　李　超　赵　弘　倪鹏飞　徐　岩　储东涛　蔡之兵

设计制作： 张宇民

前　言

城市是人类社会发展的伟大成果，是人类文明进程中的产物。城市作为现代经济社会活动的中心，聚集了主要的经济要素，是推进现代化建设的主要基地。城市同时又是人类文化的中心，城市对于传统文化的继承发展、现代文化的开拓进取，都承担着重大的责任。城市经济是人类社会发展到一定阶段的产物，是由工业、商业等各种非农业经济部门聚集而成的地区经济。城市经济是以城市为载体和发展空间，二、三产业繁荣发展，经济结构不断优化，资本、技术、劳动力、信息等生产要素高度聚集，规模效应、聚集效应和扩散效应十分突出的地区经济。

强调城市对于整个区域发展的重要性是经济学家们十分重视并长期探索的一个重要问题。马克思、恩格斯曾专门论述城市形成所起的带动生产方式变革的作用，指出："在再生产的行为本身中，不但客观条件改变，例如乡村变为城市……而且生产者也改变着，炼出新的品质，通过生产而发展和改造着本身，造成新的力量和新的观念，造成新的交往方式、新的需要和新的语言"。

新中国成立以来，我国的城市社会经济建设发生了翻天覆地的变化。城市化进程快速推进，城市发展布局和结构日趋合理，城市经济在国民经济中重要作用日益显著。城市建设日新月异，城市居民生活质量和生活环境得到极大改善。在中国特色社会主义理论指导下，中国城市经济获得空前增长和繁荣，城市经济已成为整个国民经济成长壮大的引领力量。城市的科学、协调、可持续发展的重要性是专家学者和各级领导者们十分重视并长期探索的一个重要问题。

为深入贯彻落实科学发展观，和党的十八大以来一系列经济社会发展的重大决策，积极稳妥地推进城镇化，建设幸福中国，总结城市在现代化建设进程中的经验教训，探索现代城市发展的重大理论和实践问题，在中国城市经济学会和中国投资协会指导下，由中国城市经济专家委员会、兴华时代国际城市经济研究院编辑每年出版《中国城市经济年鉴》。

《2015中国城市经济年鉴》内容包括：一是2014年来党中央、国务院和有关部委颁发的有关经济方面特别是城市经济的重要政策文件；二是刊载2014年全国城市经济分类统计资料；三是系统阐述

2014年中国直辖市及主要地级城市的经济发展概况；四是精选了中国城市经济专家在本年度发表的展示城市不同方面建设管理的创新思路与辉煌成就的文章；五是对全国城市经济的特设机构作了专题汇编和介绍，为全国研究机构、学校、专家、学者进行学术交流提供平台；六是摘选了2014年度各大图书排行榜中区域和城市经济相关畅销书进行介绍。

《2015中国城市经济年鉴》是一部全国性、综合性、资料性年鉴，是各级领导科学决策和规划城市现代化建设与发展，专家学者研究中国城市经济和中国特色城镇化道路的必备参考书；是广大读者案头实用的知识性和综合性的图书；是一部展示中国城市经济发展轨迹，总结改革发展经验，开展创新研究，科学规划未来，具有重要参考价值的文献图书。

本年鉴的出版和发行得到了我国各城市领导、中国城市发展研究机构以及有关专家、学者及实践者的大力支持在此表示诚挚的感谢。由于编者水平所限，本卷年鉴的缺点和不足在所难免，恳请广大读者对《2015中国城市经济年鉴》的编纂工作提出宝贵的批评和建议。

编者

2016年5月

CONTENTS 目录

第一篇　中国城市经济相关政策文件

第二篇　中国城市经济统计资料

第一篇

中国城市经济相关政策文件

国务院关于建立统一的城乡居民基本养老保险制度的意见

国发〔2014〕8号

各省、自治区、直辖市人民政府，国务院各部委、各直属机构：

按照党的十八大精神和十八届三中全会关于整合城乡居民基本养老保险制度的要求，依据《中华人民共和国社会保险法》有关规定，在总结新型农村社会养老保险（以下简称新农保）和城镇居民社会养老保险（以下简称城居保）试点经验的基础上，国务院决定，将新农保和城居保两项制度合并实施，在全国范围内建立统一的城乡居民基本养老保险（以下简称城乡居民养老保险）制度。现提出以下意见：

一、指导思想

高举中国特色社会主义伟大旗帜，以邓小平理论、“三个代表”重要思想、科学发展观为指导，贯彻落实党中央和国务院的各项决策部署，按照全覆盖、保基本、有弹性、可持续的方针，以增强公平性、适应流动性、保证可持续性为重点，全面推进和不断完善覆盖全体城乡居民的基本养老保险制度，充分发挥社会保险对保障人民基本生活、调节社会收入分配、促进城乡经济社会协调发展的重要作用。

二、任务目标

坚持和完善社会统筹与个人账户相结合的制度模式，巩固和拓宽个人缴费、集体补助、政府补贴相结合的资金筹集渠道，完善基础养老金和个人账户养老金相结合的待遇支付政策，强化长缴多得、多缴多得等制度的激励机制，建立基础养老金正常调整机制，健全服务网络，提高管理水平，为参保居民提供方便快捷的服务。“十二五”末，在全国基本实现新农保和城居保制度合并实施，并与职工基本养老保险制度相衔接。2020年前，全面建成公平、统一、规范的城乡居民养老保险制度，与社会救助、社会福利等其他社会保障政策相配套，充分发挥家庭养老等传统保障方式的积极作用，更好保障参保城乡居民的老年基本生活。

三、参保范围

年满16周岁（不含在校学生），非国家机关和事业单位工作人员及不属于职工基本养老保险制度覆盖范围的城乡居民，可以在户籍地参加城乡居民养老保险。

四、基金筹集

城乡居民养老保险基金由个人缴费、集体补助、政府补贴构成。

（一）个人缴费。

参加城乡居民养老保险的人员应当按规定缴纳养老保险费。缴费标准目前设为每年100元、200元、300元、400元、500元、600元、700元、800元、900元、1000元、1500元、2000元12个档次，省（区、市）人民政府可以根据实际情况增设缴费档次，最高缴费档次标准原则上不超过当地灵活就业人员参加职工基本养老保险的年缴费额，并报人力资源社会保障部备案。人力资源社会保障部会同财政部依据城乡居民收入增长等情况适时调整缴费档次标准。参保人自主选择档次缴费，多缴多得。

（二）集体补助。

有条件的村集体经济组织应当对参保人缴费给予补助，补助标准由村民委员会召开村民会议民主确定，鼓励有条件的社区将集体补助纳入社区公益事业资金筹集范围。鼓励其他社会经济组织、公益慈善组织、个人为参保人缴费提供资助。补助、资助金额不超过当地设定的最高缴费档次标准。

（三）政府补贴。

政府对符合领取城乡居民养老保险待遇条件的参保人全额支付基础养老金，其中，中央财政对中西部地区按中央确定的基础养老金标准给予全额补助，对东部地区给予50%的补助。

地方人民政府应当对参保人缴费给予补贴，对选择最低档次标准缴费的，补贴标准不低于每人每年30元；对选择较高档次标准缴费的，适当增加补贴金额；对选择500元及以上档次标准缴费的，补贴标准不低于每人每年60元，具体标准和办法由省（区、市）人民政府确定。对重度残疾人等缴费困难群体，地方人民政府为其代缴部分或全部最低标准的养老保险费。

五、建立个人账户

国家为每个参保人员建立终身记录的养老保险个人账户，个人缴费、地方人民政府对参保人的缴费补贴、集体补助及其他社会经济组织、公益慈善组织、个人对参保人的缴费资助，全部记入个人账户。个人账户储存额按国家规定计息。

六、养老保险待遇及调整

城乡居民养老保险待遇由基础养老金和个人账户养老金构成，支付终身。

（一）基础养老金。中央确定基础养老金最低标准，建立基础养老金最低标准正常调整机制，根据经济发展和物价变动等情况，适时调整全国基础养老金最低标准。地方人民政府可以根据实际情况适当提高基础养老金标准；对长期缴费的，可适当加发基础养老金，提高和加发部分的资金由地方人民政府支出，具体办法由省（区、市）人民政府规定，并报人力资源社会保障部备案。

（二）个人账户养老金。个人账户养老金的月计发标准，目前为个人账户全部储存额除以139（与现行职工基本养老保险个人账户养老金计发系数相同）。参保人死亡，个人账户资金余额可以依法继承。

七、养老保险待遇领取条件

参加城乡居民养老保险的个人，年满60周岁、累计缴费满15年，且未领取国家规定的基本养老保障待遇的，可以按月领取城乡居民养老保险待遇。

新农保或城居保制度实施时已年满60周岁，在本意见印发之日前未领取国家规定的基本养老保障待遇的，不用缴费，自本意见实施之月起，可以按月领取城乡居民养老保险基础养老金；距规定领取年龄不足15年的，应逐年缴费，也允许补缴，累计缴费不超过15年；距规定领取年龄超过15年的，应按年缴费，累计缴费不少于15年。

城乡居民养老保险待遇领取人员死亡的，从次月起停止支付其养老金。有条件的地方人民政府可以结合本地实际探索建立丧葬补助金制度。社会保险经办机构应每年对城乡居民养老保险待遇领取人员进行核对；村（居）民委员会要协助社会保险经办机构开展工作，在行政村（社区）范围内对参保人待遇领取资格进行公示，并与职工基本养老保险待遇等领取记录进行比对，确保不重、不漏、不错。

八、转移接续与制度衔接

参加城乡居民养老保险的人员，在缴费期间户籍迁移、需要跨地区转移城乡居民养老保险关系的，可在迁入地申请转移养老保险关系，一次性转移个人账户全部储存额，并按迁入地规定继续参保缴费，缴费年限累计计算；已经按规定领取城乡居民养老保险待遇的，无论户籍是否迁移，其养老保险关系不转移。

城乡居民养老保险制度与职工基本养老保险、优抚安置、城乡居民最低生活保障、农村五保供养等社会保障制度以及农村部分计划生育家庭奖励扶助制度的衔接，按有关规定执行。

九、基金管理和运营

将新农保基金和城居保基金合并为城乡居民养老保险基金，完善城乡居民养老保险基金财务会计制度和各项业务管理规章制度。城乡居民养老保险基金纳入社会保障基金财政专户，实行收支两条线管理，单独记账、独立核算，任何地区、部门、单位和个人均不得挤占挪用、虚报冒领。各地要在整合城乡居民养老保险制度的基础上，逐步推进城乡居民养老保险基金省级管理。

城乡居民养老保险基金按照国家统一规定投资运营，实现保值增值。

十、基金监督

各级人力资源社会保障部门要会同有关部门认真履行监管职责，建立健全内控制度和基金稽核监督制度，对基金的筹集、上解、划拨、发放、存储、管理等进行监控和检查，并按规定披露信息，接受社会监督。财政部门、审计部门按各自职责，对基金的收支、管理和投资运营情况实施监督。对虚报冒领、挤占挪用、贪污浪费等违纪违法行为，有关部门按国家有关法律法规严肃处理。要积极探索有村（居）民代表参加的社会监督的有效方式，做到基金公开透明，制度在阳光下运行。

十一、经办管理服务与信息化建设

省（区、市）人民政府要切实加强城乡居民养老保险经办能力建设，结合本地实际，科学整合现有公共服务资源和社会保险经办管理资源，充实加强基层经办力量，做到精确管理、便捷服务。要注重运用现代管理方式和政府购买服务方式，降低行政成本，提高工作效率。要加强城乡居民养老保险工作人员专业培训，不断提高公共服务水平。社会保险经办机构要认真记录参保人缴费和领取待遇情况，建立参保档案，按规定妥善保存。地方人民政府要为经办机构提供必要的工作场地、设施设备、经费保障。城乡居民养老保险工作经费纳入同级财政预算，不得从城乡居民养老保险基金中开支。基层财政确有困难的地区，省市级财政可给予适当补助。

各地要在现有新农保和城居保业务管理系统基础上，整合形成省级集中的城乡居民养老保险信息管理系统，纳入“金保工程”建设，并与其他公民信息管理系统实现信息资源共享；要将信息网络向基层延伸，实现省、市、县、乡镇（街道）、社区实时联网，有条件的地区可延伸到行政村；要大力推行全国统一的社会保障卡，方便参保人持卡缴费、领取待遇和查询本人参保信息。

十二、加强组织领导和政策宣传

地方各级人民政府要充分认识建立城乡居民养老保险制度的重要性，将其列入当地经济社会发展规划和年度目标管理考核体系，切实加强组织领导；要优化财政支出结构，加大财政投入，为城乡居民养老保险制度建设提供必要的财力保障。各级人力资源社会保障部门要切实履行主管部门职责，会同有关部门做好城乡居民养老保险工作的统筹规划和政策制定、统一管理、综合协调、监督检查等工作。

各地区和有关部门要认真做好城乡居民养老保险政策宣传工作，全面准确地宣传解读政策，正确把握舆论导向，注重运用通俗易懂的语言和群众易于接受的方式，深入基层开展宣传活动，引导城乡居民踊跃参保、持续缴费、增加积累，保障参保人的合法权益。

各省（区、市）人民政府要根据本意见，结合本地区实际情况，制定具体实施办法，并报人力资源社会保障部备案。

本意见自印发之日起实施，已有规定与本意见不一致的，按本意见执行。

国务院

2014年2月21日

国务院办公厅关于落实中共中央国务院关于全面深化农村改革加快推进农业现代化若干意见有关政策措施分工的通知

国办函〔2014〕31号

国务院各部委、各直属机构：

为贯彻落实《中共中央国务院关于全面深化农村改革加快推进农业现代化的若干意见》（中发〔2014〕1号）提出的一系列政策措施，需要有关部门研究提出具体实施意见并认真加以落实。经国务院同意，现就有关事项通知如下：

一、工作分工

（一）关于“实施以我为主、立足国内、确保产能、适度进口、科技支撑的国家粮食安全战略”和“确保谷物基本自给、口粮绝对安全”的问题，由发展改革委会同中央农办、农业部、财政部、科技部、国土资源部、水利部、商务部、统计局、粮食局等部门研究提出落实意见。

（二）关于“严守耕地保护红线，划定永久基本农田”的问题，由国土资源部会同农业部等部门负责落实。

（三）关于“加大力度落实‘米袋子’省长负责制，进一步明确中央和地方的粮食安全责任与分工，主销区也要确立粮食面积底线、保证一定的口粮自给率”的问题，由发展改革委会同中央组织部、财政部、农业部、粮食局等部门负责落实。

（四）关于“增强全社会节粮意识，在生产流通消费全程推广节粮减损设施和技术”的问题，由发展改革委会同中央宣传部、教育部、科技部、农业部、工业和信息化部、商务部、粮食局等部门负责落实。

（五）关于“继续坚持市场定价原则，探索推进农产品价格形成机制与政府补贴脱钩的改革，逐步建立农产品目标价格制度，在市场价格过高时补贴低收入消费者，在市场价格低于目标价格时按差价补贴生产者，切实保证农民收益”的问题，由发展改革委会同中央农办、财政部、农业部、民政部、人力资源社会保障部、统计局、粮食局、商务部等部门负责落实。

（六）关于“2014年，启动东北和内蒙古大豆、新疆棉花目标价格补贴试点，探索粮食、生猪等农产品目标价格保险试点，开展粮食生产规模经营主体营销贷款试点”的问题，由财政部、发展改革委会同中央农办、农业部、人民银行、银监会、保监会、统计局、粮食局、商务部、供销合作总社等部门负责落实。

（七）关于“科学确定重要农产品储备功能和规模，强化地方尤其是主销区的储备责任，优化区域布局和品种结构”和“完善中央储备粮管理体制，鼓励符合条件的多元市场主体参与大宗农产品政策性收储”的问题，由发展改革委会同财政部、农业部、商务部、工业和信息化部、粮食局、国资委、农业发展银行、中储粮总公司等部门和单位负责落实。

（八）关于“进一步开展国家对农业大县的直接统计调查”和“编制发布权威性的农产品价格指数”的问题，由统计局、发展改革委会同财政部、农业部、商务部、粮食局等部门负责落实。

（九）关于“抓紧制定重要农产品国际贸易战略，加强进口农产品规划指导，优化进口来源地布局，建立稳定可靠的贸易关系”的问题，由发展改革委、商务部会同农业部、财政部、外交部、质检总局、海关总署、粮食局等部门负责落实。

（十）关于“加快实施农业走出去战略，培育具有国际竞争力的粮棉油等大型企业”的问题，由发展改革委、商务部会同农业部、财政部、国资委、外交部、科技部、人民银行、税务总局、质检总局、银监会、保监会、林业局、粮食局、开发银行、进出口银行、中投公司等部门和单位负责落实。

（十一）关于“探索建立农产品国际贸易基金和海外农业发展基金”的问题，由财政部会同发展改革委、商务部、农业部、外交部、中投公司等部门和单位负责落实。

（十二）关于“落实地方政府属地管理和生产经营主体责任”、“支持标准化生产、重点产品风险监测预警、食品追溯体系建设，加大批发市场质量安全检验检测费用补助力度”、“加快推进县乡食品、农产品质量安全检测体系和监管能力建设”和“完善农产品质量和食品安全工作考核评价制度，开展示范市、县创建试点”的问题，由农业部、食品药品监管总局、食品安全办会同中央编办、发展改革委、财政部、科技部、商务部、质检总局等部门负责落实。

（十三）关于“拓宽‘三农’投入资金渠道，充分发挥财政资金引导作用，通过贴息、奖励、风险补偿、税费减免等措施，带动金融和社会资金更多投入农业农村”的问题，由财政部会同发展改革委、人民银行、税务总局、银监会、证监会、保监会、农业部、水利部、林业局、开发银行等部门和单位研究提出落实意见。

（十四）关于“按照稳定存量、增加总量、完善方法、逐步调整的要求，积极开展改进农业补贴办法的试点试验”、“新增补贴向粮食等重要农产品、新型农业经营主体、主产区倾斜”和“在有条件的地方开展按实际粮食播种面积或产量对生产者补贴试点，提高补贴精准性、指向性”的问题，由财政部会同发展改革委、农业部、林业局、统计局、粮食局、商务部等部门负责落实。

（十五）关于“加大农机购置补贴力度，完善补贴办法，继续推进农机报废更新补贴试点”的问题，由财政部会同农业部、工业和信息化部、水利部、林业局等部门负责落实。

（十六）关于“加大对粮食主产区的财政转移支付力度，增加对商品粮生产大省和粮油猪生产大县的奖励补助，鼓励主销区通过多种方式到主产区投资建设粮食生产基地，更多地承担国家粮食储备任务，完善粮食主产区利益补偿机制”的问题，由财政部会同发展改革委、农业部、粮食局等部门负责落实。

（十七）关于“降低或取消产粮大县直接用于粮食生产等建设项目资金配套”的问题，由发展改革委会同财政部、农业部、水利部等部门负责落实。

（十八）关于“建立江河源头区、重要水源地、重要水生态修复治理区和蓄滞洪区生态补偿机制”的问题，由发展改革委、财政部会同环境保护部、农业部、水利部、林业局等部门负责落实。

（十九）关于“稳步推进从财政预算编制环节清理和归并整合涉农资金”和“支持黑龙江省进行涉农资金整合试点，在认真总结经验基础上，推动符合条件的地方开展涉农资金整合试验”的问题，由财政部会同发展改革委、国土资源部、农业部、水利部、林业局、扶贫办、审计署等部门负责落实。

（二十）关于“改革项目审批制度，创造条件逐步下放中央和省级涉农资金项目审批权限”的问题，由发展改革委会同财政部、国土资源部、农业部、水利部、林业局、扶贫办等部门负责落实。

（二十一）关于“改革项目管理办法，加快项目实施和预算执行，切实提高监管水平”的问题，由发展改革委、财政部会同国土资源部、农业部、水利部、林业局、扶贫办等部门负责落实。

（二十二）关于“加强专项扶贫资金监管，强化省、市两级政府对资金和项目的监督责任，县级政府切实管好用好扶贫资金”的问题，由财政部会同扶贫办、发展改革委、国家民委、农业部、审计署、林业局、中国残联等部门和单位负责落实。

（二十三）关于“深化水利工程管理体制改革，加快落实灌排工程运行维护经费财政补助政策”、“开展农田水利设施产权制度改革和创新运行管护机制试点，落实小型水利工程管护主体、责任和经费”和“通过以奖代补、先建后补等方式，探索农田水利基本建设新机制”的问题，由水利部会同发展改革委、财政部等部门负责落实。

（二十四）关于“加大各级政府水利建设投入，落实和完善土地出让收益计提农田水利资金政策，提高水资源费征收标准、加大征收力度”的问题，由发展改革委、财政部、水利部会同国土资源部等部门负责落实。

（二十五）关于“谋划建设一批关系国计民生的重大水利工程，加强水源工程建设和雨洪水资源化利用，启动实施全国抗旱规划，提高农业抗御水旱灾害能力”的问题，由水利部会同发展改革委、财政部、国土资源部、农业部、气象局等部门负责落实。

（二十六）关于“深化农业科技体制改革，对具备条件的项目，实施法人责任制和专员制，推行农业领域国家科技报告制度”、“明晰和保护财政资助科研成果产权，创新成果转化机制，发展农业科技成果托管中心和交易市场”、“推动发展国家农业科技园区协同创新战略联盟”和“推行科技特派员制度”的问题，由科技部会同财政部、农业部、水利部、林业局等部门负责落实。

（二十七）关于“发挥现代农业示范区的引领作用”的问题，由农业部会同财政部、发展改革委、银监会等部门负责落实。

（二十八）关于“建立以企业为主体的育种创新体系，推进种业人才、资源、技术向企业流动，做大做强育繁推一体化种子企业”的问题，由农业部、科技部会同教育部、发展改革委、财政部、人力资源社会保障部、商务部、国资委、林业局等部门负责落实。

（二十九）关于“着力加强促进农产品公平交易和提高流通效率的制度建设，加快制定全国农产品市场发展规划，落实部门协调机制，加强以大型农产品批发市场为骨干、覆盖全国的市场流通网络建设，开展公益性农产品批发市场建设试点”的问题，由商务部会同中央农办、发展改革委、农业部、财政部、交通运输部、公安部、工商总局、供销合作总社等部门负责落实。

（三十）关于“实施粮食收储、供应安全保障工程”的问题，由粮食局会同发展改革委、财政部等部门负责落实。

（三十一）关于“启动农村流通设施和农产品批发市场信息化提升工程，加强农产品电子商务平台建设”的问题，由商务部会同发展改革委、农业部、财政部、工业和信息化部、供销合作总社等部门负责落实。

（三十二）关于“大力推进机械化深松整地和秸秆还田等综合利用，加快实施土壤有机质提升补贴项目，支持开展病虫害绿色防控和病死畜禽无害化处理”和“加大农业面源污染防治力度，支持高效肥和低残留农药使用、规模养殖场畜禽粪便资源化利用、新型农业经营主体使用有机肥、推广高标准农膜和残膜回收等试点”的问题，由财政部、农业部会同发展改革委、环境保护部、工业和信息化部、林业局、供销合作总社等部门负责落实。

（三十三）关于“抓紧编制农业环境突出问题治理总体规划和农业可持续发展规划”的问题，由发展改革委、农业部会同环境保护部、财政部、水利部、国土资源部、林业局、科技部等部门负责落实。

（三十四）关于“启动重金属污染耕地修复试点”、“从2014年开始，继续在陡坡耕地、严重沙化耕地、重要水源地实施退耕还林还草”和“开展华北地下水超采漏斗区综合治理、湿地生态效益补偿和退耕还湿试点”的问题，由发展改革委、财政部会同中央农办、国土资源部、环境保护部、水利部、农业部、林业局等部门负责落实。

（三十五）关于“在东北、内蒙古重点国有林区，进行停止天然林商业性采伐试点”的问题，由财政部、林业局会同发展改革委等部门负责落实。

（三十六）关于“加大天然草原退牧还草工程实施力度，启动南方草地开发利用和草原自然保护区建设工程”的问题，由农业部会同发展改革委、财政部等部门负责落实。

（三十七）关于“稳定农村土地承包关系并保持长久不变”的问题，由农业部、林业局会同中央农办、法制办、国土资源部等部门研究提出落实意见。

（三十八）关于“赋予农民对承包地占有、使用、收益、流转及承包经营权抵押、担保权能”、“允许承包土地的经营权向金融机构抵押融资”和“有关部门要抓紧研究提出规范的实施办法，建立配套的抵押资产处置机制，推动修订相关法律法规”的问题，由人民银行会同中央农办、法制办、农业部、林业局、民政部、银监会等部门研究提出落实意见。

（三十九）关于“切实加强组织领导，抓紧抓实农村土地承包经营权确权登记颁证工作，充分依靠农民群众自主协商解决工作中遇到的矛盾和问题，可以确权确地，也可以确权确股不确地，确权登记颁证工作经费纳入地方财政预算，中央财政给予补助”的问题，由农业部、林业局会同财政部、国土资源部等部门负责落实。

（四十）关于“完善集体林权制度改革，健全国有林区经营管理体制”的问题，由发展改革委、林业局会同中央编办、财政部、人力资源社会保障部等部门负责落实。

（四十一）关于“在符合规划和用途管制的前提下，允许农村集体经营性建设用地出让、租赁、入股，实行与国有土地同等入市、同权同价，加快建立农村集体经营性建设用地产权流转和增值收益分配制度”和“有关部门要尽快提出具体指导意见，并推动修订相关法律法规”的问题，由国土资源部会同中央农办、财政部、住房城乡建设部、农业部、税务总局、林业局、法制办等部门研究提出落实意见。

（四十二）关于“改革农村宅基地制度，完善农村宅基地分配政策，在保障农户宅基地用益物权前提下，选择若干试点，慎重稳妥推进农民住房财产权抵押、担保、转让”和“有关部门要抓紧提出具体试点方案”的问题，由国土资源部、人民银行会同中央农办、发展改革委、财政部、住房城乡建设部、农业部、法制办、民政部、银监会、税务总局等部门负责落实。

（四十三）关于“加快包括农村宅基地在内的农村地籍调查和农村集体建设用地使用权确权登记颁证工作”的问题，由国土资源部会同财政部、住房城乡建设部、农业部、林业局等部门负责落实。

（四十四）关于“抓紧修订有关法律法规，保障农民公平分享土地增值收益，改变对被征地农民的补偿办法，除补偿农民被征收的集体土地外，还必须对农民的住房、社保、就业培训给予合理保障”的问题，由法制办、国土资源部会同中央农办、发展改革委、财政部、人力资源社会保障部、住房城乡建设部、农业部、水利部、税务总局、林业局等部门负责落实。

（四十五）关于“提高森林植被恢复费征收标准”的问题，由财政部、林业局会同有关部门负责落实。

（四十六）关于“鼓励有条件的农户流转承包土地的经营权，加快健全土地经营权流转市场，完善县乡村三级服务和管理网络”的问题，由中央农办会同农业部、国土资源部、林业局等部门负责落实。

（四十七）关于“探索建立工商企业流转农业用地风险保障金制度，严禁农用地非农化”的问题，由农业部、林业局会同财政部、工商总局、法制办、国土资源部等部门研究提出落实意见。

（四十八）关于“允许财政项目资金直接投向符合条件的合作社，允许财政补助形成的资产转交合作社持有和管护，有关部门要建立规范透明的管理制度”的问题，由财政部、发展改革委、农业部会同水利部、林业局、供销合作总社等部门负责落实。

（四十九）关于“推进财政支持农民合作社创新试点，引导发展农民专业合作社联合社”的问题，由财政部会同工商总局、农业部、水利部、林业局、供销合作总社、法制办等部门研究提出落实意见。

（五十）关于“按照自愿原则开展家庭农场登记”的问题，由工商总局、农业部会同有关部门负责落实。

（五十一）关于“在国家年度建设用地指标中单列一定比例专门用于新型农业经营主体建设配套辅助设施”的问题，由国土资源部会同农业部等部门负责落实。

（五十二）关于“落实和完善相关税收优惠政策，支持农民合作社发展农产品加工流通”的问题，由财政部、税务总局会同农业部、商务部、林业局、供销合作总社等部门负责落实。

（五十三）关于“采取财政扶持、税费优惠、信贷支持等措施，大力发展主体多元、形式多样、竞争充分的社会化服务，推行合作式、订单式、托管式等服务模式，扩大农业生产全程社会化服务试点范围”和“通过政府购买服务等方式，支持具有资质的经营性服务组织从事农业公益性服务”的问题，由财政部、农业部会同水利部、林业局、人民银行、银监会、税务总局、供销合作总社、工业和信息化部、商务部等部门负责落实。

（五十四）关于“完善农村基层气象防灾减灾组织体系，开展面向新型农业经营主体的直通式气象服务”的问题，由气象局会同中央编办、发展改革委、财政部、民政部、国土资源部、水利部、农业部、林业局等部门负责落实。

（五十五）关于“发挥供销合作社扎根农村、联系农民、点多面广的优势，积极稳妥开展供销合作社综合改革试点”和“按照改造自我、服务农民的要求，创新组织体系和服务机制，努力把供销合作社打造成为农民生产生活服务的生力军和综合平台”的问题，由供销合作总社会同中央农办、发展改革委、财政部、商务部、农业部、人民银行、银监会等部门负责落实。

（五十六）关于“强化商业金融对‘三农’和县域小微企业的服务能力，扩大县域分支机构业务授权，不断提高存贷比和涉农贷款比例，将涉农信贷投放情况纳入信贷政策导向效果评估和综合考评体系”的问题，由银监会、人民银行会同财政部等部门负责落实。

（五十七）关于“支持农业发展银行开展农业开发和农村基础设施建设中长期贷款业务，建立差别监管体制”的问题，由人民银行会同银监会、财政部、农业发展银行等部门和单位研究提出落实意见。

（五十八）关于“积极发展村镇银行，逐步实现县市全覆盖，符合条件的适当调整主发起行与其他股东的持股比例”和“支持由社会资本发起设立服务‘三农’的县域中小型银行和金融租赁公司”的问题，由银监会会同人民银行、财政部等部门研究提出落实意见。

（五十九）关于“支持符合条件的农业企业在主板、创业板发行上市，督促上市农业企业改善治理结构，引导暂不具备上市条件的高成长性、创新型农业企业到全国中小企业股份转让系统进行股权公开挂牌与转让，推动证券期货经营机构开发适合‘三农’的个性化产品”的问题，由证监会会同农业部、水利部、林业局等部门负责落实。

（六十）关于“坚持社员制、封闭性原则，在不对外吸储放贷、不支付固定回报的前提下，推动社区性农村资金互助组织发展”的问题，由银监会会同人民银行、农业部、扶贫办、供销合作总社等部门负责落实。

（六十一）关于“完善地方农村金融管理体制，明确地方政府对新型农村合作金融监管职责，鼓励地方建立风险补偿基金，有效防范金融风险”和“适时制定农村合作金融发展管理办法”的问题，由中央编办、银监会、人民银行会同财政部、农业部等部门负责落实。

（六十二）关于“提高中央、省级财政对主要粮食作物保险的保费补贴比例，逐步减少或取消产粮大县县级保费补贴，不断提高稻谷、小麦、玉米三大粮食品种保险的覆盖面和风险保障水平”、“鼓励保险机构开展特色优势农产品保险，有条件的地方提供保费补贴，中央财政通过以奖代补等方式予以支持”、“扩大畜产品及森林保险范围和覆盖区域”和“鼓励开展多种形式的互助合作保险”的问题，由财政部、保监会会同发展改革委、农业部、林业局等部门负责落实。

（六十三）关于“规范农业保险大灾风险准备金管理，加快建立财政支持的农业保险大灾风险分散机制”的问题，由财政部会同保监会、农业部、林业局等部门研究提出落实意见。

（六十四）关于“加快编制村庄规划，推行以奖促治政策，以治理垃圾、污水为重点，改善村庄人居环境”的问题，由住房城乡建设部、环境保护部会同发展改革委、财政部、国土资源部、农业部、民政部、水利部、旅游局等部门负责落实。

（六十五）关于“实施村内道路硬化工程，加强村内道路、供排水等公用设施的运行管护，有条件的地方建立住户付费、村集体补贴、财政补助相结合的管护经费保障制度”的问题，由住房城乡建设部会同发展改革委、财政部、交通运输部、水利部等部门负责落实。

（六十六）关于“制定传统村落保护发展规划，抓紧把有历史文化等价值的传统村落和民居列入保护名录，切实加大投入和保护力度”的问题，由住房城乡建设部会同发展改革委、财政部、国土资源部、农业部、文化部、文物局等部门负责落实。

（六十七）关于“加快改善农村义务教育薄弱学校基本办学条件，适当提高农村义务教育生均公用经费标准”的问题，由教育部会同发展改革委、财政部负责落实。

（六十八）关于“落实中等职业教育国家助学政策，紧密结合市场需求，加强农村职业教育和技能培训”和“提高重点高校招收农村学生比例”的问题，由教育部会同财政部、发展改革委、人力资源社会保障部、农业部、扶贫办等部门负责落实。

（六十九）关于“继续提高新型农村合作医疗的筹资标准和保障水平，完善重大疾病保险和救助制度，推动基本医疗保险制度城乡统筹”的问题，由卫生计生委、人力资源社会保障部会同财政部、民政部、中央编办等部门负责落实。

（七十）关于“整合城乡居民基本养老保险制度，逐步建立基础养老金标准正常调整机制”的问题，由人力资源社会保障部会同财政部负责落实。

（七十一）关于“开展农村公共服务标准化试点工作”的问题，由财政部、国家标准委会同有关部门负责落实。

（七十二）关于“着力创新扶贫开发工作机制，改进对国家扶贫开发工作重点县的考核办法，提高扶贫精准度，抓紧落实扶贫开发重点工作”的问题，由扶贫办、中央组织部会同发展改革委、财政部、人民银行、交通运输部、水利部、住房城乡建设部、农业部、教育部、科技部、卫生计生委、文化部、工业和信息化部、林业局、旅游局、中国残联等部门和单位负责落实。

（七十三）关于“全面实行流动人口居住证制度，逐步推进居住证持有人享有与居住地居民相同的基本公共服务，保障农民工同工同酬”的问题，由公安部、发展改革委会同法制办、财政部、民政部、人力资源社会保障部、住房城乡建设部、教育部、卫生计生委、农业部等部门负责落实。

（七十四）关于“进一步加强农民合作社、专业技术协会等的党建工作，创新和完善组织设置，理顺隶属关系”的问题，由中央组织部会同民政部、农业部、林业局、供销合作总社等部门负责落实。

（七十五）关于“探索不同情况下村民自治的有效实现形式，农村社区建设试点单位和集体土地所有权在村民小组的地方，可开展以社区、村民小组为基本单元的村民自治试点”的问题，由民政部会同中央组织部、农业部、国土资源部等部门负责落实。

（七十六）关于“推动农村集体产权股份合作制改革，保障农民集体经济组织成员权利，赋予农民对落实到户的集体资产股份占有、收益、有偿退出及抵押、担保、继承权，建立农村产权流转交易市场，加强农村集体资金、资产、资源管理，提高集体经济组织资产运营管理水平，发展壮大农村集体经济”的问题，由中央农办、农业部会同发展改革委、财政部、国土资源部、住房城乡建设部、人民银行、银监会、税务总局、水利部、林业局等部门负责落实。

（七十七）关于“扩大小城镇对农村基本公共服务供给的有效覆盖，统筹推进农村基层公共服务资源有效整合和设施共建共享，有条件的地方稳步推进农村社区化管理服务”的问题，由发展改革委、民政部会同住房城乡建设部、财政部、科技部、教育部、文化部、卫生计生委、人力资源社会保障部、水利部、交通运输部、农业部、林业局、能源局等部门负责落实。

（七十八）关于“加强对农村改革试验区工作的指导，加大改革放权和政策支持力度，充实试验内容，完善工作机制，及时总结推广成功经验”的问题，由农业部会同中央农办、发展改革委、财政部、国土资源部、民政部、水利部、林业局、人民银行、银监会等部门负责落实。

二、工作要求

（一）各有关部门要切实按照中共中央和国务院的部署，高度重视，精心组织，认真落实好相关任务。牵头部门对分工任务负总责，其他部门要根据各自职能分工，大力配合、积极支持。落实相关政策需要增加参与单位的，请牵头部门商有关单位确定。对未列入本通知的任务，请各有关部门按照职责分工，认真抓好落实。

（二）分工任务中，属于制度建设的，要抓紧研究，提出方案；属于项目实施的，要尽快制定具体落实方案和进度安排；属于原则性要求的，要认真调查研究，提出加强和推进有关工作的意见和措施。

（三）各牵头部门要在2014年6月底和10月底将各项分解任务落实情况报送中央农办，并抄送国务院办公厅。中央农办要及时对分工方案落实情况进行跟踪督促，在2014年7月和11月将落实情况向中共中央、国务院报告。

国务院办公厅

2014年2月23日

（此件公开发布）

国务院关于推进文化创意和设计服务与相关产业融合发展的若干意见

国发〔2014〕10号

各省、自治区、直辖市人民政府，国务院各部委、各直属机构：

近年来，随着我国新型工业化、信息化、城镇化和农业现代化进程的加快，文化创意和设计服务已贯穿在经济社会各领域各行业，呈现出多向交互融合态势。文化创意和设计服务具有高知识性、高增值性和低能耗、低污染等特征。推进文化创意和设计服务等新型、高端服务业发展，促进与实体经济深度融合，是培育国民经济新的增长点、提升国家文化软实力和产业竞争力的重大举措，是发展创新型经济、促进经济结构调整和发展方式转变、加快实现由“中国制造”向“中国创造”转变的内在要求，是促进产品和服务创新、催生新兴业态、带动就业、满足多样化消费需求、提高人民生活质量的重要途径。为推进文化创意和设计服务与相关产业融合发展，现提出以下意见。

一、总体要求

（一）指导思想。以邓小平理论、“三个代表”重要思想、科学发展观为指导，按照加快转变经济发展方式和全面建成小康社会的总体要求，以改革创新和科技进步为动力，以知识产权保护利用和创新型人力资源开发为核心，牢固树立绿色节能环保理念，充分发挥市场作用，促进资源合理配置，强化创新驱动，增强创新动力，优化发展环境，切实提高我国文化创意和设计服务整体质量水平和核心竞争力，大力推进与相关产业融合发展，更好地为经济结构调整、产业转型升级服务，为扩大国内需求、满足人民群众日益增长的物质文化需要服务。

（二）基本原则。统筹协调，重点突破。统筹各类资源，加强协调配合，着力推进文化软件服务、建筑设计服务、专业设计服务、广告服务等文化创意和设计服务与装备制造业、消费品工业、建筑业、信息业、旅游业、农业和体育产业等重点领域融合发展。根据不同地区实际、不同产业特点，鼓励先行先试，发挥特色优势，促进多样化、差异化发展。

市场主导，创新驱动。以市场为导向、企业为主体，产学研用协同，转变政府职能，加强扶持引导，实施支持企业创新政策，打破行业和地区壁垒，充分调动社会各方面积极性，促进技术创新、业态创新、内容创新、模式创新和管理创新，推进文化创意和设计服务产业化、专业化、集约化、品牌化发展，促进与相关产业深度融合，催生新技术、新工艺、新产品，满足新需求。

文化传承，科技支撑。依托丰厚文化资源，丰富创意和设计内涵，拓展物质和非物质文化遗产传承利用途径，促进文化遗产资源在与产业和市场的结合中实现传承和可持续发展。加强科技与文化的结合，促进创意和设计产品服务的生产、交易和成果转化，创造具有中国特色的现代新产品，实现文化价值与实用价值的有机统一。

（三）发展目标。到2020年，文化创意和设计服务的先导产业作用更加强化，与相关产业全方位、深层次、宽领域的融合发展格局基本建立，相关产业文化含量显著提升，培养一批高素质人才，培育一批具有核心竞争力的企业，形成一批拥有自主知识产权的产品，打造一批具有国际影响力的品牌，建设一批特色鲜明的融合发展城市、集聚区和新型城镇。文化创意和设计服务增加值占文化产业增加值的比重明显提高，相关产业产品和服务的附加值明显提高，为推动文化产业成为国民经济支柱性产业和促进经济持续健康发展发挥重要作用。

二、重点任务

（一）塑造制造业新优势。支持基于新技术、新工艺、新装备、新材料、新需求的设计应用研究，促进工业设计向高端综合设计服务转变，推动工业设计服务领域延伸和服务模式升级。汽车、飞机、船舶、轨道交通等装备制造业要加强产品的外观、结构、功能等设计能力建设。以打造品牌、提高质量为重点，推动生活日用品、礼仪休闲用品、家用电器、服装服饰、家居用品、数字产品、食品、文化体育用品等消费品工业向创新创造转变，增加多样化供给，引导消费升级。支持消费类产品提升新产品设计和研发能力，加强传统文化与现代时尚的融合，创新管理经营模式，以创意和设计引领商贸流通业创新，加强广告营销策划，增加消费品的文化内涵和附加值，健全品牌价值体系，形成一批综合实力强的自主品牌，提高整体效益和国际竞争力。

（二）加快数字内容产业发展。推动文化产品和服务的生产、传播、消费的数字化、网络化进程，强化文化对信息产业的内容支撑、创意和设计提升，加快培育双向深度融合的新型业态。深入实施国家文化科技创新工程，支持利用数字技术、互联网、软件等高新技术支撑文化内容、装备、材料、工艺、系统的开发和利用，加快文化企业技术改造步伐。大力推动传统文化单位发展互联网新媒体，推动传统媒体和新兴媒体融合发展，提升先进文化互联网传播吸引力。深入挖掘优秀文化资源，推动动漫游戏等产业优化升级，打造民族品牌。推动动漫游戏与虚拟仿真技术在设计、制造等产业领域中的集成应用。全面推进三网融合，推动下一代广播电视网和交互式网络电视等服务平台建设，推动智慧社区、智慧家庭建设。加强通讯设备制造、网络运营、集成播控、内容服务单位间的互动合作。提高数字版权集约水平，健全智能终端产业服务体系，推动产品设计制造与内容服务、应用商店模式整合发展。推进数字电视终端制造业和数字家庭产业与内容服务业融合发展，提升全产业链竞争力。推进数字绿色印刷发展，引导印刷复制加工向综合创意和设计服务转变，推动新闻出版数字化转型和经营模式创新。

（三）提升人居环境质量。坚持以人为本、安全集约、生态环保、传承创新的理念，进一步提高城乡规划、建筑设计、园林设计和装饰设计水平，完善优化功能，提升文化品位。注重对文物保护单位、历史文化名城名镇名村和传统村落的保护。加强城市建设设计和景观风貌规划，突出地域特色，有效保护历史文化街区和历史建筑，提高园林绿化、城市公共艺术的设计质量，建设功能完善、布局合理、形象鲜明的特色文化城市。加强村镇建设规划，培育村镇建筑设计市场，建设环境优美、设施完备、幸福文明的社会主义新农村。贯彻节能、节地、节水、节材的建筑设计理念，推进技术传承创新，积极发展绿色建筑。因地制宜融入文化元素，加快相关建筑标准规范的更新或修订。完善建筑、园林、城市设计、城乡规划等设计方案竞选制度，重视对文化内涵的审查。鼓励装饰设计创新，引领装饰产品和材料升级。

（四）提升旅游发展文化内涵。坚持健康、文明、安全、环保的旅游休闲理念，以文化提升旅游的内涵质量，以旅游扩大文化的传播消费。支持开发康体、养生、运动、娱乐、体验等多样化、综合性旅游休闲产品，建设一批休闲街区、特色村镇、旅游度假区，打造便捷、舒适、健康的休闲空间，提升旅游产品开发和旅游服务设计的人性化、科学化水平，满足广大群众个性化旅游需求。加强自然、文化遗产地和非物质文化遗产的保护利用，大力发展红色旅游和特色文化旅游，推进文化资源向旅游产品转化，建设文化旅游精品。加快智慧旅游发展，促进旅游与互联网融合创新，支持开发具有地域特色和民族风情的旅游演艺精品和旅游商品，鼓励发展积极健康的特色旅游餐饮和主题酒店。

（五）挖掘特色农业发展潜力。提高农业领域的创意和设计水平，推进农业与文化、科技、生态、旅游的融合。强化休闲农业与乡村旅游经营场所的创意和设计，建设集农耕体验、田园观光、教育展示、文化传承于一体的休闲农业园。注重农村文化资源挖掘，不断丰富农业产品、农事景观、环保包装、乡土文化等创意和设计，着力培育一批休闲农业知名品牌，提升农产品附加值，促进创意和设计产品产业化。发展楼宇农业、阳台农艺，进一步拓展休闲农业发展空间。支持专业农产品市场建设特色农产品展览展示馆（园），推进特色农产品文化宣传交流。建立健全地理标志的技术标准体系、质量保证体系与检测体系，扶持地理标志产品，加强地理标志和农产品商标的注册和保护。支持农业企业申报和推介绿色环保产品和原产地标记，鼓励利用信息技术创新具有地域文化特色的农产品营销模式。

（六）拓展体育产业发展空间。积极培育体育健身市场，引导大众体育消费。丰富传统节庆活动内容，支持地方根据当地自然人文资源特色举办体育活动，策划打造影响力大、参与度高的精品赛事，推动体育竞赛表演业全面发展。鼓励发展体育服务组织，以赛事组织、场馆运营、技术培训、信息咨询、中介服务、体育保险等为重点，逐步扩大体育服务规模。推动与体育赛事相关版权的开发与保护，进一步放宽国内赛事转播权的市场竞争范围，探索建立与体育赛事相关的版权交易平台。加强体育产品品牌建设，开发科技含量高、拥有自主知识产权的体育产品，提升市场竞争力。促进体育衍生品创意和设计开发，推进相关产业发展。

（七）提升文化产业整体实力。坚持正确的文化产品创作生产方向，着力提升文化产业各门类创意和设计水平及文化内涵，加快构建结构合理、门类齐全、科技含量高、富有创意、竞争力强的现代文化产业体系，推动文化产业快速发展。鼓励各地结合当地文化特色不断推出原创文化产品和服务，积极发展新的艺术样式，推动特色文化产业发展。强化与规范新兴网络文化业态，创新新兴网络文化服务模式，繁荣文学、艺术、影视、音乐创作与传播。加强舞美设计、舞台布景创意和舞台技术装备创新。坚持保护传承和创新发展相结合，促进艺术衍生产品、艺术授权产品的开发生产，加快工艺美术产品、传统手工艺品与现代科技和时代元素融合。完善博物馆、美术馆等公共文化设施功能，提高展陈水平。

三、政策措施

（一）增强创新动力。深入实施知识产权战略，加强知识产权运用和保护，健全创新、创意和设计激励机制。加强商标法、专利法、著作权法、反不正当竞争法等知识产权保护法律法规宣传普及，完善有利于创意和设计发展的产权制度。完善网络环境下著作权保护等法律法规，加强数据保护等问题研究。加强知识产权监督执法，加大对侵权行为的惩处力度，完善维权援助机制。优化知识产权申请与审查制度，建立并完善专利优先审查通道和软件著作权快速登记通道，健全便捷高效的商标注册审查体系。完善知识产权入股、分红等形式的激励机制和管理制度。活跃知识产权交易，促进知识产权的合理有效流通。提升企业知识产权综合能力，培育一批知识产权优势企业。鼓励企业、院校、科研机构成立战略联盟，引导创意和设计、科技创新要素向企业聚集，加大联盟知识产权管理能力建设，推行知识产权集群式管理。

（二）强化人才培养。推动实施文化创意和设计服务人才扶持计划，打破体制壁垒，扫除身份障碍，营造有利于创新型人才健康成长、脱颖而出的制度环境。优化专业设置，鼓励普通本科高校和科研院所加强专业（学科）建设和理论研究。鼓励将非物质文化遗产传承人才培养纳入职业教育体系，发挥职业教育在文化传承创新中的重要作用，重点建设一批民族文化传承创新专业点。推动民间传统手工艺传承模式改革，培养一批具有文化创新能力的技术技能人才。积极推进产学研用合作培养人才，发展专业学位研究生教育，扶持和鼓励相关行业和产业园区、龙头企业与普通本科高校、职业院校及科研机构共同建立人才培养基地，支持符合条件的设立博士后科研工作站，探索学历教育与职业培训并举、创意和设计与经营管理结合的人才培养新模式，加快培养高层次、复合型人才。加大核心人才、重点领域专门人才、高技能人才和国际化人才的培养和扶持力度，造就一批领军人物。完善政府奖励、用人单位奖励和社会奖励互为补充的多层次创意和设计人才奖励体系，对各类创意和设计人才的创作活动、学习深造、国际交流等进行奖励和资助。加强创业孵化，加大对创意和设计人才创业创新的扶持力度。规范和鼓励举办国际化、专业化的创意和设计竞赛活动，促进创意和设计人才的创新成果展示交易。积极利用各类引才引智计划，引进海外高端人才。健全符合创意和设计人才特点的使用、流动、评价和激励体系，按照国家有关规定，进一步落实国有企业、院所转制企业、职业院校、普通本科高校和科研院所创办企业的股权激励政策，推进职业技能鉴定和职称评定工作，加强人才科学管理。

（三）壮大市场主体。实施中小企业成长工程，支持专业化的创意和设计企业向专、精、特、新方向发展，打造中小企业集群。鼓励挖掘、保护、发展中华老字号等民间特色传统技艺和服务理念，培育具有地方特色的创意和设计企业，支持设计、广告、文化软件工作室等各种形式小微企业发展。推动创意和设计优势企业根据产业联系，实施跨地区、跨行业、跨所有制业务合作，打造跨界融合的产业集团和产业联盟。鼓励有条件的大型企业设立工业设计中心，建设一批国家级工业设计中心。积极推进相关事业单位分类改革，鼓励国有文化企业引进战略资本，实行股份制改造，积极引导民间资本投资文化创意和设计服务领域。支持有条件的企业"走出去"，扩大产品和服务出口，通过海外并购、联合经营、设立分支机构等方式积极开拓国际市场。推进文化等服务业领域有序开放，放开建筑设计领域外资准入限制。围绕提升产业竞争力，建立健全文化创意和设计服务与相关产业融合发展的技术标准体系，加快制定修订一批相关领域的重要国家标准。鼓励行业组织、中介组织和企业参与制定国际标准，支持自主标准国际化。

（四）培育市场需求。加强全民文化艺术教育，提高人文素养，推动转变消费观念，激发创意和设计产品服务消费，鼓励有条件的地区补贴居民文化消费，扩大文化消费规模。鼓励企业应用各类设计技术和设计成果，开展设计服务外包，扩大设计服务市场。创新公共文化服务提供方式，加大政府对创意和设计产品服务的采购力度。消除部门限制和地区分割，促进形成统一开放、竞争有序的国内市场。充分利用上海、深圳文化产权交易所等市场及文化产业、广告、设计等展会，规范交易秩序，提升交易平台的信息化和网络化水平，促进产品和服务交易。鼓励电子商务平台针对创意和设计提供专项服务，帮助小微企业、创意和设计创业人才拓展市场。鼓励有条件的地区在国家许可范围内，根据自身特点建设区域性和行业性交易市场。在商贸流通业改造升级中，运用创意和设计促进专业市场和特色商业街等发展。鼓励批发、零售、住宿、餐饮等生活服务企业在店面装饰、产品陈列、商品包装和市场营销上突出创意和设计，更加注重节能环保，顺应消费者需求。

（五）引导集约发展。依托现有各类文化、创意和设计园区基地，加强规范引导、政策扶持，加强公共技术、资源信息、投资融资、交易展示、人才培养、交流合作等服务能力建设，完善创新创业服务体系，促进各类园区基地提高效益、发挥产业集聚优势。鼓励各地根据资源条件和产业优势，明确发展重点，科学规划建设融合发展集聚区，打造区域性创新中心和成果转化中心。建立区域协调机制与合作平台，加强产业集群内部的有机联系，形成合理分工与协作，构建优势互补、相互促进的区域发展格局。充分发挥各部门职能，组织实施基础性、引导性重大工程和重点项目，提升产业整体素质，增强发展后劲。

（六）加大财税支持。增加文化产业发展专项资金规模，加大对文化创意和设计服务企业支持力度。在体现绿色节能环保导向、增强可操作性的基础上，完善相关税收扶持政策。在文化创意和设计服务领域开展高新技术企业认定管理办法试点，将文化创意和设计服务内容纳入文化产业支撑技术等领域，对经认定为高新技术企业的文化创意和设计服务企业，减按15%的税率征收企业所得税。文化创意和设计服务企业发生的职工教育经费支出，不超过工资薪金总额8%的部分，准予在计算应纳税所得额时扣除。企业发生的符合条件的创意和设计费用，执行税前加计扣除政策。对国家重点鼓励的文化创意和设计服务出口实行营业税免税。落实营业税改增值税试点有关政策，对纳入增值税征收范围的国家重点鼓励的文化创意和设计服务出口实行增值税零税率或免税，对国家重点鼓励的创意和设计产品出口实行增值税零税率。

（七）加强金融服务。建立完善文化创意和设计服务企业无形资产评估体系。支持符合条件的企业上市，鼓励企业发行公司债、企业债、集合信托和集合债、中小企业私募债等非金融企业债务融资工具。支持金融机构选择文化创意和设计服务项目贷款开展信贷资产证券化试点。鼓励银行业金融机构支持文化创意和设计服务小微企业发展。鼓励金融机构创新金融产品和服务，增加适合文化创意和设计服务企业的融资品种，拓展贷款抵（质）押物的范围，完善无形资产和收益权抵（质）押权登记公示制度，探索开展无形资产质押和收益权抵（质）押贷款等业务。建立社会资本投资的风险补偿机制，鼓励各类担保机构提供融资担保和再担保服务。鼓励保险公司加大创新型文化保险产品开发力度，提升保险服务水平，探索设立专业文化产业保险组织机构，促进文化产业保险发展。政府引导，推动设立文化创意和设计服务与相关产业融合发展投资基金。积极引导私募股权投资基金、创业投资基金及各类投资机构投资文化创意和设计服务领域。

（八）优化发展环境。评估清理现有行政审批事项，确需保留的，要精简审批流程，严控审批时限，公开审批标准，提高审批效率。支持以划拨方式取得土地的单位利用存量房产、原有土地兴办文化创意和设计服务，在符合城乡规划前提下土地用途和使用权人可暂不变更，连续经营一年以上，符合划拨用地目录的，可按划拨土地办理用地手续；不符合划拨用地目录的，可采取协议出让方式办理用地手续。广告领域文化事业建设费征收范围严格限定在广告媒介单位和户外广告经营单位，清理其他不合理收费，推动落实文化创意和设计服务企业用水、用电、用气、用热与工业同价。完善城乡规划、建筑设计收费制度，鼓励和推行优质优价。创新政府支持方式，发挥社会组织作用，加强人才队伍建设，资助创业孵化，开展研讨交流等。

四、组织实施

各地区、各部门要按照本意见的要求，根据本地区、本部门、本行业实际情况，切实加强对推进文化创意和设计服务与相关产业融合发展工作的组织领导，编制专项规划或行动计划，制定相关配套文件。要建立工作机制，加强地区间、部门间、行业间的协同联动，确保各项任务措施落到实处。要加强宣传，积极营造全社会支持创新、鼓励创意和设计的良好氛围。加强文化产业振兴方面的立法工作，不断健全相关法律法规和制度。重视完善文化产业统计制度，加强文化创意和设计服务类产业统计、核算和分析。加快发展和规范相关行业协（商、学）会、中介组织，充分发挥行业组织在行业研究、标准制定等方面的作用。发展改革委要会同相关部门对本意见的落实情况进行跟踪分析和监督检查，重大事项及时向国务院报告。

国务院

2014年2月26日

（此件有删减）

国务院办公厅关于印发文化体制改革中经营性文化事业单位转制为企业和进一步支持文化企业发展两个规定的通知

国办发〔2014〕15号

各省、自治区、直辖市人民政府，国务院各部委、各直属机构：

中央宣传部会同中央外宣办、中央编办、发展改革委、科技部、财政部、人力资源社会保障部、国土资源部、商务部、文化部、人民银行、税务总局、工商总局、新闻出版广电总局等有关部门和单位拟定的《文化体制改革中经营性文化事业单位转制为企业的规定》和《进一步支持文化企业发展的规定》已经国务院同意，现印发给你们，请认真贯彻执行。

国务院办公厅

2014年4月2日

（此件公开发布）

文化体制改革中经营性文化事业单位转制为企业的规定

为进一步深化文化体制改革，继续推进国有经营性文化事业单位转企改制，特制定以下规定：

一、关于国有文化资产管理

（一）按照政企分开、政事分开原则，推动政府部门由办文化向管文化转变，推动党政部门与其所属的文化企事业单位进一步理顺关系。建立党委和政府监管国有文化资产的管理机构，实行管人管事管资产管导向相统一。

（二）经营性文化事业单位转制为企业，要认真做好资产清查、资产评估、产权登记等基础工作，依法落实原有债权债务。资产变动事项经主管部门审核同意后，报同级国有文化资产管理机构审批，并按有关规定办理；其中，涉及重大国有文化资产变动事项的，应由文化行政主管部门审核后报请党委宣传部门审查把关。国有资产监督管理机构监管企业所属的经营性文化事业单位转制为企业，应当报该国有资产监督管理机构审批，并按有关规定办理资产变动等事项。

二、关于资产和土地处置

（三）经营性文化事业单位在转制过程中，对于清查出的资产损失按规定报经批准后进行核销；切实维护银行合法债权安全，严肃处理各类借转制之名逃废银行债务行为，维护金融安全稳定。转制后财务制度应执行《企业财务通则》，会计制度应执行《企业会计准则》或《小企业会计准则》。

（四）转制为企业的出版、发行单位，转制时可按规定对其库存积压待报废的出版物进行资产处置，对经确认的损失可以在净资产中予以扣除；对于出版、发行单位处置库存呆滞出版物形成的损失，允许据实在企业所得税前扣除。

（五）经营性文化事业单位转制涉及的原划拨土地，转制后用途符合《划拨用地目录》的，可继续以划拨方式使用；不符合《划拨用地目录》的，应当依法实行有偿使用。经省级以上人民政府批准，经营性文化事业单位转制为授权经营或国有控股企业的，原生产经营性划拨用地，经批准可采用国家出资（入股）方式配置；经营性文化事业单位转制为一般竞争性企业的，原生产经营性划拨用地可采用协议出让或租赁方式进行土地资产处置。

三、关于收入分配

（六）转制后执行企业的收入分配制度。职工工资收入与岗位责任、个人贡献以及企业效益密切挂钩，参照劳动力市场价位，合理拉开差距。加强对转制后的国有文化企业收入分配的指导和调控，合理确定工资总额。

（七）国有控股企业和国有独资企业的负责人收入分配按国家有关规定执行，建立并完善国有文化企业负责人薪酬管理机制。

四、关于社会保障

（八）转制后自工商注册登记的次月起按企业办法参加社会保险。转制时在职人员按国家规定计算的连续工龄，视同缴费年限，不再补缴基本养老保险费。

（九）转制前已经离退休的人员，原国家规定的离退休费待遇标准不变，转制后这类人员离退休待遇支付和调整的具体办法，按原劳动和社会保障部、原国家经济贸易委员会、科技部、财政部《关于国家经贸委管理的10个国家局所属科研机构转制后有关养老保险问题的通知》（劳社部发〔2000〕2号）和原劳动和社会保障部、原人事部、财政部、科技部、原建设部《关于转制科研机构和工程勘察设计单位转制前离退休人员待遇调整等问题的通知》（劳社部发〔2002〕5号）相关政策执行。

（十）转制前参加工作、转制后退休的人员，基本养老金的计发和调整，按企业办法执行。在转制后5年过渡期内，按企业办法计发的基本养老金，如低于按原事业单位退休办法计发的退休金，其差额部分采取加发补贴的办法解决，所需费用从基本养老保险基金中支付，具体办法按劳社部发〔2000〕2号文件的相关规定执行。各地在做好社会保障政策衔接的同时，应结合本地实际，采取切实可行的措施，解决好企业与事业单位退休待遇差问题。

（十一）离休人员的医疗保障继续执行现行办法，也可按照所在统筹地区相关规定纳入离休人员医药费单独统筹，所需资金按原渠道解决；转制前已退休人员中，原享受公费医疗的，在享受基本医疗保险待遇的基础上，可以参照国家公务员医疗补助办法，实行医疗补助。

（十二）转制后具备条件的企业可按照有关规定为职工建立企业年金和补充医疗保险，并通过企业年金等方式妥善解决转制后退休人员的养老待遇问题。企业根据国家有关政策规定，为在本企业任职或者受雇的全体员工支付的补充养老保险费、补充医疗保险费，分别在不超过职工工资总额5%标准内的部分，在计算应纳税所得额时准予扣除；超过的部分，不予扣除。

（十三）中央各部门各单位设在地方的出版单位、中央各部门各单位出版单位在地方的派出（分支）机构的人员，转制后按规定纳入当地社会保障体系。

五、关于人员分流安置

（十四）对转制时距国家法定退休年龄5年以内的人员，在与本人协商一致的基础上，可以提前离岗，离岗期间的工资福利等基本待遇不变，单位和个人继续按规定缴纳各项社会保险费，达到国家法定退休年龄时，按企业办法办理退休手续，按转制过渡期退休人员办法享受退休待遇。

（十五）转制时，要按照《中华人民共和国劳动合同法》的规定，自工商注册登记之日起与在职职工全部签订劳动合同。职工在事业单位的工作年限合并计算为转制后企业的工作年限。转制后根据经营方向确需分流人员的，应按照《中华人民共和国劳动合同法》第四十条、第四十一条、第四十二条规定处理劳动关系，对符合支付经济补偿条件的，应依法支付经济补偿。

（十六）转制企业应当切实保障职工的合法权益。转制时，对提前离岗人员所需的基本待遇及各项社会保险费、分流人员所需的经济补偿金，可从评估后的净资产中预留或从国有产权转让收入中优先支付。净资产不足的，财政部门也可给予一次性补助。

六、关于财政税收

（十七）财税部门应认真落实适用于转制企业的现行财税优惠政策。

（十八）原事业编制内职工的住房公积金、住房补贴中由财政负担部分，转制后继续由财政部门在预算中拨付；转制前人员经费由财政负担的离退休人员的住房补贴尚未解决的，转制时由财政部门一次性拨付解决；转制前人员经费自理的离退休人员以及转制后离退休人员和在职职工住房补贴资金，由转制单位按照所在地市、县级人民政府有关企业住房分配货币化改革政策以及企业财务会计制度的规定，从本单位相应资金渠道列支。转制后原有的正常事业费继续拨付，主要用于解决转制前已经离退休人员的社会保障问题。

（十九）为确保转制工作顺利进行，同级财政可一次性拨付一定数额的资金，主要用于资产评估、审计、政策法律咨询等。

（二十）经营性文化事业单位转制为企业后，免征企业所得税。

（二十一）由财政部门拨付事业经费的经营性文化事业单位转制为企业，对其自用房产免征房产税。

（二十二）对经营性文化事业单位转制中资产评估增值、资产转让或划转涉及的企业所得税、增值税、营业税、城市维护建设税、契税等，符合现行规定的享受相应税收优惠政策。

（二十三）党报、党刊将其发行、印刷业务及相应的经营性资产剥离组建的文化企业，所取得的党报、党刊发行收入和印刷收入免征增值税。

七、关于法人登记

（二十四）转制后的企业名称，应当符合企业名称登记管理的规定。原单位名称中冠以“中国”、“中华”、“全国”、“国家”、“国际”等字样的，按有关规定经批准可继续注册使用。

（二十五）转制后须核销事业编制，注销事业单位法人，并依法办理企业工商注册登记。

八、关于党的建设

（二十六）根据中央要求，经营性文化事业单位在转制过程中，要按照党章规定，根据转制后企业的实际情况和工作需要，经上级党组织批准，同步组建、改建或更名党的基层组织，选配好党组织负责人。转制后企业内部的党组织设置，也要随着企业组织结构和党员分布状况的变化，及时进行充实调整，充分发挥转制后企业党组织和党员的作用。转制后企业党组织的领导关系要按照有利于加强党的领导和开展党的工作，有利于促进企业改革和发展的原则确定。

上述政策适用于开展文化体制改革的地区和转制企业。中央所属转制文化企业的认定，由中央宣传部会同财政部、税务总局确定并发布名单；地方所属转制文化企业的认定，按照登记管理权限，由地方各级宣传部门会同同级财政、税务部门确定和发布名单，并按程序抄送中央宣传部、财政部和税务总局。执行期限为2014年1月1日至2018年12月31日。

进一步支持文化企业发展的规定

为进一步深化文化体制改革，促进文化企业发展，特制定以下规定：

一、关于财政税收

（一）中央财政和地方财政应安排文化产业发展专项资金，有条件的应扩大专项资金规模，创新资金投入方式，完善政策扶持体系，采取贴息、补助、奖励等方式，支持文化企业发展。

（二）对电影制片企业销售电影拷贝（含数字拷贝）、转让版权取得的收入，电影发行企业取得的电影发行收入，电影放映企业在农村的电影放映收入免征增值税。一般纳税人提供的城市电影放映服务，可以按现行政策规定，选择按照简易计税办法计算缴纳增值税。

（三）2014年1月1日至2016年12月31日，对广播电视运营服务企业收取的有线数字电视基本收视维护费和农村有线电视基本收视费，免征增值税。

（四）落实和完善有利于文化内容创意生产、非物质文化遗产项目经营的税收优惠政策。

（五）对国家重点鼓励的文化产品出口实行增值税零税率。对国家重点鼓励的文化服务出口实行营业税免税。结合营业税改征增值税改革试点，逐步将文化服务行业纳入改革试点范围，对纳入增值税征收范围的上述文化服务出口实行增值税零税率或免税。享受上述税收优惠政策的国家重点鼓励的文化产品和服务的具体范围由财政部、税务总局会同有关部门确定。为承担国家鼓励类文化产业项目而进口国内不能生产的自用设备及配套件、备件，在政策规定范围内，免征进口关税。

（六）在国务院批准的中国服务外包示范城市从事服务外包业务的文化企业，符合现行税收优惠政策规定的技术先进型服务企业相关条件的，经认定后，可享受有关税收优惠政策。

（七）对从事文化产业支撑技术等领域的文化企业，按规定认定为高新技术企业的，减按15%的税率征收企业所得税；开发新技术、新产品、新工艺发生的研究开发费用，允许按国家税法规定，在计算应纳税所得额时加计扣除。文化产业支撑技术等领域的具体范围和认定工作由科技部、财政部、税务总局商中央宣传部等部门另行明确。

（八）经认定并符合软件企业相关条件的动漫企业，可申请享受国家现行鼓励软件产业发展的所得税优惠政策；2017年底前，符合条件的动漫企业，按规定享受增值税优惠政策；经认定的动漫企业自主开发、生产动漫直接产品，确需进口的商品可按现行规定享受免征进口关税和进口环节增值税的优惠政策。

（九）加大财政对文化科技创新的支持，将文化科技纳入国家相关科技发展规划和计划，积极鼓励文化与科技深度融合，促进文化企业、文化产业转型升级，发展新型文化业态。

（十）通过政府购买、消费补贴等途径，引导和支持文化企业提供更多文化产品和服务，鼓励出版适应群众购买能力的图书报刊，鼓励在商业演出和电影放映中安排低价场次或门票，鼓励网络文化运营商开发更多低收费业务。加大对文化消费基础设施建设、改造投资力度，完善政府投入方式，建立健全社会力量、社会资本参与机制，促进多层次多业态文化消费设施发展。

（十一）认真落实支持现代服务业、中小企业特别是小微企业等发展的有关优惠政策，促进中小文化企业发展。

二、关于投资和融资

（十二）对投资兴办文化企业的，有关行政主管部门应当提高行政审批效率，并不得收取国家规定之外的任何附加费用。

（十三）在国家许可范围内，鼓励和引导社会资本以多种形式投资文化产业，参与国有经营性文化事业单位转企改制，参与重大文化产业项目实施和文化产业园区建设，在投资核准、银行贷款、土地使用、税收优惠、上市融资、发行债券、对外贸易和申请专项资金等方面给予支持。

（十四）鼓励国有文化产业投资基金作为文化领域的战略投资者，对重点领域的文化企业进行股权投资。创新基金投资模式，更好地发挥基金的引导和杠杆作用，推动文化企业跨地区、跨行业、跨所有制兼并重组，切实维护国家文化安全。

（十五）进一步促进文化与金融对接，鼓励文化企业充分利用金融资源，投资开发战略性、先导性文化项目，进行文化资源整合，推动文化出口，中央财政和地方财政可给予一定的贴息。

（十六）针对文化企业的特点，研究制定知识产权、文化品牌等无形资产的评估、质押、登记、托管、投资、流转和变现等办法，完善无形资产和收益权抵（质）押权登记公示制度，鼓励金融机构积极开展金融产品和服务方式创新。在风险可控、商业可持续原则下，进一步推广知识产权质押融资、供应链融资、并购融资、订单融资等贷款业务，加大对文化企业的有效信贷投入。鼓励和支持政策性金融充分发挥扶持、引导作用，加大对重点企业和项目的信贷支持。鼓励开发文化消费信贷产品。

（十七）通过公司制改建实现投资主体多元化的文化企业，符合条件的可申请上市。鼓励已上市文化企业通过公开增发、定向增发等再融资方式进行并购和重组。鼓励文化企业进入中小企业板、创业板、“新三板”融资。鼓励符合条件的文化企业通过发行企业债券、公司债券、非金融企业债务融资工具等方式扩大融资，实现融资渠道多元化。

（十八）探索国有文化企业股权激励机制，经批准允许有条件的国有控股上市文化公司按照国家有关规定开展股权激励试点。

（十九）对按规定转制的重要国有传媒企业探索实行特殊管理股制度，经批准可开展试点。

（二十）探索建立符合文化企业特点的信用评级制度。鼓励各类担保机构对文化企业提供融资担保，通过再担保、联合担保以及担保与保险相结合等方式分散风险。探索设立文化企业融资担保基金。

三、关于资产和土地处置

（二十一）发生分立、合并、重组、改制、撤销等经济行为涉及国有资产或产权结构重大变动的文化企业，应当按照国家有关规定进行清产核资，清产核资工作中发现的资产损失经确认后应当依次冲减未分配利润、盈余公积、资本公积、实收资本。

（二十二）对于出版、发行单位处置库存呆滞出版物形成的损失，允许据实在企业所得税前扣除。

（二十三）文化企业改制涉及的原划拨土地，改制后用途符合《划拨用地目录》的，可继续以划拨方式使用；不符合《划拨用地目录》的，应当依法实行有偿使用。经省级以上人民政府批准，国有文化企业改制为授权经营或国有控股企业的，原生产经营性划拨用地，经批准可采用国家出资（入股）方式配置。文化企业改制为一般竞争性企业的，原生产经营性划拨用地可采用协议出让或租赁方式进行土地资产处置。

（二十四）利用划拨方式取得的存量房产、土地兴办文化产业的，其用地手续办理符合《划拨用地目录》的，可按划拨方式办理；不符合《划拨用地目录》的，在符合国家有关规定的前提下可采取协议出让方式办理。

四、关于工商管理

（二十五）允许投资人以知识产权等无形资产评估作价出资组建文化企业，具体按国家法律规定执行。

国有文化企业要加快公司制股份制改造，推进董事会、监事会建设，规范总会计师管理，健全协调运转、有效制衡的公司法人治理结构，形成符合现代企业制度要求、体现文化企业特点的资产组织形式和经营管理模式，确保把社会效益放在首位，实现社会效益和经济效益相统一。

上述政策适用于所有文化企业，凡未注明具体期限的，执行期限为2014年1月1日至2018年12月31日。

国务院办公厅关于金融服务“三农”发展的若干意见

国办发〔2014〕17号

各省、自治区、直辖市人民政府，国务院各部委、各直属机构：

农村金融是我国金融体系的重要组成部分，是支持服务“三农”发展的重要力量。近年来，我国农村金融取得长足发展，初步形成了多层次、较完善的农村金融体系，服务覆盖面不断扩大，服务水平不断提高。但总体上看，农村金融仍是整个金融体系中最为薄弱的环节。为贯彻落实党的十八大、十八届三中全会精神和国务院的决策部署，积极顺应农业适度规模经营、城乡一体化发展等新情况新趋势新要求，进一步提升农村金融服务的能力和水平，实现农村金融与“三农”的共赢发展，经国务院同意，现提出以下意见。

一、深化农村金融体制机制改革

（一）分类推进金融机构改革。在稳定县域法人地位、维护体系完整、坚持服务“三农”的前提下，进一步深化农村信用社改革，积极稳妥组建农村商业银行，培育合格的市场主体，更好地发挥支农主力军作用。完善农村信用社管理体制，省联社要加快淡出行政管理，强化服务功能，优化协调指导，整合放大服务“三农”的能力。研究制定农业发展银行改革实施总体方案，强化政策性职能定位，明确政策性业务的范围和监管标准，补充资本金，建立健全治理结构，加大对农业开发和农村基础设施建设的中长期信贷支持。鼓励大中型银行根据农村市场需求变化，优化发展战略，加强对“三农”发展的金融支持。深化农业银行“三农金融事业部”改革试点，探索商业金融服务“三农”的可持续模式。鼓励邮政储蓄银行拓展农村金融业务，逐步扩大涉农业务范围。稳步培育发展村镇银行，提高民营资本持股比例，开展面向“三农”的差异化、特色化服务。各涉农金融机构要进一步下沉服务重心，切实做到不脱农、多惠农。（银监会、人民银行、发展改革委、财政部、农业部等按职责分工分别负责）

（二）丰富农村金融服务主体。鼓励建立农业产业投资基金、农业私募股权投资基金和农业科技创业投资基金。支持组建主要服务“三农”的金融租赁公司。鼓励组建政府出资为主、重点开展涉农担保业务的县域融资性担保机构或担保基金，支持其他融资性担保机构为农业生产经营主体提供融资担保服务。规范发展小额贷款公司，建立正向激励机制，拓宽融资渠道，加快接入征信系统，完善管理政策。（财政部、发展改革委、银监会、人民银行、证监会、农业部等按职责分工分别负责）

（三）规范发展农村合作金融。坚持社员制、封闭性、民主管理原则，在不对外吸储放贷、不支付固定回报的前提下，发展农村合作金融。支持农民合作社开展信用合作，积极稳妥组织试点，抓紧制定相关管理办法。在符合条件的农民合作社和供销合作社基础上培育发展农村合作金融组织。有条件的地方，可

探索建立合作性的村级融资担保基金。（银监会、人民银行、财政部、农业部、供销合作总社等按职责分工分别负责）

二、大力发展农村普惠金融

（四）优化县域金融机构网点布局。稳定大中型商业银行县域网点，增强网点服务功能。按照强化支农、总量控制原则，对农业发展银行分支机构布局进行调整，重点向中西部及经济落后地区倾斜。加快在农业大县、小微企业集中地区设立村镇银行，支持其在乡镇布设网点。（银监会、人民银行、财政部等按职责分工分别负责）

（五）推动农村基础金融服务全覆盖。在完善财政补贴政策、合理补偿成本风险的基础上，继续推动偏远乡镇基础金融服务全覆盖工作。在具备条件的行政村，开展金融服务“村村通”工程，采取定时定点服务、自助服务终端，以及深化助农取款、汇款、转账服务和手机支付等多种形式，提供简易便民金融服务。（银监会、人民银行、财政部等按职责分工分别负责）

（六）加大金融扶贫力度。进一步发挥政策性金融、商业性金融和合作性金融的互补优势，切实改进对农民工、农村妇女、少数民族等弱势群体的金融服务。完善扶贫贴息贷款政策，引导金融机构全面做好支持农村贫困地区扶贫攻坚的金融服务工作。（人民银行、财政部、银监会等按职责分工分别负责）

三、引导加大涉农资金投放

（七）拓展资金来源。优化支农再贷款投放机制，向农村商业银行、农村合作银行、村镇银行发放支小再贷款，主要用于支持“三农”和农村地区小微企业发展。支持银行业金融机构发行专项用于“三农”的金融债。开展涉农资产证券化试点。对符合“三农”金融服务要求的县域农村商业银行和农村合作银行，适当降低存款准备金率。（人民银行、银监会、证监会等按职责分工分别负责）

（八）强化政策引导。切实落实县域银行业法人机构一定比例存款投放当地的政策。探索建立商业银行新设县域分支机构信贷投放承诺制度。支持符合监管要求的县域银行业金融机构扩大信贷投放，持续提高存贷比。（人民银行、银监会、财政部等按职责分工分别负责）

（九）完善信贷机制。在强化涉农业务全面风险管理的基础上，鼓励商业银行单列涉农信贷计划，下放贷款审批权限，优化绩效考核机制，推行尽职免责制度，调动“三农”信贷投放的内在积极性。（银监会、人民银行等按职责分工分别负责）

四、创新农村金融产品和服务方式

（十）创新农村金融产品。推行“一次核定、随用随贷、余额控制、周转使用、动态调整”的农户信贷模式，合理确定贷款额度、放款进度和回收期限。加快在农村地区推广应用微贷技术。推广产业链金融模式。大力发展农村电话银行、网上银行业务。创新和推广专营机构、信贷工厂等服务模式。鼓励开展农业机械等方面的金融租赁业务。（银监会、人民银行、农业部、工业和信息化部、发展改革委等按职责分工分别负责）

（十一）创新农村抵（质）押担保方式。制定农村土地承包经营权抵押贷款试点管理办法，在经批准的地区开展试点。慎重稳妥地开展农民住房财产权抵押试点。健全完善林权抵押登记系统，扩大林权抵押贷款规模。推广以农业机械设备、运输工具、水域滩涂养殖权、承包土地收益权等为标的的新型抵押担保方式。加强涉农信贷与涉农保险合作，将涉农保险投保情况作为授信要素，探索拓宽涉农保险保单质押范围。（人民银行、银监会、保监会、国土资源部、农业部、林业局等按职责分工分别负责）

（十二）改进服务方式。进一步简化金融服务手续，推行通俗易懂的合同文本，优化审批流程，规范服务收费，严禁在提供金融服务时附加不合理条件和额外费用，切实维护农民利益。（银监会、证监会、保监会、发展改革委、人民银行等按职责分工分别负责）

五、加大对重点领域的金融支持

（十三）支持农业经营方式创新。在部分地区开展金融支持农业规模化生产和集约化经营试点。积极推动金融产品、利率、期限、额度、流程、风险控制等方面创新，进一步满足家庭农场、专业大户、农民合作社和农业产业化龙头企业等新型农业经营主体的金融需求。继续加大对农民扩大再生产、消费升级和自主创业的金融支持力度。（银监会、人民银行、农业部、证监会、保监会、发展改革委等按职责分工分别负责）

（十四）支持提升农业综合生产能力。加大对耕地整理、农田水利、粮棉油糖高产创建、畜禽水产品标准化养殖、种养业良种生产等经营项目的信贷支持力度。重点支持农业科技进步、现代种业、农机装备制造、设施农业、农产品精深加工等现代农业项目和高科技农业项目。（银监会、人民银行、发展改革委、农业部等按职责分工分别负责）

（十五）支持农业社会化服务产业发展。支持农产品产地批发市场、零售市场、仓储物流设施、连锁零售等服务设施建设。（银监会、人民银行、发展改革委、财政部、农业部、商务部、供销合作总社等按职责分工分别负责）

（十六）支持农业发展方式转变。大力发展绿色金融，促进节水农业、循环农业和生态友好型农业发展。（人民银行、银监会、农业部、林业局、发展改革委等按职责分工分别负责）

（十七）探索支持新型城镇化发展的有效方式。创新适应新型城镇化发展的金融服务机制，重点发挥政策性金融作用，稳步拓宽城镇建设融资渠道，着力做好农业转移人口的综合性金融服务。（人民银行、发展改革委、财政部、银监会等按职责分工分别负责）

六、拓展农业保险的广度和深度

（十八）扩大农业保险覆盖面。重点发展关系国计民生和国家粮食安全的农作物保险、主要畜产品保险、重要“菜篮子”品种保险和森林保险。推广农房、农机具、设施农业、渔业、制种保险等业务。（保监会、财政部、农业部、林业局等按职责分工分别负责）

（十九）创新农业保险产品。稳步开展主要粮食作物、生猪和蔬菜价格保险试点，鼓励各地区因地制宜开展特色优势农产品保险试点。创新研发天气指数、农村小额信贷保证保险等新型险种。（保监会、财政部、农业部、林业局、银监会、发展改革委等按职责分工分别负责）

（二十）完善保费补贴政策。提高中央、省级财政对主要粮食作物保险的保费补贴比例，逐步减少或取消产粮大县的县级保费补贴。（财政部、保监会、农业部等按职责分工分别负责）

（二十一）加快建立财政支持的农业保险大灾风险分散机制，增强对重大自然灾害风险的抵御能力。（财政部、保监会、农业部等按职责分工分别负责）

（二十二）加强农业保险基层服务体系建设，不断提高农业保险服务水平。（保监会、财政部、农业部、林业局等按职责分工分别负责）

七、稳步培育发展农村资本市场

（二十三）大力发展农村直接融资。支持符合条件的涉农企业在多层次资本市场上进行融资，鼓励发行企业债、公司债和中小企业私募债。逐步扩大涉农企业发行中小企业集合票据、短期融资券等非金融企业债务融资工具的规模。支持符合条件的农村金融机构发行优先股和二级资本工具。（证监会、人民银行、发展改革委、银监会等按职责分工分别负责）

（二十四）发挥农产品期货市场的价格发现和风险规避功能。积极推动农产品期货新品种开发，拓展农产品期货业务。完善商品期货交易机制，加强信息服务，推动农民合作社等农村经济组织参与期货交易，鼓励农产品生产经营企业进入期货市场开展套期保值业务。（证监会负责）

（二十五）谨慎稳妥地发展农村地区证券期货服务。根据农村地区特点，有针对性地提升证券期货机构的专业能力，探索建立农村地区证券期货服务模式，支持农户、农业企业和农村经济组织进行风险管理，加强对投资者的风险意识教育和风险管理培训，切实保护投资者合法权益。（证监会负责）

八、完善农村金融基础设施

（二十六）推进农村信用体系建设。继续组织开展信用户、信用村、信用乡（镇）创建活动，加强征信宣传教育，坚决打击骗贷、骗保和恶意逃债行为。（人民银行、银监会、保监会、公安部、发展改革委等按职责分工分别负责）

（二十七）发展农村交易市场和中介组织。在严格遵守《国务院关于清理整顿各类交易场所切实防范金融风险的决定》（国发〔2011〕38号）的前提下，探索推进农村产权交易市场建设，积极培育土地评估、资产评估等中介组织，建设具有国内外影响力的农产品交易中心。（证监会、发展改革委、国土资源部、农业部、财政部等按职责分工分别负责）

（二十八）改善农村支付服务环境。推广非现金支付工具和支付清算系统，稳步推广农村移动便捷支付，不断提高农村地区支付服务水平。（人民银行、工业和信息化部、银监会等按职责分工分别负责）

（二十九）保护农村金融消费者权益。畅通农村金融消费者诉求渠道，妥善处理金融消费纠纷。继续开展送金融知识下乡、入社区、进校园活动，提高金融知识普及教育的有效性和针对性，增强广大农民风险识

别、自我保护的意识和能力。（银监会、证监会、保监会、人民银行、公安部等按职责分工分别负责）

九、加大对“三农”金融服务的政策支持

（三十）健全政策扶持体系。完善政策协调机制，加快建立导向明确、激励有效、约束严格、协调配套的长期化、制度化农村金融政策扶持体系，为金融机构开展“三农”业务提供稳定的政策预期。（财政部、人民银行、银监会、税务总局、证监会、保监会等按职责分工分别负责）

（三十一）加大政策支持力度。按照“政府引导、市场运作”原则，综合运用奖励、补贴、税收优惠等政策工具，重点支持金融机构开展农户小额贷款、新型农业经营主体贷款、农业种植业养殖业贷款、大宗农产品保险，以及银行卡助农取款、汇款、转账等支农惠农政策性支付业务。按照“鼓励增量，兼顾存量”原则，完善涉农贷款财政奖励制度。优化农村金融税收政策，完善农户小额贷款税收优惠政策。落实对新型农村金融机构和基础金融服务薄弱地区的银行业金融机构（网点）的定向费用补贴政策。完善农村信贷损失补偿机制，探索建立地方财政出资的涉农信贷风险补偿基金。对涉农贷款占比高的县域银行业法人机构实行弹性存贷比，优先支持开展“三农”金融产品创新。（财政部、人民银行、税务总局、银监会、保监会等按职责分工分别负责）

（三十二）完善涉农贷款统计制度。全面、及时、准确反映农林牧渔业贷款、农户贷款、农村小微企业贷款以及农民合作社贷款情况，依据涉农贷款统计的多维口径制定金融政策和差别化监管措施，提高政策支持的针对性和有效性。（人民银行、银监会等按职责分工分别负责）

（三十三）开展政策效果评估，不断完善相关政策措施，更好地引导带动金融机构支持“三农”发展。（财政部、人民银行、银监会、农业部、税务总局、证监会、保监会等按职责分工分别负责）

（三十四）防范金融风险。金融管理部门要按照职责分工，加强金融监管，着力做好风险识别、监测、评估、预警和控制工作，进一步发挥金融监管协调部际联席会议制度的作用，不断健全新形势下的风险处置机制，切实维护金融稳定。各金融机构要进一步健全制度，完善风险管理。地方人民政府要按照监管规则和要求，切实担负起对小额贷款公司、担保公司、典当行、农村资金互助合作组织的监管责任，层层落实突发金融风险事件处置的组织职责，制定完善风险应对预案，守住底线。（银监会、证监会、保监会、人民银行等按职责分工分别负责）

（三十五）加强督促检查。各地区、各有关部门和各金融机构要按照国务院统一部署，增强做好“三农”金融服务工作的责任感和使命感，各司其职，协调配合，扎实推动各项工作。地方各级人民政府要结合本地区实际，抓紧研究制定扶持政策，加大对农村金融改革发展的政策支持力度。各省、自治区、直辖市人民政府要按年度对本地区金融支持“三农”发展工作进行全面总结，提出政策意见和建议，于次年1月底前报国务院。各有关部门要按照职责分工精心组织，切实抓好贯彻落实工作，银监会要牵头做好督促检查和各地区工作情况的汇总工作，确保各项政策措施落实到位。

国务院办公厅

2014年4月20日

（此件公开发布）

关于2014年深化经济体制改革重点任务的意见

2014年是全面贯彻落实党的十八届三中全会精神的第一年，改革是今年政府工作的首要任务，经济体制改革是全面深化改革的重点。根据《中央全面深化改革领导小组2014年工作要点》和今年《政府工作报告》的部署，现就2014年深化经济体制改革重点任务提出以下意见。

一、切实增强改革的责任感和紧迫感

做好2014年经济体制改革工作，要高举中国特色社会主义伟大旗帜，坚持社会主义市场经济改革方向，按照全面深化改革的总目标和党中央、国务院的决策部署，把改革贯彻到政府工作的各个方面，贯穿于经济社会发展的各个领域各个环节。要紧紧抓住推动发展和改善民生中的难题，从群众最期盼的领域改起，从制约经济社会发展最突出的问题改起，从社会各界能够达成共识的环节改起，优先推出对稳增长、调结构、惠民生有直接效果的改革举措。

各地区、各部门要充分认识深化经济体制改革的重要性和紧迫性，深刻理解其科学内涵和本质要求，发挥经济体制改革牵引作用，充分调动各方面积极因素，处理好解放思想和实事求是的关系、整体推进和重点突破的关系、全局和局部的关系、顶层设计和摸着石头过河的关系、胆子要大和步子要稳的关系、改革发展稳定的关系，把握好改革的战略重点、优先顺序、主攻方向和推进方式，正确、准确、有序、协调地推进改革，努力在重要领域和关键环节取得新突破。

二、加快转变政府职能

抓好简政放权的先手棋，进一步完善放管结合的体制机制。今年，要重点取消对投资创业就业影响大、对经济社会发展制约明显的行政审批事项，更大限度地向市场放权、给企业松绑，更大程度地让人民群众受益。该下放的事项要坚决下放，充分发挥地方政府贴近基层、就近管理和便民服务的优势。深化投资审批制度改革，取消或简化前置性审批，充分落实企业投资自主权，推进投资创业便利化。

全面清理非行政许可审批事项。对面向公民、法人或其他组织的非行政许可审批事项原则上予以取消，确属需要且符合行政许可法规定的事项，要依法履行程序。加快清理各类变相行政审批，该取消的一律取消。

加快建立和完善权力清单制度。行政审批事项一律以清单形式向社会公开。清单之外的，一律不得实施审批，让政府部门“法无授权不可为”。加快探索市场准入负面清单管理方式，逐步做到负面清单之外的事项，由市场主体依法自行决定，实现“法无禁止即可为”。在全国实施工商登记制度改革，落实认缴登记制，由先证后照改为先照后证，由企业年检制度改为年报公示制度，让市场主体不断迸发新的活力。

进一步完善宏观调控体系，推进宏观调控目标制定和政策手段运用机制化。坚持权力和责任同步下放、放活和监管同步到位。应当取消的审批事项，要真正放给市场和社会，不能避重就轻、放小留大。已经下放的审批事项，有关部门、地方政府、基层和社会组织要联动配合，接住管好，切实解决好“中梗阻”和“最后一公里”问题。要加强事中事后监管，建立横向到边、纵向到底的监管网络和科学有效的监管机制，严厉惩处坑蒙拐骗、假冒伪劣、侵犯知识产权、蓄意污染环境、违背市场公平竞争原则的行为。建立科学的抽查制度、责任追溯制度、经营异常名录和黑名单制度，重点监控问题企业和违法违规经营者。

三、着力推进财税金融价格改革

财税体制改革的目标是建立现代财政制度。要实施全面规范、公开透明的预算制度，积极推进预决算公开，建设阳光政府，让人民群众看明白、能监督。实行全口径预算管理，加大政府性基金预算、国有资本经营预算与公共预算的统筹力度。实行中期财政规划管理，建立跨年度预算平衡机制。

继续扩大营改增试点范围，促进服务业发展和产业结构优化升级。改革完善消费税制度，抑制高耗能、高污染产品消费，合理引导高档消费品和高端服务消费，鼓励居民基本生活消费。坚持正税清费，推进煤炭资源税改革和房地产税、环境保护税立法相关工作。

抓紧研究调整中央与地方事权和支出责任。科学界定政府与市场边界，充分考虑公共事项的责任性质和受益范围，合理划分中央与地方、地方各级政府之间的事权和支出责任。结合税制改革，厘清税种属性，进一步理顺中央和地方收入划分，保持现有中央和地方财力格局总体稳定。提高一般性转移支付比例，清理、整合、规范专项转移支付项目，逐步取消竞争性领域专项和地方资金配套。科学设定财政转移支付的因素及权重，使转移支付更加公开透明。

规范政府举债融资制度。开明渠、堵暗道，建立以政府债券为主体的地方政府举债融资机制，剥离融资平台公司政府融资职能。对地方政府债务实行限额控制，分类纳入预算管理。推行权责发生制的政府综合财务报告制度，建立考核问责机制和地方政府信用评级制度。建立健全债务风险预警及应急处置机制，防范和化解债务风险。

金融体制改革要更好地服务于实体经济和社会事业发展。加快推进利率汇率市场化改革，有序推进人民币资本项目可兑换。进一步完善人民币汇率市场化形成机制，加大市场决定汇率的力度，增强人民币汇率双向浮动弹性。有序放宽金融机构市场准入，在加强监管前提下，允许具备条件的民间资本依法发起设立中小银行等金融机构，引导民间资本参股、投资金融机构和融资中介服务机构。针对中小企业特别是小微企业和“三农”多层次、多样化融资需求，注重发展熟悉当地情况、特色鲜明的地方法人银行。推进政策性金融机构改革，健全可持续运营机制。建立存款保险制度，健全金融机构风险处置机制，保护存款人利益。加快发展多层次资本市场，发展并规范债券市场，提高直接融资比重。完善保险定价机制，建立健全农业保险和巨灾保险制度。处理好金融创新与金融监管的关系，促进互联网金融健康发展。加快建立统一、全面、共享的金融业综合统计体系，制订金融统计管理条例。通过完善制度、规范秩序、加强监管、坚守底线，切实防范系统性和区域性金融风险。

抓住当前物价水平总体稳定的时间窗口，积极稳妥推进资源性产品和交通、电信、医药、医疗服务等价格改革，促进能源等重点行业改革和服务业发展。进一步减少政府定价项目，凡是能通过市场竞争形成价格的，要坚决交给市场。暂不具备放开条件的，要探索建立更加符合市场导向、更好反映供求关系的价格机制。对居民生活用电、用气、用水等，区分基本和非基本需求，不断完善兼顾人民群众基本生活和资源要素节约利用的阶梯价格制度。价格改革要注意全面评估改革对资源配置、物价水平、人民生活、生态环境的影响，处理好推进改革与防通胀、保民生、改善环境之间的关系。

四、深化国有企业、科技体制等改革

深化国有企业改革，深入研究和准确定位国有企业的功能性质，区分提供公益性产品或服务、自然垄断环节、一般竞争性行业等类型，完善国有企业分类考核办法，推动国有经济战略性调整，增强国有经济的市场活力和国际竞争力。以管资本为主加强国有资产监管，推进国有资本投资运营公司试点。遵循市场经济规律和技术经济规律，有序推进电信、电力、石油、天然气等行业改革。

加快发展混合所有制经济。推进国有企业股权多元化改革，建立政府和社会资本合作机制。除少数涉及国家安全的企业和投资运营公司可采用国有独资形式外，其他行业和领域国有资本以控股或参股形式参与经营。加快清理限制非公有制经济发展的法律、法规、规章和规范性文件，推动非国有资本参与中央企业投资和进入特许经营领域。放开包括自然垄断行业竞争性业务在内的所有竞争性领域，为民间资本提供大显身手的舞台。发展混合所有制经济要依法合规、规范运作，有效防止国有资产流失。

加快科技体制改革要突出以创新支撑和推动产业结构优化，促进产业由价值链低端向中高端跃升。强化企业在技术创新中的主体地位，鼓励企业设立研发机构，牵头构建产学研协同创新联盟。加大中小企业发展专项资金对科技创新的支持力度。充分发挥市场对科技创新的导向作用，健全促进科技成果转化和产业化的体制机制。

发挥市场机制对产业结构优化升级的决定性作用。抓紧清理各类优惠政策，强化环保、安全、能耗、用地等标准，通过市场竞争实现优胜劣汰，促进落后、过剩产能退出，推动企业加强管理创新和商业模式创新。完善设备加速折旧等政策，促进企业技术改造。建设创新平台，推动战略性新兴产业发展。

提高服务业发展水平，让人民群众像选择商品一样有更多的服务可选择。依靠改革推动和开放倒逼机制，加快健康服务业、养老服务业、节能环保产业、文化创意和设计服务、现代物流、电子商务、信息消费、物联网和互联网等服务业发展。

五、深化户籍、土地等体制改革

推进以人为核心的新型城镇化。紧紧围绕解决好现有“三个1亿人”问题，推进户籍制度改革和基本公共服务体系建设。研究提出城市规模标准。根据各类城镇的综合承载能力和发展潜力，实行差别化落户政策，建立健全与居住年限等条件相挂钩的基本公共服务提供机制，从各地实际出发明确基本公共服务覆盖城镇全部常住人口的时间表。

农村土地制度改革试点要按照集体所有权不能变、耕地红线不能动、农民利益不能损的原则，慎重稳妥地推进。在授权范围内有序推进农村集体经营性建设用地、农村宅基地、征地制度等改革试点。探索农村土地集体所有制的有效实现形式，落实集体所有权、稳定农户承包权、放活土地经营权，引导承包地经营权有序流转，赋予承包地经营权抵押、担保权能，扩大农村承包土地确权登记范围。

加强城镇化管理创新和机制建设。落实国家新型城镇化规划，推动经济社会发展规划、土地利用规划、城乡发展规划、生态环境保护规划等“多规合一”，开展市县空间规划改革试点，促进城乡经济社会一体化发展。围绕建立农业转移人口市民化成本分担机制和多元化可持续的投融资机制、创新行政管理体制和降低行政成本的设市设区模式等，开展国家新型城镇化试点和中小城市综合改革试点。

六、以开放促进改革

通过深化改革构建开放型经济新体制，通过扩大开放倒逼国内深层次改革和体制机制创新。以改革开放的相互促进，推动要素有序流动、资源高效配置、市场深度融合、产业转型升级，打造符合国际投资贸易规则、内外资企业公平竞争的营商环境，加快培育国际竞争新优势。

坚持利用外资与调整经济结构和转变发展方式相结合。注重引进先进技术、管理经验和高素质人才，发挥利用外资的技术溢出效应和综合带动效应。建立统一、公平、透明的投资准入体制，将逐案审批和产业指导目录式的外资管理方式，逐步改革为准入前国民待遇加负面清单管理模式。放宽教育、文化、医疗等服务业市场准入。

建立健全对外投资贸易便利化体制。推进对外投资管理方式改革，实行以备案为主、核准为辅的管理方式，缩小核准范围，确立企业和个人对外投资主体地位。健全金融、法律、中介、领事等服务，引导有实力的企业到海外整合和延伸产业链，支持企业打造自主品牌和国际营销网络，提高其在全球范围内配置资源要素的能力。加大部门间管理协同力度，加快通关便利化改革，培育出口贸易新优势。统筹多双边和区域开放合作，加快内陆沿边开放，积极推动自贸区建设。

七、推进关系民生改善的各项体制改革

以保基本、兜底线、促公平为核心，深化教育、文化、医药卫生、社会保障、住房保障等领域改革，构建基本民生保障服务体系。以农村为重点，以农村社区建设试点工作为重要抓手，统筹推进城乡基层公共资源共建共享和基本公共服务设施建设，建立健全农村公共服务运行维护机制。以提高质量、促进公平、增强活力为目标，以资源配置方式、人才培养模式和管理体制为重点，深化教育综合改革。统筹城乡义务教育资源配置，促进义务教育均衡发展。增加贫困地区农村学生上重点高校比例，推动优质教育资源更多惠及农村、边远、贫困、民族地区。围绕保基本、强基层、建机制，推动医改向纵深发展，不断健全覆盖城乡居民的基本医疗卫生制度，为群众提供安全、有效、方便、价廉的医疗卫生服务。按照增强公平性、适应流动性、保证可持续性的要求，完善社会保障制度。以全体人民住有所居为目标，完善住房保障机制，促进房地产市场健康发展。深化文化体制改革，完善文化经济政策，推进基本公共文化服务标准化、均等化。健全从中央到地方直至基层的食品药品安全监管体制，建立从生产加工到流通消费的全过程

监管机制、社会共治制度和可追溯体系。

完善社会救助制度体系，兜住特殊困难群众的生活底线。加快构建与经济社会发展水平相适应、与其他保障制度相衔接的社会救助制度，使救助体系科学化、规范化、法制化。全面实施临时救助制度，保障遭遇临时性、突发性困难家庭的基本生活，让突遇不测者得周急之助，因病因灾者去生存之虞，创新创业者无后顾之忧。

推进就业创业、收入分配、社会治理等制度改革，促进起点公平、机会均等和社会稳定。优化就业创业环境，统筹做好高校毕业生、农村转移劳动力、城镇困难人员等就业工作。深化收入分配制度改革，努力缩小收入差距，增加低收入者收入，扩大中等收入者比重，使城乡居民收入与经济同步增长。协调推进经济改革和社会改革，创新社会管理体制。通过市场引导、政府购买服务等方式，支持社会组织发展，激发社会组织活力。健全基层民主法治制度，发挥多元主体共同治理作用，促进人民安居乐业。

八、加快生态文明制度建设

坚持节约优先、保护优先、自然恢复为主的基本方针，着力推进绿色发展、循环发展、低碳发展，形成节约资源和保护环境的空间格局、产业结构、生产方式、生活方式，从源头上扭转生态环境恶化趋势。加大主体功能区制度实施力度，研究制定国家主体功能区制度的综合政策体系。严格生态空间保护制度，建立陆海统筹的生态系统保护修复和污染防治区域联动机制。探索编制自然资源资产负债表，加大对自然价值较高的国土空间的保护力度，改变自然资源的粗放利用状态。推动建立跨区域、跨流域生态补偿机制，促进形成综合补偿与分类补偿相结合，转移支付、横向补偿和市场交易互为补充的生态补偿制度。完善资源有偿使用、环境损害赔偿、环境污染责任保险等制度，制定实施生态文明建设目标体系，健全评价考核、行为奖惩、责任追究等机制，加强资源环境领域法制建设，为生态文明建设提供制度保障。

坚持铁腕治污、铁规治污。深入实施大气污染防治行动计划，加大环境信息公开力度，以雾霾频发的特大城市和区域为重点，以细颗粒物和可吸入颗粒物治理为突破口，抓住产业结构、能源效率、尾气排放和扬尘管控等关键环节，健全政府、企业、公众共同参与的治污新机制。推进环境污染第三方治理。继续开展排污权有偿使用和交易试点。

推动工业、建筑、交通运输、公共机构等重点领域和重点单位节能减排，加快制定和完善配套政策措施。研究全国碳排放总量控制和分解落实机制，研究制定全国碳排放权交易管理办法。推动能源生产和消费方式变革，控制能源消费总量，建立健全碳强度下降和节能目标责任制及评价考核体系。出台更为严格的节水管理办法和相关标准。

九、确保责任落实和任务完成

注重改革的系统性、整体性、协同性，强化改革的组织领导和工作责任。各地区、各部门要按照党中央、国务院的统一部署，健全改革机构，加强改革力量，完善推进机制。各项任务的牵头部门要对任务落实负总责，立足全局制定改革方案，扩大征求意见的参与面，切实防止“部门化”倾向。参加部门要各司其职，密切配合。对牵头或参加的改革任务，各部门要明确到具体责任领导、责任单位和责任人，以抓铁有痕、踏石留印的劲头，落实改革任务。

提高改革决策的科学化、民主化水平。坚持以人为本，从人民利益出发谋划和推进改革。制定改革方案，要进行认真细致的调查研究，集中民智、体现民意。充分发挥专家学者、智库的决策咨询作用，重视发挥各类改革试点、试验的示范带动作用。坚持改革创新和依法行政的辩证统一，协调推进体制改革和法制建设。

坚持分类有序推进改革。对已有共识、基础条件较好的改革事项，要加快推进实施。对方向已经明确、但实施条件尚不成熟的改革事项，要抓紧研究制定方案，适时启动。对利益关系复杂、意见分歧较大的改革事项，要选择部分地区、部分行业开展试点。对需要较长时间完成的改革任务，要统筹规划、有序推进、常抓不懈。

加强改革宣传和舆论引导。对拟出台的重大改革方案或政策，要通过专题宣传、专家解读等多种方式，进行充分解读、释疑解惑，正确引导社会预期，消除模糊认识和片面理解，避免不必要的炒作，最大程度凝聚各方共识。要及时发布改革信息、解答改革难题、宣传改革经验、回应社会关切，为改革创造良好的社会环境。

加强绩效考核和督促检查。充分发挥经济体制改革工作协调机制的作用，加强改革工作的绩效考核，搞好重点任务的督查督办。对已经出台的改革方案，要加强跟踪落实，善于发现苗头性、倾向性、潜在性问题，及时纠正偏差、完善政策。重大情况和重要问题及时报告国务院。

中华人民共和国国家发展和改革委员会

国务院办公厅关于印发2014—2015年节能减排低碳发展行动方案的通知

国办发〔2014〕23号

各省、自治区、直辖市人民政府，国务院各部委、各直属机构：

《2014—2015年节能减排低碳发展行动方案》已经国务院同意，现印发给你们，请结合本地区、本部门实际，认真贯彻落实。

国务院办公厅

2014年5月15日

（本文有删减）

2014—2015年节能减排低碳发展行动方案

加强节能减排，实现低碳发展，是生态文明建设的重要内容，是促进经济提质增效升级的必由之路。“十二五”规划纲要明确提出了单位国内生产总值（GDP）能耗和二氧化碳排放量降低、主要污染物排放总量减少的约束性目标，但2011—2013年部分指标完成情况落后于时间进度要求，形势十分严峻。为确保全面完成“十二五”节能减排降碳目标，制定本行动方案。

工作目标：2014—2015年，单位GDP能耗、化学需氧量、二氧化硫、氨氮、氮氧化物排放量分别逐年下降3.9%、2%、2%、2%、5%以上，单位GDP二氧化碳排放量两年分别下降4%、3.5%以上。

一、大力推进产业结构调整

（一）积极化解产能严重过剩矛盾。认真贯彻落实《国务院关于化解产能严重过剩矛盾的指导意见》（国发〔2013〕41号），严格项目管理，各地区、各有关部门不得以任何名义、任何方式核准或备案产能严重过剩行业新增产能项目，依法依规全面清理违规在建和建成项目。加大淘汰落后产能力度，在提前一年完成钢铁、电解铝、水泥、平板玻璃等重点行业“十二五”淘汰落后产能任务的基础上，2015年底前再淘汰落后炼铁产能1500万吨、炼钢1500万吨、水泥（熟料及粉磨能力）1亿吨、平板玻璃2000万重量箱。

（二）加快发展低能耗低排放产业。加强对服务业和战略性新兴产业相关政策措施落实情况的督促检查，力争到2015年服务业和战略性新兴产业增加值占GDP的比重分别达到47%和8%左右。加快落实《国务院关于加快发展节能环保产业的意见》（国发〔2013〕30号），组织实施一批节能环保和资源循环利用重大技术装备产业化工程，完善节能服务公司扶持政策准入条件，实行节能服务产业负面清单管理，积极培育“节能医生”、节能量审核、节能低碳认证、碳排放核查等第三方机构，在污染减排重点领域加快推行环境污染第三方治理。到2015年，节能环保产业总产值达到4.5万亿元。

（三）调整优化能源消费结构。实行煤炭消费目标责任管理，严控煤炭消费总量，降低煤炭消费比重。京津冀及周边、长三角、珠三角等区域及产能严重过剩行业新上耗煤项目，要严格实行煤炭消耗等量或减量替代政策，京津冀地区2015年煤炭消费总量力争实现比2012年负增长。加快推进煤炭清洁高效利用，在大气污染防治重点区域地级以上城市大力推广使用型煤、清洁优质煤及清洁能源，限制销售灰分高于16%、硫分高于1%的散煤。增加天然气供应，优化天然气使用方式，新增天然气优先用于居民生活或替代燃煤。大力发展非化石能源，到2015年非化石能源占一次能源消费量的比重提高到11.4%。

（四）强化能评环评约束作用。严格实施项目能评和环评制度，新建高耗能、高排放项目能效水平和排污强度必须达到国内先进水平，把主要污染物排放总量指标作为环评审批的前置条件，对钢铁、有色、建材、石油石化、化工等高耗能行业新增产能实行能耗等量或减量置换。对未完成节能减排目标的地区，暂停该地区新建高耗能项目的能评审查和新增主要污染物排放项目的环评审批。完善能评管理制度，规范评估机构，优化审查流程。

二、加快建设节能减排降碳工程

（五）推进实施重点工程。大力实施节能技术改造工程，运用余热余压利用、能量系统优化、电机系统节能等成熟技术改造工程设备，形成节能能力3200万吨标准煤。加快实施节能技术装备产业化示范工程，推广应用低品位余热利用、半导体照明、稀土永磁电机等先进技术装备，形成节能能力1100万吨标准煤。实施能效领跑者计划和合同能源管理工程，形成节能能力2200万吨标准煤。推进脱硫脱硝工程建设（具体任务附后），完成3亿千瓦燃煤机组脱硝改造，2.5亿千瓦燃煤机组拆除烟气旁路，4万平方米钢铁烧结机安装脱硫设施，6亿吨熟料产能的新型干法水泥生产线安装脱硝设施，到2015年底分别新增二氧化硫、氮氧化物减排能力230万吨、260万吨以上。新建日处理能力1600万吨的城镇污水处理设施，规模化畜禽养殖场和养殖小区配套建设废弃物处理设施，到2015年底分别新增化学需氧量、氨氮减排能力200万吨、30万吨。加强对氢氟碳化物（HFSc）排放的管理，加快氢氟碳化物销毁和替代，“十二五”期间累计减排2.8亿吨二氧化碳当量。

（六）加快更新改造燃煤锅炉。开展锅炉能源消耗和污染排放调查。实施燃煤锅炉节能环保综合提升工程，2014年淘汰5万台小锅炉，到2015年底淘汰落后锅炉20万蒸吨（具体任务附后），推广高效节能环保锅炉25万蒸吨，全面推进燃煤锅炉除尘升级改造，对容量20蒸吨/小时及以上燃煤锅炉全面实施脱硫改造，形成2300万吨标准煤节能能力、40万吨二氧化硫减排能力和10万吨氮氧化物减排能力。

（七）加大机动车减排力度。2014年底前，在全国供应国四标准车用柴油，淘汰黄标车和老旧车600万辆（具体任务附后）。到2015年底，京津冀、长三角、珠三角等区域内重点城市全面供应国五标准车用汽油和柴油；全国淘汰2005年前注册营运的黄标车，基本淘汰京津冀、长三角、珠三角等区域内的500万辆黄标车。加强机动车环保管理，强化新生产车辆环保监管。加快柴油车车用尿素供应体系建设。

（八）强化水污染防治。落实最严格水资源管理制度。编制实施水污染防治行动计划，重点保护饮用水水源地、水质较好湖泊，重点治理劣五类等污染严重水体。继续推进重点流域水污染防治，严格水功能区管理。加强地下水污染防治，加大农村、农业面源污染防治力度，严格控制污水灌溉。强化造纸、印染等重点行业污染物排放控制。到2015年，重点行业单位工业增加值主要水污染物排放量下降30%以上。

三、狠抓重点领域节能降碳

（九）加强工业节能降碳。实施工业能效提升计划，在重点耗能行业全面推行能效对标，推动工业企业能源管控中心建设；开展工业绿色发展专项行动，实施低碳工业园区试点，到2015年，规模以上工业企业单位增加值能耗比2010年降低21%以上。持续开展万家企业节能低碳行动，推动建立能源管理体系；制定重点行业企业温室气体排放核算与报告指南，推动建立企事业单位碳排放报告制度；强化节能降碳目标责任评价考核，落实奖惩制度。到2015年底，万家企业实现节能量2.5亿吨标准煤以上。

（十）推进建筑节能降碳。深入开展绿色建筑行动，政府投资的公益性建筑、大型公共建筑以及各直辖市、计划单列市及省会城市的保障性住房全面执行绿色建筑标准。到2015年，城镇新建建筑绿色建筑标准执行率达到20%，新增绿色建筑3亿平方米，完成北方采暖地区既有居住建筑供热计量及节能改造3亿平方米。以住宅为重点，以建筑工业化为核心，加大对建筑部品生产的扶持力度，推进建筑产业现代化。

（十一）强化交通运输节能降碳。加快推进综合交通运输体系建设，开展绿色循环低碳交通运输体系建设试点，深化“车船路港”千家企业低碳交通运输专项行动。实施高速公路不停车自动交费系统全国联网工程。加大新能源汽车推广应用力度。继续推行甩挂运输，开展城市绿色货运配送示范行动。积极发展现代物流业，加快物流公共信息平台建设。大力发展公共交通，推进“公交都市”创建活动。公路、水路运输和港口形成节能能力1400万吨标准煤以上，到2015年，营运货车单位运输周转量能耗比2013年降低4%以上。

（十二）抓好公共机构节能降碳。完善公共机构能源审计及考核办法。推进公共机构实施合同能源管理项目，将公共机构合同能源管理服务纳入政府采购范围。开展节约型公共机构示范单位建设，将40%以上的中央国家机关本级办公区建成节约型办公区。2014—2015年，全国公共机构单位建筑面积能耗年均降低2.2%，力争超额完成“十二五”时期降低12%的目标。

四、强化技术支撑

（十三）加强技术创新。实施节能减排科技专项行动和重点行业低碳技术创新示范工程，以电力、钢铁、石油石化、化工、建材等行业和交通运输等领域为重点，加快节能减排共性关键技术及成套装备研发生产。在能耗高、节能减排潜力大的地区，实施一批能源分质梯级利用、污染物防治和安全处置等综合示范科技研发项目。实施水体污染治理与控制重大科技专项，突破化工、印染、医药等行业源头控制及清洁生产关键技术瓶颈。鼓励建立以企业为主体、市场为导向、多种形式的产学研战略联盟，引导企业加大节能减排技术研发投入。

（十四）加快先进技术推广应用。完善节能低碳技术遴选、评定及推广机制，以发布目录、召开推广会等方式向社会推广一批重大节能低碳技术及装备，鼓励企业积极采用先进适用技术进行节能改造，实现新增节能能力1350万吨标准煤。在钢铁烧结机脱硫、水泥脱硝和畜禽规模养殖等领域，加快推广应用成熟的污染治理技术。实施碳捕集、利用和封存示范工程。

五、进一步加强政策扶持

（十五）完善价格政策。严格清理地方违规出台的高耗能企业优惠电价政策。落实差别电价和惩罚性电价政策，节能目标完成进度滞后地区要进一步加大差别电价和惩罚性电价执行力度。对电解铝企业实行阶梯电价政策，并逐步扩大到其他高耗能行业和产能过剩行业。落实燃煤机组环保电价政策。完善污水处理费政策，研究将污泥处理费用纳入污水处理成本。完善垃圾处理收费方式，提高收缴率。

（十六）强化财税支持。各级人民政府要加大对节能减排的资金支持力度，整合各领域节能减排资金，加强统筹安排，提高使用效率，努力促进资金投入与节能减排工作成效相匹配。严格落实合同能源管理项目所得税减免政策。实施煤炭等资源税从价计征改革，清理取消有关收费基金。开展环境保护税立法工作，加快推进环境保护费改税。

（十七）推进绿色融资。银行业金融机构要加快金融产品和业务创新，加大对节能减排降碳项目的支持力度。支持符合条件的企业上市、发行非金融企业债务融资工具、企业债券等，拓宽融资渠道。建立节能减排与金融监管部门及金融机构信息共享联动机制，促进节能减排信息在金融机构中实现共享，作为综合授信和融资支持的重要依据。积极引导多元投资主体和各类社会资金进入节能减排降碳领域。

六、积极推行市场化节能减排机制

（十八）实施能效领跑者制度。定期公布能源利用效率最高的空调、冰箱等量大面广终端用能产品目录，单位产品能耗最低的乙烯、粗钢、电解铝、平板玻璃等高耗能产品生产企业名单，以及能源利用效率最高的机关、学校、医院等公共机构名单，对能效领跑者给予政策扶持，引导生产、购买、使用高效节能产品。适时将能效领跑者指标纳入强制性国家标准。

（十九）建立碳排放权、节能量和排污权交易制度。推进碳排放权交易试点，研究建立全国碳排放权交易市场。加快制定节能量交易工作实施方案，依托现有交易平台启动项目节能量交易。继续推进排污权有偿使用和交易试点。

（二十）推行能效标识和节能低碳产品认证。修订能效标识管理办法，将实施能效标识的产品由28类扩大到35类。整合节能和低碳产品认证制度，制定节能低碳产品认证管理办法，将实施节能认证的产品由117类扩大到139类，强化对认证结果的采信。将产品能效作为质量监管的重点，严厉打击能效虚标行为。

（二十一）强化电力需求侧管理。落实电力需求侧管理办法，完善配套政策，严格目标责任考核。建设国家电力需求侧管理平台，推广电能服务，继续实施电力需求侧管理城市综合试点。电网企业要确保完成年度电力电量节约指标，并对平台建设及试点工作给予支持和配合。电力用户要积极采用节电技术产品，优化用电方式，提高电能利用效率。通过推行电力需求侧管理机制，2014—2015年节约电量400亿千瓦时，节约电力900万千瓦。

七、加强监测预警和监督检查

（二十二）强化统计预警。加强能源消耗、温室气体排放和污染物排放计量与统计能力建设，进一步完善节能减排降碳的计量、统计、监测、核查体系，确保相关指标数据准确一致。加强分析预警，定期发布节能目标完成情况晴雨表和主要污染物排放数据公告。各地区要研究制定确保完成节能减排降碳目标的预警调控方案，根据形势适时启动。

（二十三）加强运行监测。加快推进重点用能单位能耗在线监测系统建设，2014年完成试点，2015年基本建成。进一步完善主要污染物排放在线监测系统，确保监测系统连续稳定运行，到2015年底，污染源自动监控数据有效传输率达到75%，企业自行监测结果公布率达到80%，污染源监督性监测结果公布率达到95%。

（二十四）完善法规标准。推进节约能源法、大气污染防治法、建设项目环境保护管理条例的修订工作，推动开展节能评估审查、应对气候变化立法等工作，加快制定排污许可证管理条例、机动车污染防治条例等法规，研究制定节能监察办法。实施百项能效标准推进工程，制（修）订一批重要节能标准、重点行业污染物排放标准，落实重点区域大气污染物排放特别限值要求。

（二十五）强化执法监察。加强节能监察能力建设，到2015年基本建成省、市、县三级节能监察体系。发挥能源监管派出机构的作用，加强能源消费监管。2014年下半年，各地区节能主管部门要针对万家重点用能企业开展专项监察。环保部门要持续开展专项执法，公布违法排污企业名单，发布重点企业污染物排放信息，对违法违规行为进行公开通报或挂牌督办。依法查处违法用能排污单位和相关责任人。实行节能减排执法责任制，对行政不作为、执法不严等行为，严肃追究有关主管部门和执法机构负责人的责任。

八、落实目标责任

（二十六）强化地方政府责任。各省（区、市）要严格控制本地区能源消费增长。严格实施单位GDP能耗和二氧化碳排放强度降低目标责任考核，减排重点考核污染物控制目标、责任书项目落实、监测监控体系建设运行等情况。地方各级人民政府对本行政区域内节能减排降碳工作负总责，主要领导是第一责任人。对未完成年度目标任务的地区，必要时请国务院领导同志约谈省级政府主要负责人，有关部门按规定进行问责，相关负责人在考核结果公布后的一年内不得评选优秀和提拔重用，考核结果向社会公布。对超额完成“十二五”目标任务的地区，按照国家有关规定，根据贡献大小给予适当奖励。

（二十七）落实重点地区责任。海南、甘肃、青海、宁夏、新疆等节能降碳目标完成进度滞后的地区，要抓紧制定具体方案，采取综合性措施，确保完成节能降碳目标任务。云南、贵州、广西、新疆等减排工作进展缓慢地区，要进一步挖掘潜力，确保完成减排目标。强化京津冀及周边、长三角、珠三角等重点区域污染减排，尽可能多削减氮氧化物，力争2014—2015年实现氮氧化物减排12%，高出全国平均水平2个百分点。年能源消费量2亿吨标准煤以上的重点用能地区和东中部排放量较大地区，在确保完成目标任务前提下要多作贡献。各省级人民政府要对年能源消费量300万吨标准煤以上的市县实行重点管理，出台措施推动多完成节能任务。18个节能减排财政政策综合示范城市要争取提前一年完成“十二五”节能目标，或到2015年超额完成目标的20%以上。低碳试点省（区）和城市要提前完成“十二五”降碳目标。

（二十八）明确相关部门工作责任。国务院各有关部门要按照职责分工，加强协调配合，多方齐抓共管，形成工作合力。发展改革委要履行好国家应对气候变化及节能减排工作领导小组办公室的职责，会同环境保护部等有关部门加强对地方和企业的监督指导，抓紧制定出台对进度滞后地区的帮扶督办方案，密切跟踪工作进展，督促行动方案各项措施落到实处。环境保护部等要全面加强监管，其他各相关部门也要抓紧行动，共同做好节能减排降碳工作。

（二十九）强化企业主体责任。企业要严格遵守节能环保法律法规及标准，加强内部管理，增加资金投入，及时公开节能环保信息，确保完成目标任务。中央企业要积极发挥表率作用，把节能减排任务完成情况作为企业绩效和负责人业绩考核的重要内容。国有企业要力争提前完成“十二五”节能目标。充分发挥行业协会在加强企业自律、树立行业标杆、制定技术规范、推广先进典型等方面的作用。

（三十）动员公众积极参与。采取形式多样的宣传教育活动，调动社会公众参与节能减排的积极性。鼓励对政府和企业落实节能减排降碳责任进行社会监督。

附件：1. 2014—2015年各地区燃煤锅炉淘汰任务

2. 2014—2015年各地区主要大气污染物减排工程任务

3. 2014年各地区黄标车及老旧车辆淘汰任务

附件1

2014—2015年各地区燃煤锅炉淘汰任务

地区	淘汰任务（万蒸吨）	地区	淘汰任务（万蒸吨）
北京	0.9	湖北	0.4
天津	1.2	湖南	0.3
河北	2.2	广东	0.5
山西	1.0	广西	0.1
内蒙古	0.9	海南	0
辽宁	1.0	重庆	0.1
吉林	0.5	四川	0.2
黑龙江	1.0	贵州	0.1
上海	0.5	云南	0.4
江苏	1.1	西藏	0
浙江	1.4	陕西	0.8
安徽	0.6	甘肃	0.3
福建	0.3	青海	0.1
江西	0.2	宁夏	0.2
山东	2.3	新疆	0.4
河南	1.0		
合计	20		

注：分配淘汰任务参考了各地区现有的中小锅炉容量，并加大了大气污染防治重点地区的淘汰力度。

附件2

2014—2015年各地区主要大气污染物减排工程任务

地区	火电脱硝（万千瓦）	钢铁烧结机脱硫（平方米）	水泥脱硝（万吨）
北京	0	0	210
天津	596	1430	0
河北	1500	11010	2160
山西	1134	2531	1650
内蒙古	3369	1777	3300
辽宁	1293	4764	3450
吉林	1119	560	270
黑龙江	1092	270	630
上海	344	264	75
江苏	1313	3692	4080
浙江	892	480	1860
安徽	1051	910	3600
福建	157	0	0
江西	541	641	2610
山东	3140	1973	5040
河南	2243	492	5400

地区	火电脱硝（万千瓦）	钢铁烧结机脱硫（平方米）	水泥脱硝（万吨）
湖北	1100	1388	4410
湖南	766	710	660
广东	602	0	5820
广西	506	360	750
海南	167	0	270
重庆	466	0	1530
四川	642	740	3450
贵州	1200	684	1200
云南	862	2575	2400
陕西	955	0	300
甘肃	539	646	1050
青海	90	0	480
宁夏	643	132	750
新疆（不含新疆生产建设兵团）	818	1410	2700
新疆生产建设兵团	330	352	1200

注：西藏自治区数据暂缺。

附件3

2014年各地区黄标车及老旧车辆淘汰任务

地区	淘汰任务（万辆）	地区	淘汰任务（万辆）
北京	39.1	湖北	18.5
天津	14.3	湖南	15.2
河北	66	广东	49.3
山西	21.6	广西	10
内蒙古	16.8	海南	2
辽宁	34.9	重庆	5.7
吉林	17	四川	17.6
黑龙江	20.5	贵州	6.9
上海	16	云南	14.7
江苏	30.7	西藏	0.38
浙江	28.1	陕西	13.4
安徽	25.8	甘肃	7.2
福建	9.9	青海	2
江西	14.6	宁夏	4.4
山东	42.8	新疆	7.5
河南	28.2		

国务院办公厅关于印发能源发展战略行动计划（2014-2020年）的通知

国办发〔2014〕31号

各省、自治区、直辖市人民政府，国务院各部委、各直属机构：

《能源发展战略行动计划（2014-2020年）》已经国务院同意，现印发给你们，请认真贯彻落实。

国务院办公厅

2014年6月7日

（本文有删减，个别表述有调整）

能源发展战略行动计划（2014-2020年）

能源是现代化的基础和动力。能源供应和安全事关我国现代化建设全局。新世纪以来，我国能源发展成就显著，供应能力稳步增长，能源结构不断优化，节能减排取得成效，科技进步迈出新步伐，国际合作取得新突破，建成世界最大的能源供应体系，有效保障了经济社会持续发展。

当前，世界政治、经济格局深刻调整，能源供求关系深刻变化。我国能源资源约束日益加剧，生态环境问题突出，调整结构、提高能效和保障能源安全的压力进一步加大，能源发展面临一系列新问题新挑战。同时，我国可再生能源、非常规油气和深海油气资源开发潜力很大，能源科技创新取得新突破，能源国际合作不断深化，能源发展面临着难得的机遇。

从现在到2020年，是我国全面建成小康社会的关键时期，是能源发展转型的重要战略机遇期。为贯彻落实党的十八大精神，推动能源生产和消费革命，打造中国能源升级版，必须加强全局谋划，明确今后一段时期我国能源发展的总体方略和行动纲领，推动能源创新发展、安全发展、科学发展，特制定本行动计划。

一、总体战略

（一）指导思想。高举中国特色社会主义伟大旗帜，以邓小平理论、“三个代表”重要思想、科学发展观为指导，深入贯彻党的十八大和十八届二中、三中全会精神，全面落实党中央、国务院的各项决策部署，以开源、节流、减排为重点，确保能源安全供应，转变能源发展方式，调整优化能源结构，创新能源体制机制，着力提高能源效率，严格控制能源消费过快增长，着力发展清洁能源，推进能源绿色发展，着力推动科技进步，切实提高能源产业核心竞争力，打造中国能源升级版，为实现中华民族伟大复兴的中国梦提供安全可靠的能源保障。

（二）战略方针与目标。坚持“节约、清洁、安全”的战略方针，加快构建清洁、高效、安全、可持续的现代能源体系。重点实施四大战略：

1. 节约优先战略。把节约优先贯穿于经济社会及能源发展的全过程，集约高效开发能源，科学合理使用能源，大力提高能源效率，加快调整和优化经济结构，推进重点领域和关键环节节能，合理控制能源消费总量，以较少的能源消费支撑经济社会较快发展。

到2020年，一次能源消费总量控制在48亿吨标准煤左右，煤炭消费总量控制在42亿吨左右。

2. 立足国内战略。坚持立足国内，将国内供应作为保障能源安全的主渠道，牢牢掌握能源安全主动权。发挥国内资源、技术、装备和人才优势，加强国内能源资源勘探开发，完善能源替代和储备应急体系，着力增强能源供应能力。加强国际合作，提高优质能源保障水平，加快推进油气战略进口通道建设，在开放格局中维护能源安全。

到2020年，基本形成比较完善的能源安全保障体系。国内一次能源生产总量达到42亿吨标准煤，能源自给能力保持在85%左右，石油储采比提高到14-15，能源储备应急体系基本建成。

3. 绿色低碳战略。着力优化能源结构，把发展清洁低碳能源作为调整能源结构的主攻方向。坚持发展非化石能源与化石能源高效清洁利用并举，逐步降低煤炭消费比重，提高天然气消费比重，大幅增加风电、太阳能、地热能等可再生能源和核电消费比重，形成与我国国情相适应、科学合理的能源消费结构，大幅减少能源消费排放，促进生态文明建设。

到2020年，非化石能源占一次能源消费比重达到15%，天然气比重达到10%以上，煤炭消费比重控制在62%以内。

4. 创新驱动战略。深化能源体制改革，加快重点领域和关键环节改革步伐，完善能源科学发展体制机制，充分发挥市场在能源资源配置中的决定性作用。树立科技决定能源未来、科技创造未来能源的理念，坚持追赶与跨越并重，加强能源科技创新体系建设，依托重大工程推进科技自主创新，建设能源科技强国，能源科技总体接近世界先进水平。

到2020年，基本形成统一开放竞争有序的现代能源市场体系。

二、主要任务

（一）增强能源自主保障能力。立足国内，加强能源供应能力建设，不断提高自主控制能源对外依存度的能力。

1. 推进煤炭清洁高效开发利用。按照安全、绿色、集约、高效的原则，加快发展煤炭清洁开发利用技术，不断提高煤炭清洁高效开发利用水平。

清洁高效发展煤电。转变煤炭使用方式，着力提高煤炭集中高效发电比例。提高煤电机组准入标准，新建燃煤发电机组供电煤耗低于每千瓦时300克标准煤，污染物排放接近燃气机组排放水平。

推进煤电大基地大通道建设。依据区域水资源分布特点和生态环境承载能力，严格煤矿环保和安全准入标准，推广充填、保水等绿色开采技术，重点建设晋北、晋中、晋东、神东、陕北、黄陇、宁东、鲁西、两淮、云贵、冀中、河南、内蒙古东部、新疆等14个亿吨级大型煤炭基地。到2020年，基地产量占全国的95%。采用最先进节能节水环保发电技术，重点建设锡林郭勒、鄂尔多斯、晋北、晋中、晋东、陕北、哈密、准东、宁东等9个千万千瓦级大型煤电基地。发展远距离大容量输电技术，扩大西电东送规模，实施北电南送工程。加强煤炭铁路运输通道建设，重点建设内蒙古西部至华中地区的铁路煤运通道，完善西煤东运通道。到2020年，全国煤炭铁路运输能力达到30亿吨。

提高煤炭清洁利用水平。制定和实施煤炭清洁高效利用规划，积极推进煤炭分级分质梯级利用，加大煤炭洗选比重，鼓励煤矸石等低热值煤和劣质煤就地清洁转化利用。建立健全煤炭质量管理体系，加强对煤炭开发、加工转化和使用过程的监督管理。加强进口煤炭质量监管。大幅减少煤炭分散直接燃烧，鼓励农村地区使用洁净煤和型煤。

2. 稳步提高国内石油产量。坚持陆上和海上并重，巩固老油田，开发新油田，突破海上油田，大力支持低品位资源开发，建设大庆、辽河、新疆、塔里木、胜利、长庆、渤海、南海、延长等9个千万吨级大油田。

稳定东部老油田产量。以松辽盆地、渤海湾盆地为重点，深化精细勘探开发，积极发展先进采油技术，努力增储挖潜，提高原油采收率，保持产量基本稳定。

实现西部增储上产。以塔里木盆地、鄂尔多斯盆地、准噶尔盆地、柴达木盆地为重点，加大油气资源勘探开发力度，推广应用先进技术，努力探明更多优质储量，提高石油产量。加大羌塘盆地等新区油气地质调查研究和勘探开发技术攻关力度，拓展新的储量和产量增长区域。

加快海洋石油开发。按照以近养远、远近结合，自主开发与对外合作并举的方针，加强渤海、东海和南海等海域近海油气勘探开发，加强南海深水油气勘探开发形势跟踪分析，积极推进深海对外招标和合作，尽快突破深海采油技术和装备自主制造能力，大力提升海洋油气产量。

大力支持低品位资源开发。开展低品位资源开发示范工程建设，鼓励难动用储量和濒临枯竭油田的开发及市场化转让，支持采用技术服务、工程总承包等方式开发低品位资源。

3. 大力发展天然气。按照陆地与海域并举、常规与非常规并重的原则，加快常规天然气增储上产，尽快突破非常规天然气发展瓶颈，促进天然气储量产量快速增长。

加快常规天然气勘探开发。以四川盆地、鄂尔多斯盆地、塔里木盆地和南海为重点，加强西部低品位、东部深层、海域深水三大领域科技攻关，加大勘探开发力度，力争获得大突破、大发现，努力建设8个年产量百亿立方米级以上的大型天然气生产基地。到2020年，累计新增常规天然气探明地质储量5. 5万亿立方米，年产常规天然气1850亿立方米。

重点突破页岩气和煤层气开发。加强页岩气地质调查研究，加快“工厂化”、“成套化”技术研发和应用，探索形成先进适用的页岩气勘探开发技术模式和商业模式，培育自主创新和装备制造能力。着力提高四川长宁-威远、重庆涪陵、云南昭通、陕西延安等国家级示范区储量和产量规模，同时争取在湘鄂、云贵和苏皖等地区实现突破。到2020年，页岩气产量力争超过300亿立方米。以沁水盆地、鄂尔多斯盆地东缘为重点，加大支持力度，加快煤层气勘探开采步伐。到2020年，煤层气产量力争达到300亿立方米。

积极推进天然气水合物资源勘查与评价。加大天然气水合物勘探开发技术攻关力度，培育具有自主知识产权的核心技术，积极推进试采工程。

4. 积极发展能源替代。坚持煤基替代、生物质替代和交通替代并举的方针，科学发展石油替代。到2020年，形成石油替代能力4000万吨以上。

稳妥实施煤制油、煤制气示范工程。按照清洁高效、量水而行、科学布局、突出示范、自主创新的原则，以新疆、内蒙古、陕西、山西等地为重点，稳妥推进煤制油、煤制气技术研发和产业化升级示范工程，掌握核心技术，严格控制能耗、水耗和污染物排放，形成适度规模的煤基燃料替代能力。

积极发展交通燃油替代。加强先进生物质能技术攻关和示范，重点发展新一代非粮燃料乙醇和生物柴油，超前部署微藻制油技术研发和示范。加快发展纯电动汽车、混合动力汽车和船舶、天然气汽车和船舶，扩大交通燃油替代规模。

5. 加强储备应急能力建设。完善能源储备制度，建立国家储备与企业储备相结合、战略储备与生产运行储备并举的储备体系，建立健全国家能源应急保障体系，提高能源安全保障能力。

扩大石油储备规模。建成国家石油储备二期工程，启动三期工程，鼓励民间资本参与储备建设，建立企业义务储备，鼓励发展商业储备。

提高天然气储备能力。加快天然气储气库建设，鼓励发展企业商业储备，支持天然气生产企业参与调峰，提高储气规模和应急调峰能力。

建立煤炭稀缺品种资源储备。鼓励优质、稀缺煤炭资源进口，支持企业在缺煤地区和煤炭集散地建设中转储运设施，完善煤炭应急储备体系。

完善能源应急体系。加强能源安全信息化保障和决策支持能力建设，逐步建立重点能源品种和能源通道应急指挥和综合管理系统，提升预测预警和防范应对水平。

（二）推进能源消费革命。调整优化经济结构，转变能源消费理念，强化工业、交通、建筑节能和需求侧管理，重视生活节能，严格控制能源消费总量过快增长，切实扭转粗放用能方式，不断提高能源使用效率。

1. 严格控制能源消费过快增长。按照差别化原则，结合区域和行业用能特点，严格控制能源消费过快增长，切实转变能源开发和利用方式。

推行“一挂双控”措施。将能源消费与经济增长挂钩，对高耗能产业和产能过剩行业实行能源消费总量控制强约束，其他产业按先进能效标准实行强约束，现有产能能效要限期达标，新增产能必须符合国内先进能效标准。

推行区域差别化能源政策。在能源资源丰富的西部地区，根据水资源和生态环境承载能力，在节水节能环保、技术先进的前提下，合理加大能源开发力度，增强跨区调出能力。合理控制中部地区能源开发强度。大力优化东部地区能源结构，鼓励发展有竞争力的新能源和可再生能源。

控制煤炭消费总量。制定国家煤炭消费总量中长期控制目标，实施煤炭消费减量替代，降低煤炭消费比重。

2. 着力实施能效提升计划。坚持节能优先，以工业、建筑和交通领域为重点，创新发展方式，形成节能型生产和消费模式。

实施煤电升级改造行动计划。实施老旧煤电机组节能减排升级改造工程，现役60万千瓦（风冷机组除外）及以上机组力争5年内供电煤耗降至每千瓦时300克标准煤左右。

实施工业节能行动计划。严格限制高耗能产业和过剩产业扩张，加快淘汰落后产能，实施十大重点节能工程，深入开展万家企业节能低碳行动。实施电机、内燃机、锅炉等重点用能设备能效提升计划，推进工业企业余热余压利用。深入推进工业领域需求侧管理，积极发展高效锅炉和高效电机，推进终端用能产品能效提升和重点用能行业能效水平对标达标。认真开展新建项目环境影响评价和节能评估审查。

实施绿色建筑行动计划。加强建筑用能规划，实施建筑能效提升工程，尽快推行75%的居住建筑节能设计标准，加快绿色建筑建设和既有建筑改造，推行公共建筑能耗限额和绿色建筑评级与标识制度，大力推广节能电器和绿色照明，积极推进新能源城市建设。大力发展低碳生态城市和绿色生态城区，到2020年，城镇绿色建筑占新建建筑的比例达到50%。加快推进供热计量改革，新建建筑和经供热计量改造的既有建筑实行供热计量收费。

实行绿色交通行动计划。完善综合交通运输体系规划，加快推进综合交通运输体系建设。积极推进清洁能源汽车和船舶产业化步伐，提高车用燃油经济性标准和环保标准。加快发展轨道交通和水运等资源节约型、环境友好型运输方式，推进主要城市群内城际铁路建设。大力发展城市公共交通，加强城市步行和自行车交通系统建设，提高公共出行和非机动出行比例。

3. 推动城乡用能方式变革。按照城乡发展一体化和新型城镇化的总体要求，坚持集中与分散供能相结合，因地制宜建设城乡供能设施，推进城乡用能方式转变，提高城乡用能水平和效率。

实施新城镇、新能源、新生活行动计划。科学编制城镇规划，优化城镇空间布局，推动信息化、低碳化与城镇化的深度融合，建设低碳智能城镇。制定城镇综合能源规划，大力发展分布式能源，科学发展热电联产，鼓励有条件的地区发展热电冷联供，发展风能、太阳能、生物质能、地热能供暖。

加快农村用能方式变革。抓紧研究制定长效政策措施，推进绿色能源县、乡、村建设，大力发展农村小水电，加强水电新农村电气化县和小水电代燃料生态保护工程建设，因地制宜发展农村可再生能源，推动非商品能源的清洁高效利用，加强农村节能工作。

开展全民节能行动。实施全民节能行动计划，加强宣传教育，普及节能知识，推广节能新技术、新产品，大力提倡绿色生活方式，引导居民科学合理用能，使节约用能成为全社会的自觉行动。

（三）优化能源结构。

积极发展天然气、核电、可再生能源等清洁能源，降低煤炭消费比重，推动能源结构持续优化。

1. 降低煤炭消费比重。加快清洁能源供应，控制重点地区、重点领域煤炭消费总量，推进减量替代，压减煤炭消费，到2020年，全国煤炭消费比重降至62%以内。

削减京津冀鲁、长三角和珠三角等区域煤炭消费总量。加大高耗能产业落后产能淘汰力度，扩大外来电、天然气及非化石能源供应规模，耗煤项目实现煤炭减量替代。到2020年，京津冀鲁四省市煤炭消费比2012年净削减1亿吨，长三角和珠三角地区煤炭消费总量负增长。

控制重点用煤领域煤炭消费。以经济发达地区和大中城市为重点，有序推进重点用煤领域“煤改气”工程，加强余热、余压利用，加快淘汰分散燃煤小锅炉，到2017年，基本完成重点地区燃煤锅炉、工业窑炉等天然气替代改造任务。结合城中村、城乡结合部、棚户区改造，扩大城市无煤区范围，逐步由城市建成区扩展到近郊，大幅减少城市煤炭分散使用。

2. 提高天然气消费比重。坚持增加供应与提高能效相结合，加强供气设施建设，扩大天然气进口，有序拓展天然气城镇燃气应用。到2020年，天然气在一次能源消费中的比重提高到10%以上。

实施气化城市民生工程。新增天然气应优先保障居民生活和替代分散燃煤，组织实施城镇居民用能清洁化计划，到2020年，城镇居民基本用上天然气。

稳步发展天然气交通运输。结合国家天然气发展规划布局，制定天然气交通发展中长期规划，加快天然气加气站设施建设，以城市出租车、公交车为重点，积极有序发展液化天然气汽车和压缩天然气汽车，稳妥发展天然气家庭轿车、城际客车、重型卡车和轮船。

适度发展天然气发电。在京津冀鲁、长三角、珠三角等大气污染重点防控区，有序发展天然气调峰电站，结合热负荷需求适度发展燃气—蒸汽联合循环热电联产。

加快天然气管网和储气设施建设。按照西气东输、北气南下、海气登陆的供气格局，加快天然气管道及储气设施建设，形成进口通道、主要生产区和消费区相连接的全国天然气主干管网。到2020年，天然气主干管道里程达到12万公里以上。

扩大天然气进口规模。加大液化天然气和管道天然气进口力度。

3. 安全发展核电。在采用国际最高安全标准、确保安全的前提下，适时在东部沿海地区启动新的核电项目建设，研究论证内陆核电建设。坚持引进消化吸收再创新，重点推进AP1000、CAP1400、高温气冷堆、快堆及后处理技术攻关。加快国内自主技术工程验证，重点建设大型先进压水堆、高温气冷堆重大专项示范工程。积极推进核电基础理论研究、核安全技术研究开发设计和工程建设，完善核燃料循环体系。积极推进核电“走出去”。加强核电科普和核安全知识宣传。到2020年，核电装机容量达到5800万千瓦，在建容量达到3000万千瓦以上。

4. 大力发展可再生能源。按照输出与就地消纳利用并重、集中式与分布式发展并举的原则，加快发展可再生能源。到2020年，非化石能源占一次能源消费比重达到15%。

积极开发水电。在做好生态环境保护和移民安置的前提下，以西南地区金沙江、雅砻江、大渡河、澜沧江等河流为重点，积极有序推进大型水电基地建设。因地制宜发展中小型电站，开展抽水蓄能电站规划和建设，加强水资源综合利用。到2020年，力争常规水电装机达到3．5亿千瓦左右。

大力发展风电。重点规划建设酒泉、内蒙古西部、内蒙古东部、冀北、吉林、黑龙江、山东、哈密、江苏等9个大型现代风电基地以及配套送出工程。以南方和中东部地区为重点，大力发展分散式风电，稳步发展海上风电。到2020年，风电装机达到2亿千瓦，风电与煤电上网电价相当。

加快发展太阳能发电。有序推进光伏基地建设，同步做好就地消纳利用和集中送出通道建设。加快建设分布式光伏发电应用示范区，稳步实施太阳能热发电示范工程。加强太阳能发电并网服务。鼓励大型公共建筑及公用设施、工业园区等建设屋顶分布式光伏发电。到2020年，光伏装机达到1亿千瓦左右，光伏发电与电网销售电价相当。

积极发展地热能、生物质能和海洋能。坚持统筹兼顾、因地制宜、多元发展的方针，有序开展地热能、海洋能资源普查，制定生物质能和地热能开发利用规划，积极推动地热能、生物质和海洋能清洁高效利用，推广生物质能和地热供热，开展地热发电和海洋能发电示范工程。到2020年，地热能利用规模达到5000万吨标准煤。

提高可再生能源利用水平。加强电源与电网统筹规划，科学安排调峰、调频、储能配套能力，切实解决弃风、弃水、弃光问题。

（四）拓展能源国际合作。统筹利用国内国际两种资源、两个市场，坚持投资与贸易并举、陆海通道并举，加快制定利用海外能源资源中长期规划，着力拓展进口通道，着力建设丝绸之路经济带、21世纪海上丝绸之路、孟中印缅经济走廊和中巴经济走廊，积极支持能源技术、装备和工程队伍“走出去”。

加强俄罗斯中亚、中东、非洲、美洲和亚太五大重点能源合作区域建设，深化国际能源双边多边合作，建立区域性能源交易市场。积极参与全球能源治理。加强统筹协调，支持企业“走出去”。

（五）推进能源科技创新。按照创新机制、夯实基础、超前部署、重点跨越的原则，加强科技自主创新，鼓励引进消化吸收再创新，打造能源科技创新升级版，建设能源科技强国。

1. 明确能源科技创新战略方向和重点。抓住能源绿色、低碳、智能发展的战略方向，围绕保障安全、优化结构和节能减排等长期目标，确立非常规油气及深海油气勘探开发、煤炭清洁高效利用、分布式能源、智能电网、新一代核电、先进可再生能源、节能节水、储能、基础材料等9个重点创新领域，明确页岩气、煤层气、页岩油、深海油气、煤炭深加工、高参数节能环保燃煤发电、整体煤气化联合循环发电、燃气轮机、现代电网、先进核电、光伏、太阳能热发电、风电、生物燃料、地热能利用、海洋能发电、天然气水合物、大容量储能、氢能与燃料电池、能源基础材料等20个重点创新方向，相应开展页岩气、煤层气、深水油气开发等重大示范工程。

2. 抓好科技重大专项。加快实施大型油气田及煤层气开发国家科技重大专项。加强大型先进压水堆及高温气冷堆核电站国家科技重大专项。加强技术攻关，力争页岩气、深海油气、天然气水合物、新一代核电等核心技术取得重大突破。

3. 依托重大工程带动自主创新。依托海洋油气和非常规油气勘探开发、煤炭高效清洁利用、先进核电、可再生能源开发、智能电网等重大能源工程，加快科技成果转化，加快能源装备制造创新平台建设，支持先进能源技术装备“走出去”，形成有国际竞争力的能源装备工业体系。

4. 加快能源科技创新体系建设。制定国家能源科技创新及能源装备发展战略。建立以企业为主体、市场为导向、政产学研用相结合的创新体系。鼓励建立多元化的能源科技风险投资基金。加强能源人才队伍建设，鼓励引进高端人才，培育一批能源科技领军人才。

三、保障措施

（一）深化能源体制改革。坚持社会主义市场经济改革方向，使市场在资源配置中起决定性作用和更好发挥政府作用，深化能源体制改革，为建立现代能源体系、保障国家能源安全营造良好的制度环境。

完善现代能源市场体系。建立统一开放、竞争有序的现代能源市场体系。深入推进政企分开，分离自然垄断业务和竞争性业务，放开竞争性领域和环节。实行统一的市场准入制度，在制定负面清单基础上，鼓励和引导各类市场主体依法平等进入负面清单以外的领域，推动能源投资主体多元化。深化国有能源企业改革，完善激励和考核机制，提高企业竞争力。鼓励利用期货市场套期保值，推进原油期货市场建设。

推进能源价格改革。推进石油、天然气、电力等领域价格改革，有序放开竞争性环节价格，天然气井口价格及销售价格、上网电价和销售电价由市场形成，输配电价和油气管输价格由政府定价。

深化重点领域和关键环节改革。重点推进电网、油气管网建设运营体制改革，明确电网和油气管网功能定位，逐步建立公平接入、供需导向、可靠灵活的电力和油气输送网络。加快电力体制改革步伐，推动供求双方直接交易，构建竞争性电力交易市场。

健全能源法律法规。加快推动能源法制定和电力法、煤炭法修订工作。积极推进海洋石油天然气管道保护、核电管理、能源储备等行政法规制定或修订工作。

进一步转变政府职能，健全能源监管体系。加强能源发展战略、规划、政策、标准等制定和实施，加快简政放权，继续取消和下放行政审批事项。强化能源监管，健全监管组织体系和法规体系，创新监管方式，提高监管效能，维护公平公正的市场秩序，为能源产业健康发展创造良好环境。

（二）健全和完善能源政策。完善能源税费政策。加快资源税费改革，积极推进清费立税，逐步扩大资源税从价计征范围。研究调整能源消费税征税环节和税率，将部分高耗能、高污染产品纳入征收范围。完善节能减排税收政策，建立和完善生态补偿机制，加快推进环境保护税立法工作，探索建立绿色税收体系。

完善能源投资和产业政策。在充分发挥市场作用的基础上，扩大地质勘探基金规模，重点支持和引导非常规油气及深海油气资源开发和国际合作，完善政府对基础性、战略性、前沿性科学研究和共性技术研究及重大装备的支持机制。完善调峰调频备用补偿政策，实施可再生能源电力配额制和全额保障性收购政策及配套措施。鼓励银行业金融机构按照风险可控、商业可持续的原则，加大对节能提效、能源资源综合利用和清洁能源项目的支持。研究制定推动绿色信贷发展的激励政策。

完善能源消费政策。实行差别化能源价格政策。加强能源需求侧管理，推行合同能源管理，培育节能服务机构和能源服务公司，实施能源审计制度。健全固定资产投资项目节能评估审查制度，落实能效“领跑者”制度。

（三）做好组织实施。加强组织领导。充分发挥国家能源委员会的领导作用，加强对能源重大战略问题的研究和审议，指导推动本行动计划的实施。能源局要切实履行国家能源委员会办公室职责，组织协调各部门制定实施细则。

细化任务落实。国务院有关部门、各省（区、市）和重点能源企业要将贯彻落实本行动计划列入本部门、本地区、本企业的重要议事日程，做好各类规划计划与本行动计划的衔接。国家能源委员会办公室要制定实施方案，分解落实目标任务，明确进度安排和协调机制，精心组织实施。

加强督促检查。国家能源委员会办公室要密切跟踪工作进展，掌握目标任务完成情况，督促各项措施落到实处、见到实效。在实施过程中，要定期组织开展评估检查和考核评价，重大情况及时报告国务院。

国务院关于近期支持东北振兴若干重大政策举措的意见

国发〔2014〕28号

各省、自治区、直辖市人民政府，国务院各部委、各直属机构：

党中央、国务院决定实施东北地区等老工业基地振兴战略以来，东北地区经济社会发展取得巨大成就。但目前也面临新的挑战，去年以来经济增速持续回落，部分行业生产经营困难，一些深层次体制机制和结构性矛盾凸显。为巩固扩大东北地区振兴发展成果、努力破解发展难题、依靠内生发展推动东北经济提质增效升级，现就近期支持东北振兴提出以下意见。

一、着力激发市场活力

以简政放权为突破口，促进各类市场主体竞相迸发发展活力。

（一）进一步简政放权。对已下放地方的投资项目审批事项，按照“同级审批”原则，依法将用地预审等相关前置审批事项下放地方负责。将列入石化产业规划布局方案的大连长兴岛石化产业基地等相关项目核准及用地预审等前置审批委托省级政府负责。鼓励辽宁省开展投资领域简政放权改革试点，对属于省级审批的投资项目，在依法合规的前提下，尽量减少前置审批事项。将在中关村国家自主创新示范区开展的境外并购外汇管理试点政策拓展至东北地区重点装备制造企业。

（二）促进非公有制经济大发展。在东北地区开展民营经济发展改革试点，创新扶持模式与政策，壮大一批民营企业集团，开展私营企业建立现代企业制度示范，探索老工业基地加快发展民营经济的有效途径。进一步放宽民间资本进入的行业和领域，抓紧实施鼓励社会资本参与的国家级重大投资示范项目，同时，要在基础设施、基础产业等领域推出一批鼓励社会资本参与的地方重大项目。在东北地区试点民间资本发起设立民营银行等金融机构。鼓励民间资本、外资以及各类新型社会资本，以出资入股等方式参与国有企业改制重组。在城市基础设施建设、环境治理等领域，积极推广政府与社会资本合作机制（PPP）等模式。

二、进一步深化国有企业改革

进一步深化东北地区国有企业和国有资产管理体制改革，支持东北在国有企业改革方面先行先试，大力发展混合所有制经济，切实增强国有经济发展活力。

（三）深化地方国有企业改革。地方政府要分类推进国有企业改革，拿出本级国有企业部分股权转让收益和国有资本经营收益，专项用于支付必需的改革成本。充分利用各类资本市场，大力推进国有资产资本化、证券化。有序推进混合所有制企业管理层、技术骨干、员工出资参与本企业改制。

（四）大力推进中央国有企业改革。根据党中央、国务院的统一部署，结合东北地区国有资本总量和分布情况，组建跨省的区域性（或省级）国有资本投资公司和运营公司，加快经营不善国有企业重组和退出。条件成熟时，通过股权多元化等方式整合中央企业在东北地区的资源，推动国有资本向关键性、战略性、基础性和先导性行业领域集中，允许拿出部分股权转让收益用于支付必需的改革成本，妥善安置企业职工。研究中央企业和地方协同发展政策，支持中央企业与地方共建产业园区。

（五）妥善解决国有企业改革历史遗留问题。尽快出台分类处理的政策措施，加大支持力度，力争用2—3年时间，妥善解决厂办大集体、分离企业办社会职能、离退休人员社会化管理等历史遗留问题。在东北地区全面推进中央企业分离移交“三供一业”（供水、供电、供热、物业管理）工作，地方国有企业也要积极开展相关工作。

三、紧紧依靠创新驱动发展

要总结经验、完善政策，深化科技体制改革，健全区域创新体系，推动经济转型升级。

（六）开展产学研用协同创新改革试验。打破制约科技与经济结合的体制机制障碍，打通产学研用之间的有效通道，统筹各方面资金并切实提高分配和使用效率。围绕重大技术装备和高端智能装备、新材料、生物等东北地区具有优势和潜力的产业链，以国家重点工程为依托，以骨干企业为主体，以利益为纽带，整合创新资源组建若干产业技术创新战略联盟，设立引导东北地区创新链整合的中央预算内投资专项，加大资金支持力度，集中实施一批重大创新工程，力争在关键核心技术方面取得突破。在东北地区组织实施一批重大技术装备首台（套）示范项目。

（七）完善区域创新政策。研究将中关村国家自主创新示范区有关试点政策向东北地区推广，鼓励在科技成果处置权、收益权、股权激励等方面探索试验。研究在东北地区设立国家自主创新示范区。研究利用国家外汇储备资金支持企业并购国外科技型企业的具体办法。研究支持东北地区创新驱动发展的措施。

（八）加强创新基础条件建设。研究在吉林省布局综合极端条件试验装置、在黑龙江省布局空间环境地面模拟装置重大科技基础设施，支持东北地区建设一批国家工程（技术）研究中心、国家工程（重点）实验室等研发平台。推动大型企业向社会和中小企业开放研发和检验检测设备，研究给予相应优惠政策。在东北地区率先启动创新企业百强试点工作。支持中科院与东北地区加强“院地合作”，建设产业技术创新平台。继续组织开展东北地区等老工业基地院士专家科技咨询活动。国家“千人计划”、“万人计划”等重大人才工程要对东北地区给予重点支持，对高端装备制造、国防科技等领域予以倾斜。

四、全面提升产业竞争力

进一步调整优化生产力布局，加快改造提升传统产业，积极发展战略性新兴产业，大力发展现代服务业，构建产业发展新格局。

（九）做强传统优势产业。积极支持重大技术装备拓展市场，鼓励引导国家重点工程优先采用国产装备，扶持核电、火电、轨道交通、石化冶金、高档机床等优势装备走出去。科学布局一批产业关联度高的重大产业项目，地方和企业要做好恒力炼化一体化、中石油长兴岛炼化一期项目前期工作并力争尽早开工。加快推进中石油辽阳石化结构调整、中国兵器辽宁华锦石化改扩建等项目前期工作。鼓励大型农产品加工企业在东北地区布局生产基地，允许地方现有玉米深加工企业根据供需状况适度增加玉米加工量，中央财政对吉林、黑龙江、内蒙古3省区规模较大、信誉较好的玉米深加工企业，在规定期限内竞购加工国家临时收储玉米，超过一定数量部分给予一次性补贴。

（十）加快培育新兴产业。支持战略性新兴产业加快发展，对东北地区具有发展条件和比较优势的领域，国家优先布局安排。积极推动设立战略性新兴产业创业投资基金。国家集中力量扶持东北地区做大做强智能机器人、燃气轮机、高端海洋工程装备、集成电路装备、高性能纤维及复合材料、石墨新材料、光电子、卫星及应用、生物医药等产业，形成特色新兴产业集群。支持沈阳、哈尔滨航空企业与国际大型航空企业开展总装、发动机、零部件等重大合作项目。推动在沈阳、大连、哈尔滨等地设立军民融合发展示范园区，发展军民两用高技术产业。鼓励吉林开展非粮生物质资源高端化利用。设立国家级承接产业转移示范区，承接国内外产业转移。

（十一）推进工业化与信息化融合发展。加快信息化与工业化深度融合，适度超前建设智能化、大容量骨干传输网络，加快沈阳互联网骨干直联点建设，依托哈尔滨区域性国际通信业务出入口局，扩容中俄、中蒙跨境信息通道。支持东北地区开展工业化与信息化融合发展试点，用信息技术改造提升制造业。培育发展新一代信息技术、云计算、物联网等产业。

（十二）大力发展现代服务业。加快东北地区生产性服务业发展，在用电、用水、用气等方面与工业企业实行相同价格，在用地方面给予重点支持。加强旅游设施建设，提升旅游业竞争力，打造大东北旅游品牌。扶持东北地区文化创意、影视出版、演艺娱乐等文化产业发展。支持沈阳铁西、长春净月开发区和哈尔滨等国家服务业综合改革试点区域创新服务业发展模式。推进东北地区电子商务试点城市和服务外包示范城市建设。积极支持产品和技术交易平台建设。

五、增强农业可持续发展能力

要夯实农业发展基础，转变农业发展方式，积极探索现代农业发展之路。

（十三）巩固提升商品粮生产核心区地位。大力开展高标准基本农田建设，继续支持吉林西部和黑龙江三江平原东部等地实施土地整治重大工程。今年全国1亿亩深松整地试点重点安排在东北地区。组织实施黑土地保护工程，加大对土壤有机质提升、养分平衡、耕地质量检测以及水土流失治理等的资金支持力度。积极推进东北四省区节水增粮行动项目建设，到2015年建成3800万亩集中连片高效节水灌溉工程。通过大力发展节水农业，带动东北地区节水技术和设备制造业发展。

（十四）创新现代农业发展体制。加快推进黑龙江“两大平原”现代农业综合配套改革试验，研究解决涉农资金整合中遇到的新情况新问题。完善粮食主产区利益补偿机制，国家涉农资金进一步加大对东北地区倾斜力度，按粮食商品量等因素对地方给予新增奖励，视中央财力状况，增加中央财政对产粮大县奖励资金。推动粮食主销区建立产销合作基金，鼓励引导主销区到主产区投资建设生产基地。鼓励地方政府结合实际，建立财政贴息等现代农业发展金融扶持机制，引导农村金融机构开展金融创新。

（十五）加强粮食仓储和物流设施建设。今年中央预算内投资安排14亿元，支持东北地区新建64亿斤粮食标准化仓储设施和一批散粮物流设施；中央财政安排5亿元，维修改造200亿斤仓容危仓老库。改革创新粮食仓储设施建设投资方式，充分发挥地方和社会建仓积极性，鼓励支持农户特别是种粮大户、家庭农场、农民合作社等新型经营主体储粮。同时，对吉林、黑龙江等仓容紧张地区，抓紧进行跨省移库腾仓。下一步全国新建1000亿斤仓容重点向东北地区倾斜，争取用2—3年基本解决东北地区粮食仓储难问题。畅通“北粮南运”，加强运粮通道及物流基础设施建设，继续推进粮食大型装车点建设，完善粮食物流体系和节点布局。

六、推动城市转型发展

要完善城市功能，支持城区老工业区和独立工矿区搬迁改造，促进资源型城市转型，建设宜产宜居的现代城市。

（十六）全面推进城区老工业区和独立工矿区搬迁改造。从2014年起扩大中央预算内投资相关专项规模，每年安排20亿元专门用于东北地区城区老工业区和独立工矿区搬迁改造。今年年内集中力量支持问题突出、前期工作基础较好的10个城区老工业区和10个独立工矿区实施搬迁改造工程，明后两年力争全面展开。坚持先规划后改造，提前制定搬迁改造实施方案，积极稳妥推进搬迁改造。加大城镇低效用地再开发等土地政策支持力度，研究制定通过开发性金融支持城区老工业区和独立工矿区搬迁改造的措施，支持发行城区老工业区和独立工矿区搬迁改造企业债券。

（十七）加快城市基础设施改造。加大中央预算内投资支持力度，大力推进东北地区城市供热、供水等管网设施改造。结合既有建筑节能、供热管网改造以及热电联产机组建设，组织实施东北地区“暖房子”工程。中央预算内投资和财政专项资金支持东北地区污水垃圾处理设施和配套污水管网建设。鼓励利用特许经营、投资补助、政府购买服务等方式，改善城市基础设施的薄弱环节。

（十八）促进资源型城市可持续发展。在东北地区启动资源型城市可持续发展试点，健全资源开发补偿机制和利益分配共享机制。以黑龙江省鸡西、双鸭山、鹤岗、七台河四大煤城为重点，研究布局若干现代煤化工及精深加工项目，实施资源型城市产业转型攻坚行动计划。组织实施资源枯竭城市吸纳就业产业重点培育工程，支持建设一批再就业项目，重点培育阜新皮革、辽源袜业、大小兴安岭蓝莓等能充分吸纳就业的产业。加大中央预算内投资资金支持力度，在东北资源型城市建设一批接续替代产业园区和集聚区。对黑龙江省四大煤城等地区原中央下放煤矿继续实施采煤沉陷区治理。

七、加快推进重大基础设施建设

要规划建设一批重大基础设施工程，破解发展瓶颈制约。

（十九）加快综合交通网络建设。铁路方面，加快京沈高铁、哈佳、沈丹、丹大、吉图珲、哈齐、哈牡等快速铁路建设，推进赤峰、通辽与京沈高铁连接线前期工作；贯通东北东部铁路，研究建设黑龙江省沿边铁路；实施滨洲铁路、哈牡铁路等电化扩能提速改造；加快推进渤海跨海通道工程前期工作。公路方面，启动京哈高速公路扩容改造，加快辽宁铁岭至本溪、吉黑高速吉林至荒岗段等国家高速公路“断头路”建设，推进国道203线吉林段、国道201线鹤岗段等普通国省干线公路改扩建，消除瓶颈路段，加大国边防公路和林区森林防火应急道路建设。机场方面，加快哈尔滨机场改扩建工程建设，推进大连新机场、沈阳机场二跑道、长春机场二期扩建、长海机场扩建、延吉机场迁建，以及松原、建三江、五大连池、绥芬河等支线机场前期工作。城市轨道交通方面，重点推进大连、沈阳、长春、哈尔滨及其他符合条件城市轨道交通建设。加大国际运输通道建设力度，打通经俄罗斯的中欧铁路大通道，重点推进中俄同江铁路大桥、中朝丹东鸭绿江界河公路大桥、集安公路大桥等重点项目建设，开展中俄抚远、黑河等跨境铁路项目前期研究，积极推进中蒙铁路通道建设。

（二十）构建多元清洁能源体系。加快电力外送通道建设，切实解决东北地区“窝电”问题。尽快开工内蒙古锡盟至山东交流特高压、锡盟至江苏直流特高压、辽宁绥中电厂改接华北电网等输电工程，加快推进黑龙江经吉林、辽宁至华北输电工程前期工作。研究在黑龙江、吉林开展竞价上网电力改革试点，推动在内蒙古通辽开展区域微型电网试点。优化东北地区能源结构，开工建设辽宁红沿河核电二期项目，适时启动辽宁徐大堡核电项目建设。在东北地区加快审批建设一批热电联产集中供热项目。加快地热能开发利用。支持工业燃煤锅炉节能减排改造、余热余压利用示范工程。支持吉林省开展油页岩综合开发利用示范工程。加快实施中俄原油管道复线、中俄东线天然气管道、黑河与俄阿穆尔州炼化及成品油储输项目等一批重大合作项目。

（二十一）大力发展水利设施。重点推进黑龙江、松花江、嫩江等主要干流、支流综合整治，完善防洪减灾体系。加快推进辽西北供水二期、吉林中部引松供水、哈达山水利枢纽（一期）、引嫩入白、尼尔基引嫩扩建一期、引绰济辽以及黑龙江、松花江、乌苏里江“三江连通”等重大水利工程建设。尽快开工黑龙江阁山、奋斗和吉林松原灌区、辽宁猴山水库等重点工程。在水土资源条件具备的地区发展现代灌溉设施，加快三江平原及尼尔基、大安、绰勒水库下游等灌区建设。

八、切实保障和改善民生

要推进重点民生工程建设，使振兴成果更多更公平地惠及广大群众。

（二十二）加快推进棚户区改造。打好棚户区改造攻坚战，2014年东北地区开工改造70万套，力争再用2—3年，在全国率先基本完成现有棚户区改造计划。中央财政继续加大对东北地区棚户区改造支持力度，中央预算内投资进一步向东北地区工矿（含煤矿）、国有林区、国有垦区棚户区改造配套基础设施建设倾斜。更好运用金融手段支持棚户区改造，鼓励开发银行进一步加大对东北地区棚户区改造支持力度，今年安排信贷规模600亿元左右，确保列入改造计划项目建设资金需求。开发银行项目资本金过桥贷款（软贷款回收再贷）对东北地区支持标准按西部地区执行。同等条件下优先支持棚户区改造的企业发行债券融资。扩大东北地区棚户区改造项目“债贷组合”债券发行规模。对棚户区改造工程所需新增建设用地实行应保尽保。

（二十三）完善社会保障体系。中央财政对企业职工基本养老保险的投入继续向东北地区倾斜，进一步提高企业退休人员基本养老金水平。妥善解决厂办大集体职工的社会保障问题。落实将关闭破产企业退休人员和困难企业职工纳入基本医疗保险的政策。

（二十四）努力促进就业稳定。加强对就业形势分析研判，及时采取有针对性举措，防止经济下滑造成大规模职工失业。帮助就业困难人员实现就业，确保零就业家庭实现至少一人就业。鼓励高校毕业生到东北地区就业和创业。

九、加强生态环境保护

要着力推进绿色循环低碳发展，建设天蓝水绿山青的美丽家园和稳固的北方生态安全屏障。

（二十五）推进重点生态功能区建设。继续实施天然林保护工程，进一步大幅调减林木采伐量，2014年起中央财政每年安排天然林资源保护工程财政资金23.5亿元，支持在黑龙江重点国有林区率先启动全面停止商业性采伐试点。争取尽快将东北其他国有林区纳入停止商业性采伐范围。研究在内蒙古大兴安岭林区开展国有林区综合配套改革试验。加大水土流失综合治理力度。推进三江平原、松辽平原等重点湿地保护，实施流域湿地生态补水工程，在有条件的区域开展退耕还湿和湿地生态移民试点。支持黑龙江兴凯湖、吉林查干湖、辽宁大伙房水源保护区等开展湖泊生态环境保护。实施科尔沁沙地等专项治理工程。支持吉林、黑龙江西部地区等加快盐碱地治理，实施河湖连通工程，建设生态经济区。支持东北地区生态文明先行示范区建设，开展节能减排财政政策综合示范。

（二十六）推进工业废弃地和老矿区环境治理。开展工业废弃地环境调查、风险评估和治理修复。加强矿区生态和地质环境整治，全面开展老矿区沉陷区、露天矿坑、矸石山、尾矿库等综合治理，控制和消除重大地质灾害和环境安全隐患。推进工矿废弃地复垦利用。按照“政府支持、市场化运作”方式，对工业废弃地和矿区历史遗留问题实施专项治理工程。开展工业废弃地和矿区环境治理国际合作。

十、全方位扩大开放合作

要实施更加积极主动的开放战略，全面提升开放层次和水平，不断拓展发展领域和空间。

（二十七）扩大向东北亚区域及发达国家开放合作。加强东北振兴与俄远东开发的衔接，启动中俄远东开发合作机制，推动在能源、矿产资源、制造业等领域实施一批重大合作项目，按照国务院批复方案加快筹备中俄地区合作发展（投资）基金，支持哈尔滨打造对俄合作中心城市。发挥地缘和人文优势，务实推进对韩、蒙、日、朝合作，支持大连设立中日韩循环经济示范基地。扩大面向发达国家合作，建立中德政府间老工业基地振兴交流合作机制，推动中德两国在沈阳共建高端装备制造业园区。提升中新吉林食品区合作层次。

（二十八）打造一批重大开放合作平台。支持大连金普新区建设成为我国面向东北亚区域开放合作的战略高地，根据需要将省、市经济管理权限下放至新区。研究设立绥芬河（东宁）、延吉（长白）、丹东重点开发开放试验区，支持满洲里、二连浩特重点开发开放试验区和中国图们江区域（珲春）国际合作示范区建设，在具备条件的地区建设综合保税区和跨境经济合作区。加强重点边境城市建设，增强对周边地区的辐射力和吸引力。支持铁岭等地建设保税物流中心，促进东北腹地与沿海产业优势互补、良性互动。

（二十九）完善对外开放政策。给予东北地区符合条件的企业原油进口及使用资质，赋予黑龙江农垦粮食自营进出口权。增加从周边国家进口石油、粮食等权益产品配额，鼓励在边境地区开展进口资源深加工。完善边境小额贸易专项转移支付资金政策。优先支持东北地区项目申请使用国际金融组织和外国政府优惠贷款。推动哈尔滨、长春机场等对部分国家和地区实行72小时过境免办签证政策。加快建设大连东北亚国际航运中心。

（三十）加强区域经济合作。推动东北地区与环渤海、京津冀地区统筹规划，融合发展。完善东北四省区区域合作与协同发展机制，探索部门与地方协同推进合作的有效渠道，健全推进落实措施，深化多领域务实合作。大力推进东北地区内部次区域合作，编制相关发展规划，推动东北地区东部经济带，以及东北三省西部与内蒙古东部一体化发展。

十一、强化政策保障和组织实施

要结合新形势、新要求，强化政策支持，创造良好政策环境，加大工作力度，确保各项政策措施落实到位。

（三十一）财政政策。中央财政进一步加大对东北地区一般性和专项转移支付力度。研究加大对资源枯竭城市转移支付力度。研究将东北地区具备条件的省市纳入地方政府债券自发自还试点范围。

（三十二）金融政策。加大对东北地区支农再贷款和支小再贷款支持力度。鼓励政策性金融、商业性金融探索支持东北振兴的有效模式。优先支持东北地区符合条件企业发行企业债券，允许符合条件的金融机构和企业到境外市场发行人民币债券。统筹研究设立东北振兴产业投资基金。加快中小企业信用担保体系和服务体系建设，继续扶持东北地区担保和再担保机构发展。允许符合条件的重点装备制造企业设立金融租赁公司开展金融租赁业务。

（三十三）投资政策。在基础设施、生态建设、环境保护、扶贫开发和社会事业等方面安排中央预算内投资时，比照西部地区补助标准执行。中央加大对东北高寒地区和交通末端干线公路建设的项目补助和资本金倾斜。中央安排的东北地区公益性建设项目，取消边境地区和贫困地区县及县以下配套资金。中央预算内投资专门安排资金支持东北地区重大项目和跨省区合作项目前期工作，东北各地也要安排专门资金支持做好重大项目前期工作。

（三十四）抓好组织实施。发展改革委要认真落实国务院振兴东北地区等老工业基地领导小组部署，统筹做好支持东北振兴各项工作，加强跟踪研判，推进重点工作。国务院各有关部门要加强指导、密切配合，抓紧研究出台实施细则，形成政策合力。对于重点建设项目，发展改革、国土、环保、财政、金融等各有关部门要给予重点支持。东北四省区要充分发挥主体作用，守土有责、守土尽责，采取有力举措，制定具体方案，落实工作责任，确保各项政策措施落到实处。

（三十五）加强督促检查。各有关部门要按照职责分工，建立动态反馈机制，深入实地开展督查调研，每半年将支持东北振兴工作进展情况送发展改革委，对发现的问题要及时研究提出整改建议。发展改革委要及时协调解决重大事项，督促各有关部门和地区落实各项重大政策举措，每半年要将落实进展情况及相关工作考虑汇总上报国务院，重大问题及时向国务院报告。

支持东北地区全面深化改革、创新体制机制、实现经济社会持续健康发展，是新时期新阶段实施东北地区等老工业基地振兴战略的必然要求，对于稳增长、促改革、调结构、惠民生具有重大意义。各有关方面要切实增强责任意识和忧患意识，坚定信心，迎难而上，奋发有为，真抓实干，为促进东北地区全面振兴、培育中国新的经济支撑带作出更大贡献。

国务院

2014年8月8日

物流业发展中长期规划
（2014–2020年）

物流业是融合运输、仓储、货代、信息等产业的复合型服务业，是支撑国民经济发展的基础性、战略性产业。加快发展现代物流业，对于促进产业结构调整、转变发展方式、提高国民经济竞争力和建设生态文明具有重要意义。为促进物流业健康发展，根据党的十八大、十八届三中全会精神和《中华人民共和国国民经济和社会发展第十二个五年规划纲要》、《服务业发展“十二五”规划》等，制定本规划。规划期为2014—2020年。

一、发展现状与面临的形势

（一）发展现状。“十一五”特别是国务院印发《物流业调整和振兴规划》以来，我国物流业保持较快增长，服务能力显著提升，基础设施条件和政策环境明显改善，现代产业体系初步形成，物流业已成为国民经济的重要组成部分。

产业规模快速增长。全国社会物流总额2013年达到197.8万亿元，比2005年增长3.1倍，按可比价格计算，年均增长11.5%。物流业增加值2013年达到3.9万亿元，比2005年增长2.2倍，年均增长11.1%，物流业增加值占国内生产总值的比重由2005年的6.6%提高到2013年的6.8%，占服务业增加值的比重达到14.8%。物流业吸纳就业人数快速增加，从业人员从2005年的1780万人增长到2013年的2890万人，年均增长6.2%。

服务能力显著提升。物流企业资产重组和资源整合步伐进一步加快，形成了一批所有制多元化、服务网络化和管理现代化的物流企业。传统运输业、仓储业加速向现代物流业转型，制造业物流、商贸物流、电子商务物流和国际物流等领域专业化、社会化服务能力显著增强，服务水平不断提升，现代物流服务体系初步建立。

技术装备条件明显改善。信息技术广泛应用，大多数物流企业建立了管理信息系统，物流信息平台建设快速推进。物联网、云计算等现代信息技术开始应用，装卸搬运、分拣包装、加工配送等专用物流装备和智能标签、跟踪追溯、路径优化等技术迅速推广。

基础设施网络日趋完善。截至2013年底，全国铁路营业里程10.3万公里，其中高速铁路1.1万公里；全国公路总里程达到435.6万公里，其中高速公路10.45万公里；内河航道通航里程12.59万公里，其中三级及以上高等级航道1.02万公里；全国港口拥有万吨级及以上泊位2001个，其中沿海港口1607个、内河港口394个；全国民用运输机场193个。2012年全国营业性库房面积约13亿平方米，各种类型的物流园区754个。

发展环境不断优化。“十二五”规划纲要明确提出“大力发展现代物流业”。国务院印发《物流业调整和振兴规划》，并制定出台了促进物流业健康发展的政策措施。有关部门和地方政府出台了一系列专项规划和配套措施。社会物流统计制度日趋完善，标准化工作有序推进，人才培养工作进一步加强，物流科技、学术理论研究及产学研合作不断深入。

总体上看，我国物流业已步入转型升级的新阶段。但是，物流业发展总体水平还不高，发展方式比较粗放。主要表现为：一是物流成本高、效率低。2013年全社会物流总费用与国内生产总值的比率高达18%，高于发达国家水平1倍左右，也显著高于巴西、印度等发展中国家的水平。二是条块分割严重，阻碍物流业发展的体制机制障碍仍未打破。企业自营物流比重高，物流企业规模小，先进技术难以推广，物流标准难以统一，迂回运输、资源浪费的问题突出。三是基础设施相对滞后，不能满足现代物流发展的要求。现代化仓储、多式联运转运等设施仍显不足，布局合理、功能完善的物流园区体系尚未建立，高效、顺畅、便捷的综合交通运输网络尚不健全，物流基础设施之间不衔接、不配套问题比较突出。四是政策法规体系还不够完善，市场秩序不够规范。已经出台的一些政策措施有待进一步落实，一些地方针对物流企业的乱收费、乱罚款问题突出。信用体系建设滞后，物流业从业人员整体素质有待进一步提升。

（二）面临的形势。当前，经济全球化趋势深入发展，网络信息技术革命带动新技术、新业态不断涌现，物流业发展面临的机遇与挑战并存。伴随全面深化改革，工业化、信息化、新型城镇化和农业现代化进程持续推进，产业结构调整和居民消费升级步伐不断加快，我国物流业发展空间越来越广阔。

物流需求快速增长。农业现代化对大宗农产品物流和鲜活农产品冷链物流的需求不断增长。新型工业化要求加快建立规模化、现代化的制造业物流服务体系。居民消费升级以及新型城镇化步伐加快，迫切需要建立更加完善、便捷、高效、安全的消费品物流配送体系。此外，电子商务、网络消费等新兴业态快速发展，快递物流等需求也将继续快速增长。

新技术、新管理不断出现。信息技术和供应链管理不断发展并在物流业得到广泛运用，为广大生产流通企业提供了越来越低成本、高效率、多样化、精益化的物流服务，推动制造业专注核心业务和商贸业优化内部分工，以新技术、新管理为核心的现代物流体系日益形成。随着城乡居民消费能力的增强和消费方式的逐步转变，全社会物流服务能力和效率持续提升，物流成本进一步降低、流通效率明显提高，物流业市场竞争加剧。

资源环境约束日益加强。随着社会物流规模的快速扩大、能源消耗和环境污染形势的加重、城市交通压力的加大，传统的物流运作模式已难以为继。按照建设生态文明的要求，必须加快运用先进运营管理理念，不断提高信息化、标准化和自动化水平，促进一体化运作和网络化经营，大力发展绿色物流，推动节能减排，切实降低能耗、减少排放、缓解交通压力。

国际竞争日趋激烈。随着国际产业转移步伐不断加快和服务贸易快速发展，全球采购、全球生产和全球销售的物流发展模式正在日益形成，迫切要求我国形成一批深入参与国际分工、具有国际竞争力的跨国物流企业，畅通与主要贸易伙伴、周边国家便捷高效的国际物流大通道，形成具有全球影响力的国际物流中心，以应对日益激烈的全球物流企业竞争。

二、总体要求

（一）指导思想。以邓小平理论、“三个代表”重要思想、科学发展观为指导，深入贯彻党的十八大和十八届二中、三中全会精神，全面落实党中央、国务院各项决策部署，按照加快转变发展方式、建设生态文明的要求，适应信息技术发展的新趋势，以提高物流效率、降低物流成本、减轻资源和环境压力为重点，以市场为导向，以改革开放为动力，以先进技术为支撑，积极营造有利于现代物流业发展的政策环境，着力建立和完善现代物流服务体系，加快提升物流业发展水平，促进产业结构调整和经济提质增效升级，增强国民经济竞争力，为全面建成小康社会提供物流服务保障。

（二）主要原则。市场运作，政府引导。使市场在资源配置中起决定性作用和更好发挥政府作用，强化企业的市场主体地位，积极发挥政府在战略、规划、政策、标准等方面的引导作用。

优化结构，提升水平。加快传统物流业转型升级，建立和完善社会化、专业化的物流服务体系，大力发展第三方物流。形成一批具有较强竞争力的现代物流企业，扭转“小、散、弱”的发展格局，提升产业规模和发展水平。

创新驱动，协同发展。加快关键技术装备的研发应用，提升物流业信息化和智能化水平，创新运作管理模式，提高供应链管理和物流服务水平，形成物流业与制造业、商贸业、金融业协同发展的新优势。

节能减排，绿色环保。鼓励采用节能环保的技术、装备，提高物流运作的组织化、网络化水平，降低物流业的总体能耗和污染物排放水平。

完善标准，提高效率。推动物流业技术标准体系建设，加强一体化运作，实现物流作业各环节、各种物流设施设备以及物流信息的衔接配套，促进物流服务体系高效运转。

深化改革，整合资源。深化物流业管理体制改革，进一步简政放权，打破行业、部门和地区分割，反对垄断和不正当竞争，统筹城市和乡村、国际和国内物流体系建设，建立有利于资源整合和优化配置的体制机制。

（三）发展目标。到2020年，基本建立布局合理、技术先进、便捷高效、绿色环保、安全有序的现代物流服务体系。

物流的社会化、专业化水平进一步提升。物流业增加值年均增长8%左右，物流业增加值占国内生产总值的比重达到7.5%左右。第三方物流比重明显提高。新的物流装备、技术广泛应用。

物流企业竞争力显著增强。一体化运作、网络化经营能力进一步提高，信息化和供应链管理水平明显提升，形成一批具有国际竞争力的大型综合物流企业集团和物流服务品牌。

物流基础设施及运作方式衔接更加顺畅。物流园区网络体系布局更加合理，多式联运、甩挂运输、共同配送等现代物流运作方式保持较快发展，物流集聚发展的效益进一步显现。

物流整体运行效率显著提高。全社会物流总费用与国内生产总值的比率由2013年的18%下降到16%左右，物流业对国民经济的支撑和保障能力进一步增强。

三、发展重点

（一）着力降低物流成本。打破条块分割和地区封锁，减少行政干预，清理和废除妨碍全国统一市场和公平竞争的各种规定和做法，建立统一开放、竞争有序的全国物流服务市场。进一步优化通行环境，加强和规范收费公路管理，保障车辆便捷高效通行，积极采取有力措施，切实加大对公路乱收费、乱罚款的清理整顿力度，减少不必要的收费点，全面推进全国主要高速公路不停车收费系统建设。加快推进联通国内、国际主要经济区域的物流通道建设，大力发展多式联运，努力形成京沪、京广、欧亚大陆桥、中欧铁路大通道、长江黄金水道等若干条货畅其流、经济便捷的跨区域物流大通道。

（二）着力提升物流企业规模化、集约化水平。鼓励物流企业通过参股控股、兼并重组、协作联盟等方式做大做强，形成一批技术水平先进、主营业务突出、核心竞争力强的大型现代物流企业集团，通过规模化经营提高物流服务的一体化、网络化水平，形成大小物流企业共同发展的良好态势。鼓励运输、仓储等传统物流企业向上下游延伸服务，推进物流业与其他产业互动融合，协同发展。鼓励物流企业与制造企业深化战略合作，建立与新型工业化发展相适应的制造业物流服务体系，形成一批具有全球采购、全球配送能力的供应链服务商。鼓励商贸物流企业提高配送的规模化和协同化水平，加快电子商务物流发展，建立快速便捷的城乡配送物流体系。支持快递业整合资源，与民航、铁路、公路等运输行业联动发展，加快形成一批具有国际竞争力的大型快递企业，构建覆盖城乡的快递物流服务体系。支持航空货运企业兼并重组、做强做大，提高物流综合服务能力。充分发挥邮政的网络、信息和服务优势，深入推动邮政与电子商务企业的战略合作，发展电商小包等新型邮政业务。进一步完善邮政基础设施网络，鼓励各地邮政企业因地制宜地发展农村邮政物流服务，推动农资下乡和农产品进城。

（三）着力加强物流基础设施网络建设。推进综合交通运输体系建设，合理规划布局物流基础设施，完善综合运输通道和交通枢纽节点布局，构建便捷、高效的物流基础设施网络，促进多种运输方式顺畅衔接和高效中转，提升物流体系综合能力。优化航空货运网络布局，加快国内航空货运转运中心、连接国际重要航空货运中心的大型货运枢纽建设。推进"港站一体化"，实现铁路货运站与港口码头无缝衔接。完善物流转运设施，提高货物换装的便捷性和兼容性。加快煤炭外运、"北粮南运"、粮食仓储等重要基础设施建设，解决突出的运输"卡脖子"问题。加强物流园区规划布局，进一步明确功能定位，整合和规范现有园区，节约、集约用地，提高资源利用效率和管理水平。在大中城市和制造业基地周边加强现代化配送中心规划，在城市社区和村镇布局建设共同配送末端网点，优化城市商业区和大型社区物流基础设施的布局建设，形成层级合理、规模适当、需求匹配的物流仓储配送网络。进一步完善应急物流基础设施，积极有效应对突发自然灾害、公共卫生事件以及重大安全事故。

四、主要任务

（一）大力提升物流社会化、专业化水平。鼓励制造企业分离外包物流业务，促进企业内部物流需求社会化。优化制造业、商贸业集聚区物流资源配置，构建中小微企业公共物流服务平台，提供社会化物流服务。着力发展第三方物流，引导传统仓储、运输、国际货代、快递等企业采用现代物流管理理念和技术装备，提高服务能力；支持从制造企业内部剥离出来的物流企业发挥专业化、精益化服务优势，积极为社会提供公共物流服务。鼓励物流企业功能整合和业务创新，不断提升专业化服务水平，积极发展定制化物流服务，满足日益增长的个性化物流需求。进一步优化物流组织模式，积极发展共同配送、统一配送，提高多式联运比重。

（二）进一步加强物流信息化建设。加强北斗导航、物联网、云计算、大数据、移动互联等先进信息技术在物流领域的应用。加快企业物流信息系统建设，发挥核心物流企业整合能力，打通物流信息链，实现物流信息全程可追踪。加快物流公共信息平台建设，积极推进全社会物流信息资源的开发利用，支持运输配载、跟踪追溯、库存监控等有实际需求、具备可持续发展前景的物流信息平台发展，鼓励各类平台创新运营服务模式。进一步推进交通运输物流公共信息平台发展，整合铁路、公路、水路、民航、邮政、海关、检验检疫等信息资源，促进物流信息与公共服务信息有效对接，鼓励区域间和行业内的物流平台信息共享，实现互联互通。

（三）推进物流技术装备现代化。加强物流核心技术和装备研发，推动关键技术装备产业化，鼓励物流企业采用先进适用技术和装备。加快食品冷链、医药、烟草、机械、汽车、干散货、危险化学品等专业物流装备的研发，提升物流装备的专业化水平。积极发展标准化、厢式化、专业化的公路货运车辆，逐步淘汰栏板式货车。推广铁路重载运输技术装备，积极发展铁路特种、专用货车以及高铁快件等运输技术装备，加强物流安全检测技术与装备的研发和推广应用。吸收引进国际先进物流技术，提高物流技术自主创新能力。

（四）加强物流标准化建设。加紧编制并组织实施物流标准中长期规划，完善物流标准体系。按照重点突出、结构合理、层次分明、科学适用、基本满足发展需要的要求，完善国家物流标准体系框架，加强通用基础类、公共类、服务类及专业类物流标准的制定工作，形成一批对全国物流业发展和服务水平提升有重大促进作用的物流标准。注重物流标准与其他产业标准以及国际物流标准的衔接，科学划分推荐性和强制性物流标准，加大物流标准的实施力度，努力提升物流服务、物流枢纽、物流设施设备的标准化运作水平。调动企业在标准制修订工作中的积极性，推进重点物流企业参与专业领域物流技术标准和管理标准的制定和标准化试点工作。加强物流标准的培训宣传和推广应用。

（五）推进区域物流协调发展。落实国家区域发展整体战略和产业布局调整优化的要求，继续发挥全国性物流节点城市和区域性物流节点城市的辐射带动作用，推动区域物流协调发展。按照建设丝绸之路经济带、海上丝绸之路、长江经济带等重大战略规划要求，加快推进重点物流区域和联通国际国内的物流通道建设，重点打造面向中亚、南亚、西亚的战略物流枢纽及面向东盟的陆海联运、江海联运节点和重要航空港，建立省际和跨国合作机制，促进物流基础设施互联互通和信息资源共享。东部地区要适应居民消费加快升级、制造业转型、内外贸一体化的趋势，进一步提升商贸物流、制造业物流和国际物流的服务能力，探索国际国内物流一体化运作模式。按照推动京津冀协同发展、环渤海区域合作和发展等要求，加快商贸物流业一体化进程。中部地区要发挥承东启西、贯通南北的区位优势，加强与沿海、沿边地区合作，加快陆港、航空口岸建设，构建服务于产业转移、资源输送和南北区域合作的物流通道和枢纽。西部地区要结合推进丝绸之路经济带建设，打造物流通道，改善区域物流条件，积极发展具有特色优势的农产品、矿产品等大宗商品物流产业。东北地区要加快构建东北亚沿边物流带，形成面向俄罗斯、连接东北亚及欧洲的物流大通道，重点推进制造业物流和粮食等大宗资源型商品物流发展。物流节点城市是区域物流发展的重要枢纽，要根据产业特点、发展水平、设施状况、市场需求、功能定位等，加强物流基础设施的规划布局，改善产业发展环境。

（六）积极推动国际物流发展。加强枢纽港口、机场、铁路、公路等各类口岸物流基础设施建设。以重点开发开放试验区为先导，结合发展边境贸易，加强与周边国家和地区的跨境物流体系和走廊建设，加快物流基础设施互联互通，形成一批国际货运枢纽，增强进出口货物集散能力。加强境内外口岸、内陆与沿海、沿边口岸的战略合作，推动海关特殊监管区域、国际陆港、口岸等协调发展，提高国际物流便利化水平。建立口岸物流联检联动机制，进一步提高通关效率。积极构建服务于全球贸易和营销网络、跨境电子商务的物流支撑体系，为国内企业"走出去"和开展全球业务提供物流服务保障。支持优势物流企业加强联合，构建国际物流服务网络，打造具有国际竞争力的跨国物流企业。

（七）大力发展绿色物流。优化运输结构，合理配置各类运输方式，提高铁路和水路运输比重，促进节能减排。大力发展甩挂运输、共同配送、统一配送等先进的物流组织模式，提高储运工具的信息化水平，减少返空、迂回运输。鼓励采用低能耗、低排放运输工具和节能型绿色仓储设施，推广集装单元化技术。借鉴国际先进经验，完善能耗和排放监测、检测认证制度，加快建立绿色物流评估标准和认证体系。加强危险品水运管理，最大限度减少环境事故。鼓励包装重复使用和回收再利用，提高托盘等标准化器具和包装物的循环利用水平，构建低环境负荷的循环物流系统。大力发展回收物流，鼓励生产者、再生资源回收利用企业联合开展废旧产品回收。推广应用铁路散堆装货物运输抑尘技术。

五、重点工程

（一）多式联运工程。加快多式联运设施建设，构建能力匹配的集疏运通道，配备现代化的中转设施，建立多式联运信息平台。完善港口的铁路、公路集疏运设施，提升临港铁路场站和港站后方通道能力。推进铁路专用线建设，发挥铁路集装箱中心站作用，推进内陆城市和港口的集装箱场站建设。构建与铁路、机场和公路货运站能力匹配的公路集疏运网络系统。发展海铁联运、铁水联运、公铁联运、陆空联运，加快推进大宗散货水铁联运、集装箱多式联运，积极发展干支直达和江海直达等船舶运输组织方式，探索构建以半挂车为标准荷载单元的铁路驮背运输、水路滚装运输等多式联运体系。

（二）物流园区工程。在严格符合土地利用总体规划、城市总体规划的前提下，按照节约、集约用地的原则，在重要的物流节点城市加快整合与合理布局物流园区，推进物流园区水、电、路、通讯设施和多式联运设施建设，加快现代化立体仓库和信息平台建设，完善周边公路、铁路配套，推广使用甩挂运输等先进运输方式和智能化管理技术，完善物流园区管理体制，提升管理和服务水平。结合区位特点和物流需求，发展货运枢纽型、生产服务型、商贸服务型、口岸服务型和综合服务型物流园区，以及农产品、农资、钢铁、煤炭、汽车、医药、出版物、冷链、危险货物运输、快递等专业类物流园区，发挥物流园区的示范带动作用。

（三）农产品物流工程。加大粮食仓储设施建设和维修改造力度，满足粮食收储需要。引进先进粮食仓储设备和技术，切实改善粮食仓储条件。积极推进粮食现代物流设施建设，发展粮食储、运、装、卸“四散化”和多式联运，开通从东北入关的铁路散粮列车和散粮集装箱班列，加强粮食产区的收纳和发放设施、南方销区的铁路和港口散粮接卸设施建设，解决“北粮南运”运输“卡脖子”问题。推进棉花运输装卸机械化、仓储现代化、管理信息化，加强主要产销区的物流节点及铁路专用线建设，支持企业开展纺织配棉配送服务。加强“南糖北运”及产地的运输、仓储等物流设施建设。加强鲜活农产品冷链物流设施建设，支持“南菜北运”和大宗鲜活农产品产地预冷、初加工、冷藏保鲜、冷链运输等设施设备建设，形成重点品种农产品物流集散中心，提升批发市场等重要节点的冷链设施水平，完善冷链物流网络。

（四）制造业物流与供应链管理工程。支持建设与制造业企业紧密配套、有效衔接的仓储配送设施和物流信息平台，鼓励各类产业聚集区域和功能区配套建设公共外仓，引进第三方物流企业。鼓励传统运输、仓储企业向供应链上下游延伸服务，建设第三方供应链管理平台，为制造业企业提供供应链计划、采购物流、入厂物流、交付物流、回收物流、供应链金融以及信息追溯等集成服务。加快发展具有供应链设计、咨询管理能力的专业物流企业，着力提升面向制造业企业的供应链管理服务水平。

（五）资源型产品物流工程。依托煤炭、石油、铁矿石等重要产品的生产基地和市场，加快资源型产品物流集散中心和物流通道建设。推进晋陕蒙（西）宁甘、内蒙古东部、新疆等煤炭外运重点通道建设，重点建设环渤海等大型煤炭储配基地和重点煤炭物流节点。统筹油气进口运输通道和国内储运体系建设，加快跨区域、与周边国家和地区紧密连接的油气运输通道建设，加强油气码头建设，鼓励发展油船、液化天然气船，加强铁矿石等重要矿产品港口（口岸）物流设施建设。

（六）城乡物流配送工程。加快完善城乡配送网络体系，统筹规划、合理布局物流园区、配送中心、末端配送网点等三级配送节点，搭建城市配送公共服务平台，积极推进县、乡、村消费品和农资配送网络体系建设。进一步发挥邮政及供销合作社的网络和服务优势，加强农村邮政网点、村邮站、“三农”服务站等邮政终端设施建设，促进农村地区商品的双向流通。推进城市绿色货运配送体系建设，完善城市配送车辆标准和通行管控措施，鼓励节能环保车辆在城市配送中的推广应用。加快现代物流示范城市的配送体系发展，建设服务连锁经营企业和网络销售企业的跨区域配送中心。发展智能物流基础设施，支持农村、社区、学校的物流快递公共取送点建设。鼓励交通、邮政、商贸、供销、出版物销售等开展联盟合作，整合利用现有物流资源，进一步完善存储、转运、停靠、卸货等基础设施，加强服务网络建设，提高共同配送能力。

（七）电子商务物流工程。适应电子商务快速发展需求，编制全国电子商务物流发展规划，结合国家电子商务示范城市、示范基地、物流园区、商业设施等建设，整合配送资源，构建电子商务物流服务平台和配送网络。建成一批区域性仓储配送基地，吸引制造商、电商、快递和零担物流公司、第三方服务公司入驻，提高物流配送效率和专业化服务水平。探索利用高铁资源，发展高铁快件运输。结合推进跨境贸易电子商务试点，完善一批快递转运中心。

（八）物流标准化工程。重点推进物流技术、信息、服务、运输、货代、仓储、粮食等农产品及加工食品、医药、汽车、家电、电子商务、邮政（含快递）、冷链、应急等物流标准的制修订工作，积极着手开展钢铁、机械、煤炭、铁矿石、石油石化、建材、棉花等大宗产品物流标准的研究制订工作。支持仓储和转运设施、运输工具、停靠和卸货站点的标准化建设和改造，制定公路货运标准化电子货单，推广托盘、集装箱、集装袋等标准化设施设备，建立全国托盘共用体系，推进管理软件接口标准化，全面推广甩挂运输试点经验。开展物流服务认证试点工作，推进物流领域检验检测体系建设，支持物流企业开展质量、环境和职业健康安全管理体系认证。

（九）物流信息平台工程。整合现有物流信息服务平台资源，形成跨行业和区域的智能物流信息公共服务平台。加强综合运输信息、物流资源交易、电子口岸和大宗商品交易等平台建设，促进各类平台之间的互联互通和信息共享。鼓励龙头物流企业搭建面向中小物流企业的物流信息服务平台，促进货源、车源和物流服务等信息的高效匹配，有效降低货车空驶率。以统一物品编码体系为依托，建设衔接企业、消费者与政府部门的第三方公共服务平台，提供物流信息标准查询、对接服务。建设智能物流信息平台，形成集物流信息发布、在线交易、数据交换、跟踪追溯、智能分析等功能为一体的物流信息服务中心。加快推进国家交通运输物流公共信息平台建设，依托东北亚物流信息服务网络等已有平台，开展物流信息化国际合作。

（十）物流新技术开发应用工程。支持货物跟踪定位、无线射频识别、可视化技术、移动信息服务、智能交通和位置服务等关键技术攻关，研发推广高性能货物搬运设备和快速分拣技术，加强沿海和内河船型、商用车运输等重要运输技术的研发应用。完善物品编码体系，推动条码和智能标签等标识技术、自动识别技术以及电子数据交换技术的广泛应用。推广物流信息编码、物流信息采集、物流载体跟踪、自动化控制、管理决策支持、信息交换与共享等领域的物流信息技术。鼓励新一代移动通信、道路交通信息通讯系统、自动导引车辆、不停车收费系统以及托盘等集装单元化技术普及。推动北斗导航、物联网、云计算、大数据、移动互联等技术在产品可追溯、在线调度管理、全自动物流配送、智能配货等领域的应用。

（十一）再生资源回收物流工程。加快建立再生资源回收物流体系，重点推动包装物、废旧电器电子产品等生活废弃物和报废工程机械、农作物秸秆、消费品加工中产生的边角废料等有使用价值废弃物的回收物流发展。加大废弃物回收物流处理设施的投资力度，加快建设一批回收物流中心，提高回收物品的收集、分拣、加工、搬运、仓储、包装、维修等管理水平，实现废弃物的妥善处置、循环利用、无害环保。

（十二）应急物流工程。建立统一协调、反应迅捷、运行有序、高效可靠的应急物流体系，建设集满足多种应急需要为一体的物流中心，形成一批具有较强应急物流运作能力的骨干物流企业。加强应急仓储、中转、配送设施建设，提升应急物流设施设备的标准化和现代化水平，提高应急物流效率和应急保障能力。建立和完善应急物流信息系统，规范协调调度程序，优化信息流程、业务流程和管理流程，推进应急生产、流通、储备、运输环节的信息化建设和应急信息交换、数据共享。

六、保障措施

（一）深化改革开放。加快推进物流管理体制改革，完善各层级的物流政策综合协调机制，进一步发挥全国现代物流工作部际联席会议作用。按照简政放权、深化行政审批制度改革的要求，建立公平透明的市场准入标准，进一步放宽对物流企业资质的行政许可和审批条件，改进审批管理方式。落实物流企业设立非法人分支机构的相关政策，鼓励物流企业开展跨区域网络化经营。引导企业改革“大而全”、“小而全”的物流运作模式，制定支持企业分离外包物流业务和加快发展第三方物流的措施，充分整合利用社会物流资源，提高规模化水平。加强与主要贸易对象国及台港澳等地区的政策协调和物流合作，推动国内物流企业与国际先进物流企业合作交流，支持物流企业“走出去”。做好物流业外资并购安全审查工作，扩大商贸物流、电子商务领域的对外开放。

（二）完善法规制度。尽快从国民经济行业分类、产业统计、工商注册及税目设立等方面明确物流业类别，进一步明确物流业的产业地位。健全物流业法律法规体系，抓紧研究制修订物流业安全监管、交通运输管理和仓储管理等相关法律法规或部门规章，开展综合性法律的立法准备工作，在此基础上择机研究制订物流业促进方面的法律法规。

（三）规范市场秩序。加强对物流市场的监督管理，完善物流企业和从业人员信用记录，纳入国家统一的信用信息平台。增强企业诚信意识，建立跨地区、跨行业的联合惩戒机制，加大对失信行为的惩戒力度。加强物流信息安全管理，禁止泄露转卖客户信息。加强物流服务质量满意度监测，开展安全、诚信、优质服务创建活动。鼓励企业整合资源、加强协作，提高物流市场集中度和集约化运作水平，减少低水平无序竞争。加强对物流业市场竞争行为的监督检查，依法查处不正当竞争和垄断行为。

（四）加强安全监管。加强对物流企业的安全管理，督促物流企业切实履行安全主体责任，严格执行国家强制标准，保证运输装备产品的一致性。加强对物流车辆和设施设备的检验检测，确保车辆安全性符合国家规定、设施设备处于良好状态。禁止超载运输，规范超限运输。危险货物运输要强化企业经理人员安全管理职责和车辆动态监控。加大安全生产经费投入，及时排查整改安全隐患。加大物流业贯彻落实国家信息安全等级保护制度力度，按照国家信息安全等级保护管理规范和技术标准要求同步实施物流信息平台安全建设，提高网络安全保障能力。建立健全物流安全监管信息共享机制，物流信息平台及物流企业信息系统要按照统一技术标准建设共享信息的技术接口。道路、铁路、民航、航运、邮政部门要进一步规范货物收运、收寄流程，进一步落实货物安全检查责任，采取严格的货物安全检查措施并增加开箱检查频次，加大对瞒报货物品名行为的查处力度，严防普通货物中夹带违禁品和危险品。推广使用技术手段对集装箱和货运物品进行探测查验，提高对违禁品和危险品的发现能力。加大宣传教育力度，曝光违法违规托运和夹带违禁品、危险品的典型案件和查处结果，增强公众守法意识。

（五）完善扶持政策。加大土地等政策支持力度，着力降低物流成本。落实和完善支持物流业发展的用地政策，依法供应物流用地，积极支持利用工业企业旧厂房、仓库和存量土地资源建设物流设施或者提供物流服务，涉及原划拨土地使用权转让或者租赁的，应按规定办理土地有偿使用手续。认真落实物流业相关税收优惠政策。研究完善支持物流企业做强做大的扶持政策，培育一批网络化、规模化发展的大型物流企业。严格执行鲜活农产品运输“绿色通道”政策。研究配送车辆进入城区作业的相关政策，完善城市配送车辆通行管控措施。完善物流标准化工作体系，建立相关部门、行业组织和标准技术归口单位的协调沟通机制。

（六）拓宽投资融资渠道。多渠道增加对物流业的投入，鼓励民间资本进入物流领域。引导银行业金融机构加大对物流企业的信贷支持，针对物流企业特点推动金融产品创新，推动发展新型融资方式，为物流业发展提供更便利的融资服务。支持符合条件的物流企业通过发行公司债券、非金融企业债务融资工具、企业债券和上市等多种方式拓宽融资渠道。继续通过政府投资对物流业重点领域和薄弱环节予以支持。

（七）加强统计工作。提高物流业统计工作水平，明确物流业统计的基本概念，强化物流统计理论和方法研究，科学划分物流业统计的行业类别，完善物流业统计制度和评价指标体系，促进物流统计台账和会计核算科目建设，做好社会物流总额和社会物流成本等指标的调查统计工作，及时准确反映物流业的发展规模和运行效率；构建组织体系完善、调查方法科学、技术手段先进、队伍素质优良的现代物流统计体系，推动各省（区、市）全面开展物流统计工作，进一步提高物流统计数据质量和工作水平，为政府宏观管理和企业经营决策提供参考依据。

（八）强化理论研究和人才培养。加强物流领域理论研究，完善我国现代物流业理论体系，积极推进产学研用结合。着力完善物流学科体系和专业人才培养体系，以提高实践能力为重点，按照现代职业教育体系建设要求，探索形成高等学校、中等职业学校与有关部门、科研院所、行业协会和企业联合培养人才的新模式。完善在职人员培训体系，鼓励培养物流业高层次经营管理人才，积极开展职业培训，提高物流业从业人员业务素质。

（九）发挥行业协会作用。要更好地发挥行业协会的桥梁和纽带作用，做好调查研究、技术推广、标准制订和宣传推广、信息统计、咨询服务、人才培养、理论研究、国际合作等方面的工作。鼓励行业协会健全和完善各项行业基础性工作，积极推动行业规范自律和诚信体系建设，推动行业健康发展。

七、组织实施

各地区、各部门要充分认识促进物流业健康发展的重大意义，采取有力措施，确保各项政策落到实处、见到实效。地方各级人民政府要加强组织领导，完善协调机制，结合本地实际抓紧制定具体落实方案，及时将实施过程中出现的新情况、新问题报送发展改革委和交通运输部、商务部等有关部门。国务院各有关部门要加强沟通，密切配合，根据职责分工完善各项配套政策措施。发展改革委要加强统筹协调，会同有关部门研究制定促进物流业发展三年行动计划，明确工作安排及时间进度，并做好督促检查和跟踪分析，重大问题及时报告。

2014年10月4日

国务院办公厅关于促进国家级经济技术开发区转型升级创新发展的若干意见

国办发〔2014〕54号

各省、自治区、直辖市人民政府，国务院各部委、各直属机构：

为适应新的形势和任务，进一步发挥国家级经济技术开发区（以下简称国家级经开区）作为改革试验田和开放排头兵的作用，促进国家级经开区转型升级、创新发展，经国务院同意，现提出如下意见。

一、明确新形势下的发展定位

（一）明确发展定位。以邓小平理论、“三个代表”重要思想、科学发展观为指导，贯彻落实党的十八大和十八届三中、四中全会精神，按照党中央、国务院有关决策部署，努力把国家级经开区建设成为带动地区经济发展和实施区域发展战略的重要载体，成为构建开放型经济新体制和培育吸引外资新优势的排头兵，成为科技创新驱动和绿色集约发展的示范区。

（二）转变发展方式。国家级经开区要在发展理念、兴办模式、管理方式等方面加快转型，努力实现由追求速度向追求质量转变，由政府主导向市场主导转变，由同质化竞争向差异化发展转变，由硬环境见长向软环境取胜转变。

（三）实施分类指导。东部地区国家级经开区要率先实现转型发展，继续提升开放水平，在更高层次参与国际经济合作和竞争，提高在全球价值链及国际分工中的地位。中西部地区国家级经开区要依托本地区比较优势，着力打造特色和优势主导产业，提高承接产业转移的能力，防止低水平重复建设，促进现代化产业集群健康发展。

（四）探索动态管理。各地区、各有关部门要加强指导和规范管理，进一步强化约束和倒逼机制，细化监督评估工作。支持经济综合实力强、产业特色明显、发展质量高等符合条件的省级开发区按程序升级为国家级经开区。对土地等资源利用效率低、环保不达标、发展长期滞后的国家级经开区，予以警告、通报、限期整改、退出等处罚，逐步做到既有升级也有退出的动态管理。

（五）完善考核体系。进一步完善《国家级经济技术开发区综合发展水平评价办法》，把创新能力、品牌建设、规划实施、生态环境、知识产权保护、投资环境、行政效能、新增债务、安全生产等作为考核的主要内容，引导国家级经开区走质量效益型发展之路。对申请升级的省级开发区实施与国家级经开区同样的综合评价标准。

二、推进体制机制创新

（六）坚持体制机制创新。各省、自治区、直辖市应根据新形势要求，因地制宜出台或修订本地区国家级经开区的地方性法规、规章，探索有条件的国家级经开区与行政区融合发展的体制机制，推动国家级经开区依法规范发展。鼓励国家级经开区创新行政管理体制，简政放权，科学设置职能机构。国家级经开区管理机构要提高行政效率和透明度，完善决策、执行和监督机制，加强事中事后监管，强化安全生产监管，健全财政管理制度，严控债务风险。

（七）推进行政管理体制改革。进一步下放审批权限，支持国家级经开区开展外商投资等管理体制改革试点，大力推进工商登记制度改革。鼓励国家级经开区试行工商营业执照、组织机构代码证、税务登记证“三证合一”等模式。鼓励在符合条件的国家级经开区开展人民币资本项目可兑换、人民币跨境使用、外汇管理改革等方面试点。

三、促进开放型经济发展

（八）提高投资质量和水平。稳步推进部分服务业领域开放，提升产业国际化水平。推动国家级经开区“走出去”参与境外经贸合作区建设，引导有条件的区内企业“走出去”。国家级经开区要充分利用外资的技术溢出和综合带动效应，积极吸引先进制造业投资，努力培育战略性新兴产业，大力发展生产性服务业。

（九）带动区域协调发展。鼓励国家级经开区按照国家区域和产业发展战略共建跨区域合作园区或合作联盟。建立国家级经开区产业发展信息平台，引导企业向中西部地区有序转移。研究支持中西部地区国家级经开区承接产业转移的金融、土地、人才政策，继续对中西部地区国家级经开区基础设施建设项目贷款予以贴息。支持符合条件的国家级经开区按程序申报设立海关特殊监管区域。

四、推动产业转型升级

（十）优化产业结构和布局。国家级经开区要按照新型工业化的要求，以提质增效升级为核心，协调发展先进制造业和现代服务业。大力推进科技研发、物流、服务外包、金融保险等服务业发展，增强产业集聚效应。在培育战略性新兴产业的同时，要因地制宜确定重点领域，避免同质竞争。

（十一）增强科技创新驱动能力。国家级经开区要坚持经济与技术并重，把保护知识产权和提高创新能力摆在更加突出的位置。鼓励条件成熟的国家级经开区建设各种形式的协同创新平台，形成产业创新集群。支持国家级经开区创建知识产权试点示范园区，推动建立严格有效的知识产权运用和保护机制。探索建立国际合作创新园，不断深化经贸领域科技创新国际合作。

（十二）加快人才体系建设。加快发展现代职业教育，提升发展保障水平，深化产教融合、校企合作，鼓励中外合作培养技术技能型人才。支持国家级经开区通过设立创业投资引导基金、创业投资贴息资金、知识产权作价入股等方式，搭建科技人才与产业对接平台。鼓励国家级经开区加大高端人才引进力度，形成有利于人才创新创业的分配、激励和保障机制。

（十三）创新投融资体制。继续鼓励政策性银行和开发性金融机构对符合条件的国家级经开区基础设施项目、公用事业项目及产业转型升级发展等方面给予信贷支持。允许符合条件的国家级经开区开发、运营企业依照国家有关规定上市和发行中期票据、短期融资券等债券产品筹集资金。支持国家级经开区同投资机构、保险公司、担保机构及商业银行合作，探索建立投保贷序时融资安排模式。鼓励有条件的国家级经开区探索同社会资本共办“区中园”。

（十四）提高信息化水平。支持国家级经开区发展软件和信息服务、物联网、云计算等产业，吸引和培育信息技术重点领域领军企业，利用信息科技手段拓展传统产业链、提升产业增值水平。积极推进国家级经开区统计信息系统应用拓展和功能提升。国家级经开区要保证信息基础设施和其他基础设施同步规划、同步建设。

五、坚持绿色集约发展

（十五）鼓励绿色低碳循环发展。支持国家级经开区创建生态工业示范园区、循环化改造示范试点园区等绿色园区，开展经贸领域节能环保国际合作，制订和完善工作指南和指标体系，加快推进国际合作生态园建设。国家级经开区要严格资源节约和环境准入门槛，大力发展节能环保产业，提高能源资源利用效率，减少污染物排放，防控环境风险。

（十六）坚持规划引领。制订国家级经开区中长期发展规划、重点产业投资促进规划。严格依据土地利用总体规划和城市总体规划开发建设，坚持科学、高效、有序开发，严禁擅自调整规划。国家级经开区内控制性详细规划应经依法批准并实现全覆盖，重点地区可开展城市设计并纳入控制性详细规划。应依法开展规划的环境影响评价。

（十七）强化土地节约集约利用。国家级经开区必须严格土地管理，严控增量，盘活存量，坚持合理、节约、集约、高效开发利用土地。加强土地开发利用动态监管，加大对闲置、低效用地的处置力度，探索存量建设用地二次开发机制。省级人民政府要建立健全土地集约利用评价、考核与奖惩制度，可在本级建设用地指标中对国家级经开区予以单列。允许符合条件且确有必要的国家级经开区按程序申报扩区或调整区位。

六、优化营商环境

（十八）规范招商引资。国家级经开区要节俭务实开展招商引资活动，提倡以产业规划为指导的专业化招商、产业链招商。加强出国（境）招商引资团组管理，加大对违规招商的巡查和处罚力度。严格执行国家财税政策和土地政策，禁止侵占被拆迁居民和被征地农民的合法利益。不得违法下放农用地转用、土地征收和供地审批权，不得以任何形式违规减免或返还土地出让金。

（十九）完善综合投资环境。国家级经开区要健全政企沟通机制，以投资者满意度为中心，完善基础设施建设，着力打造法治化、国际化的营商环境。鼓励国家级经开区依法依规开办各种要素市场，促进商品和要素自由流动、平等交换。国务院商务主管部门要发布国家级经开区投资环境建设指南，建立国家级经开区投资环境评价体系。

各地区、各有关部门要进一步深化对促进国家级经开区转型升级、创新发展工作重要意义的认识，切实加强组织领导和协调配合，明确任务分工，落实工作责任，尽快制定具体实施方案和配套政策措施，确保工作取得实效。

国务院办公厅

2014年10月30日

（此件公开发布）

国务院关于创新重点领域投融资机制鼓励社会投资的指导意见

国发〔2014〕60号

各省、自治区、直辖市人民政府，国务院各部委、各直属机构：

为推进经济结构战略性调整，加强薄弱环节建设，促进经济持续健康发展，迫切需要在公共服务、资源环境、生态建设、基础设施等重点领域进一步创新投融资机制，充分发挥社会资本特别是民间资本的积极作用。为此，特提出以下意见。

一、总体要求

（一）指导思想。全面贯彻落实党的十八大和十八届三中、四中全会精神，按照党中央、国务院决策部署，使市场在资源配置中起决定性作用和更好发挥政府作用，打破行业垄断和市场壁垒，切实降低准入门槛，建立公平开放透明的市场规则，营造权利平等、机会平等、规则平等的投资环境，进一步鼓励社会投资特别是民间投资，盘活存量、用好增量，调结构、补短板，服务国家生产力布局，促进重点领域建设，增加公共产品有效供给。

（二）基本原则。实行统一市场准入，创造平等投资机会；创新投资运营机制，扩大社会资本投资途径；优化政府投资使用方向和方式，发挥引导带动作用；创新融资方式，拓宽融资渠道；完善价格形成机制，发挥价格杠杆作用。

二、创新生态环保投资运营机制

（三）深化林业管理体制改革。推进国有林区和国有林场管理体制改革，完善森林经营和采伐管理制度，开展森林科学经营。深化集体林权制度改革，稳定林权承包关系，放活林地经营权，鼓励林权依法规范流转。鼓励荒山荒地造林和退耕还林林地林权依法流转。减免林权流转税费，有效降低流转成本。

（四）推进生态建设主体多元化。在严格保护森林资源的前提下，鼓励社会资本积极参与生态建设和保护，支持符合条件的农民合作社、家庭农场（林场）、专业大户、林业企业等新型经营主体投资生态建设项目。对社会资本利用荒山荒地进行植树造林的，在保障生态效益、符合土地用途管制要求的前提下，允许发展林下经济、森林旅游等生态产业。

（五）推动环境污染治理市场化。在电力、钢铁等重点行业以及开发区（工业园区）污染治理等领域，大力推行环境污染第三方治理，通过委托治理服务、托管运营服务等方式，由排污企业付费购买专业环境服务公司的治污减排服务，提高污染治理的产业化、专业化程度。稳妥推进政府向社会购买环境监测服务。建立重点行业第三方治污企业推荐制度。

（六）积极开展排污权、碳排放权交易试点。推进排污权有偿使用和交易试点，建立排污权有偿使用制度，规范排污权交易市场，鼓励社会资本参与污染减排和排污权交易。加快调整主要污染物排污费征收标准，实行差别化排污收费政策。加快在国内试行碳排放权交易制度，探索森林碳汇交易，发展碳排放权交易市场，鼓励和支持社会投资者参与碳配额交易，通过金融市场发现价格的功能，调整不同经济主体利益，有效促进环保和节能减排。

三、鼓励社会资本投资运营农业和水利工程

（七）培育农业、水利工程多元化投资主体。支持农民合作社、家庭农场、专业大户、农业企业等新型经营主体投资建设农田水利和水土保持设施。允许财政补助形成的小型农田水利和水土保持工程资产由农业用水合作组织持有和管护。鼓励社会资本以特许经营、参股控股等多种形式参与具有一定收益的节水供水重大水利工程建设运营。社会资本愿意投入的重大水利工程，要积极鼓励社会资本投资建设。

（八）保障农业、水利工程投资合理收益。社会资本投资建设或运营管理农田水利、水土保持设施和节水供水重大水利工程的，与国有、集体投资项目享有同等政策待遇，可以依法获取供水水费等经营收益；承担公益性任务的，政府可对工程建设投资、维修养护和管护经费等给予适当补助，并落实优惠政策。社会资本投资建设或运营管理农田水利设施、重大水利工程等，可依法继承、转让、转租、抵押其相关权益；征收、征用或占用的，要按照国家有关规定给予补偿或者赔偿。

（九）通过水权制度改革吸引社会资本参与水资源开发利用和保护。加快建立水权制度，培育和规范水权交易市场，积极探索多种形式的水权交易流转方式，允许各地通过水权交易满足新增合理用水需求。鼓励社会资本通过参与节水供水重大水利工程投资建设等方式优先获得新增水资源使用权。

（十）完善水利工程水价形成机制。深入开展农业水价综合改革试点，进一步促进农业节水。水利工程供非农业用水价格按照补偿成本、合理收益、优质优价、公平负担的原则合理制定，并根据供水成本变化及社会承受能力等适时调整，推行两部制水利工程水价和丰枯季节水价。价格调整不到位时，地方政府可根据实际情况安排财政性资金，对运营单位进行合理补偿。

四、推进市政基础设施投资运营市场化

（十一）改革市政基础设施建设运营模式。推动市政基础设施建设运营事业单位向独立核算、自主经营的企业化管理转变。鼓励打破以项目为单位的分散运营模式，实行规模化经营，降低建设和运营成本，提高投资效益。推进市县、乡镇和村级污水收集和处理、垃圾处理项目按行业“打包”投资和运营，鼓励实行城乡供水一体化、厂网一体投资和运营。

（十二）积极推动社会资本参与市政基础设施建设运营。通过特许经营、投资补助、政府购买服务等多种方式，鼓励社会资本投资城镇供水、供热、燃气、污水垃圾处理、建筑垃圾资源化利用和处理、城市综合管廊、公园配套服务、公共交通、停车设施等市政基础设施项目，政府依法选择符合要求的经营者。政府可采用委托经营或转让—经营—转让（TOT）等方式，将已经建成的市政基础设施项目转交给社会资

本运营管理。

（十三）加强县城基础设施建设。按照新型城镇化发展的要求，把有条件的县城和重点镇发展为中小城市，支持基础设施建设，增强吸纳农业转移人口的能力。选择若干具有产业基础、特色资源和区位优势的县城和重点镇推行试点，加大对市政基础设施建设运营引入市场机制的政策支持力度。

（十四）完善市政基础设施价格机制。加快改进市政基础设施价格形成、调整和补偿机制，使经营者能够获得合理收益。实行上下游价格调整联动机制，价格调整不到位时，地方政府可根据实际情况安排财政性资金对企业运营进行合理补偿。

五、改革完善交通投融资机制

（十五）加快推进铁路投融资体制改革。用好铁路发展基金平台，吸引社会资本参与，扩大基金规模。充分利用铁路土地综合开发政策，以开发收益支持铁路发展。按照市场化方向，不断完善铁路运价形成机制。向地方政府和社会资本放开城际铁路、市域（郊）铁路、资源开发性铁路和支线铁路的所有权、经营权。按照构建现代企业制度的要求，保障投资者权益，推进蒙西至华中、长春至西巴彦花铁路等引进民间资本的示范项目实施。鼓励按照“多式衔接、立体开发、功能融合、节约集约”的原则，对城市轨道交通站点周边、车辆段上盖进行土地综合开发，吸引社会资本参与城市轨道交通建设。

（十六）完善公路投融资模式。建立完善政府主导、分级负责、多元筹资的公路投融资模式，完善收费公路政策，吸引社会资本投入，多渠道筹措建设和维护资金。逐步建立高速公路与普通公路统筹发展机制，促进普通公路持续健康发展。

（十七）鼓励社会资本参与水运、民航基础设施建设。探索发展“航电结合”等投融资模式，按相关政策给予投资补助，鼓励社会资本投资建设航电枢纽。鼓励社会资本投资建设港口、内河航运设施等。积极吸引社会资本参与盈利状况较好的枢纽机场、干线机场以及机场配套服务设施等投资建设，拓宽机场建设资金来源。

六、鼓励社会资本加强能源设施投资

（十八）鼓励社会资本参与电力建设。在做好生态环境保护、移民安置和确保工程安全的前提下，通过业主招标等方式，鼓励社会资本投资常规水电站和抽水蓄能电站。在确保具备核电控股资质主体承担核安全责任的前提下，引入社会资本参与核电项目投资，鼓励民间资本进入核电设备研制和核电服务领域。鼓励社会资本投资建设风光电、生物质能等清洁能源项目和背压式热电联产机组，进入清洁高效煤电项目建设、燃煤电厂节能减排升级改造领域。

（十九）鼓励社会资本参与电网建设。积极吸引社会资本投资建设跨区输电通道、区域主干电网完善工程和大中城市配电网工程。将海南联网Ⅱ回线路和滇西北送广东特高压直流输电工程等项目作为试点，引入社会资本。鼓励社会资本投资建设分布式电源并网工程、储能装置和电动汽车充换电设施。

（二十）鼓励社会资本参与油气管网、储存设施和煤炭储运建设运营。支持民营企业、地方国有企业等参股建设油气管网主干线、沿海液化天然气（LNG）接收站、地下储气库、城市配气管网和城市储气设施，控股建设油气管网支线、原油和成品油商业储备库。鼓励社会资本参与铁路运煤干线和煤炭储配体系建设。国家规划确定的石化基地炼化一体化项目向社会资本开放。

（二十一）理顺能源价格机制。进一步推进天然气价格改革，2015年实现存量气和增量气价格并轨，逐步放开非居民用天然气气源价格，落实页岩气、煤层气等非常规天然气价格市场化政策。尽快出台天然气管道运输价格政策。按照合理成本加合理利润的原则，适时调整煤层气发电、余热余压发电上网标杆电价。推进天然气分布式能源冷、热、电价格市场化。完善可再生能源发电价格政策，研究建立流域梯级效益补偿机制，适时调整完善燃煤发电机组环保电价政策。

七、推进信息和民用空间基础设施投资主体多元化

（二十二）鼓励电信业进一步向民间资本开放。进一步完善法律法规，尽快修订电信业务分类目录。研究出台具体试点办法，鼓励和引导民间资本投资宽带接入网络建设和业务运营，大力发展宽带用户。推进民营企业开展移动通信转售业务试点工作，促进业务创新发展。

（二十三）吸引民间资本加大信息基础设施投资力度。支持基础电信企业引入民间战略投资者。推动中国铁塔股份有限公司引入民间资本，实现混合所有制发展。

（二十四）鼓励民间资本参与国家民用空间基础设施建设。完善民用遥感卫星数据政策，加强政府采购服务，鼓励民间资本研制、发射和运营商业遥感卫星，提供市场化、专业化服务。引导民间资本参与卫星导航地面应用系统建设。

八、鼓励社会资本加大社会事业投资力度

（二十五）加快社会事业公立机构分类改革。积极推进养老、文化、旅游、体育等领域符合条件的事业单位，以及公立医院资源丰富地区符合条件的医疗事业单位改制，为社会资本进入创造条件，鼓励社会资本参与公立机构改革。将符合条件的国有单位培训疗养机构转变为养老机构。

（二十六）鼓励社会资本加大社会事业投资力度。通过独资、合资、合作、联营、租赁等途径，采取特许经营、公建民营、民办公助等方式，鼓励社会资本参与教育、医疗、养老、体育健身、文化设施建设。尽快出台鼓励社会力量兴办教育、促进民办教育健康发展的意见。各地在编制城市总体规划、控制性详细规划以及有关专项规划时，要统筹规划、科学布局各类公共服务设施。各级政府逐步扩大教育、医疗、养老、体育健身、文化等政府购买服务范围，各类经营主体平等参与。将符合条件的各类医疗机构纳入医疗保险定点范围。

（二十七）完善落实社会事业建设运营税费优惠政策。进一步完善落实非营利性教育、医疗、养老、体育健身、文化机构税收优惠政策。对非营利性医疗、养老机构建设一律免征有关行政事业性收费，对营利性医疗、养老机构建设一律减半征收有关行政事业性收费。

（二十八）改进社会事业价格管理政策。民办教育、医疗机构用电、用水、用气、用热，执行与公

办教育、医疗机构相同的价格政策。养老机构用电、用水、用气、用热，按居民生活类价格执行。除公立医疗、养老机构提供的基本服务按照政府规定的价格政策执行外，其他医疗、养老服务实行经营者自主定价。营利性民办学校收费实行自主定价，非营利性民办学校收费政策由地方政府按照市场化方向根据当地实际情况确定。

九、建立健全政府和社会资本合作（PPP）机制

（二十九）推广政府和社会资本合作（PPP）模式。认真总结经验，加强政策引导，在公共服务、资源环境、生态保护、基础设施等领域，积极推广PPP模式，规范选择项目合作伙伴，引入社会资本，增强公共产品供给能力。政府有关部门要严格按照预算管理有关法律法规，完善财政补贴制度，切实控制和防范财政风险。健全PPP模式的法规体系，保障项目顺利运行。鼓励通过PPP方式盘活存量资源，变现资金要用于重点领域建设。

（三十）规范合作关系保障各方利益。政府有关部门要制定管理办法，尽快发布标准合同范本，对PPP项目的业主选择、价格管理、回报方式、服务标准、信息披露、违约处罚、政府接管以及评估论证等进行详细规定，规范合作关系。平衡好社会公众与投资者利益关系，既要保障社会公众利益不受损害，又要保障经营者合法权益。

（三十一）健全风险防范和监督机制。政府和投资者应对PPP项目可能产生的政策风险、商业风险、环境风险、法律风险等进行充分论证，完善合同设计，健全纠纷解决和风险防范机制。建立独立、透明、可问责、专业化的PPP项目监管体系，形成由政府监管部门、投资者、社会公众、专家、媒体等共同参与的监督机制。

（三十二）健全退出机制。政府要与投资者明确PPP项目的退出路径，保障项目持续稳定运行。项目合作结束后，政府应组织做好接管工作，妥善处理投资回收、资产处理等事宜。

十、充分发挥政府投资的引导带动作用

（三十三）优化政府投资使用方向。政府投资主要投向公益性和基础性建设。对鼓励社会资本参与的生态环保、农林水利、市政基础设施、社会事业等重点领域，政府投资可根据实际情况给予支持，充分发挥政府投资“四两拨千斤”的引导带动作用。

（三十四）改进政府投资使用方式。在同等条件下，政府投资优先支持引入社会资本的项目，根据不同项目情况，通过投资补助、基金注资、担保补贴、贷款贴息等方式，支持社会资本参与重点领域建设。抓紧制定政府投资支持社会投资项目的管理办法，规范政府投资安排行为。

十一、创新融资方式拓宽融资渠道

（三十五）探索创新信贷服务。支持开展排污权、收费权、集体林权、特许经营权、购买服务协议预期收益、集体土地承包经营权质押贷款等担保创新类贷款业务。探索利用工程供水、供热、发电、污水垃圾处理等预期收益质押贷款，允许利用相关收益作为还款来源。鼓励金融机构对民间资本举办的社会事业

提供融资支持。

（三十六）推进农业金融改革。探索采取信用担保和贴息、业务奖励、风险补偿、费用补贴、投资基金，以及互助信用、农业保险等方式，增强农民合作社、家庭农场（林场）、专业大户、农林业企业的贷款融资能力和风险抵御能力。

（三十七）充分发挥政策性金融机构的积极作用。在国家批准的业务范围内，加大对公共服务、生态环保、基础设施建设项目的支持力度。努力为生态环保、农林水利、中西部铁路和公路、城市基础设施等重大工程提供长期稳定、低成本的资金支持。

（三十八）鼓励发展支持重点领域建设的投资基金。大力发展股权投资基金和创业投资基金，鼓励民间资本采取私募等方式发起设立主要投资于公共服务、生态环保、基础设施、区域开发、战略性新兴产业、先进制造业等领域的产业投资基金。政府可以使用包括中央预算内投资在内的财政性资金，通过认购基金份额等方式予以支持。

（三十九）支持重点领域建设项目开展股权和债权融资。大力发展债权投资计划、股权投资计划、资产支持计划等融资工具，延长投资期限，引导社保资金、保险资金等用于收益稳定、回收期长的基础设施和基础产业项目。支持重点领域建设项目采用企业债券、项目收益债券、公司债券、中期票据等方式通过债券市场筹措投资资金。推动铁路、公路、机场等交通项目建设企业应收账款证券化。建立规范的地方政府举债融资机制，支持地方政府依法依规发行债券，用于重点领域建设。

创新重点领域投融资机制对稳增长、促改革、调结构、惠民生具有重要作用。各地区、各有关部门要从大局出发，进一步提高认识，加强组织领导，健全工作机制，协调推动重点领域投融资机制创新。各地政府要结合本地实际，抓紧制定具体实施细则，确保各项措施落到实处。国务院各有关部门要严格按照分工，抓紧制定相关配套措施，加快重点领域建设，同时要加强宣传解读，让社会资本了解参与方式、运营方式、盈利模式、投资回报等相关政策，进一步稳定市场预期，充分调动社会投资积极性，切实发挥好投资对经济增长的关键作用。发展改革委要会同有关部门加强对本指导意见落实情况的督促检查，重大问题及时向国务院报告。

国务院

2014年11月16日

（此件公开发布）

国务院办公厅关于引导农村产权流转交易市场健康发展的意见

国办发〔2014〕71号

各省、自治区、直辖市人民政府，国务院各部委、各直属机构：

近年来，随着农村劳动力持续转移和农村改革不断深化，农户承包土地经营权、林权等各类农村产权流转交易需求明显增长，许多地方建立了多种形式的农村产权流转交易市场和服务平台，为农村产权流转交易提供了有效服务。但是，各地农村产权流转交易市场发展不平衡，其设立、运行、监管有待规范。引导农村产权流转交易市场健康发展，事关农村改革发展稳定大局，有利于保障农民和农村集体经济组织的财产权益，有利于提高农村要素资源配置和利用效率，有利于加快推进农业现代化。为此，经国务院同意，现提出以下意见。

一、总体要求

（一）指导思想。以邓小平理论、“三个代表”重要思想、科学发展观为指导，深入贯彻习近平总书记系列重要讲话精神，全面落实党的十八大和十八届三中、四中全会精神，按照党中央、国务院决策部署，以坚持和完善农村基本经营制度为前提，以保障农民和农村集体经济组织的财产权益为根本，以规范流转交易行为和完善服务功能为重点，扎实做好农村产权流转交易市场建设工作。

（二）基本原则。

——坚持公益性为主。必须坚持为农服务宗旨，突出公益性，不以盈利为目的，引导、规范和扶持农村产权流转交易市场发展，充分发挥其服务农村改革发展的重要作用。

——坚持公开公正规范。必须坚持公开透明、自主交易、公平竞争、规范有序，逐步探索形成符合农村实际和农村产权流转交易特点的市场形式、交易规则、服务方式和监管办法。

——坚持因地制宜。是否设立市场、设立什么样的市场、覆盖多大范围等，都要从各地实际出发，统筹规划、合理布局，不能搞强迫命令，不能搞行政瞎指挥。

——坚持稳步推进。充分利用和完善现有农村产权流转交易市场，在有需求、有条件的地方积极探索新的市场形式，稳妥慎重、循序渐进，不急于求成，不片面追求速度和规模。

二、定位和形式

（三）性质。农村产权流转交易市场是为各类农村产权依法流转交易提供服务的平台，包括现有的农村土地承包经营权流转服务中心、农村集体资产管理交易中心、林权管理服务中心和林业产权交易所，以及各地探索建立的其他形式农村产权流转交易市场。现阶段通过市场流转交易的农村产权包括承包到户的和农村集体统一经营管理的资源性资产、经营性资产等，以农户承包土地经营权、集体林地经营权为主，不涉及农村集体土地所有权和依法以家庭承包方式承包的集体土地承包权，具有明显的资产使用权租赁市场的特征。流转交易以服务农户、农民合作社、农村集体经济组织为主，流转交易目的以从事农业生产经营为主，具有显著的农业农村特色。流转交易行为主要发生在县、乡范围内，区域差异较大，具有鲜明的地域特点。

（四）功能。农村产权流转交易市场既要发挥信息传递、价格发现、交易中介的基本功能，又要注意发挥贴近“三农”，为农户、农民合作社、农村集体经济组织等主体流转交易产权提供便利和制度保障的特殊功能。适应交易主体、目的和方式多样化的需求，不断拓展服务功能，逐步发展成集信息发布、产权交易、法律咨询、资产评估、抵押融资等为一体的为农服务综合平台。

（五）设立。农村产权流转交易市场是政府主导、服务“三农”的非盈利性机构，可以是事业法人，也可以是企业法人。设立农村产权流转交易市场，要经过科学论证，由当地政府审批。当地政府要成立由相关部门组成的农村产权流转交易监督管理委员会，承担组织协调、政策制定等方面职责，负责对市场运行进行指导和监管。

（六）构成。县、乡农村土地承包经营权和林权等流转服务平台，是现阶段农村产权流转交易市场的主要形式和重要组成部分。利用好现有的各类农村产权流转服务平台，充分发挥其植根农村、贴近农户、熟悉农情的优势，做好县、乡范围内的农村产权流转交易服务工作。现阶段市场建设应以县域为主。确有需要的地方，可以设立覆盖地（市）乃至省（区、市）地域范围的市场，承担更大范围的信息整合发布和大额流转交易。各地要加强统筹协调，理顺县、乡农村产权流转服务平台与更高层级农村产权流转交易市场的关系，可以采取多种形式合作共建，也可以实行一体化运营，推动实现资源共享、优势互补、协同发展。

（七）形式。鼓励各地探索符合农村产权流转交易实际需要的多种市场形式，既要搞好交易所式的市场建设，也要有效利用电子交易网络平台。鼓励有条件的地方整合各类流转服务平台，建立提供综合服务的市场。农村产权流转交易市场可以是独立的交易场所，也可以利用政务服务大厅等场所，形成“一个屋顶之下、多个服务窗口、多品种产权交易”的综合平台。

三、运行和监管

（八）交易品种。农村产权类别较多，权属关系复杂，承载功能多样，适用规则不同，应实行分类指导。法律没有限制的品种均可以入市流转交易，流转交易的方式、期限和流转交易后的开发利用要遵循相关法律、法规和政策。现阶段的交易品种主要包括：

1.农户承包土地经营权。是指以家庭承包方式承包的耕地、草地、养殖水面等经营权，可以采取出租、入股等方式流转交易，流转期限由流转双方在法律规定范围内协商确定。

2.林权。是指集体林地经营权和林木所有权、使用权，可以采取出租、转让、入股、作价出资或合作等方式流转交易，流转期限不能超过法定期限。

3. “四荒”使用权。是指农村集体所有的荒山、荒沟、荒丘、荒滩使用权。采取家庭承包方式取得的，按照农户承包土地经营权有关规定进行流转交易。以其他方式承包的，其承包经营权可以采取转让、出租、入股、抵押等方式进行流转交易。

4.农村集体经营性资产。是指由农村集体统一经营管理的经营性资产（不含土地）的所有权或使用权，可以采取承包、租赁、出让、入股、合资、合作等方式流转交易。

5.农业生产设施设备。是指农户、农民合作组织、农村集体和涉农企业等拥有的农业生产设施设备，可以采取转让、租赁、拍卖等方式流转交易。

6.小型水利设施使用权。是指农户、农民合作组织、农村集体和涉农企业等拥有的小型水利设施使用权，可以采取承包、租赁、转让、抵押、股份合作等方式流转交易。

7.农业类知识产权。是指涉农专利、商标、版权、新品种、新技术等，可以采取转让、出租、股份合作等方式流转交易。

8.其他。农村建设项目招标、产业项目招商和转让等。

（九）交易主体。凡是法律、法规和政策没有限制的法人和自然人均可以进入市场参与流转交易，具体准入条件按照相关法律、法规和政策执行。现阶段市场流转交易主体主要有农户、农民合作社、农村集体经济组织、涉农企业和其他投资者。农户拥有的产权是否入市流转交易由农户自主决定。任何组织和个人不得强迫或妨碍自主交易。一定标的额以上的农村集体资产流转必须进入市场公开交易，防止暗箱操作。农村产权流转交易市场要依法对各类市场主体的资格进行审查核实、登记备案。产权流转交易的出让方必须是产权权利人，或者受产权权利人委托的受托人。除农户宅基地使用权、农民住房财产权、农户持有的集体资产股权之外，流转交易的受让方原则上没有资格限制（外资企业和境外投资者按照有关法律、法规执行）。对工商企业进入市场流转交易，要依据相关法律、法规和政策，加强准入监管和风险防范。

（十）服务内容。农村产权流转交易市场都应提供发布交易信息、受理交易咨询和申请、协助产权查询、组织交易、出具产权流转交易鉴证书，协助办理产权变更登记和资金结算手续等基本服务；可以根据自身条件，开展资产评估、法律服务、产权经纪、项目推介、抵押融资等配套服务，还可以引入财会、法律、资产评估等中介服务组织以及银行、保险等金融机构和担保公司，为农村产权流转交易提供专业化服务。

（十一）管理制度。农村产权流转交易市场要建立健全规范的市场管理制度和交易规则，对市场运行、服务规范、中介行为、纠纷调处、收费标准等作出具体规定。实行统一规范的业务受理、信息发布、交易签约、交易中（终）止、交易（合同）鉴证、档案管理等制度，流转交易的产权应无争议，发布信息应真实、准确、完整，交易品种和方式应符合相应法律、法规和政策，交易过程应公开公正，交易服务应方便农民群众。

（十二）监督管理。农村产权流转交易监督管理委员会和市场主管部门要强化监督管理，加强定期检查和动态监测，促进交易公平，防范交易风险，确保市场规范运行。及时查处各类违法违规交易行为，严禁隐瞒信息、暗箱操作、操纵交易。耕地、林地、草地、水利设施等产权流转交易后的开发利用，不能改变用途，不能破坏农业综合生产能力，不能破坏生态功能，有关部门要加强监管。

（十三）行业自律。探索建立农村产权流转交易市场行业协会，充分发挥其推动行业发展和行业自律的积极作用。协会要推进行业规范、交易制度和服务标准建设，加强经验交流、政策咨询、人员培训等服务；增强行业自律意识，自觉维护行业形象，提升市场公信力。

四、保障措施

（十四）扶持政策。各地要稳步推进农村集体产权制度改革，扎实做好土地承包经营权、集体建设用地使用权、农户宅基地使用权、林权等确权登记颁证工作。实行市场建设和运营财政补贴等优惠政策，通过采取购买社会化服务或公益性岗位等措施，支持充分利用现代信息技术建立农村产权流转交易和管理信息网络平台，完善服务功能和手段。组织从业人员开展业务培训，积极培育市场中介服务组织，逐步提高专业化水平。

（十五）组织领导。各地要加强领导，健全工作机制，严格执行相关法律、法规和政策；从本地实际出发，根据农村产权流转交易需要，制定管理办法和实施方案。农村工作综合部门和科技、财政、国土资源、住房城乡建设、农业、水利、林业、金融等部门要密切配合，加强指导，及时研究解决工作中的困难和问题。

国务院办公厅

2014年12月30日

（此件公开发布）

第二篇

中国城市经济统计资料

2014年国民经济和社会发展统计公报

2014年，面对复杂多变的国际环境和艰巨繁重的国内发展改革稳定任务，党中央、国务院团结带领全国各族人民，牢牢把握国内外发展大势，坚持稳中求进工作总基调，全力推进改革开放，着力创新宏观调控，奋力激发市场活力，努力培育创新动力，国民经济在新常态下平稳运行，结构调整出现积极变化，发展质量不断提高，民生事业持续改善，实现了经济社会持续稳定发展。

一、综合

年末全国大陆总人口为136782万人，比上年末增加710万人，其中城镇常住人口为74916万人，占总人口比重为54.77%。全年出生人口1687万人，出生率为12.37‰；死亡人口977万人，死亡率为7.16‰；自然增长率为5.21‰。全国人户分离的人口[2]为2.98亿人，其中流动人口[3]为2.53亿人。

表1　2014年年末人口数及其构成

指　标	年末数（万人）	比重（%）
全国总人口	136782	100.0
其中：城镇	74916	54.77
乡村	61866	45.23
其中：男性	70079	51.2
女性	66703	48.8
其中：0-15岁（含不满16周岁）[4]	23957	17.5
16-59岁（含不满60周岁）	91583	67.0
60周岁及以上	21242	15.5
其中：65周岁及以上	13755	10.1

国民经济稳定增长。初步核算，全年国内生产总值[5]636463亿元，比上年增长7.4%。其中，第一产业增加值58332亿元，增长4.1%；第二产业增加值271392亿元，增长7.3%；第三产业增加值306739亿元，增长8.1%。第一产业增加值占国内生产总值的比重为9.2%，第二产业增加值比重为42.6%，第三产业增加值比重为48.2%。

资料来源： http://www.stats.gov.cn/tjsj/zxfb/201502/t20150226_685799.html

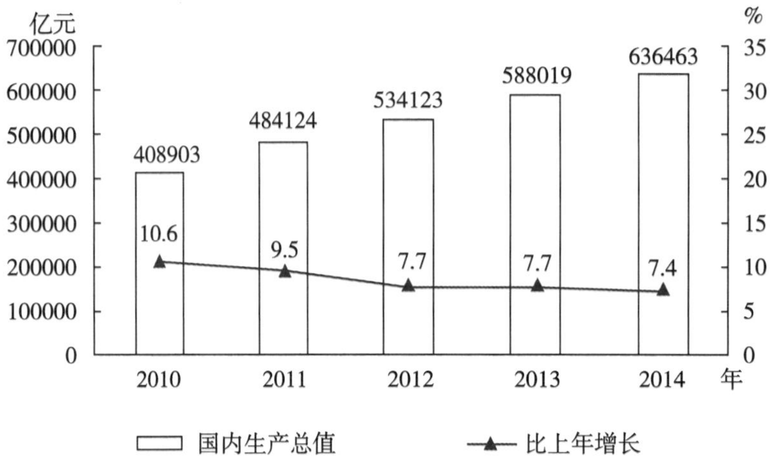

图1　2010—2014年国内生产总值及其增长速度

就业继续增加。年末全国就业人员77253万人，其中城镇就业人员39310万人。全年城镇新增就业1322万人。年末城镇登记失业率为4.09%。全国农民工[6]总量为27395万人，比上年增长1.9%。其中，外出农民工16821万人，增长1.3%；本地农民工10574万人，增长2.8%。

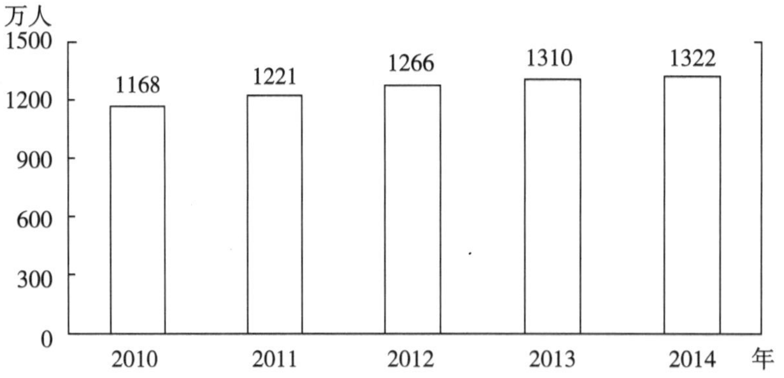

图2　2010—2014年城镇新增就业人数

劳动生产率稳步提高。全年国家全员劳动生产率[7]为72313元/人，比上年提高7.0%。

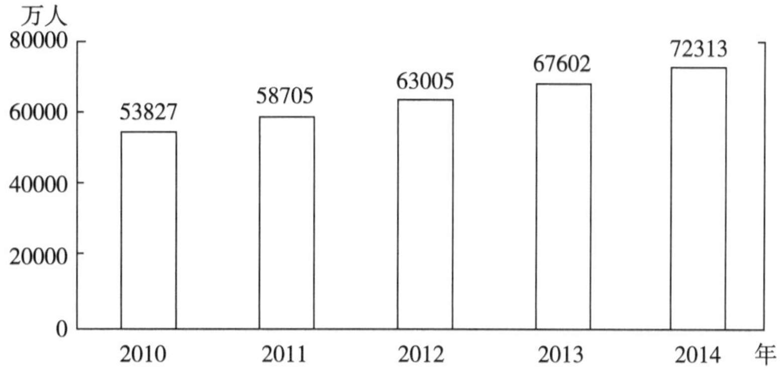

图3 2010—2014年国家全员劳动生产率

价格水平涨幅较低。全年居民消费价格比上年上涨2.0%，其中食品价格上涨3.1%。固定资产投资价格上涨0.5%。工业生产者出厂价格下降1.9%。工业生产者购进价格下降2.2%。农产品生产者价格[8]下降0.2%。

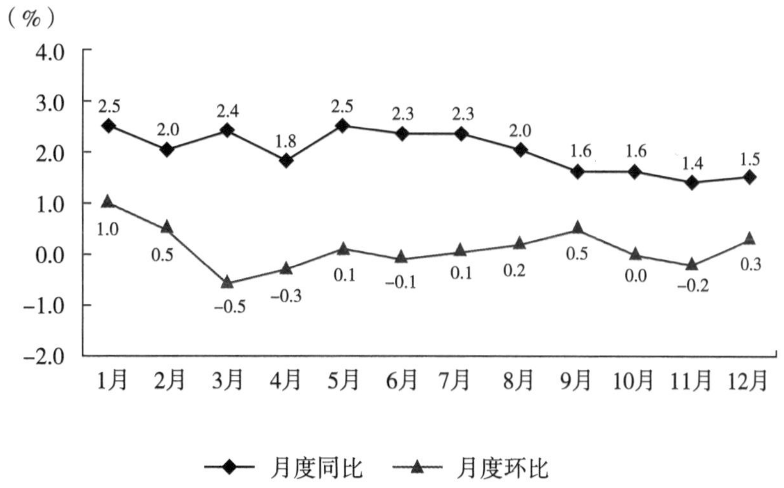

图4 2014年居民消费价格月度涨跌幅度

表2　2014年居民消费价格比上年涨跌幅度

单位：%

指标	全国	城市	农村
居民消费价格	2.0	2.1	1.8
其中：食　品	3.1	3.3	2.6
烟酒及用品	-0.6	-0.7	-0.5
衣　着	2.4	2.4	2.4
家庭设备用品及维修服务	1.2	1.2	1.2
医疗保健和个人用品	1.3	1.2	1.5
交通和通信	-0.1	-0.2	0.0
娱乐教育文化用品及服务	1.9	1.9	1.7
居　住[9]	2.0	2.1	1.9

70个大中城市新建商品住宅销售价格月同比上涨城市个数上半年各月均为69个，下半年月同比上涨城市个数逐月减少，12月份为2个，月同比价格下降城市个数增加至68个。

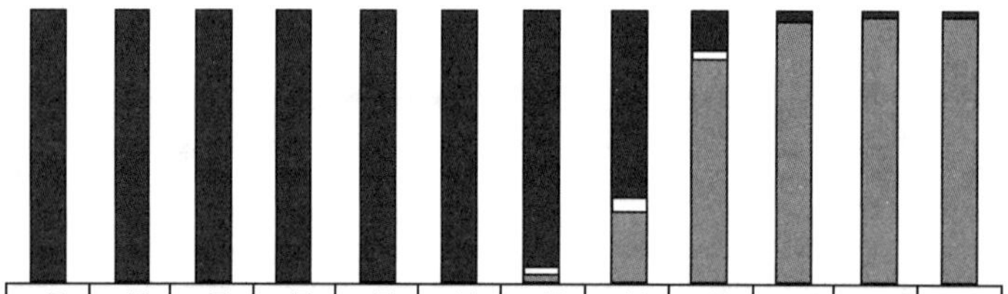

	1月	2月	3月	4月	5月	6月	7月	8月	9月	10月	11月	12月
■上涨	69	69	69	69	69	69	65	48	10	3	2	2
□持平	0	0	0	0	0	0	2	3	2	0	0	0
■下降	1	1	1	1	1	1	3	19	58	67	68	68

图5　2014年新建商品住宅月同比价格上涨、持平、下降、城市个数变化情况

财政收入稳定增长。全年全国一般公共财政收入140350亿元，比上年增加11140亿元，增长8.6%，其中税收收入119158亿元，增加8627亿元，增长7.8%。

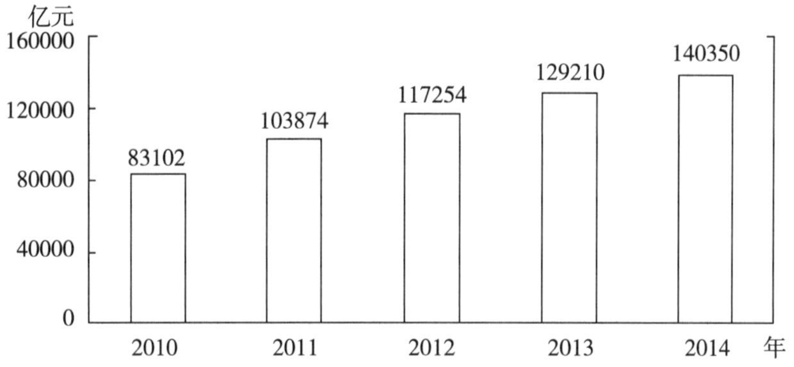

图6 2010—2014年全国一般公共财政收入

注：图中2010年至2013年数据为全国一般公共财政收入决算数，2014年为执行数。

外汇储备略有增加。年末国家外汇储备38430亿美元，比上年末增加217亿美元。全年人民币平均汇率为1美元兑6.1428元人民币，比上年升值0.8%。

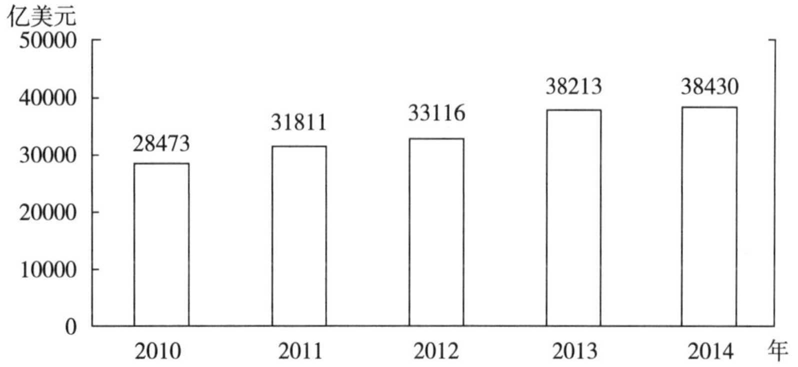

图7 2010—2014年年末国家外汇储备

二、农业

全年粮食种植面积11274万公顷，比上年增加78万公顷。棉花种植面积422万公顷，减少13万公顷。油料种植面积1408万公顷，增加6万公顷。糖料种植面积191万公顷，减少9万公顷。

粮食再获丰收。全年粮食产量60710万吨，比上年增加516万吨，增产0.9%。其中，夏粮产量13660万吨，增产3.6%；早稻产量3401万吨，减产0.4%；秋粮产量43649万吨，增产0.1%。全年谷物产量55727万吨，比上年增产0.8%。其中，稻谷产量20643万吨，增产1.4%；小麦产量12617万吨，增产3.5%；玉米产量21567万吨，减产1.3%。

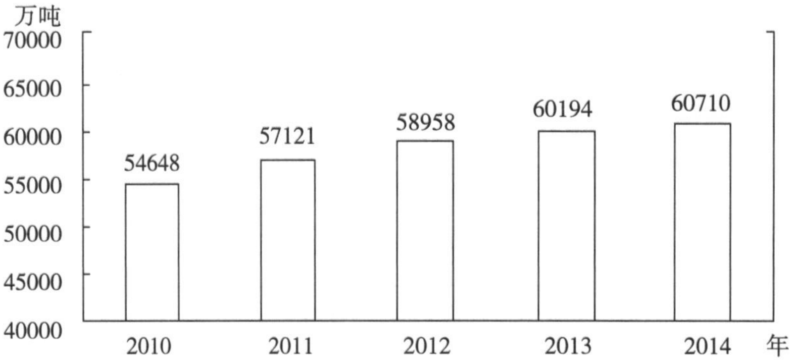

图8　2010—2014年粮食产量

全年棉花产量616万吨，比上年减产2.2%。油料产量3517万吨，与上年持平。糖料产量13403万吨，减产2.5%。茶叶产量209万吨，增产8.7%。

全年肉类总产量8707万吨，比上年增长2.0%。其中，猪肉产量5671万吨，增长3.2%；牛肉产量689万吨，增长2.4%；羊肉产量428万吨，增长4.9%；禽肉产量1751万吨，下降2.7%。禽蛋产量2894万吨，增长0.6%。牛奶产量3725万吨，增长5.5%。年末生猪存栏46583万头，下降1.7%；生猪出栏73510万头，增长2.7%。

全年水产品产量6450万吨，比上年增长4.5%。其中，养殖水产品产量4762万吨，增长4.9%；捕捞水产品产量1688万吨，增长3.5%。

全年木材产量8178万立方米，比上年下降3.1%。

全年新增耕地灌溉面积132万公顷，新增节水灌溉面积223万公顷。

三、工业和建筑业

工业生产平稳增长。全年全部工业增加值227991亿元，比上年增长7.0%。规模以上工业增加值增长8.3%。在规模以上工业中，分经济类型看，国有及国有控股企业增长4.9%；集体企业增长1.7%，股份制企业增长9.7%，外商及港澳台商投资企业增长6.3%；私营企业增长10.2%。分门类看，采矿业增长4.5%，制造业增长9.4%，电力、热力、燃气及水生产和供应业增长3.2%。

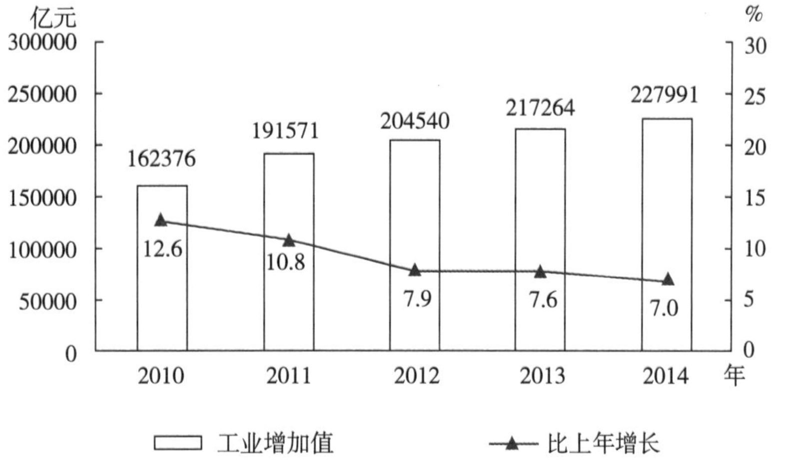

图9 2010—2014年全部工业增加值及其增长速度

全年规模以上工业中，农副食品加工业增加值比上年增长7.7%，纺织业增长6.7%，通用设备制造业增长9.1%，专用设备制造业增长6.9%，汽车制造业增长11.8%，计算机、通信和其他电子设备制造业增长12.2%，电气机械和器材制造业增长9.4%。六大高耗能行业增加值比上年增长7.5%。其中，非金属矿物制品业增长9.3%，化学原料和化学制品制造业增长10.3%，有色金属冶炼和压延加工业增长12.4%，黑色金属冶炼和压延加工业增长6.2%，电力、热力生产和供应业增长2.2%，石油加工、炼焦和核燃料加工业增长5.4%。高技术制造业[10]增加值比上年增长12.3%，占规模以上工业增加值的比重为10.6%。装备制造业[11]增加值增长10.5%，占规模以上工业增加值的比重为30.4%。

表3 2014年主要工业产品产量及其增长速度[12]

产品名称	单 位	产 量	比上年增长（%）
纱	万吨	3379.2	5.6
布	亿米	893.7	-0.4
化学纤维	万吨	4389.8	5.5
成品糖	万吨	1642.7	3.1
卷 烟	亿支	26098.5	1.9
彩色电视机	万台	14128.9	10.9
其中：液晶电视机	万台	13865.9	13.3
家用电冰箱	万台	8796.1	-5.0
房间空气调节器	万台	14463.3	10.7
一次能源生产总量	亿吨标准煤	36.0	0.5
原 煤	亿吨	38.7	-2.5
原 油	万吨	21142.9	0.7

续表

产品名称	单　位	产　量	比上年增长（%）
天然气[13]	亿立方米	1301.6	7.7
发电量	亿千瓦小时	56495.8	4.0
其中：火电	亿千瓦小时	42337.3	-0.3
水电	亿千瓦小时	10643.4	15.7
核电	亿千瓦小时	1325.4	18.8
粗　钢	万吨	82269.8	1.2
钢　材[14]	万吨	112557.2	4.0
十种有色金属	万吨	4380.1	7.4
其中：精炼铜（电解铜）	万吨	764.4	15.0
原铝（电解铝）	万吨	2435.8	10.3
氧化铝	万吨	4777.3	7.3
水　泥	亿吨	24.8	2.3
硫　酸（折100%）	万吨	8846.3	8.5
纯　碱	万吨	2514.2	3.4
烧　碱（折100%）	万吨	3059.0	4.5
乙　烯	万吨	1696.7	6.1
化　肥（折100%）	万吨	6887.2	-2.0
发电机组（发电设备）	万千瓦	15053.0	6.0
汽　车	万辆	2372.5	7.3
其中：基本型乘用车（轿车）	万辆	1248.3	3.1
大中型拖拉机	万台	64.4	-3.3
集成电路	亿块	1015.5	12.4
程控交换机	万线	3123.1	15.7
移动通信手持机	万台	162719.8	6.8
微型计算机设备	万台	35079.6	-0.8

年末全国发电装机容量136019万千瓦，比上年末增长8.7%。其中[15]，火电装机容量91569万千瓦，增长5.9%；水电装机容量30183万千瓦，增长7.9%；核电装机容量1988万千瓦，增长36.1%；并网风电装机容量9581万千瓦，增长25.6%；并网太阳能发电装机容量2652万千瓦，增长67.0%。

全年规模以上工业企业实现利润64715亿元，比上年增长3.3%，其中国有及国有控股企业14007亿元，下降5.7%；集体企业538亿元，增长0.4%，股份制企业42963亿元，增长1.6%，外商及港澳台商投资企业15972亿元，增长9.5%；私营企业22323亿元，增长4.9%。

全年全社会建筑业增加值44725亿元，比上年增长8.9%。全国具有资质等级的总承包和专业承包建筑业企业实现利润6913亿元，增长13.7%，其中国有及国有控股企业1639亿元，增长11.7%。

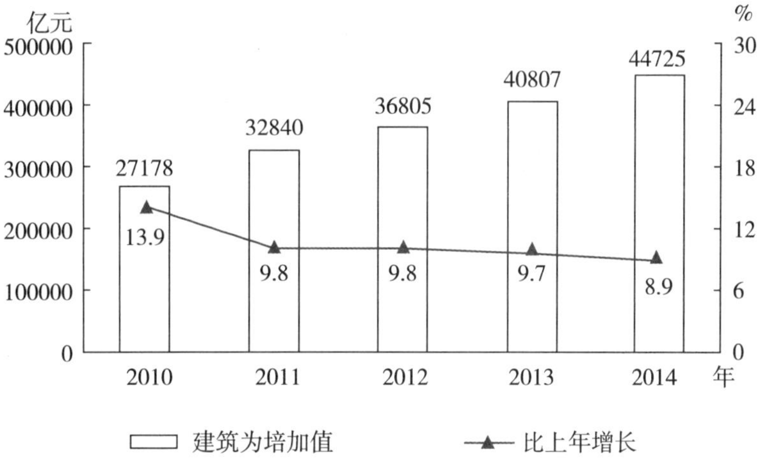

图10 2010—2014年建筑业增加值及其增长速度

四、固定资产投资

固定资产投资增速放缓。全年全社会固定资产投资512761亿元，比上年增长15.3%[16]，扣除价格因素，实际增长14.7%。其中，固定资产投资（不含农户）502005亿元，增长15.7%，农户投资10756亿元，增长2.0%。东部地区投资[17]206454亿元，比上年增长15.4%；中部地区投资124112亿元，增长17.6%；西部地区投资129171亿元，增长17.2%；东北地区投资46096亿元，增长2.7%。

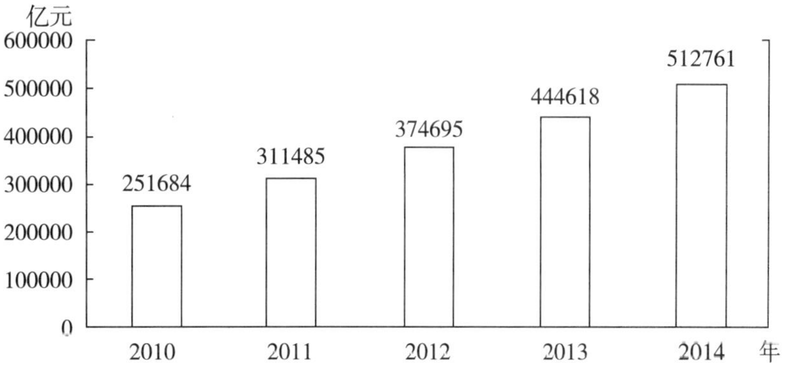

图11 2010—2014年全社会固定资产投资

在固定资产投资（不含农户）中，第一产业投资11983亿元，比上年增长33.9%；第二产业投资208107亿元，增长13.2%；第三产业投资281915亿元，增长16.8%。民间固定资产投资[18]321576亿元，增长18.1%，占固定资产投资（不含农户）的比重为64.1%。

表4 2014年分行业固定资产投资（不含农户）及其增长速度

行业	投资额（亿元）	比上年增长（%）
总　　计	502005	15.7
农、林、牧、渔业	14697	31.3
采矿业	14681	0.7
制造业	166918	13.5
电力、热力、燃气及水生产和供应业	22916	17.1
建筑业	4450	27.2
批发和零售业	15669	25.7
交通运输、仓储和邮政业	42984	18.6
住宿和餐饮业	6237	4.2
信息传输、软件和信息技术服务业	4187	38.6
金融业	1360	10.5
房地产业[19]	123690	11.1
租赁和商务服务业	7970	36.2
科学研究和技术服务业	4205	34.7
水利、环境和公共设施管理业	46274	23.6
居民服务、修理和其他服务业	2262	14.2
教育	6678	24.0
卫生和社会工作	3983	27.6
文化、体育和娱乐业	6192	18.9
公共管理、社会保障和社会组织	6652	13.6

表5 2014年固定资产投资新增主要生产与运营能力

指标	单位	绝对数
新增220千伏及以上变电设备	万千伏安	22394
新建铁路投产里程	公里	8427
其中：高速铁路[20]	公里	5491
增、新建铁路复线投产里程	公里	7892
电气化铁路投产里程	公里	8653
新建公路里程	公里	65260
其中：高速公路	公里	7394
港口万吨级码头泊位新增吞吐能力	万吨	43553
新增民用运输机场	个	9
新增光缆线路长度	万公里	301

全年房地产开发投资95036亿元，比上年增长10.5%。其中，住宅投资64352亿元，增长9.2%；办公楼投资5641亿元，增长21.3%；商业营业用房投资14346亿元，增长20.1%。

全年全国城镇保障性安居工程基本建成住房511万套，新开工740万套。

表6 2014年房地产开发和销售主要指标完成情况及其增长速度

指标	单位	绝对数	比上年增长（%）
投资额	亿元	95036	10.5
其中：住宅	亿元	64352	9.2
其中：90平方米及以下	亿元	20335	4.6
房屋施工面积	万平方米	726482	9.2
其中：住宅	万平方米	515096	5.9
房屋新开工面积	万平方米	179592	-10.7
其中：住宅	万平方米	124877	-14.4
房屋竣工面积	万平方米	107459	5.9
其中：住宅	万平方米	80868	2.7
商品房销售面积	万平方米	120649	-7.6
其中：住宅	万平方米	105182	-9.1
本年到位资金	亿元	121991	-0.1
其中：国内贷款	亿元	21243	8.0
其中：个人按揭贷款	亿元	13665	-2.6

五、国内贸易

市场销售稳定增长。全年社会消费品零售总额[21]262394亿元，比上年增长12.0%，扣除价格因素，实际增长10.9%。按经营地统计，城镇消费品零售额226368亿元，增长11.8%；乡村消费品零售额36027亿元，增长12.9%。按消费类型统计，商品零售额234534亿元，增长12.2%；餐饮收入额27860亿元，增长9.7%。

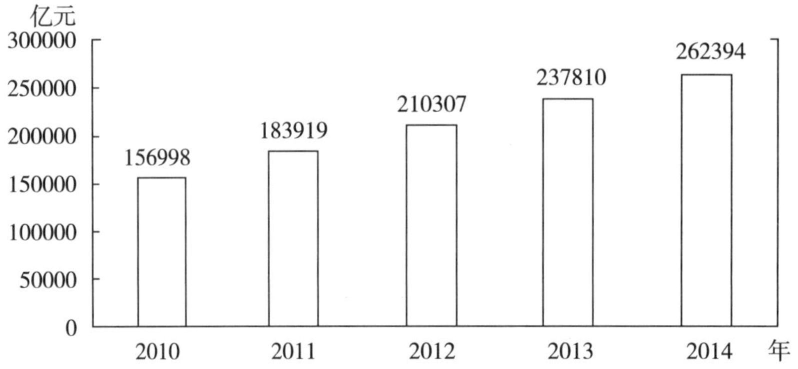

图12　2010—2014年社会消费品零售总额

在限额以上企业商品零售额中，粮油、食品、饮料、烟酒类零售额比上年增长11.1%，服装、鞋帽、针纺织品类增长10.9%，化妆品类增长10.0%，金银珠宝类与上年持平，日用品类增长11.6%，家用电器和音像器材类增长9.1%，中西药品类增长15.0%，文化办公用品类增长11.6%，家具类增长13.9%，通讯器材类增长32.7%，石油及制品类增长6.6%，建筑及装潢材料类增长13.9%，汽车类增长7.7%。

全年网上零售额[22]27898亿元，比上年增长49.7%，其中限额以上单位网上零售额4400亿元，增长56.2%。

六、对外经济[23]

全年货物进出口总额264334亿元，比上年增长2.3%。其中，出口143912亿元，增长4.9%；进口120423亿元，下降0.6%。进出口差额（出口减进口）23489亿元，比上年增加7395亿元。

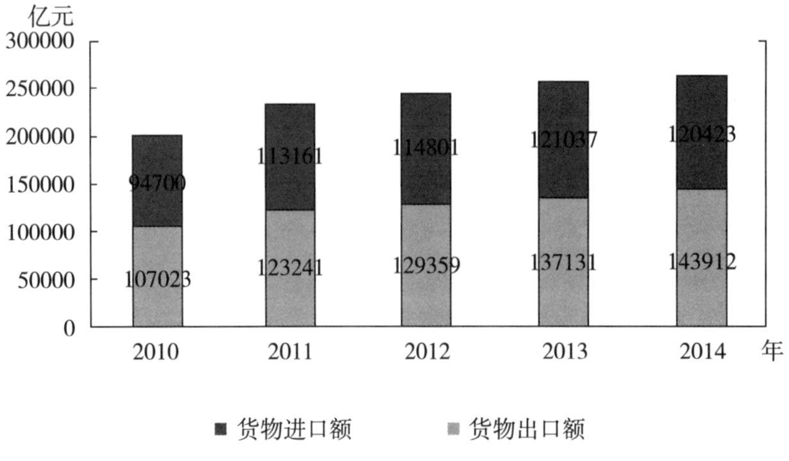

图13　2010—2014年货物进出口总额

表7 2014年货物进出口总额及其增长速度

指标	金额（亿元）	比上年增长（%）
货物进出口总额	264334	2.3
货物出口额	143912	4.9
其中：一般贸易	73944	9.6
加工贸易	54320	1.8
其中：机电产品	80527	2.6
高新技术产品	40570	-1.0
货物进口额	120423	-0.6
其中：一般贸易	68162	-1.0
加工贸易	32211	4.5
其中：机电产品	52509	0.7
高新技术产品	33876	-2.2
进出口差额（出口减进口）	23489	—

表8 2014年主要商品出口数量、金额及其增长速度

商品名称	单位	数量	比上年增长（%）	金额（亿元）	比上年增长（%）
煤（包括褐煤）	万吨	574	-23.5	43	-35.5
钢材	万吨	9378	50.5	4350	31.6
纺织纱线、织物及制品	—	—	—	6888	3.8
服装及衣着附件	—	—	—	11445	4.2
鞋类	—	—	—	3455	9.7
家具及其零件	—	—	—	3195	-0.7
自动数据处理设备及其部件	万台	191836	2.6	11159	-1.3
手持或车载无线电话	万台	131199	10.6	7085	20.2
集装箱	万个	302	12.1	553	13.0
液晶显示板	万个	245080	-25.0	1952	-12.4
汽车	万辆	90	-2.8	770	3.5

表9　2014年主要商品进口数量、金额及其增长速度

商品名称	数量（万吨）	比上年增长（%）	金额（亿元）	比上年增长（%）
谷物及谷物粉	1951	33.8	382	20.7
大豆	7140	12.7	2474	5.0
食用植物油	650	-19.7	364	-27.3
铁矿砂及其精矿	93251	13.8	5748	-12.8
氧化铝	528	37.7	118	35.5
煤（包括褐煤）	29122	-10.9	1366	-24.4
原油	30838	9.5	14017	2.8
成品油	3000	-24.2	1439	-27.7
初级形状的塑料	2535	3.0	3167	4.0
纸浆	1796	6.6	741	4.9
钢材	1443	2.5	1101	4.0
未锻轧铜及铜材	483	7.4	2188	0.8

表10　2014年对主要国家和地区货物进出口额及其增长速度

国家和地区	出口额（亿元）	比上年增长（%）	进口额（亿元）	比上年增长（%）
欧盟	22787	8.3	15031	9.7
美国	24328	6.4	9764	3.1
东盟	16712	10.3	12794	3.3
中国香港	22307	-6.6	792	-21.5
日本	9187	-1.4	10027	-0.5
韩国	6162	8.9	11677	2.8
中国台湾	2843	12.7	9337	-3.9
俄罗斯	3297	7.2	2555	3.7
印度	3331	10.7	1005	-4.6

全年服务进出口[24]总额6043亿美元，比上年增长12.6%。其中，服务出口2222亿美元，增长7.6%；服务进口3821亿美元，增长15.8%。服务进出口逆差1599亿美元。

全年非金融领域新设立外商直接投资企业23778家，比上年增长4.4%。实际使用外商直接投资金额7364亿元，按美元计价为1196亿美元，增长1.7%。

表11 2014年非金融领域外商直接投资及其增长速度

行业	企业数（家）	比上年增长（%）	实际使用金额（亿美元）	比上年增长（%）
总计	23778	4.4	1195.6	1.7
其中：农、林、牧、渔业	719	-5.0	15.2	-15.4
制造业	5178	-20.4	399.4	-12.3
电力、燃气及水生产和供应业	208	4.0	22.0	-9.3
交通运输、仓储和邮政业	376	-6.2	44.6	5.7
信息传输、计算机服务和软件业	981	23.2	27.6	-4.4
批发和零售业	7978	8.6	94.6	-17.8
房地产业	446	-15.9	346.3	20.2
租赁和商务服务业	3963	18.0	124.9	20.5
居民服务和其他服务业	181	9.0	7.2	9.3

全年非金融领域对外直接投资额6321亿元，按美元计价为1029亿美元，比上年增长14.1%。

表12 2014年非金融领域对外直接投资额及其增长速度

行业	对外直接投资金额（亿美元）	比上年增长（%）
总计	1028.9	14.1
其中：农、林、牧、渔业	17.4	19.2
采矿业	193.3	-4.1
制造业	69.6	-19.8
电力、热力、燃气及水生产和供应业	18.4	36.3
建筑业	70.2	7.5
批发和零售业	172.7	26.3
交通运输、仓储和邮政业	29.3	17.2
信息传输、软件和信息技术服务业	17.0	100.0
房地产业	30.9	45.8
租赁和商务服务业	372.5	26.5

全年对外承包工程业务完成营业额8748亿元，按美元计价为1424亿美元，比上年增长3.8%。对外劳务合作派出各类劳务人员56.2万人，增长6.6%。

七、交通、邮电和旅游

交通运输平稳增长。全年货物运输总量439亿吨，比上年增长7.1%。货物运输周转量184619亿吨公里，增长9.9%。全年规模以上港口完成货物吞吐量111.6亿吨，比上年增长4.8%，其中外贸货物吞吐量35.2亿吨，增长5.9%。规模以上港口集装箱吞吐量20093万标准箱，增长6.1%。

表13　2014年各种运输方式完成货物运输量及其增长速度

指标	单位	绝对数	比上年增长（%）
货物运输总量	亿吨	439.1	7.1
铁路	亿吨	38.1	-3.9
公路	亿吨	334.3	8.7
水运	亿吨	59.6	6.4
民航	万吨	593.3	5.7
管道	亿吨	6.9	5.2
货物运输周转量	亿吨公里	184619.2	9.9
铁路	亿吨公里	27530.2	-5.6
公路	亿吨公里	61139.1	9.7
水运	亿吨公里	91881.1	15.7
民航	亿吨公里	186.1	9.3
管道	亿吨公里	3882.7	10.9

全年旅客运输总量221亿人次，比上年增长3.9%。旅客运输周转量29994亿人公里，增长8.8%。

表14　2014年各种运输方式完成旅客运输量及其增长速度

指标	单位	绝对数	比上年增长（%）
旅客运输总量	亿人次	220.7	3.9
铁路	亿人次	23.6	11.9
公路	亿人次	190.5	2.8
水运	亿人次	2.6	12.3
民航	亿人次	3.9	10.6
旅客运输周转量	亿人公里	29994.2	8.8
铁路	亿人公里	11604.8	9.5
公路	亿人公里	11981.7	6.5
水运	亿人公里	74.4	8.9
民航	亿人公里	6333.3	12.0

年末全国民用汽车保有量达到15447万辆（包括三轮汽车和低速货车972万辆），比上年末增长12.4%，其中私人汽车保有量12584万辆，增长15.5%。民用轿车保有量8307万辆，增长16.6%，其中私人轿车7590万辆，增长18.4%。

邮电业务快速增长。全年完成邮电业务总量[25]21846亿元，比上年增长19.0%。其中，邮政业务总量3696亿元，增长35.6%；电信业务总量18150亿元，增长16.1%。邮政业全年完成邮政函件业务56.1亿件，包裹业务0.6亿件，快递业务量139.6亿件；快递业务收入2045亿元。电信业全年新增移动电话交换机容量[26]7980万户，达到204537万户。年末全国电话用户总数达到153552万户，其中固定电话用户24943万户，移动电话用户128609万户。固定电话普及率下降至18.3部/百人， 移动电话普及率上升至94.5部/百人。固定互联网宽带接入用户[27]20048万户，比上年增加1157万户；移动宽带用户[28]58254万户，增加18093万户。互联网上网人数6.49亿人，增加3117万人，其中手机上网人数[29]5.57亿人，增加5672万人。互联网普及率达到47.9%。

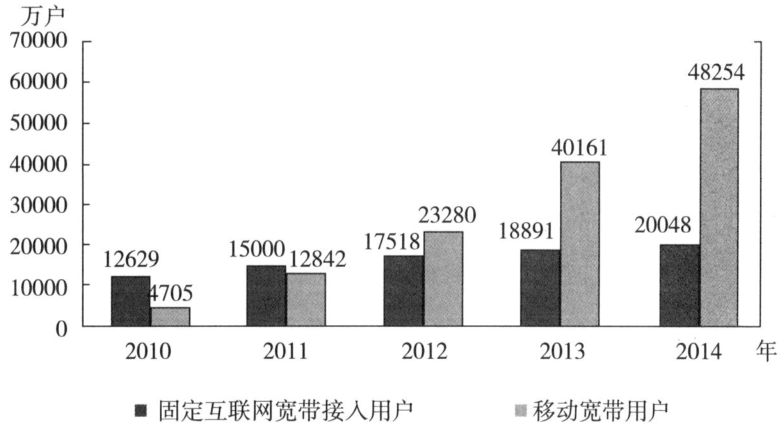

图14　2010—2014年年末固定互联网宽带接入用户和移动宽带用户数

全年国内游客36.1亿人次，比上年增长10.7%，国内旅游收入30312亿元，增长15.4%。入境游客12849万人次，下降0.5%。其中，外国人2636万人次，增长0.3%；香港、澳门和台湾同胞10213万人次，下降0.6%。在入境游客中，过夜游客5562万人次，与上年基本持平。国际旅游外汇收入569亿美元，增长10.2%。国内居民出境11659万人次，增长18.7%，其中因私出境11003万人次，增长19.6%。

八、金融

金融市场运行总体平稳。年末广义货币供应量（M2）余额为122.8万亿元，比上年末增长12.2%；狭义货币供应量（M1）余额为34.8万亿元，增长3.2%；流通中货币（M0）余额为6.0万亿元，增长2.9%。

全年社会融资规模[30]为16.5万亿元，按可比口径计算，比上年少8598亿元。年末全部金融机构本外币各项存款余额117.4万亿元，比年初增加10.2万亿元，其中人民币各项存款余额113.9万亿元，增加9.5万亿元。全部金融机构本外币各项贷款余额86.8万亿元，增加10.2万亿元，其中人民币各项贷款余额81.7万亿元，增加9.8万亿元。

表15　2014年年末全部金融机构本外币存贷款余额及其增长速度

指标	年末数（亿元）	比上年末增长（%）
各项存款余额	1173735	9.6
其中：住户存款	506890	8.9
其中：人民币	502504	8.9
非金融企业存款	400420	5.4
各项贷款余额	867868	13.3
其中：境内短期贷款	336371	7.9
境内中长期贷款	471818	15.0

年末主要农村金融机构（农村信用社、农村合作银行、农村商业银行）人民币贷款余额105742亿元，比年初增加14105亿元。全部金融机构人民币消费贷款余额153660亿元，增加23938亿元。其中，个人短期消费贷款余额32491亿元，增加5902亿元；个人中长期消费贷款余额121169亿元，增加18037亿元。

全年上市公司通过境内市场累计筹资8397亿元，比上年增加1512亿元。其中，首次公开发行A股125只，筹资669亿元；A股再筹资（包括配股、公开增发、非公开增发[31]、认股权证）4165亿元，增加1362亿元；上市公司通过发行可转债、可分离债、公司债、中小企业私募债筹资3563亿元，减少519亿元。全年公开发行创业板股票51只，筹资159亿元。

全年发行公司信用类债券[32]5.15万亿元，比上年增加1.48万亿元。

全年保险公司原保险保费收入[33]20235亿元，比上年增长17.5%。其中，寿险业务原保险保费收入10902亿元，健康险和意外伤害险业务原保险保费收入2130亿元，财产险业务原保险保费收入7203亿元。支付各类赔款及给付7216亿元。其中，寿险业务给付2728亿元，健康险和意外伤害险赔款及给付700亿元，财产险业务赔款3788亿元。

九、人民生活和社会保障

城乡居民收入继续增加。全年全国居民人均可支配收入20167元，比上年增长10.1%，扣除价格因素，实际增长8.0%。按常住地分，城镇居民人均可支配收入[34]28844元，比上年增长9.0%，扣除价格因素，实际增长6.8%；城镇居民人均可支配收入中位数[35]为26635元，增长10.3%。农村居民人均可支配收入10489元，比上年增长11.2%，扣除价格因素，实际增长9.2%；农村居民人均可支配收入中位数为9497元，增长12.7%。全年农村居民人均纯收入为9892元。全国居民人均消费支出14491元，比上年增长9.6%，扣除价格因素，实际增长7.5%。按常住地分，城镇居民人均消费支出19968元，增长8.0%，扣除价格因素，实际增长

5.8%；农村居民人均消费支出8383元，增长12.0%，扣除价格因素，实际增长10.0%。

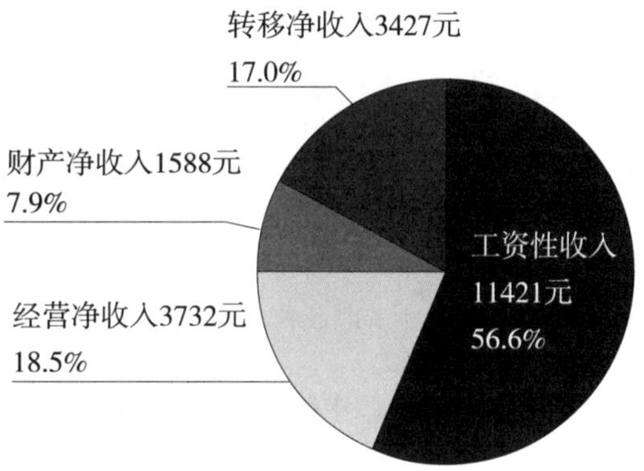

图15 2014年按收入来源分的全国居民人均可支配收入及占比

社会保障建设取得新进展。年末全国参加城镇职工基本养老保险人数34115万人，比上年末增加1897万人。参加城乡居民基本养老保险人数50107万人，增加357万人。参加基本医疗保险人数59774万人，增加2702万人。其中，参加职工基本医疗保险人数28325万人，增加882万人；参加居民基本医疗保险人数31449万人，增加1820万人。参加失业保险人数17043万人，增加626万人。年末全国领取失业保险金人数207万人。参加工伤保险人数20621万人，增加703万人，其中参加工伤保险的农民工7362万人，增加98万人。参加生育保险人数17035万人，增加643万人。按照年人均收入2300元（2010年不变价）的农村扶贫标准计算，2014年农村贫困人口为7017万人，比上年减少1232万人。

十、教育、科学技术和文化体育

教育科技和文化体育事业较快发展。全年研究生招生62.1万人，在学研究生184.8万人，毕业生53.6万人。普通本专科招生721.4万人，在校生2547.7万人，毕业生659.4万人。中等职业教育[36]招生628.9万人，在校生1802.9万人，毕业生633.0万人。普通高中招生796.6万人，在校生2400.5万人，毕业生799.6万人。初中招生1447.8万人，在校生4384.6万人，毕业生1413.5万人。普通小学招生1658.4万人，在校生9451.1万人，毕业生1476.6万人。特殊教育招生7.1万人，在校生39.5万人，毕业生4.9万人。幼儿园在园幼儿4050.7万人。

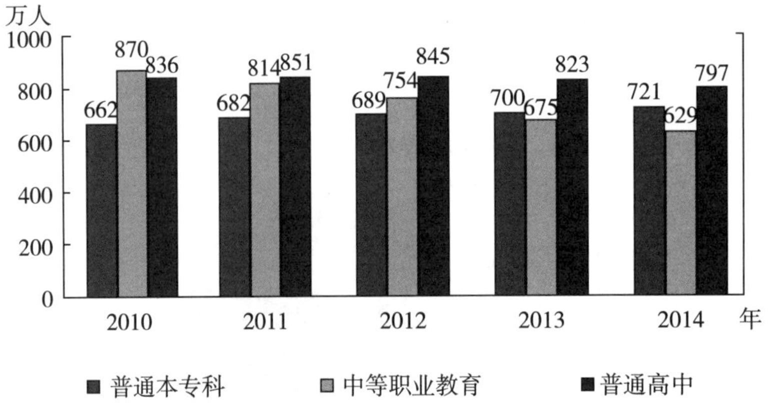

图16　2010—2014年普通本专科、中等职业教育及普通高中招生人数

全年研究与试验发展（R&D）经费支出13312亿元，比上年增长12.4%，与国内生产总值之比为2.09%，其中基础研究经费626亿元。全年国家安排了3997项科技支撑计划课题，2129项“863”计划课题。截至年底，累计建设国家工程研究中心132个，国家工程实验室154个，国家认定企业技术中心1098家。全年国家新兴产业创投计划[37]累计支持设立213家创业投资企业，资金总规模574亿元，投资创业企业739家。全年受理境内外专利申请236.1万件，授予专利权130.3万件。截至年底，有效专利464.3万件。全年共签订技术合同29.7万项，技术合同成交金额8577亿元，比上年增长14.8%。

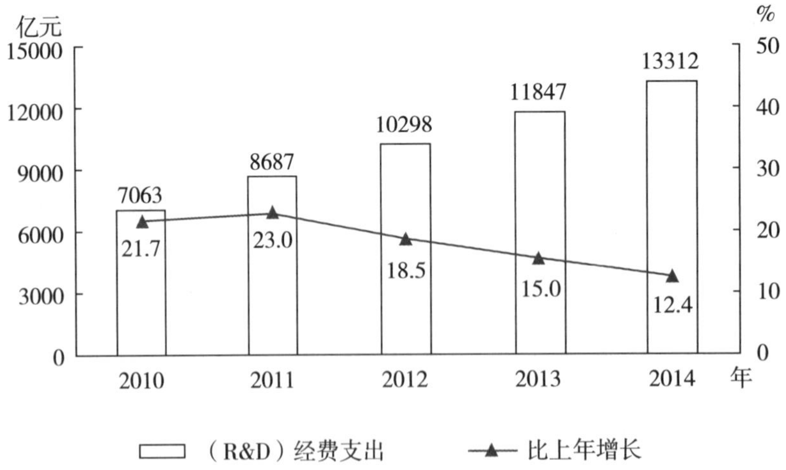

图17　2010—2014年研究与试验发展（R&D）经费支出

表16 2014年专利申请受理、授权和有效专利情况

指标	专利数（万件）	比上年增长（%）
专利申请受理数	236.1	-0.7
其中：境内专利申请受理数	218.6	-1.0
其中：发明专利申请受理数	92.8	12.5
其中：境内发明专利	79.0	13.9
专利申请授权数	130.3	-0.8
其中：境内专利授权	119.2	-1.5
其中：发明专利授权	23.3	12.3
其中：境内发明专利	15.8	14.1
年末有效专利数	464.3	10.7
其中：境内有效专利	391.8	11.1
其中：有效发明专利	119.6	15.7
其中：境内有效发明专利	66.3	21.7

全年成功发射卫星16次。探月工程三期再入返回试验圆满完成。高分二号卫星成功发射。

年末全国共有产品检测实验室27051个，其中国家检测中心597个。全国现有产品质量、体系认证机构183个，已累计完成对118354个企业的产品认证。全国共有法定计量技术机构4056个，全年强制检定计量器具6162万台（件）。全年制定、修订国家标准1530项，其中新制定1067项。全国共有地震台站1687个，区域地震台网32个。全国共有海洋观测站79个。测绘地理信息部门公开出版地图1678种。

年末全国文化系统共有艺术表演团体2008个，博物馆2760个。全国共有公共图书馆3110个，总流通[38]52252万人次；文化馆3311个。有线电视用户2.31亿户，有线数字电视用户1.87亿户。年末广播节目综合人口覆盖率为98.0%，电视节目综合人口覆盖率为98.6%。全年生产电视剧429部15983集，电视动画片138496分钟。全年生产故事影片618部，科教、纪录、动画和特种影片[39]140部。出版各类报纸465亿份，各类期刊32亿册，图书84亿册（张），人均图书拥有量[40]6.12册（张）。年末全国共有档案馆4246个，已开放各类档案12835万卷（件）。

根据第六次全国体育场地普查结果[41]，全国共有体育场地169.5万个，场地面积[42]19.9亿平方米。全年我国运动员在22个运动大项中获得98个世界冠军，共创10项世界纪录。全年我国残疾人运动员在19项国际赛事中获得122个世界冠军。

十一、卫生和社会服务

卫生和社会服务事业不断改善。年末全国共有医疗卫生机构982443个，其中医院25865个，乡镇卫生院36899个，社区卫生服务中心（站）34264个，诊所（卫生所、医务室）188415个，村卫生室646044个，疾病预防控制中心3491个，卫生监督所（中心）2975个。卫生技术人员739万人，其中执业医师和执业助理医

师282万人，注册护士292万人。医疗卫生机构床位652万张，其中医院484万张，乡镇卫生院117万张。

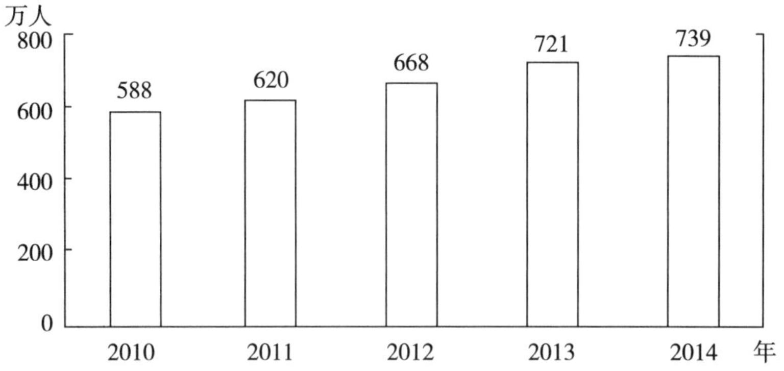

图18　2010—2014年卫生技术人员人数

年末全国各类提供住宿的社会服务机构[43]3.8万个，其中养老服务机构3.4万个。社会服务床位[44]586.5万张，其中养老床位551.4万张。收留抚养和救助各类人员304.6万人，其中养老人员288.7万人。年末共有社区服务中心2.2万个，社区服务站11.4万个。年末全国共有1880.2万人享受城市居民最低生活保障，5209.0万人享受农村居民最低生活保障，农村五保供养[45]529.5万人。全年资助1310.9万城市困难群众参加医疗保险，资助4118.9万农村困难群众参加新型农村合作医疗。

十二、资源、环境和安全生产

全年全国国有建设用地供应总量[46]61万公顷，比上年下降16.5%。其中，工矿仓储用地15万公顷，下降29.9%；房地产用地[47]15万公顷，下降25.5%；基础设施等其他用地31万公顷，下降1.9%。

全年水资源总量28370亿立方米。全年平均降水量648毫米。年末全国监测的609座大型水库蓄水总量3663亿立方米，比上年末蓄水量增加7.0%。全年总用水量6220亿立方米，比上年增长0.6%。其中，生活用水增长2.7%，工业用水增长1.0%，农业用水增长0.1%，生态补水增长0.6%。万元国内生产总值用水量[48]112立方米，比上年下降6.3%。万元工业增加值用水量64立方米，下降5.6%。人均用水量456立方米，比上年增长0.1%。

全年完成造林面积603万公顷，其中人工造林427万公顷。林业重点工程完成造林面积200万公顷，占全部造林面积的33.2%。截至年底，自然保护区达到2729个，其中国家级自然保护区428个。新增水土流失治理面积5.4万平方公里，新增实施水土流失地区封育保护面积2.0万平方公里。

全年平均气温为10.1℃，共有5个台风登陆。

初步核算，全年能源消费总量42.6亿吨标准煤，比上年增长2.2%。煤炭消费量下降2.9%，原油消费量增长5.9%，天然气消费量增长8.6%，电力消费量增长3.8%。煤炭消费量占能源消费总量的66.0%，水电、风电、核电、天然气等清洁能源消费量占能源消费总量的16.9%。全国万元国内生产总值能耗下降4.8%。工业企业吨粗铜综合能耗同比下降3.76%，吨钢综合能耗下降1.65%，单位烧碱综合能耗下降2.33%，吨水泥综合能耗下降1.12%，每千瓦时火力发电标准煤耗下降0.67%。

十大流域[49]的702个水质监测断面中，Ⅰ～Ⅲ类水质断面比例占71.2%，劣Ⅴ类水质断面比例占9.0%。十大流域水质总体为轻度污染，水质保持稳定。

近岸海域301个海水水质监测点中，达到国家一、二类海水水质标准的监测点占66.8%，三类海水占7.0%，四类、劣四类海水占26.2%。

在按照《环境空气质量标准》（GB3095-2012）监测的161个城市中，城市空气质量达标的城市占9.9%，未达标的城市占90.1%。

在监测的319个城市中，城市区域声环境质量好的城市占1.3%，较好的占70.8%，一般的占27.3%，较差的占0.6%。

年末城市污水处理厂日处理能力达到12896万立方米，比上年末增长3.5%，城市污水处理率达到90.2%，提高0.8个百分点。城市集中供热面积59.1亿平方米，增长3.3%。城市建成区绿地率达到35.9%，提高0.2个百分点。

全年农作物受灾面积2489万公顷，其中绝收309万公顷。全年因洪涝和地质灾害造成直接经济损失1030亿元，因旱灾造成直接经济损失836亿元，因低温冷冻和雪灾造成直接经济损失129亿元，因海洋灾害造成直接经济损失136亿元。全年大陆地区共发生5级以上地震30次，成灾10次，造成直接经济损失356亿元。全年共发生森林火灾3703起，森林火灾受害森林面积1.9万公顷。

全年各类生产安全事故共死亡68061人。亿元国内生产总值生产安全事故死亡人数为0.107人，比上年下降13.7%；工矿商贸企业就业人员10万人生产安全事故死亡人数为1.328人，下降12.9%；道路交通事故万车死亡人数为2.22人，下降5.1%；煤矿百万吨死亡人数为0.255人，下降11.5%。

中华人民共和国国家统计局

2015年2月26日

注释：

[1]本公报中数据均为初步统计数。各项统计数据均未包括香港特别行政区、澳门特别行政区和台湾省。部分数据因四舍五入的原因，存在着与分项合计不等的情况。

[2]人户分离的人口是指居住地与户口登记地所在的乡镇街道不一致且离开户口登记地半年以上的人口。

[3]流动人口是指人户分离人口中扣除市辖区内人户分离的人口。市辖区内人户分离的人口是指一个直辖市或地级市所辖区内和区与区之间，居住地和户口登记地不在同一乡镇街道的人口。

[4]2014年年末，0-14岁（含不满15周岁）人口为22558万人，15-59岁（含不满60周岁）人口为92982万人。

[5]国内生产总值、各产业增加值绝对数按现价计算，增长速度按不变价格计算；根据第三次全国经济普查结果和国家统计局2012年制定的《三次产业划分规定》对相关数据进行了修订。

[6]年度农民工数量包括年内在本乡镇以外从业6个月以上的外出农民工和在本乡镇内从事非农产业6个月以上的本地农民工两部分。

[7]国家全员劳动生产率为国内生产总值（以2010年不变价格计算）与全部就业人员的比率。

[8]农产品生产者价格是指农产品生产者直接出售其产品时的价格。

[9]居住类价格包括建房及装修材料、住房租金、自有住房和水电燃料等价格。

[10]高技术制造业包括医药制造业，航空、航天器及设备制造业，电子及通信设备制造业，计算机及办公设备制造业，医疗仪器设备及仪器仪表制造业，信息化学品制造业。

[11]装备制造业包括金属制品业，通用设备制造业，专用设备制造业，汽车制造业，铁路、船舶、航空航天和其他运输设备制造业，电气机械和器材制造业，计算机、通信和其他电子设备制造业，仪器仪表制造业，金属制品、机械和设备修理业。

[12]根据第三次全国经济普查结果对相关数据进行了修订，其中2013年原煤产量由36.8亿吨修订为39.7亿吨。

[13]天然气包括气田天然气、油田天然气（分为油田气层气、油田伴生溶解气）和煤田天然气（也称煤层气）。

[14]钢材产量数据中含企业之间重复加工钢材约33400万吨。

[15]少量发电装机容量（如地热等）文中未列出。

[16]根据第三次全国经济普查结果，对2013年全社会固定资产投资数据进行了修订。

[17固定资产投资按东部、中部、西部和东北地区计算的合计数据小于全国数据，是因为有部分跨地区的投资未计算在地区数据中。其中，东部地区是指北京、天津、河北、上海、江苏、浙江、福建、山东、广东和海南10省（市）；中部地区是指山西、安徽、江西、河南、湖北和湖南6省；西部地区是指内蒙古、广西、重庆、四川、贵州、云南、西藏、陕西、甘肃、青海、宁夏和新疆12省（区、市）；东北地区是指辽宁、吉林和黑龙江3省。

[18]民间固定资产投资是指具有集体、私营、个人性质的内资企事业单位以及由其控股（包括绝对控股和相对控股）的企业单位建造或购置固定资产的投资。

[19]房地产业投资除房地产开发投资外，还包括建设单位自建房屋以及物业管理、中介服务和其他房地产投资。

[20]高速铁路是指最高营运速度达到200公里/小时及以上的铁路。

[21]2014年社会消费品零售总额及相关数据均为快报数。

[22]网上零售额是指通过公共网络交易平台（包括自建网站和第三方平台）实现的商品和服务零售额。其中，网上零售额包括的服务类商品，以及少部分用于生产经营用或被转卖的商品不统计在社会消费品零售总额中。

[23]根据有关规定，货物贸易改用人民币计价。服务贸易、利用外资、对外投资和对外承包工程由于技术原因仍主要沿用美元计价。

[24]服务进出口按照《国际收支手册（第六版）》标准统计，不含政府服务，增速按可比口径计算。

[25]邮电业务总量按2010年不变价格计算。

[26]移动电话交换机容量是指移动电话交换机根据一定话务模型和交换机处理能力计算出来的最大同

时服务用户的数量。

[27]固定互联网宽带接入用户是指报告期末在电信企业登记注册，通过xDSL、FTTx+LAN、FTTH/O以及其他宽带接入方式和普通专线接入公众互联网的用户。

[28]移动宽带用户是指报告期末在计费系统拥有使用信息，占用3G或4G网络资源的在网用户。

[29]手机上网人数是指过去半年通过手机接入并使用互联网的6周岁及以上中国居民数量。

[30]社会融资规模是指一定时期内实体经济从金融体系获得的资金总额，是增量概念。

[31]非公开增发又叫定向增发，不含资产认购部分。

[32]公司信用类债券包括非金融企业债务融资工具、企业债券以及公司债、可转债等。

[33]原保险保费收入是指保险企业确认的原保险合同保费收入。

[34]按一体化住户调查改革前的城镇住户调查老口径推算，全年全国城镇居民人均可支配收入为29381元。

[35]人均收入中位数是指将所有调查户按人均收入水平从低到高（或从高到低）顺序排列，处于最中间位置调查户的人均收入。

[36]中等职业教育包括普通中专、成人中专、职业高中和技工学校，其中技工学校数据为2013年数据。

[37]国家新兴产业创投计划是指中央财政专项资金通过与地方政府资金、社会资本共同发起设立创业投资企业，或以股权投资模式直接投资创业企业等方式，培育和促进新兴产业发展的活动。

[38]总流通人次是指本年度内到图书馆场馆接受图书馆服务的总人次，包括借阅书刊、咨询问题以及参加各类读者活动等。

[39]特种影片是指那些采用与常规影院放映在技术、设备、节目方面不同的电影展示方式，如巨幕电影、立体电影、立体特效（4D）电影、动感电影、球幕电影等。

[40]人均图书拥有量是指在一年内全国平均每人能拥有的当年出版图书册数。

[41]数据为截至2013年底。

[42]场地面积是指可供训练、比赛、健身活动的场地有效面积，场地除包括比赛规定的尺寸外，还包括必要的安全区、缓冲区和无障碍地带。

[43根据第三次全国经济普查，对提供住宿的社会服务机构、社区服务中心进行归类清理，2014年相应数据有所调整。

[44]社会服务床位数除收养性机构外，还包括救助类机构、社区类机构以及军休所、军供站等机构的床位。

[45]农村五保供养是指老年、残疾和未满16周岁的村民，无劳动能力、无生活来源又无法定赡养、抚养、扶养义务人，或者其法定赡养、抚养、扶养义务人无赡养、抚养、扶养能力的村民，在吃、穿、住、医、葬方面得到的生活照顾和物质帮助。

[46]国有建设用地供应总量是指报告期内市、县人民政府根据年度土地供应计划依法以出让、划拨、租赁等方式将土地使用权提供给单位或个人使用的国有建设用地总量。

[47]房地产用地是指商服用地和住宅用地的总和。

[48]万元国内生产总值用水量、万元工业增加值用水量和万元国内生产总值能耗按2010年不变价格计算。

[49]十大流域包括长江、黄河、珠江、松花江、淮河、海河、辽河、浙闽片河流、西北诸河和西南诸河。

第三次全国经济普查主要数据公报
（第一号）

根据《国务院关于开展第三次全国经济普查的通知》（国发〔2012〕60号）要求，我国进行了第三次全国经济普查。这次普查的标准时点为2013年12月31日，普查时期资料为2013年年度资料。普查对象是在我国境内从事第二产业和第三产业的全部法人单位、产业活动单位和个体经营户。通过这次普查，摸清了我国第二产业和第三产业的发展规模及布局，摸清了我国产业组织、产业结构、产业技术的现状以及各生产要素的构成，查实了服务业、战略性新兴产业、小微企业和高技术产业（制造业）的发展状况。通过对31个地区的数据质量抽查，数据填报综合差错率为3.3‰，普查数据质量达到预期目标要求。

根据《全国经济普查条例》，国家统计局和国务院第三次全国经济普查领导小组办公室现分三个公报，将第三次全国经济普查的主要综合数据公布如下。其他普查数据将随着普查资料开发应用的进度，以不同方式陆续公布。

一、单位基本情况

2013年末，全国共有从事第二产业和第三产业活动的法人单位1085.7万个，比2008年末（2008年是第二次全国经济普查年份，下同）增加375.8万个，增长52.9%；产业活动单位1303.5万个，增加417.1万个，增长47.1%；有证照个体经营户3279.1万个，增加405.4万个，增长14.1%（详见表1-1）。

表1-1　单位数与有证照个体经营户数

	单位数（万个）	比重（%）
一、法人单位	1085.7	100.0
企业法人	820.8	75.6
机关、事业法人	103.7	9.6
社会团体和其他法人	161.1	14.8
二、产业活动单位	1303.5	100.0
第二产业	287.5	22.1
第三产业	1015.9	77.9
三、有证照个体经营户	3279.1	100.0
第二产业	188.3	5.7
第三产业	3090.8	94.3

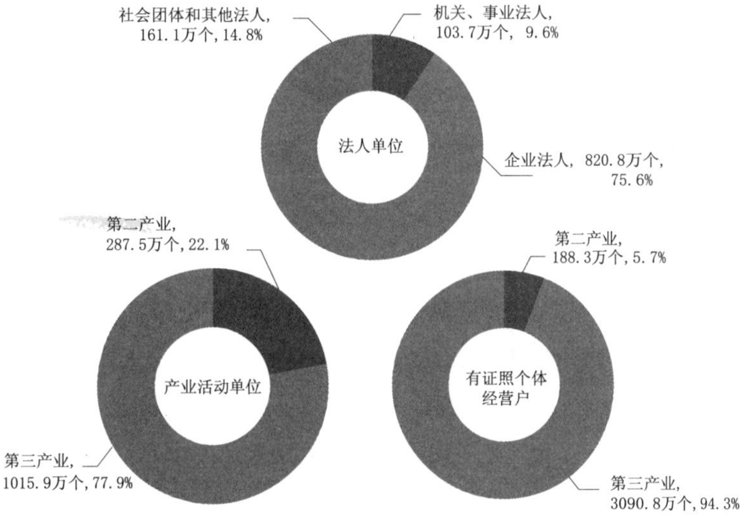

图1-1 单位数与有证照个体经营户数结构情况

2013年末，在第二产业和第三产业法人单位中，位居前三位的行业是：批发和零售业281.1万个，占25.9%；制造业225.3万个，占20.7%；公共管理、社会保障和社会组织152万个，占14%。在有证照个体经营户中，位居前三位的行业是：批发和零售业1642.7万个，占50.1%；交通运输、仓储和邮政业878.6万个，占26.8%；住宿和餐饮业240.8万个，占7.3%（详见表1-2）。

表1-2 按行业分组的法人单位与有证照个体经营户

	法人单位（万个）	有证照个体经营户（万个）
合计	1085.7	3279.1
采矿业	8.9	1.5
制造业	225.3	174.8
电力、热力、燃气及水生产和供应业	7.0	0.6
建筑业	34.8	18.5
批发和零售业	281.1	1642.7
交通运输、仓储和邮政业	26.2	878.6
住宿和餐饮业	20.0	240.8
信息传输、软件和信息技术服务业	22.6	10.6
金融业	3.0	-
房地产业	34.4	5.0
租赁和商务服务业	91.7	30.6
科学研究和技术服务业	45.6	11.8
水利、环境和公共设施管理业	8.5	0.3
居民服务、修理和其他服务业	19.1	214.6
教育	41.4	5.8
卫生和社会工作	25.0	20.9
文化、体育和娱乐业	23.0	17.2
公共管理、社会保障和社会组织	152.0	-

注：表中法人单位合计数含从事农、林、牧、渔服务业和兼营第二、三产业活动的农、林、牧、渔业法人单位16.2万个；有证照个体经营户合计数含从事农、林、牧、渔服务业活动的个体经营户5万个。

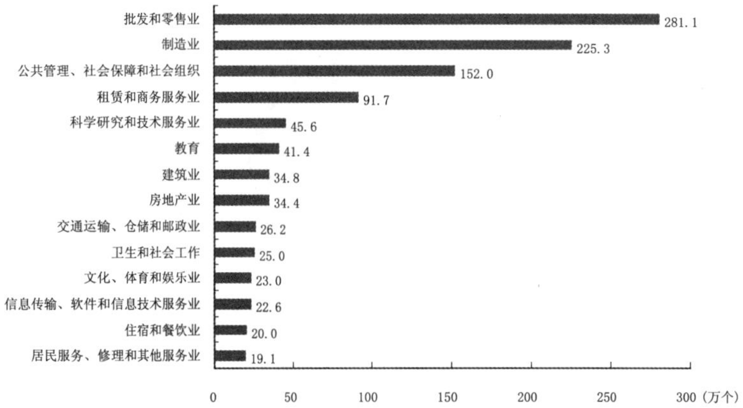

图1-2　按行业分组的法人单位数

2013年末，全国共有第二产业和第三产业的企业法人单位820.8万个，比2008年末增加324.9万个，增长65.5%。其中，内资企业占97.5%，港、澳、台商投资企业占1.2%，外商投资企业占1.3%。内资企业中，国有企业占全部企业法人单位的1.4%，私营企业占68.3%（详见表1-3）。

表1-3　按登记注册类型分组的企业法人单位

	企业法人单位（万个）
合　计	820.8
内资企业	800.6
国有企业	11.3
集体企业	13.1
股份合作企业	6.5
联营企业	2.0
有限责任公司	149.4
股份有限公司	12.3
私营企业	560.4
其他企业	45.6
港、澳、台商投资企业	9.7
外商投资企业	10.6

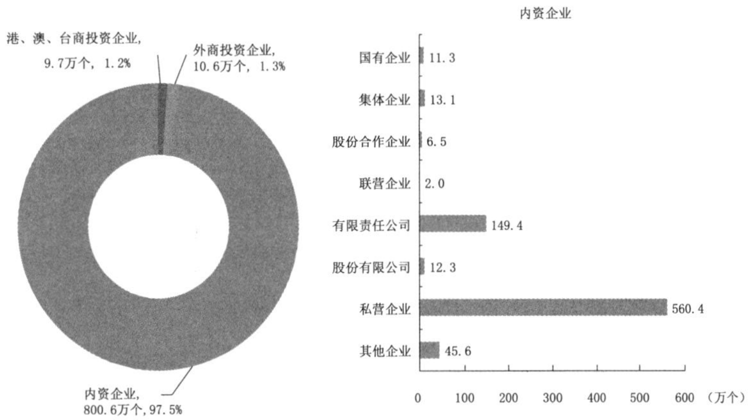

图1-3 按登记注册类型分组的企业法人单位及结构

二、从业人员

2013年末，全国第二产业和第三产业法人单位从业人员35602.3万人，比2008年末增加8290.8万人，增长30.4%。有证照个体经营户从业人员9013.4万人，比2008年末增加818万人，增长10%。

在法人单位从业人员中，位居前三位的行业是：制造业12515.1万人，占35.2%；建筑业5320.6万人，占14.9%；批发和零售业3315万人，占9.3%。在有证照个体经营户从业人员中，位居前三位的行业是：批发和零售业4166.6万人，占46.2%；交通运输、仓储和邮政业1674.5万人，占18.6%；住宿和餐饮业1069.4万人，占11.9%（详见表1-4）。

表1-4　按行业分组的法人单位与有证照个体经营户从业人员

	法人单位从业人员（万人）	有证照个体经营户从业人员（万人）
合计	35602.3	9013.4
采矿业	1035.2	11.7
制造业	12515.1	937.6
电力、热力、燃气及水生产和供应业	485.0	2.5
建筑业	5320.6	90.8
批发和零售业	3315.0	4166.6
交通运输、仓储和邮政业	1299.5	1674.5
住宿和餐饮业	691.6	1069.4
信息传输、软件和信息技术服务业	551.7	26.2
金融业	531.0	-
房地产业	889.0	14.3
租赁和商务服务业	1328.9	86.6
科学研究和技术服务业	810.3	39.1
水利、环境和公共设施管理业	298.1	1.1
居民服务、修理和其他服务业	291.7	715.2
教育	1913.8	31.7
卫生和社会工作	917.7	58.5
文化、体育和娱乐业	309.0	73.6
公共管理、社会保障和社会组织	2709.6	-

注：表中法人单位从业人员合计数含从事农、林、牧、渔服务业和兼营第二、三产业活动的农、林、牧、渔业法人单位从业人员389.8万人；有证照个体经营户从业人员合计数含从事农、林、牧、渔服务业活动的个体经营户从业人员13.8万人。

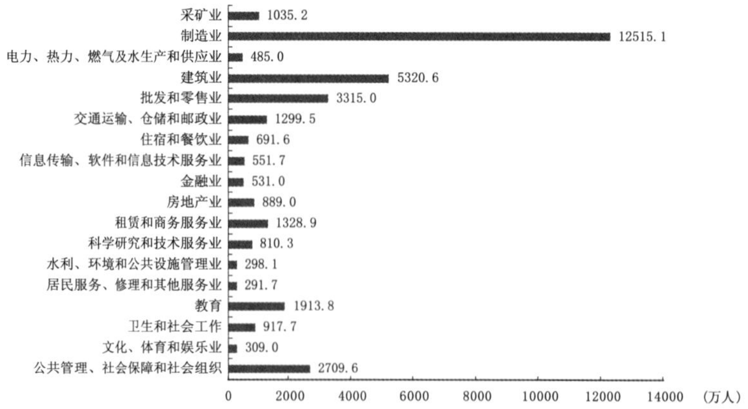

图1-4　按行业分组的法人单位从业人员分布

三、企业资产总计

2013年末，全国第二产业和第三产业企业资产总计466.8万亿元。其中，第二产业企业资产总计占全部企业资产总计的26.1%，第三产业企业资产总计占73.9%。

四、小微企业

2013年末，全国共有第二产业和第三产业的小微企业法人单位785万个，占全部企业法人单位95.6%。其中，位居前三位的行业是：工业234.2万个，占全部企业法人单位28.5%；批发业169.8万个，占20.7%；零售业103.1万个，占12.6%。

小微企业从业人员14730.4万人，占全部企业法人单位从业人员50.4%。其中，位居前三位的行业是：工业7403.6万人，占全部企业法人单位从业人员25.4%；建筑业1675.4万人，占5.7%；批发业1457.8万人，占5%。

小微企业法人单位资产总计138.4万亿元，占全部企业法人单位资产总计29.6%。其中，位居前三位的行业是：工业40.8万亿元，占全部企业法人单位资产总计8.7%；租赁和商务服务业36.8万亿元，占7.9%；房地产开发经营18.7万亿元，占4%（详见表1-5）。

表1-5　按行业分组的小微企业法人单位、从业人员和资产总计

	企业法人单位（万个）	从业人员（万人）	资产总计（万亿元）
合　计	785.0	14730.4	138.4
工业	234.2	7403.6	40.8
建筑业	32.2	1675.4	5.0
交通运输业	21.1	462.8	5.2
仓储业	2.4	42.4	1.1
邮政业	1.2	22.8	0.0
信息传输业	3.4	40.5	1.4
软件和信息技术服务业	17.9	174.5	1.6
批发业	169.8	1457.8	12.7
零售业	103.1	766.2	3.2
住宿业	6.8	168.2	0.6
餐饮业	12.1	256.8	0.4
房地产开发经营	9.6	182.1	18.7
物业管理	10.2	277.9	1.2
租赁和商务服务业	78.4	945.3	36.8
其他未列明行业	77.7	782.1	9.3

注：表中小微企业法人单位合计数含从事农、林、牧、渔服务业和兼营第二、三产业活动的农、林、牧、渔业小微企业法人单位4.8万个，从业人员72.1万人，资产总计0.3万亿元。

图1-5　按行业分组的小微企业法人单位结构

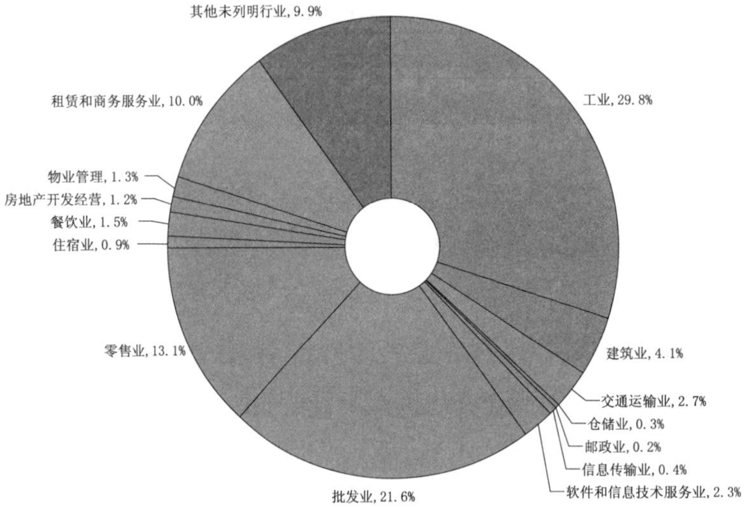

五、战略性新兴产业

2013年末，在第二产业和第三产业企业法人单位中，有战略性新兴产业活动的企业法人单位16.6万个，占全部企业法人单位2%。其中，节能环保产业7.1万个，占全部企业法人单位0.9%；新材料产业4.7万个，占0.6%。

有战略性新兴产业活动的企业法人单位从业人员2362.3万人，占全部企业法人单位从业人员的8.1%。其中，节能环保产业1003.9万人，占全部企业法人单位从业人员的3.4%；新材料产业707.9万人，占2.4%。

六、主要经济结构变化情况

2013年末，在全国第二产业和第三产业法人单位中，企业法人单位占75.6%，比2008年末提高了5.7个百分点；机关、事业法人单位占9.6%，下降了3.9个百分点；社会团体和其他法人占14.8%，下降了1.8个百分点。企业法人单位从业人员占全部法人单位从业人员的82%，提高了1.3个百分点；机关、事业法人单位占12.9%，下降了2.4个百分点；社会团体和其他法人占5.1%，提高了1.1个百分点。

在法人单位中，第二产业占25.3%，比2008年末下降了5.7个百分点；第三产业占74.7%，提高了5.7个百分点。第二产业法人单位从业人员占全部法人单位从业人员的54.1%，比2008年末下降了3.5个百分点；第三产业法人单位从业人员占45.9%，提高了3.5个百分点。

在法人单位中，东部地区占55.4%，比2008年末提高了2.9个百分点；中部地区占19.7%，下降了0.2个百分点；西部地区占18.2%，下降了1个百分点；东北地区占6.7%，下降了1.7个百分点。法人单位从业人员东部地区占54%，比2008年末下降了0.5个百分点；中部地区占20.9%，提高了0.7个百分点；西部地区占18.4%，提高了0.9个百分点；东北地区占6.7%，下降了1.2个百分点（详见表1-6）。

表1-6 东、中、西部和东北地区的法人单位和从业人员

	法人单位		从业人员	
	数量（万个）	比重（%）	数量（万人）	比重（%）
合计	1085.7	100.0	35602.3	100.0
东部地区	601.9	55.4	19224.5	54.0
中部地区	214.1	19.7	7428.8	20.9
西部地区	197.4	18.2	6567.2	18.4
东北地区	72.2	6.7	2381.8	6.7

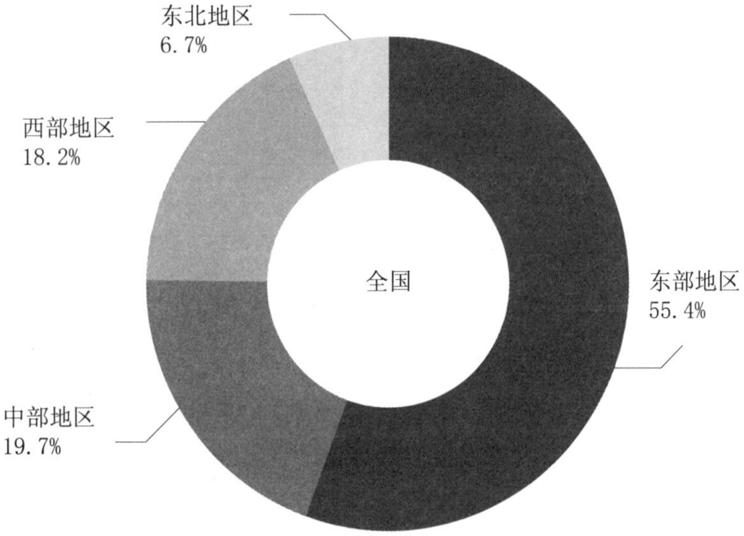

图1-6 东、中、西部和东北地区法人单位分布

在有证照个体经营户中，第二产业占5.7%，比2008年末下降了3.1个百分点；第三产业占94.3%，提高了3.1个百分点。有证照个体经营户从业人员中，第二产业占11.4%，比2008年末下降了8.2个百分点，第三产业占88.6%，提高了8.2个百分点。

在有证照个体经营户中，东部地区占40%，比2008年末提高了0.5个百分点；中部地区占23.3%，下降了1.4个百分点；西部地区占27.9%，提高了1.9个百分点；东北地区占8.8%，下降了1.1个百分点。有证照个体经营户从业人员中，东部地区占43.6%，比2008年末下降了0.9个百分点；中部地区占23.3%，下降了0.2个百分点；西部地区占25.6%，提高了3个百分点；东北地区占7.6%，下降了1.9个百分点（详见表1-7）。

表1-7 东、中、西部和东北地区的有证照个体经营户和从业人员

	个体经营户		从业人员	
	数量（万个）	比重（%）	数量（万人）	比重（%）
合计	3279.1	100.0	9013.4	100.0
东部地区	1311.4	40.0	3926.1	43.6
中部地区	762.5	23.3	2095.7	23.3
西部地区	915.4	27.9	2305.6	25.6
东北地区	289.7	8.8	686.0	7.6

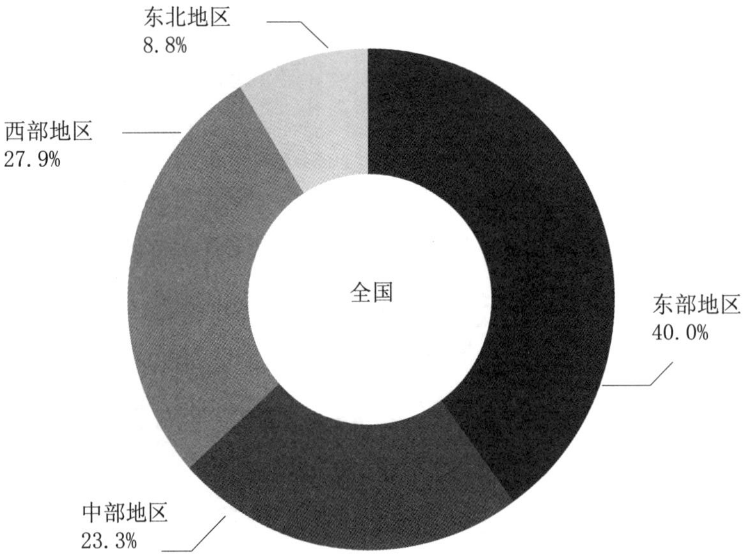

图1-7 东、中、西部和东北地区有证照个体经营户分布

中华人民共和国国家统计局
国务院第三次全国经济普查领导小组办公室
2014年12月16日

注释：

［1］三次产业的划分：

第一产业是指农、林、牧、渔业（不含农、林、牧、渔服务业）。

第二产业是指采矿业（不含开采辅助活动），制造业（不含金属制品、机械和设备修理业），电力、热力、燃气及水生产和供应业，建筑业。

第三产业即服务业，是指除第一产业、第二产业以外的其他行业。第三产业包括：批发和零售业，交通运输、仓储和邮政业，住宿和餐饮业，信息传输、软件和信息技术服务业，金融业，房地产业，租赁和商务服务业，科学研究和技术服务业，水利、环境和公共设施管理业，居民服务、修理和其他服务业，教育，卫生和社会工作，文化、体育和娱乐业，公共管理、社会保障和社会组织，国际组织，以及农、林、牧、渔业中的农、林、牧、渔服务业，采矿业中的开采辅助活动，制造业中的金属制品、机械和设备修理业。

［2］单位的划分：

法人单位是指具备以下条件的单位：

（1）依法成立，有自己的名称、组织机构和场所，能够独立承担民事责任；

（2）独立拥有（或授权使用）资产或者经费，承担负债，有权与其他单位签订合同；

（3）具有包括资产负债表在内的账户，或者能够根据需要编制账户。

法人单位包括企业法人、事业单位法人、机关法人、社会团体法人和其他成员组织法人、其他法人。

产业活动单位是指具备以下条件的单位：

（1）在一个场所从事一种或主要从事一种社会经济活动；

（2）相对独立组织生产活动或经营活动；

（3）能提供收入、支出等相关资料。

有证照的个体经营户是指除农户外，生产资料归劳动者个人所有，以个体劳动为基础，劳动成果归劳动者个人占有和支配的一种经营组织。即按照《民法通则》和《城乡个体工商户管理暂行条例》规定经各级工商行政管理机关登记注册、领取《营业执照》的个体工商户。

［3］小微企业：

根据工业和信息化部、国家统计局、国家发展和改革委员会、财政部《关于印发中小企业划型标准规定的通知》（工信部联企业［2011］300号）精神和国家统计局制定的《统计上大中小微型企业划分办法》确定。本办法按照行业门类、大类、中类和组合类别，依据从业人员、营业收入、资产总额等指标或替代指标，将我国的企业划分为大型、中型、小型、微型等四种类型。

［4］战略性新兴产业：

根据《国务院关于加快培育和发展战略性新兴产业的决定》（国发［2010］32号）的精神和国家统计局制定的《战略性新兴产业分类（2012）（试行）》标准确定。战略性新兴产业分类是按照经济活动进行划分，是从事战略性新兴产业活动的集合，是在《国民经济行业分类》基础上，对与战略性新兴产业相关活动的再分类。

［5］东、中、西部和东北地区的划分：

东部包括：北京、天津、河北、上海、江苏、浙江、福建、山东、广东和海南。

中部包括：山西、安徽、江西、河南、湖北和湖南。

西部包括：内蒙古、广西、重庆、四川、贵州、云南、西藏、陕西、甘肃、青海、宁夏和新疆。

东北包括：辽宁、吉林和黑龙江。

［6］表中的合计数和部分数据因小数取舍而产生的误差，均未作机械调整。

第三次全国经济普查主要数据公报
（第二号）

根据第三次全国经济普查结果，现将我国第二产业的主要数据公布如下：

一、工业

（一）企业法人单位数和从业人员

2013年末，全国共有工业企业法人单位241万个，从业人员14025.8万人，分别比2008年末增长26.6%和19.5%。

在工业企业法人单位中，内资企业229.3万个，占95.1%；港、澳、台商投资企业5.7万个，占2.4%；外商投资企业5.9万个，占2.5%。内资企业中，国有企业2万个，占全部企业的0.8%；集体企业4万个，占1.7%；私营企业176万个，占73%。

在工业企业法人单位从业人员中，内资企业占80.3%，港、澳、台商投资企业占9.6%，外商投资企业占10.1%。内资企业中，国有企业占全部企业的3.4%，集体企业占1.2%，私营企业占44.7%（详见表2-1）。

在工业企业法人单位中，采矿业8.9万个，制造业225.2万个，电力、热力、燃气及水生产和供应业6.9

表2-1　按登记注册类型分组的工业企业法人单位和从业人员

	企业法人单位（万个）	从业人员（万人）
合计	241.0	14025.8
内资企业	229.3	11259.2
国有企业	2.0	478.5
集体企业	4.0	173.6
股份合作企业	2.4	62.2
联营企业	0.5	19.8
有限责任公司	32.1	3194.8
股份有限公司	3.0	847.6
私营企业	176.0	6272.2
其他企业	9.3	210.4
港、澳、台商投资企业	5.7	1343.1
外商投资企业	5.9	1423.6

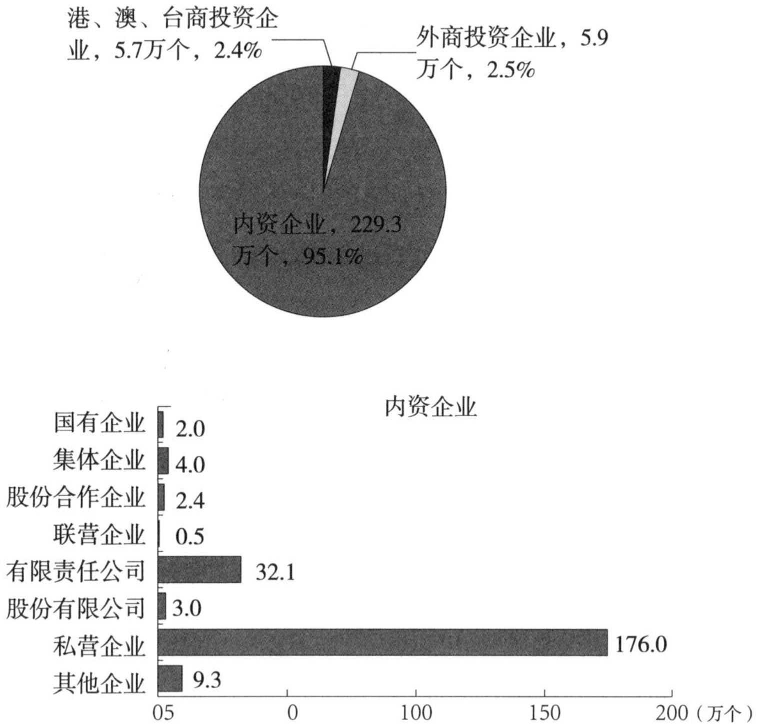

图2-1　按登记注册类型分组的工业企业法人单位及结构

万个，分别占3.7%、93.4%和2.9%。

在工业企业法人单位从业人员中，采矿业占7.4%，制造业占89.2%，电力、热力、燃气及水生产和供应业占3.4%。在工业行业大类中，计算机、通信和其他电子设备制造业、非金属矿物制品业、电气机械和器材制造业从业人员数位居前三位，分别占7.3%、7%和6%（详见表2-2）。

（二）资产总计

表2-2 按行业分组的工业企业法人单位和从业人员

	企业法人单位（万个）	从业人员（万人）
合计	241.0	14025.8
煤炭开采和洗选业	1.9	611.3
石油和天然气开采业	0.05	80.1
黑色金属矿采选业	1.5	98.6
有色金属矿采选业	1.0	76.2
非金属矿采选业	4.1	124.9
开采辅助活动	0.3	39.7
其他采矿业	0.2	4.2
农副食品加工业	10.4	584.1
食品制造业	4.7	289.5
酒、饮料和精制茶制造业	3.8	219.3
烟草制品业	0.04	21.8
纺织业	10.8	663.7
纺织服装、服饰业	12.1	750.8
皮革、毛皮、羽毛及其制品和制鞋业	5.6	441.9
木材加工和木、竹、藤、棕、草制品业	7.0	265.4
家具制造业	4.6	199.1
造纸和纸制品业	5.4	219.8
印刷和记录媒介复制业	6.7	195.1
文教、工美、体育和娱乐用品制造业	7.5	371.6
石油加工、炼焦和核燃料加工业	0.7	105.7
化学原料和化学制品制造业	10.2	655.3
医药制造业	1.9	242.7
化学纤维制造业	0.6	56.2
橡胶和塑料制品业	13.9	547.1
非金属矿物制品业	21.3	987.8
黑色金属冶炼和压延加工业	3.7	471.8
有色金属冶炼和压延加工业	2.6	243.5
金属制品业	19.1	663.9
通用设备制造业	21.7	789.4
专用设备制造业	14.3	580.2
汽车制造业	5.4	529.2
铁路、船舶、航空航天和其他运输设备制造业	2.6	236.6
电气机械和器材制造业	13.8	844.2
计算机、通信和其他电子设备制造业	7.3	1028.3
仪器仪表制造业	3.0	157.7
其他制造业	2.3	78.3
废弃资源综合利用业	0.9	29.9
金属制品、机械和设备修理业	1.3	40.0
电力、热力生产和供应业	4.5	370.1
燃气生产和供应业	0.6	34.6
水的生产和供应业	1.8	76.3

2013年末，工业企业法人单位资产总计1051993.4亿元，比 2008年末增长122.4%（详见表2-3）。

（三）资产贡献率

表2-3　按行业分组的工业企业法人单位资产总计

	资产总计（亿元）
合计	1051993.4
煤炭开采和洗选业	56624.7
石油和天然气开采业	20702.2
黑色金属矿采选业	12191.3
有色金属矿采选业	6412.5
非金属矿采选业	5536.1
开采辅助活动	3839.4
其他采矿业	208.3
农副食品加工业	34652.5
食品制造业	13949.1
酒、饮料和精制茶制造业	15271.8
烟草制品业	8039.8
纺织业	27736.5
纺织服装、服饰业	15604.4
皮革、毛皮、羽毛及其制品和制鞋业	8815.7
木材加工和木、竹、藤、棕、草制品业	7652.5
家具制造业	5996.6
造纸和纸制品业	15161.6
印刷和记录媒介复制业	7200.4
文教、工美、体育和娱乐用品制造业	10239.8
石油加工、炼焦和核燃料加工业	25067.4
化学原料和化学制品制造业	74972.5
医药制造业	20507.2
化学纤维制造业	6770.1
橡胶和塑料制品业	24664.3
非金属矿物制品业	54617.1
黑色金属冶炼和压延加工业	68623.2
有色金属冶炼和压延加工业	34927.4
金属制品业	30818.9
通用设备制造业	47336.2
专用设备制造业	43047.8

续表

	资产总计（亿元）
汽车制造业	51988.4
铁路、船舶、航空航天和其他运输设备制造业	22307.0
电气机械和器材制造业	57201.0
计算机、通信和其他电子设备制造业	57324.0
仪器仪表制造业	8081.4
其他制造业	3744.5
废弃资源综合利用业	2265.8
金属制品、机械和设备修理业	1771.8
电力、热力生产和供应业	119890.9
燃气生产和供应业	7196.5
水的生产和供应业	13034.9

2013年，规模以上工业企业法人单位总资产贡献率为14.8%，比2008年提高0.8个百分点。主营业务收入利润率为6.6%，比2008年提高0.5个百分点。其中，采矿业为12.7%，比2008年下降11.1个百分点；制造业为6.1%，比2008年上升1.1个百分点；电力、热力、燃气及水生产和供应业为7.2%，比2008年上升5.2个百分点（详见表2-4）。

（四）企业研发活动

表2-4　按行业分组的规模以上工业企业法人单位总资产贡献率

	总资产贡献率（%）
合计	14.8
煤炭开采和洗选业	12.3
石油和天然气开采业	31.6
黑色金属矿采选业	20.6
有色金属矿采选业	21.0
非金属矿采选业	24.1
开采辅助活动	5.0
其他采矿业	18.5
农副食品加工业	19.7
食品制造业	21.7
酒、饮料和精制茶制造业	22.8
烟草制品业	83.7

续表

	总资产贡献率（%）
纺织业	16.6
纺织服装、服饰业	18.7
皮革、毛皮、羽毛及其制品和制鞋业	20.6
木材加工和木、竹、藤、棕、草制品业	26.5
家具制造业	17.3
造纸和纸制品业	11.0
印刷和记录媒介复制业	16.7
文教、工美、体育和娱乐用品制造业	18.9
石油加工、炼焦和核燃料加工业	24.4
化学原料和化学制品制造业	13.3
医药制造业	18.6
化学纤维制造业	8.9
橡胶和塑料制品业	16.2
非金属矿物制品业	16.7
黑色金属冶炼和压延加工业	7.6
有色金属冶炼和压延加工业	10.7
金属制品业	15.5
通用设备制造业	13.8
专用设备制造业	12.4
汽车制造业	18.8
铁路、船舶、航空航天和其他运输设备制造业	8.0
电气机械和器材制造业	13.3
计算机、通信和其他电子设备制造业	11.7
仪器仪表制造业	15.6
其他制造业	12.1
废弃资源综合利用业	20.2
金属制品、机械和设备修理业	7.4
电力、热力生产和供应业	8.5
燃气生产和供应业	10.7
水的生产和供应业	3.6

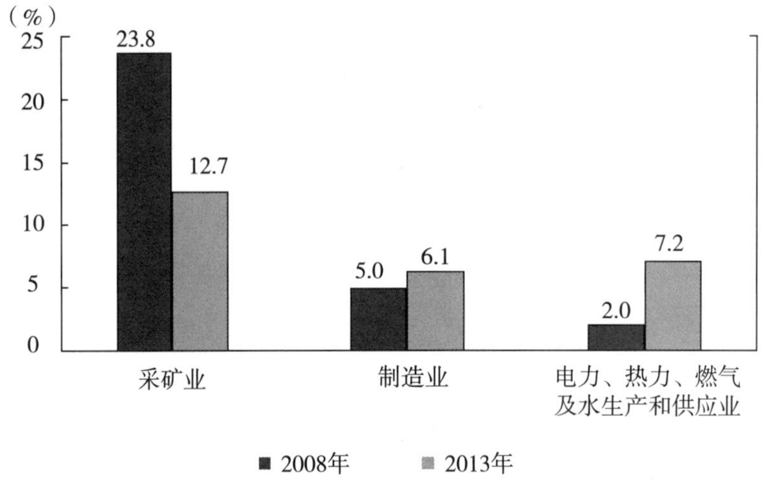

图2-2　规模以上工业企业法人单位主营业务收入利润率变化

2013年，开展研究与试验发展（简称R&D或研发）活动的规模以上工业企业法人单位54832个，比2008年增长101%，占全部规模以上工业企业法人单位的14.8%。

2013年，规模以上工业企业法人单位R&D人员折合全时当量249.4万人年，比2008年增长102.8%。

2013年，规模以上工业企业法人单位R&D经费支出8318.4亿元，比2008年增长170.7%；R&D经费投入强度为0.8%，比2008年提高0.23个百分点。规模以上工业企业法人单位分行业R&D经费支出及投入强度情况详见表2-5。

2013年，规模以上工业企业法人单位全年专利申请量56.1万件，其中发明专利申请20.5万件，分别比2008年增长223.2%和368.7%；发明专利申请所占比重为36.6%，比2008年提高11.4个百分点。

（五）高技术产业（制造业）

2013年末，全国共有规模以上高技术产业（制造业）企业法人单位26894个，比2008年末增长4.2%；占规模以上制造业的比重为7.8%，比2008年提高1.3个百分点。

表2-5　按行业分组的规模以上工业企业法人单位R&D经费支出及投入强度

	R&D经费支出（亿元）	R&D经费投入强度（%）
合计	8318.4	0.80
采矿业	292.6	0.43
煤炭开采和洗选业	156.6	0.48
石油和天然气开采业	80.7	0.70
黑色金属矿采选业	7.7	0.08
有色金属矿采选业	21.8	0.35
非金属矿采选业	7.2	0.15
开采辅助活动	18.7	0.92
制造业	7959.8	0.88
农副食品加工业	173.0	0.29
食品制造业	98.5	0.53
酒、饮料和精制茶制造业	82.7	0.54
烟草制品业	22.1	0.27
纺织业	158.5	0.44
纺织服装、服饰业	69.3	0.36
皮革、毛皮、羽毛及其制品和制鞋业	33.9	0.27
木材加工和木、竹、藤、棕、草制品业	27.2	0.23
家具制造业	22.5	0.34
造纸和纸制品业	87.8	0.68
印刷和记录媒介复制业	30.4	0.51
文教、工美、体育和娱乐用品制造业	49.6	0.38
石油加工、炼焦和核燃料加工业	89.3	0.22
化学原料和化学制品制造业	660.4	0.86
医药制造业	347.7	1.70
化学纤维制造业	66.8	0.95
橡胶和塑料制品业	199.5	0.72
非金属矿物制品业	215.0	0.41
黑色金属冶炼和压延加工业	633.0	0.83
有色金属冶炼和压延加工业	301.1	0.64
金属制品业	230.0	0.69
通用设备制造业	547.9	1.26
专用设备制造业	512.3	1.57
汽车制造业	680.2	1.14
铁路、船舶、航空航天和其他运输设备制造业	372.1	2.27
电气机械和器材制造业	815.4	1.32

续表

	R&D经费支出（亿元）	R&D经费投入强度（%）
计算机、通信和其他电子设备制造业	1252.5	1.59
仪器仪表制造业	149.3	1.97
其他制造业	14.5	0.62
废弃资源综合利用业	9.6	0.28
金属制品、机械和设备修理业	7.8	0.85
电力、热力、燃气及水生产和供应业	66.0	0.11
电力、热力生产和供应业	58.4	0.10
燃气生产和供应业	3.6	0.09
水的生产和供应业	3.9	0.26

2013年，规模以上高技术产业（制造业）企业法人单位R&D经费支出2034.3亿元，比2008年增长178.2%；占规模以上制造业的比重为25.6%，比2008年提高0.6个百分点；R&D经费投入强度为1.75%，比2008年提高0.44个百分点，比规模以上制造业平均水平高0.87个百分点（详见表2-6）。

表2-6　按领域分规模以上高技术产业（制造业）企业法人单位R&D经费支出及投入强度

	R&D经费支出（亿元）	R&D经费投入强度（%）
高技术产业（制造业）	2034.3	1.75
1. 医药制造业	347.6	1.70
2. 航空、航天器及设备制造业	174.7	6.12
3. 电子及通信设备制造业	1170.3	1.93
4. 计算机及办公设备制造业	148.5	0.64
5. 医疗仪器设备及仪器仪表制造业	193.2	2.18

2013年，规模以上高技术产业（制造业）企业法人单位全年专利申请量14.3万件，其中发明专利申请7.4万件，分别比2008年增长194.9%和179%；发明专利申请所占比重为51.8%，比规模以上制造业平均水平高15.2个百分点。

二、建筑业

（一）企业法人单位数和从业人员

2013年末，全国共有建筑业企业法人单位34.8万个，从业人员5320.6万人，分别比2008年末增长53.2%和36.4%。

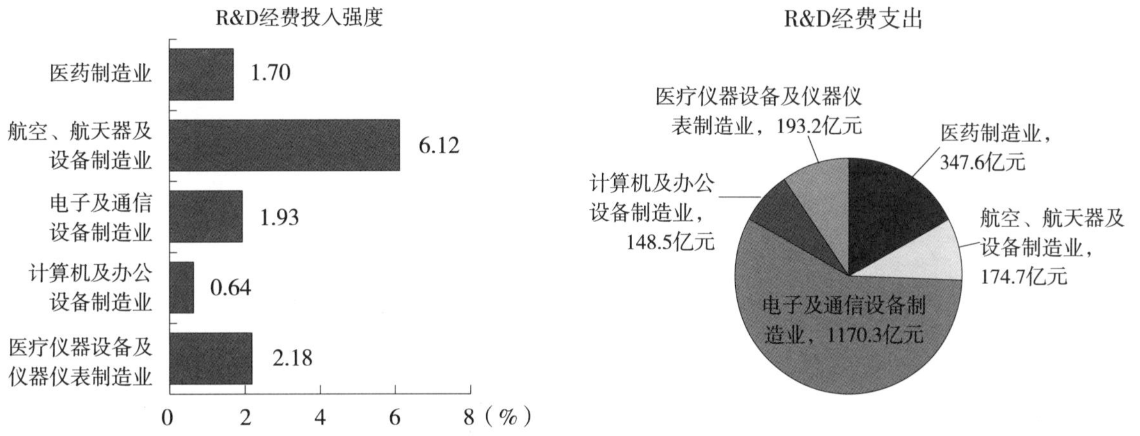

图2-3　按领域分规模以上高技术产业（制造业）企业法人单位R&D经费支出及投入强度

建筑业企业法人单位中，内资企业占99.6%，港、澳、台商投资企业占0.2%，外商投资企业占0.2%；内资企业中，国有企业占企业法人单位的1.6%，集体企业占2%，私营企业占65.1%。

建筑业企业法人单位从业人员中，内资企业占99.5%，港、澳、台商投资企业占0.3%，外商投资企业占0.2%。内资企业中，国有企业占企业法人单位从业人员的4.7%，集体企业占3.4%，私营企业占42.5%（详见表2-7）。

表2-7　按登记注册类型分组的建筑业企业法人单位和从业人员

	企业法人单位（个）	从业人员（万人）
合计	347503	5320.6
内资企业	345940	5291.8
国有企业	5533	247.4
集体企业	6964	181.9
股份合作企业	1515	17.2
联营企业	610	7.8
有限责任公司	89169	2205.3
股份有限公司	7211	347.7
私营企业	226068	2263.4
其他内资企业	8870	21.0
港、澳、台商投资企业	851	17.4
外商投资企业	712	11.4

建筑业企业法人单位中，房屋建筑业占21.5%，土木工程建筑业占18.3%，建筑安装业占17.6%，建筑装饰和其他建筑业占42.7%。

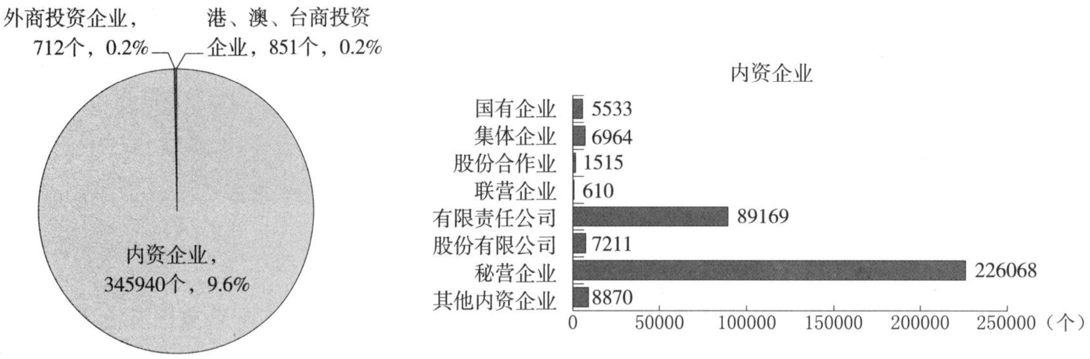

图2-4　按登记注册类型分组的建筑业企业法人单位及结构

建筑业企业法人单位从业人员中，房屋建筑业占67%，土木工程建筑业占17%，建筑安装业占6.4%，建筑装饰和其他建筑业占9.6 %（详见表2-8）。

表2-8　按行业分组的建筑业企业法人单位和从业人员

	企业法人单位（万个）	从业人员（万人）
合计	34.8	5320.6
房屋建筑业	7.5	3565.0
土木工程建筑业	6.3	907.1
建筑安装业	6.1	339.3
建筑装饰和其他建筑业	14.8	509.1

（二）资产总计

2013年末，建筑业企业法人单位资产总计167616.5亿元，比 2008年末增长180.9%（详见表2-9）。

表2-9 按行业分组的建筑业企业法人单位资产总计

	资产总计（亿元）
合计	167616.5
房屋建筑业	74343.9
土木工程建筑业	63464.6
建筑安装业	14865.5
建筑装饰和其他建筑业	14942.4

中华人民共和国国家统计局

国务院第三次全国经济普查领导小组办公室

2014年12月16日

注释：

[1] 规模以上工业：是指全部年主营业务收入2000万元及以上的法人工业企业。

[2] 高技术产业（制造业）：按照《高技术产业（制造业）分类（2013）》，高技术产业（制造业）具体包括医药制造业，航空、航天器及设备制造业，电子及通讯设备制造业，计算机及办公设备制造业，医疗仪器设备及仪器仪表制造业。

[3] 研究与试验发展：是指在科学技术领域，为增加知识总量，以及运用这些知识去创造新的应用而进行的系统的、创造性的活动，包括基础研究、应用研究、试验发展三类活动。

[4] R&D经费投入强度：是指R&D经费支出与主营业务收入之比。

[5] 表中的合计数和部分计算数据因小数取舍而产生的误差，均未作机械调整。

第三次全国经济普查主要数据公报
（第三号）

根据第三次全国经济普查结果，现将我国第三产业的主要数据公布如下：

一、批发和零售业

（一）企业法人单位数和从业人员

2013年末，全国共有批发和零售业企业法人单位281.1万个，从业人员3314.9万人，分别比2008年末增长100.4%和75.3%。

在批发和零售业企业法人单位中，批发业占62.1%，零售业占37.9%。在批发和零售业企业法人单位从业人员中，批发业占58%，零售业占42%（详见表3-1）。

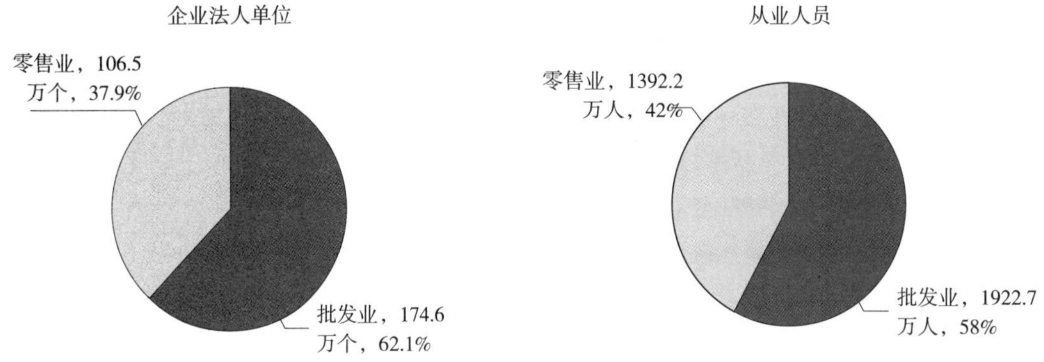

图3-1　批发和零售业企业法人单位和从业人员结构

表3-1 按行业分组的批发和零售业企业法人单位和从业人员

	企业法人单位（万个）	从业人员（万人）
合计	281.1	3314.9
批发业	174.6	1922.7
农、林、牧产品批发	11.0	164.8
食品、饮料及烟草制品批发	18.1	296.3
纺织、服装及家庭用品批发	22.5	255.2
文化、体育用品及器材批发	6.1	59.9
医药及医疗器材批发	5.0	94.7
矿产品、建材及化工产品批发	51.6	513.3
机械设备、五金产品及电子产品批发	42.8	379.8
贸易经纪与代理	6.6	59.6
其他批发业	11.0	99.1
零售业	106.5	1392.2
综合零售	11.4	378.8
食品、饮料及烟草制品专门零售	11.2	113.9
纺织、服装及日用品专门零售	12.1	137.0
文化、体育用品及器材专门零售	6.8	67.0
医药及医疗器材专门零售	9.1	97.3
汽车、摩托车、燃料及零配件专门零售	14.3	248.9
家用电器及电子产品专门零售	16.0	147.2
五金、家具及室内装饰材料专门零售	15.7	117.9
货摊、无店铺及其他零售业	9.9	84.3

在批发和零售业企业法人单位中，内资企业占98.8%，港、澳、台商投资企业占0.5%，外商投资企业占0.7%。内资企业中，国有企业占企业法人单位的1%，股份有限公司占1.1%，有限责任公司占17.4%，私营企业占70.1%。

在批发和零售业企业法人单位从业人员中，内资企业占94.1%，港、澳、台商投资企业占2.7%，外商投资企业占3.2%（详见表3-2）。

表3–2　按登记注册类型分组的批发和零售业企业法人单位和从业人员

	企业法人单位（万个）	从业人员（万人）
合计	281.1	3314.9
内资企业	277.7	3119.1
国有企业	2.7	103.4
集体企业	3.7	56.9
股份合作企业	1.6	15.2
联营企业	0.7	8.3
有限责任公司	49.0	767.7
股份有限公司	3.2	150.1
私营企业	197.0	1758.0
其他企业	19.8	259.5
港、澳、台商投资企业	1.5	89.4
外商投资企业	1.9	106.4

（二）资产总计

2013年末，批发和零售业企业法人单位资产总计34.2万亿元，比2008年末增长181.5%。其中，批发业企业法人单位资产总计27万亿元，零售业企业法人单位资产总计7.2万亿元，分别比2008年末增长181.1%和182.9%（详见表3-3）。

表3–3　按行业分组的批发和零售业企业法人单位资产总计

	资产总计（亿元）
合计	342329.6
批发业	270020.0
农、林、牧产品批发	11204.1
食品、饮料及烟草制品批发	24301.6
纺织、服装及家庭用品批发	25537.3
文化、体育用品及器材批发	6402.2
医药及医疗器材批发	10452.6
矿产品、建材及化工产品批发	129720.4
机械设备、五金产品及电子产品批发	43418.9
贸易经纪与代理	9332.8
其他批发业	9650.1

续表

	资产总计（亿元）
零售业	72309.6
综合零售	17407.4
食品、饮料及烟草制品专门零售	3811.3
纺织、服装及日用品专门零售	4875.1
文化、体育用品及器材专门零售	3580.0
医药及医疗器材专门零售	3871.0
汽车、摩托车、燃料及零配件专门零售	21738.8
家用电器及电子产品专门零售	6869.2
五金、家具及室内装饰材料专门零售	5731.4
货摊、无店铺及其他零售业	4425.4

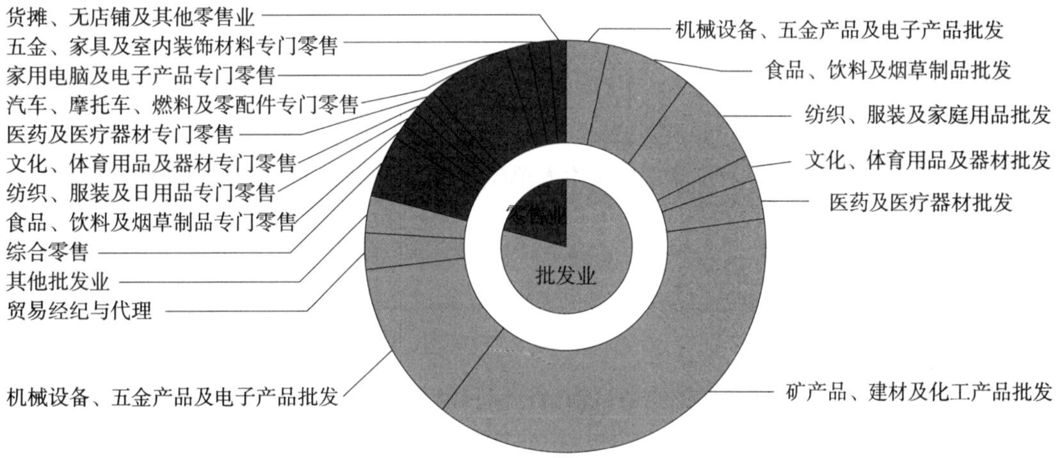

图3–2 按行业分组的批发和零售业企业法人单位资产结构

二、交通运输、仓储和邮政业

（一）企业法人单位数和从业人员

2013年末，全国共有交通运输、仓储和邮政业企业法人单位25.2万个，从业人员1247万人，分别比2008年末增长61.1%和25.7%。

在交通运输、仓储和邮政业企业法人单位中，内资企业占98.2%，港、澳、台商投资企业占1%，外商投资企业占0.8%。

在交通运输、仓储和邮政业企业法人单位从业人员中，内资企业占95.8%，港、澳、台商投资企业占2.4%，外商投资企业占1.8%（详见表3-4）。

表3-4 按登记注册类型分组的交通运输、仓储和邮政业企业法人单位和从业人员

	企业法人单位（万个）	从业人员（万人）
合计	25.2	1247.0
内资企业	24.8	1195.2
国有企业	0.9	343.0
集体企业	0.5	24.7
股份合作企业	0.2	5.3
联营企业	0.1	2.5
有限责任公司	5.6	379.3
股份有限公司	0.5	88.8
私营企业	16.0	332.9
其他企业	1.0	18.6
港、澳、台商投资企业	0.2	30.3
外商投资企业	0.2	21.5

（二）资产总计

2013年末，交通运输、仓储和邮政业企业法人单位资产总计188690.7亿元，比2008年末增长151.7%（详见表3-5）。

表3-5 按行业分组的交通运输、仓储和邮政业企业法人单位资产总计

	资产总计（亿元）
合计	188690.7
铁路运输业	49500.6
道路运输业	69949.1
水上运输业	21605.3
航空运输业	13080.7
管道运输业	3798.6
装卸搬运和运输代理业	11218.0
仓储业	16878.6
邮政业	2659.8

三、住宿和餐饮业

（一）企业法人单位数和从业人员

2013年末，全国共有住宿和餐饮业企业法人单位20万个，从业人员691.6万人，分别比2008年末增长37.6%和18.2%。

在住宿和餐饮业企业法人单位中，住宿业占36.8%，餐饮业占63.2%。在住宿和餐饮业企业法人单位从业人员中，住宿业占42.6%，餐饮业占57.4%（详见表3-6）。

表3–6 按行业分组的住宿和餐饮业企业法人单位和从业人员

	企业法人单位（万个）	从业人员（万人）
合计	20.0	691.6
住宿业	7.3	294.3
旅游饭店	2.4	199.3
一般旅馆	4.2	80.1
其他住宿业	0.7	14.9
餐饮业	12.6	397.3
正餐服务	9.8	307.4
快餐服务	0.9	55.2
饮料及冷饮服务	0.6	10.0
其他餐饮业	1.3	24.7
港、澳、台商投资企业	0.2	30.3
外商投资企业	0.2	21.5

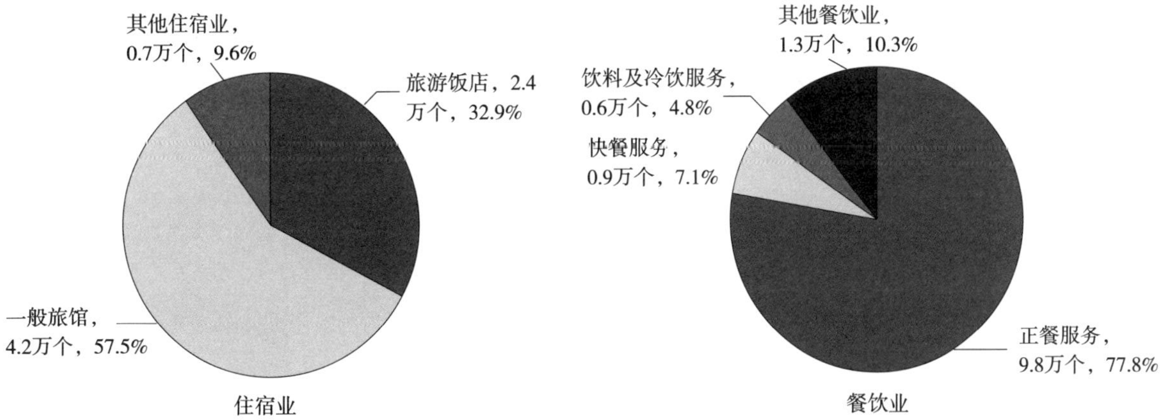

图3–3 按行业分组的住宿和餐饮业企业法人单位结构

在住宿和餐饮业企业法人单位中，内资企业占97.8%，港、澳、台商投资企业占1.1%，外商投资企业占1.1%。内资企业中，国有企业占企业法人单位的3.3%，股份有限公司占1.5%，有限责任公司占16.6%，私营企业占67.2%。

在住宿和餐饮业企业法人单位从业人员中，内资企业占87.5%，港、澳、台商投资企业占5%，外商投资企业占7.5%（详见表3-7）。

表3–7　按登记注册类型分组的住宿和餐饮业企业法人单位和从业人员

	企业法人单位（万个）	从业人员（万人）
合计	20.0	691.6
内资企业	19.5	604.9
国有企业	0.7	43.7
集体企业	0.4	9.5
股份合作企业	0.2	4.0
联营企业	0.1	1.4
有限责任公司	3.3	180.0
股份有限公司	0.3	18.5
私营企业	13.4	327.4
其他企业	1.1	20.4
港、澳、台商投资企业	0.2	34.7
外商投资企业	0.2	52.0

（二）资产总计

2013年末，住宿和餐饮业企业法人单位资产总计为20462.6亿元，比2008年末增长84.7%。其中，住宿业企业法人单位资产总计13745.9亿元，餐饮业企业法人单位资产总计6716.7亿元，分别比2008年末增长74.5%和109.8%（详见表3-8）。

表3–8 按行业分组的住宿和餐饮业企业法人单位资产总计

	资产总计（亿元）
合计	20462.6
住宿业	13745.9
旅游饭店	10723.5
一般旅馆	2427.6
其他住宿业	594.8
餐饮业	6716.7
正餐服务	5658.7
快餐服务	568.1
饮料及冷饮服务	132.9
其他餐饮业	357.0

四、信息传输、软件和信息技术服务业

（一）企业法人单位数和从业人员

2013年末，全国共有信息传输、软件和信息技术服务业企业法人单位21.9万个，从业人员539.4万人，分别比2008年末增长47.6%和43.3%。

在信息传输、软件和信息技术服务业企业法人单位中，内资企业占96.3%，港、澳、台商投资企业占1.4%，外商投资企业占2.3%。

在信息传输、软件和信息技术服务业企业法人单位从业人员中，内资企业占79.9%，港、澳、台商投资企业占8.9%，外商投资企业占11.2%（详见表3-9）。

表3-9　按登记注册类型分组的信息传输、软件和信息技术服务业企业法人单位和从业人员

	企业法人单位（个）	从业人员（万人）
合　计	219439	539.4
内资企业	211334	430.9
国有企业	2177	23.1
集体企业	672	1.0
股份合作企业	1044	0.9
联营企业	458	0.5
有限责任公司	52324	164.1
股份有限公司	3819	64.8
私营企业	145123	170.5
其他企业	5717	5.9
港、澳、台商投资企业	3180	48.3
外商投资企业	4925	60.2

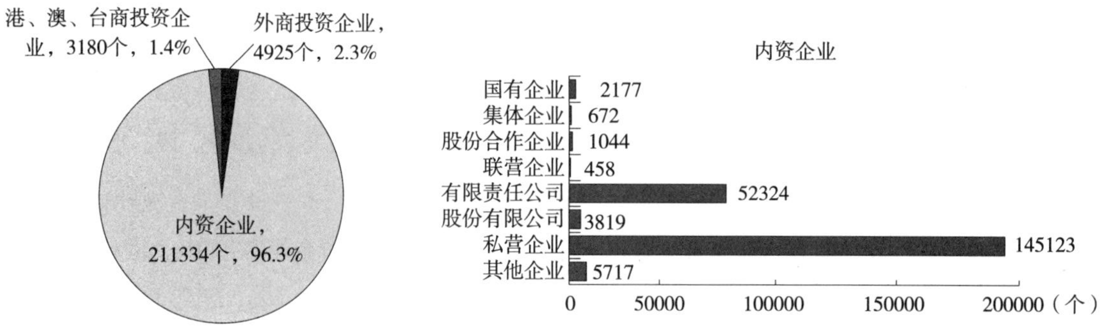

图3-4　按登记注册类型分组的信息传输、软件和信息技术服务业企业法人单位及结构

（二）资产总计

2013年末，信息传输、软件和信息技术服务业企业法人单位资产总计77774.6亿元，比2008年末增长124%（详见表3-10）。

表3-10 按行业分组的信息传输、软件和信息技术服务业企业法人单位资产总计

	资产总计（亿元）
合计	77774.6
电信、广播电视和卫星传输服务	46727.2
互联网和相关服务	4761.1
软件和信息技术服务业	26286.3

五、金融业

（一）企业法人单位数和从业人员

2013年末，全国共有金融业企业法人单位2.9万个，从业人员513.9万人，分别比2008年末增长8.4%和4.1%（详见表3-11）。

表3-11 按行业分组的金融业企业法人单位和从业人员

	企业法人单位（万个）	从业人员（万人）
合计	2.9	513.9
货币金融服务	1.5	369.5
资本市场服务	0.1	26.2
保险业	1.2	112.3
其他金融业	0.1	6.0

（二）资产总计

2013年末，金融业企业法人单位资产总计1620312.6亿元，比2008年末增长87.8%（详见表3-12）。

表3-12 按行业分组的金融业企业法人单位资产总计

	资产总计（亿元）
合 计	1620312.6
货币金融服务	1493978.0
资本市场服务	30409.7
保险业	84069.5
其他金融业	11855.5

六、房地产业

（一）企业法人单位数和从业人员

2013年末，全国共有房地产业企业法人单位33.8万个，比2008年末增长54.4%。其中，房地产开发经营企业13.2万个，物业管理企业10.5万个，房地产中介服务企业6.6万个，分别比2008年末增长50.3%、70.8%和82.3%。

2013年末，全国房地产业企业法人单位的从业人员为877.2万人，比2008年末增长47.5%。其中，房地产开发经营企业335万人，物业管理企业411.6万人，房地产中介服务企业77.6万人，分别比2008年末增长61.3%、43.2%和84%（详见表3-13）。

表3-13　按行业分组的房地产业企业法人单位和从业人员

	企业法人单位（万个）	从业人员（万人）
合　计	33.8	877.2
房地产开发经营	13.2	335.0
物业管理	10.5	411.6
房地产中介服务	6.6	77.6
自有房地产经营活动	2.4	34.4
其他房地产业	1.2	18.5

（二）资产总计

2013年末，全国房地产业企业法人单位的资产总计为525889.2亿元，比2008年末增长220.4%。其中，房地产开发企业474567.4亿元，物业管理企业13667.7亿元，房地产中介服务企业5489.5亿元，分别比2008年末增长227.6%，119%和160%（详见表3-14）。

表3-14　按行业分组的房地产业企业法人单位资产总计

	资产总计（亿元）
合计	525889.2
房地产开发经营	474567.4
物业管理	13667.7
房地产中介服务	5489.5
自有房地产经营活动	11670.8
其他房地产业	20493.8

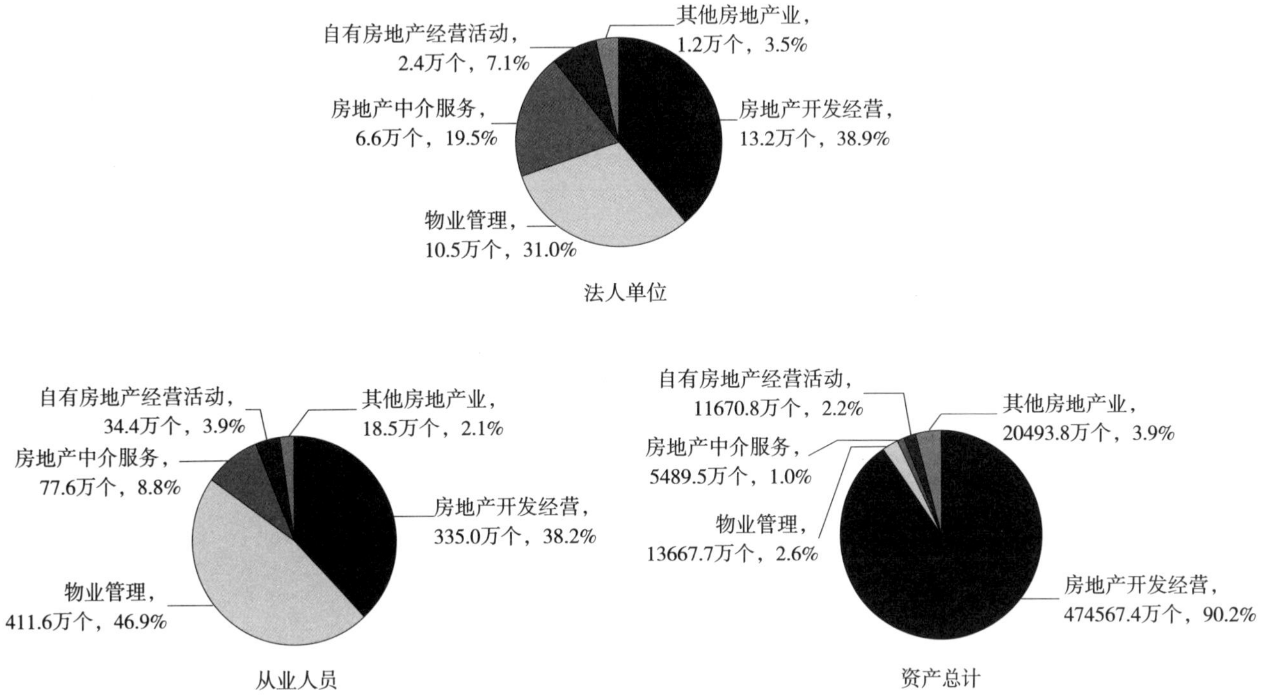

图3-5 按行业分组的房地产业结构

七、租赁和商务服务业

（一）企业法人单位数和从业人员

2013年末，全国共有租赁和商务服务业企业法人单位81.5万个，从业人员1216万人，分别比2008年末增长113.9%和47.9%。

在租赁和商务服务业企业法人单位中，内资企业占98.4%，港、澳、台商投资企业占0.7%，外商投资企业占0.9%。

在租赁和商务服务业企业法人单位从业人员中，内资企业占95.5%，港、澳、台商投资企业占1.9%，外商投资企业占2.6%（详见表3-15）。

表3-15 按登记注册类型分组的租赁和商务服务业企业法人单位和从业人员

	企业法人单位（万个）	从业人员（万人）
合计	81.5	1216.0
内资企业	80.2	1161.8
国有企业	1.4	110.8
集体企业	1.9	47.7

续表

	企业法人单位（万个）	从业人员（万人）
股份合作企业	0.6	9.3
联营企业	0.2	2.8
有限责任公司	19.0	348.8
股份有限公司	1.2	42.6
私营企业	50.9	541.2
其他企业	5.0	58.6
港、澳、台商投资企业	0.6	22.3
外商投资企业	0.7	31.9

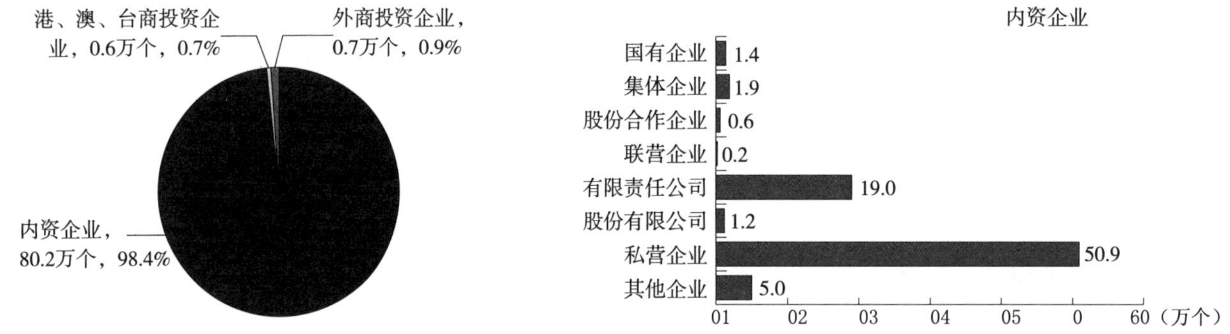

图3-6　按登记注册类型分组的租赁和商务服务业企业法人单位及结构

（二）资产总计

2013年末，租赁和商务服务业企业法人单位资产总计539678.2亿元，比2008年末增长178.3%。

八、科学研究和技术服务业

（一）企业法人单位数和从业人员

2013年末，全国共有科学研究和技术服务业企业法人单位34.5万个，从业人员603.3万人，分别比2008年末增长154.8%和97.4%。

在科学研究和技术服务业企业法人单位中，内资企业占98.1%，港、澳、台商投资企业占0.7%，外商投资企业占1.2%。

在科学研究和技术服务业企业法人单位从业人员中，内资企业占95.6%，港、澳、台商投资企业占1.9%，外商投资企业占2.5%（详见表3-16）。

表3-16　按登记注册类型分组的科学研究和技术服务业企业法人单位和从业人员

	企业法人单位（万个）	从业人员（万人）
合计	34.5	603.3
内资企业	33.9	577.0
国有企业	1.0	55.7
集体企业	0.4	7.1
股份合作企业	0.3	3.1
联营企业	0.1	1.4
有限责任公司	7.4	176.6
股份有限公司	0.5	19.7
私营企业	19.6	225.3
其他企业	4.7	88.2
港、澳、台商投资企业	0.2	11.1
外商投资企业	0.4	15.2

（二）资产总计

2013年末，科学研究和技术服务业企业法人单位资产总计67452.9亿元，比2008年末增长110.9%（详见表3-17）。

表3-17　按行业分组的科学研究和技术服务业企业法人单位资产总计

	资产总计（亿元）
合计	67452.9
研究和试验发展	8864.3
专业技术服务业	45990.8
科技推广和应用服务业	12597.8

九、居民服务、修理和其他服务业

（一）企业法人单位数和从业人员

2013年末，全国共有居民服务、修理和其他服务业企业法人单位17.5万个，从业人员266.9万人，分别比2008年末增长36.4%和21.6%。

在居民服务、修理和其他服务业企业法人单位中，内资企业占99.3%，港、澳、台商投资企业占0.3%，外商投资企业占0.4%。

在居民服务、修理和其他服务业企业法人单位从业人员中，内资企业占96.4%，港、澳、台商投资企业占2.2%，外商投资企业占1.4%（详见表3-18）。

表3–18　按登记注册类型分组的居民服务、修理和其他服务业企业法人单位和从业人员

	企业法人单位（万个）	从业人员（万人）
合计	17.5	266.9
内资企业	17.4	257.3
国有企业	0.2	9.8
集体企业	0.4	6.9
股份合作企业	0.2	2.7
联营企业	0.1	0.8
有限责任公司	2.9	60.6
股份有限公司	0.2	4.4
私营企业	12.3	158.9
其他企业	1.1	13.2
港、澳、台商投资企业	0.1	5.8
外商投资企业	0.1	3.8

（二）资产总计

2013年末，居民服务、修理和其他服务业企业法人单位资产总计7933.2亿元，比2008年末增长133.9%（详见表3-19）。

表3–17　按行业分组的科学研究和技术服务业企业法人单位资产总计

	资产总计（亿元）
合计	7933.2
居民服务业	2486.8
机动车、电子产品和日用产品修理业	2487.3
其他服务业	2959.1

十、水利、环境和公共设施管理业

（一）法人单位和从业人员

2013年末，全国共有水利、环境和公共设施管理业法人单位8.5万个。其中，行政事业及非企业法人单位3.9万个。水利、环境和公共设施管理业法人单位从业人员298.1万人。其中，行政事业及非企业法人单位168.9万人。

（二）资产

2013年末，水利、环境和公共设施管理业企业法人单位资产总计33997.9亿元，行政事业及非企业法人单位年末资产7879.5亿元。

十一、教育

（一）法人单位和从业人员

2013年末，全国共有教育法人单位41.4万个。其中，行政事业及非企业法人单位36万个。教育法人单位从业人员1913.8万人。其中，行政事业及非企业法人单位1795.6 万人。

（二）资产

2013年末，教育企业法人单位资产总计3096.7亿元，行政事业及非企业法人单位年末资产51010亿元。

十二、卫生和社会工作

（一）法人单位和从业人员

2013年末，全国共有卫生和社会工作法人单位25万个。其中，行政事业及非企业法人单位21.9万个。卫生和社会工作法人单位从业人员917.7万人。其中，行政事业及非企业法人单位807.6万人。

（二）资产

2013年末，卫生和社会工作企业法人单位资产总计3562.4亿元，行政事业及非企业法人单位年末资产29099.2亿元。

十三、文化、体育和娱乐业

（一）法人单位和从业人员

2013年末，全国共有文化、体育和娱乐业法人单位23万个。其中，行政事业及非企业法人单位5.7万个。文化、体育和娱乐业法人单位从业人员309万人。其中，行政事业及非企业法人单位114.4万人。

（二）资产

2013年末，文化、体育和娱乐业企业法人单位资产总计15125.1亿元，行政事业及非企业法人单位年末资产6888.5亿元。

十四、公共管理、社会保障和社会组织

2013年末，全国共有公共管理、社会保障和社会组织法人单位152万个。其中，行政事业及非企业法人单位151.2万个。公共管理、社会保障和社会组织法人单位从业人员2709.6万人。其中，行政事业及非企业法人单位2693.5万人。

中华人民共和国国家统计局

国务院第三次全国经济普查领导小组办公室

2014年12月16日

注释：

表中的合计数和部分计算数据因小数取舍而产生的误差，均未作机械调整。

2014年中国城市GDP排名(前100名)

2014排名	城市	2013年GDP亿元	2014年GDP亿元	省份
1	上海市	21602.12	23560.94	沪
2	北京市	19500.6	21330.8	京
3	广州市	15420.14	16706.87	广东
4	深圳市	14500.23	16001.98	广东
5	天津市	14370.16	15722.47	津
6	重庆市	12656.69	14265.4	渝
7	苏州市	13015.7	13760.89	江苏
8	武汉市	9051.27	10069.48	湖北
9	成都市	9108.89	10056.6	四川
10	杭州市	8343.52	9201.16	浙江
11	南京市	8011.78	8820.75	江苏
12	青岛市	8006.6	8692.1	山东
13	无锡市	8070.18	8205.31	江苏
14	长沙市	7153.13	7824.81	湖南
15	大连市	7650.8	7655.6	辽宁
16	佛山市	7010.17	7603.28	广东
17	宁波市	7128.9	7602.51	浙江
18	沈阳市	7223.7	7589	辽宁
19	郑州市	6201.9	6782.98	河南
20	唐山市	6121.2	6225.3	河北
21	烟台市	5613.87	6002.08	山东
22	东莞市	5490.02	5881. 18	广东
23	济南市	5230.19	5770.6	山东
24	泉州市	5218	5733.36	福建
25	南通市	5038.89	5652.69	江苏
26	西安市	4884.1	5474.77	陕西
27	长春市	5003.17	5382	吉林
28	哈尔滨市	5141.5	5332.7	黑龙江
29	福州市	4678.5	5169.16	福建
30	合肥市	4672.9	5158	安徽
31	石家庄市	4863.6	5100	河北
32	徐州市	4435.82	4963.91	江苏
33	常州市	4360.93	4901.87	江苏
34	潍坊市	4420.7	4786.74	山东
35	温州市	4003.86	4302.81	浙江
36	绍兴市	3967.29	4265.83	浙江
37	鄂尔多斯	3955.9	4162.18	内蒙古
38	大庆市	4332.7	4070	黑龙江
39	淄博市	3801.24	4029.8	山东
40	盐城市	3475.5	3835.62	江苏
41	济宁市	3501.5	3800.06	山东

续表

2014排名	城市	2013年GDP亿元	2014年GDP亿元	省份
42	昆明市	3450	3712.99	云南
43	扬州市	3252.01	3697.89	江苏
44	南昌市	3336.03	3667.96	江西
45	包头市	3503.02	3636.31	内蒙古
46	临沂市	3336.8	3569.8	山东
47	东营市	3250.2	3430.49	山东
48	台州市	3153.34	3387.51	浙江
49	泰州市	3006.91	3370.89	江苏
50	嘉兴市	3147.66	3352.8	浙江
51	洛阳市	3136.14	3284.57	河南
52	厦门市	3018.16	3273.54	福建
53	镇江市	2927.09	3252. 38	江苏0
54	金华市	2958.78	3206.64	浙江
55	南宁市	2803.54	3148.3	广西
56	沧州市	3013	3133.38	河北
57	宜昌市	2816	3132.21	湖北
58	草草阳市	2814	3129.3	湖北
59	邮单市	3061.5	3080	河北
60	榆林市	2846.75	3005.74	陕西
61	茸王安市	2790.7	3002.2	山东
62	惠州市	2678.35	3000.7	广东
63	呼和浩特	2710.39	2894.05	内蒙古
64	中山市	2638.93	2823.3	广东
65	威海市	2549.69	2790.34	山东0
66	保定市	2680	2757.8	河北
67	吉林市	2617.4	2730.16	吉林
68	鞍山市	2638	2721	辽宁
69	南阳市	2498.66	2676.88	河南
70	岳阳市	2430.52	2669.39	湖南
71	德州市	2460.59	2596.08	山东
72	太原市	2412.87	2531.09	山西
73	聊城市	2365.87	2516	山东
74	常德市	2264.94	2514.15	湖南
75	乌鲁木齐	2400	2510	新疆
76	漳州市	2236.02	2506.36	福建
77	帚阳市	2085	2497.27	需州
78	淮安市	2155.86	2455.39	江苏
79	衡阳市	2169.44	2395.56	湖南
80	茂名市	2160.17	2349	广东
81	芜湖市	2099.53	2307.9	守徽
82	滨州市	2155.7	2277	山东
83	湛江市	2060.01	2258.7	广东

续表

2014排名	城市	2013年GDP亿元	2014年GDP亿元	省份
84	精泽市	2052	2222.19	山东
85	株洲市	1948.01	2160.51	湖南
86	柳州市	2016.9	2120.8	广西
87	许昌市	1903.3	2108	河南
88	江门市	2000.18	2082.76	广东
89	咸阳市	1860.39	2077.34	陕西
90	廊坊市	1943.1	2056	河北
91	周口市	1753.4	1992.08	河南
92	枣庄市	1830.63	1980.13	山东
93	连'A港	1785.42	1965.89	江苏
94	湖州市	1803.15	1955.96	浙江
95	宿迁市	1706.28	1930.68	江苏
96	新乡市	1766.1	1918	河南
97	兰州市	1796.14	1905.2	甘肃
98	通辽市	1811.82	1886.8	内蒙古
99	遵义市	1584.7	1874.5	贵州
100	郴州市	1685.52	1872.58	湖南

五年来我国高技术制造业蓬勃发展

第三次全国经济普查结果显示，五年来我国高技术制造业规模不断扩大，研发投入大幅度增加，创新能力稳步提高，新产品销售收入比重逐步上升。

一、高技术制造业方兴未艾

一是产业规模不断扩大。企业数量平稳增长。截至2013年底，我国规模以上高技术制造业共有企业26894家，比2008年增加1077家；占规模以上制造业企业数的比重为7.8%，比2008年提高1.3个百分点。企业就业规模扩大。2013年我国高技术制造业从业人员1293.7万人，比2008年增长36.9%；占全部制造业企业的比重为15.1%，比2008年提高2.9个百分点。主营业务收入较快增长。2013年我国高技术制造业实现主营业务收入116048.9亿元，比2008年增长108.2%；占全部制造业企业的比重为12.8%，比2008年提高0.8个百分点。

二是经济效益较快增长。2013年我国高技术制造业实现利润总额7233.7亿元，比2008年增长165.5%，增幅比其他制造业平均水平高出11.5个百分点；高技术制造业利润总额占全部制造业的比重为13.1%，比2008年提高0.5个百分点。高技术制造业利润总额与主营业务收入之比为6.2%，比2008年提高1.3个百分点，比其他制造业平均水平高0.1个百分点。

三是创新能力稳步提高。研发投入较快增长。2013年我国规模以上高技术制造业投入研发经费2034.3亿元，比2008年增长178.2% ，增幅比其他制造业平均水平高8.7个百分点。高技术制造业研发经费与主营业务收入之比为1.75%，比2008年提高0.44个百分点，比其他制造业平均水平高1个百分点。产出水平稳步提升。2013年我国高技术制造业申请发明专利7.4万件，比2008年增长179%；实现新产品销售收入3.1万亿元，比2008年增长127%。

二、工业企业研发投入不断增加

一是研发经费较快增长。2013年全国规模以上工业企业投入研发经费8318.4亿元，比2008年增长170.7%。研发经费与主营业务收入之比为0.8%，比2008年提高0.23个百分点。研发经费占全社会研发经费的比重为70.2%，比2008年提高3.6个百分点，工业企业研发经费投入的主体地位进一步增强。

二是高技术行业引领作用突出。2013年我国规模以上全部工业中研发经费超过500亿元的有以计算机、通信和其他电子设备制造业等为代表的7个行业大类，这7个行业大类的研发经费为5101.7亿元，比2008年增长151.6%。这些研发经费规模相对较大的行业对提高我国工业企业自主创新能力发挥了重要的引领作用。

三是区域集聚效应进一步明显。2013年在全国规上工业企业中，研发经费位居前三名的地区是江苏、广东和山东，分别为1239.6亿元、1237.5亿元和1052.8亿元，这三个地区研发经费占全部规模以上工业企业的份额达42.4%，比2008年提高6.8个百分点。

四是内资企业主体地位得到巩固。2013年内资企业研发经费为6303.3亿元，占全国规模以上工业企业的75.8%，比2008年提高2.6个百分点。2008-2013年，内资企业对规模以上工业企业研发经费增长的贡献为77.3%，内资企业对提升我国规模以上工业企业自主创新能力发挥了重要作用。

三、工业企业新产品销售收入快速增长

作为企业研发产出的重要成果形式之一，2013年规模以上工业企业新产品的销售收入较快增长，新产品销售收入占主营业务收入的比重有所提高。

2013年，我国规模以上工业企业实现新产品销售收入128460.7亿元，比2008年增长125.3%；新产品销售收入占主营业务收入的比重为12.4%，比2008年提高1.8个百分点。

分登记注册类型看，内资企业新产品销售所占份额最大，外商投资企业新产品销售收入占主营业务收入的比重最高。2013年，内资、港澳台商和外商投资企业实现新产品销售收入分别为83742.1亿元、14021.7亿元和30696.9亿元，分别比2008年增长141.7%、130.9%和88.2%；新产品销售收入占主营业务收入的比重分别为10.5%、15.8%和19.9%，相应比2008年的9.8%、12.1%和16.9%均有所提高。

分国民经济行业大类看，2013年，计算机、通信和其他电子设备制造，汽车制造业，电气机械和器材制造业等3个行业实现新产品销售收入分别超过1万亿元，共实现新产品销售收入53108.1亿元，比2008年增长111.6%，占全国规模以上工业企业的41.3%；新产品销售收入占主营业务收入的比重为26.6%，比2008年提高0.4个百分点。

国家统计局

国务院第三次全国经济普查办公室

2014年12月16日

直辖市

| 北京市 | 天津市 | 上海市 | 重庆市 |

1

2014年北京市经济发展概况

【经济总量】2014年，北京市全年实现地区生产总值（GDP）21330.8亿元，比上年增长7.3%。其中，第一产业增加值159亿元，下降0.1%；第二产业增加值4545.5亿元，增长6.9%；第三产业增加值16626.3亿元，增长7.5%。

全市人均地区生产总值达到99995元（按年平均汇率折合16278美元）。三次产业结构由上年的0.8：21.7：77.5调整为0.7：21.4：77.9。

【农业】2014年，北京市全年实现农林牧渔业总产值420.1亿元，比上年下降0.4%。完成平原造林35.5万亩，在此带动下，林业实现产值90.7亿元，比上年增长19.5%。全年粮食播种面积12万公顷，比上年减少3.9万公顷。粮食产量63.9万吨，下降33.5%；粮食亩产354.7公斤，下降12.0%。

【工业和建筑业】2014年，北京市全年实现工业增加值3746.8亿元，比上年增长6.0%。其中，规模以上工业增加值增长6.2%。在规模以上工业中，国有控股企业增加值增长6.7%；高技术制造业、现代制造业增加值分别增长11.0%和12.2%。全年规模以上工业中战略性新兴产业增加值比上年增长17.9%，对规模以上工业增长的贡献率达62.7%。规模以上工业实现销售产值17856.3亿元，增长5.5%。其中内销产值16446.4亿元，增长6.6%；出口交货值1409.8亿元，下降6.5%。

全市具有资质等级的总承包和专业承包建筑业企业完成建筑业总产值8209.8亿元，比上年增长10.1%。其中，在本市完成2895.8亿元，增长3.6%；在外埠完成5314亿元，增长13.9%。本年新签合同额10441.8亿元，增长7.4%。

【固定资产投资】2014年，北京市全年完成全社会固定资产投资7562.3亿元，比上年增长7.5%。其中，国有控股单位完成投资4457.1亿元，比上年增长7.2%；民间投资完成2620.7亿元，增长8.3%。分产业看，第一产业投资163.9亿元，下降6.6%；第二产业投资716.8亿元，下降5.1%；第三产业投资6681.6亿元，增长9.5%。

【科学技术】2014年，北京市全年研究与试验发展（R&D）经费支出1286.6亿元，比上年增长8.6%，相当于地区生产总值的6.03%。全市研究与试验发展（R&D）活动人员35.3万人，比上年增长5.7%。专利申请量与授权量分别为138111件和74661件，分别增长12.0%和19.1%，其中发明专利申请量与授权量分别为

78129件和23237件，增长15.7%和12.3%。全年共签订各类技术合同67278项，增长7.2%；技术合同成交总额3136亿元，增长10.0%。

【国内贸易和对外经济】2014年，北京市全年批发和零售业实现商品购销额124012.3亿元，比上年增长5.6%。其中，实现购进额58722.3亿元，增长3.7%；销售额65290亿元，增长7.5%。

全年实现社会消费品零售总额9098.1亿元，比上年增长8.6%。限额以上批发和零售企业中，汽车类实现零售额1723.1亿元，下降2.9%；通讯器材类实现零售额916.6亿元，增长93.8%；中西药品类实现零售额783.5亿元，增长10.4%；文化办公用品类实现零售额498.6亿元，增长15.3%；家用电器和音像器材类实现零售额371.3亿元，增长10.2%。限额以上批发和零售企业实现网上零售额1456.9亿元，增长69.7%。

全年北京地区进出口总值4156.5亿美元，比上年下降3.3%。其中，出口623.5亿美元，下降1.2%；进口3533.1亿美元，下降3.7%。

【交通、邮电和旅游】2014年，北京市全年货运量29513.4万吨，比上年增长4.3%。全年客运量71745万人，比上年增长1.0%。

全年实现邮电业务总量750.8亿元，比上年增长15.1%。其中，邮政业务总量63.7亿元，增长9.0%；电信业务总量687亿元，增长15.7%。全年发送邮政函件6.6亿件，下降7.6%；特快专递5451.1万件，增长13.7%。年末固定电话用户达到831.2万户，固定电话主线普及率达到38.6线/百人，每百人比上年末减少2.4线。全年净增移动电话用户702.6万户，年末达到4076.4万户。移动电话普及率达到189.5户/百人，每百人比上年末增加30户。全年短信业务总量达到442.8亿条，比上年下降3.5%。年末固定互联网宽带接入用户数达到552.7万户。

全年接待入境旅游者427.5万人次，比上年下降5.0%。其中，外国人365.5万人次，下降5.7%；港、澳、台同胞62万人次，下降0.8%。旅游外汇收入46.1亿美元，下降3.9%。全年接待国内旅游者2.6亿人次，增长4.0%。国内旅游收入3997亿元，增长9.0%。国内外旅游总收入为4280.1亿元，增长8.0%。全年经旅行社组织的出境游人数410.2万人次，增长23.9%。

【金融和保险】2014年，北京市年末全市金融机构（含外资）本外币存款余额100095.5亿元，比年初增加8435亿元，增加额比上年多1846.2亿元。年末全市金融机构（含外资）本外币贷款余额53650.6亿元，比年初增加5661.4亿元，增加额比上年多1082.7亿元。

全年实现原保险保费收入1207.2亿元，比上年增长21.4%。其中，财产险保费收入314.8亿元，人身险保费收入892.5亿元。全年各类保险赔付支出407.2亿元。其中，财产险赔付182.7亿元，人身险赔付224.6亿元。

2

2014年天津市经济发展概况

【经济总量】2014年，天津市全年实现地区生产总值（GDP）15722.47亿元，按可比价格计算，比上年增长10.0%。分三次产业看，第一产业增加值201.53亿元，增长2.8%；第二产业增加值7765.91亿元，增长9.9%；第三产业增加值7755.03亿元，增长10.2%。三次产业结构为1.3：49.4：49.3。

【农业】2014年，天津市全年农业总产值441.69亿元，增长3.0%。其中，种植业产值230.78亿元，增长3.3%；林业产值3.20亿元，增长3.5%；畜牧业产值117.59亿元，增长2.9%；渔业产值79.43亿元，增长2.2%；农林牧渔服务业产值10.69亿元，增长2.0%。

全年粮食总产量175.95万吨，增长0.7%；蔬菜产量460.20万吨，增长1.1%。新增农民专业合作社1558家，总数达到6694家。

【工业和建筑业】2014年，天津市全年全部工业增加值7083.39亿元，增长10.0%。其中，规模以上工业增加值增长10.1%。全部工业总产值30055.12亿元，增长7.3%；其中，规模以上工业总产值28078.82亿元，增长7.3%。

全年建筑业增加值682.52亿元，增长9.3%；总产值4123.49亿元，增长11.6%。房屋建筑施工面积14158.77万平方米，增长8.9%；竣工面积3232.02万平方米，下降11.1%。年末全市有总承包和专业承包资质的建筑企业1774家。

【固定资产投资】2014年，天津市全年全社会固定资产投资11654.09亿元，增长15.1%，连续七年增量超过1000亿元。其中，城镇投资10986.50亿元，增长15.3%；农村投资667.59亿元，增长12.6%。在城镇投资中，第一产业投资75.50亿元，增长18.8%；第二产业投资4845.20亿元，增长15.1%；第三产业投资6065.80亿元，增长15.4%，占城镇投资的55.2%。三次产业投资结构为0.7:44.1:55.2。第三产业对城镇投资增长的贡献率为55.5%，优势产业投资占工业投资的比重达到91.3%。

【科学技术】2014年，天津市全市17项科技成果获得国家科学技术奖，其中，自然科学奖1项，技术发明奖3项，科技进步奖13项，涉及新材料、生物医药、化学工程等多个领域。全年完成市级科技成果2588项，其中，基础理论成果186项，应用技术成果2371项，软科学成果31项；属于国际领先水平71项，达到国际先进水平367项。全年签订技术合同15087项，合同成交额418.11亿元，增长39.1%。

【国内贸易和对外经济】2014年，天津市全年社会消费品零售总额4738.65亿元，增长6.0%。限额以上网上零售额124.86亿元，增长62.1%，拉动限额以上零售额增长2个百分点。全年批发和零售业商品销售总额37073.71亿元，增长15.1%。其中，金属材料、石油及制品、煤炭及制品、汽车四大支柱类商品合计实现限上销售额23047.98亿元，占限额以上销售额的74.3%。全市亿元以上批发市场61家，主要集中在金属材料、农副产品、建筑装饰材料、汽车、五金机电等五大行业，年交易额2397.64亿元。

全年外贸进出口总额1339.12亿美元，增长4.2%。其中，进口813.16亿美元，增长2.3%；出口525.97亿美元，增长7.3%，比上年加快5.8个百分点。在出口额中，一般贸易出口229.31亿美元，增长11.2%；加工贸易出口259.40亿美元，增长3.6%；租赁贸易、保税仓库进出境货物等新型贸易方式出口分别增长25.5%和50.3%。全年机电产品出口358.32亿美元，占全市出口额的68.1%；高新技术产品出口199.41亿美元，占全市出口额的37.9%。对欧盟、美国、日本等传统市场出口分别增长20.0%、4.6%和0.5%；新兴市场中，对澳大利亚、东盟、南非出口分别增长17.4%、13.0%和11.8%。

【交通、邮电和旅游】2014年，天津市全年交通运输、仓储和邮政业增加值753.19亿元，增长8.8%。

全年货运量50947.75万吨，其中，公路31130.00万吨，增长10.4%；铁路8872.37万吨，增长5.0%；水运9749.32万吨。货物周转量3354.40亿吨公里，其中，公路349.02亿吨公里，增长11.3%；铁路265.17亿吨公里，下降3.0%；水运2734.01亿吨公里。全年客运量19599.41万人，增长2.6%；旅客周转量419.71亿人公里，增长3.1%。港口货物吞吐量54001.80万吨，增长7.9%；集装箱吞吐量1406.10万标准箱，增长8.1%。机场旅客吞吐量1207.30万人次，增长20.3%；货邮吞吐量23.34万吨，增长8.9%。

全年邮电业务总量243.64亿元，增长14.3%。其中，电信业务总量207.55亿元，增长12.9%；邮政行业业务总量36.08亿元，增长23.1%。全年快递业务量12404.23万件。年末公网固定电话用户360.62万户，移动电话用户1351.79万户。互联网用户841.00万户，其中，宽带接入用户270.80万户，光纤接入用户131.22万户。住宅接入带宽能力提高到100Mbps，互联网出口带宽达2520G。

全年接待入境旅游人数296.17万人次，增长12.0%；其中，外国人272.48万人次，增长12.6%。入境旅游外汇收入29.92亿美元，增长15.5%。接待外省市游客人数比上年增长13.3%；国内旅游收入增长16.3%。全市32.19万人次出国出境旅游，增长6.4%；出国旅游人均支出18723元，增长5.4%。年末全市有星级宾馆103家；旅行社402家，其中有出境资质的42家；A级及以上景区106个。

【金融和保险】2014年，天津市全年金融业增加值1389.53亿元，增长13.1%。截至年末，全市金融机构（含外资）本外币各项存款余额24777.75亿元，增长6.4%。全年新增存款1462.02亿元，其中，新增单位存款635.14亿元，新增个人存款270.76亿元。各项贷款余额23223.42亿元，增长11.3%。全年新增贷款2338.04亿元，其中，新增短期贷款298.81亿元，新增中长期贷款1221.28亿元，新增融资租赁549.16亿元。

年末全市共有保险总公司6家，资产管理公司1家，各类保险分公司51家，各类保险支公司、营业部、营销服务部和专属机构564家，保险专业中介机构118家。全年原保险保费收入317.75亿元，增长14.8%。其中，财产险收入108.87亿元，增长6.5%；人身险收入208.88亿元，增长19.7%。全年赔款和给付104.39亿元，增长2.3%。其中，财产险赔付59.91亿元，增长1.6%；人身险赔付44.47亿元，增长3.4%。

3

2014年上海市经济发展概况

【经济总量】2014年，上海市全年实现地区生产总值（GDP）23560.94亿元，按可比价格计算，比上年增长7.0%（见图1）。其中，第一产业增加值124.26亿元，增长0.1%；第二产业增加值8164.79亿元，增长4.3%；第三产业增加值15271.89亿元，增长8.8%。第三产业增加值占上海市生产总值的比重达到64.8%，比上年提高1.6个百分点。按常住人口计算的上海市人均生产总值为9.73万元。

【农业】2014年，上海市全年全市实现农业总产值322.07亿元，与上年持平。其中，种植业171.04亿元，增长0.5%；林业8.94亿元，下降15.1%；牧业70.03亿元，增长0.3%；渔业60.5亿元，增长1.3%；农林牧渔服务业11.56亿元，下降3.7%。上海域外市属农场实现农业总产值21.45亿元，增长17.4%。

全年全市粮食播种面积164.86千公顷，比上年下降2.1%；粮食产量112.89万吨，下降1.1%；牛奶产量27.05万吨，增长2.0%。

【工业和建筑业】2014年，上海市全年实现工业增加值7362.84亿元，比上年增长4.3%。全年完成工业总产值34071.19亿元，增长1.6%，其中，规模以上工业总产值32237.19亿元，增长1.6%。在规模以上工业总产值中，国有控股企业12094.57亿元，增长2.3%。

全年实现建筑业总产值5499.94亿元，比上年增长7.8%；房屋建筑施工面积34994.68万平方米，增长20.1%；竣工面积7580.77万平方米，增长20.8%。建筑企业按总产值计算的全员劳动生产率41.6万元/人，比上年下降0.3%。

【固定资产投资】2014年，上海市全年完成全社会固定资产投资总额6016.43亿元，比上年增长6.5%。其中，第三产业投资占全社会固定资产投资总额的比重为80.6%；非国有经济投资占全社会固定资产投资总额的比重为70.1%。

【科学技术】2014年，上海市全年用于研究与试验发展（R&D）经费支出831亿元，相当于上海市生产总值的比例为3.60%。

全年受理专利申请81664件，比上年下降5.5%，其中，受理发明专利申请39133件，下降0.1%。全年专利授权量为50488件，增长3.7%，其中，发明专利授权量为11614件，增长9.1%。全市国家级创新型企业15家，国家级创新型试点企业19家，市级创新型企业500家。科技小巨人企业和小巨人培育企业共1225家，高新技术企业5433家，技术先进型服务企业252家。年内全市认定和复审高新技术企业2552家。年内认定高新技术成果转化项目643项，其中，电子信息、生物医药、新材料等重点领域项目占86.5%。至年末，共认定高新技术成果转化项目9897项。全年经认定登记的各类技术交易合同25238件，比上年下降4%；合同金额667.99亿元，增长7.6%。

【国内贸易和对外经济】2014年，上海市全年实现批发和零售业增加值3809.31亿元，比上年增长

6.9%。

全年实现商品销售总额7.41万亿元，比上年增长11.4%。其中，批发销售额6.62万亿元，增长11.7%。全年实现社会消费品零售总额8718.65亿元，比上年增长8.7%（见表8），其中，无店铺零售额957.9亿元，增长21.7%。

全年上海关区货物进出口总额8634.55亿美元，比上年增长6.3%。其中，进口3402.43亿美元，增长8.6%；出口5232.12亿美元，增长4.8%。

全年上海市货物进出口总额4666.22亿美元，比上年增长5.6%。其中，进口2563.45亿美元，增长7.9%；出口2102.77亿美元，增长3.0%（见表12）。按市场分，对欧盟进口648.92亿美元，增长16.9%；出口388.80亿美元，增长7.2%；对美国进口265.53亿美元，增长16.0%；出口498.45亿美元，下降1.6%；对日本进口311.75亿美元，增长3.3%；出口233.13亿美元，下降6.4%

【交通、邮电和旅游】2014年，上海市全年实现交通运输、仓储和邮政业增加值1044.46亿元，比上年增长9.4%。

全年各种运输方式完成货物运输量90340.88万吨，比上年下降1.3%。旅客发送量17560.06万人次，增长10.2%。

全年完成邮政业务总量310.53亿元，比上年增长20%；电信业务总量597.75亿元，增长12%。邮政业全年完成邮政函件业务110282.49万件、包裹业务408.69万件、快递业务量128366.11万件；快递业务收入361.31亿元。年末固定电话用户840.18万户，其中，住宅电话484.17万户。移动电话用户3292.74万户，比上年末增加92.8万户。固定电话用户普及率34.79部/百人，移动电话用户普及率136.34部/百人。

全年实现旅游产业增加值1449.33亿元，比上年增长1.5%。

全年接待国际旅游入境者791.3万人次，比上年增长4.5%（见图2）。其中，入境外国人611.14万人次，增长2.3%；港、澳、台同胞180.16万人次，增长12.7%。在国际旅游入境者中，过夜旅游者639.62万人次，增长4.2%。全年接待国内旅游者26818.11万人次，增长3.2%，其中，外省市来沪旅游者13040.91万人次，增长14.7%。全年入境旅游外汇收入57.05亿美元，增长6.8%；国内旅游收入2950.13亿元，下降0.6%。

【金融和保险】2014年，上海市全年实现金融业增加值3268.43亿元，比上年增长14%。

全年新增各类金融单位96家。其中，货币金融服务单位37家；资本市场服务单位40家。至年末，全市各类金融单位达到1336家。其中，货币金融服务单位601家；资本市场服务单位292家；保险业单位363家。至年末，在沪经营性外资金融单位达到216家，外资金融机构代表处190家。

全年原保险保费收入986.75亿元，比上年增长20.1%。其中，财产险公司原保险保费收入320.36亿元，增长12.3%；人身险公司原保险保费收入666.39亿元，增长24.3%。全年保险赔付支出378.66亿元，增长25.4%。其中，财产险赔款支出177.24亿元，增长9.2%；寿险给付158.41亿元，增长53.6%；健康险赔款给付37.51亿元，增长17.9%；意外险赔款支出5.5亿元，增长18.8%。

4

2014年重庆市经济发展概况

【经济总量】2014年，重庆市全年实现地区生产总值（GDP）14265.40亿元，比上年增长10.9%。其中，第一产业增加值1061.03亿元，增长4.4%；第二产业增加值6531.86亿元，增长12.7%；第三产业增加值6672.51亿元，增长10.0%。三次产业结构比为7.4：45.8：46.8。非公有制经济实现增加值8750.14亿元，增长11.1%，占全市经济的61.3%。按常住人口计算，全市人均地区生产总值达到47859元（7791美元），比上年增长10.0%。

【农业】2014年，重庆市全年实现农林牧渔业增加值1061.03亿元，比上年增长4.4%。其中，种植业722.49亿元，增长3.9%；畜牧业248.78亿元，增长3.5%；林业39.12亿元，增长8.0%；渔业50.64亿元，增长15.2%。

全年粮食播种面积3363.8万亩，下降0.5%。粮食综合单产340.3公斤/亩，增长0.2%。油料播种面积449.9万亩，增长5.8%。蔬菜播种面积1062.1万亩，增长3.9%。水果种植面积514.9万亩，增长5.4%。中药材种植面积170.4万亩，增长5.8%。

【工业和建筑业】2014年，重庆市全年实现工业增加值5175.80亿元，比上年增长12.3%，占全市地区生产总值的36.3%。其中规模以上工业增加值增长12.6%。工业总产值21520.41亿元，增长14.0%。其中规模以上工业企业实现总产值18722.51亿元，同比增长14.6%。其中，大中型企业总产值13378.59亿元，增长11.4%；国有控股企业总产值5031.02亿元，增长10.3%。

全年实现建筑业增加值1356.06亿元，比上年增长14.4%。全市具有资质等级的总承包和专业承包建筑企业实现利润341.39亿元，比上年增长29.8%；上缴税金202.46亿元，比上年增长20.4%。其中，国有及国有控股企业实现利润46.14亿元，增长18.4%；上缴税金40.02亿元，增长4.3%。

【固定资产投资】2014年，重庆市全年完成固定资产投资总额13223.75亿元，比上年增长18.0%。其中，第一产业投资486.91亿元，增长10.3%；第二产业投资4167.87亿元，增长17.9%；第三产业投资8568.97亿元，增长18.5%。基础设施建设投资3386.23亿元，增长14.3%，占全市固定资产投资的25.6%；民间投资6558.04亿元，增长27.1%，占全市固定资产投资的比重为49.6%。

【科学技术】2014年，重庆市全年研究与试验发展（R&D）经费支出190.00亿元，比上年增长7.7%，占全市地区生产总值的1.33%。截至年底，市级及以上重点实验室共95个，其中国家重点实验室8个；工程技术研究中心共328个，其中国家级中心10个；有效期内高新技术企业757家；高新技术产品1172个。全年共受理专利申请5.53万件，获得专利授权2.43万件。截至年底，有效专利7.38万件。全年技术市场签订成交合同4072项，成交金额175.35亿元。持续推进工业研发千亿投入计划，实施7个重大科技专项和42个科技支撑示范工程。

【国内贸易和对外经济】2014年，重庆市全年批发和零售业实现增加值1229.88亿元，比上年增长9.1%，占全市地区生产总值的8.6%；住宿和餐饮业实现增加值321.64亿元，比上年增长7.5%，占全市地区生产总值的2.3%。

全年实现社会消费品零售总额5096.20亿元，比上年增长13.0%，扣除价格因素，实际增长12.0%。按经营地统计，城镇消费品零售额4838.22亿元，增长12.9%；乡村消费品零售额257.98亿元，增长14.8%；按行业统计，批发和零售业零售额4339.43亿元，增长12.9%；住宿和餐饮业零售额756.77亿元，增长13.4%。

全年实现货物进出口总额5863.22亿元，比上年增长37.6%。其中，出口3894.76亿元，增长34.1%；进口1968.46亿元，增长45.1%。按美元计算，货物实现进出口954.50亿美元，比上年增长39.0%。其中，出口634.09亿美元，增长35.5%；进口320.41亿美元，增长46.3%。全市货物出口前三位市场为香港、美国和德国，分别出口786.35亿元、749.07亿元和345.92亿元，增长1.6倍、33.1%和22.6%。货物进口前三位市场为韩国、缅甸和马来西亚，分别进口391.97亿元、232.68亿元和232.24亿元，韩国和马来西亚分别增长4.1倍和下降3.7%，缅甸2013年无进口。

【交通、邮电和旅游】2014年，重庆市全年交通运输、仓储和邮政业实现增加值705.83亿元，比上年增长7.4%，占全市地区生产总值的4.9%。全市高速公路通车总里程超过2400公里，路网密度2.9公里/百平方公里，居西部第一。全市铁路运营里程达到1774公里，形成了"一枢纽六干线二支线"网络格局。轨道交通营运里程202公里，日均客运量141.7万人次。全市乡镇通畅率和行政村通达率均达100%，行政村通畅率达83.9%。全年主要运输方式完成货物运输9.73亿吨，比上年增长11.7%；完成旅客运输量7.00亿人，增长5.1%。

全年完成邮电业务总量418.17亿元，比上年增长18.1%。其中，邮政业务总量47.02亿元，增长20.2%；电信业务总量371.15亿元，增长17.8%。邮政业全年完成邮政函件业务4699.86万件，包裹业务107.27万件，快递业务量13886.31万件，快递业务收入20.11亿元。电信业全年新增移动电话交换机容量77.6万户，达到3887.6万户。年末固定电话用户583.0万户，比上年增长0.4%；年末移动电话用户2589.9万户，比上年增长8.8%。固定电话普及率上升到19.6部/百人；移动电话普及率上升至87.2部/百人。固定互联网宽带接入用户536.7万户，比上年增长6.3%；手机上网用户1913.5万户，增长11.4%。互联网用户2550.8万户，其中移动互联网用户（不含WiFi用户）2014.1万户，增长12.4%。

全年接待入境旅游人数263.76万人次，旅游外汇收入13.54亿美元，分别比上年增长8.9%和6.8%。全市新增4A级景区14处。金佛山成功列入世界自然遗产保护名录。

【金融和保险】2014年，重庆市全市金融业实现增加值1225.27亿元，比上年增长12.3%，占全市生产总值的8.6%。其中，新型金融业企业实现增加值167.21亿元，增长17.7%。金融机构资产规模达到3.8万亿元，分行和法人机构达到95家，不良贷款率控制在0.45%的低位。

全市共有保险法人机构3家，营业性保险分公司43家。保费总收入407.26亿元。其中，寿险收入222.94亿元；财产险收入138.87亿元；健康险和意外伤害险收入45.45亿元。全年赔付各类保险金151.43亿元。其中，寿险赔付55.17亿元；财产险赔付77.36亿元；健康险和意外伤害险赔付18.89亿元。

河北省

| 石家庄市 | 唐山市 | 秦皇岛市 | 邯郸市 | 邢台市 | 保定市 |
| 张家口市 | 承德市 | 沧州市 | 廊坊市 | 衡水市 |

1

2014年石家庄市经济发展概况

【经济总量】2014年，石家庄市全年实现地区生产总值（GDP）5100.2亿元，按可比价格计算，比上年增长7.9%。其中，第一产业增加值完成488.3亿元，增长2.6%；第二产业增加值完成2439.3亿元，增长7.1%；第三产业增加值完成2172.6亿元，增长9.9%。

全年民营经济实现增加值3441.9亿元，按可比价格计算，比上年增长8.6%，占全市生产总值的比重为67.5%。民营经济实缴税金486.5亿元，比上年增长8.0%；占全部财政收入的比重为71.4%，比上年提高1.9个百分点。

【农业】2014年，石家庄市全年粮食播种面积7.57万公顷，比上年减少0.17万公顷，比上年下降0.22%。粮食总产量503.0万吨，比上年下降4.3%。

蔬菜播种面积16.26万公顷，比上年增长0.59%；总产量1316.1万吨，增长1.97%。其中设施蔬菜播种面积7.25万公顷，下降0.27%；产量577.3万吨，下降0.81%。

【工业和建筑业】2014年，石家庄市全市规模以上工业企业2536家，完成增加值2071.7亿元，比上年增长8.0%。其中，国有及国有控股企业下降2.6%，集体企业下降3.9%，股份制企业增长10.9%，外商及港澳台企业增长4.7%。

年末资质等级以上建筑企业258家，完成总产值1131.8亿元，比上年增长12.0%。其中，建筑工程产值863.2亿元，比上年增长8.0%。

【固定资产投资】2014年，石家庄市全年全社会固定资产投资完成5109.5亿元，比上年增长16.1%。其中，固定资产投资（不含农户）5076.4亿元，比上年增长16.2%。

在固定资产投资（不含农户）中，第一产业完成投资135.6亿元，比上年增长20.2%；第二产业完成投资2116.4亿元，增长22.4%；第三产业完成投资2824.4亿元，增长10.4%。

【科学技术】2014年，石家庄市全年取得科技成果319项。其中，达到国际领先水平1项，达到国际先进水平36项。全年申请专利6373项，授权4433项，分别比上年增长6.3%和16.7%。

【国内贸易和对外经济】2014年，石家庄市全年社会消费品零售总额完成2423.5亿元，比上年增长

12.5%。分区域看，城镇完成2051.6亿元，比上年增长12.2%；乡村完成371.9亿元，增长14.7%。

在限额以上批发和零售企业（单位）商品零售额中，粮油食品饮料烟酒类比上年增长12.2%；服装鞋帽针纺织品类增长9.0%；日用品类增长13.3%；家用电器及音像器材类增长4.7%；中西药品类增长17.9%；石油及制品类增长5.9%；汽车类增长6.0%。

全年进出口总值完成143.0亿美元，比上年增长2.1%。其中，进口总值完成65.1亿美元，比上年下降5.6%；出口总值完成77.9亿美元，比上年增长9.5%。

在出口中，私营企业出口51.2亿美元，比上年增长15.3%。外商投资企业出口3.1亿美元，比上年增长0.5%。国有企业出口9.9亿美元，比上年下降9.8%。

【交通、邮电和旅游】2014年，石家庄市全年接待国际游客17.5万人次，比上年增长4.4%，旅游创汇收入6911万美元，比上年下降7.7%；接待国内游客5778.6万人次，比上年增长18.6%，旅游收入432.2亿元，比上年增长31.7%。全年旅游总收入436.4亿元，比上年增长31.1%。

【金融和保险】2014年年末，石家庄市全市金融机构（人民币）各项存款余额9124.6亿元，比年初增加516.8亿元。其中，储蓄存款余额4389.1亿元，比年初增加231.5亿元。金融机构（人民币）各项贷款余额5098.9亿元，比年初增加586.9亿元。

2

2014年唐山市经济发展概况

【经济总量】2014年，唐山市全年实现地区生产总值（GDP）6225.30亿元，比上年增长5.1%。其中，第一产业增加值558.70亿元，增长3.5%；第二产业增加值3595.75亿元，增长4.8%；第三产业增加值2070.85亿元，增长5.8%。按常住人口计算，全市人均生产总值80655元（按年平均汇率折合13130美元），比上年增长4.6%。第一产业增加值占生产总值的比重为9.0%，与上年持平；第二产业增加值比重为57.7%，比上年下降1.0个百分点；第三产业增加值比重为33.3%，比上年提高1.0个百分点。

【农业】2014年，唐山市全年粮食播种面积48.74万公顷，粮食总产量305.00万吨，其中，夏收粮食69.93万吨，秋收粮食235.07万吨。棉花播种面积2.34万公顷，棉花产量2.66万吨。油料播种面积7.81万公顷，油料产量29.92万吨。蔬菜播种面积18.94万公顷，蔬菜产量1432.54万吨，其中设施蔬菜产量512.13万吨。

【工业和建筑业】2014年，唐山市全年全部工业增加值3340.81亿元，比上年增长4.6%。规模以上工业增加值3051.98亿元，增长4.6%，其中，国有控股企业增长2.4%，股份制企业增长3.8%，外商及港澳台商投资企业增长7.2%；私营企业增长5.8%。

全年全社会建筑业增加值255.29亿元，比上年增长7.7%。具有资质等级的总承包和专业承包建筑企业344家。

【固定资产投资】2014年，唐山市全年全社会固定资产投资4213.17亿元，比上年增长16.0%。其中，固定资产投资（不含农户）4146.24亿元，增长16.0%；农户投资66.93亿元，增长15.9%。

在固定资产投资中，第一产业投资184.61亿元，比上年增长43.3%；第二产业投资1947.92亿元，增长17.1%，其中，工业投资1962.76亿元，增长18.0%；第三产业投资2013.72亿元，增长12.9%。工业技术改造投资1295.22亿元，增长14.2%，占工业投资的66.0%。高新技术产业投资407.55亿元，增长23.1%，其中高端技术装备制造业完成投资134.00亿元，增长21.2%。民间投资3116.67亿元，增长17.6%，其中私营企业投资增长34.7%。城市基础设施投资806.72亿元，增长18.4%。

【科学技术】2014年年末，唐山市全市拥有市级以上工程技术研究中心124家，比上年末增加24家，其中省级以上22家，增加4家。市级以上重点实验室31家，新建3家。全市拥有市级以上企业技术中心116家，其中省级以上85家；省级工程实验室11家；省级院士工作站14家，增加2家，进站院士29名。大型科研仪器设备共享平台入网仪器设备1029台套。

全市拥有各类科技产业化园区（基地）31个，新建2个。其中，国家级园区（基地）7个，省级园区（基地）19个。迁西板栗、曹妃甸绿港获批建设省级农业科技园区，高速动车组、钢铁材料国家高新技术产业化基地通过科技部复核。年末全市高新技术企业138家，新增18家；科技型中小企业1548家，新增898家；科技小巨人企业52家，新增14家。

全年申请专利3830件，比上年增长10.7%，授权专利2636件，增长9.9%。全年实施专利技术产业化项目108项，技术合同成交总额24.47亿元。全年组织开展重大科技项目34项，其中国家和省级项目10项。取得科学技术奖励164项，其中国家级奖励2项，省级42项。

【国内贸易和对外经济】2014年，唐山市全年社会消费品零售总额1957.11亿元，比上年增长12.2%。按经营地统计，城镇消费品零售额1594.29亿元，增长12.7%；乡村消费品零售额362.82亿元，增长10.2%。分行业统计，批发业零售额280.53亿元，增长14.3%；零售业零售额1462.40亿元，增长12.2%；住宿业零售额14.84亿元，增长7.0%；餐饮业零售额199.34亿元，增长10.1%。

全年进出口总额167.62亿美元，比上年增长32.3%。其中，出口额87.75亿美元，增长56.4%；进口额79.87亿美元，增长13.1%。

【交通、邮电和旅游】2014年年末，唐山市全市公路通车里程1.74万公里，比上年末增加368公里。其中，高速公路610公里。滨海公路（东段）、滦海公路竣工通车。农村公路通车里程1.55万公里，增加342公里，改造农村公路676公里。

全年公路货物运输量3.35亿吨，货物运输周转量990.24亿吨公里。公路旅客运输量0.34亿人次，旅客运输周转量19.11亿人公里。全市拥有客运班线854条，减少18条，班线客车1675辆，减少181辆，其中新增新型节能环保客车61辆。

全年邮电业务总收入68.79亿元，比上年下降2.2%。其中，邮政业务收入9.54亿元（含快递业务收入），增长4.1%；电信业务收入59.26亿元，下降6.2%。年末固定电话用户147.75万户，比上年末减少4.44

万户。移动电话用户734.38万户，其中，3G用户288.67万户。年末互联网宽带接入用户数137.77万户，增加0.66万户，互联网普及率59.2%，与上年持平。年末全市共有许可、备案的快递企业及其分支机构165家，比上年增加82家，完成快递业务量（收件量）3029.21万件，实现业务收入4.15亿元，增长105.4%。

年末全市拥有旅行社179家，比上年末增加4家。星级饭店56家，其中五星级饭店3家。国家A级以上景区38家，其中4A级以上14家，新增滦州古城、菩提岛为4A级景区。全年接待国内外游客3011.62万人次，比上年增长8.4%，旅游总收入256.67亿元，增长19.5%。其中，接待国际游客8.7万人次，增长2.7%，旅游外汇收入5732.69万美元，增长41.5%；接待国内游客3002.92万人次，增长8.4%，国内旅游收入253.12亿元，增长19.3%。

【金融和保险】2014年年末，唐山市全市拥有各类金融机构106家。其中，银行业金融机构32家，增加8家；证券机构14家，增加1家；期货机构9家，增加1家；保险机构50家，增加2家。全省首家法人保险公司--燕赵财险正式挂牌营业，曹妃甸农商行成立开业。年末小额贷款公司58家，减少2家。

年末金融机构人民币各项存款余额6766.85亿元，比年初增加643.23亿元。其中，城乡居民人民币储蓄存款余额3990.51亿元，增加337.72亿元，人均储蓄存款52984元（按年末人口计算），增长8.4%。金融机构人民币各项贷款余额4278.56亿元，比年初增加314.82亿元。其中，金融机构人民币消费贷款余额372.53亿元，增加50.45亿元，其中个人短期消费贷款余额38.32亿元，增加4.35亿元。

全年保险机构保费收入145.69亿元，比上年增长9.7%。其中，财产险保费收入60.12亿元，增长14.0%；人身险保费收入85.58亿元，增长6.9%。全年各类保险赔款给付支出65.21亿元，增长13.4%。其中，财险赔款给付32.33亿元，增长8.1%；人身险业务赔款给付32.9亿元，增长19.1%。

3

2014年秦皇岛市经济发展概况

【经济总量】2014年，秦皇岛市全年实现地区生产总值（GDP）1200.02亿元，比上年增长5.0%。其中，第一产业增加值174.66亿元，增长3.6%；第二产业增加值447.68亿元，增长4.8%；第三产业增加值577.68亿元，增长5.4%。第一产业增加值占全市生产总值的比重为14.6%，第二产业增加值比重为37.3%，第三产业增加值比重为48.1%。按常住人口计算，全市人均生产总值39282元，增长4.3%。

【农业】2014年，秦皇岛市全市实现农林牧渔业总产值315.38亿元，比上年增长3.8%。

全市粮食作物播种面积147518公顷，增加1270公顷，增长0.9%；粮食总产量85.28万吨，增加0.89万吨，增长1.1%。全市蔬菜播种面积48195公顷，增长1.8%；蔬菜总产量334.12万吨，增长5.1%。其中设施蔬菜12663公顷，增长6.2%；产量89.89万吨，增长7.3%。

【工业和建筑业】2014年，秦皇岛市全年完成规模以上工业增加值341.74亿元，比上年增长4.7%，增速较上年提高2.6个百分点。分轻重工业看，重工业实现增加值283.49亿元，增长5.2%；轻工业实现增加值58.25亿元，增长2.2%。分登记注册类型看，股份制等民营企业发展态势良好，股份制企业、外商及港澳台商投资企业的增速分别为7.0%和3.0%，而国有及国有控股企业增加值下降3.5%。

全市建筑业增加值78.69亿元，比上年增长6.2%。资质以内建筑企业完成建筑业总产值200.15亿元，比上年下降2.5%，其中建筑工程产值166.95亿元，下降3.8%；安装工程产值17.48亿元，增长3.5%。竣工产值115.73亿元，下降20.8%。建筑业企业房屋建筑施工面积1564.18万平方米，下降5.9%，其中新开工面积496.33万平方米，下降23.0%。年末具有资质等级的建筑业企业222家。

【固定资产投资】2014年，秦皇岛市全市累计完成全社会固定资产投资808.69亿元，比上年增长2.8%。其中：固定资产投资791.65亿元，增长2.8%。农户投资17.03亿元，增长6.1%。

在固定资产投资（不含农户）中，第一产业完成投资33.72亿元，比上年增长37.9%。第二产业完成投资233.84亿元，下降3.8%。第三产业完成投资524.09亿元，增长4.2%。其中：房地产开发投资268.80亿元，增长14.3%。全年完成工业投资250.05亿元，增长6.3%，其中工业技改投资180.12亿元，增长2.1%。在建项目总量减少。全年施工项目762个，比上年减少182个；新开工项目456个，减少124个。其中亿元以上新开工项目96个，增加20个。

【科学技术】2014年，秦皇岛市全年组织实施科技计划项目666项，其中87个项目获得国家、省3006万元资金支持；23个项目获得省级科技进步奖励，评选市级科技进步奖104项；成交技术合同581项，成交额5.34亿元。新认定高新技术企业17家，全市高新技术企业达到88家；18家企业成长为科技小巨人企业，经认定的科技型中小企业达到567家。专利申请、授权量双双突破千件，分别达到2298件和1310件，33家企业实现“零专利”的突破。新建市级以上工程技术研究中心（重点实验室）8家，截止年末全市建有省级产业技术研究院2家，市级以上工程技术研究中心（重点实验室）达到80家，居全省前列。

【国内贸易和对外经济】2014年，秦皇岛市全市社会消费品零售总额完成571.28亿元，比上年增长12.2%，增幅比去年下降1.2个百分点。从区域看，城镇市场完成零售额478.26亿元，增长12.2%；农村市场完成零售额93.02亿元，增长12.4%。

从行业看，批发零售业完成销售额1449.40亿元，比上年增长4.6%；住宿餐饮业完成营业额84.86亿元，增长13.2%。其中：限额以上企业（单位）实现社会消费品零售总额157.76亿元，增长8.1%。

全年完成进出口总额43.13亿美元，比上年下降1.5%。其中出口形势较好，全年完成出口28.54亿美元，增长18.0%；进口形势严峻，全年完成进口14.59亿美元，下降25.5%。从经济类型看，集体、私营企业出口形势看好，分别完成出口总额0.33亿美元、8.34亿美元，同比分别增长86.1%、23.9%。从出口商品看，高新技术机电产品、农产品出口贸易活跃，比上年分别增长19.7%和18.6%。机电产品出口超出全市出口总额一半以上，成为全市出口贸易的主力军。

【交通、邮电和旅游】2014年，秦皇岛市全年港口货物吞吐量达到27403万吨，比上年增长0.5%；集装箱吞吐量41.40万箱，增长6.8%。全市公路货运量4773万吨，比上年增长6.4%；公路客运量2068万人，增长5.4%；地方铁路货运量完成419万吨，下降12.8%。航空客运量为20.12万人次，下降3.2%；航空货运量为694.9吨，下降24.4%。年末实有公共汽车营运车965辆；全年公共汽车客运总量为13322万人次；年末实有出租车4474辆。

全市邮政企业和快递服务企业业务收入（不包括邮政储蓄银行直接营业收入）3.95亿元，比上年增长8.2%。其中，快递业务收入为1.44亿元，增长8.5%。全市业务总量累计完成3.50亿元，同比增长16.4%。全年发送函件753.18万件，比上年下降34.1%。快递业务量累计完成744.39万件，比上年增长15.6%。其中，同城业务量累计完成24.96万件，下降12.6%；异地业务量累计完成714.84万件，增长17.3%；发送报刊累计达5419.72万份，增长24.3%。电信业务收入26.64亿元，下降3.4%。年末固定电话拥有量64.59万部，比上年下降9.0%；移动电话拥有量325.63万部，下降5.1%；其中3G手机用户达到125.98万户，增长12.1%，占比达38.7%，比上年提高5.9个百分点。互联网宽带用户达60.97万户，增长5.7%。

全年接待国内外游客2851.97万人次，实现旅游总收入293.62亿元，分别增长9.9%和14.6%。其中接待海外游客29.86万人次，增长0.1%；实现旅游外汇收入15000万美元，下降17.1%。截至年底，我市“全国旅游标准化试点单位”4家，4A级以上景区16家（18处），3A级以上旅行社试点达到4家。

【金融和保险】截至2014年年末，秦皇岛市全市金融机构本外币存款余额达2278.27亿元，比年初增长7.3%。其中，单位存款799.56亿元，比年初增长3.1%；储蓄存款1437.00亿元，比年初增长10.6%。金融机构本外币贷款余额达1515.22亿元，比年初增长11.0%。其中，短期存款573.51亿元，比年初增长3.0%；中长期贷款903.09亿元，比年初增长15.0%。

截至2014年年末，全市拥有商业保险公司37家，比上年新增1家。全年实现保费收入49.98亿元，比上年增长11.5%。其中，财产险保费收入18.14亿元，增长15.4%；人身险保费收入31.84亿元，增长9.3%。各项赔款给付金额23.18亿元，增长14.0%。其中，财产险赔付9.84亿元，增长9.0%；人身险赔付13.34亿元，增长18.0%。

4

2014年邯郸市经济发展概况

【经济总量】2014年，邯郸市全年实现地区生产总值（GDP）3080.0亿元，比上年增长6.5%。其中：第一产业增加值403.1亿元，增长3.7%；第二产业增加值1543.5亿元，增长5.3%；第三产业增加值1133.4亿元，增长9.4%。三次产业结构由2013年的12.9∶51.3∶35.8变化为13.1∶50.1∶36.8，第三产业比重比2013年提高1个百分点。

【农业】2014年，邯郸市全市农林牧渔业总产值745.5亿元，比上年增长3.6%；实现增加值403.1亿元，增长3.7%。粮食生产基本稳定。全市粮食播种面积1153.7万亩，亩产472.3公斤，总产量544.9万吨。其中：

小麦产量263.0万吨，玉米产量264.5万吨。蔬菜、油料生产平稳增长。蔬菜播种面积208.1万亩，亩产4113.2公斤，增长0.8%；总产量855.8万吨，增长0.7%。油料播种面积63.5万亩，下降1.5%；亩产239.5公斤，增长4.7%；总产量15.2万吨，增长3.2%。畜牧业生产平稳。肉类总产量71.9万吨，增长2.3%；禽蛋总产量111.1万吨，增长5.8%；奶类总产量24.7万吨，增长4.9%。

【工业和建筑业】2014年，邯郸市全市规模以上工业增加值完成1205.1亿元，比上年增长5.1%。其中：轻工业实现增加值258.4亿元，增长6.0%，增速高于重工业1.2个百分点，高于全市平均水平0.9个百分点。装备制造业增加值135.7亿元，增长12.1%，总量占全市比重11.3%，比2013年提高1.3个百分点；高新技术产业增加值102.6亿元，增长21.9%，高于全市平均水平16.8个百分点，总量占全市比重8.5%，提高2.4个百分点；六大高耗能行业完成增加值823.8亿元，占全市比重为68.4%，下降2个百分点。全市规模以上工业实现利润168.47亿元，增长17.2%。

全市建筑业实现总产值467.9亿元，比上年增长8.0%；实现增加值168.28亿元，增长8.0%。资质等级以上建筑业企业房屋施工面积3995.2万平方米，增长2.6%；房屋竣工面积1348.3万平方米，增长8.24%。

【固定资产投资】2014年，邯郸市全社会固定资产投资完成3174.1亿元，比上年增长15.1%。固定资产投资3090.7亿元，增长16.1%。在固定资产投资中，第一产业投资186.3亿元，增长41.4%；第二产业投资1807.6亿元，增长28.8%，其中：工业投资完成1816.6亿元，增长30.0%，工业技改投资1019.9亿元，占全市工业投资比重为56.1%；第三产业投资1096.9亿元，下降2.6%。全市装备制造业、高新技术产业和现代物流业三大新兴产业完成投资1332.7亿元，增长28.1%，总量是钢铁、煤炭、电力三大传统产业投资额的4.7倍，占全市投资比重达43.1%，比上年提高6.5个百分点。亿元以上新开工项目420个，完成投资1007.5亿元，增长20.8%，总量占全市固定资产投资比重为32.6%。

【科学技术】2014年，邯郸市全市共取得各类科技成果180项，其中：达到国际先进水平以上成果9项；国内领先水平156项，国内先进水平15项。获得2014年度国家科学技术奖二等奖1项；省科学技术奖19项，其中二等奖3项、三等奖16项；市科学技术奖82项，其中突出贡献奖2项、一等奖16项、二等奖24项、三等奖40项。新通过国家认定高新技术企业26家。专利申请受理量2641项，专利申请授权量1498项。

【国内贸易和对外经济】2014年，邯郸市全市实现社会消费品零售总额1228.9亿元，比上年增长12.3%。其中：城镇市场实现零售额939.2亿元，增长12.1%，总量占全市社会消费品零售总额的76.4%；乡村市场实现零售额289.7亿元，增长13.0%，增速快于城镇市场0.9个百分点。从限额以上批发和零售业商品零售额的增速看，增长较快的有五金电料类增长12.8%，比2013年加快9.8个百分点；文化办公用品类增长19.0%，加快5.9个百分点；建筑及装潢材料类增长40.8%，加快14.0个百分点。

【交通、邮电和旅游】2014年，邯郸市全市完成货物运输总量37209万吨，比上年增长6.8%。其中：铁路1974万吨，下降17.4%；公路35235万吨，增长6.1%。全市完成旅客运输总量8890.3万人。其中：铁路869.7万人，增长2.8%；公路7993.6万人，下降0.5%；民用航空27万人，增长17.4%。

全年完成邮电业务总收入49.6亿元，比上年下降8.9%。其中：邮政业务收入4.1亿元，增长5.4%；电信业务收入45.5亿元，下降10.1%。完成邮电业务总量（2010年不变价）74.8亿元，增长13.4%。其中：邮政业务总量3.6亿元，与上年持平；电信业务总量71.2亿元，增长14.6%。固定电话用户年末为75.4万户，比上年减少10.7万户；移动电话用户年末767.1万户；互联网用户为115.3万户。

全年接待海外游客4.1万人次。旅游收入1604万美元，比上年增长2.4%。国内旅游发展良好，全年接待国内旅游者3269万人次，增长18.4%；旅游收入235亿元人民币，增长33.8%。全市共有星级饭店18家，旅行社75家。

【金融和保险】2014年年末，邯郸市全市金融机构各项存款余额3747.6亿元，比年初增加316.1亿元。金融机构各项贷款余额2364.8亿元，比年初增加269.8亿元。

全年保费收入82.1亿元。其中：财产险保费收入27.5亿元；人身险保费收入54.6亿元。全年各类保险赔款给付支出30.2亿元。其中：财产险13.9亿元；人身险16.3亿元。

5

2014年邢台市经济发展概况

【经济总量】2014年，邢台市全年实现地区生产总值（GDP）1668.1亿元，按可比价格计算，比上年增长6.0%。其中，第一产业增加值完成273.4亿元，增长5.7%；第二产业增加值完成836.5亿元，增长5.0%；第三产业增加值完成558.2亿元，增长8.1%。全市人均生产总值23051元，比上年增加774元，增长6.0%。三次产业结构比重由上年的15.9∶52.4∶31.7调整为16.4∶50.1∶33.5。三次产业对经济增长的贡献率依次为12.3%、47.5%和40.2%，分别拉动经济增长0.7、2.9和2.4个百分点。

【农业】2014年，邢台市农林牧渔业总产值496.4亿元，比上年增长5.7%，其中，农业产值302.7亿元，增长5.9%；林业产值7.4亿元，下降4.6%；牧业产值151.1亿元，增长6.1%；渔业产值1.4亿元，增长15.5%；农林牧渔服务业产值33.8亿元，增长5.0%。畜牧、蔬菜、果品三大支柱产业产值占农林牧渔业总产值的比重达54.1%，比上年提高1.6个百分点。农业产业化步伐加快。农业产业化经营率达到65.9%，比上年提高2.8个百分点。

【工业和建筑业】2014年，邢台市全部工业增加值764.5亿元，比上年增长4.7%。其中，规模以上工业增加值610.2亿元，增长4.6%。分经济类型看，国有及国有控股企业增长3.3%；集体企业增长8.1%；股份合作企业增长1.2%；股份制企业增长6.4%；外商及港澳台商投资企业下降5.1%；大中型企业下降2.5%。分轻重工业看，轻工业增长13.0%，重工业增长1.4%。钢铁深加工、煤化工、装备制造、食品医药、纺织服装、新型建材和新能源七大优势产业合计完成增加值410.1亿元，比上年增长7.2%；占全市规模以上工业增加值的67.2%，比上年增加7.2个百分点。工业产品销售率为98.0%。出口交货值增长11.3%。

全社会建筑业总产值和增加值分别为165.2亿元和77.5亿元，分别比上年增长10.5%和8.8%。资质等级以上建筑业企业房屋建筑施工面积1227.0万平方米，比上年增长2.7%；房屋竣工面积462.4万平方米，比上年下降15.5%。

【固定资产投资】2014年，邢台市全社会固定资产投资完成1708.7亿元，比上年增长15.0%。其中，固定资产投资（不含农户）完成1647.1亿元，增长16.2%。

在固定资产投资中，第一产业投资55.5亿元，增长82.1%；第二产业投资1120.9亿元，增长15.3%；第三产业投资470.7亿元，增长13.4%。全市亿元以上施工项目610个，比上年增加59个，完成投资1025.9亿元，增长20.5%。工业技术改造项目855个，比上年增加31个，占工业施工项目（1229个）的69.6%，完成投资684.6亿元，增长9.4%。城市基础设施投资136.8亿元，下降4.2%。

【科学技术】2014年，邢台市全年共取得科技成果218项，比上年增加15项。专利申请受理量1975项，专利申请授权量1283项，其中，发明67项，比上年增长11项。

【国内贸易和对外经济】2014年，邢台市全年社会消费品零售总额实现787.8亿元，比上年增长12.4%。城镇零售额614.9亿元，增长12.4%；乡村零售额172.9亿元，增长12.4%。城镇零售额占全市社会消费品零售总额的比重达78.1%。限额以上企业（单位）消费品零售额173.0亿元，增长22.0%。分类值看，中西药品类、书报杂志、化妆品类和汽车类增长较快，分别增长253.8%、44.7%、34.4%和26.3%。

全年进出口总值20.76亿美元，比上年增长13.2%。其中，进口总值5.16亿美元，下降17.5%；出口总值15.60亿美元，增长29.0%，增速比加快16.0个百分点。民营企业出口10.38亿美元，增长24.8%，民营企业出口占出口总值的66.6%。贸易顺差10.44亿美元，比上年增加4.56亿美元。

【交通、邮电和旅游】2014年，邢台市全年公路货物周转量575.59亿吨公里，比上年增长6.4%；旅客周转量23.46亿人公里，比上年下降6.3%。全市公路通车里程17753公里，增长2.5%，其中，高速公路567公里，比上年增加69公里。年末民用汽车保有量132.4万辆（包括三轮汽车和低速货车），其中，私人汽车保有量117.3万辆。民用轿车保有量65.7万辆，其中，私人轿车60.4万辆，私人轿车保有量占民用轿车保有量的91.9%。

全年完成邮电业务总量（2010年不变价）56.9亿元，比上年增长24.7%。其中，邮政业务量6.6亿元，增长58.2%；电信业务量50.4亿元，增长21.4%。年末局用电话交换机总容量达到732.8万门，比上年末增加17.4万门；全市固定及移动电话用户总数达571.6万户，比上年末增加27.7万户，增长5.1%。固定电话用户达到86.0万户，减少6.4万户。其中，城市电话用户52.8万户，增加0.3万户；乡村电话用户32.7万户，减少5.1万户。移动电话用户达到485.6万户，增加34.1万户。

全年国内旅游接待人数1402.2万人次，比上年增长17.4%；创收金额106.4亿元，增长29.5%；人均花费758.7元/人次，比上年增加70.7元/人次；国际旅游接待人数18742人次，增长0.5%；创汇金额619.8万美元，增长8.7%。

【金融和保险】2014年，邢台市全市金融机构人民币各项存款余额2669.3亿元，比年初增加272.1亿元，比年初增长11.3%。其中，储蓄存款余额1848.7亿元，比年初增加192.8亿元，增长11.6%。金融机构人民币各项贷款余额1548.1亿元，比年初增加170.5亿元，增长12.4%。全市金融机构存贷比为58.0%，比上年提高0.5个百分点。

保费收入45.4亿元，比上年增长13.9%。其中，财产险保费收入18.9亿元，增长13.3%；寿险保费收入26.5亿元（其中健康和意外伤害险保费收入1.8亿元），增长14.4%。各项赔款和给付支出23.5亿元，增长42.5%，其中，财产险赔款8.9亿元，增长11.3%；受今年满期给付集中到期的影响，寿险赔付达14.6亿元（其中健康和意外伤害险赔付0.9亿元），增长72.2%。

6

2014年保定市经济发展概况

【经济总量】2014年，保定市全年实现地区生产总值（GDP）2757.8亿元，比上年增长7.0%。其中，第一产业增加值348.6亿元，增长4.0%；第二产业增加值1492.7亿元，增长6.8%；第三产业增加值916.5亿元，增长8.4%。三次产业结构为12.7：54.1：33.2。人均生产总值26873元，比上年增长6.4%。

全市民营经济增加值实现1883.5亿元，比上年增长8.0%，占全市生产总值的比重为68.3%，比上年提高0.2个百分点；实缴税金266.0亿元，增长2.4%，占全部财政收入的比重为81.6%，提高1.6个百分点；从业人员275.3万人，增长8.2%，占全社会第二、三产业从业人员的比重为86.7%。

【农业】2014年，保定市全市粮食播种面积1227.0万亩，粮食总产量503.8万吨。其中，夏粮总产量223.8万吨；秋粮总产量280万吨。

全市蔬菜播种面积187.3万亩，比上年增长0.5%，总产量727.8万吨，比上年增长3.4%。其中，设施蔬菜播种面积33.5万亩，总产量125.8万吨，占全部蔬菜产量的17.3%。

【工业和建筑业】2014年，保定市全市全部工业增加值1254.5亿元，比上年增长6.3%。其中，规模以上工业增加值1007.2亿元，增长6.7%。规模以上工业中，国有及国有控股企业增加值154.0亿元，增长2.3%；股份制企业增加值910.7亿元，增长7.9%。分轻重工业看，重工业增加值615.3亿元，增长3.9%；轻工业增加值391.9亿元，增长11.4%。

全市建筑业增加值240.1亿元，比上年增长9.2%。全市具有资质等级的总承包和专业承包建筑业企业260个，完成总产值1129.3亿元，增长11.7%；实现利润30.6亿元，增长1.4%；房屋建筑施工面积7361.7万平方米，增长4.5%；房屋建筑竣工面积2980.9万平方米，增长6.1%。

【固定资产投资】2014年，保定市全市全社会固定资产投资2251.3亿元，比上年增长12.6%。固定资产投资（不含农户）2172.0亿元，增长15.6%，其中，建设项目投资1776.4亿元，增长10.1%。

在固定资产投资（不含农户）中，第一产业投资94.3亿元，增长71.0%；第二产业投资916.4亿元，增长3.6%；第三产业投资1161.3亿元，增长20.2%。高新技术产业投资357.6亿元，增长9.9%。民间投资1504.9亿元，增长10.5%。

【科学技术】2014年，保定市全市院士工作站16家，院士41人。全市研究所9所，其中，国家级1所，省级4所。重点实验室27家，其中，国家级2家，省级16家。企业工程技术中心115家，其中，国家级1家，省级26家。全市取得省级科技成果210项；新产品开发项目21项；申请专利4723项，授权专利3385项；年末技术合同成交额5.3亿元；有160个项目获科学技术奖励，其中，国家级2项，省级18项，包括省级科技进步奖14项，省级自然科学奖2项，省级技术发明奖2项。

【国内贸易和对外经济】2014年，保定市全市社会消费品零售总额1371.6亿元，比上年增长12.4%，其中，限额以上单位消费品零售额373.2亿元，增长7.8%。分地域看，城镇市场零售额1073.6亿元，增长12.7%；乡村市场零售额298.0亿元，增长11.3%。分行业看，批发业零售额184.0亿元，增长17.9%；零售业零售额1063.5亿元，增长12.0%；住宿业零售额11.5亿元，下降16.7%；餐饮业零售额112.6亿元，下降7.0%。分类别看，限额以上批发零售单位中，粮油食品饮料和烟酒类、服装鞋帽和针织品类、家用电器和音像制品、石油及制品、汽车五大类商品零售额302.6亿元，占全市限额以上单位批发零售业零售额的比重81.1%。

全市进出口总值完成52.9亿美元，比上年增长2.2%。其中，进口总值13.6亿美元，增长19.7%；出口总值39.4亿美元，下降2.7%。主要出口产品中，贱金属及其制品出口2.2亿美元，增长12.2%；机器、机械器具、电气设备等设备出口12.3亿美元，增长10.1%；皮毛及其制品出口2.3亿美元，增长8.1%；纺织原料及纺织制品出口9.6亿美元，下降7.9%；车辆、船舶及有关运输设备出口6.0亿美元，下降19.2%。

【交通、邮电和旅游】2014年，保定市全市交通运输、仓储和邮政业增加值108.5亿元，比上年增长8.2%。

全市货物运输总量2.0亿吨，比上年增长10.2%；货物运输周转量955.2亿吨公里，增长7.3%。旅客运输总量0.9亿人，下降7.0%；旅客运输周转量36.2亿人公里，下降6.7%。全市公路通车里程（包括乡村）2.0万公里，其中，高速公路900公里；农村公路1.7万公里。全市营运车辆17.7万辆，增长2.5%，其中，货运17.2万辆；客运4378辆。全市出租汽车6583辆。全市机动车保有量197.8万辆，其中，小型汽车121.5万辆，大型汽车6.8万辆。

全市邮电业务收入66.0亿元，其中，邮政业务收入6.8亿元；电信业务收入59.2亿元。年末拥有固定电话用户136.3万户。年末拥有移动电话用户951.7万户，其中3G移动电话用户248.1万户。互联网接入用户数达148.8万户。

全市A级名胜风景区37个，其中，4A级以上景区13个。星级饭店50家。国内游客5786.6万人次，比上年增长21.9%，创收409.4亿元，增长29.2%；国际游客14.2万人次，增长4.0%，外汇收入0.3亿美元，增长7.3%。4A级以上景区接待游客773.4万人次，总收入2.8亿元。

【金融和保险】2014年年末，保定市全市金融机构本外币各项存款余额5008.6亿元，比年初增长13.6%。其中，城乡居民储蓄存款余额3388.9亿元，增长11.3%。金融机构本外币各项贷款余额2250.9亿元，比年初增长19.3%。其中，中长期贷款余额1298.0亿元，增长17.8%；短期贷款余额810.4亿元，增长14.9%。

年末全市保险公司46家，其中，财产保险公司21家，人寿保险公司25家。在岗保险营销员3.5万人。保险业保费收入112.6亿元，其中，财产保费收入41.4亿元，寿险保费收入（包括储金）71.2亿元。支付各类赔款及给付50.6亿元，其中，财产保险赔款18.3亿元，寿险保费给付（包括储金）32.3亿元。

7

2014年张家口市经济发展概况

【经济总量】2014年，张家口市全年实现地区生产总值（GDP）1358.51亿元，同比增长5.2%。其中第一产业实现增加值239.83亿元，同比增长4.7%；第二产业实现增加值568.39亿元，同比增长5.9%；第三产业实现增加值550.29亿元，同比增长4.6%。人均生产总值达30756元，同比增长2.8%。三次产业增加值占全市地区生产总值的比重分别为17.7%、41.8%和40.5%。

【农业】2014年，张家口市全市实现农林牧渔业总产值437.80亿元，同比增长4.7%。其中，农业产值218.98亿元，增长3.4%；林业产值12.58亿元，增长13.8%；畜牧业产值193.95亿元，增长5.7%；渔业产值1.55亿元，增长4.3%；农业服务业产值10.74亿元，增长3.4%。占农林牧渔业的比重分别为：农业50.02%，比上年降低2.78个百分点；林业2.87%，比上年提高0.27个百分点点；畜牧业44.3%，比上年提高2.4个百分点；渔业0.35%，比上年提高0.05个百分点；农业服务业2.45%，比上年提高0.05个百分点。

【工业和建筑业】2014年，张家口市全市526家规模以上工业企业，全年实现工业增加值428.10亿元，同比增长4.9%，其中，国有及国有控股企业增长3.4%，集体企业下降7.9%，私人控股企业增长7.3%，港澳台商控股企业增长2.9%；轻工业增长6.9%，重工业增长4.1%。分产业看，矿产品及精深加工产业累计完成工业增加值167.01亿元，同比增长3.9%；食品加工产业106.32亿元，增长3.3%；装备制造产业49.92亿元，增长9.5%；新型能源产业75.45亿元，增长0.7%。分企业类型看，大型企业累计完成工业增加值177.55亿元，同比增长4.1%；中型企业86.94亿元，增长4.6%；小型企业155.99亿元，增长5.9%；微型企业7.61亿元，增长7.2%。

全市规模以上工业累计实现主营业务收入1067.43亿元，同比下降7.4%；累计实现利税135.23亿元，同比下降8.8%，其中实现利润52.50亿元，同比下降19.2%。

2014年，拥有资质等级以上建筑业企业141家，从业人员达4.97万人。全年资质等级以上建筑企业实现总产值231.98亿元，比上年下降3.3%。资质等级以上建筑业全年房屋建筑施工面积1920.24万平方米，比上年增长2.5%；房屋建筑竣工面积830.97万平方米，比上年下降16.3%。

【固定资产投资】2014年，张家口市全市全社会固定资产投资完成1422.61亿元，同比增长10.0%。固定资产投资累计完成1402.01亿元，同比增长10.2%。其中城乡建设项目完成投资1225.57亿元，同比增长

14.3%；房地产投资176.43亿元，同比下降11.5%；农村农户完成投资20.61亿元，同比下降2.1%。分产业看，第一产业投资142.93亿元，增长24.5%；第二产业投资565.34亿元，增长33.4%；第三产业投资693.73亿元，下降5.4%。

全市实际利用外资32518万美元，同比增长17.5%，其中外商直接投资31798万美元，同比增长15.9%。2014年，新批外商投资项目12个，比上年增长300%。合同外资额达到45906万美元，同比增长352.6%。当年新注册外商投资企业11个，注册资本34744万美元，同比增长242.6%，投资总额达67075万美元，同比增长27.4%。

【科学技术】2014年，张家口市全市13项科技成果获河北省科技进步奖，8个项目获省级山区创业奖。其中，赵治海杂交谷子科研团队获河北省科学技术突出贡献奖；“特厚煤层大采高综放开采关键技术及装备”项目获国家科技进步一等奖。全市现有省级工程技术研究中心5家，院士工作站3家；市级工程技术中心9家。年内新增2家省级国际科技合作基地，省级国际科技合作基地达到3家，国家级科技合作基地1家。积极开展省市两级专利申请资助，累计发放资助金120万元，全市专利申请量、授权量分别达到1058件、525件，同比增长55%、25%。

【国内贸易和对外经济】2014年，张家口市全市实现社会消费品零售总额556.47亿元，同比增长12.5%。其中，全市335家限额以上企业（单位）实现消费品零售额129.97亿元，同比增长8.6%。分地区看，城镇零售额实现421.26亿元，同比增长11.2%；乡村零售额实现135.2亿元，同比增长16.9%。分行业看，批发业实现零售额109.41亿元，同比增长25.5%；零售业实现零售额348.09亿元，同比增长6.2%；住宿业实现零售额9.73亿元，同比增长13.9%；餐饮业实现零售额87.74亿元，同比增长26.5%。

全市实际利用外资32518万美元，同比增长17.5%，其中外商直接投资31798万美元，同比增长15.9%。2014年，新批外商投资项目12个，比上年增长300%。合同外资额达到45906万美元，同比增长352.6%。当年新注册外商投资企业11个，注册资本34744万美元，同比增长242.6%，投资总额达67075万美元，同比增长27.4%。

【交通、邮电和旅游】2014年，张家口市全年公路货运量4602.31万吨，增长8.9%；货物周转量212.66亿吨公里，增长6.5%。公路客运量3049.75万人，增长11.8%；客运周转量23.94亿人公里，增长1.95%。

全市邮电业务总量达35.37亿元，同比增长11.1%。其中，邮政业务总量3.23亿元，同比增长15.4%；电信业务总量32.14亿元，增长4.9%。全年邮递函件924.38万件，同比下降10.9%；发送特快专递796.93万件，同比增长32.1%。报纸发行量0.62亿份，同比增长0.5%；杂志发行量291.78万份，同比下降0.8%。

2014年全市拥有旅游景点37个，其中4A级景点12个。星级宾馆50家，其中四星级宾馆17家；旅行社73家。2014年，共接待国内外游客3318万人次，旅游收入237.6亿元，同比分别增长20.33%和28.46%。其中，接待国际游客9.93万人次，创汇2724.86万美元，同比分别增长11.2%和20.7%。

【金融和保险】2014年，张家口市全市全部金融机构各项存款余额2113.79亿元，比年初增长10.5%。其中，单位存款668.43亿元，比年初增长10.9%，个人存款1417.5亿元，比年初增长10.4%；各项贷款余额

1493.2亿元，比年初增长11.6%。其中，短期贷款479.65亿元，比年初增长1.6%，中长期贷款975.88亿元，比年初增长15.8%。

2014年全市共有各类保险公司32家，比上年增加4家，其中，财险公司18家，寿险公司14家。全市保费收入达到38.01亿元，比上年增长1.6%。其中：财产险保费收入14.89亿元，比上年增长11.7%；寿险保费收入23.12亿元，下降4.0%。赔款及给付19.42亿元，比上年增长49.7%。其中：财产险给付赔款6.96亿元，比上年下降3.7%；寿险给付赔款12.46亿元，比上年增长116.9%，正常退保10.38亿元。

8

2014年承德市经济发展概况

【**经济总量**】2014年，承德市全年实现地区生产总值（GDP）1342.55亿元，比上年增长7.8%。其中第一产业增加值225.7亿元，增长4.6%；第二产业增加值672.4亿元，增长7.6%；第三产业增加值444.4亿元，增长9.6%。三次产业比重由上年的16.8：51.1：32.1调整为16.8：50.1：33.1。

【**农业**】2014年，承德市全市粮食总产量124.01万吨，比上年减少23.41万吨，下降15.9%。全年粮食播种面积443.23万亩，增长0.3%，粮食平均亩产280公斤，比上年减少54公斤，下降16.2%。其中，玉米产量83.69万吨，下降16%，稻谷产量12.66万吨，下降9.9%。中药材、蔬菜瓜果快速增长，蔬菜播种面积111.59万亩，增长5.6%，总产量411.2万吨，增长11.4%。中药材产量5.74万吨，比上年增加2.42万吨，增长73.2%。食用菌产量54万吨，比上年增加6.5万吨，增长13.8%。园林水果产量达到112.4万吨，增长9.8%。食用坚果总产量15.5万吨，下降8.2%。

【**工业和建筑业**】2014年，承德市全市实现全部工业增加值589.8亿元，比上年增长7.5%。其中，522家规模以上工业企业实现增加值531.05亿元，增长7.8%。从登记注册类型看，国有及国有控股企业实现增加值136.1亿元，增长2.3%；股份制企业实现增加值520.1亿元，增长8%。从门类看，采矿业实现增加值299.8亿元，增长9%，制造业实现增加值194.5亿元，增长6.6%，电力、热力、煤气及水生产和供应业实现增加值36.7亿元，增长2.9%。从企业规模看，大中型企业实现增加值395.4亿元，增长8.6%。从轻重工业看，轻工业实现增加值44.7亿元，增长5.0%，重工业实现增加值486.3亿元，增长8.0%。

全市实现全社会建筑业增加值82.9亿元，比上年增长8.7%。有施工活动的建筑业企业191个，比上年增加6个。建筑企业房屋建筑施工面积1014.36万平方米，比上年增长19.4%，房屋建筑竣工面积424.5万平方米，增长17.4%。

【**固定资产投资**】2014年，承德市全市全社会固定资产投资完成1427.1亿元，比上年增长16.3%，其中，固定资产投资（不含农户）完成1402.7亿元，增长17%，比全国（15.7%）和全省（15.5%）增速分别高1.3个和1.5个百分点；农村个人投资24.4亿元，下降1.5%。固定资产投资中，城乡建设项目完成投资1263.6

亿元，增长19.1%，房地产开发投资139.1亿元，下降1.3%，房屋施工面积1603.4万平方米，增长0.5%；房屋竣工面积247.5万平方米，增长37.2%。商品房屋销售面积320.3万平方米，增长11%。

在全社会固定资产中，第一产业完成投资89.4亿元，增长21.9%；第二产业完成投资612.9亿元，增长23.7%，其中，工业完成投资600.7亿元，增长24.9%，黑色金属矿采选业投资132.9亿元，下降3.4%，黑色金属冶炼及压延业投资11.4亿元，增长46.3%；第三产业完成投资724.9亿元，增长10.1%。

【科学技术】2014年，承德市全市争取国家、省科技项目46项，争取资金2485万元。其中围绕工业转型升级，组织实施了重大创新和支撑项目17项，争取资金支持710万元；围绕农业产业化和综合效益提升组织实施了国家、省农业科技项目11项，争取资金支持600万元。其中国家火炬计划项目1项，国家星火项目1项，省级以上重大成果转化项目2项。

全市新增科技型中小企业160家，有效期内高新技术企业达到23家，科技型中小企业达到350家，科技“小巨人”企业达到53家，创新型企业达到3家，“新三板”上市培育企业17家，全市新建省级工程技术研究中心2家，新增院士工作站2家，目前，共有5家院士工作站落户承德。年内全市专利申请474件，比上年增加59件，专利授权300件，比上年增加1件。

【国内贸易和对外经济】2014年，承德市全市实现社会消费品零售总额441.9亿元，比上年增长12.6%，比上年回落0.9个百分点，比全国（12.0%）增速高0.6个百分点，比全省（12.4%）增速高0.2个百分点。从经营地看，城镇实现消费品零售额306.5亿元，增长12.5%；乡村实现消费品零售额135.4亿元，增长12.6%。

全市实际利用外资14940万美元，比上年增长2.6倍。其中，直接利用外资14375万美元，增长3.1倍。在外商直接投资中，新能源领域投资最大，电力、热力生产及供应业（全部为风力发电）投资13200万美元，居民服务、修理及其他服务业600万美元，建筑业339万美元。年末实有三资企业91家，比上年末减少3家。全年新批三资企业4家，比上年少3家；新批合同总金额33741万美元，比上年下降50%，其中新批合同外资额11889万美元，下降46%。全市进出口总额64539万美元，比上年增长1.5倍。其中出口52165万美元，增长1.3倍。

【交通、邮电和旅游】2014年，承德市全市公路货运量7241.58万吨，比上年增长5.1%，公路货运周转量187.02亿吨公里，增长6.9%；公路客运量2449.28万人，公路客运周转量23.44亿人公里，增长9.3%。全市新增干线公路通车里程622公里，完成农村公路建设1144公里；开通市区至营子区高速公交和6条城乡公交线路；滦平、营子、丰宁分别开通至北京望京西城际公交车。京沈客运专线开工，张承高速和民用机场建设顺利推进。

全年完成邮政业务总量2.4亿元，可比口径比上年增长6.5%，其中快递业务量405.3万件，增长19.1%；邮政业务总收入2.9亿元，增长10.1%，其中快递业务收入0.78亿元，增长29.6%。电信业务总收入（移动、联通、电信公司）22.4亿元，比上年下降1.8%。本地固定电话用户34.83万户，比上年下降8.4%。互联网宽带接入用户43.6万户，比上年增长10.6%。

全市接待境内外游客2931.6万人次，比上年增长19%。其中接待境内游客2900.9万人次，增长19.4%。境外游客30.7万人次，下降7.8%。实现旅游总收入265亿元，比上年增长30%。其中境内游客实现收入236.3

亿元，增长19.3%。接待境外游客创汇0.99亿美元，下降4.8%。

【金融和保险】2014年年末，承德市全市全部金融机构人民币各项存款达1755.5亿元，比年初增长9.6%。其中个人存款为1146.7亿元，增长10.3%，而城乡居民储蓄存款达1139.8亿元，增长10.4%；单位存款达576.3亿元，增长8.6%。年末各项贷款余额达1297.0亿元，比年初增长17.0%。其中短期贷款613.0亿元，增长16.3%，在短期贷款中，个人贷款及透支177.2亿元，增长16.1%，单位普通贷款及透支413.3亿元，增长21.3%；中长期贷款654.0亿元，增长14.5%，其中个人贷款233.3亿元，增长18.4%，单位普通贷款408.4亿元，增长14.6%。

2014年年末，全市保险经营主体市级（三级机构）31家，市区营业部10家，县区级（四级机构）102个，乡镇级（五级机构）155个，保险代理公司19家。全年全市保险经营主体实现业务总收入41.45亿元，比上年增长5.3%。其中，财产保险业务总收入为13.8亿元，增长9%；人身保险业务总收入为27.7亿元，增长3.6%。全年支付保险赔款和给付15.2亿元，比上年增长12.4%，其中财产险赔付7.3亿元，赔付率53.1%，提高4.5个百分点。寿险赔款及满期、年金给付等7.9亿元，增长6.6%。

9

2014年沧州市经济发展概况

【经济总量】2014年，沧州市全年实现地区生产总值（GDP）3133.38亿元，比上年增长8.0%。其中，第一产业增加值完成317.74亿元，增长3.5%；第二产业增加值完成1626.52亿元，增长8.8%；第三产业增加值完成1189.12亿元，增长7.8%。三次产业结构为10.1：51.9：38.0。

【农业】2014年，沧州市农林牧渔业总产值完成646.4亿元，比上年增长4.2%。其中农业完成产值328.3亿元，增长3.3%；林业完成产值5.8亿元，增长22%；牧业完成产值197.1亿元，增长3.7%；渔业完成产值26.9亿元，增长3.3%；农林牧渔服务业完成产值88.1亿元，增长8.5%。

全年粮食播种面积1336.19万亩，增加0.56%，总产量449.11万吨，下降5.92%，单产336.11公斤/亩，下降6.45%；棉花播种面积147.99万亩，下降8.77%，总产量10.96万吨，下降6.28%；油料播种面积48.65万亩，下降2.13%，总产量10.27万吨，同比增长1.52%；蔬菜总产量559万吨，增长3.0%；肉类产量49.87万吨，增长5.07%；禽蛋产量34.02万吨，增长0.44%；水产品产量12.5万吨，增长5.0%；牛奶产量9.36万吨，下降8.26%。

【工业和建筑业】2014年，沧州市全市全部工业完成增加值1469.7亿元，比上年增长8.9%。规模以上工业企业实现增加值1302.8亿元，比上年增长9.2%。轻工业完成增加值197.18亿元，增长9.2%；重工业完成增加值1105.66亿元，增长9.2%。外商及港澳台投资企业完成增加值99.74亿元，增长0.4%；股份制企业完成增加值990.62亿元，增长10.7%。

全市建筑业完成增加值160.4亿元，比上年增长8.3%。资质等级以上建筑业企业232家，完成建筑业总产值419.9亿元，增长14.2%，房屋施工面积2063.6万平方米，增长2.4%，房屋竣工面积929.2万平方米，增长1.8%。

【固定资产投资】2014年，沧州市固定资产投资完成2728.9亿元，比上年增长19.1%。其中，建设项目投资完成2527.0亿元，增长19.9%；房地产开发投资完成201.9亿元，增长9.4%。

在固定资产投资中，第一产业投资完成94.7亿元，同比增长68.18%；第二产业投资完成1889.69亿元，增长12.81%。其中，技改投资完成1183.74亿元，增长11.9%；第三产业投资完成744.54亿元，同比增长32.78%。全市房产开发投资完成201.91亿元，增长9.43%。

【科学技术】2014年，沧州市全市全年取得省级以上科技成果121项，其中108项达到国内领先水平，79项获市科技进步奖，5项科研成果获省科技进步奖；申报各项专利2307项，授权1545项；新增2家省级院士工作站，总数达到10家；新增省级工程技术研究中心4家，总数达到9家。

【国内贸易和对外经济】2014年，沧州市全市实现社会消费品零售总额996.99亿元，比上年增长12.5%。城镇实现零售额724.06亿元，增长12.6%；乡村实现零售额272.92亿元，增长12.2%，城镇快于乡村0.4个百分点。全市限额以上批发零售企业粮油、食品、饮料、烟酒类商品零售额增长19.1%，其中，粮油食品类增长25.1%；服装、鞋帽、针纺织品类商品零售额增长15.6%；日用品类增长15.7%。金银珠宝类实现零售额11.4亿元，增长8.3%；中草药及中成药品类实现零售额3.1亿元，增长34%；书报杂志类实现零售额4.3亿元，增长34.9%；化妆品类实现零售额3.2亿元，增长10.7%。

全市直接利用外资34156万美元，比上年下降16.1%。新批“三资”企业合同总金额102381万美元，增长89.3%，新批“三资”企业合同外资额42180万美元，下降49.6%。

外贸进出口总值31.04亿美元，比上年增长20.78%。其中，出口总值23.42亿美元，增长12.67%；进口总值7.62亿美元，增长55.09%。

【金融和保险】2014年年末，沧州市全市金融机构存款余额3438.90亿元，比年初增加333.42亿元。金融机构贷款余额1843.08亿元，比年初增加277.16亿元。存贷比53.6%，比上年提高3.2个百分点。

10

2014年廊坊市经济发展概况

【经济总量】2014年，廊坊市全年实现地区生产总值（GDP）2056.0亿元，增长8.2%。其中，第一产业增加值205.5亿元，增长3.3%；第二产业增加值995.3亿元，增长6.1%；第三产业增加值855.2亿元，增长12.2%。全市三次产业结构为10.0：48.4：41.6。全部财政收入占GDP比重19.8%，同比提高1.8个百分点。全市居民消费价格上涨1.6%，同比回落1.7个百分点。

【农业】2014年，廊坊市全年粮食播种面积459.3万亩，增长2.0%；总产量169.8万吨，下降3.5%。其中，夏粮产量43.4万吨，增长0.1%；秋粮产量126.4万吨，下降4.6%。

棉花播种面积41.3万亩，下降23.9%；总产量3.0万吨，下降25.2%。油料播种面积22.3万亩，下降5.8%；总产量3.9万吨，下降7.7%。

【工业和建筑业】2014年，廊坊市全部工业增加值831.4亿元，增长5.6%。其中，规模以上工业增加值增长8.1%。在规模以上工业中，分经济类型看，国有企业增加值增长13.5%，集体企业增长19.8%，股份制企业增长7.7%，外商及港澳台企业增长9.1%；分轻重工看，轻工业增长2.5%，重工业增长10.3%；分门类看，采矿业下降28.5%，制造业增长8.8%，电力、热力、燃气及水生产和供应业增长2.1%。

建筑业实现增加值164.4亿元，增长8.8%。资质等级以上建筑业企业房屋施工面积3649.2万平方米，下降18.3%；房屋竣工面积1096.0万平方米，下降7.9%。

【固定资产投资】2014年，廊坊市全社会固定资产投资完成1882.2亿元，增长19.3%。其中，固定资产投资（不含农户）1852.2亿元，增长20.2%；农户投资30.0亿元，下降17.6%。

在固定资产投资（不含农户）中，第一产业投资19.7亿元，增长0.5%；第二产业投资882.9亿元，增长18.6%，其中工业投资881.1亿元，增长19.3%；第三产业投资949.6亿元，增长22.1%。工业技改投资572.9亿元，增长29.0%，占工业投资的65.0%，同比提高4.9个百分点。

【科学技术】2014年，廊坊市经省科技厅认定的全市高新技术企业117家。登记科技成果85项，其中国际领先3项，国际先进5项，国内领先54项，国内先进23项。10项科技成果荣获省科学技术奖，其中技术发明奖1项，科学技术进步奖8项，国家科学技术合作奖1项。全市科学技术奖58项，其中突出贡献奖2项，科学技术进步奖56项。专利申请量2965项，其中发明专利603项。专利授权量2156项目，其中发明专利154项。

【国内贸易和对外经济】2014年，廊坊市社会消费品零售总额实现723.7亿元，增长12.3%。其中，限额以上企业（单位）消费品零售额171.9亿元，增长9.7%。按经营地统计，城镇消费品零售额完成460.7亿元，增长11.8%；乡村消费品零售额完成263.0亿元，增长13.3%。

实际利用外资71719万美元，增长4.7%。其中，外商直接投资65817万美元，增长10.1%。在外商直接投资中，投向一、二、三产业的外资分别为1100万美元、35717万美元和29000万美元。电子元件制造业、房地产业和仓储业投资居前，分别为20047万美元、9660万美元和9148万美元。

【交通、邮电和旅游】2014年，廊坊市按行政等级分，国道371.1公里，省道706.5公里，县道783.5公里，乡道1707.2公里，村道6483.2公里，专用公路258.7公里。按等级分，高速公路341.1公里，一级路522.8公里，二级路1048.0公里，三级路995.5公里，四级路7402.8公里。全市现有桥梁2055座177765延米。按跨径分，特大桥23座69990延米，大桥213座51328延米，中桥570座32627延米，小桥1249座23820延米。

全市邮电业务收入完成45.7亿元，下降3.0%。其中，邮政业务收入3.3亿元，下降6.9%。年末固定电话用户85.2万户，移动用户520.1万户。

全年共接待游客1655.2万人次，增长14.1%，实现旅游收入152.8亿元，增长21.0%。其中，接待国际游客13.2万人次，增长3.4%，创汇2698.5万美元，下降4.0%；接待国内游客1642.0万人次，增长14.2%，创收

151.1亿元，增长21.3%。

【金融和保险】2014年年末，廊坊市全部金融机构各项存款余额3933.5亿元，比年初增加656.8亿元。其中储蓄存款余额2071.8亿元，比年初增加237.3亿元。各项贷款余额2619.0亿元，比年初增加410.6亿元。

11

2014年衡水市经济发展概况

【经济总量】2014年，衡水市全年实现地区生产总值（GDP）1139.0亿元，按可比价格计算比上年增长8.2%。其中，第一产业增加值166.5亿元，增长2.7%；第二产业增加值577.3亿元，增长8.0%；第三产业增加值395.2亿元，增长11.2%。三次产业增加值占全市生产总值的比重分别为14.6%、50.7%和34.7%。

【农业】2014年，衡水市全年粮食播种面积59.1万公顷，比上年增长0.5%；粮食总产量364.1万吨，下降2.2%。其中：夏粮185.9万吨，增长2.2%，秋粮178.3万吨，下降6.4%。

棉花播种面积176.1万亩，比上年下降6.8%；棉花总产量13.5万吨，下降5.7%。油料作物播种面积50.3万亩，比上年增长2.1%；油料总产量12.6万吨，增长2.8%。

【工业和建筑业】2014年，衡水市全年规模以上工业实现增加值447.0亿元，比上年增长9.0%。分轻重工业看，轻工业实现增加值141.5亿元，增长12.0%；重工业实现增加值305.5亿元，增长7.7%。

全市具有资质等级的总承包和专业承包建筑业企业147家，实现产值128.4亿元，比上年增长7.7%。

【固定资产投资】2014年，衡水市全年全社会固定资产投资完成987.4亿元，比上年增长19.0%。其中：固定资产投资（不含农户）945.2亿元，增长20.1%。

在固定资产投资中，第一产业投资23.5亿元，比上年增长73.8%；第二产业投资703.7亿元，增长26.3%；第三产业投资218.0亿元，增长0.6%。工业技术改造投资461.1亿元，增长27.0%，占工业投资的65.5%。民间投资755.0亿元，增长18.0%。

【科学技术】2014年，衡水市全年共取得省级科技成果20项，市级科技成果62项；获省级科技进步奖励3项，市级科技进步奖励53项。全年共认定、登记技术合同13份（含涉外合同5份），技术合同成交额1919多万元。

【国内贸易和对外经济】2014年，衡水市全年社会消费品零售总额546.9亿元，比上年增长12.6%。按销售单位所在地统计，城镇消费品零售额396.1亿元，增长12.8%；乡村消费品零售额150.8亿元，增长12.1%。

在限额以上批发和零售企业（单位）商品零售额中，粮油食品饮料烟酒类增长21.4%，服装鞋帽针纺织品类增长23.3%，石油及制品类增长10.0%，家用电器和音像器材类增长10.2%，金银珠宝类增长15.9%，汽车类增长16.8%。

全年进出口总值36.7亿美元，比上年下降3.1％。其中：出口31.3亿美元，下降2.3%；进口5.3亿美元，下降7.4%。

【交通、邮电和旅游】2014年，衡水市全年公路货物运输量5660万吨，比上年增长9.3%，货物运输周转量270.5亿吨公里，增长6.6%；公路旅客运输量1973万人，增长7.2%，旅客运输周转量13.9亿人公里，增长6.3%。年末载客汽车1126辆，载货汽车51696辆。

全年接待海内外游客838.0万人次，比上年增长19.7%；实现旅游总收入53.1亿元，增长25.8%。其中：接待入境游客（含港、澳、台）13760人次，增长5.8%，实现旅游外汇收入396.9万美元，增长8.0%；接待国内游客836.6万人次，增长20.6%，实现旅游收入26.8亿元，增长26.8%。

【金融和保险】2014年年末，衡水市金融机构各项存款余额2106.68亿元，比年初增加252.06亿元，其中个人存款余额1472.69亿元，增加154.22亿元。各项贷款余额1073.57亿元，增加185.55亿元。金融机构人民币存量存贷比为51.0%，比上年提高3.1个百分点。

年末全市共有保险公司32家，比上年增加1家。其中财产险13家；人寿险19家，增加1家。实现保费收入39.22亿元，比上年增长20.82%。其中财产险保费收入13.79亿元，增长23.37%；人寿险保费收入25.43亿元，增长19.45%。各项赔款和给付14.64亿元，赔付率39.17%。

山西省

| 太原市 | 大同市 | 阳泉市 | 长治市 | 晋城市 | 朔州市 |

| 晋中市 | 运城市 | 忻州市 | 临汾市 | 吕梁市 |

1

2014年太原市经济发展概况

【经济总量】2014年，太原市全年实现地区生产总值（GDP）2531.09亿元，比上年增长3.3%。其中：第一产业增加值38.93亿元，增长4.3%；第二产业增加值1012.31亿元，增长1.0%；第三产业增加值1479.85亿元，增长5.1%。第三产业中，交通运输、仓储和邮政业增加值126.94亿元，增长1.1%；批发零售和住宿餐饮业增加值441.30亿元，增长3.4%；金融业增加值307.05亿元，增长4.9%；房地产业增加值139.91亿元，增长6.8%；营利性服务业增加值262.26亿元，增长11.0%；非营利性服务业增加值200.80亿元，增长3.3%。

【农业】2014年，太原市全年农作物种植面积101.94千公顷，比上年减少5.24千公顷。粮食种植面积76.12千公顷，比上年减少4.36千公顷。其中：夏粮种植面积0.15千公顷，秋粮种植面积75.97千公顷。蔬菜种植面积21.68千公顷，药材种植面积0.71千公顷。

【工业和建筑业】2014年，太原市规模以上工业增加值647.24亿元，比上年增长0.4%。其中：中央企业增加值72.53亿元，下降8.2%；省属企业增加值259.65亿元，下降4.8%；市属及以下企业增加值315.06亿元，增长7.4%。占全市规模以上工业增加值85.3%的十大行业中，增加值比上年增长的有5个。

建筑业企业房屋建筑施工面积8673.03万平方米，竣工面积1793.36万平方米。

【固定资产投资】2014年，太原市全年固定资产投资1746.09亿元，比上年增长4.5%。其中：中央项目投资184.45亿元，增长65.3%；省属项目投资235.08亿元，下降32.6%；市属及以下项目投资1326.56亿元，增长9.6%。

分产业看，第一产业投资25.50亿元，增长4.1%；第二产业投资441.99亿元，下降15.9%。其中：工业投资438.02亿元，下降15.9%；第三产业投资1278.60亿元，增长14.1%。城市基础设施建设投资373.84亿元，增长4.3%。三次产业投资比重为1.5%、25.3%和73.2%。

【科学技术】2014年，太原市全年技术市场共登记技术合同325项，成交金额13.8亿元。研究与试验发展（R&D）经费支出87.35亿元，比上年增长4.0%，占地区生产总值的比重为3.5%。国家认定企业技术中心11家，省级企业技术中心82家。创建创新载体（平台）9个，12家企业建立“院士工作站”。年末累计认定高新技术企业269家。全年鉴定37项科技成果，获得国家科技奖励5项。全市发明专利申请量2613件、授权量1023件，有效发明专利拥有量4030件。规模以上工业高新技术产业增加值223.33亿元，占地区生产总值的比重为8.8%。

年末高新区、经济区、民营区共有入区企业4925家。全年实现科工贸总收入2570亿元，增长10.5%。

【国内贸易和对外经济】2014年，太原市全年社会消费品零售总额1411.13亿元，比上年增长10.1%。其中：城镇消费品零售额1382.58亿元，增长10.0%；乡村消费品零售额28.55亿元，增长14.7%。

全年外贸进出口总额106.71亿美元，比上年增长16.5%。其中：出口额65.70亿美元，增长24.1%；进口额41.01亿美元，增长6.0%。

【交通、邮电和旅游】2014年年末，太原市全市公路线路里程累计达到7348公里，其中高速公路287公里。公路密度105.2公里/百平方公里。太原地区铁路客运量2619.52万人次，增长3.8%；铁路货运量4329.55万吨，增长2.1%。航空客运量793.19万人次，增长1.6%；航空货运量4.49万吨，增长1.1%。

全年邮电业务总量90.58亿元，比上年增长13.8%，其中：邮政业务总量5.64亿元，增长8.3%；电信业务总量84.94亿元，增长14.2%。年末市话到达116.37万户。农话到达4.66万户。移动电话用户742.66万户，其中3G、4G移动电话用户分别为229.19万户和43.08万户。全市固定及移动电话用户总数达到863.69万户。每百人拥有电话201部，其中：固定电话和移动电话普及率分别达到28部/百人和173部/百人。计算机互联网用户150.79万户，净增加7.31万户，其中：宽带网用户144.45万户，增加11.33万户。

全市接待海内外游客4196.51万人次，比上年增长14.5%。其中：国内游客4176.44万人次，增长14.6%；海外游客20.07万人次，增长5.0%。海外游客中：外国人14.14万人次，香港同胞3.32万人次，澳门同胞0.39万人次，台湾同胞2.22万人次。全年旅游总收入500.01亿元，增长16.0%。其中：国内旅游收入495.33亿元，增长16.8%；旅游外汇收入0.77亿美元，增长4.5%。

【金融和保险】2014年，太原市年末全市金融机构本外币各项存款余额10144.00亿元，比年初增长2.0%；本外币各项贷款余额8054.64亿元，增长10.8%。人民币各项存款余额10011.26亿元，增长2.0%，其中：个人储蓄存款余额3325.78亿元，增长0.5%。人民币各项贷款余额7945.33亿元，增长11.0%。人民币贷款中，中长期贷款余额4906.03亿元，增长11.0%；短期贷款余额2475.19亿元，增长1.4%。

全年原保险保费收入113.96亿元，增长16.8%。其中：寿险业务保费收入62.89亿元，增长18.9%；健康险业务保费收入7.55亿元，增长25.6%；意外伤害险业务保费收入2.76亿元，增长17.8%；财产险业务保费收入40.76亿元，增长12.4%。

2

2014年大同市经济发展概况

【经济总量】2014年，大同市全年实现地区生产总值（GDP）1001.5亿元，按可比价格计算，比上年增长7.4%。其中，第一产业增加值56.9亿元，增长4.0%；第二产业增加值445.5亿元，增长10.8%；第三产业增加值499.1亿元，增长4.2%。第一产业增加值占地区生产总值的比重为5.7%，第二产业增加值比重为44.5%，第三产业增加值比重为49.8%。人均地区生产总值29595元，比上年增长6.8%，按2014年平均汇率计算为4818美元。

【农业】2014年，大同市全年全市农作物总播面积320.82千公顷，比上年减少1.41千公顷。其中，粮食作物播种面积279.36千公顷，减少0.10千公顷。在粮食作物播种面积中，夏粮播种面积0.50千公顷，减少0.77千公顷；秋粮播种面积278.86千公顷，增加0.67千公顷。全市油料作物种植面积15.25千公顷，比上年减少0.42千公顷；蔬菜面积18.73千公顷，比上年减少0.20千公顷；饲草作物种植面积2.04千公顷，比上年增加0.18千公顷。

全年全市粮食总产量104.02万吨，比上年增加1.48万吨，增长1.4%。其中，夏粮产量0.05万吨，比上年减少59.0%；秋粮产量103.97万吨，比上年增长1.5%。

【工业和建筑业】2014年，大同市全市全年规模以上工业企业工业增加值比上年增长10.3%。

全年全市规模以上工业企业实现主营业务收入2220.0亿元，比上年增长30.3%。实现利税66.3亿元，比上年下降13.8%。其中，国有控股工业企业实现利税55.4亿元，下降11.3%。实现利润11.0亿元，比上年下降40.1%。其中，国有控股工业企业实现利润7.1亿元，下降38.2%。

全年全市建筑业增加值67.4亿元，比上年增长14.6%。全市具有建筑业资质等级的总承包和专业承包建筑业企业完成建筑业总产值135.4亿元，比上年增长11.5%。房屋建筑施工面积763.7万平方米，下降1.9%；房屋竣工面积365.2万平方米，下降13.2%。

【固定资产投资】2014年，大同市全年全市全社会固定资产投资1072.4亿元，比上年增长3.5%。其中，国有经济单位投资426.7亿元，下降8.6%；民间投资645.7亿元，增长13.4%。分产业看，第一产业投资130.8亿元，增长8.6%；第二产业投资366.1亿元，增长30.9%；第三产业投资575.5亿元，下降9.5%。在第二产业中，工业投资365.2亿元，增长30.6%。在全社会固定资产投资中，非煤产业投资752.5亿元，增长6.9%；传统产业投资193.9亿元，增长33.3%。

【科学技术】2014年，大同市全年全市共申请专利760件。其中，发明专利207件、实用新型专利378件、外观设计专利175件。全市共授权专利419件，其中，发明59件、实用新型321件、外观设计39件。全市共获2013年度省级科技奖项22项。科技进步类奖15项，其中一等奖2项，二等奖6项，三等奖7项；省级农村技术承包奖7项，其中一等奖3项，二等奖4项。年末高新技术企业17家。其中，国家级创新企业1家，省级创新企业9家。

【国内贸易和对外经济】2014年，大同市全年全市社会消费品零售总额525.9亿元，比上年增长11.6%。按经营地统计，城镇消费品零售额438.2亿元，增长11.3%；乡村消费品零售额87.7亿元，增长13.4%。按行业统计，全年全市批发业零售额38.3亿元，增长16.0%；零售业零售额432.0亿元，增长12.3%；住宿和餐饮业零售额55.6亿元，增长4.3%。

全年全市海关进出口总额48172万美元，比上年增长0.7%。其中，出口30235万美元，增长40.7%；进口17937万美元，下降31.9%。

【交通、邮电和旅游】2014年，大同市全年全市公路通车里程12541.1公里。其中，高速公路549.3公里。全市公路密度88.9公里/百平方公里。

年末全市民用汽车保有量45.33万辆，比上年增长10.6%。其中，新注册汽车5.94万辆，增长3.6%；个人汽车41.37万辆，增长12.5%。年末载客小型车保有量29.67万辆，比上年增长18.2%。其中，个人载客小型车27.77万辆，增长20.3%。年末轿车保有量20.51万辆，比上年增长19.1%。其中，个人轿车19.39万辆，增长21.5%。

全年全市完成邮电业务总量31.80亿元，比上年增长3.6%。其中，电信业务总量29.21亿元，增长3.6%；邮政业务总量2.59亿元，增长3.6%。年末全市固定及移动电话用户总数444.02万户，比上年增长12.7%。其中固定电话用户43.8万户，下降11.3%；移动电话用户400.22万户，增长16.2%。计算机互联网络用户51.76万户，比上年下降1.3%。3G用户达到92.6万户，比上年增长7.0%。全市邮政局所140个，邮路总长度2898公里。订销报纸4123.2万份，下降4.3%；订销杂志216.1万份额，增长7.8%；国内函件61.4万件，下降69.7%。国内包裹7.53万件，下降22.7%。

全年全市旅游总收入238.7亿元，比上年增长19.2%。其中，国内旅游收入236.5亿元，增长22.6%。全年全市接待国内游客2751.8万人次，比上年增长18.9%；接待入境海外游客6.18万人次，旅游外汇收入3519.8万美元。

【金融和保险】2014年年末，大同市全市金融机构各项存款余额2277.82亿元，比年初增加23.03亿元，比年初增长1.0%。年末全市金融机构各项贷款余额1032.75亿元，比年初增加81.85亿元，比年初增长8.6%。

年末全市共有注册保险机构31家。全年全市保费收入40.72亿元，比上年增长9.4%。其中，寿险业务保费收入24.26亿元，增长9.0%；财产险业务保费收入16.46亿元，增长9.9%。全年全市累计支付各类保险赔款及给付16.92亿元，同比下降2.3%。其中，寿险业务给付6.99亿元，与上年持平；财产险业务赔款9.13亿元，下降6.55%。

3

2014年阳泉市经济发展概况

【经济总量】2014年，阳泉市全年实现地区生产总值（GDP）616.6亿元，按可比价计算，比上年增长3.2%。其中，第一产业增加值11.0亿元，增长4.2%，占生产总值的比重为1.8%；第二产业增加值336.9亿元，增长3.5%，占生产总值的比重为54.6%；第三产业增加值268.7亿元，增长2.7%，占生产总值的比重为43.6%。

【农业】2014年，阳泉市全年全市农作物种植面积59114.8公顷，比上年增加214.5公顷。其中，粮食种植面积56786.5公顷，减少70.5公顷；油料种植面积110.6公顷，减少55.5公顷。在粮食种植面积中，玉米种植面积48060公顷，增加594公顷。

全年粮食产量29.4万吨，增加0.3万吨，增产0.9%。其中，夏粮810吨，下降50.6%；秋粮29.3万吨，增产1.2%。

【工业和建筑业】2014年，阳泉市年末全市规模以上工业企业140家，减少21家。全年规模以上工业增加值增长4.2%。

全年全市建筑业实现增加值43.5亿元，按可比价计算，比上年下降0.7%。具有建筑业资质等级的总承包和专业承包建筑业企业实现利润3.8亿元，下降17.4%。

【固定资产投资】2014年，阳泉市全年全社会固定资产投资517.4亿元，增长6.6%。其中，国有及国有控股投资231.3亿元，增长1.2%；民间投资279.4亿元，增长12.6%。

在全社会固定资产投资中，第一产业投资26.1亿元，增长47.5%；第二产业投资223.5亿元，增长6.0%；第三产业投资267.8亿元，增长4.2%。在第二产业中，工业投资219.6亿元，增长4.6%。其中，煤炭工业投资52.4亿元，下降39.8%，非煤产业投资167.2亿元，增长36.0%；传统产业（煤炭、焦炭、冶金、电力）投资合计100.1亿元，下降20.2%，非传统产业投资合计119.5亿元，增长41.4%。

【科学技术】2014年，阳泉市全年全市专利申请量与授权量分别为1078件和483件，专利申请量下降8.3%，授权量增长55.3%；其中发明专利申请量与授权量分别为361件和23件，分别下降15.0%和下降4.2%。全年共签订各类技术合同20项，技术合同成交总额5299.7万元，增长15.7%。全年新登记科技成果28项。市级企业技术中心29家。按照国家高新技术企业认定办法，年末已有高新技术企业17家。

【国内贸易和对外经济】2014年，阳泉市全年全市社会消费品零售总额271.2亿元，增长9.9%。按经营地统计，城镇消费品零售额252.5亿元，增长10.2%；乡村消费品零售额18.7亿元，增长6.3%。按消费形态统计，餐饮收入额38.3亿元，增长16.0%；商品零售额232.9亿元，增长9.0%。

全年全市海关进出口总额19567万美元，下降8.3%。其中，进口额4645万美元，下降50.1%；出口额14922万美元，增长24.1%。

【交通、邮电和旅游】2014年年末，阳泉市全市公路线路里程5370.6公里，比上年末增加26.6公里。

年末全市民用汽车保有量17.4万辆（包括三轮汽车和低速货车1168辆），比上年末增长4.4%，其中私人汽车14.4万辆，增长7.7%。本年新注册汽车1.7万辆，下降16.0%。年末轿车保有量10.4万辆，增长10.7%，其中私人轿车9.4万辆，增长13.4%。

全年全市完成邮电业务总量16.3亿元，增长11.6%。其中，邮政业务总量1.2亿元，下降2.5%；电信业务总量15.1亿元，增长13.3%。年末移动电话用户143.5万户，其中，3G移动电话用户52.3万户。全市宽带接入用户30.5万户，增长8.5%。

全年全市接待海外旅游者3995人次，接待国内旅游者1816.8万人次，分别增长4.5%和22.5%；旅游外汇收入87.3万美元，国内旅游收入149.2亿元，旅游总收入149.4亿元，分别增长4.3%、24.5%和23.8%。

【金融和保险】2014年年末，阳泉市全市金融机构本外币各项存款余额1154.2亿元，比年初增加3.2亿元，比年初增长0.3%。各项贷款余额649.4亿元，比年初增加30.7亿元，增长5.0%。

年末全市农村金融合作机构（农村信用社、农村商业银行）人民币存款余额307.3亿元，比年初增加4.7亿元，比年初增长1.5%；人民币贷款余额182.7亿元，比年初增加5.4亿元，增长3.1%。

全年全市保费收入23.9亿元，增长7.6%。人身险保费收入16.1亿元，增长7.1%，其中，寿险保费收入15.6亿元，增长7.9%；财产险保费收入7.8亿元，增长8.2%，其中，机动车辆险保费收入6.2亿元，增长6.2%。全年支付各类赔款及给付9.4亿元，增长11.9%。

4

2014年长治市经济发展概况

【经济总量】2014年，长治市全年实现地区生产总值（GDP）1331.2亿元，比上年增长5.1%。其中，第一产业增加值58.3亿元，增长4.3%，占生产总值的比重为4.4%；第二产业增加值776.5亿元，增长5.4%，占生产总值的比重为58.3%；第三产业增加值496.4亿元，增长4.8%，占生产总值的比重为37.3%。第三产业中，金融保险业增加值68.3亿元，增长5.7%；交通运输、仓储和邮政业增加值73.0亿元，增长8.1%；房地产业增加值75.7亿元，增长7.7%。

【农业】2014年，长治市全年全市粮食种植面积247.8千公顷，比上年减少2.5千公顷；油料种植面积1.2千公顷，比上年减少0.3千公顷；棉花种植面积0.04千公顷，增加0.01千公顷。在粮食种植面积中，玉米种植面积206.3千公顷，增加0.3千公顷；小麦种植面积9.2千公顷，减少2.3千公顷。

全年粮食产量162.2万吨，比上年增加1.3万吨，增产0.9%。其中，夏粮3.8万吨，增产1.3%；秋粮158.4万吨，增产0.8%。

【工业和建筑业】2014年年末，长治市全市规模以上工业企业340家。全年规模以上工业增加值737.3亿元，增长5.1%。

全社会原煤产量1.2亿吨，增长3.9%；发电量335.9亿千瓦时，下降1.8%；规模以上工业企业焦炭产量1523.3万吨，增长6.4%；钢材产量698.2万吨，增长14.3%。

全年全市建筑业实现增加值44.1亿元，比上年增长9.9%。

【固定资产投资】2014年，长治市全年固定资产投资1245.6亿元，增长14.6%。其中，国有及国有控股投资456.1亿元，增长10.9%。

分产业看，第一产业投资130.6亿元，增长14.1%；第二产业投资579.3亿元，增长6.0%；第三产业投资535.7亿元，增长25.7%。在第二产业中，工业投资579.3亿元，增长6.0%。其中，煤炭工业投资85.7亿元，下降15.8%。

全年全市在建固定资产投资项目1334个。其中，5亿元以上项目118个，计划总投资2464.0亿元，完成投资599.8亿元。

【科学技术】2014年，长治市全年专利申请量与授权量分别为1585件和739件。全年全市科学技术成果108项，其中有36项技术获得省部级以上科学技术成果奖。全年全市共签订各类技术合同83项，技术合同成交总额2.4亿元。

年末全市共有产品质量检验机构2个。全年对60户企业实施了产品认证，对15种产品进行了监督抽查。全市共有法定计量技术机构12个，全年完成强制检定计量器具23.25万台件。

【国内贸易和对外经济】2014年，长治市全年全市社会消费品零售总额476.9亿元，增长12.0%。其中，城镇消费品零售额412.1亿元，增长11.7%；乡村消费品零售额64.8亿元，增长13.6%。

全年全市进出口总额68297万美元，下降35.0%。其中，进口额31847万美元，增长46.7%；出口额36449万美元，下降56.5%。

【交通、邮电和旅游】2014年，长治市年末全市公路线路里程11346.0公里，其中高速公路299.8公里。

年末全市民用汽车保有量38.6万辆（包括三轮汽车和低速货车1.26万辆），比上年末增长12.9%，其中私人汽车33.1万辆，增长15.2%。本年新注册汽车4.6万辆，下降15.4%。年末轿车保有量22.2万辆，比上年末增长15.2%，其中私人轿车20.1万辆，增长16.9%。

全年全市完成邮电业务总量31.4亿元。其中，邮政快递业务总量2.3亿元；电信业务总量29.1亿元。年末移动电话用户达到304.3万户，其中，3G移动电话用户达到102.1万户，4G移动电话用户达到23.5万户。全市互联网接入用户51.4万户，其中，新增互联网用户4.3万户。

全年全市商业住宿设施接待入境过夜游客2.3万人次，接待国内旅游者2691.2万人次，分别增长4.2%和25.3%；旅游外汇收入1475.2万美元，国内旅游收入263.8亿元，旅游总收入264.7亿元，分别增长5.4%、26.0%和25.1%。

【金融和保险】2014年年末，长治市全市金融机构本外币各项存款余额1945.9亿元，比年初增加98.0亿元，比年初增长5.3%。各项贷款余额1016.9亿元，增加98.1亿元，增长10.7%。

全年全市保费收入38.4亿元，增长19.5%。其中，寿险业务保费收入22.3亿元，增长20.7%；健康和意外险业务保费收入3.4亿元，增长65.0%；财产险业务保费收入2.2亿元，增长5.0%；车险业务保费收入10.5亿元，增长10.6%。全年支付各类赔款及给付12.6亿元，下降6.8%。其中，寿险业务保费赔付6.0亿元，下降9.9%；健康和意外险业务保费赔付0.7亿元，下降8.4%；财产险业务保费赔付0.7亿元，下降18.3%；车险业务保费赔付5.2亿元，下降0.7%。

5

2014年晋城市经济发展概况

【经济总量】2014年，晋城市全年实现地区生产总值（GDP）1035.8亿元，比上年增长4.7%。其中，第一产业增加值43.8亿元，增长0.6%，占生产总值的比重为4.2%；第二产业增加值608.6亿元，增长5.2%，占生产总值的比重为58.8%；第三产业增加值383.4亿元，增长4.0%，占生产总值的比重为37.0%。第三产业中，金融保险业增加值58.5亿元，增长3.1%；交通运输、仓储和邮政业增加值64.1亿元，增长12.0%；批发和零售业增加值61.9亿元，增长2.7%；住宿和餐饮业增加值27.0亿元，增长9.4%；营利性服务业增加值39.1亿元，增长0.8%。人均地区生产总值44943元，按2014年平均汇率计算为7316美元。

【农业】2014年，晋城市全年全市农作物种植面积19.0万公顷，减少1.8万公顷。其中，粮食种植面积17.8万公顷，减少1.9万公顷；油料种植面积0.2万公顷，下降19.2%；棉花种植面积0.02万公顷，下降15.3%。在粮食种植面积中，玉米种植面积9.4万公顷，增加0.4万公顷；小麦种植面积4.4万公顷，减少1.4万公顷。

全年粮食产量73.0万吨，减少17.5万吨，减产19.3%。其中，夏粮16.7万吨，减产5.1%；秋粮56.3万吨，减产22.8%。

【工业和建筑业】2014年年末，晋城市全市规模以上工业企业221家。全年规模以上工业增加值比上年增长5.0%。

全年全社会原煤产量8612万吨，增长5.7%；规模以上工业发电233亿千瓦时，增长0.2%；水泥253万吨，增长7.0%；农用化肥（折纯）261万吨，下降3.4%；焦炭54万吨，下降42.4%；钢材产量299万吨，增长9.3%；生铁372万吨，增长7.6%。

年末全市具有资质等级的总承包和专业承包建筑业企业106家，完成总产值73.4亿元，增长3.3%；房屋施工面积354.4万平方米，下降6.7%；签订合同额为130.5亿元，增长7.8%。

【固定资产投资】2014年，晋城市全年全市固定资产投资完成974.8亿元，增长16.4%。其中，国有及国有控股投资449.2亿元，增长29.4%；港澳台及外商投资53.4亿元，增长37.3%；民间投资472.2亿元，增长4.6%。

在固定资产投资中，第一产业投资55.9亿元，下降5.9%；第二产业投资441.7亿元，增长12.9%；第三产业投资477.2亿元，增长23.3%。在第二产业中，工业投资441.6亿元，增长12.9%。其中，煤炭工业投资172.8亿元，增长21.4%；非煤产业投资269.2亿元，增长8.5%。传统产业（煤炭、炼焦、冶金、电力）投资合计186.2亿元，增长22.3%；新兴接替产业投资合计255.8亿元，增长7.4%。

【科学技术】2014年，晋城市全年全市组织实施各类科技项目70项（其中国家级2项、省级45项、市级23项）。在国家级项目中，列入国家星火计划1项，创新基金项目1项；在省级项目中，列入省级国际科技合作项目1项，火炬计划1项，星火计划5项，农业攻关计划2项，富民强县计划1项，农村技术承包计划18项，社会发展计划1项，成果推广计划4项，工业攻关计划4项，创新计划1项，软科技及基础平台建设计划3项，基础研究计划项目计划3项，大型科技仪器改造项目计划1项。全年全市专利申请量823件。其中，发明专利申请量246件。有效发明专利拥有量185件。全年完成省级科技成果鉴定6项。全年有6项新技术获得山西省科技进步二等奖，有1项新技术获得山西省科技进步三等奖。全年新认定国家高新技术企业8家，省级创新试点企业2家，省级工程技术研究中心1家。截止2014年末，全市共有高新技术企业25家，国家级企业技术中心1家，省级企业技术中心12家，省级工程技术研究中心4家，省级重点实验室3个。

【国内贸易和对外经济】2014年，晋城市全年全市社会消费品零售总额332.8亿元，增长12.0%。按经营地统计，城镇消费品零售额305.6亿元，增长11.6%；乡村消费品零售额27.2亿元，增长17.0%。

全年全市海关进出口总额11.0亿美元，增长19.5%。其中，进口额8.1亿美元，增长22.7%；出口额2.9亿美元，增长11.6%。

【交通、邮电和旅游】2014年年末，晋城市全市公路线路里程8960.5公里。其中，高速公路318.6公里。

年末全市民用汽车保有量30.1万辆（包括三轮汽车和低速货车2.0万辆），比上年末增长12.9%。其中，私人汽车25.9万辆，增长16.5%。本年新注册汽车4.2万辆，下降2.4%。年末轿车保有量19.1万辆，增长16.5%。其中，私人轿车17.7万辆，增长18.7%。

全年全市完成邮电业务总量22.2亿元，增长13.8%。其中，邮政业务总量1.2亿元，下降7.7%；电信业务总量21.0亿元，增长15.4%。新增移动电话用户18.6万户，年末达到242.7万户。全市宽带接入用户37.5万户，增长7.4%。

年末全市共有成规模的旅游景区（点）43处。其中，5A级景区1个，4A级景区7个，3A级景区5个，2A级景区4个，国家级工农业旅游示范点7个。共有星级饭店23家。其中，五星级1家、四星级10家、三星级7家、二星级5家。全年全市接待海外旅游者11552人次，接待国内旅游者2715.0万人次，分别增长4.5%和25.3%；旅游外汇收入633.7万美元，国内旅游收入242.0亿元，旅游总收入242.4亿元，分别增长6.8%、23.9%和22.0%。

【金融和保险】2014年年末，晋城市全市金融机构本外币各项存款余额1812.6亿元，比年初增加53.1亿元，增长3.0%。各项贷款余额922.1亿元，比年初增加57.3亿元，增长6.6%。

年末全市农村金融合作机构（农村信用社、农村合作银行、农村商业银行）人民币贷款余额203.8亿元，比年初减少2.6亿元，下降1.3%；人民币存款余额391.3亿元，比年初增加30.2亿元，比年初增长8.4%。

全年全市保费收入34亿元，增长6.6%。其中，寿险业务保费收入22.2亿元，增长6.2%；财产险业务保费收入11.8亿元，增长7.3%。

6

2014年朔州市经济发展概况

【经济总量】2014年，朔州市全年实现地区生产总值（GDP）1003.4亿元，比上年增长4.5%。其中，第一产业增加值61.4亿元，增长4.4%，比重占6.1%；第二产业增加值542.7亿元，增长4.2%，比重占54.1%；第三产业增加值399.3亿元，增长5.0%，比重占39.8%。第三产业中，金融保险业增加值32.3亿元，增长4.2%；批发和零售业增加值71.1亿元，增长2.4%；房地产业增加值41.1亿元，增长3.6%。

【农业】2014年，朔州市全年全市农作物种植面积34.7万公顷，比上年增长0.6%。其中粮食种植面积27.6万公顷，增长0.9%；油料种植面积2.9万公顷，增长2.1%。在粮食种植面积中，玉米种植面积15.4万公顷，增长4.3%。

全年粮食总产量128.1万吨，比上年增长8.9%。其中，玉米104.1万吨，增长8.3%。

【工业和建筑业】2014年年末，朔州市全市规模以上工业企业264家，比上年减少3家。规模以上工业增加值完成443亿元，增长4.5%。

全年全市建筑业实现增加值25.6亿元，比上年下降5.2%。

【固定资产投资】2014年，朔州市全年全市固定资产投资815.3亿元，比上年增长5.2%。按产业分，第一产业投资86.6亿元，增长64.1%；第二产业投资448.9亿元，增长27.3%；第三产业投资279.8亿元，下降24.2%。按登记注册类型分，国有投资414.8亿元，下降5.4%；非国有投资400.5亿元，增长19.1%。

全年全市在建固定资产投资项目875个，当年新开工项目551个。其中亿元以上项目290个，计划总投资2381.8亿元，完成投资665.3亿元，占全市固定资产投资比重81.6%。

【科学技术】2014年，朔州市全年全市共受理各项专利申请量1064件，比上年下降14.5%。全市技术市场共签订技术合同11份，成交金额8568万元。全年有1个项目列入国家各类科技计划，获得国家资助66万元。全年全市共取得省级以上3项科技成果。

年末全市有气象台站6个。全市气象系统开展人工影响天气业务的单位7个，防雹、增雨受益覆盖面积四千多平方公里。全市有卫星云图接收站1个。

年末全市有专业综合地震台站2个，省级地震台网中心1个。全年小震活动10次，最大震级2.8级。

【国内贸易和对外经济】2014年，朔州市全年全市社会消费品零售总额258.3亿元，比上年增长12.4%。其中，城镇零售额184.1亿元，增长12.2%；乡村零售额74.2亿元，增长12.9%。

全年全市海关进出口总额9266万美元，比上年下降20.3%。其中，进口额6537万美元，下降31.6%；出口额2728万美元，增长31.5%。

【交通、邮电和旅游】2014年，朔州市全年全市交通运输、仓储和邮政业增加值80.1亿元，比上年增长12.0%。全年新增公路通车里程12公里，年末全市公路通车里程达到10162.9公里。其中高速公路388.7公里，普通干线公路815.5公里，农村公路8958.7公里。

全年全市完成邮电业务总量12.5亿元，比上年下降18.3%。其中邮政业务总量1.0亿元，比上年增长5.0%；电信业务总量11.4亿元，比上年下降19.7%。年末移动电话用户161.6万户，比上年末增加12.8万户。其中3G移动电话用户48.4万户，比上年末增加3.1万户。全市宽带接入用户20.4万户，增加1.6万户。

全年全市接待国内旅游者1148.2万人次，增长29.5%。国内旅游收入109.2亿元，旅游总收入109.3亿元，分别增长32.3%和29.2%。

【金融和保险】2014年年末，朔州市全市金融机构本外币各项存款余额1121.3亿元，比年初增加27.2亿元，增长2.5%，其中人民币各项存款余额1120.1亿元，比年初增加27.2亿元，增长2.5%；全市金融机构本外币各项贷款余额512.9亿元，比年初增加43.3亿元，增长9.2%，其中人民币各项贷款余额512.9亿元，比年初增加45.5亿元，增长9.7%。

全年全市保费收入13.88亿元，比上年增长4.26%。其中，寿险业务保费收入6.7亿元，增长5.36%；健康险业务保费收入0.48亿元，增长2.07%；意外伤害险保费收入0.3亿元，增长4.1%；财产险业务保费收入6.4亿元，增长3.3%。全年保险业赔付支出5.88亿元，下降12.4%。其中，寿险业务赔付支出2.01亿元，下降35.41%；健康险业务赔付支出0.33万元，增长130.2%；意外伤害险业务赔付支出607.8万元，增长9.43%；财产险业务赔付支出3.48亿元，增长2.08%。

7

2014年晋中市经济发展概况

【经济总量】2014年，晋中市全年实现地区生产总值（GDP）1041.3亿元，比上年增长6.8%。其中，第一产业增加值103.3亿元，增长4.0%，占生产总值的比重为9.9%；第二产业增加值494.1亿元，增长8.0%，占生产总值的比重为47.5%；第三产业增加值443.9亿元，增长5.6%，占生产总值的比重为42.6%。

【农业】2014年，晋中市全年全市农作物种植面积314.0千公顷，比上年减少8.1千公顷。其中，粮食种植面积265.7千公顷，减少7.4千公顷；油料种植面积2.5千公顷，减少0.9千公顷；棉花种植面积0.1千公顷。在粮食种植面积中，玉米种植面积217.8千公顷，增加2.0千公顷；小麦种植面积9.7千公顷，减少4.5千公顷。

全年粮食产量192.2万吨，增产5.4%。其中，夏粮4.4万吨，减产25.8%；秋粮187.8万吨，增产6.4%。

【工业和建筑业】2014年年末，晋中市全市规模以上工业企业221家。全年规模以上工业增加值比上年增长5.0%。

全年全社会原煤产量8612万吨，增长5.7%；规模以上工业发电233亿千瓦时，增长0.2%；水泥253万吨，增长7.0%；农用化肥（折纯）261万吨，下降3.4%；焦炭54万吨，下降42.4%；钢材产量299万吨，增长

9.3%；生铁372万吨，增长7.6%。

年末全市具有资质等级的总承包和专业承包建筑业企业106家，完成总产值73.4亿元，增长3.3%；房屋施工面积354.4万平方米，下降6.7%；签订合同额为130.5亿元，增长7.8%。

【固定资产投资】2014年，晋中市全年全市固定资产投资完成974.8亿元，增长16.4%。其中，国有及国有控股投资449.2亿元，增长29.4%；港澳台及外商投资53.4亿元，增长37.3%；民间投资472.2亿元，增长4.6%。

在固定资产投资中，第一产业投资55.9亿元，下降5.9%；第二产业投资441.7亿元，增长12.9%；第三产业投资477.2亿元，增长23.3%。在第二产业中，工业投资441.6亿元，增长12.9%。其中，煤炭工业投资172.8亿元，增长21.4%；非煤产业投资269.2亿元，增长8.5%。传统产业（煤炭、炼焦、冶金、电力）投资合计186.2亿元，增长22.3%；新兴接替产业投资合计255.8亿元，增长7.4%。

【科学技术】2014年，晋中市全年全市组织实施各类科技项目70项（其中国家级2项、省级45项、市级23项）。在国家级项目中，列入国家星火计划1项，创新基金项目1项；在省级项目中，列入省级国际科技合作项目1项，火炬计划1项，星火计划5项，农业攻关计划2项，富民强县计划1项，农村技术承包计划18项，社会发展计划1项，成果推广计划4项，工业攻关计划4项，创新计划1项，软科技及基础平台建设计划3项，基础研究计划项目计划3项，大型科技仪器改造项目计划1项。全年全市专利申请量823件。其中，发明专利申请量246件。有效发明专利拥有量185件。全年完成省级科技成果鉴定6项。全年有6项新技术获得山西省科技进步二等奖，有1项新技术获得山西省科技进步三等奖。全年新认定国家高新技术企业8家，省级创新试点企业2家，省级工程技术研究中心1家。截止2014年末，全市共有高新技术企业25家，国家级企业技术中心1家，省级企业技术中心12家，省级工程技术研究中心4家，省级重点实验室3个。

【国内贸易和对外经济】2014年，晋中市全年全市社会消费品零售总额332.8亿元，增长12.0%。按经营地统计，城镇消费品零售额305.6亿元，增长11.6%；乡村消费品零售额27.2亿元，增长17.0%。

全年全市海关进出口总额11.0亿美元，增长19.5%。其中，进口额8.1亿美元，增长22.7%；出口额2.9亿美元，增长11.6%。

【交通、邮电和旅游】2014年年末，晋中市全市公路线路里程8960.5公里。其中，高速公路318.6公里。

年末全市民用汽车保有量30.1万辆（包括三轮汽车和低速货车2.0万辆），比上年末增长12.9%。其中，私人汽车25.9万辆，增长16.5%。本年新注册汽车4.2万辆，下降2.4%。年末轿车保有量19.1万辆，增长16.5%。其中，私人轿车17.7万辆，增长18.7%。

全年全市完成邮电业务总量22.2亿元，增长13.8%。其中，邮政业务总量1.2亿元，下降7.7%；电信业务总量21.0亿元，增长15.4%。新增移动电话用户18.6万户，年末达到242.7万户。全市宽带接入用户37.5万户，增长7.4%。

年末全市共有成规模的旅游景区（点）43处。其中，5A级景区1个，4A级景区7个，3A级景区5个，2A级景区4个，国家级工农业旅游示范点7个。共有星级饭店23家。其中，五星级1家、四星级10家、三星级7家、二星级5家。全年全市接待海外旅游者11552人次，接待国内旅游者2715.0万人次，分别增长4.5%

和25.3%；旅游外汇收入633.7万美元，国内旅游收入242.0亿元，旅游总收入242.4亿元，分别增长6.8%、23.9%和22.0%。

【金融和保险】2014年年末，晋中市全市金融机构本外币各项存款余额1812.6亿元，比年初增加53.1亿元，增长3.0%。各项贷款余额922.1亿元，比年初增加57.3亿元，增长6.6%。

年末全市农村金融合作机构（农村信用社、农村合作银行、农村商业银行）人民币贷款余额203.8亿元，比年初减少2.6亿元，下降1.3%；人民币存款余额391.3亿元，比年初增加30.2亿元，比年初增长8.4%。

全年全市保费收入34亿元，增长6.6%。其中，寿险业务保费收入22.2亿元，增长6.2%；财产险业务保费收入11.8亿元，增长7.3%。

8

2014年运城市经济发展概况

【经济总量】2014年，运城市全年实现地区生产总值（GDP）1201.6亿元，按可比价格计算，比上年增长5.0%。其中：第一产业增加值197.2亿元，增长4.7%；第二产业增加值496.7亿元，增长5.9%；第三产业增加值507.7亿元，增长4.1%。第三产业中，交通运输、仓储和邮政业85.4亿元，增长10.9%；批发和零售业93.6亿元，增长5.0%；金融业59.3亿元，增长4.7%；房地产业40.6亿元，下降2.0%。第一、第二和第三产业增加值占全市生产总值的比重分别为16.5%、41.3%和42.2%，对经济增长的贡献率分别为13.2%、54.0%和32.8%。

【农业】2014年，运城市全年农林牧渔服务业总产值为394.8亿元，按可比价计算同比增长5.0%。其中，农业产值302.9亿元，增长4.5%；林业产值7.0亿元，增长21.7%；牧业产值56.5亿元，增长4.9%；渔业产值2.9亿元，增长22.4%；农林牧渔服务业产值25.5亿元，增长4.6%。

全年农作物种植面积773.0千公顷，比上年下降3.6%。其中，粮食种植面积660.3千公顷，下降3.8%（小麦338.2千公顷，下降1.3%；秋粮322.1千公顷，下降6.3%；玉米283.4千公顷，下降6.3%）；棉花种植面积17.6千公顷，下降17.9%；油料种植面积9.4千公顷，下降15.8%；蔬菜种植面积58.2千公顷，增长1.0%；果园面积166.5千公顷，增长5.0%（苹果园面积90.7千公顷，增长2.6%）。

全年粮食总产量31.6亿公斤，比上年增加0.5亿公斤，增长1.6%。其中，小麦14.6亿公斤，增产1.5亿公斤，增长11.5%；秋粮16.9亿公斤，减产1.0亿公斤，下降5.6%。

【工业和建筑业】2014年，运城市全年全部工业增加值408.6亿元，比上年增长4.3%，在第二产业中所占比重为82.3%，比上年下降0.3个百分点。其中，规模以上工业企业477户，完成工业增加值386.9亿元，比上年增长3.8%。规模以上工业总产值1605.8亿元，同比下降2.6%；销售产值1510.6亿元，下降5.0%；工业产品产销率为94.1%，同比回落2.3个百分点。

全年具有资质等级的总承包和专业承包建筑企业165个，其中有工作量的157个，实现增加值90.9亿元，比上年增长15.0%。上缴税金4.4亿元，增长18.3%；实现利润3.8亿元，下降3.2%。

【固定资产投资】2014年，运城市全年固定资产投资1202.7亿元，比上年增长19.2%。其中，房地产开发完成117.7亿元，增长26.5%。在固定资产投资中，第一产业投资130.2亿元，比上年增长68.9%；第二产业606.7亿元，增长4.3%；第三产业465.8亿元，增长33.1%。在固定资产投资中，非国有投资完成1032.3亿元，同比增长21.8%，其中，民间投资999.6亿元，增长23.0%；国有投资完成170.4亿元，同比增长5.5%。

【科学技术】2014年，运城市全年受理专利申请1208件，比上年增长2.6%。其中，受理发明专利申请372件，比上年增长9.7%。全市授予专利权867件，其中，授予发明专利权82件。全年有70个项目列入国家、省各类科技计划，获得项目研究资金3172万元。

年末全市共有产品质量监督检验机构13个，法定计量鉴定技术机构13个，国家检测中心1个。全年共监督抽查了580家企业15类、38种、150批次的产品和商品。完成强制检定计量器具43689台件。

全市有国家基本气象观测站3个，国家一般气象观测站10个。气象咨询服务12121电话3个运营商。开展人工影响天气业务单位13个，防雹、增雨受益覆盖面积1.1万平方公里，增雨量3亿立方米，卫星云图接收站1个。全年平均气温13.4℃，年平均总降水量615.0毫米，平均总日照时数2018.7小时。

全市有专业综合地震台（站）1个，市级地震台网中心1个，数字测震台网1个，数字测震子台4个，县级地震监测台（站）13个。全年小震活动90次，最大震级M2.1级。

【国内贸易和对外经济】2014年，运城市全年社会消费品零售总额620.3亿元，比上年增长12.3%。按规模统计，限额以上消费品零售额320.4亿元，增长11.6%；限额以下消费品零售额299.9亿元，增长13.2%。按经营地统计，城镇消费品零售额507.7亿元，增长11.2%；乡村消费品零售额112.6亿元，增长17.9%。按行业统计，商品批发业118.9亿元，增长26.9%；商品零售业440.3亿元，增长19.2%；住宿餐饮业61.2亿元，增长10.8%。

全年货物进出口总额149813万美元，比上年下降14.2%。其中，进口101775万美元，下降19.4%。出口48038万美元，下降0.4%。

【交通、邮电和旅游】2014年年末，运城市全市公路线路里程15984公里，其中，国道289公里，省道1456公里，县道2784公里，乡、村道及专用道11454公里；高速公路596公里。全市公路密度113公里/百平方公里。公路客运量3784万人，比上年下降29.3%；公路货运量8857万吨，比上年增长18.9%。公路旅客运输周转量16.0亿人公里，比上年下降29.1%；公路货物运输周转量233.6亿吨公里，比上年增长14.8%。

全年邮电业务总量43.8亿元，比上年增长22.0%。其中，邮政业务总量3.5亿元，增长18.5%；电信业务总量40.3亿元，增长22.7%。年末固定及移动电话用户总数达到483.3万户，比上年末增加2.0万户。其中，固定电话57.6万户，移动电话425.7万户。在移动电话用户中，3G用户137.5万户，4G用户27.7万户。电话普及率达到92.0部/百人，其中固定电话和移动电话普及率分别达到11.0部/百人和81.0部/百人。全市宽带接入用户达到72.4万户，增长7.1%。

全年旅游总收入268.8亿元，增长26.4%。其中，国内旅游收入268.3亿元，增长28.0%；旅游外汇收入773.6万美元，增长4.6%。全年全市接待国内游客3464.8万人次，增长19.9%；接待入境旅游者2.9万人次，增长4.1%。

【金融和保险】2014年年末，运城市全部金融机构本外币各项存款余额1595.0亿元，比年初增长5.6%，其中人民币各项存款余额1592.9亿元，比年初增长5.7%。全部金融机构本外币各项贷款余额895.3亿元，比年初增长6.8%，其中人民币各项贷款余额888.1亿元，比年初增长7.1%。

年末全市共有保险公司33家，全年保费收入52.8亿元，比上年增长16.1%。其中，财产险保费收入15.6亿元，增长8.9%；人身险保费收入5.4亿元，增长71.9%；寿险保费收入31.8亿元，增长13.6%。全年支付各类赔款及给付17.7亿元，增长16.2%。

9

2014年忻州市经济发展概况

【经济总量】2014年，忻州市全年实现地区生产总值（GDP）680.3亿元，按可比价格计算，比上年增长5.4%。其中，第一产业增加值65.0亿元，增长5.1%，占生产总值的比重为9.6%；第二产业增加值323.4亿元，增长7.5%，占生产总值的比重为47.5%；第三产业增加值291.9亿元，增长2.7%，占生产总值的比重为42.9%。

【农业】2014年，忻州市全年全市农作物种植面积474.3千公顷，比上年减少1.5千公顷。其中，粮食种植面积425.9千公顷，减少1.3千公顷；油料种植面积30.5千公顷，减少0.4千公顷。在粮食种植面积中，玉米种植面积242.8千公顷，减少9.2千公顷。

全年粮食产量177.0万吨，增加7.5万吨，增产4.4%。其中，秋粮176.9万吨，增产4.4%。

【工业和建筑业】2014年年末，忻州市全市规模以上工业企业322家，减少10家。全年规模以上工业增加值增长6.7%。

全社会原煤产量5238万吨，下降6.1%；发电量260.6亿千瓦时，下降3.8%。规模以上工业企业焦炭产量192万吨，增长3.4%；钢材产量91.3万吨，增长52.1%。

全年全市建筑业实现增加值37.7亿元，增长12.4%。具有建筑业资质等级的总承包和专业承包建筑业企业实现利润1.5亿元，下降51.6%。

【固定资产投资】2014年，忻州市全年全社会固定资产投资965.4亿元，增长18.4%。

在固定资产投资（不含跨市、农户）中，国有及国有控股投资397.1亿元，下降0.2%；民间投资560.9亿元，增长34.7%。

分产业看，第一产业投资162.2亿元，增长89.8%；第二产业投资382.7亿元，增长6.7%；第三产业投资420.5亿元，增长13.3%。

【科学技术】2014年，忻州市全年全市专利申请量与授权量分别为602件和387件，分别下降38.7%和0.8%；其中发明专利申请量为153件，下降41.8%；发明授权量为32件，增长39.1%。全年新登记科技成果2项。国家认定企业技术中心1家。市级企业技术中心76家。按照国家高新技术企业认定办法，年末累计高新技术企业20家。

【国内贸易和对外经济】2014年，忻州市全年全市社会消费品零售总额275.1亿元，增长11.8%。按经营地统计，城镇消费品零售额214.0亿元，增长11.7%；乡村消费品零售额61.1亿元，增长12.2%。按消费形态统计，商品零售额238.9亿元，增长11.1%；餐饮收入额36.2亿元，增长17.2%。

全年全市海关进出口总额20799万美元，增长5.3%。其中，进口额650万美元，增长74.8%；出口额20149万美元，增长4.0%。

【交通、邮电和旅游】2014年年末，忻州市全市公路线路里程17340公里，其中高速公路733.5公里，与上年末基本持平。

年末全市民用汽车保有量25.1万辆（包括三轮汽车和低速货车0.3万辆），比上年末增长8.9%，其中私人汽车21.6万辆，增长11.2%。本年新注册汽车3.2万辆，下降6.7%。年末轿车保有量13.3万辆，增长14.6%，其中私人轿车12.3万辆，增长16.0%。

全年全市完成邮电业务总量20.5亿元，下降0.5%。其中，邮政业务总量2.4亿元，增长4.4%；电信业务总量18.1亿元，下降1.1%。年末移动电话用户270.5万户，其中，3G移动电话用户89.3万户。全市宽带接入用户36.5万户，增长4.1%。

全年全市商业住宿设施接待入境过夜游客4.9万人次，接待国内旅游者2397.5万人次，分别增长3.1%和22.8%；旅游外汇收入1616.0万美元，国内旅游收入240.3亿元，旅游总收入241.3亿元，分别增长3.7%、18.7%和16.2%。

【金融和保险】2014年年末，忻州市全市金融机构本外币各项存款余额1545.6亿元，比年初增加80.7亿元，比年初增长5.5%。各项贷款余额644.4亿元，比年初增加61.3亿元，增长10.5%。

年末全市农村金融合作机构（农村信用社、农村合作银行、农村商业银行）人民币贷款余额277.8亿元，比年初增加26.3亿元，增长10.5%；人民币存款余额495.0亿元，比年初增加41.0亿元，比年初增长9.0%。

全年全市保费收入27.6亿元，增长17.5%。其中，寿险业务保费收入17.1亿元，增长26.3%；财产险业务保费收入10.4亿元，增长5.4%。全年支付各类赔款及给付10.3亿元，下降4.9%。

10

2014年临汾市经济发展概况

【经济总量】2014年，临汾市全年实现地区生产总值（GDP）1213.2亿元，比上年增长4.6%。其中，第一产业增加值94.9亿元，增长5.1%，占生产总值的比重为7.8%；第二产业增加值659.2亿元，增长4.1%，占生产总值的比重为54.4%；第三产业增加值459.1亿元，增长5.5%，占生产总值的比重为37.8%。在第三产业中，房地产业增加值52.6亿元，增长6.6%；批发和零售业增加值70.7亿元，增长2.5%；交通运输、仓储和邮政业增加值79.4亿元，增长8.6%。

【农业】2014年，临汾市全年全市农作物种植面积565.53千公顷，比上年增加4.72千公顷，增长0.8%。其中，粮食种植面积519.84千公顷，增加7.03千公顷；油料种植面积8.93千公顷，减少1.68千公顷；棉花种植面积0.59千公顷，减少0.72千公顷。在粮食种植面积中，玉米种植面积242.20千公顷，增加13.0千公顷；小麦种植面积228.42千公顷，增加1.56千公顷。

全年粮食产量275.7万吨，比上年增长6.8%。其中，夏粮106.1万吨，增长26.5%；秋粮169.6万吨，下降4.3%。

【工业和建筑业】2014年年末，临汾市全市规模以上工业企业355家。全年规模以上工业增加值增长3.0%。

规模以上工业企业原煤产量5011.1万吨，增长2.6%；发电量206.3亿千瓦时，增长7.8%；焦炭产量1892.42万吨，下降6.4%；钢材产量1312.87万吨，下降0.6%。

全年全市建筑业实现增加值71.3亿元，比上年增长15%。具有建筑业资质等级的总承包和专业承包建筑业企业实现利润3.2亿元，增长35.8%。

【固定资产投资】2014年，临汾市全年全市固定资产投资完成1229.4亿元，增长18.6%。其中，国有及国有控股投资完成596.9亿元，增长11%。

在全市固定资产投资中，内资企业投资完成1225.1亿元，增长18.6%；外商及港澳台商企业投资3.4亿元，增长57.3%。

从三次产业看，第一产业投资完成77.1亿元，增长42.5%；第二产业投资完成505.7亿元，增长8%；第三产业投资完成646.7亿元，增长25.8%。在第二产业中，工业投资完成505.7亿元，增长8.1%。其中，煤炭工业投资148.6亿元，增长-11.5%，非煤产业投资351.5亿元，增长21.4%。传统产业（煤炭、焦炭、冶金、电力）投资合计242.9亿元，增长-1.6%，非传统工业（食品、建材、化工、装备制造等）投资合计262.8亿元，增长18.9%。

【科学技术】2014年，临汾市全年全市受理专利申请1429件，比上年增长20.1%。受理发明专利申请487件，比上年增长35.7%。全市累计认定高新技术企业28家；认定省级技术中心21家，市级企业技术中心30家；科技创新型企业68家。

【国内贸易和对外经济】2014年，临汾市全年全市社会消费品零售总额529.5亿元，增长11.3%。按经营地统计，城镇消费品零售额446.0亿元，增长11.0%；乡村消费品零售额83.5亿元，增长13.2%。按消费形态统计，商品零售额489.1亿元，增长11.4%；餐饮收入额40.4亿元，增长11.3%。

全年全市海关进出口总额39949万美元，下降44.3%。其中，进口额22348万美元，下降59.7%；出口额

17601万美元，增长8.6%。

【**交通、邮电和旅游**】2014年，临汾市年末全市公路通车里程18111公里，其中高速公路462公里，与上年末持平。

年末全市民用汽车保有量42.3万辆（包括三轮汽车和低速货车0.8万辆），比上年末增长10.1%，其中私人汽车37.5万辆，增长12.0%。本年新注册汽车5.8万辆，下降2.3%。年末轿车保有量26.0万辆，比上年末增长15.0%，其中，私人轿车24.3万辆，增长16.9%。

全年全市完成邮电业务总量43.39亿元，增长18.7%。其中，邮政业务总量2.50亿元，增长1.4%；电信业务总量40.89亿元，增长19.9%。年末全市固定电话52.5万部，减少1.4万部，下降2.5%；新增移动电话用户3.5万户，年末达到397.1万户，其中，3G移动电话用户达到147.05万户。移动电话普及率90.20部/百人。全市宽带接入用户64.49万户，增长0.2%。

全年全市接待海外旅游者3.4万人次，接待国内旅游者2626.74万人次，分别增长5.7%和23.07%；旅游外汇收入1430.21万美元，国内旅游收入241.44亿元，旅游总收入242.3亿元，分别增长5.8%、25%和24.2%。

【**金融和保险**】2014年年末，临汾市全市金融机构本外币各项存款余额1853.6亿元，比年初增加59.7亿元，比年初增长3.3%。各项贷款余额943.4亿元，比年初增加97.7亿元，增长11.6%。

年末全市农村合作金融机构（农村信用社、农村合作银行、农村商业银行）人民币贷款余额484亿元，比年初增加35.1亿元，增长7.8%；人民币存款余额780.5亿元，比年初增加59.3亿元，增长8.2%。

全年全市保费收入43.19亿元，增长16.38%。其中，寿险业务保费收入29.57亿元，增长20.32%；健康险业务保费收入3.17亿元；意外险业务保费收入0.76亿元；财产险业务保费收入13.62亿元，增长8.66%。全年支付各类赔款及给付15.53亿元，增长14.7%。

11

2014年吕梁市经济发展概况

【**经济总量**】2014年，吕梁市全年实现地区生产总值（GDP）1101.3亿元，按可比价格计算，下降2%。第一产业完成增加值68.3亿元，增长4.2%，占生产总值的比重为6.2%；第二产业完成增加值685.1亿元，下降3.3%，占生产总值的比重为62.2%；第三产业完成增加值347.9亿元，增长0.6%，占生产总值的比重为31.6%。

【**农业**】2014年，吕梁市全年全市农作物播种面积536.5万亩。其中，玉米播种面积260.7万亩，小麦播种面积4.4万亩，高粱播种面积7.6万亩，土豆播种面积64.9万亩，豆类播种面积104万亩。

全年粮食产量12.6亿公斤，增加1.02亿公斤，增产8.8%。其中，夏粮0.13亿公斤，减产10.7%；秋粮12.48亿公斤，增产9.04%。其中，玉米产量9.5亿公斤，小麦产量1262.1万公斤；高粱产量1445万公斤；土豆产量4.15亿公斤；豆类产量8605万公斤。

【工业和建筑业】2014年，吕梁市年末全市规模以上工业企业556家，比上年减少36家。全年规模以上工业增加值下降5.6%。

全年全市建筑业实现增加值12.0亿元，下降15.5%。具有建筑业资质等级的总承包和专业承包建筑业企业实现利润2.9亿元，下降0.9%。

【固定资产投资】2014年，吕梁市全年固定资产投资1017亿元，增长16.5%。其中城镇投资973.8亿元，增长15.9%。

在固定资产投资（不含跨县市、农户）中，国有及国有控股投资378.0亿元，增长19.9%；民间投资632.0亿元，增长13.3%。

分产业看，第一产业投资25.3元，增长82%；第二产业投资570.7亿元，增长2%；第三产业投资421亿元，增长40.6%。

【科学技术】2014年，吕梁市全年全市有效发明专利申请完成143件，其中发明专利申请量为25件。全年新登记科技成果4项。省级企业技术中心3家。市级企业技术中心1家。按照国家高新技术企业认定办法，年末累计高新技术企业15家。

【国内贸易和对外经济】2014年，吕梁市全年全市社会消费品零售总额376.8亿元，增长9.5%。按经营地统计，城镇消费品零售额298.2亿元，增长9.1%；乡村消费品零售额78.6亿元，同比增长11.1%。

全年全市海关进出口总额56137万美元，下降25%。其中，出口额19409万美元，增长18.4%；进口额36728万美元，下降37.1%。

【交通、邮电和旅游】2014年年末，吕梁市全市公路线路里程17153公里，其中高速公路533.8公里。

年末全市民用汽车保有量282209辆（包括三轮汽车和低速货车5002辆），比上年末增长7.3%，其中私人汽车244899辆，增长8.5%。本年新注册汽车33178辆，下降16.1%。年末轿车保有量172551辆，增长10.7%，其中私人轿车158266辆，增长14%。

全年全市完成邮电业务总量35.1亿元，增长10.2%。其中，邮政业务总量2.1亿元，下降4%；电信业务总量32.7亿元，增长10.9%。年末移动电话用户316.4万户，同比增长2.8%。全市宽带接入用户49.6万户，增长6.3%。（注：邮电业务总量包含快递业务）

全年全市接待入境游客5058人次，接待国内旅游者2150.1万人次，分别增长4.6%和27.4%；旅游外汇收入193.6万美元，国内旅游收入181.5亿元，旅游总收入181.6亿元，分别增长4.2%、28.7%和27.6%。

【金融和保险】2014年年末，吕梁市全市金融机构人民币各项存款余额1577.1亿元，比去年同期减少24.8亿元，下降1.6%；较年初减少25.1亿元。人民币各项贷款余额857亿元，比去年同期增加58.4亿元，增长7.3%；较年初增加58.4亿元。

全年全市保费收入32.8亿元，增长11.9%。其中，财产险保费收入10.3亿元，增长4%；寿险保费收入20.4亿元，增长14.9%；意外险保费收入6009万元，下降2.8%；健康险保费收入1.5亿元，增长50%。

内蒙古自治区

｜呼和浩特市｜包头市｜乌海市｜赤峰市｜通辽市｜鄂尔多斯市｜
｜呼伦贝尔市｜巴彦淖尔市｜乌兰察布市｜

1

2014年呼和浩特市经济发展概况

【经济总量】2014年，呼和浩特市全年实现地区生产总值（GDP）2894.05亿元，比上年增长8.0%。分产业看，第一产业实现增加值125.46亿元，同比增长3.1%；第二产业实现增加值848.19亿元，同比增长8.2%；第三产业增加值实现1920.40亿元，同比增长8.3%。三次产业的比重为4.3：29.3：66.4。

【农业】2014年，呼和浩特市全市农作物播种面积453.71千公顷，比上年增长0.9%，其中粮食播种面积328.95千公顷，比上年增长0.7%。全年粮食产量132.2万吨，比上年下降3.4%。粮食作物中，玉米播种面积171.1千公顷，比上年增长12.8%，产量101.44万吨，比上年下降0.5%；马铃薯播种面积72.04千公顷，比上年下降7.9%，产量17.87万吨，比上年下降7.4%；油料播种面积50.27千公顷，比上年下降15.6%，产量8.26万吨，比上年增长7.1%。

【工业和建筑业】2014年，呼和浩特市全市规模以上工业增加值比上年增长10.0%，其中：国有企业增加值下降8.8%，集体企业增加值下降18.8%，股份合作企业增加值增长27.8%，股份制企业增加值增长8.0%，外商及港澳台投资企业增加值增长6.8%。在规模以上工业企业中，轻工业增加值增长14.4%；重工业增加值增长3.5%。

【固定资产投资】2014年，呼和浩特市固定资产投资完成1736.46亿元，比上年增长15.8%。其中，第一产业完成投资104.58亿元，下降8.3%；第二产业完成投资372.08亿元，增长35.3%；第三产业完成投资1259.8亿元，增长12.9%。二产投资中，工业投资完成370.29亿元，比上年增长35.1%，比全部固定资产投资增速快19.3个百分点。

【科学技术】2014年，呼和浩特市全市财政投入科技经费18527万元，比上年增长53.7%，争取国家及自治区支持资金1.01亿元，项目66项。年内专利申请量1811件，授权专利1119件。安排重大科技专项经费8191.5万元。

【国内贸易和对外经济】2014年，呼和浩特市全市社会消费品零售总额完成1256.08亿元，比上年增长10.0%。从经营单位所在地看，城镇实现社会消费品零售额1151.0亿元，占社会消费品零售总额的91.6%，增长9.4%；乡村消费品零售额105.08亿元，增长16.6%。从限额以上零售贸易企业情况看，粮油、食品、饮料、烟酒类完成零售额71.16亿元，比上年增长1.7%；体育、娱乐用品类完成零售额3.05亿元，比上年增长15.2%；文化办公用品类完成零售额9.56亿元，比上年增长8.3%；建筑及装潢材料类完成零售额7.96亿元，比上年增长45.3%。

全年海关进出口总额达到21.95亿美元，比上年增长37.5%。其中，进口总额9.53亿美元，比上年增长10.3%；出口总额12.42亿美元，比上年增长69.5%。

【交通、邮电和旅游】2014年，呼和浩特市全市公路货运量16326.2万吨，比上年增长34.4%，公路货运周转量282.24亿吨公里，比上年增长15.6%；公路客运量699万人，比上年下降34.7%，公路客运周转量15.11亿人公里，比上年下降28.7%。

全年邮电业务总量55.49亿元，比上年增长10.5%。其中，邮政业务总量7.79亿元，比上年增长41.1%；电信业务总量47.70亿元，比上年增长6.7%。年末本地网固定电话用户82.83万户，增长1.9%；年末移动电话390.47万户，下降2.5%。年末全市互联网络用户达45.03万户，增长0.1%。

【金融和保险】2014年年末，呼和浩特市全市金融机构人民币存款余额为4723.75亿元，比上年末增长6.4%。其中单位存款余额为2847.21亿元，比上年末增长8.1%；个人存款1591.20亿元，比上年末增长7.4%；财政性存款157.47亿元，比上年末下降34.5%。年末全市金融机构各项贷款余额5145.89亿元，比上年末增长20.4%。其中，短期贷款1216.04亿元，比上年末增长19.1%；中长期贷款3801.73亿元，比上年末增长19.5%。

全市保费收入63.10亿元，比上年增长22.0%。其中，财产险保费收入26.11亿元，比上年增长12.0%；人身险保费收入36.99亿元，比上年增长30.2%。全市保险赔款与给付支出21.25亿元，比上年增长8.7%。其中，财产险保险赔付支出12.19亿元，比上年下降2.5%；人身险保险赔付支出9.07亿元，比上年增长28.7%。

2

2014年包头市经济发展概况

【经济总量】2014年，包头市全年实现地区生产总值（GDP）3636.3亿元，按可比价格计算，比上年增长8.5%。其中，第一产业增加值100.7亿元，增长3.1%；第二产业增加值1792.2亿元，增长9.9%；第三产业增加值1743.4亿元，增长7.2%。三次产业增加值占全市生产总值的比重分别为2.8%、49.3%和47.9%。全市人均生产总值达到130676元，增长7.2%，按年平均汇率折算为21273美元。

【农业】2014年，包头市全年农作物播种面积33.6万公顷，比上年增长6.8%。其中，粮食作物播种面积23万公顷，增长0.6%。全年粮食总产量108.3万吨，比上年减少3.1%。其中，小麦产量6万吨，减少8.5%；玉米产量85.6万吨，减少3.9%；马铃薯产量15.5万吨，增长4.2%。全年油料产量7.3万吨，增长39.6%；蔬菜产量102.7万吨，增长3.2%。

年末全市牛存栏27.5万头，下降17.8%；羊存栏204.6万只，增长7.1%；猪存栏26.2万头，下降2.4%。年末牛出栏24.7万头，增长0.2%；羊出栏408.1万只，增长4.8%；猪出栏55.7万头，增长5.2%。全年猪肉产量4.6万吨，与上年持平；牛肉产量4.0万吨，增长3.4%；羊肉产量6.8万吨，增长4.2%；禽肉产量6398吨，增长1.8%；禽蛋产量2.7万吨，下降4.7%；牛奶产量101.9万吨，下降28.1%；水产品产量8625吨，增长6.3%。

【工业和建筑业】2014年，包头市全年全部工业增加值1579.8亿元，比上年增长10.4%。规模以上工业企业实现增加值1141.4亿元，增长11.1%，其中轻工业增长4.9%，重工业增长11.5%。在规模以上工业中，钢铁、铝业、装备制造、稀土、电力五大产业工业增加值比上年增长11.4%，对规模以上工业经济增长的贡献率达59.7%，拉动工业增长6.6个百分点；高技术产业增加值增长11.8%，高于规模以上工业增速0.7个百分点；战略性新兴产业增长14.2%，占规模以上工业的比重达19.8%；非公有制经济增加值增长22.9%，拉动全市规模以上工业增长10.5个百分点。

全年建筑业增加值213.0亿元，比上年增长5.8%。在本市注册的具有资质等级的建筑企业共100户，完成总产值221.9亿元。

【固定资产投资】2014年，包头市全年固定资产投资3440.6亿元，比上年增长15.0%。其中，第一产业投资89.0亿元，较上年增长8.5%；第二产业投资1762.2亿元，增长11.2%，其中工业投资1692.8亿元，增长11.4%；第三产业投资1589.4亿元，增长20.0%。

【科学技术】2014年，包头市全年申请专利1747件，比去年下降11.7%；专利授权量1141件，增长17.3%。年末拥有国家级企业技术（工程）中心9家；国家高新技术企业累计达到83家，其中年内新增5家；市级以上创新型（试点）企业累计达到112家，其中国家级创新型（试点）企业2家。全年共签订各类技术合同20项，技术合同成交金额0.74亿元，其中技术交易额0.72亿元。

【国内贸易和对外经济】2014年，包头市全年社会消费品零售总额1184.7亿元，比上年增长10.0%。按经营地统计，城镇消费品零售额1163.8亿元，增长10.0%；乡村消费品零售额20.9亿元，增长6.1%。

全年限额以上批发零售贸易及住宿餐饮企业实现消费品零售额377.3亿元，比上年增长0.2%。其中，企业餐饮收入24.4亿元，增长2.7%；企业商品零售额352.9亿元，与上年持平。在限额以上企业商品零售额中，粮油、食品、饮料、烟酒类商品零售额增长12.2%，服装、鞋帽、针纺织品类增长6.3%，化妆品类增长7.1%，日用品类增长2.7%，家具类增长36.5%，金银珠宝类下降5.5%，汽车类下降11.5%，石油及制品类下降2.8%。

全年外贸进出口总额18.1亿美元，比上年下降14.2%。其中，出口总额12.7亿美元，增长14.2%；进口总额5.4亿美元，下降46.0%。全年利用外资额11.2亿美元，比上年下降20.1%。

【交通、邮电和旅游】2014年，包头市公路货运量28831.6万吨，增长25.7%；公路客运量902.2万人，下降23.6%。民航客运吞吐量183.0万人次，比上年增长7.1%；民航货邮总量10139吨，增长1.4%。

全年邮电业务总量34.7亿元，比上年增长11.1%。其中，邮政业务总量11.1亿元，下降6.9%；电信业务总量33.6亿元，增长11.8%。年末固定电话用户41.7万户，下降10.9%。移动电话用户415.2万户，增长5.9%。

全年实现旅游总收入263.4亿元，比上年增长27.1%。国内旅游人数934.7万人次，增长11.0%；国内旅游收入260.3亿元，增长26.5%。入境旅游人数3.6万人次，增长5.6%；旅游外汇收入5141.6万美元，比上年增长1.2倍。

【金融和保险】2014年年末，包头市全市金融机构人民币各项存款余额2493.6亿元，比上年末增长7.2%。其中，单位存款余额959.8亿元，下降5.1%；个人存款余额1296.2亿元，增长8.9%。年末金融机构人民币各项贷款余额1834.1亿元，增长12.6%。其中，短期贷款余额876.2亿元，增长13.7%；中长期贷款余额886.9亿元，增长12.4%。

截至2014年底，全市共有保险公司35家，其中人身险公司15家，财产险公司20家。全年保险业务收入40.0亿元，比上年增长4.1%。其中，财产险收入16.5亿元，下降1.5%；人寿险收入23.5亿元，增长8.4%。保险赔款及给付支出11.9亿元，增长2.2%。其中，财产险赔款及给付7.7亿元，下降12.8%；人寿险赔款及给付4.2亿元，增长49.2%。

3

2014年乌海市经济发展概况

【经济总量】2014年，乌海市全年实现地区生产总值（GDP）600.18亿元，按可比价格计算，比上年增长8.8%，其中，第一产业增加值4.74亿元，增长3.2%；第二产业增加值383.37亿元，增长9.4%；第三产业增加值212.07亿元，增长7.9%。按常住人口计算，我市人均GDP达到108404元，比上年增长8.3%，按年均汇率计算折合17647美元。三次产业结构由上年的0.9：65.9：33.2调整为0.8：63.9：35.3。

【农业】2014年，乌海市全年经济作物总播面积2410公顷。粮食作物播种面积4650公顷，粮食总产量4.1万吨。

全市牲畜存栏头数达11.75万头（只），比上年增长0.7%。初步统计，全年肉类总产量13827吨，比上年增长1.1%。其中，猪肉产量达到9691吨，与上年持平；牛肉产量达到520吨，比上年增长4.2%；羊肉产量达到2759吨，比上年增长4.2%。生牛奶产量1991吨，比上年增长7.0%；禽蛋产量3327吨，比上年下降0.5%。

【工业和建筑业】2014年，乌海市全市完成工业增加值342.34亿元，按可比价计算，比上年增长9.6%。154户规模以上工业企业增加值增长10.9%。其中，国有企业增长18.4%，股份制企业增长10.4%。产品销售率为90.3%，比上年降低1.6个百分点。分行业看：煤炭开采和洗选业比上年增长10.9%、炼焦业比上年增长5.0%、化学原料及化学制品业比上年增长26.7%、非金属矿物制品业比上年下降1.8%、黑色冶金业比上年下降10.4%、电力热力生产与供应业比上年下降2.0%。

全市资质以上建筑施工企业50家，与上年持平，实现建筑业增加值41.04亿元，比上年增长6.5%。

【固定资产投资】2014年，乌海市全市完成固定资产投资488.2亿元，比上年增长17.1%。其中，第一产业投资完成8.82亿元，比上年下降8.4%；第二产业投资完成307.73亿元，比上年增长21.2%；第三产业投资完成171.65亿元，比上年增长11.9%。

【科学技术】2014年，乌海市全市取得自治区科技成果20项。年末全市共有公共图书馆4个，总藏书59.56万册。市属专业艺术表演团体1个，举办演出189场。拥有书画院2个，共有书、画作品251幅。拥有文化部门艺术表演场所1个，全年共演出685场。2014年拥有电视台1座，开播无线电视频道9个、电视综合覆盖率分别达到98.07%和98.43%。全市拥有文物站、博物馆3个，文物藏品3452件（套）。《乌海日报》年发行量3.5万份。

【国内贸易和对外经济】2014年，乌海市全市实现社会消费品零售总额127.02亿元，比上年增长11.7%，扣除物价上涨因素，实际增长9.8%。

全市批发零售业销售总额189.56亿元，比上年增长13.3%，扣除物价上涨因素，实际增长11.4%。其中，批发业完成销售总额81.45亿元，比上年增长10.8%，零售业完成销售总额108.12亿元，比上年增长15.2%，扣除物价影响，分别实际增长8.9%和13.3%。住宿业营业额7.0亿元，增长10.0%；餐饮业营业额15.75亿元，增长11.4%。

全市进出口总额达1849万美元，比上年增长100.5%；其中出口额1800万美元，比上年增长783.3%；进口额49万美元，比上年下降93.0%。

【交通、邮电和旅游】2014年，乌海市全年各种运输方式完成货物运输总量8109.17万吨，比上年增长24.8%，其中，铁路货物运输2358.17万吨，增长13.3%；公路货运量5750.8万吨，增长30.2%；民航货邮吞吐量完成0.20万吨，增长40.3%。

全年完成邮政业务总量4419.09万元，比上年下降7%。全年订阅报纸825.77万份，增长9%；订销杂志40.12万份，下降14%；国内收寄函件13.57万件，增长16%；国际收寄函件172件，增长5%。

全年旅游总收入25.87亿元，比上年同期增长27.1%，旅游接待人数164.22万人次，增长12.8%。

【金融和保险】2014年，乌海市全市金融业实现增加值30.22亿元，比上年增长7.9%。年末全市金融机构人民币存款余额600.43亿元，比年初增加13.1亿元。其中，个人存款余额322.09亿元，比年初增加23.04亿元；金融机构人民币各项贷款余额540.09亿元，比年初增加65.11亿元。其中，短期贷款余额249.37亿元，比年初增加18.64亿元；中长期贷款余额200.99亿元，比年初增加6.94亿元。

年末全市共有各类保险行业机构59家。全年财寿险保费收入11.15亿元，比上年增长11.4%。其中，财产险保费收入4.26亿元，比上年增长10.1%；寿险保费收入6.89亿元，增长12.2%；

全年各类保险赔款给付支出3.27亿元，赔付率为29.4%；其中，财产险赔付1.97亿元，赔付率为46.3%；寿险赔付1.3亿元，赔付率为18.9%。

4

2014年赤峰市经济发展概况

【经济总量】2014年，赤峰市全年实现地区生产总值（GDP）1778.37亿元，按可比价格计算，比上年增长7.9%。其中，第一产业增加值274.39亿元，增长4.1%；第二产业增加值892.01亿元，增长9.7%；第三产业增加值611.97亿元，增长6.3%。按常住人口计算，人均生产总值达到41309元，增长8%，按年均汇率计算折合为6725美元。

从产业结构看，三次产业比例由上年的15.7：50.9：33.4调整为15.4：50.2：34.4，第一产业比重下降0.3个百分点，第二产业下降0.7个百分点，第三产业提高1个百分点；从增长速度看，第二产业达到9.7%，居三次产业之首，分别高于一、三产业5.6和3.4个百分点；从贡献情况看，三次产业对经济增长的贡献率分别为7.2%、66.9%和25.9%，第一产业较上年下降1.2个百分点，第二产业提高2.5个百分点，第三产业下降1.3个百分点；从拉动经济增长情况看，三次产业分别拉动经济增长0.6、5.3和2个百分点，第二产业分别高于第一、三产业4.7和3.3个百分点。

【农业】2014年，赤峰市全市粮食作物播种面积90.77万公顷，比上年增长0.6%。粮食总产量510万吨，比上年下降2.9%。其中谷物487.85万吨，增长0.6%；豆类4.72万吨，下降41.5%；薯类（折粮）17.43万吨，下降46%。经济作物中，油料产量15.62万吨，增长21.5%；甜菜75.8万吨，下降14.6%；蔬菜503.99万吨，增长12%；瓜类34.26万吨，下降2.4%。

【工业和建筑业】2014年，赤峰市全年全部工业完成增加值763.79亿元，比上年增长10.2%。其中规模以上工业（年主营业务收入2000万元及以上的法人工业企业）增加值增长10.7%。在规模以上工业企业中，按企业规模分，大中型工业企业增加值增长12.3%；按企业经济类型分，国有及国有控股企业增加值增长7.4%，其他类型企业增加值增长12.8%；按轻重工业分，轻工业增加值增长9.9%，重工业增加值增长10.9%。冶金、能源、食品、医药、建材、纺织、化工和机械等八个重点行业增加值增长10.6%，对规模以上工业的贡献率达94.4%，拉动规模以上工业增长10.1个百分点。其中冶金行业增加值增长12.7%，对规模以上工业的贡献率为57.1%，拉动规模以上工业增长6.1个百分点。

全年建筑业完成增加值128.73亿元，比上年增长6.4%。全市具有建筑业资质等级的建筑施工企业147个；施工企业房屋建筑面积1238.7万平方米，下降3%；竣工房屋面积800.7万平方米，下降4%；房屋建筑竣工率64.6%；全年具有建筑业资质等级的建筑企业实现利润8.94亿元，下降1.5%；实现税金0.19亿元，下降18.3%。

【固定资产投资】2014年，赤峰市全年500万元以上项目固定资产投资完成1101.28亿元，比上年增长16%。按注册登记类型分，内资企业投资1093.3亿元，增长12%；港澳台商投资企业投资0.78亿元，下降55.1%；外商投资企业投资2.83亿元，增长162%；个体经营投资4.37亿元，增长32.2%。按项目隶属关系分，地方项目完成投资1084.45亿元，增长13%；中央项目完成投资16.83亿元，下降36.7%。

从产业投资结构看，三次产业分别完成投资195.18、425.4和480.7亿元，分别占500万元以上项目固定资产投资的17.7%、38.6%和43.7%，第二产业投资所占比重同比下降7.3个百分点，第一、三产业分别上升4.6和2.7个百分点。从行业投资看，工业投资421.18亿元，增长15.5%，占固定资产投资的38.2%，所占比重同比下降6.6个百分点。

【科学技术】2014年，赤峰市全年鉴定科技成果34项。年内签订技术合同141项，合同成交额3471万元。

【国内贸易和对外经济】2014年，赤峰市全年社会消费品零售总额587.39亿元，比上年增长11.6%。分城乡看，城镇消费品零售总额481.46亿元，增长12%；乡村消费品零售总额105.93亿元，增长9.8%。全年商品销售（营业）额1367.47亿元，增长13.5%。分行业看，批发业销售额699.56亿元，增长11.3%；零售业销售额572.27亿元，增长16%；住宿业营业额19.61亿元，增长12.5%；餐饮业营业额76.04亿元，增长17.1%。

全年对外贸易企业进出口总额8.53亿美元，比上年下降6.6%。其中进口7.19亿美元，下降10%；出口1.34亿美元，增长17.4%。在进出口总额中“三资”企业完成7.74亿美元，增长20%。全年实际利用外商投资2112万美元，增长314%。

【交通、邮电和旅游】2014年年末，赤峰市全市公路里程达到24953.7公里，比上年增长2.8%，其中等级公路率达到96.5%。全年公路货运量完成13117万吨，增长33.9%；货物周转量239.83亿吨公里，增长15.3%。公路客运量3872万人，下降14.1%；客运周转量27.62亿人公里，下降3.9%。

全年邮电业务总量33.23亿元，比上年增长16.1%。其中，电信业务总量31.35亿元，增长17%；邮政业务总量1.88亿元，增长3.8%。全市固定电话用户达到40.47万户，其中住宅电话28.22万户。移动电话用户达到340.01万户，下降4.4%。计算机互联网用户41.65万户，增长13.9%。

全年接待游客1139万人次，比上年增长20.9%；旅游创收180亿元，增长23.9%。

【金融和保险】2014年年末，赤峰市全市金融机构人民币存款余额1366.47亿元，比年初增加98.83亿元，增长7.8%。其中，单位存款余额382.53亿元，比年初增加1.96亿元，增长0.5%；个人存款余额936.92亿元，比年初增加70.14亿元，增长8.1%。年末全市金融机构人民币贷款余额1048.07亿元，比年初增加187.35亿元，增长21.8%。其中，短期贷款余额532.13亿元，比年初增加123.94亿元，增长30.4%；中长期贷款余额503.17亿元，比年初增加57.51亿元，增长12.9%；个人消费贷款余额160.53亿元，比年初增加46.21亿元，增长40.4%。

全年保险业实现保费收入39.25亿元，比上年增长11.5%，赔款和给付支出14.78亿元，增长25.4%。其中，财产险保费收入17.13亿元，增长10.9%；赔款支出9.25亿元，增长25%。人寿险保费收入22.12亿元，增长12%；赔款与给付支出5.53亿元，增长25.9%。

5

2014年通辽市经济发展概况

【经济总量】2014年，通辽市全年实现地区生产总值（GDP）1886.80亿元，按可比价格计算，比上年增长8.6%，增速高于全区0.8个百分点。其中，第一产业增加值完成267.61亿元，增长4.3%；第二产业增加值完成1065.47亿元，增长10.1%；第三产业增加值完成553.72亿元，增长7.3%。三次产业结构由2013年的14.4∶57.7∶27.9调整为14.2∶56.5∶29.3，与上年相比，第三产业所占比重提高了1.4个百分点，第一、二产业所占比重分别减少0.2和1.2个百分点。按常住人口计算人均生产总值60380元，按2014年平均汇率计算为9829美元，增长8.8%。

【农业】2014年，通辽市全市第一产业增加值完成267.61亿元，比上年同期增长4.3%。年初实有耕地面积135.09万公顷。粮食作物播种面积93.48万公顷，比上年增加0.47万公顷，增长0.5%，其中，谷物播种面积89.56万公顷，比上年增加1.85万公顷，增长2.1%。

全年粮食产量663.05万吨，比上年增产0.05万吨。其中：稻谷13.40万吨；小麦1.72万吨；玉米624.79万吨；谷子2.97万吨；高粱12.74万吨；荞麦2.15万吨；豆类3.16万吨；折粮薯类1.43万吨。

【工业和建筑业】2014年，通辽市全年全部工业增加值985.15亿元，比上年增长10.4%，增幅比上年回落0.4个百分点。其中：规模以上工业企业增加值增长10.9%，增幅比上年回落1.3个百分点。从分注册类型实现增加值情况看：国有企业同比增长0.5%，集体企业同比下降43.1%，股份制企业同比增长12.2%，外商及港澳台商投资企业同比增长12.8%，其他经济类型企业同比下降2.2%。

全年建筑业增加值91.00亿元，比上年增长6.7%。全市有工作量的资质等级建筑施工企业56个，实现建筑业总产值61.42亿元，比上年增长1.0%。签订的合同额为103.02亿元，同比增长2.5%。

【固定资产投资】2014年，通辽市全年全社会固定资产投资完成1880.00亿元，比上年增长17.5%。其中，城乡50万元以上固定资产投资总额完成1866.36亿元，增长18.3%。分产业看：第一产业完成投资158.25亿元，增长46.9%；第二产业完成投资945.04亿元，增长14.5%，其中：工业完成投资942.00亿元，增长14.3%；第三产业完成投资763.07亿元，增长18.5%。三次产业投资结构比由去年的6.8∶52.4∶40.8调整为8.5∶50.6∶40.9。分行业看：制造业完成投资745.78亿元，增长25.6%；电力、热力、燃气及水生产和供应业完成投资183.02亿元，下降1.93%；批发和零售业完成投资68.86亿元，增长6.1%；交通运输、仓储和邮政业完成投资165.18亿元，增长7.8%；水利、环境和公共设施管理业完成投资249.43亿元，增长43.2%。

【国内贸易和对外经济】2014年，通辽市全年实现社会消费品零售总额435.44亿元，比上年增长11.2%，增幅比上年高出0.2个百分点。按销售单位所在地分：城镇实现消费品零售额309.84亿元，增长10.7%；乡村实现消费品零售额125.60亿元，增长12.3%。乡村消费品零售额增长高出城镇1.6个百分点。按行业分：全市批发和零售业实现消费品零售额376.34亿元，增长11.2%，其中零售业实现消费品零售额

318.32亿元，增长13.4%，高出全社会消费品零售总额2.2个百分点，占全社会消费品零售总额的73.1%。住宿餐饮业实现消费品零售额59.10亿元，增长9.1%，其中餐饮业实现消费品零售额54.94亿元，增长9.5%，占消费品零售总额的12.6%。

全年外贸进出口总额突破4亿美元大关，达到43000万美元，同比增长106.0%，创历史新高。其中：出口39200万美元，同比增长218.8%；进口3800万美元，同比下降55.8%。全市民营企业累计进出口额38585万美元，占全市进出口总额的89.7%，同比增长94.2%。其中：出口38402万美元，同比增长3.33倍；进口额183万美元，同比下降97.8%。国有企业进出口额2959万美元，占全市进出口总额的6.9%，同比增长3.65倍。其中：出口额1294万美元，同比增长62.1%；进口额1665万美元，同比增长151.3倍。外资企业进出口额1456万美元，占全市进出口总额的3.4%，同比增长8倍。其中：出口额134万美元，同比下降22.1%；进口额1322万美元，同比增长132.2倍。

【交通、邮电和旅游】2014年，通辽市全年交通运输、仓储和邮政业增加值107.17亿元，比上年增长8.1%。全市公路里程18484公里，其中，高速公路430公里。全年公路货运量8984万吨，比上年增长39.9%，公路货运周转量155.05亿吨公里，增长21.0%；全年公路客运量1792万人，同比下降14.3%；公路旅客周转量18.40亿人公里，同比下降7.0%。2014年铁路货运发送量5554万吨，同比增长12.4%；铁路客运发送量651万人，同比下降17.8%。全年民航旅客运输总量70.91万人，旅客运输周转量6.55亿人公里；全年民航货物运输总量0.31万吨，货物运输周转量300.89万吨公里。

全年完成电信业务总量18.96亿元，邮政业务总量0.85亿元。全市有邮政局（所、处）129个，邮路总长度5243公里，农村投递路线长度为22067公里。全年特快专递24.97万件，报纸期发数13.54万份，杂志期发数4.74万份。城镇固定电话普及率22.00部/百户；农村17.23部/百户。城镇移动电话普及率234.00部/百户；农村232.55部/百户。每百户城镇和农村居民家用计算机数分别为69.00台和29.85台。

全年旅游总收入150.08亿元，同比增长25.1%。接待国内外旅游者630.10万人次，同比增长26.0%；其中：接待入境旅游者2.4万人次。国际旅游外汇收入1901.63万美元，国内旅游收入148.88亿元。我市已有A级景区23家，AAA级景区达到10家，4A级景区4家；有星级饭店31家。

【金融和保险】2014年年末，通辽市全部金融机构各项存款余额711.12亿元，比年初增加11.76亿元，增长1.7%。其中：单位存款225.95亿元，比年初减少13.81亿元，下降5.8%；个人存款459.03亿元，比年初增加30.44亿元，增长7.1%。全部金融机构各项贷款余额735.87亿元，比年初增加32.87亿元，增长4.7%，增幅比上年低10.5个百分点。

全年保险保费收入26.69亿元，同比增长13.1%，其中：财产保险保费收入13.67亿元，同比增长9.3%，赔款7.90亿元，同比增长43.0%；人寿保险保费收入13.02亿元，同比增长17.4%，赔款1.48亿元，同比增长17.1%。

6

2014年鄂尔多斯市经济发展概况

【经济总量】 2014年，鄂尔多斯市全年实现地区生产总值（GDP）4162.2亿元，扣除价格因素，比去年增长8.0%。分产业看，第一产业完成增加值99.6亿元，增长4.1%，对经济增长的贡献率为1.1%，拉动GDP增长0.1个百分点。第二产业完成增加值2463.0亿元，增长9.9%，对经济增长的贡献率为75.7%，拉动GDP增长6.1个百分点。第三产业完成增加值1599.6亿元，增长5.1%，对经济增长的贡献率为23.2%，拉动GDP增长1.8个百分点。三次产业增加值比例调整为2.4：59.2：38.4。

【农业】 2014年，鄂尔多斯市全年现价农林牧渔及服务业总产值171.7亿元，按可比价格计算比上年增长4.1%。其中，农业产值81.3亿元，增长10.9%；林业产值7.2亿元，增长8.2%；牧业产值77.7亿元，下降4.4%；渔业产值2.3亿元，增长9.2%；农林牧渔服务业产值3.2亿元，增长8.0%。

【工业和建筑业】 2014年，鄂尔多斯市全市工业完成增加值2200.5亿元，增长10.3%。规模以上工业企业364家，较去年减少15家。总产值达到4431.6亿元，同比增长8.0%；销售产值4364.7亿元，增长7.9%；工业产品产销率98.5%。

全年规模以上工业增加值按可比价比上年增长11.1%。按轻重工业分，轻工业下降8.7%、重工业增长11.9%；按经济类型分，国有企业增长3.1%，集体企业增长8.5%，股份制企业增长1.7%，外商及港澳台投资工业下降8.0%，其他经济类型工业增长53.7%。

全市建筑业完成增加值271.8亿元，增长5.7%。年末全市具有资质等级的建筑施工企业218个，全年总承包和专业承包建筑业总产值363.3亿元，同比下降22.9%，竣工产值174.7亿元，下降16.0%。建筑业企业房屋建筑施工面积547.3万平方米，下降16.1%；竣工面积323.8万平方米，增长21.4%。

【固定资产投资】 2014年，鄂尔多斯市全市全社会固定资产投资完成3422.5亿元，同比增长15.8%。全年新增固定资产2057.8亿元，固定资产交付使用率60.1%，共有1280个项目建成投产，项目建成投产率68.6%。全市亿元以上重点开工项目392个，比上年增长24.4%，完成投资2758.7亿元，比上年增长17.8%。

第一产业完成投资97.3亿元，同比增长29.0%；第二产业完成投资2508.6亿元，同比增长18.6%，其中，工业投资完成2483.6亿元，同比增长18.0%；第三产业完成投资816.6亿元，同比增长1.3%。主要工业行业投资中，制造业完成投资1561.2亿元，增长19.8%；采矿业完成投资641.3亿元，增长16.4%；电力、燃气及水的生产和供应业完成投资281.1亿元，增长11.7%。第三产业投资中，交通运输仓储和邮政业投资192.6亿元，下降17.1%；房地产业投资163.0亿元，下降21.5%；水利、环境和公共设施管理业投资232.4亿元，增长45.3%；教育投资12.0亿元，下降57.1%。

【科学技术】 2014年，鄂尔多斯市全市共取得各类科技成果49项，同比增长16.7%，全年提交专利申请689件，同比下降33.0%。其中，授权专利437件，同比下降31.0%。技术合同认定登记12项，成交金额920万元，分别同比下降84.0%和91.8%。年内新认定国家级高新技术企业8家，自治区级企业研究开发中心3家，自治区级工程技术研究中心3家，自治区院士专家工作站2家。

【国内贸易和对外经济】2014年，鄂尔多斯市全市实现社会消费品零售总额610亿元，同比增长10.1%。其中，城镇实现消费品零售额510.4亿元，同比增长10.8%；乡村实现消费品零售额99.6亿元，同比增长6.2%。

全年新批准外商投资企业6家，利用外资新签项目数6个。实际使用外商直接投资16.9亿美元，同比增长5.3%。

全市完成进出口总额（不含煤炭）7.2亿美元，同比下降36.5%。其中进口总额2.5亿美元，同比下降68.8%；出口总额4.8亿美元，同比增长37.3%。

【交通、邮电和旅游】2014年，鄂尔多斯市全年共营运航线42条，通航城市41个，且与香港直航。铁路通车里程达1667公里；全市公路总里程18820公里，其中高速公路里程720公里，公路网密度为21.6公里/百平方公里。全年各种运输方式完成货运量46597万吨，比上年下降20.4%；其中，铁路完成货运量29600万吨，增长12.0%；公路货运量16996万吨，增长27.5%；民航货运量0.7万吨，下降30.1%。全年各种运输方式完成客运量1288万人。其中，铁路完成客运量75.1万人，增长58.0%；公路客运量1062.8万人，下降18.6%；民航客运量150.3万人，下降13.2%。全市机动车拥有量54.5万辆，同比增长3.7%，其中新注册3.6万户。

全年实现邮电业务收入23亿元，同比下降19.0%。其中，邮政业务收入1.1亿元，下降12.2%；电信业务收入21.9亿元，下降19.5%。年末固定电话用户22.4万户，移动电话用户249.8万户，其中，3G移动电话用户84.6万户，下降9.0%；宽带用户达到18.6万户，增长4.5%。

全市A级旅游景区和全国工农业旅游示范点47个，其中，国家5A级旅游景区2个，4A级旅游景区21个，3A级旅游景区11个。全市旅行社93家，其中具有出境经营权的旅行社14家。全市共接待旅游者751.2万人次，同比增长15.4%。其中，接待入境旅游者3.1万人次。实现旅游收入197.1亿元，同比增长29.3%。

【金融和保险】2014年，鄂尔多斯市全市共有银行法人机构26家，银行营业网点601个，共有从业人员9176人。年末金融机构各项存款余额（人民币）2494.3亿元，同比增长7.3%。其中，单位存款余额1141.1亿元，同比增长5.7%；城乡居民储蓄存款余额1268.4亿元，同比增长7.6%。年末金融机构各项贷款余额2588.7亿元，同比增长9.3%。其中，短期贷款余额1069.9亿元，同比增长0.1%；中长期贷款余额1466.1亿元，同比增长14.8%；个人消费贷款余额214.9亿元，同比下降15.5%。

全市保险公司中心支公司30家，中支以下各级保险机构188家。保险业实现保费收入34.0亿元，同比增长4.9%。其中财产险收入17.0亿元，同比下降2.6%；寿险收入13.8亿元，同比增长11.2%；健康险收入2.5亿元，同比增长30.5%；意外伤害险收入0.7亿元，同比增长12.7%。各项赔付支出11.0亿元，同比下降4.5%。其中财产险赔付支出7.4亿元，同比下降13.6%；寿险赔付支出2.1亿元，同比增长5.4%；健康险赔付支出1.3亿元，同比增长68.1%；意外伤害险赔付支出0.2亿元，同比增长12.2%。

7

2014年呼伦贝尔市经济发展概况

【经济总量】2014年，呼伦贝尔市全年实现地区生产总值（GDP）实现1522.26亿元，按可比价计算增长8.4%，人均地区生产总值（GDP）60152元，可比价增长8.5%。其中，第一产业增加值275.68亿元，增长5.5%；第二产业增加值712.27亿元，增长10.3%，其中：工业增加值615.32亿元，增长10.4%，建筑业增加值102.71亿元，增长9.7%；第三产业增加值534.31亿元，增长7.2%。三次产业结构比例由上年的18.1：47.7：34.2调整为18.1：46.8：35.1。

【农业】2014年，呼伦贝尔市全市农林牧渔业增加值实现279.3亿元，同比增长5.5%（可比价增速）。全市粮食作物播种面积2013.9万亩，增长0.4%。全年粮食总产量123.13亿斤，比上年增产3.01亿斤，增长2.5%。在粮食作物中，小麦产量23.5亿斤，增长14.8%；玉米产量73.4亿斤，增长21.9%；大豆产量13.75亿斤，下降40.0%；马铃薯产量6.09亿斤，下降22.4%。粮食平均亩产305.7公斤，增长2.1%。

【工业和建筑业】2014年，呼伦贝尔市全部工业增加值615.32亿元，增长10.4%，规模以上工业企业增加值520.99亿元，增长10.9%。煤炭开采和洗选业增长1.5%；电力、热力的生产和供应业增长0.8%；石油和天然气开采业增长8.1%；木材加工业增长19.5%；饮料制造业增长7.1%；非金属矿物制品业增长11.4%；化学原料及化学制品制造业增长56.5%；食品制造业增长12.2%；农副食品加工业增长0.9%。企业营销能力进一步加强，产销衔接水平良好，产品销售率98.1%。主要产品产量增长较快。

建筑业增加值102.71亿元，增长9.7%。全市73户具有资质等级的建筑企业完成产值124.78亿元，增长23.1%。房屋建筑施工面积700.27万平方米，增长26.8%。竣工房屋面积560.45万平方米，增长32.2%。房屋建筑竣工率为80.0%，增长3.2个百分点；全市建筑企业亏损15家。实现利润5.53亿元，增长9.5%。实现税金总额6.25亿元，增长83.8%。建筑企业亏损面为20.5%，比上年高出5.4个百分点。全员劳动生产率为242200元/人，比上年下降30070元/人。

【固定资产投资】2014年，呼伦贝尔市全社会固定资产完成837.71亿元（新口径，下同），增长15.3%。限额以上固定资产投资803.00亿元（不含铁路、森工及乡村500万元以下投资），增长16.0%。其中，房地产企业开发完成投资102.91亿元，下降4.7%。商品房销售面积548.36万平方米，同比增长18.4%，商品房销售金额202.42亿元，同比增长26.9%。

在限额以上固定投资完成额中，按经济类型划分，国有经济单位投资408.64亿元，增长21.5%；按投资产业划分，第一产业投资51.85亿元，增长13.2%；第二产业投资316.65亿元，下降2.6%，其中，工业投资300亿元，占全部投资的37.4%，下降8.9%。采矿业投资88.01亿元，增长13.8%。制造业投资完成146.98亿元，下降18.0%。电力、热力生产和供应业投资65.08亿元，增长1.0%；第三产业投资完成435.51亿元，增长37.8%。其中，交通运输仓储业投资101.67亿元，增长35.1%；教育投资完成12.78亿元，增长3.2倍；水利、环境和公共设施管理业完成102.51亿元，增长95.2%。

【科学技术】2014年，呼伦贝尔市全年鉴定科技成果19项。签订各类技术合同32项，合同成交金额14028.45万元，增长11.5%。

【国内贸易和对外经济】2014年，呼伦贝尔市全市社会消费品零售总额完成501.56亿元（不含其它项），增长11.5%。批发零售企业商品销售额982.73亿元，增长14.5%，其中：批发业487.28亿元，增长13.0%；零售业495.45亿元，增长16.2%。住宿餐饮企业营业额111.28亿元，增长17.4%，其中：住宿业19.07亿元，增长13.7%；餐饮业92.21亿元，增长18.2%。

全市进出口总额完成36.57亿美元，增长54.1%，其中，出口16.62亿美元，增长285.6%。进口19.95亿美元，增长2.7%。贸易逆差3.33亿美元。

【交通、邮电和旅游】2014年，呼伦贝尔市全年铁路、公路完成货运量18059万吨，增长5.6%。其中，铁路8290.46万吨，下降3.4%；公路9769万吨，增长30.1%；民航行货邮吞吐量2.2万吨，增长18.8%。铁路、公路完成客运量2566.45万人。其中，铁路853.75万人，增长2.2%；公路1522.6万人，下降17.5%；民航190.1万人，增长19.4%。铁路、公路完成货物周转量497.3亿吨公里。其中，铁路完成货物周转量326.2亿吨公里，下降6.6%；公路完成货物周转量171.1亿吨公里，增长12.3%；铁路、公路完成旅客周转量47亿人公里。其中，铁路完成旅客周转量31.6亿人公里，增长5.1%；公路完成旅客周转量15.4亿人公里，下降4.1%。

全市邮电主营业务收入完成22.15亿元，增长0.2%。全市电话用户33.75万户，增长0.02%。其中，住宅电话为30.23万户，增长6.8%；移动电话用户已达280.13万户，下降12%；互联网用户35.19万户，下降5%。

全年共接待旅游者1293.53万人次，增长13.4%，其中，入境旅游者65.69万人次，增长2.1%。国内旅游者1227.84万人次，增长14.1%；国际旅游创汇4.19亿美元，下降5.4%。旅游业总收入364.17亿元，增长30.6%。

【金融和保险】2014年年末，呼伦贝尔市全市金融机构各项存款余额1156.54亿元，增长4.1%。其中，单位存款374.32亿元，下降1.8%；城乡居民储蓄存款余额达709.43亿元，增长7.5%。金融机构各项贷款余额达733.22亿元，增长18.5%。其中，短期贷款397.27亿元，增长20.7%。其中，个人短期消费贷款11.51亿元，增长68.3%。中长期贷款333.58亿元，增长16.3%。其中：个人中长期消费贷款49.71亿元，增长29.1%。

全市保险主体24家，其中，财产保险公司12家，寿险公司12家。业务总收入37.20亿元，增长22.7%。其中，财产险保费收入14.66亿元，增长7.3%；寿险保费收入22.54亿元，增长35.4%。全年保险赔付额为9.18亿元，增长9.03%。其中，财产险赔付5.93亿元，增长7.4%；寿险赔付3.25亿元，增长12.1%。全年政策性农业保险保费收入7.02亿元，增长2.9%。全年政策性农业保险赔款2.45亿元，下降14.3%。

8

2014年巴彦淖尔市经济发展概况

【经济总量】2014年，巴彦淖尔市全年实现地区生产总值（GDP）867.5亿元，按可比价格计算，比上年增长7.8%。分产业看：第一产业实现增加值168.5亿元，同比增长4.6%；第二产业实现增加值478.3亿元，同比增长9.5%；第三产业实现增加值220.8亿元，同比增长5.8%。从各产业贡献率看：第一产业对经济增长的贡献率为10.3%，第二产业对经济增长的贡献率为71.9%，第三产业对经济增长的贡献率为17.8%。三次产业结构由上年的19.4：56.2：24.4演进为19.4：55.1：25.5，第三产业比重比上年提升1.1个百分点。全年人均地区生产总值完成5.2万元人民币，增长7.7%，按年平均汇率折算达到8449美元。

【农业】2014年，巴彦淖尔市农作物总播种面积978.9万亩，同比增长2.8%。粮食播种面积515.5万亩，同比下降0.2%；其中，小麦面积114.3万亩，比上年减少24.6万亩，下降17.7%；玉米面积394.3万亩，比上年增加24.9万亩，增长6.7%。经济作物播种面积443.6万亩，同比增长5.5%；其中，花葵面积328.3万亩，比上年增加27.4万亩，增长9.1%；油葵面积23.0万亩，比上年减少2.5万亩，下降9.8%；番茄面积13.2万亩，比上年增加0.1万亩，增长1.0%。耕地内种草19.8万亩，同比增长29.4%。

【工业和建筑业】2014年，巴彦淖尔市全市规模以上工业增加值比上年增长10.7%。从所有制类型看：国有企业增加值增长9.7%，集体企业增加值增长12.0%，股份制企业增加值增长10.8%，外商及港澳台投资企业增加值增长4.2%。从行业看：炼焦业增加值增长72.3%；有色金属冶炼和压延加工业增加值增长17.2%；纺织业增加值增长16.4%；电力、热力生产和供应业增加值增长12.8%。从优势特色产业看：农畜产品加工业增加值增长9.7%；矿产品采选及冶炼业增加值增长10.4%；化学工业增加值增长13.8%；电力工业增加值增长11.3%。优势特色产业增加值占规上工业的比重达到94.7%。主要工业产品产量如下表所示：

全年建筑业增加值完成68.1亿元，同比增长3.9%。全市具有资质的独立核算建筑业企业共57家，从业人员2.2万人。房屋建筑施工面积542.4万平方米，房屋建筑竣工面积174.7万平方米。

【固定资产投资】2014年，巴彦淖尔市全市固定资产投资完成941.2亿元，同比增长17.2%。从投资主体看：国有控股投资462.6亿元，增长21.9%；集体控股投资15.3亿元，增长44.3%；私人控股投资331.1亿元，下降7.8%；其他经济类型投资132.2亿元，增长1.5倍。从项目隶属关系看：地方项目投资比重较大，占全部投资的97.6%，完成投资919.0亿元，同比增长16.1%；中央项目投资22.3亿元，同比增长89.0%。分产业看：第一产业完成投资91.9亿元，同比增长10.6%；第二产业完成投资471.1亿元，同比增长18.8%，其中，工业投资468.7亿元，同比增长18.7%；第三产业完成投资378.2亿元，同比增长17.0%。从主要行业投资看：农业投资91.9亿元，增长10.6%；采矿业投资93.6亿元，下降6.7%；制造业投资191.6亿元，增长7.3%；电力投资157.3亿元，增长70.8%；水利环境和公共设施管理业投资168.4亿元，增长33.9%；交通运输、仓储及邮政业投资47.8亿元，增长18.2%；公共管理与社会组织投资40.5亿元，增长15.1%。

【科学技术】2014年，巴彦淖尔市共建成自治区企业研发中心23家。申报了国家科技富民强县项目2项，共征集到市本级科技创新基金申报项目92项。年内全市授权专利133项，其中发明专利26项，实用新型专利85项，外观设计专利22项。专利授权总量达到1361项。

【国内贸易和对外经济】2014年，巴彦淖尔市全市社会消费品零售总额212.1亿元，同比增长11.4%。从销售单位所在地看：城镇实现社会消费品零售额186.6亿元，同比增长11.6%；乡村实现社会消费品零售额25.5亿元，同比增长9.4%。从规模看：限额以上企业实现零售额42.0亿元，增长5.9%，拉动社会消费品零售总额增长2.0个百分点；限额以下企业及个体户实现零售额170.1亿元，增长12.8%，拉动社会消费品零售总额增长9.4个百分点。从行业看：全市批发和零售业实现零售额181.4亿元，增长11.5%。其中：零售业实现零售额165.7亿元，增长13.6%，占批发零售业零售总额的91.4%；批发业实现零售额15.6亿元，下降7.0%，占批发零售业总额的8.6%。零售业比重高于批发业82.8个百分点；住宿餐饮业实现零售额30.7亿元，增长10.5%。从商品类别看：粮油、食品、饮料、烟酒类零售额增长18.1%，增幅同比提高8.8个百分点。其中：粮油类增长21.0%；肉禽蛋类增长29.0%；蔬菜类增长19.4%；干鲜果类增长25.0%；饮料类增长13.2%。服装、鞋帽、针纺织品类的零售额增长24.8%。其中，服装类增长24.9%，；针纺织品类增长23.6%；家用电器类增长18.0%；汽车类增长5.1%。

全市完成进出口总额28.3亿美元，同比增长98.7%，高于上年同期增速86.5个百分点。其中，出口完成3.1亿美元，同比增长7.3%；进口完成25.2亿美元，同比增长1.2倍。全年利用外资10044万美元，同比增长21.4%。

【交通、邮电和旅游】2014年年末，巴彦淖尔市全市公路总里程20744公里。其中，高速253公里，一级210公里，二级654公里，三级3486公里，四级11531公里，等外4610公里，公路密度32.3公里/百平方公里，居全区第三位。全年客运量实现1919万人，同比下降3.9%；旅客周转量1619百万人公里，同比下降8.1%。公路货运量实现8651万吨，同比增长36.7%；货物周转量17596百万吨公里，同比增长16.9%。

全年完成邮电业务总量14.6亿元；年末本地网固定电话用户26.3万户；移动电话用户251.3万户。互联网络注册用户19.0万户。全年共完成邮政特快专递38.3万件，报刊期发17.7万份，函件32.9万件，包件3.7万件。

建成完善了走西口民俗第一村、双庙镇乌兰布和沙漠旅游区、隆兴湖景区等旅游项目，河套湿地旅游区被评为国家4A级旅游景区。全年共接待游客314.4万人次，同比增长20.3%；实现旅游收入30.2亿元，同比增长25.7%。

【金融和保险】2014年年末，巴彦淖尔市全市金融机构各项存款余额745.8亿元，同比增长7.0%。在各项存款中，单位存款242.9亿元，同比增长8.3%；城乡居民储蓄存款余额453.4亿元，同比增长10.3%。全市金融机构各项贷款余额637.7亿元，同比增长12.1%。其中，短期贷款445.3亿元，同比增长12.9%，在短期贷款中，个人贷款及透支225.5亿元，同比增长21.1%；单位贷款及透支214.7亿元，同比增长8.8%；贸易融资贷款5.0亿元，同比下降54.0%。中长期贷款190.2亿元，同比增长9.5%。

全市保险业保费收入23.4亿元，同比增长12.9%。其中，财产险收入8.8亿元，增长7.9%；人寿险收入

14.6亿元，增长16.2%。赔款支出4.3亿元，同比下降0.5%。其中，财产险支出3.6亿元，下降6.5%；人寿险支出0.7亿元，增长46.4%。

9

2014年乌兰察布市经济发展概况

【经济总量】2014年，乌兰察布市全年实现地区生产总值（GDP）872.14亿元，按不变价计算，比上年增长7.8%。其中：第一产业完成增加值135.28亿元，同比增长3.4%；第二产业完成增加值451.37亿元，同比增长10.1%；其中：全部工业增加值完成400.38亿元，同比增长10.02%，建筑业完成增加值50.99亿元，增长8.9%。第三产业完成增加值285.49亿元，同比增长5.6%。从产业结构看，三次产业结构由上年的16.1:52.4:31.5调整为本年的15.5：51.8:32.7。一产比重下降了0.6个百分点，二产比重下降了0.6个百分点，三产比重上升了1.2个百分点。从不变价增长速度看，第二产业增加值增速达到10.1%；其中：工业增加值增速达到10.2%，均高于地区生产总值平均增长速度。从贡献率看，第一产业对GDP的贡献率为4.2%，比上年同期下降了17.6%；第二产业对GDP的贡献率为37.2%，比上年同期提高了3.4%；第三产业对GDP的贡献率为58.6%，比上年同期提高了14.2%。从拉动GDP增长看，第一产业拉动了GDP增长0.3个百分点，第二产业拉动GDP增长2.9个百分点，第三产业拉动GDP增长4.6个百分点。常住人口人均地区生产总值达到了41137元，现价增长4.9%。

【农业】2014年，乌兰察布市全市农作物种植面积达到64.5万公顷，增长0.1%，其中：粮食作物播种面积48.34万公顷，增长0.8%；经济作物播种面积16.6万公顷，增长13.1%。主要农作物产量稳定增长；全年粮食总产量达到102.5万吨，下降13.5%；小麦产量6.24万吨，下降28.4%；玉米产量30.62万吨，下降17.8%；薯类产量59.31万吨，下降10.3%；大豆产量1.74万吨，增长25.2%；蔬菜产量159.68万吨，下降4.5%。

【工业和建筑业】2014年，乌兰察布市全市规模以上工业企业达到383家，规模以上工业增加值增长10.9%。分轻重工业看，轻工业增长2.5%；重工业增长114.9%；分所有制经济类型看，国有及国有控股经济增长5.87%；集体经济增长19.01%；股份制经济增长17.0%；外商及港澳台经济下降19.34%；从分行业看，六大主导产业工业增加值增长14.8%，其中：电力工业增长2.4%；冶金工业增长29.3%；化工工业增长29.6%；建材工业下降3.8%；农畜产品加工增长3.7%；装备制造业增长39.8%。

全年资质等级以上建筑企业单位数41个，建筑业从业人数16128人，增长2.7%；建筑业总产值达到44.74亿元，增长5.2%；施工企业房屋建筑施工面积655万平方米，增长9.5%；施工企业竣工房屋面积226万平方米，增长18.5%。房屋建筑竣工率达到34.9%，增长9.1%。

【固定资产投资】2014年，乌兰察布市全市城乡500万元以上固定资产投资完成570.16亿元，增长16.8%。按所有制经济划分，国有经济投资完成215.36亿元，下降11.16%；集体经济投资完成0.89亿元，增长10.29%；个体经济投资完成1.5亿元，下降30.25%；其他经济投资完成352.4亿元，增长43.97%。按三次产业划分，第一产业完成投资24.3亿元，增长72.49%；第二产业完成投资271.27亿元，增长26.32%；第三产业完成投资274.59亿元，增长1.4%。从分行业看，农林牧渔业完成投资24.3亿元，增长72.49%；采矿业完成投资8.9亿元，下降50.8%。制造业完成投资143.89亿元，增长21.2%。电力、燃气及水的生产和供应业完成投资114.03亿元，增长42.8%；交通运输仓储及邮政业完成投资93.09亿元，下降1.4%；教育事业完成投资0.36亿元，下降79.3%；文化体育娱乐类完成投资3.6亿元，下降76.9%；公共设施管理业社会保障完成投资19.59亿元，增长19.62%。城镇住宅施工面积567.5万平方米，增长2.1%；城镇住宅竣工面积61.2万平方米，同比下降9.9%。

【科学技术】2014年，乌兰察布市全市拥有科学研究开发机构11个，各类技术人员244人。高级工程师73人，工程师117人，初级技术人员54人。全年用于科技经费支出300万元。

【国内贸易和对外经济】2014年，乌兰察布市全年社会消费品零售额完成265.7亿元，增长11.0%。其中：城镇消费品零售额完成201.9亿元，增长10.1%；城区消费品零售额完成98.3亿元，增长12.3%；乡村消费品零售额完成63.8亿元，增长13.7%。分商品类别看，消费品零售额有增有减。其中：餐饮收入额完成34.69亿元，增长4.2%；商品零售额完成230.99亿元，增长12.0%；服装、鞋帽针纺织品类、日用品类零售额、体育娱乐类零售额、书报杂志零售额不断增长。随着城乡人民生活水平提高，消费质量不断上升，消费品市场活跃，零售额不断上升。服装鞋帽类、针纺织品类、日用品类、体育娱乐类，书报杂志类零售额分别增长9.6%、68.7%、391.6%、92.5%。，

全年海关进出口总额4700万美元，增长0.9%。其中：出口总额3300万美元，增长2.7%；进口总额1400万美元，下降3.1%。全年新批准外商投资企业4个，投资总额达到35436万美元，注册资本15718万美元，全年合同使用外商投资9403.6万美元，直接利用外资到位资金19625万美元。年末工商部门注册的外商投资企业40个。

【交通、邮电和旅游】2014年，乌兰察布市全年公路交通运输业完成公路客运量482.8万人，公路旅客周转量52090.4万人公里；公路货运量完成6200.5万吨，公路货运周转量1172515.9万吨公里。

全市邮政、电信业务总量完成24.56亿元，增长16.7%。其中：电信业务总量完成23.3亿元，增长17.2%；邮政业务总量完成1.26亿元，增长11.4%。联通本地电话用户达到25.7万户，增长3.6%。已通电话行政村比重达到99.4%。移动电话用户达到222.9万户，增长17.4%。计算机互联网用户达到21.7万户，增长12.4%。公用电话用户达到0.54万户，下降11.5%。

全年共接待境内外游客1000.0万人次，增长25.0%。其中：国外游客4.06万人次。增长170.7%。旅游业总收入90.0亿元，增长23.2%。

【金融和保险】2014年年末，乌兰察布市全市金融机构各项存款余额为720.21亿元，增长10.01%。其中：单位存款余额187.8亿元，增长3.3%；城乡居民储蓄存款余额515.36亿元，增长11.6%。年末金融机构各项贷款为494.38亿元，增长14.42%。其中：短期贷款为237.07亿元，增长19.4%；中长期贷款为249.44亿

元，增长7.94%。

全市人寿、财险两类保险机构年保费收入为14.97亿元，增长1.03%。其中：人寿保险机构保费收入为7.48亿元，增长8.0%；财产保险保费收入为7.49亿元，下降0.75%。人寿、财产保险两大保险机构业务支出为7.03亿元，增长25.5%。其中：寿险业务支出为3.29亿元，增长111.15%；财产险业务支出为3.74亿元，下降7.54%。

辽宁省

｜沈阳市｜大连市｜鞍山市｜抚顺市｜本溪市｜丹东市｜锦州市｜营口市｜
｜阜新市｜辽阳市｜盘锦市｜铁岭市｜朝阳市｜葫芦岛市｜

1

2014年沈阳市经济发展概况

【经济总量】2014年，沈阳市全年实现地区生产总值（GDP）7098.7亿元，按可比价计算，比上年增长6.0%。其中，第一产业增加值325.3亿元，增长3.2%；第二产业增加值3541.4亿元，增长5.3%；第三产业增加值3232亿元，增长6.9%。按常住人口计算，人均GDP为85816元，增长5.6%。

【农业】2014年，沈阳市全年农林牧渔业总产值655.4亿元，比上年增长3.8%。其中，种植业产值253.7亿元，林业产值12.2亿元，畜牧业产值339.4亿元，渔业产值26.1亿元，农林牧渔服务业产值24亿元。

全市农作物播种面积64.8万公顷，其中粮食作物播种面积48.5万公顷。粮食总产量359.9万吨，实现了连续十一年粮食生产丰收，其中水稻产量97.1万吨，玉米产量251万吨。水果产量30.2万吨，比上年增长8.7%；蔬菜产量548.4万吨，减少4.8%；肉类总产量102万吨，减少3.7%，其中猪肉增长0.4%，牛、羊肉分别减少12.9%和9.0%；禽蛋产量79.7万吨，增长0.5%；牛奶产量51.7万吨，增长1.8%。

【工业和建筑业】2014年，沈阳市全市规模以上工业增加值3614.9亿元，比上年增长4.9%。其中，重工业增加值2638.5亿元，增长5.6%；轻工业增加值976.4亿元，增长3.1%。装备制造业实现增加值1791.9亿元，增长8.3%，占全市规模以上工业增加值的49.6%。汽车及零部件、建筑产品、农副产品加工、化工产品制造业、钢铁及有色金属冶炼及压延业等五大优势产业实现增加值1931.9亿元，增长4.9%。规模以上工业实现高新技术产品增加值1717.1亿元，增长9.8%，占全市规模以上工业增加值的47.5%。工业产品出口交货值263.2亿元，下降1.9%。

全年全市建筑业增加值384.4亿元，按可比价计算，比上年增长8.1%。资质等级以上建筑业企业完成总产值2022.1亿元，增长0.8%。

【固定资产投资】2014年，沈阳市全年固定资产投资6564.1亿元，比上年增长2.8%。从投资主体看，国有经济投资1004.7亿元，下降18.4%；外商及港澳台经济投资639.4亿元，下降29.8%；民间投资4919.9亿元，增长16.0%。从产业分布看，第一产业投资102.2亿元，增长48.4%；第二产业投资2532.4亿元，增长15.5%，其中工业投资2507.4亿元，增长16.6%；第三产业投资3929.5亿元，下降4.7%。全年新增固定资产4650.8亿元，增长28.0%。

【科学技术】2014年年末，沈阳市全市拥有市及市以上独立科学研究与技术开发机构108个；省级以上工程（技术）中心226个，其中国家级14个；省级以上重点实验室271个，其中国家级14个。全年市以上登记认定的科技成果237项，其中应用技术成果216项。应用技术成果中，达到国际水平123项（国际领先13项，国际先进110项）；达到国内水平70项（国内领先53项，国内先进17项）。软科学成果及基础理论成果21项。各类技贸机构技术贸易成交额139.3亿元。专利申请15044件，其中发明专利申请8963件；专利授权6661件，其中发明专利授权1656件。

【国内贸易和对外经济】2014年，沈阳市全年社会消费品零售总额3570.1亿元，比上年增长12.1%。按地区分，城镇零售额3369.8亿元，增长10.8%；乡村零售额200.3亿元，增长37.9%。

限额以上批发零售贸易企业实现零售额1879.3亿元，比上年增长8.4%，其中网上商品零售额69.6亿元，增长84.3%。分类别看，汽车类零售额455.9亿元，增长3.0%；服装、鞋帽、针纺织品类零售额242.2亿元，增长5.8%；中西药品类零售额261.6亿元，增长13.8%；食品、饮料、烟酒类零售额168.3亿元，增长11.7%；家用电器和音像器材类零售额155.6亿元，增长23.5%；日用品类零售额62.2亿元，增长10.8%；通讯器材类零售额86.6亿元，增长24.8%；建筑及装潢材料类零售额34亿元，增长9.2%。

全年进出口总额158亿美元，比上年增长10.6%。其中，进口总额86.6亿美元，增长18.7%；出口总额71.4亿美元，增长2.1%。

【交通、邮电和旅游】2014年，沈阳市全年货物运输总量23488.6万吨，比上年增长9.2%。其中，铁路544.3万吨，增长0.7%；公路22940万吨，增长9.5%；民用航空4.3万吨，下降3.0%。全年旅客发送量25396.9万人次，增长3.7%。其中，铁路4144.6万人次，增长8.6%；公路20801万人次，增长2.7%；民用航空451.3万人次，增长9.1%。

全年邮电业务总量163.8亿元，比上年增长24.7%。其中，邮政业业务总量17.2亿元，增长25.6%，其中快递业务7144.8万件，增长56.5%；电信业务总量146.6亿元，增长24.6%。年末固定电话交换机总容量485.25万门。城乡固定电话用户250.5万户，下降6.8%。移动电话交换机总容量1445.43万户。移动电话用户1043.9万户，新增28万户。国际互联网络登记注册用户162.9万户，增加10.2万户，其中宽带接入用户161.4万户，增加10.3万户。固定电话普及率30.2部/百人，移动电话普及率126部/百人。

全市国家A级旅游景区65家，旅行社200家，星级饭店97家。全年旅游总收入1065.6亿元，比上年增长14.3%。其中，国内旅游收入1021.5亿元，增长14.7%；外汇收入7亿美元，增长6.1%。接待国内外旅游者8305.6万人次，增长10.7%。其中，国内旅游者8246.6万人次，增长11.1%；入境旅游者59万人次，增长7.3%。

【金融和保险】2014年年末，沈阳市全市银行机构及网点1431家，金融机构本外币存款余额12458亿元，比年初增长7.6%，其中个人储蓄存款余额5208.3亿元，增长8.0%；本外币贷款余额10267.2亿元，比年初增长11.8%。

全市保险机构及网点424家。全年保费收入212.6亿元，比上年增长44.0%。其中，国内财产险保费收入67.6亿元，增长20.7%；人身险保费收入142.7亿元，增长58.9%。全年赔付及给付支出76.9亿元，增长

30.9%。其中，国内财产险赔款支出37亿元，增长16.7%；人身险赔付金额37.6亿元，增长43.2%。

2

2014年大连市经济发展概况

【经济总量】2014年，大连市全年实现地区生产总值（GDP）7655.6亿元，比上年增长5.8%。其中，第一产业增加值441.8亿元，增长2.9%；第二产业增加值3696.5亿元，增长5%；第三产业增加值3517.2亿元，增长7%。三次产业结构由上年的6：49：45调整为5.8：48.3：45.9，对经济增长的贡献率分别为2.8%、44.8%和52.4%。人均生产总值109939元，按年平均汇率折算为17996美元。

【农业】2014年，大连市全年农林牧渔及服务业总产值880亿元，比上年增长3.2%。其中，农业产值212.3亿元，下降7.4%；林业产值8.8亿元，增长7.1%；牧业产值228.8亿元，增长2.7%；渔业产值361.4亿元，增长9.9%；农林牧渔服务业产值68.7亿元，增长8.2%。

全年粮食总产量110.2万吨，平均每亩单产269.7公斤，分别比上年下降31.3%和30.2%；水果总产量161.9万吨，下降19.9%；蔬菜总产量238.3万吨，下降6.6%；肉产量81.4万吨，下降0.2%；蛋产量26.1万吨，下降7.6%；奶产量5.8万吨，下降25.4%；地方水产品总产量237.5万吨，增长3.0%，其中海参和杂色蛤产量分别为5.2万吨和55.8万吨，分别增长1.6%和10.3%。

【工业和建筑业】2014年，大连市全年全部工业增加值3248.6亿元，比上年增长4.9%。规模以上工业（下同）增加值3017.2亿元，比上年增长4.3%。按轻重工业分，重工业2279.8亿元，增长8.1%；轻工业737.4亿元，下降8%。按经济类型分，国有控股工业659.2亿元，增长4.8%；民营控股工业1850.9亿元，下降2.5%；外商控股工业507.1亿元，增长0.4%。销售产值10537.7亿元，比上年下降2.7%。工业产品销售率95.6%，比上年下降0.2个百分点。主营业务收入9948.7亿元，比上年下降4.9%；利税总额876.7亿元，下降1.2%；利润总额399.7亿元，下降4.6%。

全年资质以上建筑业总产值2087.7亿元，比上年下降8.7%。其中，公有制企业359.2亿元，下降11.8%，拉动资质以上建筑业总产值下降2.1个百分点；非公有制企业1728.5亿元，下降8.1%，拉动资质以上建筑业总产值下降6.6个百分点。全年房屋施工面积10965.6万平方米，比上年下降2.1%。

【固定资产投资】2014年，大连市全年固定资产投资（不含农户，下同）6773.6亿元，比上年增长4.6%。其中，建设项目投资5344.3亿元，增长12.1%；房地产开发投资1429.3亿元，下降16.4%。按产业划分，第一产业投资233.4亿元，增长7.5%；第二产业投资2195.8亿元，增长5%，其中工业投资2195.8亿元，增长9.3%；第三产业投资4344.4亿元，增长4.2%。

【科学技术】2014年，大连市全年高新技术产业产值2783亿元，比上年增长12%。新认定高新技术企业132家、技术先进型服务企业9家，总数分别达到477家和112家。全年技术交易合同成交额111亿元，增长

23%，其中，本地登记技术合同交易额67亿元，增长27%。组建了先进制造与智能控制、重大技术装备等十大产业技术研究院，新认定市级工程技术研究中心27家和重点实验室26家。梳理出31个技术创新链和107个创新点，凝练38个重大关键技术攻关方向。本市获批国家高端轴承高新技术产业化基地和数控机床、核电装备国家火炬特色产业基地。

【国内贸易和对外经济】2014年，大连市全年社会消费品零售总额2828.4亿元，比上年增长12%。其中，批发业零售额319.5亿元，增长10.4%；零售业零售额2227.7亿元，增长12%；住宿业零售额34.3亿元，增长7.4%；餐饮业零售额246.9亿元，增长14%。在限额以上批发和零售业零售额中，通过互联网实现的零售额增长165%；中西药品类增长18.2%，服装鞋帽针纺织品类增长6.2%，五金电料类增长27.2%，石油及制品类增长13.1%。销售汽车19.2万辆，销售额319.4亿元，分别比上年增长6.4%和6%。其中新车13.5万辆，销售额256.6亿元，分别增长7.4%和3.4%。

全年大连地区（含中央、省公司）进出口总额按人民币计算为4044.38亿元，比上年下降5.4%。其中，进口2184.24亿元，增长12%；出口1860.14亿元，下降20%。按美元计算进出口总额为657.74亿美元，比上年下降4.4%。其中，进口355.49亿美元，增长13.2%；出口302.25亿美元，下降19.3%。大连市自营进出口总额（下同）645.78亿美元，增长7.1%（全口径下降4.5%）。其中，进口350.96亿美元，增长13.6%；出口294.82亿美元，增长0.3%（全口径下降19.8%）。机电产品出口134.1亿美元，下降9.2%，占45.5%。一般贸易出口118.46亿美元，增长25.5%，占40.2%（见表3）。民营企业出口93.67亿美元，增长23.9%，占31.8%。日本、东盟、欧盟、美国、韩国、香港是六大主要出口市场。

【交通、邮电和旅游】2014年，大连市全年运输企业客货换算周转量8417.8亿吨公里，比上年增长2.5%。货物周转量8335.9亿吨公里，增长2.5%；旅客周转量205.3亿人公里，增长8.2%。

全年电信业务总量122.4亿元，比上年增长13.3%；邮政业务总量13.9亿元，增长20.5%。年末固定电话用户239.9万户，下降5.1%；移动电话用户848.6万户，下降6.6%。年末（固定）互联网宽带接入用户132.2万户，增长2.1%。

全年接待国内游客5619.8万人次，比上年增长7.4%；接待海外游客96.6万人次，增长1.6%。旅游总收入993.6亿元，增长10.3%。其中，国内旅游收入965.3亿元，增长10.4%；旅游外汇收入4.6亿美元，增长1.8%。截至年末，全市拥有旅游星级宾馆（饭店）156家；旅行社398家，其中出境旅行社52家；国家A级旅游景区（点）49个，增加4个，其中5A级2个，4A级16个。

【金融和保险】2014年年末，大连市全市共有各类金融和融资服务类机构701家，其中，外资机构60家，法人机构23家，全国性金融市场1家。全市金融业总资产2.16万亿元，金融中心指数排名保持全国副省级城市第7位、东北首位。金融营业网点3000余个，从业人员7万余人。

全年保险业原保险保费收入199.3亿元，比上年增长13.2%。其中，财产险71.9亿元，增长13%；人身险127.4亿元，增长13.4%。支付各类保险赔款及给付61.3亿元，增长1.9%。其中，财产险32.1亿元，下降0.1%；人身险29.2亿元，增长4.3%。全市保险深度（保费收入占GDP比重）2.6%；保险密度（人均保费收入）2853元/人。

3

2014年鞍山市经济发展概况

【经济总量】2014年，鞍山市全年实现地区生产总值（GDP）2385.9亿元，按可比价格计算，比上年增长6.0%。其中，第一产业增加值131.1亿元，增长3.2%；第二产业增加值1206.4亿元，增长5.4%；第三产业增加值1048.4亿元，增长7.1%。三次产业增加值占地区生产总值的比重为5.5：50.6：43.9。人均生产总值68369元，按可比价格计算，比上年增长4.2%。

【农业】2014年，鞍山市全年农林牧渔业增加值132.9亿元，按可比价计算，比上年增长3.2%。

全年粮食作物播种面积21.1万公顷，比上年增长1.1%。其中，稻谷播种面积3.6万公顷；玉米播种面积16.8万公顷；大豆播种面积0.5万公顷。经济作物播种面积4.1万公顷，与同期基本持平。其中，油料播种面积0.5万公顷；蔬菜播种面积3.3万公顷；瓜果播种面积0.2万公顷；药材播种面积0.07万公顷。

【工业和建筑业】2014年，鞍山市全年全部工业增加值1061.0亿元，按可比价计算，比上年增长5.4%。

全年规模以上工业增加值969.2亿元，按可比价计算，比上年增长5.4%。

全年建筑业总产值596.5亿元，比上年下降6.4%。建筑业增加值155.3亿元，按可比价计算，比上年增长5.2%。年末具有资质等级以上的总承包和专业承包建筑企业392个，比上年下降3.0%。全年实现利润29.9亿元，比上年增长60.8%。

【固定资产投资】2014年，鞍山市全年固定资产投资总额1906.7亿元，比上年增长2.6%。其中，建设项目投资1653.7亿元，增长17.9%；房地产开发投资253.0亿元，下降44.5%。

全年基础设施建设投资243.2亿元，比上年增长30.9%。其中，电力、热力生产和供应业投资18.8亿元，增长7.3%；燃气生产和供应业投资15.6亿元，下降47.6%；道路运输业投资41.4亿元，下降16.9%；公共设施管理业投资128.1亿元，增长186.5%。

按产业划分，第一产业投资36.3亿元，比上年增长5.1%；第二产业投资1127.8亿元，增长20.6%；第三产业投资742.6亿元，下降16.4%。固定资产投资三次产业构成为1.9：59.2：38.9。

【科学技术】2014年年末，鞍山市全市拥有省级以上高新技术企业100户，比上年增加3户。规模以上工业企业高新技术产品增加值510亿元，比上年增长8.2%。全年共取得科技奖励项目113项，其中国家科技进步奖1项，中国专利奖1项，省科技进步奖6项，省技术发明奖2项，省企业重大研发成果奖1项，市科技进步奖100项。全年受理专利申请3121件，增长9.3%；授权专利1819件，下降11%。签定技术合同110项，技术合同登记金额2.0亿元，技术合同成交金额8.5亿元。

【国内贸易和对外经济】2014年，鞍山市全年社会消费品零售总额897.3亿元，比上年增长12.2%。

按城乡分，城镇市场消费品零售额745.2亿元，比上年增长12.2%；乡村市场消费品零售额152.1亿元，增长12.1%。按消费形态划分，批发业零售额34.7亿元，增长4.6%；零售业零售额758.1亿元，增长12.7%；住宿业零售额5.6亿元，增长8.0%；餐饮业零售额99.0亿元，增长10.7%。

全年进出口总额46.1亿美元，比上年增长0.8%。其中，出口总额27.3亿美元，增长1.2%；进口总额18.8亿美元，下降13.8%。

【交通、邮电和旅游】2014年，鞍山市全年各种运输方式完成客运量8647.9万人，比上年增长17.1%。其中：公路客运量7929.0万人，增长3.9%；铁路客运量718.9万人，下降4.4%。全年各种运输方式完成货运量21697.6万吨，比上年下降18.2%。其中，公路货运量20516.0万吨，增长10.0%；铁路货运量1181.6万吨，下降11.7%。

全年邮电业务总量49.8亿元，比上年增长29.0%。年末城乡固定电话用户达91.4万户，减少6.6万户；移动电话用户达372.2万户，增加7.7万户。年末全市国际互联网络宽带接入用户66.9万户，增加3.3万户。

全年接待国内旅游者5048万人次，接待入境旅游者39.2万人次。全市旅游总收入552亿元，比上年增长39%。其中，旅游外汇收入1.5亿美元，增长1.6%；国内旅游收入542.7亿元，增长45%。年末全市有星级宾馆29家，A级景区24个。

【金融和保险】2014年年末，鞍山市金融机构本外币各项存款余额2860.9亿元，比年初增加330.8亿元，比上年增长13.1%。其中，人民币各项存款余额2841.2亿元，比年初增加122.9亿元，比上年增长12.9%。在人民币各项存款中，单位存款999.6亿元，比年初增加161.5亿元；个人存款1769.2亿元，比年初增加151.0亿元。

4

2014年抚顺市经济发展概况

【经济总量】2014年，抚顺市全年实现地区生产总值（GDP）1276.6亿元，按可比价格计算，比上年增长5.8%。其中第一产业实现增加值92.8亿元，增长3.3%；第二产业增加值693.1亿元，增长5.5%；第三产业增加值490.6亿元，增长6.5%。三次产业占生产总值的比重为7.3∶54.3∶38.4。人均地区生产总值为61183元，增长6.3%。

【农业】2014年，抚顺市全年实现农林牧渔业产值186.5亿元，增长3.3%。其中农业产值72.7亿元，增长3.3%；林业产值27.3亿元，增长2.8%；牧业产值54.8亿元，增长3.5%；渔业产值27.5亿元，增长3.6%；农林牧渔服务业产值4.2亿元，增长3.7%。粮食总产量52万吨，下降20.6%；蔬菜及食用菌产量59.2万吨，增长0.1%；水果10.2万吨，下降19.8%；水产品产量1.7万吨，增长1.9%。

【工业和建筑业】2014年，抚顺市全年规模以上工业企业实现产值2776.7亿元，增长3%。实现增加值615.3亿元，增长5.1%。其中：中央及省属工业实现增加值246.1亿元，增长4.4%；地方工业实现增加值369.2亿元，增长5.7%。国有及国有控股企业实现增加值164.8亿元，下降0.5%。非公有制工业427亿元，增长7.5%。全市轻工业实现增加值85.9亿元，增长10.2%；重工业529.4亿元，增长4.4%。

全年建筑业实现总产值308.6亿元，下降24.5%。全市施工房屋面积2547.4万平方米，下降21%；竣工房屋面积597.4万平方米，下降49.3%。

【固定资产投资】2014年，抚顺市全社会固定资产投资完成920亿元，下降16.1%。其中，建设项目712个，完成投资额795.1亿元，下降16%。亿元以上286个，完成投资623.2亿元，下降8.2%。

第一产业完成投资6.9亿元，下降37.6%；第二产业完成499.5亿元，下降33.2%；第三产业完成413.6亿元，增长22.7%。固定资产投资三次产业构成为0.8：54.3：44.9。

【科学技术】2014年，抚顺市全市高新技术产品增加值完成182.5亿元，下降3.7%。技术市场共登记技术合同332份，技术合同成交额97236万元，其中技术交易额29099万元。22项科技成果获省级以上科技进步奖，52项科技成果获市级科技进步奖。当年申请专利1012项。专利申请授权675项，其中发明56项。

【国内贸易和对外经济】2014年，抚顺市全年实现社会消费品零售额581亿元，增长12.1%。其中，城镇消费品零售额547.5亿元，增长12%；乡村消费品零售额33.5亿元，增长13.9%。批发业销售额525.2亿元，增长9.5%；零售业销售额520.2亿元，增长9%；住宿业营业额7.3亿元，增长2%；餐饮业营业额105.7亿元，增长9.4%。

全市外商直接投资完成3.6亿美元，下降31.4%。全年外贸进出口总额9.2亿美元，下降13.2%，其中出口完成6.8亿美元，下降18.7%；进口2.3亿美元，增长7.9%。

【交通、邮电和旅游】2014年，抚顺市全市公路总里程6634公里，其中高速公路267公里。全年公路货运量9385万吨，比上年增长9.3%。货物周转量1610313万吨公里，增长10.2%；公路客运量2932万人，增长2.1%。旅客周转量141479万人公里，增长2.3%。全市有公共汽车线路77条，长途客运线路414条。民用汽车拥有量26.2万辆。拥有公共汽（电）车1188辆，更新636台；出租车4977辆，更新602辆；长途载客汽车1238辆，载货汽车27386辆。

邮政业务总量11875万元，下降4.2%。邮政业务收入13401万元，下降3.5%。全年完成汇票26.2万笔，下降14.9%，函件334.4万件，下降72.7%。快递业务收入6900万元，增长31.4%；快递出口业务量406.1万件，增长38.9%；快递进口业务量1016.5万件，增长66%。

全年实现旅游总收入396.8亿元，增长18%，其中国内旅游收入389.4亿元，增长18.4%；外汇收入1.2亿美元，增长1.3%。接待国内旅游者3702.5万人次，增长23.9%；接待入境旅游者14.7万人次，增长1.3%。全市拥有星级宾馆21家，旅行社62家，A级景区18家，国家级森林公园5家。

【金融和保险】2014年年末，抚顺市金融机构人民币存款余额1350.4亿元，比年初增加80.9亿元，其中个人存款984.8亿元，增加73.5亿元；金融机构人民币贷款余额664.3亿元，增加77.5亿元，其中短期贷款

300.7亿元，减少3.1亿元，中长期贷款309.4亿元，增加57.4亿元。

全市拥有保险机构38家，其中寿险23家、财险15家。实现保费收入30亿元，增长20.5%，其中财险7.7亿元，增长13.2%，人身险22.3亿元，增长23.2%。全年保险赔付12.3亿元，增长28.2%，其中财险5.6亿元，人身险6.7亿元。

5

2014年本溪市经济发展概况

【经济总量】2014年，本溪市全年实现地区生产总值（GDP）1171.16亿元，按可比价格计算，比上年增长6.3%。其中，第一产业增加值63.61亿元，增长3.3%；第二产业增加值642.02亿元，增长5.9%；第三产业增加值465.53亿元，增长7.3%。三次产业增加值结构由上年的5.5：56.5：38.0调整为5.4：54.8：39.8。

【农业】2014年，本溪市全年农林牧渔业增加值64.6亿元，按可比价计算（下同），比上年增长3.3%。其中，种植业增加值21.9亿元，增长3.3%；林业增加值20.9亿元，增长4.0%；牧业增加值15.7亿元，增长2.6%；渔业增加值5.1亿元，增长3.8%；农林牧渔服务业增加值0.95亿元，增长5.8%。

全年农作物总播种面积58288.5公顷。粮食作物播种面积49626公顷，比上年增加178公顷。其中，稻谷播种面积8903公顷；玉米播种面积35593公顷；谷子播种面积561公顷；高粱播种面积131公顷；豆类播种面积2565公顷。经济作物播种面积8662.5公顷。其中，油料作物播种面积442.2公顷；药材作物播种面积3501.1公顷；蔬菜作物播种面积4346.1公顷；瓜果播种面积227公顷。

【工业和建筑业】2014年，本溪市全年全部工业增加值565.49亿元，按可比价格计算，比上年增长5.6%。其中，年主营业务收入2000万元及以上的工业企业（以下简称为规模以上工业企业）工业增加值按可比价格计算，比上年增长5.2%。

全年规模以上工业增加值从轻、重工业分类看，轻工业工业增加值比上年增长11.96%；重工业工业增加值比上年增长2.57%。

全年具有资质等级的建筑业企业共签订工程合同额325.28亿元，比上年下降12.4%。初步核算全市建筑业实现增加值76.5亿元，按可比价格计算，比上年增长8.5%。完成建筑业总产值296.8亿元，比上年下降10.1%。其中，建筑工程产值247.13亿元，比上年下降3.5%；安装工程产值34.39亿元，比上年下降27.2%；其他建筑产值15.28亿元，比上年下降43.3%。竣工产值182.94亿元，比上年下降19.5%。全年房屋建筑施工面积110.9万平方米，比上年下降89.9%。实际投标承包面积792.5万平方米，比上年增长0.8%。期末从业人员7.8万人，比上年增长6.9%。

【固定资产投资】2014年，本溪市全年实现全社会固定资产投资885.2亿元，比上年增长5.0%。其中，城镇完成固定资产投资885.2亿元，比上年增长5.0%。在城镇固定资产投资中，建设项目固定资产投资772.6

亿元，比上年增长8.8%。房地产开发投资112.6亿元，比上年下降15.1%。

从城镇固定资产投资结构看，第一产业完成投资14.2亿元，比上年增长10.6%；第二产业完成投资384.8亿元，比上年下降1.0%；第三产业完成投资486.2亿元，比上年增长10.1%。

【科学技术】2014年年末，本溪市有科学研究开发机构8个。全年财政科学技术经费支出达3.02亿元，比上年增长4.86%。全年有60项成果获市科技进步奖。其中，一等奖15项、二等奖24项、三等奖21项。有9项成果获省科技进步奖。其中，三等奖9项。受理专利申请378件，比上年下降26%，授权专利177件，比上年下降39%。全市有国家级高新技术企业18家，国家级工程技术研究中心1家，省级工程技术研究中心17家，市级企业技术研究开发中心32家，省级重点实验室2家，市级重点实验室6家。

【国内贸易和对外经济】2014年，本溪市全年批发和零售业增加值103.7亿元，按可比价格计算，比上年增长8.8%；住宿和餐饮业增加值28.3亿元，增长9.3%。

全年实现社会消费品零售总额333.8亿元，比上年增长12.3%。从销售单位所在地看，城镇社会消费品零售总额321.5亿元，比上年增长12.2%。其中，城区社会消费品零售总额304.5亿元，比上年增长12.4%；乡村社会消费品零售总额12.3亿元，比上年增长13.4%。

全年出口创汇31.02亿美元，比上年增长15.04%。引进外资项目12个。新签合同外资额35928万美元，比上年增长8.85%。外商直接投资额60084万美元，比上年增长16.78%。引进内资项目206个，引进省外投资到位资金额377.65亿元。

【交通、邮电和旅游】2014年，本溪市全年公路货运量8348万吨，比上年增长11.8%；公路货运周转量1255725万吨公里，比上年增长12.3%。公路客运量2876万人，比上年增长7.7%；公路客运周转量158333万人公里，比上年增长5.3%。全年铁路货运量1310万吨，比上年下降22.5%。铁路客运量2782万人，比上年下降6.1%。

全年完成邮政业务总量15265万元，比上年增长10.3%。电信业务总量177648万元，比上年增长12.8%。

全年接待国内旅游人数3666.35万人次，比上年增长14.0%。国内旅游收入295.79亿元，比上年增长22.27%。接待入境旅游者33.58万人次，比上年下降42.35%。旅游创汇22261.02万美元，比上年下降37.11%。全年旅游总收入309.58亿元，比上年增长16.43%。

【金融和保险】2014年年末，本溪市全市金融机构本外币各项存款余额1116.3亿元，比年初增加87.0亿元，增长8.5%。其中，金融机构单位存款余额399.9亿元，比年初增加61.4亿元，增长18.2%；个人存款余额706.4亿元，比年初增加32.6亿元，增长4.8%。全市金融机构本外币各项贷款余额874.4亿元，比年初增加108.4亿元，增长14.1%。从结构上看，短期贷款余额553.5亿元，比年初增加75.1亿元，增长17.6%；中长期贷款余额225.9亿元，比年初增加12.0亿元，增长5.6%。金融机构票据融资余额94.5亿元，比年初增加20.8亿元，增长28.0%。

全年人寿保险承保金额3305570.48万元。承保件数370945件。业务收入178711.86万元，比上年增长

20.05%。给付金额42829.67万元，赔款金额4553.56万元。

6

2014年丹东市经济发展概况

【经济总量】2014年，丹东市全年实现地区生产总ss值（GDP）1022.6亿元，按可比价格计算，比上年增长5.6%（经省统计局初步核实，我市利用第三次经济普查数据核算的2013年度GDP总量为985.6亿元，比快报数减少121.7亿元），经济总量稳居全省第9位。其中，第一产业增加值144.7亿元，增长3.4%；第二产业增加值459.3亿元，增长4.9%；第三产业增加值418.6亿元，增长7%。三次产业增加值占地区生产总值的比重由上年的14.6：45.6：39.8调整为14.2：44.9：40.9。年人均地区生产总值42291.3元，按可比价格计算，比上年增长6%，按年均汇率折算为6911.5美元。

【农业】2014年，丹东市全年农林牧渔业增加值148.6亿元，按可比价格计算，比上年增长3.4%。其中，农业增加值55.9亿元，增长4.1%；林业增加值6.7亿元，增长3%；畜牧业增加值25.9亿元，增长2.2%；渔业增加值56亿元，增长3.4%；农林牧渔服务业增加值4.1亿元，增长3.5%。

全年粮食总产量106.9万吨，比上年增产11万吨，创历史新高。其中，玉米产量62万吨，增长11.9%；水稻产量40.8万吨，增长10%；大豆产量1.3万吨，增长18.2%。经济作物中，油料产量1.14万吨，下降0.7%；烤烟产量0.99万吨，增长3.1%；水果产量20.7万吨，增长4%；蔬菜产量114.4万吨，增长3.6%；草莓产量30.7万吨，增长4.1%；柞蚕茧产量2.49万吨，增长1.6%；板栗产量9.5万吨，增长5.6%。

【工业和建筑业】2014年，丹东市全市全部工业实现增加值364.4亿元，按可比价格计算，比上年增长5%。其中，规模以上工业增加值增长4.7%。工业用电量62亿千瓦时，比上年下降2.1%。年末全市规模以上工业企业789户。

全市具有资质等级以上建筑业企业245户，全年完成建筑业总产值403.3亿元，比上年增长9%。其中，建筑工程产值344.6亿元，增长6.8%；安装工程产值25.6亿元，增长24.3%。全年建筑业实现增加值95.2亿元，按可比价格计算，比上年增长4.6%。具有建筑业资质等级的总承包和专业承包建筑企业共签订工程合同额531.5亿元，比上年增长3.5%；房屋建筑施工面积1245.2万平方米，增长15.7%；房屋建筑竣工面积844.1万平方米，增长17.8%。上缴税金4.6亿元，下降2.1%；实现利润14.3亿元，下降16.4%；按建筑业总产值计算的全员劳动生产率16.7万元/人，比上年增长22.8%。

【固定资产投资】2014年，丹东市全年固定资产投资（不含农户）完成912.6亿元，比上年下降9.1%。其中，建设项目投资771.5亿元，增长3.2%；房地产开发投资141.1亿元，下降44.9%。

在固定资产投资中，第一产业投资13.3亿元，增长130.7%；第二产业投资344亿元，下降9.3%，第二产业投资中工业投资327.6亿元，下降12.1%；第三产业投资555.3亿元，下降10.2%。固定资产投资产业构成为

1.5：37.7：60.8。

【科学技术】2014年，丹东市全年受理发明专利申请474项，比上年增长20%；授权发明专利65项，下降27.8%。全年组织实施科技计划项目77项。全市已认定的高新技术企业54家。全年高新技术产品产值465.5亿元，比上年增长1.2%；高新技术产品增加值150.9亿元，增长9.4%。

【国内贸易和对外经济】2014年，丹东市全年批发零售业实现增加值96.8亿元，按可比价计算，比上年增长6.8%；住宿餐饮业实现增加值30.9亿元，增长10.2%。

全年社会消费品零售总额478.4亿元，比上年增长12%。分城乡看，城镇零售额410.6亿元，增长11.9%；乡村零售额67.8亿元，增长12.6%。分消费形态看，商品零售额423.7亿元，增长12.3%；餐饮收入额54.7亿元，增长10%。分规模看，限额以上零售额137亿元，增长4.1%；限额以下零售额341.4亿元，增长15.6%。

全年外贸出口总额28.36亿美元，增长7%；进口总额15.73亿美元，下降8%。在出口总额中，分贸易方式看，一般贸易出口13.23亿美元，下降25.2%；边境小额贸易出口7.93亿美元，增长8.6%；来料加工贸易出口2.71亿美元，增长2.3%；进料加工贸易出口1.88亿美元，增长8.7%；保税仓库进出境货物出口2.51亿美元，下降13.8%。分商品类型看，机电产品出口7.9亿美元，钢材出口0.38亿美元，农副产品出口4.1亿美元。

【交通、邮电和旅游】2014年，丹东市全年公路货运量7296万吨，比上年增长9.7%；水上货运量527万吨，下降0.9%；民航货运量0.13万吨，增长23.8%。全年公路客运量5392万人，比上年增长4.6%；水运客运量52万人，增长20.6%；民航客运量19.44万人，增长14%。全年港口货物吞吐量13775万吨，比上年增长14.2%。其中，集装箱167万标箱，增长10.7%。

全年邮电业务总量29.59亿元，比上年增长19%。在邮电业务总量中，全年邮政业务总量2.49亿元，增长12.2%。特快专递69.42万件，增长12.5%；函件182.91万件，下降5.1%；订销报纸累计份数2250.8万份，下降4.2%；订销杂志累计份数91.45万份，下降10.3%。年末用户交换机容量358.4万门。城乡固定电话用户66.8万户，比上年下降9.2%。年末移动电话用户208.32万户，比上年下降5.6%。年末互联网宽带接入用户139.16万户，下降0.1%。

全年接待境外入境人数比上年增长14%。全年旅游总收入比上年增长20%。其中，国内旅游收入、旅游外汇收入均增长20%。年末全市共有A级旅游景点11个。其中，国家级风景名胜区3个、自然保护区2个、森林公园1个。全市拥有星级宾馆43家，旅行社80家。

【金融和保险】2014年年末，丹东市金融机构本外币各项存款余额1488.3亿元，比上年增长9.2%。其中个人存款余额1114.8亿元，增长12%。个人存款中储蓄存款余额1084亿元，增长9.2%。金融机构本外币各项贷款余额923.6亿元，比上年增长17.2%。分贷款类型看，短期贷款余额468.2亿元，比上年增长17%；中长期贷款余额427.4亿元，比上年增长15.4%。

年末全市保险主体机构共有46个，比上年增加1个。其中，财险公司16个，寿险公司21个，专业代理保险公司9个。年末全社会保险承保额5252.3亿元。其中，财产险保额2825.2亿元，人身险保额2427.1亿元。全年财产险和人身险总计实现保费收入36.7亿元。其中，财产险保费收入8.7亿元，人身险保费收入28亿元。

全地区保险理赔支出金额13.4亿元。其中，财产险赔付支出4.5亿元，增长9.7%；人身险给付支出8.9亿元，增长20.6%；意外险赔付0.11亿元，增长4.4%。

7

2014年锦州市经济发展概况

【经济总量】2014年，锦州市全年实现地区生产总值（GDP）1377.8亿元，按可比价格计算，比上年增长6.2%，高于全省0.4个百分点。其中，按新口径核算，第一产业增加值201.6亿元，增长3.2%；第二产业增加值642.7亿元，增长5.8%；第三产业增加值533.5亿元，增长7.8%。三次产业结构由上年的15.2∶47.3∶37.5调整为14.6∶46.7∶38.7，第三产业比重较上年提高1.2个百分点，第一产业、第二产业比重有所下降。人均地区生产总值为44704元，按可比价格计算，比上年增长6.5%。

【农业】2014年，锦州市全年农林牧渔业总产值417.3亿元，按可比价格计算，比上年增长3.8%。其中，农业总产值153.4亿元，增长1.6%；林业总产值2.4亿元，增长5.5%；牧业总产值219.3亿元，增长5.9%；渔业总产值36.7亿元，下降0.7；农林牧渔服务业总产值5.5亿元，增长5.1%。

全年农作物总播种面积45.0万公顷，比上年增加0.2万公顷。其中，粮食作物播种面积35.8万公顷；油料作物播种面积3.6万公顷；蔬菜播种面积4.8万公顷。

【工业和建筑业】2014年，锦州市全年规模以上工业增加值按可比价格计算，比上年增长5.4%。其中，轻工业增加值增长6.7%；重工业增加值增长4.9%。

全市资质等级以上建筑业企业完成总产值289.8亿元，比上年下降8.5%。其中，建筑工程产值242.4亿元，安装工程产值44.7亿元。劳动生产率为244.5千元/人。

【固定资产投资】2014年，锦州市全年固定资产投资971.0亿元，比上年增长2.0%。其中，建设项目投资769.8亿元，增长0.7%；房地产开发投资201.2亿元，增长7.0%。

在固定资产投资中，第一产业投资13.0亿元，增长51.6%；第二产业投资460.5亿元，下降4.0%，其中，工业固定资产投资449.7亿元，下降5.4%；第三产业投资497.5亿元，增长7.2%。三次产业投资比重由上年的0.9∶50.4∶48.7调整为1.3∶47.5∶51.2。

【科学技术】2014年，锦州市认定高新技术企业达53家，组建省、市级工程技术研究中心达53家，省级重点实验室达14个，建立院士工作站4家，产业协同创新中心3家。组建市级科技特派员服务站41家，组建市级科技特派员工作站25家，省市县三级科技特派员累计达2952人，培养农民技术员1212人。实施国家、省科技计划项目138项，获科技资金支持2992万元，比上年增长19.3%。全市有7项科技成果获2014年度省科技进步奖，其中，省科技进步奖一等奖1项，省科技进步三等奖6项。年末全市专利申请受理量1114项，其中，发明专利444项；专利申请授权量732项，其中，发明专利授权131项。1家企业被评为国家知识产权试点企业，3家企业被评为辽宁省知识产权优势企业。专利产业化率达到26.5%。全市规模以上工业企业实现高新技术产品增加值285亿元，比上年增长9.2%。技术合同交易额实现10亿元。

【国内贸易和对外经济】2014年，锦州市全年社会消费品零售总额555.0亿元，比上年增长12.4%。从消费形态看，餐饮收入69.9亿元，增长11.1%；商品零售485.1亿元，增长12.5%。分地域看，城镇消费品市场零售额486.3亿元，增长12.5%；农村消费品市场零售额68.7亿元，增长11.5%。在城镇中，城区消费品市场零售额364.1亿元，增长11.7%。从规模看，限额以上零售额234.9亿元，增长9.5%；限额以下零售额320.1亿元，增长14.5%。

全年进出口总额42.3亿美元，比上年增长18.9%。其中，出口24.1亿美元，增长13.7%；进口18.2亿美元，增长26.7%。

【交通、邮电和旅游】2014年，锦州市全年公路货运量17398万吨，货物周转量221.6亿吨公里，分别增长9.4%和10.4%；公路客运量6061万人，旅客周转量29.6亿人公里，分别增长3.6%和3.1%。锦州机场航班运输起降架次1438架次，下降32.9%，旅客吞吐量14.3万人，下降24.7%，货邮吞吐量1127.6吨，下降15.8%。港口货物吞吐量10002万吨，增长17.2%，集装箱吞吐量87.9万标箱，下降8.4%。

全年电信业务总量32.6亿元，比上年增长5.2%。固定电话76.1万户，移动电话294.0万部，互联网用户57.7万户。全年邮政业务总量2.4亿元，比上年增长17.2%，邮政业务收入（不包括邮政储蓄银行直接营业收入）2.5亿元，增长12.8%。全年函件业务157.1万件，下降31.3%；包裹业务15.2万件，下降20.4%；报纸业务2620.9万份，下降1.7%；杂志业务205.7万份，增长1.0%；汇兑业务28.8万笔，下降23.5%；快递企业业务量426.8万件，增长63.4%。

全年旅游业总收入272.2亿元人民币，比上年增长15.5%。国内旅游收入265.5亿元人民币，增长14.4%。旅游创汇1.1亿美元，增长1.7%。接待国内旅游者3544.9万人次，增长10.4%；接待入境旅游者11.4万人次，增长1.8%。

【金融和保险】2014年年末，锦州市全市金融机构本外币各项存款余额1725.5亿元，比年初增加208.3亿元。其中，居民储蓄存款余额1094.1亿元，比年初增加72.0亿元。本外币各项贷款余额1138.0亿元，比年初增加149.7亿元。其中，中长期贷款余额695.4亿元，比年初增加80.4亿元；短期贷款余额399.5亿元，比年初增加50.2亿元。

全年共实现保费收入30.6亿元，比上年增长19.1%。其中，财险保费收入12.0亿元，比上年增长20.4%；寿险保费收入18.5亿元，比上年增长18.2%。赔款、给付金额合计14.3亿元，比上年增长41.6%。其中，财险赔款6.4亿元；寿险赔款1.1亿元、给付6.8亿元。

8

2014年营口市经济发展概况

【经济总量】2014年，营口市全年实现地区生产总值（GDP）1591.1亿元，按可比价格计算，比上年增长6.5%。分产业看，第一产业增加值110.5亿元，增长3.4%，第二产业增加值816.9亿元，增长6.4%，第三产业增加值663.6亿元，增长7.2%。三次产业增加值占地区生产总值的比重为7.0：51.3：41.7。人均地区生产总值65075元，按可比价格计算，比上年增长6.4%，按年均汇率折算为10593美元。

【农业】2014年，营口市全年农林牧渔业总产值193.5亿元，按可比价格计算，比上年增长3.4%。农林牧渔业增加值111.5亿元，按可比价格计算，比上年增长3.4%。其中，农业增加值46.3亿元，增长3.7%；林业增加值2.3亿元，增长1.0%；牧业增加值29.7亿元，增长2.7%；渔业增加值32.2亿元，增长3.9%；农林牧渔服务业增加值1.0亿元，增长1.0%。

全年粮食总产量67.1万吨，受自然灾害影响，比上年减产0.8万吨，下降1.1%。蔬菜产量86.5万吨，比上年增长0.6%。水果产量81.3万吨。全年农作物总播种面积108.8千公顷，比上年增长3.2%。其中，粮食作物播种面积92.9千公顷；非粮食作物播种面积16.0千公顷。

【工业和建筑业】2014年，营口市全年规模以上工业增加值按可比价格计算比上年增长6.0%。其中，轻工业增长4.0%，重工业增长6.5%。在全市37个工业大类行业中，26个行业增加值保持增长，19个行业增加值增速超过全市平均水平。

全年建筑业增加值93.2亿元，按可比价格计算，比上年增长5.7%。具有建筑业资质等级的总承包和专业承包建筑企业共签订工程合同额390.4亿元，比上年下降14.4%；实际施工的房屋建筑面积1834.0万平方米，下降18.4%。

【固定资产投资】2014年，营口市全年固定资产投资（不含农户，下同）1161.3亿元，比上年下降8.6%。其中，建设项目投资完成1006.7亿元，占投资总量的86.7%。新增固定资产978.2亿元，比上年增长8.6%。

在固定资产投资中，第一产业投资4.2亿元，比上年增长35.9%；第二产业投资661.0亿元，增长1.7%；第三产业投资496.1亿元，下降19.8%。投资三次产业构成为0.4：56.9：42.7。

【科学技术】2014年，营口市全年完成专利申请810件，其中发明专利申请230件，授权专利546件。全年获科学技术奖24项，其中，省级科学技术奖2项，市级科学技术奖22项。省级工程技术研究中心22个，省级重点实验室3个，其中新组建省级重点实验室3个。

【国内贸易和对外经济】2014年，营口市全年社会消费品零售总额436.5亿元，同比增长12.2%。按销售单位所在地分，城镇实现零售额387亿元，同比增长10.4%；乡村实现零售额49.6亿元，同比增长27.9%。按行业分，批发业实现零售额47.1亿元，同比增长13.5%；零售业实现零售额315.2亿元，同比增长12.7%；

住宿业实现零售额4.6亿元，同比下降1.5%；餐饮业实现零售额69.6亿元，同比增长9.9%。

全年进出口总额68.7亿美元，同比增长2.6%。其中，出口总额45.2亿美元，同比增长3.5%；进口总额23.4亿美元，同比增长0.9%。从贸易方式看，一般贸易出口29.2亿美元，同比增长2.4%；加工贸易出口2.9亿美元，同比增长6.7%。一般贸易进口17.5亿美元，同比增长10.7%；加工贸易进口2.1亿美元，同比增长8.7%。从企业经济类型看，国有企业出口13亿美元，同比增长150.1%；外商投资企业出口11.9亿美元，同比增长9.2%；私营企业出口20.4亿美元，同比下降26.2%。外商投资企业进口8.6亿美元，同比增长39.4%；国有企业进口9.8亿美元，同比下降18.1%；私营企业进口5.1亿美元，同比增长3.5%。

【交通、邮电和旅游】2014年，营口市年末全市公路里程总计（不含高速）4225.9公里，比上年末增加130.2公里。年末私人汽车保有量208659辆，比上年末增长16.5%。

全年完成邮电业务总量33.4亿元，比上年增长13.6%。其中，邮政业务总量1.96亿元，比上年增长16.7%；电信业务总量31.5亿元，比上年增长13.4%。年末全市固定电话用户58.8万户，比上年下降5.1%。其中，城市电话用户36.0万户，农村电话用户22.8万户；移动电话用户254.0万户，比上年增长3.9%；互联网络宽带接入用户45.8万户，比上年增长12.3%。

全年接待国内外旅游者1842.2万人次，比上年增长13.2%。其中，接待国内旅游者1835.3万人次，增长13.3%；接待入境旅游者6.9万人次，增长1.5%。旅游总收入246.8亿元，比上年增长15.9%。其中，国内旅游收入243.0亿元，增长16.6%；旅游外汇收入6221.1万美元，增长1.7%。年末星级以上宾馆21家，其中五星级宾馆3家；旅行社78家。有国家A级旅游景区17个。

【金融和保险】2014年年末，营口市金融机构本外币各项存款余额1749.1亿元，比年初增加238.4亿元，比上年同期增长15.8%。人民币各项存款余额1727.7亿元，比年初增加228.0亿元，比上年同期增长15.2%。其中，个人储蓄存款余额1045.6亿元，比年初增加106.6亿元，增长11.3%；单位存款余额575.1亿元，比年初增加34.9亿元，增长6.6%。年末金融机构本外币各项贷款余额1553.6亿元，比年初增加192.3亿元，比上年同期增长14.1%。人民币各项贷款余额1511.4亿元，比年初增加199.9亿元，同比增长15.3%。其中，人民币中长期贷款余额728.2亿元，比年初增加94.0亿元，同比增长14.8%；人民币短期贷款734.6亿元，比年初增加89.5亿元，同比增长13.9%。

全市保险主体机构共40家，其中，财产险保险公司和人寿险保险公司各20家。全年全行业共承担风险责任保障金额13544.6亿元，比上年增长150.6%。实现保费收入38.9亿元，比上年增长23.7%。其中，财产险公司保费收入15.1亿元，增长12.4%；人寿险公司保费收入23.8亿元，增长32.1%。产寿险公司共支付赔款与给付金额11.9亿元，同比增长13.6%。其中，财产险公司支付金额8.4亿元，增长5.6%；寿险公司支付金额3.5亿元，增长38.5%。营口地区保险深度（保险费与地区生产总值之比）2.45%，比上年同期增长0.27个百分点；保险密度（人均保险费）1667.6元，比上年同期增加338.8元。

9

2014年阜新市经济发展概况

【经济总量】2014年，阜新市全年实现地区生产总值（GDP）606.2亿元，按可比价格计算，比上年增长4.0%。其中，按新口径核算，第一产业增加值119.5亿元，下降2.2%；第二产业增加值271.5亿元，增长4.6%；第三产业增加值215.2亿元，增长6.7%。三次产业增加值比重由上年的21.9∶44.3∶33.8调整为19.7∶44.8∶35.5。人均地区生产总值33883元，按可比价格计算，比上年增长4.3%，按年均汇率折算为5518美元。

【农业】2014年，阜新市全年农林牧渔业增加值123.5亿元，按可比价格计算，比上年下降2.1%。其中，农业增加值51.3亿元，下降7.4%；林业增加值5.7亿元，增长2.0%；牧业增加值61.9亿元，增长4.1%；渔业增加值0.7亿元，增长6.1%。

全年农作物总播种面积797.0万亩，增长0.5%。粮食作物播种面积527.7万亩，增长7.8%；油料播种面积219.6万亩，下降17.8%，其中花生播种面积218.9万亩，下降16.3%；蔬菜播种面积31.5万亩，下降2.2%。

【工业和建筑业】2014年，阜新市全年全口径工业增加值221.0亿元，比上年增长4.6%。全市年主营业务收入2000万元及以上工业企业（简称规模以上工业企业）完成增加值201.2亿元，比上年增长3.5%。实现工业出口交货值14.6亿元，比上年增长10.2%，占工业销售产值的1.7%。按轻、重工业分，轻工业完成增加值48.4亿元，增长7.5%；重工业完成增加值152.8亿元，下降7.0%。按经济类型分，国有企业完成增加值38.4亿元，下降18.1%；集体企业完成增加值1.7亿元，增长3.2%；股份制企业完成增加值119.6亿元，增长1.0%；外商及港澳台商投资企业完成增加值17.0亿元，增长9.6%；其它经济类型企业完成增加值24.4亿元，下降7.5%。

全年建筑业增加值50.9亿元，按可比价格计算，比上年增长4.4%。全年225家具有建筑业资质等级的总承包和专业承包建筑企业共实现建筑业产值230.3亿元，比上年下降12.8%。实际施工房屋建筑面积为1059万平方米，比上年下降15.5%；房屋建筑竣工面积为517.3万平方米，下降29.2%。全年实现主营业务收入171.1亿元，同比下降15.3%，上缴税金6.5亿元，下降13.3%。

【固定资产投资】2014年，阜新市全年完成固定资产投资434.1亿元，比上年下降24.3%，其中建设项目完成投资312.4亿元，比上年下降29.1%。按产业分，第一产业完成投资18.3亿元，比上年下降13.9%；第二产业完成投资186.0亿元，下降31.3%；第三产业完成投资229.8亿元，下降18.3%。

【科学技术】2014年，阜新市全年共取得各项科研成果109项，其中，国际先进1项，国内领先和国内先进水平的14项。有109项科研成果得到推广应用。全市规模以上工业高新技术产品增加值63.7亿元。

【国内贸易和对外经济】2014年，阜新市全年批发和零售业增加值41.5亿元，按可比价格计算，比上年增长8.8%；住宿和餐饮业增加值11.0亿元，按可比价格计算，比上年增长8.3%。

全市进出口总额36184万美元，比上年增长8.5%。其中，出口总额31216万美元，增长17.4%；进口总额4968万美元，下降26.5%。

【交通、邮电和旅游】2014年，阜新市全年交通运输、仓储和邮政业增加值22.7亿元，按可比价格计算，比上年增长2.8%。

公路货运量4879万吨，增长9.6%，公路货物周转量801451万吨公里，增长10.6%；客运量1561万人次，增长4.6%，客运周转量102266万人公里，增长5.4%。

全年完成邮电业务总量20.04亿元，增长13.6%。其中，邮政业务总量0.64亿元，增长5.0%；电信业务总量19.40亿元，增长13.9%。完成函件88.68万件，比上年增长33.9%，特快专递10.60万件，增长1.6%。全市固定电话用户45.3万户，下降4.3%。年末移动电话用户162.14万户，其中3G用户26.36万户。年末国际互联网宽带用户47.76万户，比去年同期增加15.4万户。

全年共接待旅游人数1055.2万人次，增长8.0%。其中，外国人3.88万人次，港澳台同胞1.35万人次，国内旅游人数1050.0万人次。全年旅游业总收入157.0亿元，同比增长16.3%，其中，国内旅游收入156.0亿元，增长17.0%。截止2014年末全市有星级宾馆8家，旅行社45家。

【金融和保险】2014年年末，阜新市全市金融机构本外币各项存款余额837.5亿元，比年初增加33.2亿元，同比增长4.1%。其中，单位存款余额253.6亿元，减少15.2亿元；个人存款余额560.6亿元，增加48.8亿元。金融机构本外币各项贷款余额700.2亿元，比年初增加72.1亿元，同比增长11.5%。其中，短期贷款余额331.0亿元，比年初增加44.1亿元；中长期贷款余额354.7亿元，比年初增加24.6亿元。

全年实现保费收入16.26亿元，比上年增长7.3%。其中，财产险收入6.29亿元，增长12.7%；寿险收入9.97亿元，增长4.2%。全年支付各类赔款总额3.89亿元，其中，财产险支付3.54亿元，人寿险支付0.35亿元。

10

2014年辽阳市经济发展概况

【经济总量】2014年，辽阳市全年实现地区生产总值（GDP）1014.4亿元，按可比价格计算，比上年增长5.9%。其中，按新口径核算，第一产业增加值67.0亿元，增长3.0%；第二产业增加值589.2亿元，增长5.3%；第三产业增加值358.2亿元，增长7.5%。三次产业增加值占地区生产总值的比重由上年的6.8：59.7：33.5变为6.6：58.1：35.3。人均地区生产总值54788元，按可比价格计算，增长6.1%，按年均汇率折算为8919美元。

【农业】2014年，辽阳市农林牧渔业增加值68.7亿元，按可比价格计算，比上年增长3.1%。其中，农业增加值32.2亿元，增长10.0%；林业增加值1.4亿元，增长6.6%；牧业增加值23.9亿元，下降9.1%；渔业增加值9.2亿元，增长13.0%；农林牧渔服务业增加值1.9亿元，增长23.9%。

粮食作物播种面积138.0千公顷，比上年减少1.1千公顷。其中，稻谷播种面积47.5千公顷，玉米播种面积86.7千公顷。经济作物播种面积21.9千公顷，减少0.5千公顷。其中，蔬菜及食用菌播种面积18.7千公顷。果园面积13.9千公顷，减少1.5千公顷。

【工业和建筑业】2014年，辽阳市规模以上工业增加值按可比价格计算比上年增长5.0%。分经济类型看，国有及国有控股企业下降12.2%；集体企业下降4.6%；股份制企业增长0.01%；外商及港澳台商投资企业增长7.0%；私营企业增长9.7%。分行业大类看，农副食品加工业增加值比上年增长11.6%；皮革、毛皮、羽毛及其制品和制鞋业增长39.5%；文教、工美、体育和娱乐用品制造业增长9.2%；化学纤维制造业增长58.2%；橡胶和塑料制品业增长9.8%；通用设备制造业增长3.9%；计算机、通信和其他电子设备制造业增长2.6%；仪器仪表制造业增长52.8%。在六大高耗能行业中，石油加工、炼焦和核燃料加工业增加值下降1.9%；化学原料和化学制品制造业下降13.6%；非金属矿物制品业增长3.0%；黑色金属冶炼和压延加工业增长10.1%；有色金属冶炼和压延加工业增长8.4%；电力、热力生产和供应业下降12.0%。

年末具有建筑业资质等级的总承包和专业承包建筑企业265个，增长1.9%。签订工程合同额325.6亿元，下降10.6%。房屋施工面积770.2万平方米，下降19.9%。

【固定资产投资】2014年，辽阳市固定资产投资（不含农户）714.8亿元，比上年增长2.7%。其中，建设项目投资600.0亿元，增长9.2%；房地产开发投资114.8亿元，下降21.8%。在建设项目中，新建项目投资487.9亿元，增长30.0%；改、扩建项目投资20.0亿元，下降50.3%。

在固定资产投资（不含农户）中，分经济类型看，国有及国有控股企业投资129.8亿元，比上年增长11.1%；民间投资573.0亿元，增长9.1%；港澳台及外商投资12.0亿元，下降77.6%。分产业看，第一产业投资15.1亿元，增长83.2%。第二产业投资429.5亿元，增长2.7%。其中，工业投资420.8亿元，增长0.7%；建筑业投资8.7亿元，增长11.3倍。在工业投资中，采矿业投资70.1亿元，增长30.1%；制造业投资323.3亿元，下降3.3%；电力、燃气及水的生产和供应业投资27.4亿元，下降7.2%。第三产业投资270.2亿元，增长0.2%。其中，批发和零售业投资16.7亿元，增长3.9%；住宿和餐饮业投资18.1亿元，增长3.5倍；水利、环境和公共设施管理业投资84.9亿元，增长48.3%；教育投资6.2亿元，增长1.7倍；文化、体育和娱乐业投资7.7亿元，增长27.5%；公共管理、社会保障和社会组织投资4.4亿元，增长3.4倍。固定资产投资三次产业构成比例为2.1：60.1：37.8。

【科学技术】2014年，辽阳市公共财政科学技术支出2.2亿元，比上年增长5.6%。规模以上工业研究与试验发展（R&D）经费支出11.4亿元，下降38.5%。年末从事科技活动人员4877人，其中研究与试验发展（R&D）人员2980人。年末各类科学研究与技术开发机构30个。其中，政府部门所属科研机构21个，高等院校所属科研机构1个，大中型工业企业所属科研机构8个。省级工程技术研究中心23个，产业技术创新战略联盟1个。专利申请575件，增长5.7%，其中，发明专利申请196件，增长6.5%；授权专利378件，增长7.7%，其中，授权发明专利28件，下降26.3%。有效发明专利185件，增长4.5%。有4项成果荣获省科技进步奖；有40项成果荣获市科技进步奖，其中，一等奖17项、二等奖16项、三等奖7项。技术市场成交各类技术合同26项；技术合同成交额2.7亿元，增长5.7倍。

年末有产品质量检验机构49个。企业获得质量管理体系认证证书446个，自愿性认证（包括体系认证、食品农产品认证）证书902个，强制性认证证书122个。法定计量技术机构4个，强制检定计量器具9.6万台件。制定、修订地方标准5项。争创省名牌产品14个，争创市名牌产品23个。地理标志证明商标2个，其中国家级2个。年末有卫星云图接收站点3个，地震台站4个，其中省级地震台站1个。

【国内贸易和对外经济】2014年，辽阳市社会消费品零售总额361.6亿元，比上年增长12.2%。分城乡看，城镇零售额333.4亿元，增长10.2%；乡村零售额28.2亿元，增长41.5%。分行业看，批发业零售额26.0亿元，增长12.9%；零售业零售额284.2亿元，增长11.3%；住宿业零售额1.1亿元，增长18.2%；餐饮业零售额50.3亿元，增长16.5%。分规模看，限额以上零售额115.6亿元，增长9.9%；限额以下零售额246.0亿元，增长13.3%。

进出口总额10.1亿美元，比上年增长10.1%。其中，出口总额6.6亿美元，下降3.1%；进口总额3.5亿美元，增长48.4%。分贸易方式看，一般贸易出口6.2亿美元，下降5.0%；加工贸易出口0.4亿美元，增长28.4%。一般贸易进口3.2亿美元，增长65.8%；加工贸易进口0.2亿美元，下降37.2%。分企业经济类型看，国有企业出口0.1亿美元，下降50.2%；外商投资企业出口1.2亿美元，增长13.5%；私营企业出口5.3亿美元，下降5.2%。外商投资企业进口0.9亿美元，增长22.9%；私营企业进口2.6亿美元，增长59.4%。分商品类型看，农产品出口207万美元，纺织服装出口0.8亿美元，化工产品出口0.5亿美元，钢铁出口0.3亿美元，机电产品出口0.7亿美元。

【交通、邮电和旅游】2014年，辽阳市公路货运量1.4亿吨，比上年增长9.5%。货物周转量179.3亿吨公里，增长11.7%。公路客运量4205万人，增长3.9%。旅客周转量11.4亿人公里，增长4.9%。

年末公路里程3610公里，比上年末增加88公里，其中，高速公路157公里，增加28公里。年末民用汽车拥有量17.5万辆，增长15.1%。其中，载客汽车14.4万辆，增长14.1%；载货汽车2.9万辆，增长21.0%。在民用汽车拥有量中，年末个人汽车拥有量13.5万辆，新增1.9万辆，增长16.8%。

邮电业务总量23.5亿元，比上年增长14.8%。在邮电业务总量中，邮政业务总量2.0亿元，增长4.7%。函件111.7万件，增长47.5%；快递265.8万件，增长36.4%；订销报纸2613.3万份，增长1.8%；订销杂志87.3万份，下降2.1%。在邮电业务总量中，电信业务总量21.4亿元，增长15.8%。年末固定电话用户44.7万户，下降5.3%。其中，城市电话用户25.6万户，下降7.6%；农村电话用户19.1万户，下降2.1%。年末移动电话用户186.0万户，下降1.5%，其中3G移动电话用户69.6万户，增长28.9%。年末互联网用户42.3万户，增长8.2%。

接待国内外旅游者2798.1万人次，比上年增长13.9%。其中，接待国内旅游者2794.2万人次，增长13.9%；接待入境旅游者3.9万人次，增长1.2%。接待入境旅游者中，外国人3.7万人次，增长1.2%；港澳台同胞0.2万人次，增长1.2%。旅游总收入256.1亿元，增长15.0%。其中，国内旅游收入254.6亿元，增长15.1%；旅游外汇收入2435.8万美元，增长1.3%。年末星级以上宾馆8家，其中五星级宾馆1家；旅行社37

家。年末国家A级旅游景区10个，其中，2A级旅游景区2个，3A级旅游景区5个，4A级旅游景区3个。

【金融和保险】2014年年末，辽阳市金融机构本外币各项存款余额1408.2亿元，比年初增加86.1亿元。其中，人民币各项存款余额1333.0亿元，比年初增加37.6亿元。人民币个人储蓄存款余额810.6亿元，比年初增加60.7亿元。年末金融机构本外币各项贷款余额911.5亿元，比年初增加37.5亿元。其中，人民币各项贷款余额866.9亿元，比年初增加59.1亿元。在金融机构本外币各项贷款中，年末短期贷款余额548.3亿元，比年初减少23.6亿元；中长期贷款余额300.3亿元，比年初增加44.5亿元。

保险保费收入23.8亿元，比上年增长15.7%。其中，财产保险保费收入9.0亿元，增长2.6%；人寿保险保费收入13.1亿元，增长24.5%；意外保险保费收入0.9亿元，增长58.9%；健康保险保费收入0.8亿元，增长17.0%。支付各类赔款及给付总额9.6亿元，增长16.6%。其中，财产保险赔款4.7亿元，增长11.9%；人寿保险赔付4.1亿元，增长19.9%；意外保险赔付0.4亿元，增长25.7%；健康保险赔付0.4亿元，增长34.8%。

11

2014年盘锦市经济发展概况

【经济总量】2014年，盘锦市全年实现地区生产总值（GDP）1304.0亿元，按可比价格计算，比上年增长6.1%。其中，第一产业增加值114.6亿元，增长3.1%；第二产业增加值739.3亿元，增长5.8%，第三产业增加值450.0亿元，增长7.2%。三次产业增加值占地区生产总值的比重分别为8.8%、56.7%和34.5%。年人均地区生产总值90615元，按可比价格计算，比上年增长5.9%。

【农业】2014年，盘锦市全年农林牧渔业增加值116.3亿元，按可比价格计算，比上年增长3.1%。其中：农业增加值51.5亿元，增长3.4%；林业增加值0.3亿元，增长3.7%；牧业增加值17.3亿元，增长1.8%；渔业增加值45.5亿元，增长3.3%；农林牧渔服务业增加值1.6亿元，增长1.7%。

全市粮食作物播种面积126667公顷，比上年下降1.1%。在粮食作物中，水稻播种面积106432公顷，下降1.1%，玉米播种面积15280公顷，与上年持平。在非粮食作物中，蔬菜播种面积15833公顷，下降1.4%。全市化肥施用量（折纯）4.7万吨，增长0.3%。

【工业和建筑业】2014年，盘锦市全年全部工业增加值749.3亿元，按可比价格计算，比上年增长6.1%。其中，规模以上工业增加值比上年增长5.3%。

在规模以上工业中，分经济类型看，国有及国有控股企业增加值比上年增长0.1%，集体企业增加值增长5.2%，股份合作企业增加值增长12.5%，股份制企业增加值增长4.3%，外商及港澳台投资企业增加值增长40.2%；分门类看，采矿业增长2.5%，制造业增长6.6%，电力、热力、燃气及水生产和供应业增长23.3%；分主要行业大类看，石油和天然气开采业下降0.1%，石油加工业增长2.8%，化学原料和化学制品制造业增长7.5%，专用设备制造业增长6.7%。

全年建筑业实现增加值75.3亿元，按可比价格计算，比上年增长3.8%。具有建筑业资质等级的总承包和专业承包建筑企业共签订工程合同额280.1亿元，比上年下降28.4%；房屋建筑施工面积484万平方米，比上年下降48.2%。

【固定资产投资】2014年，盘锦市全年固定资产投资（不含农户）1157.4亿元，比上年增长1.7%。新增固定资产915.7亿元，比上年增长16.9%。

在固定资产投资中，第一产业[4]投资4.6亿元，比上年增长18.1%；第二产业投资521.9亿元，比上年下降6.7%；第三产业投资630.9亿元，比上年增长9.9%。工业投资526.1亿元，比上年下降8.3%。全年基础设施建设完成投资299.7亿元，比上年增长0.7%。全市园区完成投资295.9亿元，比上年下降2.5%。

【科学技术】2014年，盘锦市全市各类科学研究与技术开发机构38个，其中政府部门所属科研机构8个，大中型工业企业所属科研机构24个。全年专利申请891件，比上年增加29件。其中发明专利申请245件，增加46件；授权专利712件，增加185件。科技成果57项，比上年减少2项，其中省级科技成果9项。高新技术企业32家，比上年增加1家。企业工程技术研发中心40个，比上年增加23家，其中，省级企业工程技术研发中心17个，与上年持平。签订技术合同21项，成交额6.8亿元。

全年规模以上工业高新技术产品增加值233.2亿元，按现价计算比上年增长21.5%。

【国内贸易和对外经济】2014年，盘锦市全年批发和零售业增加值74.8亿元，按可比价格计算，比上年增长3.5%。

全年社会消费品零售总额321.0亿元，比上年增长11.9%。分城乡看，城镇零售额283.3亿元，增长11.7%；乡村零售额37.7亿元，增长13.5%。

全年进出口总额9.2亿美元，比上年下降30.0%。其中，进口总额2.6亿美元，下降47.0%；出口总额6.6亿美元，下降19.6%。从贸易方式看，一般贸易进口1.6亿美元，下降64.3%；加工贸易进口1亿美元，增长217.0%。一般贸易出口6.2亿美元，下降6.3%；加工贸易出口0.2亿美元，下降29.0%。从企业经济类型看，国有企业进口0.4亿美元，下降42.0%；三资企业进口1.7亿美元，增长30.5%；其他企业进口0.5亿美元，下降84.0%。国有企业出口1.9亿美元，增长112.0%；三资企业出口0.3亿美元，增长4.4%；其他企业出口4亿美元，下降42.7%。从商品类型看，机电产品进口0.1亿美元，下降85.0%；高新技术产品进口0.1亿美元，增长12.5%。机电产品出口2.5亿美元，下降9.0%；高新技术产品出口0.1亿美元，下降17.0%。

【交通、邮电和旅游】2014年，盘锦市全年各种运输方式（不包括铁路）完成货物周转量180.5亿吨公里，比上年增长12%；货运量13815万吨，比上年增长10%。旅客周转量21.6亿人公里，比上年增长5.9%；客运量3370万人，比上年增长4.6%。全年港口货物吞吐量3128万吨，比上年增长4.3%。

全年邮政业务总量2.3亿元，比上年增长7.4%。电信业务总量22.1亿元，比上年增长14.1%。全市固定电话用户42.3万户，增长0.2%。其中，城市电话用户30.6万户，农村电话用户11.7万户。移动电话用户176.8万户，增长7.5%。全市固定电话普及率32.7部/百人。年末国际互联网络用户32.8万户，增长10.1%。

全年接待国内外旅游者2309.9万人次，比上年增长20.2%。其中，接待国内旅游者2299.3万人次，增长

20.3%；接待入境旅游者10.6万人次，增长1.3%。接待入境旅游者中，外国人4.8万人次，增长1.2%；港澳台同胞5.8万人次，增长1.4%。全年旅游总收入297.4亿元，比上年增长17.1%。其中，国内旅游收入291.6亿元，增长17.4%；旅游外汇收入9454.4万美元，增长1.4%。年末星级以上宾馆13家，旅行社60家。年末全市有国家A级旅游景区13个。

【金融和保险】2014年年末，盘锦市全部金融机构本外币各项存款余额1306.7亿元，比上年增长5.6%。其中，单位存款余额433.2亿元，比上年下降0.5%；个人存款余额863.3亿元，比上年增长9.8%。存款中人民币存款余额1299.1亿元，比上年增长6.1%，其中，储蓄存款余额849.3亿元，比上年增长10.3%。全部金融机构本外币各项贷款余额799.7亿元，比上年增长13.8%。其中，短期贷款余额388.2亿元，比上年增长4.3%；中长期贷款余额384.9亿元，比上年增长19.6%。农村信用合作社人民币贷款余额58.6亿元，比上年增加6.2亿元。

全年保险公司保费收入30.3亿元，比上年增长14.8%。其中，寿险业务保费收入20.4亿元，财产险业务保费收入10.0亿元。支付各类赔款12.2亿元。其中，寿险业务给付7.2亿元，财产险业务赔款5.0亿元。

12

2014年铁岭市经济发展概况

【经济总量】2014年，铁岭市全年实现地区生产总值（GDP）实现867.5亿元，按可比价格计算，比上年增长1.5%。其中：第一产业实现增加值207.4亿元，同比增长3.0%，拉动GDP增长0.7个百分点；第二产业实现增加值361.6亿元，同比增长0.9%，拉动GDP增长0.4个百分点；第三产业实现增加值298.5亿元，同比增长1.3%，拉动GDP增长0.4个百分点。三次产业增加值占生产总值（GDP）的比重分别为23.9%、41.7%和34.4%。人均GDP达到28727元。

【农业】2014年，铁岭市全市农林牧渔业总产值实现464.1亿元，可比价增长3.1%。农林牧渔业增加值实现208.2亿元，可比价增长3.0%。

种植业产值实现164.0亿元，可比价增长1.4%。2014年全市粮食总产量按国家统计局辽宁调查总队抽样调查核定数为346.0万吨（69.2亿斤）；蔬菜产量（按统计口径）308.1万吨，比上年下降16.6%。水果产量32.0万吨，比上年下降8.5%。

【工业和建筑业】2014年，铁岭市全市规模以上工业增加值按可比价格计算，比上年增长0.2%。

主要工业产品产量有升有降。全年原煤产量1707.3万吨，比上年下降8.7%；发电量210.4亿千瓦小时，比上年增长2.1%；饲料237.1万吨，比上年下降27.2%；钢材12.2万吨，比上年下降34.5%。

2014年建筑业增加值完成52.7亿元，按可比价计算，比上年增长4.3%。资质等级以上建筑企业完成施工产值224亿元，比上年下降28.2%。

【固定资产投资】2014年，铁岭市全年完成固定资产投资646.3亿元，比上年下降38.1%。其中：民间投资485.5亿元，比上年下降40.8%；建设项目投资515.1亿元，比上年下降35.7%，房地产开发投资131.2亿元，比上年下降46.2%。按经济类型划分，国有经济投资135.1亿元，比上年下降23.2%；非国有经济投资511.2亿元，比上年下降41.1%。

在固定资产投资中，第一产业完成投资13.3亿元，比上年下降12.8%；第二产业完成投资339.1亿元，比上年下降43.0%，其中，工业完成投资336.1亿元，比上年下降42.1%；第三产业完成投资293.8亿元，比上年下降32.2%，其中，房地产业投资136.1亿元，比上年下降46.2%。三次产业投资之比由上年的1.5：57.0：41.5调整为2.1：52.5：45.5。

【科学技术】2014年，铁岭市全市拥有市级科研机构7个，从事科研活动245人，科研经费支出2713万元；全年组织实施各类课题项目17项。全市已经省认定的高新技术企业43家，本年新培育认定高新技术企业8家；到2014年末全市高新技术产值实现222.3亿元，高新技术产品增加值实现68.4亿元，分别比上年下降63%和60.9%。吸纳技术签订合同166项，成交额3.17亿元；输出技术签订合同10项，成交额1018万元；专利申请量686件，其中，发明专利达159件，专利授权475件，发明授权41件。

【国内贸易和对外经济】2014年，铁岭市全市批发零售业实现增加值64.2亿元，按可比价计算，比上年增长4.3%。批发零售业商品销售总额实现917.1亿元，比上年增长11.0%。其中：限额以上批发零售企业商品销售额182.8亿元，比上年下降9.9%；限额以下批发零售企业商品销售额734.3亿元，比上年增长17.8%。

全年新签项目7个，比上年下降133.3%；合同外资额30096万美元，比上年下降45.8%；实际利用外资55894万美元，比上年增长0.6%。

全市进出口总额完成102794万美元，比上年增长20.3%，其中：进口完成33533万美元，比上年增长53.7%；出口完成69261万美元，比上年增长8.9%。

【交通、邮电和旅游】2014年，铁岭市全年交通运输仓储邮政业实现增加值42.4亿元，按可比价计算，比上年下降0.6%。全社会货物运输量完成6448万吨，比上年增长8.3%，货物周转量完成1013871万吨公里，比上年增长8.5%；公路客运量3806万人，比上年增长0.4%，旅客周转量125935万人公里，比上年增长2.5%。（以上数据为公路数据）

2014全年完成邮政业务总量15327万元，比上年增长9.3%。在邮政业务中，全年完成函件180.1万件，比上年增长16.1%；特快专递11.3万件，比上年下降25.8%；全年电信业务总收入149248万元。年末固定电话用户37.6万户，比上年减少6.8万户，下降15.3%；移动电话用户达273.7万户，比上年增加21.2万户，增长8.4%。年末宽带用户数达32.4万户，比上年增加0.2万户，增长0.6%。

全年共接待国内旅游者1949.5万人次，比上年增长17.4%；实现国内旅游收入171.7亿元，比上年增长17.3%。接待入境旅游者3.4万人次，比上年增长1.3%；实现旅游外汇收入2717.7万美元，比上年增长1.9%。

【金融和保险】2014年年末，铁岭市全市金融机构各项存款余额1024.8亿元，比年初增加107.4亿元，增长11.7%，其中：单位存款余额212.4亿元，比年初增加12.7亿元，增长6.4%；城乡居民储蓄存款余额

790.6亿元，比年初增加90.3亿元，增长12.9%。金融机构各项贷款余额773.7亿元，比年初增加71.4亿元，增长10.2%，其中：短期贷款余额364.9亿元，比年初增加29.9亿元，增长8.9%；中长期贷款余额366.4亿元，比年初增加33.9亿元，增长10.2%。票据融资余额41.5亿元，比年初增加6.7亿元，增长19.3%。

全市保险业务得到较快发展。全年实现保费收入27.4亿元，比上年增长21.4%。其中：寿险收入19.5亿元，比上年增长26.8%；财产险收入7.9亿元，比上年增长10.0%。全年支付各类赔款和给付总额8.6亿元，比上年增长30.3%。其中：寿险给付和赔款3.9亿元，比上年增长17.9%；财产险赔款4.7亿元，比上年增长42.6%。

13

2014年朝阳市经济发展概况

【经济总量】2014年，朝阳市全年实现地区生产总值（GDP）990亿元，按可比价格计算，比上年增长3.8%。其中，第一产业增加值214.7亿元，增长2.9%；第二产业增加值420.7亿元，增长2.3%；第三产业增加值354.6亿元，增长6.3%。三次产业增加值比重为21.7：42.5：35.8。全市人均生产总值33261元（折合5436美元），按可比价格计算，比上年增长4.1%。

【农业】2014年，朝阳市全年农林牧渔业总产值448.8亿元，比上年增长1.8%。其中，种植业产值207.5亿元，下降4.4%；林业产值35.3亿元，增长3.5%；牧业产值196.9亿元，增长8.2%；渔业产值0.5亿元，增长7.8%。

全年粮食总产量176.8万吨，比上年下降29.5%。油料产量1.2万吨，比上年下降33.1%。水果总产量67.4万吨，下降6.6%，其中园林水果产量51.2万吨，下降6%。蔬菜及食用菌总产量538.1万吨，下降3.9%，其中棚菜产量470.2万吨，增长2.4%，占蔬菜总产量的87.4%。

【工业和建筑业】2014年，朝阳市全年全部工业增加值321.6亿元，按可比价格计算，比上年增长1.4%。

全年建筑业增加值完成100亿元，按可比价格计算，比上年增长5.2%。具有建筑业资质等级的总承包和专业承包建筑企业户数为214户，比上年下降0.9%。签订工程合同额421.35亿元，比上年下降3.9%；完成建筑业总产值381.7亿元，下降0.4%；实际施工的房屋建筑面积1942.2万平方米，下降11.4%，其中新开工面积1479.1万平方米，下降9.2%；房屋竣工面积1318.7万平方米，下降7.7%。全员劳动生产率16.7万元/人，下降9.2%。

【固定资产投资】2014年，朝阳市全年固定资产投资（不含农户）835亿元，比上年增长1.8%。其中，建设项目完成投资713.1亿元，增长4.1%；房地产开发投资完成121.9亿元，下降9.8%。

按经济类型划分：国有经济固定资产投资202.6亿元，比上年下降11%；集体经济固定资产投资0.1亿元，下降72.2%；其他有限责任公司固定资产投资199.6亿元，增长22.9%；私营经济固定资产投资422.8亿元，增长0.7%；外商及港澳台固定资产投资完成6.95亿元，增长61.9%；其他经济完成投资1.9亿元，下降67%。

【科学技术】2014年，朝阳市全年高新技术产品增加值127.1亿元。全年有效发明专利申请178件，其中发明专利申请128件。全年有7个项目列入国家科技计划，其中，国家火炬计划3项，中小企业创新项目3项，富民强县项目1项；23个项目列入省级科技计划。全年技术合同成交额2.1亿元。

【国内贸易和对外经济】2014年，朝阳市全年社会消费品零售总额376.1亿元，比上年增长12.2%，扣除价格因素，实际增长10.3%。按销售地区分：城镇消费品零售额338亿元，增长12%；乡村消费品零售额38.1亿元，增长14.2%。按行业分：批发零售业零售额340.2亿元，增长11.4%，其中限额以上零售额89.2亿元，增长9.1%；住宿餐饮业零售额35.9亿元，增长14.4%，其中限额以上零售额7.6亿元，增长10.9%。

全年进出口总额93968万美元。其中，进口总额18317万美元，比上年增长15.8%；出口总额75651万美元，增长50%。在进口总额中，国有企业进口6210万美元，增长21.6%；三资企业进口2389万美元，增长0.2%。在出口总额中，国有企业出口29576万美元，增长5.1倍；三资企业出口2334万美元，增长19.7%。

【交通、邮电和旅游】2014年，朝阳市全年全市公路建设共完成省以上投资10.6亿元。截止2014年末，全市共有高速公路386公里；普通公路14819公里，比上年新增451公里。普通公路绿化里程5197公里，比上年新增79公里。全市共有普通公路桥梁100186米／3323座，比上年新增4062米/32座。

全年邮政电信业务总量27.9亿元，比上年增长18.8%。年末城乡固定电话装机数65.6万户，下降3.5%；全市移动电话用户260万户，增长0.2%；年末互联网用户37.8万户，增长2.5%。

全年共接待旅游、访问、从事商务等项活动的外国人、华侨和港澳台同胞1.9万人次，比上年增加0.323千人次，增长1.7%。全市旅游总收入211.3亿元，比上年增长13.4%，其中旅游外汇收入为1243.89万美元，增长1.5%。年末星级以上宾馆21家，其中4星级宾馆3家，三星级宾馆12家，二星级宾馆6家；旅行社31家。年末全市有国家A级旅游景区21个，其中4A级旅游景区2个。

【金融和保险】2014年年末，朝阳市全部金融机构本外币各项存款余额1248亿元，比年初增加87.2亿元。其中，人民币各项存款余额1245.8亿元，比年初增加88.2亿元。在各项存款中，城乡居民本外币储蓄存款余额919.7亿元，比年初增加78.9亿元；单位本外币存款余额310.4亿元，比年初增加11.8亿元。金融机构本外币各项贷款余额830.2亿元，比年初增加104.7亿元。其中，人民币各项贷款余额828.9亿元，比年初增加107.7亿元。在各项贷款中，本外币短期贷款余额293.4亿元，比年初增加41.2亿元；本外币中长期贷款余额495.2亿元，比年初增加43.6亿元。

全年保险行业承保金额6179.8亿元，比上年增长35.5%。其中，财产险承保金额2533.2亿元，增长37.7%；寿险承保金额3646.6亿元，增长34%。全年原保险保费收入24.1亿元，比上年增长16%。其中，财产险原保险保费收入9.3亿元，增长16.6%；寿险原保险保费收入14.8亿元，增长15.7%。支付各类赔款和给付总额12.9亿元，比上年增长40.9%。其中，财产险赔付支出6.9亿元，增长80.6%；寿险赔付支出6亿元，增长12.4%。

14

2014年葫芦岛市经济发展概况

【经济总量】2014年，葫芦岛市全年实现地区生产总值（GDP）721.6亿元，按可比价格计算，比上年增长4.5%。其中，第一产业增加值95.1亿元，下降1.8%；第二产业增加值319.6亿元，增长6.6%；第三产业增加值306.9亿元，增长4.2%。生产总值三次产业构成为13.2∶44.3∶42.5。人均生产总值28021元，比上年增长4.0%。

【农业】2014年，葫芦岛市全年农林牧渔业增加值97.6亿元，按可比价格计算，比上年下降1.8%。其中，种植业增加值30.6亿元，下降28.4%（现价增幅，下同）；林业增加值1.8亿元，增长19.8%；牧业增加值40.3亿元，增长15.4%；渔业增加值22.3亿元，增长10.8%；农林牧渔服务业增加值2.6亿元，增长11.0%。

全年粮食总产量44.7万吨，比上年下降65.2%；其中玉米34.5万吨，下降68.8%；水稻3.0万吨，下降50.7%。粮食作物种植面积18.8万公顷，下降0.6%。花生产量1.3万吨，下降75.7%。蔬菜产量254.2万吨，下降6.4%。园林水果产量82.7万吨，下降23.3%；其中苹果45.2万吨，下降15.6%，梨30.6万吨，下降33.8%。

【工业和建筑业】2014年，葫芦岛市全年规模以上工业（以下工业数据均为此口径）增加值177.7亿元，比上年增长6.5%。规模以上工业总产值933.3亿元，增长3.7%。按轻重工业分:轻工业总产值160.3亿元，增长11.4%；重工业总产值773.0亿元，增长2.2%。按经济类型分:国有企业总产值54.0亿元，与上年持平；集体企业总产值6.4亿元，下降48.4%；股份合作企业总产值3.2亿元，增长10.2%；股份制企业总产值790.9亿元，增长5.4%；外商及港澳台商投资企业总产值27.6亿元，增长11.9%；其他经济类型企业总产值51.3亿元，下降8.4%。国有控股企业总产值436.1亿元，增长6.6%。全年工业出口交货值53.5亿元，增长19.3%。

全年建筑业企业（资质等级以上）298个，比上年减少14个。建筑业增加值实现63.1亿元，增长3.4%。建筑业总产值完成261.1亿元，下降27.2%，其中：建筑工程产值213.8亿元，下降23.1%；安装工程产值31.0亿元，下降28.9%；其他产值16.3亿元，下降49.7%。全年房屋建筑施工面积完成933.1万平方米，下降34.5%；房屋建筑竣工面积543.7万平方米，下降29.5%。建筑业企业期末从业人员6.5万人。建筑业全员劳动生产率36.2万元/人，增长4.0%。

【固定资产投资】2014年，葫芦岛市全年固定资产投资544.9亿元，比上年下降13.9%。其中：建设项目投资409.4亿元，下降9.2%；房地产开发投资135.5亿元，下降25.5%。从产业看，第一产业投资2.4亿元，下降52.8%；第二产业投资224.4亿元，增长16.0%，其中工业投资222.7亿元，增长15.3%；第三产业投资318.0亿元，下降26.7%。固定资产投资产业构成由上年的0.9∶30.6∶68.5调整为0.4∶41.2∶58.4。从固定资产投资行业投向看，增长较快的行业有：电力、煤气及水的生产和供应业完成投资52.2亿元，增长368.4%；交通运输仓储和邮政业投资82.0亿元，增长32.6%；科学研究和技术服务业完成投资0.9亿元，增长95.1%；水利、环境和公共设施管理业完成投资45.9亿元，增长73.4%；教育完成投资6.7亿元，增长

559.4%；卫生和社会工作行业完成投资1.2亿元，增长1289.2%。

【科学技术】2014年，葫芦岛市全年专利申请607件，比上年增长2.7%，其中发明专利申请142件；授权专利389件。有效发明专利320件。获得省科技进步奖2项。评出市政府科学技术奖51项，其中科学技术功勋奖2项，科学技术进步奖49项，其中一等奖19项，二等奖24项，三等奖6项。全年高新技术产品产值实现108.9亿元，比上年增长13.6%；高新技术产品增加值实现26.2亿元，增长27.1%（可比价增长）。

【国内贸易和对外经济】2014年，葫芦岛市全年批发和零售业增加值68.6亿元，按可比价格计算，比上年增长9.3%；住宿和餐饮业增加值13.5亿元，增长2.7%。

全年社会消费品零售总额实现403.6亿元，比上年增长11.8%。按销售地区划分，城镇零售额完成306.5亿元，增长12.7%；乡村零售额完成97.1亿元，增长9.2%。按行业划分，批发和零售业销售额完成615.6亿元，增长12.4%，其中：限额以上批发和零售业销售额完成214.2亿元，增长11.7%；限额以下批发和零售业销售额完成401.4亿元，增长12.7%。住宿和餐饮业营业额完成45.8亿元，增长3.2%，其中：限额以上住宿和餐饮业营业额完成4.2亿元，下降22.9%；限额以下住宿和餐饮业营业额完成41.7亿元，增长6.7%。全市限额以上批发零售和住宿餐饮法人企业共有174家。

全年外商直接投资5.6亿美元，比上年下降13.5%。进出口总额实现18.6亿美元，增长39.7%，其中：出口总额实现12.8亿美元，增长15.8%；进口总额实现5.8亿美元，增长156.4%。

【交通、邮电和旅游】2014年，葫芦岛市全年交通运输、仓储及邮政业增加值57.2亿元，按可比价格计算，比上年增长8.5%。

全市公路总里程达8453公里，其中：高速公路228.9公里，国道245.1公里，省道565.7公里，县道786.4公里，乡道2666.0公里，村道3961.2公里。公路密度81.2公里/百平方公里。黑色路面总里程达5615.1公里，桥梁总数达到81270.5米/2754座，其中大桥29164米/146座。1075个行政村全部实现村村通油路。全市拥有地方铁路、专用铁路和铁路专用线路20条，总长195公里。

全年邮政业务总量实现3.7亿元，比上年增长18.2%；电信业务总量实现25.2亿元，增长11.4%。全年完成快递972.4万件，函件588.3万件，包裹8.5万件，定销报刊杂志累计2938.2万份，其中，报纸2833.5万份，杂志104.7万份。

全年旅游总收入实现266.4亿元，比上年增长28.1%。接待国内外旅游者2321.2万人次，增长25%。全市现有AAAA级旅游区7处，AAA级旅游区4处，AA级旅游区4处。旅行社81个，其中国际社1个，国际分社5个。星级宾馆23个，其中：五星级1个、四星级3个、三星级18个、二星级1个。

【金融和保险】2014年，葫芦岛市全年金融保险业增加值实现37.3亿元，比上年增长15.2%。

年末全部金融机构存款余额1303.5亿元，比年初增加97.7亿元，其中：单位存款余额388.1亿元，比年初增加11.2亿元；个人存款余额885.0亿元，比年初增加76.4亿元。年末全部金融机构贷款余额804.9亿元，比年初增加73.4亿元，其中：短期贷款375.9亿元，比年初增加39.3亿元；中长期贷款388.0亿元，比年初增加30.1亿元。

全年保险费收入22.8亿元，比上年增长10.8%，其中：财产险保费收入10.4亿元，增长13.5%；人寿险保费收入12.4亿元，增长8.5%。处理赔（给）付各类保险金7.8亿元，增长54.8%，其中：财产险赔付额7.1亿元，增长50.1%；人寿险赔（给）付额0.7亿元，增长125.8%。承保件数71.1万件，下降6.6%，其中：财产险承保件数47.8万件，下降3.0%；人寿险承保件数23.3万件，下降13.1%。

吉林省

| 长春市 | 吉林市 | 四平市 | 辽源市 | 通化市 | 白山市 | 松原市 | 白城市 |

1

2014年长春市经济发展概况

【经济总量】2014年，长春市全年实现地区生产总值5342.4亿元，按不变价格计算，比上年增长6.6%。其中，第一产业增加值332.0亿元，比上年增长4.7%；第二产业增加值2813.6亿元，增长6.9%；第三产业增加值2196.8亿元，增长6.6%。三次产业结构为6.2∶52.7∶41.1。对经济增长的贡献率分别为：4.4%、55.0%、40.6%。人均生产总值达到70891元（按户籍年平均人口数计算），比上年增长6.8%，折合11585美元。

【农业】2014年，长春市全年完成农林牧渔业总产值626.9亿元，比上年增长5.8%。其中，种植业产值322.5亿元，增长3.99%；林业产值3亿元，增长28.8%；牧业产值179.8亿元，增长7.9%；渔业产值5.2亿元，增长5.3%；农林牧渔服务业产值16.2亿元，增长1.5%。

全年农作物总播种面积133.6万公顷，比上年减少0.3%。粮食总产量达到968万吨，比上年减少16.4万吨。其中，玉米产量820.5万吨，增长3.7%；水稻产量125万吨，减少18%。猪出栏632万头，增长2.8%；牛出栏107.2万头，减少14.4%；羊出栏37.6万只，增长3.6%；家禽出栏2.4亿只，减少4%。肉类产量达到113.8万吨，比上年下降2.2%、蛋牛奶产量达到31.7万吨和6.9万吨，比上年同期增长0.6%和4.5%。

【工业和建筑业】2014年，长春市全年完成规模以上工业增加值2415.7亿元，比上年增长6.7%。规模以上工业企业万元增加值综合能源消耗降低率为9.1%。

全年完成规模以上工业总产值9831.1亿元，比上年增长6.7%。汽车制造业累计完成产值5894.2亿元，增长7.7%，占规模以上工业总产值的60%；农副食品加工业完成产值1399亿元，下降0.3%，占规模以上工业总产值的14.2%；生物与医药工业完成产值132亿元，增长16.4%，占1.3%；光电子信息工业完成产值120.4亿元，增长8.1%，占1.2%；建材工业完成产值688.4亿元，增长5.5%，占7%；能源工业完成产值550.4亿元，增长3.2%，占5.6%；装备制造业完成产值609.6亿元，增长16.6%，占6.2%。51户重点工业企业完成工业总产值7382.3亿元，占规模以上工业总产值的比重达到75.1%。

全年建筑业完成增加值447.0亿元，比上年增长7.7%。资质以上建筑业完成总产值1243.1亿元，比上年增长22%。实现工程结算收入1164.6亿元，增长18.1%。

【固定资产投资】2014年，长春市全年完成全社会固定资产投资总额3924.5亿元，比上年增长15.1%。其中：房地产开发投资534.4亿元，下降12.9%。新增固定资产3437.5亿元。固定资产交付使用率为89.2%，比上年提高11.8个百分点。房屋面积竣工率为23%，比上年下降3.6个百分点。

从各产业完成投资情况看，第一产业投资39.3亿元，增长2.6%；第二产业投资1946.7亿元，增长23.2%；第三产业投资1866.7亿元，增长9.4%。从投资主体看，国有经济投资996.8亿元，增长1.5%；非国有经济投资2855.9亿元，增长21.9%，占全社会固定资产投资的比重为74.1%。民间投资2752.9亿元，增长23%。全市工业投资1880.6亿元，增长21.3%，对全社会投资增长的贡献率达62.6%。

【科学技术】2014年，长春市全年专利申请量由上年的7106件增加到7853件，增长10.4%。全年通过鉴定、验收和认定的科技成果276项，获得市以上科技进步奖励成果63项。其中:获省级奖励29项。

2014年末，在全市各级各类科技人员中，“两院”院士32人。全市拥有独立科学研究与技术开发机构89个。其中，自然科学和技术领域研究与开发机构58个，社会科学与人文领域研究与开发机13个，科技信息与文献领域机构3个。全市民营科技企业技术合同成交额达21.48亿元，累计技术合同成交额267.2亿元。市科技管理部门共投入科技经费12083万元。全市新认定高新技术企业33户。

【国内贸易和对外经济】2014年，长春市全年实现社会消费品零售总额2217.5亿元，比上年增长12.6%。分行业看，批发零售贸易业零售额2005.9亿元，增长12.7%。其中：限额以上批发零售贸易业零售额879.3亿元，增长6.2%；限额以下批发零售贸易业零售额1126.5亿元，增长18.4%。住宿和餐饮业零售额211.7亿元，增长10.9%。其中：限额以上住宿餐饮业零售额24.0亿元，下降4.9%；限额以下住宿餐饮业零售额187.7亿元，增长13.1%。

全年实现进出口总额207.2亿美元，比上年增长1.7%。其中，进口182.5亿美元，增长6.7%；出口24.7亿美元，下降24.7%。在出口企业中：一般贸易企业出口18.3亿美元，下降29.0%；加工贸易企业出口6.2亿美元，下降9.1%。

【交通、邮电和旅游】2014年，长春市全年公路货物周转量334.9亿吨公里，增长8.4%；旅客周转量为59.0亿人公里，增长2.6%。民航完成货邮吞吐量7.4万吨，增长8.1%；完成旅客吞吐量742.2万人，增长10.2%。2014年末全市民用汽车保有量114.5万辆，增长12.4%。其中，私人汽车保有量96.6万辆，增长15.3%。

2014年完成邮电业务总量57.6亿元，下降22.8%。其中：邮政业务总量5.2亿元，增长3.2%；电信业务总量52.3亿元，下降24.7%。全年特快专递完成58万件，下降20.0%；邮政储蓄平均余额2616.4亿元，增长5.0%。全市市话年末达到130.5万户，下降14.2%；农话年末达到26.0万户，增长1.4%。移动电话年末达到868.7万户，下降22.9%。互联网用户已经达到392.6万户，下降36.4%，其中宽带用户110.9万户，增长9.6%。

【金融和保险】2014年年末，长春市金融机构本外币各项存款余额8792.7亿元，比年初增长11.8%。其中，单位存款余额4748.0亿元，增长15.4%；储蓄存款余额3407.9亿元，增长8.8%。全市金融机构本外币各项贷款余额7532.4亿元，比年初增长14.3%。

全年保费收入128.9亿元，比上年增长20.9%。其中，财产险保费收入54.8亿元，增长18.9%；人身险保费收入74.1亿元，增长22.4%。全年赔付总金额49.0亿元，增长9.3%。其中，财产险赔付金额28.8亿元，增长9.0%；人身险赔付金额20.2亿元，增长9.8%。

2

2014年吉林市经济发展概况

【经济总量】2014年，吉林市全年实现地区生产总值（GDP）2730.2亿元，比上年增长6.0%。其中，第一产业完成增加值258.6亿元，增长4.7%；第二产业完成增加值1306.4亿元，增长5.8%；第三产业完成增加值1165.2亿元，增长6.5%。三次产业结构的比例关系由上年的9.6：48.9：41.5调整为9.5：47.8：42.7，第三产业比重提升1.2个百分点，产业结构进一步优化。全市人均生产总值达到63731.8元，按现行汇率折算为10415.4美元。

【农业】2014年，吉林市全市粮食生产喜获丰收，按省认定数粮食总产量为413.4万吨，比上年减少2.2%。其中，水稻总产量达到99.7万吨，增长2.4%；玉米总产量300万吨，减少1.7%；大豆总产量8.7万吨，降低21.5%。

全年完成农林牧渔业总产值475.1亿元，可比价增长6.2%。其中，完成牧业产值197.1亿元，增长19.2%；完成林业产值11.4亿元，增长13.5%；完成农业产值237.8亿元，减少0.5%；完成渔业产值9.4亿元，减少30.2%。

【工业和建筑业】2014年，吉林市全市规模以上工业企业1090户，完成产值3231亿元，增长2.8%；完成增加值833.5亿元，可比增长4.7%。全市十大行业总体保持七升三降，其中：石化行业完成产值946.1亿元，增长0.03%；冶金行业完成产值384.4亿元，增长1.9%；医药行业完成产值101.1亿元，增长18.6%；电子行业完成产值30.8亿元，增长2.3%；农副食品加工行业完成产值638亿元，增长4.6%；轻纺行业完成产值250.4亿元，增长9.4%；装备行业完成产值340.4亿元，增长8.1%；能源行业完成产值91.5亿元，下降11%；汽车行业完成产值148.8亿元，下降1.9%；建材行业完成产值217亿元，下降0.3%。工业产品销售率达到98.5%，比上年下降0.1个百分点。

全市建筑业完成增加值168亿元，比上年增长6.4%，有资质建筑业企业完成总产值322.8亿元，增长12.5%。企业房屋建筑施工面积1767万平方米，竣工面积858.5万平方米。

【固定资产投资】2014年，吉林市全市完成固定资产投资2304.9亿元，增长15.1%。其中，房地产开发累计完成投资142.5亿元。

从九大投资方向看，工业投资占主导地位。其中，工业完成投资1431.3亿元，占全部投资比重为62.1%；房地产完成投资142.5亿元，占全部投资比重为6.2%；基础设施完成投资186.7亿元，占全部投资比重为8.1%，基础设施投资中交通运输完成投资84.6亿元；商贸完成投资165.7亿元，占全部投资比重为7.2%；教育完成投资24亿元，占全部投资比重为1.0%；文化、体育完成投资31.4亿元，占全部投资比重为1.4%；医疗、卫生完成投资14.6亿元，占全部投资比重为0.6%；农业完成投资17.7亿元，占全部投资比重为

0.8%；其它完成投资291.1亿元，占全部投资比重为12.6%。

【科学技术】2014年，吉林市全年共推进100个战略性新兴产业重点建设项目建设，其中开工建设项目90个。全年共列入省级以上科技计划项目520项，争取资金1.2亿元。共组织评选了市级科技进步奖132项，实际授奖126项，组织推荐省级以上科技奖87项，获得省科技奖励56项。推进新材料、新装备制造、电力电子、新能源、生物技术等产业规模化生产，建设吉林碳谷年产1000吨碳纤维等100个投资3000万元以上战略性新兴产业重点项目。成立了吉林市科技成果交易中心，创办了《科技大市场》报。共组织8次科技成果推介专场，有70名专家与吉林市近百家企业进行了对接活动，对接项目近100项。

【国内贸易和对外经济】2014年，吉林市全年实现社会消费品零售总额1197.1亿元，增长12.2%。分地域看，城镇实现消费品零售额1093.4亿元，增长12.2%；乡村实现消费品零售额103.7亿元，增长12.8%。分行业看，批发业实现零售额225.1亿元，增长10.6%；零售业实现零售额851.7亿元，增长12.3%；住宿业实现零售额11.7亿元，增长5.7%；餐饮业实现零售额108.6亿元，增长15.8%。

全市外贸进出口总额实现142216万美元，增长29.1%。其中出口85102万美元，增长64.0%；进口57114万美元，减少2%。对外承包工程营业额实现9968万美元，增长10.8%。全市有进出口业绩企业达到201家，进出口商品达到803种，与102个国家（地区）有经贸往来。

【交通、邮电和旅游】2014年，吉林市全年货物运输量7295万吨，增长9.9%；货物周转量239亿吨公里，增长8.3%；全年旅客发送量4292万人次，下降1.2%；旅客发送周转量22亿人公里，增长3.0%，其中公路22亿人公里，增长3.1%；水运1658万人公里，下降10.2%。

年末全市民用汽车拥有量达到86.6万辆（包括三轮汽车和低速货车），比上年末增长3.9%。其中私人汽车拥有量36.2万辆，增长10.4%；民用轿车拥有量21.4万辆，增长12.3%，其中私人轿车19.5万辆，增长14.1%。

全年邮政业务总量2.64亿元（按2010年价格计算），增长8.2%；电信业务总量40.6亿元（按2010年价格计算），增长5.7%。年末移动电话用户486.0万户，减少6.6%；年末本地电话用户95.1万户，其中：城市电话用户76.6万户，乡村电话用户18.5万户；年末住宅电话用户69.0万户；长途光缆线路长度2356公里；互联网用户57.8万户，下降1.5%。

全年共接待旅游者3242.30万人次，增长17%；实现旅游收入430.67亿元，增长25.6%。

【金融和保险】2014年年末，吉林市全市金融机构本外币各项存款余额2195.7亿元，比年初增加208亿元。其中：本外币单位存款余额682.5亿元，比年初增加64.3亿元；本外币个人存款余额1455.1亿元，比年初增加142.7亿元。年末全市金融机构本外币贷款余额为1405亿元，比年初增加268.4亿元。人民币各项贷款余额为1366.5亿元，比年初增加239.3亿元，其中：短期贷款余额744.5亿元，中长期贷款余额591.1亿元。

全市共有财、寿险公司26家，其中财产险公司11家，寿险公司15家。全年保费收入57.49亿元，其中：财产险保费收入15.58亿元，寿险保费收入41.91亿元；财险赔款金额6.81亿元，寿险给付金额9.39亿元。

3

2014年四平市经济发展概况

【经济总量】2014年，四平市全年实现地区生产总值（GDP）1289.0亿元，按可比价格计算，比上年增长6.4%。其中，第一产业实现增加值300.6亿元，增长4.6%；第二产业实现增加值607.7亿元，增长6.5%；第三产业实现增加值380.7亿元，增长7.7%。人均生产总值达39285.3元，比上年增长8.2%。经济结构进一步优化，一、二、三产业占生产总值的比重23.3：47.2：29.5。一、二、三产对经济增长的贡献率分别为16.2%、49.2%和34.6%。规模以上工业万元增加值综合能源消耗降低7.1%。

【农业】2014年，四平市全年粮食播种面积87万公顷，比上年增加1.2万公顷，增长1.3%，全年粮食产量770.6万吨，比上年减少30.6万吨，下降3.8%。全年玉米播种面积79.2万公顷，比上年增加1.4万公顷，增长1.8%，玉米产量710.2万吨，比上年减少18万吨，下降2.4%；稻谷播种面积5.6万公顷，比上年增加534公顷，增长1.0%，稻谷产量49.6万吨，比上年减少4.3万吨，下降7.9%；大豆播种面积0.7万公顷，比上年减少0.2万公顷，下降20.5%。

全年实现农林牧渔业总产值535.6亿元，按可比价格计算比上年增长6.5%。其中，农业产值217.3亿元，比上年减少0.8%；林业产值9.5亿元，比上年增长336.7%；牧业产值297.8亿元，比上年增长9.8%；渔业产值1.8亿元，比上年增长53.9%。

【工业和建筑业】2014年，四平市全年规模以上工业增加值598.9亿元，比上年增长6.5%。实现工业总产值2080.7亿元，比上年增长5.5%。销售产值2064.4亿元，比上年增长5.9%。产销率99.2%，同比增长0.4个百分点。实现主营业务收入1708.0亿元，比上年增长1.6%。实现利润总额57.0亿元，比上年下降5.7%，税金总额34.1亿元，比上年下降7.2%。

全年实现建筑业增加值34.3亿元，比上年增长4.0%。全年资质等级以上的总承包建筑企业完成总产值100.1亿元，比上年增长5.1%。工程结算收入82.4亿元，比上年下降9.7%。建筑施工面积745.1万平方米，比上年增长38.3%，竣工面积521.5万平方米，比上年增长29.6%。

【固定资产投资】2014年，四平市全年完成全社会固定资产投资767.8亿元，比上年增长15.0%。

全年完成房地产开发投资48.0亿元，比上年下降1.2%。商品房销售面积123.3万平方米，比上年下降28.9%，住宅销售面积110.5万平方米，比上年下降29.8%。商品房销售额48.5亿元，比上年下降14.6%，住宅销售额43.5亿元，比上年下降8.3%。

【科学技术】2014年，四平市向国家和省申报科技项目82项，列入国家和省科技计划59个，到位补助资金2966.5万元。其中，有2个项目分别列入吉林省重大科技攻关项目和重大科技成果转化项目。全市共有16户企业与吉林大学、吉林师大签署了合作协议，实施关联效应大、支撑力强、促进产业升级的重大产学研合作项目10项，在高校和科研单位引进消化吸收项目20余项。全市企业研发平台达100家，高新技术企业达到15户、吉林省创新型科技企业达18户，吉林省科技企业达49户。

【国内贸易和对外经济】2014年，四平市全年实现社会消费品零售总额503.8亿元，比上年增长12.0%。剔除价格上涨因素，实际增长9.8%。其中，城镇实现零售额423.6亿元，比上年增长12.3%；乡村实现零售额80.2亿元，比上年增长10.3%。分行业看，批发零售贸易业实现零售额451.8亿元，比上年增长13.8%；住宿餐饮业实现零售额52.0亿元，比上年下降2.1%。限额以上批发零售贸易业实现零售额214.2亿元，比上年增长2.9%，限额以下批发零售贸易业实现零售额289.7亿元，比上年增长19.7%。

全年进出口总额48005万美元，比上年增长39.8%。其中，进口总额达44506万美元，比上年增长48.8%，出口总额达3499万美元，比上年下降21%。

【交通、邮电和旅游】2014年，四平市全年完成交通运输、仓储、邮电业增加值49.4亿元，按可比价格计算，比上年增长7.5%。全年公路旅客发送量2030万人，比上年下降1.3%。公路货物发送量6238万吨，比上年增长21.0%。公路货物周转量2315781万吨/公里，比上年增长19.9%。旅客周转量129022万人/公里，比上年增长0.9%。年末，全市出租车达9731辆，比上年增长7.0%。市区出租车达2797辆，比上年增长0.2%。全市机动车保有量506537辆，比上年增长8.3%。其中载客汽车达到226439辆，比上年增长14.8%，载货汽车达到62616辆，比上年增长11.8%。

截止2014年末，全市拥有邮政局、所109个，同比下降3.5%。邮路总长度1156公里，比上年增长13.1%。全年完成邮电业务总量158988万元，比上年下降12.2%。其中，邮政业务总量5648万元，比上年下降70.2%；电信业务总量153340万元，比上年下降5.4%。在邮政业务中，全年完成函件业务量67万件，比上年减少49.6%；包裹业务量8.2万件，比上年下降1.2%；汇兑31万笔，比上年下降24.0%；特快专递13万件，比上年下降22.3%。年末全市固定电话用户数达46.3万户，比上年增长11.7%。年末移动电话用户达360.5万户，比上年增长11.3%。

全年接待旅游总人数228.9万人次，比上年增长17.2%。其中，接待入境旅游者3880人次，比上年增长37.8%。接待国内旅游者228.5万人次，比上年增长17.2%。旅游总收入31.0亿元人民币，比上年增长24.9%，其中旅游外汇收入112.5万美元，比上年增长21.1%，国内旅游人民币收入30.9亿元人民币，比上年增长25%。截至2014年末，全市有旅行社（不含公主岭）31家，同比增长55%；星级酒店（不含公主岭）2家。

【金融和保险】2014年，四平市全年实现金融业增加值24.2亿元，按可比价格计算，比上年增长5.2%。年末金融机构本外币存款余额927.9亿元，比年初增加91.6亿元。其中单位存款余额215.4亿元，比年初增加12.9亿元。个人存款余额701.9亿元，比年初增加85.5亿元。金融机构本外币各项贷款余额为736.7亿元，比年初增加184.9亿元。其中，短期贷款413.5亿元，比年初增加129.7亿元；中长期贷款300.4亿元，比年初增加57.6亿元。

全市有各类保险公司20家，其中，财产保险公司11家，人寿保险公司9家。全年保费收入281639万元，比上年增长45.2%。其中财产险保费收入94140万元，比上年增长29.7%；人寿险保费收入187499万元，比上年增长54.5%。各类保险赔款支出85887万元，比上年增长42.5%。其中财产险赔款支出47610万元，比上年增长35.8%。人寿险给付支出38277万元，比上年增长74.1%。

4

2014年辽源市经济发展概况

【经济总量】2014年，辽源市全年实现地区生产总值（GDP）760.02亿元，按可比价格计算，比上年增长6.5%。其中，第一产业增加值59.66亿元，增长4.8%；第二产业增加值449.35亿元，增长6.0%；第三产业增加值251.02亿元，增长8.2%。三次产业的比重为7.9：59.1：33.0，分别比上年下降0.4、0.1和上升0.5个百分点，对经济增长的贡献率为6.2、54.9和38.9，分别拉动GDP增长0.4、3.6和2.5个百分点。人均地区生产总值为62370元，现价增长8.6%。

【农业】2014年，辽源市全年实现农林牧渔业总产值104.91亿元，可比价增长4.6%（下同）。实现农林牧渔服务业增加值59.66亿元，增长4.8%。其中，农业增加值26.8亿元，增长10.0%；林业增加值1.48亿元，增长10.4%；牧业增加值30.38亿元，增长0.3%；渔业增加值0.42亿元，增长17.4%；农林牧渔服务业增加值0.58亿元，增长9.2%。

全市农作物播种面积达到23.38万公顷，比上年增长1.7%。粮食总产量149.65万吨，比上年增产4.05万吨，增长2.8%。？粮食作物播种面积为22.77万公顷，增长1.8%。其中，玉米产量133.93万吨，增长2.8%；水稻产量13.03万吨，增长13.4%。全市耕地总资源25.05万公顷，比上年增加3.2万公顷。

【工业和建筑业】2014年，辽源市全市规模以上工业企业314户，实现工业总产值1318.66亿元，比上年增长10.5%；实现工业增加值402.41亿元，可比价增长6.6%，占全市GDP比重为52.9%，同比提高3.1个百分点。其中，轻工业实现增加值138.35亿元，增长7.8%；重工业实现增加值264.07亿元，增长6.0%。民营工业实现增加值359.06亿元，增长7.2%。民营工业增加值占全市规模以上工业增加值比重为89.2%。

全年建筑业企业实现增加值43.86亿元，比上年增长0.1%。全市具有资质等级的总承包和专业承包建筑业企业实现总产值68.03亿元，下降23.0%。

【固定资产投资】2014年，辽源市全年全社会固定资产投资实现542.31亿元，比上年增长15.4%。从产业投资结构看：第一产业实现投资41.28亿元，增长173.7%，占全社会固定资产投资总量7.6%；第二产业实现投资348.92亿元，增长16.2%，占全社会固定资产投资总量64.3%。其中工业实现投资324.76亿元，增长18.5%，占全社会固定资产投资总量59.9%；第三产业实现投资152.11亿元，下降0.16%，占全社会固定资产投资总量28.0%。

【科学技术】2014年，辽源市全市共申报国家、省各类科技计划项目125项，批准91项，项目批复率为72.8%，共争取国家、省支持资金4728.5万元，争取省级专利资金补贴项目19项。全市获省科技进步三等奖4项。在全省设立首个地区级市长奖--“辽源市青少年科技创新市长奖”，评选出“市长奖”10名；“鼓励奖”21名；“耕耘奖”8名；“摇篮奖”3所；“优秀组织奖”8家。全年专利申请量为145件，其中发明36件、实用新型73件、外观设计36件。全市拥有院士工作站3个。

【国内贸易和对外经济】2014年，辽源市全市实现社会消费品零售总额189.05亿元，增长12.8%。按城乡分，城镇实现社会消费品零售总额172.80亿元，增长14.0%；乡村实现社会消费品零售总额16.25亿元，增长1.5%。按规模分，限额以上单位实现社会消费品零售总额46.66亿元，增长8.1%；限额以下单位实现社会消费品零售总额142.39亿元，增长14.5%。限额以上社会消费品零售总额占全市的比重为24.7%，比上年减少3.3个百分点。

全市实现外贸进出口总额24504万美元，比上年增长11.3%，比全省2.1%的平均增速高9.2个百分点。其中，实现出口总值13907万美元；实现进口总值10597万美元。

【交通、邮电和旅游】2014年，辽源市全市交通运输、仓储和邮政业实现增加值30.3亿元，可比价增长9.8%。全市公路总里程4559.77公里。其中:高速公路150.873公里，一级公路195.787公里，二级公路524.974公里，三级公路73.931公里，四级公路3614.205公里。2014年新建公路243.419公里。

全市实现电信业务总量8.22亿元。全市固定电话21.09万部，下降1.4%；移动电话116.82万部，增长8.0%。邮政业务总量9440.51万元，同比增长17.2%；实现营业收入11027.25万元，增长0.6%；全年发送信函？185.21万件，下降5.1%。

全市旅游人数达186.57万人，同比增长17.1%，占全省的比重为1.6%。旅游收入24.80亿元，增长22.2%，占全省的比重为1.4%。

【金融和保险】2014年年末，辽源市全市金融机构各项存款余额402.13亿元，比年初增加30.45亿元，比上年增长8.2%。其中，个人储蓄存款305.07亿元，比年初增加31.33亿元，比上年增长11.4%；各项贷款余额324.10亿元，比年初增加47.19亿元，比上年增长17.0%。其中，中长期贷款108.08亿元，比年初增加11.24亿元，比上年增长11.6%。各项贷款余额增速超出各项存款余额增速8.8个百分点，有力地支持了地方经济社会发展。

截至2014年末，全市共有各类市级保险经营主体16家，其中财产保险公司8家，寿险公司8家。所辖县、区机构财险13家、寿险14家。实现保费收入11.28亿元，比上年增长31.7%。其中，财险保费收入3.08亿元，增长21.9%；寿险保费收入8.20亿元，增长35.8%。累计赔款和给付金额1.72亿元，比上年下降2.5%。其中，财险赔款1.38亿元，下降22.8%；寿险给付0.34亿元，下降15.8%。

5

2014年通化市经济发展概况

【经济总量】2014年，通化市全年实现地区生产总值（GDP）1070.68亿元，按可比价格计算，增长

6.7%。其中，第一产业实现增加值96.32亿元，增长4.5%；第二产业实现增加值578.08亿元，增长7.1%；第三产业实现增加值396.28亿元，增长6.7%。人均GDP达到48176元，增长7.3%。

产业结构得到进一步优化。三次产业比例为9.0：54.0：37.0。第一、二、三产业对经济增长的贡献率分别为5.5%、59.6%、34.9%。规模以上工业增加值单位能耗降低6.77%。

【农业】2014年，通化市全年农林牧渔业总产值达到169.72亿元，增长3.3%。

全年粮食作物播种面积达到29.3万公顷，与上年持平；粮食总产量181.65万吨，下降5.1%。其中，玉米产量111.8万吨；水稻产量63.5万吨。

【工业和建筑业】2014年，通化市全年实现增加值523.2亿元，按可比价格计算，比上年增长6.8%。年末全市规模以上工业企业达到548户。

在全市规模以上工业中，医药、冶金、食品三大支柱行业完成增加值361.5亿元，占全市规模以上工业的69.1%。其中，医药工业完成增加值284.1亿元；食品工业完成增加值63.1亿元；冶金工业完成增加值14.3亿元。分别占全市规模以上工业增加值的比重达到54.3%、12.1%、2.7%。

全年资质等级以上建筑企业完成总产值252.91亿元，比上年增长12.5%；实现工程结算收入220.18亿元，比上年增长9.8%；实现利税总额14.48亿元，比上年增长3.6%；建筑施工面积1139.18万平方米，增长13.7%；竣工面积749.59万平方米，增长13.6%。

【固定资产投资】2014年，通化市全年完成全社会固定资产投资871.4亿元，比上年增长15.5%，其中城镇以上投资853.9亿元，增长16.0%。投资亿元以上的施工项目378个，完成投资420.7亿元，增长15.9%。

全年完成工业投资505.9亿元，比上年增长16.2%，对全社会投资增长的贡献率达60.3%。从支柱行业看，冶金行业完成投资16.6亿元，增长3.4%；医药行业完成投资150.6亿元，增长22.8%；食品行业完成投资106.7亿元，增长27.2%。

【科学技术】2014年，通化市全年我市共申报省各类科技计划项目114项，已列入省各类科技计划项目56项，共获得资金支持5430万元。向省复审、重新认定高新技术企业11户，全市国家级高新技术企业达到30户。石油化被认定为国家火炬计划重点高新技术企业，全市重点高新技术企业4户。

全年共推荐省级科技进步奖13项，有6个项目获奖，其中二等奖2项，三等奖4项。

全年专利申请量434件，授权256件，其中：授权发明专利56件。向省知识产权局申请到专利项目费用补贴51项，涉及22户企业及个人，补贴金额共计18.2万元。

【国内贸易和对外经济】2014年，通化市全市实现社会消费品零售总额439.74亿元，增长13.1%，增幅比上年下降1.5个百分点。

全市外贸进出口总额达到76244万美元，比上年增长28.0%。其中，实现进口总额50124万美元，增长21.3%；实现出口总额26120万美元，增长43.2%。在出口总额中，艺术品出口1204万美元、钢材出口9247万美元，医药品出口1418万美元，分别占出口总额的4.6%、35.4%、5.4%。

【交通、邮电和旅游】2014年，通化市全市交通运输、仓储和邮政业实现增加值63.1亿元，比上年增长4.9%。

全市交通运输完成货物运输量2962.6万吨，其中铁路运输完成货物发运量737.6万吨，公路运输完成货物发运量2225万吨。全市交通运输完成旅客运输量2372.6万人，其中铁路运输完成旅客运输量352.6万人，公路运输完成旅客运输量2020万人。

全市实现邮电业务总收入15.2亿元，比上年下降1.5%。其中，邮政业务实现收入2.31亿元，增长7.4%。在邮政业务中，全年函件收入644.8万元，下降46.8%，特快专递收入3008万元，下降2.4%。电信业务实现收入12.8亿元，下降2.9%。年末全市固定电话用户达到45.6万户，移动电话用户达到215.1万户。全市每百人拥有固定电话20.5部，每百人拥有移动电话96.8部。全市互联网用户达到29.5万户。

全年接待国内外旅游者756.41万人次，比上年增长17.4%。其中，接待入境旅游者16.87万人次，增长25.5%；接待国内旅游者739.54万人次，增长17.2%。全年旅游收入97.41亿元，比上年增长25.0%。其中，国内旅游收入95.28亿元，增长25.3%；旅游外汇收入3541.88万美元，增长16.7%。

【金融和保险】2014年，通化市全市金融保险业实现增加值23.17元，比上年增长15.6%。年末全市金融机构本外币各项存款余额918.87亿元，比年初增加98.72亿元。其中，单位存款244.99亿元，比年初增加15.75亿元；个人存款646.19亿元，比年初增加79.28亿元；财政性存款22.08亿元，比年初增加4.38亿元。金融机构本外币各项贷款余额585.47亿元，比年初增加84.71亿元。其中，短期贷款余额316.06亿元，比年初增加44.48亿元；中长期贷款余额246.91亿元，比年初增加35.33亿元。

截至2014年年末，全市已有开展保险业务的保险公司22家，全年保费收入22.27亿元，比上年增长16.3%。其中，寿险收入17.09亿元，增长16.6%；财产险收入5.18亿元，增长15.3%。全年支付各类保险赔款给付总额3.03亿元。其中：寿险给付0.59亿元，给付率3.46%；财产险赔款支出2.44亿元，赔付率47%。

6

2014年白山市经济发展概况

【经济总量】2014年，白山市全年实现地区生产总值（GDP）715.6亿元，按可比价格计算，比上年增长6.7%。其中，第一产业实现增加值60.5亿元，增长4.5%；第二产业实现增加值425.0亿元，增长6.9%；第三产业实现增加值230.2亿元，增长6.9%。人均GDP达到56484元，增长6.9%。三次产业比例为8.4：59.4：32.2，工业占GDP比重达到56.1%。

【农业】2014年，白山市全年实现农林牧渔业增加值60.5亿元，按可比价格计算，比上年增长4.5%。其中，实现种植业增加值42.7亿元，增长5.0%；林业增加值7.8亿元，下降5.6%；牧业增加值7.9亿元，增长6.4%；渔业增加值1.5亿元，增长10.3%；农林牧渔服务业增加值0.6亿元，增长12.0%。

全年粮食作物播种面积51067公顷。全年粮食总产量24.1万吨，比上年减产8.1%，其中，玉米产量18.7

万吨，减产6.6%；水稻产量0.7万吨，减产13.0%；人参产量1.5万吨，增产0.9%。

【工业和建筑业】2014年，白山市全市395户规模以上工业企业实现增加值382.7亿元，按可比价计算，比上年增长7.2%；实现主营业务收入1242.7亿元，增长8%。

全年资质等级以上的总承包和专业承包建筑企业完成总产值52.1亿元，比上年下降13.3%。当年资质内建筑企业房屋施工面积达到445.2万平方米，比上年下降5.3%。

【固定资产投资】2014年，白山市全年完成固定资产投资（含农户）578.5亿元，比上年增长15.4%。其中：完成工业投资317.4亿元，增长15.9%。

全年完成非国有投资376.2亿元，占全部投资总额的65.0%，其中完成私营企业投资154.3亿元。

全年基础设施建设投资达到105.3亿元，占固定资产投资总额比重18.2%。全市在建计划总投资超亿元以上的建设项目有96个，完成投资131.5亿元；计划总投资10亿元以上的项目9个，完成投资29.6亿元。全年完成房地产开发投资24.1亿元，比上年下降41.5%。商品房竣工面积54.3万平方米，下降51.6%；商品房销售面积32.7万平方米，其中，销售住宅面积29.0万平方米。

【科学技术】2014年，白山市全市国内专利申请量182件，授权量120件，同比增长29.0%。其中，发明专利申请量58件，授权量8件。2014年全市列入国家、省科技发展计划项目72项，获得无偿科技资金3719.5万元。3个项目获省科学技术奖，其中：科技进步二等奖1项、科技进步三等奖2项。2014年，我市获得2个省级高新技术特色产业园区项目。

【国内贸易和对外经济】2014年，白山市全年实现社会消费品零售总额244.2亿元，比上年增长12.2%。其中，全市实现城镇消费品零售额214.6亿元，增长12.5%，占社会消费品零售总额的87.8%；乡村实现零售额29.6亿元，增长9.8%，增速比上年下降6.4个百分点。住宿和餐饮业实现零售额50.5亿元，分别增长7.7%和15.0%。

全市实现进出口贸易总额23818万美元，比上年增长7.2%。其中，出口18662万美元，增长6.1%；进口5156万美元，增长11.4%。

【交通、邮电和旅游】2014年，白山市全年交通运输、仓储和邮政业实现增加值27.1亿元，比上年增长7.8%。年末全市机动车保有量达到11.6万辆，汽车保有量8.5万辆，家用私人轿车保有量3.4万辆，增长25.9%。全年完成公路货运量1434万吨，完成公路客运量1648万人次，分别比上年增长9.6%和0.8%。完成货运周转量33.68亿吨公里，客运周转量7.56亿人公里，分别比上年增长8.3%和下降2.0%。

全年完成邮政业务总量1.8亿元，比上年增长15.3%；完成邮政业务收入2.0亿元，增长9.8%。完成电信业务总量12.6亿元，下降3.2%；完成电信业务收入5.5亿元，下降1.2%。其中，全市移动电话交换设备容量149.4万门，局用交换机容量33.5万门；固定电话用户37.8万户，固定电话普及率29.8部/百人；移动电话用户133.8万户，移动电话普及率105.6部/百人；互联网络宽带接入用户22.5万户。

全年共接待国内游客658.6万人次，实现旅游收入77.3亿元，分别比上年增长17.4%和23.2%。全年接待入境游客4.5万人次，实现旅游外汇收入1985.2万美元，分别增长6.4%和16.0%。旅游业已成为全市重要的支柱产业之一。

【金融和保险】2014年年末，白山市全市金融机构本外币存款余额571.8亿元，比年初增加30.3亿元；金融机构本外币贷款余额394.3亿元，比年初增加35.5亿元。人民币居民储蓄存款余额为396.2亿元，比年初增加38.4亿元；人民币个人消费贷款余额为36.9亿元，比年初增加4.8亿元。全市小额贷款公司47家，累计发放贷款35.0亿元，贷款余额6.5亿元；全市有融资性担保公司9家，在保金额合计15.3亿元，累计担保额合计89.8亿元。

全市有各类保险公司23家，保险行业当年实现保费收入1.4亿元，比上年增长3.0%。其中：财产保险费收入3789.0万元，增长74.9%；人身保险费收入1.0亿元，下降10.8%。当年支付各类保险赔款给付总额2729.3万元，提高2.1%。其中：财产险赔款金额1717.0万元，下降25.3%；人身险给付金额1012.3万元，提高169.1%。

7

2014年松原市经济发展概况

【经济总量】2014年，松原市全年实现地区生产总值（GDP）1740.02亿元，按可比价格计算，比上年增长6.2%。其中，第一产业增加值271.24亿元，增长4.6%；第二产业增加值819.12亿元，增长5.4%；第三产业增加值649.67亿元，增长8.1%。全市人均GDP达到61988元，比上年增长8.3%。三次产业的结构比例为15.6：47.1：37.3，对经济增长的贡献率分别为10.9%、45.6%和43.5%。

【农业】2014年，松原市全年实现农林牧渔业增加值271.24亿元，比上年增长4.6%。其中，实现农业增加值173.53亿元；林业增加值2.79亿元；牧业增加值82.99亿元；渔业增加值5.33亿元；农林牧渔服务业增加值6.6亿元。

全年粮食作物播种面积105.45万公顷，比上年减少0.66万公顷，下降0.6%。全年粮食总产量713.51万吨，下降4.9%。其中，玉米产量545.08万吨，下降7.1%；水稻产量107.11万吨，增长10.8%。

【工业和建筑业】2014年，松原市规模以上工业增加值712.26亿元，比上年增长4.5%。其中，中央省属工业实现增加值174.31亿元，下降7.6%，地方工业实现增加值537.95亿元，增长7.4%。

在全市规模以上工业中，五大支柱产业累计实现增加值520.3亿元，增长2.8%，占规模以上工业增加值总量的73%，五大支柱产业对全市规模以上工业增长的贡献率达到62.6%。

全年建筑业企业实现增加值96.82亿元，增长5.1%。全市具有资质等级的总承包和专业承包建筑业企业完成总产值245亿元，下降9.1%。

【固定资产投资】2014年，松原市全年全社会固定资产投资1168.08亿元，比上年增长15%，人均投资达到41612元。其中，不含农户的固定资产投资为1144.53亿元，增长15.5%。

在不含农户的固定资产投资中（下同），第一产业投资115.20亿元，增长54.3%；第二产业投资709.06亿元，增长9.0%；第三产业投资320.27亿元，增长20.7%。

【科学技术】2014年，松原市全市国内专利申请量202件，授权量124件。其中，发明专利申请量42件，发明专利授权量8件。全年有10项科研成果获得省科技奖励，其中一等奖1项，二等奖3项，三等奖6项。

【国内贸易和对外经济】2014年，松原市全年社会消费品零售总额556.46亿元，比上年增长8.1%。按经营地统计，城镇消费品零售额458.26亿元，增长6.8%；乡村消费品零售额98.2亿元，增长14.6%，乡村消费品零售额增长幅度分别高于全市平均水平和城镇6.5和7.8个百分点。按消费形态统计，商品零售额475.88亿元，增长8%；餐饮收入额80.58亿元，增长8.6%。

全年全市累计实现外贸进出口总值11918万美元，比上年增长32.3%。其中，出口总值11783万美元，增长34.2%；进口总值135万美元，下降40.7%。

【交通、邮电和旅游】2014年，松原市全市公路货物周转量1832746万吨公里；水运货物周转量5030万吨公里；公路货运量7695万吨；水路货运量131万吨。全市公路旅客周转量156282万人公里；水运旅客周转量248万人公里；公路客运量2724万人；水运客运量21万人。

全年完成邮电业务收入17.44亿元，增长6%。其中，完成邮政业务收入1.74亿元，增长3.1%；完成电信业务总量15.69亿元，增长6.4%。在邮政业务中，全年完成函件业务量36.5万件，下降70.2%；包裹业务量3.64万件，下降5.4%；汇票20.4万笔，下降27.6%；累计订销报刊2867.89万份，下降4%；邮政储蓄平均余额57.34亿元，增长13.6%。

全市接待国内外游客468.44万人次，增长17.1%。其中，接待国内游客466.06万人次，增长17.1%；接待入境游客2.38万人次，增长4.6%。全年旅游总收入70.41亿元，增长22.2%。其中，国内旅游收入69.68亿元，增长22.4%；旅游外汇收入1154.81万美元，增长0.9%。

【金融和保险】2014年年末，松原市全市境内金融机构本外币存款余额835.63亿元，比年初增加85.51亿元；金融机构本外币贷款余额600.75亿元，比年初增加102.31亿元。人民币存款余额830.97亿元，比年初增加85.17亿元；储蓄存款525.99亿元，比年初增加55.71亿元；人民币贷款余额600.74亿元，比年初增加102.31亿元。

截至2014年末，全市有各类保险公司经营主体23家，全年原保险保费收入22.74亿元，比上年增长25%。其中，寿险收入14.72亿元，增长27.8%；健康险收入0.17亿元，增长18.8%；意外伤害险收入0.21亿元，增长16.3%；财产险收入8.01亿元，增长20.1%。全年原保险赔付额6.29亿元，增长20.2%。其中，寿险给付2.24亿元，下降0.7%；财产险赔款4.04亿元，增长36%。

8

2014年白城市经济发展概况

【经济总量】2014年，白城市全年实现地区生产总值（GDP）734.6亿元，按可比价格计算，比上年增长7.2%。其中，第一产业增加值118.4亿元，增长4.7%；第二产业增加值370.1亿元，增长8.9%；第三产业增加值246.1亿元，增长5.6%。按年平均人口计算，人均GDP达到37025元，比上年增长7.6%。

三次产业结构由2013年的16.7：47.7：35.6。调整为16.1：50.4：33.5。2014年，第一产业对经济增长的贡献率为9.7%，第二产业贡献率为64.1%，第三产业贡献率为26.2%。

【农业】2014年，白城市全市实现农林牧渔业总产值227.3亿元，比上年增长5.5%。其中:农业产值140.8亿元，同比增长4.2%；畜牧业产值60.7亿元，同比增长6.9%；渔业产值5.6亿元，同比增长3.7%；林业产值6.1亿元，同比下降0.2%。2014年，全市粮食总产量410.4万吨，同比增长0.02%，其中：玉米产量255.4万吨，同比增长1.5%；水稻产量87.2万吨，同比增长1.6%。粮食作物总播种面积83.8万公顷，其中:水稻播种面积13.4万公顷，玉米播种面积49.3万公顷。畜牧业经济继续保持平稳增长，其中肉类总产量10.8万吨，同比增长3.8%；禽蛋产量5.0万吨，同比增长12%；牛奶产量15.5万吨，同比增长2.0%。

【工业和建筑业】2014年，白城市全市工业完成增加值355.5亿元，比上年增长8.8%。其中规模以上工业完成增加值222.3亿元，比上年增长8.9%，实现利润总额23.4亿元，比上年增长7%。

全年规模以上工业完成销售产值636.1亿元，比上年增长10.9%。工业产品销售率为98.2%，其中重工业为97.9%，轻工业为98.4%。国有企业、外商及港澳台和股份制企业分别为32%、99.1%和98.4%。

全市有资质等级的建筑企业55户，比2013年增加9户，本年度建筑企业签订合同额为82.6亿元，同比增长101.5%，共完成总产值64.9亿元，比上年增长64.3%。其中，建筑工程产值60亿元，同比增长81.8%。建筑业企业房屋建筑施工面积217.5万平方米，比上年增长20.9%，本年度新开工面积164.3万平方米，同比增长20.2%。本年度竣工产值42.8亿元，同比增长20.2%。

【固定资产投资】2014年，白城市全年全社会固定资产投资完成599.13亿元，同比增长15%。第一产业投资完成82.51亿元；第二产业投资完成305.53亿元；第三产投资完成211.09亿元。

全市亿元以上项目个数为168个，亿元以上项日投资完成投资444.82亿元，同比增长11.08%；工业投资累计完成306.75亿元，同比增长15.9%。房地产完成投资24.95亿元，同比增长86.9%。

【科学技术】2014年，白城市全年共储备各类项目68项。全市共向国家、省申报各级各类项目项。其中工业17项、农业45项、社会发展6项。至2014年末，已立项38项。其中，国家项目2项、省项目36项，争取项目资金2994余万元。组织实施市本级科技发展计划项目31项，投入项目资金100万元。推荐并获得省科技进步奖4项，其中一等奖1项，二等奖1项，三等奖2项。新增认定科技型企业数3户。

【国内贸易和对外经济】2014年，白城市全年实现社会消费品零售额283.8亿元，比上年增长12.9%。

按行业分:批发业完成31.7亿元，同比下降5.0%；零售业完成222.4亿元，同比增长16.1%；住宿业完成12.2亿元，同比增长12.7%；餐饮业完成38.6亿元，同比增长17.6%。按销售单位所在地划分:城镇消费品零售额245.4亿元，同比增长12.8%，其中城区消费品零售额212.0亿元，同比增长8.4%；乡村消费品零售额38.4亿元，同比增长13.2%。

全市外贸进出口总值13647.23万美元，同比增长11.24%。其中，进口3796.49万美元，同比增长74.16%；出口9850.74万美元，同比下降1.73%。

【交通、邮电和旅游】2014年，白城市全市公路通车总里程达到10144公里。按行政等级分:国道374公里；省道884公里；县道733公里；乡道4200公里；专用公路33公里；村道3920公里。2014年全市公路专业养护里程1554.178公里。其中：干线公路养护里程1030.149公里；农村公路养护里程524.029公里。全年完成公路货物运输1110万吨，同比增长20.8%，货运周转量230521万吨公里，同比增长19.9%。完成客运量1567万人，客运周转量90507万人公里，客运量及周转量基本与上年度持平。

全年邮政业务总量10708万元，同比增长5%；发送函件33万件，同比下降19%；特快专递18万件，同比下降20%。

全市接待国内外游客276.15万人次，实现旅游收入38.42亿元，同比分别增长16.95%、24.49%。全市共有星级宾馆10家，旅行社23家（含分社），AAAA级景区4处，AAA级景区3处，AA级景区4处，大安嫩江湾、查干浩特成功晋升为4A级景区，结束了白城10年没有申报评定4A级旅游景区历史。

【金融和保险】2014年，白城市金融机构人民币各项存款余额575.6亿元，比年初增加71.0亿元，同比增长14%。其中，单位存款余额221.2亿元，比年初增加31.3亿元，同比增长16.4%；城乡居民储蓄存款余额346.8亿元，比年初增加39.2亿元，同比增长12.7%。金融机构人民币各项贷款余额444.4亿元，比年初增加66.1亿元，同比增长17.5%。其中，短期贷款余额255.2亿元，同比增长21.1%，中长期贷款余额188.1，同比增长14。9%。

全年保费收入16.0亿元，同比增长37.6%。其中:财产险保费收入4.6亿元，同比增长82.3%，人身险保费收入10.2亿元，同比增长30.6%，农业险保费收入1.1亿元，同比下降9.5%。全市赔款给付金额4.2亿元，同比增长28.9%。其中:人身险给付金额2.5亿元，同比增长40.7%，财产险赔款金额1.5亿元，同比增长26.4%，农业险给付金额0.3亿元，同比下降23.6%。

黑龙江省

| 哈尔滨市 | 齐齐哈尔市 | 鸡西市 | 大庆市 | 伊春市 | 佳木斯市 |
| 七台河市 | 牡丹江市 | 黑河市 |

1

2014年哈尔滨市经济发展概况

【经济总量】2014年，全年实现地区生产总值5332.7亿元，比上年增长6.9%。其中，第一产业实现增加值639.8亿元，增长7.0%；第二产业实现增加值1785.3亿元，增长5.1%；第三产业实现增加值2907.6亿元，增长8.2%。三次产业结构由上年的11.7：34.8：53.5调整为12.0：33.5：54.5。三次产业对地区生产总值增长的贡献率分别为10.7%、28.6%和60.7%。人均地区生产总值53750元，增长7.0%。非公有制经济实现增加值2908.6亿元，增长8.0%，占全市地区生产总值的比重为54.5%。

【农业】2014年，哈尔滨市全年完成农林牧渔业总产值1171.5亿元，增长7.1%。其中，农业产值548.1亿元，增长7.4%；林业产值32.7亿元，增长6.1%；牧业产值540.2亿元，增长6.8%；渔业产值21.3亿元，增长5.8%；农林牧渔服务业产值29.3亿元，增长8.9%。

【工业和建筑业】2014年，哈尔滨市全年实现工业增加值1239.4亿元，增长7.4%。其中，规模以上工业实现增加值849.4亿元，增长7.7%。在规模以上工业中，分门类看，采矿业下降9.3%，制造业增长7.8%，电力、热力、燃气及水生产和供应业增长7.8%。县域规上工业实现增加值317.2亿元，增长21.1%，占全年规上工业的37.3%。

全年建筑业实现增加值545.9亿元，同比下降1.1%。全市资质以上建筑业企业1127户。其中，一级资质及以上建筑企业143户，占全部建筑企业的12.7%；一级以下建筑企业984家，占87.3%。全市资质以上建筑企业中有工作量的建筑企业823户，占全部建筑企业的73.0%。

【固定资产投资】2014年，哈尔滨市全年完成固定资产投资4176.0亿元，增长12.2%。其中，第一产业完成投资169.6亿元，增长60.3%；第二产业完成投资1587.4亿元，增长21.4%；第三产业完成投资2419.0亿元，增长4.8%。

全年固定资产投资在建项目6682个，其中新开工项目5631个。计划总投资亿元以上的项目1159个，完成投资2126.9亿元，其中实际完成投资亿元以上项目661个，完成投资1927.7亿元。

【科学技术】2014年，哈尔滨市全市现有科研机构500个，其中包括9个国家级企业技术中心和87个省级企业技术中心。R&D（研究与试验发展）人员4.8万人，其中研究人员3.2万人。R&D经费支出97.3亿元，增长16%，R&D支出占地区生产总值的比重为1.9%。受理专利申请22508件，增长20%，授予专利权9284件，下降10%。全年共签订技术合同1096项，成交额78.2亿元，增长10.39%。85项科技成果被授予哈尔滨市科学技术奖。

【国内贸易和对外经济】2014年，哈尔滨市全年实现社会消费品零售总额3070.9亿元，增长12.6%。

年实现进出口总值68.08亿美元（海关口径），增长4.1%。其中，出口34.44亿美元，增长18.8%；进口33.64亿美元，下降7.6%。

【交通、邮电和旅游】2014年，哈尔滨市全年完成货物运输总量10168.5万吨，下降7.9%。货物运输周转量393.7亿吨公里，下降9.1%。

全年完成邮电业务总量140.7亿元，增长19.8%。其中，邮政业务总量9.2亿元，增长18.6%；电信业务总量131.5亿元，增长19.9%。固定电话年末用户225.3万户，下降0.7%。移动电话用户1250.6万户，增长8.3%。固定互联网用户163万户，增长5.9%，其中宽带接入159.7万户，增长3.9%。

全年共接待国内外游客6010.2万人次，增长8.3%。其中，国内游客5989.6万人次，增长8.4%；入境游客20.6万人次，下降2.2%。全年实现旅游业务总收入786.9亿元，增长17.7%。其中，国内旅游业务收入780.4亿元，增长17.8%；国际旅游创汇1.05亿美元，增长6.7%。

【金融和保险】2014年，哈尔滨市全市金融机构各项存款余额（人民币，下同）8884.0亿元，比年初增加395.8亿元。其中，单位存款余额4019.7亿元，下降13.8亿元，个人储蓄存款余额3768.8亿元，增加175.3亿元。金融机构各项贷款余额7257.5亿元，比年初增加949.8亿元。其中，短期贷款余额2264.5亿元，增加312.7亿元，中长期贷款余额4573.5亿元，增加519.0亿元。

全年保险公司保费收入226.3亿元，增长62%。其中，财产险收入46亿元，增长14.1%；人身险收入180.3亿元，增长81.3%。在人身险收入中，人寿保险收入165.0亿元，增长88.9%；健康保险收入11.9亿元，增长30.9%；意外伤害险收入3.5亿元，增长14.4%。全年保险赔付支出52.1亿元，增长8.8%。其中，财产险支出21.6亿元，下降8.1%；人身险支出30.5亿元，增长25.2%。在人身险支出中，人寿保险支出24.6亿元，增长26%；健康保险支出5.3亿元，增长26.7%；意外伤害险支出0.6亿元，下降11.1%。

2

2014年齐齐哈尔市经济发展概况

【经济总量】2014年，齐齐哈尔市全市实现地区生产总值（GDP）1238.8亿元，比上年增长5.2%。第一产业增加值299.3亿元，增长6.8%；第二产业增加值408.2亿元，增长3.7%；第三产业增加值531.3亿元，增长6.0%。三次产业结构为24.2：33.0：42.8。第一、二、三产业对经济增长的贡献率分别为28.1%、29.0%和42.9%。人均地区生产总值24830元，增长7.1%。

【农业】2014年，齐齐哈尔市全市实现农林牧渔业总产值549.9亿元，比上年增长6.9%。其中，农业产值318.5亿元，增长3.7%；林业产值5.7亿元，下降0.2%；牧业产值214.5亿元，增长12.1%；渔业产值9.1亿元，增长8.3%；农林牧渔服务业产值2.0亿元，增长5.5%。

【工业和建筑业】2014年，齐齐哈尔市全年规模以上工业企业完成增加值262.3亿元，比上年增长2.6%。其中，轻工业完成增加值135.2亿元，增长16.5%；重工业完成增加值127.1亿元，下降10.0%。全年装备工业完成增加值56.3亿元，下降21.2%；食品工业完成增加值125.1亿元，增长18.3%，两大工业基地增加值占规模以上工业增加值的69.2%。

全年建筑业企业实现增加值27.3亿元，按可比价格计算比上年增长10.2%。资质等级三级及以上的建筑业企业（指总承包及专业承包企业，不包括劳务分包企业）实现利润2.1亿元，比上年增长16.7%，完成房屋建筑施工面积340.3万平方米，增长4.1%，其中，实行投标承包的房屋建筑施工面积占62.7%。

【固定资产投资】2014年，齐齐哈尔市全市固定资产投资755.1亿元，比上年增长4.8%。在投资中，民间投资595.2亿元，增长5.0%；国有及国有控股投资137.8亿元，下降6.7%；外商及港澳台投资22.1亿元，增长246.7%。装备、食品两大主导产业完成投资172.4亿元，下降28.8%，占工业投资的59.5%。新增固定资产608.9亿元，增长20.7%。全市房地产开发投资完成130.0亿元，增长10.9%；商品房销售面积225.1万平方米，下降22.5%；商品房销售额93.9亿元，下降17.5%。

【科学技术】2014年，齐齐哈尔市全年实施重点科技计划项目33项；获省级以上科学技术奖12项；科技成果鉴定274项；全年认定技术合同54项；高新技术企业产值达243.0亿元。

【国内贸易和对外经济】2014年，齐齐哈尔市全年实现社会消费品零售总额618.4亿元，比上年增长13.5%。分行业看，批零贸易业实现零售额569.5亿元，增长15.0%；住宿、餐饮业实现零售额48.9亿元，增长14.7%。分城乡看，城镇消费品零售额532.4亿元，增长14.3%；农村消费品零售额86.0亿元，增长9.1%。

全市实际利用外资额47783.0万美元，比上年增长15.0%。新批外商投资企业10户，总投资额42922.0万美元，合同外资28084.0万美元。全年实现进出口总额90642.5万美元，增长10.0%。其中，进口16109.9万美元，增长2.6%；出口74532.6万美元，增长11.7%。

【交通、邮电和旅游】2014年，齐齐哈尔市全年完成货物发送量12655.6万吨。其中，铁路1448.5万吨；公路11207.0万吨；航空66吨。客运量6036.4万人。其中，铁路1655.7万人；公路4365.0万人；航空15.7万人。

全市完成邮电业务总量42.3亿元，其中，电信业务总量39.2亿元，邮政业务总量3.1亿元。

全年接待国内游客1537.0万人次，实现国内旅游收入59.9亿元。全年接待海外旅游者6875.0人次，旅游外汇收入209.0万美元。

【金融和保险】2014年年末，齐齐哈尔市全市金融机构各项存款余额1434.7亿元，比年初增长10.9%。其中，单位存款397.8亿元，增长7.2%；城乡居民储蓄存款963.5亿元，增长11.3%。金融机构各项贷款余额1164.3亿元，增长28.2%。其中，短期贷款余额687.7亿元，增长31.5%；中长期贷款余额454.2亿元，增长21.0%。

3

2014年鸡西市经济发展概况

【经济总量】2014年，鸡西市全市实现地区生产总值（GDP）516亿元，按可比价格计算比上年增长1.0%。其中，第一产业增加值177.4亿元，增长8.2%；第二产业增加值153.5亿元，下降5.7%；第三产业增加值185.1亿元，增长4%。三次产业结构为34.4：29.7：35.9。第一、二、三产业对GDP增长的贡献率分别为227.2%、-255.2%和128%。人均地区生产总值27881元，增长1.4%。

【农业】2014年，鸡西市全年实现农林牧渔业增加值107.5亿元，按可比价格计算比上年增长8.3%。其中，种植业增加值72.6亿元，增长7.4%；林业增加值8.2亿元，增长9.6%；牧业增加值22.1亿元，增长10.2%；渔业增加值3.8亿元，增长14.1%；农林牧渔服务业增加值0.9亿元，增长7.7%。

【工业和建筑业】2014年，鸡西市全年规模以上工业企业增加值70.7亿元，比上年下降11.3%。其中，国有及国有控股企业增加值34亿元，下降0.3%；集体企业增加值0.3亿元，下降83.1%；股份制企业增加值65.7亿元，下降9.2%。从企业规模看，大中型企业增加值44.7亿元，下降3.4%；小型企业增加值26亿元，下降21.4%。规模以上工业企业主营业务收入实现210.8亿元，下降30.9%；利税总额1.8亿元，下降92.3%，其中，利润-10.7亿元，比上年减少14.4亿元。工业经济效益综合指数59.2，比上年下降47点。全年规模以上地方工业增加值42.7亿元，下降17.8%；实现利税6.2亿元，下降63%。地方工业经济效益综合指数157.5，下降39.4点。由于经济下行压力较大，我市的部分重点行业出现负增长，其中，煤炭开采和洗选业、农副食品加工业、非金属矿采选业分别下降14.2%、13.1%、21.3%；酒、饮料制造业、电力、热力生产和供应业分别增长15.7%、5.5%。

全年建筑业企业实现增加值8.5亿元，按现价计算比上年下降1.2%。资质等级三级及以上的建筑业企业（指总承包及专业承包企业，不包括劳务分包企业）完成房屋建筑施工面积125.7万平方米，下降13.8%，其中实行投标承包的房屋建筑施工面积占全部的68.5%；实现利润0.8亿元，下降15.2%；上缴税金1.4亿元，下降12.5%。

【固定资产投资】2014年，鸡西市全年实现固定资产投资（不含农户）207.8亿元，比上年下降11.2%。在全部固定资产投资中，第一产业投资10.2亿元，增长77.7%；第二产业投资98.2亿元，下降19.8%；第三产业投资99.4亿元，下降6.1%。全年固定资产投资在建项目488个，在建项目中计划总投资亿元以上的项目125个，共完成投资117.6亿元。全年新增固定资产102.5亿元。

【科学技术】2014年年末，鸡西市全市有科学研究开发机构5个。全年共取得重大科技成果61项。受理专利申请469件，比上年减少39.9%；专利授权382件，下降14.3%。

年末全市共有产品质量检验检测中心1个。特种设备检验研究所1个。全市有天气预报服务网发射网站1个，卫星云图接收站点4个；气象台地震监测台网9个。

【国内贸易和对外经济】2014年，鸡西市全年实现社会消费品零售总额204.3亿元，比上年增长10.8%。从地域看，城镇消费品零售额170.1亿元，增长10.9%；乡村消费品零售额33.6亿元，增长10.2%。从行业看，批发业零售额42.1亿元，增长4.6%；零售业零售额128.0亿元，增长12.3%；住宿业零售额2.9亿元，增长10.4%；餐饮业零售额30.9亿元，增长13.9%。

全年实现进出口总值8.2亿美元，比上年下降31.5%。其中，出口6.5亿美元，下降38.7%；进口1.7亿美元，增长26.8%。一般贸易实现进出口5.4亿美元，增长54.3%；对俄贸易4.4亿美元，下降54.2%。私营企业实现进出口总值6.5亿美元，下降40.4%，占全市进出口总额的79.3%。外商投资企业实现进出口总值0.18亿美元，增长20%。

【交通、邮电和旅游】2014年，鸡西市全年公路、铁路、航空完成货物运输量5482万吨，比上年下降5.1%。其中，公路运输量3855万吨，增长0.5%；铁路运输量1627万吨，下降16.4%；航空货物运输量261吨，增长0.4%。公路、铁路、航空完成客运量4351.6万人，增长0.8%。其中，铁路401.7万人，下降3.4%；公路3929万人，增长1.1%；航空20.9万人，增长42.9%。

全年完成邮电业务总量15.2亿元，比上年增长6.3%。其中，电信业务总量12.5亿元，增长5%；邮政业务总量2.7亿元，增长12.5%。局用交换机总容量257万门，下降0.8%。年末固定电话用户30.4万户，下降16.5%。移动电话用户179.7万户，增长3.4%。国际互联网络用户24.8万户，增长8.3%。

全年共接待国内、外游客732.8万人次，比上年增长9.9%；实现旅游业总收入34.8亿元，增长10.2%。

【金融和保险】2014年，鸡西市全市金融机构人民币存款余额855.7亿元，比年初增加58.4亿元。其中，单位存款200.2亿元，比年初减少11亿元；个人储蓄存款余额627.3亿元，比年初增加65.9亿元。全市金融机构人民币贷款余额453.5亿元，比年初增加84亿元。其中，短期贷款281.7亿元，比年初增加76.2亿元；中长期贷款156.3亿元，比年初增加1.2亿元。

保费收入6.9亿元，比上年下降1.4%。其中，财产险收入1.7亿元，下降5.6%；寿险收入4.8亿元，下降2.0%。支付各类赔款4.19亿元，其中财产险赔付1.39亿元；人身险赔付2.8亿元。

4

2014年大庆市经济发展概况

【经济总量】2014年，大庆市全年实现地区生产总值（GDP）4070亿元，比上年增长4.5%（按可比价格计算，下同）。其中，第一产业实现增加值185亿元，比上年增长8.5%；第二产业实现增加值3133亿元，比上年增长3.7%；第三产业实现增加值752亿元，比上年增长8%。第一产业增加值占地区生产总值的比重为4.5%，第二产业增加值比重为77%，第三产业增加值比重为18.5%。

【农业】2014年，大庆市全年实现畜牧业产值213.7亿元，同比增长7.4%；实现畜牧业增加值95.4亿元，同比增长7.4%。

全年完成植树造林10.2万亩，实现产值3.5亿元，同比增长14.1%。渔业产值实现11.5亿元，同比增长21.9%；水产品产量9.6万吨，同比增长5.5%。

【工业和建筑业】2014年，大庆市实现工业增加值3059.1亿元，同比增长3.8%；规模以上工业企业达443户，实现增加值2410亿元，同比增长2.3%。规模以上工业重点行业中，石油行业实现增加值1788亿元，同比下降0.1%；石化行业实现增加值271.9亿元，同比增长7.1%；农副产品加工业实现增加值98.3亿元，同比增长8.1%；建材行业实现增加值30.1亿元，同比增长1.2%；装备制造业实现增加值39亿元，同比增长15.3%。

2014年大庆市资质以上建筑企业达到302户，全年完成施工产值185.9亿元，同比下降12.2%。按总产值计算的全员劳动生产率达到35万元/人。

【固定资产投资】2014年，大庆市全年完成固定资产投资额919.5亿元，同比下降33.6%。其中，中直企业完成投资315.4亿元，同比下降5%；地方完成投资604.1亿元，同比下降42.6%。从产业投向看，第一产业投资98.1亿元，同比下降43.4%；第二产业投资437.1亿元，同比下降29.5%；第三产业投资384.3亿元，同比下降35%。

【国内贸易和对外经济】2014年，大庆市全年实现社会消费品零售总额1010.9亿元，同比增长11.2%。按地域分，城镇实现935.4亿元，同比增长11.3%；乡村实现75.5亿元，同比增长9.8%。按行业分，批发和零售业实现930.7亿元，住宿和餐饮业实现80.2亿元，同比分别增长11.1%和11.5%。

全年进出口贸易总值达到405395.3万美元，同比增长20.2%。其中，出口37800.2万美元，同比下降7.2%；进口367595.1万美元，同比增长24%。

【交通、邮电和旅游】2014年，大庆市全年公路客运量1970万人，同比下降0.5%，公路客运周转量10.9亿人公里，同比下降18.8%；全年公路货运量4089万吨，同比增长19.5%，公路货运周转量66.8亿吨公里，同比增长19.5%。全年铁路发送旅客598.7万人次，同比增长3.5%；货运发送量1121.6万吨，同比增长0.7%。大庆萨尔图机场进出港旅客52.4万人次，同比下降3.2%；航空货邮吞吐量0.2万吨，同比下降16.5%；全年起降航班5000架次，同比下降10.7%。

全年完成邮电业务总量34.4亿元，同比下降2.6%。其中，邮政业务总量2.8亿元，同比下降7.9%；电信业务总量31.6亿元，同比下降2.1%。大庆市年末固定电话用户50.4万户，同比下降12.1%，其中城市固定电话用户43.7万户，同比下降4.8%。大庆市年末移动电话用户402.8万户，同比下降0.8%。大庆市年末互联网用户52.5万户，同比增长9.9%，宽带接入户占比达99%以上。

成功举办了大庆湿地旅游文化节、中国大庆雪地温泉节等旅游文化活动，大庆市实现旅游收入75.3亿元，同比增长28%；累计接待游客1326万人次，同比增长10%。

【金融和保险】2014年年末，大庆市金融机构本外币存款余额2046.6亿元，比年初增加13.5亿元。年末大庆市金融机构本外币贷款余额875.7亿元，比年初增加105.3亿元。

5

2014年伊春市经济发展概况

【经济总量】2014年，伊春市全年实现地区生产总值（GDP）2615560万元，按可比价格计算，下降9.4%。其中，第一产业增加值1055030万元，增长3%；第二产业增加值679773万元，下降22.6%；第三产业增加值880757万元，下降6.3%。第一、第二、第三产业增加值占全市生产总值的比重由上年的35.4：32.6：32调整为40.3：26：33.7。全市人均生产总值21336元，按可比价格计算下降8%。

【农业】2014年，伊春市全年农作物总播种面积239491公顷，其中粮食播种面积228645公顷。全年粮食产量76.35万吨，其中水稻27.5万吨；玉米25.5万吨；大豆22.5万吨。

【工业和建筑业】2014年，伊春市全年全部工业增加值480583万元，比上年下降28.2%。规模以上工业增加值271401万元，下降32%。在规模以上工业中，分经济类型看，国有及国有控股企业下降24.9%，股份制企业下降32.5%，外商及港澳台投资企业下降33.8%，私营企业下降23.7%。分门类看，采矿业增长52.4%，制造业下降37.3%，电力、热力、燃气及水生产和供应业增长8.2%。分企业规模看，大中型企业下降33.3%，小型企业下降30.6%。规模以下工业增加值209182万元，下降24.7%。

全年全社会建筑业增加值144922万元，比上年下降3%。全市具有资质等级的总承包及专业承包建筑企业74个，完成总产值185178万元，比上年下降28.4%。房屋建筑施工面积126.2万平方米，比上年下降33.7%。房屋建筑竣工面积1.7万平方米，比上年下降98.8%，竣工产值167560万元，比上年下降25.7%。

【固定资产投资】2014年，伊春市全年城镇固定资产投资1326112万元，比上年下降42.6%。从经济类型看，国有及国有控股投资637105万元，下降43.3%；民间投资689007万元，下降47.9%。从三次产业看，第一产业投资74348万元，下降44.4%；第二产业投资688745万元，下降37.8%，其中工业480994万元，下降44.5%；第三产业投资563019万元，下降47.3%。从隶属关系看，地方投资1266934万元，下降44.5%，中央投资59178万元，增长1.4倍。全年到位资金1391573万元，比上年下降43.8%。

【科学技术】2014年，伊春市全市共有科研机构5个，组织实施科技计划项目33项，其中国家级科技项目4项，争取经费710万元，省级科技项目6项，争取经费2227.6万元，市本级科技项目23项，科技经费173万元。全年共取得省级科技成果3项，省级科技进步奖5项，市级科技成果24项，市级科技进步奖26项。全年申请专利505项，授权专利201项。技术合同交易额124万元。

【国内贸易和对外经济】2014年，伊春市全年社会消费品零售总额979495万元，比上年增长13%。从商品形态看，商品零售额715202万元，比上年增长13.2%；餐饮收入额264293万元，比上年增长12.7%。从地域看，城镇消费品零售额934729万元，比上年增长12.9%，其中城区消费品零售额750536万元，比上年增长14%；乡村消费品零售额44766万元，比上年增长15.8%。

全年外贸进出口总额27650万美元，比上年增长30.3%。其中，进口14350万美元，增长32.8%；出口

13300万美元，增长27.6%。进出口差额（出口-进口）-1050万美元，比上年减少667万美元。从贸易方式看，一般贸易25097万美元，增长48.9%；加工贸易2214万美元，下降2.4%；边境小额贸易339万美元，下降83.9%。从企业性质看，私营企业24635万美元，增长40.8%；外资企业1942万美元，增长11.4%；国有企业520万美元，增长1.4倍；其他企业553万美元，下降68.8%。

【交通、邮电和旅游】2014年，伊春市全年公路运输货物周转量18.5亿吨公里，比上年下降19.9%；旅客运输周转量7.1亿人公里，比上年增长12%。全年公路货运量775万吨，比上年下降11.5%；公路客运量969万人，比上年增长11.1%。航空客运量6.6万人，比上年下降18.6%。

全年邮电业务总量95492.1万元，比上年增长4.9%。其中电信业务总量84882.1万元，增长6.5%；邮政业务总量10610万元，下降6.6%。全市年末局用交换机总容量278.8万门。光缆线路总长度16663.8公里。固定电话用户18.2万户，其中城市16.5万户，农村1.7万户。移动电话用户98.4万人，其中3G移动电话用户26.2万人，4G移动电话用户9.4万人。互联网用户59.4万户，其中手机上网42.7万户，固定互联网用户16.8万户（宽带接入户12.3万户，光纤接入上网4万户）。固定电话普及率下降至14.9部/百人，移动电话普及率上升至80.6部/百人。

全年共接待旅游人数629.9万人次，比上年增长7.9%；旅游收入53.6亿元，增长9.3%。年末共有旅游建设项目30个，总投资11.5亿元。国家AA级以上景区27处，其中：AA级8处，AAA级8处，AAAA级10处，AAAAA级1处。省级漂流旅游达标场所7个，省S级以上旅游滑雪场4个，国家级农业旅游示范点1个，省级农业旅游示范点1个。

【金融和保险】2014年年末，伊春市全市金融机构存款余额521.7亿元，比年初增加36亿元，比上年增长7.4%。其中居民储蓄存款余额368.8亿元，比年初增加29.9亿元。金融机构贷款余额140.5亿元，比年初增加12.7亿元，同比增长10%。其中短期贷款46.8亿元，比年初减少0.5亿元；中长期贷款84.1亿元，比年初增加17.2亿元。

全年保费收入11.17亿元，增长7.3%。其中：财险保费收入1.85亿元，增长2.5%；寿险保费收入9.32亿元，增长8.3%。全年赔款及给付支出4.05亿元，增长19.8%。其中，财险赔款1.05亿元，下降14.1%；寿险赔款3亿元，增长38.8%。

6

2014年佳木斯市经济发展概况

【经济总量】2014年，佳木斯市全年实现地区生产总值（GDP）792.5亿元，按可比价格计算比上年增长6.8%，其中，第一产业增加值239亿元，比上年增长7.0%；第二产业增加值202.8亿元，比上年增长6.5%，其中，工业增加值173.8亿元，比上年增长6.3%；第三产业增加值350.7亿元，比上年增长6.9%。三次产业比重为30.2：25.6：44.2。

【农业】2014年，佳木斯市全年实现农林牧渔业总产值408.3亿元，增长7.3%，其中种植业完成产值268.3亿元，增长6.6%，牧业实现产值120.5亿元，增长10.5%。全市农林牧渔业增加值实现206.2亿元，增长7%，其中种植业实现增加值143.1亿元，增长8.1%，牧业增加值实现52.4亿元，增长6.5%。

【工业和建筑业】2014年，佳木斯市全市规模以上工业企业（主营业务收入2000万元以上的全部工业企业）完成增加值94.6亿元，增长4.7%，县域工业实现增加值54.2亿元，比上年增长10.5%。实现工业总产值663.2亿元，增长5.5%，其中，轻工业产值339亿元，增长11.1%，重工业产值324.2亿元，增长0.2%。全市规模以上工业实现利税总额45.4亿元，比上年下降11.6%；实现利润总额29亿元，比上年下降19.5%。

全年建筑企业实现增加值29亿元，比上年增长8%。全市资质等级三级及三级以上的建筑企业实现总产值93.4亿元，同比下降4%，实现竣工产值75.6亿元，增长10%，房屋建筑施工面积586万平方米，增长6.9%。招投标面积保持稳步扩大，全市实行投标承包面积达377.5万平方米，占全部施工面积的64.4%。

【固定资产投资】2014年，佳木斯市全年固定资产投资总额实现483.1亿元，比上年增长13.5%。其中工业投资完成208.5亿元，比上年增长18.8%，占全部投资的比重达43.2%；房地产开发投资54.8亿元，比上年下降20.8%。商品房销售面积106.9万平方米，比上年下降47.9%，其中住宅96.9万平方米，比上年下降48.3%；商品房销售额34.4亿元，比上年下降48.5%，其中住宅28.5亿元，比上年下降50.1%；商品房平均销售价格3219元/平方米，其中住宅2944元/平方米。

【科学技术】2014年年末，佳木斯市全市国有事业单位共有各类专业技术人员33888人，其中具有中级以上技术职称人员21176人。今年我市获得省政府科技奖10项，其中一等奖2项，二等奖2项，三等奖6项，是历年来获奖等级最高、数量最多的一年。新建省级以上工程技术研究中心9个，目前我市拥有省级以上工程技术研究中心和重点实验室17个。今年开发新产品24项，新认定国家高新技术企业7户，国家级高新技术企业达到20户，申报国家火炬及创新基金项目8项。新增省级专利优势培育与试点企业4家，全市共有22家省级专利优势企业。专利申请总量705件，其中发明专利126件，同比增长28%。在新材料、装备制造、新能源、生物医药等重点领域征集企业技术需求51项，与哈工大、哈理工、东北林业大学、黑龙江中医药大学等院校开展技术成果与难题对接8次，科技成果招商及转化成功对接项目35项，技术交易额达5000余万元。

【国内贸易和对外经济】2014年，佳木斯市全市实现社会消费品零售总额361.2亿元，增长13.5%。城、乡市场协调发展，同步增长。城镇市场实现社会消费品零售额318亿元，比上年增长13.6%，其中城区实现社会消费品零售额270.9亿元，比上年增长13.5%；乡村市场实现社会消费品零售额43.2亿元，比上年增长12.8%。批发业实现销售额119.2亿元，比上年增长11.3%，零售业实现销售额357.3亿元，比上年增长18.8%；住宿业实现营业额11.9亿元，比上年增长16.5%；餐饮业实现营业额45.2亿元，比上年增长13%。

全市对外贸易进出口总额实现30.9亿美元，比上年增长1.3%（不含抚远进出口总额实现25.4亿美元，比上年增长12%），其中，进口总额6.5亿美元，下降44.9%，出口总额24.4亿美元，增长30.2%。从贸易方式看，一般贸易进出口总额完成24.3亿美元，比上年增长2.0%，加工贸易进出口总额完成0.4亿美元，增长

26.7%，边境小额贸易进出口总额完成5.6亿美元，下降1.3%，其他贸易进出口总额完成0.6亿美元，下降14.8%。从企业性质看，国有企业完成外贸进出口总额3.1亿美元，下降56.5%，外资企业贸易进出口完成0.6亿美元，增长26.4%；私营企业外贸进出口总额完成26.2亿美元，增长20.1%。

【交通、邮电和旅游】2014年，佳木斯市全年各种运输方式完成的货物吞吐量5102.7万吨。其中，铁路221万吨；公路4548万吨；水运333.7万吨；航空775.6吨。全年完成旅客吞吐量3015.4万人，其中，铁路410.6万人；公路2446万人；水运111.8万人；航空47万人。全市营运客车1096辆，营运货车44407辆。

全年完成邮电业务总量20.6亿元，比上年增长9.6%，其中，电信业务总量18亿元，增长7.8%，邮政业务总量2.6亿元。年末局用交换机总容量达到133.3万门；本地固定电话用户39.2万户；移动电话用户238.2万户；全市互联网接入业务用户达33.3万户，增长2.1%；本地网中继光缆线路总长度11383公里。

全年共接待国内、外旅游者398.8万人，其中接待国内旅游人数391万人，接待国际旅游人数7.8万人；实现旅游业总收入17亿元，其中，实现国内旅游收入16.1亿元，增长18%；创造旅游外汇收入1404万美元，同比增长69.5%。

【金融和保险】2014年年末，佳木斯市全市金融机构各项存款余额1022.9亿元，比年初增加100.6亿元，增长10.9%，其中单位存款277.5亿元，比年初增加23.4亿元，增长9.2%；个人储蓄存款714.8亿元，比年初增加78.7亿元，增长12.4%。金融机构各项贷款余额788.5亿元，比年初增加172.8亿元，增长28.1%。其中，短期贷款596亿元，比年初增加169.6亿元，增长39.8%，个人贷款及透支105.7亿元，比年初减少1.1亿元，减少1.1%。中长期贷款186.8亿元，比年初增加4.7亿元，增长2.6%。其中，个人贷款131.7亿元，比年初增加0.7亿元，增长0.5%，个人消费贷款75.2亿元，比年初增加6.2亿元，增长9.0%；单位贷款55.1亿元，比年初增加4亿元，增长7.9%；经营贷款5.6亿元，比年初增加2.1亿元，增加59.3%；固定资产贷款49.5亿元，比年初增加1.9亿元，增长4.1%。

全年保险行业实现保费收入31.7亿元。其中：财险收入10亿元，赔付2.9亿元；寿险收入21.7亿元，返还4.4亿元。

7

2014年七台河市经济发展概况

【经济总量】2014年，七台河市全年实现地区生产总值（GDP）实现214.26亿元，按可比价格计算，比上年增长2.4%，其中，第一产业增加值实现31.23亿元，比上年增长7.6%；第二产业增加值实现87.18亿元，比上年增长1.9%，其中，全部工业增加值84.26亿元，比上年增长1.9%；第三产业增加值实现95.85亿元，比上年增长1.6%。三次产业比重为14.6：40.7：44.7。人均地区生产总值2.51万元，比上年增长2.9%。

【农业】2014年，七台河市全市总播面积266.83万亩。其中，粮食作物246.56万亩。农业战胜“倒春寒”

等自然灾害，粮食产量达到18.11亿斤，比上年增长16.3%，实现“十一连增”。牧业生产实现较快发展，规模化养殖成为推动我市养殖业快速发展的主要因素，全年畜牧业实现总产值17.85亿元，比上年增长6.0%。

【工业和建筑业】2014年，七台河市全市规模以上工业增加值实现60.1亿元，比上年下降0.1%，降幅同比收窄27.8个百分点，占GDP的比重为26.7%。支柱行业探底回升，降幅收窄。在规模以上工业中，煤、焦、电三大行业实现增加值54.71亿元，占规模以上工业比重91.0%，其中，煤炭开采洗选业增加值41.83亿元，比上年下降0.2%，占规模以上工业比重69.6%；炼焦业增加值1.27亿元，比上年下降15.5%，占规模以上工业比重2.1%；电力行业增加值11.62亿元，比上年增长3.7%，占规模以上工业比重19.3%；化工业增加值0.68亿元，比上年下降29.7%；农副食品加工业增加值0.74亿元，同比下降39.1%；家具制造业增加值1.34亿元，同比下降7.8%。

2014年全市建筑业增加值2.92亿元，按可比价格计算，比上年下降1.9%，占GDP的比重为1.4%。

【固定资产投资】2014年，七台河市全市重点推进产业项目50个，完成投资41.8亿元，非煤项目数量、投资分别占90%、75%。全年固定资产投资完成105.61亿元，比上年下降35.0%。产业项目投资61.8亿元，占全年固定资产投资的59.0%。

【国内贸易和对外经济】2014年，七台河市2014年全市社会消费品零售总额完成89.1亿元，比上年增长9.0%。其中，城镇完成72.98亿元，比上年增长7.5%；乡村完成16.07亿元，比上年增长16.2%。按行业分，批发零售业完成73.7亿元，比上年增长6.2%；住宿餐饮业完成15.35亿元，比上年增长24.8%。

2014年进出口总额2009.25万美元，其中，出口1765.73万美元，进口243.52万美元。

【金融和保险】2014年年末，七台河市金融机构各项存款余额353.21亿元，比年初增加5.88亿元，增长1.7%，其中，单位存款余额95.10亿元，与年初基本持平；个人存款余额238.75亿元，比年初增加8.98亿元。金融机构各项贷款余额203.79亿元，比年初增加3.47亿元，增长1.7%，其中，短期贷款余额89.73亿元，比年初增加5.86亿元；中长期贷款余额94.72亿元，比年初减少0.61亿元。

2014年保费收入8.58亿元，其中，财产险保费收入1.88亿元，人身险保费收入6.69亿元。赔款支出1.77亿元，其中，财产险赔款支出1.52亿元，人身险赔款支出0.25亿元。

8

2014年牡丹江市经济发展概况

【经济总量】2014年，牡丹江市全年实现地区生产总值（GDP）1166.9亿元，同比增长6.9%（含绥芬河为1300.6亿元，同比增长7.0%）。其中第一产业完成增加值211.3亿元，同比增长7.0%；第二产业完成增加值514.3亿元，同比增长7.9%；第三产业完成增加值441.3亿元，同比增长5.6%。三次产业结构为18.1：44.1：37.8（含绥芬河为16.3：40.8：42.9）；人均地区生产总值44158元，同比增长7.1%（含绥芬河为46826元，同比增长7.2%）。

【农业】2014年，牡丹江市全市粮食作物种植面积64.7万公顷，同比增长2.2%，其中优良品种播种面积比重为96.5%；粮食总产量272.3万吨，同比增长0.1%，其中主要粮食作物水稻、玉米、大豆产量分别为29.1万吨、206.5万吨和34.8万吨；经济作物播种面积9.9万公顷，同比下降0.1%；全市拥有194个绿色有机食品认证品牌，同比增加14个；绿色有机食品种植面积450万亩，同比增长12%；食用菌生产规模40.1亿袋，同比增加3亿袋。

截止2014年末，全市大牲畜存栏43.8万头，同比下降0.5%；生猪存栏116.9万头，同比增长0.6%；羊存栏49.2万只，同比增长2.3%；家禽存栏741.6万只，同比下降1.8%。全市肉类总产量20.5万吨，同比增长1.8%，其中，猪肉14.5万吨、牛肉3.1万吨、羊肉5663吨，同比增长1.8%、6.7%和6.4%；鲜蛋产量4.1万吨，同比下降6.2%；奶类产量7992吨，同比下降32.1%。

【工业和建筑业】2014年年末，牡丹江市全市规模以上工业企业481户；实现增加值245.4亿元，同比增长7.7%；实现主营业务收入939.2亿元，同比增长8.0%；实现利税总额93.7亿元，同比增长3.6%；实现利润总额51.8亿元，同比增长7.4%。

在规模以上工业企业中，地方工业企业465户，占全市规模以上工业企业总数的96.7%；拥有资产总额561.6亿元，同比增长8.7%，占全市规模以上工业企业资产总额的86.2%；实现增加值229.7亿元，同比增长8.8%，占全市规模以上工业增加值的93.6%；实现主营业务收入897.3亿元，同比增长9.0%，占全市规模以上工业企业主营业务收入的95.5%；实现利税总额86.8亿元，同比增长3.8%，占全市规模以上工业企业利税总额的92.6%；应交税金38.9亿元，同比下降0.1%，占全市规模以上工业企业应交税金的92.8%。

截止2014年末，全市有资质的建筑业企业177户，实现增加值49.9亿元，同比增长5%。其中总承包及专业承包企业166户，完成建筑业总产值179.4亿元，同比增长1.8%；实现利润总额13.9亿元，同比下降17.8%；实现税金7.8亿元，同比下降3.7%；完成房屋建筑施工面积607.2万平方米，实行投标承包的房屋建筑施工面积占全部施工面积的72.1%。

【固定资产投资】2014年，牡丹江市全市完成固定资产投资923.3亿元，同比增长15.1%（含绥芬河为1048.6亿元，同比增长17.2%），其中产业项目投资480.9亿元，占全部投资的52.1%。分经济类型看，国有及国有经济控股投资326.3亿元，同比增长14.0%；民间投资593.1亿元，同比增长16.4%。分产业看，第一产业完成投资64.4亿元，同比增长9.2%；第二产业完成投资459.0亿元，同比增长14.5%，其中工业投资370.0亿元，同比增长19.0%；第三产业完成投资399.9亿元，同比增长16.8%。从工程类别看，建筑工程完成投资650.4亿元，同比增长26.3%；安装工程完成投资50.2亿元，同比增长16.5%；设备工器具购置完成投资188.8亿元，同比下降9.2%。从投资规模看，计划投资亿元以上项目326个，完成投资362.7亿元，占全部固定资产投资的39.3%。

【科学技术】2014年，牡丹江市全市全年取得科技成果102项；签订技术合同31份，成交金额10161万元。

【国内贸易和对外经济】2014年，牡丹江市全市社会消费品零售总额实现452.7亿元，同比增长13.7%（含绥芬河为475.6亿元，同比增长13.7%）。其中城镇消费品零售额实现380.6亿元，同比增长13.8%，占全市消费品零售总额的84.1%；乡村消费品零售额实现72.1亿元，同比增长13.4%。商品零售额实现384.1亿元，同比增长14.0%；餐饮业收入实现68.6亿元，同比增长12.0%。

全市（本部分含绥芬河）共实现进出口总额120.0亿美元，同比下降1.4%。其中出口总额69.9亿美元，同比增长27.4%；进口总额50.1亿美元，同比下降25.1%；对俄进出口实现69.4亿美元，同比下降1.0%；对日进出口实现1.2亿美元，同比下降1.4%；对韩进出口实现1.6亿美元，同比增长56.4%。从主要商品出口看，出口服装及衣着附件20.0亿美元，同比增长52.7%；出口机电产品12.7亿美元，同比增长33.9%；出口箱包及类似容器2.9亿美元，同比下降21.7%；出口鞋类7.7亿美元，同比增长11.2%。从主要商品进口看，进口原油406.9万吨、29.0亿美元，同比分别增长10.4%、下降34.2%；进口原木420.8万立方米、60.0亿美元，同比分别增长22.5%、23.5%；进口矿物肥料及化肥85.6万吨、26.0亿美元，同比分别下降32.2%、44.5%；进口锯材130.5万立方米、26.4亿美元，同比分别增长6.6%、7.8%。

【交通、邮电和旅游】2014年，牡丹江市全市（本部分含绥芬河）公路客运量3586万人，同比增长2.8%；旅客周转量18.9亿人公里，同比增长0.6%；公路运输货运量3042万吨，同比增长0.4%；货物周转量43.9亿吨公里，同比增长0.8%。

全市共接待国内外旅游者1767.4万人，同比增长20.9%，其中：国内旅游人数1648.1万人，同比增长22.5%；境外旅游人数119.3万人，同比增长2.0%。实现旅游业总收入108.0亿元，同比增长19.0%，其中：国内旅游收入72.1亿元，同比增长27.2%；外汇收入5.3亿美元，同比增长10.7%。

【金融和保险】2014年，牡丹江市全市金融机构各项存款余额1205.4亿元，比年初增加85.4亿元；金融机构各项贷款余额600.4亿元，比年初增加65.9亿元；城乡居民储蓄存款余额879.9亿元，比年初增加56.0亿元。

9

2014年黑河市经济发展概况

【经济总量】2014年，黑河市全年实现地区生产总值（GDP）420.3亿元，同比增长7.8%。其中，第一产业增加值208.7亿元，增长11%。第二产业增加值68.2亿元，增长4.8%；在第二产业中工业增加值54.9亿元，增长4.9%。第三产业增加值143.4亿元，增长5.1%。三次产业占GDP比重分别为49.7%、16.2%和34.1%。

【农业】2014年，黑河市农林牧渔业总产值246.7亿元，同比增长11%。农林牧渔业增加值134.9亿元，增长11%。其中，农业增加值107.1亿元，增长9.7%；畜牧业增加值15.5亿元，增长12.1%；林业增加值8.4亿元，增长19.3%；渔业增加值1.7亿元，增长24.7%。粮食作物播种面积121.3万公顷（1819.5万亩），增长2.4%。完成造林面积17468公顷，其中，人工造林面积3801公顷，无林地和疏林地新封面积13667公顷。肉类总产量10.9万吨，增长5.5%。奶类产量23.7万吨，增长6.5%。禽蛋产量1.8万吨，增长3.9%。水产品总产量14721吨，增长19.2%。

【工业和建筑业】2014年，黑河市规模以上工业增加值37.3亿元，同比增长4.6%。其中，重工业29.7亿元，增长1.4%；轻工业7.6亿元，增长18.8%。国有及国有控股企业增加值6.5亿元，下降13.2%。中省直工业实现增加值2.2亿元，增长11.5%；地方工业实现增加值35.1亿元，增长4.1%。

全年实现建筑业总产值59.8亿元，同比增长5.7%。房屋施工面积265万平方米，增长40.9%；房屋竣工面积199万平方米，增长27.5%。

【固定资产投资】2014年，黑河市全社会固定资产投资244.7亿元，同比增长11.7%。其中，建设项目投资215.6亿元，增长8.1%；房地产开发投资29.1亿元，增长47.9%。投资结构有所调整。第一产业投资53.6亿元，增长143.7%，占全部投资额的21.9%；第二产业投资102.3亿元，增长9.4%，占全部投资额的41.8%；第三产业投资88.8亿元，下降14.6%，占全部投资额的36.3%。商品房销售额19.8亿元，商品房销售面积59万平方米，分别下降42.8%和51.7%。

【国内贸易和对外经济】2014年，黑河市社会消费品零售总额95.2亿元，同比增长13%。其中，城镇实现社会消费品零售额71.3亿元，增长12.9%；乡村实现社会消费品零售额23.9亿元，增长13.2%。从行业看，批发业32.9亿元，增长10.6%；零售业42.6亿元，增长15.3%。住宿业营业额10.8亿元，增长10.7%；餐饮业营业额19.2亿元，增长13.4%。从商品类别看，吃的商品零售额47.6亿元，占零售总额的50%；穿的商品零售额20.7亿元，占零售总额的21.7%；用的商品零售额22.4亿元，占零售总额的23.5%。

对外贸易进出口总值17.8亿美元，同比下降57.5%。其中，进口2.4亿美元，下降77.5%；出口15.4亿美元，下降50.8%。边境小额贸易7.3亿美元，下降3.4%；一般贸易7亿美元，下降75.7%；其他贸易3.5亿美元，下降33.5%。对俄贸易12.1亿美元，下降44.5%。

【交通、邮电和旅游】2014年，黑河市完成铁路货运量107.5万吨，铁路货物周转量16064.2万吨公里；公路货运量994万吨，公路货物周转量154910万吨公里；水路货运量14万吨，水路货物周转量115万吨公里；航空货运量1000吨。完成铁路客运量118.7万人，铁路客运周转量22558.3万人公里；公路客运量812万人，公路客运周转量6225万人公里；水路客运量22.3万人，水路客运周转量178.6万人公里；航空客运量10.5万人。

全市共接待国内外游客557万人次，同比增长12.8%。旅游收入45.8亿元，增长12.1%。边境旅游出入境人数82.7万人次，下降5.2%。其中，出境人数41.5万人次，下降5.1%；入境人数41.2万人次，下降5.3%。边境旅游收入14.5亿元，增长0.5%。

【金融和保险】2014年，黑河市金融机构各项人民币存款余额596.1亿元，比年初增长9.7%，其中储蓄存款401.5亿元，比年初增长10%。金融机构各项人民币贷款余额331.6亿元，比年初增长21.2%，其中短期贷款216.2亿元，比年初增长27.9%。

江苏省

｜南京市｜无锡市｜徐州市｜常州市｜苏州市｜南通市｜连云港市｜
｜淮安市｜盐城市｜扬州市｜镇江市｜泰州市｜宿迁市｜

1

2014年南京市经济发展概况

【经济总量】2014年，南京市全年实现地区生产总值（GDP）8820.75亿元，按可比价格计算，比上年增长10.1%。其中，第一产业增加值223.96亿元，增长3.5%；第二产业增加值3671.45亿元，增长8.8%，其中全部工业增加值3165.78亿元，增长9.3%；第三产业增加值4925.34亿元，增长11.5%。按常住人口计算，全市人均地区生产总值达到107545元，按年平均汇率折合17507美元。

【农业】2014年，南京市全年完成农林牧渔及农林牧渔服务业总产值384.62亿元，比上年增长9.2%。其中，农业产值218.50亿元，增长11.8%；林业产值19.84亿元，增长10.6%；牧业产值48.23亿元，下降0.7%；渔业产值79.86亿元，增长8.2%；农林牧渔服务业产值完成18.19亿元，增长9.7%。

全年粮食种植面积235.67万亩，比上年减少6.36万亩；油料种植面积69.57万亩，比上年增加2.60万亩；蔬菜播种面积130.28万亩，比上年减少1.20万亩。

【工业和建筑业】2014年，南京市全年规模以上工业企业实现工业总产值13239.73亿元，比上年增长5.3%。在规模以上工业中，国有及国有控股企业增长1.8%；股份制企业增长4.6%，外商及港澳台投资企业增长7.1%。

全年实现建筑业增加值505.67亿元，按可比价计算，比上年增长8.6%。全市具有资质等级的总承包和专业承包建筑业企业完成建筑业总产值3217.80亿元，比上年增长3.4%，其中在外省完成建筑业总产值1151.13亿元，增长7.4%。建筑业竣工产值2342.35亿元，增长9.5%。

【固定资产投资】2014年，南京市全年完成全社会固定资产投资5460.03亿元，比上年增长3.7%。其中，国有及国有经济控股投资2195.60亿元，增长6.0%；外商及港澳台投资453.82亿元，增长10.1%。

分产业看，第一产业投资34.87亿元，比上年增长48.1%；第二产业投资2180.71亿元，下降12.5%，其中工业投资2152.36亿元，下降14.2%；第三产业投资3244.45亿元，增长17.6%。三次产业投资比例为0.6：39.9：59.5。

【科学技术】2014年，南京市全年完成专利申请量56108件，其中发明专利申请28050件，分别比上年增长1.8%和24.8%；完成专利授权量22844件，其中发明专利授权量5265件，分别增长17.2%和11.3%。全年企业发明专利申请量9761件，企业发明专利授权量1757件，分别增长29.6%和24.0%。全年共签订各类技术合同16866项，技术合同成交总额180.14亿元，增长6.1%。

【国内贸易和对外经济】2014年，南京市全年实现社会消费品零售总额4167.20亿元，比上年增长12.9%。分行业看，批发和零售业实现零售额3703.69亿元，增长14.8%；住宿和餐饮业实现零售额463.51亿元，增长0.1%。从限额以上企业（单位）主要商品零售看，石油及制品类增长20.9%，中西药品类增长20.5%，服装、鞋帽、针纺织品类增长11.5%，粮油、食品、饮料、烟酒类增长11.2%，汽车类增长10.0%，家用电器和音像器材类增长8.5%。

全年完成进出口总额572.21亿美元，比上年增长2.6%。其中，出口总额326.28亿美元，增长1.1%；进口245.93亿美元，增长4.7%。

【交通、邮电和旅游】2014年，南京市全年货物运输总量31879.93万吨，比上年增长2.1%。货物运输周转量5537.41亿吨公里，增长9.6%。全年港口货物吞吐量21001.00万吨，增长4.0%，其中，外贸货物吞吐量1974.00万吨，下降10.5%。港口货物吞吐量中，集装箱吞吐量276.50万标准箱，增长3.6%。

全年完成邮电业务总量211.17亿元，比上年增长15.8%。其中邮政业务总量64.96亿元，增长37.0%；电信业务总量146.21亿元，增长8.4%。全年完成邮电业务收入175.07亿元，比上年增长7.1%。其中邮政业务收入54.87亿元，增长38.0%；电信业务收入120.2亿元，下降2.9%。全年完成国际国内快递业务量28391.36万件，比上年增长43.9%。

全年实现旅游总收入1520.83亿元，比上年增长11.8%。接待海内外旅游者9475.93万人次，增长8.6%。其中，接待国内旅游者9419.31万人次，增长8.6%；接待入境旅游者56.62万人次，增长9.2%。全年实现国际旅游创汇收入5.53亿美元，增长19.7%。经旅行社组织出境旅游人数67.26万人次，增长24.0%。年末共有A级景区53家，其中4A级以上高等级景区18家；省级旅游度假区4家。拥有星级宾馆饭店102家，其中五星级以上酒店20家。拥有各类旅行社541家，其中具有组织出境游资质的旅行社35家。

【金融和保险】2014年年末，南京市金融机构本外币各项存款余额20733.39亿元，比年初增加2306.79亿元，比上年末增长12.6%。其中城乡居民储蓄5135.67亿元，比年初增加179.90亿元；单位存款13792.64亿元，比年初增加1703.06亿元。年末金融机构本外币各项贷款余额16448.55亿元，比年初增加1759.29亿元，比上年末增长13.1%。其中短期贷款5099.46亿元，比年初增加97.43亿元；中长期贷款10432.58亿元，比年初增加1506.21亿元。

全年实现保费收入311.53亿元，比上年增长17.1%。分类型看，财产险收入110.72亿元，增长17.6%；寿险收入170.88亿元，增长15.4%；健康险和意外伤害险收入29.93亿元，增长32.9%。全年累计赔付额105.65亿元，比上年增长25.1%。其中财产险赔付62.08亿元，增长13.4%；寿险赔付34.80亿元，增长57.8%；健康险和意外伤害险赔付8.77亿元，增长15.0%。

2

2014年无锡市经济发展概况

【经济总量】2014年，无锡市全年实现地区生产总值（GDP）8205.31亿元，按可比价格计算，比上年增长8.2%。按常住人口计算人均生产总值达到12.64万元，按现行汇率折算达到2.07万美元。

产业结构升级加快。全市实现第一产业增加值156.96亿元，比上年增长3.2%；第二产业增加值4186.34亿元，比上年增长6.6%；第三产业增加值3862.01亿元，比上年增长10.3%；三次产业比例调整为1.9∶51.0∶47.1。

【农业】2014年，无锡市全年粮食总产量77.20万吨，比上年下降3.1%；油料总产量9395吨，比上年增长4.9%，其中油菜籽7540吨，比上年下降2.8%；蚕茧总产量73吨，比上年增长1.4%；茶叶总产量6543吨，比上年增长8.2%；水果总产量18.61万吨，比上年增长9.4%。

全年粮食种植面积为108.99千公顷，比上年减少3.01千公顷；油料种植面积为4.16千公顷，比上年减少0.09千公顷；蔬菜种植面积47.40千公顷，比上年增加0.46千公顷；水果种植面积16.18千公顷，比上年增加0.37千公顷。

【工业和建筑业】2014年，无锡市全市规模以上工业企业实现增加值3017.50亿元，比上年增长4.9%。分经济类型看，国有企业增加值下降4.0%，集体企业增加值增长1.0%，股份制企业增加值增长4.0%，外商和港澳台投资企业增加值增长6.7%。全市统计的279只主要工业产品中，产品产量比上年增长的有121只，占全市统计产品数的43.4%。在全市跟踪统计的22种重点产品中，有7种产品的产量实现增长。

全年全社会建筑业完成增加值348.75亿元，比上年增长6.2%；实现建筑业总产值650.48亿元，比上年下降1.8%。施工房屋建筑面积4250.19万平方米。3个建设工程项目获国家优质工程银质奖，88个建设工程项目获无锡市“太湖杯”优质工程奖。

【固定资产投资】2014年，无锡市全年固定资产投资完成4634.21亿元，比上年增长16.0%。分产业投向：第一产业投资13.21亿元，比上年下降17.7%，第二产业投资1746.58亿元，比上年增长13.3%，第三产业投资2874.42亿元，比上年增长18.2%。

【科学技术】2014年，无锡市全市发明专利申请量达22788件，比上年增长8.7%；发明专利授权量达2801件，比上年增长3.2%。全市获国家、省科技计划到位经费8.4亿元，比上年增长52.6%，其中获国家科技经费5.18亿元，比上年增长150.7%。

【国内贸易和对外经济】2014年，无锡市全年实现社会消费品零售总额3054.75亿元，比上年增长11.5%。其中，批发和零售业零售额2830.42亿元，比上年增长11.6%，住宿和餐饮业零售额224.33亿元，比上年增长9.4%。在限额以上批发和零售业零售额中，建筑及装潢材料类增长33.7%，五金、电料类增长23.5%，中西药品类增长17.6%，家具类增长16.4%，书报杂志类增长12.3%。

全年实现对外贸易进出口总额741.70亿美元，比上年增长5.4%。其中，进口总额299.39亿美元，比上年增长2.5%；出口总额442.31亿美元，比上年增长7.5%。出口结构持续优化，一般贸易实现出口额231.13亿美元，总量占比达52.3%。

【交通、邮电和旅游】2014年，无锡市年末全社会拥有车辆152.29万辆，比上年增长4.9%。其中汽车126.62万辆，比上年增长11.2%。私人汽车拥有量突破百万，年末达到102.46万辆，比上年增长16.0%。

全年邮电业务总量124.79亿元，比上年下降2.7%。邮政服务门类增多，投递速度加快，全年发送函件9182万件，比上年增长14.5%。全年规模以上快递服务企业业务量完成18502.86万件，比上年增长63.7%。城乡固定电话用户187.19万户，移动电话用户941.40万户，比上年增加5.52万户。互联网宽带接入用户数达到211.36万户。

全年共接待国内游客7573.72万人次，比上年增长8.3%；接待旅游、参观、访问及从事各项活动的入境过夜旅游者40.31万人次，比上年增长3.1%。旅游总收入达1263.56亿元，比上年增长11.6%。全市拥有年接待游客10万人以上的景区52个，国家5A级景区3家，国家4A级景区25家，3A级景区11家，2A级景区16家。省星级乡村旅游区（点）66个。年末全市星级宾馆已达55家，其中五星级宾馆14家，四星级宾馆16家。全市拥有旅行社165家，其中出境游组团社17家。

【金融和保险】2014年年末，无锡市金融机构各项本外币存款余额达12315.01亿元，比上年增长5.8%；各项本外币贷款余额9029.65亿元，比上年增长5.4%。存款中，单位存款余额7397.25亿元，比上年增长5.7%；城乡居民储蓄存款余额4377.41亿元，比上年增长6.2%。贷款中，短期贷款4229.16亿元，比上年下降6.4%；中长期贷款4148.74亿元，比上年增长14.7%。全年现金净投放350.17亿元。

全年实现保费收入191.36亿元，比上年增长9.4%。其中财产险收入76.39亿元，比上年增长14.0%；人寿险收入114.97亿元，比上年增长6.6%。保险赔款支出46.78亿元，比上年增长13.7%。保险给付支出18.82亿元，比上年增长26.8%。

3

2014年徐州市经济发展概况

【经济总量】2014年，徐州市全年实现地区生产总值（GDP）4963.91亿元，按可比价计算，比上年增长10.5%。其中，第一产业增加值473.56亿元，增长3.4%；第二产业增加值2290.26亿元，增长10.8%；第三产业增加值2200.09亿元，增长11.3%。人均地区生产总值达到57655元，较上年增长10.1%。

三次产业结构调整为9.5：46.1：44.3，第三产业占比比上年提高1.3个百分点。创新型经济发展较快，全年规模以上工业实现高新技术产业产值4047.74亿元，战略性新兴产业完成产值4320.42亿元，占规模以上工业产值比重分别达34.9%和37.2%。

【农业】2014年，徐州市全年粮食播种面积1099.44万亩，粮食亩产426.74公斤，较上年增长3.5%，粮食总产469.18万吨，增长4.0%，其中夏粮产量204.65万吨，增长6.3%；秋粮产量264.53万吨，增长2.3%。全年棉花产量3.24万吨；油料产量10.62万吨。

【工业和建筑业】2014年，徐州市全市规模以上工业2822家，其中，产值超10亿元的企业66家，比上年增加2家，超50亿元的企业15家，超百亿元的企业6家，分别较上年增加1家。全市规模以上工业实现总产值11610.30亿元，增长12.1%。其中，轻、重工业分别增长15.6%和10.6%。分经济类型看，国有企业增长6.1%，集体企业增长1.0%，股份制企业增长11.8%，外商港澳台投资企业增长18.3%。全年规模以上工业增加值增长11.2%。

年末全市资质以上建筑企业达到434家，年平均从业人员数达61.58万人，同比增长16.8%。全年实现建筑业增加值364.61亿元，按可比价计算增长7.3%；完成建筑业总产值1321.04亿元，增长19.1%；施工面积11599.20万平方米，增长14.3%；竣工面积5274.97万平方米，增长33.8%。完成省外建筑业总产值613.97亿元，增长14.4%。

【固定资产投资】2014年，徐州市全市实现固定资产投资3671.56亿元，增长18.8%。其中，工业投资1976.93亿元，增长15.8%。分投资主体看，国有及国有经济控股企业投资529.99亿元，增长31.1%；外商投资85.70亿元，增长43.9%；民间投资2597.25亿元，增长15，.4%。全年新增固定资产2858.99亿元，增长29.9%。

全市第一产业投资42.03亿元，增长56.8%；第二产业投资1976.93亿元，增长15.8%；第三产业投资1652.59亿元，增长21.9%；三次产业投资结构为1.2:53.8:45.0。工业投资中制造业投资1745.72亿元，增长11.9%；高新技术产业投资424.48亿元，增长13.0%。主要工业行业投资中，医药制造业、计算机通信和其他电子设备制造业、仪器仪表制造业、化学原料和化学制品制造业和汽车制造业分别增长93.5%、28.7%、77.5%、46.0%和34.8%。第三产业投资中，16个服务业行业中有9个保持增长，其中，现代服务业和生产性服务业增长较快，水利、环境和公共设施管理业增长55.8%；租赁和商务服务业增长34.9%；金融业增长224.9%；交通运输、仓储和邮政业增长59.7%；教育业增长105.0%。

【科学技术】2014年，徐州市全市科技进步贡献率预计达52%。全年授权专利8468件，其中发明专利授权676件。企业专利产出大幅提高，全市企业共申请专利8243件，授权专利5004件。创新平台建设步伐加快。全市新增省级高新技术企业67家，总数达231家，省高新技术产品总数达486项。全年新增省级以上研发机构31家，新建校企联盟180家。认定市级工程技术研究中心233家，市级企业研发机构总数超过4000家。全市省级以上科技孵化器24家，孵化面积达120万平方米。

【国内贸易和对外经济】2014年，徐州市全市实现社会消费品零售总额1664.45亿元，增长13.0%。其中，限额以上企业实现消费品零售额1608.42亿元，增长12.3%。按经营单位所在地分，城镇市场零售额1329.81亿元，增长13.0%；乡村市场零售额334.63亿元，增长12.9%。按消费形态分，批发业零售额333.09亿元，增长13.3%；零售业零售额1152.12亿元，增长13.0%；住宿业零售额13.27亿元，增长12.2%；餐饮业零售额165.97亿元，增长12.0%。按商品类别分，食品类、服装鞋帽类、日用品类和中西药品类分别增长

16.3%、11.2%、11.6%和11.1%；家用电器类、家具类、建筑装潢材料类分别增长20.7%、21.6%和19.9；汽车类消费增长5.4%。

【交通、邮电和旅游】2014年，徐州市全市高速公路交通网络全面建成，高速公路通车里程达458.57公里，所有县（市）均连通高速公路，各行政村均通达客运班车。全年完成公路货运量16967万吨，水路货运量5015万吨，分别增长9.8%和4.6%。分别完成公路、水路货物周转量405.75和169.59亿吨公里，分别增长10.1%和9.7%；完成公路旅客运输量15063万人次，公路旅客周转量80.96亿人公里，增长1.7%和0.5%。完成港口吞吐量9202.37万吨，增长11.9%，集装箱吞吐量达5468标箱。民航机场全年进出港旅客126.75万人次，航空运输货物0.64万吨，分别增长13.9%和1.6%。机动车拥有量保持较快增长，年末全市机动车总计达140.24万辆，其中，私人汽车66.46万辆，增长12.5%；本年新注册机动车13.61万辆。

完成邮政电信业务总量82.91亿元，比上年增长16.2%，其中，邮政业务量14.88亿元，增长26.2%，电信业务量68.03亿元，增长14.2%；邮政电信业务收入71.57亿元，增长1.6%，其中，邮政业务收入12.17亿元，增长16.0%，电信业务收入59.40亿元，下降0.9%。全年寄送函件2104.11万件，包裹19.36万件；快递业务实现收入4.61亿元，增长34.0%；订销报纸1.13亿份、杂志417.86万份。2014年末，固定电话用户达到135.32万户，比上年末减少20万户；移动电话用户826.58万户，比上年末净增11.2万户。

全年全市实现旅游收入430.48亿元，比上年增长15.5%，其中，国内旅游收入423.46亿元，增长17.5%；旅游外汇收入2974.84万美元，增长17.2%。接待国内外游客总人数3569.56万人次，增长15.5%，其中国内旅游人数3566.61万人次，增长15.5%；入境过夜旅游人数2.95万人次，增长14.1%。全年新增省级生态旅游示范区3家，4A级旅游景区达18家，比上年增加8家，云龙湖风景区通过国家5A级景区资源景观质量评审。

【金融和保险】2014年年末，徐州市全市金融机构人民比存款余额4286.46亿元，同比增长10.3%。其中，储蓄存款余额2377.44亿元，增长13.8%。金融机构人民币贷款余额2724.79亿元，当年新增贷款363.99亿元，增长15.4%。其中，短期贷款余额1397.90亿元，中长期贷款余额1162.27亿元，较年初分别增加94.08亿元和214.20亿元；个人消费贷款548.73亿元，增加97.68亿元，其中个人短期消费贷款23.15亿元，个人中长期消费贷款525.58亿元。

年末全市列统保险公司55家，全年实现保费收入106.46亿元，比上年增长16.6%，其中产险保费收入37.70亿元，寿险保费收入68.76亿元，分别增长16.2%和16.8%。全年各类保险赔款给付支出22.56亿元，其中产险支出19.99亿元，寿险支出2.57亿元。

4

2014年常州市经济发展概况

【经济总量】2014年，常州市全年实现地区生产总值（GDP）4901.9亿元，按可比价计算增长10.1%。其中，第一产业增加值138.5亿元，增长3%；第二产业增加值2458.2亿元，增长9.5%；第三产业增加值2305.2亿元，增长11.4%。全年服务业增加值占GDP比重为47%。全市按常住人口计算的人均生产总值达104423元，按平均汇率折算达16999美元。

【农业】2014年，常州市全市农林牧渔业完成现价总产值256.8亿元，比上年增长7%。其中，农业产值138.7亿元，增长6.9%；林业产值1.8亿元，增长4.3%；牧业产值37.4亿元，增长0.5%；渔业产值64.7亿元，增长9.4%；农林牧渔服务业产值14.1亿元，增长15.1%。主要农产品生产保持稳定，小麦、油菜单产双超历史，水稻单产达641公斤，连续12年保持全省第一。

【工业和建筑业】2014年，常州市全市规模以上列统工业企业4046家，全年完成工业总产值11195.3亿元，比上年增长11.2%；实现主营业务收入11276.9亿元，同比增长9.2%；实现利税992.9亿元、利润607.4亿元，同比分别增长16.9%、17.9%。2014年全市规模以上工业增加值增长11.4%。规模以上工业七大行业中，化工、建材、电子、机械行业增长较快，全年分别完成产值1696.9亿元、375.9亿元、627.1亿元、4544.3亿元，分别增长16.9%、16.2%、11.4%、10.7%；生物医药、冶金和纺织服装行业分别完成产值259.7亿元、2038.2亿元、912.7亿元，分别增长9.2%、5.5%、5.4%。

建筑企业全年完成施工产值1284.0亿元，比上年增长10.8%；施工面积10747.9万平方米，增长6.1%；竣工面积3811.3万平方米，增长8.1%。建筑业按施工产值计算的全员劳动生产率达28.8万元/人，比上年增长1.1%。

【固定资产投资】2014年，常州市全年完成固定资产投资3310.1亿元，比上年增长16.1%。其中，工业投资1680.2亿元，增长11.1%；服务业投资1621.5亿元，增长22.1%。服务业投资中房地产开发投资完成681.5亿元，与上年持平。全年新开工项目（不含房地产）3579个，比上年增加442个，其中亿元以上项目274个，比上年增加43个；新开工项目本年完成投资1761.0亿元，增长18.6%，增幅高于全市投资2.5个百分点，对全市固定资产投资增长的贡献率达59.9%。

【科学技术】2014年，常州市全年完成专利申请37833件，其中发明专利11668件；专利授权18152件，其中发明专利授权1696件；万人发明专利拥有量13.9件。全年新增高新技术企业126家，累计986家；新认定民营科技型企业1826家，累计8499家；完成规模以上高新技术产业产值4806亿元，占规模以上工业总产值的比重达到42.9%。全年争取省级以上科技项目529项，争取经费超过5.2亿元。全年新增产学研合作项目1053项。连续14年荣获“全国科技进步先进市”称号。2013年全社会研究与发展（R&D）活动经费占地区生产总值比重为2.57%。

【国内贸易和对外经济】2014年，常州市全市实现社会消费品零售总额1804.2亿元，增长13.1%。从行业看，批发和零售业是拉动消费品市场平稳增长的主要力量，全年实现零售额1658.7亿元，增长13.7%，高于全社会消费品零售总额增幅0.6个百分点；住宿和餐饮业分别完成社会消费品零售总额14.2亿元和131.3亿元，增长2.9%和5.9%。2014年全市限额以上批零住餐单位实现零售额1046.0亿元，增长14.7%，从商品类别看，文化、体育和娱乐类消费快速增长，全年文化办公用品类实现零售额37.1亿元，体育及娱乐用品类实现零售额4.0亿元，分别增长42.0%、38.8%。

2014年，全市完成外贸进出口总额288.1亿美元，比上年下降1.4%，其中出口213.8亿美元，增长5%，增幅较上年提高2.9个百分点。从出口国别看，对美国、欧盟出口呈现复苏态势，全年对美国出口46.0亿美元，增长14.9%，对欧盟出口36.2亿美元，增长5.6%，增幅分别较上年提高7.7个百分点和16.3个百分点。从出口产品结构看，高新技术产品出口增势强劲，全年完成出口31.9亿美元，增长26.4%。

【交通、邮电和旅游】2014年，常州市年末全市公路总里程8906公里，其中高速公路268公里。全年营业性客运量8477.8万人，货运量1.3亿吨，分别比上年增长0.9%、11.2%。公路客运量6777万人，比上年增长1.8%，公路旅客周转量42亿人公里，增长0.6%；公路货运量1.1亿吨，增长12.3%，公路货物周转量112.7亿吨公里，增长12.5%。全年铁路客运量（常州站、戚墅堰站、常州北站）1344.2万人，增长10.4%。常州机场实现一类口岸开放，全年旅客吞吐量186.1万人次，比上年增长21.9%。常州港货物吞吐量3314万吨，增长8.1%。全市汽车保有量继续增加，年末民用汽车拥有量87.3万辆，其中私人汽车拥有量72.6万辆，分别比上年增长14.1%和17.1%。

全年邮政业务总收入19.7亿元，比上年增长17.7%。

2014年全市实现旅游总收入654.3亿元，比上年增长14.5%，其中国内旅游收入640亿元，旅游外汇收入1亿美元，分别增长14.8%和13.0%。全市旅游接待总人数5001.4万人次，增长12.7%，其中国内游客4989.3万人次，入境过夜旅游者12万人次，分别增长12.7%和9.5%。环球恐龙城迪诺水镇、儿童乐园、东大门冒险港，环球动漫嬉戏谷嬉戏海，天目湖水公园等一大批旅游新项目为旅游业发展注入新动力。旅游公共服务能力不断提升，天目湖旅游度假区集散中心、天目湖旅游度假区“智慧旅游”一站式旅游网、常州旅游集散中心和常州智慧旅游一期项目建成投运。截至年底，全市共有国家5A级旅游区2家，国家4A级旅游区10家，省级旅游度假区3家；全国工农业旅游示范点17家，江苏省四星级乡村旅游点22家，江苏省工业旅游点3家，江苏省自驾游基地6家；旅行社发展到129家，1家旅行社进入全国旅行社100强，2家旅行社进入全省旅行社20强；星级酒店发展到68家，其中五星级酒店9家，四星级酒店24家。

【金融和保险】2014年年末，常州市全市金融机构人民币存款余额6758.6亿元，比年初新增410.5亿元，增长6.5%；贷款余额4789.7亿元，比年初新增471.4亿元，增长10.9%。全部新增贷款中，短期贷款新增68.3亿元，中长期贷款新增275.7亿元，与年初相比分别增长2.9%、15.0%。年末全市融资性担保贷款总额112.4亿元，在保责任余额114.6亿元，小额贷款公司人民币贷款余额114.2亿元。

截至年末，全市共有保险公司65家，其中产险公司28家，寿险公司37家。全年实现保费总收入135.4

亿元，同比增长14.3%，其中寿险89.7亿元，增长13.5%，财产险45.7亿元，增长15.9%。全年保险赔款支出29.4亿元，比上年增长13.3%，其中寿险3.6亿元，增长39%，财产险25.8亿元，增长10.5%。

5

2014年苏州市经济发展概况

【经济总量】2014年，苏州市全年实现地区生产总值（GDP）13761亿元，按可比价计算比上年增长8.3%，人均地区生产总值（按常住人口计算）13万元，按年平均汇率折算超过2万美元。全年实现地方公共财政预算收入1443.8亿元，比上年增长8.5%。其中各项税收收入1244.4亿元，比上年增长9.3%；税收收入占公共财政预算收入的比重达86.2%，比上年提高0.7个百分点。全年地方公共财政预算支出1304.8亿元，比上年增长7.6%。其中城乡公共服务支出1000.82亿元，比上年增长12.7%，占公共财政预算支出的76.7%。

【农业】2014年，苏州市全市实现农林牧渔业总产值392.49亿元，按可比价计算比上年增长3.2%。全年粮食总产量110.46万吨，比上年下降2.4%，其中夏粮总产量37.15万吨，比上年增长1.8%；秋粮总产量73.31万吨，比上年下降4.3%。年末高标准农田面积108.77千公顷，高标准农田比重达到67%，设施农（渔）业面积46.49千公顷，现代农业园区总面积63.33千公顷。全年新增无公害农产品、绿色食品和有机食品126只。“三品”产量占食用农产品产量的30%。农业综合机械化水平达87.5%，农业现代化综合指数连续四年位居全省首位。

【工业和建筑业】2014年，苏州市全市实现工业总产值35773亿元，比上年增长0.2%。其中规模以上工业总产值30586亿元，比上年增长0.3%。35个工业大类行业中有20个行业的工业总产值比上年增长，列统的214种主要工业产品中，有109种产品产量比上年增长，占列统产品的50.9%。规模以上工业中，国有工业产值105亿元，比上年下降4.0%；外商及港澳台资工业产值19584亿元，比上年下降0.4%；股份制工业产值10605亿元，比上年增长1.8%；大型工业企业产值16392亿元，比上年下降3%；中小微工业企业产值14193亿元，比上年增长4.6%。百强工业企业完成产值12335亿元，比上年下降1.3%。

全市完成建筑业总产值2117亿元，比上年增长5.7%，其中建筑、安装工程产值2099亿元，增长6.1%。竣工产值1563亿元，比上年增长1.0%，竣工率为73.8%。全市资质以上建筑业企业房屋施工面积11804万平方米，比上年下降1.6%，其中新开工面积3964万平方米，下降20.2%。年末拥有总承包和专业承包资质建筑企业1438家，实现利税175亿元，比上年增长6.0%。建筑业全员劳动生产率31.3万元/人，与上年持平。建筑业企业在外省完成建筑业产值399亿元，比上年增长12%。

【固定资产投资】2014年，苏州市全年完成全社会固定资产投资6230.7亿元，比上年增长3.8%。其中国有经济投资1734.3亿元，增长14.3%；私营个体投资1910.9亿元，增长7.6%；外商投资1174.6亿元，下降3.9%。分产业看，第一产业完成投资4.4亿元，比上年增长30.7%；第二产业完成投资2308.6亿元，下降

4.9%，其中工业投资2305.8亿元，下降4.9%；第三产业完成投资3917.7亿元，增长9.7%，占全社会投资的比重达62.9%，比上年提高3.4个百分点。全市新兴产业在建项目完成投资1400亿元，比上年增长4.0%；工业技改投资1520.7亿元，比上年下降3.5%，占工业投资的比重为66.0%。重大项目顺利推进。全市456个重大投资项目（5亿元以上内资和1亿美元以上外资项目）计划总投资7576亿元，当年完成投资1727亿元，分别比上年增长2.5%、12.3%和1.5%。

【科学技术】2014年，苏州市全市专利申请量和授权量分别达103249件和54709件，其中发明专利申请量和授权量40842件和5264件，发明专利申请占比由上年的31.5%提高至39.6%。万人有效发明专利拥有量达到18.56件，比上年增长30.4%。

【国内贸易和对外经济】2014年，苏州市全年实现社会消费品零售总额4061亿元，比上年增长12%。其中批发和零售业零售额3580亿元，增长12%；住宿和餐饮业零售额481亿元，增长11.7%。按经营单位所在地分，城镇消费品市场实现零售额3547亿元，比上年增长11.9%；农村消费品市场实现零售额515亿元，比上年增长12%。在限额以上批发零售贸易企业零售额中，服装、鞋帽、针纺织品零售额比上年增长16.5%；日用品零售额增长4.1%；汽车零售额增长3.0%；通讯器材零售额比上年下降1.1%；家用电器和音像器材零售额下降4.0%；金银珠宝零售额下降9.8%；建筑及装潢材料零售额下降2.1%。全市电子商务交易额突破5000亿元，比上年增长40%；限额以上批发和零售业实现互联网零售额比上年增长56.6%。年末全市拥有商品交易市场595个，其中亿元以上市场83个，实现成交额6055亿元，比上年增长10%。全市拥有国家级特色（着名）商业街16条。

全市实现进出口总额3113.1亿美元，比上年增长0.6%。其中出口1811.8亿美元，增长3.1%；进口1301.3亿美元，下降2.6%。从经营主体看，国有企业进出口138.2亿美元，比上年下降9%；外资企业进出口2187.4亿美元，比上年增长2.5%；私营企业进出口699.3亿美元，比上年下降1.7%。主体市场中，对美国出口比上年增长4.6%，对日本出口下降2.3%，对欧盟市场出口增长13.3%，三大主体市场出口额939.4亿美元，占全市出口总额的比重由上年的50.2%提高至51.8%。新兴市场出口稳定，对东盟、南美和非洲等地出口258.1亿美元，比上年增长1.2%，占全市出口总额的14.2%。

【交通、邮电和旅游】2014年，苏州市年末公路总里程13212公里，其中高速公路550公里。全市完成公路、水路客运量4.0亿人次，旅客周转量137.98亿人公里，分别比上年增长0.9%和0.5%。公路、水路完成货运量1.30亿吨，货物周转量200.5亿吨公里，分别比上年增长9.9%和10.0%。全年铁路旅客发送量3496.38万人次，比上年增长15.2%。铁路货物发送量67.17万吨，货物到达量154.67万吨。

全年邮政业务收入79.1亿元，比上年增长21%。电信业务收入196.1亿元，比上年下降1%。全年发送快递3.7亿件，增长30.4%，实现快递业务收入62.9亿元，增长25.6%。

全市实现旅游总收入1697.78亿元，比上年增长11.5%。全年接待入境过夜游客145.33万人次，旅游外汇收入17.05亿美元。全年接待国内游客10028.84万人次，比上年增长6.5%。全市共有5A级景区6家（11个点），4A级景区33家。姑苏区被授予“国家古城旅游示范区”称号，吴中区被授牌为江苏省乡村旅游综合发展实验区。

【金融和保险】2014年年末，苏州市全市金融机构人民币存款余额21428.2亿元，比年初增加1390.6亿元，同比少增987.3亿元。年末金融机构人民币贷款余额17247.9亿元，比年初增加1713.4亿元，同比少增99.3亿元。短期贷款余额6504.3亿元，比年初增加39.7亿元；中长期贷款余额9999.2亿元，比年初增加1436.6亿元。全社会融资总量4100亿元。

新增保险机构2家，年末保险机构74家。全年保费收入311.8亿元，比上年增长15.6%，其中财产险收入143.1亿元，增长16.6%；人身险收入168.7亿元，增长14.7%。保险赔款和给付支出110.6亿元，比上年增长17.2%。保险深度、保险密度分别为2.3%和2944元/人。

6

2014年南通市经济发展概况

【经济总量】2014年，南通市全年实现地区生产总值（GDP）5652.7亿元，按可比价格计算，比上年增长10.5%。其中：第一产业增加值367.1亿元，增长3.5%；第二产业增加值2873.8亿元，增长10.3%；第三产业增加值2411.8亿元，增长11.9%。人均GDP达到77457元。

【农业】2014年，南通市全市农林牧渔业总产值631.9亿元，按可比价计算，增长3.6%。其中，农业产值278.9亿元，增长2.5%；牧业产值145.1亿元，增长3.6%；渔业产值147.8亿元，增长2.4%。全年粮食亩产432公斤，增长1.0%。粮食播种面积773.3万亩，下降0.8%；棉花种植面积55.8万亩，下降7.3%；油料种植面积190.2万亩，下降3.6%；蔬菜种植面积186.2万亩，增长2.9%。

【工业和建筑业】2014年，南通市全市规模以上工业增加值2864.2亿元，增长11.4%，其中，轻重工业分别增长7.5%和13.5%。分经济类型看，集体工业增长5.4%，股份制工业增长12.1%，外商及港澳台投资工业增长9.3%。规模以上工业中，六大主导产业产值全面增长，其中新能源、能源及其装备制造业、电子信息业和船舶海工业等三大产业分别增长18.6%、16.6%和14.6%。工业产值中，装备制造业产值5992.3亿元，增长15.1%，占全市规模以上工业总产值的比重达47.5%，比上年提高1.5个百分点。

全市建筑业增加值507.4亿元，增长6.6%。建筑企业承建施工面积6.8亿平方米，增长11.4%。全市建筑队伍人数168.57万人，建筑队伍遍及38个国家和地区，年末出国人数0.76万人；年末全市拥有特级资质建筑企业15家，拥有一级建造师7428人。

【固定资产投资】2014年，南通市全年固定资产投资？额3896.4亿元，比上年增长18.1%，其中，民间投资2895.1亿元，增长20.2%，占固定资产投资的比重达74.3%，提高1.3个百分点；工业投资2046.8亿元，增长10.3%，其中技改投资1220.8亿元，占工业投资的比重达到59.6%，比上年提高6.4个百分点。固定资产投资中，第二产业投资2046.8亿元，增长10.3%；第三产业投资1839.7亿元，增长27.6%。全年基础设施投资622.8亿元，增长44.0%。

【科学技术】2014年年末，南通市全市拥有高新技术企业663家；新增省级高新技术产品948项；新建省级企业重点实验室3家，省级工程中心30家，省级企业院士工作站1家；新建市级公共技术服务平台5家，市级工程技术研究中心98家，企业院士工作站3家。全年有18项科技成果获国家及江苏省科技进步奖，其中，国家级二等奖2项；省级二等奖5项，三等奖11项。年末，全市共建成科技孵化器61家，其中国家级9家、省级22家。全年专利申请量27692件，比上年下降32.1%；专利授权量12391件，同比下降43.9%；其中，发明专利申请量8450件，增长5.2%，发明专利授权量932件，增长24.9%，万人发明专利拥有量11.53件，增长80%。全社会研发投入占GDP的比重达到2.42%，比上年提高0.07个百分点。

【国内贸易和对外经济】2014年，南通市全年社会消费品零售总额2153.5亿元，增长11.8%。其中，城市消费品零售额1567.4亿元，增长11.8%；农村消费品零售额586.1亿元，增长11.7%。分行业看，批发和零售业消费品零售额1980.0亿元，增长11.5%；住宿和餐饮业消费品零售额173.5亿元，增长14.3%。

全年进出口总值316.5亿美元，增长6.2%，其中，出口总值224.8亿美元，增长5.7%；进口总值91.7亿美元，增长7.4%。年末与我市建立进出口贸易关系的国家和地区199个，比上年增加3个。全市有进出口业绩的企业5094家，增加9.8%。

【交通、邮电和旅游】2014年，南通市全年交通运输、仓储及邮政业增加值204.4亿元，比上年增长8.2%。年末南通机场民航航线14条，开通周航班量122班，增长25.8%；全年民航货邮吞吐量3.2万吨，增长29.8%；旅客运输量93.2万人次，增长38.0%。年末铁路南通站始发列车13对。全年铁路货运量91.1万吨，增长5.1%；客运量253.4万人次，增长8.0%。全年公路、水路货运量1.8亿吨，增长7.7%；公路客运量1亿人次，增长1.7%。

全年邮电业务收入93.5亿元，增长19.9%。其中，邮政业务收入28.2亿元，电信业务收入65.2亿元，分别增长27.3%和0.4%。年末固定电话用户232.1万户，比上年减少9.2万户，其中，城市电话用户111.6万户，增加2.2万户；住宅电话用户178.9万户，减少11.4万户。年末互联网用户789.2万户，新增64.7万户，其中固定宽带互联网用户190.9万户，新增29.7万户，无线宽带互联网用户598.3万户，增加5.0万户。

年末全市拥有旅游星级饭店96家，旅行社140家，A级旅游景区（点）46处，全国农业旅游示范点2个，全国工农业旅游示范点6个。全年实现旅游总收入412.1亿元，增长14.3%，其中，外汇收入1.1亿美元，下降11.0%；国内旅游收入400.6亿元，增长15.0%。全年接待国内旅游者3066.3万人次，增长12.9%；其中旅游住宿设施和居民家中接待过夜海外旅游者18.7万人次，下降13.7%。

【金融和保险】2014年，南通市全年金融系统新增存款966.2亿元，年末金融系统存款余额8508.3亿元，比上年末增长12.8%，其中，储蓄存款余额4623.9亿元，增长11.4%；单位存款余额3643.9亿元，增长14.7%。全年金融机构新增贷款586.1亿元，下降12.0%年末各项贷款余额5258.9亿元，比上年末增长12.5%。全年发放住房公积金贷款44亿元，比上年下降20.5%；本年提取公积金43.4亿元，增长8.0%。全年新增公积金开户人数10万人，至年末已开户职工人数84.6万人。

全年新增保险机构4家，年末保险机构总数达74家，保险行业从业人员1.6万人。全年保费收入154亿元，比上年增长10.1%，其中，财产险收入49.2亿元，增长24.6%；人寿险收入104.8亿元，增长17.1%。全年已决赔款及给付68.7亿元，增长22.2%。

7

2014年连云港市经济发展概况

【经济总量】2014年，连云港市全年实现地区生产总值（GDP）1965.89亿元，可比价同比增长10.2%，总量较上年增加180.47亿元。人均GDP突破44000元，达到44277元，较上年增加3861元，同比增长9.6%，其中市区人均GDP达到52238元。三次产业结构调整为14.1∶45.3∶40.6。

【农业】2014年，连云港市农林牧渔业增加值277.51亿元，同比增长3.6%。粮食生产丰产丰收。粮食面积稳中有增，播种面积为752.73万亩，比上年增加4.71万亩；粮食总产为359.33万吨，比上年增加4.6万吨。其中，夏粮面积363.48万亩，比上年增加2.99万亩；夏粮亩产393公斤，比上年增加11公斤；夏粮总产142.89万吨，比上年增加5.03万吨。秋粮面积为389.25万亩，比上年增加1.72万亩；秋粮亩产为556公斤，比上年减少4公斤；秋粮总产为216.44万吨，比上年减少0.43万吨。

【工业和建筑业】2014年，连云港市全市规模以上工业增加值989.77亿元，同比增长12.4%，增幅居全省第四位，高于全省平均水平2.5个百分点；工业用电110.44亿千瓦时，同比增长24.5%，增幅位居全省首位，高于全省平均水平22.4个百分点。项目建设取得显着成效，宏创药业、亚邦产业园等124个亿元以上工业项目开工建设，珠江钢管、虹港石化、益海特种油等108个亿元以上工业项目建成投产，100个市级新增长点项目拉动全市产值增长10个百分点，对工业增长贡献率达65.0%。经济效益不断提高，工业应税销售收入1845.70亿元，同比增长14.9%。收益性、流动性、安全性和成长性四类企业效益指标进位明显，全市工业企业平均资产报酬率11.8%，全省第四位，平均资产周转率166%，全省第六位，平均资产负债率55.8%，全省第七位，平均利润增长率16.8%，全省第五位。新增规模以上工业企业245家，全市销售收入过百亿企业达5家，其中新海石化、镔鑫特钢产值过200亿元。实施亿元以上技改项目117个，完成工业技改投资605亿元，工业设备投入增速全省第一。

建筑业总产值583.3亿元，同比增长5.0%。其中，建筑工程产值573.3亿元，同比增长6.9%，比重为总产值的98.3%；安装工程产值8.2亿元，同比下降36.4%。在省外完成的建筑业总产值237.8亿元，同比增长6.7%。

【固定资产投资】2014年，连云港市全市固定资产投资高位运行，投资总量突破2000亿元大关，达到2090亿元，同比增长23.6%，规模以上投资1716.60亿元，同比增长23.1%，增速快于全省平均水平7.6个百分点，居全省第二位。其中投资项目1527.30亿元，占固定资产投资额的88.9%；房地产开发投资189.30亿元，占固定资产投资额的11.1%。

【科学技术】2014年，连云港市全市科技进步贡献率达51%，全社会研发支出占地区生产总值比重达1.7%，万人有效发明专利拥有量达2.76件，高新技术产业产值1904.3亿元，国家级高新技术企业总数达140家。市科创城被确定为国家级科技企业孵化器，中科院能动中心开始气化炉试验。医药产业创新能力全国领先，在全国新批的5个创新药中恒瑞、豪森各获1个，豪森荣获国家科技进步二等奖和中国专利金奖。创成国家级海外智力工作基地。全年引进高层次人才1020名，截至2014年底，全市人才总量64.9万人，其中高层次人才3.16万人。

【国内贸易和对外经济】2014年，连云港市全市社会消费品零售额740.47亿元，同比增长13.0%，居全省第三位。其中批发业57.56亿元，同比增长19.3%，零售业619.78亿元，同比增长12.1%，住宿业8.21亿元，同比增长4.7%，餐饮业54.93亿元，同比增长17.3%。

全年引进内联到位资金948.70亿元，同比增长23.6%；实际利用外资9.54亿美元，同比增长18.6%，增幅居全省第二位。外贸进出口总额80.30亿美元，增速由年初的5.7%持续增长到全年的20.9%，增幅全省第一，其中对俄罗斯、中亚五国出口分别增长26.8%和67.3%。新核准境外投资项目21个。全市开发园区完成业务总收入5900亿元，同比增长14%。获批全国首批进境粮食指定口岸。获准实施启运港退税政策。开展口岸查验“三互”、“三个一”改革。全面启动长三角通关一体化及苏北五市检验检疫一体化工作，徐圩港区实现口岸临时开放。

【交通、邮电和旅游】2014年，连云港市全市地方交通客运量5497万人次，其中公路客运量5451万人次，同比增长1.3%；水运客运量46万人次，同比增长20.5%。地方公路全年旅客周转量35.50亿人公里，同比增长1.4%。地方公路货运量8045万吨，同比增长6.5%，地方公路货运周转量148亿吨公里，同比增长8.1%。全年地方水路货运量1648万吨，同比增长2.0%，地方水运货运周转量79.31亿吨公里，同比增长1.0%。民航机场旅客吞吐量达到57万人次，同比增长0.9%，民航机场货邮行吞吐量4007吨，同比增长1.8%。

2014年全市邮政通讯业务收入达到37.89亿元，同比增长2.9%。快递业务发展突飞猛进。全市邮政速递业务收入7.33亿元，同比增长31.6%，其中快递业务收入3.50亿元，同比增长48.8%，较全部邮政业务收入增速快17.2个百分点。移动产品更新加快，互联网业务发展加速。

【金融和保险】2014年年末，连云港市金融机构存款余额1887.31亿元，比年初增加177.37亿元，同比增长10.4%。其中，企事业单位存款874.43亿元，比年初增加61.34亿元；居民储蓄存款953.41亿元，比年初增加102.47亿元。金融机构贷款余额为1607.41亿元，比年初增加181.92亿元，同比增长12.8%。

2014年全市保险费总收入49.52亿元，同比增长12.4%，较全省平均水平低4.0个百分点，居全省第十位。其中人身保险保费总收入26.82亿元，占全部保险费总收入的比重达54.2%，同比增长7.1%；各类财产保险保费收入17.36亿元，占全部保险费收入的比重35.1%，同比增长10.8%；健康险收入4.05亿元，同比增长79.4%；意外险收入1.29亿元，同比增长18.7%。保险赔付支出比例稳定，财产保险支出占比过半。各类保险赔付支出17.17亿元，同比增长9.4%，其中财产险赔付支出9.36亿元，占全市保险赔付支出的比重达54.5%。全市保险赔付率34.7%。

8

2014年淮安市经济发展概况

【经济总量】2014年，淮安市全年实现地区生产总值（GDP）2455.39亿元，按照可比价格计算，比上年增长10.9%。其中，第一产业增加值增长3.6%，第二产业增加值增长11.2%，第三产业增加值增长12.5%。经济结构进一步优化，三次产业比例由上年的12.6：45.6：41.8调整为11.9：44.8：43.3。人均GDP50736元，按当年平均汇率折算为8259美元。

【农业】2014年，淮安市全年粮食总产量467.19万吨，比上年增加6.16万吨，增长1.3%。其中夏粮179.43万吨，增长3.9%；秋粮287.76万吨，下降0.2%。全年粮食种植面积987.80万亩，增加1.31万亩。油料面积47.14万亩，减少4.19万亩，蔬菜面积141.90万亩，增加0.05万亩。全年完成造林面积4.03万亩，其中成片林3.2万亩。全年肉类总产量31.29万吨，下降2.8%，其中猪牛羊肉产量20.33万吨，下降3.5%；禽肉产量10.89万吨，下降1.4%。禽蛋总产量13.01万吨，增长0.3%。牛奶总产量3.6万吨，增长13.7%。全年水产品总产量26万吨，增长0.2%。年末农业机械总动力568.5万千瓦，增长9.7%。

【工业和建筑业】2014年，淮安市全年完成规模以上工业增加值1266.41亿元，比上年增长12.9%。其中国有工业增加值125.84亿元，增长3.0%；集体工业增加值4.51亿元，增长12.5%；股份制工业增加值663.05亿元，增长13.0%；外商港澳台投资工业增加值341.14亿元，增长17.5%。大中型工业企业增加值606.61亿元，增长9.8%。轻工业企业增加值555.23亿元，增长10.3%；重工业企业增加值711.18亿元，增长15.0%。

全市具有资质等级的总承包和专业承包建筑业企业612户。全年完成建筑业增加值183.08亿元，比上年增长8.9%。完成建筑业总产值1226.31亿元，增长19.4%，其中建筑工程产值1188.99亿元，增长21.0%。

【固定资产投资】2014年，淮安市全市完成规模以上固定资产投资1795.73亿元，比上年增长23.0%。其中工业投资1009.86亿元，增长25.6%；房地产开发投资357.66亿元，增长14.6%。民间投资1096.59亿元，增长22.7%，占全市规模以上投资61.1%。全市在建亿元项目606个，计划总投资1603.90亿元，比上年增长11.4%；完成投资970.71亿元，增长18.1%。新招引亿元以上内资项目216个，其中10亿元以上项目26个，超50亿元重特大项目5个。总投资200亿元的金岭盐化新材料循环经济产业园、总投资45亿元的中兴4G智慧产业园、总投资40亿元的中兴能源光伏发电等一批重大项目相继落户。

【科学技术】2014年，淮安市全年研究与试验发展（R&D）经费支出39.2亿元，比上年增长21.4%，占全市地区生产总值比重1.6%。全年专利申请15101件，比上年增长25.1%；专利授权6663件，比上年增长45.7%，发明专利申请3495件，增长49.6%。全年新开发市级以上新产品1050个，其中市级高新技术产品117个、省级79个。全年实现高新技术产业产值1473.86亿元，比上年增长25.0%。全市新增省级高新技术企业76家，新认定市级高新技术企业69家。

【国内贸易和对外经济】2014年，淮安市全年实现社会消费品零售总额814.81亿元，比上年增长

13.1%。按经营单位所在地分，城镇消费品零售额729.2亿元，增长13.8%；乡村消费品零售额85.6亿元，增长6.2%。按消费形态统计，批发零售业完成零售额736.5亿元，增长13.6%；住宿餐饮业实现零售额78.4亿元，增长7.5%。

全年累计完成进出口总额41.1亿美元，比上年增长12.2%。其中，出口31.6亿美元，增长13.7%；进口9.5亿美元，增长7.5%。贸易顺差22.1亿美元，比上年增加2.5亿美元。全市有进出口、出口实绩企业分别为718户、630户，较去年同期分别增加67户、57户，其中进出口超5000万美元、1000万美元、500万美元企业分别为20户、64户、117户；新增超亿美元企业2户、超千万美元企业13户。全年累计完成外经营业额1.05亿美元，同比增长12.4%；新签对外承包工程项目7个，新签合同额2676万美元，同比增长15.4%；新增境外投资项目5个，中方协议投资额3070万美元。

【交通、邮电和旅游】2014年，淮安市全市完成交通基础设施建设投资43.1亿元，比上年增长18.3%。205国道淮安西绕城段、淮海路盐河大桥、承德路京杭运河大桥建成通车，高良涧船闸扩容等项目快速推进，连淮扬镇、淮安新港二期等项目开工建设，现代有轨电车一期工程当年完成全线铺轨。全市年末公路总里程达13074.17公里，其中高速公路里程403.44公里，一级公路522.97公里。新改建农村公路588公里，桥梁83座。完成公路、水路客运量8437万人次、周转量46.32亿人公里，分别增长1.7%和0.7%；货运总量1.13亿吨、周转量336.64亿吨公里，分别增长10.2%和9.9%；港口集装箱年吞吐量突破10万标箱，达10.3万标箱，增长50.6%；港口货物吞吐量7100万吨，增长7.6%。航空旅客吞吐量51.6万人次、货邮吞吐量3421吨，分别增长27.5%和35.3%。全市A级以上物流企业增至10个。

全年邮电业务收入28.25亿元，比上年增长5.8%。其中，电信业务收入23.84亿元，增长4.1%；邮政业务收入4.41亿元，增长15.4%。全市年末固定电话用户80.71万户，下降7.8%。全年移动电话用户303.05万户，增长2.8%；年末互联网注册用户57.64万户，增长9.5%。

全年实现旅游总收入235.73亿元，比上年增长15.3%，其中国内旅游收入231.63亿元，增长15.7%；旅游外汇收入1312.93万美元，增长21.5%。接待国内外旅游者2090.96万人次，增长14%，其中国内接待2089.6万人次，增长14%；入境过夜游客1.36万人次，增长28.8%。入境过夜游客中，外国人7615人次，增长30.5%；香港、澳门、台湾同胞4731人次，增长26.7%。年末全市共有国家A级旅游景区42家，其中AAAA级旅游景区13家；省星级乡村旅游点36家；省级自驾游基地4家；省级旅游度假区2家；省级生态旅游示范区2家；星级旅游饭店48家，其中五星级旅游饭店1家；旅行社103家，其中四星级旅行社2家，出境社2家；持证导游3795人。

【金融和保险】2014年年末，淮安市金融机构本外币存款余额2036.86亿元，比年初增加299.79亿元、增长17.3%；本外币贷款余额1635.59亿元，比年初增加238.10亿元、增长17.0%。储蓄存款1047.22亿元，比年初增加112.91亿元、增长12.0%。保险公司保费收入57.33亿元，比上年增长34.1%，其中财产险保费收入16.61亿元，增长14.9%，人身险保费收入35.39亿元，增长42.9%，意外险保险收入1.56亿元，增长32.2%，健康险保险收入3.76亿元，增长60%。全年保险赔款和给付支出18.37亿元，其中财产险9.94亿元，寿险6.73

亿元，意外险0.29亿元，健康险1.40亿元。

9

2014年盐城市经济发展概况

【经济总量】2014年，盐城市全年实现地区生产总值（GDP）3835.6亿元，按可比价计算，比上年增长10.9%；其中第一产业实现增加值516.9亿元，比上年增长3.5%；第二产业实现增加值1784.5亿元，比上年增长11.8%；第三产业实现增加值1534.2亿元，比上年增长12.1%。

三次产业增加值比例调整为13.5∶46.5∶40，二三产业比重提高了0.5个百分点，人均地区生产总值达53115元（按2014年年平均汇率折算约8692美元），比上年增长10.9%。

【农业】2014年，盐城市全市实现农林牧渔业总产值1035.8亿元，可比价增长3.5%。粮食总产量连续十一年实现增收。2014年，全市粮食总产量达703.1万吨，比上年增长2.4%；粮食播种面积1468.2万亩，比上年增加9.7万亩。粮食亩产478.9公斤，比上年增加8.2公斤。棉花播种面积75.6万亩，比上年减少24.6万亩，总产6.4万吨。全市油料作物播种面积147.3万亩，比上年减少10万亩，油料总产量29.9万吨。

【工业和建筑业】2014年，盐城市全市规模以上工业企业完成总产值7416.8亿元，比上年增长16.4%，实现增加值1799.9亿元，比上年增长12.7%。其中轻、重工业分别增长9.9%和14.1%。国有工业下降1.6%；集体工业增长2.4%；股份合作制工业增长7.1%；股份制工业增长12.4%；外商港澳台投资工业增长14.3%；其他经济工业增长9.2%。全市规模以上工业企业实现利税总额816.4亿元，比上年增长17.5%，其中利润469.7亿元，比上年增长17.3%。全年工业用电量209亿千瓦时，比上年增长2.4%。

全市完成建筑业总产值1286.6亿元，比上年增长14.7%，实现增加值259.9亿元，比上年增长7.6%。建筑企业房屋施工总面积达10536万平方米，比上年增长0.8%；房屋建筑竣工面积4366.8万平方米，比上年增长5.4%，其中住宅竣工面积3041.4万平方米，比上年增长10%。建筑业从业人员51万人，比上年增长5.8%。

【固定资产投资】2014年，盐城市全市完成固定资产投资2751.4亿元，比上年增长23.2%，其中工业投资1663.2亿元，比上年增长20.2%。投资结构进一步优化，全市第一产业完成投资37.1亿元，比上年增长24.1%；第二产业完成投资1663.2亿元，比上年增长20.2%；第三产业完成投资1051.1亿元，比上年增长28.2%。民间投资2161.9亿元，比上年增长24%，高于投资增速0.8个百分点，对全市投资增长的贡献率达80.6%。

【科学技术】2014年，盐城市全市规模以上工业企业实现高新技术产业产值2045亿元，比上年增长15.3%。科技研发投入占地区生产总值的比重为1.7%。全市有高新技术企业277家，全年新认定105家。524个项目获省级以上科技计划立项，争取科技经费超过8.2亿元。组织重大科技成果转化项目56项、省工业支撑项目38项。全市全年申请专利19944件，比上年增长19.5%，其中发明专利2943件，比上年下降3.7%；授权专利4549件，其中发明专利270件，比上年下降3.6%和4.6%；万人有效发明专利拥有量1.75件，比上年增长25%。

【国内贸易和对外经济】2014年，盐城市全市社会消费品零售总额完成1314亿元，比上年增长13%。分地域看，乡村消费增速领先城镇，全年城乡分别实现社会消费品零售总额1256.8亿元、57.3亿元，比上年增长12.9%和14.1%。分行业看，住宿餐饮消费企稳回暖。批发和零售业实现零售额1185.6亿元，比上年增长13.1%；住宿和餐饮业实现零售额128.5亿元，比上年增长11.8%，比上年提高1个百分点。

全市实现进出口总额75.2亿美元，比上年增长15.1%；其中出口43.9亿美元，比上年增长16.3%，进口31.2亿美元，比上年增长13.6%。新批利用外资项目126个、对外投资项目25个。注册外资实际到账10.5亿美元，比上年下降29.9%。加快开发园区转型升级，2014年，全市重点开发园区在建注册资本2000万元以上工业项目489个，总投资2113.1亿元，注册资本385.2亿元。坚持创新驱动。全市13个省级特色产业园区相继建成软件产业、环保装备、海上风电及装备、环保滤料、新医药、特种金属材料等12个国家火炬计划特色产业基地。

【交通、邮电和旅游】2014年年末，盐城市全市共有公路总里程19141公里，其中国道648公里、省道1203公里；拥有等级公路17122公里，其中高速公路322公里，一级公路1271公里，二级公路2598公里。全市基本形成以高速公路为主骨架，以国省干线为支撑，以农村公路为配套的通达城乡的公路网络。全社会客运量9430万人，比上年增长1.6%，客运周转量84.71亿人公里，比上年增长2.0%；全社会货运量14747万吨，比上年增长9.5%，货运周转量381.2亿吨公里，比上年增长12.2%。2014年全年保障航班5536架次，完成旅客运输量52.9万人次，分别比上年增长50.9%、49.3%，完成货邮吞吐量2162吨，比上年下降28.7%。全市沿海港口完成货物吞吐量6099万吨，比上年增长21.7%，其中外贸663.2万吨，比上年增长49.3%。

2014年，全市完成邮电业务总量57.5亿元，比上年增长2.8%。其中邮政业务总量9.9亿元，比上年增长20%；快递业务总量3.7亿元，比上年增长29.8%。电信业务总量47.6亿元，与上年基本持平。

全市共接待海内外游客2018.9万人次，比上年增长14.9%；其中入境游客接待量4.2万人次，比上年增长61.9%。全年实现旅游总收入201.1亿元，比上年增长15.9%。新增4A景区3个，中华麋鹿园通过国家5A景区专家评审；先后荣获第20届“亚洲旅游业金旅奖·十佳绿色生态旅游目的地”和“最美中国·生态旅游、特色魅力旅游目的地”称号。

【金融和保险】2014年，盐城市全市共有银行业金融机构39家，年内净增3家。金融机构年末本外币存款余额3721亿元，比年初增加501亿元，其中居民储蓄存款2067.7亿元，比年初增加274.5亿元。金融机构年末本外币贷款余额2603.8亿元，比年初增加389.2亿元，其中中长期贷款1135亿元，比年初增加183.5亿元。外汇存款余额4.6亿美元，比年初增加0.7亿美元；外汇贷款余额为5.9亿美元，比年初增加0.1亿美元。

2014年，全市拥有市级专业保险机构53家，其中产险机构21家，寿险机构32家，保险分支机构及营销网点632个，保险从业人员24354人。全市实现保费收入94.4亿元，比上年增长30.9%，其中财产险26.75亿元，比上年增长24.2%；人身险67.7亿元，比上年增长33.8%。全市各项赔偿和给付33.9亿元，比上年增长18.1%，其中财产险赔付14.4亿元，比上年增长27%；人身险赔付19.5亿元，比上年增长12.4%。

10

2014年扬州市经济发展概况

【经济总量】2014年，扬州市全年实现地区生产总值（GDP）3697.89亿元，可比价增长11%。人均GDP82654元，超省均780元。产业结构不断优化，其中，第一产业增加值240亿元，增长3.8%；第二产业增加值1886.26亿元，增长11%；第三产业增加值1571.63亿元，增长12.1%。三次产业结构由上年的6.9：52.1：41.0调整为6.5：51.0：42.5。

【农业】2014年，扬州市全年粮食总产314.1万吨，比上年增产1.9万吨，增长0.6%。生猪出栏137.22万头，较上年增加1.22万头，增长0.9%。家禽出栏4334万只，较上年减少95万只，下降2.2%。年末生猪存栏73.87万头，较上年减少0.35万头，下降0.5%。家禽存栏1491.41万只，较上年减少63万只，下降4%。肉类总产量18.44万吨，与上年基本持平。全市实现农林牧渔业总产值432.3亿元，增长6.9%。

【工业和建筑业】2014年，扬州市全市2681家规模以上工业完成总产值9457.17亿元，增长11.5%，增加值增长12%。产值过亿元的工业企业1444家，比上年增加88家，占全部规上企业的53.9%。亿元企业完成产值8839.7亿元，占全市规模以上工业的93.5%。其中完成产值100亿元以上的企业6家，50-100亿元的19家，30-50亿元的17家，10-30亿元的118家，5-10亿元的204家，1-5亿元的1080家。

全市实现建筑业总产值2944.3亿元，增长12.1%；建筑业增加值251.78亿元，增长7%。房屋建筑施工面积24684.6万平方米，增长16.4%；竣工产值2382.1亿元，增长12.2%；竣工面积9332.7万平方米，增长7.6%。

【固定资产投资】2014年，扬州市全市完成固定资产投资2416.66亿元，增长19.3%，其中，建设项目投资2056.22亿元，增长20.3%；房地产开发投资360.44亿元，增长14.1%。从产业来看，第一产业投资15.15亿元，增长1.2%；第二产业投资1330.68亿元，增长15.0%；第三产业投资1070.83亿元，增长25.0%。一、二、三产业投资占投资的比重为0.63：55.06：44.31。

【科学技术】2014年，扬州市全年新增国家级重点新产品8个，省级高新技术产品954个。全市共有国家、省级工程技术研究中心181家，省级公共技术服务平台16家，国家、省级高技术研究重点实验室3家，省级产业研究院1家。全年专利申请量22709件，其中发明专利4907件；专利授权量11843件，其中发明专利467件。全年获批高新技术企业92家，高新技术产业产值4268亿元，占规上工业总产值的比重45.1%。引进高层次领军人才160名、专业技术人才1435名，引进培养企业高层次人才1516名。入选省创新团队5个和省“双创计划”、“博士计划”人才85名。

【国内贸易和对外经济】2014年，扬州市全市社会消费品零售总额1232亿元，增长12.1%，其中，批发业173.61亿元，增长10.8%；零售业939.42亿元，增长15.3%；住宿业13.64亿元，增长15.9%；餐饮业105.33亿元，增长18.8%。城镇消费品零售额1148.1亿元，增长12.0%；乡村消费品零售额83.9亿元，增长13.3%。

全市进出口总额100.12亿美元，增长5.3%，其中，出口76.82亿美元，增长1.7%；进口23.30亿美元，增长19.1%。从贸易结构看，一般贸易出口55.44亿美元，增长9.6%；加工贸易出口19.61亿美元，下降15.3%。主要出口贸易伙伴中，欧盟出口16.95亿美元，增长6.9%；美国出口16.07亿美元，增长8.1%；香港出口5.76亿美元，增长4.1%；拉丁美洲出口6.36亿美元，增长0.5%。

【交通、邮电和旅游】2014年，扬州市全市货运总量和货运周转量分别完成1.16亿吨和306.27亿吨公里，分别增长10.1%、9.8%。客运量和旅客周转量完成4804万人和36.4亿人公里，分别增长1%、0.7%。全年港口货物吞吐量12138万吨，增长21.3%；集装箱吞吐量56.2万标箱，增长8.6%。

年末全市公路里程10525.44公里，新增110.84公里。年末高速公路里程311.82公里。

全市邮政通讯业务收入47.78亿元，下降1.3%。其中，通讯业务收入42.23亿元，下降2%；邮政业务收入5.55亿元，增长4.1%。年末电话用户613.62万户，下降3.2%，其中移动电话用户487.81万户，下降2.4%。互联网宽带接入用户109.07万户，增长11.8%。

全市旅游总收入560.3亿元，增长17.7%。全年接待入境过夜游客53539人次，增长12%。旅游外汇收入4919.06万美元，增长12.6%。主要封闭式景区接待游客811.82万人次，增长29.2%。全市拥有国家A级景区36家，其中5A级1家、4A级7家、3A级14家。省星级乡村旅游区（点）27家，其中四星级10家。共有星级饭店63家，其中五星级4家、四星级12家。星级饭店客房出租率67.48%，同比提高2.03个百分点。旅行社126家，其中出境游组团社4家。

【金融和保险】2014年年末，扬州市人民币存款余额4296.75亿元，增长11.3%，其中，储蓄存款余额2117.09亿元，比年初增加186.07亿元，增长9.6%。人民币贷款余额2732.42亿元，比年初增加390.57亿元，增长16.7%，其中，短期贷款余额1314.22亿元，比年初增加83.67亿元；中长期贷款余额1288.44亿元，比年初增加261.61亿元。个人消费贷款556.25亿元，比年初增加61.37亿元。

全市各类保险机构实现保费收入96.67亿元，增长10%。其中，财产险保费收入27.47亿元，增长14.9%；人身险保费收入69.2亿元，增长8.2%。保险赔款总支出17.11亿元，增长8.4%，其中财产险支出14.34亿元，增长8%；人身险支出2.76亿元，增长10.4%。

11

2014年镇江市经济发展概况

【经济总量】2014年，镇江市全年实现地区生产总值（GDP）3252.4亿元，按可比价格计算，比上年增长10.9%。其中，第一产业增加值122.2亿元，增长3.6%；第二产业增加值1662.6亿元，增长10.8%；第三产业增加值1467.6亿元，增长11.5%。产业结构升级优化，三次产业比例由上年的3.7：52.3：44.0调整为3.8：51.1：45.1，第三产业增加值占GDP比重比上年提高1.1个百分点。全市人均地区生产总值102651元，增长11.0%，按年均汇率折算为16718美元。

【农业】2014年，镇江市粮食生产实现“十一连增”，全年总产量126.0万吨，比上年增长0.2%，其中，夏粮38.5万吨，增长3.8%；秋粮87.6万吨，下降1.3%。油料总产量5.9万吨，比上年增长2.2%。全年粮食播种面积175.8千公顷，比上年减少0.9千公顷；油料面积25.2千公顷，比上年减少0.5千公顷；蔬菜面积26.49千公顷，比上年增加0.38千公顷。

【工业和建筑业】2014年年末，镇江市拥有规模以上工业企业2936家，比上年净增155家。全年规模以上工业企业完成总产值8102.3亿元，比上年增长8.3%，其中大中型企业5326.5亿元，增长12.3%。分轻重工业看，轻工业1395.8亿元，增长9.0%；重工业6706.5亿元，增长11.4%。分行业门类看，采矿业63.5亿元，下降10.9%；制造业7866.3亿元，增长11.2%；电力、热力、燃气及水生产和供应业172.5亿元，增长9.5%。分经济类型看，国有及国有控股企业75.4亿元，下降15.2%；集体企业53.0亿元，增长10.2%；股份制企业5071.3亿元，增长13.1%；外商及港澳台商投资企业2680.4亿元，增长8.5%；民营企业4110.3亿元，增长11.9%，其中私营企业3329.5亿元，增长12.0%。

年末拥有资质以上建筑业企业424家，比上年净增13家。全年实现建筑业总产值555.4亿元，比上年增长12.2%，其中竣工产值380.8亿元，增长11.4%。全年建筑业企业实现利税16.6亿元，增长17.3%。建筑业全员劳动生产率为21.6万元/人，比上年增长10.7%。建筑业企业房屋建筑施工面积2412.2万平方米，比上年增长10.3%；竣工面积954.2万平方米，增长13.4%，其中住宅竣工面积542.9万平方米，增长16.2%。

【固定资产投资】2014年，镇江市全年完成固定资产投资2142.3亿元，比上年增长22.2%。分产业看，第一产业投资2.0亿元；第二产业投资1149.4亿元，增长16.5%，其中工业投资1148.7亿元，增长16.5%；第三产业投资991.0亿元，增长36.6%。工业投资中，制造业投资1104.12亿元，增长18.5%；电力、热力、燃气及水的生产和供应业投资44.6亿元，下降45.8%。分登记注册类型看，内资企业投资1644.0亿元，比上年增长26.0%，其中民间投资1243.9亿元，增长19.9%；港澳台商投资60.0亿元，增长78.2%；外商投资119.01亿元，增长2.8%。

【科学技术】2014年，镇江市全年新增省级以上研发机构69家，累计276家。大中型工业企业和规模高新技术企业省级以上研发机构占比达42.5%，比上年提高1.7个百分点。全市科技进步贡献率达59.5%，比上年提高1个百分点。全年专利授权总量12707件，其中发明专利1274件，比上年分别增加2898件、400件。全年研发经费（R&D）支出占GDP比重2.55%，比上年提高0.12个百分点。每万劳动力中研发人员数118.5人年，比上年提高7.4人年。万人发明专利拥有量12.5件，比上年增加2.8件。

【国内贸易和对外经济】2014年，镇江市全年实现社会消费品零售总额976.6亿元，比上年增长12.7%。其中：限额以上企业（单位）消费品零售额542.7亿元，增长9.3%；限额以下企业（单位）消费品零售额433.9亿元，增长17.2%。按经营单位所在地分，城镇消费品零售额927.8亿元，比上年增长12.8%；乡村消费品零售额48.8亿元，增长12.4%。按消费形态分，批发业零售额143.7亿元，增长7.8%；零售业零售额725.66亿元，增长13.4%；住宿业零售额7.9亿元，增长19.1%；餐饮业零售额99.34亿元，增长13.9%。

全年实现进出口总额103.1亿美元，比上年增长3.6%，其中，出口66.02亿美元，增长6.1%；进口37.1亿美元，下降0.6%。从贸易方式看，全市一般贸易出口47.2亿美元，增长4.5%，占出口总额比重71.7%；加工贸易出口17.6亿美元，增长5.3%，占出口总额比重26.7%。从出口国别看，对亚洲出口额30.7亿美元，增长6.1%，其中对日本出口额4.8亿美元，下降12.5%；对欧洲出口额11.2亿美元，下降0.3%，其中对欧盟出口额8.8亿美元，增长4.8%；对美国出口额13.3亿美元，比上年增长15.2%。从企业类型看，国有企业出口1.6亿美元，比上年下降9.1%；外商投资企业出口33.2亿美元，比上年增长7.9%；民营企业出口29.4亿美元，比上年增长2.1%。从主要贸易产品看，高新技术产品出口增长122.0%，机电产品出口增长16.1%，纸及纸制品出口增长3.8%，光伏产品出口增长118.6%。

【交通、邮电和旅游】2014年，镇江市全年旅客运输量、货物运输量分别比上年增长3.7%和11.2%，旅客周转量、货物周转量分别增长3.3%和12.3%。全年完成港口货物吞吐量1.6亿吨，比上年下降0.2%。其中，长江港口吞吐量1.4亿吨，下降0.3%；集装箱吞吐量达37.55万标准集装箱，下降1.3%。

全年邮政电信业务总量46.7亿元，比上年增长11.1%，其中：邮政业务总量10.0亿元，电信业务总量36.7亿元，分别增长20.8%和8.7%。邮政电信业务收入38.6亿元，增长0.5%，其中：邮政业务收入8.2亿元，电信业务收入30.4亿元，分别增长15.0%和0.5%。年末固定电话用户98.7万户，比上年末减少7.3万户。移动电话用户340.2万户，比上年末净增22.6万户。年末互联网用户77.6万户，比上年新增17.6万户。

全年实现旅游总收入554.5亿元，比上年增长14.5%。接待入境旅游者4.5万人次，比上年增长22.7%，旅游外汇收入0.43亿美元，比上年增长20.8%。接待国内旅游者4389.9万人次，比上年增长12.6%，国内旅游收入543.9亿元，比上年增长14.6%。年末全市共有星级以上宾馆38家，其中五星级宾馆3家。句容茅山创成国家5A级旅游景区，丹徒米芾书法公园创成国家4A级旅游景区，年末全市拥有4A级旅游景区6家，5A级旅游景区2家。

【金融和保险】2014年年末，镇江市全市金融机构人民币存款余额3536.3亿元，比年初新增246.8亿元，其中：单位存款1885.4亿元，比年初增加159.8亿元；储蓄存款1569.4亿元，比年初增加93.9亿元。年末金融机构人民币贷款余额2679.8亿元，比年初增加315.5亿元，其中：短期贷款1443.8亿元，比年初增加48.6亿元；中长期贷款1148.5亿元，比年初新增219.7亿元。

全年保费收入69.7亿元，比上年增长12.8%。其中，财产险收入19.4亿元，增长14.0%；寿险收入46.3亿元，增长11.1%；健康险和意外伤害险收入4.0亿元，增长30.5%。全年赔付额23.7亿元，比上年增长21.4%。其中，财产险赔付10.7亿元，增长26.1%；寿险赔付11.2亿元，增长19.8%；健康险和意外伤害险赔付1.87亿元，增长7.4%。

12

2014年泰州市经济发展概况

【经济总量】2014年，泰州市全年实现地区生产总值（GDP）3370.89亿元，增长10.8%。其中，第一产业增加值217.08亿元，增长3.3%；第二产业增加值1728.64亿元，增长10.5%；第三产业增加值1425.17亿元，增长12.3%。三次产业结构调整为6.4∶51.3∶42.3。按常住人口计算，全年人均地区生产总值72706元，增长10.7%，人均地区生产总值按当年汇率折算达11836美元。

【农业】2014年，泰州市全年总产量达328.53万吨，比上年增产1.85万吨，增长0.6%。其中小麦增产3.39万吨，水稻减产0.89万吨，玉米减产0.17万吨。全年粮食播种面积为657.99万亩，同比增加0.21万亩，增长0.03%。粮食单产499.3公斤/亩，同比增加2.7公斤/亩，增长0.5%。

【工业和建筑业】2014年，泰州市全年规模以上工业增加值2169.70亿元，增长11.5%，比上年回落1.3个百分点；规模以上工业总产值9709.60亿元，增长14.7%。分轻重工业看，轻工业产值2637.79亿元，增长15.8%；重工业产值7071.82亿元，增长14.3%。分经济类型看，国有、集体、股份制、外商和港澳台投资企业分别完成产值139.67亿元、120.35亿元、6528.28亿元、2401.47亿元，分别增长-15.0%、18.9%、17.3%、9.8%。分企业规模看，大型、中型、小型企业分别完成产值2795.44亿元、1792.69亿元、5101.15亿元，分别增长7.1%、12.3%、20.8%。分重点行业看，计算机通信设备、化工、金属制品行业分别实现产值389.15、1125.50、947.36亿元，分别增长28.2%、26.0%、20.1%；专用设备、机械、医药行业分别实现产值526.38、599.05、668.60亿元，分别增长15.9%、15.7%、15.6%；农副食品、船舶、电气行业分别实现产值643.24、940.54、1268.25亿元，分别增长12.6%、10.7%、9.5%；钢铁行业实现产值495.43亿元，下降1.1%。

年末具有资质的建筑业企业690家；建筑业总产值2385.82亿元，增长18.0%；建筑业增加值236.61亿元，增长6.8%。

【固定资产投资】2014年，泰州市全年固定资产投资2200.19亿元，增长21.3%。从行业看，一产投资10.39亿元，二产投资1206.41亿元，三产投资983.39亿元，分别增长-15.7%、20.6%和22.6%；在二产投资中，工业投资1196.96亿元，增长20.9%。从新开工项目看，全年新开工项目2870个，比上年增加396个，完成投资1615.68亿元，增长27.1%。其中，亿元以上新开工项目157个，比上年增加6个，完成投资432.65亿元，增长17.9%；5亿元以上项目38个，同比增加14个，完成投资220.25亿元，增长78.4%；10亿元以上项目22个，同比增加9个，完成投资154.45亿元，增长74.9%。

【科学技术】2014年，泰州市全年新增高新技术企业数（新标准）50家，新增省级以上工程技术研究中心14家、企业技术中心17家、工程中心5家。加强知识产权保护，新获专利授权9118件，其中发明专利345件。积极打造人才高地，全年引进高层次人才2125人，新引进长期外国专家61人，新增高技能人才21830人，新增省“双创计划”团队1个、人才15名，新增省“双创博士”25名。持续推进品牌战略，全年新创中国驰名商标7件、省着名商标30件。

全年实现高新技术产业产值4001.35亿元，增长17.8%，快于规模以上工业3.1个百分点，高新技术产业产值占规模以上工业的比重为41.2%，同比提高1.1个百分点；高新技术产业完成投资391.64亿元，增长47.4%，快于产业投资增幅26.4个百分点，高新技术产业投资占产业投资的比重为24.6%，同比提高4.4个百分点。

【国内贸易和对外经济】2014年，泰州市全年社会消费品零售总额937.17亿元，增长12.0%。从城乡市场看，城镇消费品零售额853.65亿元，增长13.0%；乡村消费品零售额83.51亿元，增长2.5%。从行业看，批发和零售业零售额807.91亿元，增长11.9%；住宿和餐饮业零售额129.26亿元，增长12.2%。从限额以上单位看，全年限额以上社会消费品零售总额313.87亿元，占全社会比重为33.5%，比上年提高2.5个百分点，零售额比上年增长7.7%；其中，限额以上批发零售业零售额295.71亿元，增长8.3%；限额以上住宿餐饮业零售额18.17亿元，下降0.7%。

全年进出口总额108.90亿美元，增长4.3%；出口61.82亿美元，下降1.8%；进口47.08亿美元，增长13.5%。按贸易方式分，出口额中，一般贸易出口40.67亿美元，增长13.8%；加工贸易出口19.81亿美元，下降24.5%。进口额中，一般贸易进口29.31亿美元，增长3.7%；加工贸易进口9.45亿美元，下降7.1%。按企业性质分，出口额中，外商投资企业出口35.89亿美元，下降10.6%；民营企业出口24.22亿美元，增长14.4%。进口额中，外商投资企业进口29.20亿美元，增长13.8%；民营企业进口17.48亿美元，增长12.9%。按商品类别分，出口额中，机电产品出口26.56亿美元，下降16.3%，农产品出口2.36亿美元，增长3.4%。进口额中，机电产品进口10.22亿美元，增长19.5%，农产品进口9.18亿美元，增长13.7%。按产销国别分，对亚洲出口26.54亿美元，下降1.3%；对非洲出口1.59亿美元，下降64.0%；对欧洲出口13.52亿美元，增长8.9%；对拉丁美洲出口3.81亿美元，下降9.5%；对北美洲出口14.17亿美元，增长15.2%；对大洋洲出口2.18亿美元，下降19.8%。

【交通、邮电和旅游】2014年，泰州市全年公路客运量9987万人，增长1.6%；公路客运周转量817990万人公里，增长4.7%；公路货运量4773万吨，增长3.1%；公路货运周转量615396万吨公里，增长13.3%；水路货运量13366万吨，增长3.8%；水路货运周转量3471309万吨公里，增长16.4%。港口吞吐量18354万吨，增长2.3%；其中泰州港区吞吐量15621万吨，增长2.9%，外贸吞吐量1632万吨，增长24.6%。年末民用汽车拥有量47.03万辆，增长14.6%；其中私人汽车拥有量40.43万辆，增长18.9%。城市居民公共交通出行分担率23.0%，比上年提高2.6个百分点；镇村公共交通开通率59.0%，比上年提高14.9个百分点。

全年邮电业务收入40.85亿元，下降3.2%，其中邮政业务收入4.98亿元，增长2.0%；电信业务收入13.37亿元，下降5.6%；移动业务收入19.07亿元，下降3.9%；联通业务收入3.43亿元，增长3.4%。年末移动电话用户405.18万户，增长0.5%；电信互联网宽带接入用户65.28万户，增长26.6%。

全年接待国内旅游者1848.68万人次，增长12.7%；实现国内旅游收入213.63亿元，增长14.7%。全年入境过夜旅游人数3万人次，增长12.5%；创汇0.28亿美元，增长20.0%。年末国家A级以上景点27个，其中，AAAA级景点6个，AAAAA级景点1个；全国工农业旅游示范点6个，国家红色旅游经典景区2个，江苏省星级乡村旅游点45个。全市旅行社个数111个，持有导游员资格证书的人员1666人，旅游星级饭店数29个，其中三星级19个、四星级6个、五星级1个。凤城河5A级风景区创建进入国家评估阶段，天德湖公园创成国家4A级景区，李中水上森林公园创成国家4A级景区和省级生态旅游示范区。

【金融和保险】2014年年末，泰州市全市金融机构人民币各项存款余额3955.84亿元，比年初增加411.41亿元，其中居民人民币储蓄余额1984.80亿元，比年初增加198.79亿元。金融机构人民币各项贷款余额2751.51亿元，比年初增加407.23亿元；人民币贷款中，短期贷款1470.98亿元，中长期贷款1141.42亿元，分别比年初增加136.83、217.53亿元。

全年保险业务收入86.35亿元，增长17.9%；其中，财产险收入24.92亿元，增长16.1%；人寿险收入61.43亿元，增长18.7%。全年赔款和给付31.04亿元，增长16.0%；其中，财产性赔付14.12亿元，增长27.3%；人寿险赔付16.92亿元，增长8.1%。

13

2014年宿迁市经济发展概况

【经济总量】2014年，宿迁市全年实现地区生产总值（GDP）1930.68亿元，比上年增长10.8%，比全省增速快2.1个百分点。其中一产实现251.65亿元，增长3.5%；二产实现933.56亿元，增长12.6%；三产实现745.48亿元，增长11.0%。三次产业结构调整为13.0：48.4：38.6，其中一产比重较上年下降0.4个百分点，二产和三产比重较上年分别提高0.3个和0.1个百分点。人均GDP达4万元，按平均汇率算，达6506美元。主要指标增速领先全省。全市16项经济指标中，有9项指标增速位居全省前三，其中5项指标增速位居全省第一，即规模以上工业增加值，实际利用外资，全体居民、城镇居民、农村居民人均可支配收入。3项指标增速居全省第二，即工业投资、房地产开发投资、工业用电量。1项指标增速居全省第三，即进出口总额。

【农业】2014年，宿迁市全市实现农林牧渔业增加值251.65亿元，可比价增长3.5%。其中农业161.02亿元，林业11.17亿元，牧业34.56亿元，渔业39.73亿元，农林牧渔服务业5.16亿元，占比分别为64.0%、4.4%、13.7%、15.8%和2.1%。

全年粮食作物播种面积865.19万亩，比上年增加6.13万亩，增长0.7%；全年粮食总产389.15万吨，比上年增产13.16万吨，增长3.5%。其中夏粮161.19万吨，比上年增产8.6万吨；秋粮227.96万吨，比上年增产4.56万吨。粮食单产450公斤/亩，比上年增长2.8%。

【工业和建筑业】2014年，宿迁市全市工业增加值比上年增长13.7%，其中规模以上工业增加值增长14.5%，高出全省水平4.6个百分点，连续10年位居全省首位。按企业类型分，股份制企业增长13.1%，外商及港澳台企业增长39.2%；按企业规模分，大中型企业增长12.9%，小微型企业增长16.0%；按轻重工业分，轻工业增长10.4%，重工业增长20.1%。全年工业用电量103.90亿千瓦时，比上年增长9.5%。全市规模以上工业企业实现主营业务收入3330.55亿元，比上年增长13.2%；实现利税总额469.95亿元，比上年增长3.7%。其中利润总额328.93亿元，增长4.6%。

年末，全市列统总承包和专业承包的建筑业企业有357家，全年完成建筑业总产值739.53亿元，比上年增长12.9%；完成竣工产值572.94亿元，比上年增长22.7%；房屋建筑施工面积7067.96万平方米，比上年增长18.0%；房屋建筑竣工面积2901.19万平方米，比上年增长7.5%。

【固定资产投资】2014年，宿迁市全年在建施工项目共1620个，比上年增加2个。其中新开工项目1259个，比上年增加16个。全市完成固定资产投资1559.22亿元，比上年增长20.8%。一、二、三产业投资分别完成8.12亿元、1024.12亿元和526.98亿元，比上年分别增长52.3%、23.2%和16.1%。三次产业投资分别占投资总量的0.5%、65.7%和33.8%。民间投资比较活跃。全市民间投资完成1363.21亿元，比上年增长24.9%，比全市投资增速高4.1个百分点；占投资总量的87.4%，拉动全市投资增长21.0个百分点。

【科学技术】2014年，宿迁市全市获省级以上科技项目173项，获批资金近1.1亿元，比上年翻一番。其中争取省重大科技成果转化项目5个，为历史之最。加大科技政策落实力度，共落实科技政策减免税8405.36万元。深入实施“创新券”制度，全市共向980家企业发放8571万元科技创新券，为170家单位兑现2144.4万元，带动科技投入2.74亿元。全市新增国家高新技术企业49家，总数达130家。新认定省级科技型中小企业137家。新增市级高新技术企业48家，总数达131家。新增省级企业研发机构35个，总数达163家。全市专利申请量达到8785件，比上年增长16.3%。其中企业专利申请量6571件。全市授权专利4306件，PCT国际专利申请实现了零的突破。

【国内贸易和对外经济】2014年，宿迁市全市实现社会消费品零售总额497.96亿元，比上年增长12.6%。按消费形态分，批发和零售业实现436.76亿元，增长13.3%；住宿和餐饮业实现61.23亿元，增长7.4%。按城乡市场分，城镇实现391.12亿元，增长13.3%；乡村实现106.84亿元，增长9.8%。

全市实现进出口总额37.55亿美元，比上年增长13.0%。其中出口29.40亿美元，增长5.7%；进口8.15亿美元，增长50.4%。全年出入境检验检疫18809批次，比上年增长8.7%；出入境检验检疫金额达11.85亿美元，比上年增长33.4%。全年新批外商投资企业71家，新批及净增资3000万美元以上企业25个，新批协议外资14.16亿美元。全市实际到账外资6.65亿美元，比上年增长33.2%。

【交通、邮电和旅游】2014年，宿迁市全市完成客运量10356万人，比上年增长4.7%；实现旅客运输周转量94.73亿人公里，比上年增长5.9%。完成货运量8379万吨，比上年增长6.3%。其中，公路货运6572万吨，增长6.3%；水路货运1807万吨，增长6.2%。实现货物运输周转量208.04亿吨公里，比上年增长6.8%。其中，公路货物周转152.78亿吨公里，增长6.6%；水路货物周转55.26亿吨公里，增长7.1%。完成港口货物运输吞吐量2309万吨，比上年增长9.1%。2014年12月，贯穿市区的宿淮铁路正式开行客运列车，全面构建起铁路、公路、水运综合交通运输体系。

全市邮政通信业实现邮电业务总收入55.50亿元，比上年增长38.8%。其中，邮政快递业务收入25.26亿元，增长141.5%；电信业务收入30.24亿元，增长2.4%。在4G投资带动下，电信业年末局用交换机总容量

754万门，比上年增长17.8%。年末全市有各类电话用户496.57万户，电话普及率达103部/百人。年末有国际互联网用户331.71万户，比上年末净增14.77万户。快递业全年收寄各类快件1.81亿件，比上年增长99.7%；实现快递业务收入21.65亿元，比上年增长202.8%。

全年实现旅游总收入145.70亿元，增长44.7%。其中旅游外汇收入542.29万美元，增长26.6%。全年接待国内游客1348.6万人次，增长34.5%；接待入境过夜游客0.41万人次，增长10.8%。项王故里景区、乾隆行宫获批国家4A级景区；克拉嗨谷、中国粮食博物馆、中国棉花博物馆获批国家3A级景区；洪泽湖湿地公园、三台山森林公园获批省级生态旅游示范区。

【金融和保险】2014年，宿迁市全年金融业实现增加值81.01亿元，比上年增长19.8%，快于服务业增速8.8个百分点。截止2014年末，全市有银行业金融机构24家，保险机构32家，小贷公司39家。全市金融机构人民币各项存款余额1599.0亿元，比年初增加123.4亿元，增长8.4%。其中，单位存款余额738.5亿元，比年初增加38.4亿元；个人存款余额836.7亿元，比年初增加84亿元。全市金融机构人民币各项贷款余额1483.1亿元，比年初增加201亿元，增长15.7%。

2014年，全市市级专业保险机构已达32家。其中人寿保险14家，财产保险18家。全市保险从业人员达到1.6万人。全市保险业实现保费收入45.78亿元，比上年净增11.94亿元，增长35.3%。其中产险保费收入17.86亿元（含农业险1.87亿元），比上年净增3.47亿元，增长24.1%；人身险保费收入27.92亿元，比上年净增8.47亿元，增长43.5%。

浙江省

｜杭州市｜宁波市｜温州市｜嘉兴市｜湖州市｜绍兴市｜金华市｜
｜衢州市｜舟山市｜台州市｜丽水市｜

1

2014年杭州市经济发展概况

【经济总量】2014年，杭州市全年实现地区生产总值（GDP）9201.16亿元，比上年增长8.2%。其中第一产业增加值274.36亿元，第二产业增加值3858.9亿元，第三产业增加值5067.9亿元，分别增长1.8%、8.1%和8.5%。人均生产总值103757元，增长7.7%。按国家公布的2014年平均汇率折算，为16891美元。三次产业结构由上年的3.1：42.6：54.3调整为2014年的3.0：41.9：55.1。

【农业】2014年，杭州市全市实现农林牧渔业增加值278.58亿元，增长1.8%。其中农业增加值171.01亿元、林业增加值34.49亿元、渔业增加值28.24亿元，分别增长4.7%、1.1%和2.6%。牧业增加值40.62亿元，下降8.4%。新建省级现代农业园区19个，市级“菜篮子”基地49个，各级粮食生产功能区276个。全年粮食总产量62.54万吨，增长3.3%；水果产量87.65万吨，增长7.7%；水产品产量20.98万吨，下降5.9%；肉类产量29.85万吨，下降11.4%。

【工业和建筑业】2014年，杭州市全市实现工业增加值3426.42亿元，增长8.6%，其中规上工业增加值2805.25亿元，增长8.9%。战略性新兴产业实现增加值813.12亿元，装备制造业实现增加值921.40亿元，高新技术产业实现增加值1096.63亿元，分别增长13.0%、9.3%和10.5%。新产品产值率由上年的27.9%提高到31.2%。

全年实现建筑业增加值433.81亿元，比上年增长3.4%。全市有总承包和专业承包资格的建筑企业1476家，完成施工产值3971.39亿元，增长5.7%；房屋建筑施工面积29580.71万平方米，增长0.1%；房屋建筑竣工面积9514.18万平方米，下降1.0%。

【固定资产投资】2014年，杭州市全市完成固定资产投资4952.70亿元，比上年增长16.2%。从产业投向看，第一产业投资19.07亿元，增长127.0%；第二产业投资915.25亿元，增长0.3%，其中工业投资913.4亿元，增长0.3%；第三产业投资4018.38亿元，增长20.2%。

【科学技术】2014年，杭州市全市发明专利申请量14800件，发明专利授权量5559件，分别比上年增长5.3%和13.1%。新认定国家重点扶持高新技术企业251家，累计达2209家。年内新增11个中国驰名商标，累计132个。年末已有省级企业研究院38家，省级高新技术企业研发中心363家。技术市场共吸纳科技成果

5412项，实现交易额75.43亿元。科技企业孵化器69家、其中国家级21家，孵化总面积226.78万平方米，累计孵化企业8133家。国家级孵化器数量居全国省会城市第一。全市研究和试验发展（R&D）经费支出相当于地区生产总值的3%。

【国内贸易和对外经济】2014年，杭州市全市实现社会消费品零售总额3838.73亿元，比上年增长8.7%，扣除价格因素，实际增长7.8%。其中商品零售额3451.15亿元，增长9.1%，餐饮收入387.58亿元，增长5.5%；城镇消费品零售额3637.21亿元，增长8.4%；乡村消费品零售额201.52亿元，增长14.2%。全市实现网络零售额2088.45亿元，增长37.0%，全市居民网络消费额899.55亿元，增长38.5%。

全市完成外贸进出口总额679.98亿美元，比上年增长4.5%。其中进口总额188.32亿美元，下降7.2%；出口总额491.66亿美元，增长9.8%（不含省属出口427.68亿美元，增长11.3%）。出口总额中，机电产品出口193.52亿美元，高新技术产品出口59.87亿美元，分别增长13.6%和19.2%。按贸易方式分，一般贸易出口412.93亿美元，增长13.5%；加工贸易出口71.71亿美元，增长0.2%。出口市场中，对美国、欧盟市场分别增长11.1%和12.7%，对日本出口下降2.6%；新兴及周边市场中，东盟、印度和韩国分别增长24.0%、18.7%和10.3%。

【交通、邮电和旅游】2014年，杭州市全市货物运输总量2.93亿吨，比上年增长4.9%，其中铁路货运311.78万吨，下降15.0%，公路货运23202万吨，增长10.3%，航空货运23.85万吨，增长10.9%；旅客运输量2.41亿人次，增长8.8%，其中铁路客运4689万人次，增长26.1%，公路客运17431万人次，增长4.3%，民航客运1334万人次，增长16.0%。至年末，萧山国际机场已开通航线222条，其中国际航线28条，港澳台航线8条。境内公路总里程达到16024.48千米，其中高速公路581.68千米。全市民用机动车拥有量达269.63万辆，其中私人汽车179.94万辆，比上年末分别增长6.0%和7.2%。

全市邮政企业和规模以上快递服务企业实现业务收入117.67亿元，比上年增长67.5%。其中，快递服务企业业务量累计完成8.46亿件，增长80.5%。主城区建成并投入运营889个便民“E邮站”。实现电信业务收入170.08亿元，增长0.7%。市区85%家庭宽带用户升级为光宽带。全年共建成4G宏站3949个，基本实现市区、景区、高速、高铁、县市城区、发达乡镇全覆盖。年末固定电话用户为311.14万户，下降7.5%，移动电话用户为1561.71万户，增长7.0%；宽带用户为278.78万户，下降2.6%。

杭州航空口岸正式获批实施72小时过境免签政策。全年旅游总收入达到1886.33亿元，比上年增长17.6%，其中旅游外汇收入23.18亿美元，增长7.3%。接待入境旅游者326.13万人次，增长3.2%；接待国内游客10606.43万人次，增长12.7%。至年末，全市各类旅行社达658家，增长4.1%；星级宾馆达到199家，其中五星级酒店22家，四星级酒店46家；A级景区50个，其中5A级景点3个，4A级景点32个。

【金融和保险】2014年年末，杭州市全市金融机构达到374家，其中外资金融机构49家，分别比上年末增长9.4%和63.3%，全市金融机构本外币存款余额24450.51亿元，增长10.3%；贷款余额21316.83亿元，增长10.2%，其中个人消费贷款余额3428.86亿元，增长14.9%。

全市保费收入320.41亿元，比上年增长14.8%，其中，财产险保费收入141.09亿元，增长11.2%，人身险保费收入179.32亿元，增长17.7%。支付各类保险赔款119.03亿元，增长16.3%，其中财产险83.23亿元，增长6.9%，人身险35.80亿元，增长46.0%。

2

2014年宁波市经济发展概况

【经济总量】2014年，宁波市全年实现地区生产总值（GDP）7602.51亿元，按可比价格计算，比上年增长7.6%。其中，第一产业实现增加值275.18亿元，增长1.9%；第二产业实现增加值3935.57亿元，增长7.9%；第三产业实现增加值3391.76亿元，增长7.6%。三次产业之比为3.6∶51.8∶44.6。按常住人口计算，全市人均地区生产总值为98972元（按年平均汇率折合16112美元）。

【农业】2014年，宁波市全市实现农林牧渔业总产值为431.6亿元，按可比价格计算，比上年增长1.6%。其中，完成农业产值209.1亿元，增长4.1%；林业产值12.6亿元，增长3.8%；牧业产值53.2亿元，减少8.4%；渔业产值150.2亿元，增长1.7%；农林牧渔服务业产值6.5亿元，增长6.3%。据粮食生产统计监测数据显示，全年粮食作物播种面积191.8万亩，增长2.0%，粮食总产量76.0万吨，增长7.1%。生猪和家禽生产形势依然严峻，生猪存栏、出栏同比分别减少13.6%和7.1%；家禽存栏、出栏同比分别减少20.4%和26.3%。全年新增市级农业龙头企业17家，累计286家，其中产值（销售额）上亿元的达95家。

【工业和建筑业】2014年，宁波市全市实现工业增加值3490.1亿元，按可比价计算，比上年增长7.6%。其中规模以上工业企业实现增加值2540.2亿元，增长7.4%。分行业看，在规模以上工业35个行业大类中，26个行业增加值同比增长；有9个行业增加值超过100亿元，其中汽车制造业实现增加值232.9亿元，总量跃升至第三，增加值增长31.9%，增速居九大行业之首，对全市规模以上工业增加值增长的贡献率达30.8%。分企业类型看，规模以上工业大、中、小型企业工业增加值分别增长6.2%、6.1%和10.9%。分经济类型看，有限责任公司、国有企业增长较快，增加值分别增长17.6%和12.1%；港澳台投资企业、外商投资企业分别增长4.3%和3.5%。全年规模以上工业企业实现销售产值13387.4亿元，增长6.6%。其中，内销为10366.3亿元，增长8.5%；出口交货值为3021.1亿元，增长5.5%。全年规模以上工业企业实现利润648.1亿元，下降2.9%，实现利税总额1280.6亿元，增长1.2%。

全市完成建筑业产值3714.1亿元，比上年增长18.5%。房屋建筑施工面积27367.2万平方米，增长9.3%。全年建筑业从业人员平均人数115.2万人，比上年增加14.3万人。

【固定资产投资】2014年，宁波市全市完成固定资产投资3989.5亿元，比上年增长16.6%，其中民间投资1955.0亿元，增长12.6%，占固定资产投资的比重为49.0%。分产业看，第一产业完成投资45.2亿元，增长113.3%；第二产业完成投资1264.7亿元，增长18.6%；第三产业完成投资2679.6亿元，增长14.7%。三次产业投资额之比为1.1∶31.7∶67.2。全年完成工业投资1263.2亿元，增长19.0%，其中工业技改投资940.7亿元，增长23.9%，工业设备购置542亿元，增长35.3%。全年完成房地产开发投资1328.1亿元，增长18.3%，商品房销售面积726.4万平方米，下降0.5%，其中住宅销售面积595.2万平方米，增长2.3%。

【科学技术】2014年，宁波市全市有11项农业和社会发展领域科技创新获得“863”计划、科技支撑计划等国家科技项目支持，荣获省级科学技术奖26项，其中一、二等奖12项，三等奖14项。全年专利申请量58530件，其中发明专利12957件，比上年增长32.1%；专利授权量43286件，其中发明专利授权2832件，增长26.1%。年末全市共有企业研究院56家、省级高新技术企业研究开发中心284家，市级以上企业工程（技术）中心972家（其中国家认定企业技术中心8家）；国家级创新型试点和创新型企业15家，省级创新型示范和试点企业56家，市级创新型试点企业220家；国家火炬计划重点高新技术企业60家，市科技型企业950家。培育创新型初创型企业5134家，产业技术创新联盟14家，科技部国际科技合作基地8家。

【国内贸易和对外经济】2014年，宁波市全市商品销售总额1.44万亿元，比上年增长18.1%。全年完成社会消费品零售总额2992.0亿元，增长13.5%。分城乡看，城镇消费品市场实现零售额2469.0亿元，增长13.1%，农村消费品市场实现零售额523.0亿元，增长15.7%。在限额以上企业销售的商品类值中，汽车类增长7.6%，石油及制品类增长14.9%，食品、饮料、烟酒类增长8.1%，服装、鞋帽、针纺织品类增长22.5%。年末全市限额以上贸易企业达2884家，全年实现营业收入9530.7亿元，实现利润总额108.5亿元。

全市口岸进出口总额2186.1亿美元，比上年增长3.1%。外贸自营进出口总额1047.0亿美元，增长4.4%，其中出口731.1亿美元，增长11.3%；进口315.9亿美元，下降8.7%。全年新增对外贸易经营备案登记企业3757家，累计达26147家。有进出口实绩企业14810家，比上年增加922家。其中，民营企业（包括私营企业和集体企业）出口额占全市出口总额的63.1%，拉动全市出口增长11个百分点。全年机电产品出口391.5亿美元，增长9.4%，占全市出口总额的53.6%。出口额上亿美元的产品157个，比上年增加22个；进口额上亿美元的产品47个。2014年直接与我市开展贸易往来的国家和地区218个，其中欧盟、美国、东盟、拉丁美洲、日本、大洋洲、非洲贸易额占比分别为21.4%、16.3%、8.3%、7.5%、6.3%、5.1%和4.5%。

【交通、邮电和旅游】2014年，宁波市全市完成交通基础设施投资183亿元。年末全市公路总里程11045.4公里，公路网密度112.5公里/百平方公里，达到中等发达国家水平。年末等级公路10506.9公里，其中高速公路495.8公里，一级公路1125.9公里，二级公路777.2公里，三级公路1575.8公里，四级公路6532.2公里。年内建成3个万吨级码头，万吨级码头总数达102个。铁路宁波北站搬迁及其配套工程完工，12月洪塘至宝幢段货运铁路正式开通运营，宁波铁路“南客北货、客货分流”的环形枢纽最终形成。机场二期工程加快推进，完成投资21.4亿元。

全市实现旅游总收入1068.1亿元，比上年增长12.0%。接待国内游客6874.6万人次，增长10.4%；实现国内旅游收入1020.3亿元，增长12.8%。接待入境游客139.7万人次，增长9.7%。年末全市共有星级酒店148家，其中五星级22家；4A以上风景区30处，其中5A级1处。

【金融和保险】2014年年末，宁波市全市金融机构本外币存款余额13890.1亿元，比上年增长5.5%；年末金融机构本外币贷款余额14569.8亿元，增长9.4%。全年银行业金融机构实现税后利润148.5亿元，下降

39.2%。年末全市银行业金融机构达63家，其中政策性银行3家，大型银行5家，股份制商业银行11家，城市商业银行12家，邮储银行1家，外资银行5家，农村合作金融机构9家，新型农村金融机构14家，非银行金融机构3家。

全市实现保费收入207.0亿元，比上年增长11.6%。其中，财产险保费收入111.6亿元，增长15.7%；人身险保费收入95.4亿元，增长7.6%。赔款和给付94.7亿元，下降8.9%。其中，财产险赔付支出74亿元，下降17.4%；人身险赔付支出20.7亿元，增长44%。

3

2014年温州市经济发展概况

【经济总量】2014年，温州市全年实现地区生产总值（GDP）4302.81亿元，按可比价计算，比上年增长7.2%。其中，第一产业增加值117.92亿元，增长2.1%；第二产业增加值2046.23亿元，增长8.4%；第三产业增加值2138.66亿元，增长6.2%。按户籍人口计算，人均地区生产总值53091元（按年平均汇率折算8643美元），增长6.3%。国民经济三次产业结构为2.7：47.6：49.7，第三产业比重比上年提升0.1个百分点。

【农业】2014年，温州市全年农林牧渔业总产值192.25亿元，按可比价格计算，比上年增长2.3%，其中：农业产值86.64亿元，增长6.0%；林业产值4.38亿元，下降1.3%；牧业产值34.50亿元，下降5.6%；渔业产值63.12亿元，增长2.4%；农林牧渔服务业产值3.62亿元，增长2.2%。

全年全市粮食播种面积、亩产和总产量为185.96万亩、409公斤和75.98万吨，分别比上年增长1.0%、10.5%和11.5%，实现三增长。在经济作物中，除糖料减产外，水果、蔬菜、茶叶等作物增产。

【工业和建筑业】2014年，温州市全市实现工业总产值7671.65亿元，比上年增长6.2%。全市规模以上工业企业4266家，实现工业总产值4740.11亿元，比上年增长5.9%。其中，轻工业产值1658.77亿元，增长5.5%；重工业产值3081.34亿元，增长6.1%。规模以上工业销售产值4509.10亿元，增长4.6%，其中完成出口交货值753.52亿元，增长6.9%，占销售产值比重为16.7%。新产品产值991.42亿元，增长39.9%；新产品产值率为20.9%，比上年提高4.6个百分点。

全年建筑业实现增加值298.13亿元，比上年增长10.7%。全市拥有总承包和专业承包资质的建筑企业652家，实现建筑业总产值1255.21亿元，增长9.2%；实现利润总额24.59亿元，同比增长1.1%。年末拥有资产711.19亿元，其中固定资产原价108.55亿元。

【固定资产投资】2014年，温州市全年固定资产投资3052.81亿元，增长16.6%。其中民间投资1911.86亿元，增长25.4%，占全部投资比重为62.6%。

全年完成工业投资750.88亿元，比上年增长24.0%。其中工业技改投资完成541.84亿元，增长56.1%，战略性新兴产业投资完成210.87亿元，增长45.2%，装备制造业投资366.93亿元，增长36.6%。电气、仪器仪表、通用设备、专用设备、汽车制造业投资增速分别为70.3%、57.2%、50.5%、51.9%、49.1%。

【科学技术】2014年年末，温州市全市拥有国家级科技创业服务中心2个、省级科技创业服务中心5个；国家级大学科技园1家，国家级火炬计划特色产业基地3个、省级高新技术特色产业基地9个；国家级企业技术中心5家，省级企业重点研究院4家、省级企业研究院21家，省级高新技术企业研发中心202家、市级企业研发中心398家；省级创新型试点城市（县、区）4个、科技强县6个。全年新增高新技术企业113家，累计637家，新增省级科技型中小企业630家，累计1832家；市级以上科技企业孵化器14家。全年专利授权24371项，其中发明专利授权954件，同比增长39.7%；年末国家知识产权示范和优势企业5家、省级专利示范企业98家。年末全市有国家级企业博士后科研工作站12家，省级15家，市级试点站14家。

【国内贸易和对外经济】2014年，温州市全年社会消费品零售总额2410.36亿元，比上年增长12.8%。其中，城镇消费品零售额2182.76亿元，增长13.1%；乡村消费品零售额227.61亿元，增长10.3%。按行业分，批发零售贸易业零售额2121.85亿元，增长12.9%；住宿餐饮业零售额288.51亿元，增长12.5%。

全年实现进出口总额207.82亿美元，比上年增长0.9%，增速比上年提高0.1个百分点。其中进口22.31亿美元，下降9.3%；出口185.51亿美元，增长2.2%。外贸依存度为29.7%，其中出口依存度为26.5%，分别比上年降低2个和1.4个百分点。至年末，与我市建立出口和进口贸易关系的国家和地区共计213个，有进出口业务的企业6127家。

【交通、邮电和旅游】2014年年末，温州市公路总里程14466公里，其中高速公路297公里，一级公路385公里，二、三级公路1847公里。公路绿化率71.6%。客运班车通村率90.7%。市区公共交通营运线路148条，年载客量3.31亿人次。

全年邮电业务收入151.26亿元，比上年增长1.9%，其中通信行业业务收入121.68亿元，下降2.5%。年末固定电话用户数210.06万户，移动电话用户数1113.34万户。年末互联网用户数997.16万户，其中宽带用户数261.48万户，增长10.4%。

全年接待海内外游客6578.48万人次，实现旅游总收入681亿元，分别比上年增长14.4和16.9%。其中接待国内旅游人数6487.4万人次，增长14.3%，国内旅游收入651.43亿元，增长17.1%；接待入境游客91.08万人次，增长19.1%，国际旅游外汇收入4.81亿美元，增长15.6%。

【金融和保险】2014年年末，温州市金融机构本外币存款余额8309.34亿元，比上年末增长2.6%，其中人民币存款余额7937.16亿元，增长2.1%。年末城乡居民人民币储蓄存款余额3883.11亿元，增长1.6%。年末金融机构本外币贷款余额7346.76亿元，增长1.1%，其中人民币贷款余额7223.63亿元，增长1.9%。

全年保险业保费收入144.77亿元，比上年增长10.4%。其中人身险保费收入82.01亿元，增长6.6%；财产险保费收入62.75亿元，增长15.7%。支付各类赔款及给付46.07亿元，比上年增长2.0%，其中人身险赔款11.44亿元，增长6.8%；财产险赔款34.63亿元，增长0.5%。

4

2014年嘉兴市经济发展概况

【经济总量】2014年，嘉兴市全年实现地区生产总值（GDP）3352.80亿元，比上年增长7.5%。其中第一产业增加值145.14亿元，下降0.2%；第二产业增加值1811.31亿元，增长7.8%；第三产业增加值1396.35亿元，增长8.0%。按常住人口计算，人均生产总值为73462元（按年平均汇率折算为11959美元），增长7.2%。三次产业结构调整为4.3：54.1：41.6。

【农业】2014年，嘉兴市全年粮食种植面积274.93万亩，比上年增长0.7%；油菜籽种植面积24.15万亩，减少4.8万亩；蔬菜种植面积123.48万亩，增加0.35万亩；果用瓜种植面积13.62万亩，减少1.32万亩；花卉苗木种植面积19.86万亩，增加2.9万亩。粮经面积比调整至58.6:41.4。全年粮食总产量122.34万吨，增长0.8%；蔬菜总产量253.31万吨，增长1.9%。

【工业和建筑业】2014年，嘉兴市全市工业增加值1633.84亿元，比上年增长7.9%，占全市生产总值48.7%。规模以上（主营业务收入2000万元以上）工业企业数4623家，工业增加值1328.26亿元，增长7.7%，其中重工业增加值734.34亿元，增长8.4%；轻工业增加值593.92亿元，增长6.8%。全市规模以上工业战略性新兴产业、高新技术产业和装备制造业增加值分别增长12.8%、11.7%和15.7%，占规模以上工业增加值比重分别为39.6%、38.2%和24.3%。

全社会建筑业增加值177.65亿元，比上年增长6.7%。全市具有资质等级的总承包和专业承包建筑业企业利润11.89亿元，比上年下降1.4%。

【固定资产投资】2014年，嘉兴市全市固定资产投资额2221.21亿元，比上年增长16.3%，其中投资项目（单位）投资额1695.49亿元，增长21.2%；房地产开发投资额525.72亿元，增长2.9%。在固定资产投资中，第一产业投资额25.14亿元，增长52.4%；第二产业投资额1001.45亿元，增长11.8%；第三产业投资额1194.62亿元，增长19.7%。基础设施投资额434.36亿元，增长51.1%。

【科学技术】2014年，嘉兴市全市发明专利申请量和发明专利授权量分别为3908件和546件，全市人才资源总量达102.30万人，比上年增加9.10万人，增长9.8%。全年获得市级以上各类科技成果105项，技术市场发展平稳，全年经认定登记技术交易金额11.18亿元，交易合同数237项。全市年末国家级高新技术企业达402家，省级科技型中小企业1304家，比上年增加311家。全市规模以上工业新产品产值2668.24亿元，增长12.3%。科技创新投入力度加大，全市研究与试验发展经费支出占全市生产总值比重2.65%。

【国内贸易和对外经济】2014年，嘉兴市全市社会消费品零售总额1347.02亿元，比上年增长12.5%。批发零售贸易业零售额1215.35亿元，增长12.8%，住宿餐饮业零售额131.67亿元，增长9.9%。

年末全市拥有各类商品交易市场327个，商品交易额（不含网上交易额）1492.74亿元，增长12.6%，其中成交额超亿元市场64个，超10亿元市场19个。

全市进出口总值337.34亿美元，比上年增长6.2%，其中出口总值236.51亿美元，增长10.0%，进口总值100.83亿美元，下降1.7%。机电、服装及纺织类产品等居出口主导地位，机电产品出口77.93亿美元，增长14.7%，占全市出口总额的32.9%；服装类产品出口42.34亿美元，下降1.3%，占17.9%；纺织类产品出口42.58亿美元，增长12.7%，占18.0%。经济外向度保持较高水平，进出口总额占全市生产总值的比例61.8%（按当年汇率计算），其中出口额占比为43.3%。

【交通、邮电和旅游】2014年，嘉兴市全市公路通车里程8067公里，增长0.8%，其中四级以上公路7940公里，增长0.9%。各种运输方式（不包括铁路，下同）货物周转量245.32亿吨公里，增长7.5%，其中，公路104.06亿吨公里，增长16.4%；全年旅客周转量（营业性车辆）31.69亿人公里，下降14.3%。全年嘉兴港货物吞吐总量6880.35万吨，增长4.2%，其中，外贸货物吞吐量901.06万吨，增长4.8%，集装箱115.60万标箱，增长14.4%。

全年邮电业务总量105.37亿元，增长3.7%。其中，邮政业务总量24.36亿元，增长32.5%；电信业务总量81.01亿元，下降2.7%。年末城乡固定电话用户135.23万户，比上年末下降11.3%。移动电话用户614.60万户，增长9.6%。固定互联网用户141.91万户，增长7.7%。

全市接待海内外游客5391.23万人次，旅游总收入565.03亿元，分别增长14.1%和16.4%。其中，接待外国、港澳台游客70.66万人次，增长7.4%，旅游外汇收入2.27亿美元，下降6.8%；接待国内游客5302.57万人次，增长14.2%，国内旅游收入551.06亿元，增长17.1%。

【金融和保险】2014年年末，嘉兴市全部金融机构本外币存款余额5684.10亿元，比上年末增长9.2%，其中人民币存款余额5513.87亿元，比上年末增长8.7%；金融机构本外币贷款余额4641.26亿元，比上年末增长12.6%，其中人民币贷款余额4393.16亿元，比上年末增长13.8%。城乡居民储蓄存款余额2701.58亿元，增长10.8%。

全市保险业保费收入96.67亿元，比上年增长15.0%。其中，财产险保费收入44.61亿元，增长16.0%；人寿险保费收入52.05亿元，增长14.2%。全年赔付额27.18亿元，增长5.7%。其中，财产险赔付金额24.90亿元，增长5.0%；人寿险赔付金额（剔除期满给付）2.28亿元，增长13.4%。

5

2014年湖州市经济发展概况

【经济总量】2014年，湖州市全年实现地区生产总值（GDP）1956.0亿元，按可比价计算比上年增长8.4%。分产业看，第一产业增加值121.0亿元，增长0.9%；第二产业增加值1001.6亿元，增长9.1%，其中工业增加值904.3亿元，增长9.2%；第三产业增加值833.4亿元，增长8.6%。三次产业结构比例为6.2:51.2:42.6。按户籍人口计算的人均GDP为74332元，增长7.9%，折合12101美元；按常住人口计算的人均

GDP为66916元，增长7.9%，折合10893美元。

【农业】2014年，湖州市全年实现农林牧渔业总产值211.4亿元，比上年下降0.7%。其中，农业产值97.0亿元，增长2.1%；林业产值24.1亿元，增长3.8%；牧业产值37.4亿元，下降18.6%；渔业产值43.7亿元，增长8.2%。全年粮食播种面积159.6万亩；经济作物播种面积121.0万亩，其中蔬菜面积56.3万亩，花卉苗木面积30.3万亩。全年粮食产量73.7万吨；油菜籽产量2.8万吨；生猪出栏137.6万头，减少15.9%；肉类产量16.7万吨，减少13.0%；蚕茧产量0.9万吨，减少19.6%；家禽出栏4170万羽，减少9.8%；禽蛋产量4.8万吨，减少8.4%；水产品产量30.5万吨，增加5.9%。

【工业和建筑业】2014年，湖州市全年规模以上工业实现增加值700.6亿元，按可比价计算比上年增长9.2%，其中轻工业增加值320.8亿元、重工业增加值379.8亿元，分别增长9.6%、8.8%。33个大类行业中，有29个行业实现增长，5个行业增加值超过40亿元。其中，纺织业94.0亿元，增长6.9%；非金属矿物制品业67.8亿元，增长9.7%；电气机械及器材制造业66.8亿元，增长5.6%；通用设备制造业44.1亿元，增长18.9%；电力热力的生产和供应业43.3亿元，增长3.1%。

全市年末拥有建筑企业230家，其中一级资质企业42家、二级资质企业64家。全年建筑企业完成建筑业总产值590.9亿元，比上年增长12.2%，其中建筑工程产值524.3亿元，安装工程产值46.4亿元，分别增长12%和7.6%；房屋建筑施工面积4187.9万平方米，增长2.2%；竣工面积1806.4万平方米，增长10.5%。

【固定资产投资】2014年，湖州市全年限额以上固定资产投资项目2197个，完成投资1242.9亿元，比上年增长16.2%。其中，基础设施投资260.7亿元，增长18.8%；非国有投资1006.1亿元，增长16.1%。按产业划分，第一产业投资6.8亿元，下降0.3%；第二产业投资569.6亿元，增长7.6%，其中工业投资569.6亿元，增长7.8%；第三产业投资666.5亿元，增长24.8%。

【科学技术】2014年，湖州市全年专利申请量19886项，比上年增长19.8%；专利授权量12679项，比上年增加2353件，增长22.8%，其中发明专利700项，比上年增加179项，增长34.4%。全年经认定登记的技术成交项目389项，比上年减少19.5%；技术成交金额19804万元，比上年增长18.8%。全市年末拥有省级高新技术研究开发中心188家，比上年增加39家；拥有国家级高新技术企业377家，增加87家。全年获市级以上政府奖的科技成果100项，其中省级18项。全年列入国家级火炬项目38项，比上年减少15项。

【国内贸易和对外经济】2014年，湖州市全年实现社会消费品零售总额871.2亿元，比上年增长13.7%。其中，批发零售业783.3亿元，增长14.1%；住宿餐饮业87.9亿元，增长10.0%。限额以上批发零售贸易企业全年实现零售额315.8亿元，增长20.0%。其中，汽车类118.0亿元，增长15.4%；石油及制品类69.2亿元，增长4.3%；服装类32.9亿元，增长144.7%；食品类26.1亿元，增长28.0%；家用电器和音像器材类12.6亿元，下降6.8%；金银珠宝类10.4亿元，增长6.2%。

全年外贸进出口总额99.9亿美元，比上年增长4.8%。其中，出口88.1亿美元，增长8.9%；进口11.8亿美元，下降18.1%。按出口贸易方式分，一般贸易出口80.3亿美元，增长9.6%；加工贸易出口7.7亿美元，增长1.8%。按出口企业性质分，生产企业出口49.0亿美元，增长11.9%；流通企业出口13.0亿美元，增长11.0%；

外资企业出口26.1亿美元，增长2.8%。按主要出口产品分，纺织原料及纺织制品出口29.3亿美元，增长6.5%；机电产品出口28.4亿美元，增长14.4%。按主要出口市场分，非洲、欧洲和北美洲出口增长较快，分别达到13.5%、12.9%和10.9%；拉丁美洲和亚洲分别增长7.6%和5.4%；大洋洲下降6.6%。

【交通、邮电和旅游】2014年年末，湖州市全市公路通车里程达到7511公里，其中高速公路289公里、一级公路451公里、二级公路579公里。全年完成客运量6307万人，比上年下降9.2%；客运周转量22.1亿人公里，下降10.5%。完成货运量13202万吨，下降32.6%，其中公路7463万吨，增长8.7%，水路5739万吨，下降54.9%；货运周转量143.3亿吨公里，下降39.6%，其中公路56.9亿吨公里，增长5.3%，水路86.4亿吨公里，下降52.8%。全年内河港口货物吞吐量8487万吨，下降44.6%。

全年实现电信业务收入30.9亿元，比上年下降2.3%；全市年末固定电话（含小灵通）用户90.62万户，比上年减少6.41万户；移动电话用户383.00万户，增加16.65万户；年末国际互联网宽带用户87.84万户，增加6.57万户。

全年接待国内外旅游人数5956.8万人次，比上年增长20.2%。其中，国内旅游人数5896.5万人次，增长20.3%；入境旅游人数60.3万人次，增长13.1%。全年实现旅游总收入503.2亿元，增长27.9%。其中，国内旅游收入489.4亿元，增长28.4%；旅游外汇收入2.3亿美元，增长12.4%。全年旅游景区门票收入4.4亿元，增长20.3%。全市年末拥有星级宾馆49家，其中三星级以上宾馆39家，比上年增加2家。

【金融和保险】2014年，湖州市全市金融机构年末本外币存款余额2813.7亿元、贷款余额2363.0亿元，分别比上年增长9.1%、10.1%；年末本外币贷款余额比年初增加217.6亿元，同比少增13.9亿元；年末城乡居民本外币储蓄存款余额1374.9亿元，比年初增加131.1亿元，同比少增29.5亿元。年末金融机构年末不良贷款余额为37.4亿元，比年初减少5.95亿元，不良贷款率为1.58%，比年初下降0.44个百分点。

全年保险公司保费收入63.2亿元，增长7.0%。其中，财产险保费收入31.4亿元，增长5.5%；寿险保费收入31.8亿元，增长8.6%。各项保险赔款和给付支出23.0亿元，下降0.7%。其中，财险赔款17.2亿元，下降9.9%；寿险赔款和给付支出5.8亿元，增长42.0%。

6

2014年绍兴市经济发展概况

【经济总量】2014年，绍兴市全年实现地区生产总值（GDP）4265.83亿元，比上年增长7.5%。其中第一产业增加值194.25亿元，第二产业增加值2213.51亿元，第三产业增加值1858.07亿元，分别增长1.7%、7.5%和8.3%。GDP总量居全省第4位，增速居全省第6位。人均GDP（按常住人口计算）86135元（按年平均汇率6.1428折算为14022美元），增长7.4%。人均GDP列全省第4位，增速列全省第7位。第一、二、三次产业结构由上年的4.9：53.0：42.1调整为4.6：51.9：43.6。

【农业】2014年，绍兴市全年农林牧渔业增加值195.98亿元，按可比价计算增长1.8%。农林牧渔业总产值296.96亿元，增长1.8%。其中农业总产值191.86亿元，增长3.4%；林业总产值26.30亿元，增长3.3%；牧业总产值47.92亿元，下降4.4%；渔业总产值28.69亿元，增长1.9%；农林牧副渔服务业总产值2.20亿元，增长6.8%。农作物播种面积331.09千公顷，比上年增长0.1%。粮食总产量122.88万吨，比上年增长1.8%。

【工业和建筑业】2014年，绍兴市全年全部工业增加值1924.93亿元，比上年增长7.6%，其中规模以上工业增加值增长6.4%。规模以上工业中，国有控股企业增加值增长7.8%，集体企业增加值下降28.7%，股份制企业增加值增长11.4%，外商投资企业增加值增长9.4%，港澳台商投资企业增加值增长0.7%，私营企业增加值增长5.6%。轻工业增加值增长4.4%，重工业增加值增长9.0%。

全年建筑业增加值290.49亿元，比上年增长6.2%。利润总额151.55亿元，同比增长9.1%；税金总额195.56亿元，同比增长19.1%。

【固定资产投资】2014年，绍兴市全年固定资产投资2304.68亿元，比上年增长15.1%。国有投资461.79亿元，增长20.8%，占固定资产投资比重20.0%；非国有投资1842.89亿元，增长13.8%，占固定资产投资比重80%，其中民间投资1757.65亿元，增长14.7%，占固定资产投资比重76.3%。

固定资产投资中，第一产业投资16.13亿元，比上年增长7.2%；第二产业投资1106.02亿元，增长10.6%；第三产业投资1182.54亿元，增长19.8%。全年施工项目3922个，比上年增长2.7%，其中新开工项目2842个，增长17.1%。

【科学技术】2014年，绍兴市全市公共财政预算用于科学技术支出18.46亿元，增长16.3%，财政科技支出占公共财政预算支出比重为5.3%，比上年提高0.2个百分点。全年新上创新基金、重点新产品、火炬计划、星火计划等国家级科技项目131项，新上省重大科技专项计划等省级科技计划项目184项，新上省级新产品1161项。新增省级高新技术产业园区1家，总数达到7家，居全省第一。新认定国家需要重点扶持高新技术企业172家、省级流通领域知识产权保护试点示范单位4家、省级专利示范企业6家、省级创新型示范（试点）企业13家、省级科技型中小企业501家。10家企业入选省技术创新能力百强企业，入选数全省第三。新增国家级科技企业孵化器1家，市级科技企业孵化器2家，全市孵化场地总面积达76.4万平方米。新认定省级重点实验室3家、省级工程技术研究中心5家，新认定数占全省总量的17.6%和33.3%，新认定省级企业研究院22家，省级企业研发中心33家。国家可持续发展实验区顺利通过科技部验收，绍兴市科技进步水平居全省第二，创新型试点城市测评居全省第三。17个项目被列入2014年网上技术市场成交产业化项目，35项成果获省科技奖，获奖数连续第二年居省内各地市首位。全年共申请专利28173件、授权17356件，同比分别增长1.9%、14.8%，其中发明专利申请4618件、授权880件，同比分别增长37.8%、20.7%。

【国内贸易和对外经济】2014年，绍兴市全年社会消费品零售总额1487.14亿元，比上年增长12.8%。按销售单位所在地分：城镇市场消费品零售额1297.11亿元，增长12.6%；乡村市场消费品零售额190.03亿元，增长14.3%。按商品分类分：粮油、食品、饮料、烟酒类零售额53.01亿元，增长2.8%；金银珠宝类零售额44.64亿元，增长40.1%；石油及制品类零售额108.93亿元，下降1.5%；汽车类零售额300.94亿元，增长

11.1%。分行业看，批发零售业零售额1372.27亿元，增长12.7%；住宿餐饮业零售额114.87元，增长14.0%。

全年货物进出口总额346.84亿美元，比上年增长3.9%。其中，进口49.32亿美元，下降9.5%；出口297.51亿美元，增长6.6%。有进出口国家和地区209个，比上年增加12个。其中出口额超1000万美元的国家和地区108个，比上年减少1个。美国、阿联酋、巴西分别居出口额前三位国家，出口额分别为39.12亿美元、15.61亿美元和14.38亿美元。机电产品出口49.66亿美元，增长3.8%；化工产品出口19.67亿美元，增长11.4%；高新技术产品出口8.12亿美元，下降9.7%；纺织及服装出口197.14亿美元，增长4.3%。新登记备案企业1988家，累计获进出口经营权企业19917家。全市出口超1000万美元企业638家，比上年增加11家。

【交通、邮电和旅游】2014年，绍兴市全年货物运输总量11841万吨，比上年增长10.8%，其中公路、水运货物运输总量分别为10091万吨、1390万吨，分别增长7.0%、10.7%。货物运输周转量1124146万吨公里，增长9.2%，其中公路、水运货运周转量818443万吨公里、305703万吨公里，分别增长11.1%、4.6%。

全年邮电业务收入60.77亿元，比上年下降1.7%。年末电话用户数（含小灵通）150.94万户，下降15.7%；移动电话用户数（通话用户）532.31万户，增长1.0%。固定电话普及率34.07号线/百人，下降16.0%；移动电话普及率120.15部/百人，增长0.7%。互联网用户数（不含手机上网用户）154.13万户，增长14.6%。

年末有旅行社137家，比上年增加5家。全年旅游总收入652.07亿元，比上年增长11.6%。其中，国内旅游收入636.73亿元，增长11.9%；旅游外汇收入24970.94万美元，增长2.4%。接待游客6325.07万人次，增长11.3%。其中，接待国内游客6254.86万人次，增长11.4%；接待入境游客70.21万人次，增长0.8%。

【金融和保险】2014年年末，绍兴市金融机构本外币各项存款余额6666.73亿元，比上年末增长3.2%。其中人民币存款余额6554.22亿元，比上年末增长3.0%；金融机构本外币贷款余额6006.70亿元，增长6.5%。其中人民币贷款余额5823.39亿元，比上年末增长6.9%；年末个人本外币储蓄存款余额2817.69亿元，比上年末增长3.0%。

年末有保险公司54家，其中财险27家、寿险27家。全年全市实现保费收入92.96亿元，同比增长10.3%。其中，产险收入46.44亿元，同比增长15.4%；寿险收入46.52亿元，同比增长5.7%。

7

2014年金华市经济发展概况

【经济总量】2014年，金华市全市实现生产总值（GDP）3206.64亿元，按可比价计算，比上年增长8.3%。其中：第一产业增加值为138.31亿元，增长1.8%；第二产业增加值为1509.13亿元，增长7.8%；第三产业增加值为1559.20亿元，增长9.5%。全市人均生产总值达到67621元（按2014年年均汇率折算为11008美元），增长7.8%。第一、二、三产业增加值占地区生产总值的比重由上年的4.6：47.7：47.7变化为

4.3：47.1：48.6，第三产业所占比重比上年提高0.9个百分点。

【农业】2014年，金华市全市农作物播种面积272.1千公顷，下降0.02%。其中粮食播种面积为153.2千公顷，总产量为88.35万吨，分别下降0.2%和增长0.1%；棉花播种面积6.2千公顷，下降9.8%，产量为0.94万吨，下降12.4%；油料播种面积为25.0千公顷，下降1.3%，产量为4.76万吨，增长1.5%；蔬菜播种面积为44.1千公顷，增长1.3%，产量为96.9万吨，增长4.1%；药材播种面积7.2千公顷，增长1.3%；果用瓜种植面积10.5千公顷，增长0.9%，产量为23.53万吨，增长2.2%；花卉苗木种植面积14.6千公顷，增长1.7%。

【工业和建筑业】2014年，金华市全市完成工业增加值1302.83亿元，比上年增长7.7%，工业增加值占GDP的比重为40.6%。全市实现规模以上工业总产值4796.34亿元，销售产值4546.48亿元，分别增长7.1%和6.5%。规模以上工业企业完成出口交货值1113.39亿元，增长5.8%，占销售产值的比重为24.5%。

全市建筑业总产值达3044.22亿元，增长12.3%；完成建筑业地方税收31.65亿元，比上年增长13.8%，占全市税收入的14.1%。建筑施工面积38115.16万平方米，完成房屋竣工面积10686.64万平方米。省外市场发展良好，2014年建筑业企业在省外完成产值1965.76亿元，增长12.9%，占全省省外完成产值的17.4%，占全市建筑业总产值的64.6%。

【固定资产投资】2014年，金华市全市完成固定资产投资1594.79亿元，比上年增长16.9%。其中，房地产开发投资367.67亿元，下降4.5%；投资项目（单位）投资1227.12亿元，增长25.3%。民间投资较快增长，全年实现民间投资1228.21亿元，增长12.4%，占固定资产投资的77.0%。

在固定资产投资中：第一产业完成投资5.51亿元，增长41.2%。第二产业完成投资736.05亿元，增长10.3%；其中工业投资720.01亿元，增长8.1%。第三产业完成投资853.22亿元，增长23.1%。与上年相比，第二产业投资比重下降2.7个百分点，第三产业投资比重提高2.7个百分点，三次产业投资结构调整为0.3：46.2：53.5。

【科学技术】2014年，金华市全市列入市级以上科技项目820项，其中国家级74项、省级443项，新到位上级科技资金13973万元，其中国家级1558万元。新立市级科技计划项目303项，其中工业类69项，农业类73项，社会发展类161项，农业科技成果转化项目7项。申请专利18989件，其中发明专利2059件；获专利授权15129件，其中发明专利524件。新认定省级重点企业研究院6家、工程技术研究中心1家，省级高新技术研发中心32家、市级48家，市级以上各类企业研发机构累计达到577家。

【国内贸易和对外经济】2014年，金华市全市实现社会消费品零售额1592.70亿元，比上年增长13.2%，其中:城镇消费品零售额为1355.34亿元，增长13.1%；乡村消费品零售额为237.36亿元，增长14.0%。分行业看，批发零售业零售额1446.96亿元，增长13.3%；住宿餐饮业零售额145.74亿元，增长12.3%。

全市完成进出口总额414.9亿美元，比上年增长21.1%。其中，出口总额396.7亿美元，增长22%；进口总额18.2亿美元，增长4.2%。进出口、出口增幅均居全省首位，规模均创历史新高。其中，进出口总额首超400亿美元。出口有效主体增加。全年新增备案企业1822家。全年有进出口实绩企业6224家，比上年净增427家。全市与220个国家和地区建立了贸易关系，其中出口超1亿美元的国家和地区73个，比上年增加6个。

【交通、邮电和旅游】2014年，金华市全市交通建设共完成投资132.3亿元。其中高速公路完成投资12.01亿元，国省道、县道建设项目完成投资68.54亿元，大中修工程完成投资3.66亿元，农村联网公路完成投资0.93亿元，安保工程完成投资2.19亿元，病旧桥隧加固改造工程完成投资0.47亿元，场站建设完成投资33.62亿元，水运建设完成投资7.70亿元，智慧交通3.18亿元。全市境内公路总里程达到12269.4公里。年内公路旅客周转量47.83亿人公里，货物周转量61.21亿吨公里。

邮电业务收入84.34亿元，比上年增长1.9%。其中，邮政业务收入11.05亿元，比上年增长22.6%；电信业务收入73.29亿元，下降0.5%。年末城乡固定电话用户136.49万户，比上年末下降15.6%。其中住宅电话70.25万户，下降16.1%；公用电话17.16万户，下降18.2%。年末移动电话用户达918.36万户，下降6.8%；其中3G移动电话用户31.99万户，增长62.9%。电话普及率222.45部/百人，其中:移动电话普及率193.66部／百人，固定电话普及率28.78部／百人。互联网宽带接入用户达194.62万户，比上年末增长17.9%。

全市共接待游客5982.01万人次，同比增长21.7%，实现旅游收入620亿元，增长26%，其中接待国内旅游者5897.88万人次，同比增长22.0%，实现国内旅游收入590.53亿元，增长27.8%；接待入境旅游者84.13万人次，同比增长5.6%，实现旅游外汇收入47954.22万美元，增长5.6%。

【金融和保险】2014年年末，金华市全市金融机构本外币各项存款余额6638.34亿元，增长7.7%。其中:单位存款余额2979.11亿元，增长4.5%；本外币储蓄存款余额3232.66亿元，增长7.0%。金融机构本外币各项贷款余额5733.36亿元，增长11.2%。其中短期贷款余额4341.66亿元，增长6.5%；中长期贷款余额1245.62亿元，增长27.3%。本外币余额存贷比为86.4%。

全市保险机构全年保费收入135.83亿元，增长12.45%。其中财产险保费收入62.7亿元，人身险保费收入73.13亿元，分别增长19.58%和6.98%。全年支付各类赔偿及给付44亿元，比上年增长6.23%。其中财产险赔款33.75亿元，增长14.6%；人身险赔款及给付10.25亿元，下降14.37%。

8

2014年衢州市经济发展概况

【经济总量】2014年，衢州市全年实现地区生产总值（GDP）1121.01亿元，按可比价格计算，比上年增长7.4%。其中：第一产业增加值82.60亿元，增长1.3%；第二产业增加值569.07亿元，增长7.2%；第三产业增加值469.34亿元，增长8.7%。在第三产业中：交通运输、仓储及邮政业增加值增长8.1%，批发和零售业增加值增长10.4%，住宿和餐饮业增加值增长10.4%，金融业增加值增长14.0%，房地产业增加值增长2.8%。三次产业增加值结构为7.4：50.7：41.9。全市人均生产总值按户籍人口计算为43972元，合7158美元，比上年增长6.8%；全市人均生产总值按常住人口计算为52778元，合8592美元，比上年增长7.3%。

【农业】2014年，衢州市全年实现农林牧渔业总产值138.74亿元，比上年下降1.0%。

全年农作物播种面积207116公顷，其中：粮食播种面积110458公顷，油料播种面积38425公顷，蔬菜种植面积36766公顷，果用瓜种植面积5230公顷。

全年粮食总产量70.68万吨。油料产量6.50万吨，其中油菜籽产量5.97万吨。蔬菜产量96.29万吨，增长5.1%。食用菌产量15.70万吨，下降8.7%。果用瓜产量14.64万吨，增长2.5%。茶叶产量6570吨，增长5.4%。水果产量87.97万吨，增长6.7%，其中柑桔产量67.55吨，增长5.4%。

【工业和建筑业】2014年年末，衢州市全市共有规模以上工业企业单位1004家，与上年持平，其中：主营业务收入亿元以上的企业281家，比上年增加20家；大中型企业94家，比上年增加1家。

全年全部工业增加值491.73亿元，按可比价格计算比上年增长7.1%。规模以上工业企业全年完成产值1575.37亿元，增长5.7%，其中：重工业1084.18亿元，增长6.0%；轻工业491.20亿元，增长5.0%。实现工业销售产值1520.97亿元，增长4.2%，产销率96.55%，比上年降低1.36个百分点。全年完成工业出口交货值124.63亿元，增长12.6%。

全年建筑业实现增加值77.44亿元，按可比价格计算比上年增长8.1%。全市建筑业企业442家，其中：具有一级资质企业34家，二级资质企业97家。全年建筑业实现总产值405.98亿元，增长9.2%，超亿元产值的企业90家。

【固定资产投资】2014年，衢州市全年完成固定资产投资782.10亿元，比上年增长16.6%。其中：第一产业投资21.75亿元，下降19.1%；第二产业投资357.49亿元，增长12.4%；第三产业投资402.86亿元，增长23.6%。

【科学技术】2014年，衢州市全市拥有国家级高新技术企业107家，市级高新技术企业205家。国有独立研究开发机构11个，企业技术开发机构262个。全年获得市级科技进步奖40项。当年专利申请受理3957项，专利申请授权2891项，其中发明176项。

【国内贸易和对外经济】2014年，衢州市全年实现社会消费品零售总额503.79亿元，比上年增长13.6%。按经营地统计，城镇市场432.86亿元，增长13.6%；乡村市场70.93亿元，增长13.1%。按消费形态统计，批发业81.95亿元，增长14.0%；零售业367.29亿元，增长13.7%；住宿业4.94亿元，增长10.0%；餐饮业49.61亿元，增长12.2%。

全年实现进出口总额44.48亿美元，比上年增长17.8%。其中：出口28.85亿美元，增长20.7%；进口15.63亿美元，增长12.7%。

【交通、邮电和旅游】2014年，衢州市全年完成交通运输、仓储和邮政业增加值37.78亿元，按可比价格计算，比上年增长8.1%。

全年各种运输方式完成货物运输量9201.19万吨，比上年增长7.2%，其中：铁路320.47万吨，下降13.6%；公路8877万吨，增长8.1%；水运3.66万吨，下降0.5%；民航629.8吨，下降18.4%。全年各种运输方式完成旅客运输量5397.33万人，比上年下降2.5%，其中：铁路258.90万人，增长7.0%；公路5112万人，下降2.9%；水运4.36万人，下降27.7%；民航22.07万人，下降0.6%。

全年邮电业务收入16.60亿元，比上年下降6.0%，其中邮政业务收入1.49亿元，增长1.4%；通信业务收入15.11亿元，下降6.2%。全年邮政传送函件1381.25万件，包件5.25万件，累计订销报纸4200.25万份，订销杂志184.15万份。年末全市共有快递企业47家，全年实现业务收入2.80亿元，增长94.9%；快递收件3054.13万件，增长96.9%，其中国际收件3.20万件，增长51.4%；快递派件799.70万件，增长98.3%。年末城乡固定电话用户48.04万户，比上年减少5.95万户。年末移动电话用户280.04万户，增加42.17万户。电话普及率（含移动电话）128.30部/百人，增加19.41部/百人。互联网用户50.6万户（不含手机），增加6.77万户，互联网普及率达到56.1%。

全年旅游总收入240.38亿元，比上年增长21.9%，其中：接待国内旅游者3755.82万人次，增长14.6%，国内旅游收入236.89亿元，增长22.3%；入境的旅游者11.60万人次，下降4.1%，国际旅游外汇收入5695.93万美元，下降1.5%。在入境的旅游者中：外国人4.32万人次，增长1.6%；香港、澳门和台湾同胞7.29万人次，与上年持平。全市拥有星级宾馆饭店37家，客房总数3790间。

【金融和保险】2014年年末，衢州市金融机构本外币存款余额1635.62亿元，比上年末增长9.6%，其中人民币存款余额1624.29亿元，增长9.6%。年末金融机构本外币贷款余额1469.65亿元，增长17.5%，其中人民币贷款余额1454.46亿元，增长17.6%。年末城乡居民本外币储蓄存款余额792.73亿元，增长12.2%。

年末共有保险机构30家，全年保费收入35.43亿元，比上年增长17.0%，其中：寿险保费收入19.52亿元，增长14.1%；财产险保费收入15.91亿元，增长20.8%。支付各类赔款11.38亿元，增长17.5%，其中：寿险业务赔款2.62亿元，增长6.4%；财产险赔款8.76亿元，增长21.3%。

9

2014年舟山市经济发展概况

【经济总量】2014年，舟山市全年实现地区生产总值（GDP）1021.66亿元，按可比价计算，比上年增长10.2%。其中，第一产业增加值100.82亿元，增长5.9%；第二产业增加值430.07亿元，增长11.4%；第三产业增加值490.77亿元，增长10.0%。第一产业增加值占地区生产总值的比重为9.9%，第二产业增加值比重为42.1%，第三产业增加值比重为48.0%，三次产业结构比例更趋协调。按常住人口计算，人均地区生产总值89306元，约14538美元，增长9.9%。

【农业】2014年，舟山市全年农林牧渔业总产值199.48亿元，比上年增长6.2%。其中，渔业总产值182.49亿元，增长6.4%；农业总产值11.03亿元，增长4.2%；林业总产值0.29亿元，下降10.2%；牧业总产值4.66亿元，下降6.2%。

全年农作物播种面积21.04千公顷，比上年下降9.0%。其中，粮食作物播种面积9.27千公顷，下降13.0%。粮食产量4.42万吨，下降14.0%；蔬菜产量13.71万吨，下降4.5%；水果产量7.86万吨，下降3.4%。

【工业和建筑业】2014年，舟山市全市工业总产值1967.62亿元，比上年增长12.4%。规模以上工业总产值1524.29亿元，增长13.0%；工业销售产值1483.99亿元，增长13.2%；工业产销率97.4%。以船舶修造业、石油化工业和水产加工业为主的临港工业发展步伐加快，规上工业中临港工业总产值1255.84亿元，增长15.2%，占规上工业总产值的比重为82.4%。规上船舶修造业总产值762.07亿元，增长14.4%，其中海工装备产值56.1亿元，增长44.4%。规模以上工业中，重工业总产值1199.42亿元，增长14.2%，轻工业总产值324.87亿元，增长8.9%，重轻工业比为79：21。全市规上工业中中型和小型企业实现工业总产值1095.43亿元，增长14.5%，占规上工业的比重达71.9%；年产值超亿元企业173家，比上年增加15家，工业总产值达1431.83亿元，增长15.1%，占规上工业总产值的93.9%。

全年全社会建筑业增加值102.10亿元，按可比价计算，比上年增长10.1%。年末全市具有资质等级的总承包和专业承包建筑业企业142家，实现总产值210.09亿元，增长16.8%；建筑（房屋）施工面积1642.86万平方米，增长4.2%，其中新开工面积410.01万平方米，下降8.4%。

【固定资产投资】2014年，舟山市全年全市固定资产投资961.0亿元，比上年增长28.1%。其中，建筑安装工程投资651.8亿元，增长22.3%；基础设施投资388.6亿元，增长17.8%；民间投资466.9亿元，增长33.2%。

【科学技术】2014年，舟山市全年组织实施各级各类科技项目共552项。其中，国家级32项，省级246项。申请专利3418件，授权专利2088件。其中，申请发明专利1073件，授权发明专利258件。年末全市有高新技术企业45家，省级创新型试点、示范企业10家，省级科技型企业218家，省级农业科技企业76家，省级高新技术研发中心33家，省级农业科技企业研发中心27家。

【国内贸易和对外经济】2014年，舟山市全年全市社会消费品零售总额376.58亿元，比上年增长13.5%，扣除物价因素，实际增长12.9%。分行业看，批发业零售额40.21亿元，增长11.9%；零售业零售额280.59亿元，增长14.7%；住宿业零售额13.70亿元，增长8.4%；餐饮业零售额42.08亿元，增长9.3%。从限额以上批发零售业商品零售类别看，食品、饮料、烟酒类实现零售额19.79亿元，增长26.2%；服装鞋帽针纺织品类实现零售额8.3亿元，增长9.3%；汽车类实现零售额22.35亿元，增长9.7%。全年批发零售业商品销售总额1692.95亿元，增长32.9%；住宿餐饮业营业额82.56亿元，增长16.3%。

全年全市外贸进出口总额（含保税仓库货物）123.35亿美元，比上年下降2.7%。其中，进口总额65.59亿美元，增长8.9%；出口总额57.76亿美元，下降13.2%。全年水产品出口额8.31亿美元，增长3.1%。工业品出口额28.12亿美元，增长7.4%，其中，造船出口额21.24亿美元，增长2.8%。油品出口额21.03亿元，下降34.6%。

【交通、邮电和旅游】2014年，舟山市全市交通运输、仓储和邮政业实现增加值96.88亿元，按可比价计算，比上年增长12.2%。全年水路货运量16662万吨，增长1.8%，水路货运周转量2157.10亿吨公里，增长16.0%；水路客运量2222万人，增长20.8%，水路客运周转量3.87亿人公里，增长3.4%。公路货运量5621万吨，增长3.1%，公路货运周转量112.03亿吨公里，增长2.6%；公路客运量2895万人，下降6.2%，公路客运周转量8.90亿人公里，增长3.3%。普陀山机场全年完成客运量53.84万人，增长12.4%；货邮运量（不包括行李）254.8吨，下降11.0%。年末全社会民用车辆拥有量17.11万辆，比上年末增长6.8%，其中，私人汽车（小型载客汽车）拥有量8.95万辆，增长18.1%。

全年邮电业务收入15.65亿元，比上年下降5.1%。年末全市固定电话用户40.44万户，比上年末下降18.6%；移动电话用户163.88万户，增长4.6%；宽带网用户38.68万户，增长8.7%；年末邮路长度1263公里，增长8.1%。

年末全市有旅行社143家，比上年末增加9家。全市有星级宾馆45家，客房4287间，床位7633张，星级宾馆客房入住率为47.9%。全市有A级景区12个。其中，5A级景区1个，4A级景区2个。全年接待国内外游客共3397.96万人次，比上年增长10.8%。其中，接待国际游客31.58万人次，增长0.2%。从主要景区看，普陀山景区接待游客625.56万人次，增长5.2%；朱家尖景区接待游客482.01万人次，增长12.7%；桃花岛景区接待游客207.73万人次，增长10.4%。全年实现旅游总收入338.44亿元，增长12.8%。

【金融和保险】2014年年末，舟山市全市有各类金融机构62家。其中，银行业机构24家，保险业机构21家，证券业机构6家，小额贷款公司11家。年末金融机构本外币存款余额1624.05亿元，比上年末增长8.5%，其中储蓄存款603.14亿元，增长9.7%；金融机构本外币贷款余额1453.70亿元，比上年末增长9.0%。金融机构融资总量余额2577.38亿元，比年初新增139.7亿元。其中，市内银行融资总量余额1702.3亿元，比年初新增35.2亿元；市外金融机构融资余额875.08亿元，比年初新增104.5亿元。

全年保险公司保费收入22.97亿元，比上年增长5.8%。其中，财产险保费收入10.92亿元，增长7.1%；人身险保费收入12.05亿元，增长4.7%。保险公司赔款支出7.24亿元，增长17.0%；保险公司给付支出1.52亿元，增长5.7%。

10

2014年台州市经济发展概况

【经济总量】2014年，台州市全年实现地区生产总值（GDP）3387.51亿元，按可比价格计算，比上年增长7.5%。其中，第一产业增加值215.62亿元，增长2.1%；第二产业增加值1588.88亿元，增长7.1%；第三产业增加值1583.01亿元，增长8.7%；三次产业结构为6.4：46.9：46.7。全市人均生产总值为56878元，比上年增长7.0%，按年平均汇率折算达9259美元。

【农业】2014年，台州市全市实现农林牧渔业总产值379.34亿元，按可比价格计算，比上年增长2.0%。其中，农业产值134.06亿元，增长2.5%；林业产值6.11亿元，增长1.9%；牧业产值32.44亿元，下降5.0%；渔业产值203.15亿元，增长3.0%；农林牧渔服务业产值3.58亿元，增长3.8%。

全年农作物总播种面积203.55千公顷，比上年增长3.8%。全市粮食作物播种面积96.10千公顷，比上年增长5.6%；全年粮食总产量60.22万吨，比上年增长3.5%，每公顷单产为6266公斤，比上年下降3.2%。全市非粮作物播种面积107.45千公顷，比上年下降1.3%。粮食作物与非粮食作物播种面积的比例为47.2：52.8。全年蔬菜产量188.44万吨，比上年增长3.3%；油料产量1.57万吨，下降4.0%；水果产量126.48万吨，增长3.4%。

【工业和建筑业】2014年，台州市全市实现工业增加值1402.99亿元，按可比价格计算，比上年增长6.9%。全市年主营业务收入2000万元及以上工业企业（以下简称规模以上工业企业）家数为3614家，实现工业增加值831.50亿元，比上年增长6.3%。

全市实现建筑业增加值188.65亿元，按可比价格计算，比上年增长9.2%。资质以上建筑企业完成房屋建筑施工面积18218.14万平方米，比上年增长5.6%；房屋竣工面积6452.71万平方米，增长21.1%。

【固定资产投资】2014年，台州市全市固定资产投资施工项目5547个，其中新开工项目2594个。全年固定资产投资总额1765.93亿元，比上年增长17.1%。其中第一产业完成投资12.06亿元，增长6.5%；第二产业完成投资731.85亿元，增长19.8%；第三产业完成投资1022.02亿元，增长15.4%。固定资产投资中，工业性投资719.98亿元，比上年增长20.0%；基础设施投资439.25亿元，增长33.2%；民间投资1266.79亿元，增长16.3%。

【科学技术】2014年，台州市全市实现规模以上高新技术产业增加值316.32亿元，比上年增长9.1%。全市共有省级企业研究院39家，省级工程技术研究中心和省级重点实验室12家，省级创新型示范（试点）企业54家，国家重点扶持的高新技术企业407家。全年申请专利20570件，比上年增长21.3%；专利授权16134件，比上年增长27.3%，其中发明791件，增长7.3%。全年共签订各类技术合同1022项，技术交易额17.37亿元。

【国内贸易和对外经济】2014年，台州市全市实现社会消费品零售总额1646.32亿元，比上年增长13.6%，比上年提高0.8个百分点，扣除价格因素，实际增长11.9%。其中批发业实现零售额119.19亿元，比上年增长24.3%，零售业实现零售额1348.63亿元，比上年增长12.9%，住宿业实现零售额13.48亿元，增长5.8%，餐饮业实现零售额165.01亿元，增长12.8%。限额以上批发零售企业中，汽车类、石油及制品类商品零售额分别比上年增长15.3%和18.7%。全年网络零售额376.93亿元，比上年增长80.2%。

全年外贸进出口总额220.79亿美元，比上年增长0.9%。其中出口总额193.51亿美元，增长3.4%，进口总额27.28亿美元，下降13.6%。全年外贸企业出口28.83亿美元，下降9.3%；三资企业出口23.57亿美元，下降4.4%；生产企业出口141.12亿美元，增长7.9%。在出口总额中，一般贸易出口178.33亿美元，增长5.4%；加工贸易出口13.67亿美元，下降8.9%。全年机电产品、高新技术产品出口分别增长3.2%和5.3%。2014年我市有进出口实绩企业4923家，比上年增加230家，其中进出口超1000万美元企业有480家，比上年增加18家。出口国家和地区达212个。

【交通、邮电和旅游】2014年，台州市全年交通运输、仓储和邮政业增加值为123.39亿元，比上年增长7.0%。

全年完成货物周转量1471.78亿吨公里，比上年增长3.3%；旅客周转量为77.32亿人公里，比上年增长

3.4%。全年台州港完成货物吞吐量6049万吨，比上年增长7.5%。其中外贸吞吐量817万吨，下降16.4%；完成集装箱吞吐量15.43万标箱，下降7.4%。民航完成旅客吞吐量66.47万人次，货邮吞吐量7410吨，分别比上年增长8.8%和7.2%。全年铁路发送旅客695万人次，比上年增长27.1%。

全市邮电业务收入75.57亿元，比上年下降1.9%。年末国际互联网宽带接入用户167.67万户，移动互联网用户542.75万户，分别比上年末增加16.46万户和39.88万户。年末移动电话用户为758.62万户，城乡固定电话用户为140.55万户。

全年共接待旅游总人数6094.38万人次，比上年增长17.7%，其中接待国内游客6078.85万人次，增长17.7%；实现旅游总收入583.55亿元，比上年增长18.3%，其中国内旅游收入580.53亿元，增长18.3%。神仙居景区成功获批国家公园试点项目，成为全国首批两家国家试点单位之一。全市共有4A级旅游区9个，3A级旅游区19个，2A级旅游区9个。共有星级饭店54家，客房8036间，床位13152张，旅行社145家。

【金融和保险】2014年年末，台州市全市金融机构本外币存款余额5671.03亿元，比上年末增长8.7%，当年新增存款451.30亿元。年末本外币个人存款余额2993.90亿元，比上年末增长7.9%，当年新增218.56亿元。年末金融机构本外币贷款余额5039.37亿元，比上年末增长13.1%，当年新增贷款585.26亿元。年末金融机构本外币存贷比为88.9%，不良贷款率为1.19%。

全年保费总收入112.39亿元，比上年增长16.7%。其中财产险保费收入51.72亿元，人寿险保费收入60.67亿元，分别比上年增长16.0%和17.3%。全年各类赔款、给付支出38.38亿元，比上年增长6.0%。

11

2014年丽水市经济发展概况

【经济总量】2014年，丽水市全年实现地区生产总值（GDP）1051亿元，按可比价计算，比上年增长7.0%。其中，第一产业增加值88.52亿元，第二产业增加值509.41亿元，第三产业增加值453.07亿元，分别比上年增长2.4%、7.0%和7.8%。人均生产总值49424元（按年平均汇率6.1428折算为8046美元），比上年增长6.6%。三次产业增加值结构由上年的8.5:49.0:42.5调整为8.4：48.5：43.1。

【农业】2014年，丽水市全年农作物总播种面积164.29千公顷，比上年下降3.2%，其中粮食播种面积为89.46千公顷，增长3.3%；果用瓜种植面积3.45千公顷，增长8.2%；药材种植面积4.53千公顷，增长31.6%；油料种植面积9.78千公顷，下降0.7%；蔬菜种植面积46.89千公顷，增长2.4%；花卉苗木面积1.23千公顷，下降5.3%。全年粮食总产量为49.37万吨，增长3.7%。

【工业和建筑业】2014年，丽水市全年规模以上工业增加值357.98亿元，比上年增长5.3%。规模以上工业销售产值1765.48亿元，增长2.7%，其中出口交货值158.73亿元，增长6.3%，出口交货值占销售产值的比重为9.0%，比上年提高0.3个百分点。规模以上工业企业产品销售率94.8%，比上年下降1.4百分点。实现利润总额132.28亿元，下降1.5%。

全年建筑业增加值71.3亿元，比上年增长10.1%。资质以上建筑企业完成总产值243.59亿元，增长17.0%，实现利润总额9.15亿元，增长10.1%。

【固定资产投资】2014年，丽水市全年固定资产投资665.08亿元，比上年增长16.6%。非国有投资404.47亿元，增长20.3%，占固定资产投资的60.8%，其中民间投资400.08亿元，增长19.8%，占固定资产投资的60.2%。

在固定资产投资中，第一产业投资17.56亿元，比上年增长28.2%；第二产业投资188.93亿元，增长2.5%，其中工业投资184.76亿元，增长1.0%；第三产业投资458.59亿元，增长23.2%。

【科学技术】2014年，丽水市全年新增国家重点支持高新技术企业49家，高新技术企业认定新政策出台后，累计获批高新技术企业177家。全年省级新产品214个，国家、省创新基金项目13个。全年规模以上工业科技活动经费支出8.1亿元，比上年增长7.7%。购置技术成果费用2598万元，下降18.9%。

【国内贸易和对外经济】2014年，丽水市全年社会消费品零售总额476.35亿元，比上年增长13.2%。其中，城镇消费品零售额390.67亿元，乡村消费品零售额85.68亿元，分别增长12.9%和14.4%。分行业看，批发零售业零售额420.76亿元，增长13.5%；住宿餐饮业零售额55.59亿元，增长11.2%。全市限额以上社会消费品零售总额169.16亿元，增长13.3%。

全年进出口总额29.08亿美元，比上年增长12.8%。其中，出口26.37亿美元，增长11.1%；进口2.71亿美元，增长32.5%。

【交通、邮电和旅游】2014年，丽水市全年交通运输、仓储和邮政业增加值35.62亿元，比上年增长5.0%。全市公路货物周转量70.95亿吨公里，比上年下降0.3%；公路旅客周转量22.20亿人公里，下降11.4%。铁路客运量92.49万人，货运量110.73万吨（见表6）。

全年邮政行业业务收入5.51亿元，比上年增长25.0%，其中快递业务收入3.28亿元，增长39.2%。邮政行业业务总量8.80亿元，增长50.8%，其中快递3561.2万件，增长62.1%。电信业务收入18.13亿元，下降4.1%。年末固定电话用户（含小灵通）达46.68万户，年末移动电话用户289.26万户；固定电话、移动电话普及率分别为21.9部/百人和135.7部/百人。全年新增互联网用户（含宽带用户）6.36万户，年末总量达51.37万户，比上年末增长14.1%。

全年共接待国内旅游者5456.59万人次，比上年增长20.1%。入境旅游者29.83万人次，增长15.7%，其中：接待外国游客26.82万人次，增长14.9%；香港游客0.55万人次，增长25.7%；澳门游客0.44万人次，增长21.1%；台湾游客2.03万人次，增长22.6%。实现旅游总收入339.58亿元，增长27.5%，其中国内旅游收入294.99亿元，增长29.2%；旅游外汇收入7.26亿美元，增长18.5%。

【金融和保险】2014年年末，丽水市金融机构本外币各项存款余额1858.36亿元，比上年末增长10.5%，其中人民币存款余额1741.81亿元，增长9.9%。金融机构本外币各项贷款余额1420.56亿元，比上年末增长9.0%，其中人民币贷款余额1404.49亿元，增长9.2%。年末本外币个人存款余额1048.95亿元，比上年末增长10.9%。

全年保险业实现保费收入32.88亿元，比上年增长16.6%。其中，财产险业务保费收入14.62亿元，增长13.0%；人身险业务保费收入18.26亿元，增长19.7%。支付各类赔款及给付11.08亿元，增长23.7%，其中：人身险业务赔款2.37亿元，增长14.1%；财产险业务赔款8.71亿元，增长26.7%。

安徽省

| 合肥市 | 芜湖市 | 蚌埠市 | 淮南市 | 马鞍山市 | 淮北市 | 铜陵市 | 安庆市 |
| 黄山市 | 滁州市 | 阜阳市 | 宿州市 | 六安市 | 亳州市 |

1

2014年合肥市经济发展概况

【经济总量】2014年，合肥市全年实现地区生产总值（GDP）5157.97亿元，按可比价格计算，比上年增长10.0%。其中，第一产业增加值257.63亿元，增长4.8%；第二产业增加值2872.01亿元，增长11.4%；第三产业（服务业）增加值2028.33亿元，增长8.5%。三次产业结构为5.0∶55.7∶39.3，其中工业增加值占GDP比重由上年43.9%提高到44.5%。按常住人口计算，人均GDP为67394元，比上年增加5839元，折合美元首次超过1万美元，达到10971美元。

【农业】2014年，合肥市全年农作物总播种面积为75.14万公顷，比上年增长1.1%。其中，粮食作物49.24万公顷，增长1.5%；棉花3.26万公顷，与上年持平；蔬菜8.67万公顷，增长9.0%；瓜果2.45万公顷，增长2.4%；油料10.94万公顷，下降5.4%。

全年粮食总产量312.25万吨，比上年增长4.2%。其中，稻谷248.38万吨，增长3.9%；小麦47.53万吨，增长4.9%。棉花产量3.16万吨，下降2.7%。蔬菜产量200.37万吨，增长10.6%。瓜果产量61.70万吨，增长4.7%。油料产量31.84万吨，下降0.9%。

【工业和建筑业】2014年年末，合肥市规模以上工业企业2306户，全年工业总产值8447.84亿元，产值超亿元企业1073户，比上年增加53户，其中超100亿元企业11户。规模以上工业增加值2126.59亿元，比上年增长12.3%。其中，轻、重工业分别增长3.0%和18.2%；国有控股企业增长5.3%，集体企业下降37.7%，股份制企业增长7.7%，外商及港澳台商投资企业增长24.8%。

全年建筑业增加值578.10亿元，比上年增长8.6%。纳入统计范围的具有建筑业资质等级的总承包和专业承包建筑施工企业856户，比上年增加16户。房屋建筑施工面积19466.24万平方米，比上年增长9.1%。房屋竣工面积6293.31万平方米，增长0.2%。年末建筑业从业人员76.34万人，比上年下降7.8%。企业劳动生产率38.5万元/人，增长34.2%。

【固定资产投资】2014年，合肥市全年全社会固定资产投资5385.17亿元，比上年增长18.1%。其中，民间投资3343.94亿元，增长24.3%；城市基础设施投资896.12亿元，增长16.9%。分产业看，第一产业投资96.41亿元，增长38.9%；第二产业投资1953.27亿元，增长12.9%；第三产业投资3335.50亿元，增长20.9%。

分行业看，工业投资1910.10亿元，增长12.6%；现代服务业投资1448.24亿元，增长20.4%。

【科学技术】2014年，合肥市全年有9项科技成果获国家科技奖，其中国家自然科学二等奖1项，科技进步一等奖1项、二等奖4项，技术发明二等奖3项。全年受理专利申请25393件，其中发明专利12929件，比上年增长68.5%；授权专利12722件，其中发明专利1891件，增长22.2%。共签订各类技术合同5225项，成交金额90.5亿元，比上年增长30.4%。

【国内贸易和对外经济】2014年，合肥市全年社会消费品零售总额1666.75亿元，比上年增长12.9%。按经营地统计，城镇消费品零售额1461.11亿元，增长13.2%；乡村消费品零售额205.64亿元，增长11.1%。按消费形态统计，商品零售额1559.33亿元，增长13.0%；餐饮收入107.42亿元，增长12.9%。

全年进出口总额200.87亿美元，比上年增长10.5%。其中，出口127.14亿美元，增长5.2%；进口75.73亿美元，增长20.4%。加工贸易出口额58.57亿美元，增长91.9%。机电产品出口额54.86亿美元，下降6.6%。高新技术产品出口额30.59亿美元，增长10.6%。

【交通、邮电和旅游】2014年，合肥市全年交通运输、仓储和邮政业增加值200.27亿元，比上年增长7.9%。旅客运输量2.01亿人，比上年增长10.1%。货物运输量4.22亿吨，比上年增长11.1%。

全年邮电业务总量123.94亿元，比上年增长24.2%。其中，电信业务总量100.04亿元，增长18.4%；邮政业务总量23.90亿元，增长56.6%。年末本地固定电话用户171.05万户，比上年减少8.26万户。其中，城市119.39万户，减少0.97万户；农村51.67万户，减少7.29万户。移动电话用户781.89万户，增加69.67万户。基础电信运营企业计算机互联网接入用户111.42万户，增加8.43万户。

全年入境旅游人数40.09万人次，比上年增长3.0%；旅游外汇收入2.82亿美元，增长12.8%。国内游客6534.84万人次，增长9.8%；国内旅游收入774.32亿元，增长52.1%。年末全市有星级饭店69家，其中五星级11家、四星级20家；A级及以上旅游景点（区）46家。

【金融和保险】2014年年末，合肥市金融机构本外币各项存款余额9269.58亿元，比上年末增加940.21亿元，增长11.3%。其中，单位存款6057.53亿元，增长14.6%；储蓄存款余额2555.82亿元，增长7.8%。金融机构本外币各项贷款余额8666.79亿元，比上年末增加1220.75亿元，增长16.4%。其中，短期贷款余额1931.24亿元，下降6.3%；中长期贷款余额6190.55亿元，增长21.7%。

全年保险公司保费收入126.06亿元，比上年增长15.2%。其中，财产险保费收入62.84亿元，增长20.2%；人身险保费收入63.22亿元，增长10.6%。支付各类赔款及给付49.37亿元，比上年增长6.6%。其中，财产险赔款与给付32.15亿元，增长11.9%；人身险赔款与给付17.22亿元，下降2.0%。

2

2014年芜湖市经济发展概况

【经济总量】2014年，芜湖市全年实现地区生产总值（GDP）2307.90亿元，比上年增长10.7%。其中，第一产业增加值136.20亿元，增长4.8%；第二产业增加值1516.02亿元，增长11.1%；第三产业增加值655.68亿元，增长10.8%。按常住人口计算，人均生产总值63996元，比上年增长9.3%，按年末汇率折算为10459美元。三次产业增加值比例由上年的6.1∶66.1∶27.8调整为5.9∶65.7∶28.4。

【农业】2014年，芜湖市全年粮食种植面积204715公顷，油料种植面积51994公顷，棉花种植面积37673公顷。粮食产量138.43万吨，比上年增产4.3%；油料产量13.70万吨，增产3.8%；棉花产量4.63万吨，减产14.7%；蔬菜产量143.80万吨，增产6.2%。肉类产量15.57万吨，增长1.8%；水产品产量16.74万吨，增长3.1%（参见附表）。当年完成造林面积15199公顷。新增无公害农产品认证23个，绿色食品认证64个，有机食品认证2个，农产品地理标志2个。超级杂交稻推广面积75.3万亩。年末拥有省级及以上农业产业化龙头企业55家。

【工业和建筑业】2014年，芜湖市全年年主营业务收入2000万元以上工业企业（以下简称规模以上工业）实现增加值1404.77亿元，比上年增长12.3%。其中，国有及国有控股企业实现增加值341.47亿元，增长7.6%；股份制企业实现增加值1011.3亿元，增长12.5%；外商及港澳台商投资企业实现增加值253.22亿元，增长13.0%。轻工业增加值379.08亿元，增长8.8%；重工业增加值1025.68亿元，增长13.6%。工业产品销售率达到97.9%。

年末具有资质等级的总承包和专业承包建筑业企业229家。全年完成总产值408.72亿元，比上年增长6.5%。全年房屋建筑施工面积2713.35万平方米，比上年增加320.38万平方米；房屋建筑竣工面积1064.70万平方米，比上年增加61.52万平方米。

【固定资产投资】2014年，芜湖市全年完成固定资产投资2392.64亿元，比上年增长17.2%；新增固定资产1468.72亿元。本年项目建成投产率61.4%，固定资产交付使用率61.4%。固定资产投资中，第一产业投资66.79亿元，增长40.7%；第二产业投资1174.39亿元，增长16.6%，其中工业投资1153.77亿元，增长15.9%；第三产业投资1151.46亿元，增长16.7%，其中房地产开发投资479.01亿元，增长7.4%。

【科学技术】2014年年末，芜湖市全市拥有省级及以上工程（技术）研究中心72个，其中国家级4个，新增省级13个；省级及以上企业技术中心123个，其中国家级10个，新增国家级2个，省级13个。省级及以上重点（工程）实验室16个；省级及以上质检中心5个，其中国家级2个，国家特种电线电缆产品质检中心通过国家验收。院士工作站18个，新增6个。拥有高新技术企业401家，其中当年新认定80家；拥有省级高新技术产品793个，其中当年新认定355个。省级以上创新型（试点）企业73家，其中新增和升级共35家；国家创新型企业2家。芜湖新能源汽车产业创新型产业集群被认定为全国第二批创新型产业集群试点。各类科技企业孵化器16家，面积达39.6万平方米，其中国家级孵化器2个。芜湖大学科技园被国家科技部认定为国家级科技企业孵化器。全年组织实施各类科技计划项目284项，其中国家项目79个；全年共登记各类科技成果134项，其中省部级以上124项；获各类科技奖54项，其中省级以上20项。专利申请量17066件，其中发明专利9364件；专利授权量8934件，其中发明专利853件。万人有效发明专利拥有量8.57件。拥有中国驰名商标24件，当年新认定华亚（塑胶）、馨源（海绵）2件商标；省着名商标227件，当年新认定（包括再认定）63件。中国名牌产品7个，省级名牌产品（含服务名牌）169个。

【国内贸易和对外经济】2014年，芜湖市全年实现社会消费品零售总额632.71亿元，比上年增长13.4%。分区域看，城镇零售额572.67亿元，增长13.4%；乡村零售额60.04亿元，增长13.6%。分行业看，批发和零售业零售额552.21亿元，增长13.6%；住宿和餐饮业零售额80.54亿元，增长12.0%。

全年实现进出口总额64.47亿美元，比上年增长18.8%。其中，进口总额14.73亿美元，下降1.7%；出口总额49.74亿美元，增长26.6%。从出口产品类别看，机电产品出口额35.42亿美元，占出口总额的71.2%。从产品出口地区看，对欧洲出口7.51亿美元，占出口总额的15.1%；对亚洲出口26.04亿美元，占出口总额的52.4%；对北美出口8.87亿美元，占出口总额的17.8%。

【交通、邮电和旅游】2014年，芜湖市全年交通运输、仓储和邮政业实现增加值91.77亿元，比上年增长8.7%。

全年公路客运量7439万人，比上年增长13.0%；公路货运量12078万吨，增长11.3%。铁路客运量495.71万人，增长3.0%；铁路货运量156.66万吨，增长9.8%。水路货运量19005万吨，增长0.3%。港口货物吞吐量1.08亿吨，增长16.5%，其中外贸货物吞吐量224.32万吨，增长18.1%；港口集装箱吞吐量40.26万标准箱，增长39.9%。年末，民用汽车拥有量28.47万辆，比上年增长3.2%，其中私人汽车拥有量26.67万辆，增长18.6%。民用船舶拥有量4146艘。公路里程9551公里，其中等级公路9156公里。在等级公路中，高速公路144公里，一级公路221公里，二级公路578公里。

全年邮电业务总量35.07亿元，比上年增长8.9%，其中，邮政业务总量2.62亿元，增长4.3%；电信业务总量32.45亿元，增长9.3%。年末本地固定电话用户61.28万户，比上年减少9.34万户；移动电话305.72万户，新增31.35万户，其中3G移动电话用户为140.54万户，新增34.64万户。年末计算机互联网用户达到62.50万户，新增3.57万户。

全年接待国内外各类游客2811.58万人次，其中接待国内游客2785.28万人次。实现旅游业总收入313.78亿元，其中国际旅游收入16069万美元。年末共有旅行社65家；星级饭店32家，其中三星级及以上26家；A级及以上旅游景点（区）27处，其中4A级及以上7处。成功举办各类会展65个。

【金融和保险】2014年年末，芜湖市金融机构本外币存款余额2322.95亿元，比年初增加146.98亿元，其中，单位存款1124.45亿元，比年初增加14.50亿元；个人存款1159.14亿元，比年初增加125.79亿元。金融机构本外币贷款余额2182.60亿元，比年初增加232.56亿元，其中，短期贷款706.84亿元，比年初减少46.57亿元；中长期贷款1216.82亿元，比年初增加196.19亿元。年末外汇存款余额130656万美元，比年初增加

52638万美元；外汇贷款余额25272万美元，比年初减少43372万美元。社会融资总量4677.68亿元，比年初增加586.74亿元。全市完成直接融资201.73亿元。

全年，实现保费收入35.64亿元，比上年增长18.1%。其中，人身险19.84亿元，增长19.7%；财产险15.81亿元，增长17.6%。赔款及给付支出14.50亿元。其中，人身险5.74亿元，财产险8.76亿元。

3

2014年蚌埠市经济发展概况

【经济总量】2014年，蚌埠市全年实现地区生产总值（GDP）1108.44亿元，按可比价格计算，比上年增长10.1%。分产业看，第一产业增加值182.05亿元，增长5.1%；第二产业增加值572.25亿元，增长12.0%；第三产业增加值354.14亿元，增长9.4%。三次产业结构由上年的17.1：51.2：31.7调整为16.4：51.6：32.0，其中工业增加值占GDP的比重为45.9%，比上年提高0.6个百分点。人均GDP34222元（折合5571美元），比上年增加2740元。

【农业】2014年，蚌埠市全年粮食作物种植面积47.02万公顷，其中，小麦面积24.01万公顷，稻谷面积11.04万公顷。油料种植面积6.49万公顷。棉花种植面积0.90万公顷。蔬菜种植面积6.83万公顷。

全年粮食产量275.51万吨，比上年增加11.91万吨，增长4.5%，连续十一年丰收。油料产量40.50万吨，增长6.8%。棉花产量1.56万吨，下降27.4%。蔬菜产量263.55万吨，增长4.9%。水果产量104.45万吨，增长2.4%。

【工业和建筑业】2014年年末，蚌埠市全市规模以上工业企业达768户，比上年净增66户。全年规模以上工业增加值增长12.8%，其中轻、重工业分别增长9.3%和16.1%。

全年全社会建筑业增加值63.50亿元，比上年增长7.6%。具有资质等级建筑企业完成产值397.79亿元，增长18.3%。房屋建筑施工面积2852.08万平方米，增长14.2%；房屋竣工面积953.92万平方米，增长11.9%。

【固定资产投资】2014年，蚌埠市全年完成固定资产投资1244.18亿元，比上年增长17.3%。分产业看，第一产业投资增长24.5%，第二产业投资增长13.0%，第三产业投资增长20.0%。分行业看，工业投资增长10.8%。三产中的房地产业增长18.0%，批发和零售业增长16.9%，教育业增长36.0%。

【科学技术】2014年，蚌埠市全年新认定高新技术企业44家，创新型企业8家，高新技术企业总数达185家。新认定高新技术产品和重点新产品103项。高新技术产业产值同比增长26.7%，达777.8亿元。全市有国家重点（工程）实验室3个，省级（含重点）实验室14个。有省级以上工程（技术）研究中心60家，其中国家级3家。有国家级高新技术产业开发区1个。

全年发明专利申请量4408件，同比增长21.0%，发明专利授权量529件，同比增29.0%。共签订各类技术合同475项，技术市场合同交易额15.72亿元，比上年增长25.2%。万人发明专利拥有量达3.7件/万人，增长47.0%。全年共新建省级以上工程技术研究中心28家。

【国内贸易和对外经济】2014年，蚌埠市全年社会消费品零售总额481.50亿元，比上年增长13.7%。按经营单位所在地分，城镇消费品零售额423.23亿元，增长13.9%；乡村消费品零售额58.28亿元，增长12.6%。按消费形态分，商品零售435.29亿元，增长14.4%；餐饮收入46.22亿元，增长8.3%。按单位规模分，限额以上企业（单位）零售额230.51亿元，增长16.3%；限额以下企业（单位）零售额250.99亿元，增长6.6%。

全年进出口总额20.80亿美元，比上年增长21.7%。其中，出口16.23亿美元，增长30.4%；进口4.58亿美元，下降1.5%。

【交通、邮电和旅游】2014年，蚌埠市全年交通运输、仓储和邮政业增加值41.09亿元，比上年增长8.5%。

全年铁路旅客发送量766.30万人次，比上年增长9.3%；货运发送量97.69万吨，下降26.1%。全年公路旅客发送6614.31万人次，增长8.8%；公路货运发送量24221.00万吨，增长11.0%

全年实现旅游总收入130.39亿元，比上年增长14.1%，接待国内游客2220.02万人次，接待入境游客6.04万人次。全市星级饭店（宾馆）19个。旅行社41家，分社10家。A级旅游景区38个，其中，4A级旅游景区5个，3A级旅游景区10个，2A级旅游景区23个。

全年邮电业务总量22.92亿元，比上年增长7.5%。年末全市固定电话用户数48.18万户，比上年下降8.1%；移动电话用户数243.82万户，比上年增长2.9%。

【金融和保险】2014年年末，蚌埠市全市金融机构各项存款余额（人民币口径，下同）1433.46亿元，比上年末增加174.87亿元，增长13.9%，其中城乡居民储蓄存款余额为681.86亿元，增长12.9%。金融机构各项贷款余额1003.22亿元，比上年末增加191.89亿元，增长23.8%。其中，短期贷款余额407.36亿元，增长16.1%；中长期贷款余额555.51亿元，增长31.2%，中长期贷款中个人贷款余额266.37亿元，增长30.1%。

全年实现保费收入30.58亿元，比上年增长27.9%。其中，财产保险保费收入12.35亿元，增长25.2%；人身保险保费收入18.23亿元，增长29.8%。年末，全市保险公司已达34家。

4

2014年淮南市经济发展概况

【经济总量】2014年，淮南市全年实现地区生产总值（GDP）789.3亿元，按可比价格计算，比上年下降0.4%。其中，第一产业增加值69.5亿元，增长4.7%；第二产业增加值453.2亿元，下降4.0%；第三产业增加值266.6亿元，增长7.5%。三次产业结构由上年的8.1∶62.0∶29.9调整为8.8∶57.4∶33.8，其中工业增加值占GDP的比重为49.3%。全社会劳动生产率57134元/人。人均GDP达33361元（折合5431美元）。

【农业】2014年，淮南市全年粮食种植面积20.7万公顷，比上年增长1.5%；棉花种植面积912公顷，下降0.1%；油料种植面积4900公顷，增长1.8%；蔬菜种植面积2.8万公顷，增长3.8%。

全年粮食总产量139.4万吨，比上年增长4.1%，其中夏粮产量63.8万吨，增长4.7%；秋粮产量75.6万吨，增长3.6%。油料产量1.6万吨，增长3.3%；棉花产量1829.3吨，下降0.9%。

【工业和建筑业】2014年年末，淮南市全市规模以上工业企业637户。全年实现规模以上工业增加值403.0亿元，比上年下降5.8%，轻、重工业增加值比例由上年7.1∶92.9变化为8.5∶91.5。

全年全社会建筑业增加值64.0亿元，比上年增长3.8%。年末资质内建筑企业106户。其中大型企业1户，与上年末相比持平；中型企业16户，比上年增加1户；小型企业41户，比上年增加3户。房屋建筑施工面积360万平方米，比上年减少51.9万平方米；房屋竣工面积245.7万平方米，增加51.6万平方米。全年实现税收2.7亿元，增长18.7%；利润2.5亿元，下降12.3%。

【固定资产投资】2014年，淮南市全年固定资产投资755.3亿元，比上年下降5.7%。其中：民间投资357.1亿元，下降6.1%。分产业看，第一产业投资54.0亿元，增长23.2%；第二产业投资314.7亿元，下降6.2%；第三产业投资386.6亿元，下降8.3%。分行业看，工业完成投资302.3亿元，下降9.5%。其中煤炭开采和洗选业完成投资49.5亿元，下降27.0%；电力行业完成投资66.1亿元，下降15.3%；制造业完成投资179.7亿元，下降0.8%。

【科学技术】2014年年末，淮南市共有高新技术企业80家，全年高新技术企业实现总收入125.3亿元。高新技术产品293个。科研机构72个。科技人员17600人。全年专利申请量3062件，比上年下降14.6%；专利授权量2072件，增长19.4%。全年共取得省部级以上鉴定的科技成果33项；获得省科技进步奖一等奖2项，二等奖2项，三等奖6项。

【国内贸易和对外经济】2014年，淮南市全年实现社会消费品零售总额316.3亿元，比上年增长9.0%。分城乡看，城镇实现零售额273.5亿元，增长9.4%；乡村实现零售额42.8亿元，增长7.0%。分行业看，批发和零售业实现零售额281.2亿元，增长9.1%；住宿和餐饮业实现零售额35.1亿元，增长8.0%。

全年外贸进出口总额44694万美元，比上年下降11.5%。其中出口35662万美元，下降12.2%；进口9032万美元，下降8.3%。

【交通、邮电和旅游】2014年，淮南市全年旅客运输量4647.9万人，货物运输量21041万吨，分别比上年增长17.1%和14.7%。公路客运周转量22.6亿人公里，增长14.8%；公路货运周转量261.9亿吨公里，增长12.9%；水路货运周转量198亿吨公里，增长260%；港口吞吐量2034万吨，增长25.9%。

全年完成邮电业务总量16.86亿元，比上年增长0.5%。其中，邮政业务总量1.24亿元，增长3.3%；电信业务总量15.62亿元，增长0.3%。全市获得《快递业务经营许可证》的企业有13家，全年完成快递业务量365.2万件；快递业务收入5462.2万元，同比增长67.1%。年末电话交换机容量277.1万门；固定电话用户33.5万户；移动电话用户170.8万户，其中3G移动电话用户52万户，4G移动电话用户10.6万户。城市家庭每百户拥有固定电话49部，同比减少7%；拥有移动电话229部，同比增长10.5%；农村家庭每百户拥有固定电话34

部，同比减少7.6%；拥有移动电话196部，同比增长7.4%。年末计算机互联网用户36.6万户，增长13%。

全年接待国内外游客1300万人次，增长9.2%。其中：接待入境国际游客3.5万人次，增长5.6%。旅游总收入75.4亿元，比上年增长12.7%。其中，国际旅游收入2030.4万美元，增长5.9%。全市星级饭店32家，星级饭店客房2665间。年末全市共有6个4A级旅游景区。

【金融和保险】2014年，淮南市全年社会融资规模145.2亿元，比上年减少58.2亿元。年末全市金融机构人民币各项存款余额1228.7亿元，比年初增加18.9亿元，增长1.6%。其中，单位存款500.5亿元，比年初减少24亿元，下降4.6%；城乡居民储蓄存款691亿元，比年初增加39.4亿元，增长6%。金融机构人民币各项贷款余额为896.2亿元，比年初增加16.2亿元，增长1.8%。其中，短期贷款306亿元，比年初减少74.3亿元，下降19.5%；中长期贷款517.4亿元，比年初增加64.4亿元，增长14.2%。

全年保险公司保费收入30.1亿元，比上年增长17.0%，其中财险保费收入9.1亿元，增长19.0%；人身险保费收入21亿元，增长16.1%。全年赔付支出10.3亿元，下降27.1%，其中财险赔付支出4.8亿元，增长14.2%；人身险赔付支出5.5亿元，下降44.4%。

5

2014年马鞍山市经济发展概况

【经济总量】2014年，马鞍山市全年实现地区生产总值（GDP）1357.41亿元，按可比价格计算，比上年增长9.7%。其中，第一产业增加值83.66亿元，增长4.5%；第二产业增加值859.59亿元，增长10.7%；第三产业增加值414.16亿元，增长7.9%。

【农业】2014年，马鞍山市全年完成农业总产值138.6亿元，比上年增长4.5%。全市粮食作物种植面积为15.51万公顷，比上年扩大1%，粮食作物和经济作物之比由上年的1.87∶1上升到2∶1。粮食产量实现“十一连增”，达106.26万吨，增长4.4%；蔬菜产量67.98万吨，增长0.3%。油料、棉花等主要经济作物产量因种植面积下降而有所减少；其中，油料产量下降6.7%，棉花产量下降18.1%。

【工业和建筑业】2014年，马鞍山市全年完成规模以上工业增加值625.82亿元，扣除价格变动因素，比上年增长11.9%。县区、开发园区工业生产快速增长，其中，三县规模以上工业增加值增长16.8%；三区规模以上工业增加值增长12.5%，开发区及新区规模以上工业增加值增长16.1%。

全年实现建筑业增加值82.7亿元，按可比价格计算，比上年增长6.3%。全市房屋建筑施工面积2152.55万平方米，房屋竣工面积870.28万平方米。

【固定资产投资】2014年，马鞍山市全年完成固定资产投资1674.74亿元，比上年增长17%。其中，房地产开发投资245.58亿元，下降4%。

工业投资增幅较高。全年第一产业完成投资35.19亿元，比上年增长7.2%。第二产业完成投资795.75亿元，增长20.7%；其中，工业投资完成792.72亿元，增长20.6%；工业投资占全市投资的比重达47.3%，比上年提升1.4个百分点。第三产业完成投资843.8亿元，增长14.1%。

【科学技术】2014年，马鞍山市全年专利申请量6231件，比上年增长17.1%。承担实施省级以上科技计划项目74项。市级工程技术研究中心36家，市级重点实验室16家。新增院士工作站2家，新引进高层次科技人才团队6家。

全年高新技术产业产值780亿元，比上年增长11.3%。大力培育发展高新技术企业、高新技术产品，高新技术企业达213家，高新技术产品1049个。民营科技企业达439家，技工贸总收入120亿元

【国内贸易和对外经济】2014年，马鞍山市全年实现社会消费品零售总额340.34亿元，比上年增长13.3%。分地区看，城市市场与农村市场同步发展，城镇和乡村市场分别实现零售额314.44亿元和25.9亿元，分别增长13.3%和13.4%。分行业看，批发零售业实现零售额296.82亿元，增长13.4%；其中，限额以上企业实现零售额142.42亿元，增长12%。住宿餐饮业实现零售额43.52亿元，增长12.9%；其中，限额以上企业实现零售额6.07亿元，增长0.2%。

全年实现进出口总额29.72亿美元，比上年下降18.1%。其中，进口总额17.26亿美元，下降23.1%；出口总额12.46亿美元，下降10.0%。中小企业完成进出口总额13.47亿美元，下降11.9%；其中，进口总额5.72亿美元，增长30.6%；出口总额7.75亿美元，下降29%。

【交通、邮电和旅游】2014年，马鞍山市全年铁路旅客发送量109万人，铁路货运发送量297万吨。港口货物吞吐量8100万吨，比上年增长8.2%；集装箱吞吐量11.45万标箱，增长61.9%。郑蒲港一期工程开港运行；马鞍山港慈湖综合码头、天顺港集装箱堆场等项目开工建设。宁安城际铁路马鞍山段、合福铁路含山段加快建设。205国道改造南段、226省道改造一期建成。裕溪河大桥建成通车；马滁高速、206省道改造积极推进。

全年完成邮电业务收入17.31亿元，比上年增长1.9%。年末固定电话用户45.7万户，其中，城市电话用户22.5万户。年末移动电话用户173.67万户，年末宽带用户38.35万户。

全年旅游业总收入142.5亿元，比上年增长14.7%；其中，国际旅游外汇收入0.75亿美元，增长10%。全年共接待海外旅游者11.02万人次，增长8.6%。年末星级饭店20家；其中，五星级2家，四星级6家，三星级9家。现有A级景区23处，其中，4A级景区3处。

【金融和保险】2014年年末，马鞍山市全市金融机构本外币存款余额1475.62亿元，比年初增加27.77亿元；其中，单位存款余额635.18亿元，比年初减少20.4亿元。年末金融机构本外币贷款余额1103.34亿元，比年初增加102.27亿元；其中，短期贷款368.85亿元，比年初减少64.44亿元。中长期贷款588.07亿元，比年初增加116.25亿元。

全市各类保险机构20家。全年保费总收入27.48亿元，比上年增长18.9%；其中，财产险保费收入10.82亿元，增长20.1%；人身险保费收入16.66亿元，增长18.1%。

6

2014年淮北市经济发展概况

【经济总量】2014年，淮北市全市实现地区生产总值（GDP）747.5亿元，按可比价格计算，增长9.6%。其中，第一产业增加值60.1亿元，增长4.9%；第二产业增加值497.8亿元，增长10.6%；第三产业增加值189.6亿元，增长8%。三次产业结构比例为8.0：66.6：25.4，与上年相比，一产比重下降0.1个百分点，二产比重下降0.6个百分点，三产比重提高0.7个百分点。人均生产总值34758元，比上年增加1762元；按年均汇率折算为5658美元。

【农业】2014年，淮北市全年实现农林牧渔业总产值101亿元，按可比价格计算，比上年增长4.8%。其中，农业总产值57.4亿元，增长3.9%；林业总产值3.3亿元，下降1.8%；牧业总产值33.2亿元，增长6.6%；渔业总产值4.4亿元，增长0.7%；农林牧渔服务业总产值2.8亿元，增长17.3%。

【工业和建筑业】2014年，淮北市全年完成工业增加值460.4亿元，比上年增长11.1%，工业占GDP的比重达到61.6%，对全市经济增长的贡献达到73%，拉动全市GDP增长7个百分点。全年新增规模以上工业企业110家，总数达到739家；规模以上工业增加值增长11.2%。36个行业中33个行业实现增长，其中煤炭行业增长0.3%，电力行业增长30.3%，炼焦行业增长0.8%；机械制造、食品、纺织服装和建材业分别增长21.2%、12.8%、17.7%和15.9%。非煤工业占全市工业增加值比重达到64%，比上年提高6.4个百分点；增长17.7%，对全市规模以上工业增加值增长的贡献率达到90.9%，拉动全市工业增长10.2个百分点。全市163家规模以上战略性新兴产业实现产值404.7亿元，比上年增长20.2%；占全市工业总产值比重的22.1%，比上年提高1.7个百分点；56家规模以上高新技术企业累计实现增加值119亿元，增长18%。

年末全市资质内总承包和专业承包建筑业企业49家，从业人员32013人；全年完成建筑业总产值65.5亿元，下降13.9%；实现工程结算收入67.1亿元，下降13.9%，竣工产值28.7亿元，下降50.2%；建筑业劳动生产率20.5万元/人。全年房屋建筑施工面积301.2万平方米，竣工房屋面积141.2万平方米。

【固定资产投资】2014年，淮北市全年累计完成固定资产投资840.8亿元，增长20%。其中，项目投资688.4亿元，增长21.5%；房地产投资152.4亿元，增长13.7%。从三次产业看，第一产业投资17.5亿元，增长41.7%；第二产业投资506.2亿元，增长25.8%；第三产业投资317.1亿元，增长11%。从工业投资看，全市工业完成投资500.7亿元，增长24.4%，占全市投资总量的比重为59.5%，对全市投资贡献率达到70.1%，拉动全市投资增长14个百分点。其中，采矿业投资36.6亿元，增长38.0%，制造业投资427.9亿元，增长27.5%，电力、燃气和水的生产供应业投资36.1亿元，下降10.3%。

【科学技术】2014年，淮北市全年新增科技型企业31家，国家高新技术企业25家，省创新型试点企业11家，省级知识产权管理规范企业3家。11个产品获省重点新产品，47个产品获批省级高新技术产品。全年高新技术产业总产值达到458.3亿元，增长20.2%，总量和增速分别居全省第8位和第4位。新增省级工程技术研究中心5家。全年共争取省级以上科技计划项目18项，争取科技经费0.19亿元。其中，国家级重大科技项目立项6项，争取项目经费169万元。相邦复合材料创新团队列入省高层次科技人才团队计划。龙湖高新区获批设立省级“留学人员创业园”。杜集矿山机电装备科技企业孵化器获省级认定。烈山国家可持续发展实验区、凤凰山国家级农业科技园通过科技部现场评审。全年完成技术合同交易额4.7亿元；完成专利申请量2661件，比上年增长3%，其中，发明专利申请量1214件，增长77%；完成专利授权121件，增长21%。

【国内贸易和对外经济】2014年，淮北市全年实现社会消费品零售总额219.8亿元，增长12.8%。其中，餐饮收入11.8亿元，增长13.1%；商品零售208亿元，增长12.8%。城镇消费品零售额172.7亿元，增长12.6%；乡村消费品零售额47.1亿元，增长13.6%。从限上单位商品零售类值看，全市粮油、食品、饮料、烟酒类商品零售额35.4亿元，增长13.6%；服装鞋帽、针、纺织品类商品零售额9亿元，增长17.1%；日用品类商品零售额5.4亿元，增长16.7%；家用电器和音像器材类商品零售额7.2亿元，增长12.7%；中西药品类商品零售额1.7亿元，增长20.5%；石油及制品类商品零售额13.6亿元，增长9.4%；汽车类商品零售额24.5亿元，增长12.1%。完成相山路标准化菜市场维修改造，建成乡镇商贸中心9家，直营农家店120家。推动电子商务发展，淮北企业网开通运营。淮北市汽车城获批省级服务业集中区，国购城市综合体、中泰广场基本建成，国购汽车文化园等项目加快建设。

全年完成外贸进出口总额54808万美元，比上年增长17.0%。完成出口51958万美元，增长18.6%。其中专业外贸公司出口6171万美元，增长7.9%；自营生产企业出口29799万美元，增长17.8%；外商投资企业出口15988万美元，增长24.8%。全年累计实现进口2850万美元，比上年下降5.4%。

【交通、邮电和旅游】2014年，淮北市全年公路客运量3471万人，旅客周转量229398万人公里，公路货运量14473万吨，货运周转量5066026万吨公里。年末全市公路里程3794公里（包括村道）。其中高速公路94公里，国道7公里，省道196公里，县道576公里，乡道622公里，村道2216公里。年末全市民用汽车拥有量156725辆，比上年增长16.8%，其中私人汽车拥有量131601辆，增长18.1%。

全年邮电业务总收入13.6亿元，比上年增长3.5%。其中邮政业务收入11852万元（全口径），比上年增长9.0%；电信业务收入123979万元，增长3.0%。年末固定电话用户35.3万户，比上年减少1.8万户，其中城市电话用户17.0万户，农村电话用户18.3万户。年末移动电话用户172.7万户，比上年增加6.3万户。全市电话普及率达到96.6部/百人。年末国际互联网宽带接入用户34.7万户，比上年增加7.2万户。

全年共接待国内游客618万人次，比上年增长21.3%；接待入境游客1.65万人次，增长15.1%，其中外国人0.32万人次。全年国内旅游收入33.4亿元，增长20.2%；国际旅游外汇收入733.6万美元，增长14.9%。年末全市有星级饭店4家，星级饭店客房782间；国家A级及以上旅游景点（区）7个。隋唐大运河柳孜遗址公园项目顺利通过联合国世界文化遗址验收评定，口子文化博览园项目建设全面提速，台湾5D影城正式签署协议。成功举办第三届食品工业博览会、第五届石榴文化旅游节、“2014中国旅游日？欢乐淮北游”、葡萄采摘旅游节、华东地区汽车场地越野赛、三月十八古庙会旅游节、临涣文化旅游节等活动。

【金融和保险】2014年年末，淮北市全市金融机构各项存款余额946.9亿元，比年初增加83.0亿元，比上年增长9.6%；其中居民储蓄存款余额530.7亿元，比年初增加59.9亿元，增长12.7%；金融机构各项贷款余额664.2亿元，比年初增加50.5亿元，增长8.5%。金融存贷比达到70.1%，比上年下降0.7个百分点。濉溪湖商村镇银行、濉溪农商行和淮矿集团财务公司正式挂牌运营。

全年保费总收入186431万元，比上年下降0.2%，其中财产险业务保费收入80183万元，增长15.5%；人身险业务保费收入106248万元，下降9.4%。全年赔付支出41090万元，下降7.6%，其中财产险业务赔付支出36609万元，下降1.2%；人身险业务赔付支出4481万元，下降39.7%。

7

2014年铜陵市经济发展概况

【经济总量】2014年，铜陵市全年实现地区生产总值（GDP）716.3亿元，按可比价计算，增长10.0%。分产业看，第一产业增加值13.2亿元，增长4.6%；第二产业增加值512.9亿元，增长11.0%；第三产业增加值190.2亿元，增长7.5%。按常住人口计算，全年人均生产总值97192元（折合15822美元），全社会劳动生产率154194元/人，比上年分别增加4593元和6688元。第一、第二、第三产业增加值在地区生产总值中的比例，由2013年的1.8：72.5：25.7调整为1.8：71.6：26.6，工业增加值占地区生产总值比重为66.3%。

【农业】2014年，铜陵市全年实现农、林、牧、渔业现价总产值21.64亿元，增长4.5%，其中农业产值10.81亿元，增长5.8%；林业产值1.86亿元，增长3.2%；牧业产值3.99亿元，增长2.9%；渔业产值3.68亿元，增长2.2%；农林牧渔服务业产值1.29亿元，增长7.1%。

全年农作物总播种面积46664公顷，其中，粮食作物播种面积28621公顷，增长2.3%；棉花播种面积为3696公顷，下降1.1%；油料作物播种面积8020公顷，增长2.4%；蔬菜播种面积4530公顷，增长1.4%。

【工业和建筑业】2014年，铜陵市全市规模以上工业企业，完成工业总产值1927.1亿元，增长8%；实现工业增加值476.3亿元，扣除价格因素增长11.7%。工业经济发展对全市经济增长的贡献率达78.5%，拉动GDP增长7.9个百分点。分经济类型看，国有企业增加值增长2.8%；集体企业下降60.4%；股份制企业增长10%；外商及港澳台商投资企业增长21.6%。分轻重工业看，重工业增加值增长12.3%；轻工业下降8.2%。从主导行业看，有色金属冶炼和压延加工业增长21%；电气机械和器材制造业增长5.6%；化学原料和化学制品制造业增长2.8%；电力、热力生产和供应业下降3.6%；非金属矿物制品业下降2%；黑色金属冶炼和压延加工业增长9.9%。

全年全社会建筑业完成增加值37.9亿元，增长6.8%。全年房屋建筑施工面积906.6万平方米，增长2.0%；房屋竣工面积292.8万平方米，下降5.0%。

【固定资产投资】2014年，铜陵市全年固定资产投资767.6亿元，增长18%。分经济类型看，国有及国有控股投资141.8亿元，下降3.5%；民间投资623.5亿元，增长24.1%；外商投资2.3亿元，增长132.5%。分产业看，第一产业投资21亿元，增长23.6%；第二产业投资351.3亿元，增长14.2%；第三产业投资395.3亿元，增长21.4%。分行业看，工业完成投资343.9亿元，增长14.4%，其中制造业投资297.5亿元，增长15.4%；交通运输业、公共设施等城市基础设施建设投资126.6亿元，增长11.9%。房地产开发投资132.8亿元，增长5.8%；商品房销售面积120.9万平方米，下降4.2%；商品房销售额92.7亿元，增长32.2%。

【科学技术】2014年，铜陵市全年高新技术产业实现增加值180.6亿元、总产值828.6亿元。全市拥有国家高新技术企业120家，拥有国家级创新型企业2家、省级创新型企业11家、省级创新型试点企业13家，拥有25个省级工程技术研究中心、2个省级实验室、3个院士工作站、4个省级以上科技孵化器、3个生产力促进中心。全年获批省级以上科技计划项目99项（其中国家级项目10项），获得上级资助资金4098.7万元。全年有10项科技成果获安徽省科学技术奖（其中一等奖2项、二等奖2项、三等奖6项）。2014年，全市申请专利2582件，其中申请发明专利1378件、实用新型1149件、外观设计55件；授权专利1474件，其中授权发明专利145件、实用新型1275件、外观设计54件。

【国内贸易和对外经济】2014年，铜陵市全年社会消费品零售总额174.6亿元，增长12.6%。分城乡看，城市零售额156.8亿元，增长12.6%；乡村零售额17.8亿元，增长12.7%。分行业看，批发零售贸易业零售额144.0亿元，增长12.9%；住宿和餐饮业收入30.6亿元，增长11.6%。

全年实现进出口总额52.4亿美元，下降8.4%。其中，出口8.6亿美元，增长37.7%；进口43.8亿美元，下降14.0%。

【交通、邮电和旅游】2014年，铜陵市全年交通运输、仓储和邮政业实现增加值25.68亿元，增长8.6%。

全年铁路运输旅客发送量59.4万人，增长15.8%，货物发送量86.1万吨，下降22.7%。全市公路货物周转量26.7亿吨公里，增长13.0%；公路旅客周转量7.7亿人公里，增长9.6%。港口货物吞吐量7045.1万吨，增长19.3%。

全年完成邮电业务收入7.67亿元。其中，邮政业务收入0.68亿元，下降6.6%；电信（含电信公司、移动公司、联通公司、铁通公司）业务收入7.0亿元，增长0.6%。年末城乡固定电话用户达16.88万户，比上年减少2.86万户；移动电话用户70.8万户，国际互联网用户29.6万户，新增11万户。

全年旅游总收入60.93亿元，增长14.06%。接待海外游客2.82万人次，下降2.98%；接待国内游客921.14万人次，增长13.2%。年末全市共有星级饭店（宾馆）15个，房间数1331间；共有旅行社29家，其中国际旅行社2家；旅游商品定点生产单位20个，旅游线路6条，旅游景区（点）16个。全市旅游饭店客房住宿出租率为57.3%。

【金融和保险】2014年年末，铜陵市全市金融机构各项存款余额（人民币，下同）676.3亿元，比年初增加38.1亿元，增长6.0%。其中，单位存款314.3亿元，比年初增加9.1亿元，增长3.0%；城乡居民储蓄存款338.9亿元，增长9.5%。金融机构各项贷款余额为638.2亿元，比年初增加62.0亿元，增长11.0%。其中，短期贷款302.6亿元，增长10.2%；中长期贷款305.7亿元，增长11.6%。全年保险业保费收入11.75亿元，增长

17.6%。全年保险已决赔款2.68亿元，满期给付2.42亿元。

8

2014年安庆市经济发展概况

【经济总量】2014年，安庆市全年实现地区生产总值（GDP）1544.3亿元，按可比价格计算，比上年增长9.3%。其中，第一产业增加值225.6亿元，增长4.7%；第二产业增加值829.0亿元，增长11.4%；第三产业增加值489.8亿元，增长7.3%。第二、第三产业对地区生产总值增长的贡献率为70.1%和23.4%。地区生产总值中三次产业比例为14.6：53.7：31.7，人均生产总值28808元。

【农业】2014年，安庆市全市各地认真贯彻中央和省委有关文件精神，进一步加大支农力度，努力克服多种因素所带来的不利影响，农业生产形势总体稳定。全年粮食种植面积46.1万公顷，其中稻谷面积38.1万公顷，小麦种植面积4.1万公顷.经济作物中，棉花种植面积7.2万公顷，油料种植面积14.0万公顷，蔬菜种植面积7.5万公顷。

全年粮食总产量258.6万吨，产量增长4.45%。其中，谷物248.5万吨，增长4.6%；豆类3.8万吨，增长4.9%；薯类（折粮）6.4万吨，增长0.8%。全年棉花产量10.2万吨，增长7.5%；油料29.3万吨，下降0.43%；蔬菜154.7万吨，增长2.8%。

【工业和建筑业】2014年，安庆市全年全部工业增加值730.7亿元，比上年增长12.0%。其中，规模以上工业实现增加值686.8亿元，增长12.6%。在规模以上工业中，国有及国有控股企业增加值106.6亿元，增长16.0%；集体企业6.3亿元，增长11.8%；股份制企业494.7亿元，增长10.9%；外商及港澳台投资企业30.4亿元，增长20.8%。重工业增加值384.8亿元，增长15.2%；轻工业增加值302.0亿元，增长9.4%。

全年全社会建筑业完成增加值98.3亿元，比上年增长6.5%。三级及以上建筑企业实现利税总额15.03亿元，增长20.0%。房屋建筑施工面积2002.88万平方米，比上年增加62.71万平方米；房屋竣工面积1097.78万平方米，比上年增加80.83万平方米。

【固定资产投资】2014年，安庆市全年全社会固定资产投资1394.8亿元，比上年增长17.6%。

投资结构进一步优化。全年第一产业投资43.4亿元，比上年增长48.6%；第二产业投资811.7亿元，增长23.7%；第三产业投资539.7亿元，增长7.8%。在投资中，工业完成投资792.5亿元，增长22.2%；制造业投资712.1亿元，增长18.5%；电力等能源工业投资62.5亿元，增长115.0%；交通运输、仓储和邮政业、水利和环境及公共设施管理等基础设施投资243.7亿元，增长13.1%。

【科学技术】2014年，安庆市获国家级科技项目24项，省级科技项目57项，市级科技项目65项。全年认定高新技术企业42家，认定高新技术产品121项。全年受理专利申请量5481件，获得专利授权量2456件，已实施的专利授权量1818件。全年签订各类技术合同63项，技术合同成交金额7888万元。

【国内贸易和对外经济】2014年，安庆市全年社会消费品零售总额589.8亿元，增长13.1%。分城乡看，全年城镇消费品零售额394.5亿元，增长12.9%；乡村消费品零售额195.3亿元，增长13.3%。分行业看，批发零售业零售额494.6亿元，增长12.8%；餐饮业零售额86.9亿元，增长17.9%；住宿业零售额8.3亿元，增长10.9%。

全年进出口总额22.6亿美元，比上年增长25.1%。其中，出口19.5亿美元，增长30.4%；进口3.1亿美元，下降0.4%。在出口中，机电产品、高新技术产品出口快速增长，两者占全部出口的比重由上年的20.6%提高到23.2%。

【交通、邮电和旅游】2014年年末，安庆市全年民用汽车27.048万辆，增长5.6%。民用轿车15.94万辆，下降19.0%。

全年邮电业务总量33.0亿元，增长3.5%。其中，邮政业务总量6.6亿元，增长22.8%；电信业务总量26.3亿元，下降0.5%。年末本地固定电话用户82.8万户；移动电话用户416.4万户；年末计算机互联网用户60.6万户。

全年接待海外游客192790人次，增长100.4%；接待国内游客3793.27万人次，增长11.5%。旅游总收入348.16亿元，增长15.5%。其中，旅游外汇收入16829.82万美元，增长93.0%；国内旅游收入337.82亿元，增长14.1%。

【金融和保险】2014年，安庆市全市金融机构存款年末余额为2237.6亿元，比上年末增加257.1亿元，增长13.0%。其中，单位存款余额737.7亿元，增长11.0%；城乡居民储蓄存款余额1427.2亿元，增长13.7%。全市金融机构贷款年末余额为1259.7亿元，比上年末增加186.1亿元，增长17.3%。

全年全市保险系统保费收入47.58亿元，比上年增长26.7%。其中，财产险业务保费收入17.04亿元，增长22.3%；人身险业务保费收入30.54亿元，增长29.3%。赔款和给付17.76亿元，增长26.9%。其中，财产险业务赔款支出8.87亿元，增长24.8%；人身险业务赔款和给付支出8.89亿元，增长28.5%。

9

2014年黄山市经济发展概况

【经济总量】2014年，黄山市全年实现地区生产总值（GDP）500亿元，达507.2亿元，按可比价格计算，比上年增长7.6%。其中：第一产业增加值54.6亿元，增长4.2%；第二产业增加值234.2亿元，增长7.9%；第三产业增加值218.4亿元，增长8.0%。按常住人口计算，人均GDP37305元，按平均汇率计算，达6073美元。

全市三次产业结构由上年的11.0:46.3:42.7调整为10.7：46.2：43.1。工业增加值占地区生产总值的比重为36.6%，比上年提高0.2个百分点，第三产业比上年提高0.4个百分点；第一、二、三次产业对经济增长的贡献率分别为5.8%、49.9%和44.3%。其中：工业对经济增长的贡献率为45.1%。

【农业】2014年，黄山市全市农林牧渔业总产值91.7亿元，比上年增长4.2%。农林牧渔增加值54.6亿元，比上年增长4.2%。

农作物总播种面积129.4千公顷，比上年下降0.1%，其中：经济作物播种面积65.2千公顷，增长0.1%。在总播种面积中：粮食作物种植面积64.3千公顷，比上年下降0.2%；油料种植面积27.0千公顷，下降1.0%；中草药材种植面积5.9千公顷，增长0.6%；蔬菜种植面积23.2千公顷，增长1.3%。

【工业和建筑业】2014年年末，黄山市全市规模以上工业企业511户，比上年净增22户；全年规模以上工业增加值130.7亿元，比上年增长10.1%。分轻重工业看，轻工业58.0亿元，增长0.8%，重工业72.7亿元，增长18.6%；从大中小型企业看，大中型工业企业23.6亿元，增长2.9%，小微型工业企业107.1亿元，增长11.8%。

全年全社会建筑业增加值48.6亿元，比上年增长4.1%；资质内建筑企业完成总产值61.3亿元，比上年下降9%；建筑业劳动生产率为16.7万元/人，下降11.2%，房屋建筑施工面积915.59万平方米，下降1.3%；房屋竣工面积143.68万平方米，增长31.6%。

【固定资产投资】2014年，黄山市全年固定资产投资完成551.7亿元，比上年增长5.1%，其中：国有及国有控股投资246.9亿元，增长10.8%；外商投资9.3亿元，下降38.8%；民间投资295.5亿元，增长2.9%。

分产业看：第一产业投资20.2亿元，比上年增长3.1%；第二产业98.4亿元，下降6.8%；第三产业433.0亿元，增长8.3%。分行业看：工业投资98.2亿元，下降6.4%，其中：制造业87.2亿元，下降7.3%。

【科学技术】2014年，黄山市全市共拥有省、市创新型（试点）企业57户，新增9户；高新技术企业57家，新认定11家，累计实现高新技术产业产值166.2亿元，占规模以上工业总产值的33.0%。全市拥有省、市工程技术研究中心72家，新增14家；有省级院士工作站4家，新增1家。共拥有省民营科技企业213户，新认定27户。全年有2个项目获得省科学技术进步奖。8项产品被认定为省重点新产品，其中4项为国家重点新产品。获省级以上科技计划项目经费支持70项，其中国家科技计划项目18项。签订技术合同87项，比上年增加24项，技术合同成交金额0.47亿元。取得各类科技成果78项，其中省部级以上26项。

全年专利申请1059件，授权844件，其中发明专利申请253件，授权83件。企业专利申请833件，授权673件。休宁县、歙县入选国家知识产权工程试点县。开展“双百双行”政产学研合作活动，成功举办第六届科技成果转化对接会，签约15个产学研合作项目。

【国内贸易和对外经济】2014年，黄山市全年社会消费品零售总额220.3亿元，比上年增长12.7%。按经营单位所在地分，城镇消费品零售额175亿元，增长12.7%；乡村消费品零售额45.3亿元，增长12.8%。按消费形态分，商品零售177.3亿元，增长13.0%；餐饮收入43亿元，增长11.9%。按单位规模分，限额以上单位零售额100.1亿元，同比增长8.1%；限额以下单位零售额120.2亿元，增长12.5%。限上单位实现网上零售额1.1亿元，同比增长48.0%。

全年外贸进出口总额91808万美元，比上年增长14.2%。其中：出口额81950万美元，增长16.8%；进口额9858万美元，下降3.2%。从贸易方式看:一般贸易进出口87658万美元，增长15.0%，加工贸易3996万美元，增长7.3%。从出口商品类别看：纺织服装15736万美元，增长41.3%；化工产品14452万美元，增长19.5%；农业品18635万美元，增长14.4%；机电产品15787万美元，增长2.9%。从出口区域看：对亚洲出口居首，达38320万美元，增长23.8%；非洲19091万美元，增长36.2%，欧洲11673万美元，下降11.2%；北美洲7632万美元，下降6.2%；拉丁美洲3692万美元，增长27.5%；大洋洲1541万美元，增长51.1%；从重点商品出口看：茶叶2.96万吨，出口金额12873万美元，增长26.7%；服装9963万美元，增长48.9%；新型塑料包装2777万美元，增长86.7%。

【交通、邮电和旅游】2014年，黄山市全年各类运输方式完成货运总量8026.4万吨，比上年增长10.4%。其中，公路7779.0万吨，增长9.3%；铁路121.1万吨，增长10.4%；水运126.0万吨，增长215.0%；民航货邮吞吐量2637吨，增长4.6%。完成旅客运输总量6206.3万人，比上年增长8.0%，其中，公路5928.0万人，增长8.5%；铁路123.6万人，下降4.4%；水运91.0万人，下降4.2%；民航旅客吞吐量63.7万人，增长15.3%。

全年全市完成邮电业务总量13.33亿元，比上年增长25.1%。其中，邮政业务量（包括快递业务）2.37亿元，增长44.5%；电信业务量10.96亿元，增长21.6%。全年函件296.67万件，包裹4.9万件，快递723.95万件，增长78.2%。年末固定电话交换机总容量36.53万门，增长10.8%，固定电话用户24.07万户，下降4.5%；移动电话用户109.48万户，增长3.2%，其中：3G移动电话用户48.74万户，增长33.1%，4G移动电话用户6.38万户；互联网宽带接入用户21.66万户，增长7.4%。

全年接待海内外旅游者4165.1万人次，比上年增长11.6%。其中：接待国内旅游者3988.2万人次，增长11.7%，接待入境旅游者176.9万人次，增长10.1%。在入境旅游者中，外国人105.3万人次，同比增长13.6%；港澳台同胞71.6万人次，增长5.4%。全年旅游总收入354.4亿元，增长12.7%，其中：国内旅游收入321.1亿元，增长12.9%，国际旅游创汇5.43亿美元，增长11.5%。年末全市共有A级及以上旅游景点（区）56处，比上年增加4处，其中5A级景区3处，比上年增加1处；星级饭店68家，其中四星级以上饭店28家；旅行社达156家，比上年增加4家。

【金融和保险】2014年年末，黄山市全市金融机构人民币各项存款余额821.5亿元，比上年增长10.8%，余额比年初增加80.2亿元，同比少增2.2亿元；其中：城乡居民储蓄存款余额504.6亿元，增长14.6%，余额比年初增加64.3亿元，同比少增0.3亿元。金融机构人民币各项贷款余额526.2亿元，增长11.5%，余额比年初增加52.9亿元，同比少增2.2亿元。其中：短期贷款余额212.1亿元，增长9.5%；中长期贷款余额282.4亿元，增长12.6%，中长期贷款中个人贷款余额111.1亿元，增长5.0%。

全年保险业保费收入15.9亿元，比上年增长15.6%，其中：财产险保费收入5.8亿元，增长22.1%；寿险保费收入8.2亿元，增长4.8%；健康和意外伤害险保费收入2.0亿元，增长59.9%。各项赔款和给付6.5亿元，增长4.6%。其中：财产险公司赔款支出2.9亿元，增长15.1%，寿险赔付3.1亿元，同比下降11.1%；健康和意外伤害赔款0.5亿元，增长149.2%；全年简单赔付率为49.9%，比上年提高2.5个百分点。

10

2014年滁州市经济发展概况

【经济总量】2014年，滁州市全年实现地区生产总值（GDP）1184.8亿元，比上年增长9.4%，保持平稳较快的增长势头。在生产总值中，第一产业增加值218.4亿元，增长4.9%；第二产业增加值633.7亿元，增长11.1%；第三产业增加值332.7亿元，增长8.9%。三次产业比为18.4∶53.5∶28.1。工业化水平达到47.4%，比上年提高0.6个百分点，人均GDP达29818元（折合4854美元），比上年增加2344元。

【农业】2014年，滁州市全年农作物播种面积88.2万公顷，比上年增加5161公顷，增长0.6%。其中，粮食作物播种面积72.3万公顷，比上年增长1.5%；油料作物播种面积7.3万公顷，比上年减少6.3%；蔬菜播种面积4.6万公顷，比上年增长2.0%。

全年粮食总产量430.7万吨，比上年增产4.1%。经济作物有增有减，其中，全年棉花产量9350吨，比上年增产1.5%；蔬菜产量142.2万吨，比上年增产过2.2%；水果产量64.1万吨，比上年增产2.6%；油料产量20.1万吨，比上年减产2.7%。

【工业和建筑业】2014年，滁州市全年全部工业实现增加值561.9亿元，比上年增长11.6%。其中，规模以上工业比上年增长12.2%。在规模以上工业中，重工业、集体企业、股份合作制企业、股份制企业增长较快。

全年建筑业完成增加值71.8亿元，比上年增长7.4%。年末，资质以上建筑企业148户，全年共完成建筑业总产值219.9亿元，比上年增长10.5%；实现利润总额8.4亿元，比上年下降12.1%；完成房屋建筑施工面积1670.6万平方米，比上年增长4.6%，其中当年新开工面积1039.6万平方米，比上年增长18.0%；房屋竣工面积1001.8万平方米，比上年增长17.8%。

【固定资产投资】2014年，滁州市全年完成固定资产投资[4]1248.2亿元，比上年增长16.0%。其中，项目投资942.7亿元，比上年增长15.8%；房地产开发投资305.5亿元，比上年增长16.7%。按产业分，第一产业投资31.9亿元，增长130.8%；第二产业投资621.1亿元，增长11.7%；第三产业投资595.1亿元，增长17.6%。分行业看，制造业投资578.0亿元，增长10.7%；批发零售业投资12.1亿元，增长23.9%；房地产业投资381.4亿元，增长15.0%；水利、环境和公共设施管理业投资105.4亿元，增长31.8%；居民服务、修理和其他服务业投资0.6亿元，增长89.6%；教育投资10.4亿元，增长3.9%；公共管理、社会保障和社会组织投资25.2亿元，增长2.6%。

【科学技术】2014年年末，滁州市全市共有各类专业技术人员6.2万人，比上年增长10.7%；民营科技企业512家，比上年末增加29家；省级工程技术研究中心27家，比上年增加9家；规上企业建立企业技术中心203家，比上年增加32家；国家高新技术企业145家，比上年增加38家。全年获省部级以上科技成果42项、科技进步奖3项；专利申请数7598件，比上年增加654件，全年授权专利数3053件，比上年增加40件，其中发明专利241件，增加91件；全年高新技术产业产值1025亿元，占规模以上工业总产值45%。

【国内贸易和对外经济】2014年，滁州市全年实现社会消费品零售总额382.3亿元，比上年增长13.3%，扣除价格因素实际增长12.8%。分实现区域看，城镇实现消费品零售额311.5亿元，乡村实现消费品零售额70.8亿元，分别比上年增长13.3%、13.7%。分行业看，批发零售贸易业实现零售额332.3亿元，增长13.1%；住宿和餐饮业实现零售额50.0亿元，增长15.2%。分构成看，商品零售额329.7亿元，增长13.2%；餐饮消费额52.6亿元，增长14.2%。分经营规模看，限上单位零售额211.6亿元，增长15.2%；限下单位零售额170.7亿元，增长5.7%。

全年商品进出口总额220430万美元，比上年增长18.8%。其中，出口总额151523万美元，增长9.6%；进口总额68907万美元，增长45.8%。从进出口经营主体看，内资生产企业完成167669万美元，增长29.5%；外商投资企业完成52761万美元，下降5.3%。出口国别及地区达166个。

【交通、邮电和旅游】2014年，滁州市全年交通运输、仓储和邮政业增加值46.7亿元，比上年增长8.7%。全年货物运输周转量606.5亿吨公里，比上年增长19.0%。其中，公路货物运输周转量555.0吨公里，增长16.8%；水运货物运输周转量51.5亿吨公里，增长49.7%。全年旅客周转量94.7亿人公里，比上年增长0.01%。

全年邮电业务总量32.73亿元，比上年增长20.6%，其中，电信业务总量31.06亿元，比增长20.2%；邮政业务总量1.67亿元，增长26%。年末，全市拥有电话351.1万户，比上年末增加3.7%，其中固定电话用户数54.6万户，减少16.8%；移动电话用户数296.5万户，增长8.7%。年末国际互联网用户50.7万户，比上年增长19.2%。

全年接待旅游人数1446.9万人次，比上年增长13.7%，其中接待外国和港澳台游客90357人次。全年旅游总收入112.9亿元，比上年增长12.9%。其中，旅游外汇收入2673.6万美元。年末，全市共有星级旅游饭店21个，星级饭店客房数2228间（套）。年末A级以上旅游景区（点）23个，名胜风景区2个。

【金融和保险】2014年年末，滁州市全市金融机构人民币各项存款余额1421.8亿元，比年初增加137.1亿元，增长10.7%。其中，单位存款527.2亿元，比年初增加17.1亿元；城乡居民储蓄存款828.5亿元，比年初增加116.5亿元。年末，金融机构人民币各项贷款余额1037.9亿元，比年初增加143.5亿元，增长16.3%。从贷款期限看，短期贷款余额545.0亿元，比年初增加54.3亿元；中长期贷款465.7亿元，比年初增加76.1亿元。

年末，全市保险公司29家，比上年增加1家。其中寿险14家，财产险15家。全年保费收入31.44亿元，比上年增长17.0%，其中，财产保险保费收入13.69亿元，增长15.6%；人身保险保费收入17.76亿元，增长17.8%。财产险中，机动车险保费收入10.36亿元，增长17.0%；农业险保费收入1.78亿元，下降0.4%。人身险中，健康险收入1.45亿元，增长89.0%；意外伤害险保费收入0.67亿元，比上年增长3.8%。全年保险赔款和给付12.2亿元，比上年增长22.0%。其中，财产险业务赔款支出7.52亿元，增长11.9%；人身险业务赔款和满期给付支出4.52亿元，增长10.1%。2014年共上交税收8325万元，增长53.2%。代扣代缴各项税款7748.21万元。

11

2014年阜阳市经济发展概况

【经济总量】2014年，阜阳市全年实现地区生产总值（GDP）1146.1亿元，按可比价格计算，比上年增长8.6%。其中，第一产业增加值289.4亿元，增长5.0%；第二产业增加值471.4亿元，增长11.0%；第三产业增加值385.3亿元，增长7.8%。三次产业结构为25.3：41.1：33.6，工业增加值占GDP的35.8%。人均GDP14752元（折合2401美元），比上年增加913元。

【农业】2014年，阜阳市全年粮食作物种植面积1002.7千公顷，比上年增加1.8千公顷。油料种植面积40.0千公顷，减少0.3千公顷。棉花种植面积11.8千公顷，减少1.3千公顷。蔬菜种植面积142.3千公顷，增加6.8千公顷。粮经面积比由上年的82.2：17.8调整为81.7：18.3。

全年粮食产量548.1万吨，比上年增加22万吨，增长4.2%。油料产量8.0万吨，增长2.8%。棉花产量1.5万吨，减少9.3%。蔬菜产量529.2万吨，增长5.9%。

【工业和建筑业】2014年年末，阜阳市全市规模以上工业企业1317户，比上年净增246户。全年规模以上工业增加值比上年增长11.5%。按轻重工业分，重工业增长9.8%，轻工业增长13.4%；按经济类型分，国有企业增长5.3%，集体企业增长11.6%，股份制企业增长12.9%，外商港澳台投资企业增长4.3%。

全年建筑业增加值60.9亿元，可比增长7.6%。具有资质等级的建筑业企业实现利润5.2亿元，增长19.4%。房屋建筑施工面积1682.8万平方米，增长30.4%；房屋竣工面积577.8万平方米，增长11.4%。

【固定资产投资】2014年，阜阳市全年固定资产投资（不含城乡个体投资）805.1亿元，比上年增长24.8%。其中，第一产业28.6亿元，增长125.2%；第二产业275.1亿元，增长18.4%；第三产业501.4亿元，增长25.3%。工业投资275.0亿元，比上年增长18.5%。其中，制造业投资245.3亿元，增长15.1%。高新技术产业投资29.1亿元，增长19.1%，占工业投资的10.6%。分行业投资看，农林牧渔业增长125.2%，制造业增长15.1%，电力热力燃气及水的生产和供应业增长85.2%，批发和零售业增长54.6%，房地产业增长29.6%，租赁和商务服务业增长128.4%，水利环境和公共设施管理业增长7.4%，卫生和社会工作增长67.1%，公共管理、社会保障和社会组织增长7.6%。

【科学技术】2014年年末，阜阳市县以上政府部门研究与开发机构科技人员447人。国有独立科研机构10家。全年财政科技投入1.6亿元，比上年下降17.3%。

年末有高新技术企业54家。全年高新技术产业产值224.5亿元，比上年增长20.9%；战略性新兴产业产值增长27.2%。全年专利申请量4331件，增长15.5%。其中，发明专利2361件，实用新型专利1522件，外观设计488件。全年专利授权量1310件，比上年下降31.6%。其中，发明专利217件，实用新型专利867件，外观设计专利226件。

【国内贸易和对外经济】2014年，阜阳市全年社会消费品零售总额573.3亿元，比上年增长13.2%。按经营地统计，城镇消费品零售额401.1亿元，增长13.2%；乡村消费品零售额172.2亿元，增长13.4%。按消费类型统计，商品零售额479.6亿元，增长14.0%；餐饮收入额93.7亿元，增长9.7%。

全年进出口总额16.1亿美元，比上年增长17.9%。其中，出口14.5亿美元，增长30.4%；进口1.6亿美元，下降37.5%。从出口贸易方式看，一般贸易出口13.0亿美元，增长33.1%；加工贸易出口1.6亿美元，增长11.8%。进出口额超百万美元的企业185家，比上年增加17家。

【交通、邮电和旅游】2014年，阜阳市全年交通运输、仓储和邮政业增加值50.8亿元，比上年增长8.0%。

全市境内火车站12个，铁路营运里程176公里。全年公路货物运输量5.4亿吨[7]，旅客运输量1.3亿人次，分别比上年增长10.9%和8.4%。公路货物运输周转量1673.1亿吨公里，旅客运输周转量77.2亿人公里，分别增长13.0%和7.1%。港口货物吞吐量1311.4万吨，增长28.6%。阜阳机场航线9条，民航旅客吞吐量30.3万人次，下降15.1%。

全年邮电业务总量38.5亿元，比上年增长3.5%。其中，电信业务总量33.7亿元，增长2.4%；邮政业务总量4.8亿元，增长12.0%。年末全市固定电话用户64.9万户，比上年减少5.0万户；移动电话用户491.4万户，增加69.2万户。年末全市计算机互联网宽带接入用户61.2万户，比上年增加6.3万户。

全年旅游总收入80.0亿元，比上年增长13.6%。其中，旅游外汇收入976.5万美元，增长13.1%；国内旅游收入79.4亿元，增长13.8%。全年接待游客1699.7万人，增长9.3%。其中，入境游客1.4万人，下降12.5%。年末有星级饭店13家，客房1578间，床位2563张。

【金融和保险】2014年年末，阜阳市金融机构人民币各项存款余额2047.5亿元，比上年末增加298.4亿元，增长17.1%。其中，居民储蓄存款余额1447.0亿元，增长18.9%。金融机构人民币各项贷款余额961.2亿元，比上年末增加175.1亿元，增长22.5%。其中，短期贷款余额436.0亿元，增长18.8%；中长期贷款余额511.3亿元，增长31.6%。

全年保险业保费收入61.1亿元，比上年增长13.9%。其中，财产险24.6亿元，增长14.4%；寿险30.9亿元，增长6.3%；意外伤害险0.8亿元，增长41.7%；健康险4.8亿元，增长90.4%。

12

2014年宿州市经济发展概况

【经济总量】2014年，宿州市全年实现地区生产总值（GDP）1126.07亿元，按可比价格计算，增长9.7%。其中:第一产业增加值269.95亿元，增长5.2%；第二产业增加值474.60亿元，增长11.1%；第三产业增加值381.52亿元，增长10.8%。三次产业结构比为24.0：42.1：33.9。人均生产总值20630元（折合3358美元），比上年增加1862元。全社会劳动生产率30767元/人，比上年增加2638元/人。

【农业】2014年，宿州市全年粮食种植面积82.07万公顷，比上年增长1.8%。其中，小麦面积35.79万公顷，增长1.2%；油料种植面积5.61万公顷，增长6.4%；棉花种植面积2万公顷，下降0.1%；蔬菜及食用菌种植面积7.70万公顷，增长4.0%。

全年粮食产量396.67万吨，比上年增长4.6%。其中，夏粮产量239.75万吨，增长4.4%；棉花产量2.6万吨，下降0.2%；油料产量24.37万吨，增长7.8%；蔬菜及食用菌产量319.72万吨，增长7.6%。

【工业和建筑业】2014年，宿州市全年全部工业增加值420.75亿元，比上年增长11.4%。其中，规模以上工业增加值336.01亿元，增长11.8%。全年战略性新兴产业产值79.6亿元，增长19.7%。农产品加工产值791.5亿元，增长19.3%。

全年建筑业总产值207.30亿元，增长21.8%。房屋建筑施工面积855.12万平方米，增长11.7%。

【固定资产投资】2014年，宿州市全年固定资产投资945.8亿元，比上年增长22.3%。其中一、二、三产投资分别增长55.0%、23.7%和18.9%。全市亿元以上工业项目174个，比上年增加65个。全年工业投资532.2亿元，增长22.1%。民间投资742.2亿元，占全市固定资产投资的比重为78.5%，比上年提高5.8个百分点。全年固定资产投资到位资金1034.1亿元，增长28.1%。其中，自筹资金增长21.2%。

【科学技术】2014年，宿州市全年研究与试验发展（R&D）经费支出6.62亿元，增长1.41倍。全年高新技术企业44家，其中当年新增企业14家。认定高新技术产品89个，其中当年新增32个。全年专利申请量2916件，其中发明专利申请量1163件。市级以上科技计划项目19个。全市各类科技成果32项。全市省级以上研发机构12个，其中省级以上工程技术研究中心数11个。省级院士工作站4个。

【国内贸易和对外经济】2014年，宿州市全年社会消费品零售总额344.24亿元，比上年增长13.6%，其中，限额以上消费品零售额214.17亿元，增长13.3%。分城乡看，城镇零售额284.12亿元，增长14.3%；乡村零售额60.12亿元，增长10.7%。分消费形态看，餐饮收入34.0亿元，增长13.6%；商品零售310.2亿元，增长13.7%。

全年进出口总额6.51亿美元，比上年增长21.8%。其中，进口总额0.77亿美元，增长22.8%；出口总额5.74亿美元，增长21.7%。

【交通、邮电和旅游】2014年，宿州市全年交通运输仓储和邮政业实现增加值53.05亿元，比上年增长8.7%。全年公路客运量7719万人，旅客周转量392714万人公里。公路货物运输量27383万吨，货物周转量6228170万吨公里。

全年邮电业务总量29.67亿元；年末移动电话用户488.42万户；互联网用户达到99.06万户。

全年入境旅游人数3万人次，比上年增长27.4%；国际旅游外汇收入1386.62万美元，增长11.7%；旅游总收入79.85亿元，增长15.6%；国内旅游人数1326.38万人次，增长15.4%。

【金融和保险】2014年年末，宿州市全市金融机构人民币存款1314.59亿元，增长13.7%。其中，城乡居民储蓄存款883.4亿元，增长15.8%。金融机构贷款余额686.7亿元，增长22.9%。金融机构存贷比52.2%，比上年提高3.9个百分点。

全年保险业保费收入45.82亿元，增长23.9%。其中，财产险保费收入13.20亿元，增长20.3%；人寿险保费收入32.62亿元，增长25.4%。赔款和给付支出12.02亿元，下降8.4%。其中，财产险赔款6.46亿元，增长14.1%，人寿险赔款和给付5.56亿元，同比下降25.3%。

13

2014年六安市经济发展概况

【经济总量】2014年，六安市全年实现地区生产总值（GDP）1086.3亿元，按可比价格计算，比上年增长7.9%。分产业看，第一产业增加值220.6亿元，增长4.6%；第二产业增加值516.1亿元，增长9.8%；第三产业增加值349.5亿元，增长7.0%。三次产业结构由2013年的20.8：47.3：31.9调整为20.3：47.5：32.2。按常住人口计算，人均生产总值19044元（折合3100美元），比上年增加1216元。规模以上工业劳动生产率281714元/人，比上年增长15.5%。

【农业】2014年，六安市全年粮食种植面积730615公顷，比上年增加11328公顷；油料种植面积77089公顷，比上年减少2675公顷；棉花种植面积11326公顷，比上年减少544公顷；蔬菜种植面积64223公顷，比上年增加243公顷。全年粮食产量463.1万吨，增长4.3%；油料产量17.3万吨，下降1.3%；棉花产量18700吨，增长1.1%。蔬菜、水果在品种优化的基础上平稳发展。

【工业和建筑业】2014年，六安市全市规模以上工业企业数达到1010户，比上年增加61户。全年规模以上工业实现增加值441.0亿元，增长10.6%。其中：轻工业增加值202.1亿元，比上年增长7.6%；重工业增加值238.9亿元，增长13.2%。分经济类型看:股份合作企业、外商及港澳台投资企业和集体企业增长较快，分别增长8.9倍、8.2%和13.9%。分行业看：统计的35个行业大类中有32个行业增加值实现增长；在增加值达到20亿元的行业中，黑色金属冶炼及压延加工业、皮革、毛皮、羽毛及其制品和制鞋业以及黑色金属矿采选业和增长较快，增幅分别达到1.9倍、17.8%和15.2%。规模工业全年实现主营业务收入1502.9亿元，增长4.2%，实现利税113.2亿元，下降10.6%。经济效益综合指数为290.7%，比上年提高12个百分点。规模以上工业统计的产品产量中，铁矿石原矿量增长7.0%，精制茶增长28.2%，服装增长16.5%，水泥增长13.9%，钢材增长23.1%，家用电冰箱增长8.7%，白酒下降7.1%，发电量下降28.4%。

全年实现建筑业增加值79.6亿元，比上年增长7.5%，建筑业企业实现总产值153.7亿元，同比增长7.7%。利润总额6.5亿元，同比下降了24.4%。建筑企业当年房屋建筑施工面积1420.9万平方米，同比增长3.8%。房屋竣工面积854.8万平方米，同比增长4.8%。

【固定资产投资】2014年，六安市全年完成固定资产投资1003.8亿元，比上年增长18.8%。分产业看，第一产业投资55.8亿元，增长76.7%；第二产业投资432.5亿元，增长4.7%；第三产业投资515.5亿元，增长

28.8%。

【科学技术】2014年，六安市全市有省级工程技术研究中心3家。取得市级科技成果8项，取得省级科技成果9项，其中获省级科技奖1项。全年申请专利3658件，比上年增长0.01%，授权专利2656件，下降20%。科技兴农力度加大，全年选派科技特派员798名，创建专家大院91家。

2014年，全市共有县以上产品质量检验机构66个。全市产品质量市级及以上监督抽查合格率92.4%（较2013年提高0.3个百分点），实现连续多年上升。新制修订地方标准5项，推进在建的4家国家和省级农业标准化示范区建设，新获（4A级）标准化良好行为企业1家。全年完成强制认证企业68户。获得食品及相关产品生产许可证企业达832家。法定计量技术机构（含授权）22家，强制检定计量器具11.75万台件。新获得国家地理标志产品1个，安徽名牌产品9个，六安市名牌产品22个。

【国内贸易和对外经济】2014年，六安市全年社会消费品零售总额487亿元，同比增长12.5%。分城乡看，城镇消费品零售额263.5亿元，增长12.7%；乡村消费品零售额223.5亿元，增长12.4%。分行业看，批发零售业零售额435.5亿元，增长12.3%；住宿餐饮业零售额51.5亿元，增长15%。粮油、食品、饮料、烟酒类法人企业实现零售额24.8亿元，增长11.6%；服装、鞋帽、针纺织品类零售法人企业实现零售额14.2亿元，下降9.6%；日用品类、化妆品类、书报杂志类分别实现零售额2.6亿元、1.9亿元、2.6亿元，分别增长1.7%、15.3%和6.3%；金银珠宝类法人企业实现零售额2.9亿元，下降5.5%。按规模分，限额以上商业实现零售额174.3亿元，增长5.8%；限额以下商业实现零售额312.7亿元，增长16.7%。

2014年，全市实现进出口总额68683万美元，比上年下降14.1%。其中，出口66311万美元，下降14.6%；进口2371万美元，增长1.2%。

【交通、邮电和旅游】2014年，六安市交通运输、仓储及邮政业平稳增长，全年实现增加值47.7亿元，比上年增长7.9%。全年完成公路货运量2.8亿吨，增长10.4%，货运周转量567.9亿吨公里，增长12.8%；客运量15298万人次，增长10.3%，客运周转量97.7亿人公里，增长8.9%；水上货运量12233万吨，增长101.0%，水运客运量28万人次，增长27.3%，水上客运周转量318万人公里，增长6.4%。

邮政电信部门全年完成邮电业务总量29.1亿元；其中：邮政部门完成邮政业务量2.7亿元，电信部门完成业务量26.4亿元。电信部门年末拥有本地固定电话用户61.0万户，减少4.3万户；移动电话用户317.4万户，减少42.7万户。互联网用户37.3万户，比上年减少2.5万户。

全年接待海外游客102261人次，增长45%；接待国内游客2412.3万人次，增长21.6%。旅游总收入163.5亿元，增长25.8%。其中，旅游外汇收入7284.9万美元，增长8.0%；国内旅游收入159.02亿元，增长29.6%。年末全市共有A级旅游景点（区）65处，4A级以上旅游景点23家。

【金融和保险】2014年年末，六安市全市金融机构各项存款余额（人民币口径）1715.6亿元，增长12.6%，比年初增加191.5亿元，增加额比上年少55.8亿元。城乡居民储蓄存款余额1022.2亿元，增长16.7%，比年初增加146.6亿元，增加额比上年少5.8亿元。金融机构各项贷款余额958.1亿元，增长16.6%；比年初增加136.1亿元，与上年基本持平。其中，短期贷款425.1亿元，增长10.9%；中长期贷款493.7亿元，增长20.0%。

截至2014年末，全市共有保险公司分支机构37家，其中经营财产保险业务15家，经营人寿保险业务17家，中介5家。全年保险业保费总收入50.5亿元，比上年增长48.9%。其中，财产险业务保费收入16.5亿元，增长22.1%；人身险业务保费收入34.0亿元，增长66.6%。

14

2014年亳州市经济发展概况

【经济总量】2014年，亳州市全年实现地区生产总值（GDP）850.5亿元，按可比价格计算，比上年增长7.8%。分产业看，第一产业增加值204.9亿元，增长5.1%；第二产业增加值341.2亿元，增长8.3%；第三产业增加值304.4亿元，增长8.9%。三次产业结构为24.1∶40.1∶35.8，其中工业增加值占GDP比重为33.7%。人均GDP17102元，比上年增加1031元。

【农业】2014年，亳州市全年粮食作物种植面积878.5千公顷，比上年扩大24.4千公顷，其中优质小麦面积386.6千公顷，扩大3千公顷。油料种植面积10.6千公顷，减少0.8千公顷。棉花种植面积13.9千公顷，减少0.4千公顷。蔬菜种植面积98.8千公顷，扩大3.2千公顷。

全年粮食产量467.5万吨，比上年增产20.1万吨，增长4.5%。其中，夏粮329.2万吨，增产13.1万吨，增长4.2%；秋粮138.3万吨，增产6.9万吨，增长5.3%。油料产量5.3万吨，增长9.7%。棉花产量2.0万吨，增长2.6%。

【工业和建筑业】2014年年末，亳州市全市规模以上工业企业达671户，比上年净增45户。全年规模以上工业企业实现增加值224亿元，比上年增长10.2%，其中轻、重工业分别增长11.8%和8%。集体企业、股份合作企业和股份制企业生产增长较快，增幅分别比规模工业高了12.6个、10.2个和4.2个百分点。

全年全社会建筑业增加值54.5亿元，比上年增长6.5%。资质内建筑企业利税总额3.2亿元，增长13.8%。房屋建筑施工面积337.4万平方米，增加67.7万平方米；房屋竣工面积199.8万平方米，增加26.3万平方米。

【固定资产投资】2014年，亳州市全年固定资产投资[4]650.9亿元，比上年增长20.2%。其中，工业及信息化产业技术改造投资95.9亿元，增长20.4%；民间投资439.5亿元，增长15.9%。分产业看，第一产业投资增长17.9%，第二产业增长4.4%，第三产业增长32.5%。分行业看，工业投资增长4.6%，其中制造业投资下降1.9%。

【科学技术】2014年年末，亳州市全市有各类专业技术人员7.6万人，比上年增长7.8%。有省级以上工程（技术）研究中心17家，全市高新技术产业增加值62.4亿元，比上年增长11.8%。全年受理专利申请1727件，授权专利908件。全年共取得省部级以上科技成果7项。主要科技成果有：古井贡酒大曲和窖泥中微生物多样性研究，合成氨系统节能升级改造关键技术开发与应用，亳白芍品种选育、规范化栽培及其加工产业化研究，中药材指数系统研发与应用等。

【国内贸易和对外经济】2014年，亳州市全年社会消费品零售总额388.4亿元，比上年增长13%。按经营地统计，城镇消费品零售额285.1亿元，增长13.3%；乡村消费品零售额103.3亿元，增长11.9%。按消费形态统计，商品零售额345.1亿元，增长12.7%；餐饮收入43.3亿元，增长15%。按企业规模分，限额以上企业零售额143.5亿元，增长15.1%；限额以下企业零售额244.9亿元，增长11.1%。

全年进出口总额3.7亿美元，比上年下降13.4%。其中，出口3.2亿美元，下降14.5%；进口0.5亿美元，下降5.1%。从出口经营主体看，生产型企业出口增长11.8%，贸易型企业出口下降92.6%。从出口商品看，中药材、机电产品、高新技术产品出口分别下降5.3%、59.6%和51.6%。

【交通、邮电和旅游】2014年，亳州市全年交通运输、仓储和邮政业增加值45.5亿元，比上年增长7.7%。

全年公路旅客运输量8927万人，公路和水运货物运输量28456万吨，比上年分别增长16.1%和11.4%；公路旅客运输周转量63.1亿人公里，公路和水运货物运输周转量796.2亿吨公里，分别增长14.6%和12.9%。全年港口货物吞吐量1190万吨，增长14.2%。

全年邮电业务总量26亿元，比上年增长24.4%。其中，电信业务总量22亿元，增长23.2%；邮政业务总量4.1亿元，增长31%。年末本地固定电话交换机总容量30.41万门，比上年减少6万门。本地固定电话用户34.3万户，比上年减少8.4万户；移动电话用户291.6万户，增加17.2万户。每百人拥有电话（含移动）51.4部，增加1.5部。年末基础电信运营企业计算机互联网宽带接入用户35.2万户，增加4.5万户。

全年入境旅游人数3.3万人次，比上年增长10%；国内游客1257.8万人次，增长14.9%。旅游总收入88.8亿元，增长15.8%。其中，旅游外汇收入1588万美元，增长42.6%；国内旅游收入87.8亿元，增长15.6%。年末全市共有A级旅游景点（区）32处，星级酒店16个，旅行社31家。

【金融和保险】2014年年末，亳州市全市金融机构各项存款余额（人民币口径，下同）1060.8亿元，比上年末增加133.2亿元，增长14.4%。其中，单位存款余额299亿元，增长13.1%；城乡居民储蓄存款余额741.6亿元，增长16%。金融机构各项贷款余额641.7亿元，比上年末增加120.1亿元，增长23%。其中，短期贷款余额339.8亿元，增长31.8%；中长期贷款余额294.2亿元，增长20.7%，中长期贷款中个人消费贷款余额129.1亿元，增长35.6%。

年末全市共有6家证券公司营业部，开户股民（含基金）总数3.2万个，比上年增长13.4%。全市共有保险公司30家，其中，财产保险公司16家，人寿保险公司14家。全年保险业保费总收入41.7亿元，增长21.1%。其中，财产险业务保费收入16.2亿元，增长22.7%；人身险业务保费收入25.5亿元，增长19.8%。赔款和给付13.9亿元，增长15.7%。其中，财产险业务赔款支出8.1亿元，增长10.2%；人身险业务赔款和给付支出5.8亿元，增长4.2%。

福建省

| 福州市 | 厦门市 | 莆田市 | 三明市 | 泉州市 | 漳州市 | 南平市 |
| 龙岩市 | 宁德市 |

1

2014年福州市经济发展概况

【经济总量】2014年，福州市全市实现地区生产总值（GDP）5169.16亿元，比上年增长（以下简称“增长”）10.1%，其中：第一产业增加值416.09亿元，增长4.6%；第二产业增加值2352.15亿元，增长11.5%；第三产业增加值2400.92亿元，增长9.4%。三次产业比为8.05：45.5：46.45。

【农业】2014年，福州市农林牧渔业总产值730.77亿元，增长4.7%，其中，农业产值200.48亿元，增长3.9%；林业产值22.93亿元，增长12.8%，牧业产值72.68亿元，下降2.1%，渔业产值412.44亿元，增长5.9%，农林牧渔服务业产值22.24亿元，增长3.8%。全年粮食播种面积10.4万公顷，比上年减少0.1万公顷；粮食总产量55.37万吨，下降0.3%。

【工业和建筑业】2014年，福州市全市完成全部工业增加值1816.87亿元，增长11.7%。工业固定资产投资完成1168.63亿元，增长12.7%。

规模以上工业十大行业增加值总量达1288.47亿元，增长11.6%。其中，化学纤维制造业增长35.4%、农副食品加工业增长15.9%、非金属矿物制品业增长14.1%、黑色金属冶炼和压延加工业增长13.9%、纺织业增长13.2%、计算机、通信和其他电子设备制造业增长8.9%、皮革、毛皮、羽毛及其制品和制鞋业增长8.2%、电气机械和器材制造业增长7.3%、电力、热力生产和供应业增长5.2%、汽车制造业下降2.6%。

全年共有总承包和专业承包资质建筑业企业844家，全社会建筑业增加值541.1亿元，增长11.0%。

【固定资产投资】2014年，福州市全市完成固定资产投资4388.62亿元，增长14.9%。民间投资稳步增长，有力拉动全市固定资产投资增长10.2个百分点，在固定资产投资中占比显著提高，占全市固定资产投资55.6%。三次产业投资结构持续优化，第一产业投资额56.9亿元，增长39.9%；第二产业投资稳步增长，投资额1219.95亿元，增长16.5%；第三产业投资占据主导位置，投资额3111.77亿元，增长13.9%。

【科学技术】2014年年末，福州市全市共有高新技术企业368家，行业技术创新中心42家；共有国家创新型试点企业4家，国家创新型企业3家，省级创新型（试点）企业186家；共实施星火计划项目33项，其中国家级3项；火炬计划项目60项，其中国家级11项；全年共有1项科技成果获得省科技奖一等奖、9项成果获二等奖、12项成果获三等奖；3项科技成果获得市科学技术进步奖一等奖、13项成果获二等奖、46项成果获三等奖。全年共登记各类技术合同1700项，技术合同成交金额1.3亿元。

【国内贸易和对外经济】2014年，福州市全市实现社会消费品零售总额2991.98亿元，增长14.6%。城乡消费市场协调发展，乡村市场商品零售额增势强劲，增幅领先城镇市场，全市城镇市场消费品零售额294.12亿元，增长16.6%；农村市场消费品零售额19.14亿元，增长33.5%。限额以上企业商品零售额增长有力，全市限额以上企业和个体户实现商品零售额1780.62亿元，增长19.4%。消费热点不断涌现，汽车类、体育娱乐类、通讯器材类等商品需求旺盛。

全市新批合同外资项目126项，新批合同外资金额14.64亿美元，下降28.8%；实际利用外资（按验资口径）15.47亿美元，增长8.1%。全年完成进出口总额346.1亿美元，增长10.4%，其中：进口总额133.7亿美元，增长11.1%；出口总额212.4亿美元，增长9.9%。

【交通、邮电和旅游】2014年年末，福州市全年境内公路总里程11393公里，其中高速公路总里程493公里；年末高速铁路总里程275公里；福州港生产性泊位114个，其中万吨级以上泊位47个；航线覆盖点日益增多，福州空港国内航线（含港澳台）74条、国际航线9条，新开辟福州-珠海-昆明、福州-义乌-合肥、福州-临沂-天津、福州-舟山-合肥、福州-浦东-纽约等5条航线。全年公路货物运输量781692万吨，增长1.5%；水路货物运输量4822万吨，增长18%；民航货邮吞吐量12.14万吨，增长10.1%，其中货邮出港量7.04万吨，增长8.3%。公路旅客运输量12700万人次，增长4.6%；水路旅客运输量150万人次，增长1.9%；民航旅客吞吐量935.34万人次，增长4.8%，其中旅客出港量480.76万人次，增长4.8%。全年港口货物吞吐量11942.63万吨，增长13.7%，其中外贸货物吞吐量5332.45万吨，增长9.7%；集装箱吞吐量221.76万标箱，增长12.1%。全年对台客运直航进出旅客16.29万人次，增长12.9%；对台直航集装箱吞吐量34.5万标箱，增长3.7%；榕台空中直航旅客吞吐量36.40万人次，增长20.6%，货邮吞吐量0.77万吨，增长17.1%。

全市完成邮政业务总量6.06亿元，增长7%，实现邮政业务收入7.66亿元，增长7.8%；完成电信业务总量167.1亿元，实现电信业务收入108.1亿元。年末全市共有邮政局（所）237处，固定电话用户194.6万户，移动电话用户894.6万户，其中3G电话用户287.1万户，互联网宽带接入用户207.95万户。

年末全市共有A级景区35家，其中4A级旅游景区13家。全年共接待境内外游客4114.07万人次，增长16.3%，其中境外游客90.69万人次，国内游客4023.38万人次；实现旅游总收入468.03亿元，增长16.1%，旅游外汇收入12.45亿美元。年末全市共有星级酒店56家，客房10593间。

【金融和保险】2014年年末，福州市全市共有金融机构（不含保险和证券机构）58家，比上年末增加4家，其中：银行业存款类金融机构43家，银行业非存款类金融机构1家，其他金融机构14家；各类金融机构营业网点1429个，比上年末增加75个；共有4家外资金融机构在福州设立分行。年末全市金融机构存款余额（本外币，下同）9731.03亿元，比上年末增长8.7%，其中：储蓄存款余额3483.72亿元，增长5.7%。全市金融机构贷款余额9766.85亿元，增长19.7%，其中：中长期贷款余额6415.64亿元，增长21.2%。

年末全市共有各类保险营业网点400个，外资保险机构在福州设立11家分公司和2个代表处。全年保险业务保费收入181.30亿元，增长23.2%，其中：财产险保费收入62.84亿元，增长14.6%；人身险保费收入

11.85亿元，增长28.2%。保险业务赔付支出62.68亿元，增长23.7%，其中：财产险赔付支出35.14亿元，增长21%；人身险赔付支出27.54亿元，增长27.4%。

2

2014年厦门市经济发展概况

【经济总量】2014年，厦门市全年实现地区生产总值（GDP）3273.54亿元，按可比价格计算，比上年增长9.2%。其中，第一产业增加值23.74亿元，增长2.5%；第二产业增加值1499.27亿元，增长9.7%；第三产业增加值1750.53亿元，增长8.7%。三次产业结构为0.7：45.8：53.5。按常住人口计算的人均地区生产总值86831元，增长7.2%，折合14135美元。全市万元地区生产总值耗电639.43千瓦时，比上年减少9.4千瓦时；万元地区生产总值耗水10.9吨，减少0.2吨。

【农业】2014年，厦门市全年农林牧渔业总产值44.31亿元，比上年增长2.4%。其中，农业产值21.04亿元，下降2.5%；林业产值0.31亿元，增长60.2%；牧业产值12.26亿元，增长6.6%；渔业产值6.92亿元，增长9.5%；农林牧渔服务业产值3.78亿元，增长1.0%。

全年农作物总播种面积39.63万亩，比上年下降2.8%。粮食播种面积10.34万亩，下降1.0%，粮食总产量3.86万吨，下降0.5%；蔬菜播种面积23.55万亩，下降3.6%，蔬菜总产量54.91万吨，下降5.2%；水果播种面积9.72万亩，增长2.9%，水果总产量1.62万吨，增长47.2%。肉类总产量5.80万吨，增长7.3%；蛋品总产量4381吨，增长8.6%；乳品总产量1010吨，增长54.7%。至年末，全市生猪存栏数29.35万头，下降25.2%，生猪累计出栏71.65万头，增长8.2%；年末家禽存栏数132.16万只，下降3.5%，家禽累计出栏数306.32万只，下降10.2%；水产品产量4.19万吨，增长32.7%。

【工业和建筑业】2014年，厦门市全年实现规模以上工业增加值1240.32亿元，增长10.5%，占全市地区生产总值的37.9%。

至年末，全市规模以上工业企业1555家，实现工业总产值4905.44亿元，比上年增长10.8%。其中产值超亿元的企业546家，实现产值4463.23亿元，占全市规模以上工业总产值的91.0%。

建筑业增加值226.80亿元，比上年增长6.7%。全市具有资质等级的建筑业企业完成建筑业总产值881.92亿元，增长18.9%，其中建筑工程产值824.73亿元，增长29.2%；安装工程产值47.13亿元，下降51.8%；当年建筑企业新签合同价款1049.23亿元，增长16.5%。

【固定资产投资】2014年，厦门市全社会固定资产投资1572.95亿元，比上年增长16.7%，其中固定资产投资（不含农户）1562.16亿元，增长16.8%。分产业看，第一产业投资下降37.5%，第二产业投资增长11.2%，第三产业投资增长18.5%，三次产业投资比例为0.2：19.5：80.3。全市244个重点建设项目完成投资967.70亿元，完成年度计划的114.4%。

【科学技术】2014年，厦门市全市高新技术企业907家，其中国家火炬计划重点高新技术企业31家；创新型企业287家，其中国家级14家。科技企业孵化器12个，产业技术创新战略联盟11个，工程技术研究中心102个，企业技术中心114个，重点实验室63个，博士后工作站23个。国内专利申请量12846件，其中发明专利申请量3808件。国内专利授权量8944件，其中发明专利授权量1012件。PCT国际专利申请量180件。登记技术合同1820项，合同总成交额23.6亿元。拥有视听通讯、钨材料、软件、半导体照明、电力电器、生物与新医药六个国家特色产业基地。

【国内贸易和对外经济】2014年，厦门市社会消费品零售总额1072.94亿元，比上年增长10.0%。其中批发业零售额79.92亿元，增长12.4%；零售业零售额865.10亿元，增长10.6%；住宿业零售额22.87亿元，增长2.5%；餐饮业零售额105.05亿元，增长5.4%。

限额以上企业零售额679.90亿元，增长11.2%，占全市社会消费品零售总额的63.4%；限额以下单位实现零售额393.03亿元，增长8.1%。全年零售额超亿元的批发零售贸易企业132家，零售额536.80亿元，净增68.49亿元，增长14.6%；零售额超千万元的住宿餐饮企业87家，零售额46.62亿元，净增1.83亿元，增长4.1%。

外贸进出口总值835.53亿美元，比上年下降0.6%，其中出口531.65亿美元，增长1.6%；进口303.88亿美元，下降4.3%；贸易顺差227.77亿美元，增长10.5%。

【交通、邮电和旅游】2014年，厦门市交通运输、仓储和邮政业增加值219.82亿元，比上年增长10.9%。旅客运输量0.79亿人次，增长12.3%；旅客运输周转量324.76亿人公里，增长12.9%；货物运输量2.35亿吨，增长18.0%；货物周转量1266.57亿吨公里，增长21.4%。至年末，厦门港现有生产性泊位152个（含漳州），其中万吨级以上泊位68个；全年港口货物吞吐量2.05亿吨，增长7.4%；港口集装箱吞吐量857.24万标箱，增长7.1%。

全年邮电业务总量140.83亿元，比上年增长17.4%，其中邮政业务总量26.84亿元，增长22.1%；电信业务总量113.89亿元，增长16.4%。至年末，全市固定电话用户135.91万户，下降8.7%；移动电话用户563.77万户，下降7.8%，其中3G移动电话用户212.71万户，增长1.3%；固定互联网宽带接入用户146.09万户，增长8.2%，固定互联网拨号用户0.27万户，下降44.9%，移动互联网用户430.14万户，下降1.3%。

全年接待国内外游客5337.86万人次，比上年增长14.5%，旅游总收入722.09亿元，增长16.3%。其中接待入境游客266.82万人次，增长10.8%，入境过夜游客182.89万人次，增长9.6%，旅游创汇18.09亿美元，增长9.8%。接待国内游客5071.04万人次，增长14.7%，过夜国内游客2332.85万人次，增长13.9%，国内旅游收入609.97亿元，增长17.6%。至年末，全市共有旅游住宿单位1908家，其中星级酒店82家，五星级酒店19家。

【金融和保险】2014年，厦门市全市各类银行业金融机构主体40家，其中法人银行业金融机构8家，与上年末持平。至年末，中外资金融机构本外币各项存款余额7064.61亿元，比上年末增长10.7%。中资金融机构人民币各项存款余额6414.61亿元，增长10.8%，其中城乡居民人民币储蓄存款余额1972.02亿元，增长3.8%；单位存款余额3932.80亿元，增长9.9%。

全市保险公司38家，与上年末持平。其中财产保险公司21家、人身保险公司17家；保险专业中介机构

39家。全年实现保费收入131.21亿元，增长17.4%，其中财产险实现保费收入57.08亿元，增长18.6%，人身险实现保费收入74.13亿元，增长16.5%。赔付支出44.97亿元，增长23.8%，其中财产险赔付支出29.62亿元，增长22.9%，人身险赔付支出15.35亿元，增长25.6%。

3

2014年莆田市经济发展概况

【经济总量】2014年，莆田市全年实现地区生产总值（GDP）1502.07亿元，比上年增长11.1%。其中，第一产业增加值109.85亿元，增长3.4%；第二产业增加值866.76亿元，增长11.9%；第三产业增加值525.46亿元，增长11.4%。人均地区生产总值52890元，比上年增长10.3%。第一产业增加值占地区生产总值的比重为7.3%，第二产业增加值比重为57.7%，第三产业增加值比重为35.0%。

【农业】2014年，莆田市全年农林牧渔业完成总产值199.93亿元，比上年增长3.5%。粮食种植面积72.43万亩，比上年减少1.47万亩，其中稻谷面积41.13万亩，减少1.63万亩；油料种植面积24.37万亩，增加0.16万亩；蔬菜种植面积55.33万亩，增加0.81万亩。

全年粮食产量27.77万吨，比上年减少0.39万吨，下降1.4%。其中，稻谷产量17.51万吨，减产0.52万吨，下降2.9%。

【工业和建筑业】2014年，莆田市全年全部工业增加值713.05亿元，比上年增长11.7%。规模以上工业增加值增长13.0%。在规模以上工业中，分经济类型看，国有及国有控股企业增长19.1%；国有企业增长19.2%，集体企业增长5.2%，股份制企业增长15.0%，外商及港澳台商投资企业增长8.8%；私营企业增长14.3%。分轻重看，轻工业增长15.5%，重工业增长7.9%。分门类看，采矿业增长15.3%，制造业增长13.4%，电力、热力、燃气及水生产和供应业增长8.5%。工业产品销售率98.94%，比上年下降0.21个百分点。

全年全社会建筑业实现增加值165.63亿元，比上年增长12.5%。全市具有资质等级的总承包和专业承包建筑业企业完成建筑业总产值480.37亿元，增长29.4%。

【固定资产投资】2014年，莆田市全年全社会固定资产投资1452.44亿元，比上年增长21.9%。其中，固定资产投资（不含农户）1423.68亿元，增长22.3%；农户投资28.76亿元，增长8.2%。

在固定资产投资（不含农户）中，第一产业投资增长14.4%；第二产业投资增长1.7%，其中，工业投资下降0.2%；第三产业投资增长34.1%。从到位资金情况看，全年到位资金1621.58亿元，比上年增长24.2%。其中，国家预算资金增长12.5%，国内贷款增长16.7%，利用外资下降22.5%，自筹资金增长32.9%，其他资金下降2.2%。

【科学技术】2014年，莆田市全年研究与试验发展（R&D）经费支出预计15.20亿元，比上年增长24.5%，占全市生产总值的1.0%。全市新增2个省级企业重点实验室、4个省级企业工程技术研究中心、3个科技企业孵化器、新布局建设1个产业技术公共服务平台。目前，全市有国家级、省级创新型（试点）企业49家；高新技术企业36家；重点实验室5个、工程技术研究中心27个、科技企业孵化器5家。新认定省级企业技术中心2家。全市专利申请受理3317件，专利授权2175件，分别比上年增长3.6%和27.6%。其中，发明专利申请314件，增长12.1%，发明专利授权45件，同比下降11.8%。截至2014年底，全市共拥有有效发明专利201件，比上年增长29.7%；每万人口发明专利拥有量0.710件，比上年增加0.158件。全年共登记技术合同4项，技术合同成交金额2755万元。

【国内贸易和对外经济】2014年，莆田市全年社会消费品零售总额480.33亿元，比上年增长12.1%。按经营地统计，城镇消费品零售额428.08亿元，增长11.7%；乡村消费品零售额52.25亿元，增长15.1%。按限额标准统计，限额以上商品零售额174.37亿元，增长19.5%，限额以下商品零售额305.96亿元，增长8.3%。

全年进出口总额320.81亿元人民币，以美元计价为52.42亿美元，比上年增长9.8%。其中，出口202.65亿元人民币，以美元计价为33.12亿美元，增长5.0%；进口118.16亿元人民币，以美元计价为19.30亿美元，增长20.5%。进出口顺差84.49亿元人民币，以美元计价为13.81亿美元，比上年减少1.70亿美元。

【交通、邮电和旅游】2014年，莆田市全年交通运输、仓储和邮政业实现增加值57.55亿元，比上年增长9.9%。公路通车里程6098.11公里，比上年下降2.6%。其中高速公路184.16公里，下降1.4%。

年末全市汽车保有量18.85万辆（含三轮汽车和低速货车），比上年末增长19.4%，其中私人汽车保有量16.41万辆，增长22.6%。全市轿车保有量10.86万辆，增长20.5%，其中私人轿车保有量9.9万辆，增长22.7%。

全年完成邮电业务总量42.97亿元，比上年增长12.9%。其中，邮政业务总量2.32亿元，增长18.8%；电信业务总量40.66亿元，增长12.6%。邮政业全年完成邮政函件业务752.41万件，包裹业务10.24万件，快递业务量14万件。年末全市电话用户总数333.97万户，本年累计减少0.35万户，其中：固定电话用户64.76万户，减少2.02万户；移动电话用户269.21万户，增加1.68万户。全市3G电话用户96.13万户，本年累计净增17.18万户，4G电话用户19.52万户。全市互联网用户188.39万户，净增19.39万户。

全年接待入境游客24.81万人次，比上年下降3.6%。其中，接待外国人4.42万人次，增长22.1%；台湾同胞15.64万人次，下降6.5%；港澳同胞4.75人次，下降11.5%。国际旅游外汇收入2.00亿美元，下降0.4%。全年接待国内旅游人数1700.31万人次，增长18.5%；国内旅游收入123.95亿元，增长22.0%。旅游总收入136.23亿元，增长19.5%。

【金融和保险】2014年年末，莆田市全市金融机构本外币各项存款余额1450.18亿元，比上年末增长12.0%；金融机构本外币各项贷款余额1331.44亿元，增长21.6%。

全年农村合作金融机构人民币各项贷款余额124.27亿元，比上年末增长26.5%。中资金融机构人民币个人消费贷款余额306.75亿元，比上年末增长25.5%。

全年内外资保险公司保费收入38.16亿元，比上年增长15.8%，其中寿险保费收入26.19亿元；财产险保费收入11.97亿元。支付各类赔款及给付16.35亿元，其中寿险业务给付9.95亿元；财产险赔款6.4亿元。

4

2014年三明市经济发展概况

【经济总量】2014年，三明市全年实现地区生产总值（GDP）1621.21亿元，比上年增长9.6%。其中，第一产业增加值250.08亿元，增长4.7%；第二产业增加值850.98亿元，增长11.5%；第三产业增加值520.15亿元，增长8.2%。人均地区生产总值64590元，增长9.3%。第一产业增加值占地区生产总值的比重为15.4%，第二产业增加值比重为52.5%，第三产业增加值比重为32.1%。

【农业】2014年，三明市全年农林牧渔业完成总产值399.75亿元，比上年增长4.8%。粮食种植面积325.23万亩，比上年增加4.54万亩，其中稻谷面积218.13万亩，增加1.06万亩；烟叶种植面积47.73万亩，减少2.21万亩；油料种植面积18.75万亩，增加0.58万亩；蔬菜种植面积159.34万亩，增加3.58万亩。

全年粮食产量117.32万吨，比上年增加2.53万吨，增长2.2%。其中，稻谷产量91.30万吨，增产1.11万吨，增长1.2%。

【工业和建筑业】2014年，三明市全年规模以上工业增加值805.80亿元，比上年增长12.2%。工业产品销售率98.73%，比上年下降0.02个百分点。

在规模以上工业企业中，股份制企业增长较快，完成增加值722.71亿元，增长12.9%，高于全市平均水平0.7个百分点。

全年全社会建筑业实现增加值157.90亿元，比上年增长11.5%（现价）。全市资质等级以上的总承包和专业承包建筑业企业完成建筑业总产值480.76亿元，增长23.2%（现价）；房屋施工面积4126.15万平方米，增长5.9%；房屋建筑竣工面积1853.18万平方米，增长48.0%。

【固定资产投资】2014年，三明市全年固定资产投资（不含农户）1603.08亿元，比上年增长20.2%。其中，项目投资1426.32亿元，增长21.7%；房地产开发投资176.76亿元，增长9.1%。

在固定资产投资（不含农户）中，第一产业投资增长49.9%；第二产业投资增长20.8%，其中，工业投资增长21.0%；第三产业投资增长16.8%。

【科学技术】2014年，三明市全年研究与试验发展（R&D）经费支出14.11亿元，比上年增长13.4%，占地区生产总值的0.95%。全市列入国家级、省级科技计划项目分别为36个和60个。其中国家创新基金项目8项、国家星火计划项目25项、省科技重大专项4项。新认定2家国家高新技术企业，共有34家。新增8家省级创新型企业，共有2家国家创新型试点企业、32家省级创新型企业、52家省级创新型试点企业、228家省级科技型企业。新增4家省级（企业）工程技术研究中心，累计达34家；新认定市级企业技术中心4家，共有省级企业技术中心19家、市级企业技术中心40家；获省科技厅备案科技孵化器达8家。获2014年度省科学技术进步奖11项，其中二等奖2项。全市专利申请2560件，专利授权1587件，分别比上年增长136.6%和89.61%。其中，发明专利申请283件，发明专利授权47件。

【国内贸易和对外经济】2014年，三明市全年社会消费品零售总额404.63亿元，比上年增长12.3%。按经营地统计，城镇消费品零售额360.57亿元，增长12.6%；乡村消费品零售额44.06亿元，增长9.9%。按规模统计，限额以上批零和住餐业零售额197.77亿元，增长16.3%；限额以下批零和住餐业零售额206.86亿元，增长8.7%。

全年进出口总额20.40亿美元，比上年增长22.5%。其中，出口17.78亿美元，增长29.4%；进口2.62亿美元，下降9.8%。进出口顺差（出口减进口）15.16亿美元，比上年增加4.61亿美元。

【交通、邮电和旅游】2014年，三明市全市交通运输、仓储和邮政业实现增加值91.71亿元，比上年增长10.3%。公路累计通车里程14197公里，比上年增长1.1%，其中高速公路616公里。共有1335个行政村开通客运班车，占全部建制村的76.9%。农村公路改造、硬化9108公里，硬化路面通村率100%。

年末全市民用汽车保有量17.01万辆，比上年末增长8.4%，其中私人汽车保有量14.23万辆，增长10.6%。民用轿车保有量9.38万辆，增长12.9%，其中私人轿车保有量8.51万辆，增长14.5%。

全市邮政业业务总量3.91亿元，比上年增长21.4%；邮政业务收入4.23亿元，增长13.7%；邮政业完成邮政函件业务677.70万件、包裹业务6.47万件，分别下降46.1%和8.7%，快递业务量784.45万件，增长44.4%。电信业务总量35.12亿元，增长15.4%；电信业完成主营业务收入19.85亿元，下降4.0%。年末全市电话用户总数295.67万户，本年减少1.18万户，其中:固定电话用户51.14万户，减少0.81万户；移动电话用户244.53万户，减少0.37万户，其中3G电话用户73.89万户，净增6.61万户。全市移动电话交换机容量330万户，增长1.5%。全市互联网用户141.42万户，净增11.91万户，其中，固定宽带用户6.52万户，净增0.63万户。

全年入境旅游、商务、探亲等人数5.24万人次，比上年增长14.4%。国际旅游外汇收入0.44亿美元，增长12.1%。全年接待国内旅游人数1719.17万人次，增长16.1%；国内旅游收入128.38亿元，增长19.4%。旅游总人数1724.41万人次，增长16.1%，旅游总收入131.10亿元，增长19.2%。

【金融和保险】2014年年末，三明市全市金融机构本外币各项存款余额1213.67亿元，比上年末增长1.4%；金融机构本外币各项贷款余额1196.29亿元，增长6.6%。

全年内外资保险公司保费收入40.93亿元，比上年增长23.6%，其中寿险保费收入30.11亿元、财产险保费收入10.82亿元。支付各类赔款及给付9.67亿元，其中寿险业务给付5.24亿元、财产险赔款4.43亿元。

5

2014年泉州市经济发展概况

【经济总量】2014年，泉州市全年实现地区生产总值（GDP）5733.36亿元，比上年增长10.1%，经济总量连续16年保持全省第一。其中，第一产业增加值172.35亿元，增长2.6%；第二产业增加值3554.58亿元，增长11.4%；第三产业增加值2006.43亿元，增长8.2%。第一、二、三产业对GDP增长的贡献率分别为

0.7%、71.9%和27.4%，分别拉动GDP增长0.1、7.2和2.8个百分点。三次产业比例为3.0：62.0：35.0。按常住人口计算，人均地区生产总值68254元（按年平均汇率折合11111美元），比上年增长9.1%。

【农业】2014年，泉州市全年农林牧渔业完成总产值308.88亿元，比上年增长2.7%。

全年粮食种植面积215.54万亩，比上年减少2.5万亩；其中稻谷面积118.82万亩，减少4.23万亩；油料种植面积32.88万亩，减少0.14万亩；蔬菜种植面积110.09万亩，增加2.99万亩。粮食产量74.57万吨，比上年减少0.71万吨，其中稻谷产量46.58万吨，减产1.74万吨。

【工业和建筑业】2014年，泉州市全年全部工业实现增加值3185.71亿元，比上年增长11.4%，工业对经济增长的贡献率达65.4%。全年完成规模以上工业总产值10632.77亿元，比上年增长12.2%。全年规模以上工业实现销售产值10269.18亿元，比上年现价增长12.6%，其中出口交货值1686.62亿元，现价增长8.3%。拥有超亿元企业2062家，比上年增加171家，其中超10亿元企业135家，比上年增加18家。

全社会建筑业实现增加值371.00亿元，比上年增长11.0%。全市资质等级以上的建筑企业有544个，完成建筑业总产值1155.18亿元，增长19.7%。全市建筑房屋施工面积8912.17万平方米，实行投标承包面积6711.98万平方米，招投标率达75.3%。房屋竣工面积3068.78万平方米，增长18.7%；全市建筑业总产值达到亿元及以上的企业373家，其中5亿元及以上的企业43家。

【固定资产投资】2014年，泉州市全年全社会固定资产投资2940.25亿元，比上年增长17.5%。其中，项目投资2098.37亿元，增长12.9%；房地产开发投资775.95亿元，增长32.5%；农户投资65.93亿元，增长11.9%。全年固定资产投资（不含农户）按三次产业分，第一产业投资19.74亿元，增长98.5%；第二产业投资1036.37亿元，增长1.5%，其中工业投资1001.76亿元，下降0.9%；第三产业投资1818.22亿元，增长28.8%。

【科学技术】2014年，泉州市全年新增省级高新技术企业59家，总数达222家；新增国家火炬计划重点高新技术企业2家，总数达18家；拥有国家级、省级、市级行业技术开发中心分别有10个、65个和130个；拥有国家级、省级、市级工程技术研究中心分别有1个、68个和117个；有1家企业列入国家创新型试点企业，有140家企业被评为福建省创新型企业。全年共实施国家、省、市各级各类科技计划项目524项，其中，国家级33项，省级114项，市级377项。有20项成果获省科学技术奖。全年专利申请18538件，授权11456件，累计专利授权数达65289件。全年共签订各类技术合同42项，合同金额7.51亿元。

【国内贸易和对外经济】2014年，泉州市全年社会消费品零售总额2133.27亿元，比上年增长12.5%。按经营地统计，城镇消费品零售额1859.80亿元，增长12.6%；乡村消费品零售额273.47亿元，增长12.2%。按消费形态统计，商品零售额1920.30亿元，增长12.9%；餐饮收入额212.97亿元，增长9.3%。

全年进出口总额达308.56亿美元，比上年增长5.9%。其中，出口181.81亿美元，增长10.4%；进口126.75亿美元，增长0.1%。

【交通、邮电和旅游】2014年，泉州市全年交通运输、仓储和邮政业实现增加值387.15亿元，增长10.3%。全市公路通车总里程达16526.06公里，比上年增加1070.31公里。其中，二级及二级以上高级公路里程2642.52公里，高级公路中高速公路里程532公里。公路密度达152.1公里/百平方公里。

年末全市汽车保有量达到90.92万辆，比上年增长15.4%。其中私人汽车81.98万辆，增长17.0%。全市共有营运汽车总数70596辆，其中客运班车6178辆（含出租车3034辆），货运汽车64418辆。年末拥有省际运输船舶247艘，总载重251万吨。

全年完成邮电业务总量206.92亿元，增长20.0%。其中，邮政业务总量54.45亿元，增长60.8%；电信业务总量152.47亿元，增长10.0%。全年固网交换机总容量437.56万门，移动通信交换机总容量[3]1546万门。全市城乡固定电话用户达226.19万户，移动电话用户969.28万户。年末互联网用户1189.08万户，其中，宽带接入用户219.80万户。

全年共接待国内外游客4428.26万人次，比上年增长18.7%。其中，国内游客4215.43万人次，增长19.0%；接待境外游客212.83万人次，增长14.4%。境外游客中，外国人及华侨28.82万人次，增长19.9%；港、澳同胞146.23万人次，增长12.3%；台湾同胞37.78万人次，增长19.5%。全年实现旅游总收入528.65亿元，增长18.3%，旅游创汇12.3亿美元，增长14.4%。

【金融和保险】2014年年末，泉州市全市金融机构本外币各项存款余额6062.73亿元，比上年末增长7.8%，其中人民币各项存款余额5778.53亿元，比上年末增长6.8%。全市金融机构本外币各项贷款余额4929.63亿元，比上年末增长15.0%，其中人民币各项贷款余额4673.64亿元，比上年末增长16.4%。人民币贷款中，个人消费贷款余额827.09亿元，当年新增121.23亿元，其中住房贷款余额600.52亿元，当年新增133.21亿元。

全市保险业实现各项保费收入136.84亿元，比上年增长15.1%，其中，财产险保费收入47.66亿元，增长19.6%；人身险保费收入89.18亿元，增长12.6%。赔款支出39.50亿元，增长11.3%，其中财产险理赔支出22.34亿元，增长16.5%。人身险各项给付支出17.16亿元，增长3.9%。

6

2014年漳州市经济发展概况

【经济总量】2014年，漳州市全年实现地区生产总值（GDP）2506.36亿元，比上年增长11.3%。其中，第一产业增加值350.52亿元，增长4.5%；第二产业增加值1248.00亿元，增长14.3%；第三产业增加值907.84亿元，增长9.4%。第一产业增加值占地区生产总值的比重为14.0%，第二产业增加值比重为49.8%，第三产业增加值比重为36.2%。人均地区生产总值50685元，增长10.6%。

【农业】2014年，漳州市农林牧渔业总产值完成644.29亿元，增长4.8%。其中，农业产值328.77亿元，增长5.4%；林业产值23.90亿元，增长10.5%；牧业产值58.24亿元，下降3.8%；渔业产值200.44亿元，增长5.3%；农林牧渔服务业产值32.95亿元，增长9.6%。

全年粮食种植面积171.69万亩，比上年减少2.52万亩；油料种植面积19.31万亩，增加0.46万亩；甘蔗种植面积4.48万亩，减少1.03万亩；蔬菜种植面积164.47万亩，增加4.80万亩；茶业种植面积43.85万亩，增加0.57万亩；水果种植面积253.12万亩，增加1.70万亩；食用菌种植面积0.60万亩，减少0.24万亩。

【工业和建筑业】2014年，漳州市全年全部工业增加值1040.40亿元，比上年增长14.6%，其中规模以上工业增加值增长16.4%。在规模以上工业中，国有及国有控股企业增长9.0%；集体企业增长20.9%，股份制企业增长15.7%，外商及港澳台商投资企业增长17.6%；私营企业增长6.7%。轻工业增长9.9%，重工业增长24.5%

全年建筑业增加值207.60亿元，比上年增长12.5%。全市具有资质等级的建筑业企业实现总产值379.24亿元，增长26.7%，其中国有及国有控股企业32.27亿元，增长12.6%。

【固定资产投资】2014年，漳州市全年全社会固定资产投资2134.84亿元，比上年增长21.2%。其中，固定资产投资（不含农户）2081.86亿元，增长21.5%；农户投资52.99亿元，增长9.9%。

在固定资产投资中，第一产业投资94.43亿元，比上年增长107.5%；第二产业投资895.55亿元，增长14.7%；第三产业投资1091.88亿元，增长23.1%。全年房地产开发投资472.24亿元，比上年增长32.6%。其中，住宅投资336.17亿元，增长38.5%；办公楼投资9.39亿元，增长4.2%；商业营业用房投资62.63亿元，增长16.3%。

【科学技术】2014年，漳州国家高新区正式获国务院批准，获得“全国科技进步先进市”四连冠，入选“中欧智慧城市合作中方试点城市”，成功举办海峡两岸（漳州）工业设计科技创新大赛、首届中国钟表设计大赛。漳州国家农业科技园区新增“国家科技特派员农村科技创业基地”、“国家农业科技园区协同创新战略联盟”和国家花卉工程技术研究中心水仙花分中心等三个国家级科技品牌。钟表基地入选国家外贸转型升级示范基地，金都海洋生物产业园被认定为“国家科技兴海产业示范基地”。14项科技成果荣获2014年福建省科学技术奖，其中二等奖4项，三等奖10项，获奖成绩位居全省前列。全年专利申请数3655件，减少17.1%，发明专利申请数607件。全年专利授权数2666件，减少15.3%，发明专利授权数141件。截至年底，有效发明专利551件。

【国内贸易和对外经济】2014年，漳州市社会消费品零售总额785.53亿元，比上年增长12.0%。按经营地统计，城镇消费品零售额705.52亿元，增长12.0%；乡村消费品零售额80.01亿元，增长12.3%。

海关统计进出口总值113.2亿美元，增长16.3%。其中，出口81.3亿美元，增长14.4%；进口31.9亿美元，增长21.3%。进出口差额49.4亿美元（出口减进口），比上年增加4.6亿美元。

【交通、邮电和旅游】2014年，漳州市全年货物运输总量10890.68万吨，比上年增长14.0%。全年港口完成货物吞吐量5853.25万吨，增长5.9%，其中外贸货物吞吐量1432.68万吨，增长39.3%。港口集装箱吞吐量44.99万标准箱，下降25.4%。

年末全市民用汽车保有量达到31.76万辆，比上年末增长14.4%，其中私人汽车保有量27.07万辆，增长16.2%。民用小、微型载客汽车保有量22.9万辆，增长17.3%，其中私人小、微型载客汽车20.5万辆，增长19.3%。

全年完成邮电业务总量74.78亿元，比上年增长14.2%。其中，邮政业务总量10.76亿元，增长78.8%；

电信业务总量64.02亿元，增长7.7%。邮政业全年完成邮政函件业务2521.15万件，包裹业务10.28万件，快递业务量2742.88万件。电信业全年局用交换机总容量123.28万门；新增移动电话交换机容量[3]17.32万户，达到763.26万户。年末固定电话用户91.42万户，其中，城市电话用户33.97万户，农村电话用户57.45万户。新增移动电话用户138.18万户，年末达到492.83万户，其中3G移动电话用户[4]155.68万户。年末全市固定及移动电话用户总数达到584.25万户，比上年末减少4.55万户。

全年国内出游人数1901.35万人次，比上年增长19.6%；国内旅游收入187.72亿元，增长23.3%。办理出境签证人数33.79万人次，增长183.2%。入境旅游人数40.65万人次，增长9.6%，其中，外国人11.59万人次，减少13.61%；香港、澳门和台湾同胞29.06万人次，增长22.8%。

全年旅客运输总量3524.92万人次，比上年增长12.1%。

【金融和保险】2014年年末，漳州市全部金融机构本外币各项存款余额2096.61亿元，比年初增加245.57亿元，其中人民币各项存款余额2066.68亿元，增加237.01亿元。全部金融机构本外币各项贷款余额1638.72亿元，比年初增加218.34亿元，其中人民币各项贷款余额1569.32亿元，增加207.22亿元。全年社会融资规模为448.59亿元，按可比口径计算，比上年增加48.48亿元。

年末主要农村金融机构（农村信用社、农村合作银行、农村商业银行）人民币贷款余额268.75亿元，比年初增加41.10亿元。全部金融机构人民币消费贷款余额345.19亿元，增加83.73亿元。其中，个人短期消费贷款余额26.64亿元，增加6.79亿元；个人中长期消费贷款余额318.55亿元，增加76.94亿元。

7

2014年南平市经济发展概况

【经济总量】2014年，南平市全年实现地区生产总值（GDP）1232.56亿元，按可比价格计算，比上年增长9.6%。其中，第一产业增加值271.61亿元，增长5.2%；第二产业增加值543.65亿元，增长11.5%（其中工业增加值403.86亿元，增长11.4%）；第三产业增加值417.31亿元，增长9.2%。三次产业结构由上年的23.2：43.5：33.3调整为22.0：44.1：33.9。人均地区生产总值47044元，比上年增长9.8%。

【农业】2014年，南平市全市农林牧渔业完成总产值462.85亿元，比上年增长5.3%，其中：农业产值222.56亿元，增长4.3%；林业产值91.56亿元，增长3.0%；牧业产值108.28亿元，增长9.7%；渔业产值25.27亿元，增长3.6%；农林牧渔服务业产值15.19亿元，增长5.4%。

全年完成粮食播种面积372.95万亩，比上年减少1.05万亩；其中稻谷面积274.27万亩，减少2.2万亩；烟叶种植面积30.93万亩，减少2.85万亩；油料种植面积25.55万亩，增加0.35万亩；蔬菜种植面积156.00万亩，增加2.62万亩。

【工业和建筑业】2014年，南平市全年全社会工业实现增加值403.86亿元，比上年增长11.4%，其中规模以上工业增加值402.67亿元，增长11.8%。工业产品销售率96.3%，比上年回落0.3个百分点。

全市全社会工业总产值1655.03亿元，比上年增长12.2%。其中，规模以上工业总产值1519.66亿元，增长12.1%；规模以下工业总产值135.37亿元，增长12.8%。五大传统重点产业累计完成产值1218.99亿元，占全市规模以上工业总产值比重的80.2%。其中，纺织服装产业增长17.3%，食品加工产业增长13.2%，林产加工产业增长12.8%，机械（装备）制造产业增长12.6%，冶金建材产业增长12.4%。

全社会建筑业实现增加值124.27亿元，比上年增长12.0%。全市资质等级以上的总承包和专业承包建筑业企业完成建筑业总产值145.50亿元，增长31.6%；房屋建筑施工面积820.55万平方米，增长2.5%；房屋建筑竣工面积291.75万平方米，增长24.2%。

【固定资产投资】2014年，南平市全年全社会固定资产投资1481.30亿元，比上年增长22.0%。其中，固定资产投资（不含农户）1451.07亿元，增长22.3%；农户投资30.23亿元，增长8.5%。

项目投资完成1301.04亿元，比上年增长23.5%。其中，第一产业投资额为79.62亿元，增长26.6%；第二产业投资额为584.58亿元，增长28.6%（其中工业投资额为546.78亿元，增长26.7%）；第三产业投资额为636.85亿元，增长18.9%。

【科学技术】2014年，南平市全市全年规模以上工业企业研究与试验发展（R&D）经费支出预计11.95亿元，比上年增长47.0%，占全市GDP比重为0.97%。全市新认定省级重点实验室1个、企业技术中心2个，市级企业技术中心4个；新获批省级（企业）工程技术研究中心5家，总数达到36家；共有创新型（试点）企业41家，其中，省级创新型企业20家，国家级创新型企业1家。全年共争取国家、省科技项目共52项，经费3367万元。成功举办第七届科技成果交易会，共对接签约科技成果73项，其中24个重点对接科技项目现场签约，签约资金11.9亿元。2014年，全市专利申请1677件，比上年增长27.4%。其中，发明专利申请315件，增长52.9%；实用新型专利申请808件，增长61.0%；外观设计专利申请554件，下降8.9%。全市专利授权1211件，增长44.0%。其中，发明专利授权87件，增长42.6%；实用新型专利授权631件，增长47.8%；外观设计专利授权493件，增长39.7%，专利申请量和授权量均稳步提升。

【国内贸易和对外经济】2014年，南平市全年社会消费品零售总额451.70亿元，比上年增长12.9%。分销售地看，城镇实现消费品零售额395.94亿元，增长13.6%；乡村实现消费品零售额55.76亿元，增长8.0%。分行业看，批发业实现零售额22.50亿元，增长20.7%；零售业实现零售额367.95亿元，增长13.1%；住宿业实现零售额4.22亿元，增长12.2%；餐饮业实现零售额57.03亿元，增长8.6%。按限上限下分，限额以上实现零售额162.52亿元，增长21.0%；限额以下实现零售额289.18亿元，增长8.8%。

全市进出口总额为15.96亿美元，比上年下降4.4%。其中，出口总额为14.65亿美元，下降4.3%；进口总额为1.31亿美元，下降5.4%。出口达百万美元以上的企业达136家，出口总额达14.14亿美元；重点出口商品共计26类，累计出口13.10亿美元，增长0.6%。

【交通、邮电和旅游】2014年，南平市全市交通运输、仓储和邮政业实现增加值45.97亿元，比上年增长10.4%。全年旅客发送量（不含民航）2968万人，比上年下降11.9%；旅客周转量（不含铁路、民航）

164998万人公里，下降19.2%。货物运输量（不含民航）3619万吨，下降23.4%；货运周转量（不含铁路、民航）945217万吨公里，增长6.5%。

年末全市民用汽车保有量68.70万辆（包括三轮汽车和低速货车），比上年末增长8.7%，其中私人汽车保有量13.41万辆，增长16.9%。摩托车保有量52.12万辆，增长7.4%。

全年邮电业务总量39.12亿元，比上年增长63.9%。其中邮政业务总量5.09亿元，增长78.1%；电信业务收入21.30亿元，增长1.4%。年末全市固定电话用户总数达到54.3万户，减少4.2万户；移动电话用户数239.1万户，减少11.6万户。互联网用户数193.5万户，增加9.3万户。

全年共接待旅游总人数2503.10万人次，比上年增长18.9%，其中接待境外旅游人数28.82万人次，下降2.5%；实现旅游总收入312.46亿元，增长20.9%，其中旅游创汇1.41亿美元，增长21.3%。

【金融和保险】2014年年末，南平市全市金融机构本外币各项存款余额1257.47亿元，比上年增长9.9%；各项贷款余额1012.31亿元，增长10.7%。人民币各项存款余额1250.48亿元，增长9.8%；各项贷款余额1006.33亿元，增长10.5%。金融存贷比为80.5%，比上年提高0.6个百分点。

8

2014年龙岩市经济发展概况

【经济总量】2014年，龙岩市全年实现地区生产总值（GDP）1621.21亿元，按可比价格计算，比上年增长9.7%。其中，第一产业增加值187.80亿元，增长4.0%；第二产业增加值876.25亿元，增长11.7%；第三产业增加值557.16亿元，增长8.0%；人均地区生产总值62716元，比上年增长9.3%。三次产业比例由上年的12.0∶53.8∶34.2调整为11.6∶54.0∶34.4。

【农业】2014年，龙岩市全年农林牧渔业完成总产值313.84亿元，比上年增长4.0%。其中，农业产值142.41亿元，增长4.8%；林业产值45.59亿元，增长5.3%；牧业产值105.71亿元，增长2.3%；渔业产值12.9亿元，增长5.2%；农林牧渔服务业产值7.23亿元，增长4.7%。

粮食播种面积274.22万亩，比上年增加0.81万亩，其中稻谷面积223.02万亩，比上年减少0.75万亩；烟叶种植面积28.69万亩，减少0.81万亩；油料种植面积12.58万亩，增加0.22万亩；蔬菜种植面积115.58万亩，增加2.40万亩。全年粮食总产量109.76万吨，增长1.6%。其中，稻谷产量94.28万吨，增加0.67万吨，增长0.7%。蔬菜产量194.96万吨，增长3.3%。

【工业和建筑业】2014年，龙岩市全部工业增加值702.05亿元，比上年增长11.7%，其中，规模以上工业增加值538.07亿元，增长12.5%。工业产品销售率97.7%，比上年下降0.2个百分点。

规模以上工业总产值1654.21亿元，增长12.8%。机械产业、有色金属产业、烟草产业、能源精化产业等“四大天王”实现工业产值974.06亿元，现价增长11.8%；纺织产业、建材产业、光电新材料产业等“八大金刚”实现工业产值581.31亿元，增长10.6%。其中，机械产业总产值252.87亿元，增长5.9%；有色金属产业总产值305.75亿元，增长20.2%；烟草产业总产值150.21亿元，增长10.2%；能源精化产业总产值265.23亿元，增长9.6%；纺织产业总产值85.24亿元，增长4.7%；建材产业总产值168.66亿元，增长2.4%；光电新材料产业57.51亿元，下降2.9%；不锈钢及特钢产业28.33亿元，增长87.2%；农副产品加工产业总产值241.57亿元，现价增长17.8%。

全社会建筑业实现增加值174.2亿元，比上年现价增长12.0%（下同）。全市资质等级以上的总承包和专业承包建筑企业完成建筑业总产值568.6亿元，增长21.1%；房屋建筑施工面积4153.2万平方米，增长22.2%；房屋建筑竣工面积1712.6万平方米，增长29.5%。

【固定资产投资】2014年，龙岩市全社会固定资产投资1590亿元，比上年增长22.4%，其中，固定资产投资（不含农户）增长22.7%；农户投资增长8.9%。在500万元以上固定资产投资中，第一产业投资增长48.4%，第二产业投资增长15.1%，其中工业投资增长13.2%，第三产业投资增长29.7%。

【科学技术】2014年，龙岩市全市启动实施市本级科技计划项目93个，新增省级重点实验室0家、累计3家（国家级1家），新增省级（企业）工程技术研究中心5家、累计21家，新增市级以上企业技术中心10家、累计177家（国家级3家、省级23家、市级151家），新增企业博士后科研工作站3家、累计10家。全市高新技术企业新认定11家、复审通过17家、累计60家，省级创新型企业新增8家、累计25家（国家级1家）。年度牵头完成科技成果获省科技奖8项（二等4项、三等4项）、市科技奖30项（一等3项，二等6项，三等21项）。全市专利申请受理2584件（含发明专利615件），专利授权1786件（含发明专利109件），分别比上年下降17.2%和5.1%，每万人口发明专利拥有量1.75件，获第十五届中国专利优秀奖2项，获年度省专利奖3项（三等3项）、市专利奖25项（一等2项、二等8项、三等15项），全年共登记技术合同6项，全市技术合同成交金额478.3万元。

【国内贸易和对外经济】2014年，龙岩市全年社会消费品零售总额548.35亿元，比上年增长14.1%，扣除价格因素，实际增长12.0%。按经营地统计，城镇消费品零售额495.76亿元，增长14.1%；乡村消费品零售额52.58亿元，增长13.5%。

全年进出口总额397757万美元，比上年增长24.0%。其中，进口156204万美元，增长42.0%；出口241552万美元，增长14.1%。

【交通、邮电和旅游】2014年，龙岩市全市交通运输、仓储和邮政业实现增加值93.27亿元，比上年增长9.6%。全年铁路货物运输周转量12.08亿吨公里，下降8.9%；公路货物运输周转量99.89亿吨公里，增长18.2%。铁路旅客运输周转量12.1亿人公里，下降2.6%；公路旅客运输周转量12.30亿人公里，增长4.0%。

年末全市汽车保有量达到29.81万辆，比上年末增长12.2%，其中私人汽车保有量26.12万辆，增长14.1%。载客汽车保有量21.52万辆，增长13.8%，其中私人载客汽车达19.63万辆，增长15.4%。

全年邮政业务收入3.79亿元，比上年增长6.9%。全年电信业务总量36.27亿元，增长6.0%。年末全市固定及移动电话用户总数达347.6万户，增加8.6万户。其中：固定电话用户达49.4万户，减少0.5万户；移动电话用户达298.2万户，增加9.6万户。互联网用户达54.24万户，增加11.73万户。

全年旅游总收入165.45亿元，比上年增长23.9%，其中，国内旅游收入162.5亿元，增长23.8%。全年接待旅游总人数2180.10万人次，比上年增长20.6%。其中，国内旅游人数2172.01万人次，增长20.5%；接待入境游客8.09万人次，增长31.8%。

【金融和保险】2014年年末，龙岩市全市金融机构本外币各项存款余额1382.05亿元，比上年末增长8.6%；金融机构本外币各项贷款余额1308.01亿元，增长10.6%。

农村合作金融机构人民币存款余额1376.62亿元，比上年末增长8.7%；人民币贷款余额1291.9亿元，增长9.7%。

全市保险企业各项保费收入39.99亿元，比上年增长14.8%，其中，财产险保费收入16.26亿元，增长9.6%；人寿险保费收入23.73亿元，增长18.6%。全年财产险赔款支出8.22亿元，增长6.3%；人寿险赔款支出3.37亿元，下降29.0%。

9

2014年宁德市经济发展概况

【经济总量】2014年，宁德市全年实现地区生产总值（GDP）1377.65亿元，比上年增长10.8%。其中，第一产业增加值238.12亿元，增长5.6%；第二产业增加值707.25亿元，增长14.1%；第三产业增加值432.28亿元，增长7.9%。人均地区生产总值48424元，比上年增长10.6%。第一产业增加值占地区生产总值的比重为17.3%，第二产业增加值比重为51.3%，第三产业增加值比重为31.4%。

【农业】2014年，宁德市全年农林牧渔业完成总产值417.67亿元，比上年增长5.7%。粮食种植面积198.73万亩，比上年减少2.05万亩，其中稻谷面积123.94万亩，减少4.62万亩；油料种植面积4.52万亩，增加0.34万亩；蔬菜种植面积119.70万亩，增加4.28万亩。

全年粮食产量65.62万吨，比上年减产0.33万吨，下降0.5%，其中稻谷48.94万吨，减产1.36万吨，下降2.7%。

【工业和建筑业】2014年，宁德市全年全部工业增加值579.25亿元，比上年增长14.5%。规模以上工业增加值增长15.2%，增幅居全省各设区市第二位。在规模以上工业中，分经济类型看，国有及国有控股企业增长23.8%；集体企业增长1.4%，股份制企业增长15.1%，外商及港澳台投资企业增长11.5%；私营企业增长2.6%。分轻重看，轻工业增长12.2%，重工业增长16.6%。分门类看，采矿业增长3.0%，制造业增长14.4%，电力、热力、燃气及水生产和供应业增长25.3%。全市规模以上工业企业达1324家，其中产值超亿元企业530家，比上年增加24家。

全年全社会建筑业实现增加值128.00亿元，比上年增长12.5%。全市具有资质等级的总承包和专业承包建筑企业完成建筑业总产值214.03亿元，增长16.8%；房屋建筑施工面积1626.52万平方米，增长6.3%；房屋建筑竣工面积459.64万平方米，增长1.7%。

【固定资产投资】2014年，宁德市全年全社会固定资产投资1157.99亿元，比上年增长23.9%，其中，固定资产投资（不含农户）1131.18亿元，增长24.3%；农户投资26.81亿元，增长9.6%。

在固定资产投资（不含农户）中，第一产业投资35.13亿元，比上年增长57.4%；第二产业投资417.33亿元，增长8.0%，其中工业投资417.25亿元，增长8.0%；第三产业投资678.72亿元，增长35.4%。民间固定资产投资683.25亿元，增长21.7%，占固定资产投资（不含农户）的比重为60.4%。

【科学技术】2014年，宁德市全市拥有省级创新型企业27家，创新型试点企业50家，国家高新技术企业26家，省科技型企业222家，知识产权试点企业和优势企业101家。新增高新技术企业12家、省级企业技术中心5家。2名专家入选国家第十批“千人计划”；1人入选中组部“万人计划”；1人入选科技部“科技创新创业人才”。全市专利授权1168件，比上年下降9.7%。其中发明专利授权102件，比上年增长25.9%。

【国内贸易和对外经济】2014年，宁德市全年社会消费品零售总额415.03亿元，比上年增长12.1%。按经营地统计，城镇消费品零售额364.39亿元，增长12.4%；乡村消费品零售额50.64亿元，增长10.0%。按消费形态统计，商品零售额373.5亿元，增长12.7%；餐饮收入额41.2亿元，增长7.3%。

全年进出口总额40.16亿美元，比上年增长23.3%。其中，出口36.79亿美元，增长29.6%；进口3.37亿美元，下降19.6%。进出口差额（出口减进口）33.42亿美元，比上年增加9.23亿美元。对亚洲、东盟等主要贸易伙伴的贸易额保持较快增长。

【交通、邮电和旅游】2014年，宁德市全年交通运输、仓储和邮政业实现增加值67.80亿元，比上年增长10.0%。公路通车里程10721.6公里，其中等级公路9468.52公里，高速公路277.79公里。

年末全市民用汽车保有量14.22万辆（包括三轮汽车和低速货车），比上年末增长8.3%，其中私人汽车保有量11.99万辆，增长9.7%。

全年完成邮电业务收入32.01亿元，比上年增长7.8%。年末固定电话用户52.35万户，比上年下降2.2%；移动电话用户294.54万户，比上年下降3.9%；全市固定电话交换机容量71.59万门，下降19.5%；移动电话交换机容量478.01万户，增长7.4%。光缆线路长度5.85万公里，增长17.4%。

全年接待游客总人数1601.03万人次，比上年增长18.7%，旅游总收入127.49亿元，增长22.5%。其中，接待国内旅游人数1598.74万人次，增长18.7%；接待入境旅游人数2.30万人次，增长22.7%。实现旅游外汇收入0.12亿美元，增长19.6%。宁德世界地质公园中期评估顺利通过，白云山成功创建4A级景区，上金贝、霍童古镇、九龙井成功创建3A级景区。全年新增4 A级和3A级旅行社各6家。

【金融和保险】2014年年末，宁德市全市金融机构本外币各项存款余额1086.27亿元，比上年末增长5.2%；金融机构本外币各项贷款余额1326.16亿元，增长13.2%。

年末农村金融合作机构（农村信用社、农村合作银行、农村商业银行）人民币各项贷款余额177.10亿元，比年初增加32.37亿元，增长22.4%。中资金融机构人民币个人消费贷款余额310.41亿元，比年初增加48.37亿元，增长18.5%。

江西省

｜南昌市｜景德镇市｜萍乡市｜九江市｜新余市｜鹰潭市｜赣州市｜吉安市｜

｜宜春市｜抚州市｜上饶市｜

1

2014年南昌市经济发展概况

【经济总量】2014年，南昌市全年实现地区生产总值（GDP）0.75亿元，按可比价格计算，比上年增长10.1%。其中，第一产业增加值223.96亿元，增长3.5%；第二产业增加值3671.45亿元，增长8.8%，其中全部工业增加值3165.78亿元，增长9.3%；第三产业增加值4925.34亿元，增长11.5%。按常住人口计算，全市人均地区生产总值达到107545元，按年平均汇率折合17507美元。

【农业】2014年，南昌市全年完成农林牧渔及农林牧渔服务业总产值384.62亿元，比上年增长9.2%。其中，农业产值218.50亿元，增长11.8%；林业产值19.84亿元，增长10.6%；牧业产值48.23亿元，下降0.7%；渔业产值79.86亿元，增长8.2%；农林牧渔服务业产值完成18.19亿元，增长9.7%。

全年粮食种植面积235.67万亩，比上年减少6.36万亩；油料种植面积69.57万亩，比上年增加2.60万亩；蔬菜播种面积130.28万亩，比上年减少1.20万亩。

【工业和建筑业】2014年，南昌市全年规模以上工业企业实现工业总产值13239.73亿元，比上年增长5.3%。在规模以上工业中，国有及国有控股企业增长1.8%；股份制企业增长4.6%，外商及港澳台投资企业增长7.1%。

全年实现建筑业增加值505.67亿元，按可比价计算，比上年增长8.6%。全市具有资质等级的总承包和专业承包建筑业企业完成建筑业总产值3217.80亿元，比上年增长3.4%，其中在外省完成建筑业总产值1151.13亿元，增长7.4%。建筑业竣工产值2342.35亿元，增长9.5%。

【固定资产投资】2014年，南昌市全年完成全社会固定资产投资5460.03亿元，比上年增长3.7%。其中，国有及国有经济控股投资2195.60亿元，增长6.0%；外商及港澳台投资453.82亿元，增长10.1%。

分产业看，第一产业投资34.87亿元，比上年增长48.1%；第二产业投资2180.71亿元，下降12.5%，其中工业投资2152.36亿元，下降14.2%；第三产业投资3244.45亿元，增长17.6%。三次产业投资比例为0.6：39.9：59.5。

【科学技术】2014年，南昌市全年完成专利申请量56108件，其中发明专利申请28050件，分别比上年增长1.8%和24.8%；完成专利授权量22844件，其中发明专利授权量5265件，分别增长17.2%和11.3%。全年企业发明专利申请量9761件，企业发明专利授权量1757件，分别增长29.6%和24.0%。全年共签订各类技术合同16866项，技术合同成交总额180.14亿元，增长6.1%。

【国内贸易和对外经济】2014年，南昌市全年实现社会消费品零售总额4167.20亿元，比上年增长12.9%。分行业看，批发和零售业实现零售额3703.69亿元，增长14.8%；住宿和餐饮业实现零售额463.51亿元，增长0.1%。从限额以上企业（单位）主要商品零售看，石油及制品类增长20.9%，中西药品类增长20.5%，服装、鞋帽、针纺织品类增长11.5%，粮油、食品、饮料、烟酒类增长11.2%，汽车类增长10.0%，家用电器和音像器材类增长8.5%。

全年完成进出口总额572.21亿美元，比上年增长2.6%。其中，出口总额326.28亿美元，增长1.1%；进口245.93亿美元，增长4.7%。

【交通、邮电和旅游】2014年，南昌市全年货物运输总量31879.93万吨，比上年增长2.1%。货物运输周转量5537.41亿吨公里，增长9.6%。全年港口货物吞吐量21001.00万吨，增长4.0%，其中，外贸货物吞吐量1974.00万吨，下降10.5%。港口货物吞吐量中，集装箱吞吐量276.50万标准箱，增长3.6%。

全年完成邮电业务总量211.17亿元，比上年增长15.8%。其中邮政业务总量64.96亿元，增长37.0%；电信业务总量146.21亿元，增长8.4%。全年完成邮电业务收入175.07亿元，比上年增长7.1%。其中邮政业务收入54.87亿元，增长38.0%；电信业务收入120.2亿元，下降2.9%。全年完成国际国内快递业务量28391.36万件，比上年增长43.9%。

全年实现旅游总收入1520.83亿元，比上年增长11.8%。接待海内外旅游者9475.93万人次，增长8.6%。其中，接待国内旅游者9419.31万人次，增长8.6%；接待入境旅游者56.62万人次，增长9.2%。全年实现国际旅游创汇收入5.53亿美元，增长19.7%。经旅行社组织出境旅游人数67.26万人次，增长24.0%。年末共有A级景区53家，其中4A级以上高等级景区18家；省级旅游度假区4家。拥有星级宾馆饭店102家，其中五星级以上酒店20家。拥有各类旅行社541家，其中具有组织出境游资质的旅行社35家。

【金融和保险】2014年年末，南昌市金融总资产达4.15万亿元，比上年增长22.1%。全年新增上市企业6家，募集资金31亿元，年末共有境内外上市企业71家。新增备案创投企业12家，累计备案创投企业（含省级在宁企业）61家。年末共有30家企业挂牌或者获准挂牌新“三板”，共有证券营业部124家。全年新增短融、中票、债券等各类直接融资工具772.80亿元，位居全省第一。江宁经济技术开发总公司等4家企业债券成功获批发行，累计融资36亿元。

全年实现保费收入311.53亿元，比上年增长17.1%。分类型看，财产险收入110.72亿元，增长17.6%；寿险收入170.88亿元，增长15.4%；健康险和意外伤害险收入29.93亿元，增长32.9%。全年累计赔付额105.65亿元，比上年增长25.1%。其中财产险赔付62.08亿元，增长13.4%；寿险赔付34.80亿元，增长57.8%；健康险和意外伤害险赔付8.77亿元，增长15.0%。

2

2014年景德镇市经济发展概况

【经济总量】2014年，景德镇市全年实现地区生产总值（GDP）738.21亿元，比上年增长8.8%。其中，第一产业增加值55.25亿元，增长4.5%；第二产业增加值428.91亿元，增长10.1%；第三产业增加值254.06亿元，增长7.0%。第一产业增加值占地区生产总值的比重为7.5%，第二产业增加值比重为58.1%，第三产业增加值比重为34.4%。非公有制经济增加值437.02亿元，比上年增长9.2%，占地区生产总值比重59.2%。

【农业】2014年，景德镇市全年粮食种植面积94979公顷，比上年增加560公顷。棉花种植面积1066公顷，增加43公顷。油料种植面积24836公顷，增加752公顷。糖料种植面积1020公顷，增加7公顷。

全年粮食产量629163吨，比上年增加8596吨，增产1.4%。其中，夏粮产量5185吨，增产4.9%；早稻产量184749吨，增产1.6%；秋粮产量439229吨，增产1.3%。全年谷物产量593889吨，比上年增产1.4%。其中，稻谷产量584401吨，增产1.4%；小麦产量181吨，增产79.2%；玉米产量8531吨，增产4.5%。

【工业和建筑业】2014年，景德镇市全年全部工业增加值376.27亿元，比上年增长10.5%。全部规模以上工业增加值273.06亿元，增长11.3%。分经济类型看，国有及国有控股企业增长7.7%，集体企业下降12.6%，股份制企业增长14.1%，外商及港澳台商投资企业增长9.0%，私营企业增长8.9%。

全年全社会建筑业增加值52.64亿元，比上年增长7.4%。

【固定资产投资】2014年，景德镇市全年完成固定资产投资622.54亿元，比上年增长15.6%。其中，民间投资503.54亿元，增长15.8%，占固定资产投资的80.9%。

在固定资产投资中，第一产业投资6.54亿元，比上年增长99.0%；第二产业投资457.02亿元，增长11.6%；第三产业投资158.98亿元，增长26.1%。

【国内贸易和对外经济】2014年，景德镇市全年社会消费品零售总额239.88亿元，比上年增长12.5%。按经营地统计，城镇消费品零售额210.80亿元，增长12.5%；乡村消费品零售额29.08亿元，增长12.4%。

全年货物进出口总额7.84亿美元，比上年下降30.1%。其中，出口7.58亿美元，下降30.8%；进口0.26亿美元，增长1.3%。进出口差额（出口减进口）7.32亿美元。生产型出口总额7.02亿美元，增长15.5%。

【交通、邮电和旅游】2014年，景德镇市全年货物运输总量2156万吨，比上年增长12.0%。货物运输周转量41.50亿吨公里，增长9.8%。

全年客运总量2081万人次，比上年增长6.0%。客运周转量11.03亿人公里，增长27.4%。

全年接待国内外游客人数达2585.08万人次，比上年增长15.3%；其中，境外旅游人数36.96万人次，增长15.1%。旅游总收入200.87亿元，增长31.9%；其中，旅游创汇1.37亿美元，增长20.6%。旅游收入占地区生产总值的比重为27.2%。

【金融和保险】2014年年末，景德镇市全市金融机构本外币各项存款余额747.12亿元，比年初增加

74.63亿元；其中人民币各项存款余额744.25亿元，比年初增加74.15亿元。金融机构本外币各项贷款余额425.48亿元，比年初增加62.79亿元；其中人民币各项贷款余额423.76亿元，增加63.20亿元。

3

2014年萍乡市经济发展概况

【经济总量】2014年，萍乡市全年实现地区生产总值（GDP）864.95亿元，比上年增长8.6%。其中，第一产业增加值58.88亿元，增长4.5%；第二产业增加值509.99亿元，增长9.6%；第三产业增加值296.08亿元，增长7.3%。三次产业对经济增长的贡献率分别为3.4%、71.7%、24.9%。人均生产总值45867元，增长8.1%。经济结构进一步优化。三次产业结构调整为6.8∶59.0∶34.2，第三产业占比较上年提高0.4个百分点。非公有制经济实现增加值580.38亿元，增长9.0%，占GDP的比重为67.1%。

【农业】2014年，萍乡市农业生产形势较好。油料种植面积26.44千公顷，比上年增长2.3%；蔬菜种植面积25.25千公顷，增长0.5%。

全年肉类总产量15.10万吨，比上年增长3.6%。年末生猪存栏77.46万头，下降2.0%；生猪出栏154.14万头，增长4.0%。全年水产品产量3.95万吨，增长5.5%，禽蛋产量0.90万吨，增长1.5%。

【工业和建筑业】2014年，萍乡市全年全部工业完成增加值459.57亿元，比上年增长9.6%，占生产总值比重为53.1%。其中，规模以上工业增加值420.50亿元，增长9.8%。

全年资质等级以上建筑业企业实现总产值89.60亿元，同比增长2.8%；全社会建筑业增加值50.42亿元，比上年增长9.7%。

【固定资产投资】2014年，萍乡市全年固定资产投资908.30亿元，比上年增长9.8%。分产业看，第一产业投资24.71亿元，增长95.6%；第二产业投资622.37亿元，下降3.1%；第三产业投资261.22亿元，增长51.9%。分投资主体看，国有经济投资85.57亿元，增长31.6%；非国有投资822.73亿元，增长8.0%，其中民间投资807.42亿元，增长9.0%。

【科学技术】2014年年末，萍乡市拥有省工程（技术）研究中心9家。全年通过省级科技主管部门鉴定的科技成果2项，新产品16项，成果32项。全年受理专利申请863件，增长45.5%；授权专利342件。全年技术市场合同成交金额17000万元，高新技术产业增加值167.7亿元，增长10.0%，占生产总值的19.4%。

【国内贸易和对外经济】2014年，萍乡市全年社会消费品零售总额266.55亿元，比上年增长12.1%。分城乡看，城镇消费品零售额228.76亿元，增长12.2%；乡村消费品零售额37.79亿元，增长11.9%。分行业看，批发业零售额41.37亿元，增长15.3%；零售业零售额189.03亿元，增长10.6%；住宿业零售额2.42亿元，增长10.3%；餐饮业零售额33.73亿元，增长17.4%。在限额以上商品零售中，汽车类零售额增长24.2%，中西药品类零售额增长20.3%，家具类零售额增长12.1%，通讯器材类零售额增长11.0%。

全年进出口总额14.92亿美元，比上年增长8.5%。其中，出口14.66亿美元，增长8.7%。全年新批外商投资企业36家，实际使用外商直接投资2.80亿美元，增长9.9%。利用省外5000万元以上项目资金实际进资335.52亿元，增长16.2%。

【交通、邮电和旅游】2014年，萍乡市全年铁路旅客发送量276万人，比上年增长10.5%；货物发送量561万吨，比上年下降16.8%。全年公路社会客运量7726万人，比上年增长3.3%，社会客运周转量195900万人公里，比上年增长2.8%，社会货运量5961万吨，比上年增长30.0%，社会货运周转量609627万吨公里，比上年增长25.1%。

全年完成邮电业务总量18.7亿元，比上年增长27.0%。其中，邮政业务量1.6亿元，电信业务量17.1亿元。年末固定电话用户26万户。全年新增移动电话用户2万户，年末移动电话用户总数为145万户。3G移动电话用户45万户，增长2.5%。年末互联网用户数24万户，增长1.0%。

全年接待国内旅游人数2181.86万人次，比上年增长27.8%；国内旅游收入141.19亿元，增长29.0%。接待入境旅游人数8.14万人次，增长4.6%；旅游外汇收入1.91亿元，增长27.3%。

【金融和保险】2014年年末，萍乡市金融机构人民币存款余额681.58亿元，比上年末增长9.6%。其中，单位存款余额237.93亿元，增长6.0%；储蓄存款余额407.94亿元，增长11.2%。金融机构贷款余额451.71亿元，增长19.3%。其中，短期贷款余额229.84亿元，增长12.9%；中长期贷款198.63亿元，增长25.2%。

全年保险公司保费收入15.17亿元，比上年增长18.9%，其中寿险保费收入9.3亿元，增长18.2%；财产险保费收入5.87亿元，增长19.9%。为经济社会提供风险保障8025.1亿元，支付各类赔款及给付6.39亿元。

4

2014年九江市经济发展概况

【经济总量】2014年，九江市全市实现地区生产总值（GDP）1779.96亿元，比上年增长10.3%。其中第一产业增加值136.72亿元，增长4.6%；第二产业增加值984.95亿元，增长11.0%；第三产业增加值658.29亿元，增长10.4%。三次产业对经济增长的贡献率分别为3.5%、63.5%和33.0%。人均生产总值37097元，增长9.9%。经济结构进一步优化。三次产业结构调整为7.7：55.3：37.0。第三产业占比较上年提高1.2个百分点。非公有制经济实现增加值1126.71亿元，增长10.5%，占GDP的比重为63.3%，比上年提高0.1个百分点。

【农业】2014年，九江市全年粮食作物播种面积27.87万公顷，增长0.8%；粮食产量165.20万吨，增长2.7%。油料作物播种面积13.34万公顷，增长0.2%；油料产量22.80万吨，增长5.1%。棉花播种面积6.34万公顷，增长1.0%；棉花产量9.50万吨，增长3.9%。

【工业和建筑业】2014年，九江市全年规模以上工业实现增加值945.53亿元，同比增长12.5%。十大产业集群完成工业增加值795.02亿元，增长12.8%，占全市规模以上工业增加值的比重为84.1%，对规模以上工业增长的贡献率达34.6%，拉动规模以上工业增长4.3个百分点。

全年实现全社会建筑业增加值153.85亿元，增长7.0%。全年资质内建筑企业完成总产值311.20亿元，增长11.2%。房屋建筑施工面积1538.69万平方米，比上年减少49.39万平方米；房屋竣工面积888.69万平方米，比上年减少189.27万平方米。

【固定资产投资】2014年，九江市全年固定资产投资1812.52亿元，比上年增长20.2%。分产业看，第一产业投资15.02亿元，增长65.5%；第二产业投资1249.98亿元，增长19.0%；第三产业投资547.52亿元，增长22.1%。非国有投资1565.38亿元，增长31.9%。

【科学技术】2014年，九江市全市县以上独立研究开发机构16个。全市共组织实施市级以上各类科技计划项目273项，其中国家级13项，省级139项，市级121项，市本级科技三项经费投入1956万元，增长2.9%。全年受理专利申请2225件，授权专利1137件。全市高新技术产业增加值242.61亿元。

【国内贸易和对外经济】2014年，九江市全年实现社会消费品零售总额496.4亿元，比上年增长13.9%。其中城镇实现社会消费品零售总额292.89亿元，增长14.5%；乡村实现社会消费品零售总额203.52亿元，增长13.2%。住宿餐饮业实现零售额66.77亿元，增长19.0%；批发零售业实现零售额429.64亿元，增长13.2%。

全年进出口总额57.73亿美元，比上年增长21.8%。其中出口46.48亿美元，增长15.2%。

【交通、邮电和旅游】2014年，九江市全年旅客运输量10694万人，下降14.1%，其中，公路旅客运输量9651万人，下降16.0%；铁路旅客运输量989万人，增长8.3%。货物运输量14096万吨，比上年增长5.2%，其中，公路货物运输量11415万吨，增长4.2%；铁路货物运输量1248万吨，下降1.0%。

全年完成邮电业务总量29.62亿元，下降2.1%。年末城市电话用户38.60万户，下降1.4%；农村电话用户31.27万户，增长0.5%；移动电话用户326.86万户，增长1.0%。互联网用户达68.94万户，增长17.0%。

全年接待旅游总人数7516.35万人次，增长33.9%。其中境外游客33.36万人次，增长3.1%；国内游客7482.99万人次，增长34.1%。全年旅游总收入为623.18亿元，增长55.0%；其中外汇收入1.28亿美元，增长4.1%。

【金融和保险】2014年年末，九江市全市金融机构人民币存款余额1864.54亿元，比年初增加105.50亿元，其中单位存款余额760.03亿元，比年初增加15.76亿元；个人存款余额1065.17亿元，比年初增加89.81亿元。金融机构各项贷款余额1219.24亿元，比年初增加163.19亿元，其中短期贷款余额为483.09亿元，比年初增加29.37亿元；中长期贷款为705.17亿元，比年初增加113.07亿元。

全年保险公司保费收入36.59亿元，增长26.8%。其中财产保险保费收入13.75亿元，增长22.8%；人寿保险保费收入22.84亿元，增长29.3%。赔款支出14亿元，增长27.4%。其中财产险赔款支出6.66亿元，增长18.9%；寿险赔款支出7.34亿元，增长36.2%。

5

2014年新余市经济发展概况

【经济总量】2014年，新余市全年实现地区生产总值（GDP）900.27亿元，比上年增长8.8%。其中，第一产业增加值54.18亿元，增长4.6%；第二产业增加值520.68亿元，增长10.6%；第三产业增加值325.41亿元，增长5.6%。三次产业对经济增长的贡献率分别为2.7%、78.6%和18.7%。三次产业结构调整为6.0：57.8：36.2。非公有制经济增加值553.54亿元，增长9.2%，占GDP的比重达61.5%。

【农业】2014年，新余市全年粮食种植面积99501公顷，比上年下降0.5%；油料种植面积11377公顷，下降8.1%；蔬菜种植面积11037公顷，增长2.6%；瓜果种植面积3440公顷，增长16.4%。

全年粮食总产量60.28万吨，比上年增长0.8%，实现“十一连丰”。其中，早稻产量24.2万吨，下降0.4%；二晚产量31.29万吨，增长3.0%。

【工业和建筑业】2014年，新余市全年全部工业增加值455.54亿元，比上年增长11.0%，占地区生产总值比重为50.6%。其中规模以上工业增加值331.46亿元，增长11.3%。在规模以上工业中，分轻重工业看，轻工业增加值40.80亿元，增长8.9%；重工业增加值290.66亿元，增长11.6%。分企业类型看，国有企业增加值0.56亿元，下降5.7%；集体企业增加值2.92亿元，下降1.1%；股份制企业增加值139.62亿元，增长7.3%；私营企业增加值87.69亿元，增长12.7%；外商及港澳台商投资企业增加值100.68亿元，增长17.9%。

全年全社会建筑业增加值65.14亿元，比上年增长6.7%，占地区生产总值比重为7.2%。全市具有资质以上建筑业企业实现总产值125.77亿元，比上年增长6.3%。

【固定资产投资】2014年，新余市全年固定资产投资（不含农户）748.19亿元，比上年增长6.3%。分产业看，第一产业投资48.46亿元，下降5.3%；第二产业投资432.35亿元，增长8.0%；第三产业投资267.38亿元，增长5.8%。分投资主体看，国有经济投资168.42亿元，增长13.9%；非国有经济投资579.78亿元，增长4.2%，其中民间投资569.95亿元，增长5.6%。

【科学技术】2014年，新余市全年研究与试验发展（R&D）经费支出9.21亿元，占GDP比重为1.02%，比上年下降0.44个百分点。年末拥有国家工程技术研究中心1个，省工程技术研究中心9个。全年通过省级科技主管部门鉴定的科技成果12项。全年受理专利申请1194件，比上年增长77.2%；授权专利727件，增长96.0%。高新技术产业增加值108.57亿元，占地区生产总值的比重达12.1%。

年末产品质量检验机构41个，法定计量技术机构2个，全年强制检定计量器具12.89万台件。

【国内贸易和对外经济】2014年，新余市全年社会消费品零售总额191.11亿元，比上年增长11.9%。分城乡看，城镇消费品零售额174.26亿元，增长12.0%；乡村消费品零售额16.85亿元，增长10.1%。全年限额以上批发零售企业零售额62.13亿元，增长13.6%；限额以上住宿餐饮企业零售额8.71亿元，增长2.7%。

全年外贸进出口总额20.46亿美元，比上年下降1.5%。其中，出口12.64亿美元，增长17.9%；进口7.82

亿美元，下降22.2%。

【交通、邮电和旅游】2014年，新余市全年铁路、公路、水运旅客运输量1594.38万人，比上年增长3.0%；货物运输量16661.33万吨，增长12.4%。

年末民用汽车保有量108403辆，比上年末增长10.6%，其中个人汽车保有量80043辆，增长18.9%。年末民用轿车保有量55912辆，增长20.5%，其中个人轿车保有量51413辆，增长26.0%。

全年完成邮电业务总量14.06亿元，比上年增长28.5%。其中邮政业务量1.36亿元，电信业务量12.70亿元。年末固定电话用户16.64万户。年末移动电话用户104.56万户，较同期新增7.67万户。年末互联网用户数达22.22万户，比上年增长16.3%。

全年接待国内旅游人数1059.32万人次，比上年增长23.9%；国内旅游收入90.64亿元，增长28.2%。接待入境旅游人数2.71万人次，增长8.2%；旅游外汇收入805万美元，增长10.1%。

【金融和保险】2014年年末，新余市金融机构本外币各项存款余额703.08亿元，比上年末增长6.8%；其中人民币各项存款余额698.74亿元，增长6.7%。年末金融机构本外币各项贷款余额602.35亿元，增长9.9%；其中人民币各项贷款余额598.75亿元，增长10.5%。年末城乡居民人民币储蓄存款余额362.70亿元，增长6.8%。

年末保险公司23家，其中寿险公司12家，财产险公司11家。全年保险公司保费收入13.70亿元，比上年增长19.5%。其中，寿险保费收入8.24亿元，增长21.6%；财产险保费收入5.46亿元，增长16.6%。支付各类赔款及给付5.28亿元，增长42.9%。其中，寿险给付2.15亿元，增长147.9%；财产险赔款3.13亿元，增长10.7%。

6

2014年鹰潭市经济发展概况

【经济总量】2014年，鹰潭市全市实现地区生产总值（GDP）606.98亿元，按可比价格计算，比上年增长9.7%。其中：第一产业增加值47.57亿元，增长4.8%；第二产业增加值376.26亿元，增长11.3%；第三产业增加值183.15亿元，增长7.4%。三次产业对经济增长的贡献率分别为3.8%、75.4%和20.8%。人均生产总值达到53011元，增长9.2%。产业结构进一步优化。三次产业结构由上年的8.0：62.0：30调整为7.8：62.0：30.2，第三产业占比提高了0.2个百分点；非公有制经济增加值完成303.55亿元，增长10.2%，占GDP比重达到50%，比上年提高了0.4个百分点。

【农业】2014年，鹰潭市全市实现农林牧渔业总产值75.29亿元，按可比价计算，增长4.8%。农作物播种面积达到16.13万公顷，增长2.6%，其中粮食播种面积12.13万公顷，增长1.5%。粮食产量实现“十一连丰”，全年粮食产量达到71.72万吨，增长3.0%，其中，早稻29.6万吨，增长4.1%。主要畜牧产品平稳增长。全年肉类总产量13.02万吨，增长2.8%，其中猪牛羊肉11.29万吨，增长3.1%；禽蛋产量2.12万吨，增长1.6%。生猪出栏136.15万头，增长3.4%，家禽年末存笼516.65万只，增长0.4%。水产养殖规模基本稳定，全年水产养殖面积为8355公顷，增长1.3%，水产品总产量4.9万吨，增长2.7%，其中养殖产量4.55万吨，增长2.9%。

【工业和建筑业】2014年，鹰潭市全年规模以上工业完成增加值340.3亿元，增长11.2%。分企业类型看，国有企业完成157.3亿元，增长3.5%，股份制企业完成108.14亿元，增长17.5%，私营企业完成67.66亿元，增长21.5%，外商及港澳台投资企业完成7.2亿元，增长13.1%。分轻重工业看，轻工业完成44.95亿元，增长16.5%，重工业完成295.35亿元，增长10.3%。分产业看，铜产业完成257.28亿元，增长10%；非铜产业83.02亿元，增长14.9%。分行业看，在统计的27个行业大类中，有19个行业的增加值实现了增长。其中重点行业中，有色金属冶炼及压延加工业完成253.15亿元，增长10.9%；电气机械及器材制造业完成19.12亿元，增长16.3%；烟草制品业完成14.51亿元，增长12.1%；仪器仪表及文化、办公用机械制造业完成5.69亿元，增长16.9%；电力热力的生产和供应业完成9.12亿元，增长1.8%。

全年具有建筑资质等级的总承包和专业承包建筑业企业完成增加值28.46亿元，增长14.2%。

【固定资产投资】2014年，鹰潭市全年完成500万元以上固定资产投资464.23亿元，增长17.8%。从投资主体看，国有经济投资152.93亿元，增长45.6%，非国有投资311.30亿元，增长7.7%，其中民间投资308.8亿元，增长7.1%。从产业看，第一产业投资18.38亿元，增长66%；第二产业投资246.36亿元，增长1.0%；第三产业投资199.49亿元，增长43.5%。从行业看，制造业投资增长3.5%，电力、燃气及水的生产和供应业下降6.9%，批发和零售业增长56.8%，交通运输、仓储和邮政业下降18.5%，水利、环境和公共设施管理业增长97.8%，租赁和商务服务业增长102.9%，文化、体育和娱乐业增长110.9%。

【科学技术】2014年，鹰潭市全市共获国家、省各类科技计划项目60项，争取项目资金1636万元，创历史新高。科技成果鉴定19项，市级科技成果鉴定16项，市级科技项目验收3项。全年专利申请量达972件，同比增长127.6%，授权量达582件，同比增长174.5%，成为全省唯一实现申请量和授权量双翻番目标的设区市。全年新组建了市级工程技术研究中心4家，5家“中心”申报组建省级工程技术研究中心获批；全年申报成功2家省高新技术产业化基地，2家省技术创新联盟。

【国内贸易和对外经济】2014年，鹰潭市全年实现社会消费品零售总额150.7亿元，增长12.6%。其中限额以上消费品零售额41.58亿元，增长12.9%。分地域看，城镇消费品零售额133.3亿元，增长12.5%；乡村消费品零售额17.4亿元，增长13.6%。分消费形态看，住宿业实现零售额2.0亿元，增长20.4%；餐饮业实现零售额18.9亿元，增长21.6%；批发业实现零售额51.2亿元，增长8.5%；零售业实现零售额78.6亿元，增长13.2%。从主要商品类别看，在限额以上企业商品零售额中，粮油食品饮料烟酒类增长6.9%，服装、鞋帽、针织品类增长11.7%，日用品类增长5.5%，化妆品类增长30.6%，金银珠宝类下降7.3%，文化办公用品类增长18.1%，建筑及装潢材料类增长81.1%，石油及制品类增长10.3%，汽车类增长20.6%。

全市完成进出口总额41.57亿美元，下降6.2%。其中，进口32.7亿美元，下降6%；出口8.87亿美元，下降5.9%。从出口企业性质来看，民营企业出口增长较快。全市民营企业出口34.8亿元，增长12.2%；外商投资企业出口18.8亿元，下降29.3%。从贸易方式来看，一般贸易出口37.7亿元，增长12.9%；加工贸易出口

16.8亿元，下降33.5%；其他贸易完成12.6万美元，下降99.9%。从出口商品来看，纺织服装出口大幅增长，而铜材、机电产品、家具类出现不同程度下滑。全年出口纺织服装6.8亿元，增长55.8%；眼镜出口2.3亿元，增长3.9%。同期，铜材出口12.6亿元，下降32.4%；机电产品出口12.5亿元，下降14%；家具出口2.2亿元，下降20.3%。

【交通、邮电和旅游】2014年年末，鹰潭市境内公路里程达到4036.7公里，比上年增加21.15公里，其中高速公路通车里程89公里，与上年持平。全年铁路、公路、水路共完成客运量2257.65万人，增长2.3%，其中铁路旅客发送量533.15万人，增长0.3%；公路客运量1679万人，增长3.0%；水路客运量45.5万人，增长0.5%。全年铁路、公路、水路完成货运量11732.62万吨，增长12.5%，其中铁路货物发送量395.62万吨，增长0.9%；公路货运量10881万吨，增长13.5%；水路货运量456万吨，增长1.9%。

全年完成邮电业务收入77093万元，增长4.9%。其中，邮政业务收入12887万元，增长14.9%。邮寄国内函件214.93万件，下降9.6%；国内特快专递456.8万件，增长62.8%。集邮业务量达到427.37万枚，增长25.4%，集邮品册数达到18.66万册，增长25.4%。电信业务收入64206万元，增长3.1%。年末电话交换机总容量达到88.8万门，增长1.5%；固定电话用户数11.61万户，下降4.1%；移动电话用户82.93万户，增长5.9%。年末互联网宽带用户数18.25万户，增长11.3%。

全年接待国内旅游者1818万人次，增长36.7%，旅游总收入达138亿元，增长43%，增幅同比分别加快13.7个和14.5个百分点；全年入境旅游者25.63万人次，增长24.4%，旅游创汇4645.4万美元，增长25.9%，增幅同比分别加快13.4个和14.9个百分点。

【金融和保险】2014年年末，鹰潭市全市金融机构人民币存款余额550.13亿元，比上年末增长14.4%。其中，储蓄存款余额290.82亿元，增长12.3%。全市金融机构人民币贷款余额377.77亿元，比上年末增长20.3%。其中，短期贷款余额146.61亿元，下降2.6%；中长期贷款余额209.47亿元，增长35.2%。

全市共有各类保险公司17家，新增2家，其中财产保险公司8家，人寿保险公司9家。全年实现保费收入10.46亿元，增长16.6%。其中财产险保费收入4.09亿元，增长3.6%；寿险保费收入6.37亿元，增长26.8%。各类保险赔款给付支出2.8亿元，增长9.9%，其中财产险赔款给付支出2.54亿元，增长7.6%；寿险赔款给付支出0.26亿元，增长38.6%。

7

2014年赣州市经济发展概况

【经济总量】2014年，赣州市全年实现地区生产总值（GDP）1843.59亿元，比上年增长10.0%。其中，第一产业增加值287.24亿元，增长5.0%；第二产业增加值843.42亿元，增长12.2%；第三产业增加值712.94亿元，增长9.1%。三次产业结构由2013年的16.1:45.6:38.3调整至2014年的15.6：45.7：38.7。非公有制经济实现增加值1140.57亿元，增长10.4%，占GDP比重为61.9%。

【农业】2014年，赣州市全年粮食种植面积768.45万亩，比上年减少1.98万亩；烤烟面积16.67万亩，增加1.81万亩；蔬菜及食用菌类166.68万亩，增加2.61万亩；花生面积49.86万亩，增加0.69万亩。茶园面积17.76万亩，增加0.99万亩；果园面积271.44万亩，减少12.59万亩。其中，脐橙面积168.36万亩，减少5.58万亩。

全年粮食产量285.35万吨，比上年增长0.81%；蔬菜及食用菌类产量273.53万吨，增长4.91%；瓜果产量24.56万吨，下降1.05%；水果产量163.2万吨，下降16.43%。其中脐橙产量122.27万吨，下降18.52%。

【工业和建筑业】2014年，赣州市全年规模以上工业企业完成增加值751.94亿元，增长12.4%。在规模以上工业企业中，轻工业增加值211.36亿元，增长9.5%；重工业增加值540.58亿元，增长13.6%。分企业类型看，国有企业增加值2.01亿元，增长9.7%；集体企业增加值1.93亿元，下降12.6%；股份制企业增加值240.68亿元，增长12.8%；私营企业增加值320.78亿元，增长17.8%；外商投资及港澳台企业增加值186.50亿元，增长8.4%。

全市具有资质等级的总承包和专业承包建筑企业完成产值236.43亿元，比上年增长15.4%。全市建筑业企业上缴税收38.88亿元，增长45.2%。

【固定资产投资】2014年，赣州市全年固定资产投资1608.77亿元，增长20.9%。在固定资产投资中，第一产业投资30.69亿元，比上年增长17.7%；第二产业投资620.82亿元，增长14.5%，其中工业投资621.59亿元，增长14.5%；第三产业投资957.26亿元，增长25.5%。分企业类型看，国有企业投资510.86亿元，增长17.0%；有限责任公司投资372.02亿元，增长60.9%；股份有限公司投资29.47亿元，增长102.1%；私营企业投资524.98亿元，增长10.7%；港澳台企业投资22.40亿元，下降44.5%；外商投资44.78亿元，增长181.6%；个体经营投资22.98亿元，下降40.5%。

【科学技术】2014年，赣州市全年通过国家和省市鉴定的科技成果51项，其中达到国内先进水平的15项。获省级科技成果奖6项，地区科技成果奖21项。受理专利申请3652项，批准授权专利2164项。

【国内贸易和对外经济】2014年，赣州市全年社会消费品零售总额629.59亿元，比上年增长12.4%。按经营地统计，城镇消费品零售额526.18亿元，增长12.4%；乡村消费品零售额103.41亿元，增长12.5%。按消费形态统计，商品零售额577.20亿元，增长11.9%；餐饮收入额52.39亿元，增长18.8%。

全年货物进出口总额390336万美元，比上年增长18.3%。其中，货物出口320265万美元，增长9.8%；货物进口70070万美元，增长82.3%。主要出口国家（地区）是：亚洲183150万美元，增长8.7%；东盟42019万美元，增长13.2%；欧盟（28国）37686万美元，增长10.5%；非洲15373万美元，增长32.2%；香港地区79903万美元，增长9.3%；美国64904万美元，增长18.2%；日本21290万美元，增长11.7%；德国9261万美元，下降9.0%；韩国9694万美元，增长14.7%。主要出口产品有：机电产品出口11.7亿美元，增长13.5%；高新技术产品出口4.0亿美元，增长6.7%；服装及衣着附件出口3.6亿美元，增长25.4%；集成电路出口2.8亿美元，增长12.1倍；鞋类出口2.1亿美元，增长14.0%

【交通、邮电和旅游】2014年，赣州市全年交通运输、仓储及邮政业增加值92.3亿元，比上年增长

3.6%。

全市公路通车里程29369.41公里。其中，高速公路（赣州境内）通车里程1015公里。

全年公路货物运输量17089万吨，比上年增长13.6%；旅客运输量8629万人，增长3.0%。铁路货物运输量171.5万吨，下降11.3%；旅客运输量792.2万人，增长11.3%。机场旅客吞吐量78.74万人，增长25.6%。

全年邮政业务总量4.45亿元，增长5.7%；电信业务收入44.44亿元。年末全市固定及移动电话用户总数达663.38万户，比上年末增加40.83万户，其中固定电话用户96.12万户，减少22.12万户；移动电话用户567.26万户，增加62.94万户。电话普及率78.1部/百人。互联网上网用户102.56万户，减少6.64万户。

全年入境旅游人数21.33万人次，比上年增长32.5%；旅游外汇收入6566.89万美元，增长32.5%。国内旅游人数3481.50万人，增长35.2%。旅游总收入279.59亿元，增长35.2%。

【金融和保险】2014年年末，赣州市金融机构人民币各项存款余额2881.77亿元，比年初增加257.44亿元。其中，单位存款1070.44亿元，增加51.35亿元；储蓄存款1728.00亿元，增加200.67亿元。各项贷款余额1923.98亿元，增加331.06亿元。其中，短期贷款895.16亿元，增加105.87亿元；中长期贷款984.08亿元，增加195.89亿元。存贷比66.7%，提高6个百分点。

全年实现保费收入61.44亿元。其中，财产险保费收入23.36亿元，人寿险保费收入38.08亿元。

8

2014年吉安市经济发展概况

【经济总量】2014年，吉安市全年实现地区生产总值（GDP）1242.11亿元，增长10.2%。分产业看，第一产业增加值208.48亿元，增长5.4%；第二产业增加值635.04亿元，增长11.7%；第三产业增加值398.59亿元，增长10.1%。三次产业结构为16.8∶51.1∶32.1。人均生产总值达到25486元，增长9.9%。非公有制经济增加值764.45亿元，增长10.6%，占GDP的比重达61.5%。

【农业】2014年，吉安市全年全市实现农林牧渔业总产值350.4亿元，增长5.4%。年末全市共有215个乡镇政府，乡村总户数101.83万户，乡村总人口397.13万人。乡村劳动力资源总数229.22万人，乡村从业人员201.7万人，外出（离乡）的从业人员111.35万人，其中出省从业的78.77万人。

全年全市粮食产量421.3万吨，比上年增加9.33万吨，增长2.3%；油料产量18.33万吨，增长3.1%；水果产量41.26万吨，增长7.4%；水产品产量21.6万吨，增长4.6%，其中特种水产品产量6.96万吨，增长5.4%；生猪出栏409.09万头，增长3.6%，年末生猪存栏237.27万头，下降1.6%；出笼家禽8453.5万羽，增长3.9%，年末家禽存栏3088.43万羽，增长8.4%；出售和自宰肉用牛51.19万头，增长2.9%，年末牛存栏92.16万头，增长4.4%。

【工业和建筑业】2014年年末，吉安市全市共有963家规模以上工业企业，实现增加值688.64亿元，增长12.5%，实现总产值2729.42亿元，增长20.3%。在规模工业总产值中，按行业分，国有经济增长1.5%，集体经济增长25.4%，股份制经济增长20.6%，其他经济增长32.6%；按轻重工业分，轻工业增长20.6%，重工业增长20.1%。

全年全市全社会建筑业实现增加值92.72亿元，增长12.1%。

【固定资产投资】2014年，吉安市全年全市完成固定资产投资1270.64亿元，增长19.4%。全年全市施工项目1095个，新增固定资产790.04亿元，增长15.1%。

在固定资产投资中，国有投资335.21亿元，增长37.3%；非国有投资935.43亿元，增长14%。第一产业完成投资37.93亿元，增长12.2%；第二产业完成投资773.61亿元，增长14.3%；第三产业完成投资459.1亿元，增长29.7%。

【科学技术】2014年，吉安市全年全市申请专利2264件，比上年增加744件，增长48.9%；授权专利1111件，比上年增加452件，增长68.6%。

【国内贸易和对外经济】2014年，吉安市全年全市完成社会消费品零售总额340.78亿元，增长13.5%，其中限额以上社会消费品零售总额90.88亿元，增长23.7%。分城乡看，完成城镇消费品零售额257.11亿元，增长14.2%，其中城区114.16亿元，增长13.9%；完成乡村消费品零售额83.67亿元，增长11.3%。

全年全市进出口总额442756万美元，增长24.3%，其中出口402141万美元，增长21%。

【交通、邮电和旅游】2014年，吉安市全年全市交通运输、仓储和邮政业实现增加值53.57亿元。

全年全市公路实现货物运输量10205万吨，增长13.6%，货运周转量3198231万吨公里，增长8.6%；发送旅客6143万人，增长3.1%，客运周转量399937万人公里，增长2.9%。铁路（吉安站）全年发送旅客358万人，增长16.4%，到达旅客351万人，增长12.1%；货物发送7.5万吨，货物到达390万吨。

全年全市实现邮电主营业务收入23.65亿元，增长2.6%。年末全市固定电话用户数为45.82万部，移动电话用户数为282.47万户。

全年全市累计接待游客2928.6万人次，增长9.6%，实现旅游总收入226.26亿元，增长10.5%。其中：境外游客20.14万人次，增长4.2%，旅游外汇收入6311.98万美元，增长5.1%；国内游客2908.46万人次，增长9.7%；国内旅游总收入222.35亿元，增长10.6%。

【金融和保险】2014年，吉安市全年全市实现金融业增加值36.11亿元，增长17.4%。年末全市金融机构人民币存款余额1696.34亿元，比年初增加203.61亿元；金融机构人民币贷款余额876.86亿元，比年初增加162.12亿元。

9

2014年宜春市经济发展概况

【经济总量】2014年，宜春市全年实现地区生产总值（GDP）1522.99亿元，增长10%。其中：第一产业实现增加值226.29亿元，增长4.4%；第二产业实现增加值834.58亿元，增长11.7%；第三产业实现增加值462.12亿元，增长9.3%。三次产业结构调整为14.9:54.8:30.3。人均GDP达到27764元，按年平均汇率（1美元=6.2166元人民币）折算为4466美元。非公经济活力持续增强。经初步核算，全市非公有制经济实现增加值928亿元，增长10.3%，占GDP的比重为60.9%，比上年提高0.2个百分点。

【农业】2014年，宜春市全年完成农业总产值398.29亿元，增长4.42%。粮食种植面积956.2万亩、增长0.16%，实现粮食总产量427.24万吨、增长1.37%。年末生猪存栏376.4万头、下降1.97%，生猪出栏665.03万头、增长1.5%。全年油料作物总产21.38万吨，增长1.67%；肉类总产量65.12万吨，增长2.06%；家禽出笼4338.5万只，增长2.93%；水产品产量35.16万吨，增长4.55%。

【工业和建筑业】2014年，宜春市全年规模以上工业增加值762.7亿元，增长12.4%，其中轻工业完成增加值348.3亿元，增长13.9%，重工业完成增加值414.4亿元，增长11.1%。全市建材、机电、食品、电力能源、医药、化工和纺织服装鞋革七大支柱行业实现工业增加值591.2亿元，增长11%，占规模以上工业增加值比重达到77.5%；十大战略新兴产业实现工业增加值111.8亿元，增长19.6%。

全年全社会建筑业实现增加值87.38亿元，增长12%。全市具有建筑业资质等级的总承包和专业承包建筑业企业完成总产值197.23亿元，增长23.1%；竣工产值136.26亿元，增长8.8%，竣工率达69.1%。

【固定资产投资】2014年，宜春市全年500万元以上固定资产投资完成1356.2亿元，增长20.6%。分产业看，第一产业投资30.25亿元，下降10.2%；第二产业投资841.44亿元，增长15.9%，其中工业投资842.72亿元，增长16.1%；第三产业投资484.51亿元，增长32.7%。分投资主体看，国有经济投资210亿元，增长47.6%；非国有投资1146.21亿元，增长16.7%，其中民间投资1117.5亿元，增长16.9%。在资金来源中，自筹资金增长17%，占本年资金来源的比重达73.7%。

【科学技术】2014年，宜春市全市国有企事业单位拥有各类专业技术人员76988人，其中38133人具有中级以上职称。全年共争取省级以上科技计划149项，共验收鉴定科技成果和重点新产品115项，通过登记的省级科技成果101项。共受理技术合同登记47项，合同成交金额1.96亿元；专利申请2856件，争取科技经费10018万元。

【国内贸易和对外经济】2014年，宜春市全年实现社会消费品零售总额457.3亿元，增长13%。其中，城镇零售额364.7亿元，增长12.7%，乡村零售额92.6亿元，增长13.9%。按行业构成分，批发、零售、住宿和餐饮业零售额分别为110.8亿元、293.1亿元、2.9亿元和50.5亿元，分别增长12.2%、13.1%、14.4%和13.9%，零售业占社会消费零售总额的比重达64.1%。全年限额以上批发零售业零售额140.18亿元，增长

13.2%。其中，汽车类零售额33.12亿元，增长14.5%；粮油、食品、烟酒、饮料类零售额15.94亿元，增长20.3%；中西药品类零售额5.87亿元，增长36.6%；服装、鞋帽、针纺品类零售额5.58亿元，增长13.1%。

全市进出口总额23.83亿美元，增长20.18%，其中外贸出口总额22.27亿美元，增长21.55%，增速高于全省平均水平7.8个百分点。口岸平台建设取得明显成效。宜春海关正式获批，目前正在加紧筹建。高安铁路口岸作业区基本建成，万载公路口岸作业区稳步推进，樟树水运口岸作业区前期工作进展顺利。

【交通、邮电和旅游】2014年，宜春市全年全市公路汽车客运量5074万人，增长3%，旅客周转量27.7亿人公里，增长2.85%。公路、水路货运量20019.3万吨，增长12.65%，货物周转量629.89亿吨公里，增长8.5%。

全年完成邮电业务总量20.96亿元，其中邮政业务总量2.7亿元，比上年增长0.7%；电信业务总量18.26亿元，增长5.73%。固定电话用户54.82万户，其中住宅电话52.04万户；移动电话用户332.76万户，增长3.84%；计算机互联网宽带接入用户54.87万户，增长53.39%。

【金融和保险】2014年年末，宜春市全市金融机构各项存款余额1915.9亿元，较年初新增206.8亿元，同比少增51.37亿元；各项贷款余额1098.82亿元，较年初新增182.38亿元，同比少增0.67亿元。金融体系进一步健全，上饶银行入驻开业，全市银行业金融机构总数达17家，居全省第三；奉新中华包装在香港联交所成功上市，宜春汽运公司成为全市首家正式挂牌“新三板”企业。

全市现有27家保险公司，其中财产保险12家、人寿保险15家，从业人员6550人。县（市、区）机构123家，其中财产保险57家、人寿保险66家。乡镇机构157家（含城区服务部），其中财产保险15家、人寿保险142家。全年实现保费收入44.79亿元，增长21.5%；支付各类赔款及给付10.2亿元，增长24%。

10

2014年抚州市经济发展概况

【经济总量】2014年，抚州市全市实现生产总值1036.77亿元，比上年增长9.8%。其中，第一产业增加值173.74亿元，增长4.9%；第二产业增加值534.89亿元，增长11.1%；第三产业增加值328.14亿元，增长10.2%。三次产业比由上年的17.4∶52.0∶30.6调整为16.7∶51.6∶31.7。规模以上工业增加值完成315.21亿元，增长11.7%；全社会固定资产投资1001.48亿元，增长19.9%；外贸出口总额153985万美元，增长23.5%；城镇化率43.5%，提高1.4个百分点。

【农业】2014年，抚州市全市粮食生产实现“十一连丰”，粮食总产量达291.49万吨，比上年增长1.9%。其中，早稻总产量110.15万吨，增长1.0%。甘蔗产量20.03万吨，下降0.6%；油料产量5.63万吨，增长2.8%；蔬菜产量141.93万吨，增长4.0%；水果产量157.17万吨，下降1.7%；茶叶产量0.25万吨，下降2.1%；棉花产量0.35万吨，下降4.7%。肉类总产量33.69万吨，增长2.9%，其中猪肉产量23.08万吨，增长2.43%；禽肉产量9.92万吨，增长3.8%。全年水产品产量18.47万吨，增长5.2%。

全年粮食作物播种面积611.62万亩，比上年下降0.3%。甘蔗种植面积5.76万亩，下降0.3%；油料种植面积38.68万亩，下降0.5%；蔬菜种植面积97.02万亩，增长1.9%；棉花种植面积3.06万亩，下降4.8%。

【工业和建筑业】2014年，抚州市全市全部工业增加值443.35亿元，增长11.1%，占GDP的比重为42.8%。其中规模以上工业增加值315.21亿元，增长11.7%。国有企业0.91亿元，增长10.8%；股份制企业161.34亿元，增长12.5%；外商及港澳台投资企业20.64亿元，增长0.6%。

全年全市建筑业企业实现增加值91.54亿元，增长11.1%。全市具有资质等级的总承包和专业承包建筑业企业完成总产值251.34亿元，增长21.0%；建筑业劳动生产率165807元/人（按建筑业总产值计算），下降21.0%。

【固定资产投资】2014年，抚州市全年完成全社会固定资产投资1001.48亿元，增长19.9%。其中，城镇固定资产投资完成957.25亿元，同比增长20.5%。城镇投资中，第一产业投资32.93亿元，增长7.4%；第二产业投资560.70亿元，增长12.9%；第三产业投资363.61亿元，增长36.2%。

全年工业完成投资559.87亿元，增长12.7%。其中：纺织业、纺织服装及服饰业、化学原料及化学制品制造业和电气机械及器材制造业投资分别为44.85亿元、35.86亿元和25.22亿元，分别下降40.0%、13.3%和29.7%。全市全年非国有经济完成投资717.66亿元，增长11.2%，占固定资产投资的75.0%。其中，民间投资完成688.74亿元，增长10.8%。

【科学技术】2014年，抚州市财政用于科技活动的经费支出3.13亿元，比上年增长36.0%。2014年，全市专利申请量1526件，授权量899件，分别比上年增长71.1%和63.5%。组织申报2014年度国家级各类科技计划项目34项，申报省级各类科技计划项目151项，共列入国家级、省级78项。组建了江西省变电设备工程技术研究中心、江西省眼健康工程技术研究中心、江西省手性药物工程技术研究中心和江西省大输液工程技术研究中心等4家省级工程技术研究中心，使全市省级工程技术研究中心达到8家，比上年翻了一番。江西创赢香精香料科技协同创新体有限公司，被列为2014年度省重点扶持培育的13个协同创新体之一。全市高新技术产业增加值62.77亿元，比上年增长21.93%，占GDP的比重6.05%。2014年，志特建筑、江西变电、伊发电力、宏特绝缘等15家企业先后被认定为高新技术企业，全市高新技术企业总数发展到43家，比上年增长42.5%。

【国内贸易和对外经济】2014年，抚州市全市社会消费品零售总额379.50亿元，增长11.7%。分城乡看：城镇消费品市场实现零售额304.99亿元，增长11.6%；乡村消费品市场实现零售额74.51亿元，增长12.6%。分行业看，批发和零售业是社会消费品零售市场的主导力量，实现零售额335.99亿元，增长11.6%，占全市社会消费品零售总额的88.7%；住宿和餐饮业零售额43.51亿元，增长12.7%。

全市进出口总额155539万美元，增长23.4%。其中，出口总额153985万美元，增长23.5%。实际利用外商直接投资25104万美元，增长13.7%。全市新引进并已开工项目295个，其中5000万元以上工业项目285个，下降24.4%；亿元以上工业项目148个，下降31.5%。5000万元以上工业项目实际进资358.61亿元，增长12.9%；亿元以上工业项目实际进资252.09亿元，增长24.4%。

【交通、邮电和旅游】2014年，抚州市全年交通运输、仓储和邮政业实现增加值63.04亿元，比上年增长4.8%。杭南长客专抚州段建成通车；向莆铁路货运快速班列试运行。新开建东乡-昌傅、广昌-吉安、船顶隘-广昌三条高速；抚州-金溪、资溪花山界-里木、南昌-宁都高速乐安段进展顺利。抚州电厂建设快速推进，抚州机场筹建前期工作正式启动。

全年邮政企业和规模以上快递服务企业业务收入3.05亿元，业务总量完成3.12亿元，分别较比上年增长13.9%、13.8%。全市快递服务企业业务量累计569.58万件，同比增长58.6%。

全年全市接待国内旅游1650万人次，增长35.0%，入境旅游71573人次，增长1.1%；国内旅游收入133亿元，增长38.0%，旅游外汇收入2518.55万美元，增长2.4%。梦湖景区被评为国家4A级旅游景区。崇仁源野教育乐园、宜黄小红楼休闲农庄、南丰南湾农庄、广昌驿前高虎脑苏区小镇和黎川东华山水景区等5家单位被评为全省4A级乡村旅游示范点。

【金融和保险】2014年年末，抚州市全市金融机构各项贷款余额755.92亿元，比年初增加156.84亿元，同比多增32.5亿元，增长26.2%。各项存款余额1264.37亿元，比年初增加153.12亿元，同比少增20.5亿元，增长13.8%。

保费收入27.55亿元，比上年增长24.9%。其中，财产险保费收入8.76亿元，增长25.8%；寿险保费收入18.79亿元，增长24.4%。

11

2014年上饶市经济发展概况

【经济总量】2014年，上饶市全年实现地区生产总值（GDP）1550亿元大关，达到1550.2亿元，按可比价格计算，增长9.9%。其中，第一产业增加值218.5亿元，增长4.6%；第二产业增加值779.0亿元，增长11.2%；第三产业增加值552.8亿元，增长10.0%。全市三大产业结构由去年同期的14.8∶51.0∶34.2调整为14.1∶50.2∶35.7。人均水平进一步提高，按平均人口计算，人均生产总值23221元，达到3780美元，比上年增加379美元。非公有制经济增加值1008.7亿元，可比增长10.3%，占GDP的比重达65.1%。多种经济成分共同发展的格局基本形成。

【农业】2014年，上饶市农林牧渔业总产值达347.94亿元，剔除价格因素，比上年增长4.51%。粮食、油料、经济作物、畜禽、渔业等产量全面增长。全年粮食种植面积597.4千公顷，油料种植面积114.4千公顷，棉花种植面积4.10千公顷。蔬菜种植面积55.3千公顷。油料产量19.3万吨，增产1.34%。

【工业和建筑业】2014年，上饶市规模以上工业增加值突破650亿元，达到653.00亿元，增长12.1%，规模以上工业增加值占全部工业增加值的比重下降1.36个百分点，达到83.82%。股份制及其他经济类型企业继续快速增长。主要产品产量平稳增长，服装为7151.9万件，增长4.2%；发电量为74.9万千瓦时，增长

3.1%；十种有色金属为23.3吨，增长38.9%。

全市全社会建筑业增加值132.3亿元，同比增长8.0%。房屋建筑施工面积3222万平方米，增长51.1%；房屋建筑竣工面积1894.9万平方米，增长12%。

【固定资产投资】2014年，上饶市全年固定资产投资1344亿元，增长15.4%。从产业看，第一产业投资44.7亿元，增长18.7%；第二产业投资764.8亿元，增长7.3%；第三产业投资534.6亿元，增长28.9%。

全年累计在建亿元以上重大投资项目286个，总投资规模为2551.0亿元，同比增长177.2%，完成投资1111.3元，同比增长195.1%。亿元以上新开工项目153个，同比增长44.3%，总投资规模为556.1亿元，同比增长28.2%，完成投资360.0亿元，同比增长59.0%。5亿元以上重大产业项目46个，较去年全年增加19个，投资规模与本年累计完成投资额分别为600.1亿元和206.2亿元，同比分别大幅增长129.1%和130.7%。

【科学技术】2014年，上饶市申请专利1563件，全市专利授权733件；有4项科技成果达到国际先进水平。县属科研机构24个，科技人员144人；技术合同成交额16224.1万元，技术交易额1437.7万元。全市民营科技企业已达508家，从业人员83720人，各类专业技术人员25116人；民营企业和县属科研机构全年科技活动经费支出为25048.7万元，研究与发展经费（R&D）经费支出20469.3万元；技术合同成交额为5539.1万元，技术交易额为4399.1万元。

【国内贸易和对外经济】2014年，上饶市全年社会消费品零售总额548.2亿元，增长13.0%。按所在地分，城市市场完成消费品零售额391.5亿元，增长12.9%；农村市场需求有所增长，完成消费品零售额156.7亿元，增长13.2%。分行业看，批发业完成零售额121.1亿元，增长8.9%；零售业完成零售额365.7亿元，增长14.9%；住宿业完成零售额10.0亿元，增长9.1%；餐饮业完成零售额51.5亿元，增长10.2%。

全年进出口总额403620万美元，增长27%。其中，出口360692万美元，增长18%；进口42928万美元，增长219%。从出口经营主体看，外贸流通企业出口20.62亿美元，增长4.3%；生产企业出口15.45亿美元，增长44%；三资企业出口6.16亿美元，增长239%。出口商品情况：纺织服装产品出口5.64亿美元，增长2.2%；农副产品1.88亿美元，增长54%；机电、高新技术产品7.1亿美元，增长29%。

【交通、邮电和旅游】2014年，上饶市全年交通运输、仓储和邮政业增加值65.05亿元，比上年增长3.9%。全市公路总里程达到20164.815公里。高速公路总里程达到617.543公里，高速公路总里程居全省第二，实现县县通高速公路。全年完成旅客运输量9712.7万人，比上年下降41.3%，货物运输量20590.1万吨，比上年增长6.7%；旅客运输周转量369723万人公里，比上年增长19.8%，货物运输周转量3823462万吨，比上年下降2.5%。全年港口货物吞吐量1663.5万吨，比上年增长7%。

年末机动车保有量563259辆，下降8.25%；其中个人机动车501928辆，增长26%。汽车保有量307469万辆，增长15.62%；其中个人汽车253361万辆，增长15%。

全年邮电业务收入32.05亿元，增长9.8%。其中，电信业务收入29.13亿元，增长10.3%；邮政业务收入2.92亿元，增长4.3%。本地固定电话用户63万户，减少2.29万户；移动电话用户50万户，增加5.75万户。年末计算机互联网用户数40万户，增加4.58万户。农村信息化建设成效显著。100%以上的行政村通上宽带；

所有自然村通上电话；90%以上的自然村基本实现移动信号“全覆盖”。

婺源县被评为国家生态旅游示范区、三清山获评第二批国家旅游标准化示范景区，上饶市被确定为第三批国家旅游标准化试点城市，婺源篁岭、婺源严田、德兴大茅山、万年神农源、婺源五龙源景区被评为国家4A级景区。全市国家5A级景区2处，4A级景区16处，上饶成为全省4A级以上景区最多的设区市。年末，全市共有A级旅游景区24处。全年接待游客突破7000万人次，达到7018.89万人次，同比增长29.95%，旅游综合收入572.66亿元，增长32.08%；门票收入11.88亿元，同比增长25.21%；其中，接待入境游客45.31万人次，同比增长39.9%，旅游外汇收入1.83亿美元，增长41.5%。

【金融和保险】2014年年末，上饶市全市金融机构各项存款余额（人民币口径，下同）1906.4亿元，比上年末增加241.1亿元，增长14.48%。其中，单位存款590.5亿元，增长12.16%；城乡居民储蓄存款1240.9亿元，增长15.98%。金融机构各项贷款余额1234.1亿元，比上年末增加229.2亿元，增长22.8%。其中，短期贷款569.5亿元，增长18.89%；个人中长期消费贷款244.6亿元，增长28.33%。

2014年新增保险机构26家。全年保险业保费收入36.63亿元，比上年增长28%。其中，财产险业务保费收入15.12亿元，增长17%；人身险业务保费收入21.5亿元，增长36.5%。

山东省

| 济南市 | 青岛市 | 淄博市 | 枣庄市 | 东营市 | 烟台市 | 潍坊市 | 威海市 | 济宁市 |
| 泰安市 | 日照市 | 莱芜市 | 临沂市 | 德州市 | 聊城市 | 滨州市 | 菏泽市 |

1

2014年济南市经济发展概况

【经济总量】2014年，济南市全年实现地区生产总值（GDP）5770.6亿元，按可比价格计算，比上年增长8.8%。分产业看，第一产业增加值299.1亿元，增长4.2%；第二产业增加值2215.2亿元，增长8.8%；第三产业增加值3256.3亿元，增长9.1%。产业结构调整优化，三次产业比例由上年的5.4：39.3：55.3调整为5.2：38.4：56.4。按常住人口计算，人均生产总值82052元，增长7.9%，按年平均汇率折算为13357美元。

【农业】2014年，济南市农业增加值199.5亿元，比上年增长4.2%；林业增加值8.9亿元，增长12.4%；畜牧业增加值77.6亿元，增长2.6%；渔业增加值4.3亿元，增长3.3%。

粮食生产实现“十二连丰”。2014年粮食总产量为271.2万吨，比上年增加4.6万吨，增长1.7%；粮食亩产为407.3公斤，增长1.9%。粮食作物中，夏粮总产量为126.4万吨，增加2.5万吨，增长2%；秋粮总产量为144.8万吨，增加2.1万吨，增长1.5%。棉花种植面积20万亩，减少4.2万亩；棉花产量1.6万吨，减产16.7%。油料种植面积20.5万亩，减少2.3万亩；油料产量4.9万吨，减产13%。蔬菜、水果产量稳步增加，蔬菜及食用菌产量665.9万吨，增长1.3%，水果产量53.2万吨，增长1.9%。

【工业和建筑业】2014年，济南市全年主营业务收入超过亿元的法人企业735家，增加98家；过10亿元的62家，增加5家；过100亿元的企业6家，与上年持平。

规模以上工业增加值增长10.1%。按经济类型看，公有制经济增加值增长5.6%，非公有制经济增加值增长14.3%。按轻重工业看，轻工业增加值增长6.7%，重工业增加值增长11.2%。

全年建筑业增加值442.9亿元，增长8.5%。资质内建筑业实现总产值1542.2亿元，增长11.9%。其中在省外完成的建筑业产值503.5亿元，增长9.8%。签订合同额3290.9亿元，增长2.9%。其中本年新签合同额1774.7亿元，增长2.2%。

【固定资产投资】2014年年末，济南市全市固定资产投资项目3360个，增加114个。其中亿元及以上投资项目930个，增加64个。全年固定资产投资3063.4亿元，比上年增长16.1%。分产业看，第一产业投资116.3亿元，增长18.4%；第二产业投资1098.5亿元，增长21.0%；第三产业投资1848.6亿元，增长13.3%。三次产业投资比重为3.8：35.9：60.3。分项目规模看，五十亿元以上项目14个，增加2个，全年完成投资111.4

亿元，占全市投资的3.6%；十亿元以上至五十亿元项目167个，增加13个，全年完成投资753.9亿元，占全市投资的24.6%；亿元以上至十亿元投资项目749个，增加49个，全年完成投资1110亿元，占全市投资的36.2%。全市民间投资2021.0亿元，增长23.1%。

【科学技术】2014年年末，济南市创新型（试点）企业国家级2家，省级48家，市级278家；新认定国家级企业技术中心2家，总数达到23家。新增省级工程实验室（工程研究中心）3家，总数达到15家。浪潮集团被工信部认定为国家技术创新示范企业。全市获得国家科技进步一等奖1项、二等奖1项；省科技进步一等奖3项、二等奖16项、三等奖5项。全市获得省技术发明一等奖1项、二等奖2项。全年专利申请量23511件，增长4.4%。其中发明专利申请量12524件，增长10.6%。专利授权量11701件，下降5.6%。其中发明专利授权量2609件，增长20.3%。

【国内贸易和对外经济】2014年，济南市全年社会消费品零售总额2964.4亿元，增长12.6%。其中，餐饮收入474.1亿元，增长9.8%；商品零售2490.3亿元，增长13.1%。分城乡看，城镇社会消费品零售总额2730亿元，增长12.6%；乡村社会消费品零售总额234.4亿元，增长11.8%。

全年货物进出口总额105.0亿美元，增长9.6%。其中:进口44.3亿美元，增长8.4%；出口60.6亿美元，增长10.5%。在出口产品中，机电产品出口38.3亿美元，增长6.6%。

【交通、邮电和旅游】2014年年末，济南市公路通车里程12846.4公里，增长1.2%。其中，济南至乐陵高速公路于2014年底建成通车，境内高速公路418.9公里，增长18.1%。年末拥有民用机动车156.5万辆，增长10.3%。其中民用汽车138.3万辆，增长13.9%。年末公交线路267条，比上年增加20条，线路总长度4908.3公里，比上年增加597.7公里；公交营运车辆5099辆，比上年增加279辆，全年旅客运输量8.2亿人次，下降3.5%。执行航线103条，全年航空旅客吞吐量870.9万人次，增长7%；货邮吞吐量[8]8.1万吨，增长11%。

全年邮政和快递服务业及电信业业务收入89.9亿元，增长1.6%。其中邮政和快递服务业完成业务收入20.0亿元，增长9.7%；电信业完成业务收入69.8亿元，下降0.8%；快递服务企业业务量累计完成11255万件，增长45.8%。年末固定电话用户176.9万户，下降1.7%；移动电话用户1177.9万户，下降5.3%，其中3G移动电话用户数384.4万户，增长24.7%，4G移动电话用户数74.3万户；宽带网用户202.7万户，增长15.3%。

全年接待国内外游客5588.2万人次，比上年增长9.0%。其中，接待国内游客5556.8万人次，增长9.0%；接待入境游客31.5万人次，增长2.4%。实现旅游消费总额657.9亿元，增长14.7%。其中，国内游客消费额588.2亿元，增长13.2%；入境游客消费额17058万美元，增长12.8%；居民旅行前后消费额59.2亿元，增长32.5%。共有A级旅游景区36家。其中，5A级景区1家；4A景区12家。省级旅游强乡镇18个，省级旅游特色村38个，省级以上旅游度假区1家。

【金融和保险】2014年年末，济南市金融机构本外币存款余额12010.2亿元，比年初增加1084.4亿元。其中，居民储蓄存款余额3568.1亿元，比年初增加276.2亿元。年末金融机构本外币贷款余额10002.5亿元，比年初增加791.3亿元。其中，人民币各项贷款余额8508.3亿元，增长8.9%。

保费收入162.9亿元，比上年增长15.1%。其中，财产险公司保费收入51.9亿元，增长17.1%；人身险公司保费收入110.9亿元，增长14.2%。支付各项赔款与给付53.0亿元，增长12.0%。

2

2014年青岛市经济发展概况

【经济总量】2014年，青岛市全年实现地区生产总值（GDP）8692.1亿元，按可比价格计算，增长8.0%。其中，第一产业增加值362.6亿元，增长3.9%；第二产业增加值3882.4亿元，增长8.4%；第三产业增加值4447.1亿元，增长7.9%。三次产业比例为4.2：44.6：51.2。人均GDP达到96524元。民营经济增加值3323.4亿元，增长8.3%。

【农业】2014年，青岛市全市粮食播种面积49.55万公顷，下降0.99%，粮食总产量达到323万吨，增长0.2%；其中，小麦152.1万吨，玉米166.8万吨。

全年完成造林面积1.04万公顷，增长4.0%；森林覆盖率39.5%，提高0.1个百分点。

【工业和建筑业】2014年，青岛市全年全部工业完成增加值3419.8亿元，增长8.3%。全年规模以上工业4603家，实现增加值增长9.4%。按轻重工业分，重工业增长11.3%，轻工业增长6.6%；按类型分，国有控股企业增长5.1%，集体企业增长10.7%，股份制企业增长9.6%，外商及港澳台商投资企业增长9.3%。

全年建筑业实现增加值462.6亿元，增长8.9%。实现利税总额82.3亿元，增长9.2%；其中，国有及国有控股企业实现利税22.4亿元，增长9.8%。

【固定资产投资】2014年，青岛市全市固定资产投资（包括城镇、农村500万元以上投资项目）5766亿元，增长16.1%。其中，第一产业投资104.7亿元，增长11.4%；第二产业投资2817.9亿元，增长16%；第三产业投资2843.4亿元，增长16.4%。

【科学技术】2014年，青岛市全年全市共取得重要科技成果415项。获得国家级科技奖励7项，其中，自然科学奖2项，技术发明奖1项，科技进步奖4项；获得省级科技奖励57项，其中，省科学技术最高奖1项，自然科学奖9项，技术发明奖6项，科技进步奖41项。

【国内贸易和对外经济】2014年，青岛市全年实现社会消费品零售额3268.8亿元，增长12.6%。分地域看，城市市场实现零售额2731.6亿元，增长12.8%；农村市场实现零售额537.2亿元，增长11.3%。分行业看，批发和零售业实现零售额2862.2亿元，增长12.6%；住宿和餐饮业实现零售额406.6亿元，增长12.2%。

全市实现外贸进出口总额798.9亿美元，增长2.5%。其中，出口额457.8亿美元，增长9.1%，进口额341.1亿美元，下降5.2%。按可比价格口径，进出口实际增长5.3%。

【交通、邮电和旅游】2014年，青岛市全市港口吞吐量4.8亿吨，增长4.2%；外贸吞吐量3.2亿吨，增长0.8%；集装箱吞吐量1658万标准箱，增长6.8%。

全年完成邮电业务总量261.5亿元，增长7.2%。其中，邮政业务总量30.9亿元，增长29.8%；电信业务总量230.6亿元，增长4.8%。信函0.7亿件，下降27.3%。互联网用户累计达697.4万户，增长3.8%，使用时长达3787.7亿分钟，增长53.2%。年末固定电话用户达到206.6万户；全市移动电话发展到1301.1万户，其中，年内新增325.3万户。

全年全市旅游总收入1061.1亿元，增长15.0%。其中国内旅游收入1010.7亿元，增长15.7%；入境旅游（外汇）收入8.2亿美元，增长3.7%。全年共接待国内外游客6843.9万人次，增长8.8%；其中国内游客6715.9万人次，增长8.9%；入境游客128.1万人次，增长3.6%。年末A级旅游景区91处，其中，5A级旅游景区1处，4A级旅游景区22处。

【金融和保险】2014年年末，青岛市金融机构本外币存款余额11908.0亿元，比年初增加480.5亿元；人民币存款余额11370.3亿元，比年初增加400.7亿元。其中，个人存款4680.5亿元，比年初增加312.1亿元。本外币贷款余额10530.6亿元，比年初增加868.9亿元；人民币贷款余额9720.1亿元，比年初增加840.1亿元。

全年全市承保金额61163.3亿元，增长24.3%，实现保费收入203.1亿元，增长13.5%。其中：财产险保费收入88.1亿元，增长17.3%；人身险保费收入115.0亿元，增长10.8%。赔款支出金额76.7亿元，增长22.4%；其中财产险赔付金额44.7亿元，人身险赔付金额32.0亿元。

3

2014年淄博市经济发展概况

【经济总量】2014年，淄博市全年实现地区生产总值（GDP）4029.8亿元，按可比价格计算，比上年增长7.4%。产业结构改善。三次产业比例由上年的3.6:57.1:39.3调整为3.5:55.9:40.6。金融保险、工业设计、软件和信息服务等现代服务业加快发展，产业结构趋优。全年实现第一产业增加值143.8亿元，增长4%；第二产业增加值2251.5亿元，增长8.4%；第三产业增加值1634.5亿元，增长5.8%。人均生产总值87531元，比上年增长6.9%，按年均汇率折算为14328美元/人。

【农业】2014年，淄博市全年实现农林牧渔业总产值252.5亿元，比上年增长4.1%。其中，农业总产值168.2亿元，增长3.8%；林业总产值13.9亿元，增长10.4%；牧业总产值57.9亿元，增长3.9%；渔业总产值5.3亿元，增长4.6%；农林牧渔服务业总产值7.1亿元，增长8.2%。

全年粮食总产173.6万吨，比上年增加14.9万吨。其中，夏粮75.6万吨，比上年减产0.5万吨；秋粮98万吨，比上年增加15.4万吨。全年肉类、禽蛋、奶类产量分别为17.3万吨、6.4万吨和11.3万吨。水果、蔬菜产量分别为102.7万吨、211.4万吨。

【工业和建筑业】2014年年末，淄博市全市规模以上工业企业3021家。全年规模以上工业增加值比上年增长8.6%。分轻重工业看，轻工业增长23.3%，重工业增长5.6%；分行业看，38个行业大类中有28个行业实现增长。产销率达98.4%，比上年提高0.2个百分点。在调度的211种工业产品中，产量增长的有95种，占

45%。其中，乙烯增长10.7%，水泥增长7.4%，化学药品原药增长1%。全年规模以上工业实现主营业务收入11264.9亿元，比上年增长4.3%；实现利税1183.4亿元，下降7.3%，其中利润687.4亿元，下降9.8%。全年规模以上工业经济效益综合指数363.2%，比上年提高1.8个百分点。

全市资质内建筑企业完成建筑业总产值887亿元，比上年增长6.4%。其中，建筑工程产值729.4亿元，增长7.3%；安装工程产值135.1亿元，增长3.5%。省外发展空间扩大，建筑企业在外省完成产值107.5亿元，增长5%。全年建筑业企业签订合同额1355.7亿元，增长11%。其中，本年新签合同额994.6亿元，增长10%。全年建筑业企业房屋建筑施工面积7585.3万平方米，增长3.2%。其中，本年新开工面积4352.1万平方米，增长12.4%。

【固定资产投资】2014年，淄博市全年完成固定资产投资2404.6亿元，比上年增长15.7%。其中，民间投资2127.2亿元，比上年增长14.3%。分产业看，第一产业投资33.3亿元，增长33.9%；第二产业投资1413亿元，增长24.5%；第三产业投资958.3亿元，增长4.3%。新兴产业和技术改造投资规模扩大。全市高新技术产业投资499亿元，增长24.1%；工业技改投资1114.9亿元，增长26.6%。项目建设力度加大。累计新开工项目2612个，比上年增加249个；亿元以上投资项目509个，比上年增加125个，其中新开工亿元以上项目338个，增加59个。房地产投资稳步增长，商品房销售面积下降。全年房地产开发完成投资236.2亿元，比上年增长17.9%；商品房销售面积下降19.2%。

【科学技术】2014年，淄博市全年取得重要科技成果242项，比上年增加18项。其中，农业领域20项，工业领域189项，医疗卫生领域33项。达到国际、国内领先先进水平的科技成果数分别为33项和209项。获得省以上科学技术奖13项，其中，国家科学技术奖3项。全年签订技术合同491项，技术合同成交金额16.9亿元，比上年增长14%。国内发明专利申请量3864件，增长22.7%。发明专利授权量677件，增长8.1%。有效发明专利密度达5.8件/万人，增长17.7%。PCT国际专利申请78件。

【国内贸易和对外经济】2014年，淄博市全年实现社会消费品零售总额1739.5亿元，比上年增长12.4%。其中，限额以上企业实现零售额775.9亿元，增长9.3%。城镇市场实现零售额733.3亿元，增长9.4%；乡村市场实现零售额42.7亿元，增长8.5%。

全年实现进出口总额89.4亿美元，比上年下降0.6%。其中，出口实现恢复性增长，出口额达56亿美元，增长6.9%；进口33.4亿美元，下降11.1%。九大类主要出口产品中，医药产品出口增长27.6%，建材产品增长27.3%，轻工产品增长13.1%，机电产品增长10.6%。传统出口市场中，对韩国和欧盟出口分别增长17.7%、12.5%。新兴市场中，对南亚出口增长13.4%。主要进口商品中，塑料原料、机械设备和二甲苯分别增长12.8%、64.3%、27.9%。主要进口来源地中，巴西、中东、日本和韩国快速增长，进口额分别增长1.08倍、33.7%、16.5%和15.7%。

【交通、邮电和旅游】2014年年末，淄博市全市公路通车里程11054公里，比上年增加130公里。其中，高速公路通车里程206公里。机动车保有量94.8万辆；其中，个人拥有汽车63.9万辆，增加5.2万辆。现有公共汽车线路273条，其中市区公共汽车线路33条。营运公交车2766辆，出租车6493辆。

全年邮政行业业务收入达6.1亿元，比上年增长6.8%。其中，快递业务收入达3.1亿元，增长13.2%。函件总数达1242.6万件，比上年下降24.6%；快递2128.6万件，增长24.2%；订销报纸、杂志累计份数分别达6690万份、375.5万份。

年内，1954陶瓷文化创意园、红莲湖二期工程、齐山景区等6个旅游项目建成开业。年末，国家A级旅游区（点）总量达48处，比上年增加4处。其中，AAAA级旅游区（点）达13处，AAA级旅游区（点）20处，AA级旅游区（点）15处。全年实现旅游外汇收入0.9亿美元；国内旅游收入389.6亿元，增长12.6%。接待海外游客19.5万人次；接待国内游客4146.7万人次，增长8.7%。

【金融和保险】2014年年末，淄博市全市金融机构人民币各项存款余额3594.3亿元，比年初增加139亿元。其中，居民储蓄存款余额2038.6亿元。人民币各项贷款余额2490.5亿元，比年初增加161.1亿元。其中，短期贷款余额1541.6亿元，比年初增加37.2亿元；中长期贷款余额854.3亿元，比年初增加110.6亿元。齐鲁股权交易中心改制顺利完成，建立起与新三板批量对接机制。中心挂牌企业达到412家，直接和间接融资超过150亿元，有13家企业在新三板挂牌。

年末，全市拥有商业保险分支机构54家，新增3家。其中，财产保险机构25家，人寿保险机构29家。实现保费收入85.5亿元，增长13.2%。其中，产险保费收入31.5亿元，增长14.6%；寿险保费收入54亿元，增长12.4%。支付各项赔款与保险金17.9亿元，增长15.1%。其中，产险赔付14亿元，增长10.6%；寿险赔付3.9亿元，增长34.7%。保险深度为2.1%，比上年提高0.1个百分点。

4

2014年枣庄市经济发展概况

【经济总量】2014年，枣庄市全年实现地区生产总值（GDP）1980.13亿元，比上年增长9.0%。其中，第一产业增加值156.09亿元，增长3.6%；第二产业增加值1099.76亿元，增长9.2%；第三产业增加值724.28亿元，增长9.7%。三次产业结构由2013年的8.2∶56.7∶35.1调整为7.9∶55.5∶36.6。

【农业】2014年，枣庄市农业增加值113.25亿元，增长3.4%；林业增加值1.68亿元，增长2.9%；牧业增加值27.87亿元，增长4.0%；渔业增加值4.91亿元，增长1.7%。

粮食作物种植面积396.6万亩，总产量170.55万吨，下降0.4%。植树造林12581公顷，年末林木蓄积量638万立方米，森林覆盖率36.2%；肉类总产量26.04万吨，下降0.8%；水产品产量9.4万吨，增长1.2%。

【工业和建筑业】2014年，枣庄市规模以上工业企业1413家。规模以上工业增加值增长10.5%。其中，轻工业增长12.1%；重工业增长9.8%，轻工业快于重工业2.3个百分点。

年末三级及以上资质建筑企业221家，比上年减少4家。新签合同额400.42亿元，下降8.4%。完成产值276.68亿元，下降0.3%。建筑业增加值107.58亿元，增长5.6%。建筑业总产值超过亿元的企业有61家，产值过5亿元的企业9家，产值过10亿元的7家，占全部企业个数的比例分别为27.6%、4.1%和3.2%。

【固定资产投资】2014年，枣庄市固定资产投资达到1430.01亿元，增长15.5%。分产业看，第一产业投资21.63亿元，下降10.1%；第二产业投资744.64亿元，增长28.5%，其中工业投资656.5亿元，增长26.4%；第三产业投资663.74亿元，增长4.6%。

【科学技术】2014年，枣庄市获得省科技进步奖二等奖1项，获得省软科学优秀成果奖7项，其中二等奖2项、三等奖5项；评出市科技进步奖120项。新认定省级示范工程技术研究中心1个，新增省级院士工作站2个，新建产学研合作平台4个，新建公共服务平台1个。实施各类科技计划项目138个，投入资金5000余万元。

【国内贸易和对外经济】2014年，枣庄市社会消费品零售总额706.3亿元，增长12.7%。其中，限额以上贸易企业实现零售额351.9亿元，增长14.8%。分区域看，城镇零售额463.1亿元，增长13.2%；乡村243.2亿元，增长11.7%。分行业类别看，批发零售业631.7亿元，增长12.7%；住宿餐饮业74.7亿元，增长12.0%。

进出口总额144041万美元，增长15.1%。其中，出口115373万美元，增长21.9%；进口28668万美元，下降5.9%。纺织服装、橡胶制品、化学品三类龙头行业分别出口34075万美元、15145万美元、14073万美元，增长15.5%、22.2%、34.4%，这三类占全市的54.9%。高新技术产品进出口8931万美元，增长50.9%。其中出口8275万美元，增长47.4%；进口656万美元，增长114.4%。产品已出口至161个国家和地区，比上年增加16个国家（地区）市场。对欧盟、美国、日本、韩国四大传统市场出口稳步复苏，分别出口14716万美元、14374万美元、9716万美元、7419万美元，分别增长42.2%、18.0%、24.6%、21.6%。

【交通、邮电和旅游】2014年，枣庄市公路客运量3173万人，旅客周转量193987万人公里，分别下降15.8%和下降18.9%；公路货运量4554万吨，货物周转量1202736万吨公里，分别增长0.3%和3.4%。水路客运量41.78万人，旅客周转量172.8万人公里，分别增长129.8%和62.6%；水路货物运输量1072万吨，水路货运周转量411441万吨公里，分别增长5.1%和下降7.7%。港口货物吞吐量2496.8万吨，增长1.3%。

邮政业务总量1.51亿元，增长7.0%。电信业务总量5.54亿元，增长0.8%；固定电话用户52.73万户，下降20.1%。移动电话业务总量52.29亿元，增长2.5%；移动电话用户316.82万户，下降3.0%。

接待70个来枣大型团队，其中旅游专列2个，旅游大巴团68个。构建乡村旅游“一园三镇五点”发展格局。共接待国内游客1697.9万人次，增长10.2%；国内旅游收入126.9亿元，增长14.2%；入境游2.9万人次，下降7.3%；入境旅游收入815.9万美元，增长6.0%。

【金融和保险】2014年年末，枣庄市金融机构本外币存款余额1330.38亿元，增加80.53亿元。其中，本外币储蓄存款余额867.30亿元，增加85.66亿元。年末各项本外币贷款余额1018.20亿元，增加43.12亿元。

实现保费收入46.33亿元，增长8.3%。其中财产险收入10.83亿元，增长9.4%；人身险收入35.49亿元，增长8.0%。支付赔款给付11.79亿元，增长31.6%。

5

2014年东营市经济发展概况

【经济总量】2014年，东营市全年实现地区生产总值（GDP）3430.49亿元，按可比价格计算，比上年增长10.0%。其中，第一产业增加值123.99亿元，增长4.0%；第二产业增加值2345.08亿元，增长10.5%；第三产业增加值961.42亿元，增长9.2%。三次产业结构由2013年的3.6：69.5：26.9调整为3.6：68.4：28.0。人均生产总值163982元，增长9.4%。

【农业】2014年，东营市实现农林牧渔业总产值243.17亿元，比上年增长4.1%。其中农业总产值99.55亿元，增长4.0%，林业总产值2.14亿元，下降0.1%，畜牧业总产值65.29亿元，增长0.6%，渔业总产值55.87亿元，增长6.8%，农林牧渔服务业总产值20.32亿元，增长9.7%。

粮食播种面积218.05万亩，比上年增长12.7%；粮食总产量93.61万吨，增长29.5%。其中，夏粮播种面积93.80万亩，增长19.8%；夏粮总产量41.02万吨，增长20.3%；秋粮播种面积124.25万亩，增长7.9%；秋粮总产量52.59万吨，增长37.6%。棉花播种面积158.62万亩，下降17.4%；棉花总产量11.55万吨，增长21.0%。

【工业和建筑业】2014年，东营市全市规模以上工业企业921家，比2013年末增加57家。其中，年主营业务收入过10亿元的企业229家，增加29家；过100亿元的企业27家，增加3家。

规模以上工业实现总产值13584.79亿元，比上年增长15.6%，其中地方工业总产值12447.51亿元，增长16.1%。全市规模以上工业增加值增长11.4%，其中地方工业增加值增长15.3%。34个工业行业大类中25个行业实现增长，增长面71.4%。

具有资质等级的总承包和专业承包建筑业企业224家。其中，一级建筑企业15家，比上年增加1家。建筑业总产值320.08亿元，比上年下降1.0%。其中，国有及国有控股企业建筑业总产值94.28亿元，下降18.0%；非国有企业建筑业总产值225.80亿元，增长8.4%。

【固定资产投资】2014年，东营市完成固定资产投资2708.20亿元，比上年增长16.1%，其中地方项目完成投资2430.82亿元，增长17.1%。分产业看，第一产业投资74.15亿元，增长13.2%；第二产业投资1661.39亿元，增长14.1%；第三产业投资972.66亿元，增长20.0%。从到位资金情况看，全年到位资金2549.18亿元，增长13.9%。其中，国家预算资金增长38.5%，国内贷款增长18.3%，自筹资金增长11.6%，其他资金增长31.4%。

【科学技术】2014年，东营市认定国家级新产品2项。获得省级重大科技成果奖7项，其中应用技术成果7项。组织实施省级以上科技计划项目89项，争取资金9138万元。省认定的高新技术企业19家，新认定市级科技型企业92家。石油装备和盐化工两个特色产业基地通过科技部复核，铜冶炼及深加工特色产业基地获科技部认定。科技银行试点工作取得较大进展，全年发放科技贷款1.79亿元。R&D经费79.6亿元，R&D占GDP比重为2.45%，比2013年增加0.23个百分点。规模以上工业高新技术产业实现产值4698.98亿元，增长13.4%，占规模以上工业总产值的比重34.6%，比年初提高1.1个百分点。

【国内贸易和对外经济】2014年，东营市实现社会消费品零售总额659.06亿元，比上年增长12.6%。其中，限额以上企业消费品零售额439.04亿元，增长11.9%。从城乡市场看，城镇零售额579.86亿元，增长12.6%；乡村零售额79.20亿元，增长12.5%。从行业结构看，批发零售业支撑作用明显。批发业实现零售额95.57亿元，增长10.9%；零售业实现零售额513.26亿元，增长12.9%；住宿业实现零售额5.25亿元，增长11.4%；餐饮业实现零售额44.98亿元，增长12.2%。

完成进出口132.56亿美元，比上年增长4.1%。其中，进口71.61亿美元，增长3.3%；出口60.95亿美元，增长5.1%。按贸易方式划分，加工贸易出口37.08亿美元，下降4.7%，一般贸易出口22.35亿美元，增长22.4%。从出口市场情况看，对亚洲地区出口23.78亿美元，增长5.8%；对欧洲出口10.93亿美元，增长8.6%；对北美出口12.23亿美元，增长10.1%；对非洲出口5.17亿美元，下降12.1%。从重点产品出口情况看，轮胎出口35.76亿美元，下降1.2%；石油机械装备出口9.84亿美元，增长14.8%；化工产品出口4.74亿美元，增长37.2%，电解铜出口2.33亿美元，增长49.8%。

【交通、邮电和旅游】2014年，东营市完成公路旅客运输量810万人，比上年下降12.9%；公路货物运输量4706万吨，比上年增长4.5%。港口货物吐吞量2653万吨，增长86.7%。年末公路通车里程8954.2公里。按行政等级分，国道201.9公里，省道681.5公里，县道599.2公里，乡道1711.9公里，专用公路1137.1公里，村道4622.6公里。按技术等级分，高速公路180.5公里，一级公路380.8公里，二级公路607.9公里，三级公路456.4公里，四级公路7328.6公里。

完成邮政业务总量1.63亿元，比上年增长19.7%。国内函件1026.20万件，下降0.3%；国内包件7.57万件，下降8.5%。电信业务总量46.17亿元，增长3.9%；实现主营业务收入21.98亿元，下降1.4%。移动电话用户数279.93万户，下降13.1%；固定电话用户数40.76万户，下降4.5%；互联网用户数63.17万户，新增10.37万户，增长19.6%；局用交换机总容量427.19万门，其中市话交换机容量68.61万门。长途光缆线路总长度848.56皮长公里。

全市2A级以上旅游景区32家。其中，4A级景区4家，3A级景区15家。旅行社（分社）118家，出境组团社10家。其中5A级旅行社3家，3A级旅行社10家。星级饭店31家，其中五星级2家，四星级4家。接待国内游客1244.0万人次，实现国内旅游总收入95.8亿元，比上年分别增长13.3%和17.2%。接待入境游客5.6万人次，增长1.9%，入境旅游收入5055万美元，增长5.9%。入境旅游中接待外国人35837人次，港澳台同胞20294人次；过夜旅游者24016人天。

【金融和保险】2014年年末，东营市本外币各项存款余额3300.09亿元，比年初增加452.08亿元。其中，单位存款余额1994.21亿元，比年初增加307.43亿元；个人存款余额1219.62亿元，比年初增加132.89亿元。各项贷款余额2600.04亿元，比年初增加438.73亿元。其中，短期贷款余额1845.50亿元，比年初增加277.78亿元；中长期贷款余额714.22亿元，比年初增加153.43亿元。

全年保费收入61.87亿元，比上年增长18.7%。其中，财产险保费收入24.60亿元，增长16.2%；人寿险保费收入37.27亿元，增长21.2%。全年赔付额13.28亿元，增长1.3%。其中，财产险赔付额11.50亿元，下降1.4%；人寿险赔付额1.77亿元，增长29.0%。

6

2014年烟台市经济发展概况

【经济总量】2014年，烟台市全年实现地区生产总值（GDP）6002.08亿元，按可比价格计算，比上年增长9.1%。其中，第一产业增加值441.27亿元，增长3.9%；第二产业增加值3212.35亿元，增长8.8%；第三产业增加值2348.46亿元，增长10.4%。三次产业结构由上年的7.5：54.8：37.7调整为7.4：53.5：39.1。全市人均生产总值85795元（按年平均汇率折合13967美元），比上年增长8.9%。

【农业】2014年，烟台市全年农林牧渔业实现增加值441.27亿元，比上年增长3.9%。其中，农业增加值231.46亿元，增长4.2%；林业增加值9.55亿元，增长8.6%；牧业增加值69.75亿元，增长3.5%；渔业增加值115.84亿元，增长2.6%；农林牧渔服务业增加值14.67亿元，增长9.5%。

全年粮食播种面积39.45万公顷，比上年减少0.58万公顷。油料播种面积10.71万公顷，减少0.15万公顷。蔬菜播种面积3.91万公顷，减少0.02万公顷。

【工业和建筑业】2014年，烟台市全年全部工业增加值2898.14亿元，比上年增长8.8%。规模以上工业增加值增长9.6%。规模以上工业中，国有及国有控股企业增长3.4%；集体企业增长7.2%，股份制企业增长9.3%，外商及港澳台商投资企业增长11.3%；私营企业增长8.7%。

全年完成建筑业总产值664.55亿元，比上年增长7.6%。竣工产值396.61亿元，增长2.8%。施工面积3981.94万平方米，下降5.1%；房屋竣工面积1724.11万平方米，下降0.5%。

【固定资产投资】2014年，烟台市全年固定资产投资4101.06亿元，比上年增长15.9%。其中，国有经济投资654.62亿元，增长8.3%；集体经济投资607.95亿元，增长17.5%；股份制经济投资1230.81亿元，增长3.8%；个体私营投资1063.91亿元，增长25%；外商投资156.37亿元，增长80.3%。

在固定资产投资中，第一产业投资53.17亿元，比上年增长12.5%；第二产业投资1587.77亿元，增长10.7%，其中工业投资1573亿元，增长10.9%；第三产业投资2460.11亿元，增长19.4%。

【科学技术】2014年，烟台市全市财政性科技投入16.64亿元，占公共财政预算支出的2.9%。年末全市拥有省级工程技术研究中心83家，其中省级示范工程技术研究中心20家，比上年新增7家；山东省企业院士工作站25家，新增6家；省级企业技术中心86家，新增15家；国家级企业技术中心20家，新增2家。全年高新技术产业产值6091.33亿元，比上年增长12.3%，占规模以上工业总产值的比重为40.7%。我市参与完成的5个项目获得国家科学技术奖励，其中科技进步特等奖1项、二等奖2项，技术发明二等奖2项；27个项目（人）获得山东省科学技术奖励，其中国际科学技术合作奖1人，自然科学二等奖3项，技术发明二等奖3项，科技进步一等奖3项、二等奖10项、三等奖7项。全年发明专利申请量和授权量分别为3848件和675件，分别比上年下降2.7%和6.3%。通过专利合作条约途径提出的国际专利申请量（PCT专利）41件。年末全市共有有效发明专利3059件，比上年增长14.8%，万人有效发明专利拥有量4.38件，比上年提高0.56件。

【国内贸易和对外经济】2014年，烟台市全年社会消费品零售总额2377.65亿元，比上年增长12.7%。按经营地统计，城镇消费品零售额1900.35亿元，增长12.5%；乡村消费品零售额477.30亿元，增长13.4%。按消费类型统计，商品零售额2170.91亿元，增长12.4%；餐饮收入额206.74亿元，增长14.9%。

全年进出口总额527.52亿美元，比上年增长7.6%。其中，进口233.48亿美元，增长17.7%；出口294.04亿美元，增长0.8%。

【交通、邮电和旅游】2014年，烟台市全年交通运输仓储和邮政业完成增加值148.18亿元，比上年增长6.4%。全社会货物运输量19773.47万吨，比上年下降1.4%；全社会旅客运输量7972.13万人次，增长6.8%。

港口货物吞吐量31970.73万吨，比上年增长11.5%，其中外贸货物吞吐量8656.48万吨，下降3.8%。港口集装箱吞吐量235.63万标箱，增长9.6%。烟台莱山国际机场全年共起降航班4.31万架次，比上年增长12.7%；进出港旅客430.58万人次，增长18.4%。

全年完成邮电业务总量68.89亿元，比上年增长4.5%。其中，邮政业务总量4.43亿元，下降1.1%；电信业务总量64.46亿元，增长4.9%。年末固定电话用户129.09万户，下降15.4%；移动电话用户820.29万户，下降2.1%，其中3G和4G移动电话用户294.78万户，增长109.5%。年末计算机互联网用户达170.54万户，下降1.0%，其中宽带用户达134.48万户，增长3.1%。

全年实现旅游收入614亿元，比上年增长13.1%。其中，国际旅游外汇收入4.72亿美元，增长2.0%；国内旅游收入585亿元，增长13.7%。全年接待海内外旅游者5481.5万人次，增长9.6%，其中接待入境旅游者54.6万人次，增长5.0%。全市共有A级旅游景区60处，其中国家5A级旅游景区3处、4A级17处、3A级18处、2A级22处。旅游星级宾馆饭店110家，其中五星级5家、四星级20家。各类旅行社218家，其中经营出境旅游业务的旅行社11家。全年举办各类展会活动148个，比上年增加6个；展位总数2.4万个，比上年增长5.0%。

【金融和保险】2014年年末，烟台市金融机构本外币存款余额6417.97亿元，比年初增加397.44亿元，比上年末增长6.6%。其中，单位存款余额2637.93亿元，比年初增加47.18亿元，增长1.9%；居民储蓄存款余额3424.72亿元，比年初增加325.38亿元，增长10.5%。年末金融机构人民币存款余额6135.82亿元，比年初增加385.28亿元，增长6.7%。年末金融机构本外币贷款余额4285.29亿元，比年初增加342.31亿元，比上年末增长8.7%。年末金融机构人民币贷款余额4026.46亿元，比年初增加265.76亿元，增长7.1%，其中，短期贷款比年初增加103.42亿元，增长5.2%；中长期贷款增加203.34亿元，增长13.7%。

全年保费收入140.37亿元，比上年增长15.6%。其中，人身险公司37家，保费收入91.26亿元，增长

16.0%；财产险公司28家，保费收入49.12亿元，增长15.0%。全年支付各类赔款及给付50.50亿元，比上年增长14.3%。其中，人身险赔付25.18亿元，增长11.6%；财产险赔付25.32亿元，增长17.2%。

7

2014年潍坊市经济发展概况

【经济总量】2014年，潍坊市全年实现地区生产总值（GDP）4786.7亿元，按可比价格计算，增长9.1%。一、二、三、四季度GDP分别增长9.0%、9.1%、9.0%、9.2%，呈现平稳发展趋势。其中，第一产业增加值456.2亿元，增长4.0%；第二产业增加值2432.0亿元，增长9.7%，其中工业增加值2137.4亿元，增长9.8%；第三产业增加值1898.5亿元，增长9.3%。一、二、三产业对经济增长的贡献率分别为3.9%、61.3%和34.8%，分别拉动GDP增长0.4、5.6和3.1个百分点。按常住人口计算，人均GDP达到51826元（按年末汇率折算为8470美元），增长8.9%。三次产业比重由2013年的9.8：52.0：38.2调整为9.5：50.8：39.7。

【农业】2014年，潍坊市农林牧渔业总产值895.8亿元，按可比价格计算，增长4.0%。据抽样调查，全市粮食播种面积达到1096.0万亩，减少0.7%，全年粮食总产量464.4万吨，减少2.3%；棉花产量3.6万吨，减少7.6%；油料产量21.3万吨，减少13.6%；烤烟产量2.8万吨，减少29.1%；蔬菜产量1200.4万吨，增长3.0%；水果产量87.7万吨，减少4.1%。

【工业和建筑业】2014年年末，潍坊市全市规模以上工业企业达到3907家，工业增加值增长10.5%。其中，国有企业增加值减少1.7%，集体企业增长27.7%，股份制企业增长11.3%，外商及港澳台商投资企业增长6.7%。分轻重工业看，重工业增加值增长11.6%，轻工业增加值增长8.6%。

实现建筑业总产值740.3亿元，增长4.6%。全员劳动生产率为27.7万元/人，下降5.8%。其中，建筑工程完成产值642.3亿元，增长7.4%；安装工程完成产值85.2亿元，下降7.2%；其他产值12.8亿元，下降26.4%。签订合同额987.1亿元，增长6.2%，其中本年新签订合同额614.1亿元，增长1.3%。

【固定资产投资】2014年，潍坊市固定资产投资3969.1亿元，增长15.7%。4850个投资施工项目中总投资过1000万元的项目4791个，占总数的98.8%。其中，第一产业投资108.2亿元，增长15.1%；第二产业投资2017.2亿元，增长20.8%；第三产业投资1843.7亿元，增长10.8%。民间投资3567.5亿元，占固定资产投资比重89.9%，比重较2013年提高7.6个百分点；基础设施建设投资500.7亿元，增长47.7%，增幅较2013年提高20.6个百分点。

【科学技术】2014年，潍坊市实施各类科技计划770项，其中省级以上科技计划项目287项。全市共培育优秀科技成果348项，获得省技术发明奖4项，省科技进步奖8项，评出市级科技最高奖1项，重大科技创新奖3项、国际科技合作奖1项，自然科学奖、技术发明奖、科技进步奖150项。全市承担省级以上各类科技计划项目287项，争取无偿经费4亿元。其中，1个项目列入国家“重大新药创制”科技重大专项，2个项目列入国家科技支撑计划，7个项目列入国家863计划，争取省自主创新及成果转化专项7项，1个项目列入省自主创新重大关键技术项目。

【国内贸易和对外经济】2014年，潍坊市全市社会消费品零售总额1979.5亿元，增长12.6%。其中，城镇零售额实现1415.1亿元，增长11.8%；乡村零售额实现564.4亿元，增长14.5%。按消费形态分，商品零售1796.1亿元，增长12.5%；餐饮收入183.5亿元，增长13.9%。全市物流总额1.7万亿元，增长8.3%。全市商品交易市场发展到1085处，年交易额1250亿元。

全市进出口总额177.8亿美元，增长10.0%。其中，出口123.4亿美元，增长6.3%，进口54.4亿美元，增长19.4%。进口产品中，燃料油11.7亿美元，增长600.1%，塑料原料、铁矿砂分别增长37.0%、12.3%。出口商品结构进一步优化，高新技术产品、机电产品分别增长37.2%、18.1%。骨干企业拉动作用明显，全市20家重点出口企业出口35.3亿美元，占全市出口总额28.6%，20家重点进口企业进口33.3亿美元，占全市进口总额61.2%。新兴市场贸易增长迅速，马来西亚、俄罗斯、澳大利亚、印度、泰国进出口分别增长109.6%、43.9%、19.3%、12.8%、6.2%。

【交通、邮电和旅游】2014年，潍坊市全市道路运输完成客运量7437万人次，下降2.6%，旅客周转量48.5亿人公里，下降1.7%；公路货运量2.2亿吨，增长1.5%，货物周转量487.8亿吨公里，增长3.9%。水上运输货运量1403万吨，增长5.0%，潍坊港完成货物吞吐量2603万吨，增长11.6%；航空运输完成客运量39.4万人次，增长194.5%，货邮吞吐量2.0万吨，增长16.9%；青临铁路完成货运量295.6万吨，增长111.0%。

邮政业务总量9.6亿元，增长10.5%。其中，快递业务2976.8万件，增长24.9%。电信业务总量77.4亿元，增长10.4%。电话用户总数为1137.6万户，普及率达123.3部/百人，下降3.0%。其中，固定电话用户138.6万户，固定电话普及率15.0部/百人；移动电话用户998.9万户，其中3G用户326.7万户，4G用户52.0万户，移动电话普及率108.3部/百人。互联网用户达到593.7万户，其中，无线上网用户465.5万户，互联网普及率达到64.4%；通信光缆总长度106.9万芯长千米；互联网出口带宽660G。

全市共接待境内外游客5195.8万人次，增长9.7%。其中，国内旅游人数5163.1万人次，增长9.8%；入境游客32.7万人次，下降2.5%。旅游总收入499.5亿元，增长13.3%。其中，国内旅游收入486.2亿元，增长14.0%；入境旅游收入2.2亿美元，下降6.7%。全市A级景区共93家，其中，5A级景区1家，4A级景区22家。星级饭店73家，其中，五星级饭店3家，四星级饭店23家。旅行社143家，其中出境组团社8家。

【金融和保险】2014年年末，潍坊市全市金融机构本外币各项存款余额为5536.2亿元，比年初增加476.4亿元，增长9.4%，其中储蓄存款为3162.3亿元，比年初增加359.8亿元，增长12.8%。金融机构本外币各项贷款余额达4450.5亿元，比年初增加444.7亿元，增长11.1%。

驻潍市级保险机构达到62家，其中，财产险机构29家，人身险机构33家。县市区保险机构299家，新增15家。全市保费收入131.9亿元，增长18.8%；各项赔给付40.4亿元，增长8.1%。其中，财产险保费收入49.2亿元，增长14.9%，赔款支出25.5亿元，增长10.2%；人身险保费收入82.8亿元，增长21.2%，赔给付14.8亿元，增长4.5%。承担社会风险19897.1亿元，增长11.3%。

8

2014年威海市经济发展概况

【经济总量】2014年，威海市全年实现地区生产总值（GDP）2790.34亿元，按可比价格计算，比上年增长9.8%。其中，第一产业增加值214.50亿元，增长4.2%；第二产业增加值1410.07亿元，增长10.0%；第三产业增加值1165.77亿元，增长10.6%。三次产业结构由上年的8.0：51.5：40.5调整为7.7：50.5：41.8。

【农业】2014年，威海市全年实现农业增加值54.13亿元，增长1.8%；林业增加值0.48亿元，增长1.9%；畜牧业增加值31.66亿元，增长4.3%；渔业增加值121.32亿元，增长5.0%；农林牧渔服务业增加值6.92亿元，增长9.7%。

全市粮食总产量达到86.93万吨，下降3.3%。其中，夏粮产量33.76万吨，下降17.0%；秋粮产量53.17万吨，增长8.1%。夏粮减少的主要原因一是粮食播种面积减少，二是春季连续多月无有效降雨，土地干旱严重，对小麦苗情转化及拔节期内生长影响较大。

【工业和建筑业】2014年，威海市规模以上工业企业达到1517家，实现增加值增长11.8%。其中，股份制企业增加值增长11.7%，外商及港澳台商投资企业增加值增长14.1%；轻工业增加值增长10.3%，重工业增加值增长13.2%，重工业生产快于轻工业2.9个百分点。在36个行业大类中，有31个行业实现增长，增幅较高的行业是：电气机械和器材制造业增长19.8%，医药制造业增长15.0%。大中型工业企业实现增加值增长9.6%。

全年实现建筑业增加值153.69亿元，增长8.8%。

【固定资产投资】2014年，威海市全年完成固定资产投资2229.37亿元，增长15.9%。第一产业投资7.26亿元，下降40.4%；第二产业投资1383.66亿元，增长104.0%，其中，工业投资1270.94亿元，增长101.9%；第三产业投资838.45亿元，下降32.0%。一、二、三产业投资结构为0.3：62.1：37.6。

【科学技术】2014年，威海市全年累计取得重要科技成果178项。获得国家奖励1项，省级奖励6项，颁发市科学技术奖99项。全年促成技术合同1280项，成交金额20.4亿元。全市专利申请量6241件，增长17.8%，其中，发明专利申请量2866件，占总申请量的45.9%。专利授权量2833件，下降7.9%，其中，发明专利授权量531件，占总授权量的18.7%。

【国内贸易和对外经济】2014年，威海市全年社会消费品零售总额达到1181.87亿元，增长12.9%。从城乡领域看，城镇消费品零售额986.88亿元，增长13.1%；乡村消费品零售额194.99亿元，增长11.8%。从行业分类看，批发和零售业实现零售额1077.55亿元，增长13.0%；住宿和餐饮业实现零售额104.32亿元，增长11.2%。从经济成份看，非公有经济实现零售额928.09亿元，增长13.3%；公有经济实现零售额253.78亿元，增长11.1%。从企业规模看，限额以上企业实现零售额621.79亿元，增长12.7%，增幅分别比限额以下企业和个体户高1.8和3.3个百分点。从商品类别看，与人们日常生活密切相关的商品以及消费升级类商品全面增长。其中，家具类增长32.0%，电子出版物及音像制品类增长23.6%，中西药品类增长23.5%，通讯器材类增长22.5%，化妆品类增长18.5%，日用品类增长17.0%。

全年实现对外贸易进出口总额165.87亿美元，下降3.3%。其中，出口总额113.72亿美元，增长6.3%；进口总额52.15亿美元，下降19.1%。从企业性质看，内资企业进出口额80.11亿美元，下降4.6%，占全市的48.3%；外商投资企业进出口额85.70亿美元，下降2.1%，占全市的51.7%。从贸易方式看，一般贸易进出口额77.25亿美元，下降2.2%，占全市的46.6%；加工贸易进出口额83.18亿美元，下降5.1%，占全市的50.2%；其他贸易进出口额5.39亿美元，增长10.5%，占全市的3.3%。从主要贸易市场看，我市企业与200个国家和地区有贸易往来。其中，与韩国贸易额52.27亿美元，与上年基本持平，占全市的31.5%；欧盟21.95亿美元，增长4.5%，占全市的13.2%；日本18.35亿美元，下降3.7%，占全市的11.1%；美国16.94亿美元，增长0.7%，占全市的10.2%。从出口商品看，机电产品出口45.83亿美元，增长0.1%，占全市的40.3%；纺织服装出口25.40亿美元，增长15.6%，占全市的22.3%；农产品出口15.28亿美元，增长2.8%，占全市的13.4%。

【交通、邮电和旅游】2014年年末，威海市公路通车里程达到7060公里（含农村公路）。全年铁路、公路、海运共完成客运量4030.5万人次，下降3.0%；货运量7929.8万吨，增长2.0%。全年铁路、公路、海运共完成旅客周转量36.8亿人公里，下降1.4%。其中，铁路3.9亿人公里，增长0.2%；公路28.4亿人公里，下降3.8%；海运4.5亿人公里，增长14.4%。全年铁路、公路、海运完成货物周转量336.8亿吨公里，增长7.1%。其中，铁路0.6亿吨公里，下降18.8%；公路141.6亿吨公里，增长5.2%；海运194.6亿吨公里，增长8.7%。完成港口货物吞吐量7110.3万吨，增长1.6%；集装箱吞吐量103万标箱，增长2.8%；港口旅客发送人数198.9万人，增长0.8%。全市新增机动车7.19万辆，保有量达到75.69万辆，其中，新增小型汽车5.96万辆，保有量达到48.85万辆。

全年邮电业务总量38.37亿元，其中，邮政业务总量2.38亿元，电信业务总量35.99亿元。全市固定电话交换机总容量达80.63万门，用户总数60.98万户。移动电话交换机总容量达到571万门，用户总数317.03万户，其中，3G移动电话用户131.14万户。城市出口带宽达460G，宽带用户总数71.65万户。

全年共接待旅游总人数3288.65万人次，旅游总收入383.86亿元，分别增长9.7%和13.3%。国内游客3243.86万人次，旅游收入368.98亿元，分别增长9.9%和13.9%。入境游客44.79万人次，旅游外汇收入2.42亿美元，分别增长1.9%和1.6%。

【金融和保险】2014年年末，威海市全市金融机构本外币存款余额2632.33亿元，比年初增加253.07亿元，其中，城乡居民储蓄存款余额1483.48亿元，比年初增加132.04亿元。年末金融机构本外币贷款余额1735.28亿元，比年初增加170.30亿元，其中，中长期贷款790.19亿元，比年初增加66.65亿元。

全年保险机构实现保费收入63.02亿元，增长11.3%。其中，财产险保费收入20.84亿元，增长10.1%；人身险保费收入42.18亿元，增长11.9%。共支付各项赔款和给付21.74亿元，增长10.0%。其中，财产险支付赔款和给付12.36亿元，增长21.2%；人身险支付赔款和给付9.38亿元，下降1.9%。

9

2014年济宁市经济发展概况

【经济总量】2014年，济宁市全年实现地区生产总值（GDP）3800.06亿元，按可比价格计算，比上年增长9.6%。按产业分，第一产业实现增加值443.33亿元，增长4.3%；第二产业实现1912.58亿元，增长10.4%，其中工业实现1696.82亿元，增长10.6%；第三产业实现1444.15亿元，增长9.8%。在第三产业中，交通运输、仓储和邮政业实现增加值170.67亿元、增长4.8%，批发和零售业422.37亿元、增长10.9%，金融业115.58亿元、增长6.4%，房地产业89.49亿元、增长9.6%，营利性服务业193.32亿元、增长13.5%。三次产业对GDP增长贡献率分别为4.6%、60.1%和35.3%，结构比例为11.7：50.3：38.0，与上年相比，第一、二产业分别下降0.3个和0.8个百分点，第三产业提高1.1个百分点。人均GDP46213元（按年平均汇率折算为7523美元），比上年增加3417元，按可比价格计算增长9.0%。

【农业】2014年，济宁市农林牧渔业实现增加值443.33亿元，比上年增长4.3%。其中，农业增加值289.88亿元，增长5.4%；林业6.75亿元，增长12.3%；牧业107.9亿元，增长2.5%；渔业26.84亿元，下降3.9%；农林牧渔服务业11.96亿元，增长9.7%。农、林、牧、渔及农林牧渔服务业增加值比例为65.4：1.5：24.3：6.1：2.7。

粮食作物播种面积1121.4万亩、比上年减少14.8万亩，经济作物466.9万亩、减少17.1万亩，粮经作物播种面积比例为70.6:29.4。蔬菜瓜果面积297.6万亩，减少5.3万亩。主要农产品产量增加。粮食总产579.2万吨，比上年增长0.1%，单产516.5公斤，增长1.4%。其中，夏粮269.9万吨、增长1.3%，秋粮309.3万吨、减少0.9%。棉花产量10.5万吨，减少6%。油料产量17万吨，减少2.2%。园林水果产量27.9万吨，减少0.5%。

【工业和建筑业】2014年年末，济宁市规模以上工业企业2333家，较年初净增385家。企业规模不断扩大，营业收入过百亿企业7家。

规模以上工业增加值同比增长11.72%。按工业门类分，制造业增长12.14%，实现增加值占规模工业的59.32%；采掘业增长10.16%，占30.13%；电力、燃气及水的生产和供应业增长11.94%，占10.55%。按经济类型分，国有企业增长6.65%，集体企业下降17.89%，股份合作制企业增长15.25%，股份制企业增长13.73%，外商及港澳台商投资企业增长0.95%，其他经济类型企业增长41.89%。按轻重工业分，轻工业增长13.16%，重工业增长11.22%，轻重工业增加值之比为26.64：73.36。规模以下工业累计完成总产值876.39亿元，增长7.2%；资产总计792.71亿元，增长5.68%。

资质以上建筑企业442家，比上年增加50家，其中一级资质57家，二级资质139家，三级资质246家，分别比上年增加17、17、16家。实现总产值710.5亿元、增长26.6%，增加值215.76亿元、增长8.9%。

【固定资产投资】2014年，济宁市全社会固定资产投资完成2615亿元，增长15.8%，其中，固定资产投资（不含农户）[注4]完成2538.2亿元，增长16.0%。固定资产投资（不含农户）中，第一产业完成52.81亿元，增长20.0%；第二产业完成1411.3亿元，增长22.8%；第三产业完成1074.1亿元，增长8.7%。三次产业投资结构由上年的2.0：52.8：45.2调整为2.1：55.6：42.3。

【科学技术】2014年，济宁市全市实施省级以上科技计划项目127项，其中，国家级32项，省级95项。技术创新成果丰硕。取得重要科研成果213项，有114项获得国家、省、市科学技术奖，其中国家级1项，省级14项。全市申请发明专利1550项，授权发明专利317项。技术创新体系不断完善。新增国家级高新技术企业51家，达到248家。拥有国家级创新型（试点）企业2家，省级创新型企业16家，省级创新型试点企业14家，省级产业技术创新战略示范联盟4家。拥有国家级重点实验室3个，国家级国际合作基地1家，省级国际科技合作研究中心8家。新增国家级工程技术研究中心1家、省级以上工程技术研究中心已达69家，国家火炬计划特色产业基地4处。新建院士工作站7家，增至51家。农业科技示范园区国家级1处，市级25处。新增科技企业孵化器面积40万平方米，新增国家级科技企业孵化器2家，国家级科技企业孵化器达到3家。

【国内贸易和对外经济】2014年，济宁市全市实现社会消费品零售总额1664.1亿元，增长12.8%，其中，限额以上批发零售住宿餐饮业[注5]完成1001.2亿元，增长15.6%。按经营地统计，城镇实现1340.8亿元，增长13.1%；乡村实现323.3亿元，增长11.6%。按消费形态统计，商品零售额实现1474.6亿元、增长13.0%，餐饮收入189.5亿元、增长11.0%。限额以上批发零售住宿餐饮企业1830家，比上年净增415家，全市亿元以上商品交易市场26处。

全市完成进出口总额52.3亿美元，与上年持平，其中，出口32.7亿美元、下降2.0%，进口19.6亿美元、增长3.5%。按企业性质统计，国有企业出口4.8亿美元、下降9.3%，“三资”企业12.7亿美元、增长0.6%，民营企业15.2亿美元、下降1.5%。按贸易方式统计，一般贸易出口21.4亿美元、下降7.1%，加工贸易11.3亿美元、增长9.3%。按目的地统计，向亚洲出口14.0亿美元、下降0.6%，欧洲6.1亿美元、下降2.9%，北美洲4.8亿美元、增长1.5%，非洲3.6亿美元、下降14.6%，南美洲3.2亿美元、增长2.6%。按商品类别统计，出口农产品6.3亿美元、下降5.6%，纺织服装5.2亿美元、下降1.4%，医药产品1.3亿美元、增长18.2%，机电产品8.4亿美元、下降9.1%，化工产品4.8亿美元、下降1.9%。

【交通、邮电和旅游】2014年，济宁市全年公路建设投资62.21亿元，新建改建公路3262.4公里，其中，村庄道路硬化1723.0公里，涉及村庄271个。公路通车里程18797.0公里，其中高速公路254.3公里。全市公路旅客营运车辆拥有量1678辆，52164客位；公路货物营运车辆拥有量95081辆，1112072吨位。济宁曲阜机场全年共保障航班4602架次，同比增长27.7%，新开通5条航线，开行航线数增至15条，全年旅客吞吐量45.0万人次，增长35.1%。完成货邮吞吐量1137.62吨，增长21.6%，连续6年实现航空运输安全。

年末全市固定电话交换机总容量71.3万门，较上年减少5.0万门；移动电话交换机容量1309.0万门，增加140.0万门。年末固定电话用户69.2万户（包含小灵通用户），减少27.9万户，其中，市内固定电话用户32.0万户（包含小灵通用户），减少8.9万户，农村固定电话用户37.2万户，减少19.0万户；移动电话用户734.1万户，增加15.2万户；全市互联网用户102.6万户，增加17.1万户。邮电业务总量54.2亿元，其中，电信业务量49.9亿元，邮政业务量4.3亿元。

实现旅游总收入443.4亿元，同比增长12.9%。全年接待入境旅游30.6万人次、下降13.7%，创汇13507.7万美元、下降15.4%；接待国内旅游5152.7万人次、增长9.6%，收入435.1亿元、增长13.7%。

【金融和保险】2014年年末，济宁市全市金融机构存款余额3691.59亿元，较年初增加130.52亿元，其中个人存款2181.09亿元，增加190.08亿元。贷款余额2563.04亿元，较年初增加286.52亿元，其中，短期贷款1422.79亿元，增加76.76亿元，中长期贷款1005.69亿元，增加170.41亿元。

截止2014年底，全市累计保险金额23111亿元，增长6.6%，其中人身险保险金额2327亿元，财产险保险金额20784亿元。全年各类保费收入103.52亿元，增长1.9%。其中财产险保费收入37.49亿元，增长22%；人身险保费收入66.03亿元，下降6.9%。全年累计支付赔款和给付保险金42.19亿元，增长40.8%，其中财产险赔付金额18.81亿元，增长50.2%；人身险赔给付金额23.39亿元，增长35.4%。

10

2014年泰安市经济发展概况

【经济总量】2014年，泰安市全年实现地区生产总值（GDP）3002.2亿元，按可比价格计算（下同），比上年增长9.4%，全年增速保持稳定。第一产业增加值271.4亿元，增长3.9%；第二产业增加值1447.5亿元，增长10.5%；第三产业增加值1283.3亿元，增长9.1%。三次产业结构由上年的9.32：49.01：41.67调整为9.04：48.22：42.74。人均生产总值53853元，增长8.9%。

【农业】2014年，泰安市种植业增加值166.7亿元，增长3.6%；林业增加值5.3亿元，增长2.1%；牧业增加值78.2亿元，增长3.4%；渔业增加值10.1亿元，增长6.0%；农林牧渔服务业增加值11.1亿元，增长9.8%。

农作物总播种面积965.1万亩，比上年增长0.1%。粮食总产281.7万吨，实现“十二连增”。蔬菜播种面积206万亩，总产量811.8万吨，增长2.7%，其中，有机蔬菜总面积达到35.1万亩。新发展有机食品1.2万亩，其中有机蔬菜1万亩。新增绿色食品认证25个，面积8.2万亩。新增无公害农产品16个，面积5.4万亩。泰山板栗、王晋甜瓜、新泰芹菜通过农业部农产品地理标志评审，农业部农产品地理标志登记总数达到5件。大多数农牧业产品产量有所提高。

【工业和建筑业】2014年，泰安市规模以上工业增加值比上年增长11.4%。其中，国有工业增长24.7%；集体工业增长13.1%；股份制工业增长11.1%；外商及港澳台商投资工业增长5.8%。轻、重工业分别增长15.4%和10.3%。

三级及以上建筑企业完成总产值715.5亿元，比上年增长4.4%，实现增加值232.4亿元，增长6.8%。预计实现利税70.4亿元，下降5.3%。其中，国有及国有控股企业完成总产值103.9亿元，预计实现利税8.0亿元。

【固定资产投资】2014年，泰安市固定资产投资完成2299.0亿元，比上年增长16.0%。从投资项目建设性质看，新建项目增长较快，完成投资977.5亿元，增长68.7%。

第一产业投资46.4亿元，增长5.0%，第二产业投资1022.6亿元，增长15.3%，其中，工业投资987.4亿元，增长11.4%，第三产业投资增长较快，完成投资1229.9亿元，增长17.1%，三次产业投资结构由去年的2.2：44.8：53.0调整为2.0：44.5：53.5。工业投资中，技改投资653.2亿元，增长17.3%，占工业投资的66.2%，高于工业投资增幅5.9个百分点，为工业转型升级提供了动力；高新技术产业投资298.4亿元，增长26.7%，高于工业投资增幅15.3个百分点，占工业投资的比重比上年提高3.6个百分点；高耗能行业完成投资160.8亿元，比上年下降8.5%，低于全市工业投资增幅19.9个百分点，占工业投资比重由上年的19.8%降至16.3%。第三产业投资中，生产性服务业投资增长较快，完成933.2亿元，增长18.4%，增幅高于全部服务业投资增速1.3个百分点，占全部服务业投资的比重为75.9%，比上年提高0.9个百分点。信息传输软件信息技术服务业、金融业、租赁和商务服务业、批发零售业和房地产业投资高速增长，分别增长248.2%、195.7%、63.9%、33.9%和20.1%。

【科学技术】2014年，泰安市获奖科技成果133项，其中，获国家、省科学技术奖33项。山东康平纳集团“筒子纱数字化自动染色成套技术与装备”荣获国家科技进步一等奖，这是我市企业首次作为项目主持单位获此大奖，实现历史性突破。年末国家级高新技术企业达到103家，拥有国家“863”科技成果产业基地2家。发明专利申请1401件，授权230件；每百万人口有效发明专利拥有量达到868件。完成技术交易登记1156项，登记额11.9亿元，同比增长20.0%；技术贸易合同认证31项，金额2366万元。

【国内贸易和对外经济】2014年，泰安市实现社会消费品零售总额1188.1亿元，比上年增长12.8%。其中，城镇消费品零售额1053.3亿元，增长12.6%，市场份额为88.7%；乡村消费品零售额134.8亿元，增长14.2%。批发业、零售业、住宿业、餐饮业分别实现零售额359.6亿元、718.9亿元、18.4亿元、91.2亿元，分别增长12.9%、12.7%、13.2%、12.8%。

实现外贸进出口总额29.7亿美元，增长19.5%，其中出口17.3亿美元，增长26.7%；进口12.4亿美元，增长10.8%。

【交通、邮电和旅游】2014年，泰安市完成交通投资17.5亿元，全市公路通车里程达到14446.9公里，公路密度每百平方公里186.1公里。泰城新增公交车139辆，新开通和调整优化公交线路27条，实施“公共交通一小时免费·优惠换乘”、残疾人和65岁以上老年人免费乘车、延时服务等惠民措施，泰城公交完成客运量8303万人次，比上年增长5%。全市集约化客运线路达到58条，集约化客车比例达37.1%，居全省前列。新改建农村公路907.5公里，改造危桥6座。

全年邮电业务总量36.4亿元。其中邮政业务总量5.1亿元，比上年增长19.6%，电信业务总量31.3亿元，增长6.4%。全市邮政函件1391.9万件；汇兑16.8万笔；快递1217.1万件，增长50.0%。年末固定电话户数90.9万户，下降6.1%；移动电话584.6万户，增长4.5%；上网用户231.8万户，增长9.0%。

共接待境内外游客5311.8万人次，实现旅游总收入500.5亿元，分别比上年增长10.0%和13.3%。其中，国内游客5275.2万人次，实现旅游收入486.6亿元，分别增长10.1%和13.9%。宝泰隆度假区、太阳部落、岳海新天街文化旅游景区被评为4A级景区。

【金融和保险】2014年，泰安市金融机构年末各项人民币存款余额为2458.4亿元，比年初（下同）增长8.7%，其中城乡储蓄存款余额1530.7亿元，增长11.3%。各项人民币贷款余额为1591.6亿元，增长12.4%。金融信贷对经济结构调整和民生改善的支持力度较大，信息传输、软件和信息技术服务业贷款增长45.1%，居民服务、修理和其他服务业贷款增长38.6%，涉农贷款增长24.3%，卫生和社会工作贷款增长22.8%。

实现保费收入61.2亿元，比上年增长6.4%。其中，财险收入15.8亿元，增长9.8%；人身险收入45.3亿元，增长5.2%。

11

2014年日照市经济发展概况

【经济总量】2014年，日照市全年实现地区生产总值（GDP）1611.87亿元，按可比价格计算，比上年增长10%，增速分别高于全国、全省2.6个和1.3个百分点，居全省17市第三位。分季度看，一季度增长10.1%，上半年增长10%，前三季度增长10%。分产业看，第一产业增加值139.34亿元，增长4.2%；第二产业增加值811.39亿元，增长9.6%；第三产业增加值660.64亿元，增长12.0%。按常住人口计算，全年人均生产总值56349元，比上年增长9.3%。

【农业】2014年，日照市全年实现农林牧渔业总产值242.09亿元，按可比价格计算，比上年增长4.2%；实现增加值139.34亿元，增长4.2%。其中，农业增加值69.6亿元，增长3.9%；林业增加值2.41亿元，增长4.6%；牧业增加值32.23亿元，增长2.6%；渔业增加值28.91亿元，增长5.8%；农林牧渔服务业增加值6.18亿元，增长6.8%。

粮食总产量连续十年超过一百万吨。全年粮食作物种植面积243.9万亩，总产量100.17万吨，单产410.69公斤/亩，比上年增长0.1%。莒县阎庄镇承担的袁隆平院士超级水稻百亩片区高产攻关项目亩产达到968.37公斤，创我国杂交水稻最高纬度亩产新纪录。全市油料作物种植面积82.4万亩，产量24.34万吨，比上年减少1.1%。特色种植业面积突破140万亩，其中茶叶种植面积达22万亩，无公害农产品、绿色食品、有机农产品数量达到322个。

【工业和建筑业】2014年年末，日照市全市规模以上工业企业573家，其中，产值过100亿元的7家，比上年增加2家。全年完成工业总产值2830.5亿元，增长6.1%；实现工业增加值709.2亿元，按可比价格计算，增长10.9%，增幅分别比全国、全省高2.6和1.3个百分点，比上半年回升0.4个百分点。按轻重工业分，轻工业实现增加值272.0亿元，增长17.7%；重工业实现增加值437.2亿元，增长5.3%。分三大门类看，采矿业增加值增长29.0%，制造业增长11.9%，电力、热力、燃气及水的生产和供应业下降7.6%。大中型工业企业实现增加值428.7亿元，增长9.2%。装备制造业实现增加值167.61亿元，增长11.7%。全年规模以上工业企业产销率97.01%，比上年下降0.08个百分点。实现出口交货值269.2亿元，增长12.6%。

全市资质等级三级及三级以上建筑业企业实现建筑业总产值255.99亿元，增长19.0%。其中，建筑工程产值233.42亿元，增长18.0%。实现建筑业竣工产值127.78亿元，增长47.5%。房屋建筑施工面积1431.41万平方米，增长7.8%。

【固定资产投资】2014年，日照市全年完成固定资产投资1234.75亿元，增长15.5%。固定资产投资施工项目2101个。其中，新开工项目1889个，增长6.8%，完成投资1045.76亿元，增长4.7%；亿元以上投资项目321个，完成投资549.98亿元，增长31.1%；在建项目投资总规模1925.41亿元，增长14.8%。

全年一、二、三产业投资之比为1.7：41.0：57.3，第三产业投资比重比上年提升1.1个百分点；完成改建和技术改造投资285.81亿元，增长6.8%，占全部投资的23.1%；完成高新技术产业投资81.82亿元，增长14.5%，占全部投资的6.6%；完成装备制造业投资97.13亿元，增长39.0%，占全部投资的7.8%。

【科学技术】2014年，日照市全年争取国家和省科技计划项目39项、扶持资金2392万元。全年发明专利申请量395件，下降26.2%；发明专利授权量167件，增长33.6%；电子申请率达到87.7%。全市共取得重要科技成果81项，其中国际领先水平4项、国际先进水平8项、国内领先水平25项、国内先进水平23项，获省级科技进步奖5项，颁发市级科技进步奖77项。

【国内贸易和对外经济】2014年，日照市全年实现社会消费品零售总额535.98亿元，增长12.6%。其中，限额以上企业消费品零售总额244.75亿元，增长11.5%。从城乡居民消费情况看，城镇消费品零售额实现434.35亿元，增长12.1%；乡村消费品零售额实现101.63亿元，增长14.5%。从消费形态看，商品零售实现496.13亿元，增长12.7%；餐饮收入实现39.85亿元，增长10.4%。受国际基础能源和矿砂价格走低、国内需求下降等因素影响，全年限额以上批发企业实现销售额1445.8亿元，增长10.8%，增速比上半年回落49个百分点。

全年完成进出口总值347.69亿美元，比上年增长5.2%，增幅高于全省1.2个百分点。其中，出口47.89亿美元，增长23.5%，增幅高于全省15.6个百分点；钢铁、水产品、变速箱、发动机、纺织服装、柠檬酸及衍生物等为主要出口产品，出口额分别占40.6%、10.6%、7.0%、6.2%、4.3%、3.6%；美国、韩国、日本、新加坡、俄罗斯、阿拉伯联合酋长国、沙特阿拉伯等国家和地区是主要出口市场，出口额分别占15.4%、12%、11.3%、6.9%、6.7%、4.2%、3.0%。进口299.80亿美元，增长2.8%，增幅高于全省2.8个百分点；大豆、铁矿石、煤炭、精炼铜、机械设备及木材等为主要进口产品，进口额分别占30.2%、27.2%、7.1%、6.4%、5.6%、2.8%；澳大利亚、巴西、美国、韩国、印度尼西亚和马来西亚等国家和地区是主要进口市场，进口额分别占21.9%、21.3%、12.9%、9.9%、3.6%、3.3%。

【交通、邮电和旅游】2014年，日照市全年完成地方公路客运量3024万人次，比上年下降2.4%；公路旅客周转量20.39亿人公里，下降1.3%。地方公路货运量7096万吨，增长0.5%；公路货运周转量155.12亿吨公里，增长4.6%。地方海上货运量845万吨，增长8.8%；海上货运周转量93.81亿吨公里，增长12.6%。铁路发送旅客量136.38万人次，增长15.8%；铁路货运量5978.4万吨，下降13.4%。

全年完成电信业务总量18.98亿元，增长2.3%；邮政业务总量2.92亿元，增长28.6%；快寄业务量903.76

万件，增长60.7%，实现业务收入0.96亿元，增长14.6%。年末本地固定电话用户38.84万户，下降14.4%；移动电话用户277.47万户（非沉默用户），下降7%，其中3G用户83.69万户，增长25.1%。

全年实现旅游总收入237.9亿元，增长13.2%。其中，国内旅游收入230.1亿元，增长13.7%；旅游外汇收入1.28亿美元，增长3.0%。全年共接待境内外游客3453.2万人次，增长9.5%。其中，国内游客3426.2万人次，增长9.6%；入境游客27.0万人次，下降3.9%。在入境游客中，外国人25.6万人次，港澳台同胞1.4万人次。

【金融和保险】2014年年末，日照市金融机构各项存款余额本外币合计1921.49亿元，比年初增加141.42亿元（人民币存款余额1880.62亿元，比年初增加143.09亿元）。其中，个人储蓄存款余额861.28亿元，比年初增加98.79亿元。年末金融机构各项贷款余额本外币合计1887.57亿元，比年初增加398.12亿元（人民币贷款余额1558.24亿元，比年初增加286.33亿元）。其中，本外币短期贷款余额1310.28亿元，比年初增加265.68亿元；中长期贷款余额531.29亿元，比年初增加131.80亿元。全市信用总量2977.42亿元，比年初增加205.43亿元。证券行业股票交易额811.85亿元，增长167.0%。有4家企业在“新三板”挂牌，实现了零突破。

全市保险公司30家，专业中介法人机构4家。实现保费收入38.33亿元，增长14.9%。其中财产险保费收入17.46亿元，增长15.5%；寿险保费收入20.87亿元，增长14.4%。全市保险服务能力进一步提升，支付各项赔款与给付13.68亿元，增长21.9%。其中，财产险赔付8.44亿元，增长22.0%；寿险赔款及各项给付5.24亿元，增长21.9%。

12

2014年莱芜市经济发展概况

【经济总量】2014年，莱芜市全年实现地区生产总值（GDP）687.60亿元，比上年增长8.8%。其中，第一产业增加值53.15亿元，增长3.6%；第二产业增加值374.78亿元，增长9.7%；第三产业增加值259.67亿元，增长8.1%。人均GDP达到51352元，比上年增长7.5%。三次产业结构由上年的7.6：56.0：36.4调整为7.7：54.5：37.8，服务业增加值占GDP的比重比上年提高1.4个百分点。

【农业】2014年，莱芜市全年完成农林牧渔业增加值53.15亿元，比上年增长3.6%。其中，农业增加值41.37亿元，增长3.1%；林业增加值1.01亿元，增长7.8%；牧业增加值9.52亿元，增长4.7%；渔业增加值0.84亿元，增长6.1%；农林牧渔服务业增加值0.41亿元，增长9.7%。

全年粮食作物播种面积62.95万亩，粮食总产24.7万吨；棉花播种面积1.46万亩，比上年增加342亩，棉花产量1400吨，比上年增产1.4%；油料播种面积10.34万亩，增加0.88万亩，油料产量1.95万吨，比上年增产9.3%；烟叶播种面积2.12万亩，减少1.05万亩，产量2874吨，减产46.5%；肉类总产量6.41万吨，减产2.6%；水产品产量3580吨，增产1.24%；禽蛋产量3.14万吨，增产3.3%；牛奶产量1924吨，减产4.7%。

【工业和建筑业】2014年年末，莱芜市规模以上工业企业发展到595家，比上年末增加109家。全年实现增加值342.50亿元，增长11.65%。其中，轻工业实现增加值35.69亿元，增长13.65%；重工业实现增加值306.81亿元，增长11.33%。钢铁与非钢产业结构由上年的48.9∶51.1调整为43.5∶56.5，非钢产业占比提高5.4个百分点。

全年建筑业实现增加值36.4亿元，增长9.3%；实现税收6.01亿元，增长30.27%。房屋建筑施工面积458.98万平方米，房屋竣工面积306.72万平方米，其中：住宅房屋竣工面积185.83万平方米。

【固定资产投资】2014年，莱芜市全年完成固定资产投资545.43亿元，增长15.4%。从隶属关系看，省及省以上单位完成投资43.49亿元，下降5.4%；地方单位完成投资501.94亿元，增长17.6%。从资金来源看，民间投资完成433.9亿元，增长18.5%，占全部投资的比重为79.6%，比上年提高2.1个百分点。

第一产业完成投资5.46亿元，比上年增长111.63%；第二产业完成投资369.79亿元，增长14.53%；第三产业完成投资170.18亿元，增长15.32%。三次产业投资比重由上年0.6∶68.3∶31.1调整为1.0∶67.8∶31.2。工业完成投资350.72亿元，增长17.85%，其中工业技改投资159.2亿元，增长27.2%。高新技术产业投资86.58亿元，增长30.31%。

【科学技术】2014年，莱芜市全市承担实施省以上科技计划项目47项，争取无偿资金7800万元。全年获省以上科技进步奖3项。全年发明专利申请量438件，授权量175件。年末全市拥有省级企业科技创新平台45个，其中工程技术研究中心22个，院士工作站14个（新增3个），重点实验室2个，产业技术联盟4个，国际技术合作平台3个。

【国内贸易和对外经济】2014年，莱芜市全年实现社会消费品零售总额290.36亿元，增长12.7%。分行业看，批发业完成零售额27.85亿元，增长19.6%；零售业完成零售额239.88亿元，增长12.3%；住宿业完成零售额2.03亿元，增长13.2%；餐饮业完成零售额20.59亿元，增长8.9%。

全年进出口总额完成22.19亿美元，同比下降11.4%。其中，进口12.98亿美元，下降25.9%；出口9.21亿美元，增长22.6%。从主要出口商品来看，农产品出口39317万美元，增长8.2%；钢材出口4924万美元，增长23.7%；纺织服装出口9489万美元，下降2.2%。机电产品出口额17213万美元，增长128%。

【交通、邮电和旅游】2014年年末，莱芜市全市公路通车里程4239.06公里，增长1.9%，其中，高速公路140.29公里，一级公路206.11公里，二级公路363.49公里。公路密度达到188.82公里/百平方公里。年末公交营运车辆达到675量，新增62辆；营运线路104条，新增3条；线路总长达1853.2公里，增长3.7%；全年公交运客总量6515万人次，年末营运出租汽车达到1600辆。

全年完成邮电业务收入8.44亿元，比上年下降6.92%。其中，电信业务收入6.84亿元，下降9.53%；邮政业务收入1.59亿元，增长6.21%。年末固定电话用户22.49万户，下降0.18%。其中，城市电话用户8.97万户，农村电话用户13.52万户。移动电话用户133.94万户，下降0.57%。固定互联网宽带接入用户20.60万户，增长8.82%。

全年共接待游客875.8万人次，比上年增长8.6%；实现旅游总收入44.1亿元，比上年增长12.6%。拥有

73.5亿元，增长9.4%。支付各项赔款和给付40.7亿元，增长20.5%，其中，财产险业务赔付25.3亿元，增长31.2%；人身险业务赔付15.4亿元，增长6.3%。

14

2014年德州市经济发展概况

【**经济总量**】2014年，德州市全年实现地区生产总值（GDP）2596.08亿元，按可比价格计算，比上年增长10.0%。其中，第一产业增加值增长4.2%；第二产业增加值增长10.8%；第三产业增加值增长10.4%。产业结构进一步优化。三次产业比例由上年的11.1：52.9：36.0调整为11.1：51.6：37.3。人均生产总值45641元，增长9.3%。

【**农业**】2014年，德州市全年实现农林牧渔业总产值601.6亿元，增长4.2%（可比价，下同）。其中，农业产值331.5亿元，增长2.6%；林业产值13.9亿元，增长6.9%；牧业产值212.9亿元，增长6.1%；渔业产值17.1亿元，增长6.2%。

农作物播种面积1786.3万亩，其中，粮食种植面积1530.9万亩，棉花种植面积81.5万亩，蔬菜种植面积157.7万亩。全年粮食总产量达到868.5万吨，增长4.1%，实现“十二连增”；棉花产量8.6万吨，下降17.4%；蔬菜产量584.04万吨，增长4.9%。全市新增“三品一标”产品133个（其中无公害农产品30个，绿色食品86个，有机产品16个，农产品地理标志1个），截至2014年底，全市共认证“三品一标”产品464个（其中无公害农产品100个，绿色食品201个，有机产品160个，登记农产品地理标志3个），创建全国绿色食品原料标准化基地2处，认证面积达450多万亩，占食用农产品产地总面积的47.4%，超过省定目标9.4个百分点。

【**工业和建筑业**】2014年，德州市规模以上工业企业达到2914家。其中年主营业务收入过10亿元的法人企业72家，增加19家；过100亿元的法人企业3家，增加1家。

实现规模以上工业增加值1708.59亿元，增长14.02%（按可比价计算，下同）。其中，轻工业增加值增长10.43%，重工业增加值增长17%；非公有工业企业实现增加值1259.53亿元，增长14.72%。35个行业大类中，31个行业实现增长。其中，化学原料和化学制品制造业增长15.68%，食品制造业增长18.14%，石油加工、炼焦和核燃料加工业增长15.6%，通用设备制造业增长18.93%，电气机械和器材制造业增长21.91%，汽车制造业增长25.76%，电器器材及器材制造业增长21.91%。规模以上高新技术产业企业实现总产值2371.65亿元，增长17.65%，占规模以上工业总产值的比重达到26.77%，占比较年初提升1.37个百分点。

资质内建筑企业197家，完成总产值268.2亿元，增长6.6%。完成建筑工程产值220.3亿元，增长7.5%；完成安装工程产值41.4亿元，增长6.5%；全年签订合同额341.8亿元，增长22.8%，其中，本年新签合同额228.0亿元，增长2.4%；全年房屋建筑施工面积1913.3万平方米，比上年增长10.6%，在全市房屋建筑施工面积中，实行投标承包的房屋建筑面积为1360.6万平方米，增长26.7%，占房屋建筑施工总面积71.1%。

【固定资产投资】2014年，德州市固定资产投资完成1961.3亿元，增长16.3%。其中，第一产业投资24.3亿元，增长38.2%；第二产业投资954.5亿元，增长12.7%，其中工业投资896.1亿元，增长10.9%；第三产业投资982.5亿元，增长19.5%。三次产业投资比例由上年的1.1:52.1:46.8调整为1.2:48.7:50.1。其中，第三产业投资增长高于全市投资平均增幅3.2个百分点。基础设施投资168.6亿元，增长18.3%。工业投资中，技术改造投资561.8亿元，增长34.6%，高新技术完成投资346.6亿元，增长35.8%。固定资产投资规模亿元以上施工项目728个，增长17.0%，完成投资1171.6亿元，增长27.9%。

【科学技术】2014年，德州市新增省级以上科技创新平台25个，新认定省级以上高新技术企业42家。承担国家、省重大科技项目98项。拥有有效发明专利624件，增长21.64%；每万人口有效发明专利拥有量1.11件，增长20.65%。与大院大所签订共建企业科技创新平台等合作协议256项，转化大院大所科技成果286项，引进“两院”院士、国家“千人计划”专家等高层次人才132名。

【国内贸易和对外经济】2014年，德州市实现社会消费品零售额1116.8亿元，增长12.8%。其中城镇消费品零售额884.5亿元，增长11.9%；农村消费品零售额232.3亿元，增长15.8%。批发零售业实现零售额949.4亿元，增长12.3%；住宿餐饮业实现零售额167.4亿元，增长18.3%。

全年实现进出口总额35.07亿美元，下降3.1%。其中，出口22.27亿美元，增长9.9%；进口12.80亿美元，同下降19.6%。在出口市场中，新兴市场保持良好增势，对中近东、非洲、大洋洲、东盟、南美洲出口分别增长29.7%、15.2%、15.1%、8.3%、6.6%。传统市场出口逐渐回暖，对香港、美国、日本、欧盟出口分别增长25.9%、17.1%、13.4%、6.6%。

【交通、邮电和旅游】2014年年末，德州市全市实有公路通车里程4107.39公里（不包括村级道路），公路密度为39.54公里／百平方公里。汽车保有量69.52万辆，比上年增加7.94万辆，其中，个人拥有汽车62.86万辆，增加7.82万辆。全市拥有公交车辆436辆。134个乡镇7988个行政村实现了村村通公路（全部实现村村通）。

邮政业务总量4.23亿元，增长5.8%；电信业务总量43.63亿元，增长12.5%；移动电话用户483.61万户；固定电话用户54.62万户。

旅游总收入117.6亿元，增长16.1%；接待国内游客2095.3万人次，增长13.0%。

【金融和保险】2014年年末，德州市金融机构各项存款余额2152.78亿元，比年初增加228.56亿元。其中，单位存款余额607.28亿元，比年初增加29.37亿元；城乡居民储蓄存款余额1485.43亿元，比年初增加218.98亿元。年末各项贷款余额1444.85亿元，比年初增加149.85亿元。短期贷款807.33亿元，比年初增加23.08亿元。中长期贷款592.09亿元，比年初增加119.27亿元。

年末，拥有保险公司36家，全年实现保费收入66.6亿元，增长14.7%。其中，财险收入21亿元，增长20.8%；人身险收入45.6亿元，增长12.1%。全年赔付额23.5亿元，赔付率35.3%。其中，财险赔付9.6亿元，赔付率45.6%；人身险赔付13.9亿元，赔（给）付率30.6%。

15

2014年聊城市经济发展概况

【经济总量】2014年，聊城市全年实现地区生产总值（GDP）2516.4亿元，按可比价格计算，比上年增长9.4%。其中，第一产业增加值310.83亿元，增长4.2%；第二产业增加值1296.19亿元，增长9.9%；第三产业增加值909.38亿元，增长10.3%。三次产业比例由上年的12.1∶53.2∶34.7调整为12.4∶51.5∶36.1，第三产业比重比上年提高1.4个百分点。

【农业】2014年，聊城市农林牧渔业总产值564.50亿元。农林牧渔业增加值310.83亿元，比上年增长4.2%。农、林、牧、渔及农林牧渔服务业增加值分别增长3.9%、4.3%、4.5%、6.9%、9.2%。

拥有种植业设施55.59万个，增长0.9%；设施占地面积78.56万亩，增长6.3%。

全市三级资质等级以上建筑业企业232家，比上年增加20家；实现建筑业总产值224.63亿元，增长21.4%；竣工产值140.83亿元，增长22.1%。建筑业企业签订的合同总价款442.94亿元，增长32.0%。

【工业和建筑业】2014年，聊城市规模以上工业企业2602家，比上年增加115家。实现工业增加值比上年增长11.5%。其中轻工业增长10.4%，重工业增长12.0%；轻重工业之比由上年的32.1:67.9调整为30.5:69.5。全市工业企业用电量238.31亿千瓦时，增长7.4%；占全社会用电量的比重为82.31%。

全市三级资质等级以上建筑业企业232家，比上年增加20家；实现建筑业总产值224.63亿元，增长21.4%；竣工产值140.83亿元，增长22.1%。建筑业企业签订的合同总价款442.94亿元，增长32.0%。

【固定资产投资】2014年，聊城市固定资产投资1833.13亿元，比上年增长16.0%。计划投资过亿元的项目586个，其中新开工项目233个；过亿元项目完成投资915.37亿元，增长16.1%。

第三产业投资引领增长，完成投资642.62亿元，比上年增长20.4%。工业仍是拉动固定资产投资增长的主导力量，完成投资1162.98亿元，增长15.8%；占全部投资的比重为63.4%。

【科学技术】2014年，聊城市全年登记科技成果183项，获国家科技金桥奖1项，国家技术发明二等奖1项，省科技进步奖8项。聊城市冠丰种业科技有限公司牵头并联合20家成员单位共同组建的“农业生物技术产业技术创新战略联盟”被认定为第三批国家产业技术创新战略试点联盟，成为我市首家国家级产业技术创新战略联盟。年末，国家级技术中心企业9家，研发经费34.5亿元，增长11.8%；省级技术中心企业63家，市级122家。

【国内贸易和对外经济】2014年，聊城市社会消费品零售总额924.66亿元，比上年增长12.7%。其中，批发零售业零售额807.24亿元，增长13.8%；住宿餐饮业零售额117.42亿元，增长5.7%。

进出口总值57.53亿美元，比上年下降6.9%。其中出口总值23.86亿美元，增长19.1%；进口总值33.68亿美元，下降19.3%。合同利用外资3532万美元，下降79.7%；实际利用外资1.06亿美元，下降34.8%。

【交通、邮电和旅游】2014年年末，聊城市公路通车总里程17861公里，其中高速公路181公里，一级公路492公里，二级公路1159公里。重大交通项目进展较快。邯济铁路复线、济聊一级公路聊城段建成通车，德商高速加快建设，青兰高速、莘县至南乐高速已经开工。郑济客专、聊泰铁路、京九高铁、聊黄铁路、聊石铁路、德郓高速、军民合用机场、徒骇河通航等，全部列入全省交通建设规划。

邮政业务总量3.88亿元，比上年下降1.5%。电信业务收入25.20亿元，增长1.1%。年末电话交换机容量724.4万门，增长5.6%。固定电话用户51.64万户，其中市话28.95万户，农话22.69万户。移动电话用户435.86万户，增长1.3%。宽带网用户62.73万户，增长0.2%。

实现旅游总收入115.7亿元，比上年增长13.9%。接待国内游客1696.9万人次，增长10.2%；国内旅游收入114.1亿元，增长14.0%。接待入境游客5.4万人次，下降0.4%；入境旅游收入2539.4万美元，增长6.2%。

【金融和保险】2014年年末，聊城市金融机构人民币各项存款余额2270.43亿元，比年初增加339.49亿元，新增额同比多增82.22亿元。其中单位存款余额803.26亿元，个人存款余额1422.68亿元。各项贷款余额1674.22亿元，比年初增加259.64亿元，多增93.88亿元。其中，短期贷款1150.76亿元，比年初增加149.19亿元，多增43.08亿元；中长期贷款489.13亿元，比年初增加96.41亿元，多增21.76亿元。

实现保费收入56.8亿元，比上年增长13%。其中财产险保费收入23.04亿元，增长18.6%；人身险保费收入33.73亿元，增长9.7%。支付各项赔款与保险金17亿元，增长3.7%。其中财产险赔付10.28亿元，下降9.9%；人身险赔付公司赔款和满期给付6.72亿元，增长34.9%。

16

2014年滨州市经济发展概况

【经济总量】2014年，滨州市全年实现地区生产总值（GDP）2276.71亿元，比上年增长7.6%。其中，第一产业增加值221.42亿元，增长4.2%；第二产业增加值1145.39亿元，增长8.3%；第三产业增加值909.90亿元，增长7.2%。三次产业结构由上年的9.8：51.3：38.9调整为9.7：50.3：40.0，服务业占比提升1.1个百分点。人均生产总值达到59557元（按年均汇率折算为9695美元），增长6.9%。

【农业】2014年，滨州市全年实现农业（种植业）增加值135.71亿元，林业增加值4.57亿元，牧业增加值44.76亿元，渔业增加值25.83亿元，农林牧渔服务业增加值10.53亿元，分别增长4.0%、2.3%、1.1%、9.7%和8.5%。

全年粮食种植面积665.75万亩，增长2.9%，总产量305.71万吨，增长14.9%。棉花播种面积148.92万亩，减少11.4%，总产量11.17万吨，增长15.1%，单产75.0公斤/亩，增长29.8%。蔬菜瓜类面积81.33万亩，减少2.6%，总产量270.72万吨，增长9.5%。水果总产量112.56万吨，增长30.7%。

【工业和建筑业】2014年，滨州市规模以上工业企业（年主营业务收入2000万元及以上的工业法人企业）1304家，新增171家。其中，年主营业务收入过10亿元的企业80家，过100亿元的企业11家。

规模以上工业增加值增长9.6%，38个行业大类中有28个行业实现增长。分门类看，采矿业增长20.2%，制造业增长9.5%，电力、燃气及水的生产和供应业增长8.6%。产销衔接良好，工业企业产销率达108.20%，较年初提高3.75个百分点。

资质以上建筑企业222家，实现建筑业总产值191.67亿元，增长8.2%。房屋建筑施工面积1272.06万平方米，增长6.1%；房屋竣工面积548.95万平方米，增长2.5%。

【固定资产投资】2014年，滨州市全年固定资产投资总额1748.86亿元，增长15.3%。分产业看，第一产业28.31亿元，下降28.4%，第二产业1116.78亿元，增长23.2%，第三产业603.77亿元，增长5.7%。工业技术改造投资584.88亿元，增长18.0%，占全部投资的比重为33.4%。高新技术产业投资370.61亿元，增长8.2%，占全部投资的比重为21.2%。民间投资1525.48亿元，增长10.6%，占全部投资的比重为87.2%。

【科学技术】2014年，滨州市全市规模以上工业高新技术产业产值1705.36亿元，增长11.2%，占规模以上工业产值比重为25.9%，高新技术企业发展到70家。

【国内贸易和对外经济】2014年，滨州市全年社会消费品零售总额738.51亿元，增长12.2%。其中城镇消费品零售额505.10亿元，增长12.1%；乡村消费品零售额233.41亿元，增长12.6%；商品零售额651.60亿元，增长12.3%，餐饮收入86.91亿元，增长11.9%；限额以上单位实现商品零售额263.71亿元，增长3.3%，限额以下单位实现零售额474.80亿元，增长17.9%。

全年实现进出口总额72.20亿美元，下降13.3%。其中，出口额37.88亿美元，增长6.9%；进口额34.32亿美元，下降28.2%。工业制品出口35.88亿美元，增长7.3%，其中机电产品和高新技术产品增势较好，机电产品出口3.22亿美元，增长12.0%，高新技术产品出口1.9亿美元，增长6.4%。

【交通、邮电和旅游】2014年年末，滨州市公路通车总里程15963.3公里，其中高速公路199公里，二级以上公路2224公里。营运性汽车4.60万辆，其中客车0.09万辆，货车4.51万辆。港口吞吐量达到1423万吨，增长28.0%。济滨东高速完成投资15.95亿元，滨州港二期工程按期推进。新、改建农村公路7258公里，危桥33座861延米。城际公交开通工作全部完成，城际公交线路通车里程达442公里，日发班次500个。

邮政业务总量3.33亿元，增长18.4%，电信业务收入17.82亿元，增长2.1%。年末固定电话用户55.17万户，下降24.5%；移动电话用户389.34万户，下降3.6%。互联网用户数达到54.83万户，增长6.4%。

年内接待国内游客1255.58万人次，增长12.3%；实现国内旅游收入92.60亿元，增长15.1%。接待入境游客4.38万人次，下降0.3%；实现入境旅游（外汇）收入1288.81万美元，增长1.7%。

【金融和保险】2014年年末，滨州市金融机构本外币存款余额2105.95亿元，比年初增加179.10亿元，增长9.3%。其中单位存款余额1077.73亿元，比年初增加31.63亿元；居民储蓄存款余额970.11亿元，比年初增加134.34亿元。本外币贷款余额1869.70亿元，比年初增加177.71亿元，增长10.5%。其中短期贷款余额1330.61亿元，比年初增加109.49亿元；中长期贷款余额479.78亿元，比年初增加45.58亿元。

年末共有全国性保险公司分支机构38家，其中财险公司22家、寿险公司16家。全年保费收入53.34亿元，增长4.7%，其中财产险保费收入21.82亿元，增长12.0%，人身险保费收入31.52亿元，增长0.25%。全年共赔款与给付19.50亿元，增长14.4%，其中财产险支付赔款11.66亿元，人身险赔款与给付7.84亿元。城乡居民大病保险工作稳步推进，政策性农业保险承保品种增加到9种。

17

2014年菏泽市经济发展概况

【经济总量】2014年，菏泽市全年实现地区生产总值（GDP）2222.19亿元，按可比价格计算，比上年增长10.2%。第一产业增加值265.01亿元，增长3.0%；第二产业增加值1190.83亿元，增长11.0%；第三产业增加值766.35亿元，增长11.7%。三次产业结构由上年的12.5∶54.3∶33.2调整为11.9∶53.6∶34.5，第一产业增加值占地区生产总值的比重下降0.6个百分点，第二产业增加值占地区生产总值的比重下降0.7个百分点，第三产业增加值占地区生产总值的比重提高1.3个百分点，经济结构进一步优化。

【农业】2014年，菏泽市全市粮食作物面积1668.57万亩，比上年增加23.93万亩，增长1.5%；粮食平均亩产842斤，比上年增加23斤，增长2.8%；粮食总产达到702.27万吨，比上年增加29.10万吨，增长4.3%，总产创历史最好水平。农林牧渔业全面发展。2014年，全市农林牧渔业实现总产值476.51亿元，增长3.8%，剔除价格因素，可比增长3.0%；林牧渔业实现产值159.89亿元，占总产值的比重达到33.6%。农林牧渔业实现增加值265.01亿元，可比增长3.0%。

【工业和建筑业】2014年，菏泽市全市工业完成增加值1043.51亿元，同比增长11.3%，比地区生产总值增速高1.1个百分点。截止2014年末，全市规模以上工业企业达2647家，规模以上工业增加值增长15.1%；全年各月份累计增速均稳定在15%左右，保持了稳定增长势头。分行业看，我市纳入统计的34个行业中，有33个行业实现增长，增长面达到97.1%，其中石油化工业、医药制造业和食品制造业分别增长21.1%、8.8%和12.1%。2014年，全市工业用电量111.58亿千瓦时，增长10.6%。

【固定资产投资】2014年，菏泽市全市完成规模以上固定资产投资940.7亿元，比上年增长16.0%。第一产业投资3.74亿元，同比增长81.3%；第二产业投资481.1亿元，同比增长14.4%，其中工业投资479.64亿元，同比增长15.2%；第三产业投资455.87亿元，同比增长17.4%。投资结构进一步优化，2014年全市一二三产业投资占全社会投资的比重为0.4:51.14:48.46，投资结构的持续优化为我市的经济结构升级打下了良好基础。

【科学技术】2014年，菏泽市全市共组织科技计划125项，取得重要科技成果148项，其中1项获省奖励。随着高新技术成果的推广应用，科技进步为地方经济发展带来的巨大推动力日益显现。

【国内贸易和对外经济】2014年，菏泽市全市实现社会消费品零售总额1215.22亿元，比上年增长13.0%。消费品市场中城镇实现零售额1003.58亿元，增长12.9%；乡村实现零售额211.6亿元，增长13.3%。按消费形态分，商品零售实现1093.66亿元，增长13.1%；餐饮收入121.56亿元，增长12.0%。随着我市商贸物流基地建设的推进，全市商品交易市场类别不断增多，个数不断增加，成交额不断扩大。2014年末，全市共有亿元商品交易市场69家，全年市场成交额201亿元，商品交易市场逐步走上规模化和专业化的良性发展轨道，充分发挥了集聚效应，有力推动了全市商品流通的发展。

2014年全市完成出口总值21.58亿美元，比上年增长23.3%；进口总值13.65亿美元，比上年增长12.8%；进出口总值35.22亿美元，比上年增长19.0%；全年新签利用外资项目16个，合同外资金额3504万美元，比上年下降87.5%；实际利用外资21848万美元，比上年增长0.1%。

【交通、邮电和旅游】2014年年末，菏泽市境内公路通车里程（含农村公路）已达22922.6公里，其中:国道555.1公里，省道1030.2公里，农村公路21337.3公里，全年新改建农村公路2196公里。年末高速公路通车里程达260.6公里。

2014年，全市完成邮政业务总量5.22亿元，比上年增长4.31%；完成电信业务总量45.96亿元，比上年增长9.91%。年末全市固定交换机容量1304万门，年末固定话机及小灵通用户总数达40.32万部，移动电话用户达691.18万户，固定互联网用户达到76.36万户。网络服务不断拓展，通讯能力进一步增强。

全年接待游客1433.9万人次，增长13.18%，实现旅游总收入91.7亿元，增长16.8%；其中接待国外游客1.2万人次，下降9.8%，旅游外汇收入283.5万美元，增长3.9%。

【金融和保险】2014年年末，菏泽市全市金融机构本外币存款余额2228.28亿元，比年初增加309.41亿元；其中城乡居民储蓄存款1663.12亿元，比年初增加234.26亿元。年末金融机构本外币贷款余额1447.04亿元，比年初增加216.30亿元；其中短期贷款754.21亿元，比年初增加51.44亿元，中长期贷款632.59亿元，比年初增加154.17亿元。

截止2014年末，共有34家保险公司在我市开展业务。2014年，全市保险业保费收入71.63亿元，增长17.6%。其中保险业财险保费收入15.84亿元，增长20.1%，人身险保费收入55.79亿元，增长17.0%。全市保险业赔款支出15.85亿元，下降0.5%。其中财产险赔款支出7.85亿元，增长15.0%，人身险赔付支出8.0亿元，下降12.1%。保险业务的不断拓展，为社会生产和人民生活提供了有效保障。

河南省

| 郑州市 | 开封市 | 洛阳市 | 平顶山市 | 焦作市 | 鹤壁市 | 新乡市 | 安阳市 | 濮阳市 |
| 许昌市 | 三门峡市 | 南阳市 | 商丘市 | 信阳市 | 周口市 | 驻马店市 |

1

2014年郑州市经济发展概况

【经济总量】2014年，郑州市全年实现地区生产总值（GDP）6783亿元，比上年增长9.5%；人均生产总值73056元，比上年增长7.5%。其中第一产业增加值149.5亿元，增长3.1%；第二产业增加值3771.1亿元，增长10.2%；第三产业增加值2862.4亿元，增长8.8%。其中交通运输、仓储和邮政业增加值385.7亿元，增长3.8%；批发和零售业增加值502.1亿元，增长8.6%；住宿和餐饮业增加值213.0亿元，增长6.2%；金融业增加值574.0亿元，增长16.7%；房地产业增加值301.2亿元，增长3.3%；营利性服务业增加值348.7亿元，增长8.8%；非营利性服务业增加值537.8亿元，增长8.9%。非公有制经济完成增加值4138.4亿元，增长9.6%，占生产总值的比重为61%。年末全市城镇化率达到68.3%，比上年提高1.2个百分点。

【农业】2014年，郑州市全年完成农林牧渔业增加值149.5亿元，比上年增长3.1%。粮食总产量162万吨，比上年下降3.7%；其中夏粮产量81.2万吨，增长0.9%；秋粮产量80.8万吨，下降8.0%。全年棉花产量2217吨，增长8.7%；油料产量16.2万吨，下降6.9%；蔬菜总产量286.3万吨，下降4.9%；水果总产量28.8万吨，下降3.5%。肉、蛋产量分别为26.7万吨和22.8万吨，分别增长1.9%和1.2%；水产品和奶产品产量分别为和15.2万吨和49万吨，分别下降2.1%和1.9%。

全年粮食作物种植面积356.5千公顷，比上年下降1.9%；其中小麦种植面积176.3千公顷，增长0.3%；蔬菜种植面积67.7千公顷，下降8.9%；油料种植面积47千公顷，下降6.4%；棉花种植面积2361公顷，增长13.6%。

【工业和建筑业】2014年，郑州市全年全部工业企业完成增加值3349.8亿元，比上年增长9.8%。其中规模以上工业企业完成增加值3094亿元，增长11.2%；非公有制工业完成增加值2258.1亿元，增长13.0%；高技术业完成增加值409.1亿元，增长23.9%。分经济类型看，国有企业完成增加值663.3亿元，比上年增长1.9%；集体企业完成增加值34亿元，增长11.7%；股份制企业完成增加值1358.3亿元，增长11.0%；股份合作企业完成增加值6.3亿元，下降3.2%；其他类型完成增加值475.7亿元，增长10.0%。分轻重工业看，轻工业完成增加值751.2亿元，增长6.6%；重工业完成增加值2342.8亿元，增长12.3%。七大主导产业完成增加值2155.3亿元，比上年增长13.2%；总量占规模以上工业增加值的69.7%，比上年提高2.1个百分点。其中汽车及装备制造、电子信息、新材料、生物及医药四大战略性产业完成增加值1761.4亿元，增长16%，总量占规模以上工业增加值的46.8%，比上年提高2.9个百分点；六大高耗能行业完成增加值1305.7亿元，增长8.1%，总量占规模以上工业增加值的42.2%，比上年下降2.6个百分点。

全市建筑业完成总产值2713.3亿元，比上年增长19.8%；完成增加值421.3亿元，比上年增长14%。建筑施工企业施工房屋面积17751.6万平方米，增长24.6%；竣工房屋面积5240.2万平方米，增长27.9%。

【固定资产投资】2014年，郑州市全年全社会固定资产投资完成5355.3亿元，比上年增长18.8%；其中固定资产投资完成5259.6亿元，比上年增长20.1%。固定资产投资中，国有及国有控股单位完成投资1240.8亿元，增长13.7%；民间投资完成3941.1亿元，增长24.5%。分产业看，第一产业完成投资85.6亿元，增长50.4%；第二产业完成投资1466.5亿元，增长6.2%；工业投资完成1465.3亿元，增长6.4%；第三产业完成投资3710.6亿元，增长25.2%。

【科学技术】2014年，郑州市全市共组织实施科技项目1231项，比上年下降1.8%；其中省级以上项目282项，增长41%；市级项目949项，下降10%。全年完成重大科技成果511项，增长14.3%；其中基础理论成果41项，增长46.4%；应用技术成果440项，增长14.6%；软科学成果30项，下降14.3%。全年专利申请量达到24307件，增长20%；授权量12316件，增长18.7%。全年共签订技术合同4247份，下降16.5%；技术合同成交金额达110.9亿元，增长22.1%。拥有国家级企业技术中心16个，比上年增长6.7%；省级企业技术中心282个，增长6%。获得国家科技进步奖8项；省级科技进步奖34项。

【国内贸易和对外经济】2014年，郑州市全年完成社会消费品零售总额2913.6亿元，比上年增长12.7%。分城乡看，城镇消费品零售额2458.7亿元，增长12.4%；乡村消费品零售额238.6亿元，增长15.4%。分行业看，批发业零售额292.3亿元，增长16.4%；零售业零售额2002.0亿元，增长12.4%；住宿业零售额19.7亿元，下降2.8%；餐饮业零售额383.4亿元，增长11.9%。

全年全市直接进出口总额464.3亿美元，比上年增长8.6%；其中进口197.7亿美元，增长11.9%；出口266.6亿美元，增长6.4%。在出口总额中，一般贸易出口45.1亿美元，增长6.2%；加工贸易出口21.9亿美元，增长7.7%；机电产品出口236.7亿美元，增长7.7%；高新技术产品出口215.5亿美元，增长6.8%。出口美国110.3亿美元，增长20.1%；出口欧盟44.2亿美元，下降29.7%；出口韩国5.3亿美元，增长86.7%；出口俄罗斯3.8亿美元，增长50.9%；出口日本28.9亿美元，增长12%。

【交通、邮电和旅游】2014年，郑州市全年交通运输业各种运输方式完成货运周转量537亿吨公里，比上年增长1.8%。其中铁路199.9亿吨公里，下降7.9%；公路332.4亿吨公里，增长8.4%；航空47139万吨公里，增长20%。完成客运周转量274.9亿人公里，比上年增长7.2%。其中铁路130.2亿人公里，增长0.1%；公路83.6亿人公里，增长19.5%；航空61.2亿人公里，增长8.1%。

全年完成邮电业务总量213.6亿元（按2010年不变价计算），比上年增长16.4%。其中邮政业务总量40亿元，增长37.1%；电信业务总量173.6亿元，增长12.5%。移动电话用户年末达到1310.4万户，增长4.9%，本年新增移动电话用户431.8万户，下降6.5%；年末互联网用户207.8万户，比上年增加3.9万户，增长1.9%。

全年实现旅游总收入892.6亿元，比上年增长11.4%；来郑旅游人数7766万人次，比上年增长10.6%；其中国际旅游人数45.1万人次，增长2.7%；国内旅游人数7720.9万人次，增长10.7%。年末全市共有旅行社214家，星级酒店45个，A级旅游景区41个，4A级以上景区13个。

【金融和保险】2014年年末，郑州市全市金融机构各项存款余额13955.6亿元，比上年末增加1647.7亿元，增长13.4%；其中城乡居民储蓄存款余额4839.3亿元，增加363.9亿元，增长8.1%。金融机构各项贷款余额10868.3亿元，增加1526亿元，增长16.3%。其中短期贷款3616.7亿元，增加232亿元；中长期贷款7035.8亿元，增加1231.7亿元；票据融资201亿元，增加55.9亿元。

全年全市保险公司保费收入277.9亿元，比上年增长25.15%。其中财产险收入96.6亿元，增长21.3%；寿险收入155.7亿元，增长24.9%；健康险和意外伤害险收入25.3亿元，增长42.1%。全年赔付额71.5亿元，比上年增长16.3%。其中财产险赔付额44.8亿元，增长23.3%；寿险赔付额20.1亿元，下降0.8%；健康险和意外伤害险赔付额6.6亿元，增长35.1%。

2

2014年开封市经济发展概况

【经济总量】2014年，开封市全年实现地区生产总值（GDP）1492.06亿元，比上年增长9.5%。其中：第一产业增加值285.16亿元，增长4.4%；第二产业增加值678.02亿元，增长11.5%；第三产业增加值528.87亿元，增长9.7%。三次产业结构为19.1：45.4：35.5。

【农业】2014年，开封市全年全市粮食种植面积（不含兰考，下同）396.15千公顷，比上年增长1.99%，其中：小麦种植面积243.72千公顷，增长0.96%；棉花种植面积16.69千公顷，下降13.68%；油料种植面积64.36千公顷，增长1.41%；蔬菜种植面积138.48千公顷，增长5.22%。

全年粮食产量226.11万吨，比上年增长2.16%；棉花产量1.83万吨，下降18.86%；油料产量41.85万吨，增长3.59%；肉类总产量36.5万吨，增长4.3%；禽蛋产量22.07万吨，下降1.6%；牛奶产量25.1万吨，增长1.4%。

【工业和建筑业】2014年，开封市全年全部工业实现增加值615.87亿元，比上年增长11.1%。规模以上工业增加值519.71亿元，增长13.7%；规模以上工业增加值（不含兰考，下同）446.4亿元，增长13.6%，其中，轻工业增长13.4%，重工业增长13.8%，轻、重工业比例为48：52。

【固定资产投资】2014年，开封市全年全市全社会固定资产投资1169.57亿元，比上年增长19.5%。其中：固定资产投资（不含农户）1135.63亿元，增长20.6%。在固定资产投资（不含农户）中，国有及国有控股投资155.41亿元，比上年增长11.0%；民间投资969.17亿元，增长21.3%。第一产业投资19.02亿元，增长30.4%；第二产业投资594.73亿元，增长15.8%；第三产业投资521.88亿元，增长26.2%。

【科学技术】2014年年末，开封市全市申请专利1113件，授权专利619件，分别增长24.5%和13.6%；拥有科学研究与技术开发机构（不含兰考，下同）9个，省级以上企业技术中心19家，其中国家级1家；国家级工程技术研究中心1家；省级工程技术研究中心16家；省级创新型（试点）企业10家；省级重点实验室1个；省级科技进步奖6项；有效发明专利307件。签订技术合同22份，技术合同成交金额1亿元。实施各级各类科技计划项目379项，其中，国家级科技计划项目3项。评出市科技进步奖60项，获6项省科技进步奖励。全市经省认定的高新技术企业已达28家。

【国内贸易和对外经济】2014年，开封市全年全市社会消费品零售总额6619214万元，比上年增长13.0%。分城乡看，城镇零售额5243816万元，增长14.6%；乡村1375399万元，增长16.3%。分行业看，批发业零售额964450万元，增长10.8%；零售业4780463万元，增长13.7%；住宿业45135万元，增长13.5%；餐饮业829167万元，增长10.9%。

全年全市进出口总值（不含兰考，下同）44005万美元，比上年增长0.3%。其中：进口总值8229万美元，与上年持平；出口总值35776万美元，增长0.9%。

【交通、邮电和旅游】2014年，开封市年末高速公路通车里程310.79公里。全年公路货运量比上年增长10.5%；货运周转量增长7.6%。公路客运量增长2.3%；客运周转量增长19.0%（本部分数据不含兰考）。

全年邮电业务总量39.41亿元，比上年增长29.65%。其中，邮政业务量2.44亿元，增长-0.02%；电信业务量36.97亿元，增长32.24%。年末本地固定电话用户38.99万户，移动电话用户340.71万户。电话普及率为73.86部/百人，增长0.94%。年末互联网用户49.81万户，增长-8.2%。

全年共接待海内外游客（不含兰考，下同）3969.8万人次，比上年增长13.6%；实现旅游总收入192.6亿元，增长15.9%。

【金融和保险】2014年年末，开封市金融机构人民币各项存款余额1274.08亿元，比上年末增长12.33%，其中，城乡居民储蓄存款余额855.91亿元，增长12.06%；年末金融机构人民币各项贷款余额864.41亿元，增长23.59%。

3

2014年洛阳市经济发展概况

【经济总量】2014年，洛阳市全年实现地区生产总值（GDP）3284.6亿元，按可比价计算，比上年增长9.0%。其中，第一产业增加值247.4亿元，增长4.1%；第二产业增加值1845.0亿元，增长9.7%；第三产业增加值1192.2亿元，增长8.7%。三次产业结构为7.5：56.2：36.3，三次产业对经济增长的贡献率分别为3.1%、67.6%和29.3%。

【农业】2014年，洛阳市全年粮食种植面积783.2万亩，比上年下降1.3%。其中，夏粮面积376.8万亩，下降0.1%；秋粮面积406.4万亩，下降2.4%。蔬菜种植面积95.0万亩，增长5.2%。油料种植面积67.8万亩，下降1.6%。棉花种植面积4.3万亩，增长10.6%。

全年粮食产量211.2万吨，比上年下降3.9%。其中，夏粮产量106.2万吨，增长9.9%；秋粮产量105.0万吨，下降14.7%。

【工业和建筑业】2014年，洛阳市全年全部工业增加值[3]1600.2亿元，比上年增长9.7%。规模以上工业增加值1360.0亿元，增长11.3%。规模以上工业增加值中，轻工业253.9亿元，增长11.7%；重工业1106.1亿元，增长11.2%，轻重工业比例为18.7:81.3。工业产品销售率为98.7%，比上年提高0.1个百分点。

【固定资产投资】2014年，洛阳市全年全社会固定资产投资3026.5亿元，比上年增长17.8%。其中，固定资产投资（不含农户）2981.1亿元，增长18.3%；农户投资45.4亿元，下降9.7%。

固定资产投资（不含农户）中，第一产业投资185.1亿元，增长57.1%；第二产业投资1412.2亿元，增长18.7%，其中工业投资1411.5亿元，增长19.0%；第三产业投资1383.7亿元，增长14.3%。民间投资2469.5亿元，增长29.0%，占固定资产投资比重为82.8%，比上年提高6.8个百分点。

【国内贸易和对外经济】2014年，洛阳市全年社会消费品零售总额1429.2亿元，比上年增长12.6%。分城乡看，城镇零售额1247.7亿元，增长12.6%；乡村零售额181.5亿元，增长12.7%。分行业看，批发和零售业零售额1206.7亿元，增长12.1%；住宿和餐饮业零售额222.5亿元，增长15.5%。

全年进出口总额17.63亿美元，比上年下降1.8%。其中，出口总额14.38亿美元，增长11.2%；进口总额3.25亿美元，下降35.3%。

【交通、邮电和旅游】2014年，洛阳市全年公路运输货物周转量401.92亿吨公里，比上年增长8.0%；货物运输量1.66亿吨，增长11.5%。旅客周转量77.46亿人公里，增长19.1%；旅客运输量1.17亿人，增长2.8%。

全年邮电业务总量65.74亿元，比上年增长24.5%。其中，电信业务总量62.05亿元，增长26.0%；邮政业务总量3.69亿元，增长3.2%。年末本地固定电话用户110.3万户，下降4.5%。年末移动电话用户632.7万户，增长5.2%。年末互联网用户421.7万户，增长10.1%。

全年接待国内外游客9470万人次，比上年增长10.0%，其中接待入境游客84.2万人次，增长20.0%。旅游总收入601.0亿元，增长24.0%，其中创汇收入23816万美元，增长17.3%。年末共有A级旅游景区39处，其中4A级以上景区21处。年末共有星级酒店66家，国际国内旅行社88家。

【金融和保险】2014年年末，洛阳市金融机构人民币各项存款余额3744.6亿元，比年初增加394.3亿元。其中，单位存款余额1760.4亿元，比年初增加243.4亿元；居民储蓄存款余额1784.9亿元，比年初增加125.1亿元。金融机构人民币各项贷款余额2300.0亿元，比年初增加334.0亿元。其中，短期贷款余额1205.8亿元，比年初增加111.3亿元；中长期贷款余额914.4亿元，比年初增加211.7亿元。

全年保险公司保费收入81.5亿元，其中财产险保费收入23.7亿元，人身险保费收入57.8亿元。全年赔付27.0亿元，其中财产险赔付10.3亿元，人身险赔付16.7亿元。

4

2014年平顶山市经济发展概况

【经济总量】2014年，平顶山市全市完成生产总值1289.3亿元，按可比价格计算（下同），比上年增长8.4%，其中，第一产业完成增加值131.6亿元，增长3.0%；第二产业完成增加值746.6亿元，增长9.0%，其中工业完成增加值682.5亿元，增长9.0%；第三产业完成增加值411.2亿元，增长8.3%。人均生产总值达到31986元，同比增长8.1%。非公经济增加值占GDP比重52%，较上年提高0.6个百分点。一、二、三产业的结构由上年的10.1：59.5：30.4变化为10.2：57.9：31.9。第一产业比重上升0.1个百分点，第二产业比重下降1.6个百分点，第三产业比重上升1.5个百分点。

【农业】2014年，平顶山市全年完成农林牧渔业总产值235.2亿元，比上年增长3.1%。其中农业产值119.7亿元，林业产值7.0亿元，牧业产值100.4亿元，渔业产值4.5亿元，农林牧渔服务业总产值3.6亿元，比上年分别增长0.2%、7.2%、5.9%、7.5%、7.5%。

全年粮食总产量128.5万吨，下降17.5%，其中夏粮79.5万吨，秋粮49.0万吨。经济作物中，棉花产量1193吨，增长7.8%；油料总产量9.3万吨，下降23.5%；蔬菜瓜果类总产量218.8万吨，下降13.5%；烟叶总产量2.3万吨，下降29.7%。

【工业和建筑业】2014年，平顶山市全年全部工业完成总产值2624.9亿元，比上年增长9.6%；完成工业增加值682.5亿元，增长9.5%，其中年主营业务收入2000万元以上的工业企业（简称规模以上工业企业，下同）实现增加值589.7亿元，比上年增长10.6%。分所有制类型看，国有及国有控股工业企业完成增加值209.2亿元，增长4.9%；集体工业企业增加值6.3亿元，下降14.3%。分轻重工业看，轻工业完成增加值107.5亿元，增长8.6%；重工业完成增加值482.2亿元，增长11.0%。

全年建筑业完成增加值64.1亿元，比上年增长9.0%。资质等级三级及三级以上独立核算建筑施工企业房屋施工建筑面积1051.5万平方米，比上年增长8.8%；竣工面积423.2万平方米，同比增长11.2%。

【固定资产投资】2014年，平顶山市全年完成全社会固定资产投资1233.0亿元，比上年增长17.0%，其中固定资产投资完成1209.3亿元，增长17.6%，农村住户固定资产投资完成23.7亿元，下降8.2%。分三次产业看，第一产业完成投资90.9亿元，增长30.9%；第二产业完成投资642.0亿元，增长18.6%；第三产业完成投资476.4亿元，增长14.0%。其中房地产业完成投资238.7亿元，增长2.8%，水利、环境和公共设施管理业完成投资61.9亿元，增长26.6%，交通运输、仓储和邮政业完成投资38.9亿元，增长31.9%。

【科学技术】2014年年末，平顶山市全市拥有各类专业技术人员15.7万人。科技创新能力有新的增强，全年共申请专利2520项，增长23.2%。获市级以上科技进步奖110项，其中省级11项。

【国内贸易和对外经济】2014年，平顶山市全年实现社会消费品零售总额506.6亿元，比上年增长12.8%。分城乡看，城镇实现消费品零售额446.8亿元，比上年增长12.6%；乡村实现消费品零售额59.8亿元，比上年增长14.4%。分行业看，批发零售业实现消费品零售额417.9亿元，比上年增长13.1%；住宿餐饮业实现消费品零售额88.7亿元，比上年增长11.2%。全年批发零售业和住宿餐饮业实现增加值138.1亿元，增长7.5%。

全年完成进出口总值65755万美元，比上年增长46.0%，其中出口总值55808万美元，增长64.4%，进口总值9947万美元，下降10.4%。实际直接利用外资27787万美元，比上年增长15.8%。年末实有“三资”企业390家，比上年增加5家。

【交通、邮电和旅游】2014年，平顶山市全年完成公路货物周转量（新口径）181亿吨公里，比上年增长7.03%，公路客运周转量43.2亿人公里，比上年增长18.60%。

全年完成邮电业务总量（新口径）33.4亿元，比上年增长18.69%。固定电话和移动电话用户350.7万部，增长0.85%，计算机互联网络用户42.8万户，增长3.31%。

2014年全市共接待国内游客3216万人次，比上年增长10.5%；入境游客2.7万人次，比上年增长2.6%。国内旅游收入155.0亿元，比上年增长12.6%；旅游创汇799万美元，比上年增长3.8%。

【金融和保险】2014年年末，平顶山市全市金融机构存款余额1815.3亿元，同比增长9.0%；城乡居民个人存款余额1111.3亿元，同比增长7.4%。年末金融机构贷款余额1242.3亿元，同比增长17.1%，其中短期贷款余额702.4亿元，增长21.6%，中长期贷款余额490.4亿元，增长9.0%。

5

2014年焦作市经济发展概况

【经济总量】2014年，焦作市全年全市地区生产总值1846.32亿元，比上年增长8.8%。其中：第一产业增加值139.93亿元，增长4.2%；第二产业增加值1243.43亿元，增长9.6%；第三产业增加值462.96亿元，增长7.7%。人均生产总值达到52477元。三次产业结构由上年的7.8∶67.4∶24.8变化为7.6∶67.3∶25.1，第三产业比重比上年提高0.3个百分点。

【农业】2014年，焦作市全年粮食种植面积416.36万亩，比上年增加4.82万亩，其中，小麦种植面积214.39万亩，增加1.28万亩，优质专用小麦种植面积占小麦种植面积的比重达到100%。棉花种植面积2.41万亩，减少0.67万亩。油料种植面积28.16万亩，减少0.26万亩。蔬菜种植面积58.28万亩，减少3.5万亩。

全年粮食产量206.35万吨，比上年增长0.4%；棉花产量0.15万吨，下降25.2%；油料产量9.03万吨，下降1%；蔬菜产量229.62万吨，下降2%。肉类总产量20.41万吨，减少1%；禽蛋产量24.47万吨，减少15.6%；牛奶产量22.24万吨，减少10.3%。

【工业和建筑业】2014年，焦作市全年全部工业增加值1170.0亿元，比上年增长9.6%，工业对经济增长的贡献率为74.6%。其中，规模以上工业增加值1072.5亿元，增长10.7%；产品销售率99.1%。

全年全社会建筑业增加值73.47亿元，比上年增长9.0%。

【固定资产投资】2014年，焦作市全年全社会固定资产投资1653.70亿元，比上年增长17.4%。其中，固定资产投资（不含农户）1623.53亿元，增长18.2%；农户投资30.17亿元，下降11.8%。

在固定资产投资中，国有及国有控股投资195.22亿元，比上年增长5.7%；民间投资1422.5亿元，增长20.7%；港澳台投资0.25亿元；外商投资0.10亿元，下降98.9%。按产业统计，第一产业投资40.55亿元，增长88.1%；第二产业投资1081.2亿元，增长14.5%，其中工业投资1081.2亿元，增长14.5%；第三产业投资501.79亿元，增长23.0%。

【科学技术】2014年年末，焦作市共有国家级企业技术中心4家，省级企业技术中心80家。全年共取得省级科技进步奖18项。申请专利2638件，比上年增长-1%；授权专利1715件，增长28%。签订技术合同132项，成交金额0.33亿元。89项国家级、省级科技项目获准立项。其中，62个项目获得上级经费3526万元。

【国内贸易和对外经济】2014年，焦作市全年批发和零售业增加值133.56亿元，比上年增长8.1%；住宿和餐饮业增加值54.74亿元，增长6.9%。

全年社会消费品零售总额555.21亿元，比上年增长12.2%。按经营地统计，城镇消费品零售额447.60亿元，增长12.5%；乡村消费品零售额107.61亿元，增长11.2%。按行业统计，批发业零售额77.88亿元，增长11.7%；零售业391.85亿元，增长12.5%；住宿业8.54亿元，增长11.0%；餐饮业76.94亿元，增长11.4%。

全年进出口总额24.64亿美元，比上年增长8.9%。其中，出口总额17.13亿美元，增长13.4%；进口总额7.51亿美元，与去年持平。在优化出口产品结构方面，高新技术和机电产品出口呈现持续增长趋势。全年高新技术和机电产品出口2.25亿美元，比上年增长31.8%，占全市出口总额的13.1%。

【交通、邮电和旅游】2014年，焦作市全年交通运输、仓储和邮政业增加值60.98亿元，比上年增长1.3%。

年末高速公路通车里程204公里。全年公路货物周转量4313487万吨公里，比上年增长7.5%；公路旅客周转量15295万人公里，增长10.6%。

全年邮政业务总量3.67亿元，增长23.9%；电信业务量36.17亿元，增长15.9%。

年末局用电话交换机总容量58.30万门，减少5.20万门；年末移动电话交换机总容量450万户，增加12.4万户；本地固定电话用户43.02万户，减少8.18万户；移动电话用户318.74万户，增加28.44万户。年末计算机互联网用户50.98万户，增加4.88万户。

2014年全年共接待国内外游客3298.81万人次，比上年增长11.6%，其中，接待境外游客33.33万人次，增长4.1%；接待国内游客3265.48万人次，增长11.7%。旅游综合收入253.07亿元，增长12.4%。全市共有A级旅游景区12处，其中2A级旅游景区2处，3A级旅游景区3处，4A级旅游景区4处，5A级旅游景区3处。拥有星级酒店32家，具有独立法人的旅行社108家。

【金融和保险】2014年，焦作市年末全市金融机构各项人民币存款余额1264.32亿元，比上年末增长9.8%。其中，城乡居民储蓄存款余额794.50亿元，增长9.9%。各项人民币贷款余额853.98亿元，增长

10.4%。其中，短期贷款余额452.86亿元，增长-0.7%；中长期贷款余额361.94亿元，增长27.6%。全市农村信用社贷款余额160.89亿元，增长7.0%。全市金融机构个人消费贷款余额100.56亿元，增长19.9%。

全年保险公司保费收入45.74亿元。其中，财产险保费收入11.94亿元，人身险保费收入33.80亿元。全年赔款支出12.68亿元。其中，财产险赔款支出4.90亿元，人身险赔款支出6.69亿元。

6

2014年鹤壁市经济发展概况

【经济总量】2014年，鹤壁市全年实现地区生产总值（GDP）682.20亿元，比上年增长10.1%。其中，第一产业增加值65.87亿元，增长4.1%；第二产业增加值490.16亿元，增长11.3%；第三产业增加值126.17亿元，增长8.0%。三次产业结构为9.7：71.8：18.5，二、三产业比重比上年提高0.1个百分点。

【农业】2014年，鹤壁市全年全市粮食作物种植面积255.85万亩，比上年增长0.7%。其中，小麦种植面积131.88万亩，增长0.4%；优质专用小麦种植面积129.28万亩，增长1.0%；玉米种植面积118.99万亩，增长1.7%；棉花种植面积0.91万亩，增长16.5%；油料种植面积16.22万亩，增长5.3%；蔬菜种植面积16.23万亩，增长0.8%。

全年全市粮食总产量119.40万吨，比上年增长1.4%；粮食亩产量467公斤，比上年增长0.9%；油料产量3.34万吨，增长8.1%；蔬菜产量53.89万吨，增长0.1%。肉类总产量23.70万吨，下降7.5%；禽蛋产量15.04万吨，下降3.5%。

【工业和建筑业】2014年，鹤壁市全年全市全部工业增加值452.70亿元，比上年增长11.0%。其中，规模以上工业增加值429.20亿元，增长12.1%。在规模以上工业中，轻工业143.23亿元，增长6.7%，重工业285.97亿元，增长14.9%，轻、重工业比例为33.4：66.6。产品销售率97.4%，比上年降低0.3个百分点。

全年全市建筑业增加值37.46亿元，比上年增长14.9%。全市具有资质等级的建筑企业90家，实现总产值58.24亿元，增长18.1%。施工房屋面积529.61万平方米，增长28.3%；竣工房屋面积226.30万平方米，增长7.1%。

【固定资产投资】2014年，鹤壁市全年全市全社会完成固定资产投资598.69亿元，比上年增长20.1%。其中，固定资产投资588.50亿元，增长20.8%；农户投资10.18亿元，下降10.8%。全年施工项目518个，下降5.6%，其中：新开工项目293个，下降6.4%，亿元及以上在建项目307个，增长4.8%。全年施工项目计划总投资1357.33亿元，增长11.0%，其中新开工项目计划总投资513.46亿元，下降11.5%。亿元及以上项目投资额440.52亿元，增长25.4%。

在固定资产投资中，国有及国有控股单位投资94.77亿元，增长0.7%；民间投资490.97亿元，增长25.0%。第一产业投资29.34亿元，增长25.3%；第二产业投资341.58亿元，增长27.2%；第三产业投资

217.58亿元，增长11.5%。

【国内贸易和对外经济】2014年，鹤壁市全年全市批发和零售业增加值28.93亿元，比上年增长7.7%；住宿和餐饮业增加值12.53亿元，增长6.1%。

全年全市社会消费品零售总额161.02亿元，比上年增长12.6%，扣除价格因素，实际增长11.4%。分城乡看，城镇社会消费品零售额152.42亿元，增长12.6%，其中，城区社会消费品零售额108.64亿元，增长12.8%；乡村社会消费品零售额8.60亿元，增长12.2%。分行业看，批发和零售贸易业零售额133.85亿元，增长13.1%；住宿和餐饮业零售额27.17亿元，增长10.5%

全年全市进出口总额32224万美元，比上年增长22.0%。其中，出口总额26657万美元，增长15.0%；进口总额5567万美元，增长72.0%。在出口总额中，一般贸易24925万美元，增长14.3%；加工贸易1732万美元，增长26.0%。在出口产品中，机电产品出口16271万美元，增长8.1%；高新技术产品出口576万美元，下降27.3%。

【交通、邮电和旅游】2014年，鹤壁市全年全市交通运输、仓储及邮政业实现增加值10.87亿元，比上年增长1.8%；信息传输、计算机服务和软件业实现增加值6.01亿元，增长9.7%。

全年全市公路货运量5018万吨，货物周转量105.31亿吨公里。旅客运输量1701万人，旅客周转量6.86亿人公里。

全年全市完成邮电业务总量13.98亿元，比上年增长23.7%。其中，邮政业务总量0.60亿元，增长4.1%；电信业务总量13.38亿元，增长24.7%。年末局用电话交换机总容量14.24万门；本地固定电话用户21.68万户，下降7.1%，其中，城市13.09万户；乡村8.59万户。年末移动电话用户132.92万户，增长8.0%，其中本年新增64.97万户。电话普及率为95.37部/百人，下降1.4%。年末计算机互联网络用户29.4万户，增长17.7%，其中本年新增4.15万户。

截止2014年底，全市获得经营许可证的A级旅游景区（点）8家，其中4A级3家；拥有组团和国内旅行社12家；星级酒店14家。全年来鹤旅游人数1388.48万人次，比上年增长14.3%，其中接待外国及港澳台旅游者7808人次，增长1.3%；接待国内旅游者1387.70万人次，增长14.2%。实现旅游总收入55.40亿元，增长21.5%；旅游外汇收入247.4万美元，增长1.8%。

【金融和保险】2014年，鹤壁市全年全市金融业增加值12.47亿元，比上年增长13.3%。

年末金融机构人民币各项存款余额477.70亿元，比上年增长12.1%。其中，单位存款余额174.98亿元，增长10.1%；个人存款294.88亿元，增长11.4%。金融机构人民币各项贷款余额438.34亿元，增长12.5%。其中，短期贷款余额246.02亿元，增长12.9%；中长期贷款余额184.67亿元，增长15.6%。

全年全市保险公司保费收入10.74亿元，比上年增长3.1%。其中，财产险保费收入3.50亿元，增长12.1%；人寿保费收入7.25亿元，下降0.7%。全年赔款及给付支出3.25亿元，下降5.4%。其中，财产险赔付1.80亿元，增长27.4%；人寿险赔付1.45亿元，下降22.6%。

7

2014年新乡市经济发展概况

【经济总量】2014年，新乡市全年实现地区生产总值（GDP）1918亿元，同比增长9.3%。其中，第一产业增加值227.4亿元，同比增长4.5%；第二产业增加值1085.51亿元，同比增长11%；第三产业增加值605.09亿元，同比增长7.4%。三次产业结构11.9：56.6：31.5。

【农业】2014年，新乡市全年粮食种植面积（不含长垣、以下同）542.28千公顷，比上年增加9.1千公顷，其中：小麦种植面积288.89千公顷，增加1.39千公顷，硬粒小麦种植面积占小麦种植面积的比重为94.2%。棉花种植面积4.10千公顷，减少2.75千公顷。油料种植面积66.46千公顷，增加1.02千公顷。蔬菜种植面积59.18千公顷，增加20.2千公顷。

全年粮食产量（不含长垣）353.49万吨，比上年增产2.5%；蔬菜产量273.65万吨，增产8.0%；油料产量30.48万吨，增产9.4%；水产品产量（含长垣）6.27万吨，增产4%。

【工业和建筑业】2014年，新乡市全年全部工业增加值946.3亿元，比上年增长11.0%。规模以上工业增加值869.72亿元，增长12.3%。其中，规模以上轻工业增加值（不含长垣）为322.37亿元，增长12.4%；规模以上重工业增加值（不含长垣）437.52亿元，增长12.1%，轻、重工业比例为42.4：57.6。产品销售率（不含长垣）98.4%。

全年全社会建筑业增加值139.18亿元，比上年增长10.6%。

【固定资产投资】2014年，新乡市全年完成固定资产投资1841.93亿元，增长18.6%。其中，第一产业投资55.09亿元，增长30.3%；第二产业投资1039.65亿元，增长15.6%；第三产业投资747.19亿元，增长22.1%。分类型看（不含长垣），国有及国有控股投资160.16亿元，比上年降低0.7%；民间投资1429.8亿元，增长22.3%；港澳台投资6.61亿元，增长20.9%；外商投资10.40亿元，下降61.9%。全年25个产业集聚区（含专业园区）累计完成投资（不含长垣）1077.49亿元，总量占全市固定资产投资的67.3%。

【科学技术】2014年，新乡市全年共取得省级科技进步奖26项，市级科技进步奖86项；申请专利3250件，其中发明专利844项；市级重大科技项目16项，科技专项项目141项。

【国内贸易和对外经济】2014年，新乡市全年批发和零售业增加值127.24亿元，比上年增长8.2%；住宿和餐饮业增加值43.1亿元，增长6.2%。

全年社会消费品零售总额694.23亿元，比上年增长12.8%。分城乡看，城镇消费品零售额（不含长垣）573.52亿元，增长12.7%；乡村消费品零售额61.23亿元，增长13.0%。分行业看（不含长垣），全年批发业实现零售额68.38亿元，增长12.2%；零售业实现零售额501.59亿元，增长13.5%；全年住宿业实现零售额4.21亿元，减少0.2%；餐饮业实现零售额60.58亿元，增长8.0%。

全年进出口总额12.1亿美元，同比上升10.3%。其中：出口总额9亿美元，同比增长4.5%；进口总额3.1

亿美元，同比增长20.5%。机电产品、高新技术产品分别出口1.77亿美元和0.35亿美元。

【交通、邮电和旅游】2014年，新乡市全年交通运输、仓储和邮政业增加值86.18亿元，比上年增长0.4%。年末公路通车里程13143公里，高速公路通车里程306公里，农村公路总里程11814公里。全年各种运输方式货物周转量305.29亿吨公里，比上年增长7.5%；旅客周转量23.03亿人公里，增长18.9%。

全年邮电业务总量59.35亿元，比上年增长19%，其中：邮政业务4.27亿元，增长3.1%；电信业务55.09亿元，增长20.4%。年末固定电话用户79.18万户，移动电话用户575.65万户。年末计算机互联网用户103.12万户，增长11.8%。

全年共接待国内游客2643.17万人次，增长13.5%，国内旅游收入146.7亿元，增长16.4%。海外来新旅游人数共13.9万人次。年末共有A级旅游景区16处，其中，4A级以上景区7处；星级酒店19家，国内旅行社58家，国际旅行社2家。

【金融和保险】2014年年末，新乡市全市银行业金融机构人民币存款余额1898.47亿元，比年初新增175.45亿元，比年初增长10.1%。其中，活期存款298.8亿元，比年初减少32.62亿元，比年初降低9.8%；城乡居民储蓄存款1206.6亿元，比年初新增124.79亿元，比年初增长11.5%。全市银行业金融机构人民币贷款余额1175.07亿元，比年初新增137.31亿元，比年初增长13.2%。其中，短期贷款609.44亿元，比年初新增31.26亿元，比年初增长5.4%；中长期贷款543.52亿元，比年初新增96.07亿元，比年初增长21.5%。

全年保险公司保费收入52.26亿元，其中：财产险保费收入12.02亿元，人身险保费收入40.24亿元。全年赔款及给付14.88亿元，其中：财产险赔款支出5.92亿元，人身险赔付8.96亿元。

8

2014年安阳市经济发展概况

【经济总量】2014年，安阳市全年实现地区生产总值（GDP）1593.2亿元，增长8.7%；其中，一产增加值144.1亿元，增长4.1%；二产增加值924.8亿元，增长9.6%；三产增加值524.3亿元，增长7.6%。三次产业结构为9：58.1：32.9。财政一般公共预算收入95.3亿元、支出192.1亿元，分别增长10.9%和7.5%。

【农业】2014年，安阳市全年粮食种植面积557.05万亩，比上年增长1.5%。其中，夏粮种植面积292.48万亩，增长0.6%；秋粮种植面积284.57万亩，增长2.4%。棉花种植面积4.4万亩，油料种植面积8.4万亩。

全年粮食总产量达到220.32万吨，比上年增长2.7%；粮食亩产381.8公斤，比上年增长1.2%；棉花产量3699吨，比上年增长4.5%；油料产量13.9万吨，比上年增长1.3%。

【工业和建筑业】2014年，安阳市全年全部工业增加值812.4亿元，增长9.6%。规模以上工业企业增加值740.9亿元，增长10.7%。其中，轻工业增加值182.1亿元，增长8.8%；重工业增加值558.8亿元，增长11.3%。高技术产业增加值15.8亿元，增长13.5%。规模以上工业企业790家。

全年全社会实现建筑业增加值112.3亿元，比上年增长9.2%。

【固定资产投资】2014年，安阳市全年完成全社会固定资产投资总额1477.9亿元，增长17.7%。其中，固定资产投资1446.7亿元，增长18.5%。产业集聚区固定资产投资552.6亿元，增长35.5%。

固定资产投资中，第一产业投资47亿元，比上年增长29%；第二产业投资776.1亿元，增长21.6%；第三产业投资623.6亿元，增长14.1%。采矿业投资32.4亿元，增长59.4%；制造业投资708亿元，增长26.7%；电力、燃气及水的生产和供应业投资35.8亿元，下降39.7%；批发和零售业投资44.6亿元，增长35%；住宿和餐饮业14.3亿元，下降40.8%；交通运输、仓储和邮政业投资70.5亿元，增长48.9%；信息传输、软件和信息技术服务业投资6亿元，下降60.7%；金融业投资1.5亿元，下降4%；水利、环境和公共设施管理业投资142.2亿元，增长74%；文化、体育和娱乐业投资11.2亿元，下降43.3%；科学研究和技术服务业投资0.3亿元，下降69%；教育投资19.9亿元，下降9.8%；卫生和社会工作业投资8.9亿元，下降22.1%。

【国内贸易和对外经济】2014年，安阳市全年社会消费品零售总额完成525.3亿元，增长12.2%。其中批发业实现零售额为82.2亿元，增长12.1%；零售业实现零售额为376亿元，增长12%；住宿业实现零售额3.8亿元，增长10.7%；餐饮业实现零售额为63.3亿元，增长13.1%。

【交通、邮电和旅游】2014年，安阳市全年交通运输、仓储及邮政业实现增加值62.6亿元，比上年增长1.3%。公路货运周转量387.2亿吨公里，比上年增长7.6%。公路客运周转量25亿人公里，比上年增长18.9%。

全年接待国内游客2968.9万人次，增长8.6%；旅游总收入197.5亿元，增长8.1%。

9

2014年濮阳市经济发展概况

【经济总量】2014年，濮阳市全年实现地区生产总值（GDP）1253.61亿元，比上年增长10.0%。其中：第一产业增加值158.07亿元，增长4.5%；第二产业增加值840.81亿元，增长11.6%；第三产业增加值254.73亿元，增长7.1%。三次产业结构为12.6：67.1：20.3。人均生产总值34895元。

【农业】2014年，濮阳市全年全市粮食种植面积589.80万亩，比上年增长0.9%，其中：小麦种植面积330.35万亩，增长0.5%；棉花种植面积5.47万亩，下降9.7%；油料种植面积54.56万亩，下降2.0%；蔬菜种植面积97.13万亩，增长1.7%。

全年粮食产量265.24万吨，比上年增长1.4%；棉花产量0.35万吨，下降11.5%；油料产量17.32万吨，下降1.8%。肉类总产量26.49万吨，增长3.4%；禽蛋产量29.01万吨，下降0.5%；牛奶产量8.17万吨，增长3.6%。

【工业和建筑业】2014年，濮阳市全年全市工业增加值777.21亿元，比上年增长11.6%。规模以上工业增加值729.79亿元，增长12.8%。其中，轻工业增长17.8%，重工业增长9.1%，轻、重工业比例为45.2：54.8。产品销售率98.8%。

全年全社会建筑业增加值57.31亿元，比上年增长11.0%。

【固定资产投资】2014年，濮阳市全年全社会固定资产投资1137.31亿元，比上年增长17.8%，其中：固定资产投资（不含农户）1115.78亿元，增长18.5%；农户投资21.53亿元，下降7.1%。

在固定资产投资中，国有及国有控股投资218.43亿元，比上年下降5.2%；民间投资894.82亿元，增长26.3%。第一产业投资48.39亿元，下降9.3%；第二产业投资670.67亿元，增长19.7%；第三产业投资396.72亿元，增长20.8%。

【科学技术】2014年，濮阳市全年研究与试验发展（R&D）经费支出111297万元，比上年增长20.9%。年末拥有科学研究与技术开发机构76个，从事科技活动人员6837人；共有国家级企业技术中心2个，省级企业技术中心34个。年末共有国家级创新型试点企业1家。全年共取得省级科技进步奖5项；申请专利1164件，授权专利786件，分别增长1.0%和-3.0%。

【国内贸易和对外经济】2014年，濮阳市全年全市批发和零售业增加值50.03亿元，比上年增长8.1%；住宿和餐饮业增加值26.08亿元，增长6.1%。

全年社会消费品零售总额416.00亿元，比上年增长12.9%，城镇消费品零售额302.60亿元，增长12.5%；乡村消费品零售额113.40亿元，增长13.7%。分行业看，批发和零售业零售额343.50亿元，增长14.0%；住宿和餐饮业零售额72.50亿元，增长7.7%。

全年全市进出口总额7.54亿美元（含进入保税区的数据），比上年增长13.4%，其中：出口总额6.82亿美元，增长12.7%；进口总额0.72亿美元，增长20.5%。机电产品出口1.80亿美元，增长40.7%。

【交通、邮电和旅游】2014年，濮阳市全年全市交通运输、仓储和邮政业增加值20.07亿元，比上年增长5.7%。

年末铁路营业里程100公里，高速公路通车里程143公里。全年公路、铁路货物运输量3944万吨；货物周转量1580936万吨公里。旅客运输量4417万人；旅客周转量329903万人公里。石油管道输气量增加0.2%，石油管道输油量下降0.1%。

全年邮电业务总量34.50亿元，比上年增长24.1%，其中：邮政业务2.22亿元，增长0.1%；电信业务32.28亿元，增长26.0%。年末局用电话交换机总容量390.20万门，本地固定电话用户33.10万户，移动电话用户321.00万户。固定电话普及率为40部/百人。年末计算机互联网用户41.00万户，增长24.8%。

全年共接待海内外游客515.20万人次，比上年增长13.1%，其中：接待入境游客1.78万人次，增长4.1%；接待国内游客513.42万人次，增长13.2%。旅游总收入7.79亿元，增长15.1%。年末共有A级旅游景区11处，其中，4A级以上景区2处。星级酒店12个，旅行社42家。

【金融和保险】2014年，濮阳市全年全市金融业增加值13.30亿元，比上年增长13.5%。

年末金融机构人民币各项存款余额1059.14亿元，比上年末增长9.0%，其中，城乡居民储蓄存款余额764.25亿元，增长11.4%。人民币各项贷款余额461.36亿元，增长21.7%，其中：短期贷款余额231.64亿元，增长7.2%；中长期贷款余额211.60亿元，增长36.8%。金融机构个人消费贷款余额102.44亿元，增长42.8%。

全年保险公司保费收入40.64亿元，比上年增长5.8%，其中：财产险保费收入9.09亿元，人身险保费收入31.55亿元。全年赔付12.43亿元，其中：财产险赔付4.88亿元，人身险赔付7.55亿元。

10

2014年许昌市经济发展概况

【经济总量】2014年，许昌市全年实现地区生产总值（GDP）2108.0亿元，比上年增长9.3%。其中，第一产业增加值189.1亿元，增长4.0%；第二产业增加值1438.8亿元，增长10.0%；第三产业增加值480.1亿元，增长9.0%。第一产业增加值占生产总值的比重为9.0%，第二产业增加值比重为68.2%，第三产业增加值比重为22.8%。

【农业】2014年，许昌市全年全市粮食种植面积662.1万亩，比上年增加6.1万亩；棉花种植面积5.7万亩，减少1.1万亩；烟叶种植面积19.5万亩，减少4.9万亩；油料种植面积43.3万亩，减少0.9万亩；蔬菜种植面积75.8万亩，减少5.7万亩；花卉种植面积63.7万亩，增加0.4万亩；中药材种植面积29.5万亩，减少0.2万亩。

全年全市粮食总产量280.2万吨，比上年减少3.5万吨，下降1.2%。棉花总产量0.3万吨，下降19.7%；烟叶总产量4.0万吨，下降19.9%；油料总产量9.4万吨，下降4.4%；蔬菜总产量220.0万吨，增长0.8%。

【工业和建筑业】2014年，许昌市全年全市工业增加值1343.3亿元，比上年增长9.7%，其中，规模以上工业（年主营业务收入2000万元及以上）增加值1200.7亿元，增长11.9%。产品产销率98.0%。

全年全市建筑业增加值95.5亿元，比上年增长15.5%。

【固定资产投资】2014年，许昌市全年全市固定资产投资（不含农户）1637.2亿元，增长19.4%。其中，民间投资1545.4亿元，增长17.9%。

在固定资产投资（不含农户）中，第一产业投资78.1亿元，增长28.5%；第二产业投资1009.9亿元，增长18.8%；第三产业投资549.3亿元，增长19.4%。

【科学技术】2014年年末，许昌市全市国家级工程技术研究中心1家，省级工程技术研究中心55家，市级工程技术研究中心142家，国家级高新技术企业53家，国家级创新型（试点）企业3家，省级创新型（试点）企业20家。8项科技成果获得省级科技进步奖。专利申请量5775件，授权量2028件。

【国内贸易和对外经济】2014年，许昌市全年全市社会消费品零售总额618.9亿元，比上年增长12.7%。按经营地统计，城镇消费品零售额497.2亿元，增长12.5%；乡村消费品零售额121.7亿元，增长13.4%。按消费类型统计，批发零售贸易业零售额513.0亿元，增长13.0%；住宿餐饮业零售额105.9亿元，增长11.0%。

全年全市进出口22.8亿美元，比上年增长6.2%，其中出口20.2亿美元，增长14.1%。

【交通、邮电和旅游】2014年，许昌市全年全市公路里程9300公里。全年全市客运周转量16.7亿人公里，货运周转量190.7亿吨公里。

全年全市邮政业务总量2.1亿元，比上年下降11.3%。电信业务量36.6亿元，增长18.7%。

全年全市A级景区21家，其中，4A级景区4家，3A级景区4家。星级饭店19家，其中五星级1家，四星级6家，三星级饭店8家。旅行社及分支机构92家，其中，法人社46家。全年接待游客1084万人次，比上年增长11%；旅游总收入53.3亿元，增长12%。

【金融和保险】2014年年末，许昌市全市金融机构人民币各项存款余额1533.3亿元，比年初增加122.7亿元，增长8.7%，其中，城乡居民储蓄存款余额959.8亿元，比年初增加93.1亿元，增长10.7%；金融机构人民币各项贷款余额1166.2亿元，比年初增加167.0亿元，增长16.7%，其中短期贷款764.3亿元，比年初增加76.6亿元，增长11.1%，中长期贷款370.8亿元，比年初增加90.3亿元，增长32.2%。

年末保险机构累计实现财产险保费收入12.7亿元，人寿险保费收入29.4亿元，意外伤害险保费收入0.8亿元，健康险保费收入2.5亿元。

11

2014年三门峡市经济发展概况

【经济总量】2014年，三门峡市全年实现地区生产总值（GDP）1240.13亿元，按可比价计算，比2013年增长9.1%。其中：第一产业增加值111.98亿元，增长4.2%；第二产业增加值792.92亿元，增长9.9%；第三产业增加值335.23亿元，增长8.1%。三次产业结构由2013年的8.3：66.4：25.3变化为9.0：64.0：27.0。

【农业】2014年，三门峡市全年粮食总产量59.71万吨，比2013年减产2.9%，其中夏粮27.69万吨，增产0.3%，秋粮32.01万吨，减产5.6%；烤烟产量3.93万吨，减产8.6%，棉花产量0.12万吨，增产2.4%；油料产量2.94万吨，减产17.4%；肉类总产量11.0万吨，增长9.2%，禽蛋产量5.2万吨，增长1.4%。牛奶产量4.43万吨，增长4.2%。

【工业和建筑业】2014年，三门峡市全年全部工业增加值726.88亿元，比2013年增长9.8%，增速比2013年加快0.3个百分点。其中，规模以上工业增加值668.96亿元，增长10.7%，增速比2013年加快0.3个百分点。规模以上工业中，轻工业增加值增长14.6%，重工业增加值增长10.4%，轻、重工业比例为7.7：92.3。全年规模以上工业产品销售率为98.1%。

全年全市建筑业完成增加值66.04亿元，比2013年增长12.4%。

【固定资产投资】2014年，三门峡市全年全社会固定资产投资完成1339.11亿元，比2013年增长19.1%。其中：固定资产投资（不含农户，下同）完成1327.57亿元，增长19.3%，农户投资11.54亿元，下降6.2%。

在固定资产投资中，国有及国有控股单位投资368.90亿元，比2013年增长4.5%；民间投资953.20亿元，增长26.6%。分三次产业看，第一产业投资108.74亿元，增长56.6%；第二产业投资747.44亿元，增长

14.0%；第三产业投资471.39亿元，增长21.6%。

【科学技术】2014年，三门峡市全年组织实施各类科技计划项目110个，其中省级以上科技项目43个，专项资金3976万元。年内15家企业被认定为高新技术企业，81家科技型中小企业通过省级备案，产业集聚区高技术创业服务中心被认定为国家级科技企业孵化器，1家企业申报的省级院士工作站、3家企业申报的省级工程技术研究中心通过认定，1家企业被认定为河南省节能减排科技创新示范企业。全年有16项科技成果获得市级科技进步奖，其中二等奖8项，三等奖8项；10项科技成果通过省级鉴定，其中国内领先水平以上达到7项；获得省科技进步二等奖3项；共申请专利593件，授权517件。

【国内贸易和对外经济】2014年，三门峡市全年全市社会消费品零售总额完成350.79亿元，比2013年增长12.7%。分销售地区看，城镇消费品零售额293.73亿元，增长12.6%；乡村消费品零售额57.06亿元，增长13.1%。分行业看，批发业零售额15.95亿元，下降2.8%；零售业零售额290.98亿元，增长13.6%；住宿业零售额3.82亿元，增长4.1%；餐饮业零售额40.03亿元，增长13.8%。

全年全市对外贸易进出口总额23848万美元，比2013年下降17.4%。其中：出口总额11908万美元，下降35.2%；进口总额11940万美元，增长13.9%。

【交通、邮电和旅游】2014年，三门峡市全年交通运输、仓储和邮政业增加值92.17亿元，比2013年增长2.1%。

全年全社会公路货运量4424万吨，比2013年增长10.5%；公路旅客运输量2840万人，增长2.4%；公路货运周转量104.78亿吨公里，增长7.5%；公路旅客周转量14.80亿人公里，增长18.8%。

全年邮电业务总量17.0亿元，比2013年增长8.3%。其中：邮政业务总量1.55亿元，增长6.8%；电信业务总量15.46亿元，增长8.5%。年末固定电话用户25.1万户，固定电话普及率为11.0部/百人；移动电话用户203.8万户，普及率为89.5部/百人，比2013年增加2.6部/百人。

年末全市共有国际旅行社和国内旅行社53家；旅游景区（点）26处，其中A级旅游景区（点）16处，4A级以上景区8处；旅游星级饭店25家。全年共接待海内外游客2374.4万人次，其中：接待入境游客9.2万人次，接待国内游客2365.2万人次。全年旅游总收入202.64亿元。

【金融和保险】2014年年末，三门峡市全市金融机构各项存款余额942.33亿元，比年初增加6.29亿元，其中城乡居民储蓄存款余额582.52亿元，比年初增加32.6亿元；各项贷款余额587.04亿元，比年初增加38.88亿元，其中，短期贷款余额319.21亿元，比年初减少3.29亿元，中长期贷款余额234.75亿元，比年初增加32.58亿元。

12

2014年南阳市经济发展概况

【经济总量】2014年，南阳市全年实现地区生产总值（GDP）2347.09亿元，比上年增长8.6%。其中，第一产业增加值382.83亿元，增长4.2%；第二产业增加值1184.50亿元，增长9.3%；第三产业增加值779.77亿元，增长9.6%。三次产业结构16.3∶50.5∶33.2。

【农业】2014年，南阳市全年全市粮食作物种植面积992.62千公顷，比上年增长2.0%，其中：小麦种植面积540.97千公顷，增长0.9%；棉花种植面积18.01千公顷，下降20.7%；油料种植面积268.13千公顷，增长4.0%；蔬菜种植面积193.52千公顷，下降5.2%。

全年粮食产量512.18万吨，比上年增长1.2%。棉花产量1.61万吨，下降28.4%；油料产量103.16万吨，增长1.4%；蔬菜产量790.54万吨，增长1.7%。肉类总产量61.35万吨，增长2.7%；禽蛋产量26.4万吨，下降1.4%；牛奶产量24.56万吨，增长1.6%。

【工业和建筑业】2014年，南阳市全年全市全部工业增加值1027.68亿元，比上年增长9.2%。规模以上工业增加值833.98亿元，比上年增长11.2%，其中，轻工业增长10.1%，重工业增长11.9%，轻、重工业比例为38.4：61.6。产品销售率为97.9%。

全年全市建筑业增加值156.82亿元，比上年增长10.7%。初步统计汇总显示全市具有资质等级的建筑企业工程结算收入249.72亿元，同比下降7.9%；利润总额11.45亿元，同比下降27.2%；工程结算税金及附加10.55亿元，同比下降5.2%。

【固定资产投资】2014年，南阳市全年全社会固定资产投资2315.70亿元，比上年增长17.8%。其中：固定资产投资（不含农户）2238.46亿元，增长19.1%；农户投资77.24亿元，下降10.1%。

在固定资产投资（不含农户）中，国有及国有控股投资259.99亿元，比上年增长19.7%；民间投资1956.44亿元，增长19.4%；港澳台商控股投资12.5亿元，增长11.6%；外商控股投资14.7亿元，下降1.0%。从三次产业看，第一产业投资172.83亿元，增长157.1%；第二产业投资1396.14亿元，增长15.3%；第三产业投资669.49亿元，增长11.4%。

【科学技术】2014年，南阳市全年全市科学研究开发机构140个，从事研究与试验发展（R&D）人员1.7万人，研究与试验发展（R&D）人员经费支出23.38亿元。国家级企业技术中心8个，省级企业技术中心40个。省级工程技术研究中心5个，国家级创新型试点企业2家，省级创新型试点企业5家，重大科技专项3个。全年获得省级科技进步奖14项；专利申请3080件，授权专利1838件；签订技术合同86份，成交金额3810.89万元。

【国内贸易和对外经济】2014年，南阳市全年批发和零售业增加值146.78亿元，比上年增长8.8%；住宿和餐饮业增加值88.44亿元，增长5.5%。

全年社会消费品零售总额1246.58亿元，比上年增长12.5%。分城乡看，城镇消费品零售额977.04亿元，增长12.6%；乡村消费品零售额269.54亿元，增长12.2%。分行业看，批发业71.54亿元，增长5.3%；零售业214.41亿元，增长18.7%；住宿业6.64亿元，增长8.6%；餐饮业16.79亿元，增长15.2%。

全年进出口总额19.35亿美元，比上年增长8.3%。其中：进口总额5.03亿美元，下降6.8%；出口总额14.32亿美元，增长14.8%。

【交通、邮电和旅游】2014年，南阳市全年交通运输、仓储和邮政业增加值114.56亿元，比上年增长3.3%。

年末高速公路通车里程643公里。全年客运量比上年增长2.8%；货运量比上年增长11.5%；旅客周转量比上年增长19%，货物周转量比上年增长7.6%；机场旅客吞吐量增长14.4%，机场货邮吞吐量增长17.8%。年末民用汽车保有量246.06万辆，增长3.8%。

全年邮电业务总量62.88亿元，增长19.7%，其中：邮政业务总量8.23亿元，增长3.6%；电信业务54.65亿元，增长23.0%。年末局用电话交换机总容量76.8万门，本地固定电话用户73.52万户，移动电话用户665.97万户。电话普及率为13.6部/百人。年末互联网用户72.14万户，下降0.3%。

全年共接待来宛旅游人数3748.72万人次，比上年增长7.1%，其中，国际游客1.71万人次，增长3.1%。旅游总收入194.94亿元，增长8.3%。年末共有A级旅游景区35处，其中，4A级以上景区15处。星级酒店82个，国际国内旅行社119家。

【金融和保险】2014年，南阳市全年全市金融业增加值59.03亿元，比上年增长13.8%。

年末全市金融机构人民币各项存款余额2756.77亿元，比上年末增长11.3%；其中，单位存款余额892.21亿元，增长9.4%，城乡居民储蓄存款余额1777.19亿元，增长12.0%。年末金融机构人民币各项贷款余额1552.53亿元，比上年末增长17.1%；其中，短期贷款1016.75亿元，增长13.7%；中长期贷款475.49亿元，增长24.8%。

全年保险公司保费收入90.78亿元，比上年增长11.6%，其中：财产险保费收入19.87亿元，同比增长21.1%；人身险保费收入70.91亿元，同比增长9.2%。全年赔款及给付额为24.74亿元，同比增长9.6%。其中：财产险赔付10.02亿元，同比增长8.7%；人身险赔付14.72亿元，同比增长10.2%。

13

2014年商丘市经济发展概况

【经济总量】2014年，商丘市全年实现地区生产总值（GDP）1697.58亿元，比上年增长9.2%。分产业看，第一产业增加值380.48亿元，增长4.4%；第二产业增加值783.02亿元，增长10.6%，其中工业增加值672.40亿元，增长10.1%，建筑业增加值110.62亿元，增长14.2%；第三产业增加值534.08亿元，增长

10.6%。三次产业结构为22.4∶46.1∶31.5。

【农业】2014年，商丘市全年粮食种植面积1209.83万亩，比上年增长2.0%。其中，小麦种植面积713.82万亩，增长1.1%。油料种植面积127.31万亩，下降0.3%。棉花种植面积37.77万亩，下降13.2%。

全年粮食产量535.12万吨，比上年增长2.0%。油料产量37.53万吨，下降5.6%。棉花产量2.41万吨，下降13.9%。

【工业和建筑业】2014年，商丘市全年规模以上工业增加值383.40亿元，比上年增长11.6%。

规模以上工业31个行业大类中，增加值居前10位的行业为：农副食品加工业45.57亿元，比上年下降5.4%；纺织服装、服饰业39.61亿元，增长23.5%；纺织业38.22亿元，增长9.8%；食品制造业31.67亿元，增长2.2%；非金属矿物制品业29.92亿元，增长23.1%；电力、热力生产和供应业19.12亿元，下降4.3%；皮革、皮毛、羽毛及其制品和制鞋业18.57亿元，下降14.4%；黑色金属冶炼和压延加工业17.46亿元，下降0.3%；酒、饮料和精制茶制造业15.70亿元，下降5.5%；仪器仪表制造业15.53亿元，增长54.1%。

【固定资产投资】2014年，商丘市全年全社会固定资产投资1288.72亿元，比上年增长17.9%。其中，固定资产投资（不含农户）1233.83亿元，增长19.5%；农户投资54.89亿元，下降8.8%。

在固定资产投资（不含农户）中，国有控股投资102.99亿元，比上年增长58.1%；民间投资1128.16亿元，增长17.0%；外商投资9.82亿元，增长186.3%。第一产业投资5.46亿元，下降58.5%；第二产业投资827.79亿元，增长21.2%；第三产业投资400.58亿元，增长19.0%。

【科学技术】2014年年末，商丘市拥有县级以上科学研究与技术开发机构12个。全年共取得省级科技进步奖4项；申请专利793件，授权专利545件；签订技术合同1份，成交金额500万元。

【国内贸易和对外经济】2014年，商丘市全年社会消费品零售总额579.69亿元，比上年增长13.6%。分城乡看，城镇消费品零售额421.88亿元，增长13.6%；乡村消费品零售额157.81亿元，增长13.8%。分行业看，批发零售贸易业零售额496.64亿元，增长13.4%；住宿餐饮业零售额83.05亿元，增长15.1%。

全年进出口总额34053万美元，比上年增长35.3%。其中，出口总额28433万美元，增长34.5%；进口总额5621万美元，增长39.4%。

【交通、邮电和旅游】2014年年末，商丘市干线公路通车里程1180公里，农村公路通车里程18316公里，高速公路通车里程317公里。全年公路运输完成货物周转量327.39亿吨公里，旅客周转量完成83.2亿人公里；货运量11715万吨，客运量8818万人次。

全年邮电业务总量60.0亿元，比上年增长20.3%。其中，邮政业务总量6.32亿元，增长8.2%；电信业务总量53.68亿元，增长21.9%。年末固定电话用户52.81万户，移动电话用户624.88万户。互联网宽带接入用户74.95万户，无线上网用户263.35万户。

全年共接待国内外游客962.95万人次，比上年增长11.2%。旅游总收入19.55亿元，增长12.4%。

【金融和保险】2014年年末，商丘市金融机构各项存款余额1759.88亿元，比上年末增长12.9%。其中，城乡居民储蓄存款余额1233.20亿元，增长12.3%。各项贷款余额1007.19亿元，增长20.9%。其中，短期贷款余额577.73亿元，增长22.0%；中长期贷款余额406.65亿元，增长17.3%。

全年保险公司保费收入25.27亿元。其中，财产险保费收入3.92亿元，人寿险保费收入21.35亿元。全年赔款及给付5.95亿元。其中，财产险赔款支出3.22亿元，人身险赔付2.55亿元。

14

2014年信阳市经济发展概况

【经济总量】2014年，信阳市全年实现地区生产总值（GDP）1757.34亿元，按可比价格计算，较上年增长8.9%。其中，第一产业增加值439.81亿元，增长4.3%；第二产业增加值730.06亿元，增长10.2%；第三产业增加值587.46亿元，增长10.3%。三次产业结构为25.0：41.6：33.4，对GDP增长的贡献率依次为10.8%、52.6%、36.7%。全年人均生产总值27490元，比上年增长8.8%。

【农业】2014年，信阳市全年农林牧渔业总产值758.82亿元。其中，农业总产值487.33亿元，林业总产值30.45亿元，畜牧业总产值188.11亿元，渔业总产值35.52亿元，农林牧渔服务业总产值17.41亿元。

全年粮食作物种植面积858.05千公顷，比上年增长1.7%。其中，水稻473.47千公顷，增长3.2%；小麦314.58千公顷，增长0.1%。油料作物种植面积247.88千公顷，增长5.2%。蔬菜种植面积112.64千公顷，增长2.1%。茶叶种植面积97.83千公顷，增长7.2%。

【工业和建筑业】2014年，信阳市全年工业增加值597.76亿元，比上年增长10.0%。其中，规模以上工业企业增加值499.81亿元，增长12.3%。

全年全社会建筑业增加值132.30亿元，比上年增长11.0%。具有资质等级的总承包和专业承包的建筑企业利润总额19.71亿元，增长2.5%；实现税金总额14.72亿元，增长25.9%。其中，国有及国有控股企业利润3.08亿元，下降42.3%。

【固定资产投资】2014年，信阳市全年全社会固定资产投资1792.53亿元，比上年增长17.6%。其中，固定资产投资1723.17亿元，增长19.1%；农户投资69.36亿元，下降10.6%；工业投资718.75亿元，增长31.7%。

固定资产投资中，产业集聚区固定资产投资963.84亿元，比上年增长26.2%，投资额占全市的55.9%，对全市固定资产投资增长的贡献率为72.5%。

全年固定资产投资1501.85亿元，增长19.0%。其中，国有投资148.11亿元，比上年下降19.5%；民间投资1337.50亿元，增长27.7%。分产业看，第一产业投资57.91亿元，增长51.3%；第二产业投资629.19亿元，增长33.5%；第三产业投资814.75亿元，增长8.3%。

【科学技术】2014年年末，信阳市拥有河南省院士工作站6个；省级工程研究中心25家，市级99家；国家级企业技术中心1个，省级12个，市级17个；省级高新技术企业14个；省级高新技术特色产业基地2个，省级农业科技园区1个。全年安排科技计划项目75个，获省级科技进步奖项目4个。申请专利873件，授权专利595件。签订技术合同24份，成交金额5600万元。

年末共有产品质量监督检验机构9个。全年强制检定计量器具6.4万台件。制定、修订地方标准5项，新建计量标准8项。拥有国家地理标志保护产品21种，河南名牌产品70种。年末共有天气雷达观测站点1个，卫星数据广播接收系统9个，区域气象观测站212个，地震台站3个，地震观测台网1个

【国内贸易和对外经济】2014年，信阳市全年批发和零售业增加值81.21亿元，比上年增长8.8%；住宿和餐饮业增加值71.93亿元，增长6.1%。

全年社会消费品零售总额761.43亿元，比上年增长12.8%。分城乡看，城镇消费品零售额616.97亿元，增长13.0%；乡村消费品零售额144.46亿元，增长12.0%。分行业看，批发和零售业零售额545.68亿元，增长13.4%；住宿和餐饮业零售额215.74亿元，增长11.5%。

全年货物进出口总额75620万美元，比上年增长10.9%。其中，出口总额40379万美元，增长39.1%；进口总额35241万美元，下降10.1%。出口总额中，一般贸易39570万美元，增长59.4%；加工贸易809万美元，下降27.1%；机电产品6874万美元，增长86.3%；高新技术产品1558万美元，增长224.6%

【交通、邮电和旅游】2014年，信阳市全年交通运输、仓储及邮政业增加值77.62亿元，比上年增长2.8%。

年末公路通车里程14126公里，其中高速公路550公里。拥有各类民用汽车28.58万辆，其中个人汽车25.35万辆。民用轿车10.83万辆，其中个人轿车9.67万辆。

全年邮电业务总量33.38亿元，按可比口径计算，比上年下降3.6%。其中，邮政业务总量3.95亿元，增长7.3%；电信业务总量29.43亿元，下降4.9%。年末本地固定电话用户61.36万户，增长0.7%；移动电话用户389.32万户，增长1.3%。电话普及率70.33部/百人。年末计算机互联网用户（不含移动终端上网用户）44.71万户，增长5.0%。

全年来信旅游人数2046.3万人次，比上年增长12.8%。其中，入境游客1.3万人次，增长7.2%；国内游客人数2045万人次，增长12.8%。旅游总收入116.2亿元，增长21.6%，其中，外汇收入307.87万美元，增长19.1%。年末共有A级旅游景区22处，其中4A级以上景区6处。星级酒店（三星级以上）34家，国际和国内旅行社44家。

【金融和保险】2014年年末，信阳市金融机构各项人民币存款余额2094.96亿元，比上年末增长14.5%。其中储蓄存款余额1488.43亿元，增长14.0%。各项人民币贷款余额1107.74亿元，增长21.8%。其中，短期贷款余额608.88亿元，增长14.7%；中长期贷款余额480.51亿元，增长32.4%。金融机构消费贷款余额185.60亿元，增长8.0%。其中，个人住房贷款115.57亿元，增长36.2%。年末金融机构存贷比为52.9%，新增存贷比为74.8%。

全年保险公司保费收入51.34亿元。其中，财产险保费收入10.47亿元，人身险保费收入40.86亿元。全

年赔付15.77亿元，其中，财产险赔付6.59亿元，人身险赔付9.18亿元。

15

2014年周口市经济发展概况

【经济总量】2014年，周口市全年实现地区生产总值（GDP）1992.08亿元，按可比价格计算，同比增长9.1%，其中：第一产业实现增加值459.22亿元，同比增长4.4%；第二产业实现增加值1026.38亿元，同比增长10.7%；第三产业实现增加值506.48亿元，同比增长10.5%。

三次产业结构由上年的24.9：49.9：25.2调整为23.1：51.5：25.4。二三产业占GDP的比重达76.9%，较上年提高1.8个百分点。

【农业】2014年，周口市全年全市农林牧渔业增加值为459.22亿元，同比增长4.4%。全市粮食作物播种面积1857.73万亩，实现总产161.34亿斤，同比增产2.56亿斤，增长1.6%，平均亩产434.24公斤。其中：夏粮播种面积1017.63万亩，同比增加12.31万亩，增长1.2%；亩均产量501.38公斤，同比增产5.52公斤，增长1.1%；总产量102.04亿斤，同比增产2.34亿斤，增长2.4%。秋粮播种面积840.1万亩，同比增加31.29万亩，增长3.9%；实现总产59.3亿斤，同比增加0.22亿斤，增长0.4%；亩产352.93公斤与上年基本持平。全市猪肉、禽肉、禽蛋、奶产量分别达到52.03万吨、11.63万吨、26.03万吨和13.31万吨，同比分别增长5.05%、1.15%、1.23%和6.98%。

【工业和建筑业】2014年，周口市全年全市工业实现增加值917.2亿元，增长10.2%。其中：规模以上工业实现增加值790.01亿元，同比增长12.3%。

分轻重工业看，重工业完成增加值增长14.7%，轻工业增加值增长11.2%。分企业规模看，全市290家大中型企业完成增加值同比增长13.8%对全市规模以上工业的贡献率为78.2%，拉动全市规模以上工业增长9.6个百分点。其中：中型企业完成增加值同比增长16.7%，对全市规模以上工业的贡献率为44.4%，拉动全市规模以上工业增长5.4个百分点。分行业看，全市规模以上工业32个行业大类中，28个行业均保持增长，增长面达87.5%。有17个行业增速较同期加快。全市三大支柱行业完成工业增加值同比增长12.9%，对全市规模以上工业的贡献率达62.7%，拉动全市规模以上工业增长7.7个百分点。

全社会建筑业增加值109.2亿元，同比增长15.2%。具有资质等级的总承包和专业承包建筑业企业191家，利润总额23.6亿元，同比增长0.4%；利税总额41.1亿元，同比增长5.8%。

【固定资产投资】2014年，周口市全年全市累计完成固定资产投资（不含农户）1375.44亿元，同比增长19.4%。

在固定资产投资（不含农户）中，第一产业完成投资64.21亿元，同比增长26.5%，占全市投资总量的4.7%；第二产业完成投资849.91亿元，同比增长18.3%，占全市投资总量的61.8%；第三产业完成投资461.31

亿元，同比增长20.6%，占全市投资总量33.5%。

【科学技术】2014年，周口市全年共取得省级科技进步奖二等奖1项，三等奖1项。全年申请专利835件，授权专利485件，分别增长-5.2%和-11%。

【国内贸易和对外经济】2014年，周口市全年全市实现社会消费品零售总额852.90亿元，同比增长12.7%。

分城乡看，城镇市场实现零售额691.11亿元，同比增长12.9%，占消费品零售总额的81.0%；农村市场实现零售额161.78亿元，同比增长11.8%，占全市消费品零售总额的19.0%。分行业看，批发业零售额121.98亿元，同比增长11.7%；零售业零售额564.29亿元，同比增长12.4%；住宿业零售额9.18亿元，同比增长20.8%；餐饮业零售额157.45亿元，同比增长14.2%。分限额标准看，限额以上企业（单位）实现消费品零售额223.08亿元，同比增长14.4%，限额以下企业和个体经营户实现零售额629.81亿元，同比增长11.0%。分商品类型看，限额以上批零贸易业中的食品、饮料、烟酒类等食用类商品零售增长21.0%，服装、鞋帽、针纺织品类等穿着类商品零售增长18.3%，两大类零售额占全部零售额的44.1%。

全年全市完成进出口总值79223万美元，同比增长7.0%。其中：出口71329万美元，同比增长28.4%，进口7894万美元，同比下降57.3%。

【交通、邮电和旅游】2014年，周口市全年全社会货运量18707万吨，同比增长10.0%，货物周转量6979729万吨/公里，同比增长7.2%，客运量7216万人，同比增长1.7%，旅客周转量650843万人/公里，同比增长17.6%。其中铁路货运量2997万吨，同比增长14.5%，货物周转量465891万吨/公里，同比增长25.2%，客运量56万人，同比增长26.7%，客运周转量4062万人/公里，同比增长40.4%；公路货运量13409万吨，同比增长10.2%；货物周转5470706万吨/公里，同比增长6.4%；客运量7110万人，同比增长1.6%；旅客周转量646507万人/公里，同比增长17.5%。水运货运量2301万吨，同比增长4.0%；货物周转量1043132万吨/公里，同比增长4.9%；客运量50万人，同比增长2.3%；旅客周转量274万人/公里，同比增长5.2%。

全年完成邮电业务总量66.28亿元。其中邮政业务总量5.15亿元；移动业务总量36.98亿元，联通业务总量20.12亿元，电信业务总量4.03亿元。固定电话拥有量42.28万部，移动电话拥有量544.26万部。

全年全市（不含鹿邑）旅游接待人数1680.37万人次。其中：接待国内游客1677.53万人次，同比增长-4.1%；接待入境游客2.84万人次，同比增长-5%。旅游综合收入79.29亿元。其中：国内旅游收入78.725亿元，增长-1.9%；旅游创汇收入912.3万美元，增长0.7%。旅行社40家。A级景区21家。其中：4A级景区1家；3A级景区4家。星级饭店20家。其中：四星级饭店3家；三星级饭店12家。

【金融和保险】2014年年末，周口市金融机构各项存款余额1881.22亿元，同比增加225.59亿元，增长13.6%。其中，储蓄存款余额1496.03亿元，同比增加184.41亿元，增长14.1%。金融机构人民币各项贷款余额为818.34亿元，同比增加114.62亿元，增长16.3%，多增50.13亿元。

16

2014年驻马店市经济发展概况

【经济总量】2014年，驻马店市全年实现地区生产总值（GDP）1540.92亿元，比上年增长8.5%。其中，第一产业实现增加值363.52亿元，增长4.3%；第二产业实现增加值691.30亿元，增长9.4%；第三产业实现增加值486.10亿元，增长10.2%。三次产业结构比由上年的24.7：44.3：31.0调整为23.6：44.9：31.5。其中第一产业比重下降1.1个百分点，第二产业比重提高0.6个百分点，第三产业比重提高0.5个百分点。人均生产总值25352元。

全年居民消费价格（CPI）总水平比上年上涨1.8%，其中：食品类上涨2.7%；居住类上涨1.6%。

【农业】2014年，驻马店市全年粮食作物种植面积1072.98千公顷，比上年增长1.29%，其中小麦种植面积599.58千公顷，增长1.42%。油料种植面积273.80千公顷，增长0.11%。棉花种植面积3.93千公顷，减少5.56%。蔬菜种植面积102.20千公顷，增长1.51%。

全年粮食产量640.87万吨，比上年增长1.83%。其中，夏粮397.44万吨，增长3.84%；秋粮243.43万吨，下降1.28%。油料产量101.12万吨，增长1.6%。棉花产量0.36万吨，下降8.43%。

【工业和建筑业】2014年，驻马店市全部工业增加值607.17亿元，比上年增长8.6%。规模以上工业增加值509.15亿元，增长10.5%。其中，轻工业增加值274.7亿元，增长13.2%，重工业增加值234.5亿元，增长8.7%；非公有制工业增加值增长12.0%；高技术产业增加值增长12.8%。

全社会建筑业实现增加值84.12亿元，比上年增长15.7%。全市建筑业实现总产值357.83亿元，增长11.5%。

【固定资产投资】2014年，驻马店市全社会固定资产投资完成1174.09亿元，比上年增长17.7%。固定资产投资1112.35亿元，增长19.7%，其中，国有及国有控股投资113.03亿元，下降20.1%；民间投资987.26亿元，增长26.7%。分产业看，第一产业投资38.06亿元，增长14.8%，第二产业投资605.92亿元，增长30.2%，第三产业投资468.37亿元，增长8.8%。全市产业集聚区完成固定资产投资786.35亿元，增长17.9%。

【科学技术】2014年年末，驻马店市全市共有科学研究开发机构12个；省工程技术研究中心23个；省级创新型试点企业10家；获得省级科技进步奖6项；专利申请911件，授权专利591件。

【国内贸易和对外经济】2014年，驻马店市全年社会消费品零售总额实现612.2亿元，比上年增长13.0%。按城乡统计，城镇消费品零售额449.7亿元，增长13.1%；农村消费品零售额162.5亿元，增长12.8%。按行业统计，批发和零售业零售额528.2亿元，增长12.8%，住宿餐饮业零售额84亿元，增长13.8%。

全年进出口总额40062万美元，比上年增长24.6%。其中，进口额7484万美元，下降11.0%；出口额32577

万美元，增长37.3%。实际利用外商直接投资33792万美元，增长11.4%。引进省外资金204亿元，增长16.9%。

【交通、邮电和旅游】2014年，驻马店市全年旅客运输量1.73亿人，比上年增长1.5%，货物运输量1.14亿吨，增长8.5%。全年完成客运周转量74.64亿人公里，比上年增长18.0%，货运周转量365.31亿吨公里，增长9.7%。年末全市境内高速公路通车里程444.5公里。

全年邮政电信业务收入54.04亿元，其中电信业务总量46亿元，邮政业务总量5.04亿元。

全年共接待国内外游客2025万人次，比上年增长20.2%。旅游总收入106.5亿元，增长25.6%。全市共有A级旅游景区22个，其中4A级以上旅游景区4处。全市共有星级酒店35个，国际国内旅行社22家。

【金融和保险】2014年年末，驻马店市全部金融机构人民币存款余额1982.89亿元，增长16.0%。其中个人存款1393.24亿元，增长15.4%；单位存款530.28亿元，增长15.8%。全部金融机构人民币贷款余额939.35亿元，增长24.0%。其中，短期贷款余额510.92亿元，增长15.1%；中长期贷款余额422.03亿元，增长36.3%。

湖北省

1

2014年武汉市经济发展概况

【经济总量】2014年，武汉市全年实现地区生产总值（GDP）达到10069.48亿元，突破万亿大关，按可比价格计算，比上年增长9.7%。其中，第一产业增加值350.06亿元，增长5.0%；第二产业增加值4785.66亿元，增长10.2%；第三产业增加值4933.76亿元，增长9.5%。一、二、三产业比重由上年的3.7：48.6：47.7调整为3.5：47.5：49.0。第三产业占比提高1.3个百分点。

【农业】2014年，武汉市全年完成农业总产值559.44亿元，比上年增长5.0%。其中，种植业316.27亿元，增长5.6%。林业8.71亿元，增长18.2%。牧业126.99亿元，增长3.0%。渔业87.40亿元，增长2.5%。农林牧渔服务业20.06亿元，增长13.5%。全年实现农产品加工产值2310亿元，增长15%。

全年粮食种植面积216.33千公顷，比上年减少6.12千公顷。棉花种植面积21.22千公顷，减少5.02千公顷。油料种植面积87.76千公顷，减少1.73千公顷。蔬菜种植面积169.08千公顷，减少0.28千公顷。

【工业和建筑业】2014年，武汉市全年规模以上工业增加值3453.35亿元，比上年增长10.9%。规模以上工业总产值11764.59亿元，增长12.3%。其中，制造业增长16.0%，电力、热力、燃气及水生产和供应业下降11.0%。

年末具有资质等级的建筑企业1365户。建筑业增加值842.91亿元，比上年增长10.0%。建筑业总产值5840.5亿元，增长19.7%。

【固定资产投资】2014年，武汉市全年全社会固定资产投资7002.85亿元，比上年增长16.7%。其中，民间投资4064.56亿元，增长16.1%，占全社会固定资产投资的58.0%。全年施工项目（不含房地产开发，下同）2983个，增长12.6%。其中，本年新开工项目1889个，增长10.4%；本年投产项目1615个，增长17.9%。

全年固定资产投资（不含农户，下同）6962.53亿元，比上年增长16.5%。其中，第一产业投资22.33亿元，增长67.7%；第二产业投资2643.81亿元，增长16.6%；第三产业投资4296.39亿元，增长16.3%。第二产业中，工业投资2606.32亿元，增长15.4%。

【科学技术】2014年年末，武汉市拥有政府部门属科学技术研究机构98所，国家重点实验室23个，国家实验室1个，国家工程实验室3个，国家级工程技术研究中心27个，国家级企业技术中心23个。两院院士

60人。实施市级科技计划项目1019项。市级登记科技成果278项，武汉地区获奖科技成果374项，其中获国家科技奖25项。专利申请27802件，增加2122件。其中，发明专利11871件，增加2136件。专利授权16335件，增加434件。其中，发明专利授权3874件，增加703件。每万人发明专利拥有量14.5件。技术市场合同成交额309.23亿元，增长40.6%。

【国内贸易和对外经济】2014年，武汉市全年社会消费品零售总额4369.32亿元，比上年增长12.7%。其中，限额以上企业零售额3183.23亿元，增长15.4%。按行业分，批发零售业零售额3966.10亿元，增长12.8%；住宿餐饮业零售额403.22亿元，增长10.8%。

全年外贸进出口总额264.29亿美元，比上年增长21.4%。其中，进口126.38亿美元，增长28.7%；出口137.91亿美元，增长15.5%。在出口总额中，一般贸易出口70.41亿美元，增长16.7%；加工贸易出口62.55亿美元，增长26.1%。高新技术产品出口53.28亿美元，增长21.8%。出口国别和地区数192个。口岸货运量856.44万吨，增长12.5%。

【交通、邮电和旅游】2014年，武汉市全年交通客货运输换算周转量3912.43亿吨公里，比上年增长17.1%。全社会货运量48530.83万吨，货物周转量3026.12亿吨公里，全社会客运量28145.48万人，旅客周转量1090.72亿人公里。

全年邮电业务总量260.85亿元，比上年增长31.9%。年末移动电话3G用户625.57万户，增长25.6%。互联网宽带用户372.05万户，增长16.0%。光纤到户覆盖数266.6万户，增长14.2%。

全年接待国内旅游者19126.75万人次，比上年增长12.4%；接待海外旅游者170.57万人次，增长5.7%。实现旅游总收入1949.46亿元，增长15.4%。其中，国内旅游收入1892.06亿元，增长15.8%；国际旅游收入9.34亿美元，增长2.2%。年末旅游景区39个，其中5A级3个，4A级19个，3A级14个。旅游星级以上宾馆87家，其中五星级14家，四星级31家，三星级31家。

【金融和保险】2014年年末，武汉市武汉地区金融机构本外币存款余额16268.71亿元，比年初增加1353.02亿元。其中，个人存款5725.87亿元，增加295.91亿元。金融机构本外币贷款余额14463.40亿元，增加1659.52亿元。境内贷款中，短期贷款3817.07亿元，增加137.57亿元；中长期贷款9690.30亿元，增加1357.47亿元。个人消费贷款2083.41亿元，增加360.88亿元。其中，个人住房贷款1740.50亿元，增加311.21亿元；个人购车贷款130.33亿元，增加36.85亿元。

年末总部设在武汉的金融机构19家。在汉设立或筹建后台服务中心的金融机构33家。上市公司累计60家，其中，境外15家，境内45家。

2

2014年襄阳市经济发展概况

【经济总量】2014年，襄阳市全年实现地区生产总值（GDP）3129.3亿元（现价），按可比价格计算，增长9.8%。分产业看，第一产业增加值401.6亿元，增长5.0%；第二产业增加值1804.7亿元，增长10.2%；第三产业增加值923.0亿元，增长11.0%。三次产业结构为12.8：57.7：29.5。

【农业】2014年，襄阳市全市粮食种植面积767.2千公顷，比上年增加10.4千公顷；全年粮食产量503.7万吨（100.7亿斤），增长0.2%；棉花产量3.0万吨，下降27.9%；油料产量24.9万吨，下降0.4%；蔬菜产量320.8万吨，增长2.5%；茶叶、水果产量分别达到1.2万吨和128.9万吨，分别增长13.1%和6.2%。

【工业和建筑业】2014年，襄阳市全市规模以上工业增加值增长11.2%（可比价）。其中：轻工业增加值增长11.1%；重工业增加值增长11.3%。

全市规模以上工业企业个数达到1654家，比上年的1529家净增125家。其中，产值过亿元的企业1044家，过十亿元的企业87家，过五十亿元的企业8家，过百亿元的企业4家。

全市建筑业实现增加值163.2亿元，增长6.3%。

【固定资产投资】2014年，襄阳市全市完成全社会固定资产投资2553.5亿元，增长22.4%。其中，固定资产投资（不含农户）2448.3亿元，增长22.5%。全市在建施工项目2064个，其中，新开工项目1213个。

在固定资产投资中，第一产业完成投资92.3亿元，增长74.5%；第二产业完成投资1220.4亿元，增长16.8%，其中，工业投资1214.4亿元，增长16.3%；第三产业完成投资1135.5亿元，增长26.0%。

【科学技术】2014年，襄阳市全市新认定高新技术企业56家，全年共有191个项目被列入国家或省级科技计划项目，全市共申请专利6448件，实用新型专利3580件，外观设计专利246件，发明专利2622件。

全市高新技术产业实现增加值685.4亿元，增长14.9%。其中，高新技术制造业实现增加值676.8亿元，增长15.1%。

【国内贸易和对外经济】2014年，襄阳市全市实现社会消费品零售总额1030.6亿元，增长13.4%。分城乡看，城镇消费品市场实现零售额936.3亿元，增长13.5%；乡村消费品市场实现零售额94.1亿元，增长12.6%。

全市外贸进出口总额196572万美元，增长21.5%。其中，出口总额173843万美元，增长21.2%；进口总额22729万美元，增长23.5%。全市新批外资企业23家，下降4.2%；实际外商直接投资63145万美元，增长17.5%。

【交通、邮电和旅游】2014年，襄阳市全市公路里程27134.9公里，其中，等级公路通车里程25660.3公里。全年完成县乡公路改建251.1公里、通村公路1117.8公里，基本实现村村通。设置乡镇五级站66个、简易站及招呼站2294个。新发展农村客运班线448条，村村通客车率达到100%。交通运输安全服务保障能力进一步提高。全市公路货物周转量483.2亿吨公里，增长14.4%；公路旅客周转量47.6亿人公里，增长

23.2%。襄阳机场现已开通13条航线，全年累计完成运输起降8662架次，比上年下降0.7%；旅客吞吐量67.7万人次，增长12.6%；货邮吞吐量2388.3吨，增长10.9%。

全市邮政业务总量3.2亿元，年末全市移动电话用户442.6万户，固定电话用户73.5万户，年末互联网宽带接入用户数80.6万户。

全年旅游总人数3357.3万人次，增长18.7%。其中，入境旅游人数4.9万人次，下降0.6%；国内旅游人数3252.5万人次，增长15.2%。旅游总收入221.4亿元，增长22.4%，其中，入境旅游收入3685.5万美元，增长23.4%；国内旅游收入219.2亿元，增长22.4%。

【金融和保险】2014年，襄阳市金融机构本外币存款余额2484.0亿元，比年初增加302.0亿元，其中，个人存款余额1563.6亿元，比年初增加231.0亿元。金融机构本外币贷款余额1507.6亿元，比年初增加262.8亿元，其中，短期贷款余额734.0亿元，比年初增加97.4亿元；中长期贷款余额755.4亿元，比年初增加159.6亿元。

全市保费收入55.1亿元，增长20.4%，其中，财产险保费收入16.6亿元，增长19.4%；人身险保费收入38.5亿元，增长20.8%。全年各项赔款和给付支出17.5亿元，增长12.2%。其中，人身险赔款和给付支出7.9亿元，增长3.4%；财产险赔款支出9.6亿元，同比增长20.7%。

3

2014年十堰市经济发展概况

【经济总量】2014年，十堰市全年实现地区生产总值（GDP）1200.8亿元，按可比价格计算，比上年增长9.5%。其中，第一产业增加值151.2亿元，增长5.1%；第二产业增加值610.1亿元，增长10.2%；第三产业增加值439.5亿元，增长9.6%。三次产业结构比为12.6：50.8：36.6。人均GDP为35604元。在第三产业增加值中，交通运输、仓储业同比增长4.7%，批发和零售业增长7.9%，金融保险业增长17.1%，营利性服务业增长13.5%，非盈利性服务业增长10.7%。

【农业】2014年，十堰市全年实现农林牧渔业增加值151.2亿元，按可比价格计算，同比增长5.1%。其中，农业增加值90.6亿元，增长4.8%；林业增加值5.7亿元，增长6.3%；牧业增加值44.9亿元，增长5.4%；渔业增加值9.3亿元，增长6.0%；农林牧渔服务业增加值0.8亿元，增长5.3%。

粮食生产再获丰收。全市粮食作物播种达到277.2千公顷，比上年增加0.8千公顷；全年粮食总产量达到117.9万吨，比上年增长1.6%。其中，夏粮34.0万吨，增长0.05%；秋粮83.9万吨，增长2.2%。油料面积82.5千公顷，比上年增加2.4千公顷；蔬菜面积74.0千公顷，增加1.2千公顷。全年油料产量13.4万吨，比上年增长1.3%；蔬菜产量158.1万吨，增长3.7%；水果产量38.87万吨，增长6.1%。

【工业和建筑业】2014年年末，十堰市全市规模以上工业企业数达到884家。完成规模以上工业增加值550.5亿元，比上年增长10.4%，分轻重工业看，重工业增长9.8%，轻工业增长15.6%；分企业登记注册类型看，国有企业下降3.8%，集体企业增长8.9%，股份制企业增长16.6%，外商及港澳台商投资企业增长1.6%，其他类型企业增长22.1%；分行业看，汽车工业增加值增长9.7%，医药制造业增长14.1%，纺织行业增长12.6%，化学制品业下降1.8%，有色金属冶炼业下降16.0%，黑色金属冶炼业增长16.0%，电力生产及供应业下降2.7%。

全市有资质的建筑企业221家（有工作量的企业，但不含劳务分包企业），完成施工产值360.6亿元，比上年增长16.5%；实现增加值58.6亿元，增长19.7%。建筑单位房屋建筑施工面积1488万平方米，增长10.4%，其中新开工房屋建筑施工面积761.9万平方米，增长17.2%。

【固定资产投资】2014年，十堰市全年完成全社会固定资产投资1101.5亿元，比上年增长21.8%，其中500万元以上固定资产投资1040.3亿元，增长21.9%。亿元以上施工项目有558个，完成投资546.6亿元，增长20.7%。

在500万元以上固定资产投资中，按隶属关系分，中央单位投资14.0亿元，增长7.6%；地方投资1026.4亿元，增长22.1%。按产业划分，第一产业完成投资50.1亿元，增长13.7%；第二产业完成投资289.4亿元，增长24.2%，其中完成工业投资230.8亿元，增长26.1%；第三产业完成投资700.8亿元，增长21.6%。完成新建投资758.1亿元，增长33.5%；扩建投资30.9亿元，下降28.6%；改建和技术改造投资138.1亿元，增长34.8%。

【科学技术】2014年，十堰市全市安排市级科技项目89项，科技投入1500万元；省级以上科研项目111项，科技投入5535.9万元。专利申请受理2089项，比上年增加471项；专利授权1190件，比上年增加111项。全年共登记科技成果108项，获省级科学技术奖励16项，其中省科技进步一等奖1项，省科技进步二等奖4项，省科技进步三等奖9项，中小企业创新奖2项。

【国内贸易和对外经济】2014年，十堰市实现社会消费品零售总额548.7亿元，比上年增长13.8%。分城乡看，城镇实现零售额423.8亿元，增长14.0%；乡村实现零售额124.8亿元，增长13.4%。分行业看，批发零售贸易业实现销售总额606.4亿元，增长20.2%，其中批发业实现销售额345.7亿元，增长22.8%；零售业实现销售额260.7亿元，增长16.9%；住宿餐饮业实现营业额29.4亿元，增长10.58%，其中餐饮业实现营业额22.5亿元，增长14.3%。

全年实现外贸进出口总额56567万美元，比上年增长11.8%。其中，进口2432万美元，下降59.2%；出口54135万美元，增长21.3%。新批外资企业14个，实际利用外资18047万美元，增长15.6%。引进市外境内项目538个，到位资金260亿元，分别增长45%、52.7%。

【交通、邮电和旅游】2014年年末，十堰市公路通车里程达到24361.7公里，其中等级以上公路里程23106.1公里，占公路通车总里程的94.8%。年末全市机动车拥有量为57.7万辆，比上年增长11.7%，其中，私人机动车拥有量54.1万辆，增长12.6%。全年完成旅客运输量3553万人次，增长13.8%；旅客周转量301295万人公里，增长15.8%；完成货物运输量5697万吨，增长14.4%；货运周转量108.1亿吨公里，增长14.4%。

全年完成邮政业务总量22.8亿元，比上年增长23.8%。在邮政业务中，完成函件业务量230.7万件，下降51.1%；订销报刊累计数3784万份；EMS特快专递417.3万件，增长48.4%。电信业务总量19.8亿元，增长

21.2%。固定电话用户49万户，移动电话用户301万户，计算机互联网用户63万户。

全年实现旅游总收入242.7亿元，比上年增长20.1%。其中，国际旅游外汇收入5900万美元，增长1.3%。全年接待国内外旅游人数3435.4万人次，增长18.0%。其中接待入境旅游者17.7万人次，增长3.5%。全市拥有旅游星级宾馆饭店79家，A级旅游景区56家，各类旅行社69家。

【金融和保险】2014年年末，十堰市金融机构各项存款余额1651.8亿元，比年初增加212亿元。其中，城乡居民储蓄存款余额910.6亿元，增加108.4亿元。金融机构各项贷款余额882.2亿元，比年初增加157.8亿元，其中，中长期贷款570.6亿元，增加86.1亿元。

年末全市拥有地市级保险机构31家，全年完成保费收入34.4亿元，比上年增长0.3%；赔付11.1亿元，同比下降0.1%。其中，寿险公司13家，全年完成保费收入23.0亿元，下降7.25%，人身险赔付5.1亿元，下降13.6%，给付率为22.18%。财产险公司18家，保费收入11.4亿元，增长18.9%，赔付6.0亿元，增长13.2%，赔付率为52.8%。

4

2014年荆州市经济发展概况

【经济总量】2014年，荆州市全年实现地区生产总值1480.49亿元，按可比价格计算，比上年增长9.8%。一、二、三产业协调发展，三次产业内部结构不断优化，第二、三产业成为全市经济增长的主要力量。其中，第一产业完成增加值347.00亿元，增长5.2%；第二产业完成增加值659.58亿元，增长10.9%；第三产业完成增加值473.91亿元，增长11.4%。三次产业结构为23.4∶44.6∶32.0；第一产业比重下降0.5个百分点，第二产业比重下降0.1个百分点，第三产业比重上升了0.6个百分点；三次产业对GDP增长的贡献分别为19.2%、43.5%和37.3%。

【农业】2014年，荆州市全市实现农林牧渔业总产值616.16亿元，比上年增长4.5%。其中：农业、林业、牧业和渔业总产值分别为262.74亿元、7.02亿元、142.40亿元和196.18亿元，分别比上年增长2.4%、1.5%、4.0%和7.8%。

全年粮食播种面积608.41千公顷，比上年增加24.42千公顷，增加4.2%；粮食总产量400.02万吨，比上年增加13.96万吨，增长3.6%。油料产量62.33万吨，比上年减少0.42万吨，减少0.7%。蔬菜总产269.50万吨，比上年增加10.38万吨，增长4.0%。园林水果总产量47.52万吨，比上年增加2.64万吨，增长5.9%。因结构性调整和保护性收储政策取消，棉花播种面积减少，再加上不利气候的影响，全年棉花产量9.64万吨，比上年减4.24万吨，比上年减少30.5%。

【工业和建筑业】2014年，荆州市全市规模以上工业企业达到1002家，规模以上工业企业增加值比上年增长11.1%。其中，轻工业增加值增长10.8%，重工业增加值增长11.5%。按所有制分，国有经济增加值增长2.7%，集体经济增加值下降0.2%，股份制经济（含私营经济）增加值增长12.8%，外商及港澳台投资经济增加值下降7.4%。高新技术产业规模不断扩大，完成增加值129.01亿元，比上年增长15.1%。规模以上工业企业完成出口交货值102.91亿元，比上年增长23.7%。工业用电需求放缓，全市工业用电量58.43亿千瓦时，比上年增长4.5%。

全年资质以内建筑企业203家，完成施工产值227.9亿元，实现利润13亿元，税金10亿元。建筑单位新开工房屋建筑施工面积965万平方米，招投标承包面积1100万平方米。房屋建筑施工面积1656万平方米。

【固定资产投资】2014年，荆州市全年全社会固定资产投资1651.63亿元，比上年增长21.8%。其中：500万元以上项目完成投资（含房地产）1571.09亿元，比上年增长22.0%。按经济类型划分，国有及国有控股投资346.83亿元，增长16.2%；民间投资1205.68亿元，增长24.6%。按产业划分，第一产业投资44.33亿元，增长23.1%；第二产业投资703.71亿元，增长2.6%；第三产业投资823.04亿元，比上年增长45.5%。全市在建项目2399个，增长4.8%；其中，新开工项目1827个，增长0.3%。

【科学技术】2014年，荆州市全年共争取国家、省科技项目无偿资金达3395.5万元，全年共取得省部级以上科技计划量46项，其中国家级科技计划量6项，省级科技计划量40项。专利申请量达1569项，其中发明专利309项，实用新型897项，外观设计363项，企业专利602件。专利授权量984项。

【国内贸易和对外经济】2014年，荆州市全年社会消费品零售总额831.44亿元，比上年增长13.3%。其中限额以上实现零售额404.77亿元，增长14.5%。分地区看，城镇市场实现零售额623.54亿元，增长13.4%；乡村市场实现零售额207.90亿元，增长10.5%。分行业看，批发业零售额104.64亿元，增长15.3%；零售业零售额630.42亿元，增长11.1%；住宿业零售额4.89亿元，增长13.5%；餐饮业零售额91.52亿元，增长20.8%。

全市进出口总额16.51亿美元，比上年增长20.9%，其中，外贸出口12.96亿美元，比上年增长15.0%。实际外商直接投资额1.21亿美元，比上年增长12.0%。

【交通、邮电和旅游】2014年，荆州市全年完成货运量12512万吨，货物周转量402.35亿吨公里，分别比上年增长45.3%和3.8%。完成客运量9158万人，旅客周转量442622万人公里，分别增长6.7%和14.9%。邮电业务总量35.16亿元，比上年减少1.2%。全市固定电话总数63.03万部，比上年下降13.5%；移动电话386.41万部，比上年下降1.7%；国际互联网82.81万户，比上年增长9.9%。

全市接待国内旅游2267.45万人次，增长22.5%；实现旅游总收入137.72亿元，增长24.1%。

【金融和保险】2014年年末，荆州市金融机构人民币存款余额1967.02亿元，比上年增长13.1%。其中单位存款余额564.56亿元，比年初增加50.98亿元；个人存款余额1350.68亿元，比年初增加164.25亿元。金融机构人民币贷款余额954.50亿元，比上年增长19.0%。从期限结构看：短期贷款472.69亿元，比年初增加55.92亿元；中长期贷款468.35亿元，比年初增加108.05亿元。金融机构存贷比为48.5，比上年提高2.4个百分点。

全市实现保费收入75.27亿元，比上年增长15.5%；各项赔付和给付支出19.47亿元，比上年增长23.1%。

5

2014年宜昌市经济发展概况

【经济总量】2014年，宜昌市全年实现地区生产总值（GDP）3132.21亿元，按可比价格计算，比上年增长9.8%，高于全省增幅0.1个百分点。分产业看，第一产业增加值351.56亿元，增长5.0%；第二产业增加值1857.56亿元，增长9.9%；第三产业增加值923.09亿元，增长11.0%。三次产业比例由上年的11.9∶60.1∶28.0变化为11.2∶59.3∶29.5。按常住人口计算，人均地区生产总值76369元，增长9.6%，较上年增加7523元。

【农业】2014年，宜昌市全市实现农林牧渔业总产值581.45亿元，比上年增长5.0%，增幅较上年提高0.2个百分点。年末常用耕地面积267.8千公顷，较上年增加1.36千公顷。全年粮食产量167.77万吨，增产2.0%；棉花产量2.04万吨，减产37.6%；油料产量23.82万吨，减产0.4%；茶叶产量6.27万吨，增产12.1%；水产产品产量19.67万吨，增产4.4%；园林水果产量313.72万吨，增产10.8%，其中柑橘产量306.56万吨，增产11.1%；蔬菜产量396.56万吨，增产3.2%；肉类总产量62.16万吨，增产1.8%；生猪出栏629.68万头，增产1.0%；肉牛出栏7.3万头，增长28.2%；肉羊出栏163.11万头，增长10.6%。

【工业和建筑业】2014年，宜昌市全市规模以上工业增加值增长11.2%，高于全省增幅0.4个百分点。分经济类型看，国有企业同比增长12.2%，集体企业同比增长17.3%，股份制企业同比增长10.8%，外商及港澳台商企业同比增长13.5%，其他经济类型企业同比增长15.4%。

全市建筑业增加值164.98亿元，较上年增加21.90亿元，按可比价计算，增长7.4%。

【固定资产投资】2014年，宜昌市全年完成固定资产投资（不含农户投资）2471.04亿元，比上年增长22.1%，高于全省增幅1.7个百分点。其中，城镇500万以上项目投资1638.55亿元，增长20.2%；农村500万以上项目投资637.89亿元，增长39.3%。分产业看，第一产业完成投资76.41亿元，增长62.6%；第二产业完成投资1232.58亿元，增长20.9%；第三产业完成投资1162.05亿元，增长21.4%。

【科学技术】2014年，宜昌市全市重点科技成果登记230项。国家级高新技术企业228家，比上年新增53家。省市级工程技术中心121家，较上年增加21家；国家、省、市级重点实验室48家，较上年增加3家。全市专利申请量为7274件；专利授权量为2353件，其中发明专利277件。

【国内贸易和对外经济】2014年，宜昌市全年社会消费品零售总额964.53亿元，比上年增长13.3%，高于全省增幅0.5个百分点。分地域看，城镇市场消费品零售额828.15亿元，增长13.2%；乡村市场消费品零售额136.38亿元，增长13.5%。分行业看，批发业和零售业零售额817.73亿元，增长13.6%；住宿和餐饮业零售额146.8亿元，增长11.6%。

全年实现外贸进出口总额26.97亿美元，比上年增长14.8%，增幅较上年提高7.4个百分点。其中，出口额22.56亿美元，增长11.8%；进口额4.41亿美元，增长32.4%。四大出口基地产品共出口17.22亿美元，增长

8.1%，占全市出口总额的76.4%。其中，机电及装备制造业基地出口4.20亿美元，下降3.2%；化工产品基地出口8.74亿美元，增长21.1%；医药基地出口1.60亿美元，下降4.3%；农产品基地出口2.68亿美元，下降0.8%。

【交通、邮电和旅游】2014年，宜昌市全年交通运输、仓储和邮政业完成增加值206.39亿元，比上年增长10.7%，增幅较上年提高1.5个百分点。全年公路、水运完成货物周转量491.54亿吨公里，增长54.8%；旅客周转量50.72亿人公里，增长20.2%。全市现代物流总产值达到828.2亿元，增长15.7%。

年末全市民用汽车拥有量达到35.56万辆，比上年末增长10.9%，其中私人汽车拥有量30.90万辆，增长14.8%。

全年完成邮电业务收入31.13亿元。其中，邮政业务收入2.68亿元，电信业务收入28.45亿元。年末全市共有固定电话用户57.50万户。移动电话用户年末达到384.24万户，其中3G移动电话用户143.01，新增19.04万户。互联网上网人数72.38万户，新增4.43万户。

全年接待国内外旅游人数4085.01万人次，比上年增长23.0%。入境国际旅游人数35.58万人次，增长3.6%，其中外国人27.52万人次，增长1.2%；香港、澳门和台湾同胞8.05万人次，增长12.9%。国际旅游外汇收入9759.4万美元，增长18.0%。国内旅游人数4049.42万人次，增长23.2%；国内旅游收入330.17亿元，增长29.5%。全市旅游总收入336.17亿元，增长29.2%。

【金融和保险】2014年年末，宜昌市金融机构本外币存款余额2583.25亿元，比年初增加201.34亿元，其中人民币存款余额2566.22亿元，比年初增加195.61亿元，城乡居民储蓄存款余额1323.07亿元，比年初增加120.05亿元。金融机构本外币贷款余额1967.51亿元，比年初增加218.45亿元，其中人民币贷款余额1954.99亿元，比年初增加230.61亿元。

全年保险公司保费收入57.48亿元，比上年增长8.7%，其中寿险保费收入增长4.6%，健康险和意外伤害险保费收入增长25.8%，财产险保费收入增长21.4%。全年支付各类赔付14.09亿元，比上年下降5.6%，其中寿险赔付下降33.6%，健康险和意外伤害险赔付增长4.0%；财产险赔付增长17.7%。全市保费收支增幅差距14.3个百分点，较上年缩小21.3个百分点。

6

2014年荆门市经济发展概况

【经济总量】2014年，荆门市全年实现地区生产总值（GDP）1310.59亿元，比上年增长9.9%。其中，第一、二、三产业分别增长5.1%、11.0%、10.5%。三次产业结构为15.1∶53.9∶31.0，第一、二产业比重分别比上年下降0.7个、0.3个百分点，第三产业上升1.0个百分点。

【农业】2014年，荆门市全年实现农林牧渔业总产值351.66亿元，比上年增长5%。全年粮食种植面积378.57千公顷，比上年增加14.08千公顷；棉花种植面积25.10千公顷，减少10.08千公顷；油料种植面积

143.97千公顷，减少0.65千公顷；蔬菜种植面积46.75千公顷，增加0.31千公顷。主要农产品产量为：粮食272.93万吨，比上年增加5.33万吨，增长2%；棉花3.05万吨，减少1.72万吨，下降36.1%；油料39.56万吨，增加0.76万吨，增长2%；蔬菜204.47万吨，增加6.64万吨，增长3.3%。

【工业和建筑业】2014年，荆门市全年全部工业增加值658.52亿元，比上年增长10.9%。规模以上工业增加值增长11.2%。规模以上工业中，轻工业增长12.2%，重工业增长10.5%。全市37个工业大类行业中，有28个行业增加值增长。规模以上工业企业年内净增105家，达到1027家。

全年建筑业总产值114.83亿元，比上年增长22.6%。建筑业竣工产值81.41亿元，增长17.2%。

【固定资产投资】2014年，荆门市全年完成固定资产投资1190.15亿元，增长21.6%。

固定资产投资中：国有经济控股单位完成投资234.36亿元，比上年增长11.3%。第一产业完成投资71.37亿元，增长36.8%；第二产业完成投资615.67亿元，增长24.1%；第三产业完成投资503.11亿元，增长17.0%。主要行业中，制造业完成投资541.34亿元，增长24.2%；电力、燃气及水的生产和供应业完成投资52.21亿元，增长31.3%；交通运输、仓储和邮政业完成投资102.08亿元，增长28.0%；批发和零售业完成投资35.76亿元，增长43.4%；住宿和餐饮业完成投资12.53亿元，下降35.6%；房地产业完成投资200.91亿元，增长17.2%；水利、环境和公共设施管理业完成投资84.33亿元，增长20.5%；卫生、社会保障和社会福利业完成投资20.42亿元，增长3.9%。

【科学技术】2014年年末，荆门市全市共有科研机构31所。全市立项实施科技计划项目105项，其中国家级3项、省级42项。专利申请量1287项，专利授权量751项。省、市农业科技创新示范基地15家。

年末全市共有产品质量监督检测机构50个，法定计量技术机构4个。全年强制检定计量器具294010台（件），企业获得强制性认证证书30张。全市共有天气雷达观测站点1个，卫星云图接收站点3个。全市共有地震台（站）1个。

【国内贸易和对外经济】2014年，荆门市全年社会消费品零售总额达到451.78亿元，比上年增长14.1%。其中，城镇消费品零售额338.51亿元，增长14.3%；乡村消费品零售额113.27亿元，增长13.9%。分行业看，批发零售业零售额374.29亿元，增长14%；住宿餐饮业零售额77.49亿元，增长15.3%。

全年进口总额19928万美元，比上年增长25%；出口总额76794万美元，增长24.4%。在出口中，国有企业出口14106万美元，增长44%；三资企业出口16386万美元，增长3.4%；其他企业出口46302万美元，增长28.2%。

【交通、邮电和旅游】2014年，荆门市全年交通运输、仓储和邮政业实现增加值34.48亿元，比上年增长3.3%；信息传输、计算机服务和软件业实现增加值9.43亿元，增长7.0%。

全年邮政业务总量1.85亿元，比上年增长3.4%；电信业务收入17.25亿元，增长8.2%。年末本地固定电话用户36.25万户，下降5.5%，其中，城市用户21.91万户，下降1.9%；农村用户14.34万户，下降10.6%。年末移动电话用户212.28万户，增长8.7%。互联网宽带接入用户34.68万户，增长7.6%。

全年国内游客2008.38万人次，比上年增长11.3%。入境游客19189人次，下降10.8%。全年旅游总收入

107.84亿元，比上年增长19.0%。其中，国内旅游收入107.35亿元，增长18.9%。全市共有星级饭店33家。

【金融和保险】2014年年末，荆门市全市金融机构各项存款余额1257亿元，比年初增加135.75亿元。其中，单位存款345.37亿元，比年初增加8.44亿元；个人存款842.04亿元，比年初增加103.47亿元。年末金融机构各项贷款余额653.25亿元，比年初增加98.12亿元。其中，短期贷款342.04亿元，比年初增加41.27亿元；中长期贷款308.77亿元，比年初增加57.36亿元。

全年保险业原保费收入31.48亿元，比上年增长11.3%；保险赔款及给付11.16亿元，增长24.5%。

7

2014年鄂州市经济发展概况

【经济总量】2014年，鄂州市全年实现地区生产总值（GDP）686.64亿元，按可比价格计算，比上年增长9.7%。其中，第一产业完成增加值81.15亿元，比上年增长5.3%；第二产业完成增加值407.19亿元，比上年增长10.1%；第三产业完成增加值198.3亿元，比上年增长10.5%。三次产业结构由2013年的12.4:59.5:28.1调整为11.8：59.3：28.9。按常住人口计算，全市人均生产总值达到64851元，比上年净增5060元，增长8.46%。

【农业】2014年，鄂州市全年完成农业增加值81.15亿元，比上年增长5.3%。全年粮食种植面积61.44千公顷，比上年增加2.26千公顷；棉花种植面积5.49千公顷，比上年增加0.05千公顷；油料种植面积31.57千公顷，比上年增加1.5千公顷。粮食总产量36.38万吨，增长2.5%；棉花总产量4832吨，下降30.5%；油料产量6.16万吨，增长1.1%；蔬菜产量99.96万吨，增长3.1%；牲猪出栏123万头，增长2.5%；家禽出笼1540万只，下降1.3%；水产品产量45.36万吨，增长6.2%。

【工业和建筑业】2014年，鄂州市全市规模以上工业企业达到492家，比上年净增5家，增长1.03%。全年规模以上工业完成增加值373.15亿元，比上年增长11.3%。分轻重工业看，轻工业增加值增长17.14%，重工业增加值增长9.63%。分经济类型看，国有企业下降10.46%，集体企业增长12.44%，股份制企业增长30.96%，外商投资企业增长14.41%，港澳台投资企业增长11.73%，私营企业增长18.23%。

全年全市资质以内建筑企业完成总产值126.69亿元，比上年增长36.4%。全市房屋施工建筑面积1160.95万平方米，增长35.7%，其中，新开工房屋建筑施工面积559.3万平方米，比上年增长2.9%。

【固定资产投资】2014年，鄂州市全年完成全社会固定资产投资698.03亿元，比上年增长22.1%。其中，固定资产投资（不含农户）687.08亿元，比上年增长21.1%。在固定资产投资中，第一产业完成投资11.89亿元，增长15.2%；第二产业完成投资246.68亿元，下降14.8%；第三产业完成投资428.51亿元，增长60.2%。

【科学技术】2014年，鄂州市全年全市新增高新技术认定企业16家，新增高新技术备案产品19个；全市组织登记科技成果15项；登记技术合同150项，技术交易额3.65亿元；全市发明专利申请量达到412件，比上年增长31%。

【国内贸易和对外经济】2014年，鄂州市全年全市实现社会消费品零售总额230.28亿元，比上年增长13.1%。分城乡看，城镇实现零售额207.87亿元，增长13.4%；乡村实现零售额22.41亿元，增长10.1%。其中，限额以上企业（单位）实现社会消费品零售额82.63亿元，增长22.8%。电子商务快速增长。全年通过网络消费实现零售额35.86亿元，比上年增长2.7倍，占限上企业零售额的43.4%。

全年全市实现外贸进出口总额51860万美元，比上年增长5.8%，其中：出口20382万美元，增长15.6%；进口31478万美元，增长0.2%。全年实际利用外资21094万美元，增长30.2%。

【交通、邮电和旅游】2014年，鄂州市全年全市完成货物周转量62.45亿吨公里，比上年增长28.5%；旅客周转量9.84亿人公里，比上年增长13.2%。全年港口货物吞吐量达到2036万吨，比上年增长7.5%。年末全市公路里程达到3334公里，比上年增长2.9%。其中等级公路达到2886公里。

年末，全市民用车辆拥有量37992辆，其中，私人汽车拥有量达到30159辆，比上年净增3820辆。出租车512辆，公共汽（电）车运营车辆414辆。

全市邮电业务总量10.2亿元，增长10.9%。长途光缆线路总长度达到4213万公里；局用交换机达到126.34万门；固定电话用户22.39万户；移动电话用户达到100.23万户；计算机宽带互联网用户17.24万户。

全年全市共接待国内外旅游者575万人次，比上年增长19.02%，实现旅游总收入50.3亿元，比上年增长21.09%。年末全市拥有3A级旅行社7家，星级酒店9家。

【金融和保险】2014年年末，鄂州市全市金融机构本外币各项存款余额449.20亿元，比年初增加51.38亿元。其中：个人存款267.60亿元，增加30.85亿元。金融机构各项贷款余额303.51亿元，比年初增加32.52亿元。其中：短期贷款147.56亿元，下降0.27亿元；中长期贷款141.28亿元，增加33.28亿元。

全年保费收入10.53亿元，增长10.91%。其中，财产险公司实现保费收入2.57亿元，增长24.74%；人身险公司保费收入7.96亿元，增长7.07%。支付各类赔款及给付2.6亿元，增长3.19%，其中，财产险公司赔款1.37亿元，增长14.99%；人身险公司赔付1.23亿元，下降7.44%。

8

2014年孝感市经济发展概况

【经济总量】2014年，孝感市全年实现地区生产总值（GDP）1354.72亿元，按可比价格计算，比上年增长9.7%。分产业看，第一产业增加值252.17亿元，增长5.1%；第二产业增加值664.36亿元，增长10.9%；第三产业增加值438.19亿元，增长10.2%。三次产业结构由上年的19.6：48.6：31.8调整为18.6：49.1：32.3。在第三产业中，交通运输、仓储和邮政业增长6.9%，批发和零售业增长9.3%，住宿和餐饮业增长5.6%，房地产业增长4.0%，其他服务业增长13.4%。

【农业】2014年，孝感市全市完成农林牧渔业增加值252.17亿元，按可比价格计算，比上年增长5.1%。粮食种植面积550.46万亩，比上年增长3.0%；棉花种植面积38.39万亩，下降13.7%；油料种植面积171.15万亩，下降0.6%；蔬菜种植面积147.77万亩，增长2.1%。粮食生产经受住“倒春寒”及强降雨天气的影响，产量实现“十一连增”，粮食总产量227.41万吨，比上年增长1.7%；棉花3.13万吨，下降24.4%；油料23.93万吨，下降1.2%；蔬菜368.77万吨，增长3.5%。

【工业和建筑业】2014年，孝感市全市1148家规模以上工业企业实现增加值681.12亿元[5]，比上年增长11.0%。分门类看，采矿业增长9.1%，制造业增长12.4%，电力、热力、燃气及水生产和供应业下降9.4%；分轻重工业看，轻工业增长13.6%，重工业增长8.1%；分经济类型看，国有企业下降12.1%，集体企业下降0.8%，股份合作企业增长16.8%，股份制企业增长14.0%，外商及港澳台投资企业增长5.8%，其他企业增长6.4%。

年末全市具有资质等级的建筑企业145家，实现总产值394.39亿元，比上年增长26.9%。在145家建筑企业中，承包、专业承包企业124家，劳务分包21家。

【固定资产投资】2014年，孝感市全年全市固定资产投资（不含农户）1482.93亿元，比上年增长22.0%。其中，第一产业完成投资36.98亿元，增长10.1%；第二产业完成投资732.00亿元，增长8.4%，其中工业投资732.00亿元，增长9.5%；第三产业完成投资713.94亿元，增长40.9%。全年全市房地产开发投资136.35亿元，增长22.7%。

【科学技术】2014年，孝感市全年高新技术产业实现增加值151.56亿元，增长11.5%。新认定高新技术企业43家，高新技术企业总数达到125家，总数居全省第四位。争取国家和省级科技计划项目59项，获得无偿资助5015万元。其中获国家、省重大科技专项5项，为历年来最多。工业、社会发展领域连续2年获重大专项支持，农业领域连续3年获重大专项支持。全市全年完成专利申请1856件，其中发明专利申请625件。8项科技成果获得湖北省2014年度科技奖。

【国内贸易和对外经济】2014年，孝感市全年全市实现社会消费品零售总额689.33亿元，比上年增长13.2%。分行业看，批发业实现零售额86.57亿元，增长12.4%；零售业实现489.86亿元，增长13.2%；住宿业实现4.10亿元，增长12.7%；餐饮业实现108.80亿元，增长13.5%。分城乡看，城镇实现零售额548.07亿元，增长13.1%；乡村实现141.26亿元，增长13.4%。

全年全市外贸进出口总额首次突破10亿美元，达到11.96亿美元，比上年增长16.8%。其中，外贸出口9.39亿美元，增长20.5%；进口2.57亿美元，增长4.9%。全市新批外商投资企业29家，比上年增加2家，新增合同外资额5.20亿美元，增长54.2%。实际利用外资3.11亿美元，增长12.9%。

【交通、邮电和旅游】2014年，孝感市全市共有等级公路里程14556公里，其中一级公路101公里，二级公路1222公里，三级公路1289公里，四级公路11944公里。全年新（改）建等级公路855公里。

全市通信业营业收入比上年增长19.0%。其中，邮政业增长10.1%；电信业增长20.9%。

全年接待国内外游客1600万人次，增长14.3%；旅游综合收入增长19.1%。其中：接待境外游客1.09万人次，创汇670.9万美元。

【金融和保险】2014年，孝感市全市金融机构各项存款余额1613.55亿元，比年初增加209.43亿元。其中，单位存款461.57亿元，比年初增加38.93亿元；个人存款1092.37亿元，比年初增加141.79亿元。各项贷款余额785.56亿元，比年初增加126.47亿元。其中，短期贷款353.67亿元，比年初增加46.77亿元；中长期贷款418.63亿元，比年初增加75.56亿元。

全市保险行业保费收入35.83亿元，比上年增长11.3%，其中，财险保费收入8.14亿元，增长21.5%，寿险保费收入27.69亿元，增长8.6%。赔款给付支出7.84亿元，增长55.0%，给付率21.9%，比上年提高6.2个百分点。

9

2014年黄冈市经济发展概况

【经济总量】2014年，黄冈市全年实现地区生产总值（GDP）1477.15亿元，比上年增长9.7%。其中：第一产业增加值375.12亿元，增长5.1%；第二产业增加值586.10亿元，增长10.6%；第三产业增加值515.93亿元，增长11.8%。三次产业结构由2013年的26.77：39.12：34.11调整为25.39：39.68：34.93。第三产业中交通运输仓储和邮政、批发和零售、住宿和餐饮、金融保险、房地产及营利性服务业分别增长8.8%、9.4%、6.3%、18.1%、3.6%和15.9%。人均地区生产总值达到23128元。

【农业】2014年年末，黄冈市耕地面积539.22千公顷，农林牧渔业总产值559.63亿元，增长5.3%。种植业总产值269.36亿元，增长0.5%。粮食种植面积814.17万亩，增长1.33%；棉花种植面积54.18万亩，下降32.38%；油料种植面积383.75万亩，增长2.06%。种植业总产值269.36亿元，增长0.5%。粮食总产量325.75万吨，比上年增产6.77万吨，增长2.12%；棉花产量5万吨，减产41.93%；油料产量55.77万吨，增长0.68%；蔬菜产量288.17万吨，增长3.08%；水果25.57万吨，增长6.32%。

【工业和建筑业】2014年，黄冈市全市规模以上工业企业产销率95.8%，实现营业收入1508.2亿元，增长9.2%；利润总额61.8亿元，增长8.9%；税金总额44.7亿元，增长18.3%；总资产907.5亿元，增长6.9%。高新企业达到95家，比上年增加31家，高新产品达到157家，比上年增加14家，高新技术产业增加值117.58亿元，可比增速11.1%。

建筑业单位数235家，比上年增加6家，总产值819.97亿元，增加185.5亿元，增长29.24%。实现增加值132.08亿元，增长19.5%。建筑单位房屋建筑施工面积5391万平方米，增长33%。其中：招投标承包面积4462.2万平方米，增长36.5%。

【固定资产投资】2014年，黄冈市全社会固定资产投资1717.4亿元，增长21.3%，其中，投资额500万以上项目固定资产投资完成1657.6亿元，增长21.4%。按经济类型划分，国有经济投资432.5亿元，增长10.7%；集体经济投资87.45亿元，下降15.4%；私营经济投资658.7亿元，增长55.6%；其他经济投资131.6亿元，下降11.9%。

【科学技术】2014年，黄冈市全市新认定高新技术企业39家。建立校企合作研发平台40家，其中：建立了1家省级工程技术中心、4家省级校企共建研发中心；建立了11家省级创新型试点企业、8家省级中小企业成长路线图企业。与武大、华科等20所重点高校、科研所签订战略合作协议，开展了三批实习实训活动，吸引52所高校的1.7万多名学生报名。全市科技特派员总数达到877人，新建科技特派员示范基地118个，创办企业91家，建立经济合作组织111家。引进、示范、推广农业新技术239项，新品种217个。创办合作社或各类专业技术协会49个，市级科技开发推广机构5个，县级科技开发推广机构12个。有15个示范基地和15个示范企业入选全省100家农业科技创新示范基地和100家示范企业。培训农民技术骨干16.96万人次，发放技术资料31.91万多份。2014年全市申请专利2463件，授权专利913件。挂牌成立了武汉留学生创业园黄冈分园，已引进“千人计划”专家2名，“百人计划”专家1名。

【国内贸易和对外经济】2014年，黄冈市社会消费品零售总额715.65亿元，增长12.8%。分行业看，批发零售贸易业实现社会消费品零售总额638.48亿元，增长14.7%，占全部消费品零售总额的比重为89.2%。其中零售业实现零售额441.63亿元，增长16.2%。住宿餐饮业实现社会消费品零售总额77.17亿元，增长10.6%。分城乡看，城镇实现社会消费品零售总额627.55亿元，增长12.4%；农村实现社会消费品零售总额88.1亿元，增长15.6%。以网络零售、电子商务为代表的新业态发展迅猛。全省第二家地级市“淘宝特色中国.黄冈馆”开馆上线，“1号店特产中国.黄冈馆”开通运营。全年网络零售和电子商务交易额达300亿元，增长70%。

外贸进出口总额61184万美元，增长14.2%。其中，出口53412万美元，增长18.3%；进口7772万美元，下降7.8%。新批外资企业15家，比上年多批10家。合同外资金额21604万美元，增长77.6%。实际利用外资8690万美元，增长28.8%。

【交通、邮电和旅游】2014年，黄冈市交通运输邮电业增加值31.49亿元，增长8.8%。公路总里程2.67万公里，桥梁3975座。行政村通畅率100%，行政村通客车率88.5%。货运量10147万吨，货物周转量308.6亿吨公里，客运量9593万人，旅客周转量48.3亿人公里。

邮电业务总量31.45亿元，其中邮政4.52亿元，电信26.93亿元。全市邮政营业网点150处，快递网点450处，信筒（箱）408个。函件92.4万件，快递743.17万件，报刊期发数53.26万份，累计7073.71万份。邮政邮路总长度3504公里，农村投递路线总长度30043公里。

接待游客1800万人次，实现旅游收入100.42亿元。创建旅游强县1个、旅游名村4个，AAAA级景区达到14家，AAA级景区发展到19家，A级景区总数达到42家，星级宾馆（饭店）37家，其中四星级6家、三星级22家。

【金融和保险】2014年年末，黄冈市银行业金融机构本外币各项存款1995.95亿元，各项贷款811.33亿元。人民币各项存款余额1994.05亿元，增长15.97%，当年新增274.62亿元，同比减少11.95亿元。人民币各项贷款余额811.1亿元，增长23.98%；当年新增贷款156.89亿元，同比多增56.49亿元。全市银行业金融机构实现帐面盈利28.51亿元，比上年多盈利6.38亿元，增长28.83%。

全市商业保险机构实现保费收入54.88亿元，增长21.75%；各项赔付和给付支出22.38亿元，增长39.71%。

10

2014年咸宁市经济发展概况

【经济总量】2014年，咸宁市全年实现地区生产总值（GDP）964.25亿元，按可比价计算，比上年增长9.6%。其中，第一产业172.03亿元，增长5.1%；第二产业476.59亿元，增长10.9%；第三产业315.63亿元，增长9.7%。三次产业结构比为17.9：49.4：32.7，第三产业中的交通运输、仓储和邮政业、批发和零售业、住宿和餐饮业、金融业、房地产业、营利性服务业及非营利性服务业分别增长9.0%、9.0%、8.4%、11.2%、6.6%、10.2%和11.4%。

【农业】2014年，咸宁市全年粮食种植面积323.2万亩，比上年增长1.5%。油料种植面积122.8万亩，增长2.1%；棉花种植面积4.6万亩，下降20%。

全年粮食产量107.2万吨，比上年增长2.4%。夏粮产量6万吨，下降2.4%。其中，小麦产量2.7万吨，增长4.2%；秋粮（含早稻）产量101.3万吨，增长2.7%。

【工业和建筑业】2014年，咸宁市全年全部工业增加值427.66亿元，按可比价计算，比上年增长10.1%。规模以上工业增加值增长10.5%。在规模以上工业中，采掘业增长28.5%，制造业增长9.5%，电力、燃气及水的生产和供应业增长8.2%。

全年资质以内建筑业企业103家，建筑业增加值48.93亿元，按可比价计算，比上年增长19.2%；全年建筑竣工面积609.82亿元，增长24.5%；建筑业总产值119.77亿元，增长22.1%。

【固定资产投资】2014年，咸宁市全年全社会固定资产投资1171.85亿元，比上年增长20.6%。其中，固定资产投资1148.75亿元，增长20.5%。工业投资541.64亿元，同比增长15.7%，占固定资产投资的比重上升到47.2%。在固定资产投资中，第一产业投资74.09亿元，增长6.5%；第二产业投资541.64亿元，增长15.7%；第二产业投资533.02亿元，增长28.4%。

【科学技术】2014年，咸宁市全年申报登记省、部级以上科技成果39项。按成果类型分，基础理论研究1项，应用开发研究38项；按成果水平分，国际先进4项，国内领先14项，国内先进18项。全年专利申请量1210项，同比增长40.7%，其中发明专利306项，增长17.2%；专利授权量502项，增长37.2%，其中发明专利33项，增长13.8%。

【国内贸易和对外经济】2014年，咸宁市全年社会消费品零售额361.77亿元，比上年增长12.8%。分城乡看，城市消费品零售额243.92亿元，增长12.9%；农村消费品零售额117.85亿元，增长12.4%。分行业看，批发业零售额41.07亿元，增长12.3%；零售业零售额254.03亿元，增长13%；住宿业零售额23.63亿元，增长11.5%；餐饮业零售额43.05亿元，增长12.7%。

全年商品进出口总额46705万美元，比上年增长30.1%。其中，出口39715万美元，增长36.4%；进口6990万美元，增长2.8%。全年实际利用外资5880万美元，下降76.2%。新批准外商投资企业15家，同比增加9家。

【交通、邮电和旅游】2014年，咸宁市全年货运量4310万吨，比上年增长18.5%；货物周转量86.63亿吨公里，增长17.3%；客运量6132万人，增长8.6%；客运周转量36.15亿人公里，增长14.7%。

全年邮电业务总量16.41亿元，其中邮政业务总量1.65亿元，电信业务总量14.76亿元。光缆线路长度1.73万公里。固定电话年末用户43.22万户，比上年增长3.2%。移动电话年末用户248.06万户，增长9.7%。其中，3G移动电话用户102.07万户，增长6.9%。互联网宽带接入用户43.31万户，增长25.9%。互联网上网人数55.74万人，增长11.1%。

全年旅游收入172亿元，比上年增长31.9%。其中，旅游外汇收入620万美元，增长23.9%。全年接待旅游人数3365万人次，增长27%。门票收入4.7亿元，增长23.5%。

【金融和保险】2014年年末，咸宁市全市金融机构存款余额891.72亿元，比年初增加115.11亿元。其中，居民储蓄存款余额516.34亿元，比年初增加67.51亿元。全市金融机构贷款余额533.3亿元，比年初增加90.72亿元。其中，中长期贷款385.02亿元，比年初增加72.06亿元；小微企业贷款余额255.09亿元，比年初净增26.73亿元；涉农贷款余额233.36亿元，比年初净增38.18亿元。

全年市级保险机构达到26家，保费收入22.11亿元，比上年增长0.4%。其中，财产险完成保费收入6.37亿元，增长24.1%；人寿险完成保费收入15.74亿元，下降6.9%。全年财产险、人寿险累计赔款及给付达6.65亿元，综合赔（给）付率为30.1%。全年保险深度达到2.3%，保险密度达到899元/人。

11

2014年随州市经济发展概况

【经济总量】2014年，随州市全市实现生产总值（GDP）723.45亿元，按可比价格计算，比上年增长9.7%。其中：第一产业完成增加值130.09亿元，增长5.2%；第二产业完成增加值350.56亿元，增长10.3%。其中，完成工业增加值307.12亿元，增长10.4%，完成建筑业增加值43.44亿元，增长10.2%；第三产业完成增加值242.80亿元，增长11.2%。三次产业结构由2013年的18.8∶48.4∶32.8调整为18.0∶48.5∶33.5。

【农业】2014年，随州市全年实现农林牧渔业总产值225.9亿元，按可比价计算，比上年增长4.4%。粮食种植面积244.46千公顷，比上年增加3.7%；棉花种植面积13.4千公顷，下降6.8%；油料种植面积31.21千公顷，下降4.4%。粮食总产量160.9万吨；棉花总产量1.04万吨；油料产量6.97万吨。

【工业和建筑业】2014年，随州市全市规模以上工业增加值按可比价格计算比上年增长11.0%。其中：

国有企业增长7.6%；集体企业同比下降8.4%；股份合作企业增长178.3%；股份制企业增长11.7%；外商及港澳台投资企业增长6.3%；其他经济类型企业增长8.01%。轻工业增长14.4%；重工业增长8.5%。

建筑业发展步伐加快，92个资质以内建筑企业完成施工产值86.64亿元，比上年增长24.6%；实现利润4.36亿元，增长10.4%；税金3.82亿元，增长21.3%。建筑单位房屋建筑施工面积797.12万平方米，其中招投标承包面积642.57万平方米，招投标面为80.6%。新开工房屋建筑施工面积538.29万平方米，增长20.8%。

【固定资产投资】2014年，随州市全市完成全社会固定资产投资799.33亿元，比上年增长22.1%，其中500万元以上项目完成投资768.81亿元，增长22.3%；房地产开发投资33.98亿元，增长16.3%。按登记注册类型划分，内资企业投资762.69亿元，增长22.4%；港澳台投资3.56亿元，增长23.9%；外商投资2.28亿元，下降53.9%；个体经营投资0.28亿元，下降71.5%。按产业划分，第一产业投资35.68亿元，减少36.0%，第二产业投资456.36亿元，增长24.5%，第三产业投资276.77亿元，增长17.4%。

【科学技术】2014年，随州市全年争取省级以上科技项目36项，申请专利946件，实现高新技术增加值75.85亿元，比上年增长12.9%。

【国内贸易和对外经济】2014年，随州市全年实现社会消费品零售总额354.37亿元，比上年增长13.6%。分城乡看，城镇实现零售额289.96亿元，比上年增长13.3%；乡村实现零售额64.41亿元，增长12.4%。分行业看（限额以上），批发业实现零售额50.23亿元，增长20.0%；零售业120.69亿元，增长13.1%；住宿3.27亿元，增长11.1%；餐饮业12.79亿元，增长12.6%。

全年实现外贸进出口总额143054万美元，比上年增长12.9%，其中：出口127449万美元，增长13.1%；进口15605万美元，增长11.6%。在出口中：国有企业6636万美元，上升37.3%；外资企业36879万美元，增长23.6%；民营企业83934万美元，增长6.8%。全年实际利用外资9958万美元，增长13.5%。

【交通、邮电和旅游】2014年，随州市全年完成货物周转量1238251.44万吨公里，比上年增长15.5%；旅客周转量175619万人公里，增长17.9%。

邮电通信业完成邮电业务总量12.2亿元。光缆线路总长度21320公里。其中，长途光缆线路总长度4362公里。本地电话总数192.57万户；固定电话用户26.93万户，其中：城市电话用户7.28万户，乡村电话用户17.38万户，公用电话总数1.7万户。

全年接待国内旅游人数1582万人次，比上年增长9%；国内旅游收入96.93亿元，增长7%。接待海外游客1.5万人次，增长10%。国际旅游外汇收入0.17亿元，增长9%。

【金融和保险】2014年年末，随州市全市金融机构各项存款余额845.87亿元，比年初增加119.69亿元。其中：居民储蓄存款余额585.73亿元，增加86.11亿元。金融机构各项贷款余额396.58亿元，比年初增加67.70亿元。其中：短期贷款余额219.04亿元，增加27.50亿元；中长期贷款173.99亿元，增加38.44亿元。

全年保费收入16.4亿元，比上年下降1.79%。其中，财产险公司实现保费收入5.28亿元，增长26.49%；人寿险公司保费收入11.16亿元，下降10.93%。支付各类赔款及给付3.17亿元，比上年增加1.39亿元，其中，财产险公司赔付2.64亿元，增加1.42亿元；人寿险公司赔付0.53亿元，比上年下降0.03亿元。

湖南省

| 长沙市 | 株洲市 | 湘潭市 | 衡阳市 | 邵阳市 | 岳阳市 | 常德市 |
| 张家界市 | 益阳市 | 郴州市 | 永州市 | 怀化市 | 娄底市 |

1

2014年长沙市经济发展概况

【经济总量】2014年，长沙市全年实现地区生产总值（GDP）7824.81亿元，比上年增长10.5%。分产业看，第一产业实现增加值318.04亿元，增长4.5%；第二产业实现增加值4245.68亿元，增长11.4%，其中工业实现增加值3574.93亿元，增长11.4%；第三产业实现增加值3261.09亿元，增长9.7%。第一、二、三次产业分别拉动GDP增长0.2、6.4、3.9个百分点，三次产业对GDP增长的贡献率分别为1.5%、61.1%、37.4%。按常住人口计算，人均GDP达107683元，比上年增长9.2%。三次产业结构调整为4.0：54.3：41.7。全部工业增加值占GDP的比重达45.7%。全市非公有制经济实现增加值4979.21亿元，占GDP的比重达63.6%。

【农业】2014年，长沙市全年完成农林牧渔业增加值318.04亿元，比上年增长4.5%，其中农业增加值193.88亿元，增长6.1%；林业增加值14.52亿元，增长5.1%；牧业增加值91.80亿元，增长0.7%；渔业增加值12.02亿元，增长8.1%；农林牧渔服务业增加值5.82亿元，增长7.2%。

全年粮食播种面积37.7万公顷，增长1.5%，其中稻谷播种面积34.3万公顷，增长0.8%，优质稻种植面积所占比重为80.6%；蔬菜播种面积17.0万公顷，增长1.2%；油料种植面积5.3万公顷，增长5.1%；出栏肉猪824.03万头，下降1.4%。主要农产品产量保持稳定。

【工业和建筑业】2014年，长沙市全市实现工业增加值3574.93亿元，比上年增长11.4%，其中规模以上工业实现增加值3042.05亿元，增长12.0%。

在规模以上工业中，全市重工业实现增加值1750.74亿元，比上年增长12.7%。重工业增加值占规模工业增加值的比重达57.6%，对规模工业增长的贡献率达60.8%。

全年具有建筑业资质等级的独立核算企业完成建筑业总产值3193.87亿元，比上年增长17.0%；实现利税总额254.42亿元；房屋竣工面积6697.81万平方米，增长8.0%。

【固定资产投资】2014年，长沙市全年完成固定资产投资5435.75亿元，比上年增长18.3%。全市计划总投资超过5000万元的在建项目（不含房地产）2211个，全年完成投资2371.05亿元，占固定资产投资总额的43.6%。

在固定资产投资中，第一产业完成投资（不含水利建设投资）49.60亿元，比上年增长10.7%；第二产业完成投资1777.79亿元，增长20.6%，其中工业投资1745.35亿元，增长18.9%；第三产业完成投资3608.36亿元，增长17.4%。全年基础设施建设完成投资995.37亿元，增长24.6%。

【科学技术】2014年，长沙市全市拥有科学研究开发机构96个。全年共取得省部级以上科技成果584项。专利申请17763件，比上年增长11.3%，授权专利11448件，比上年增长10.5%；签订技术合同2278项，成交金额27.76亿元。高新技术产业增加值2231.92亿元，增长21.2%。

【国内贸易和对外经济】2014年，长沙市全年实现社会消费品零售总额3162.07亿元，比上年增长12.9%；剔除物价因素实际增长11.0%。按经营地统计，城镇消费品零售额3020.65亿元，增长12.9%；乡村消费品零售额141.42亿元，增长12.3%。按消费形态统计，商品零售额2866.07亿元，增长13.4%；餐饮收入额296.00亿元，增长7.5%。

全年进出口总额（海关口径）772.52亿元人民币（折合125.66亿美元），比上年增长26.0%，其中出口总额538.48亿元，增长41.0%；进口总额234.04亿元，增长1.2%。在出口总额中，机电产品264.18亿元、高新技术产品93.73亿元，分别占出口总额的49.1%和17.4%；在进口总额中，机电产品126.92亿元、高新技术产品50.16亿元，分别占进口总额的54.2%和21.4%。

【交通、邮电和旅游】2014年，长沙市全年全社会运输周转量431.55亿吨公里，增长10.8%，旅客周转量增长7.9%，货物周转量增长12.2%。

全年完成邮电业务总量（2010年不变价）194.95亿元，比上年增长29.9%，其中电信业务总量164.43亿元，增长27.5%。完成邮电业务收入118.53亿元，比上年下降0.2%，其中电信业务收入96.46亿元，下降3.8%。年末本地固定电话用户194.68万户，下降5.8%。移动电话用户1118.20万户，增长2.9%。固定电话普及率为26.63户/百人，比上年减少1.72户/百人，移动电话普及率为152.94户/百人，比上年增加2.49户/百人。年末互联网宽带用户达152.83万户。

全年接待国内旅游者10487.10万人次，比上年增长10.6%；国内旅游收入1143.62亿元，增长19.4%；接待入境旅游者120.20万人次，增长2.8%；国际旅游外汇收入7.82亿美元，增长0.4%；国际国内旅游总收入1192.10亿元，增长18.5%。

【金融和保险】2014年年末，长沙市金融机构各项存款余额（本外币合计，下同）11266.10亿元，比年初增加1114.28亿元，其中城乡居民储蓄余额3898.85亿元，比年初增加391.34亿元；年末金融机构各项贷款余额10712.82亿元，比年初增加1079.80亿元，其中短期贷款余额2529.89亿元，比年初增加208.27亿元，中长期贷款余额7992.60亿元，比年初增加817.00亿元。

全年保险机构原保险保费收入165.77亿元，比上年增长19.3%，其中财产险原保险保费收入75.65亿元，增长21.2%；人身险原保险保费收入90.12亿元，增长17.8%。赔付支出61.00亿元，增长21.5%。

2

2014年株洲市经济发展概况

【经济总量】2014年，株洲市全年实现地区生产总值（GDP）2160.5亿元，增长10.5%，高于全国3.1个百分点，高于全省1个百分点。其中，第一产业增加值169.8亿元，增长4.5%；第二产业增加值1281.6亿元，增长10.9%，其中工业增加值1138亿元，增长11%；第三产业增加值709.1亿元，增长11.2%。

全市三次产业结构由上年的8∶60∶32调整为7.9∶59.3∶32.8，与去年同期比，第一产业和第二产业比重分别降低0.1个和0.7个百分点，第三产业比重提高0.8个百分点。第一、二、三产业对GDP的贡献率分别为3.3%、62.7%和34%。

【农业】2014年，株洲市全市完成农林牧渔业增加值169.8亿元，增长4.5%。其中，农业85.3亿元，增长4%；林业14.5亿元，增长6.6%；牧业59.1亿元，增长4.3%；渔业7.3亿元，增长5.8%。

全年粮食产量182万吨，增长2.7%；水果产量28.7万吨，增长6.3%；蔬菜产量271.7万吨，增长10.1%；水产品产量8.9万吨，增长4.3%；油料产量5.7万吨，增长8.9%。猪、牛、羊肉总产量34.4万吨，增长7.5%；禽蛋产量4.9万吨，增长2.4%。

【工业和建筑业】2014年，株洲市全市实现规模工业增加值987.6亿元，增长11.6%；规模工业企业实现利润132亿元，增长17.1%；规模工业企业实现利税276亿元，增长15.5%；规模工业新产品产值512.3亿元，增长13.4%。战略性新兴产业增加值356.9亿元，增长16.1%。园区规模工业增加值606.1亿元，增长15.1%。

建筑业增加值143.6亿元，增长10.3%。

【固定资产投资】2014年，株洲市全市完成固定资产投资1837.1亿元，增长22%，高于全国6.3个百分点，高于全省2.6个百分点。其中公有制经济投资572.5亿元，增长24.3%；非公有制经济投资1264.6亿元，增长21.1%。从投资产业类型看，全市第一产业完成投资41.6亿元，增长43.2%；第二产业完成投资951.4亿元，增长21.6%，其中工业投资947.4亿元，增长21.8%；第三产业完成投资844.1亿元，增长21.7%。从投资领域看，民生类投资增长较快，全市公共设施管理业完成投资278.9亿元，增长36%。全年施工项目3148个，增长21.8%，本年度新开工项目2702个，增长25.7%；投资亿元以上项目158个，下降8.1%，亿元以上新开工项目48个，下降31.4%。

【科学技术】2014年，株洲市全市实现高新技术产业增加值467亿元，增长17.8%，占全部工业增加值比重为41%，同比提高1.8个百分点。承担国家各类科技计划项目51项，国家“863”计划项目6个，共有国家级工程技术研究中心2个，省级23个；国家级企业重点实验室1个，省级8个；获得国家科技进步奖励1项，省部级以上科技成果56项；专利申请5363件，其中发明专利1544件；授权专利3306件，其中发明专利415件。

【国内贸易和对外经济】2014年，株洲市全市实现社会消费品零售总额743.3亿元，增长12.6%，高于全国0.6个百分点，低于全省0.2个百分点。按经营业态分，批发业实现零售额58.4亿元，增长16.6%；零售业实现零售额597.2亿元，增长12.3%；住宿业实现零售额10.7亿元，增长16.5%；餐饮业实现零售额77.1亿元，增长11%。按限额以上企业批发零售商品分，吃类商品零售额37.6亿元，增长24.1%；穿类商品零售额18.8亿元，增长19.2%；用类商品零售额146.6亿元，增长15.8%；烧类商品零售额85.8亿元，增长0.4%。

全年进出口总额28亿美元，增长9%。其中，进口9.7亿美元，增长51.2%；出口18.3亿美元，下降5.1%。从对外出口国家看，对美国出口2.5亿美元，下降9.6%；对日本出口0.29亿美元，下降5.9%；对欧盟出口2.2亿美元，下降40.6%。从重点商品类别看，机电产品出口11.3亿美元，增长18.1%；高新技术产品出口1.8亿美元。

【交通、邮电和旅游】2014年，株洲市全市交通运输仓储邮政业增加值76.1亿元，增长2.4%。全市公路货运量1.6亿吨，增长5%；水运货运量0.9亿吨，增长56.6%。公路货物周转量190.6亿吨公里，增长3.9%；水运货物周转量25.4亿吨公里，增长54.9%。公路客运量1.5亿人，增8.4%；水运客运量5.4万人，增长2.1%。公路旅客周转量62.6亿人公里，增长7.4%。年末公路通车里程1.4万公里，增长2.1%。年末民用汽车保有辆70万辆。

全市邮政电信业务总量40.7亿元，增长22.8%，其中，电信业务总量38.6亿元，增长23.1%；邮政业务总量2.1亿元，增长17%。全市共有互联网宽带用户数达57.4万户，互联网的普及率为51.4%。

全市境外入境旅游总人数13.1万人次，增长2.7%；国内旅游者3041.4万人次，增长16%；旅游总收入达到200.8亿元，增长16%；国际旅游外汇收入0.54亿美元，增长10.4%。

【金融和保险】2014年年末，株洲市全市金融机构各项存款余额为2064.9亿元，增长12%，其中城乡储蓄余额为1205.9亿元，增长11.7%。12月末，全市金融机构各项贷款余额1114.2亿元，增长18.8%。全市存贷比为53.9%，较去年提高3.1个百分点。

全市各项保费收入41亿元，增长14.9%，其中财产保险收入14亿元，增长20.5%；寿险收入27亿元，增长12.1%。各项赔款和给付额14亿元，增长6.9%，其中财产保险赔付额7亿元，增长21.5%；寿险赔付7亿元，下降5.5%。

3

2014年湘潭市经济发展概况

【经济总量】2014年，湘潭市全年地区生产总值1570.6亿元，比上年增长10.7%。其中，第一产业增加值132.0亿元，增长4.5%；第二产业增加值900.6亿元，增长10.6%；第三产业增加值538.0亿元，增长12.2%。按常住人口计算，人均地区生产总值55968元，增长10.1%。

全市三次产业结构为8.4∶57.3∶34.3，第三产业比重比上年提高1.6个百分点。工业增加值占地区生产总值的比重为52.1%，比上年下降2.0个百分点；高新技术产业增加值占地区生产总值的比重为31.0%，比上年提高3.3个百分点。第一、二、三次产业对经济增长的贡献率分别为3.5%、57.5%和39.0%。其中，工业增加值对经济增长的贡献率为52.8%。非公有制经济增加值1048.2亿元，增长12.1%，占地区生产总值的比重为66.7%，比上年提高3.8个百分点。

【农业】2014年，湘潭市农业实现增加值65.7亿元，比上年增长5.0%；林业增加值7.5亿元，增长7.9%；牧业增加值47.3亿元，增长2.1%；渔业增加值7.2亿元，增长7.5%。

全市粮食播种面积216.7千公顷，比上年增加3.0千公顷；油料种植面积21.3千公顷，增加3.3千公顷；蔬菜种植面积59.5千公顷，增加0.8千公顷。

全市粮食总产量150.5万吨，比上年增长2.6%；油料产量2.3万吨，增长18.0%；水果产量7.6万吨，增长13.3%；蔬菜产量182.4万吨，增长5.5%。全市出栏生猪572.8万头，增长2.0%。

【工业和建筑业】2014年，湘潭市全市规模以上工业增加值比上年增长11.0%。在规模以上工业中，战略新兴产业增加值增长12.7%；高加工度工业和高技术产业增加值分别增长13.5%和28.5%。非公有制规模以上工业增加值增长13.9%。

全市建筑业增加值82.2亿元，比上年增长9.8%。具有资质等级的总承包和专业承包建筑企业实现利润10.4亿元，增长32.6%。房屋建筑施工面积2012.3万平方米，下降2.7%；房屋建筑竣工面积804.2万平方米，增长5.5%。

【固定资产投资】2014年，湘潭市全市固定资产投资（不含农户）1503.4亿元，比上年增长23.7%。分经济类型看，国有投资432.1亿元，增长9.0%；非国有投资1071.3亿元，增长30.9%；民间投资980.4亿元，增长28.8%，占全部投资的比重为65.2%。分投资方向看，民生投资76.4亿元，下降3.3%；生态投资43.6亿元，增长43.7%；基础设施投资383.1亿元，增长38.2%；高新技术产业投资38.3亿元，增长60.9%；技改投资803.0亿元，增长20.2%。

【科学技术】2014年年末，湘潭市全市有16个省级工程（技术）研究中心，比上年增加2个。承担国家各类科技计划项目113项。全年共取得省部级以上科技成果奖120项。全年共签订技术合同322项，技术合同成交金额5.0亿元，增长45.0%。全年专利申请量3327件，授权量1883件。其中，发明专利申请量1221件，增长34.8%；发明专利授权量240件，增长15.9%。高新技术产业增加值487.4亿元，增长24.4%。全市研究与试验发展（R&D）经费支出32.2亿元，增长11.4%，占地区生产总值的比重为2.0%。

【国内贸易和对外经济】2014年，湘潭市全市社会消费品零售总额450.0亿元，比上年增长13.0%。分经营地看，城镇零售额385.4亿元，增长12.1%；乡村零售额64.6亿元，增长18.9%。分行业看，批发和零售业零售额375.1亿元，增长12.8%；住宿和餐饮业零售额74.9亿元，增长14.4%。

全市全年进出口总额23.7亿美元，比上年下降11.2%。其中，出口13.3亿美元，增长35.9%；进口10.4亿美元，下降38.4%。分重点商品看，矿产品进出口9.0亿美元，下降26.2%；金属及其制品进出口4.6亿美元，增长66.4%；活动物和动物产品进出口1.7亿美元，增长47.1%；机电、音像设备及其零件进出口1.3亿美元，下降12.0%；食品、饮料等进出口额1.2亿美元，增长42.0%。

【交通、邮电和旅游】2014年，湘潭市全市客货运输换算周转量68.1亿吨公里，比上年增长6.7%。货物周转量66.3亿吨公里，增长6.8%。其中公路货物周转量48.7亿吨公里，增长5.5%；水路货物周转量17.6亿吨公里，增长10.6%。旅客周转量18.0亿人公里，增长2.1%。年末全市机动车保有量（不含农用机动车）48.3万辆，增长7.8%。其中私人机动车保有量46.2万辆，增长7.9%。

全年邮电业务总量34.6亿元，比上年增长30.4%。其中邮政业务总量2.7亿元，增长58.2%；电信业务总量31.9亿元，增长28.5%。年末全市固定电话用户32.2万户，减少6.4万户；移动电话用户255.6万户，新增17.2万户。年末互联网宽带用户36.3万户，增长36.5%。

全市接待国内旅游者3089.7万人次，比上年增长16.6%；接待入境旅游者6.7万人次，增长20.0%。实现旅游总收入190.6亿元，增长17.6%。其中，国内旅游收入189.8亿元，增长17.8%；国际旅游外汇收入1378.5万美元。

【金融和保险】2014年年末，湘潭市全市金融机构本外币各项存款余额1546.4亿元，比年初新增149.7亿元。其中，单位存款余额586.6亿元，比年初新增46.1亿元；个人存款余额937.8亿元，比年初新增105.3亿元。本外币各项贷款余额1135.2亿元，比年初新增137.8亿元。其中，短期贷款余额546.2亿元，比年初新增37.8亿元；中长期贷款余额567.2亿元，比年初新增95.6亿元。

全年保险公司保费收入33.9亿元，比上年增长13.0%。其中，寿险保费收入22.6亿元，增长12.0%；财产险保费收入11.3亿元，增长15.0%。各项赔款及给付支出11.9亿元，增长7.0%。

4

2014年衡阳市经济发展概况

【经济总量】2014年，衡阳市全年实现地区生产总值（GDP）2395.56亿元，按可比价格计算，增长9.9%。其中，第一产业实现增加值364.69亿元，增长4.5%；第二产业实现增加值1119.88亿元，增长9.1%；第三产业实现增加值910.98亿元，增长13.1%。按常住人口计算，人均地区生产总值32921元，增长9.1%。

全市三次产业比为15.2：46.8：38.0。与上年相比，一、二产业占比分别下降0.4、1.1个百分点，三产业占比提高1.5个百分点。一、二、三产业对全市经济增长贡献率分别为6.7%、44.3%、49.0%，分别拉动全市GDP增长0.7、4.4、4.8个百分点。其中，工业增加值占GDP比重为40.9%，对经济增长贡献率达38.7%，拉动GDP增长3.8个百分点；高新技术产业增加值占地区生产总值的比重为13.0%；非公有制经济增加值占地区生产总值的比重为64.2%。

【农业】2014年，衡阳市全市农林牧渔业总产值591.07亿元，增长4.5%。其中，农业产值273.06亿元，增长3.8%；林业产值31.73亿元，增长8.5%；牧业产值232.75亿元，增长4.2%；渔业产值39.64亿元，增长5.7%；农林牧渔服务业产值13.9亿元，增长12.8%。农作物总播种面积989.37千公顷，增长1.7%；粮食作物播种面积

563.8千公顷，增长2.1%；油料种植面积216.61千公顷，增长0.9%；蔬菜种植面积107.91千公顷，增长4.7%。粮食总产量330.84万吨，增长2.9%；出栏肉猪983.73万头，增长2.0%；出栏牛13.59万头，增长3.0%；出栏羊62.52万头，增长3.9%；出笼家禽10452.24万羽，增长-3.4%；水产品产量28.24万吨，增长4.0%。

【工业和建筑业】2014年，衡阳市全市全部工业增加值979.50亿元，同比增长9.0%。规模工业增加值增长9.3%。在规模工业中，轻工业增长2.5%，重工业增长11.5%。规模工业的六大重点行业中，有色金属冶炼及压延业增长0.9%；电气机械及器材制造业增长10.7%；化学原料及化学制品制造业增长11.3%；黑色金属冶炼及压延业增长7.6%；煤炭开采和洗选业下降4.9%；非金属矿物制品业增长7.2%。

全市建筑业总产值390.17亿元，增长10.8%；全市建筑业增加值140.38亿元，增长11.6%。房屋建筑施工面积2994.05万平方米，增长1.7%；房屋建筑竣工面积1300.18万平方米，增长0.1%。

【固定资产投资】2014年，衡阳市全市固定资产投资（不含农户）1767.01亿元，增长22.9%。其中，城镇和非农户固定资产投资1628.72亿元，增长22.8%；国有投资540.96亿元，增长41.4%。年内新开工项目个数2151个，增长13.2%。

全市工业固定资产投资821.09亿元，增长13.1%。其中，工业技术改造投资503.02亿元，增长4.5%，工业投资占固定资产投资的比重为46.5%；制造业投资682.45亿元，增长3.3%；电力、燃气及水的生产供应业投资58.14亿元，增长40.4%。全市基础设施投资362.13亿元，增长54.1%。其中，交通运输、水利设施、民生、卫生投资分别增长27.6%、58.6%、128.3%、107.7%。

【科学技术】2014年，衡阳市全年完成高新技术产业增加值312亿元，增长11.4%。专利申请量达3069件，增长10.1%。全市共有法定计量检定机构8个，特种设备检验机构8个。已完成定期工业食品质量监督抽查0.19万次，工业产品定期抽查合格率93.6%，发放工业品生产许可证6张，强制检定计量器具16.37万台件，制定修订国家标准5项，组织制定地方标准2项。全市食品、特种设备、烟花爆竹三大安全未发生一起质量安全责任事故。测绘部门提供基础地理信息数据成果3030幅，为经济社会发展提供大地成果11点，提供各种航摄成果3130片。

【国内贸易和对外经济】2014年，衡阳市全市社会消费品零售总额825.51亿元，增长12.8%。限额以上批发零售企业实现零售额323.14亿元，增长16.3%。在限额以上批发零售企业零售额中，家用电器和音响类增长22.2%，家具类增长28.8%，文化办公类增长18.9%，通讯器材类增长14.5%，汽车类增长27.6%。

全市进出口总额180.81亿元，增长60.8%。其中，出口120.13亿元，增长53.6%；进口60.68亿元，增长77.3%。对外贸易中，加工贸易进出口总额87.45亿元，增长40.2%，其中出口额49.97亿元，增长48.7%，进口额37.48亿元，增长30.3%。

【交通、邮电和旅游】2014年，衡阳市全市民用车辆有量达到69.18万辆，其中民用汽车为29.27万辆，增长11.5%，民用私人轿车已达到10.01万辆，增长24.4%。公水路客货运换算周转量340.68亿吨公里，增长11.0%，货物周转量324.66亿吨公里，增长11.3%；其中公路货物周转量达283.89亿吨公里，增长10.4%；水运货物周转量40.77亿吨公里，增长17.8%；客运周转量160.25亿人公里，增长5.4%。全市公路线路年末里程

2.07万公里，其中高速公路572公里。

全市邮电业务总量（按不变价计算）55.76亿元，增长25.3%。其中邮政业务、电信业务总量分别为5.56亿元和50.11亿元，分别增长27.2%、25.1%。年末局用交换机总容量81.2万门，下降19.0%，移动电话交换机容量496万门，下降7.5%。年末固定电话用户76.88万户，下降10.2%。移动电话用户418.82万户，增长3.5%。年末互联网宽带用户数65.71万户，增长5.7%，固定电话普及率为10.53户/百人，每百人减少1.27户，移动电话普及率为57.35户/百人，每百人增加1.65户。

全市实现国内旅游总收入260.04亿元，增长20.2%，旅游外汇收入0.85亿美元，增长4.3%；接待国内外游客4421.16万人次，增长14.2%，其中：国内游客4402.34万人次，增长14.2%；国外游客18.82万人次，增长4.2%；年末全市共有等级旅游区（点）18个。

【金融和保险】2014年年末，衡阳市全市金融机构本外币各项存款余额2406.17亿元，增长14.33%。其中，单位存款653.02亿元，增长20.0%；居民储蓄存款1722..01亿元，增长12.8%。金融机构本外币各项贷款余额1235.48亿元，增长34.9%。其中，短期贷款为371.60亿元，增长10.3%；中长期贷款597.96亿元，增长21.5%。中小企业贷款368.76亿元，增长10.9%。存贷款比为51.4%，比去年同期提高7.9个百分点。年末银行主要金融机构不良贷款余额62.12亿元，下降14.1%，不良贷款比率6.1%，同比减少2.1个百分点。

全市保险保费收入达51.49亿元，增长22.9%。其中，财产险保险保费收入16.59亿元，增长25.2%；人身险收入34.89亿元，增长21.9%。全年各项赔款支出18.89亿元，增长14.3%。其中，财产险赔款支出8.81亿元，增长15.9%；人身险赔款支出10.08亿元，增长13.0%。

5

2014年邵阳市经济发展概况

【经济总量】2014年，邵阳市全年实现地区生产总值（GDP）1261.61亿元，比上年增长10.8%。其中第一产业完成增加值274.61亿元，增长4.8%，第二产业完成增加值482.22亿元，增长11.0%，第三产业完成增加值504.78亿元，增长13.6%。按常住人口计算，全市人均GDP17498元，比上年增长10.4%。三次产业结构由上年的22.5：38.9：38.6调整为21.8：38.2：40.0，三产业比重提升了1.4个百分点。非公有制经济实现增加值826.24亿元，比上年增长11.2%，占GDP的比重为65.5%。

【农业】2014年，邵阳市全市完成农林牧渔业总产值392.46亿元，比上年增长4.8%（可比价）。种植业完成产值215.18亿元，增长3.8%，粮食产量达到321.14万吨，比上年增长2.9%，油料总产量16.07万吨，增长4.6%，烟叶产量1.41万吨，减少3.0%，水果总产量77.90万吨，增长3.7%。

畜牧业完成产值143.71亿元，增长5.9%，年内出栏生猪984.66万头，增长3.0%，牛出栏35.37万头，增加15.0%，羊出栏49.51万头，增加8.5%。肉类总产量81.56万吨，增长4%，禽蛋产量1.84万吨，增长2.0%，牛奶产量4.58万吨，增长7.2%。林业完成产值16.72亿元，增长7%。渔业完成产值11.34亿元，增长6.3%，水产品总产量10.60万吨，增长3.4%。

【工业和建筑业】2014年，邵阳市全部工业总产值增长14.8%（现价），其中规模工业（年销售收入过2000万元）产值增长14.7%。规模工业增加值增长11.6%，其中国有企业增加值增长7.8%，股份制企业增长12.9%，外商及港澳台企业增长19.1%；大中型企业增长7.8%；轻工业增长15.7%，重工业增长8.6%；非公有制规模工业增加值增长12.5%；省级重点园区规模工业增加值增长12.5%。

全年建筑业实现增加值75.03亿元，按可比价格计算比上年增长11.4%，占第二产业比重为15.6%。具有资质等级的建筑企业签订合同金额540.12亿元，增长20.1%，完成总产值264.47亿元，增长18.5%，期末从业人员96093人，比上年增加10183人，其中工程技术人员15063人，比上年增加1325人。房屋建筑施工面积2858.91万平方米，增长15.9%，竣工面积1115.31万平方米，减少0.01%。

【固定资产投资】2014年，邵阳市全市固定资产投资（500万元以上项目）完成1267.77亿元，比上年增长23.1%，其中房地产投资130.00亿元，增长26.5%。在全部投资中，国有投资221.30亿元，增长17.7%，非国有投资1046.48亿元，增长24.3%，非国有投资占全部投资比重82.54%，比上年提高0.8个百分点。第一产业完成投资额122.69亿元，增长40.2%，第二产业投资597.09亿元，增长8.9%，第三产业投资548.00亿元，增长39%。

【科学技术】2014年，邵阳市高新技术产品生产企业279家，比上年增加82家，其中省厅认定的高新企业55家。全部高新企业实现产值661亿元，比上年增长22%，增加值185亿元。全年专利申请量1657件，比上年增加121件，增长7.9%，其中发明专利243件，增长29.3%，专利授权量988件，增长24.7%。签订技术合同600项，技术合同成交金额0.7亿元。财政科学技术支出11864万元，增长19.4%。

【国内贸易和对外经济】2014年，邵阳市全市社会消费品零售总额达到488.21亿元，比上年增长13.0%，其中限额以上零售额237.73，同比增长21.1%。在限额以上零售额中，城镇实现消费品零售额222.51亿元，增长20.5%，城区104.03亿元，增长24.2%，乡村实现零售额15.21亿元，增长30.6%。批发零售贸易业实现零售额223.91亿元，增长21.3%，住宿和餐饮业实现零售额13.81亿元，增长19.1%。

全年实现进出口总额84149万美元，比上年增长42.44%，其中一般贸易50264万美元，增长24.75%，加工贸易33875万美元，增长80.39%。出口71967万美元，增长37.96%，进口12182万美元，增长76.21%。在出口产品中，机电产品出口16947万美元，增长8.21%，高新技术产品出口1604万美元，增长4.05%，服装及衣着附件出口3704万美元，增长88.02%，农产品出口9734万美元，增长16.61%。主要出口国家和地区有：美国10851万美元，增长83.24%，占出口额的15.1%，东南亚联盟国家11532万美元，增长21.23%，占16.02%，香港地区15580万美元，增长67%，占21.6%，其他有印度占6.4%，欧盟占5.2%等。

【交通、邮电和旅游】2014年，邵阳市全市拥有民用车辆72.95万辆，比上年增长13.06%，其中汽车30.84万辆，增长17.25%，轿车12.55万辆，增长21.13%。全市交通运输仓储业实现增加值38.12亿元，比上年增长4.5%。公路水路完成货运量2.38亿吨，比上年增长6.4%，货物周转量460.01亿吨公里，增长10.3%；

客运量1.78亿人，增长6.4%，旅客周转量76.17亿人公里，减少0.4%。

全年完成邮电业务总量43.86亿元，比上年增长20.84%。其中，邮政业务量4.00亿元，增长4.91%，电信业量39.87亿元，增长22.71%。年末局域交换机总容量618.71万门，比上年下降3.99%。年末固定电话用户达到63.24万户，比上年减少9.19万人，移动电话用户464.32万户，新增76.14万户，电话普及率达到73.1/百人，比上年提高9.6部/百人。

全年实现旅游总收入167.4亿元，比上年增长19.4%。接待国内旅游者2254.31万人次，增长18.9%，实现国内旅游收入166.96亿元，增长19.3%；接待外国及港澳台旅游者2.3万人次，减少35.3%，其中外国人0.59万人次，减少43.5%，旅游外汇收入708.80万美元，减少49.5%。

【金融和保险】2014年年末，邵阳市全市金融机构本外币各项存款余额1736.16亿元，比年初增加225.48亿元，比上年少增34.81亿元，同比增长14.93%。其中，单位存款余额409.33亿元，增长18.54%，城乡居民储蓄存款余额1268.73亿元，增长15.3%。年末全市金融机构本外币各项贷款余额752亿元，比年初增加107亿元，比上年少增12.14亿元，同比增长16.6%。其中短期贷款余额261.02亿元，增长4.48%，中长期贷款余额482.50亿元，增长22.68%。在全部贷款中，人民币消费贷款115.59亿元，增长36.58%，个人住房贷款72.13亿元，增长52.91%，房地产开发贷款25.9亿元，增长43.4%，中小企业贷款263.59亿元，增长7.0%。

年末全市共有25家保险公司，其中财险9家，寿险16家。全市保费收入合计43.32亿元，比上年增长15.6%，其中财产险保费收入12.76亿元，增长25.3%，人身险保费收入30.56亿元，增长12%。保险密度600.15元/人，比上年上升57.15元/人，保险深度3.43%，比上年略有下降。全年完成各项保险赔付金额达15.62亿元，增长17.7%，其中财产险赔付额6.68亿元，增长18.9%，人身险赔付额8.94亿元，增长16.8%。

6

2014年岳阳市经济发展概况

【经济总量】2014年，岳阳市全年国内生产总值2669.39亿元，比上年增长9.3%。其中，第一产业增加值292.24亿元，增长4.6%；第二产业增加值1440.08亿元，增长9.0%；第三产业增加值937.07亿元，增长11.5%。第一产业增加值占国内生产总值的比重为10.9%，第二产业增加值比重为54.0%，第三产业增加值比重为35.1%。

【农业】2014年，岳阳市全年粮食种植面积554.8千公顷，比上年增长1.8%。棉花种植面积38.79千公顷，下降4.4%。油料种植面积125.03千公顷，增长0.5%。蔬菜种植面积97.38千公顷，增长3.1%。

全年粮食产量318.63万吨，比上年增产2.7%。棉花产量5.64万吨，减产0.2%。油料产量21.62万吨，增产7.3%。蔬菜产量312.81万吨，增产10.3%。茶叶产量1.78万吨，增产1.5%。

【工业和建筑业】2014年，岳阳市全年全部工业增加值1305.58亿元，比上年增长9.0%。规模以上工业增加值增长9.2%。在规模以上工业中，分经济类型看，国有企业增长15.2%；集体企业下降9.4%，股份制企业增长7.9%，外商及港澳台商投资企业增长12.1%。

全年全社会建筑业增加值134.5亿元，比上年增长8.5%。全市具有资质等级的总承包和专业承包建筑业企业实现利润15.43亿元，增长6.9%。

【固定资产投资】2014年，岳阳市全年固定资产投资1790.13亿元，比上年增长20.5%。其中，第一产业投资65.41亿元，比上年增长87.9%；第二产业投资912.09亿元，增长4.5%；第三产业投资812.63亿元，增长40.7%。民间固定资产投资1012.06亿元，增长9.1%，占固定资产投资的比重为56.5%。

【科学技术】2014年，岳阳市全年承担国家安排科技攻关计划项目33项。截至年底，累计建设国家工程技术研究中心1个，省级工程技术研究中心11个，市级工程技术研究中心65个。获得国家科技进步奖励1项，获得国家技术发明奖励1项。科技成果登记数63项。全年专利申请1824件，授权专利权1306件，增加142件。全年共签订技术合同102项，技术合同成交金额4018万元。

【国内贸易和对外经济】2014年，岳阳市全年社会消费品零售总额880.31亿元，比上年增长12.6%。按经营地统计，城镇消费品零售额651.34亿元，增长12.6%；乡村消费品零售额228.97亿元，增长12.3%。按行业统计，批发和零售业零售额670.71亿元，增长12.9%；住宿和餐饮业零售额209.59亿元，增长11.6%。

全年货物进出口总额49.09亿元，比上年增长22.9%。其中，出口33.58亿元，增长122.0%；进口15.51亿元，下降37.5%。进出口差额（出口减进口）18.07亿元。

【交通、邮电和旅游】2014年，岳阳市全年货物运输总量2.68亿吨，比上年增长25.6%。货物运输周转量335.37亿吨公里，增长12.7%（注：货物运输周转量不含铁路）。

全年完成邮电业务总量（2010年不变价）39.93亿元，比上年增长10.3%。其中，邮政业务总量2.51亿元，增长10.9%；电信业务总量37.42亿元，增长10.3%。电信业全年新增移动电话交换机容量93.88万户，达到764.25万户。年末全市固定电话用户62.7万户，下降9.1%，移动电话用户403.83万户，增长0.1%。固定电话普及率下降至12.26部/百人，移动电话普及率上升至79.0部/百人。年末互联网宽带接入用户58.58万户，增长23.8%。宽带联网普及率达到30.6%。

全年国内旅游收入241.63亿元，增长20.2%。国际旅游外汇收入7693万美元，增长17.1%。

【金融和保险】2014年年末，岳阳市全部金融机构本外币各项存款余额1474.85亿元，比年初增加162.13亿元，其中单位存款439.78亿元，增加43.15亿元，个人存款965.87亿元，增加107.24亿元。全部金融机构本外币各项贷款余额781.69亿元，增加97.58亿元，其中短期贷款319.4亿元，增加1.56亿元，中长期贷款455.62亿元，增加92.31亿元。

全年保险公司原保险保费收入38.36亿元，比上年增长12.3%。其中，寿险业务原保险保费收入23.49亿元，增长9.9%，财产险业务原保险保费收入14.88亿元，增长21.2%。支付各类赔款及给付16.85亿元，增长11.7%。其中，寿险业务给付8.87亿元，增长9.8%，财产险业务赔款7.97亿元，增长13.9%。

7

2014年常德市经济发展概况

【经济总量】2014年，常德市全年实现地区生产总值（GDP）2514.2亿元，增长10.6%。其中，第一产业完成增加值349.7亿元，增长4.7%，对经济增长的贡献率为6.6%；第二产业完成增加值1198.7亿元，增长10.2%，对经济增长的贡献率为47%；其中工业完成增加值1085.7亿元，增长10.2%，对经济增长的贡献率为42.9%；第三产业完成增加值965.8亿元，增长13.5%，对经济增长的贡献率为46.4%。人均地区生产总值达到43215元。三次产业结构由上年的14.3：48.7：37.0调整为13.9：47.7：38.4。

【农业】2014年，常德市全市粮食播种面积704.5千公顷，增长1.3%；棉花种植面积88.8千公顷，下降11%；油料种植面积308.3千公顷，增长0.8%；蔬菜种植面积96.2千公顷，增长2.0%。

全年粮食总产量380.9万吨，比上年增产2.6%。棉花产量12.9万吨，减产10.4%。油料产量56.4万吨，减产0.5%。蔬菜产量241.4万吨，增产16.3%。水果产量96.6万吨，增产12.7%。茶叶产量1.6万吨，增产4.6%。

【工业和建筑业】2014年，常德市全市完成工业增加值1085.7亿元，比上年增长10.2%。规模以上工业增加值增长9.5%。非公有制规模以上工业增加值增长10%。

2014年，全市完成建筑业增加值113.0亿元，增长10.1%。

【固定资产投资】2014年，常德市全市完成固定资产投资1547.7亿元，比上年增长20.5%。按经济类型分，国有投资441.3亿元，增长16.9%；非国有投资1106.4亿元，增长22.0%。按产业分，第一产业投资36.9亿元，增长41.6%；第二产业投资779.7亿元，增长18.0%；第三产业投资731.2亿元，增长22.4%。按投资方向分，工业投资742.9亿元，增长13.7%；民生投资99.7亿元，增长68.6%；生态投资79.2亿元，增长33.0%；基础设施投资392.3亿元，增长34.6%；高新技术产业投资27.9亿元，下降11.3%；纳入省政府考核的十二大振兴产业投资495.2亿元，增长20.5%；工业技改投资361.2亿元，增长4.8%。

【科学技术】2014年，常德市全年高新技术产品总产值达654.9亿元，比上年增长18.2%，高新技术产品增加值176.4亿元，增长13.8%。全年专利申请1995件，下降0.05%，授权专利1109件，下降8.6%。

【国内贸易和对外经济】2014年，常德市全市社会消费品零售总额819.8亿元，增长12.8%。分地域看，城镇社会消费品零售额708.9亿元，增长11.4%；乡村社会消费品零售额110.9亿元，增长18.1%。分行业看，批发和零售业商品零售额701.4亿元，增长12.5%；住宿和餐饮业零售额118.4亿元，增长14.8%。

2014年全年完成进出口总值7.6亿美元，增长34.8%，其中出口5.3亿美元，增长40.9%；进口2.3亿美元，增长22.4%。

【交通、邮电和旅游】2014年，常德市全市完成交通运输、仓储和邮政业增加值115.0亿元，比上年增长8.1%。公路客运量1.1亿人，比上年下降1.4%，公路客运周转量70.5亿人公里，增长13.6%；公路及水路货运量1.3亿吨，增长13.8%，货运周转量235.6亿吨公里，增长7.5%。

年末全市汽车保有量28.4万辆，比上年增长22.0%。本年新注册汽车5.1万辆，增长23.6%。年末私人汽车保有量26.3万辆，增长30.3%。年末私人轿车保有量14.6万辆，增长32%。

全年完成邮电业务总量54.9亿元。其中邮政业务总量为3.4亿元，电信业务总量为51.6亿元。年末局用交换机总容量为810万门。年末固定电话用户数53.5万户。年末移动电话用户363.7万户。年末国际互联网宽带用户68.6万户。

全年接待海内外游客2979.5万人次，比上年增长21.3%。接待国内旅游者2964.8万人次，增长21.4%；接待境外入境旅游者20.8万人次，增长2.5%。全年实现旅游总收入215.8亿元，增长26.2%。国内旅游收入212.3亿元，增长26.5%；国际旅游外汇收入0.52亿美元，增长8.3%。全市星级宾馆51家，旅行社47家。

【金融和保险】2014年，常德市全市金融机构存贷款稳步增长，金融机构本外币年末各项存款余额为1923.7亿元，比年初增长17.9%，其中单位年末存款余额为608.3亿元，增长24.0%；个人储蓄存款1275.4亿元，增长14.2%。金融机构本外币年末各项贷款余额为924.0亿元，增长15.7%，其中本外币短期贷款为286.7亿元，下降3.3%；本外币中长期贷款为633.2亿元，增长26.9%。

2014年，全市保险机构总数增加到40家，其中财险公司17家，寿险公司21家，代理公司2家。保费收入共50.2亿元，比上年增长9.8%，其中财险保费收入16.1亿元（含农业险2.6亿元），增长25.7%；寿险保费收入34.1亿元，增长3.6%。赔款支出31.9亿元，其中财险赔付8.4亿元，增长24.8%，寿险赔给付23.5亿元（含退保金），增长27.5%。

8

2014年张家界市经济发展概况

【经济总量】2014年，张家界市全市地区生产总值（GDP）410.02亿元，比上年增长10.7%。其中，第一产业增加值49.33亿元，增长4.8%；第二产业增加值99.80亿元，增长8.6%；第三产业增加值260.99亿元，增长12.8%。按常住人口计算，全市人均地区生产总值27051元，增长10%。

全市三次产业结构为12：24.3：63.7。工业增加值占地区生产总值的比重为19.9%。第一、二、三产业对经济增长的贡献率分别为5.7%、21.1%、73.2%。其中，工业对经济增长的贡献率为17.1%。

【农业】2014年，张家界市第一产业中，农业增加值31.2亿元，比上年增长4.3%；林业增加值5.95亿元，增长4.6%；牧业增加值8.43亿元，增长4.2%；渔业增加值1.98亿元，增长15.9%；农林牧渔服务业增加值49.33亿元，增长4.8%。

全市粮食种植面积138.27千公顷，比上年下降0.5%。棉花种植面积0.94千公顷，下降2.1%。油料种植面积44.82千公顷，增长2.2%。蔬菜种植面积32.51千公顷，增长12.1%。烟叶种植面积7.59千公顷，下降0.1%。

【工业和建筑业】2014年，张家界市全市全部工业增加值81.6亿元，比上年增长8.3%。规模以上工业增加值增长8.5%。园区规模以上工业实现增加值12.36亿元，增长7.4%。

全市建筑业增加值18.24亿元，比上年增长9.7%。全市房屋建筑施工面积304.27万平方米，下降14.5%；其中新开工面积198.05万平方米，增长53.7%。房屋建筑竣工面积105.68万平方米，下降39.5%。

【固定资产投资】2014年，张家界市全市固定资产投资总量253.04亿元，比上年增长19%。其中项目投资192.15亿元，比上年增长34.5%；占固定资产投资总量75.9%，比上年提高8.2个百分点。

【科学技术】2014年，张家界市全市承担国家各类科技计划项目1项。登记科技成果15项。签订技术合同12项，技术合同成交金额5970万元。专利申请量432件，其中发明专利148件。授权专利156件，其中发明专利29件。全市实现高新技术产业增加值7.12亿元，增长71.2%。

【国内贸易和对外经济】2014年，张家界市全市社会消费品零售总额138.4亿元，比上年增长11.6%。其中，限额以上单位消费品零售额46.3亿元，增长11.4%。按经营地分，城镇零售额119.1亿元，增长11.7%；乡村零售额19.3亿元，增长10.8%。按行业分，批发和零售业115.9亿元，增长12%；住宿和餐饮业22.5亿元，增长9.5%。按地区分，永定区68.2亿元，增长11.6%；武陵源区9.9亿元，增长11.7%；慈利县37.9亿元，增长11.6%；桑植县22.4亿元，增长11.8%。

全市外贸进出口总额9019万美元，比上年增长96.9%。其中，出口8387万美元，增长85.5%；进口632万美元，增长966.9%。出口按贸易方式分，一般贸易8310万美元，增长96.9%；加工贸易77万美元，增长91%。进口按贸易方式分，一般贸易632万美元，增长966.9%。

【交通、邮电和旅游】2014年年末，张家界市全市公路通车里程8773.91公里，其中高速公路119.3公里。铁路营运里程130公里，铁路电气化率100%。

年末全市民用汽车保有量25.83万辆，比上年增长6.9%。其中，本年新注册2.4万辆，下降41.5%；私人汽车保有量24.53万辆，增长7.3%；轿车保有量3.57万辆，增长19.8%。

全市电信业务量14.4亿元，比上年增长25.6%。年末局用交换机总容量230.1万门，下降9.1%；固定电话用户9.69万户，下降32.7%；移动电话用户103.46万户，增长7.9%；互联网宽带用户16.25万户，下降11.7%。

全年景点接待旅游人数3884.58万人次，比上年增长12.9%。接待过夜游客1698.31万人天，增长19.2%；其中境外游客260.17万人天，增长25.9%。实现旅游总收入248.7亿元，增长17.2%。其中，门票收入20.89亿元，增长18.9%；外汇收入38769万美元，增长18.6%。

【金融和保险】2014年年末，张家界市全市金融机构本外币各项存款余额461.9亿元，比年初新增61.21亿元。其中，单位存款137亿元，比年初新增15.51亿元；个人存款307.73亿元，比年初新增41.82亿元。年末金融机构本外币各项贷款余额338.96亿元，比年初新增49.08亿元。其中，短期贷款余额59.31亿元，比年初新增8.54亿元；中长期贷款余额279.51亿元，比年初新增40.69亿元。全市金融机构盈利8.39亿元，比上年增长12.8%。年末金融机构不良贷款余额9.65亿元，比上年减少4.78亿元；不良贷款比率2.85%，比上年下降2.14个百分点。

全市保险机构保险业务收入8.69亿元，比上年增长10.8%。其中，财产险收入3.59亿元，增长16.4%；

人身险收入5.1亿元，增长7.1%。保险业务支出2.89亿元，增长8.7%。其中，财产险支出1.74亿元，增长21.9%；人身险支出1.15亿元，下降6.6%。

9

2014年益阳市经济发展概况

【经济总量】2014年，益阳市全年实现地区生产总值（GDP）1253.15亿元，比上年增长10.8%，增速超全省平均水平1.3个百分点，居全省第2位。其中第一产业增加值为234.14亿元，增长4.9%；第二产业增加值553.21亿元，增长10.9%；第三产业增加值465.80亿元，增长13.5%。第一、二、三次产业对经济增长的贡献率分别为8.3%、44.7%和47%。按常住人口计算，人均GDP28596元，折合4673美元，增长10.2%。全市三次产业结构由上年的19.2:45.0:35.8调整为18.7：44.1：37.2，二三产业比重提高0.5个百分点。

【农业】2014年，益阳市全市农林牧渔业总产值为371.97亿元，比上年增长4.9%，增速比全省平均水平高0.3个百分点，2012-2014年连续3年增速居全省第一。

全市粮食种植面积424千公顷，比上年增长1.7%；总产量245.51万吨，增长3.2%，产量增速居全省首位。南县、赫山区被评为全国粮食生产先进县，资阳区、沅江市被评为全省粮食生产标兵县，桃江县被评为全省粮食生产先进县。粮食生产标兵先进比例在全省市州中占比最高。

【工业和建筑业】2014年，益阳市全市922家规模工业企业实现增加值537.5亿元，增长11.6%，增速居全省第4位。规模工业中，轻工业增加值231.3亿元，增长12.3%；重工业增加值306.2亿元，增长11.1%；高技术产业增加值54.6亿元，增长15.3%；六大高耗能行业增加值97.7亿元，增长5.1%，其增加值占全部规模以上工业的比重为18.2%，比上年下降1.8个百分点；非公有制工业增加值475.0亿元，增长14.2%，增速比全部规模工业增速快2.6个百分点；九大主要工业行业增加值452.5亿元，增长11.2%，增加值占全部规模以上工业比重84.2%。全市市级以上园区规模工业企业407家，实现增加值309.4亿元，增长14.5%。

全市具有资质等级的总承包和专业承包建筑企业96家，完成产值170.6亿元，比上年增长22.1%。建筑业实现增加值53.15亿元，比上年增长11%；房屋建筑施工面积1141.6万平方米，比上年增长8.4%，全员劳动生产率25.8万元/人，比上年增长6.6%。

【固定资产投资】2014年，益阳市全年完成固定资产投资1030.6亿元，比上年增长22.3%，增速居全省第5位。

从三次产业来看，一、二、三产业分别完成投资24.52亿元、572.57亿元和433.55亿元，三次产业投资比重由上年2.7：54.1：43.2调整为2.4：55.6：42.1。

【科学技术】2014年，益阳市全市共争取各类科技计划项目130项，其中国家级项目5项，省级项目125项。获得项目资金2458.68万元，项目数量比上年增长31.3%。共有31项成果获市科技进步奖，3项成果获省科技进步奖，其中一等奖1项，三等奖2项。技术市场成交活跃，认定登记的技术合同65份，合同金额3560万元。全市高新技术企业达到102家，实现高新技术产品增加值134亿元，同比增长25%。

【国内贸易和对外经济】2014年，益阳市全市社会消费品零售总额454.2亿元，增长12.8%。分地域看，城镇消费品零售额389.7亿元，乡村零售额64.5亿元，分别增长12.5%和14.2%。分行业看，批发业零售额51.2亿元，增长12.9%；零售业零售额350.8亿元，增长12.8%；住宿业零售额9.2亿元，增长12.6%；餐饮业零售额43亿元，增长12.4%。全市限额以上批发零售业零售额202.3亿元，增长15.4%，占社会消费品零售总额的44.5%。

2014年，全市外贸进出口总额58104万美元，同比增长20.5%。其中出口52875万美元，增长20.3%；进口5228万美元，增长22.1%。一般贸易进出口额47796万美元，增长23%，占进出口总额82.3%；加工贸易进出口额10225万美元，增长10.9%，占进出口总额的17.6%。

【交通、邮电和旅游】2014年，益阳市全年全社会货物周转量218.14亿吨公里，增长14.3%；旅客周转量49.99亿人公里，增长7.7%。年末民用车辆拥有量60.45万辆，比上年增长10%，其中汽车22.48万辆，增长19.8%。私人汽车20.56万辆，增长21.6%。

全市邮政行业业务收入34419万元，比上年增长14.2%；其中快递业务收入7100万元，增长25.6%。从业务量看，函件363.73万件，比上年增长137.1%；包裹7.14万件，下降24.2%；快递770.45万件，增长19.3%。年末全市固定电话用户34.9万户，移动电话用户262.4万户，固定电话普及率下降至7.9部/百人，移动电话普及率上升至59.8部/百人。固定互联网宽带接入用户36万户，移动宽带用户197.3万户。

全年旅游总收入160.5亿元，增长17.1%；接待国内外旅游者2538万人次，增长16.3%。安化龙泉洞景区、沅江五湖生态水城旅游区、南县德昌公园成功创建国家3A级景区，沅江亿昌食品有限公司、安化建玲茶业有限公司成功创建省工业旅游示范点，桃花江竹海景区、安化梅山文化生态园启动国家4A级景区创建，江南古城顺利开街。

【金融和保险】2014年年末，益阳市全市金融机构本外币存款余额1158.22亿元，比年初增加134.99亿元。金融机构本外币贷款余额550.39亿元，比年初增加44.86亿元。其中短期贷款余额213.36亿元，比年初增加4.03亿元；中长期贷款余额330.48亿元，比年初增加38.14亿元。分类看，工业贷款余额121.06亿元，减少1.03亿元；涉农贷款余额300.45亿元，新增7.97亿元。城乡居民储蓄存款余额838.76亿元，比年初增加108.29亿元。证券业交易量大幅增长，全年股票交易额887.29亿元，比上年增长56.2%。

年末全市共有保险公司32家，其中寿险19家，产险13家。全年保费收入32.99亿元，增长15.4%。其中：寿险22.61亿元，比上年增长12.8%；产险10.38亿元，增长21.6%。

10

2014年郴州市经济发展概况

【经济总量】2014年，郴州市实现地区生产总值（GDP）1872.6亿元，按可比价计算（下同），比上年增长10.9%。其中，第一产业增加值181.2亿元，增长4.7%；第二产业增加值1064.1亿元，增长11.5%；第三产业增加值627.3亿元，增长11.5%。三次产业比重调整为9.7：56.8：33.5。按常住人口计算，全市人均生产总值39999元，比上年增长10.1%。

【农业】2014年，郴州市粮食播种面积348.4千公顷，比上年增长1.8%；粮食产量187.1万吨，增长2.7%。油菜种植面积60千公顷，增长2.7%；产量8.3万吨，增长5.3%。蔬菜种植面积100.8千公顷，增长2.1%；产量272.3万吨，增长7.7%。烤烟种植面积26.6千公顷，增长2.0%；产量6.6万吨，增长2.2%。出栏生猪585.6万头，增长5.2%；出栏牛15.4万头，增长6.4%；出栏羊45.6万头，增长2.8%；出笼家禽3094.7万羽，下降3.8%；水产品产量11.1万吨，增长6.1%。

【工业和建筑业】2014年，郴州市全部工业增加值985.9亿元，增长11.5%。规模以上工业增加值增长12.5%，其中非公有制规模工业增加值增长12.8%。

全市建筑业增加值78.2亿元，比上年增长13.5%。房屋建筑施工面积1294.8万平方米，下降7.5%；房屋建筑竣工面积684.1万平方米，增长23.3%。

【固定资产投资】2014年，郴州市全市固定资产投资1814.6亿元，比上年增长23.1%。非国有投资1431.7亿元，增长37.0%；国有投资382.9亿元，下降10.8%。按产业分，一、二、三产业分别完成固定资产投资119.2亿元、814.8亿元、880.5亿元，分别比上年增长22.7%、20.5%、25.7%。按投资方向分，基础设施投资463.8亿元，增长13.2%；民生投资135.6亿元，增长47.8%；生态环保投资100.6亿元，增长39.5%；工业投资814.7亿元，增长21.4%；高新技术产业投资134.8亿元，增长57%；技改投资637.4亿元，增长21.7%。按项目分，全市亿元以上项目共有385个，完成投资546.9亿元，占全部项目投资的比重为30.1%；重点工程项目1131个，完成投资865.2亿元，占固定资产投资的比重为47.7%。

【科学技术】2014年，郴州市全市高新技术产业增加值397.2亿元，按现价计算，比上年增长35.9%。全市取得各类科技成果41项，其中省部级以上科技成果7项，市级科技成果奖23项。全年专利申请1634件，其中发明专利申请367件，增长16.5%。授权专利1031件，增长10%。

【国内贸易和对外经济】2014年，郴州市社会消费品零售总额706.7亿元，比上年增长12.9%。按经营地分，城镇和乡村消费品零售总额分别为627.2亿元和79.5亿元，分别增长13.1%和11.1%。按消费类型分，批发业和零售业零售额分别为92.5亿元和515.3亿元，分别增长14.3%和12.7%；住宿业和餐饮业零售额分别为21亿元和77.9亿元，分别增长12.6%和12.3%。按商品销量分，限额以上批发和零售业法人单位中，零售额居前六位的为石油及制品类、汽车类、煤炭及制品类、粮油食品饮料烟酒类、家用电器和音像器材类、中西药品类，六大类商品共实现零售额184.4亿元，占限额以上批发和零售业法人单位零售额的84.3%。

外贸进出口总额45.6亿美元，比上年增长19.8%。其中，出口23.8亿美元，增长18.3%；进口21.8亿美元，增长21.5%。从贸易方式看，一般贸易进出口10.3亿美元，增长20.8%，其中出口5.6亿美元，增长18.5%；加工贸易进出口32.1亿美元，增长10.6%，其中出口16.8亿美元，增长10.6%。从商品类别看，天然石墨出口0.2亿美元，增长3.3%；未锻造银出口4.5亿美元，下降25.2%；机电产品出口4.8亿美元，增长85.2%；高新技术产品出口2.7亿美元，增长92.5%。

【交通、邮电和旅游】2014年，郴州市交通运输、仓储和邮政业增加值73.3亿元，比上年增长7.3%。公路水运客货运周转量423.6亿吨公里，增长16.8%。其中，公路货物周转量417.6亿吨公里，增长16.8%。公路水运旅客周转量35.3亿人公里，增长10.5%。其中，公路旅客周转量34.9亿人公里，增长10.4%。年末全市汽车保有量27.3万辆，增长12.7%；私人汽车保有量24万辆，增长14.3%；民用轿车保有量11.8万辆，增长19.8%，其中私人轿车保有量10.8万辆，增长21.8%。

全市邮电业务总量46.7亿元，比上年增长37%。其中，邮政业务总量7.2亿元，增长40.7%；电信业务总量39.4亿元，增长36.4%。年末固定电话用户55.5万户，下降8.3%，固定电话普及率为38.4部/百户；移动电话用户362万户，增长6.9%，移动电话普及率为250.4部/百户。年末互联网宽带用户202.9万户，增长27.2%。

年末全市共有国家等级旅游区（点）25家，其中4A级及以上旅游区（点）12家。全年接待国内旅游者3316.6万人次，增长18.7%；接待入境旅游者26.4万人次，增长5.2%。实现国内旅游收入233.1亿元，增长23.8%；旅游外汇收入1亿美元，下降1.8%。

【金融和保险】2014年年末，郴州市全市金融机构本外币各项贷款余额780.4亿元，比上年末增长15.4%。其中，短期贷款余额265.5亿元，增长4.3%；中长期贷款余额504.6亿元，增长20.2%。

全年保险公司各类保险保费收入32亿元，比上年增长12.2%。其中，寿险保费收入21.9亿元，增长11.9%；财产险保费收入10.1亿元，增长12.8%。各项赔款和给付支出6.7亿元，增长18.7%。其中，寿险给付1.9亿元，增长35.8%；财产险赔款4.9亿元，增长13.2%。

11

2014年永州市经济发展概况

【经济总量】2014年，永州市全年实现地区生产总值（GDP）1299.93亿元，增长9.9%。其中，第一产业增加值284.71亿元，增长4.8%；第二产业增加值491.54亿元，增长11.2%；第三产业增加值523.68亿元，增长11.3%。按常住人口计算，人均地区生产总值24267元，同比增长8.6%。全市三次产业结构比重由上年的22.4：38.1：39.5调整为21.9：37.8：40.3，第一、二、三产业次产业对经济增长的贡献率分别为9.8%、44.2%、46%。

【农业】2014年，永州市全年完成农林牧渔总产值504.99亿元，增长4.8%；实现增加值284.71亿元，同比增长4.8%。其中，农业实现增加值152.19亿元，比上年增长4.7%；林业增加值33.07亿元，增长7.9%；牧业增加值79.3亿元，增长3.7%；渔业增加值17.58亿元，增长4.9%。粮食种植面积554.45千公顷，增长2.1%，蔬菜种植面积186.15千公顷，增长5.1%。全市粮食总产量361.95万吨，增长2.7%，油料产量15.68万吨，增长9.7%，烤烟产量4.1万吨，下降10.1%，蔬菜产量555.08万吨，增长8.7%。全年生猪出栏857.32万头，增长5.5%，牛出栏27.89万头，增长5.5%，羊出栏68.73万头，增长2.8%，水产品产量18.39万吨，增长4.9%。

【工业和建筑业】2014年，永州市全年全市规模以上工业实现增加值297.97亿元、增长12.2%，增速高于全省平均水平2.6个百分点。从轻重工业来看，轻工业143.39亿元、增长18.5%，重工业154.58亿元、增长7.2%。按经济类型来看，国有企业完成增加值59.38亿元、增长24.9%，集体企业完成增加值1.75亿元、下降8.5%，股份制企业完成增加值202.73亿元、增长11%，外商及港澳台商投资企业完成增加值23.95亿元、增长14.3%，股份合作企业、其他经济类型企业分别下降30.6%、13%。全市规模以上工业企业707家，新增106家，年产值过亿元企业285家，新增23家。非公有制工业经济完成增加值217.39亿元、增长10.7%。

全市资质以内建筑业企业93家，新增2家。全年建筑业实现增加值75.51亿元，同比增长11.9%。资质内房屋建筑施工面积1803.36万平方米，增长17.9%，竣工面积1077.17万平方米，增长15.4%。

【固定资产投资】2014年，永州市全市共完成固定资产投资1303.53亿元，同比增长21.3%。按经济类型分，国有投资501.13亿元，增长16.1%，非国有投资802.4亿元，增长24.8%；从产业来看，第一产业完成投资57.34亿元，增长15.6%，第二产业完成投资575.87亿元，增长23%，第三产业完成投资670.32亿元，增长20.4%。全市在建项目为2528个，增长3.9%，其中新开工项目1899个，增长3.7%，投产项目个数为1791个，增长2.5%。亿元项目个数203个，比上年同期净增73个，实际完成投资273.73亿元，增长17.9%。涔天河水库扩建工程等重大项目扎实推进，神华火电一期工程开工建设。

【科学技术】2014年，永州市全市R&D经费支出30892万元，比上年增加10982万元，增长54.7%。全市高新技术企业89家，全年实现高新技术产业产值184.93亿元，同比增长20.7%。全年申请2194件，同比增长13%；授权专利1070件，同比增长30.2%；发明专利授权104件，同比增长23.8%。完成合同登记54项，技术合同交易金额5112.80万元，同比增长42%。

【国内贸易和对外经济】2014年，永州市年全市完成社会消费品零售总额423.26亿元，增长12.9%。按销售单位所在地分，城镇消费品零售额360.79亿元，增长12.5%，乡村消费品零售额62.47亿元，增长15.2%。按行业分，批发和零售业零售额377.26亿元，增长12.8%，住宿和餐饮业零售额46亿元，增长13.2%。在限额以上法人批零企业商品零售额中，石油及制品类，汽车类，食品饮料烟酒类增长较快，分别实现零售额43.9亿元、33.18亿元、21.76亿元，分别增长9.7%、21.7%、26.9%。

全市承接产业转移项目530个，其中投资过2亿元项目14个。新增有进出口实绩的企业34家，总数达到93家，进出口超1000万美元的企业新增11家，达到21家。实际利用外资7.51亿美元，增长20.1%。实现进出口总额9.39亿美元，增长108.9%。出口总额7.5亿美元，增长84.8%。其中，机电产品出口2.48亿美元，增长

140.1%，农产品出口0.89亿美元，增长95%。进口1.89亿美元，增长333.1%。其中，一般贸易和加工贸易分别增长641.4%、303.1%。

【交通、邮电和旅游】2014年，永州市全年货运量6916万吨，同比增长3.2%，货物周转量165.04亿吨公里，增长5.4%。客运量8879万人，增长8.7%，旅客周转量45.31亿人公里，增长5.4%。年末全市民用汽车保有量21.58万辆，增长18.6%，其中私人汽车19.14万辆，增长20.4%，本年新注册汽车3.67万辆，增长10.3%。年末公路通车里程达2.5万公里，其中高速公里489公里。二广高速永州至广东段，祁冷一级公路全面通车，207国道双牌大山隧道贯通，干线公路新改建260公里。

全年邮电业务总量36.27亿元，增长33.2%。其中，邮政业务总量3.16亿元，增长17.3%，电信业务总量33.11亿元，同比增长34.9%。年末全市固定电话用户35.64万户，下降4.2%，移动电话用户339.68万户，增长33.8%，固定电话每百人6.6部，移动电话每百人63.1部。年末互联网宽带用户84.26万户，净增49.76万户。

全年接待国内外游客3040.59万人次，同比增长24.1%，旅游综合收入157.13亿元，同比增长24.5%。景区创建工作上台阶，阳明山被确定为海峡两岸交流基地，九嶷山被评为国家级风景名胜区，萍洲书院，濂溪故里成功创建3A景区。江永女书花卉团扇和“江永女书”黑茶分获2014中国湖南旅游商品大赛金奖和铜奖；东安鸡成功评选为湖南旅游必购商品。

【金融和保险】2014年，永州市全市金融机构各项本外币存款余额1338.19亿元，增长14.1%；贷款余额641.37亿元，增长15.7%。个人储蓄存款991.87亿元，增长14.6%。中长期贷款497.24亿元，比年初增加85.12亿元，增长20.6%。

全市保险公司24家（其中财产险公司12家，人身险公司12家），新增1家，县区级支公司（营销服务部）86家，乡镇级营销服务部46家，银行代理机构89个。全市保险业保费收入32.19亿元，其中：财产险保费收入10.48亿元，增长19%，人身险保费收入21.71亿元，增长4%。全市各项保险赔款和给付支出10.53亿元，增长7.5%。

12

2014年怀化市经济发展概况

【经济总量】2014年，怀化市全市实现地区生产总值（GDP）1181.01亿元、增长5.1%。第一产业实现增加值171.47亿元、增长4.4%；第二产业实现增加值516.52亿元、增长6.8%；第三产业实现增加值493.03亿元、增长3.6%。三次产业对GDP增长的贡献率分别为9.9%、60.0%和30.1%，三次产业结构调整为14.5：43.7：41.7，第一产业较去年提高0.8个百分点，第二、三产业分别回落0.4个百分和0.5个百分点。按常住人口计算，人均GDP达24363元，增长4.1%。全市非公有制经济实现增加值676.06亿元、增长4.5%，占GDP的57.2%。

【农业】2014年，怀化市全年完成农林牧渔业增加值165.95亿元、增长4.4%。其中，农业、林业、牧业、渔业分别完成增加值96.32亿元、22.78亿元、40.85亿元和5.51亿元，分别增长5.5%、0.6%、3.2%和11.2%。粮食播种面积32.52万公顷、增长0.8%。其中，稻谷播种面积20.91万公顷，下降1.7%；蔬菜播种面积7.66万公顷，增长3.7%；油料播种面积11.99万公顷，增长3.0%。粮食产量180.65万吨，增长2.0%；油料产量16.12万吨，增长6.2%；水果产量129.43万吨，增长5.4%；蔬菜产量141.34万吨，增长10.5%。年末存栏生猪257.58万头，增长2.5%；全年出栏生猪350.40万头，增长4.6%。禽蛋产量1.58万吨，增长1.3%。水产品产量7.39万吨，增长11.2%。

【工业和建筑业】2014年，怀化市全部工业实现增加值459.56亿元，增长7.1%，占GDP的比重达38.9%，规模以上工业增加值增长7.1%。在规模以上工业中，非公有制经济实现增加值225.49亿元，增长0.4%。按企业规模分，大中型企业实现增加值85.20亿元，增长7.5%；小型企业实现增加值216.68亿元，下降0.6%；微型企业实现增加值6.46亿元，下降4.1%；按经济类型分，国有企业实现增加值22.45亿元，下降9.4%；外商及港澳台投资企业实现增加值21.20亿元，增长5.3%；股份制企业实现增加值242.91亿元，增长8.0%。

全年具有建筑业资质等级的独立核算企业完成建筑业增加值56.95亿元，增长10.9%，较上年回落6.4个百分点，实现利润总额2.94亿元，下降49.5%；房屋施工面积906.07万平方米，增长5.2%。其中新开工面积414.90万平方米，增长6.2%；房屋竣工面积360.53万平方米，增长0.01%。

【固定资产投资】2014年，怀化市全年施工项目1960个，其中新开工1300个。完成全社会固定资产投资851.35亿元，增长6.2%。投资亿元以上项目179个，本年新开工项目50个，亿元以上项目完成投资188.7亿元，占固定资产投资总额的22.2%。按产业分，第一、二、三产业分别完成投资52.9亿元、260.2亿元和538.3亿元，分别增长51.7%、6.1%和3.3%。按投资方向分，基础设施建设完成投资314.3亿元，增长13.3%；民生投资49.7亿元，增长12.3%；技改投资256.8亿元，增长3.7%；战略性新兴产业投资141.9亿元，增长2.9%。按企业注册类型分，内资企业完成投资846.3亿元，增长6.4%；国有企业完成投资437.3亿元，增长15.1%；私营企业完成投资232.4亿元，增长5.9%。从资金来源看，国家预算资金69.9亿元，增长3.7%，自筹资金618.7亿元，增长5.8%，国内贷款56.41亿元，下降19.0%，其中房地产投资国内贷款10.73亿元，下降12.0%。

【科学技术】2014年，怀化市全市拥有科学研究开发机构14个。2014年专利申请781件，其中发明189件，授权专利428件。签订技术合同206项，成交金额1.93亿元。获得省部级以上科技成果1项，高新技术产业增加值51.95亿元。R&D经费（全社会研究与试验发展经费）支出1.55亿元，占GDP比重0.13%。

【国内贸易和对外经济】2014年，怀化市全年实现社会消费品零售总额405.35亿元，增长12.5%。其中，城镇消费品零售额347.38亿元，增长12.4%，乡村消费品零售额57.97亿元，增长13.1%。批发业、零售业、住宿业、餐饮业分别实现零售总额21.90亿元、338.50亿元、8.00亿元和36.97亿元，分别增长12.0%、12.8%、7.9%和11.1%。限额以上批发零售业零售额155.93亿元，增长11.1%。其中，批发业2.67亿元，增长5.6%，零售业153.26亿元，增长11.2%。限额以上批零商品零售额126.38亿元，增长10.7%。

全年实现进出口总额（海关口径）10560万美元，增长26.7%。其中，出口总额9873万美元，增长

41.5%，进口总额687.00万美元，下降49.4%，降幅较去年缩小26.5个百分点。

【交通、邮电和旅游】2014年，怀化市长昆客运专线怀化段顺利通车（市境内设溆浦南站、怀化南站、芷江站、新晃西站四个客运站），怀化正式步入了“高铁时代”。娄怀高速全线贯通，绕城高速建成通车，全市年末公路通车里程达20432.31公里，高速公路通车里程达612.42公里。全年全社会运输周转量（不含铁路、航空）94.35亿吨公里，增长20.2%，客运周转量增长20.7%，货物周转量增长16.5%。其中，公路货运周转量达79.41亿吨公里，增长20.3%，公路客运周转量达39.17亿人公里，增长17.8%。年末全市拥有民用车辆68.79万辆，增长18.8%。其中，轿车9.03万辆。全年净增民用车辆10.88万辆。其中私有车辆10.73万辆，占全年净增车辆的98.6%。机动车驾驶员73.81万人，其中汽车驾驶员39.00万人，机动车驾驶员人数净增8.16万人，增长1.59倍，汽车驾驶员净增6.41万人，增长2.75倍。

全年完成邮电业务总量（2010年不变价）41.26亿元，增长24.2%。其中，电信业务总量38.22亿元，增长24.7%，邮政业务总量3.04亿元，增长19.2%。年末移动电话用户338.28万户，增长10.3%。年末固定电话用户49.74万户，增长2.9%。固定电话普及率为10.31部/百人，增加0.3部/百人；移动电话普及率为70.11部/百人，增加6.6部/百人。年末互联网宽带用户达39.74万户，增长10.3%。

全市旅游等级景区（点）增加至29个，增长26.1%。其中，4A级景区（点）21个，较去年增长了6倍。全年共接待旅游人数2834.73万人次，增长17.7%。其中，接待国内旅游人数2828.51万人次，增长17.7%，接待境外入境旅游人数6.22万人次，增长24.0%。全年实现旅游总收入177.23亿元，增长19.1%。其中，国内旅游收入176.32亿元，增长19.1%。

【金融和保险】2014年年末，怀化市全市金融机构各项存款余额（本外币合计，下同）1246.34亿元，比年初增长10.5%（下同）。其中，单位存款余额301.50亿元，增长3.8%，个人存款余额920.27亿元，增长13.9%。年末金融机构各项贷款余额695.68亿元，增长12.3%。其中，短期贷款余额138.03亿元，下降3.8%，中长期贷款552.53亿元，增长16.4%，消费信贷贷款137.02亿元，增长32.9%，农林牧渔业贷款18.41亿元，增长5.0%，房产地产业贷款18.95亿元，增长7.3%。

全年保险机构原保险保费收入31.30亿元，增长20.3%。其中，财产险原保险保费收入10.67亿元，增长22.7%，寿险保费收入20.63亿元，增长19.1%。各项赔付支出8.17亿元，增长3.2%。

13

2014年娄底市经济发展概况

【经济总量】2014年，娄底市实现地区生产总值1210.91亿元，同比增长8.1%，其中，第一产业增加值176.26亿元，增长4.7%；第二产业增加值650.17亿元，增长9.0%；第三产业增加值384.48亿元，增长8.0%。

经济结构进一步优化。三次产业结构由上年的14.5：54.1：31.4调整为14.6：53.7：31.7，第三产业占比提高0.3个百分点，三次产业对全市经济增长贡献率分别为6.8%、61.9%和31.3%，分别拉动全市GDP增长0.6个、5.0个和2.5个百分点。按常住人口计算，全市人均GDP31508元，增长7.6%。非公有制经济增加值554.79亿元，增长9.6%，占地区生产总值的比重为45.8%，对全市经济增长的贡献率为54.5%，比上年同期提高1.5个百分点。

【农业】2014年，娄底市全市农林牧渔业总产值279.12亿元，增长4.7%。其中，农业产值107.91亿元，增长5.3%；林业产值4.03亿元，增长5.8%；牧业产值154.31亿元，增长4.1%；渔业产值11.33亿元，增长5.9%，农林牧渔服务业产值1.53亿元，增长9.6%。全市粮食种植面积273.54千公顷，增长0.7%；蔬菜种植面积41.11千公顷，增长5.5%；油料种植面积38.79千公顷，增长8.3%。全市粮食总产量161.45万吨，增长2.5%；蔬菜产量129.33万吨，增长15.7%；油料产量4.57万吨，增长12.8%；肉类产量41.47万吨，增长3.1%；禽蛋产量2.81万吨，增长3.7%；水产品产量8.38万吨，增长3.7%。生猪出栏535.2万头，增长3.5%；牛出栏17.4万头，增长4.1%；羊出栏30.75万头，增长4.2%，家禽1920.12万羽，下降3.0%。

【工业和建筑业】2014年，娄底市全市实现工业增加值584.94亿元，同比增长9.0%。规模以上工业增加值增长9.5%，非公有制规模以上工业增加值增长13.5%。在规模以上工业中，按经济类型分，国有企业增长4.0%；集体企业增长2.5%，股份制企业增长12.1%，外商及港澳台投资企业增长6.9%。按轻重工业分，轻工业增加值增长24.8%，重工业增加值增长7.5%。按企业规模分，大中型企业增长7.0%，小微型企业增长12.1%。按行业分，煤炭开采和洗选业增长0.8%，农副食品加工业增长19.6%，石油加工、炼焦和核燃料加工业增长22.9%，黑色金属及压延加工业增长9.8%，有色金属及压延加工业增长5.7%，通用设备制造业增长16.8%。

全市建筑业增加值65.23亿元，增长10.5%；全市具有建筑资质等级的总承包和专业承包建筑业企业121家，比上年增加4家，完成建筑业总产值186.28亿元，增长2.1%。房屋施工面积1109.46万平方米，增长0.1%，房屋竣工面积518.07万平方米，下降5.5%。

【固定资产投资】2014年，娄底市全市施工项目2010个，同比增长12.2%，新开工项目1274个，增长1.0%，投产项目1262个，增长24.8%。完成固定资产投资938.94亿元，增长19.2%。分类型看，国有投资334.21亿元，增长11.9%，非国有投资604.73亿元，增长23.7%，其中，民间投资600.62亿元，增长24.5%，占全部投资比重64.0%，对全市投资增长的贡献率达78.1%。分产业看：第一产业投资55.75亿元，增长85.0%；第二产业405.61亿元，增长13.3%；第三产业477.57亿元，增长19.5%。第三产业投资占比50.9%，比上年同期提高0.4个百分点。

【科学技术】2014年，娄底市全市完成高新技术产业总产值575.5亿元，同比增长3.0%；高新技术产业增加值134.45亿元，增长4.5%。科学研究与试验发展（R&D）经费支出13.59亿元，比上年增长13.0%。累计建成国家级检验测试中心、企业技术中心各1个，省级工程技术研究中心3个，省级检验测试中心2个，省级企业技术中心9个。全年受理专利申请1223件，其中发明专利申请227件；授予专利权893件，其中发明专利授权43件。获湖南省科技进步一等奖1项、二等奖1项，湖南省专利奖3项。共申报国家和省级科技计划项目138项，已获立项支持68项，争取资金1986万元。

【国内贸易和对外经济】2014年，娄底市全市完成社会消费品零售总额381.35亿元，增长12.5%。其中，城镇零售额341.22亿元，增长12.6%，乡村零售额40.13亿元，增长11.3%；批发和零售业零售额345.20亿元，增长12.9%，住宿和餐饮业零售额36.14亿元，增长8.5%；限额以上企业零售额220.23亿元，增长11.8%；限额以下零售额161.12亿元，增长13.4%。限额以上法人批发和零售企业商品零售额177.8亿元，增长13.1%，其中，粮油、食品、饮料、烟酒类增长24.2%、服装类增长14.1%、化妆品类增长61.0%、日用品类增长21.8%、家用电器和音像器材类增长25.0%、五金电料类增长24.8%、汽车类增长13.2%。

全市实现进出口总额15.72亿美元，同比增长8.8%，其中，出口3.53亿美元，增长70.2%，进口12.19亿美元，下降1.5%。在出口总额中，从贸易方式看，一般贸易出口3.24亿美元，增长65.1%，加工贸易出口0.29亿美元，增长1.6倍，从重点商品看，机电产品、高新技术产品、农产品出口分别增长11.5%、75.9%和84.1%，全市规模工业企业出口交货值20.41亿元，同比增长24.8%。

【交通、邮电和旅游】2014年，娄底市全社会公路货运量1.04亿吨，增长3.9%；货物周转量100.73亿吨公里，增长10.7%；公路客运量0.89亿人，减少8.8%；客运周转量28.49亿人公里，增长8.9%。年末全市公路（不含高速公路）线路里程1.46万公里，高速公路里程210.44公里。全市民用汽车保有量22.33万辆，增长12.8%，其中私人汽车保有量20.23万辆，增长14.5%。

全市完成邮电业务总量37.24亿元，增长36.4%，其中电信业务总量35.54亿元，增长37.5%，邮政业务总量1.70亿元，增长17.0%。年末局用交换机总容量240.22万门，增长64.0%；固定电话用户33.14万户，下降11.0%；移动电话用户258.09万户，增长3.5%；互联网宽带用户42.08万户，增长9.4%。

全年旅游者总人数1932.57万人次，增长22.5%，其中国内旅游者1924.74万人次，增长22.7%，入境旅游者7.83万人次，减少2.9%。实现旅游总收入142.65亿元，增长23.1%，其中国内旅游收入141.15亿元，增长23.4%；旅游外汇收入2450.6万美元，增长3.5%。

【金融和保险】2014年年末，娄底市金融机构各项存款余额1126.10亿元，比年初增加105.85亿元，其中个人存款余额770.73亿元，比年初增加131.65亿元，单位存款余额329.36亿元，比年初减少25.51亿元；年末金融机构各项贷款余额704.16亿元，比年初增加74.32亿元，其中中长期贷款385.86亿元，比年初增加62.26亿元，短期贷款259.17亿元，比年初减少10.05亿元，票据融资57.50亿元，比年初增加20.86亿元。

保险保费收入26.41亿元，增长13.7%，其中财产险收入9.06亿元，增长16.5%，寿险收入15.97亿元，增长11.0%；各项赔款与给付9.46亿元，增长7.2%，其中财产险4.87亿元，增长17.6%，寿险4.26亿元，下降5.4%。

广东省

1

2014年广州市经济发展概况

【经济总量】2014年，广州市全年实现地区生产总值（GDP）16706.87亿元，按可比价格计算，比上年（下同）增长8.6%。其中，第一产业增加值237.52亿元，增长1.8%；第二产业增加值5606.41亿元，增长7.4%；第三产业增加值10862.94亿元，增长9.4%。第一、二、三次产业增加值的比例为1.42：33.56：65.02。三次产业对经济增长的贡献率分别为0.3%、30.9%和68.8%。

【农业】2014年，广州市全年粮食作物播种面积89.74千公顷，与上年持平；甘蔗种植面积6.76千公顷，增长1.1%；油料种植面积7.16千公顷，减少0.2%；蔬菜种植面积143.05千公顷，增长2.2%。

全年粮食产量44.31万吨，增长1.7%；甘蔗产量80.16万吨，增长1.5%；油料产量1.92万吨，增长0.6%；蔬菜产量357.25万吨，增长4.1%；园林水果产量47.30万吨，增长15.2%；茶叶产量65吨，与上年持平。

【工业和建筑业】2014年，广州市全年工业增加值5075.41亿元，比上年增长7.8%；其中，国有及国有控股企业增长10.8%，民营企业增长6.1%，外商及港澳台投资企业增长7.8%，股份制企业增长9.8%，集体企业增长4.7%，股份合作制企业增长13.8%。分轻重工业看，轻工业增长5.3%，重工业增长9.8%。

全年资质等级以上建筑企业829个，比上年增长1.0%；实现增加值531.0亿元，增长2.4%。

【固定资产投资】2014年，广州市全年完成固定资产投资4889.50亿元，比上年增长14.5%。分投资主体看，国有经济投资1391.84亿元，增长23.7%；民间投资1814.37亿元，增长24.9%；港澳台、外商经济投资864.92亿元，下降0.2%。

从三次产业看，第一产业完成投资17.02亿元，同比增长67.3%。第二产业完成投资721.98亿元，增长7.3%；其中，工业完成投资685.12亿元，增长6.9%。第三产业完成投资4150.50亿元，增长15.7%。

【科学技术】2014年，广州市全年受理专利申请46330件，增长16.6%；其中发明专利14589件，增长20%，占申请量的31.5%。专利授权28137件，增长7.6%；其中发明专利授权4590件，增长13.2%。

年末全市县及县级以上国有研究与开发机构、科技情报和文献机构150个。全市有中国科学院院士17人和中国工程院院士20人。拥有国家工程研究中心7家，国家级工程技术中心11家。国家工程实验室11家，省级工程技术研究中心共246家和市级工程技术研究中心247家。国家级大学科技园2个。我市累计有1662家认定高新技术企业。

【国内贸易和对外经济】2014年，广州市全年社会消费品零售总额7697.85亿元，比上年增长12.5%。分地域看，城镇消费品零售额7611.22亿元，增长12.4%；乡村消费品零售额86.63亿元，增长19.9%。分行业看，批发零售贸易业零售额6752.61亿元，增长13.2%；住宿餐饮业零售额945.24亿元，增长7.8%。批发零售业商品销售总额48701.54亿元，增长18.0%。

全年商品进出口总额1306.00亿美元，比上年增长9.8%。其中，商品出口总额727.15亿美元，增长15.8%；商品进口总额578.85亿美元，增长3.2%。进出口差额（出口减进口）148.31亿美元，比上年增加81.13亿美元。

【交通、邮电和旅游】2014年，广州市全年交通运输、仓储和邮政业实现增加值1110.18亿元，比上年增长11.8%。

全年港口货物吞吐量50036.30万吨，增长5.9%；其中外贸货物吞吐量12035.74万吨，增长5.0%。港口集装箱吞吐量1661.17万国际标准箱，增长7.1%。全年广州白云国际机场旅客吞吐量5478.84万人次，机场货邮行吞吐量189.33万吨，分别增长4.5%和9.4%。

全年完成邮电业务收入505.32亿元，增长10.2%。其中邮政业务收入181.26亿元，增长44.3%；电信业务收入324.06亿元，下降2.7%。

全年城市接待过夜旅游人数5330.05万人次，比上年增长5.7%。其中，入境旅游者783.30万人次，增长2.0%；境内旅游者4546.75万人次，增长6.4%。在入境旅游人数中，外国人300.26万人次，增长7.6%；香港、澳门和台湾同胞483.04万人次，下降1.3%。旅游业总收入2521.82亿元，增长14.5%。旅游外汇收入54.75亿美元，增长5.9%。

【金融和保险】2014年年末，广州市全部金融机构本外币各项存款余额35469.29亿元，比年初增加1640.52元，其中人民币各项存款余额34170.66亿元，增加1329.52亿元。全部金融机构本外币各项贷款余额24231.71亿元，增加2035.39亿元，其中人民币各项贷款余额22688.33亿元，增加2335.83亿元。

年末，全市拥有保险机构838家，总部3家，市场主体83家。全年保费收入601.8亿元，增长26.7%。其中，财产险保费收入192.50亿元，增20.0%；寿险业务保费收入345.00亿元，增长31.0%；健康险和意外伤害险业务保费收入64.40亿元，增长25.7%。支付各类保险赔款及给付171.70亿元，增长15.3%。其中，财产险业务赔款支出95.50亿元，增长9.1%；寿险业务赔付支出59.10亿元，增长27.9%；健康险和意外伤害险赔付支出16.50亿元，增长13.0%。

2

2014年深圳市经济发展概况

【经济总量】2014年，深圳市全年实现地区生产总值（GDP）16001.98亿元，比上年增长8.8%。其中，第一产业增加值5.29亿元，下降19.4%；第二产业增加值6823.05亿元，增长7.7%；第三产业增加值9173.64亿元，增长9.8%。第一产业增加值占全市生产总值的比重不到0.1%；第二和第三产业增加值占全市生产总值的比重分别为42.7%和57.3%。人均生产总值149497元/人，增长7.7%，按2014年平均汇率折算为24337美元。

【农业】2014年，深圳市全年农作物播种面积73775亩，比上年减少9.4%，其中，蔬菜播种面积67975亩，下降16.1%。水果播种面积36825亩，下降3.2%。

全年蔬菜产量6.72万吨，比上年下降33.7%；水果产量0.21万吨，增长23.5%。

【工业和建筑业】2014年，深圳市全年规模以上工业增加值6501.06亿元，比上年增长8.4%。其中，国有企业增加值199.63亿元，增长7.2%；股份制企业增加值3074.96亿元，增长13.4%；外商及港澳台投资企业增加值3145.45亿元，增长3.8%。分轻重工业看，轻工业增加值1249.85亿元，增长3.3%；重工业增加值5251.21亿元，增长9.7%。

全年建筑业增加值466.12亿元，比上年增长1.6%。

【固定资产投资】2014年，深圳市全年完成固定资产投资额2717.42亿元，比上年增长13.6%。其中，房地产开发项目投资1069.49亿元，增长22.0%；非房地产开发项目投资1647.94亿元，增长8.8%。

从三次产业看，第一产业投资0.39亿元；第二产业投资521.22亿元，比上年增长46.0%，其中，工业投资520.57亿元，增长47.0%；第三产业投资2195.81亿元，增长8.1%。

【科学技术】2014年年末，深圳市全市各类专业技术人员128.10万人，比上年增长5.3%，其中具有中级技术职称及以上的专业技术人员39.70万人，增长1.3%。年末国内专利申请量82254件，增长2.0%。国内专利授权量53687件，增长7.9%。

【国内贸易和对外经济】2014年，深圳市全年社会消费品零售总额4844.00亿元，比上年增长9.3%。其中，批发和零售业零售额4321.54亿元，增长9.3%；住宿和餐饮业零售额522.46亿元，增长9.1%。在社会消费品零售总额中，限额以上批发和零售业零售额3203.46亿元，增长9.0%，占社会消费品零售总额66.1%。

全年外贸进出口总额4877.65亿美元，比上年下降9.2%。其中出口总额2844.03亿美元，下降7.0%，分别占全国和广东省出口总额的比重为12.1%和44.0%；进口总额2033.62亿美元，下降12.3%。进出口规模连续三年居内地城市首位；出口总额连续二十二年居内地城市首位。

【交通、邮电和旅游】2014年，深圳市全年货物运输总量29384.21万吨，比上年增长6.8%。货物运输周转量2386.37亿吨公里，增长19.4%。

全年全市民用汽车拥有量311.15万辆，比上年增长20.4%，其中，私人小汽车拥有量249.24万辆，增长26.2%。

全年邮电业务总量（2010年价格）761.99亿元，比上年增长22.3%。其中，邮政、快递业务量297.68亿元，增长31.4%；电信业务量464.31亿元，增长17.1%。全年订销报纸1.05亿份；订销杂志0.74万份；收寄函件1.47亿份；特快专递71.50万件（邮政口径）。年末全市有邮政、电信局（所）779所。全市固定电话交换机总容量570万门，与上年持平；年末固定电话用户529.51万户。年末移动电话用户3376.60万户。国际互联网宽带用户442.18万户。

全年旅游住宿设施接待过夜游客4991.06万人次，比上年增长9.3%。其中海外游客1182.18万人次，下降2.7%；国内游客3808.88万人次，增长13.6%。在过夜海外游客中，外国游客161.12万人次，下降3.4%；港澳同胞979.37万人次，下降2.5%；台湾同胞41.69万人次，下降3.5%。全年旅游外汇收入45.66亿美元，增长0.8%。宾馆、酒店、度假村开房率67.2%，比上年提高3.1个百分点。

【金融和保险】2014年年末，深圳市全市国内金融机构人民币存款余额32497.75亿元，比年初增长8.9%；国内金融机构人民币贷款余额22671.10亿元，比年初增长13.7%。

年末全部金融机构本外币各项存款余额37350.50亿元，比年初增长10.0%；金融机构本外币各项贷款余额27922.13亿元，比年初增长12.5%。

全年保险机构原保险保费收入548.66亿元，比上年增长17.0%。其中，财产险215.73亿元，增长20.0%；人身险332.93亿元，增长15.2%。各项赔付支出155.76亿元，增长24.4%。其中，财产险业务支出101.05亿元，增长17.1%；人身险业务支出54.71亿元，增长40.7%。

3

2014年珠海市经济发展概况

【经济总量】2014年，珠海市全年实现地区生产总值（GDP）1857.32亿元，同比增长10.3%。其中，第一产业增加值48.79亿元，增长3.9%，对GDP增长的贡献率为0.9%；第二产业增加值939.04亿元，增长11.9%，对GDP增长的贡献率为61.8%；第三产业增加值869.49亿元，增长8.7%，对GDP增长的贡献率为37.3%。三次产业的比例为2.6∶50.6∶46.8（三次产业按2002国民经济行业分类标准划分）。在服务业中，现代服务业增加值501.07亿元，增长9.2%，占GDP的27.0%。在第三产业中，批发和零售业增长11.5%，住宿和餐饮业增长21.5%，金融业增长11.5%，房地产业增长2.4%。民营经济增加值599.92亿元，增长7.9%，占GDP的32.3%。2014年，珠海市人均GDP达11.59万元，按平均汇率折算为1.9万美元，同比增长9.2%。

【农业】2014年，珠海市全年完成农林牧渔业总产值86.49亿元，增长4.2%。其中农业产值11.95亿元，增长1.5%；林业产值0.16亿元，增长3.6%；牧业产值12.90亿元，增长10.0%；渔业产值53.79亿元，增长

3.4%；农林牧渔服务业产值7.69亿元，增长3.7%。

全年农作物播种面积25.78万亩，比上年减少2.17万亩。其中，粮食作物播种面积10.72万亩，比上年增加0.02万亩；甘蔗种植面积0.14万亩，比上年调减1.09万亩；油料种植面积0.49万亩，比上年增加0.10万亩；蔬菜种植面积11.25万亩，比上年增加0.50万亩。水产养殖面积39.94万亩，比上年减少4.74万亩。

【工业和建筑业】2014年，珠海市全市完成工业增加值比上年增长10.9%。规模以上工业增加值增长11.2%。其中，国有及国有控股企业增长22.3%，民营企业增长10.6%；港澳台及外商投资企业增长3.3%，股份制企业增长22.0%，集体企业增长5.1%。在规模以上工业增加值中，轻工业增长5.6%，重工业增长15.7%，规模以上轻重工业比例由上年的42.8∶57.2调整为42.2∶57.8。分企业规模看，大中型企业增长8.3%。分地区看，香洲区、金湾区和斗门区规模以上工业增加值分别增长9.3%、14.4%和8.6%。

年末全市拥有资质等级以上独立核算总承包和专业承包建筑业企业372家，比上年增长21.6%；实现建筑业增加值102.14亿元，按可比价计算，按可比价格计算比上年增长24.4%；实现利润总额13.9亿元，增长37.6%。利税总额26.48亿元，增长37.3%。

【固定资产投资】2014年，珠海市全年完成固定资产投资1135.05亿元，比上年增长23.5%。其中，房地产开发投资388.30亿元，增长42.5%。分投资主体看，国有经济投资428.37亿元，减少0.6%；非国有经济投资706.68亿元，增长44.9%；其中民营经济投资394.84亿元，增长55.7%；港澳台、外商经济投资145.96亿元，增长34.6%。分产业看，第二产业投资276.04亿元，增长15.6%，其中工业投资276.04亿元，增长15.6%，工业投资中的制造业投资125.35亿元，增长16.9%；第三产业投资857.33亿元，增长26.2%。全年在建项目979个，增长15.7%；新开工项目735个，增长11.0%。

【科学技术】2014年，珠海市全市有3个项目获国家科技进步二等奖，13个项目获广东省科学技术奖。全年申请专利8998件，增长12.2%。其中，发明专利3172件，增长16.2%。专利授权量6258件，增长30.2%，其中发明专利授权量608件，增长26.1%。年末发明专利拥有量2445件，增长27.4%。《专利合作条约》（PCT）国际专利申请量193件，增长141.0%。全年经各级科技行政部门登记技术合同577项；技术合同成交额22.5亿元。截至年底，全市经认定的高新技术企业346家，新增40家。经认定和年审通过的软件企业201家，新增30家。全市共有产学研示范基地11家，科技创新公共实验室13家（其中设立在高校和科研所的公共实验室12家）。拥有国家级工程研究中心4家，省级80家，市级56家；已建立国家级企业技术中心2个、省级45个、市级重点企业技术中心139个。拥有广东省战略性新兴产业基地6家。认定技术创新专业镇6个。国家重点实验室分支机构5家，省重点实验室1家，省重点实验室产学研培育基地1家。年末县及县级以上国有研究与开发机构、科技情报和文献机构6个。全市共有国家产品质量监督检验中心2个（其中：1个在建），法定产品质量监督检验机构1个，法定质量计量综合检测机构1个，法定计量技术机构2个，标准化技术机构1个，特种设备综合检验机构1个。获得实验室资质认定审查认可授权（验收）证书机构41家，获得管理体系认证证书2812张，产品获得3C认证企业205家。

【国内贸易和对外经济】2014年，珠海市全年社会消费品零售总额815.71亿元，比上年增长13.2%。

其中，批发业零售额125.57亿元，增长17.6%；零售业零售额601.49亿元，增长12.8%；住宿餐饮业零售额88.65亿元，增长9.9%。

全年完成外贸进出口总额549.98亿美元，增长1.3%。其中，出口290.54亿美元，增长9.3%；进口259.44亿美元，下降6.3%。进出口顺差（出口减进口）31.1亿美元，比上年（逆差10.97亿美元）增加42.07亿美元。

【交通、邮电和旅游】2014年，珠海市全年交通运输、仓储和邮政业实现增加值35.19亿元，比上年增长6.9%。

全年规模以上港口完成货物吞吐量10693万吨，增长6.7%，其中外贸货物吞吐量2410万吨，增长5.1%；内贸货物吞吐量8553万吨，增长7.1%。港口集装箱吞吐量117.01万标准箱，增长34.1%。

全年完成邮电业务总量72.28亿元（2010年不变价，下同），增长17.9%，其中，邮政业务总量11.45亿元，增长20.9%；通信业务总量60.83亿元，增长17.4%。年末固定电话用户达到78.45万户；年末移动电话用户363.96万户；年末（固定）互联网宽带接入用户75.01万户，增长14.1%。

年末公路通车里程1446.71公里，其中高速公路通车里程124.69公里。年末全市民用机动车保有量达39.1万辆，增长13.0%。其中，私人汽车33.1万辆，增长17.3%。民用轿车保有量21.5万辆，增长11.3%。其中，私人轿车19.8万辆，增长13.8%。

全年接待入境旅游人数460.43万人次，增长15.5%。其中，外国人68.24万人次，增长10.3%；香港、澳门和台湾同胞392.19万人次，增长20.8%。在入境旅游人数中，过夜游客292.34万人次，增长11.1%。国际旅游外汇收入9.32万美元，增长11.2%。接待国内游客2890.46万人次，增长19.3%，其中过夜游客1516.22万人次，增长15.8%。国内旅游收入204.52亿元，增长7.7%。酒店平均开房率61.2%，比上年高4.7个百分点。全年各主要旅游景点共接待游客1635.47万人次，增长58.5%，营业收入155.1亿元，比上年增长228.2%。旅行社组团国内游92.59万人次，增长2.0%；出境游38.55万人次，增长0.1%。实现旅游总收入261.79亿元，增长8.3%。

【金融和保险】2014年年末，珠海市全市中外资银行业金融机构本外币各项存款余额4570.67亿元，比年初增长10.9%。其中，单位存款余额2806.23亿元，增长14.6%；个人存款余额1535.03亿元，增长3.7%。年末中外资金融机构本外币各项贷款余额2426.24亿元，比年初增长17.1%。其中，境内短期贷款余额732.99亿元，增长17.9%；境内中长期贷款余额1527.72亿元，增长13.9%。银行金融机构本年利润（税后）75.59亿元，增长9.8%。

全市共有各类保险营业机构（含网点）127个，比上年增加6个。全年实现保费收入72.61亿元，同比增加25.1%。其中，寿险公司保费收入48.98亿元，增长23.7%；财产保险公司保费收入23.63亿元，增长28.2%。保险深度（保费收入占GDP比重）3.9%，比上年增加0.4个百分点。全年共赔（给）付金额20.11亿元，减少3.3%。其中，寿险公司赔（给）付支出9.43亿元，减少17.6%，财产保险公司赔款支出10.68亿元，增长14.1%。

4

2014年汕头市经济发展概况

【经济总量】2014年，汕头市全年实现地区生产总值（GDP）1716.00亿元，比上年增长9.0%。其中，第一产业增加值93.41亿元，增长3.9%；第二产业增加值897.58亿元，增长9.7%；第三产业增加值725.01亿元，增长8.6%。三次产业结构由上年的5.6∶52.2∶42.2调整为5.4∶52.3∶42.3，第一产业比重有所下降，第二、三产业略有提高。在现代产业中，现代服务业增加值274.03亿元，增长6.9%。在第三产业中，批发和零售业增长10.1%，住宿和餐饮业增长8.6%，金融业增长8.0%，房地产业增长3.5%。民营经济增加值1213.88亿元，增长10.0%。全市人均GDP31192元，增长8.2%。

【农业】2014年，汕头市全年农林牧渔业增加值93.41亿元，比上年增长3.9%；农林牧渔业总产值169.04亿元，增长3.8%。其中，农业产值84.81亿元，增长4.4%；林业产值0.60亿元，下降2.5%；牧业产值29.26亿元，增长4.0%；渔业产值50.52亿元，增长3.3%；农林牧渔服务业产值3.86亿元，下降2.2%。

【工业和建筑业】2014年，汕头市全年完成工业增加值817.48亿元，比上年增长9.8%，占地区生产总值的比重由上年的48.0%下降为47.6%，工业对经济增长贡献率达到54.9%。其中，规模以上先进制造业与高技术制造业增加值分别为96.73亿元与36.88亿元，分别增长10.2%与8.5%。完成工业总产值3681.37亿元，增长10.8%。其中，规模以上工业总产值2801.19亿元，增长12.4%。规模以上工业总产值占全部工业总产值76.1%。在规模以上工业总产值中，国有及国有控股企业增长8.8%、集体企业增长11.3%、股份制企业增长14.8%、外商及港澳台商投资企业增长3.3%；大中型企业完成产值1340.67亿元，增长8.6%；轻、重工业中重工业产值占规模以上工业总产值30.2%，比上年下降0.9个百分点。规模以上工业实现销售产值2697.16亿元，增长12.6%；完成出口交货值405.22亿元，增长3.3%；工业产品销售率96.29%，比上年提高0.18个百分点。全市工业用电量112亿千瓦时，增长8.3%。

全市资质等级以上建筑企业完成建筑业总产值（未含劳务分包）376.41亿元，比上年增长4.2%。房屋建筑施工面积3856.83万平方米，增长10.9%；房屋竣工面积950.86万平方米，下降6.1%。

【固定资产投资】2014年，汕头市全市完成固定资产投资1002.73亿元，比上年增长35.1%。从投资经济类型看，国有经济投资150.51亿元，增长33.5%；民营经济投资788.20亿元，增长39.5%。从三次产业看，第一产业投资8.83亿元，增长9.8%；第二产业投资506.72亿元，增长33.1%，其中工业投资503.64亿元，增长33.3%；第三产业投资487.18亿元，增长37.9%，其中房地产开发投资202.05亿元，增长37.4%；交通运输业投资45.88亿元，增长61.0%；现代服务业投资389.39亿元，增长48.7%。在固定资产投资资金来源总计中，国内贷款61.75亿元，下降6.6%；利用外资0.12亿元，下降88.3%；自筹资金861.25亿元，增长44.6%，其中企事业单位自有资金608.33亿元，增长41.2%。全年单位投资施工项目（不含房地产）2335个，增长24.0%，其中新开工项目2041个，增长19.4%。全年新增固定资产828.00亿元，增长34.4%。

【科学技术】2014年，汕头市全市签订各类技术合同19项，技术交易额5346.30万元。专利申请量与授权量分别为9097件和6470件，分别比上年下降17.3%与5.3%。至年末，国家级高新技术企业132家；全市民营科技企业817家，增长1.9%。

【国内贸易和对外经济】2014年，汕头市全年社会消费品零售总额1286.04亿元，比上年增长11.0%。其中，城镇消费品零售额931.48亿元，增长12.1%；农村消费品零售额354.56亿元，增长8.0%。分行业看，批发和零售业零售额1208.40亿元，增长11.3%；住宿和餐饮业零售额77.64亿元，增长6.4%。

全市进出口总额95.60亿美元，比上年增长3.5%。其中，进口总额25.94亿美元，下降1.4%；出口总额69.66亿美元，增长5.5%。在出口总额中，一般贸易出口56.92亿美元，增长8.7%；加工贸易出口11.16亿美元，下降14.7%。从经济类型看，国有企业出口2.54亿美元，增长1.0%；集体企业出口1.46亿美元，增长7.1%；外商投资企业出口20.38亿美元，下降11.8%；私营企业出口45.12亿美元，增长16.8%。从出口商品看，机电产品出口17.57亿美元，增长9.6%；服装及衣着附件出口16.47亿美元，增长0.4%；玩具出口10.40亿美元，增长7.3%；水产品出口4.20亿美元，增长49.7%；高新技术产品出口4.80亿美元，增长15.1%。从进出口的国家与地区看，进出口总额靠前的有：东盟、美国、香港、欧盟，分别为18.28亿美元、13.93亿美元、11.05亿美元与10.25亿美元，合计进出口额占全市总计的55.97%，比上年下降0.02个百分点。

【交通、邮电和旅游】2014年，汕头市全年交通运输、仓储和邮政业实现增加值39.28亿元，比上年增长3.5%。

全年完成邮电业务总收入55.56亿元，下降4.8%。其中，邮政业务收入2.63亿元，增长持平；电信业务收入52.93亿元，下降5.0%。电话交换机总容量533.15万门，接入网设备容量51.81万门。全市城乡固定电话用户121.57万户，移动电话总用户649万户。计算机互联网络总用户89.27万户，下降4.7%。

全市住宿设施接待过夜游客1293.30万人次，比上年增长11.9%。其中国际游客17.64万人次，增长13.6%；国内游客1275.65万人次，增长11.9%。A级旅游景区接待游客515.15万人次，下降3.4%。旅行社组织出境游3.86万人次、国内游42.58万人次，分别增长8.5%与下降16.1%。实现旅游总收入190.89亿元，增长29.8%，其中旅游外汇收入7046.05万美元，增长29.7%。全市拥有旅行社75家，星级宾馆（酒店）35家，其中三星级及以上30家。

【金融和保险】2014年，汕头市全市金融机构（含外资）本外币存款余额2664.46亿元，比上年增加134.30亿元，增长5.3%。其中，单位存款余额754.74亿元，增加57.67亿元，增长8.3%；个人存款余额1833.08亿元，增加71.29亿元，增长4.0%。年末金融机构（含外资）本外币贷款余额1072.83亿元，比上年增加100.90亿元，增长10.4%。其中，消费贷款141.60亿元，增加10.46亿元，增长8.0%；中长期贷款555.20亿元，增加44.15亿元，增长8.6%，短期贷款497.96亿元，增加68.11亿元，增长15.8%。银行结汇收入57.82亿美元，比上年下降7.1%。

2014年，全市有保险公司39家，比上年增加1家；全年保费收入63.23亿元，比上年增长25.9%。其中，财产险保费收入17.08亿元，增长22.1%；人寿险保费收入46.15亿元，增长27.4%。赔付支出金额27.09亿元，增长

13.1%。其中，财产险赔付支出金额8.68亿元，下降19.5%；人身险赔付支出金额18.42亿元，增长39.6%。

5

2014年韶关市经济发展概况

【经济总量】2014年，韶关市全年实现地区生产总值（GDP）1111.54亿元，比上一年增长9.5%。其中：第一产业增加值142.95亿元，增长4.3%；第二产业增加值451.41亿元，增长10.7%；第三产业增加值517.18亿元，增长9.6%。三次产业结构为12.9∶40.6∶46.5。按常住人口计算，人均生产总值38318元，增长8.7%，按平均汇率折算为6238美元。分区域看：韶关市区生产总值549.49亿元、增长9.2%，占全市生产总值的48.4%，人均生产总值5.4万元；县域生产总值586.69亿元、增长10%，占全市的51.6%，人均生产总值3.11万元。现代产业中，先进制造业增加值112.79亿元、增长19.5%，现代服务业增加值188.19亿元、增长9.8%。第三产业中，批发和零售业增加值增长9.6%，住宿和餐饮业增加值增长5.1%，房地产业增加值增长5.9%。民营经济增加值593.55亿元，增长11.5%，占全市生产总值的53.4%。

【农业】2014年，韶关市全年农林牧渔业总产值227.2亿元，增长4%。其中：农业增长4.6%，林业增长5.5%，畜牧业增长1%，渔业增长4.3%。

全年粮食作物播种面积235.58万亩，下降0.02%；甘蔗种植面积7.83万亩，下降2.8%；油料种植面积68.48万亩，增长1.9%；烟叶种植面积20.29万亩，下降2.6%；蔬菜种植面积134.85万亩，增长5.8%。

【工业和建筑业】2014年，韶关市全部工业增加值374.96亿元，增长11.8%。年末规模以上工业企业623个、比上年底增加67个，规模以上工业企业增加值347.95亿元、增长13.0%。在规模以上工业中，国有及国有控股工业增加值157.72亿元，增长5.1%。股份制工业224.20亿元，增长16.2%；民营工业139.93亿元，增长25%；外商及港澳台工业54.59亿元，增长11.3%。轻工业增加值114.32亿元，增长14.1%；重工业增加值233.63亿元，增长13.2%。年末产业转移园规模以上工业企业211个，规模以上工业增加值90.75亿元，增长27.7%。

全年建筑业增加值76.5亿元，增长5.8%，年末资质等级建筑企业94个。完成建筑业总产值217.8亿元、增长2.1%，实现利润6.1亿元、下降33%，利税总额15.6亿元、下降8.8%，房屋施工面积1090万平方米、下降4.8%，房屋竣工面积482.9万平方米、下降14.8%。

【固定资产投资】2014年，韶关市全年完成固定资产投资746.7亿元，增长18.3%。分投资主体看：国有及国有控股经济投资271.1亿元，增长12%；外商及港澳台经济投资32.7亿元，下降23.2%；民营经济投资443亿元，增长16.6%。分产业看：第一产业完成投资47.7亿元，下降12.1%；第二产业中的工业完成投资284.6亿元，增长20.2%；第三产业完成投资414.5亿元、增长10.9%，其中房地产开发完成投资119.4亿元、下降3.4%。

【科学技术】2014年，韶关市新增国家高新技术企业6家、省级工程技术研发中心2家，专利申请量、授权量连续10年居全省山区市首位。年末拥有省级工程技术研究开发中心13家，省市工程中心累计达到42家，其中省级重点研发中心2家。国家级高新技术企业38家，省级民营科技企业81家，省级火炬计划特色产业基地3个。全年取得科技成果67项，其中3项获省科技进步奖。全年实施“星火计划”2项。全年专利申请2354项，专利授权1584项；发明专利申请296项，发明专利授权52项。

【国内贸易和对外经济】2014年，韶关市年末限额以上批发零售企业328个，比上年增加60个；限额以上住宿和餐饮企业185个，比上年减少1个。全年批发零售和住宿餐饮业销售额904.4亿元，增长15.4%。其中：批发零售业销售额832.3亿元，增长15.9%；住宿和餐饮业营业额72.1亿元，增长10%。全社会消费品零售额522.7亿元，增长11%。

全年进出口总额23.52亿美元，增长1.5%。其中：进口11.33亿美元，下降18.9%；出口12.2亿美元，增长32.6%。按贸易方式分：一般贸易出口5.97亿美元，增长66.7%；加工贸易出口6.02亿美元，增长7.2%。按经营主体分：国有企业出口下降5.1%，“三资企业”出口增长4.6%，私营企业出口增长51.0%。按出口商品分：玩具出口增长16.4%，机电产品出口增长41.3%，服装出口增长141.3%，高新技术产品出口增长54.7%。按出口市场分：对香港出口下降2.6%，对欧盟出口增长78.3%，对美国出口增长27.2%，对日本出口增长19.9%。实际利用外资1.91亿美元，增长0.7%。全年规模以上工业企业工业产品出口交货值130.09亿元，增长13.4%。全年新批外商直接投资项目88个，增长27.5%。

【交通、邮电和旅游】2014年，韶关市全年交通运输、仓储和邮政业增加值69.29亿元，增长11.5%。

公路货运周转量221.5亿吨公里，公路旅客周转量26亿人公里。年末公路通车里程16048公里（公路密度87.2公里/百平方公里），其中高级、次高级路面公路11378公里。等级公路15626公里，其中高速公路453公里、一级公路211公里、二级公路819公里。年末实有公共汽车营运车辆500辆，其中浈江和武江369辆。公共汽车客运总量6552万人次，其中浈江和武江5235万人次。内河航道维护通航里程386公里，其中等级航道256公里，码头4个，泊位23个。港口货物吞吐量58.15万吨，增长10.1%。

全年完成邮电通信业务总量（按2010年不变价计，下同）36.13亿元，增长15.9%。其中：邮政业务（含快递）总量3.28亿元，增长13.2%；通信业务总量32.85亿元，增长16.2%。年末电话交换机总容量391.3万门，固定电话50.7万户，移动电话用户279.9万户。全市家庭宽带用户数42.57万户，手机上网用户数152.79万户，移动基站总数8146个，WLAN无线局域网2119个，AP热点4497个。

全年接待旅游者人数2803万人次、增长15%，其中入境过夜旅游者8.61万人次、增长5.3%。旅游总收入225.11亿元，增长20.3%。新增国家4A级景区2个。

【金融和保险】2014年年末，韶关市金融机构本外币各项存款余额1394.2亿元、增长11%，其中城乡居民本外币储蓄存款余额859.52亿元、增长9.1%。年末金融机构本外币各项贷款余额671.16亿元、增长15.4%。个人消费贷款余额164.47亿元，增长18.6%。其中：个人中长期消费贷款153.58亿元，增长20.7%；个人短期消费贷款10.89亿元，下降4.4%。东莞银行、东北证券、前海人寿进驻韶关。

全年保费总收入31.12亿元，增长28.1%。其中：寿险保费收入22.01亿元，增长31.1%；财产险保费收入9.11亿元、增长21.3%。财产险赔付支出4.97亿元、增长12.8%。

6

2014年佛山市经济发展概况

【经济总量】2014年，佛山市全年实现地区生产总值（GDP）7603.28亿元，比上年增长8.6%。其中第一产业增加值142.47亿元，增长2.6%；第二产业增加值4687.02亿元，增长9.4%；第三产业增加值2773.80亿元，增长7.6%。在第三产业中，交通运输、仓储和邮政业增长4.9%，批发和零售业增长9.4%，住宿和餐饮业增长1.4%，金融业增长3.6%，房地产业增长8.3%，其他服务业增长8.3%。三次产业结构为1.9：61.6：36.5。在现代产业中，先进制造业增加值1493.12亿元，增长11.5%；高技术制造业增加值316.79亿元，增长15.0%；现代服务业增加值1619.91亿元，增长7.6%。民营经济增加值4653.59亿元，占全市生产总值的比重为61.2%。

【农业】2014年，佛山市全年粮食作物播种面积30.96万亩，下降0.2%；蔬菜种植面积78.56万亩，下降12.3%；经济作物播种面积21.50万亩，增长2.3%。全年粮食产量9.84万吨，比上年增长0.2%；蔬菜产量124.42万吨，下降12.0%；水果产量4.38万吨，下降12.4%。全年肉类总产量22.65万吨，比上年下降8.5%。其中，猪肉产量11.46万吨，下降8.7%；禽肉产量11.15万吨，下降8.3%。全年水产品产量61.32万吨，增长3.0%。全年三鸟饲养量8581.68万只，下降7.4%；生猪饲养量240.78万头，下降11.5%。

【工业和建筑业】2014年，佛山市全年全部工业完成增加值4561.13亿元，比上年增长9.6%。规模以上工业（以下口径相同）增加值4249.23亿元，增长9.9%。其中，国有及国有控股企业增长4.7%，民营企业增长11.1%，外商及港澳台投资企业增长7.7%，股份制企业增长11.2%，集体企业增长19.8%，股份合作制企业增长30.5%。分轻重工业看，轻工业增长6.5%，重工业增长12.6%。分企业规模看，大型企业增长12.4%，中型企业增长7.2%，小型企业增长9.0%。

全年资质等级以上建筑业企业完成建筑业总产值483.50亿元，比上年增长27.9%。

【固定资产投资】2014年，佛山市全年固定资产投资完成2612.45亿元，比上年增长15.0%。分三次产业看，第一产业投资16.14亿元，增长1.3倍。第二产业投资963.09亿元，增长10.9%。第三产业投资1633.21亿元，增长16.7%。

【科学技术】2014年年末，佛山市共有各级工程中心1004家，其中省级工程中心204家，市级工程中心285家。高新技术企业618家，其中国家火炬计划重点高新技术企业（集团）38家。新增省级工程中心44家。全年获省级科学技术奖励16项，市级科学技术奖励99项。全年发明专利申请量7259件，授权量1109件。新增中国驰名商标16件。全年获得广东省名牌产品187个，有效期内广东名牌产品399个。

【国内贸易和对外经济】2014年，佛山市全年社会消费品零售总额2560.58亿元，比上年增长13.1%。

分地域看，城市消费品零售额2000.45亿元，增长13.5%；农村消费品零售额560.13亿元，增长11.7%。分行业看，批发和零售业零售2248.29亿元，增长14.0%；住宿和餐饮业零售额312.30亿元，增长7.2%。

全年进出口总额688.18亿美元，比上年增长7.6%。其中出口467.20亿美元，增长9.9%；进口220.98亿美元，增长3.2%。实现外贸顺差246.22亿美元。

【交通、邮电和旅游】2014年，佛山市全年公路和水路运输方式完成客运量5768万人，比上年增长11.6%。其中公路运输5692万人，增长11.8%；水路运输76万人，下降0.9%。完成旅客周转量60.09亿人公里，增长16.9%。其中公路运输59.16亿人公里，增长17.0%；水路运输0.93亿人公里，增长11.3%。

年末全市民用汽车保有量153.84万辆，比上年增长13.3%。其中私人汽车140.23万辆，增长14.5%。民用轿车保有量91.95万辆，增长15.9%。其中私人轿车88.20万辆，增长16.6%。

全年完成邮电业务总量222.87亿元，比上年增长17.1%。其中邮政业务总量33.47亿元，增长34.9%；电信业务总量189.40亿元，增长14.5%。年末本地电话用户294.71万户，减少1.31万户；移动电话用户1490.40万户，增加151.10万户。（固定）互联网用户248.52万户，增加14.42万户。

全年接待旅游者人数3995.04万人次，比上年增长5.2%。在旅游人数中，接待过夜旅游者1181.92万人次，增长5.6%，其中外国人23.60万人次，增长6.8%；香港、澳门和台湾同胞113.47万人次，增长0.9%。全年旅游总收入496.27亿元，增长15.1%。

【金融和保险】2014年年末，佛山市全市中外资银行业金融机构本外币各项存款余额11275.63亿元，比年初下降1.0%。其中城乡居民储蓄存款余额5806.94亿元，比年初增长3.7%；企事业单位存款余额4634.00亿元，比年初下降5.6%。本外币各项贷款余额7595.79亿元，比年初增长6.8%；其中中长期贷款余额4096.71亿元，比年初增长13.9%。

全年保费收入219.00亿元，其中财产险保费收入84.00亿元，人身险保费收入135.00亿元。各项理赔和给付支出65.50亿元，其中财产险40.84亿元，人身险24.66亿元。

7

2014年江门市经济发展概况

【经济总量】2014年，江门市全年实现地区生产总值（GDP）2082.76亿元，比上年增长7.8%。其中，第一产业增加值168.14亿元，增长2.9%；第二产业增加值1024.47亿元，增长9.5%；第三产业增加值890.15亿元，增长6.0%。在第三产业增加值中，交通运输、仓储和邮政业增长9.2%，批发和零售业增长4.0%，住宿和餐饮业增长1.7%，金融业增长13.0%，房地产业增长0.4%。三次产业结构为8.1：49.1：42.8。人均地区生产总值46237元，增长7.5%。

【农业】2014年，江门市全年粮食作物播种面积286.62万亩，比上年下降0.04%；糖蔗种植面积2.83万亩，下降8.4%；油料种植面积18.50万亩，增长1.1%；蔬菜种植面积88.87万亩，增长0.7%。

全年粮食产量95.27万吨，增长2.8%；糖蔗产量17.79万吨，下降3.3%；油料产量3.07万吨，增长6.2%；蔬菜产量125.36万吨，下降1.1%；水果产量24.92万吨，下降0.7%。

【工业和建筑业】2014年，江门市全年全部工业增加值比上年增长9.7%。规模以上工业增加值增长11.0%，其中，国有及国有控股企业下降0.4%，民营企业增长13.5%，外商及港澳台投资企业增长11.6%，股份制企业增长10.3%，集体企业下降6.5%。分轻重工业看，轻工业增长12.9%，重工业增长9.1%。分企业规模看，大型企业增长8.8%，中型企业增长9.1%，小型企业增长17.0%。

全年建筑业增加值56.67亿元，增长7.6%。资质等级以上建筑企业162个，实现利润额8.66亿元，增长5.1%。

【固定资产投资】2014年，江门市全年固定资产投资1111.65亿元，比上年增长16.8%。分经济类型看，国有经济投资283.02亿元，下降9.4%；三资经济投资158.41亿元，增长27.0%；民营经济投资654.55亿元，增长30.1%。分产业看，第一产业投资8.02亿元，增长3.1%；第二产业投资483.54亿元，增长1.6%，其中制造业投资增长18.2%；第三产业投资620.09亿元，增长32.0%。

【科学技术】2014年，江门市全年地方财政科学技术支出51532万元，比上年增长5.7%。累计国家级高新技术企业173家；国家火炬计划项目2项，省级以上农业攻关项目9项，省级科技攻关计划项目84项。专利申请量8345件，其中发明专利1935件；专利授权量5534件，其中发明专利304件。全市拥有各类专业技术人数17.24万人，其中中级职称以上6.94万人。

【国内贸易和对外经济】2014年，江门市全年社会消费品零售总额1003.35亿元，比上年增长11.0%。分地域看，城镇消费品零售额742.16亿元，增长11.5%；农村消费品零售额261.19亿元，增长9.8%。分行业看，批发和零售业零售额894.91亿元，增长11.6%；住宿和餐饮业零售额108.44亿元，增长6.4%。

全年海关进出口总额203.8亿美元，比上年增长3.3%，其中，进口总额52.9亿美元，下降7.7%；出口总额150.9亿美元，增长7.8%。分贸易方式看，一般贸易出口89.3亿美元，增长7.1%；加工贸易出口60.5亿美元，增长7.7%。分企业性质看，国有企业出口1.1亿美元，下降5.9%；三资企业出口88.8亿美元，增长4.5%；私营企业出口61.0亿美元，增长13.2%。

【交通、邮电和旅游】2014年，江门市全年水陆货运量13753万吨，比上年增长21.8%；货运周转量167.6亿吨公里，增长21.2%。水陆客运量9546万人，下降6.1%；客运周转量59.61亿人公里，下降3.3%。港口货物吞吐量7354万吨，增长9.2%。

全年邮电通信业务总量82.91亿元（2010年不变价，下同），比上年增长18.3%，其中，邮政业务总量9.02亿元，增长17.6%；通信业务总量73.89亿元，增长18.4%。年末固定电话用户115.2万户，移动电话用户595.24万户。

全年旅游住宿设施接待游客1594.98万人次，比上年增长13.1%，其中，国际游客171.93万人次，增长1.4%；国内游客1423.05万人次，增长14.7%。全年旅游宾馆客房出租率63.0%。旅行社组织境内游51.84万人次，下降5%；组织出境游10.68万人次，下降17.2%。旅游总收入279.00亿元，增长25.0%，其中，国际旅游收入8.43亿美元，增长5.7%；国内旅游收入227.19亿元，增长30.6%。

【金融和保险】2014年年末，江门市金融机构人民币存款余额3461.22亿元，比上年末增长7.9%，其中，城乡居民储蓄存款余额2174.17亿元，增长7.1%；单位存款余额1084.90亿元，增长5.9%；财政性存款余额58.88亿元，增长9.1%。金融机构人民币贷款余额1879.41亿元，增长20.2%，其中，短期贷款余额709.27亿元，增长12.8%；中长期贷款余额1119.24亿元，增长24.4%。

年末各类保险公司49家，保险中介机构（含分支机构）61家。全年保费收入73.56亿元，比上年增长26.0%，其中，寿险业务保费收入49.17亿元，增长28.4%；财产险业务保费收入24.39亿元，增长21.3%。共支付各项赔款24.44亿元，增长1.3%，其中，寿险业务给付13亿元，下降5.9%；财产险业务赔款11.44亿元，增长10.9%。

8

2014年湛江市经济发展概况

【经济总量】2014年，湛江市全年实现地区生产总值（GDP）2258.72亿元，比上年增长10.0%。其中，第一产业增加值447.96亿元，增长4.3%，对GDP增长贡献率为7.6%；第二产业增加值895.95亿元，增长11.3%，对GDP增长贡献率为45.9%；第三产业增加值914.82亿元，增长11.2%，对GDP增长贡献率为46.5%。三次产业结构19.8∶39.7∶40.5。在第三产业中，交通运输、仓储和邮政业增长4.4%，批发和零售业增长19.9%，住宿和餐饮业增长5.4%，金融业增长26.3%，房地产业增长4.9%，其他服务业增长10.7%。在现代产业中，高技术制造业增加值增长25.5%；先进制造业增加值增长1.3%；现代服务业增加值增长11.5%。民营经济增加值1439.51亿元，比上年增长13.0%。全市人均GDP达到3.14万元，比上年增长9.2%。

【农业】2014年，湛江市全年完成农林牧渔业总产值701.12亿元，比上年增长4.2%。

全年粮食种植面积432.02万亩，减少0.03万亩；糖蔗种植面积218.56万亩，增加13.76万亩；花生种植面积83.50万亩，增加2.27万亩；蔬菜种植面积212.43万亩，增加6.26万亩。

全年粮食产量145.54万吨，增加4.24万吨，增长3.0%；糖蔗产量1264.92万吨，增产33.63万吨，增长2.7%；蔬菜产量339.63万吨，增产21.99万吨，增长6.9%；水果总产量267.17万吨，增产4.99万吨，增长1.9%。

【工业和建筑业】2014年，湛江市全年全部工业完成增加值790.35亿元，比上年增长11.4%。规模以上工业企业实现增加值734.91亿元，增长12.1%。其中，国有及国有控股企业实现增加值201.95亿元，下降2.6%；股份制企业实现增加值315.27亿元，增长25.5%；外商及港澳台企业实现增加值340.81亿元，增长0.2%。按轻、重工业分，轻工业增加值298.21亿元，增长22.6%；重工业增加值436.70亿元，增长3.0%。

全年建筑业完成增加值105.59亿元，比上年增长10.2%；全市资质等级以上建筑企业131家，实现总产值428.44亿元，比上年增长28.7%；房屋建筑施工面积5988.40万平方米，增长87.9%。

【固定资产投资】2014年，湛江市全年完成固定资产投资1020.76亿元，比上年增长36.2%。其中，完成基础设施投资201.19亿元，下降2.9%；完成基础产业投资428.86亿元，增长30.1%。

在固定资产投资中，第一产业投资47.48亿元，下降12.5%；第二产业投资435.62亿元，增长67.8%；第三产业投资537.66亿元，增长11.6%。

【科学技术】2014年年末，湛江市全市县及县以上国有独立研究与开发机构、科技情报和文献机构共25个；全年投入市级科技三项经费4678万元，比上年增长75.0%。

【国内贸易和对外经济】2014年，湛江市全年批发和零售业实现增加值220.71亿元，比上年增长19.9%；住宿和餐饮业实现增加值44.16亿元，增长5.4%。

全年社会消费品零售总额1162.10亿元，比上年增长13.3%。分地域看，城镇消费品零售额1041.06亿元，增长13.4%，占全市社会商品零售额的89.6%；乡村消费品零售额121.04亿元，增长12.3%，占全市商品零售总额的10.4%。分行业看，批发业零售额197.71亿元，增长24.7%；零售业零售额824.68亿元，增长11.3%；住宿业零售额8.76亿元，增长9.0%；餐饮业零售额130.95亿元，增长10.9%。

全年外贸进出口总额63.16亿美元，比上年增长14.6%。其中，出口总额29.41亿美元，增长12.1%；进口总额33.75亿美元，增长16.8%。贸易逆差4.34亿美元，比上年增加1.66亿美元。

【交通、邮电和旅游】2014年，湛江市全年交通运输、仓储和邮政业实现增加值150.39亿元，比上年增长4.4%。

全年货运总量18690.44万吨，增长9.5%。其中，铁路运输3200.1万吨，增长0.63%；公路运输11191万吨，增长23.1%；水上运输2966万吨，下降10.2%。

全年完成邮电通信业务总量比上年增长12.4%。其中，通信业务总量增长12.8%，邮政业务总量增长6.5%。年末本地交换设备容量193.2万门，减少5.7万门，下降2.9%。年末本地电话用户68.09万户。其中，城市电话用户43.11万户，乡村电话用户24.98万户。年末移动电话用户632.8万户，增加11.2万户。年末全市电话用户总数700.89万户，减少18.5万户。

全年接待旅游总人数2907.40万人次，比上年增长14.3%；旅游总收入201.81亿元，增长29.8%。接待国内旅游人数2878.67万人次，增长14.3%；国内旅游总收入197.79亿元，增长30.3%。接待境外游客人数28.73万人次，增长16.3%。其中，外国人12.61万人次，增长20.7%；香港、澳门和台湾同胞16.12万人次，增长13.0%。在国际入境旅游者中，入境过夜人数22.56万人次，增长18.6%。全年出境人数0.77万人次，比上年下降7.2%。国际旅游外汇收入6540.23万美元，增长11.9%。

【金融和保险】2014年，湛江市全年全市金融业实现增加值39.87亿元，比上年增长26.3%。年末全市金融机构本外币存款余额2430.26亿元，比年初增长11.8%，其中，金融机构人民币存款余额2421.76亿元，增长12.2%。

年末全市有各类保险公司37家，全年保费收入56.19亿元，比上年增长35.7%。其中，财产险保费收入13.78亿元，增长18.3%，占全年保费收入的24.5%；人寿险保费收入42.41亿元，增长42.5%，占全年保费收入的75.5%。全年各类保险赔付和给付支出13.85亿元，增长0.2%。其中，财产险赔款7.50亿元，增长21.5%；寿险给付和赔付6.35亿元，下降47%。

9

2014年茂名市经济发展概况

【经济总量】2014年，茂名市全年实现地区生产总值（GDP）2349亿元，比上年增长10.4％。其中，第一产业增加值379亿元，增长4.3％，对GDP增长的贡献率为6.1%；第二产业增加值975.1亿元，增长14.3％，对GDP增长的贡献率为59.5%；第三产业增加值995亿元，增长8.5%，对GDP增长的贡献率为34.4%。三次产业结构为16.1：41.5：42.4。人均地区生产总值38951元，增长9.7%。

【农业】2014年，茂名市全年粮食作物播种面积24.85万公顷，比上年减少0.1%；糖蔗种植面积0.44万公顷，增长4.4%；油料种植面积4.53万公顷，增长1.6%；蔬菜种植面积10.31万公顷，增长2.4%。水果种植面积23.53万公顷，与上年持平，其中，荔枝面积9.34万公顷，减少0.2%；龙眼面积5.19万公顷，减少0.1%。

全年粮食产量145.84万吨，增长2.6%；糖蔗产量31.88万吨，增长5.8%；油料产量13.77万吨，增长3.9%；蔬菜产量261.89万吨，增长3.3%。水果产量290.88万吨，增长6.0%，其中，荔枝产量53万吨，增长13.0%；龙眼产量34.03万吨，增长13.9%。

【工业和建筑业】2014年，茂名市全年实现工业增加值889.4亿元，增长14.6%，其中规模以上工业增加值712.2亿元，增长16.8%。全年规模以上工业经济效益综合指数533.6%，总资产贡献率43.6%，资本保值增值率130.5%，资产负债率47.2%，流动资产周转率7.5次，成本费用利润率6.6%，全员劳动生产率51.3万元/人年，产品销售率98.4%。实现主营业务收入2452.7亿元，增长19.1%；利润总额142.3亿元，增长25.7%；税金总额217.3亿元，增长18.6%；亏损企业亏损总额2.3亿元，增长10.0%。

全年资质等级以上建筑企业完成施工产值408.6亿元，增长26.9%；竣工产值241.3亿元，增长18.2%。

【固定资产投资】2014年，茂名市全年固定资产投资850.5亿元，增长36.1%。分隶属关系看，中央省属投资95.6亿元，增长31.1%；地方投资754.9亿元，增长36.8%。分产业看，第一产业投资32.8亿元，增长78.9%；第二产业投资470亿元，增长29.7%；第三产业投资347.7亿元，增长42.4%，其中房地产开发投资95.1亿元，增长22.9%。全年商品房施工面积1212.3万平方米，增长17.9%；竣工面积148.7万平方米，增长44.4%。

【科学技术】2014年，茂名市全年组织申报国家、省级各类科技项目102项，已有2个项目得到科技部立项，全年全市专利申请量2669件，增长5.5%，其中发明专利申请378件，下降3.6%。全市有高新技术企业

21家，其中年产值在亿元以上的有13家。全市共有省级民营科技企业81家，其中年产值超亿元的有13家，超5000万元的21家，超1000万元的有44家。有50家民营科技企业具有市级工程技术研究开发中心，其中12家具有省级工程技术研究开发中心。

【国内贸易和对外经济】2014年，茂名市全年社会消费品零售总额1113.9亿元，增长10.4%。分地域看，城镇消费品零售额685.6亿元，增长11.6%；乡村消费品零售额428.3亿元，增长8.5%。分行业看，批发零售贸易业零售额1011.1亿元，增长10.4%；住宿和餐饮业零售额102.8亿元，增长9.8%。

全年进出口总额138156万美元，增长13.0%。其中，出口总额98318万美元，增长22.0%；进口总额39838万美元，下降4.4%。

【交通、邮电和旅游】2014年，茂名市全年完成公路客运量5604万人，增长14.2%；旅客周转量50.78亿人公里，增长16.1%；货运量8344万吨，增长4.4%；货物周转量135.90亿吨公里，增长13.8%。完成水路客运量60万人，增长31.8%；水路旅客周转量878万人公里，增长50.9%；水路货运量516万吨，增长11.7%；水路货物周转量54.35亿吨公里，增长13.6%。港口货物吞吐量2654万吨，增长12.0%；集装箱11.5万标准箱，增长11.3%。

全年完成邮电业务总量68.44亿元，按2010年不变价计算，增长15.3%。其中邮政业务总量4.96亿元，增长14.7%，电信业务总量63.48亿元，增长15.4%。年末固定电话用户71.06万户，下降7.9%，移动电话年末户数370.77万户（有效用户），增长2.9%。

全年城市住宿设施接待过夜游客529.94万人次，增长23.7%。其中国际游客3.16万人次，增长28.5%；国内游客526.78万人次，增长23.6%。旅行社组团国内游11.41万人次，出境游1.17万人次。全年旅游业总收入126.57亿元，增长25.2%。其中旅游外汇收入1556.42万美元，增长11.6%。星级酒店开房率71.53%。

【金融和保险】2014年年末，茂名市全市银行业金融机构人民币存款余额1766.3亿元，增长12.7%。其中，城乡居民储蓄存款余额1271.2亿元，增长12.0%；单位存款余额421.7亿元，增长14.2%。各项贷款余额748.9亿元，增长17.6%。其中，短期贷款余额203.4亿元，增长4.3%；中长期贷款余额541.7亿元，增长23.0%。

全市实现保费收入44.9亿元，增长25.8%。其中，寿险业务保费收入31.0亿元，增长25.1%；财产险业务保费收入13.9亿元，增长27.5%；健康险和意外伤害险业务保费收入1.9亿元，增长18.8%。全年共支付各项赔付和给付11.4亿元，增长11.9%。其中，寿险业务赔付5.0亿元，增长3.3%；财产险业务赔款支出6.4亿元，增长19.7%；健康险和意外伤害险赔付支出0.7亿元，增长13.3%。

10

2014年肇庆市经济发展概况

【经济总量】2014年，肇庆市全年实现地区生产总值（GDP）1845.06亿元，比上年增长10.0%。其中，第一产业增加值272.03亿元，增长4.3%，对GDP增长的贡献率为6.1%；第二产业增加值922.79亿元，增长14.0%，对GDP增长的贡献率为68.7%；第三产业增加值650.24亿元，增长7.0%，对GDP增长的贡献率为25.1%。三次产业的结构为14.8∶50.0∶35.2。在现代产业中，高技术制造业增加值63.41亿元，同比增长15%；先进制造业增加值297.97亿元，同比增长16.2%；现代服务业增加值292.57亿元，增长7.5%。在第三产业增加值中，批发和零售业增长3.6%，住宿和餐饮业增长3.0%，金融业增长7.3%，房地产业增长5.1%。按常住人口计算，2014年人均地区生产总值45795元，增长9.3%。

【农业】2014年，肇庆市全年粮食作物播种面积202105公顷，比上年减少0.1%；糖蔗面积524公顷，减少3.0%；油料种植面积25250公顷，减少0.4%；蔬菜种植面积77651公顷，增长5.0%。

全年粮食产量115.58万吨，比上年增长2.9%；糖蔗产量3.82万吨，减少2.8%；油料产量7.19万吨，增长0.6%；烟叶产量0.42万吨，增长9.8%；蔬菜产量232.86万吨，增长4.0%；水果产量137.57万吨，增长5.3%；茶叶产量0.55万吨，增长3.3%。

【工业和建筑业】2014年，肇庆市规模以上工业企业增加值同比增长14.3%。从轻重工业看，轻工业增长13.5%，重工业增长14.7%。从注册经济类型看，民营工业增速领先，增长16%；国有控股企业增长4.9%；外商及港澳台商投资企业增长13.6%。从企业规模看，中型企业为主要增长动力，大型企业增长12.9%，中型企业增长15.3%，小型企业增长17.4%。三大主导行业增长快，其中有色金属冶炼和压延加工业增长7.0%，非金属矿物制品业增长14%，金属制品制造业增长16.8%。

全年资质等级以上建筑企业97个，下降4.0%；实现增加值57.48亿元，增长4.4%；实现利润总额4.17亿元，增长5.3%；利税总额8.75亿元，增长3.8%。

【固定资产投资】2014年，肇庆市全年完成固定资产投资额1138.73亿元，增长19.0%。投资呈现三特点：一是民间投资增长快，全年完成民间投资额887.47亿元，增长22.3%，增幅比整体投资快3.3个百分点；二是基础设施投入增长快，完成投资额242.31亿元，增长20.8%；三是工业投资内部结构优化。食品饮料、纺织及服装、石油及化学业投资分别增长73.8%、40.7%和28.9%，六大高耗能行业投资增长0.4%，增幅比整体投资低18.6个百分点。

【科学技术】2014年，肇庆市全年获省部级以上科技成果1项（按成果登记数）。全年申请专利量1779件，比上年增长0.1%，其中发明专利401件，增长35.9%。专利授权量1449件，增长12.5%，其中发明专利授权量146件，增长25.9%。《专利合作条约》（PCT）国际专利申请量6件，比上年下降57.1%。全年经各级科技行政部门登记技术合同2项，技术合同成交额180万元。

【国内贸易和对外经济】2014年，肇庆市全年完成社会消费品零售总额559.90亿元，同比增长13.5%。从地域看看，城镇累计消费464.53亿元，同比增长13.9%；农村累计消费95.37亿元，同比增长12.0%。从行业来看，批发零售业仍是消费品市场发展的主导力量，累计实现消费496.90亿元，同比增长27.8%，占总消费比重达到88.7%，拉动增长21.9个百分点。

全年进出口总额78.42亿美元，同比增长11.8%，增幅比上年提高1.3个百分点；其中出口46.17亿美元，下降4.3%，增幅比上年回落31.9个百分点；进口32.25亿美元，增长47.2%，增幅比上年提升62.0个百分点。

【交通、邮电和旅游】2014年，肇庆市全年货物运输总量6382万吨，比上年增长22.1%；其中，公路5002万吨，增长22.0%；水路1380万吨，增长22.5%。货物运输周转量65.15亿吨公里，增长22.8%；其中，公路41.63亿吨公里，增长23.1%；水路23.51亿吨公里，增长22.1%。全市旅客运输总量3114万人，增长0.9%；旅客运输周转量14.68亿人公里，增长0.1%。港口完成货物吞吐量3071万吨，增长4.4%。港口集装箱吞吐量72.84万标准箱，增长5.2%。

全年入境旅游人数66.31万人次，比上年下降60.3%。其中，外国人7.98万人次，下降51.8%；香港、澳门和台湾同胞58.33万人次，下降61.2%。在城市接待旅游者中，过夜旅游者1112.38万人次，下降19.9%。全市旅游总收入221.17亿元，增长7.4%。

【金融和保险】2014年年末，肇庆市金融机构人民币各项存款余额1654.42亿元，比上年末增长7.4%，其中储蓄存款余额1066.62亿元，增长9.5%。年末各项贷款余额1151.02亿元，比上年末增长11.7%，其中短期贷款余额219.84亿元，增长11.8%；中长期贷款余额923.46亿元，增长13.8%。

全年实现保费收入335403.57万元，增长29.54%。其中，寿险业务保费收入202584.93万元，财产险业务保费收入132818.64万元，分别增长36.87%和19.57%。全年共支付各项赔款和给付74309.93万元。其中，寿险业务赔付支出6849.81万元；财产险业务赔款支出67460.12万元。寿险健康险保费收入10905.97万元，同比增长56%。全年意外险保费收入9551.22万元，同比增长30%，其中寿险意外险保费收入6116.93万元；财险意外险保费收入3434.29万元，分别增长47%和7%。

11

2014年梅州市经济发展概况

【经济总量】2014年，梅州市全年实现地区生产总值（GDP）885.83亿元，增长8.5%，其中：第一产业增加值179.46亿元，增长4.3%，拉动GDP增长0.7个百分点；第二产业增加值322.91亿元，增长10.3%，拉动GDP增长4.5个百分点，第二产业中工业增加值261.56亿元，增长9.6%，拉动GDP增长3.5个百分点；第三产业增加值383.46亿元，增长8.3%，拉动GDP增长3.3个百分点。三次产业的结构比例由2013年的20.6：36.2：43.2调整到2014年的20.3：36.4：43.3。民营经济增加值527.43亿元，增长8.7%。人均生产总值20528元，增长8.2%。

【农业】2014年，梅州市全年农业总产值285.87亿元，增长4.0%。其中种植业产值186.35亿元，增长4.8%；林业产值14.44亿元，增长6.5%；牧业产值67.49亿元，增长0.5%；渔业产值10.19亿元，增长6.8%；农林牧渔服务业产值7.40亿元，增长9.8%。

全年粮食种植面积21.47万公顷，下降0.01%，经济作物种植面积3.47万公顷，增长3.5%。

【工业和建筑业】2014年，梅州市全年完成工业增加值261.56亿元，增长9.6%。工业增加值中，规模以上工业增加值206.93亿元，增长10.7%。其中六大支柱产业增加值174.04亿元，增长10.5%，六大支柱产业中烟草、电力、建材、电子信息、机电制造、矿业加工分别增长5.6%、5.8%、13.5%、23.1%、36.2%和8.0%。国有及国有控股企业增加值增长6.7%；集体企业增加值增长15.3%；股份制企业增加值增长14.0%；外商及港澳台投资企业增加值增长7.1%；私营企业增加值增长14.6%。从轻重工业看，轻工业增加值增长9.3%，重工业增加值增长12.7%。在现代产业中，高技术制造业增加值29.0亿元，增长24.5%；先进制造业增加值46.05亿元，增长19.3%；优势传统产业增加值96.32亿元，增长11.4%。

2014年资质等级以上建筑企业150个，实现总产值216.94亿元，增长17.0%；实现利润总额14.91亿元，增长2.1%；利税总额23.77亿元，增长5.3%。建筑施工企业房屋建筑施工面积1433.23万平方米，下降0.05%，房屋竣工面积545.34万平方米，增长4.0%。

【固定资产投资】2014年，梅州市全年完成固定资产投资407.51亿元，增长39.6%。固定资产投资中，项目投资279.22亿元，增长29.9%。固定资产投资按产业分:第一产业投资6.35亿元，下降51.0%；第二产业投资130.65亿元，增长45.2%，其中工业投资130.65亿元，增长54.8%；第三产业投资270.51亿元，增长43.1%。

【科学技术】2014年年末，梅州市县及县以上科研机构17个。年末国有企事业单位拥有自然和社会科学专业技术人员93553人。全市获市级及以上科技成果奖42项。2014年，全市专利申请量2272件，增长34.7%。其中：发明174件，增长42.6%；实用新型1316件，增长65.3%；外观设计781件，增长1.6%。专利授权量1609件，增长28.0%。其中：发明81件，增长97.6%；实用新型1074件，增长73.5%；外观设计454件，下降23.9%。

【国内贸易和对外经济】2014年，梅州市全年社会消费品零售总额499.97亿元，增长11.1%。分区域看，城镇消费品零售总额385.79亿元，增长11.1%；农村消费品零售总额114.18亿元，增长10.9%。分行业看，批发零售贸易业462.80亿元，增长10.9%，住宿和餐饮业零售额37.17亿元，增长12.9%。

全年进出口总额21.82亿美元，增长23.8%。出口总额18.87亿美元，增长22.2%，其中“三资”企业出口6.92亿美元，增长4.3%，私营企业出口11.42亿美元，增长35.9%。出口总额中一般贸易出口15.35亿美元，增长27.6%，占出口总额的81.4%。

【交通、邮电和旅游】2014年，梅州市全年交通运输、仓储和邮政业实现增加值34.70亿元，增长4.1%。

各种交通运输方式完成货物周转量165.61亿吨公里，增长16.5%，其中：公路156.67亿吨公里，增长18.5%；完成旅客周转量39.54亿人公里，增长5.5%，其中：公路35.45亿人公里，增长6.3%。

全年完成邮电业务总量54.67亿元（按2010年不变价格计算，下同），增长10.0%。其中：邮政业务总量4.46亿元，增长14.8%；电信业务总量50.21亿元，增长9.6%。年末，全市移动电话用户达357.9万户，增长2.3%；固定电话用户60.3万户，下降8.8%，其中：城市电话用户32.85万户，下降8.0%；乡村电话用户27.45万户，下降9.7%。年末计算机互联网用户51.32万户，增长15.9%。

全市接待旅游总人数2521.7万人次，增长23.8%。其中：全市住宿设施接待过夜旅游总人数1286.07万人次，增长6.3%。国内外旅游总收入254.39亿元，增长27.0%。

【金融和保险】2014年，梅州市全市金融业增加值32.42亿元，增长14.5%。年末金融机构本外币各项存款余额1411.88亿元，比年初增长13.4%，其中：城乡居民储蓄存款余额985.46亿元，增长10.9%。金融机构本外币各项贷款余额635.46亿元，比年初增长16.1%。

财产、人寿保险费收入27.11亿元，增长11.2%，其中：财产保险保费收入10.24亿元，增长25.5%；人寿保险费收入16.87元，增长4.0%。已决赔款5.95亿元，其中：财产保险已决赔款5.11亿元，增长14.7%；人寿保险已决赔款0.84亿元。

12

2014年东莞市经济发展概况

【经济总量】2014年，东莞市全年实现地区生产总值（GDP）5881.18亿元，比上年增长7.8%。分产业看，第一产业增加值20.84亿元，增长2.5%；第二产业增加值2697.90亿元，增长9.2%；第三产业增加值3162.44亿元，增长6.3%。三大产业比例为0.3：45.9：53.8。人均地区生产总值70604元，增长7.4%。

【农业】2014年，东莞市全市农林牧渔业总产值33.94亿元，比上年增长（按可比价计算，下同）1.0%。其中农业产值20.35亿元，增长6.6%，占农林牧渔业总产值的59.9%；林业产值0.36亿元，下降1.6%，占1.1%；牧业产值4.51亿元，下降11.6%，占13.3%；渔业产值7.73亿元，下降4.1%，占22.8%。全年农作物总播种面积36.61万亩，其中水果种植面积19.83万亩。全年粮食产量1.24万吨；水产品总产量7.27万吨；蔬菜产量39.05万吨，增长2.1%；生猪出栏20.82万头，下降10.4%；家禽出栏428.14万只，下降7.4%。

【工业和建筑业】2014年，东莞市全年全市规模以上工业实现增加值2593.54亿元，比上年增长8.8%。在规模以上工业中，重工业增加值1482.63亿元，增长11.8%，占57.2%；轻工业增加值1110.91亿元，增长5.0%，占42.8%。

全年全市建筑业实现增加值91.35亿元，比上年增长3.3%。建筑企业完成总产值195.84亿元，增长8.1%；施工面积1102.92万平方米，增长39.5%；竣工面积505.87万平方米，增长29.1%。建筑企业按施工产值计算的全员劳动生产率为30.7万元/人，增长7.3%。

【固定资产投资】2014年，东莞市全年固定资产投资1427.11亿元，比上年增长10.0%。按登记注册类型分，国有经济投资209.33亿元，增长18.9%；集体经济投资92.79亿元，下降22.8%；民营经济投资949.68亿元，增长10.9%；外商及港澳台商投资223.47亿元，下降6.2%。

从产业投向看，投资集中在第二、三产业。第二产业投资397.45亿元，其中制造业投资351.33亿元；第三产业投资1029.39亿元。全年完成投资5000万元以上项目414个，共完成投资601.80亿元。

【科学技术】2014年，东莞市全年新增国家高新技术企业80家，235家企业拟通过认定，总数预计达

755家，位居省内地级市首位。全市专利申请量和授权量分别为28431件和20336件。其中，发明专利申请量为6913件，同比增长7.11%，占专利申请总量的24.31%；发明专利授权量为1624件，同比增长8.63%，排全省第3位；PCT专利申请量为299件，排全省第3位。科技资源加快集聚。新建东莞同济大学研究院和东莞前沿技术研究院2家新型研发机构；成功举办2014中国（东莞）国际科技合作周；全市新增7个省创新科研团队立项，引进总数达到22个，居全省第三；新引进8个市级创新科研团队，团队立项资助6200万元；国家可持续发展实验区申报工作稳步推进。科技金融结合得到加强。推动出台《东莞市创新财政投入方式，促进科技金融产业融合发展工作方案》，启动科技保险试点，专利质押融资累计贷款1.12亿元。

【国内贸易和对外经济】2014年，东莞市全年全市批发和零售业实现增加值588.68亿元，增长4.8%；住宿和餐饮业实现增加值179.96亿元，下降4.5%。

全年全市进出口总额1625.30亿美元，比上年增长6.2%。其中进口654.61亿美元，增长5.2%；出口970.69亿美元，增长6.8%。

【交通、邮电和旅游】2014年，东莞市全年全市交通运输、仓储和邮政业实现增加值158.39亿元，增长2.9%。

截至2014年底，全市公路通车里程5144.9公里，公路密度208.7公里/百平方公里，继续位居全省前列。年末全市机动车保有量（民用）165.14万辆，增长6.8%。其中汽车保有量155.96万辆，增长12.3%。

全年完成邮电业务收入169.46亿元，比上年下降3.6%。邮政发送信函4369万件，邮政特快专递88万件，邮政汇款金额122.16亿元。年末全市固定电话用户（含小灵通、公共电话）327.21万户，比上年增加5.22万户；移动电话用户1763.09万户，减少87.30万户。全年长途电话通话时长248.76亿分钟，年末互联网用户204.86万户，比上年减少11.25万户；宽带接入用户195.89万户，减少11.65万户。

年末全市有星级酒店63家，其中五星级酒店21家。全市有旅行社76家，全年接待国际及港澳台游客356.21万人次，下降14.8%。其中接待外国游客122.18万人次，下降11.6%；接待港澳台游客234.03万人次，下降16.4%。国际旅游外汇收入15.75亿美元，增长8.6%。全年接待国内游客2434.77万人次，增长1.1%。国内旅游总收入374.60亿元，增长8.1%。全年东莞组团外出旅游150.88万人次，下降6.3%。其中，国内旅游131.40万人次，下降8.4%；出境旅游19.48万人次，增长10.9%。

【金融和保险】2014年，东莞市全年全市金融业实现增加值266.85亿元，增长9.0%。

年末全市有各类金融机构129家，其中银行类机构37家（含1家代表处），保险类机构52家，证券期货类机构40家。年末全市金融机构各项人民币存款余额9069.92亿元，比年初增长5.1%。其中城乡居民储蓄存款余额4606.79亿元，增长2.9%。各项人民币贷款余额5331.63亿元，增长11.7%。在个人消费贷款余额中，个人住房按揭贷款余额1182.98亿元，增长18.8%；个人汽车消费贷款余额5.48亿元，增长0.8%。

全年全市各类保险保费收入258.00亿元，同比增长24.6%。其中财产险保费收入84.88亿元，增长18.5%；人寿险保费收入173.12亿元，增长27.7%。全年保险赔款与给付金额70.27亿元，综合赔付率为27.2%。

13

2014年中山市经济发展概况

【经济总量】2014年，中山市全年实现地区生产总值（GDP）2823亿元，按可比价格计算，比上年（下同）增长8%。其中，第一产业增加值70.91亿元，增长1.7%，对GDP增长的贡献率为0.5%；第二产业增加值1559.94亿元，增长8.4%，对GDP增长的贡献率为63.3%；第三产业增加值1192.15亿元，增长7.8%，对GDP增长的贡献率为36.2%。三次产业结构调整为2.5：55.3：42.2。在现代产业中，高技术制造业增加值224.15亿元，增长14%，占规模以上工业增加值比重为17.1%；先进制造业增加值477.12亿元，增长7.9%，占规模以上工业增加值比重为36.4%，其中装备制造业增加值377.71亿元，增长7.6%；现代服务业增加值701.3亿元，增长7.7%，占第三产业增加值比重为58.8%。民营经济增加值1402.54亿元，增长7.5%，占全社会GDP的比重达49.7%。全市人均GDP达88682元（折14437美元），增长7.4%。

【农业】2014年，中山市全年农业总产值113.7亿元，与上年持平。全年粮食作物播种22.34万亩，下降0.3%；经济作物种植9.73万亩，增长4.2%；蔬菜种植35.75万亩，增长0.74%；水果种植9.4万亩，下降4.3%。粮食总产量16.07万吨，增长3.4%；蔬菜产量53.26万吨，增长4.4%；水果产量17.52万吨，增长4.7%。

【工业和建筑业】2014年，中山市全年实现工业增加值1495.12亿元，增长8.6%。2757家规模以上工业企业完成增加值1312.4亿元，增长10%。分类型看，国有及国有控股企业增加值100.79亿元，增长17.1%；民营企业544.38亿元，增长8.5%；外商及港澳台商投资企业762.25亿元，增长7.1%；股份制企业524.42亿元，增长11.9%。分轻重工业看，轻工业增加值718.77亿元，增长7.4%；重工业593.63亿元，增长9%。

全市建筑业实现增加值64.82亿元，增长3.5%。全市资质等级以上建筑企业施工产值166.79亿元，增长5.7%；房屋建筑施工面积542.07万平方米，下降2.1%；房屋建筑竣工面积278.27万平方米，增长9.2%。建筑企业按施工产值计算的全员劳动生产率32.72万元/人.年，增长11.1%。

【固定资产投资】2014年，中山市全年固定资产投资903.66亿元，增长15%。其中房地产开发投资429.66亿元，增长7.7%。分投资主体看，国有投资106.31亿元，下降1.8%；集体投资51.59亿元，增长38.1%；外商及港澳台投资158.41亿元，增长12.5%；私人及其他投资184.84亿元，下跌10.3%。分产业看，第一产业投资0.3亿元；第二产业投资241.01亿元，其中工业投资239.82亿元；第三产业投资662.34亿元。

【科学技术】2014年，中山市全市专利申请量24618件，增长12.85%；专利授权量15048件，增长5.84%。其中发明专利申请量3350件，增长37.75%，发明专利授权量505件，增长8.84%。全年新增10个省级工程中心、20家市级工程中心，全市市级以上工程中心增至414家，高新技术企业221家，国家和省创新型企业（试点）共31家；新引进3个市级创新科研团队，累计引进10个创新科研团队（其中省级2个、市级8个）；新引进1家院士工作站，累计引进4个院士工作站。批准引进3家国家重点实验室分支机构，全市国家重点实验室分支机构增至8家。

全市共有7个项目获得省科技奖，其中二等奖3项、三等奖4项。市级科技奖89项，一等奖17项，二等奖27项，三等奖42项。其中，产学研合作奖3项、科技进步奖86项。

【国内贸易和对外经济】2014年，中山市全年社会消费品零售总额981.8亿元，增长10%。分地域看，城镇消费品零售额901.18亿元，乡村消费品零售额80.61亿元，分别增长10%和9%。分行业看，批发和零售业零售额886.09亿元，增长10.4%；住宿和餐饮业零售额95.7亿元，增长6%。

全年进出口总值369.63亿美元，增长3.8%。其中，出口278.82亿美元，增长5.3%；进口90.81亿美元，下降0.7%。进出口差额（出口减进口）188.01亿美元，增长8.5%。从贸易方式看，一般贸易出口127.06亿美元，增长11.65%；加工贸易出口149.93亿美元，增长0.3%，占全市出口的53.8%。从经营主体看，国有企业出口16.77亿美元，增长15.2%；集体企业出口16.82亿美元，下降12.17%；外商投资企业出口176.52亿美元，增长0.5%；私营（个体）企业出口68.7亿美元，增长23.9%。从出口商品看，机电产品出口193.95亿美元，增长5.2%；高新技术产品出口67.83亿美元，增长4.5%；服装及衣着附件出口23.58亿美元，增长0.8%。从出口市场看，对香港市场出口65.43亿美元，下降3.7%；对欧盟市场出口47.8亿美元，增长5.4%；对美国市场出口67.11亿美元，增长10.3%。

【交通、邮电和旅游】2014年，中山市全年交通运输、仓储和邮政业增加值55.02亿元，增长9.5%。全市年末公路通车里程2610.45公里。全市机动车拥有量96.41万辆，增长9.8%。其中，汽车拥有量63.98万辆，增长15.3%。其中个人汽车57.45万辆，增长16.6%。全年货物周转量171.06亿吨公里，增长16.7%；旅客周转量14.15亿人公里，增长21.9%；港口货物吞吐量7246万吨，增长6.0%。

全年邮电通信业务总量123.35亿元（2010年不变价），增长21.7%。年末全市移动电话用户681.54万户，增长2.7%；本地电话用户102.75万户，下降5.8%。全市固定互联网络用户108.59万户，增长4.7%。

全年接待过夜海内外游客902.15万人次，增长4.7%。其中，外国游客和港澳台游客60.21万人次，国内游客841.95万人次。旅游景点接待游客1230.78万人次，增长3.1%；旅行社接待总人数263.7万人次，增长1.3%。组团国内游132.31万人次，下降2.5%；出境游30.57万人次，增长20.9%。全年旅游总收入210.23亿元，增长6.2%，其中旅游外汇收入4.81亿美元，增长101.48%。年末全市共有星级酒店29家，星级酒店客房数3510间，客房开房率49%。

【金融和保险】2014年年末，中山市全市金融机构本外币各项存款余额4149.69亿元，比年初增长3.2%。在人民币存款中，境内企业存款946.46亿元，比年初下降4.6%；个人储蓄存款2039.09亿元，比年初增长5.5%。全市金融机构本外币各项贷款余额2644.9亿元，比年初增长14.2%。在人民币贷款中，短期贷款1020.86亿元，比年初增长14.7%；中长期贷款1371.96亿元，比年初增长15.6%。个人消费贷款余额788.46亿元，比年初增长17.7%。其中住房贷款699.38亿元，比年初增长18.72%。

年末全市各类保险公司53家，新增5家。商业保险全年保费收入96.92亿元，增长17%。其中，财产险保费收入34.84亿元，增长24%；寿险保费收入62.08亿元，增长13.4%。商业保险各类赔付（给付）28.98亿元，增长16%。其中，财产险赔付（给付）16.23亿元，寿险赔付（给付）12.75亿元，分别增长20.7%和10.5%。

14

2014年潮州市经济发展概况

【经济总量】2014年，潮州市全年实现地区生产总值（GDP）850.2亿元，增长8.2%，增速比全省高0.4个百分点。各季度GDP累计增速分别为7.5%、7.8%、7.8%和8.2%，呈逐季上升趋势。三次产业增加值分别为58.5亿元、479.9亿元和311.8亿元，同比分别增长3.9%、9.5%和7.1%。三次产业比例关系为6.9：56.4：36.7。人均生产总值31302元，比上年增长7.8%。工业是支撑全市经济发展的主动力，实现增加值452.5亿元，增长9.3%，对GDP增长的贡献率高达65.7%，第三产业对GDP增长的贡献率为31.4%。在第三产业中，批发和零售业增长6.8%，住宿餐饮业增长5.8%，交通运输、仓储和邮政业增长4.9%，金融业增长11%，房地产业增长4.3%。

【农业】2014年，潮州市全市农业总产值105.6亿元，比上年增长4.9%。农作物总播种面积96.3万亩，比上年增长0.2%。粮食播种面积66.3万亩，比上年下降0.2%。粮食总产量27.4万吨，比上年增长5.4%。水果总产量20.9万吨，比上年增长20.1%；茶叶总产量1.47万吨，比上年增长1.4%；蔬菜总产量47.2万吨，比上年增长2.8%。肉类总产量7.6万吨，比上年增长1.3%。水产品产量19.6万吨，比上年增长4.3%。

【工业和建筑业】2014年，潮州市全市工业增加值452.5亿元，增长9.3%；规模以上工业增加值332.5亿元，增长11.1%。分经济类型看，股份制企业增长13.5%，国有及国有控股企业下降0.9%。分轻重工业看，轻工业增长12.4%，重工业增长9.4%，轻重工业增加值比例为57.6：42.4。

全市资质以上等级建筑企业73家；实现建筑业总产值40.5亿元，比上年增长16.7%。房屋建筑施工面积543.7万平方米，比上年下降13.7%。房屋建筑竣工面积140.7万平方米，比上年下降22.5%。

【固定资产投资】2014年，潮州市全市固定资产投资313亿元，比上年增长30.1%，增速创近十年新高。三次产业投资中，第一产业投资10.3亿元，比上年增长41.6%；第二产业投资129.7亿元，比上年增长1.9%，其中，工业投资增长4.8%；第三产业投资173亿元，增长62.9%。房地产开发投资46.7亿元，增长11.4%。基础设施投资89.8亿元，增长59.6%，拉动投资增长13.9个百分点。商品房施工面积449.2万平方米，下降4.6%，商品房竣工面积59.8万平方米，下降23.5%；商品房销售面积74.6万平方米，增长2.3%。

【科学技术】2014年，潮州市全市专利受理量为3474项，同比下降24%；专利授权量2842项，同比下降3.9%。其中，发明107项，同比增长25.9%，2项专利荣获第16届中国专利优秀奖，其中一项是实用新型专利。共有15家科技企业申请高新技术企业认定、5家到期的高新技术企业申请复审，均顺利通过评审和公示。有1家企业被评为省知识产权优势企业、1家企业被评为省知识产权示范企业、1所学校被评为省知识产权教育示范学校。

【国内贸易和对外经济】2014年，潮州市全市社会消费品零售总额395.8亿元，增长11.8%。城镇市场是消费主体，实现零售额318.7亿元，增长10.9%，对消费增长的贡献率达75%；乡村市场发展迅猛，零售额增长15.5%，增速比城镇市场高4.6个百分点。分行业看，批发零售业零售额361.3亿元，增长11.9%，拉动消费增长10.9个百分点；住宿餐饮业零售额34.5亿元，增长9.8%。

全年海关进出口总额34.2亿美元，比上年下降12.6%。进口总额5.7亿美元，比上年下降49.5%；出口总额28.5亿美元，比上年增长2.5%。从贸易方式看，一般贸易出口27亿美元，增长3.7%；加工贸易出口1.1亿美元，下降27.8%。各类商品中，陶瓷商品出口10.9亿美元，增长9.8%；机电产品出口4.1亿美元，增长6.5%；食品出口4.3亿美元，增长27.5%；服装及纺织品出口3.4亿美元，下降13.6%；鞋类出口2.2亿美元，下降12.9%。各大出口市场中，对欧盟出口4.5亿美元，增长13.3%；对东盟出口4.4亿美元，增长2%；对香港出口2.8亿美元，增长15.5%；对美国出口4.3亿美元，下降4.5%；对日本出口0.5亿美元，下降18.5%。

【交通、邮电和旅游】2014年，潮州市全年货运量4413万吨，增长11.9%，货物周转量201.6亿吨公里，增长14.8%，客运量为1987万人，增长13.1%；旅客周转量为24.24亿人公里，增长13.8%。全市年末机动车拥有量59.4万辆，比上年增长4.3%。民用汽车拥有量达到18.7万辆，比上年增长12%。其中，私人汽车17.1万辆，增长13.7%。民用轿车拥有量达到10.7万辆，增长14.4%，其中私人轿车10.3万辆，增长15.7%。摩托车40.7万辆，增长1.1%。

全年邮电通信业务总量36.56亿元，增长18%。电话总用户61.3万户，比上年下降2.7%，其中城市电话29.8万户，乡村电话31.5万户。移动电话总用户248.2万户，比上年增长2.9%。全市互联网固定用户38.7万户，比上年下降5.3%。

2014年，全市旅游收入115.9亿元，比上年增长29%；接待海内外游客人数758.1万人次，增长28.4%；其中，接待海外游客61.6万人次，增长1%，接待国内游客696.6万人次，增长31.6%；全市共有星级饭店13家，但全年客房出租率仅为57%。

【金融和保险】2014年，潮州市全市金融机构本外币存款余额1004亿元，比年初增长9.2%；其中城乡居民储蓄存款余额698亿元，比年初增长7.9%。金融机构本外币贷款余额357亿元，比年初增长10.6%，其中，短期贷款161.8亿元，比年初增长2.2%，中长期贷款181.5亿元，比年初增长18.9%。存贷比为35.6%。

2014年，全市保险业实现保费收入21亿元，增长16.3%，其中，人身保险业务保费收入14.2亿元，增长13.3%；财产保险业务保费收入6.8亿元，增长23%；赔付支出9.9亿元，比上年增长9.1%，其中，人身保险赔付支出6.2亿元，增长6.3%；财产保险赔付支出3.5亿元，增长14.6%。

广西壮族自治区

| 南宁市 | 柳州市 | 桂林市 | 梧州市 | 防城港市 | 贵港市 | 玉林市 |
| 百色市 | 贺州市 | 河池市 | 来宾市 |

1

2014年南宁市经济发展概况

【经济总量】2014年，南宁市全年地区生产总值3148.30亿元，按可比价格计算，比上年增长8.5%。按户籍人口计算，全市人均地区生产总值43303元，按平均汇率折算为7049美元。三次产业中，第一产业增加值355.09亿元，增长4.3%；第二产业增加值1251.54亿元，增长9.9%；第三产业增加值1541.67亿元，增长8.2%。

三次产业的比重为11.28：39.75：48.97。与2013年比较，第一产业比重回落1.2个百分点，第二产业比重上升0.13个百分点，第三产业比重上升1.07个百分点。

【农业】2014年，南宁市全年全市实现农林牧渔业总产值609.33亿元，比上年增长4.55%。其中，农业产值337.90亿元，增长6.45%；林业产值28.63亿元，增长0.52%；畜牧业产值184.26亿元，增长0.71%；渔业产值25.42亿元，增长6.07%；农业服务业产值33.12亿元，增长11.5%。占农林牧渔业的比重分别为：农业55.46%，比上年上升1.48个百分点；林业4.70%，下降0.34个百分点；畜牧业30.24%，下降1.8个百分点；渔业4.17%，上升0.26个百分点；农业服务业5.43%，上升0.40个百分点。

【工业和建筑业】2014年，南宁市全年全部工业总产值2984.23亿元，比上年增长11.94%。规模以上工业总产值2872.85亿元，增长12.21%；其中国有企业增长2.55%，集体企业下降18.74%，股份制企业增长12.93%，外商及港澳台投资企业增长19.86%。全年全部工业增加值923.49亿元，增长10.47%。工业对经济增长的贡献率为37.34%，拉动经济增长3.17个百分点。

年末，全市具有资质等级的建筑企业467个，比上年下降13.52%。全年实现建筑业增加值328.05亿元，增长8.6%。全市建筑施工企业（资质企业）完成施工产值933.92亿元，增长11.72%；实现利润总额12.39亿元，下降4.69%；利税总额38.51亿元，增长1.03%。

【固定资产投资】2014年，南宁市全年完成全社会固定资产投资2933.87亿元，比上年增长18.54%。其中，固定资产投资（不含私人建房）2886.68亿元，增长18.66%。固定资产投资中，基本建设投资1299.00亿元，增长17.05%；更新改造投资853.48亿元，增长17.18%；房地产开发投资551.82亿元，增长32.53%。分投资主体看，国有经济投资926.70亿元，增长16.71%，占全社会固定资产投资比重的31.59%；集体经济投资60.97亿元，增长23.56%，比重为2.08%；私营个体投资944.95亿元，增长14.88%，比重为32.21%；其他经济投资1001.26亿元，增长23.75%，比重为34.13%。

在全社会固定资产投资中，第一产业投资84.52亿元，增长19.83%；第二产业投资904.40亿元，增长19.76%，其中工业投资852.05亿元，增长17.02%；第三产业投资1944.96亿元，增长17.93%。全市固定资产投资主要集中在房地产业、制造业、水利、环境和公共设施管理业、交通运输、仓储和邮政业、批发和零售业等行业。

【国内贸易和对外经济】2014年，南宁市全年全市社会消费品零售总额1616.90亿元，比上年增长12.1%。其中限额以上企业零售额728.19亿元，增长7.6%。分地域看，城镇消费品零售额1523.15亿元，增长11.9%；乡村消费品零售额93.75亿元，增长14.2%。

全年外贸进出口总值48.14亿美元，比上年增长9.00%。其中，出口总值26.17亿美元，增长11.25%；进口总值21.97亿美元，增长6.44%。

【交通、邮电和旅游】2014年，南宁市全年货物运输总量33146.17万吨，比上年增长7.35%。旅客运输总量8697.01万人，增长3.98%。其中，铁路货物运输量392.67万吨，下降21.49%；铁路旅客运输量1502.21万人，增长39.87%；公路货物运输量30035万吨，增长7.76%；公路旅客运输量6702万人，下降2.40%；水路货物运输量2713.5万吨，增长8.53%；民航旅客发送量492.80万人，增长16.36%；航空货邮发送量5万吨，增长2.04%。

全年邮电业务总量127.71亿元，比上年增长26.55%，其中电信业务总量122.32亿元，增长27.36%；邮政业务总量5.39亿元，增长10.56%。

全年共接待国内旅游者6905万人次，比上年增长18.23%；接待境外旅游者43.30万人次，增长23.33%。其中，外国游客30.95万人次，增长32.79%；港、澳、台同胞12.35万人次，增长4.63%。国内旅游收入585.74亿元，增长24.72%。国际旅游收入1.84亿美元，增长33.77%。年末全市实有星级宾馆50家。拥有4A级旅游景区16个。拥有旅行社93家，其中出境旅行社24家。

【金融和保险】2014年年末，南宁市全市共有金融机构30家，营业网点1136个。年末全市金融机构各项存款余额7064.49亿元，增长8.96%。其中，单位存款余额4225.35亿元，增长8.92%；个人储蓄存款余额2321.74亿元，增长7.65%。金融机构贷款余额7091.46亿元，增长15.95%。

年末全市共有各类保险公司34家，与上年持平，其中，财险公司20家，寿险公司14家。全年保费收入107.65亿元，比上年增长6.74%。其中，财产险保费收入56.63亿元，增长2.57%；寿险保费收入51.02亿元，增长11.79%。全年各项保险赔款及给付37.02亿元，其中财产险业务赔款及给付27.04亿元；寿险、健康险和意外伤害险赔款及给付9.98亿元。

2

2014年柳州市经济发展概况

【经济总量】2014年，柳州市全年实现地区生产总值（GDP）2208.51亿元，按可比价格计算，比上年增长8.5%。其中，第一产业增加值157.12亿元，增长3.8%；第二产业增加值1312.54亿元，增长8.5%，其中工业增加值1191.11亿元，增长8.6%；第三产业增加值738.85亿元，增长9.5%。第一产业增加值占地区生产总值的比重为7.11%，第二产业增加值比重为59.43%，第三产业增加值比重为33.46%。

【农业】2014年，柳州市农林牧渔业总产值274.17亿元，按上年现行价格计算，增长3.97%。其中，农业产值160.13亿元，增长4.91%；林业产值21.58亿元，增长1.33%；牧业产值75.0亿元，增长2.10%；渔业产值8.22亿元，增长7.53%；农林牧渔服务业产值9.23元，增长6.50%。

【工业和建筑业】2014年，柳州市全部工业总产值4419.86亿元，比上年增长10.3%，其中，规模以上工业总产值4308.68亿元，增长10.5%。工业增加值1191.11亿元，增长8.6%，其中，规模以上工业增加值1148.86亿元，增长8.9%。规模以上工业销售产值4172.82亿元，增长11.4%。

全年全社会建筑业实现增加值121.4亿元，增长7.8%；实现利润总额5.5亿元，增长5.9%。资质以上企业81家。从业人员16.5万人，增长4.6%。

【固定资产投资】2014年，柳州市全社会固定资产投资1810.94亿元，比上年增长15.6%。其中，城镇固定资产投资1717.63亿元，增长16.7%；农村固定资产投资93.31亿元，下降1.1%。在城镇固定资产投资中，基本建设投资506.86亿元，增长17.4%；更新改造投资920.22亿元，增长18.5%，其中工业更新改造投资689.84亿元，增长18%。房地产开发投资277.52亿元，增长12.9%。

在固定资产投资中，第一产业投资47.06亿元，比上年下降4.7%；第二产业投资833.09亿元，增长32%，其中工业投资949.88亿元，增长20.1%；第三产业投资885.34亿元，增长5.2%。

【科学技术】2014年，柳州市全年共获科学技术奖48项，其中，科学技术进步奖一等奖10项，二等奖19项，三等奖19项。技术发明奖二等奖1项，三等奖1项。

专利申请量6305件，授权专利1879件。共签订技术合同161项，技术合同成交金额1.76亿元。

【国内贸易和对外经济】2014年，柳州市社会消费品零售总额858.2亿元，比上年增长13.16%。按经营地统计，城镇消费品零售额807.43亿元，增长13.21%；乡村消费品零售额50.77亿元，增长12.35%。分行业看，批发和零售业零售额775.23亿元，增长13.36%；住宿和餐饮业零售额82.97亿元，增长11.26%。

全年进出口总额22.7亿美元，比上年下降21.3%。其中，出口8亿美元，下降8.2%；进口14.7亿美元，下降27%。

【交通、邮电和旅游】2014年，柳州市交通运输、仓储及邮电通信业增加值68.29亿元，比上年增长3.6%。

公路货物运输13306万吨，比上年增长7.78%；水路货物运输805.90万吨，增长13.09%；民用航空货物运输1061.3吨。公路旅客运输量2677万人，增长0.06%；水路旅客运输量37.2万人，增长244.44%；民航旅客运输量34.64万人。

邮电业务总量51.08亿元，比上年增长19.96%。其中，邮政业务总量3.03亿元，增长31.99%；电信业务总量48.04亿元，增长19.27%。

全年接待入境游客17.41万人次，增长4.03%。国际旅游（外汇）收入6588.69万美元，增长12.01%。全市共有星级饭店44家。

【金融和保险】2014年，柳州市全年金融业增加值131.87亿元，比上年增长8.1%。

年末金融机构人民币存款余额2553.66亿元，比上年增长8.96%；金融机构人民币贷款余额1770.26亿元，比上年增长9.63%。

3

2014年桂林市经济发展概况

【经济总量】2014年，桂林市全年实现地区生产总值（GDP）1827.05亿元，按可比价格计算，比上年增长8.0%。其中，第一产业增加值323.07亿元，增长4.9%；第二产业增加值865.05亿元，增长9.9%；第三产业增加值638.93亿元，增长6.6%。三次产业增加值占地区生产总值的比重分别为17.7%、47.3%和35.0%，对经济增长的贡献率分别为9.3%、64.0%和26.7%。人均地区生产总值37288元，增长7.2%。

【农业】2014年，桂林市全市农林牧渔业总产值514.05亿元，按可比价格计算比上年增长5.0%。其中，农业产值327.84亿元，增长7.0%；林业产值31.91亿元，增长3.8%；牧业产值128.96亿元，增长0.6%；渔业产值12.11亿元，增长5.8%；农林牧渔服务业产值13.24亿元，增长6.1%。

【工业和建筑业】2014年，桂林市全部工业总产值2273.51亿元，比上年增长10.6%，其中规模以上工业总产值2116.65亿元，增长10.9%。全部工业增加值717.27亿元，按可比价计算增长10.0%，工业增加值占GDP的比重为39.3%，其中规模以上工业增加值增长10.6%。在规模以上工业增加值中，从经济类型看，国有及国有控股企业增长8.1%，集体企业增长11.2%，股份制企业增长11.2%，外商及港澳台商投资企业增长4.1%。从轻重工业看，重工业增长13.5%，轻工业增长6.4%。从行业看，在32个工业行业大类中有24个行业增长，占行业面的75%。

全年全社会建筑业增加值147.78亿元，按可比价格计算，增长9.1%。具有资质等级的建筑业企业实现总产值254.29亿元，增长7.7%。

【固定资产投资】2014年，桂林市全年全社会固定资产投资1645.28亿元，比上年增长18.3%。其中工业投资621.13亿元，增长13.6%；固定资产投资（不含农户）1536.88亿元，增长17.5%。分区域看，市区投资349.54亿元，增长19.6%；县域投资1295.74亿元，增长18.0%。

在固定资产投资（不含农户）中，城镇基本建设投资664.85亿元，增长19.2%；城镇更新改造投资510.48亿元，增长15.1%；房地产开发投资215.23亿元，增长10.7%；城镇其他投资28.37亿元，增长50.8%；农村非农户投资117.74亿元，增长25.4%。分产业看，第一产业投资36.53亿元，增长10.8%；第二产业投资636.89亿元，增长16.2%；第三产业投资863.46亿元，增长18.7%。

【科学技术】2014年年末，桂林市全市拥有科研、设计机构14个。各类专业技术人员8.6万人，全年组织实施科技项目931项，其中国家级262项，自治区级469项，市级222项。全年完成科技成果67项，获奖59项。获科技进步奖50项。

【国内贸易和对外经济】2014年，桂林市全年社会消费品零售总额682.87亿元，比上年增长13.1%。其中，城镇消费品零售总额562.33亿元，增长13.1%；乡村消费品零售总额120.55亿元，增长12.8%。

全年外贸进出口总额9.43亿美元，比上年增长2.1%。其中，出口7.72亿美元，增长1.8%；进口1.71亿美元，增长3.8%。

【交通、邮电和旅游】2014年，桂林市全年交通运输、仓储及邮政业增加值62.13亿元，比上年增长4.4%。年末公路总里程12080公里，增长2.5%。其中高速公路里程402公里。

年末民用汽车保有量36.30万辆，比上年末增长16.5%。其中私人30.97万辆。

全年邮电业务总量52.95亿元，比上年增长16.4%。其中，邮政业务总量3.57亿元，增长20.4%；电信业务总量49.38亿元，增长16.1%。年末固定电话用户58.8万部，移动电话397.6万部，互联网宽带接入用户72.7万户。

全年接待国内外游客3871.16万人次，增长8.0%。其中，国内游客3667.84万人次，增长8.2%；入境游客203.32万人次，增长5.0%。实现旅游总收入420.30亿元，增长20.6%。其中，国内旅游收入360.77亿元，增长22.5%；境外旅游收入59.53亿元，增长10.5%，海外旅游者人均逗留2.15天。

【金融和保险】2014年年末，桂林市金融机构本外币存款余额2269.76亿元，增长9.8%。本外币贷款余额1389.55亿元，增长13.4%。

全年保险业承保额合计7313.05亿元，比上年增长1.7%。其中，财产险业务承保额6057.25亿元，增长9.7%；寿险业务承保额1255.80亿元，下降24.8%。保费收入36.92亿元，比上年增长10.7%。其中，财产险业务保费收入13.76亿元，增长26.0%；寿险业务保费收入23.16亿元，增长3.3%。支付各类赔款及给付7.62亿元，增长19.6%。其中，财产险业务赔款6.48亿元，增长19.0%；寿险业务给付1.15亿元，增长23.1%。

4

2014年梧州市经济发展概况

【经济总量】2014年，梧州市全年实现地区生产总值1064.8亿元，按可比价格计算，比上年增长6.2%。分产业看，第一产业实现增加值119.6亿元，同比增长4.2%；第二产业实现增加值646.1亿元，同比增长7.0%；第三产业实现增加值299.2亿元，同比增长5.0%。三次产业的比重为11.2∶60.7∶28.1。

【农业】2014年，梧州市全市农林牧渔业总产值202.2亿元，比上年增长4.7%。其中，农业产值104.1亿元，增长3.1%；林业产值31.7亿元，增长15.9%；畜牧业产值49.2亿元，下降0.7%；渔业产值9.4亿元，增长10.0%；农林牧渔服务业产值7.9亿元，增长14.6%。

【工业和建筑业】2014年，梧州市全年实现工业总产值1978亿元，比上年增长10.3%。其中，规模以上工业总产值1917.2亿元，增长10.4%。在规模以上工业总产值中，轻工业总产值309.3亿元，增长4.6%；重工业总产值1607.9亿元，增长11.6%。全年实现全部工业增加值595.3亿元，同比增长8.0%；其中，规模以上工业增加值572.2亿元，增长8.2%。

全年全市具有资质等级的建筑企业43家。全年建筑业增加值50.8亿元，按现价计算，比上年增长0.1%；房屋建筑施工面积982.8万平方米，增长5.9%；竣工面积84.5万平方米，上升15.7%。

【固定资产投资】2014年，梧州市全年完成全社会固定资产投资总额926.4亿元，比上年增长8.9%。固定资产投资876.0亿元，增长9.0%；城镇固定资产投资841.5亿元，增长9.3%：其中，基本建设投资369.0亿元，比上年增长11.8%；更新改造投资380.6亿元，同比增长10.0%。按产业分，第一产业投资26.5亿元，下降9.9%；第二产业投资459.9亿元，增长28.9%；第三产业投资389.7亿元，下降6.6%。

【科学技术】2014年，梧州市全市共组织实施国家级科技项目1项，省级科技项目55项，安排市级科技项目46项，市级科技项目总投资1.6亿元，获得自治区级科技进步奖3项，获得市级科技进步奖39项。全年专利申请受理1024件，其中发明697件；获得授权专利484件，其中发明75件。全年共签订各类技术合同1项，技术合同成交总额1800万元。

【国内贸易和对外经济】2014年，梧州市全年全市实现社会消费品零售总额328.3亿元，同比增长12.3%，其中，批发和零售业分别实现销售额126.4亿元和333.3亿元，同比分别增长11.8%和13.4%；住宿和餐饮业分别实现营业额3.7亿元和28.3亿元，同比分别增长11.1%和16.7%。全年批发和零售业实现增加值67.9亿元，比上年增长6.1%；住宿餐饮业实现增加值15.5亿元，比上年增长6.8%。

全年新签内资项目474个，其中引进市外国内亿元以上投资项目163个。内资项目（合同）资金1118.7亿元，实际到位内资额686.1亿元。全市外贸进出口总额124948万美元（海关数），比上年下降29.2%。其中，进口总额74171万美元，同比下降41.4%；出口总额50777万美元，增长1.7%。在出口总额中，国有企业出口8546.8万美元，下降17.9%；外商投资企业出口25124.9万美元，增长5.3%；民营企业出口17104.9万美元，增长9.2%。

【交通、邮电和旅游】2014年，梧州市全年交通运输、仓储和邮政业实现增加值33.2亿元，比上年增长6.5%。公路水路客货运输周转量108.6亿吨公里，增长20.4%；公路客运周转量15.6亿人公里，增长2.2%，公路货运周转量50.2亿吨公里，增长11.4%；水路货运周转量56.8亿吨公里，增长30.3%；全市港口货物吞吐量3141万吨，增长4.2%。全年开通国内航线1条，民航运输起降1211架次，航空客运量2.6万人；航空客运吞吐量4.3万人，航空货邮吞吐量20吨。全市公路通车里程5619.3公里，其中高速公路218.5公里。

完成邮电业务总量23.5亿元，比上年增长11.8%，其中邮政业务总量2.0亿元，增长17.5%；电信业务总量21.4亿元，增长11.3%。

全年末全市已有星级饭店30家；旅行社29家；A级旅游景区（点）9个；星级农家乐30家；工业旅游基地4个。全市累计接待入境游客19.0万人次，同比增长4.2%；国内旅游人数1279.1万人次，同比增长13.1%。累计入境收入6547.8万美元，增长16.0%；国内旅游收入123.3亿元，同比增长23.2%；全年旅游总收入127.3亿元，同比增长22.8%。

【金融和保险】2014年，梧州市全年实现金融业增加值40.3亿元，比上年增长12.3%。全年末全市共有18家银行业金融机构。全市金融机构人民币各项存款余额853.3亿元，同比增长12.6%；其中城乡居民储蓄余额529.5亿元，同比增长10.1%。金融机构人民币各项贷款余额620.3亿元，同比增长15.4%。其中，短期贷款余额245.6亿元；中长期贷款余额372.7亿元。

全市各类保险公司21个，其中财险公司12个，寿险公司9个。全年原保险保费收入14.8亿元，比上年增长11.5%。其中，财产险公司原保险保费收入5.3亿元，增长16.1%；寿险公司原保险保费收入9.5亿元，增长9.0%。全年保险赔付支出4.7亿元，比上年增长0.9%。

5

2014年防城港市经济发展概况

【经济总量】2014年，防城港市全年实现地区生产总值（GDP）588.94亿元，增长10.4%（按可比价格计算，同比，下同）。按常住人口计算，人均生产总值65184元。

从产业看，第一、二、三产业分别实现增加值70.84亿元、340.36亿元、177.74亿元，分别增长3.6%、15.2%、4.2%，第二产业中工业实现增加值298.41亿元，增长17.1%。

【农业】2014年，防城港市全年农作物总播种面积123.89千公顷，比上年减少0.7千公顷。其中，粮食种植面积49.94千公顷，减少0.11千公顷；油料种植面积3.02千公顷，增加0.19千公顷；甘蔗种植面积46.69千公顷，减少1.98千公顷；蔬菜种植面积21.17千公顷，增加0.89千公顷。年末果园面积10.78千公顷，减少0.1千公顷。全年粮食总产量20.05万吨，增长1.0%；甘蔗产量295.05万吨，减少57.36万吨；油料产量0.60万吨，增长3.9%；水果产量7.15万吨，增长6.8%；蔬菜产量26.18万吨，增长3.6%。

【工业和建筑业】2014年，防城港市全年工业总产值1164.17亿元，增长17.7%；实现工业增加值298.41亿元，增长17.1%。其中，规模以上工业产值1138.20亿元，增长18.0%；规模以上工业增加值288.54亿元，增长18.0%。

全年建筑业增加值41.95亿元，增长3.2%。具有资质等级的总承包和专业承包建筑业企业50家，全年完成建筑业总产值78.88亿元，增长5.8%；房屋建筑施工面积443.87万平方米，增长8.5%；房屋建筑竣工面积313.38万平方米，增长35.2%；实现利税总额6.99亿元，增长40.4%，其中利润总额4.94亿元，增长65.8%。

【固定资产投资】2014年，防城港市全年全社会固定资产投资499.91亿元，增长5.1%。其中，固定资产投资（不含农户）完成478.31亿元，增长4.9%；农村私人建房投资21.60亿元，增长10.0%。

在固定资产投资中，分管理渠道看，基本建设投资完成235.25亿元，增长3.1%；更新改造投资完成143.82亿元，增长16.8%；房地产开发投资完成89.26亿元，下降10.9%。分投资主体看，国有投资215.29亿元，增长0.3%；非国有投资263.02亿元，增长9.0%，其中民间投资226.91亿元，增长3.3%。分产业看，第一产业完成投资22.40亿元，增长75.5%；第二产业完成投资200.34亿元，增长6.3%，其中工业投资200.25亿元，增长6.2%；第三产业完成投资255.57亿元，增长0.4%。三次产业投资比重由上年同期的2.8：41.4：55.8调整为4.7：41.9：53.4，第一、第二产业占比分别提高1.9个百分点、0.5个百分点，第三产业回落2.4个百分点。

【科学技术】2014年年末，防城港市拥有科研活动机构13个，从事科技活动人员1206人。全年共组织实施科技项目109项，同比增加12项，项目总投资8.03亿元，科技经费投入7137万元。引进推广农业新品种26个，同比增加6个；研制开发工业新产品28个，同比增加9个；推广应用工业农业新技术、新成果30项，同比增加10项；完成科技成果鉴定12项，同比增加3项。专利申请受理量1169件，同比增加574件，授权专利190件，同比增加36件。年末高新技术企业11家，同比增加1家，高新技术产业产值206.47亿元，同比增长21.88%。

【国内贸易和对外经济】2014年，防城港市全年实现社会消费品零售总额91.67亿元，增长12.6%，扣除价格因素，实际增长11.0%。按经营地统计，城镇消费品零售额81.75亿元，增长12.6%；乡村消费品零售额9.91亿元，增长12.2%。

全年货物进出口总额54.69亿美元，增长27.3%，其中，进口总额39.63亿美元，增长23.1%；出口总额15.05亿美元，增长39.6%。外贸进出口规模在全区排第2位，其中进口占全区进口总量的24.4%，稳居全区首位。全年边贸成交额273.51亿元，增长13.3%，其中，进口147.78亿元，增长5.3%；出口125.73亿元，增长24.3%。

【交通、邮电和旅游】2014年，防城港市全年交通运输、仓储及邮政业实现增加值46.06亿元，增长1.3%。全年客货运周转量397.50亿吨公里，下降0.9%。其中，

年末民用汽车（包括三轮汽车和低速货车）保有量达到8.02万辆，增长11.9%，其中私人汽车保有量6.77万辆，增长14.9%。民用轿车保有量3.38万辆，增长17.7%，其中私人轿车3.07万辆，增长21.1%。

全年完成邮电业务总量（当年价）11.57亿元，增长9.6%。其中，邮政业务总量0.94亿元，增长26.1%；电信业务总量10.64亿元，增长8.3%。年末固定电话用户12.11万户，其中，城市电话用户9.61户，农村电话用户2.50万户。全年新增移动电话用户1.62万户，年末达到88.30万户，其中3G移动电话用户25.36万户。年末固定及移动电话用户总数达到100.42万户。年末国际互联网用户13.35万户。

全年共接待国内外游客1183.78万人次，增长20.8%。其中，国内游客1168.40万人次，增长21.1%；海外游客15.38万人次，增长4.8%。全年旅游总收入达79.77亿元，增长23.7%。其中，国内旅游总收入76.73亿元，增长24.2%；国际旅游外汇收入4906万美元，增长12.0%。

【金融和保险】2014年年末，防城港市金融机构本外币各项存款余额482.06亿元，同比增长8.7%，其中人民币各项存款余额470.24亿元，同比增长8.4%；金融机构本外币各项贷款余额407.61亿元，同比增长15.1%，其中人民币各项贷款余额380.21亿元，同比增长13.4%。全年新增金融机构本外币贷款53.34亿元，同比下降19.1%。

全年保险公司原保险保费收入6.25亿元，增长15.9%。其中，财产险业务原保险保费收入2.95亿元，增长17.2%；人身险业务原保险保费收入3.30亿元，增长14.8%。全年支付各类赔款及给付2.84亿元，增长26.2%。其中，财产险业务赔款及给付2.02亿元，增长26.2%；人身险业务赔款及给付0.83亿元，增长26.0%。

6

2014年贵港市经济发展概况

【经济总量】2014年，贵港市全年实现地区生产总值（GDP）805.4亿元，增长5.2%。其中，第一产业增加值160.82亿元，增长2.9%；第二产业增加值325.51亿元，增长5.2%；第三产业增加值319.07亿元，增长6.5%。第一、二、三产业对经济增长的贡献率分别为9.9%、46.8%、43.3%，分别拉动全市经济增长0.5、2.4、2.3个百分点。三次产业的比重为20：40.4：39.6，与上年相比，第一产业的比重下降0.5个百分点，第二、三产业的比重分别提高0.3个百分点和0.2个百分点。人均地区生产总值19004元，比去年增加1354元，增长4.4%。

【农业】2014年，贵港市全年农林牧渔业总产值280.69亿元，增长3.3%。其中，农业总产值123.22亿元，增长2.54%；林业总产值15.59亿元，下降8.6%；牧业总产值94.06亿元，增长3.9%；渔业总产值33.5亿元，增长8.72%；农林牧渔服务业总产值14.31亿元，增长9.84%。

全年粮食种植面积27.3万公顷，比上年减少2340公顷，总产量154.84万吨，增产0.25%，其中：稻谷产量130.67万吨，增产0.25%；玉米产量14.95万吨，减产0.41%。

【工业和建筑业】2014年，贵港市全部工业完成增加值270.65亿元，增长5.2%，对经济增长的贡献率为40.37%，拉动全市经济增长2.1个百分点，工业经济占国民经济总量的33.6%。其中，规模以上工业增加值增长5.4%，比去年同期增幅回落7个百分点。

全年建筑业实现增加值54.86亿元，增长5%。年末具有资质等级的建筑业企业44个，比上年减少1个，实现总产值48.58亿元，下降8.35%。建筑业企业完成建筑施工面积369.21万平方米，建筑竣工面积293.04万平方米，直接从事生产经营活动的平均人数1.73万人。

【固定资产投资】2014年，贵港市全年全社会固定资产投资完成611.41亿元，增长23.2%，其中：固定资产投资（不含农户）547.17亿元，增长18.1%；农户投资64.24亿元，增长95.8%。

【科学技术】2014年，贵港市全年专利申请受理量944件，全年获得专利授权343件，其中发明20项。各类专业技术人员5.14万人，其中中级技术职称以上人员2.39万人，农业技术人员685人。

【国内贸易和对外经济】2014年，贵港市全年社会消费品零售总额实现359.56亿元，增长11.8%。

分城乡看，城镇消费品零售额268.66亿元，增长12.2%，其中城区消费品零售额174.95亿元，增长16.01%；乡村消费品零售额90.91亿元，增长10.6%。城镇消费比乡村消费增速高1.6个百分点。按消费形态分，餐饮收入16.42亿元，增长10.71%；商品零售343.14亿元，增长11.81%。

全年进出口总额30603万美元，增长38.3%。其中出口18703万美元，增长54%；进口11900万美元，增长19.2%。分运输方式看，水路运输27200万美元，增长41.9%；公路运输3071万美元，增长13.5%；航空运输330万美元，增长34.8%。分贸易方式看，一般贸易进出口总额21851万美元，增长34.1%；加工贸易进出口总额6951万美元，增长19.2%。

【交通、邮电和旅游】2014年，贵港市全年交通运输、仓储及邮政业实现增加值65.9亿元，增长6.8%。

全市客货运周转量454.42亿吨公里，增长18.1%，其中公路客货运周转量105.5亿吨公里，增长11.2%；水路客货运周转量348.93亿吨公里，增长20.3%。港口实现货物吞吐量5242.2万吨，增长7%，集装箱吞吐量12.32万标准箱，增长9.6%。分客货运量看，全年铁路旅客运量268.75万人，增长115.35%，铁路货物运量202.18万吨，下降23.41%；公路客运量3325万人，增长4.82%，公路货运量8971万吨，增长7.68%；水路货运量10898万吨，增长20.38%。

邮电业务总量28.57亿元，增长11.6%，其中邮政业务总量2.6亿元，增长14.7%；电信业务总量25.96亿元，增长11.3%。年末固定电话用户39.66万户，比上年末减少4.16万户。年末移动电话用户239.57万户，比上年末增加17.39万户，增长7.83%，其中3G移动电话用户82.06万户，比上年末增加13.37万户，增长25.29%。互联网宽带接入用户达到33.68万户，比上年末增加2.5万户，增长8.02%。

全年旅游总收入109.41亿元，增长27.4%，接待旅游人数达到1274.54万人次，增长15.54%，其中：接待国际旅游者8.29万人次，增长4.54%，国际旅游外汇收入3061万美元，增长15.64%；接待国内旅游者1266.25万人次，增长15.62%，实现国内旅游总收入107.53亿元，增长25.21%。

【金融和保险】2014年年末，贵港市全市金融机构本外币各项存款余额907.69亿元，比去年同期增加87.16亿元，增长10.6%，其中人民币各项存款余额905.75亿元，比去年同期增加88.23亿元，增长10.8%。在人民币各项存款余额中，个人存款余额664.14亿元，比去年同期增加74.4亿元，增长12.6%。金融机构本外币各项贷款余额547.29亿元，比去年同期增加66.84亿元，增长13.9%，其中人民币各项贷款余额546.92亿元，比去年同期增加66.69亿元，增长13.9%。在人民币各项贷款余额中，中长期贷款余额339.08亿元，增长12.7%；短期贷款余额203.89亿元，增长14.7%。

全年保险行业实现保费收入16.9亿元，增长19.03%，其中：财产险6.6亿元，增长25.11%；人身险10.31亿元，增长15.44%。全年赔款付给费用为5.3亿元，增长3.4%，其中财产险3.47亿元，增长11.75%；人身险1.83亿元，下降9.42%。

7

2014年玉林市经济发展概况

【经济总量】2014年，玉林市全年实现地区生产总值（GDP）1341.75亿元，比上年同期增长8.4%。其中，第一产业增加值248.81亿元，增长3.4%；第二产业增加值591.66亿元，增长10.9%；第三产业增加值501.27亿元，增长7.2%。三次产业结构调整为18.5：44.1：37.4，三次产业对经济增长的贡献率分别为6.9%、63.3%和29.8%，其中工业贡献率为48.4%。按常住人口计算，人均地区生产总值23784元。

【农业】2014年，玉林市全年全市农林牧渔业总产值426.69亿元，比上年增长3.9%；其中，农业产值比上年增长5.4%，林业产值比上年增长11.6%，畜牧业产值比上年下降0.2%，渔业产值比上年增长7.0%，农林牧渔服务业产值比上年增长16.6%。蔬菜种植面积10.36万公顷，比上年增长4.4%；油料面积1.57万公顷，比上年增长4.7%。生猪出栏626.26万头，比上年增长1.9%；家禽出栏21480.32万羽，比上年下降5.1%。

【工业和建筑业】2014年，玉林市全年全部工业增加值479.54亿元，比上年增长9.9%。全市规模以上工业总产值1439.27亿元，比上年增长16.9%；规模以上增加值410.89亿元，比上年增长11.3%。

全年全市建筑业增加值112.13亿元，比上年增长19.0%。全市具有资质等级的总承包和专业承包建筑业企业实现利润总额5.28亿元，比上年增长40.8%。

【固定资产投资】2014年，玉林市全年全社会固定资产投资1147.02亿元，比上年增长17.7%。固定资产投资1123.71亿元，比上年增长17.8%；其中，第一产业投资61.05亿元，比上年增长19.9%，第二产业投资702.73亿元，比上年增长18.7%，第三产业投资359.93亿元，比上年增长15.8%；在第二产业投资中，工业投资694.77亿元，比上年增长17.5%。城镇固定资产投资1057.26亿元，比上年增长17.3%；其中基本建设投资419.14亿元，比上年增长21.3%，更新改造投资512.15亿元，比上年增长16.9%，房地产开发投资96.33亿元，比上年增长10.6%。

【科学技术】2014年，玉林市全年获市（地区）级以上科学研究与开发项目326项，市（地区）级以上科技成果奖励项目31项。专利申请3035件。申请专利授权量1160项，其中发明68项。

【国内贸易和对外经济】2014年，玉林市全年社会消费品零售总额545.71亿元，比上年增长13.00%。

其中，城镇市场零售额490.38亿元，比上年增长12.97%；乡村市场零售额55.33亿元，比上年增长13.29%。批发业零售额88.31亿元，比上年增长15.18%；零售业零售额400.72亿元，比上年增长12.19%；住宿业零售额3.21亿元，比上年下降1.66%；餐饮业零售额52.56亿元，比上年增长16.33%。从限额以上批发和零售业商品零售额来看，粮油、食品、饮料、烟酒类、日用品类、家用电器和音像器材类和中西药品类零售额分别为8.96亿元、3.10亿元、9.77亿元和6.91亿元，比上年增长分别为25.97%、22.71%、9.42%和33.34%；服装、鞋帽、针纺织品类和石油及制品类零售额分别为5.10亿元、37.12亿元，比上年增长分别为5.94%、9.96%；汽车类零售额24.61亿元，比上年增长8.61%。

全年外贸进出口总额48681万美元，比上年增长16.9%。其中，出口32224万美元，比上年增长11.1%；进口16458万美元，比上年增长29.9%。实际利用资2968万美元，比上年增长9.8%。

【交通、邮电和旅游】2014年，玉林市全年公路水路客货周转量466.13亿吨公里，比上年增长10.9%。其中，公路客货周转量459.07亿吨公里，比上年增长11.3%。年末全市民用汽车保有量29.17万辆，其中私人汽车保有量25.93万辆。年末实有运营客车2371辆，公共汽车营运车492辆，出租汽车1022辆。

全年邮电业务总量42.46亿元，比上年增长13.1%。其中，邮政业务总量3.46亿元，增长15.3%；电信业务总量39.00亿元，增长12.9%。

年末，全市共有星级饭店22个。全年累计接待游客1663.34万人次，比上年增长21.9%，其中，接待入境旅游者9.59万人次，比上年增长18.4%；接待国内游客1653.75万人次，比上年增长22.0%。全年旅游总收入150.12亿元，比上年增长27.4%。其中，入境旅游收入2.59亿元，增长28.9%；国内旅游收入147.53亿元，增长27.4%。

8

2014年百色市经济发展概况

【经济总量】2014年，百色市全年实现地区生产总值（GDP）917.92亿元，按可比价格计算，比上年增长8.4%。其中，第一产业增加值158.69亿元，增长4.2%；第二产业增加值490.03亿元，增长9.9%；第三产业增加值269.20亿元，增长7.8%。三次产业增加值占地区生产总值的比重分别为17.3%、53.4%和29.3%，对经济增长的贡献率分别为8.5%、66.6%和24.9%。按常住人口计算，人均地区生产总值25806元，比上年增长7.6%。

【农业】2014年，百色市全年农林牧渔业总产值257.53亿元，比上年增长4.3%。其中：农业产值142.63亿元，比上年增长3.5%；林业产值26.88亿元，比上年增长12.3%；牧业产值69.04亿元，比上年增长1.9%；渔业产值14.13亿元，比上年增长9.1%；农林牧渔服务业产值4.85亿元，比上年增长9.0%。

【工业和建筑业】2014年，百色市全年全部工业增加值417.90亿元，比上年增长9.0%。

全年规模以上工业增加值增长9.4%。在规模以上工业中，国有企业下降3.0%，股份制企业增长

11.5%，外商及港澳台商投资企业增长2.9%，其他经济类型企业增长14.0%。轻工业增长7.1%，重工业增长9.7%。分门类看，采矿业增长23.2%，制造业增长9.4%，电力热力燃气及水生产和供应业增长4.0%。

全年全社会建筑业增加值72.12亿元，比上年增长18.1%；全市具有资质等级的建筑业企业实现总产值37.34亿元，比上年增长29.1%。

【固定资产投资】2014年，百色市全年全社会固定资产投资926.34亿元，比上年增长9.6%。其中，固定资产投资（不含农户）895.23亿元，比上年增长11.6%；农村私人建房投资31.11亿元，比上年下降27.6%；农村投资133.99亿元，比上年下降4.0%。

【科学技术】2014年，百色市全年专利申请受理863项，比上年增长51.1%，其中发明596项，实用新型209项，外观设计58项。专利申请授权179项，其中发明28项，实用新型107项，外观设计44项。

【国内贸易和对外经济】2014年，百色市全年社会消费品零售总额201.06亿元，比上年增长12.6%。按经营地统计，城镇消费品零售额175.83亿元，增长12.5%；乡村消费品零售额25.22亿元，增长13.0%。

全年货物进出口总额7.28亿美元，比上年增长21.8%。其中货物出口5.31亿美元，比上年增长37.2%；货物进口1.98亿美元，下降6.3%。

【交通、邮电和旅游】2014年，百色市全年交通运输、仓储和邮政业增加值39.18亿元，比上年增长5.0%。年末公路里程16106公里，增长5.3%，其中等级公路14294公里。全年实现公路水路客货运周转量108.12亿吨公里，比上年增长11.5%，其中公路为102.99亿吨公里，增长11.5%。

全年邮电业务总量19.86亿元，比上年增长15.9%。其中，邮政业务总量1.97亿元，增长39.3%；电信业务总量17.89亿元，增长13.8%。

全年接待国内游客1997.8万人次，比上年增长18.9%；实现国内旅游总收入156.01亿元，比上年增长28.0%。

【金融和保险】2014年，百色市全年金融业实现增加值33.04亿元，比上年增长12.9%。年末金融机构各项存款余额880.56亿元，比上年增长14.2%，其中个人存款528.67亿元，比上年增长14.8%。年末金融机构各项贷款余额673.33亿元，比上年末增长14.4%，其中中长期贷款余额443亿元，比上年增长10.8%。

全年保险业累计实现保费收入12.21亿元，比上年增长17.69%，其中，财产险业务保费收入6.01亿元，增长20.5%；寿险业务保费收入6.20亿元，增长15.08%。

9

2014年贺州市经济发展概况

【经济总量】2014年，贺州市全年实现地区生产总值（GDP）448.38亿元，按可比价格计算，比上年增长6.1%。分产业看，第一产业增加值97.99亿元，增长4.2%；第二产业增加值192.02亿元，增长5.5%；第三产业增加值158.36亿元，增长8.1%。第一、二、三产业增加值占地区生产总值的比重分别为21.9%、42.8%和35.3%，对经济增长的贡献率分别为12.8%、46.4%和40.8%。按常住人口计算，人均地区生产总值22345元。

【农业】2014年，贺州市全市农林牧渔业总产值158.46亿元，按可比价格计算比上年增长4.3%。其中，农业产值90.11亿元，增长4.7%；林业产值16.27亿元，增长7.3%；牧业产值39.52亿元，增长2.0%；渔业产值7.78亿元，增长6.9%；农林牧渔服务业产值4.78亿元，增长4.3%。

【工业和建筑业】2014年，贺州市全年全部工业增加值134.23亿元，比上年增长5.6%。规模以上工业增加值增长6.1%。在规模以上工业中，轻工业增长7.3%，重工业增长5.9%。国有企业增长4.5%，集体企业增长持平，股份制企业增长13.0%，外商及港澳台商投资企业下降11.6%，其他经济类型企业增长6.4%。

全年全社会建筑业增加值57.79亿元，比上年增长7.6%。全市具有资质等级的总承包和专业承包建筑业企业实现利润0.41亿元，比上年增长41.0%；上缴税金0.64亿元，增长6.3%。

【固定资产投资】2014年，贺州市全年固定资产投资530.3亿元，比上年增长17.4%。在固定资产投资（不含农户）中，基本建设投资306.3亿元，比上年增长24.8%；更新改造投资134.7亿元，增长23.5%；房地产开发投资17.8亿元，下降21.9%；其他投资33.7亿元，下降14.6%。分产业看，第一产业投资43.9亿元，比上年下降11.4%；第二产业投资291.4亿元，增长23.3%，其中工业投资285.6亿元，增长20.9%；第三产业投资195.0亿元，增长17.4%。

【科学技术】2014年，贺州市全年国家安排科学研究与技术开发计划项目1项，资助经费155万元，自治区安排项目43项，资助经费1514万元，市级安排项目38项，资助资金100万元。全年专利申请量1082件，比上年增长94.95%，其中发明专利申请量713件，增长68.56%。全年授权专利205件，其中授权发明专利48件。

【国内贸易和对外经济】2014年，贺州市全年社会消费品零售总额133.6亿元，比上年增长12.3%，其中，限额以上企业（单位）消费品零售额22.0亿元，增长7.2%。

全年货物进出口总额1.73亿美元（海关口径，下同），比上年增长-13.3%。其中，货物出口0.74亿美元，比上年增长1.8%；货物进口1.0亿美元，下降21.8%。从出口企业性质看，国有企业出口0.12亿美元，比上年增长12.9%；外商投资企业出口0.19亿美元，增长17.2%；民营企业出口0.43亿美元，下降5.9%。全年实际利用外资0.26亿美元（商务部口径）。

【交通、邮电和旅游】2014年，贺州市全年交通运输、仓储和邮政业增加值18.64亿元，比上年增长5.6%。

2014年末全市民用汽车保有量9.87万辆（不包含摩托车），其中轿车4.37万辆。年末私人汽车保有量8.62万辆。全年公路旅客周转量135139万人公里，增长6.4%；货运周转量765797万吨公里，增长11.4%。

全年完成邮电业务总量14.96亿元，比上年增长16.5%。其中，邮政业务总量0.89亿元，增长17.5%；电信业务总量14.06亿元，增长16.4%。年末固定电话用户达到12.93万户，移动电话用户133.94万户，互联网用户20万户。

全年入境过夜游客33.06万人次；国际旅游（外汇）收入1.077亿美元。接待国内旅客1197.15万人次，国内旅游收入122.96亿元。旅游总收入129.64亿元。

【金融和保险】2014年，贺州市全年金融业增加值17.86亿元，比上年增长17.8%。

年末金融机构本外币各项存款余额460.22亿元，比年初增加54.83亿元，其中人民币各项存款余额459.85亿元，增加55亿元。年末金融机构本外币各项贷款余额279.64亿元，比年初增加37.63亿元，其中人民币各项贷款余额279亿元，增加37.02亿元。

全年保险公司原保险保费收入8.35亿元，比上年增长11.45%。其中，财产险业务原保险保费收入3.63亿元，增长12.91%；寿险业务原保险保费收入4.72亿元，增长10.35%。支付各类赔款及给付1.8亿元，增长1.7%。其中，财产险业务赔款1.54亿元，增长1.32%；寿险业务给付0.26亿元，增长8.3%。

10

2014年河池市经济发展概况

【经济总量】2014年，河池市全年实现地区生产总值（GDP）601.39亿元，比上年同期增长8.1%（按2010年不变价格计算）。其中第一产业增加值137.27亿元，增长3.7%；第二产业增加值205.27亿元，增长12.4%；第三产业增加值258.85亿元，增长5.6%。第一、二、三产业增加值占地区生产总值的比重分别为22.8%、34.1%和43.0%，对经济增长的贡献率分别为9.6%、65.2%和25.3%。按常住人口计算，人均地区生产总值17474元。

【农业】2014年，河池市全年农林牧渔业实现总产值231.66亿元，比上年增长4.1%。其中农业产值104.55亿元，增长3.5%；林业产值22.03亿元，增长2.7%；牧业产值93.15亿元，增长4.6%；渔业产值7.28亿元，增长5.3%；农林牧渔服务业产值4.65亿元，增长12.0%。

全年粮食种植面积270.97千公顷，比上年减少7.49千公顷；油料作物种植面积13.10千公顷，增加3.23千公顷；甘蔗种植面积85.10千公顷，减少2.33千公顷；蔬菜种植面积75.24千公顷，增加8.02千公顷。全市年末实有果园面积55.47千公顷，比上年增加1.62千公顷；桑园面积50.61千公顷，增加3.33千公顷；茶园面积0.45千公顷，比上年增加0.02千公顷。

【工业和建筑业】2014年，河池市全年全部工业实现总产值413.34亿元，比上年增长10.2%，增加值152.08亿元，增长13.3%。规模以上工业总产值374.33亿元，比上年增长10.8%，增加值增长14.5%。

全年全社会建筑业实现增加值53.19亿元，比上年增长9.3%。全市具有资质等级的总承包和专业承包建筑业企业实现总产值52.26亿元，增长12.3%；利润总额1.42亿元，下降43.2%；上缴税金2.16亿元，增长11.2%。

【固定资产投资】2014年，河池市全年全社会固定资产投资399.65亿元，比上年增长14.5%，扣除价格因素，实际增长12.7%。其中，固定资产投资（不含农户）343.22亿元，增长15.6%；农村私人建房投资56.43亿元，增长8.0%。

在固定资产投资（不含农户）中，分产业看，第一产业投资14.53亿元，比上年下降33.5%；第二产业投资114.99亿元，增长20.0%，其中工业投资109.56亿元，增长15.3%；第三产业投资213.70亿元，增长19.2%。

【科学技术】2014年年末，河池市全市城镇单位共有各类专业技术人员50095人。全市有各类科研所10个，科研所从业人员248人，其中从事科技活动人员219人。全年共组织实施新计划项目77项，其中自治区下达项目60项。通过科技成果鉴定验收38项，其中应用技术22项。全年专利申请792件，其中发明专利525件；全年授权专利232件，其中发明专利36件；年末拥有发明专利85件。

【国内贸易和对外经济】2014年，河池市全年社会消费品零售总额223.79亿元，比上年增长12.5%，扣除价格因素，实际增长10.9%。按经营地统计，城镇消费品零售额175.76亿元，增长12.9%；乡村消费品零售额48.03亿元，增长10.9%。

全年货物进出口总额4.79亿美元，比上年下降0.45%。其中，货物出口0.23亿美元，下降39.05%；货物进口4.56亿美元，增长2.81%。进出口差额（出口减进口）-4.33亿美元。

【交通、邮电和旅游】2014年，河池市全年交通运输、仓储和邮政业增加值42.51亿元，比上年增长4.1%。

年末全市民用汽车保有量15.49万辆，比上年末增长16.7%，其中私人汽车保有量13.41万辆，增长19.3%；民用轿车保有量5.74万辆，增长20.8%，其中私人轿车5.18万辆，增长23.4%。运输船舶453艘，其中客船429艘，载客量14181客位；货船24艘，净载重量12677吨位。

全年完成邮电业务总量27.70亿元，比上年增长13.0%。其中，邮政业务总量1.68亿元，增长15.2%；电信业务总量26.02亿元，增长12.9%。邮政业全年完成邮政函件业务173.62万件，包裹业务4.25万件，快件业务194.78万件。

全年国内游客1530.09万人次，比上年增长19.4%。国内旅游总收入144.39亿元，增长29.1%。入境游客9.17万人次，增长31.0%，其中外国人3.28万人次，增长55.5%。国际旅游外汇收入3554.63万美元，增长38.3%。

【金融和保险】2014年，河池市全年金融业实现增加值28.50亿元，比上年增长10.7%。年末全部金融机构本外币存款余额814.39亿元，比上年末增长11.5%，其中人民币存款余额812.26亿元，增长12.0%。个人本外币存款余额507.17亿元，增长12.7%，其中人民币存款余额506.86亿元，增长12.7%。年末全部金融机构本外币贷款余额471.52亿元，增长12.4%，其中人民币贷款余额467.18亿元，增长13.1%。

全年保险业累计实现保费收入10.32亿元，比上年增长7.1%。其中，人身保险业务保费收入4.79亿元，同比下降1.2%；财产保险保费收入5.53亿元，同比增长15.4%。全年支付各类保险业务赔款及给付3.61亿元，同比下降0.3%，其中，人身险业务赔款及给付1.29亿元，同比下降20.4%；财产保险赔款2.32亿元，同比增长16.0%。

11

2014年来宾市经济发展概况

【经济总量】2014年，来宾市全年实现地区生产总值（GDP）551.24亿元，按可比价格计算，比上年增长6.1%。其中，第一产业增加值133.43亿元，增长2.3%；第二产业增加值228.21亿元，增长5.9%，其中，工业增加值173.67亿元，增长6.3%；第三产业增加值189.59亿元，增长9.3%。三次产业结构由上年的26.1：42.6：31.3调整为24.2：41.4：34.4，其中工业增加值占GDP的比重为31.5%，比上年回落0.5个百分点。

【农业】2014年，来宾市全市农林牧渔业总产值219.06亿元，比上年增长2.3%，其中：种植业产值129.19亿元，增长1.9%；林业产值16.25亿元，增长1.7%；牧业产值61.73亿元，增长3.0%；渔业产值6.19亿元，增长6.2%，农林牧渔服务业产值5.71亿元，增长3.2%。实现农林牧渔业增加值136.19亿元，增长2.3%。

【工业和建筑业】2014年，来宾市全年全部工业总产值557.1亿元，比上年增长3.1%，其中，规模以上工业总产值517.7亿元，增长3.0%。全部工业增加值比上年增长6.3%，其中，规模以上工业增加值比上年增长6.6%。四大支柱产业中，有色金属冶炼及压延加工业增加值下17.9%、农副食品加工业增长14.3%；黑色金属冶炼及压延加工业增长7.0%、电力生产供应业下降4.7%。

全年建筑业增加值54.54亿元，比上年增长6.5%。房屋建筑施工面积422.81万平方米，增加102.97万平方米；房屋竣工面积138.16万平方米，减少了13.23万平方米。

【固定资产投资】2014年，来宾市全年固定资产投资431.18亿元，比上年增长5.1%。分城乡看，城镇投资418.92亿元，增长4.6%；农村非住户投资12.26亿元，增长221.5%。分管理渠道看，基本建设投资151.42亿元，下降118.2%；更新改造投资190.12亿元，增长20.5%；房地产开发投资74.78亿元，增长41.1%。

分产业看，第一产业投资13.79亿元，下降17.0%，第二产业投资178.8亿元，增长13.5%，第三产业投资238.59亿元，增长1.0%。分行业看，工业投资增长11.4%，其中制造业增长15.0%。第三产业的投资中房地产增长34.6%，租赁和商务服务业增长54.9%，交通运输、仓储和邮政业下降13.0%，文化、体育和娱乐业下降44.4%。

【科学技术】2014年年末，来宾市全市共有各类专业技术人员4.13万人，比上年增长7.8%，其中中级职称以上1.92万人。全年共组织实施创新计划项目98项，比上年多36项，其中农业科技创新44项，工业科技创新26项，高新技术产业化项目6项。受理专利申请419件，比上年增长48%。获国家授权专利128项，增长63.6%。其中，发明27项，比上年多19项。

【国内贸易和对外经济】2014年，来宾市全年社会消费品零售总额134.17亿元，比上年增长11.0%。按经营地统计，城镇消费品零售额101.24亿元，增长10.9%；乡村消费品零售额32.93亿元，增长11.4%。按单位规模分，限额以上单位零售额20.23亿元，下降4.8%；限额以下单位零售额113.94亿元，增长14.4%。

全年进出口总额10688万美元，比上年下降10.7%。其中，出口总额4699万美元，增长1.4%，外商投资企业出口2269万美元，下降4.0%，其它企业出口2430万美元，增长8.0%；进口总额5989万美元，下降18.4%。

【交通、邮电和旅游】2014年，来宾市全年交通运输、仓储和邮政业增加值22.32亿元，比上年增长3.6%。

全年公路旅客运输量1968万人，旅客运输周转量85790万人公里，增长6.8%；全年公路水路客货物运输周转量55亿吨公里，比上年增长14.7%，其中：公路客货物运输周转量18.3亿吨公里，增长11.2%；水路货物运输周转量36.7亿吨公里，增长16.5%。全市港口货物吞吐能力516万吨，全年港口货物吞吐量1059.4万吨，下降8.4%。

全年邮电业务总量16.54亿元，比上年增长10.1%。其中，电信业务总量15.65亿元，增长9.7%；邮政业务总量0.89亿元，增长17.1%。年末本地固定电话用户12.23万户，减少1.92万户；移动电话用户143.54万户，增加4.53万户，增长3.3%。计算机互联网宽带接入用户21.53万户，增加3.97万户，增长22.6%。

全年入境旅游人数1.86万人次，比上年增长10.1%；国内游客1216.9万人次，增长20.5%。实现旅游总收入75.9亿元，增长37%。其中，入境旅游收入815万美元，增长15.6%；国内旅游收入75.4亿元，增长37.3%。年末全市共有A级及以上旅游景点11处，比上年多2处。星级饭店22家，比上年增加4家。

【金融和保险】2014年年末，来宾市全市金融机构人民币各项存款余额494.84亿元，比上年末增加46.73亿元，增长10.4%；城乡居民储蓄存款余额285.47亿元，增长12.2%。金融机构各项贷款余额330.15亿元，比上年末增加30.31亿元，增长10.1%。其中，短期贷款余额114.29亿元，增长6.1%；中长期贷款余额209.15亿元，增长11.2%，中长期贷款中个人消费贷款余额67.46亿元，增长21.7%。

全年保险业保费收入6.55亿元，比上年增长4.5%。其中，财产险业务保费收入2.26亿元，增长11.1%，人身险业务保费收入3.52亿元，下降1.0%；赔款和给付2.35亿元，增长3.1%，其中，财产险业务赔款支出1.26亿元，增长24.6%；人身险业务赔款和给付支出0.78亿元，下降16.3%。

海南省

| 海口市 | 三亚市 |

1

2014年海口市经济发展概况

【经济总量】2014年，海口市全年实现地区生产总值（GDP）1005.51亿元，比上年增长9.2%。其中，第一产业增加值54.58亿元，下降2.4%；第二产业增加值215.67亿元，增长5.6%；第三产业增加值735.26亿元，增长11.3%。产业结构调整稳步推进，三次产业比例由上年的6.2：22.9：70.9调整为5.5：21.4：73.1。人均地区生产总值46000元，比上年增长7.7%，按年均汇率折算为7418美元。

【农业】2014年，海口市全市实现农业增加值54.58亿元（不含农林牧渔服务业），比上年下降2.4%。其中，种植业增加值26.26亿元，下降2%；畜牧业增加值18.57亿元，下降6.1%。

【工业和建筑业】2014年，海口市全市完成工业增加值134.59亿元，比上年增长3.7%。其中，规模以上工业增加值123.09亿元，增长3.5%，占比为91.5%。医药、烟草两大行业实现增加值56.95亿元，增长13.9%，对全市规模以上工业经济增长的贡献率为167.2%，比重为46.3%。

2014年，全市资质三级及以上建筑企业117家，比上年增加10家；完成建筑业增加值81.49亿元，增长9%；全年资质以上建筑企业完成建筑业总产值186.6亿元，增长0.3%。其中建筑工程产值157.2亿元，增长1.5%；安装工程产值17亿元，增长24.3%。当年建筑企业新签合同价款236亿元，建筑业期末从业人员4.68万人，全员劳动生产率33.43万元/人。

【固定资产投资】2014年，海口市全市完成固定资产投资821.53亿元，比上年增长26.5%。新开工项目202个，增长14.8%；其中，亿元以上新开工项目94个，增长2.2%。新开工项目对投资增长的拉动明显，全年新开工的202个项目完成投资328.06亿元，占全市固定资产投资总额的39.9%。基础设施投资进一步得到加强，全年全市基础设施完成投资247.34亿元，增长19.6%。

【科学技术】2014年，海口市全市申请专利1446件，获得授权专利960件。技术合同登记数合计96件，涉及技术合同金额11770万元。海口高新区宏邦机械有限公司等4家企业申请专利10项，完成4家规模以上工业企业消除“零专利”工作目标。每万人口发明专利6.5件，比上年提高0.9件。积极引导区域内企事业单位申报各级各类项目，通过各种渠道和方式，争取到约5297.3万元扶持资金支持我市企业151个科技创新项目。15家高新技术企业通过省级认定并上报国家备案，到2014年底，全市高新技术企业达到109家。

【国内贸易和对外经济】2014年，海口市社会消费品零售总额541.27亿元，比上年增长10.5%。其中，餐饮收入53.89亿元，增长13.2%；商品零售487.38亿元，增长10.2%。限额以上批发和零售业、住宿和餐饮业企业426家，实现零售额414.77亿元，增长7.5%，占零售总额的76.6%，比重下降3个百分点。

全市进出口总额34.01亿美元，比上年下降29.7%。其中，出口12.32亿美元，下降24%；进口21.69亿美元，下降32.5%。一般贸易进出口25.68亿美元，下降25.3%，占进出口总额75.5%。对美国进出口10.32亿美元，下降48.9%，仍为全市第一大贸易伙伴。欧盟为全市最大出口市场，对欧盟出口3.13亿美元，出口份额占25.4%。

【交通、邮电和旅游】2014年，海口市全年各种运输方式共完成旅客运输量0.69亿人次，完成货物运输量1.23亿吨；完成旅客周转量462.8亿人公里，完成货物周转量963.18亿吨公里。实现港口货物吞吐量0.76亿吨，增长7.7%。集装箱吞吐量134.67万标箱，增长15.3%。美兰机场完成旅客吞吐量1385.39万人次，增长16.1%。

全市完成邮电业务总量66.69亿元，比上年增长13%。其中，电信业务总量63.62亿元，增长12.6%；邮政业务总量3.07亿元，增长21.6%。年末固定电话用户75万户，增长7.1%；移动电话用户425.4万户，增长6.7%。互联网宽带用户总数56.98万户，增长5.9%。全年短信业务总量37.2亿条，增长41.9%。

全市接待国内外过夜游客1130.68万人次，比上年增长8.3%；旅游总收入142.02亿元，增长18.2%。其中，入境旅游收入3753.61万美元，下降10.8%。到2014年底，全市A级旅游景区9家，新评1家。星级宾馆酒店45家，其中五星级宾馆酒店7家、四星级宾馆酒店14家。

【金融和保险】2014年年末，海口市全市金融机构本外币各项存款余额3213.55亿元，比年初增加258.37亿元。其中，居民储蓄存款余额1131.22亿元，增加57.16亿元，占全部新增存款的22.1%。年末金融机构本外币各项贷款余额3649.27亿元，增加453.07亿元。其中，短期贷款余额585.17亿元，增加29.27亿元，占全市新增贷款余额的6.5%；中长期贷款余额2728.35亿元，新增321.36亿元，占全市新增贷款余额的70.9%。

2014年保费收入56.46亿元，比上年增长19%。其中，财产险保费收入25.72亿元，增长22.7%；人身险保费收入30.74亿元，增长16.1%。全年支付各项赔款与给付24.82亿元，增长88.7%。其中，财产险赔款与给付19.46亿元，增长111.8%；人身险赔款与给付5.36亿元，增长35.2%。

2

2014年三亚市经济发展概况

【经济总量】2014年，三亚市全年全年实现地区生产总值（GDP）404.38亿元（含农垦，下同），按可比价格计算，比上年增长5.5%。其中，第一产业增加值54.62亿元，增长5.2%；第二产业增加值81.92亿元，增长14.1%；第三产业增加值267.84亿元，增长3.1%。按常住人口计算，人均生产总值54872元，按现行平均汇率计算为8933美元，比上年增长4.0%。

【农业】2014年，三亚市全年实现农林牧渔业总产值85.77亿元，按可比价计算，比上年增长5.2%。其中，种植业产值54.35亿元，增长5.6%；林业2.29亿元，下降7.5%；牧业总产值8.11亿元，增长4.1%；渔业产值17.69亿元，增长6.3%；农林牧渔服务业产值3.33亿元，增长8.9%。

【工业和建筑业】2014年，三亚市全年实现工业总产值为65.11亿元，比上年增长2.8%。其中，轻工业实现产值7.11亿元，下降1.2%；重工业58.00亿元，增长3.3%。从经济类型看，国有企业实现产值22.25亿元，增长6.7%；股份制企业实现产值35.95亿元，增长0.2%；外商及港澳台企业实现产值4.13亿元，增长6.6%；其他企业实现产值2.79亿元，增长1.6%。从各行业规模以上工业产值看，以水泥生产为主的非金属矿物制品业增长6.6%，占总产值的44.1%；电力热力生产和供应业增长12.6%，占规模总产值的31.3%。

全市完成建安工程投资474.06亿元，比上年增长27.4%。建筑业完成增加值66.96亿元，增长15.0%。全市资质内建筑业企业18家，全年签订合同42.60亿元，下降23.3%；实现产值24.40亿元，下降26.0%。

【固定资产投资】2014年，三亚市全年完成固定资产投资629.55亿元，比上年增长20.3%。其中，房地产开发投资380.02亿元，增长25.5%；其他投资249.54亿元，增长13.1%。从构成看，建筑工程投资432.75亿元，增长32.2%；安装工程投资41.31亿元，下降7.2%；设备工器具购置投资5.47亿元，下降13.2%；其他费用投资150.02亿元，增长3.5%。从投资结构看，第一产业完成投资8.80亿元，增长55.0%；第二产业完成投资28.52亿元，增长6.9%；第三产业完成投资592.23亿元，增长20.6%，占总投资的94.1%。

【国内贸易和对外经济】2014年，三亚市全市社会消费品零售总额达141.45亿元，比上年增长14.6%。全年批发和零售业商品销售额231.82亿元，增长17.0%。其中，批发业商品销售额113.48亿元，增长15.0%；零售业商品销售额118.33亿元，增长18.8%。从限额以上批发和零售业商品分类销售情况来看，日用品类、服装鞋帽纺织品类、化妆品类、金银珠宝类分别增长23.7%、54.9%、16.9%、54.4%，汽车类增长23.0%；石油及制品类增长3.7%。全市住宿和餐饮业实现营业额108.89亿元，增长9.5%。其中，住宿业营业额90.40亿元，增长9.2%；餐饮业营业额18.49亿元，增长11.0%。从星级酒店营业额看，五星级酒店实现营业额39.85亿元，增长5.8%；四星级酒店8.16亿元，下降6.4%；三星级酒店1.12亿元，增长4.5%；其他酒店23.47亿元，增长17.8%。

【交通、邮电和旅游】2014年，三亚市全市旅客运输量2171万人，比上年增长7.7%；货物运输量2008万吨，增长41.4%。凤凰机场旅客吞吐量1494万人，增长16.1%。其中进港752万人，增长16.2%。凤凰机场飞行100048班次，增长13.1%。

全市邮政企业和快递服务企业业务收入14993.57万元，比上年增长29.8%；业务总量11959.74万元，增长23.9%。全市快递服务企业业务量（收寄量）296.04万件，增长43.8%；业务收入8076.48万元，增长69.5%。其中，同城业务收入129.36万元，增长48.40%；异地业务收入6864.14万元，增长50.0%；国际及港澳台业务收入70.71万元，下降20.0%；其他快递业务收入累计完成1012.27万元。

全市接待过夜游客1352.76万人次，比上年增长10.1%。其中，国内游客1313.90万人次，增长11.3%；入境游客38.86万人次，下降19.3%。从接待设施看，旅游饭店接待游客1109.79万人次，增长9.4%；其他住宿设施229.63万人次，增长15.9%；邮轮接待游客13.35万人次，下降15.6%。全年实现旅游总收入269.73亿元，增长15.6%，其中国内旅游收入257.97亿元，增长18.8%；旅游外汇收入19137万美元，下降26.4%。旅游饭店平均开房率为61.4%，比上年提高4.6个百分点。全市列入统计的旅游宾馆（酒店）243家，其中，五星级酒店15家，四星级酒店16家，三星级酒店13家。拥有客房47228间，比上年增加2064间；拥有床位79271张，比上年增加2994间。全市共有A级及以上景区14个，比上年增加2个。其中，5A景区2处，4A景区6处。

【金融和保险】2014年年末，三亚市全市金融机构本外币存款余额977.76亿元，比上年增长5.0%，其中，单位存款566.57亿元，增长5.2%；储蓄存款366.33亿元，增长6.1%。全市金融机构本外币贷款余额754.21亿元，增长22.9%，其中短期贷款43.33亿元，增长114.1%；中长期贷款701.84亿元，增长18.4%。全市银行业金融机构总资产1486.17亿元，增长20.4%；利润总额16.52亿元，下降7.4%；不良贷款率0.76%。

年末全市共有保险机构20家。全年实现原保费收入97663万元，比上年增长14.6%，其中，财产险收入52167万元，增长19.7%；寿险收入45496万元，增长9.3%。原保险赔付支出32774万元，其中财产险25731万元，寿险7043万元。

四川省

｜成都市｜自贡市｜攀枝花市｜泸州市｜德阳市｜绵阳市｜遂宁市｜内江市｜
｜宜宾市｜广安市｜达州市｜雅安市｜巴中市｜

1

2014年成都市经济发展概况

【经济总量】2014年，成都市全年实现地区生产总值（GDP）10056.6亿元（见图1），比上年增长8.9%。其中，第一产业实现增加值370.8亿元，增长3.6%；第二产业实现增加值4561.1亿元，增长9.8%；第三产业实现增加值5124.7亿元，增长8.6%。按常住人口计算，人均生产总值70019元，增长8.0%。一、二、三产业比例关系为3.7：45.3：51.0。

【农业】2014年，成都市全年实现农业总产值613.0亿元，比上年增长3.7%。其中，种植业331.4亿元，增长5.2%；牧业237.1亿元，增长1.2%。

全年农作物播种面积70.0万公顷，比上年减少5.9万公顷，其中粮食播种面积38.3万公顷，减少1.5万公顷。粮食总产量237.1万吨，比上年下降2.5%；油料总产量27.3万吨，增长1.9%；肉类总产量69.2万吨，增长0.8%。

【工业和建筑业】2014年，成都市全年全部工业增加值3855.4亿元，比上年增长11.2%。规模以上工业企业增长12.2%。规模以上工业中，轻工业增加值增长7.7%，重工业增加值增长14.4%。规上工业企业产品产销率98.5%。

全年建筑业实现增加值705.6亿元，比上年增长1.9%。建筑企业完成总产值3873.4亿元，竣工产值1499.6亿元，施工面积22463.0万平方米，竣工面积5871.0万平方米。

【固定资产投资】2014年，成都市全年固定资产投资完成6620.4亿元，比上年增长1.8%。民间投资完成3740.8亿元，增长2.7%。全年新增固定资产3768.7亿元。分产业看，第一产业完成投资57.3亿元，下降14.2%；第二产业完成投资1412.2亿元，下降13.2%，其中工业投资1402.7亿元，下降13.4%；第三产业完成投资5150.9亿元，增长8.6%。分行业看，制造业完成投资1263.9亿元，下降14.1%；交通运输仓储邮政通信业完成投资548.9亿元，下降17.5%；水利环境公共设施管理业完成投资720.7亿元，增长60.8%。

【科学技术】2014年，成都市全年组织实施科技计划项目3058项，年内新上科技项目2178项，其中国家级173项，省级705项。科技项目投入资金10.2亿元，完成科技攻关460项，新认定高新技术企业519家。共申请专利64975件，其中发明22096件，实用新型20059件。专利授权31935件，其中发明4021件，实用新型

14612件。

【国内贸易和对外经济】2014年，成都市全年实现社会消费品零售总额4468.9亿元，比上年增长12.0%。从行业看，商品零售额3924.5亿元，增长12.6%；餐费收入544.4亿元，增长7.4%。从城乡看，城镇实现零售额4293.8亿元，增长10.9%；乡村实现零售额175.1亿元，增长47.3%。

全年实现进出口总额558.4亿美元，比上年增长10.4%。其中，出口总额338.2亿美元，增长6.1%；进口总额220.3亿美元，增长17.8%。一般贸易出口额105.3亿美元，下降3.4%；机电产品出口额247.3亿美元，增长7.4%；高新技术产品出口额196.2亿美元，增长10.6%。对欧盟出口额61.5亿美元，增长12.5%；对美国出口额81.5亿美元，增长8.6%；对日本出口额13.7亿美元，增长21.7%；对香港出口额47.5亿美元，增长30.4%。

【交通、邮电和旅游】2014年年末，成都市公路总里程22789公里，其中高速公路677公里。全年新改建公路2354公里。年末全市机动车拥有量385.7万辆，比上年末增长13.9%；其中私人拥有汽车277.7万辆，增长22.3%。

全年完成邮电业务总量319.6亿元，比上年增长27.3%。固定电话用户438.4万户，增长6.4%；移动电话用户2203万户，固定互联网用户288.0万户。

全年接待国内游客18423.0万人次，比上年增长20.1%；国内旅游收入1617.0亿元，增长25.8%。组织出境旅游人数122.5万人次，增长67.9%；接待入境旅游人数197.8万人次，增长12.1%；旅游外汇收入7.4亿美元，增长1.2%。年末全市三星级以上饭店116家，旅行社364家。

【金融和保险】2014年年末，成都市全部金融机构人民币存款余额26798亿元，比上年末增长13.3%。全部金融机构人民币贷款余额19779亿元，增长12.3%。个人消费贷款余额3911亿元，增长19.4%，其中个人住房贷款余额3254亿元，增长16.4%。

年末有保险公司79家，全年保费收入474.7亿元。其中，财产保险公司保费收入184.1亿元；人身保险公司保费收入290.6亿元。各类保险赔偿与给付支出153.8亿元。其中，财产保险公司赔偿与给付支出94.7亿元；人身保险公司赔偿与给付支出59.1亿元。

2

2014年自贡市经济发展概况

【经济总量】2014年，自贡市全年实现地区生产总值（GDP）1073.40亿元，按可比价格计算，比上年增长7.6%。其中，第一产业增加值123.20亿元，增长4.1%；第二产业增加值639.00亿元，增长7.9%；第三产业增加值311.20亿元，增长8.1%。三次产业对经济增长的贡献率分别为5.4%、64.8%和29.8%。人均地区生产总值39146元，按可比价格计算增长6.9%。三次产业结构由上年的11.9∶59.8∶28.3调整为11.5∶59.5∶29.0。

全年非公有制经济实现增加值608.82亿元，按可比价格计算增长8.6%，占GDP的比重为56.7%，对GDP

增长的贡献率为64.0%。其中，第一产业增加值38.86亿元，增长4.0%；第二产业增加值387.75亿元，增长8.3%；第三产业增加值182.21亿元，增长10.0%。

【农业】2014年，自贡市全年粮食种植面积21.52万公顷，比上年增加944公顷；油料种植面积2.75万公顷，增加1111公顷；蔬菜种植面积5.55万公顷，增加1608公顷。

全年粮食产量127.78万吨，比上年增产0.3%；油料产量5.86万吨，增产8.7%；蔬菜产量190.54万吨，增产4.7%。

【工业和建筑业】2014年，自贡市全年实现全部工业增加值580.68亿元，比上年增长7.7%，对经济增长的贡献率达到57.4%。规模以上工业企业（年主营业务收入2000万元以上）实现增加值480.24亿元，增长7.8%。年末规模以上工业企业户数为562户，实现出口交货值41.54亿元，下降7.2%。工业产品销售率为99.1%。实现主营业务收入1625.56亿元，增长6.1%；盈亏相抵后实现利润总额70.89亿元，增长3.7%；实现利税142.95亿元，增长3.5%。

全年实现建筑业增加值58.32亿元，比上年增长10.5%。全市建筑业企业有245户，其中，纳入“四上”统计的建筑业企业129户，完成总产值175.05亿元，增长12.0%；房屋建筑施工面积1689.31万平方米，增长26.3%。

【固定资产投资】2014年，自贡市全年全社会固定资产投资完成597.61亿元，比上年增长12.4%。其中，民间投资410.64亿元，增长20.1%。分产业看，第一产业完成投资47.43亿元，增长49.0%；第二产业完成投资149.28亿元，增长0.3%，其中工业投资147.59亿元，下降0.6%；第三产业完成投资400.89亿元，增长14.2%。

【科学技术】2014年，自贡市全年实施国家、省重点科技项目95项，实施市以上重点科技项目137项，其中科技攻关项目75个。全市高新技术企业58户，高新技术产业产值达到580亿元。全年共申请专利1424件，比上年增长18.8%。授权专利995项，比上年增长46.1%。全年技术交易合同201个，登记合同金额3.45亿元。

【国内贸易和对外经济】2014年，自贡市全年实现社会消费品零售总额427.65亿元，比上年增长12.5%。按经营地分，城镇消费品零售额341.93亿元，增长12.7%；乡村消费品零售额85.71亿元，增长11.7%。按行业分，批发业零售额44.85亿元，增长14.0%；零售业零售额325.94亿元，增长12.6%；住宿业零售额2.08亿元，增长8.8%；餐饮业零售额54.78亿元，增长10.8%。

全年进出口总额67151万美元，下降33.5%。其中，出口额30902万美元，下降49.8%，进口额36249万美元，下降11.4%。

【交通、邮电和旅游】2014年年末，自贡市全市公路通车里程6457公里。其中，高速公路185公里，一级公路102公里，二级公路189公里，三级公路311公里，四级公路4396公里，等外级公路1274公里。全年完成公路客运量6000万人，旅客运输周转量183364万人公里；完成公路货运量4538万吨，货物运输周转量541544万吨公里；水路客运量104万人，旅客运输周转量645万人公里，水路货运量239万吨，货物运输周转量4210万吨公里。

全年完成邮电业务总量25.33亿元，比上年增长18.9%。其中，邮政业务总量2.67亿元，增长22.6%；电信业务总量22.66亿元，增长17.8%。全年光缆线路长度35980皮长公里，增长15.5%；新增互联网用户5.44万户，累计达到35.46万户。年末固定电话用户42.81万户，年末移动电话达到207.42万户。

【金融和保险】2014年年末，自贡市金融机构人民币存款余额1075.20亿元，比上年末增长10.3%。其中，企业存款余额213.77亿元，增长16.5%，居民储蓄存款余额714.22亿元，增长12.6%。金融机构人民币贷款余额520.81亿元，增长15.9%。其中，中长期贷款265.24亿元，增长28.7%；短期贷款239.72亿元，增长3.0%。

全年保费收入21.63亿元，增长3.1%。其中，财产险收入7.50亿元，增长16.9%；人身险收入14.13亿元，下降3.0%。全年处理各种赔案支付额10.46亿元，增长31.4%。其中，财产险赔付金额3.94亿元，增长15.0%；人身险赔付金额6.52亿元，增长43.8%。

3

2014年攀枝花市经济发展概况

【经济总量】2014年，攀枝花市全年实现地区生产总值（GDP）870.85亿元，按可比价计算，增长9.3%。其中：第一产业增加值29.40亿元，增长4.5%，对经济增长的贡献率为1.6%，拉动经济增长0.1个百分点；第二产业增加值643.09亿元，增长9.6%，对经济增长的贡献率为79.4%，拉动经济增长7.4个百分点；第三产业增加值198.36亿元，增长8.8%，对经济增长的贡献率为19%，拉动经济增长1.8个百分点。人均地区生产总值70646元，增长9.2%。三次产业结构由上年的3.5：74.5：22.0调整为3.4：73.8：22.8。全市非公有制经济实现增加值417.52亿元，增长10.5%，占GDP的比重为47.9%，非公有制经济对全市经济的贡献率49.0%。

【农业】2014年，攀枝花市全年农林牧渔业总产值50.82亿元，增长4.7%。其中：农业产值29.98亿元，增长5.6%；林业产值0.83亿元，增长5.0%；牧业产值15.43亿元，增长4.4%；渔业产值3.87亿元，下降0.6%；农林牧渔服务业产值0.71亿元，增长5.6%。

全年粮食播种面积4.1万公顷，增长2.4%；油料播种面积0.25万公顷，增长1.8%；烟叶播种面积0.84万公顷，下降11.5%；蔬菜播种面积1.35万公顷，增长3.1%。

【工业和建筑业】2014年，攀枝花市全年规模以上工业完成总产值1565.26亿元，增长9.4%；增加值增长10.2%。分轻重工业看，重工业增加值增长10.7%；轻工业增加值增长1.7%。分登记注册类型看，国有工业增加值下降11.2%；集体工业增加值增长6.3%；股份制工业增加值增长11.8%。

年末资质等级以上总承包和专业承包建筑企业（含劳务分包）78个，实现总产值163.22亿元，下降7.7%。

【固定资产投资】2014年，攀枝花市全年完成全社会固定资产投资616.81亿元，增长13.0%，其中，民间投资304.77亿元，增长12.2%。从三次产业看，第一产业投资18.48亿元，增长17.0%；第二产业投资

240.08亿元，下降4.1%；第三产业投资358.25亿元，增长28.2%。从管理渠道看，基础设施投资154.15亿元，增长10.8%；产业投资227.41亿元，下降4.8%；民生及社会事业投资146.78亿元，增长32.6%；房地产开发投资75.20亿元，增长47.0%。

【科学技术】2014年，攀枝花市全年各项专利申请数1787项。高新技术产业实现产值216.49亿元。安排科技项目1395项，其中，安排高新技术项目183个，当年新上高新技术项目104个。各类科技项目获市级以上科技成果奖103项，其中省部级奖23项。新增国家高新技术企业14户，科技新增经济效益44.7亿元。

【国内贸易和对外经济】2014年，攀枝花市全年社会消费品零售总额245.55亿元，增长12.0%，其中，限上企业实现零售额120.49亿元，增长6.8%。按行业分，批发业12.63亿元，增长21.3%；零售业200.83亿元，增长11.1%；住宿业1.75亿元，增长8.0%；餐饮业30.33亿元，增长14.4%。

全年实现进出口总额30128万美元，增长61.0%。其中，出口总额17032万美元，增长38.4%；进口总额13096万美元，增长104.4%。

【交通、邮电和旅游】2014年，攀枝花市全市等级公路3101.3公里，其中高速公路144.72公里。全年完成公路旅客运输量2946万人次，下降10.8%；客运周转量77834万人公里，下降13.0%；货物运输量10957万吨，下降30.4%；货物周转量559112万吨公里，增长15.3%。全市机动车保有量21.89万辆，其中，汽车12.67万辆，私人汽车10.44万辆；摩托车9.19万辆；营运车辆2.10万辆，出租汽车1597辆。

全年邮电主营业务收入11.13亿元，其中，电信业务主营收入9.84亿元，邮政业务主营收入1.29亿元。年末拥有邮电局（所）67处；全年报刊发行量2839.22万份；函件403.3万份；快递业务量267.1万件。年末固定电话用户30.54万户；年末移动电话用户数115.65万户，其中，3G移动电话用户数22.64万户；国际互联网用户数27.12万户。

全年旅游总收入150.03亿元，增长46.8%。接待旅游总人数1383.63万人次，增长33.1%。全市共有名胜风景区和文物保护区16个，星级饭店、宾馆18个。

【金融和保险】2014年年末，攀枝花市金融机构人民币各项存款余额802.87亿元，比年初增加18.69亿元，增长2.4%。其中，储蓄存款余额411.75亿元，比年初增加15.81亿元，增长4.0%。金融机构人民币各项贷款余额658.19亿元，比年初增加49.26亿元，增长8.1%。

年末共有保险公司16家，全年实现保费收入18.75亿元，其中，财产保险保费收入7.60亿元，人寿保险保费收入11.15亿元。保险赔款支出7.68亿元，其中，财产保险赔款支出3.86亿元，人寿保险赔款支出3.82亿元。

4

2014年泸州市经济发展概况

【经济总量】2014年，泸州市全年实现地区生产总值（GDP）1259.73亿元，按可比价格计算，比上年增长11.0%。其中，第一产业增加值162.27亿元，增长4.2%；第二产业增加值759.23亿元，增长12.2%；第三产业增加值338.23亿元，增长10.9%。三次产业对经济增长的贡献率分别为4.5%、69.3%和26.2%。人均地区生产总值29655元，增长11.0%。三次产业结构由上年的13.6：60.0：26.4调整为12.9：60.3：26.8。

【农业】2014年，泸州市全年粮食播种面积37.09万公顷，比上年增长1.2%。经济作物中，油料播种面积2.44万公顷，增长2.3%；蔬菜播种面积6.48万公顷，增长6.2%；药材播种面积0.28万公顷，增长11.6%；烟叶播种面积0.91万公顷，减少42.3%。

【工业和建筑业】2014年，泸州市全年全部工业增加值702.90亿元，比上年增长11.7%，对经济增长的贡献率为62.0%。年末规模以上工业企业600户，全年规模以上工业增加值增长12.3%。在规模以上工业中，从经济类型看，国有及国有控股企业增加值增长8.0%，集体企业增加值增长20.9%，股份制企业增加值增长11.3%，外商及港澳台商投资企业增加值增长34.8%；私营企业增加值增长16.2%。从重点产业看，新兴医药制造业增加值增长17.7%；四大传统支柱产业增加值增长11.3%，其中酒类制造业增加值增长12.1%，能源行业增加值增长2.3%，化工行业增加值增长0.3%，机械行业增加值增长17.2%。从企业规模看，大中型企业增加值增长8.5%。

年末具有资质等级的总承包和专业承包建筑企业152户，劳务分包企业7户。全年建筑业总产值518.93亿元，比上年增长27.3%；主营业务收入392.16亿元，增长14.7%；营业税及附加13.03亿元，增长20.8%；实现利润总额14.59亿元，增长17.5%。

【固定资产投资】2014年，泸州市全年全社会固定资产投资1180.99亿元，比上年增长36.3%，其中计划投资500万元及以上的建设项目和房地产投资（不含农户）1176.99亿元，增长36.3%。

全社会投资额中，第一产业完成投资20.13亿元，比上年增长96.1%；第二产业完成投资519.68亿元，增长17.5%，其中工业投资517.95亿元，增长18.0%；第三产业完成投资641.18亿元，增长54.9%。基础设施投资283.53亿元，增长37.1%。民生及社会事业投资163.64亿元，增长70.7%。

【科学技术】2014年，泸州市全市创新科技成果38项，其中省级科技成果9项，市级科技成果27项，区县科技成果2项。获四川省科技进步奖12项，其中一等奖2项、二等奖3项、三等奖7项。全年专利技术申请受理量1337件；获专利申请授权781件，其中发明83件。

【国内贸易和对外经济】2014年，泸州市全年社会消费品零售总额468.33亿元，比上年增长13.7%。按经营地统计，城镇消费品零售额345.58亿元，增长13.7%；乡村消费品零售额122.75亿元，增长13.7%。按消费形态统计，商品零售额395.59亿元，增长13.9%；餐饮收入72.74亿元，增长12.8%。

全年外贸进出口总额27565万美元，比上年增长21.7%。其中，进口2535万美元，增长15.5%；出口25030万美元，增长22.3%。

【交通、邮电和旅游】2014年年末，泸州市全市民用机动车保有量达到53.17万辆，比年初增加5.32万辆。其中，汽车21.05万辆（包括三轮汽车和低速货车1173辆），增加3.41万辆；摩托车32.01万辆，增加1.89万辆。汽车中，私人汽车16.52万辆，比年初增加3.43万辆，其中私人小型和微型客车14.95万辆，增加

3.18万辆。

全年完成邮政业务收入4.25亿元，比上年增长13.2%，完成电信业务收入25.74亿元，增长1.9%。年末固定电话用户49.78万户，减少1.4%。年末移动电话用户346.00万户，增长6.5%，其中3G移动电话用户134.06万户，增长47.1%；4G移动电话用户17.05万户。互联网固定宽带家庭用户52.14万户，比上年增长54.7%。互联网专线用户3.63万户，比上年增长7.5%。移动无线上网卡用户1.5万户，下降13.4%。手机上网用户229.99万户，增长17.7%。

全市拥有旅行社25家，旅行社分社19家。拥有星级宾馆（饭店）23家，其中五星级1家，四星级5家，三星级6家。拥有国家A级旅游景区18个，其中国家4A级旅游景区5个，国家3A级旅游景区5个，国家2A级旅游景区8个；张坝桂圆林、纳溪天仙硐景区创建为国家4A级景区。拥有全国工业与农业旅游示范点3个，旅游商品生产企业43家。全年接待国内外游客2539.67万人次，比上年增长20.3%，实现旅游总收入183.85亿元，增长28.5%。

【金融和保险】2014年，泸州市德阳银行泸州分行、乐山市商业银行泸州分行年内先后开业，年末在泸银行业机构达14家，营业网点605个，从业人员6625人。年末金融机构本外币各项存款余额1612.98亿元，比年初增加202.16亿元，本外币各项贷款余额920.78亿元，比年初增加154.01亿元。其中，中长期贷款余额625.21亿元，比年初增加119.44亿元；个人贷款330.85亿元，比年初增加75.34亿元。

年末在泸保险业务机构32家。按业务性质分，有财产险业务机构17家，寿险业务机构15家。全年保费总收入38.04亿元，增长6.7%。其中，财产险机构保费收入15.55亿元，增长13.2%；人寿险机构保费收入22.49亿元，增长2.7%。全年处理各项赔款和给付金额15.68亿元，增长25.2%。其中，财产险机构已决赔付金额7.81亿元，增长13.4%；人寿险机构赔付金额7.87亿元，增长39.8%。

5

2014年德阳市经济发展概况

【经济总量】2014年，德阳市全年实现地区生产总值（GDP）1515.6亿元，按可比价计算，比上年增长9.0%。其中，第一产业增加值199.3亿元，增长4.2%；第二产业增加值904.9亿元，增长10.1%；第三产业增加值411.4亿元，增长8.7%。三次产业结构为13.2：59.7：27.1。

【农业】2014年，德阳市全年农作物播种面积45.9万公顷，比上年增加1084公顷，增长0.2%。其中：粮食作物播种面积30.1万公顷，增加334公顷，增长0.1%；油料作物播种面积7.3万公顷，同比下降280公顷，下降0.4%；蔬菜及食用菌播种面积6.0万公顷，增加1044公顷，增长1.8%。

全年粮食总产量188.4万吨，比上年增加3760吨，增长0.2%。油料总产量20.0万吨，比上年增加2799吨，增长1.4%。蔬菜总产量211.3万吨，比上年增加7.9万吨，增长3.9%。

【工业和建筑业】2014年，德阳市年末规模以上工业企业达到1227户，工业增加值比上年增长10.8%。

全年规模以上工业中，分轻重工业看，轻工业增加值增长10.9%；重工业增加值增长10.8%。从主要行业看，机械行业增长12.5%，食品行业增长7.9%，建材行业增长14.6%，医药行业增长13.2%，化工行业增长2.5%，纺织服装行业增长9.7%。

年末全市资质等级建筑企业209户，全年建筑业增加值比上年增长8.0%。

【固定资产投资】2014年，德阳市全年完成全社会固定资产投资894.9亿元，比上年增长10.8%。其中：民间投资628.0亿元，增长9.7%。

全市第一产业投资13.2亿元，比上年下降0.8%；第二产业投资443.6亿元，比上年增长7.9%，其中工业投资441.4亿元，增长9.0%；第三产业投资438.1亿元，增长14.4%。

【科学技术】2014年，德阳市全年争取国家级科技计划项目5项，争取省级科技计划项目91项，获科技进步奖17项。省认定高技术企业104户。全年共申请专利2650件，其中发明专利申请734件；专利授权1737件，其中授予发明专利权174件。全年共签订各类技术合同40项，成交金额4.3亿元。全市拥有国家级技术中心6个，省级技术中心38个，市级技术中心88个。

【国内贸易和对外经济】2014年，德阳市全年实现社会消费品零售总额529亿元，比上年增长13.1%。分地域看，城镇消费品零售额361.4亿元，增长13.0%；乡村消费品零售额167.6亿元，增长13.3%。分消费形态看，商品零售实现零售额453.7亿元，增长13.4%；餐饮收入实现零售额75.3亿元，增长11.7%。

全年进出口总额38.8亿美元，比上年增长14.5%，其中出口额31.0亿美元，增长31.8%。机电产品出口13.1亿美元，增长19.7%，占出口总额的42.3%。全年进口总额7.8亿美元，下降24.7%。全年外商直接投资2.1亿美元，增长2.0%。

【交通、邮电和旅游】2014年年末，德阳市公路总里程8467.3公里，其中：等级公路7634.1公里，占公路里程总数的90.2%，高等级公路302.7公里，高速公路163.6公里。境内铁路运营里程206.1公里，火车站18个。年末民用汽车拥有量达到32.1万辆，其中私人汽车拥有量28.6万辆。

全年电信业务总量实现39.0亿元，年末固定电话用户50.3万户，移动电话用户323.9万户，本地网络光缆长度达3.9万皮长公里。

全年接待国内外游客1843.9万人次，比上年增长6.3%；实现旅游总收入120.6亿元，增长30.3%。境内名胜风景区和文物保护区30个，星级饭店11家。

【金融和保险】2014年年末，德阳市金融机构本外币存款余额1929.3亿元，比年初增长7.2%。其中，城乡居民储蓄余额1170.9亿元，比年初增长10.5%。年末金融机构本外币贷款余额1106.1亿元，比年初增长10.6%。其中，短期贷款余额580.4亿元，比年初增长3.2%；中长期贷款余额478.2亿元，比年初增长13.3%。全年新增贷款106.4亿元，比上年下降22.7%。

全年保费收入45.1亿元，增长9.6%；其中财产险保费收入16.3亿元，增长16.7%；寿险保费收入28.9亿元，增长6%。全年支付各项赔款合计17.6亿元，增长26%，其中：财产险赔款支付8.6亿元，增长17.2%；寿险赔款及给付支出9亿元，增长35.8%。

6

2014年绵阳市经济发展概况

【经济总量】2014年，绵阳市全年实现地区生产总值（GDP）1579.9亿元，比上年增长9.1%，其中：第一产业增加值252.2亿元，增长3.9%；第二产业增加值805.7亿元，增长10.0%；第三产业增加值522.0亿元，增长9.7%。三次产业对经济增长的贡献率分别为5.8%、60.8%和33.4%。三次产业结构由上年的16.4：51.4：32.2调整为16.0：51.0：33.0。非公有制经济全年实现增加值924.7亿元，增长10.2%，占全市经济总量的比重为58.5%，比上年提高1.3个百分点。

【农业】2014年，绵阳市全年实现农林牧渔业增加值252.2亿元，比上年增长3.9%。其中：农业增加值146.2亿元，增长4.0%；林业增加值9.0亿元，增长2.4%；牧业增加值82.9亿元，增长3.8%；渔业增加值9.5亿元，增长5.1%；农林牧渔服务业增加值4.5亿元，增长4.4%。

【工业和建筑业】2014年，绵阳市全市全部工业实现增加值680.1亿元，比上年增长9.4%。其中：规模以上工业企业实现增加值增长10.1%。在规模以上工业中，分经济类型看：国有企业增长12.2%，集体企业增长13.1%，股份制企业增长10.2%，外商及港澳台商投资企业增长9.4%，私营企业增长10.3%。

全市资质以上总专承包建筑企业352个，有工作量的343个，完成建筑业总产值334.0亿元，增长27.0%。其中：完成建筑安装产值324.0亿元，增长26.3%；完成其它产值10.0亿元，增长57.8%。分控股类型看：国有及国有控股企业完成69.9亿元，增长12.5%；其他企业完成264.1亿元，增长31.5%。

【固定资产投资】2014年，绵阳市全年全社会固定资产投资完成1080.4亿元，比上年增长7.9%。其中：建筑工程完成投资731.5亿元，增长7.0%；安装工程完成投资107.1亿元，增长31.2%；设备工器具购置完成投资129.4亿元，下降7.1%；其他完成投资112.4亿元，增长16.7%。分产业看：第一产业完成投资33.0亿元，下降3.9%；第二产业完成投资325.1亿元，增长7.4%；第三产业完成投资722.3亿元，增长8.8%。

【科学技术】2014年，绵阳市全市共组织申报国家级科技计划项目116项，落实无偿资金6407万元。组织申报省级科技计划项目158项，落实无偿资金7460万元。全市已通过高新技术企业认定119家，有国家级工程技术研究中心5家，省级工程技术研究中心14家。全市全年共申请专利5991件，专利授权3071件。

【国内贸易和对外经济】2014年，绵阳市全市实现社会消费品零售总额734.77亿元，比上年增长13.0%。其中：批发业实现零售额88.04亿元，增长23.0%；零售业实现零售额531.80亿元，增长12.0%；住宿业实现零售额19.85亿元，增长11.2%；餐饮业实现零售额95.08亿元，增长10.6%。按经营地分：城镇市场实现零售额516.32亿元，增长14.1%；乡村市场实现零售额218.45亿元，增长10.7%。

全年外贸进出口总额29.2亿美元，增长3.8%。其中：进口总额8.5亿美元，下降16.0%；出口总额20.7亿美元，增长14.9%。

【交通、邮电和旅游】2014年，绵阳市年末全市公路通车里程19888公里。全年公路客运周转量33.7亿人公里，同比增长3.3%；公路货运周转量67.5亿吨公里，增长23.9%；水运客运周转量187.2万人公里，下降9.5%；铁路旅客发送量572万人，增长11.1%；铁路货运发送量108.7万吨，下降0.8%；民用航空客运量108.5万人次，增长18.3%；民用航空货邮运量10788.6吨，增长18.2%。

全市共有邮政局（所）448处，全年实现邮政业务总量3.3亿元。全年实现邮电主营业务收入35.8亿元，下降0.1%。年末全市固定电话机用户73.4万户，下降6.4%；移动电话用户407.4万户，增长9.1%。国际互联网用户79.4万户，增长18.1%。

全年共实现旅游总收入277.3亿元，增长35.1%。其中：国内收入277.1亿元，增长35.2%；旅游外汇收入212.3万美元，下降32.8%。接待游客总人数2821.9万人次，增长14.5%，其中：国内旅游人数2821.1万人次，增长14.6%；入境旅游人数7390人次，下降27.7%。

【金融和保险】2014年年末，绵阳市金融机构人民币各项存款余额2621.7亿元，增长8.8%。其中：单位存款1095.9亿元，增长4.9%；城乡居民储蓄存款余额1464.5亿元，增长11.6%。金融机构人民币各项贷款余额1398.5亿元，增长11.6%。其中：短期贷款601.8亿元，增长6.9%；中长期贷款769.0亿元，增长14.4%。

年末全市共有保险公司43家，其中：产险公司20家，寿险公司23家。全年各类保险保费收入61.5亿元，比上年增长22.8%，其中：人身险40.9亿元，增长25.1%；财产险20.5亿元，增长18.5%。各类保险赔款及期满给付支出19.8亿元，增长7.4%。

7

2014年遂宁市经济发展概况

【经济总量】2014年，遂宁市全年实现地区生产总值（GDP）809.55亿元，比上年增长9.7%。其中，第一产业增加值139.21亿元，增长3.7%，对经济增长的贡献率为6.5%，拉动经济增长0.6个百分点；第二产业增加值449.29亿元，增长11.4%，对经济增长的贡献率为68.4%，拉动经济增长6.6个百分点；第三产业增加值221.05亿元，增长9.7%，对经济增长的贡献率为25.1%，拉动经济增长2.5个百分点。三次产业结构由上年的17.99:55.18:26.83调整为今年的17.20:55.50.27.30。

【农业】2014年，遂宁市全年农林牧渔业总产值234.75亿元，增长4.1%。其中：农业总产值109.70亿元，增长3.5%；林业总产值8.86亿元，增长5.7%；牧业总产值103.16亿元，增长4.7%；渔业总产值8.64亿元，增长4.0%；农林牧渔服务业总产值4.39亿元，增长2.5%。农林牧渔及其服务业占农业总产值比重由上年的46.9：3.7：43.8：3.7：1.9调整为46.7：3.8：43.9：3.7：1.9。

全年农作物播种面积41.34万公顷，增加0.49万公顷，增长1.2%。全年粮食产量156.15万吨，减产0.28万吨，下降0.2%。

【工业和建筑业】2014年，遂宁市全年全部工业增加值377.18亿元，增长11.5%，对经济增长的贡献率为59.1%，拉动经济增长5.7个百分点。年末全市共有规模以上工业企业466家，增长3.6%。全年规模以上工业增加值增长12.0%。

年末全市施工总承包和专业承包资质以上建筑企业142个，下降3.4%。全年建筑企业实现总产值182.49亿元，增长17.3%。其中建筑工程产值159.94亿元，增长15.1%。

【固定资产投资】2014年，遂宁市全年完成全社会固定资产投资913.68亿元，增长13.5%。其中，基本建设投资327.28亿元，增长22.8%；更新改造投资207.55亿元，增长25.4%。分产业看，第一产业完成投资29.49亿元，占全社会固定资产投资的3.2%，下降2.2%；第二产业完成投资329.32亿元，占全社会固定资产投资的36.0%，增长5.9%；第三产业完成投资554.87亿元，占全社会固定资产投资的60.7%，增长19.7%。

【科学技术】2014年，遂宁市全年共组织申报省级科技成果5项、鉴定市级科技成果13项，推荐省级科技进步奖6项，获四川省科技进步二等奖1项、三等奖2项。全年共申请专利1247件，其中发明专利申请330件，实施专利1345件，新增产值75.99亿元。全年推广实施重大科技成果10项，其中工业7项、农业3项。国家级高新技术企业49家、市级高新技术企业57家。

【国内贸易和对外经济】2014年，遂宁市全年实现社会消费品零售总额348.24亿元，增长13.5%。按经营地分，城镇实现零售额267.81亿元，增长13.4%；乡村实现零售额80.42亿元，增长13.8%。按行业分，批发业实现零售额56.67亿元，增长12.4%；零售业实现零售额245.26亿元，增长13.7%；住宿业实现零售额7.75亿元，增长13.1%；餐饮业实现零售额38.56亿元，增长13.8%。

全年实现进出口总额6.30亿美元，增长13.3%。其中，出口4.20亿美元，增长3.0%；进口2.10亿美元，增长38.1%。全年实际到位外资6008万美元，增长9.1%。

【交通、邮电和旅游】2014年年末，遂宁市全市公路总里程8756.22公里，其中等级公路7400.07公里，等外级公路1067.85公里，高速公路288.30公里。全年公路和水路共完成营运性旅客周转量20.36亿人公里，增长2.0%；营运性货运物周转量44.67亿吨公里，增长19.8%。

全年邮电业务总量17.64亿元，增长12.2%。全年通信业主营业务收入12.25亿元，增长2.4%。年末全市固定电话用户29.54万户，下降6.3%，其中：住宅电话27.88万户，下降5.1%；移动电话用户205.68万户，增长7.9%；固定宽带用户31.24万户，增长26.1%。

全年接待国内游客2433万人次，增长21.0%；实现旅游收入201亿元，增长20.4%。全年新增A级旅游景区2个，累计达到16个；星级饭店累计达到23家。

【金融和保险】2014年年末，遂宁市全市金融机构人民币存款余额989.44亿元，比年初增长10.8%。其中：单位存款余额329.90亿元，增长10.6%；居民储蓄存款余额646.87亿元，增长12.3%。金融机构人民币贷款余额615.01亿元，比年初增长23.2%。其中：短期贷款余额212.46亿元，增长9.4%；中长期贷款余额395.12亿元，增长31.4%。

年末全市保险机构22家，全年实现保费总收入21.21亿元，增长21.0%。其中：财产险收入8.06亿元，增长25.0%；寿险收入13.15亿元，增长18.9%。全年处理各项赔款和满期给付金额9.95亿元，增长41.9%。其中：财产险赔付金额3.65亿元，增长14.8%；寿险赔付金额6.3亿元，增长64.3%。

8

2014年内江市经济发展概况

【经济总量】2014年，内江市全年实现地区生产总值（GDP）1156.77亿元，同比增长8.9%。其中，第一产业增加值185.56亿元，增长3.8%；第二产业增加值712.87亿元，增长9.6%；第三产业增加值258.35亿元，增长9.9%。人均地区生产总值31024元，增长8.7%。三次产业结构由上年的16.5∶61.8∶21.7调整为16.0∶61.6∶22.4。

【农业】2014年，内江市全年实现农林牧渔业总产值308.82亿元，增长3.9%；增加值185.56亿元，增长3.8%。

全年粮食总产量151.23万吨，比上年增加151吨，连续8年增产。油料产量10.69万吨，增长5.4%。

【工业和建筑业】2014年，内江市全市规模以上工业企业户数达460户。全年实现规模工业总产值1760.95亿元，增长7.2%，规模工业增加值增长9.4%。五大支柱产业实现产值1585.98亿元，增长6.0%，占规模工业的90.1%。

全市有资质等级建筑企业101个，实现建筑业总产值183.98亿元，增长27.8%。房屋建筑施工面积991.61万平方米，增长24.2%；房屋建筑竣工面积130.33万平方米，增长0.3%。

【固定资产投资】2014年，内江市全年完成全社会固定资产投资697.77亿元，增长21.2%。全年新开工项目（不含房地产）595个。第一产业完成投资17.22亿元，增长13.9%；第二产业投资215.41亿元，增长0.9%，其中工业投资213.76亿元，增长0.3%；第三产业投资465.14亿元，增长34.0%，第三产业占全市固定资产投资的比重为66.7%。

【科学技术】2014年，内江市全市完成市级以上科技计划项目72项，取得市级以上科技成果22项。知识产权保护力度进一步加大，全年专利申请969件，专利授权538件。同时，采取有效措施发挥外援科技智力队伍的作用，全年企业与外智人才成功对接项目新增30个。

【国内贸易和对外经济】2014年，内江市全年实现社会消费品零售总额356.22亿元，增长12.7%。分地域看，城乡市场分别实现零售额230.47亿元和125.75亿元，分别增长13.8%和10.8%。分行业看，批发零售业零售额284.12亿元，增长12.2%；住宿餐饮业零售额72.10亿元，增长14.7%。按经营单位规模来分，限额以上批发零售和住宿餐饮业实现零售额117.49亿元，增长12.7%；限额以下批发零售和住宿餐饮业实现零售额238.73亿元，增长10.8%。

全年实现外贸进出口总值3.15亿美元，下降13.2%，其中，出2.78亿美元，进口0.37亿美元。全市获权企业272户，其中：新批获权企业20户。全年实际利用外资7115万美元。

【交通、邮电和旅游】2014年，内江市全年交通建设项目投资完成53.39亿元。建成通乡、通村公路共计1536.7公里。完成15个农村客运码头的建设，完成农村渡改桥14座，完成公路安保工程国省道59.2公里，整治公路危病桥635延米/13座。2014年末全市公路管养里程达9904公里（不含242公里高速公路），其中等级公路6362公里。

全年实现邮电业务收入2.65亿元，增长35.5%。年末固定电话用户49.75万户，增长4.8%；移动电话用户245.73万户，增长4.0%；每百人拥有移动电话57.7部，比上年增加2.3部。

全年接待游客2230.61万人次，增长24.7%；实现旅游总收入136.97亿元，增长24.1%。

【金融和保险】2014年，内江市全市金融机构本外币各项存款余额1136.16亿元，比上年增长5.3%，其中城乡居民储蓄存款余额835.60亿元，增长11.8%。金融机构本外币各项贷款余额610.14亿元，比上年增长18.6%。

全年各种保险机构保费收入30.69亿元，增长17.4%。其中，财产险保费收入8.71亿元，增长16.7%；寿险保费收入21.97亿元，增长17.7%。全年各项赔款和给付支出12.98亿元，增长58.7%。

9

2014年宜宾市经济发展概况

【经济总量】2014年，宜宾市全年实现地区生产总值（GDP）1443.81亿元，比上年增长8%。其中，第一产业增加值209.68亿元，增长3.7%，对经济增长的贡献率为5.6%，拉动经济增长0.4个百分点；第二产业增加值866.12亿元，增长8.1%，对经济增长的贡献率为64.3%，拉动经济增长5.1个百分点；第三产业增加值368.01亿元，增长10%，对经济增长的贡献率为30.1%，拉动经济增长2.4个百分点。人均地区生产总值32318元，增长7.9%。三次产业结构由2013年的14.8：60.6：24.6优化为14.5：60.0：25.5。

【农业】2014年，宜宾市全年农林牧渔业总产值347.02亿元，比上年增长3.8%。

农业产值160.15亿元，比上年增长2.8%。粮食种植面积583.84万亩，增加2.24万亩。全年粮食总产量214.55万吨，减产0.4%。其中，夏粮产量21.4万吨，增产2.6%；秋粮产量193.15万吨，减产0.7%。全年谷物产量180.03万吨，减产1%。经济作物中，油料产量10.11万吨，增长6.2%；蔬菜产量238.9万吨，增长3.2%；茶叶产量4.73万吨，增长10.3%；园林水果产量50.48万吨，增长5.2%。（

【工业和建筑业】2014年，宜宾市全年全部工业实现增加值787.16亿元，比上年增长7.9%。

全年建筑业增加值78.96亿元，比上年增长9.9%。全市具有资质等级独立核算的建筑业企业197个，其中施工总承包和专业承包企业156个。施工总承包和专业承包企业全年完成建筑业现价总产值188.35亿元，增长5.7%；实现利税总额11.12亿元，下降4.5%。房屋建筑施工面积3255.42万平方米，增长154%；房屋建筑竣工面积776.92万平方米，增长15%，其中住宅竣工面积496.68万平方米，增长2.2%。

【固定资产投资】2014年，宜宾市全年全社会固定资产投资1130.26亿元，比上年增长20.8%。其中，国有经济控股单位完成投资566.61亿元，增长10%，占全社会固定资产投资总额的50.1%。从产业投向看，第一产业投资46.26亿元，增长50%；第二产业投资381.46亿元，增长3.6%；第三产业投资702.55亿元，增长31%。从投资行业看，增长较快的行业有信息传输、软件和信息技术服务业增长2.64倍，住宿和餐饮业增长2.34倍，教育增长77.9%，交通运输、仓储和邮政业增长67.1%，农、林、牧、渔业增长62.4%，卫生和社会工作增长58.5%，制造业增长26.8%。

【科学技术】2014年，宜宾市全年新认定高新技术企业10家，达到40家；省级创新型企业12家，达到76家；市级农业科技园区10家。获省科技进步奖二等奖3项，三等奖8项；颁发市级科技进步奖42项，其中特等奖1项，一等奖8项、二等奖10项、三等奖23项；授予市级科技创新奖先进集体10个、先进个人17名。

全年专利申请量1977件；专利授权量972件，其中发明和实用新型专利授权458件。累计专利申请量9577件，专利授权量6660件。全年新增专利实施162件；完成技术合同交易登记28项，金额4806.69万元。

【国内贸易和对外经济】2014年，宜宾市全年社会消费品零售总额561.69亿元，比上年增长13%，其中限额以上企业（单位）实现消费品零售总额228.13亿元，增长13.9%。按经营地分，城镇消费品零售额444.49亿元，增长13.2%；乡村消费品零售额117.2亿元，增长12%。按消费类型分，商品零售额483.02亿元，增长12.8%；餐饮收入额78.67亿元，增长14.1%。

全年货物进出口总额8.9亿美元，比上年增长9.1%，其中出口6.07亿美元，增长7.9%；进口2.83亿美元，增长13.2%；进出口差额（出口减进口）3.24亿美元，增加0.12亿美元。全年实际利用外资5055万美元，增长11.1%。全年对外承包工程业务完成营业额296.37万美元，增长3.6%。

【交通、邮电和旅游】2014年，宜宾市全年铁路、公路、水运和航空等货物运输总量7203万吨，比上年增长3%。其中，铁路货运量739万吨，下降3.1%；公路货运量5823万吨，下降2%；水运货运量641万吨，增长21.6%。旅客运输总量7320万人次，增长2.5%。其中，铁路客运量232万人次，增长34.4%；公路客运量6842万人次，增长2%；民航客运量57.49万人次，增长32.5%。全年公路、水路货物运输周转量78.75亿吨公里，增长23.6%；旅客运输周转量33.45亿人公里，增长7.2%。全年规模以上港口完成货物吞吐量950.15万吨，增长15%，集装箱吞吐量12.03万标准箱，增长99.1%。

全年完成邮电业务总量44.65亿元，比上年增长24.6%。其中，邮政业务总量2.87亿元，增长16.3%；电信业务总量41.78亿元，增长25.2%。邮政业全年完成邮政函件业务337.51万件，包裹业务3.26万件，快递业务量445.92万件；快递业务收入0.82亿元。电信业全年新增移动电话交换机容量64万户，达到684.9万户。年末全市电话用户总数416.85万户，其中固定电话用户52.79万户，移动电话用户364.06万户。固定电话普及率下降至11.8部/百人，移动电话普及率上升至81.4部/百人。固定互联网宽带接入用户34.43万户，增加2.89万户；移动宽带用户7.18万户，减少0.23万户。互联网上网人数243.3万人，其中手机上网人数207.63万人。

全年实现旅游总收入256.05亿元，比上年增长22.7%。全年接待国内旅游者2822.24万人次，增长13%；国内旅游收入256.02亿元，增长22.7%。接待入境旅游者1475人次，下降41.8%；旅游（外汇）收入55.61万美元，下降34.9%。

【金融和保险】2014年年末，宜宾市全部金融机构本外币各项存款余额1686.44亿元，比上年末增长7.1%，其中储蓄存款余额883.36亿元，增长15.1%；各项贷款余额903.79亿元，增长18.6%，其中中长期贷款593.42亿元，增长30.4%。人民币各项存款余额1685.23亿元，增长7.1%；各项贷款余额900.79亿元，增长18.4%。

年末共有保险公司29家。按业务性质分，产险公司15家、寿险公司12家、养老公司1家、健康险公司1家。全年保险公司原保险保费收入29.53亿元，比上年增长18.3%，其中寿险业务原保险保费收入15.38亿元，健康险和意外伤害险业务原保险保费收入0.21亿元，财产险业务原保险保费收入14.15亿元。支付各类赔款及给付11.71亿元，其中寿险业务给付3.55亿元，健康险和意外伤害险业务赔款及给付0.2亿元，财产险业务赔款7.96亿元。

10

2014年广安市经济发展概况

【经济总量】2014年，广安市全年实现地区生产总值（GDP）919.6亿元，同比增长10.2%。其中，一二三产业分别实现增加值155.7亿元、482.9亿元和281.0亿元，分别增长4.1%、11.1%和11.7%，对经济增长的贡献率分别为6.4%、59.7%、33.9%，拉动GDP分别增长0.6、6.1、3.5个百分点。人均GDP为28489元，增长9.9%。三次产业结构由上年的17.9：52.4：29.7调整为16.9：52.5：30.6，其中第三产业比上年提高0.9个百分点。

【农业】2014年，广安市全年完成农业总产值265.3亿元，同比增长4.2%。

全市粮食播种面积为34万公顷，粮食总产量185.7万吨，比上年减少0.8万吨，下降0.5%。其中，水稻产量100.4万吨，下降1.7%；玉米产量29.3万吨？，下降0.4%；小麦产量14.4万吨，下降0.8%。油料种植面积6.4万公顷，产量为13.4万吨，增长2.3%。蔬菜（含菜用瓜）种植面积为6.7万公顷，产量241.0万吨，增长2.4%。全年肉类总产量35.8万吨，增长2.1%；禽蛋产量6.8万吨，增长1.3%；牛奶产量2843吨，增长0.7%；蚕茧产量3260吨，增长0.8%。全年生猪出栏425.8万头，增长2.0%；牛出栏4.7万头，增长4.2%；羊出栏35.7万只，增长3.4%；家禽出栏2887.5万只，增长2.0%；兔出栏506.8万只，增长3.3%。

【工业和建筑业】2014年，广安市全部工业增加值为375.4亿元，增长9.4%，对经济贡献率为41.1%，拉动经济增长4.2个百分点。全年新增规模以上工业企业71户，年末规模以上工业企业总户数为517户。实现工业总产值1330.4亿元，增长16.2%，其中，轻工业551.5亿元，增长10.0%，重工业778.9亿元，增长

21.0%；煤炭、电力、建材、装备制造和农产品加工五大支柱产业完成总产值851.9亿元，增长16.1%。规模以上工业增加值增长10.2%。从主要工业产品产量看，食用植物油15.2万吨，增长2.7%；矿山专用设备14.1万台，增长5.2%；大米39.5万吨，增长10.6%；蚕丝5286.4吨，增长27.6%；小麦粉28.5万吨，增长6.3%；精练铜20359吨，增长140.2%；瓷质砖？5268.4万平方米，增长47.8%；鲜、冷藏肉10.3万吨，增长3.0%；发电量108.0亿千瓦时，增长2.0%；家用洗衣机61.5万台，下降14.3%；饮料酒12.1万千升，下降7.6%；水泥1175.9万吨，下降0.2%；液化天然气15.0万吨。

全年建筑业增加值为107.4亿元，增长16.5%，对经济的贡献率为18.6%，拉动GDP增长1.9个百分点。四级以上资质等级建筑企业纳入统计共105户（不包括劳务分包企业），完成建筑业总产值331.6亿元，增长23.5%。房屋建筑施工面积1640.9万平方米，增长19.4%；房屋建筑竣工面积848.6万平方米，增长15.1%。

【固定资产投资】2014年，广安市全年完成全社会固定资产投资919.2亿元，增长36.7%。其中，项目投资完成796.6亿元，增长33.1%。其中，一二三产业投资分别为24.3亿元、256.2亿元和638.7亿元，分别增长36.3%、2.7%和57.7%。

【科学技术】2014年，广安市全市共争取各类科技计划项目60项，到位项目资金2890万元。实施中省重点科技项目55项，取得科技成果48项。专利申请量744件，其中发明专利申请量215件，专利授权量368件。新培育国家级高新技术企业9家、省级创新型企业12家，成功创建省级企业技术中心4家。

【国内贸易和对外经济】2014年，广安市全社会消费品零售总额为330.4亿元，增长13.1%，分行业看，批发业、零售业、住宿业和餐饮业零售额分别为47.1亿元、233.3亿元、5.0亿元和45.0亿元，增速分别为12.0%、13.3%、15.0%和13.1%。其中，城镇、乡村零售额分别为253.4亿元、77.0亿元，分别增长13.0%、13.4%。限上商贸单位实现零售额178.9亿元，增长15.0%。

全年新批外商投资企业5家、增资扩能项目1个，实际利用外资4194万美元，增长2.2%；外贸进出口总额11.1亿美元，增长12.0%，其中出口10.8亿美元，增长9.6%；岳池县成功创建国家级外派劳务公共服务平台，新获省厅批准境外投资企业1家，四川省华蓥市南方送变电有限公司获批对外劳务经营资格，实现我市对外劳务经营资格“零”的突破。

【交通、邮电和旅游】2014年，广安市全市公路通车总里程为10782.2公里，等级公路9831.1公里。其中，高速公路206.2公里，一级公路98.2公里，二级公路358.6公里，三级公路447.8公里，四级公路8720.3公里，等外级公路951.1公里。水路客运量135.9万人次、旅客周转量1243.6万人公里、货运量571.9万吨、货物周转量32423.5万吨公里。

全年邮电业务总量为16.8亿元。其中，邮政业务总量2.6亿元；电信业务总量14.2亿元。年末固定电话用户31.4万户，下降4.7%；移动电话用户233.4万户，增长11.5%；宽带用户29.6万户，增长30.8%。

全年实现旅游收入194.6亿元，增长43.8%，接待旅游人数2768.2万人次，增长38.6%。

【金融和保险】2014年年末，广安市全市金融机构各项存款余额1265.2亿元，比年初增加151.2亿元，增长13.6%；住户存款902.5亿元，比年初增加106.3亿元，增长13.4%。金融机构贷款余额515.0亿元，比年初净增90.3亿元，增长21.3%。

全市现有驻市保险机构21家，其中，财险公司10家，寿险公司11家。全年共收保费32.5亿元。其中，财险收入保费7.5亿元，寿险收入保费25.0亿元，全年各项赔款给付11.7亿元。

11

2014年达州市经济发展概况

【经济总量】2014年，达州市全年实现地区生产总值（GDP）1347.83亿元，增长8.4%。其中，第一产业实现增加值281.66亿元，增长3.8%；第二产业实现增加值712.96亿元，增长8.8%；第三产业实现增加值353.21亿元，增长11%。三次产业结构比为20.9∶52.9∶26.2。三次产业对经济增长的贡献率分别为8.4%、59.7%和31.9%，分别拉动经济增长0.7、5.0和2.7个百分点。

全年非公有制经济实现增加值807.66亿元，增长9.6%，占GDP的59.9%，对GDP增长的贡献率为64%。其中，第一产业增加值83.44亿元，增长4.5%；第二产业增加值530.09亿元，增长10.5%；第三产业增加值194.13亿元，增长9.4%。

【农业】2014年，达州市全年粮食种植面积55万公顷，增长0.61%。其中，小麦6.55万公顷，下降2.37%；水稻17.45万公顷，下降0.87%；玉米10.09万公顷，增长0.52%；薯类15.42万公顷，增长1.48%；油料种植面积12.8万公顷，增长1.2%；蔬菜种植面积9.15万公顷，增长1.7%。

【工业和建筑业】2014年，达州市全部工业增加值624.15亿元，增长8.2%。其中：规模以上工业企业增加值344.7亿元，增长8.2%。

全社会建筑业实现增加值88.81亿元，增长14%。全市有资质等级的建筑企业实现总产值274.1亿元，增长12.4%。

【固定资产投资】2014年，达州市全社会固定资产投资完成1176.2亿元，增长17.3%。

全年建成投产项目2238个，项目建成投产率65.7%，新增固定资产881.71亿元。年内上亿元投资项目171个，其中：中石油川东北高含硫项目完成投资11.22亿元，川投燃气发电项目完成投资10.89亿元，南大梁高速公路完成投资8.1亿元，颜锋铝业铝型材一体化产业项目完成投资4.37亿元。

【科学技术】2014年年末，达州市全市拥有高新技术企业19家，拥有国家级创新型企业1家，省级创新型企业52家，省级工程技术中心1家，省级重点实验室1家，市（厅）级重点实验室5家。全市获省级科技进步奖9项，授予市级科技进步奖28项，登记技术交易合同金额1750万元。全市组建特色农业产业科技特派员团队26个。全年共申请专利898件，专利授权560件，其中企业申请专利323件，企业申请发明专利61件。

【国内贸易和对外经济】2014年，达州市全年社会消费品零售额实现560.46亿元，增长13.6%，比全省平均水平快0.9个百分点。按经营地统计，城市消费品零售额380.7亿元，增长14.1%；农村消费品零售额

179.77亿元，增长12.5%。按消费形态统计，餐饮销售收入完成57.88亿元，增长13.1%；商品销售收入完成502.59亿元，增长13.6%。

全年进出口总额32523万美元，增长3.5%。其中，进口额5084万美元；出口额27439万美元；净出口（出口减进口）22355万美元。外商实际直接投资6000万美元，增长25.1%。

【交通、邮电和旅游】2014年年末，达州市全市境内公路总里程19512公里，其中高速公路370公里，完成公路货运周转量115.95亿吨公里，完成公路客运周转量24.14亿人公里。

全年邮政电信业务收入27.15亿元，增长2.1%；年末固定电话用户47.68万户，年末移动电话用户350.77万户，其中：3G移动电话用户93.48万户，4G用户17.7万户。固定互联网宽带接入用户48.87万户，网络电视用户21.07万户。

全年共接待国内游客1351.3万人次，增长9%。旅游总收入90.42亿元，增长21%。

【金融和保险】2014年年末，达州市全部金融机构人民币存款余额1752.37亿元，增长10.3%。其中个人存款1304.62亿元，增长14.4%；单位存款414.31亿元，增长1.5%。全部金融机构人民币贷款余额801.71亿元，增长22.3%。其中，短期贷款余额169.82亿元，下降0.7%；中长期贷款余额612.08亿元，增长28%。

2014年，全市保险行业实现保费收入44.49亿元，增长16.3%。其中：人身险保费收入32.64亿元，增长18.9%；财产险保费收入11.85亿元，增长14.6%。赔款及给付合计15.46亿元。其中，人身险赔款及给付合计9.06亿元；财产险（已决）赔款6.4亿元。

12

2014年雅安市经济发展概况

【经济总量】2014年，雅安市全年实现地区生产总值（GDP）462.41亿元，按可比价格计算，比上年增长11.0%。其中，第一产业增加值67.49亿元，增长4.6%；第二产业增加值266.03亿元，增长12.7%；第三产业增加值128.89亿元，增长10.6%。三次产业对经济增长的贡献率分别为5.9%、68.6%和25.5%。人均地区生产总值30052元，增长10.4%。三次产业结构由上年的15.1∶57.5∶27.4调整为14.6∶57.5∶27.9。

【农业】2014年，雅安市全年粮食作物播种面积比上年增加170公顷，增长0.2%；油料作物播种面积19876公顷，下降1.5%；药材播种面积7690公顷，增长25.6%；蔬菜播种33000公顷，增长1.2%。

全年粮食总产量比上年增产3172吨，增长0.7%。其中，小春粮食产量增长1%；大春粮食产量增长0.6%。经济作物中，油料产量3.49万吨，增长0.5%；烟叶产量0.12万吨，下降4.7%；蔬菜产量73.27万吨，增长1.5%；茶叶产量6.67万吨，增长3.5%；水果产量29.08万吨，增长6.3%；药材产量2.78万吨，增长15.2%。

【工业和建筑业】2014年，雅安市全年全部工业增加值227.24亿元，增长11.3%，对经济增长的贡献率为53.6%。新建投产规模以上工业企业20户，年末规模以上工业企业户数达306户。全年规模以上工业增加值增长12.5%。

全年全社会建筑业增加值38.78亿元，增长22.7%。房屋建筑施工面积179.48万平方米，增长34.9%；房屋建筑竣工面积104.85万平方米，增长39.2%，其中住宅房屋竣工面积65.07万平方米，增长40.9%。

【固定资产投资】2014年，雅安市全年完成全社会固定资产投资471.43亿元，比上年增长33.6%。其中，民间投资199.7亿元，增长8.3%。分产业看，第一产业投资29.74亿元，下降3.1%；第二产业投资160.34亿元，增长13.4%，其中工业投资156.04亿元，增长13.7%；第三产业投资281.35亿元，增长55.7%。

【科学技术】2014年年末，雅安市农业科技专家大院16个，实现销售收入3.12亿元，建立科技示范户1964户。全年成功申报国家级高新技术企业8家，成功培训省级创新型企业3家，创新型企业达48家。

全年专利申请量达818件，获授权516件，分别增长17.7%和22.6%。

【国内贸易和对外经济】2014年，雅安市全年实现社会消费品零售总额165.73亿元，比上年增长13.3%。

全年城镇市场消费品零售额125.66亿元，增长13.6%；乡村市场消费品零售额40.07亿元，增长12.1%。

全年共执行招商项目285个，引进到位资金总额290亿元，增长13.9%。其中，引进省外到位资金282.8亿元，增长2.8%。全年新批外商投资企业1家，完成合同外资334万美元，下降74.3%；全市外商投资企业达到18家；实际到位外资2000万美元，增长75%；外贸进出口总额7969万美元，增长11.75%。

【交通、邮电和旅游】2014年，雅安市全年交通建设固定资产投资完成41.33亿元，其中：高速公路项目完成投资15.81亿元；二级路网建设项目完成投资15.84亿元；完成农村公路建设780公里，其中：通乡公路建设108.4公里，通村公路建设671.81公里。

全年邮电业务收入达到10.79亿元，下降1.08%。年末，固定电话用户达22.75万户，下降24.37%；移动电话用户数达145.16万户，增长8.65%。

全年实现旅游综合收入108.6亿元，下降53.6%。

【金融和保险】2014年年末，雅安市金融机构人民币各项存款余额974.25亿元，比年初增加131.36亿元，比年初增长15.58%。其中，单位存款余额448.92亿元，比年初增加75.85亿元，比年初增长20.33%。各项贷款余额474.98亿元，比年初增加62.54亿元，比年初增长15.16%。其中，中长期贷款余额370.19亿元，比年初增加51.55亿元，比年初增长16.18%。

13

2014年巴中市经济发展概况

【经济总量】2014年，巴中市全年实现地区生产总值（GDP）456.66亿元，比上年增长9%。其中，第一产业增加值82.42亿元，增长3.1%；第二产业增加值210.3亿元，增长10%；第三产业增加值163.94亿元，增长10.9%。三次产业对经济增长的贡献率分别为6.5%、50.7%、42.8%，分别拉动GDP增长0.6个、4.6个、3.8个百分点。人均地区生产总值13756元，增长8.8%。三次产业结构由上年的19：46：35调整为18：46：36。

全年非公有制经济增加值262.7亿元，比上年增长10%，占GDP的比重为57.5%，对GDP增长的贡献率为65%，拉动GDP增长5.9个百分点。其中，第一产业增加值27.4亿元，增长2.5%；第二产业增加值129.9亿元，增长10.7%；第三产业增加值105.4亿元，增长11.4%。

【农业】2014年，巴中市全年粮食种植面积31.6万公顷，比上年增长0.6%；油料种植面积6.96万公顷，增长1.3%；糖料种植面积868公顷，增长0.6%；中草药种植面积6091公顷，增长2.9%；蔬菜种植面积4.52万公顷，增长1.3%。

全年粮食产量167.04万吨，比上年减产0.2%。其中，小春粮食产量39.57万吨，增产1%；大春粮食产量127.47万吨，减产0.5%。

【工业和建筑业】2014年，巴中市全年全部工业增加值123.94亿元，比上年增长9.2%，对经济增长的贡献率为25.8%。年末规模以上工业企业191户，全年规模以上工业增加值增长10.1%。

全年全社会建筑业增加值86.36亿元，比上年增长10.9%。年末具有资质等级的总承包和专业承包建筑业企业92户，实现建筑总产值374.38亿元，增长24.4%。房屋建筑施工面积1851.24万平方米，增长7.3%；房屋竣工面积1233.37万平方米，增长23.5%，其中住宅竣工面积928.34万平方米，增长29.1%。

【固定资产投资】2014年，巴中市全年全社会固定资产投资847.77亿元，比上年增长30.2%。按产业分，第一产业投资31.09亿元，减少11.2%；第二产业投资161.64亿元，增长36%，其中工业投资161.45亿元，增长38.5%；第三产业投资655.04亿元，增长31.8%。按构成分，建筑工程投资650.23亿元，增长25.4%；安装工程投资69.55亿元，增长49.7%；设备工器具购置82.14亿元，增长74.5%；其他费用45.84亿元，增长18.2%。

【科学技术】2014年，巴中市全年规模以上工业企业研究与试验发展（R&D）经费支出11044万元，比上年增长52.1%，占地区生产总值的0.24%。全年申请专利379件，其中发明专利64件；授权专利242项，其中发明专利11项。争取国家级科技项目6项、省级科技项目65项。引进和转化科技成果48项，科技成果转化产值12.8亿元。评审市级科技进步奖32项，荣获四川省科技进步三等奖1项。全年技术合同登记22项，交易总额3677万元，比上年增长31.9%。培育高新技术企业4户、省级创新型企业49户、科技型中小企业89户，高新技术产业实现总产值19.4亿元。

【国内贸易和对外经济】2014年，巴中市全年社会消费品零售总额203.43亿元，比上年增长12.8%。按经营地分，城镇消费品零售额175.72亿元，增长13.3%；乡村消费品零售额27.71亿元，增长9.9%。按消费形态分，商品零售额180.68亿元，增长12.6%；餐饮收入额22.75亿元，增14.9%。

全年招商引资新签约项目184个，在建项目388个，年度国内外到位资金359.81亿元，比上年增长25.6%。全年实际利用外资2075.8万美元，比上年增长1.3%。全年外贸出口总额1.67亿美元，比上年增长

16.2%。其中，以一般贸易方式出口1.47亿美元，占全市出口总额的88.1%。外派劳务1866人次，比上年增长49.3%；实现营业总收入2000万美元，增长23%。

【交通、邮电和旅游】2014年年末，巴中市机动车辆拥有量33.35万辆，比上年增长8.8%。其中，汽车11.76万辆，增长9.3%。全年公路、铁路和水路等运输方式完成货物总周转量35.45亿吨公里，比上年增长20.7%；完成旅客总周转量22.69亿人公里，增长10.9%。年末公路通车里程16714.9公里，比上年增长2.1%。其中，高速公路242公里，增长46.7%；省道662.6公里，持平；县道1611公里，增长1.2%；乡道2286.3公里，增长0.3%；村道12093.1公里，增长2.8%。铁路营运里程54公里。

全年邮政业务总量2.44亿元，比上年增长12.4%；电信业务总量15亿元，增长5.1%。年末固定电话用户24万户，移动电话用户235万户。固定电话普及率8部/百人，移动电话普及率58部/百人。固定互联网用户24万户，有线电视用户6万户，移动通信基站5340个，光缆总长度4.92万皮长公里。

全年接待境内外旅游者1165.6万人次，比上年增长30.1%；实现旅游总收入89.54亿元，增长35.3%。年末有旅行社16个；有旅游住宿设施企业1113户，其中星级饭店和宾馆10户；有旅游住宿设施床位数4.34万张。年末旅游从业人员3.11万人，其中导游人员159人。

【金融和保险】2014年年末，巴中市金融机构本外币存款余额777.27亿元，比上年增长14.5%。其中，个人存款557亿元，增长15.5%。金融机构本外币贷款余额345.04亿元，增长30.2%。其中，中长期贷款291.76亿元，增长43.7%；短期贷款51.58亿元，减少16.5%。

年末共有保险公司（分公司）16户，比上年增加2户。其中，财产险公司5户、寿险公司11户。全年保险公司各类保费收入22.06亿元，比上年增长18.6%。其中，财产险保费收入5.81亿元，增长19.5%；寿险保费收入16.25亿元，增长18.3%。全年支付各项赔偿和给付6.94亿元，比上年增长70.9%。其中，财产险赔款支出2.63亿元，增长24%；寿险赔款支出4.31亿元，增长1.2倍。

贵州省

｜贵阳市｜六盘水市｜遵义市｜安顺市｜铜仁市｜毕节市｜

1

2014年贵阳市经济发展概况

【经济总量】2014年，贵阳市全年实现地区生产总值（GDP）2497.27亿元，比上年增长13.9%。分产业看，第一产业增加值108.02亿元，比上年增长6.6%；第二产业增加值976.59亿元，比上年增长13.9%；第三产业增加值1412.66亿元，比上年增长14.3%。人均生产总值55018元，比上年增长12.6%。

【农业】2014年，贵阳市全年粮食播种面积11.27万公顷，比上年下降0.6%；油菜籽播种面积3.90万公顷，比上年下降0.7%；烤烟播种面积0.89万公顷，比上年下降23.6%；蔬菜播种面积11.34万公顷，比上年增长7.1%。

全年粮食产量45.92万吨，增产6.1%。其中，夏粮产量8.81万吨，增产1.9%；秋粮产量37.11万吨，增产7.2%。

【工业和建筑业】2014年，贵阳市全年全部工业增加值678.00亿元，比上年增长12.1%。其中，规模以上工业增加值636.06亿元，比上年增长12.2%。十大工业行业规模以上工业增加值454.02亿元，比上年增长9.8%。六大特色支柱产业规模以上工业增加值475.72亿元，比上年增长15.1%。工业园区规模以上工业增加值545.32亿元，比上年增长13.9%。

全市建筑业实现增加值298.59亿元，比上年增长19.3%。具有资质等级的总承包和专业承包建筑企业308户，比上年增长4.4%。资质以上建筑企业房屋建筑施工面积6957.02万平方米，比上年增长8.6%；房屋建筑竣工面积1345.23万平方米，比上年增长4.1%。

【固定资产投资】2014年，贵阳市全年固定资产投资⑻2336.06亿元，比上年增长19.3%。

分产业看，第一产业投资99.52亿元，比上年增长19.6%；第二产业投资523.04亿元，比上年增长4.2%；第三产业投资1713.50亿元，比上年增长24.8%。

全年固定资产投资到位资金3567.18亿元，比上年增长14.5%。其中，国家预算内资金96.38亿元，比上年下降10.7%；国内贷款552.34亿元，比上年增长31.7%；利用外资6.76亿元，比上年增长66.6%；自筹资金2059.65亿元，比上年增长18.6%。

【科学技术】2014年，贵阳市全年专利申请受理量为12630件，比上年增长79.4%。专利授权量3766件，比上年增长6.7%，其中发明专利674件，实用新型专利2676件，外观设计专利416件。

【国内贸易和对外经济】2014年，贵阳市全年实现社会消费品零售总额888.58亿元，比上年增长13.1%。按经营地统计，城镇消费822.45亿元，比上年增长13.1%，其中城区消费799.08亿元，增长12.9%；乡村消费66.13亿元，增长12.8%。按行业统计，批发和零售业零售额815.35亿元，比上年增长13.8%；住宿和餐饮业零售额73.24亿元，增长5.8%。

全年外贸进出口总额78.42亿美元，比上年增长24.1%。其中出口72.72亿美元，比上年增长30.3%；进口5.70亿美元，比上年下降22.8%。

【交通、邮电和旅游】2014年，贵阳市全年各种运输方式完成旅客发送量72526.63万人次，比上年增长20.0%；完成货物运输量26421.15万吨，比上年增长24.2%。

全市年末民用车辆拥有量89.94万辆，比上年末增长13.1%，其中汽车拥有量75.43万辆，比上年末增长16.0%。私人汽车拥有量63.49万辆，比上年末增长16.1%。

全市邮电业务总量96.99亿元，比上年增长25.5%，其中邮政业务总量8.70亿元，比上年增长30.8%；电信业务总量88.29亿元，比上年增长25.0%。年末固定电话用户102.90万户，比上年增长1.0%；移动电话用户810.14万户，比上年增长7.6%，其中3G用户数282.16万户，比上年增长34.1%；互联网宽带接入用户105.44万户，比上年增长34.1%。

全市全年旅游总人数7240.10万人次，比上年增长20.2%，其中接待国内游客7225.50万人次，接待外国（海外）游客14.59万人次。旅游总收入874.39亿元，比上年增长20.0%，其中旅游外汇收入达5661.94万美元。

【金融和保险】2014年年末，贵阳市全市金融机构本外币各项存款余额7028.80亿元，比年初增加1093.69亿元，其中，单位存款余额4437.74亿元，比年初增加815.58亿元；居民储蓄存款余额2019.11亿元，比年初增加184.21亿元。金融机构本外币各项贷款余额6624.53亿元，比年初增加1147.54亿元。全市年末金融机构人民币各项存款余额6992.20亿元，比年初增加1082.37亿元，其中，单位存款余额4410.56亿元，比年初增加804.91亿元；居民储蓄存款余额2010.58亿元，比年初增加183.45亿元。金融机构人民币各项贷款余额6560.51亿元，比年初增加1133.66亿元，其中，短期贷款余额1406.03亿元，比年初增加221.60亿元；中长期贷款余额5037.98亿元，比年初增加870.25亿元。

全年保险保费收入80.00亿元，比上年增长15.0%。保险赔付支出45.40亿元，比上年增长27.6%。

2

2014年六盘水市经济发展概况

【经济总量】2014年，六盘水市全年实现地区生产总值（GDP）1042.73亿元，比上年增长14.1%。其中，第一产业增加值为75.75亿元，增长7.0%；第二产业增加值为567.08亿元，增长13.4%，其中工业增加值500.14亿元，增长12.3%；第三产业增加值为399.9亿元，增长16.4%，其中，交通运输、仓储和邮政业增长

10.1%，批发和零售业增长9.9%，住宿和餐饮业增长8.4%。全市人均地区生产总值36227元。

【农业】2014年，六盘水市全年粮食种植面积达到18.30万公顷（274.5万亩），下降0.27%；油料种植面积1.01万公顷（15.15万亩），增长17.4%；蔬菜种植面积2.39万公顷（35.85万亩），增长9.1%。年末果园面积0.93万公顷（13.95万亩），增长27.4%。今年雨水充沛，主要农产品产量有所增长。全年粮食总产量81.41万吨，比上年增长0.6%；油料作物产量1.24万吨，比上年增长7.8%。蔬菜、茶叶、水果等经济作物产量较快增长，分别比上年增长8.7%、20.0%、和31.1%。

【工业和建筑业】2014年，六盘水市全年规模以上工业企业实现增加值456.36亿元，比上年增长11.5%。其中，轻工业增加值5.4亿元，增长37.7%；重工业增加值450.96亿元，增长11.2%。重工业增加值占规模以上工业增加值的比重为98.82%，比上年下降0.53个百分点。

具有资质等级的总承包和专业承包建筑业企业有131户，比上年增长385.2%；全年建筑企业实现增加值66.94亿元，比上年增长24.2%。资质内建筑企业房屋施工面积277.10万平方米，增长64.9%；房屋竣工面积88.00万平方米，增长11.0%，其中，住宅竣工面积56.50万平方米，增长57.1%。

【固定资产投资】2014年，六盘水市全年固定资产投资完成1336.27亿元，比上年增长26.7%。其中，中央投资37.15亿元，增长197.2%；地方投资1299.12亿元，增长24.6%。

分产业看，第一产业投资110.13亿元，比上年增长44.0%；第二产业投资610.62亿元，比上年增长24.3%；第三产业投资615.52亿元，比上年增长26.3%。

【国内贸易和对外经济】2014年，六盘水市全年实现社会消费品零售总额261.38亿元，比上年增长13.2%。按经营地统计，城镇消费品零售总额增长13.5%，乡村消费品零售总额增长11.2%。按消费形态统计，批发业增长17.6%，零售业增长22.1%；住宿业增长20.5%，餐饮业增长22.7%。

全年进出口总额8.31亿美元，比上年增长67.3%。其中，进口总额5.73亿美元，出口总额2.58亿美元。

【交通、邮电和旅游】2014年，六盘水市全年交通运输、仓储、邮电业完成增加值83.71亿元，比上年增长10.1%。年末，公路通车里程达12896.41公里，比上年末增长5.5%。

全年完成邮电业务总量27.06亿元，比上年增长24.6%。其中，电信业务总量25.48亿元，比上年增长26.5%；邮政业务总量1.58亿元，比上年增长14.5%。互联网用户、移动电话用户继续较快增长，年末移动电话用户和互联网用户分别为261.62万户和22.98万户，分别比上年增长5.8%和13.3%。

全年接待旅游总人数1032.32万人次，比上年增47.5%。其中，接待国内旅游人数1032.15万人次，比上年增长47.5%；接待入境旅游人数0.17万人次，增长46.6%。全年实现旅游总收入57.27亿元，比上年增长29.1%。

【金融和保险】2014年年末，六盘水市全市金融机构人民币各项存款余额817.09亿元，比年初增加62.67亿元，同比增长8.3%。金融机构人民币各项贷款余额701.20亿元，比年初增加101.32亿元，同比增长16.9%。

全年全市原保险保费收入15.58亿元，比上年增长7.19%。其中，财产险收入7.59亿元，较上年增长

16.43%。人身险7.99亿元，比上年下降0.32%。全市原保险赔付支出6.72亿元，比上年增长29.01%。

3

2014年遵义市经济发展概况

【经济总量】2014年，遵义市全年实现地区生产总值（GDP）1874.36亿元，比上年增长14.4%。其中：第一产业增加值267.47亿元，增长6.6%；第二产业增加值860.69亿元，增长15.3%；第三产业增加值746.20亿元，增长15.4%。人均生产总值为30484元，比上年增长14.0%。

第一产业增加值占生产总值的比重为14.3%，上升1.2个百分点；第二产业增加值比重为45.9%，下降1.1个百分点；第三产业增加值比重为39.8%，下降0.1个百分点。初步统计，非公有制经济增加值949.35亿元，占全市生产总值的比重为50.9%，民营经济增加值967.30亿元，占全市生产总值的比重为51.9%，全面建设小康实现程度为84.0%。

【农业】2014年，遵义市全年粮食种植面积782.52千公顷，比上年增加10.54千公顷；油料种植面积146.24千公顷，增加3.40千公顷；烤烟种植面积57.83千公顷，减少10.2千公顷。

全年粮食产量291.55万吨，比上年增长12.2%。其中，夏粮产量66.09万吨，下降2.5%；秋粮产量225.46万吨，增长17.4%。

【工业和建筑业】2014年，遵义市规模以上工业增加值818.85亿元，比上年增长12.4%。其中：国有及国有控股企业567.00亿元，增长9.8%；集体企业0.10亿元，下降50%；股份制企业339.20亿元，增长13.8%；外商及港澳台投资企业11.10亿元，增长67.6%。在规模工业中私营企业实现增加值121.40亿元，增长11.8%。分轻重工业看，轻工业605.90亿元，增长12.5%，重工业213.00亿元，增长11.8%。

全年全市具有资质等级建筑业企业实现总产值182.22亿元，增长32.3%。

【固定资产投资】2014年，遵义市全年全社会固定资产投资2552.73亿元，比上年增长44.9%。50万元以上固定资产投资2052.30亿元，增长31.0%。其中：基本建设完成投资1403.26亿元，增长34.6%；更新改造完成投资296.52亿元，增长16.6%；房地产开发完成投资316.62亿元，增长32.5%；其他项目完成投资35.90亿元，增长20.3%。

在50万元以上固定资产投资中（不含房地产开发投资），第一产业投资68.08亿元，比上年增长25.6%；第二产业投资725.21亿元，增长43.6%；第三产业投资942.39亿元，增长22.7%。

【科学技术】2014年，遵义市通过国家科技支撑计划，全市获得省级以上科技专项重点项目293项、资金10705万元，其中，国家级项目101项、资金5533万元，省级项目192项、资金5172万元。我市共有高新技术企业65个，国家级企业技术中心3个，省级企业技术中心35个；省级重点试验室7个，省级工程技术中心7个，企业技术创新孵化平台8个。专利申请3699件，授权专利2040件。

【国内贸易和对外经济】2014年，遵义市全年社会消费品零售总额553.40亿元，比上年增长13.4%。其中城镇消费品零售额444.88亿元，增长15.8%；乡村消费品零售额88.52亿元，增长2.9%。分行业看，批发、零售、住宿和餐饮业零售额分别为94.54亿元、394.43亿元、4.26亿元和40.18亿元，分别增长20.9%、12.3%、19.9%和7.1%。

全年进出口总额46007万美元，比上年增长22.0%。其中，出口40660万美元，增长17.5%；进口5347万美元，增长71.9%。

【交通、邮电和旅游】2014年，遵义市全年交通运输、仓储和邮政业增加值129.34亿元，增长13.1%。

全年接待游客5176.3万人次，实现旅游综合收入444.43亿元，分别增长20.3%和23.8%。

【金融和保险】2014年，遵义市年末全部金融机构各项存款余额2567.60亿元，较年初增长15.5%。其中：单位存款1187.39亿元，较年初增长18.0%，个人存款1321.37亿元，较年初增长13.8%；个人存款中的储蓄存款1308.23亿元，较年初增长13.7%。

全年保险业务收入43.71亿元，比上年增长22.2%，其中财产保险22.09亿元，增长25.0%；人身保险保费收入21.62亿元，增长19.3%。保险业务支出11.40亿元，其中财产险赔款10.25亿元，人身险赔款1.16亿元。

4

2014年安顺市经济发展概况

【经济总量】2014年，安顺市全年实现地区生产总值（GDP）520.06亿元，比上年增长14.8%。分产业看，第一产业增加值78.56亿元，增长6.8%。第二产业增加值189.67亿元，增长16.0%，其中全部工业增加值149.98亿元，增长14.2%；建筑业增加值39.69亿元，增长24.2%。第三产业增加值251.83亿元，增长16.0%。三次产业结构比由上年的14.2：38.3：47.5调整为15.1：36.5：48.4。全市人均地区生产总值22569元，增长14.2%。

【农业】2014年，安顺市全年农林牧渔业总产值131.55亿元，比上年增长13.4%。其中，农业产值81.52亿元，增长13.9%；林业产值3.28亿元，增长7.2%；牧业产值41.53亿元，增长13.5%；渔业产值4.43亿元，增长12.2%；农林牧渔服务业产值0.79亿元，增长3.7%。

全年粮食总产量68.26万吨，比上年增长8.1%。其中，夏粮产量7.79万吨，增长3.1%；秋粮产量60.47万吨，增长8.8%。蔬菜产量105.81万吨，增长9.5%。油菜籽产量8.02万吨，增长2.3%。烤烟产量1.46万吨，下降23.3%。

【工业和建筑业】2014年，安顺市全年规模以上工业（统计口径为年主营业务收入2000万元及以上工业企业）增加值129.29亿元，比上年增长13.5%。从隶属关系看，省以上工业增加值34.53亿元，增长6.8%；市县区属工业增加值94.76亿元，增长18.2%。从登记注册类型看，公有制工业增加值45.49亿元，增长

7.9%；非公有制工业增加值83.80亿元，增长19.1%。

【固定资产投资】2014年，安顺市全年全社会固定资产投资1000.09亿元，比上年增长65.6%。固定资产投资（统计口径为计划总投资500万元及以上固定资产项目投资和房地产开发项目投资）427.32亿元，增长45.3%，其中第一产业投资14.22亿元，增长47.0%；第二产业投资115.70亿元，增长43.2%；第三产业投资297.40亿元，增长46.1%。

【科学技术】2014年，安顺市全年全市共征集科技项目310余项，凝练重点项目296项，共争取国家和省的各类科技计划项目141项，共获国家和省级科技引导资金7559万元。通过科技项目实施，产生科技成果328项，其中：申报专利194项，制定各类技术标准58项，解决共性关键技术39项，建立产业化示范基地37个。

【国内贸易和对外经济】2014年，安顺市全年社会消费品零售总额125.79亿元，比上年增长12.8%。按经营地统计，城镇93.60亿元，增长9.5%；乡村32.20亿元，增长23.5%。

全年进出口总额14791万美元，比上年增长383.4%，其中：进口1065万美元，增长35.0%；出口13726万美元，增长504.5%。

【交通、邮电和旅游】2014年，安顺市全年公路、水运完成货物周转量370656万吨公里，比上年增长38.7%；完成旅客周转量378270万人公里，增长5.3%。

全年邮电业务收入13.63亿元，比上年增长9.9%。年末固定电话用户19.23万部，下降0.4%；移动电话用户181.84万户，增长8.3%。年末互联网用户19.32万户，增长18.9%。

全年旅游总人数3175.16万人次，比上年增长22.9%，其中国内游客3164万人次，增长22.9%；旅游总收入307.60亿元，增长23.5%，其中国内旅游收入306.26亿元，增长23.9%。

【金融和保险】2014年，安顺市年末全市金融机构人民币各项存款余额660.28亿元，比年初增加50.51亿元，比上年末增长8.3%；金融机构人民币各项贷款余额518.95亿元，比年初增加87.76亿元，比上年末增长20.4%。

全年保险公司原保险保费收入8.49亿元，比上年增长9.5%；赔付支出4.30亿元，比上年增长30.5%。

5

2014年铜仁市经济发展概况

【经济总量】2014年，铜仁市全年实现生产总值647.73亿元，首次突破600亿大关，按可比价格计算，比上年增长14.3%，其中：第一产业实现增加值149.68亿元，增长6.5%；第二产业实现增加值193.35亿元，增长16.0%；第三产业实现增加值304.70亿元，增长17.2%。全市人均生产总值20826元（以常住人口计算），净增3583元，按可比价计算，比上年增长13.8%，按人民币汇率（2014年末）折合3404美元。

全市第一产业增加值占生产总值的比重为23.1%，第二产业增加值比重为29.9%，第三产业增加值比重为47.0%。与上年比，第一产业比重下降2.3个百分点，第二产业比重提高0.9个百分点，第三产业比重提高1.4个百分点。

【农业】2014年，铜仁市全年实现农林牧渔业总产值249.48亿元，按可比价计算，比上年增长6.7%，其中：农业产值156.32亿元，增长20.3%；林业产值7.34亿元，增长24.0%；牧业产值69.23亿元，下降16.7%；渔业产值9.6亿元，增长39.3%；农林牧渔服务业产值6.99亿元，增长10.1%。

全年粮食作物播种面积355957公顷，下降2.1%；油料作物播种面积85056公顷，增长4.3%；蔬菜播种面积92230公顷，增长10.4%。年末实有茶园面积91566公顷，增长11.8%；果园面积25201公顷，增长2.8%。

【工业和建筑业】2014年，铜仁市全市在新增2000万元以上规模企业97户，铜仁卷烟厂、复烤厂易地技改项目获国家批复，大龙煤电锰一体化项目获核准等利好消息刺激下，全年实现工业增加值140.82亿元，按可比价计算，比上年增长14.3%，工业经济对GDP的贡献率达到21.3%。

全年实现建筑业增加值52.53亿元，按可比价格计算，比上年增长20.5%。全市资质以上建筑企业实现产值32.24亿元，比上年增长30.2%，施工面积401.29万平方米，比上年增长36.1%，竣工面积129.34万平方米，比上年增长6.8%。

【固定资产投资】2014年，铜仁市全市完成全社会固定资产投资1153.38亿元，比上年增长15.1%，其中：完成固定资产投资1087.69亿元，增长16.7%；完成限额以下固定资产投资65.69亿元，下降6.1%。

从固定资产投资分类来看，按国民经济行业划分，第一产业完成投资83.96亿元，增长19.3%，第二产业完成投资296.35亿元，增长65.6%，第三产业完成投资707.38亿元，增长3.6%；按投资总额的管理渠道划分，基本建设完成投资881.98亿元，增长26.4%，更新改造完成投资56.51亿元，下降21.4%，房地产开发完成投资100.13亿元，增长6.5%，其他完成投资49.07亿元，下降28.1%。

【国内贸易和对外经济】2014年，铜仁市全年实现社会消费品零售总额134.26亿元，比上年增长13.0%，从销售单位所在地看：城镇实现消费品零售额104.59亿元，增长14.1%；乡村实现消费品零售额29.67亿元，增长9.3%。

【交通、邮电和旅游】2014年，铜仁市全年交通运输、仓储和邮政业实现增加值39.64亿元，按可比价计算，比上年增长13.7%。全市公路通车里程22872公里，比上年增加113公里，其中高速公路里程414公里，新增53公里，9个区、县实现通高速；机动车保有量383908辆，比上年增长22.0%，其中:汽车保有量151769辆，增长36.2%；摩托车保有量232050辆，增长14.2%；其他车辆保有量89辆，增长11.3%；全年实现公路营运性旅客运输量6415万人，营运性旅客周转量422796万人公里，营运性货物运输量2276万吨，营运性货物周转量311548万吨公里；全年实现水路旅客运输量660万人，旅客周转量12548万人公里，货物运输量141万吨，货物周转量6939万吨公里；全年实现航班飞行3264架次，运输旅客18.39万人次，运输货邮14.79吨。

全年实现邮电业务收入18.49亿元，比上年增长4.7%，其中：电信业务收入16.36亿元，增长3.3%；邮政业务收入2.13亿元，增长9.0%。年末固定电话用户18.93万户，移动电话用户211.13万户，互联网用户23.83万户，电话普及率为部73.97/百人（常住人口计算）。

全年共接待旅游人数2540万人次，比上年增长25.1%；实现旅游总收入194.48亿元，比上年增长23.8%。

【金融和保险】2014年年末，铜仁市全部金融机构存款余额754.14亿元，比年初增长14.2%，其中个人存款余额476.51亿元，比年初增长12.7%。全部金融机构贷款余额601.65亿元，比年初增长27.2%。

全年实现保费收入13.4亿元，比上年增长35.6%，其中：财产保险保费收入6.89亿元，增长39.8%；人寿保险保费收入6.51亿元，增长31.5%。赔款支出4.53亿元，比上年增长39.4%，其中：财产保险赔款3.21亿元，增长25.5%，人寿保险赔款1.32亿元，增长91.3%。

6

2014年毕节市经济发展概况

【经济总量】2014年，毕节市全年实现地区生产总值（GDP）1266.7亿元，比上年增长14.0%。其中，第一产业增加值252.8亿元，增长7.0%；第二产业增加值522.8亿元，增长15.4%；第三产业增加值491.2亿元，增长15.0%；产业结构比为19.9∶41.3∶38.8。人均生产总值为19369元（按年平均汇率折算为3152美元）。

【农业】2014年，毕节市农林牧渔业总体稳步向前发展，全年实现总产值389.3亿元，比上年增长7.0%。

种植业实现产值268.7亿元，比上年增长7.4%。主要农作物种植面积保持增长。其中，粮食作物种植面积68.1万公顷，比上年增长0.9%。全年粮食产量250.1万吨，比上年增长9.7%。其中，夏粮产量66.5万吨，增长10.7%；秋粮产量183.6万吨，增长9.3%。

【工业和建筑业】2014年，毕节市全年全部工业增加值425.9亿元，比上年增长13.7%。规模以上工业增加值304.3亿元，比上年增长12.6%。按经济类型分，国有企业实现增加值107.6亿元，比上年下降1.2%；股份合作企业实现增加值3.4亿元，下降19.6%；股份制企业实现增加值99.7亿元，增长28.2%；外商及港澳台投资企业1.2亿元，增长12.6%；其他经济类型企业92.4亿元，增长18.0%。

全年全社会建筑业增加值96.89亿元，比上年增长24.1%。

【固定资产投资】2014年，毕节市全年完成固定资产投资1128.8亿元，增长21.5%。分产业看，第一产业投资完成90.3亿，增长26.0%，第二产业完成投资422.4亿，增长32.1%。第三产业完成投资616.0亿。增长16.0%。

【国内贸易和对外经济】2014年，毕节市全市社会消费品零售总额236.3亿元，比上年增长13.0%。按经营单位所在地分，占比达71.7%的城镇消费品零售额为169.5亿元，同比增长13.0%；占比为28.3%的乡村消费品零售额为66.8亿元，增长13.0%。按行业分，批发业5.4亿元，增长29.9%；零售业200.6亿元，增长3.1%；住宿业6.1亿元，增长6.7%；餐饮业24.3亿元，增长14.8%。

全年进出口总额实现6.1亿美元，比上年增长450.7%。其中，出口总额5.1亿美元，增长383.0%；进口总额1.0亿元，增长2928.5%。

【交通、邮电和旅游】2014年年末，毕节市公路通车里程29429公里，比上年末增长3.9%，其中，高速公路里程414公里，增长50.6%。

邮政业务收入2.17亿元，同比增长24.6%。通信业务收入25.5亿元，同比增长1.7%。年末移动电话用户351.9万户，同比增加27.5万户；固定电话用户29.2万户，同比减少3.7万户；互联网用户265.8万户，同比增长25.8万户。

实现旅游总收入255.57亿元，同比增长23.1%。

【金融和保险】2014年，毕节市金融机构人民币各项存款余额为916.79亿元，同比增长9.3%。其中居民储蓄存款余额为568.72亿元，同比增长11.6%。年末金融机构人民币各项贷款余额为689.48亿元，同比增长25.9%。

云南省

|昆明市|曲靖市|玉溪市|昭通市|丽江市|普洱市|临沧市|

1

2014年昆明市经济发展概况

【经济总量】2014年，昆明市全年实现地区生产总值（GDP）3712.99亿元，按可比价计算，比上年增长8.1%。其中，第一产业实现增加值187.56亿元，增长6.2%；第二产业实现增加值1642.03亿元，增长8.2%；第三产业实现增加值1883.40亿元，增长8.1%。按常住人口计算，人均生产总值达到56236元，比上年增长7.3%。产业结构调整优化。三次产业结构调整为5.1：44.2：50.7。服务业发展加快。全年实现服务业增加值1883.40亿元，比上年增长8.1%，占GDP比重达到50.7%，比上年提高0.7个百分点。非公经济平稳发展。全市非公有制经济实现增加值1725.47亿元，比上年增长8.6%，占GDP比重为46.5%，比上年提高0.3个百分点。

【农业】2014年，昆明市全年实现农林牧渔业及农林牧渔服务业总产值316.77亿元，比上年增长6.0%。其中，农业产值176.30亿元，增长6.3%；林业产值10.43亿元，增长12.4%；畜牧业产值110.43亿元，增长4.4%；渔业产值8.26亿元，增长10.4%；农林牧渔服务业产值11.35亿元，增长9.2%。

全年粮食种植面积407.6万亩，粮食产量123.6万吨；蔬菜种植面积138.7万亩，蔬菜产量262.56万吨；鲜切花种植面积10.77万亩，产量49.36亿枝。

【工业和建筑业】2014年，昆明市全年实现工业增加值1150.36亿元，比上年增长6.9%，其中，规模以上工业增加值增长7.0%。规模以上工业中，轻工业增长6.5%；重工业增长7.5%。分经济类型看，国有及国有控股企业增长7.2%，股份制企业增长6.8%，外商及港澳台商投资企业增长3.7%，集体企业下降16.1%，股份合作企业下降18.9%，其他经济类型企业下降15.4%；从六大支柱行业看，烟草工业增长7.4%，化学原料和化学品制品工业增长5.7%，冶金工业增长15.0%，装备制造业增长10.0%，医药工业增长0.5%，电力、热力生产和供应业增长22.8%。

全年实现建筑业总产值1883.17亿元，比上年增长3.7%。其中，建筑工程实现产值1674.39亿元，增长2.4%；安装工程实现产值172.77亿元，增长12.1%。竣工产值902.02亿元，增长9.4%。全年建筑业实现增加值491.67亿元，增长11.4%。

【固定资产投资】2014年，昆明市全年完成规模以上固定资产投资3138.17亿元，比上年增长7.0%。其中，民间固定资产投资2065.31亿元，增长7.2%。

在全市规模以上固定资产投资中，第一产业完成投资19.96亿元，增长37.3%；第二产业完成投资604.55亿元，增长0.8%；第三产业完成投资2513.66亿元，增长8.5%。

【科学技术】2014年，昆明市全年实施科技计划项目384项，其中，重大科技计划项目12项。全年受理专利申请8322件，获专利授权5704件，有效发明专利拥有量4344件。

【国内贸易和对外经济】2014年，昆明市全年实现社会消费品零售总额1905.89亿元，比上年增长12.0%。按销售单位所在地统计，城镇消费品零售额1830.64亿元，增长12.1%；乡村消费品零售额75.25亿元，增长8.4%。按消费形态统计，商品零售实现1689.35亿元，增长11.7%；餐饮收入实现216.54亿元，增长14.1%。按经济成分统计，非公有制经济实现零售额1555.11亿元，增长12.1%；公有制经济实现零售额350.78亿元，增长11.3%。

全年海关进出口贸易总额177.87亿美元，比上年增长5.3%，其中，出口116.08亿美元，增长14.7%；进口61.79亿美元，下降8.8%。

【交通、邮电和旅游】2014年，昆明市全年公路货物运输量25467万吨，增长2.6%，公路旅客运输量8173万人次，增长0.05%，公路货物周转量145.07亿吨公里，增长15.1%，公路旅客周转量83.16亿人公里，增长1.3%；全年铁路货物运输量2140.99万吨，下降9.3%；旅客运输量1670.75万人次，增长5.1%；铁路货物周转量156.34亿吨公里，下降0.3%；铁路旅客周转量36.86亿人公里，增长4.5%。全年昆明机场完成运输起降26.95万架次，比上年增长5.9%；旅客吞吐量3223.09万人次，比上年增长8.6%，货邮吞吐量31.67万吨，比上年增长7.8%。全年共开通航线275条，其中国际航线46条。

全年邮政业累计完成业务收入16.90亿元，比上年增长29.01%，其中，快递业务收入11.00亿元，增长39.76%。全市完成邮政函件业务7827.74万件，包裹业务38.19万件，快递业务量6283.79万件。

全年电信业务收入93.02亿元。年末拥有固定电话用户126.27万户。拥有移动电话用户1028.09万户。4G网络用户95.24万户，3G网络用户307.95万户。年末拥有有线宽带用户127.89万户。

全年接待国内外游客6268.66万人次，比上年增长11.9%。其中，国内游客6149.45万人次，比上年增长12.2%，海外游客119.21万人次，下降3.2%；全年旅游总收入614.77亿元，增长19.2%。其中，国内旅游收入590.34亿元，增长20.3%，旅游外汇收入3.97亿美元，下降1.5%。

【金融和保险】2014年，昆明市年末金融机构（不含外资）人民币各项存款余额10582.22亿元，比年初增长4.93%，其中，单位存款余额6430.89亿元，比年初增长4.02%；个人存款余额3658.54亿元，比年初增长4.73%。

金融机构（不含外资）人民币各项贷款余额10201.32亿元，比年初增长11.01%，其中，短期贷款2821.99亿元，比年初增长7.6%；中长期贷款6996.97亿元，比年初增长11.16%。

全年保险公司实现原保险保费收入154.46亿元，比上年增长20.83%。其中，财产险原保险保费收入72.2亿元，增长20.23%；人身险原保险保费收入82.26亿元，增长21.37%。全年赔款与给付支出合计57.34亿元，比上年增长21.56%，其中，财产险赔款支出36.49亿元，增长15.35%；人身险赔付支出20.85亿元，增长34.18%。

2

2014年曲靖市经济发展概况

【经济总量】2014年，曲靖市全市实现生产总值1649.40亿元，按可比价计算比上年增长4.0%，人均GDP达到27529元。其中：第一产业实现增加值310.19亿元，增长6.2%，拉动GDP增长0.96个百分点，对经济增长的贡献率为24.1%；第二产业实现增加值839.44亿元，增长1.7%，拉动GDP增长0.98个百分点，对经济增长贡献率为24.5%；第三产业实现增加值499.77亿元，增长7.5%，拉动GDP增长2.06个百分点，对经济增长的贡献率为51.4%。三次产业结构为18.8：50.9：30.3。非公经济增加值实现765.22亿元，占生产总值的比重达46.4%，比上年提高1.1个百分点。

【农业】2014年，曲靖市全市实现农林牧渔业增加值310.19亿元，按可比价计算比上年增长6.2%。全年粮食播种面积1011.87万亩，粮食总产量达32.80亿公斤，增长3.1%。油料1.91亿公斤，增长14.3%；烤烟1.96亿公斤，减产8.8%；肉类总产量190.42万吨，增长10.6%；蔬菜及食用菌种植面积218.22万亩，产量23.68亿公斤。

【工业和建筑业】2014年，曲靖市全年全部工业增加值实现720.98亿元，按可比价计算比上年增长0.1%，拉动GDP增长0.05个百分点，对经济增长贡献率为1.3%。规模以上工业企业实现增加值413.51亿元，下降0.7%；其中：轻工业实现增加值188.10亿元，增长11.4%；重工业实现增加值225.41亿元，下降8.5%。主要支柱产业中，煤炭开采和洗选业实现工业增加值72.33亿元，下降33%；烟草制品业164.53亿元，增长9.4%；电力热力的生产和供应业30.32亿元，增长8.6%；炼焦业22.84亿元，下降1.5%；黑色金属冶炼及压延加工业29.24亿元，增长11.6%；有色金属冶炼及压延加工业25.36亿元，增长28.9%；化学原料及化学制品制造业14.79亿元，下降0.7%；食品加工及酒类制造业14.93亿元，增长20.3%；非金属矿物制品业16.2亿元，增长29.4%；汽车制造业3.27亿元，下降20.2%。

【固定资产投资】2014年，曲靖市全市500万元以上固定资产投资完成1164.54亿元，增长14.1%。在固定资产投资中，第一产业50.42亿元，增长64.1%；第二产业353.91亿元，下降9.5%；第三产业760.21亿元，增长26.9%。

【国内贸易和对外经济】2014年，曲靖市全年实现社会消费品零售总额427.73亿元，增长13.1%。从城乡市场看，城镇实现消费品零售额312.43亿元，增长13.1%；农村实现消费品零售额115.30亿元，增长13.1%。从消费形态看，商品零售额367.38亿元，增长13.0%；餐饮收入60.35亿元，增长13.8%。

全年进出口总额达4.47亿美元，增长20.4%；其中出口总额为4.39亿美元，进口总额为0.08亿美元。

【交通、邮电和旅游】2014年年末，曲靖市全市公路通车里程达28770公里，其中高速公路265.29公里。年末全市机动车总量达102.18万辆，其中私人拥有机动车97.84万辆。年末全市拥有汽车45.77万辆，其中私人拥有汽车41.51万辆。全年公路运输总周转量145.88亿吨公里，增长16.0%。

年末全市移动电话用户413.5万户，比上年下降6.2%。固定电话用户达32.75万户，下降1.9%。互联网用户达42.24万户，增长13.4%；全年邮政业务总量1.60亿元，增长22.1%；电信业务收入22.06亿元，增长3.0%。

全年共接待海外游客2.17万人次，增长7.0%；旅游外汇收入846.72万美元，增长1.0%；国内游客1127.10万人次，增长10.0%；全部旅游总收入达93.02亿元，增长22.9%。

【金融和保险】2014年年末，曲靖市金融机构本外币各项存款余额1702.34亿元，比年初增加97.37亿元，同比增长6.1%；其中：单位存款余额771.30亿元，比年初增加9.54亿元，同比增长1.4%；储蓄存款余额874.84亿元，比年初增加67.01亿元，同比增长8.3%。金融机构本外币各项贷款余额1136.99亿元，比年初增加119.41亿元，同比增长11.7%；其中：短期贷款532.01亿元，比年初增加79.23亿元，同比增长17.5%；中长期贷款552.17亿元，比年初增加28.96亿元，同比增长5.5%。

全市30家保险公司实现保费收入34.46亿元，比上年增长8.0%。其中：财产保费收入16.38亿元，增长14.4%；人寿保险费收入18.08亿元，同比增长3.2%。全年支付（给付）赔款14.72亿元，增长31.7%，赔付率42.7%。

3

2014年玉溪市经济发展概况

【经济总量】2014年，玉溪市全年实现地区生产总值（GDP）1184.7亿元，按可比价格计算增长8.0%。分产业看，第一产业增加值122.8亿元，增长6.0%；第二产业增加值706.4亿元，增长8.5%；第三产业增加值355.5亿元，增长7.4%。三次产业结构由上年的10.2：60.3：29.5调整为10.4：59.6：30.0。一、二、三产业分别拉动GDP增长0.5、5.4和2.1个百分点，对经济增长的贡献率分别为6.0%、68.1%和25.9%。全市人均GDP达到50521元，按可比价计算增长7.5%。非公经济实现增加值402.3亿元，增长9.1%，占全市生产总值的比重达34.0%，比上年提高0.8个百分点。不含红塔集团，全市完成现价生产总值808.4亿元，按可比价格计算，增长7.1%。

【农业】2014年，玉溪市全市实现农林牧渔业增加值122.8亿元，按可比价格计算增长6.0%。其中：农业（种植业）增加值80.3亿元，增长4.7%；林业增加值3.6亿元，增长11.6%；牧业增加值35.6亿元，增长8.3%；渔业增加值1.8亿元，增长12.8%；农林牧渔服务业增加值1.5亿元，增长6.1%。

2014年全市粮食总产量为61419万公斤，增长1.9%；烤烟总产量8624万公斤，下降9.4%，烤烟收购161万担，收购金额21.7亿元，上等烟比例达67.8%，均价27.1元/公斤；油料产量3608万公斤，下降3.2%；园林水果产量54755万公斤，增长17.9%；甘蔗产量（预计）91320万公斤，减少12.7%；蔬菜产量197898万公斤，增长7.8%；核桃产量736万公斤，增长50.2%。

【工业和建筑业】2014年，玉溪市全市完成工业增加值670.4亿元，增长8.1%，拉动GDP增长个5.0个百分点，对经济增长的贡献率为62.2%。2014年规模以上工业企业330家，主营业务收入1213.6亿元，下降1.9%，增加值577.8亿元，增长8.1%。分轻重工业看：轻工业实现增加值415.1亿元，增长9.3%，其中：烟草制品业完成377.4亿元，增长9.6%；重工业实现增加值162.7亿元，增长5.4%，其中：黑色金属矿采选业完成30.5亿元，增长4.0%；黑色金属冶炼及压延加工业完成41.6亿元，下降9.3%；有色金属矿采选业完成10.7亿元，增长10.2%；有色金属冶炼及压延加工业完成18.5亿元，增长48.7%。

全市建筑业完成增加值36.0亿元，增长16.2%。全市具有资质的建筑施工企业168家，从业人员41666人，其中工程技术人员10276人，占从业人员总数的24.7%，其中一级建造师141人。2014年商品房施工面积981.1万平方米，下降6.2%；商品房竣工面积136.1万平方米，下降27.8%。

【固定资产投资】2014年，玉溪市全市完成500万元以上固定资产投资511.9亿元，增长30.0%。其中，第一产业完成投资10.0亿元，下降13.9%；第二产业完成投资141.5亿元，增长13.5%；第三产业完成投资360.4亿元，增长40.0%。

【科学技术】2014年，玉溪市华东理工大学田禾院士和云南林缘香料有限公司共建的田禾院士工作站、长沙矿冶研究院余永富院士与大红山矿业有限公司共建的余永富院士工作站相继通过省批准，在实现零突破的同时，玉溪已建成院士工作站3家。申报国家及省级科技计划项目147项，已立项131个，占89.72%，争取国家和省科技计划项目资金共计4998万元。市财政安排科技项目资金980万元，组织实施市级科技计划项目91项。获省奖励的科技成果12项，获市奖励的科技成果50项，其中一等奖6项、二等奖11项、三等奖33项。争取各项科技经费共计4998万元。市级科技项目投入980万元。推荐13户企业申报高新技术企业认定，12户企业已通过省科技厅公示，已上报到国家科技部。申报省科技小巨人企业1家、云南省科技型中小企业18家。完成了5个云南省重点新产品、4家云南省创新型企业、5家云南省创新型试点企业的申报认定任务。

【国内贸易和对外经济】2014年，玉溪市全市实现社会消费品零售总额255.6亿元，增长13.0%。从销售地区看：城镇实现消费品零售额199.2亿元，增长10.5%；乡村实现56.4亿元，增长16.4%。从经济类型看：公有经济实现71.4亿元，增长14.0%；非公经济实现184.2亿元，增长11.0%。分行业看：批发零售贸易业实现217.3亿元，增长12.9%；住宿餐饮业实现38.3亿元，增长12.0%。

全市完成外贸自营进出口总额96887万美元，增长35.7%。其中出口91297万美元，增长34.4%；进口5590万美元，增长61.1%。分企业情况看：90户私民营企业完成出口89247万美元，增长33.8%；12户外商投资企业完成出口2050万美元，增长64.9%。2014年自营出口商品中，金额达20万美元以上的商品有46种，累计出口额90489万美元，占全市出口总额的99.1%。

【交通、邮电和旅游】2014年，玉溪市全市交通运输、仓储及邮政业实现增加值38.6亿元，增长7.6%。公路建设成效明显，客货运输平稳发展。2014年底全市公路通车总里程达到16932.8公里，其中：高速公路232.7公里、一级公路105.9公里；高级、次高级路面占全市公路总里程的27.8%。全市公路运输客运量完成2097万人，增长10.5%；旅客运输周转量123120万人公里，增长10.2%。完成货运量9777万吨，增长

14.3%；完成公路运输货物周转量151.2亿吨公里，增长14.2%。

2014年邮电业务总量27.8亿元，增长3.4%。全市移动交换机总容量达455万门，固定电话用户达15.3万户；移动电话用户达210.6万户，比上年增加5.3万户，增长2.6%。互联网宽带网用户29.2万户，增长2.5%。

2014年全市接待游客2030.4万人次，增长15.6%；旅游总收入108.6亿元，增长26.9%。年底全市拥有星级饭店36家；国际国内旅行社27家；国家级A级以上景区19个；全国工业旅游示范点1个；云南省级特色旅游小镇3个。

【金融和保险】2014年，玉溪市金融业实现增加值48.3亿元，增长9.4%。年末，金融机构人民币各项存款余额1195.6亿元，比上年增加66.4亿元，增长5.9%，其中城乡居民储蓄存款余额619.0亿元，增加43.2亿元，增长7.5%。全市金融机构人民币各项贷款余额777.2亿元，增加68.8亿元，增长9.7%。存贷比65.0%，比上年上升2.3个百分点。

全市实现保费收入25.2亿元，增长10.2%，其中：财产险原保险保费收入12.1亿元，增长10.1%；人寿险原保险保费收入13.1亿元，增长10.3%。全市赔款支出8.2亿元，赔付（给付）率为32.5%，其中：财产险业务支付赔款6.1亿元，赔付率50.6%；人寿险业务给付赔款2.1亿元，给付率15.8%。

4

2014年昭通市经济发展概况

【经济总量】2014年，昭通市全年实现在区生产总值（GDP）达670.34亿元，按可比价格计算，比上年增长5.3%。其中，第一产业增加值138.13亿元，增长6.3%，第二产业增加值326.08亿元，增长3.5%，其中：工业增加值239.82亿元，增长1.3%，第三产业增加值206.13亿元，增长8.1%；按常住人口计算，人均GDP为12496元，增长4.4%。三次产业的比重为20.61：48.64：30.75。对经济增长的贡献率为19.06%、35.79%、45.15%，分别拉动经济增长1.01、1.9、2.4个百分点。

【农业】2014年，昭通市全年实现农林牧渔服务业总产值214.19亿元，按可比价计算，比上年增长6.2%。其中，农业产值101.41亿元，增长7%，林业产值7.09亿元，增长12%，畜牧业产值101.12亿元，增长4.9%，在农林牧渔服务业中的比重达47.2%。渔业产值1.26亿元，增长41.5%，农业服务业产值3.32亿元，增长4.7%。

全年粮食总产量达220.69万吨，比上年增长3.2%，实现了自2006年以来的“九连增”。经济作物中，油料产量4.89万吨，增长5.8%；烤烟产量4.64万吨，下降8.5%；蔬菜产量127.32万吨，增长4.5%；水果产量33.4万吨，增长12.3%。

【工业和建筑业】2014年，昭通市全年实现全部工业增加值239.82亿元，比上年增长1.3%。年末规模以上工业企业户数193户。全年规模以上工业增加值171.16亿元，比上年增长1%。规模以上工业中，轻工业增加值增长9.5%，重工业增加值下降3%，轻重工业的比为34.5：65.5。

全年全社会建筑业实现增加值86.26亿元，比上年增长10.8%。年末施工总承包和专业承包本地建筑企业77个，房屋建筑施工面积264.64万平方米，下降17.4%；房屋建筑竣工面积150.37万平方米，下降15.6%；签订合同额43.35亿元，下降17.5%。

【固定资产投资】2014年，昭通市全年完成规模固定资产投资550.48亿元，增长0.4%。其中，第一产业投资完成8.8亿元，增长60.4%；第二产业投资完成166.35亿元，下降41.9%；第三产业投资完成361.3亿元，增长40.8%。全市重大工程项目投资进展顺利，溪洛度电站完成投资25.96亿元，下降77.9%；向家坝电站完成投资18.17亿元，下降75.6%；昭麻公路完成投资48.21亿元，增长60.7%。

【国内贸易和对外经济】2014年，昭通市全市实现社会消费品零售总额189.35亿元，增长11.5%。其中，限额以上社会消费品零售总额完成77.61亿元，增长7.7%；限额以下社会消费品零售总额完成111.74亿元，增长14.3%；批发业实现销售额184.08亿元，增长9.8%；零售业实现销售额171.22亿元，增长12.2%；住宿业实现营业额8.09亿元，增长9.5%；餐饮业实现营业额27.79亿元，增长18.4%。

全年进出口总额6349万美元，比上年增长了5.1倍。其中，出口额6170万美元，比上年增长4.9倍；进口额179万美元，比上年增长43.8倍。

【交通、邮电和旅游】2014年，昭通市全年实现旅游总收入76.58亿元，比上年增长31.6%。接待国内外旅游者1790.11万人次，增长30%，其中，接待入境旅游者1300人次，下降30.8%。

【金融和保险】2014年年末，昭通市全市金融机构人民币存款余额达1043.29亿元，比年初增长21.5%。其中：单位存款余额475.82亿元，增长24.9%；个人存款余额489.12亿元，增长12%；储蓄存款余额488.48亿元，增长12.1%。金融机构人民币贷款余额达533.77亿元，增长15.4%。其中：短期贷款135.22亿元，增长17%；中长期贷款395.52亿元，增长16.2%。

全年保险保费收入12.73亿元，比上年增长48.2%。支付各项赔款和给付4.6亿元，比上年增长53.4%。财险赔付率达42.8%，寿险赔付率达26.5%。

5

2014年丽江市经济发展概况

【经济总量】2014年，丽江市全年实现地区生产总值（GDP）2618385万元，按可比价格计算，比上年增长4.6%。从三次产业看：第一产业增加值442114万元，增长6.4%，比上年下降0.2个百分点；第二产业增加值1127386万元，增长1.0%，比上年下降22.2个百分点；第三产业增加值1048885万元，增长8.3%，比上年提高0.6个百分点。第二产业对经济增长的贡献减弱，经济增长主要由第三产业支撑。第一、二、三产业对经济增长的贡献率分别为19.85%、9.79%和70.36%，分别拉动经济增长0.9、0.5和3.2个百分点。

【农业】2014年，丽江市全年完成农业总产值787059万元，比上年增长6.3%，其中：种植业产值378611万元，增长6.1%；林业产值29901万元，下降6.6%；畜牧业产值329627万元，增长7.8%；渔业产值27013万元，增长8.5%；农林牧渔服务业产值21907万元，增长4.8%。全年农作物总播种面积18.93万公顷，比上年增长0.7%。粮食播种面积13.27万公顷，比上年下降2.4%。粮食产量再创历史新高，总产量达到51.05万吨，比上年增加0.48万吨，增长0.94%，实现连续十一年增产。全年肉类总产量157115吨，比上年增长17.2%。其中，猪肉产量122870吨，增长18.5%。禽蛋产量5012吨，增长3.4%。牛奶产量8947吨，下降4.2%。年末大牲畜存栏61.0万头，比上年增长1.6%；生猪出栏165.73万头，比上年增长8.1%。

【工业和建筑业】2014年，丽江市全年完成全部工业增加值694878万元，比上年下降2.8%，其中：规模以上工业增加值658974万元，比上年下降2.8%。年末规模以上工业企业共有77户，全年实现主营业务收入118.74亿元，比上年下降18.51%，实现利税31.32亿元，比上年下降22.43%，其中：利润总额20.23亿元，下降21.8%。

年末全市联网直报资质建筑企业共有60家，全年完成建筑业增加值432508万元，比上年增长8.0%，对全市经济增长的贡献率为28.47%，拉动经济增长1.3个百分点。

【固定资产投资】2014年，丽江市全年规模以上固定资产投资（含房地产开发投资）完成2831435万元，比上年下降24.02%，其中：500万元以上固定资产投资完成2274188万元，下降22.33%。分产业看：第一产业完成投资69970万元，下降7.3%；第二产业完成投资925859万元，下降22.16%，其中：工业完成投资925859万元，下降22.16%；第三产业完成投资1278359万元，下降23.13%。全年施工项目535个，下降20.03%，其中：本年新开工项目365个，下降28.15%。全年建设项目到位资金1817084万元，下降35.23%，其中：国家预算内资金395120万元，下降22.99%；国内贷款资金255934万元，下降28.37%；自筹资金1154576万元，下降39.0%。

【科学技术】2014年，丽江市全年实施国家和省各类科技计划项目36项，申报专利250件。全市万人专利授权数0.64件。

【国内贸易和对外经济】2014年，丽江市全年实现社会消费品零售总额843238.5万元，比上年增长12.7%，增速比上年回落1.3个百分点。按城乡分：城镇完成消费品零售额619876.5万元，增长13.9%；乡村完成消费品零售额223362.0万元，增长9.3%。按经济类型分：公有经济完成144505.4万元，增长29.2%，其中：国有经济完成124274.4万元，增30.0%；非公有经济完成698733.1万元，增长9.7%。其中：私有经济完成664550.8万元，增长10.5%。按消费形态分：餐费收入完成161664.9万元，增长8.9%；商品零售完成681573.6万元，增长13.6%。

全年进出口贸易完成8608万美元，比上年下降22.46%，其中：出口8564万美元，下降22.5%，进口44万美元，下降13.7%。全年共批准利用外资项目2个，外商投资项目到位资金783万元，比上年增长7.0%。

【交通、邮电和旅游】2014年，丽江市全年公路货运量2545万吨，比上年增长11.52%，公路货物周转量332863万吨公里，增长14.31%；公路客运量3393万人次，下降8.02%，公路旅客周转量159517万人公里，下降1.36%。全年丽江机场保障航班42708架次，增长15.4%；旅客吞吐量485.2万人次，增长21.3%；货邮吞吐量7037.7吨，增长10.7%。成为云南省最大的支线机场。

全年完成邮电业务总量86519.61万元，比上年增长4.9%。其中：邮政业务总量5518.61万元，增长22.59%，电信业务总量81001万元，增长3.89%。订销报刊累计数1644.68万份，增长2.62%；函件151.84万件，增长5.57%；特快专递18.06万件，下降9.2%。全年电话交换机总容量达到18.68万门；年末固定电话用户13.66万户，固定电话普及率10.51部/百人；移动电话用户98.73万户，增长5.12%。

年末全市共有星级宾馆258家，其中：五星级宾馆3家，四星级宾馆16家，三星级宾馆48家；旅行社29家；A级旅游景点18家，其中：5A级景点2家，4A级景点6家；红色旅游基地1个，旅游配套设施服务水平和接待能力进一步得到提升。旅游业较快发展，全年旅游业接待国内外游客人数达到2663.81万人次，比上年增长28.09%，实现旅游总收入378.79亿元，比上年增长35.94%。其中：接待国内游客2556.12万人次，增长29.10%；实现国内旅游收入353.84亿元，增长37.94%。接待海外游客107.7万人次，增长8.05%；实现旅游外汇收入4.06亿美元，增长13.45%。

【金融和保险】2014年年末，丽江市全市金融机构人民币各项存款余额为5184361万元，比年初增加71893万元，增长7.2%；各项贷款余额为3829546万元，比年初增加40926万元，增长10.45%。

全年保险业保费收入90739.46万元，比上年增长11.19%，赔付金额29680.44万元，比上年增长11.7%，赔付率32.71%，比上年上升0.03个百分点。

6

2014年普洱市经济发展概况

【经济总量】2014年，普洱市全年实现地区生产总值（GDP）464.7亿元，比上年增长8.9%，高于全国1.5个百分点，高于全省0.8个百分点。其中，第一产业增加值140.5亿元，增长6.5%；第二产业增加值176.1亿元，增长9.6%；第三产业增加值148.1亿元，增长9.7%。三次产业结构由上年的30.7：38.2：31.1调整为30.2：37.9：31.9。按常住人口计算，全市人均地区生产总值（GDP）达到17949元（按年平均汇率折合2922美元），比上年增长8.5%。全市民营经济实现增加值201.2亿元，占GDP的比重为43.3%，比上年提高0.5个百分点。

【农业】2014年，普洱市全年粮食播种面积351445公顷，比上年增加6117公顷，增长1.8%，粮食产量达到117.03万吨，比上年增产3万吨，增产2.6%。其中，夏粮产量13.61万吨，增产12.2%；秋粮产量103.42万吨，增产1.5%。全年谷物产量107万吨，比上年增产2.1%。其中，稻谷产量40.21万吨，减产2.4%；小麦产量5.06万吨，增产5%；玉米产量59.86万吨，增产5.2%。

【工业和建筑业】2014年，普洱市全年实现工业增加值110.0亿元，比上年增长8.2%。规模以上工业增加值97.7亿元，增长8.0%。在规模以上工业增加值中，国有及国有控股企业增长11.1%；股份制企业增长9.1%，外商及港澳台商投资企业下降4.6%；其他经济类型企业增长1.9%。轻工业下降2.4%，重工业增长10.0%。

全年建筑业实现增加值66.07亿元，增长12.1%。属地具有资质等级的总承包和专业承包建筑业企业完成总产值87.45亿元，比上年增长12.8%；实现利润12.4亿元，增长107%；上缴税金3.7亿元，增长2.3%。

【固定资产投资】2014年，普洱市全年完成固定资产投资[4]（不含农户）417.6亿元，比上年缩减33.02亿元，下降7.3%。在固定资产投资（不含农户）中，第一产业投资32.85亿元，增长43.0%；第二产业投资145.19亿元，下降7.9%；第三产业投资239.54亿元，下降11.3%。固定资产投资（不含农户）施工项目1380个，比上年减少35个，其中本年新开工项目1064个，比上年减少26个。

【科学技术】2014年，普洱市全年共组织实施科技项目143项，其中，国家级5项，省级60项，投入经费2733万元，增长2.4%；专利申请247项，获准专利授权126项，分别比上年增加59项和7项。年末全市有独立科研与技术开发机构6个，从业人员232人，其中专业技术人员183人；开展课题研究79项，发表科技论文56篇，经费投入5239万元。

【国内贸易和对外经济】2014年，普洱市全年实现社会消费品零售总额131.3亿元，比上年增长13.0%。按经营地统计，城镇消费品零售额105.0亿元，增长13.3%；乡村消费品零售额26.3亿元，增长11.8%。按消费形态统计，餐饮收入20.91亿元，增长10.0%；商品零售110.38亿元，增长13.5%。按经济类型统计，公有制经济零售额21.79亿元，增长20.4%；非公有制经济零售额109.50亿元，增长11.6%。

全年外贸进出口总额76179万美元，比上年增长44.2%。其中：进口47308万美元，增长35.5%；出口28871万美元，增长61.1%。进出口总额中，一般贸易进出口完成48863万美元，增长1.71倍，其中：进口24074万美元，增长6.02倍；出口24789万美元，增长69.6%。边境贸易成交额26815万美元，下降21.0%，其中：进口23232万美元，下降26.2%；出口3583万美元，增长45.7%。

【交通、邮电和旅游】2014年，普洱市全市民用汽车拥有量达到16.28万辆，比上年末增长6.5%。年末公路通车里程为20267公里。其中，高速公路通车里程200公里，一级公路4.5公里，二级公路903.1公里。全年各种运输方式完成货物周转量40.84亿吨公里，比上年增长14.6%；完成旅客周转量14.65亿人公里，下降0.2%。机场旅客吞吐量23万人，增长4.5%。

全市实现邮电业务总量15.3亿元，比上年增长3.0%。年末全市电话用户总数达到251.19万户，其中固定电话用户26.51万户，移动电话用户204.86万户。固定电话普及率10.2部/百人，移动电话普及率79.1部/百人；年末互联网用户达19.82万户。

全年接待海外旅游者人数19.42万人次，比上年增长29.8%，实现旅游外汇收入2712万美元，增长41.8%。全年接待国内游客1312.6万人次，增长16.3%；实现国内旅游收入88.0亿元，增长25.9%；旅游业总收入89.7亿元，增长26.1%。

【金融和保险】2014年年末，普洱市金融机构各项人民币存款余额667.01亿元，比年初增加66.27亿元，增长11.0%。其中：单位存款余额303.51亿元，比年初增加31.05亿元，增长11.7%；居民储蓄存款余额335.52亿元，比年初增加32.45亿元，增长10.7%。年末各项人民币贷款余额475.67亿元，比年初增加77.16亿元，增长19.4%。其中：短期贷款余额为199.93亿元，比年初增加51.05亿元，增长34.3%；中长期贷款为275.46亿元，比年初增加26.26亿元，增长10.5%。

全市保费收入13.0亿元，比上年增长17.7%。其中，产险公司保费收入6.32亿元，增长23.0%，寿险公司保费收入6.68亿元，增长13.1%。全年赔款和给付支出合计4.03亿元，增长18.8%。其中，产险公司2.92亿元，增长21.8%；寿险公司1.11亿元，增长16.7%。

7

2014年临沧市经济发展概况

【经济总量】2014年，临沧市全年完成地区生产总值（GDP）465.12亿元，比上年增长11.2%。其中，第一产业增加值142.71亿元，增长6.5%；第二产业增加值198.76亿元，增长14.8%；第三产业增加值123.65亿元，增长10.1%。人均GDP18710元，增长10.5%。

【农业】2014年，临沧市全年实现农林牧渔业总产值226.84亿元，比上年增长6.4%。其中，农业产值141.05亿元，增长6.6%；林业产值14.43亿元，增长1.5%；牧业产值62.40亿元，增长6.9%；渔业产值4.92亿元，增长10.9%；农林牧渔业服务业产值4.04亿元，增长6.5%。

全年粮食种植面积29.57万公顷，比上年减少0.18万公顷；油料种植面积1.34万公顷，增加0.06万公顷；甘蔗种植面积10.65万公顷，增加0.32万公顷；茶叶种植面积9.03万公顷，增加0.4万公顷；烤烟种植面积2.69万公顷，减少0.22万公顷；核桃种植面积50.22万公顷，增加1.02万公顷。

【工业和建筑业】2014年，临沧市全年完成全部工业增加值144.87亿元，比上年增长13.7%。其中规模以上工业增加值116.3亿元，增长14.4%。规模以上工业中，国有企业下降2.6%；股份制企业增长16.9%，外商及港澳台商投资企业下降46.6%；其他企业增长6.2%。轻工业增长9.4%，重工业增长17.9%。

全年建筑业增加值53.89亿元，比上年增长17.4%。全市有工作量的本地建筑施工企业51个，实现总产值52.2亿元，增长2.7%。

【固定资产投资】2014年，临沧市全年完成规模以上固定资产投资564.79亿元，比上年增长35.4%。其中：第一产业投资68.4亿元，增长2.8倍；第二产业投资120.13亿元，增长7.7%；第三产业投资376.26亿元，增长30.7%。全年房地产开发投资完成124.82亿元，同比增长30%；房屋施工面积711.48万平方米，增长6.4%，房屋销售面积58.16万平方米，下降20.7%，其中：住宅销售面积40.26万平方米，下降25.5%。

【科学技术】2014年，临沧市获得省级以上科技立项支持42项，其中国家级3项，省级39项；申请专利171件，获得授权72件，其中发明专利3件；年末有高新技术企业6户；有省级创新型试点企业达12户。

【国内贸易和对外经济】2014年，临沧市全年完成社会消费品零售总额132.19亿元，比上年增长13.7%。按经营地统计，城镇消费品零售额83.04亿元，增长16.5%，乡村消费品零售额49.15亿元，增长9.2%。按消费形态统计，商品零售116.6亿元，增长14.1%，住宿餐饮收入15.59亿元，增长10.4%。

全年完成进出口总额42.64亿元，比上年增长20.6%，其中:进口总额17.42亿元，比上年增长32.8%，出口总额25.21亿元，比上年增长13.4%。

【交通、邮电和旅游】2014年年末，临沧市通公路里程15735公里，比上年增加880公里，年末机动车保有量63.96万辆（不含拖拉机），比上年增长13.5%，其中汽车保有量11.01万辆，增长11.8%。完成货运量3109万吨，增长12.8%，货物周转量210369万吨公里，增长14.7%，客运量984万人，增长3.5%，旅客周转量100681万人公里，增长1.1%。完成航空客运量28.76万人次，增长44.0%，客座率72.5%，比上年降低3.5个百分点。

全年完成邮电业务收入12.3亿元，比上年增长6.9%，有固定电话16.01万部，比上年下降10.7%，固定电话普及率6.4部/百人；移动电话用户180.3万户，比上年增长0.5%，移动电话普及率72.3部/百人；互联网拨号用户13.43万户，比上年减少6.9%；移动互联网用户15.41万户，比上年增长8.9%。

全年接待国内外旅游人数600.98万人次，比上年增长30.2%，其中，接待海外旅游人数28.18万人次，比上年增长13.5%，实现旅游业总收入42.66亿元，比上年增长38.4%，外汇收入4361.02万美元，比上年增长21.4%。

【金融和保险】2014年年末，临沧市金融机构各项人民币存款余额445.47亿元，比上年增加40.69亿元。其中，单位存款188.94亿元，比上年增加12.59亿元，居民储蓄存款余额236.23亿元，比上年增加20.94亿元。年末金融机构各项人民币贷款余额377.31亿元，比上年增加56.25亿元。其中，短贷款157.31亿元，比上年增加44.75亿元；中长期贷款219.87亿元，比上年增加11.42亿元。

全年各类保险公司原保险保费收入9.25亿元，比上年增长16.4%。其中寿险、健康险公司原保费收入4.03亿元，增长14.5%；财产保险公司原保费收入5.22亿元，增长18.1%。

陕西省

| 西安市 | 铜川市 | 宝鸡市 | 咸阳市 | 渭南市 | 延安市 | 汉中市 |

| 榆林市 | 安康市 | 商洛市 |

1

2014年西安市经济发展概况

【经济总量】2014年，西安市全年实现地区生产总值（GDP）5474.77亿元，比上年增长9.9%。其中，第一产业增加值214.55亿元，增长5.1%；第二产业增加值2205.37亿元，增长11.3%；第三产业增加值3054.85亿元，增长9.0%。第一产业增加值占生产总值的比重为3.9%，第二产业增加值比重为40.3%，第三产业增加值比重为55.8%

【农业】2014年，西安市全年粮食播种面积551.46万亩，比上年下降2.9%；油料播种面积7.01万亩，下降8.6%；蔬菜播种面积101.56万亩，增长1.7%；棉花播种面积0.37万亩，下降85.7%。全年粮食产量175.61万吨，比上年下降4.1%，其中，夏粮88.05万吨，增长5.3%；秋粮87.56万吨，下降12.0%。

【工业和建筑业】2014年，西安市全年全部工业增加值1523.12亿元，比上年增长10.7%。规模以上工业增加值1195.28亿元，增长11.1%。在规模以上工业中，轻工业增加值293.58亿元，增长8.9%；重工业增加值901.70亿元，增长11.8%。

全年建筑业增加值731.06亿元，比上年增长11.3%。全年资质以内建筑业企业540家。

【固定资产投资】2014年，西安市全年全社会固定资产投资5903.98亿元，比上年增长15.0%，扣除价格因素，实际增长14.1%。其中，固定资产投资（不含农户）5824.53亿元，增长15.2%；农户投资79.45亿元，增长0.2%。

在固定资产投资（不含农户）中，第一产业投资75.15亿元，比上年增长2.7%；第二产业投资1261.70亿元，增长28.3%，其中，工业投资1205.53亿元，增长38.8%；第三产业投资4487.68亿元，增长12.2%。

【科学技术】2014年，西安市全年实施市级科技计划项目404项，其中，高新技术产业专项21项。重点扶持高新技术企业71家，支持建设农业科技示范园区和项目23个。全年技术市场交易额530.53亿元。申请专利量47134件，专利授权量16723件。

【国内贸易和对外经济】2014年，西安市全年社会消费品零售总额2872.90亿元，比上年增长12.8%，扣除价格因素，实际增长12.0%。按经营地统计，城镇消费品零售额2788.61亿元，增长12.7%；乡村消费品零售额84.29亿元，增长13.5%。按消费形态统计，商品零售额2635.62亿元，增长13.4%；餐饮收入额237.28

亿元，增长6.0%。

全年进出口总额1534.54亿元，比上年增长37.7%。其中，出口734.62亿元，增长39.7%；进口799.92亿元，增长35.9%。

【交通、邮电和旅游】 2014年，西安市全年货物运输总量4.20亿吨，比上年增长12.9%。货物运输周转量623.41亿吨公里，增长9.4%。旅客运输总量2.57亿人次，增长6.8%。旅客运输周转量309.11亿人公里，增长8.1%。

全年邮政业务总收入21.39亿元，比上年增长20.8%。电信业务总收入135.67亿元，增长3.1%。年末全市固定电话用户306.66万户。移动电话用户2025.32万户，其中，3G移动电话用户[4]638.96万户。

全年接待国内外游客12001万人次，比上年增长18.5%；旅游总收入950亿元，增长17.1%。

【金融和保险】 2014年年末，西安市全市金融机构本外币存款余额15315.39亿元，比上年末增长10.2%。人民币存款余额15166.78亿元，增长10.2%，其中，城乡居民储蓄存款余额5698.15亿元，增长6.4%。金融机构本外币贷款余额11878.89亿元，增长16.3%。人民币贷款余额11668.14亿元，增长16.4%，其中，短期贷款余额2516.78亿元，增长8.2%；中长期贷款余额8685.74亿元，增长17.6%。

年末全市共有保险公司50家，其中，财产险23家，人寿险27家。保险专业中介机构125家。全年保费收入219.40亿元，比上年增长8.4%，其中，财产险保费收入74.18亿元，增长17.8%；人身险保费收入145.32亿元，增长4.2%。全年支付各类赔款给付104.39亿元，比上年增长57.0%，其中，财产险、人身险分别为41.71和42.68亿元，分别比上年增长20.9%和31.0%。

2

2014年铜川市经济发展概况

【经济总量】 2014年，铜川市全年实现生产总值340.42亿元，剔除价格因素，比上年增长11%；其中，第一产业增加值22.57亿元，增长4.8%；第二产业221.74亿元，增长12.1%；第三产业96.11亿元，增长9.6%。按常住人口计算，人均生产总值40337元，比上年增长10.7%。

【农业】 2014年，铜川市全年粮食播种面积90.1万亩，比上年增长0.6%；其中，夏粮37.2万亩，下降2.3%；秋粮52.9万亩，增长2.5%。蔬菜种植面积10.64万亩，增长5.4%。粮食总产23.39万吨，比上年下降2.5%；其中，夏粮6.86万吨，增长6.1%；秋粮16.53万吨，下降5.6%。年末农业机械总动力53.4万千瓦，增长8.1%。

【工业和建筑业】 2014年，铜川市全年实现工业增加值199.34亿元，比上年增长12.5%。其中，规模以上工业增加值186.36亿元，增长12.8%。在规模以上工业中，重工业增加值171.91亿元，增长13.9%；轻工业14.45亿元，增长0.6%。规模以上工业产销率95.8%。

全年建筑业实现增加值22.4亿元，比上年增长8%。全市资质等级以上建筑业企业31家，比上年新增2家；房屋建筑施工面积391.22万平方米，比上年增长3.9%。

【固定资产投资】2014年，铜川市全年全社会固定资产投资完成327.63亿元，比上年增长26%，其中，固定资产投资（不含跨地市投资和农户投资）298.57亿元，增长21.1%。民间投资131.88亿元，增长24.7%。

【科学技术】2014年年底，铜川市全市共有民营科技企业95家，比上年增加2家。全年推广转化科技成果16项，受理专利申请320项，专利申请授权164项；其中，发明专利2项。全年获全省科学技术进步奖2项，获杨凌农高会后稷奖10项。

【国内贸易和对外经济】2014年，铜川市全年实现社会消费品零售总额82.55亿元，比上年增长14.1%；其中，限额以上企业（单位）实现消费品零售额46.77亿元，增长20.1%，对社会消费品零售总额增长的贡献率达85.5%，市场聚集度不断提升。

全年外贸进出口总额2230.92万美元，比上年增长34.6%。

【交通、邮电和旅游】2014年，铜川市全年公路客货周转量60.79亿吨公里，比上年增长13.7%。年末境内公路总里程4109.37公里；其中，高速公路162.9公里，国道92.82公里，省道68.7公里，县道578.17公里，乡道882.84公里，村道2265.87公里，专用公路58.08公里。全市民用轿车保有量28470辆，增长8.5%；其中，私人轿车24866辆，增长19.1%。

年末移动电话用户88.1万户，其中，3G移动电话用户29.34万户；年末固定电话用户12.26万户。年末数字电视在线用户11.43万户。年末互联网宽带用户13.22万户。

全年接待国内外游客992.9万人次，旅游综合收入53.6亿元，分别比上年增长11.7%和22%。

【金融和保险】2014年，铜川市全市共有银行业金融机构12家，营业网点147家。年末全市金融机构各项存款余额411.85亿元，较年初增加19.03亿元，增长4.8%。其中，个人储蓄存款270.07亿元，较年初增长8.6%。年末各项贷款余额124.18亿元，增长8.4%。其中，短期贷款38.84亿元，下降9.5%；中长期贷款69.67亿元，增长3.5%。

全市共有各类保险业机构22家，分支机构69家。证券机构2家。全年实现保费收入7.48亿元，比上年增长18.9%。其中，财产险保费收入2.91亿元，增长16.9%；人寿险保费收入4.57亿元，增长20.3%。保险业累计赔付

3

2014年宝鸡市经济发展概况

【经济总量】2014年，宝鸡市全年实现地区生产总值1658.54亿元，比上年增长10.8%。其中，第一产业增加值161.33亿元，增长4.9%；第二产业增加值1078.18亿元，增长11.9%；第三产业增加值419.03亿元，

增长9.2%。三次产业结构比为9.7：65.0：25.3。按常住人口计算，全市人均生产总值44241元，折合7230美元（汇率为1美元兑6.119元人民币）。非公有制经济增加值830.40亿元，占全市经济总量的比重为50.07%。

【农业】2014年，宝鸡市全年农林牧渔及农林牧渔服务业完成总产值280.90亿元，比上年增长4.9%。其中，农业产值159.71亿元，增长5.7%；畜牧业产值99.64亿元，增长3.3%。

全年粮食播种面积33.30万公顷，比上年下降1.4%；油料播种面积1.08万公顷，下降4.6%。粮食总产量144.32万吨，下降0.9%。其中，夏粮总产79.73万吨，增长8.5%；秋粮总产64.59万吨，下降10.4%。油料总产量1.92万吨，增长8.5%。

【工业和建筑业】2014年，宝鸡市全年全部工业增加值864.82亿元，比上年增长11.9%，其中规模以上工业企业增加值772.96亿元，增长12.2%。

全年建筑业增加值213.35亿元，比上年增长14.6%（按现价计算）。年末全市有资质总承包、专业承包和劳务分包建筑企业155户，年平均从业人员9.57万人，增长16.7%。全年签订合同额581.87亿元，增长27.3%。全市完成建筑业总产值433.53亿元，增长23.5%，其中在外省完成的产值30.36亿元，增长2.6倍。

【固定资产投资】2014年，宝鸡市全年完成全社会固定资产投资2105.59亿元，比上年增长26.1%。其中，固定资产投资1979.17亿元，增长21.8%；农户投资49.04亿元，增长0.1%；跨地区项目投资77.38亿元，增长96.6%。在固定资产投资中，民间投资1222.37亿元，增长34.7%。

固定资产投资按产业分，第一产业投资159.64亿元，增长26.0%；第二产业投资672.97亿元，增长21.1%；第三产业投资1146.56亿元，增长25.1%。

【科学技术】2014年，宝鸡市全年组织争取国家、省科技计划项目124项，争取资金11649万元。其中，国家科技项目30项，争取资金8005万元；省科技统筹创新工程等科技项目94项，争取资金3644万元。实施市级科学技术研究发展计划和重大科技专项计划项目52项，资金2109万元。其中，重大科技专项项目34项，资金1685万元；科学技术研究发展项目18项，资金424万元。全年专利申请量2133件，其中发明专利申请量568件；专利授权量1043件，其中发明专利授权量130件。全市技术合同登记额22.67亿元。

【国内贸易和对外经济】2014年，宝鸡市全年社会消费品零售总额535.59亿元，比上年增长14.0%。按销售单位所在地分，城镇消费品零售额488.67亿元，增长14.3%；乡村消费品零售额46.92亿元，增长10.1%。按消费形态分，商品零售额486.71亿元，增长14.4%；餐饮收入48.88亿元，增长9.7%。

全年外贸进出口总额52.73亿元，比上年下降4.1%。其中，出口41.23亿元，下降4.7%；进口11.5亿元，下降2.0%。

【交通、邮电和旅游】2014年年末，宝鸡市全市境内公路总里程15972.3公里，公路密度88.2公里/百平方公里（含村公路）。行政村通班车率95.4%。

全年邮电业务总收入26.44亿元，比上年增长1.9%。其中，邮政业务收入3.49亿元，下降1.1%；电信收入22.95亿元，增长2.4%。年末全市固定及移动电话用户总数398.57万户，其中，固定电话58.56万户，移动电话341.01万户。电话普及率106.19部/百人。互联网用户59.76万户。

全年共接待国内外游客4650万人次，比上年增长28.3%，其中入境游客32.0万人次，增长6.8%。实现旅游总收入310.8亿元，增长31.1%。

【金融和保险】2014年年末，宝鸡市全市金融机构本外币存款余额1844.23亿元，比年初增加181.58亿元，增长10.9%。其中城乡居民储蓄存款余额1163.76亿元，比年初增加123.84亿元，增长11.9%。

年末共有保险公司35家，营业网点195个。其中，财产险公司17家，人身险公司18家，全年实现保费总收入48.52亿元，比上年增长18.5%。其中，财产险保费收入9.8亿元，增长11.5%；寿险保费收入36.24亿元，增长19.3%；健康险和意外伤害险保费收入2.48亿元，增长37.8%。全年各类赔款与给付支出14.88亿元，增长29.3%。其中，财产险赔款支出6.1亿元，增长23.2%；人身险赔款与给付支出8.78亿元，增长33.8%。保险深度（保费收入/GDP）2.93%，保险密度（保费收入/总人口）1294.42元/人。

4

2014年咸阳市经济发展概况

【经济总量】2014年，咸阳市全年生产总值2077.34亿元，按可比价格计算，比上年增长10.9%。其中，第一产业增加值321.72亿元，增长5.0%，占生产总值的比重为15.5%；第二产业增加值1219.88亿元，增长13.5%，占58.7%；第三产业增加值535.73亿元，增长8.2%，占25.8%。按常住人口计算，人均生产总值41971元，按年平均汇率折合约为6833美元。全市县域经济平均规模123.28亿元，比上年增加12.92亿元。

【农业】2014年，咸阳市全年粮食种植面积586.48万亩，比上年下降2.0%。其中，夏粮335.55万亩，下降0.2%；秋粮250.97万亩，下降4.2%。棉花种植2767亩，下降1.4%。油料种植36.11万亩，下降1.4%。蔬菜种植138.16万亩，增长2.8%。

【工业和建筑业】2014年，咸阳市全年全部工业增加值1034.98亿元，比上年增长13.8%。其中，规模以上工业增加值（不含军工）912.83亿元，增长14.5%。

全年全社会建筑业增加值184.9亿元，比上年增长11.5%。全市具有资质等级的总承包和专业承包建筑企业106户，比上年增加20户；建筑业总产值547.51亿元，比上年增长6.0%。其中，国有及国有控股企业303.27亿元，增长0.4%。资质以上建筑企业共签订合同额946.11亿元，增长4.4%。全市建筑企业房屋建筑施工面积3176.4万平方米，增长17.0%。其中，新开工面积1114.57万平方米，下降5.3%。

【固定资产投资】2014年，咸阳市全年全社会固定资产投资完成2492.43亿元，比上年增长21.3%。其中，固定资产投资（不含农户）2398.57亿元，增长21.6%；跨地区投资42.78亿元，下降6.0%；农户投资51.08亿元，增长0.2%。

在固定资产投资（不含农户）中，第一产业投资97.83亿元，增长33.1%；第二产业投资786.32亿元，增长14.3%；第三产业投资1514.42亿元，增长25.0%。

【科学技术】2014年，咸阳市评审了咸阳市2013年度科学技术科技成果奖63项，其中，最高成就奖2项，一等奖7项，二等奖22项，三等奖32项。申报17项科技成果获省科技奖，其中一等奖2项，二等奖5项，三等奖10项。全年专利申请受理量2049项，专利申请授权量1110项，其中发明347项。全市技术合同成交总金额21.7亿元。

【国内贸易和对外经济】2014年，咸阳市全年社会消费品零售总额525.22亿元，比上年增长14.3%。其中，限额以上企业（单位）消费品零售额250.29亿元，增长22.7%。按经营地分，城镇消费品零售额398.18亿元，增长14.7%；乡村消费品零售额127.04亿元，增长13.0%。按消费形态分，餐饮收入66.91亿元，增长16.3%；商品零售458.31亿元，增长14.0%。在商品零售中，石油及制品类增长14.4%，家具类增长75.3%，建筑及装潢类增长34.6%，中草药及中成药类增长32.1%，日用品类增长34.3%，五金、电料类增长28.6%，服装、鞋帽、针纺织品类增长19.7%，粮油、食品、饮料、烟酒类增长24.3%，汽车类增长27.9%。

全年外贸进出口总值（海关口径）35.39亿元，比上年下降5.5%。其中，出口28.28亿元，下降4.4%；进口7.11亿元，下降9.7%。

【交通、邮电和旅游】2014年，咸阳市全年交通运输、仓储和邮政业增加值71.25亿元，比上年增长6.8%。

全年公路客运量7575万人次，客运周转量314799万人公里；公路货运量11188万吨，货运周转量2017036万吨公里。市辖区年末实有公共汽车营运车辆641辆，公共汽车客运总量14632万人次，实有出租汽车3275辆。境内公路里程15073.66公里，其中高速公路里程428.34公里。

全年邮电业务总量32.63亿元，其中，邮政业务总量3.03亿元，电信业务总量29.6亿元，年末全市电话用户达502.75万户，其中固定电话用户57.3万户，移动电话用户445.45万户，移动电话中的3G用户202.12万户。电话普及率达到102部/百人，国际互联网用户达到64.02万户，增长12.7%。

全年共接待国内外游客4305万人次，比上年增长7.6%；旅游总收入230.0亿元，增长15.0%。其中，接待乡村游客1300万人次，同比增长30.0%；实现旅游收入7.5亿元，增长25.0%。

【金融和保险】2014年年末，咸阳市全市金融机构（不含外资）人民币各项存款余额1965.31亿元，比上年增长8.5%；比年初新增153.64亿元，同比少增87.53亿元。其中，个人储蓄存款余额1285.79亿元，比上年增长12.0%；比年初新增137.6亿元，同比少增29.01亿元。各项贷款余额901.82亿元，比上年增长18.3%；比年初新增139.46亿元，同比多增23.15亿元。其中，短期贷款余额252.64亿元、比上年增长6.6%，比年初新增15.57亿元，同比少增27.86亿元；中长期贷款余额605.55亿元、比上年增长21.2%，比年初新增105.83亿元、同比增加28.92亿元。金融存贷比为45.9%，比上年提高3.8个百分点。

全市保险主体机构39家，其中产险公司20家，寿险公司19家。全年保险保费收入51.42亿元，同比增长11.3%。其中，产险保费收入13.64亿元，增长17.1；寿险保费收入37.77亿元，增长9.4。全年保险业机构支付各类赔（给）付款18.03亿元，赔（给）付率为35.1。其中，产险赔付6.61亿元，赔付率为48.4%；寿险赔（给）付11.42亿元，其中长期险给付10.63亿元，给付率30.6%，比上年提高7.76个百分点，短期险赔付0.8

亿元，赔付率29.0，比上年提高6.68个百分点。

5

2014年渭南市经济发展概况

【经济总量】2014年，渭南市全年实现生产总值1460.94亿元，比上年增长10.5%。其中，第一产业增加值207.16亿元，增长4.9%，占生产总值的14.2%；第二产业增加值794.51亿元，增长12.1%，占54.4%；第三产业增加值459.27亿元，增长9.7%，占31.4%。人均生产总值27372元，比上年增长8.1%。

【农业】2014年，渭南市全年粮食播种面积769.5万亩，比上年下降1.4%。其中，夏粮439.5万亩，下降0.2%；秋粮330万亩，下降3%。粮食总产量206.01万吨，下降2.4%。其中，夏粮104.01万吨，增长7.2%；秋粮102万吨，下降10.7%。

【工业和建筑业】2014年，渭南市全年实现工业增加值695.03亿元，比上年增长12.2%，其中规模以上工业企业完成增加值638.35亿元，增长12.3%。

全年建筑业实现增加值99.48亿元，比上年增长13.4%。资质以上建筑业累计总产值239.21亿元，增长11.9%，其中国有及国有控股企业150.2亿元，增长6.9%。资质以上建筑企业共签订合同额432.22亿元，增长15.75%。房屋建筑施工面积1388.51万平方米，增长1.3%。

【固定资产投资】2014年，渭南市全年完成全社会固定资产投资1765.61亿元，比上年增长20.3%。其中，固定资产投资（不含农户）1646.34亿元，增长21.2%；农户投资41.37亿元，增长0.4%。在固定资产投资（不含农户）中，第一产业投资199.30亿元，比上年增长65.4%；第二产业投资449.28亿元，下降9.1%；第三产业投资997.76亿元，增长34.2%。

【科学技术】2014年，渭南市全年地方登记的科技成果共42项，其中，农业、生物新品种3项，新产品10项，新工艺20项，新技术5项，地方标准1项，其他5项。

【国内贸易和对外经济】2014年，渭南市全年社会消费品零售总额418.5亿元，比上年增长14.0%。其中，限额以上企业（单位）消费品零售额271.2亿元，增长15.1%。

全年实现进出口总额141684万元，较上年下降5.9%，其中出口119111万元，下降4.6%，进口22573万元，下降12.1%。

【交通、邮电和旅游】2014年，渭南市全年货运量13133万吨，比上年增长13.0%；货物周转量3573985万吨公里，增长13.8%。客运量9169万人，增长4.8%；旅客周转量351325万人公里，增长4.9%。

全年完成邮政业务收入3.63亿元，增长8.7%；电信业务总量10.6亿元，增长23.3%。年末固定电话用户77.17万户，其中城市家庭37.24万户，农村家庭37.66万户；年末移动电话用户431.21万户，其中3G移动电话用户401.81万户，4G移动电话用户29.4万户；年末固定及移动电话用户总数508.38万户。互联网宽带用户数

63.79万户。

全年共接待游客3202万人次，较上年增长10.41%，实现旅游综合收入252亿元，增长18.9%。

【金融和保险】2014年年末，渭南市全市金融机构各项存款余额1664.57亿元，较年初增加142.17亿元，增长9.3%，其中储蓄存款余额1110.48亿元，增加119.86亿元，增长12.1%。金融机构贷款余额811.40亿元，增加85.38亿元，增长11.8%，其中短期贷款343.61亿元，增加20.39亿元，增长6.3%，中长期贷款400.95亿元，增加39.74亿元，增长11.0%。

全市保险业保费收入50.14亿元，比上年增加9.57亿元，其中，财产险保费收入12.62亿元，人身险保费收入37.52亿元。产寿险赔款总支出共计7.98亿元，其中财产险赔款7.02亿元，人身险赔款0.96亿元。

6

2014年延安市经济发展概况

【经济总量】2014年，延安市全年实现生产总值1386.09亿元，按可比价计算（下同）比上年增长6.2%，其中第一产业实现增加值113.70亿元，增长5.5%；第二产业实现增加值968.89亿元，增长5.3%；第三产业实现增加值303.50亿元，增长9.3%。三次产业结构由上年的7.9：72.2：19.8调整为8.2：69.9：21.9。人均生产总值为62714元，高于全国、全省平均水平。全年文化产业实现增加值增长11.4%；战略性新型产业实现增加值增长7.5%；非公有制经济实现增加值292.55亿元，增长9.2%，占生产总值比重为21.1%，较上年提高1.4个百分点。

【农业】2014年，延安市全年全市农林牧渔业完成产值203.20亿元，按可比价计算（下同）增长5.6%，其中：农业产值160.39亿元，增长6.2%；林业产值7.33亿元，增长1.9%；牧业产值30.07亿元，增长3.1%；渔业产值0.53亿元，增长7.4%；服务业产值4.88亿元，增长8.6%。

【工业和建筑业】2014年，延安市全年全部工业实现增加值930.77亿元，按可比价计算（下同）比上年增长5.0%，其中：规模以上工业实现增加值911.30亿元，增长4.9%。在规模以上工业中：石油工业增加值716.96亿元，增长4.2%；非油工业增加值194.34亿元，增长9.4%。

全年全社会建筑业实现增加值39.14亿元，按可比价计算比上年增长12.0%。全市134个资质以上建筑企业完成产值101.16亿元，其中:国有及国有控股企业完成产值19.29亿元。全年共签订合同额155.06亿元，房屋建筑施工面积659.02万平方米。

【固定资产投资】2014年，延安市全年全社会完成固定资产投资1541.07亿元，比上年增长16.7%，其中:地方统计项目完成投资1300.26亿元，增长12.7%。在地方统计项目投资中，第二产业完成投资720.70亿元，增长13.5%，第三产业完成投资552.86亿元，增长18.1%。

【科学技术】2014年，延安市全年共征集各类科技计划项目142项，其中：国家级3项；省级47项；市级92项。全年专利申请受理量847项，增长26.0%，其中：发明87项；授权量287项，其中：发明26项。

【国内贸易和对外经济】2014年，延安市全市实现社会消费品零售总额193.18亿元，比上年增长13.5%，其中：限额以上单位零售额102.22亿元，增长13.5%。

全年进出口总额1.16万美元，增长21.2%。全年共签订招商引资项目392个，总投资1593.53亿元，引进资金1590.57亿元。全年新签合同项目292个，总投资808.96亿元，引进资金808.96亿元。协议项目100个，总投资784.58亿元，全年招商引资项目总到位资金511.83亿元，增长24.6%。

【交通、邮电和旅游】2014年，延安市全市客运企业19户，开通客运线路618条，投放客车1553辆，完成客运量3020万人次，比上年增长4.71%，旅客周转量189407万人公里，增长4.99%；完成货运量5787万吨，增长12.92%，货物周转量657361万吨公里，增长13.76%；客货运周转量同比增长13.49%。新修县乡和通村油路94公里，投放通村客运车辆740辆。干线公路优良里程为1271.5公里，优良率为89.4%。县乡实现年均优良里程2191公里，其中：县级里程1173公里，优良率为62.9%；乡级里程1018公里，优良率为48.9%。

全年全市邮电主营业务总量1.51亿元，比上年下降2.83%；电信主营业务总量4.62亿元，与上年基本持平。年末固定电话用户34.18万户；移动电话用户达到282.5万户；国际互联网用户达到79.13万户。

全年接待国内外旅游人数3145.5万人次，增长10.5%，其中:海外旅游人数4.98万人次；实现旅游综合收入171.75亿元，增长13.1%，其中:外汇收入555.49万美元。

【金融和保险】2014年年末，延安市金融机构各项本外币存款余额1232.31亿元，比年初增加127.84亿元，增长11.6%。各项本外币贷款余额679.64亿元，比年初增加112.77亿元，增长19.9%，其中：短期贷款252.50亿元，比年初增加31.94亿元，增长14.5%；中长期贷款419.26亿元，比年初增加78.50亿元，增长23.0%。

全市拥有各类保险机构28个，其中：财险机构16个，寿险机构12个。全年完成保费收入20.43亿元，增长26.7%，其中：财险业务收入9.64亿元，增长21.4%；寿险业务收入10.79亿元，增长31.9%。在财险业务中，机车险占79.8%；在寿险业务中，人寿险占92.2%。全年赔款及给付8.13亿元，增长12.2%，其中：财险业务赔款及给付5.98亿元，增长5.9%，机车险赔款及给付4.28亿元，居各险种赔款之首。寿险业务赔款及给付2.14亿元，增长43.4%，寿险中人寿险赔款1.97亿元。

7

2014年汉中市经济发展概况

【经济总量】2014年，汉中市全年实现生产总值991.05亿元，按可比价格计算，增长11.6%；其中，第一产业增加值183.98亿元，增长5.4%；第二产业增加值457.92亿元，增长15.4%；第三产业增加值349.15亿元，增长9.7%。人均生产总值28908元。

在地区生产总值中，第一、第二和第三产业增加值占比分别为18.6%、46.2%和35.2%。同上年相比，第一产业比重下降1.6个百分点，第二产业比重提高1.1个百分点，第三产业比重提高0.5个百分点。

【农业】2014年，汉中市农林牧渔业完成总产值325.51亿元，按可比价格计算，增长5.4%；实现增加值190.49亿元，增长5.3%。其中，农业产值192.55亿元，增长6.8%；林业产值14.12亿元，增长6.1%；牧业产值102.53亿元，增长3.0%；渔业产值4.50亿元，增长7.4%；农林牧渔服务业产值11.81亿元，增长3.7%。“猪、药、茶、菜”四大产业产值204.85亿元，占农林牧渔业总产值比重为62.9%。

【工业和建筑业】2014年，汉中市全部工业完成总产值1128.83亿元，增长15.7%。其中，规模以上工业完成产值1003.83亿元，增长16.6%。规模以上工业中，轻工业完成产值277.81亿元，增长26.9%，重工业完成产值726.02亿元，增长13.1%。

资质以上建筑施工企业完成总产值120.87亿元，增长17.8%。其中，建筑工程产值完成116.64亿元，增长17.2%；竣工产值83.95亿元，增长31.5%。签订合同金额233.80亿元，增长17.8%。建筑业劳动生产率达到23.51万元/人，增长0.1%，增加0.03万元。

【固定资产投资】2014年，汉中市社会消费品零售总额281.42亿元，增长13.5%。按经营单位所在地分，城镇消费品零售额235.17亿元，增长13.7%；乡村消费品零售额46.25亿元，增长12.0%；按消费形态分，商品零售247.92亿元，增长13.9%，餐饮收入33.50亿元，增长10.1%。

【科学技术】2014年，汉中市共取得科技成果52项，达到国际先进水平4项，国内领先和国内先进水平42项。申请专利量1288件，其中发明专利273件，实用新型782件，外观设计233件。专利授权914件，增长5.2%，其中发明专利51件，实用新型725件，外观设计138件。

【国内贸易和对外经济】2014年，汉中市全社会固定资产投资完成845.04亿元，增长24.4%。其中，固定资产投资完成705.49亿元，增长19.6%。本年500万元以上施工项目1858个，计划投资总额比上年增加171.58亿元，其中，亿元以上施工项目91个，比上年减少45个。

对外贸易进出口总额63894万元，增长40.96%。其中，出口45362万元，增长9.25%，进口18531万美元，增长386.89%。

【交通、邮电和旅游】2014年，汉中市公路总里程达到18811公里。其中，等级公路16565公里，高速公路465公里。

邮电业务总量28.2亿元，增长16.5%。其中，电信业务总量24.1亿元，增长16.5%；邮政业务总量4.1亿元，增长16.8%。年末固定电话装机用户51.33万户，增长6.1%；移动电话用户288.68万户，增长5.2%；年末宽带接入用户31.7万户，增长0.3%。

【金融和保险】2014年年末，汉中市金融机构各项人民币存款余额1390.67亿元，比年初净增加143.84亿元，其中，城乡居民储蓄存款944.33亿元，比年初净增加113.23亿元。金融机构各项人民币贷款余额554.85亿元，比年初净增加63.00亿元。其中，短期贷款余额112.64亿元，比年初净增加3.48亿元；中长期贷款余额378.48亿元，比年初净增加30.48亿元。

保险业保费收入30.77亿元。其中，财产险保费收入7.32亿元，人寿险保费收入23.45亿元。全年各类保险赔款给付支出9.78亿元。其中，财产险赔款支出3.37亿元，人寿险赔付支出6.41亿元。

8

2014年榆林市经济发展概况

【经济总量】2014年，榆林市全年生产总值3005.74亿元，比上年增长9.0%。其中，第一产业增加值145.04亿元，增长5.5%；第二产业增加值2051.94亿元，增长9.8%；第三产业增加值808.76亿元，增长7.2%。一、二、三产业增加值占生产总值的比重分别为4.8%、68.3%和26.9%。按常住人口计算，人均生产总值89005元，约合14546美元。

【农业】2014年，榆林市农林牧渔业总产值250.03亿元，比上年增长5.4%。其中，种植业产值134.78亿元，增长4.6%；畜牧业产值97.45亿元，增长5.6%；林业产值7.87亿元，增长19.0%；渔业产值1.02亿元，增长11.7%；农林牧渔服务业产值8.90亿元，增长4.1%。

【工业和建筑业】2014年，榆林市全市635户规模以上工业企业完成总产值3393.85亿元，比上年增长7.5%。其中，重工业总产值3327.10亿元，增长7.4%，占规模以上工业总产值的98.0%；轻工业总产值66.75亿元，增长11.5%，占2.0%。全部工业增加值2019.12亿元，比上年增长9.9%。其中，规上工业1974.14亿元，增长10.0%。规下工业44.98亿元，增长8.3%。

全年建筑业总产值201.27亿元，比上年下降2.2%，增加值56.00亿元，增长7.1%。

【固定资产投资】2014年，榆林市全年全社会固定资产投资1647.04亿元，比上年下降9.9%。其中，本市固定资产投资1396.50亿元，下降12.4%；跨区投资217.57亿元，增长8.3%；农户投资32.97亿元，增长0.3%。在本市固定资产投资中，第一产业投资28.25亿元，下降1.3%，其中，农业投资9.58亿元，下降30.6%。第二产业投资748.95亿元，下降28.8%，其中，采矿业投资342.58亿元，下降22.6%；制造业投资230.04亿元，下降49.5%；电力、燃气及水的生产和供应业投资172.04亿元，增长30.0%；建筑业投资5.87亿元，下降74.4%。第三产业投资619.30亿元，增长20.7%，其中，交通运输、仓储和邮政业投资125.53亿元，增长12.0%；批发和零售业投资49.07亿元，增长114.3%；信息传输、计算机服务和软件投资12.64亿元，增长715.1%。

【科学技术】2014年，榆林市全市组织评议登记科技成果61项，其中科技成果综合水平达到国内领先11项，获“陕西省年度科学技术奖”7项。申请专利1177件，申请发明专利524件，授权专利475件，技术交易合同登记额5.07亿元。

【国内贸易和对外经济】2014年，榆林市全年社会消费品零售总额321.21亿元，比上年增长7.6%。其中，限额以上企业（单位）消费品零售额231.05亿元，下降2.9%。

【交通、邮电和旅游】2014年，榆林市年末全市公路总里程29776.82公里，比上年末增加90.30公里。在总里程中，高速公路938公里，国道675.36公里，省道678.22公里，农村公路27485.24公里。在农村公路中，其中，县道2640.00公里，乡道3479.21公里。

全年邮电业务收入38.80亿元，比上年下降6.3%。其中，邮政业务收入2.43亿元，增长5.3%；电信业务收入36.37亿元，下降4.4%。邮政业全年完成邮政函件业务137.6万件（其中包括贺卡60.58万件），订销报刊累计4206.21万份，订销杂志累计185.83万份，邮路长度达到26477.8公里，其中农村投递线路25913.3公里。全市固定及移动电话用户总数达到441.8万部，其中固定电话52万部，移动电话389.8万部。

年末全市共有旅行社总社50家，分社28家，服务网点18家，星级以上饭店29家，AAA以上景区11个。全年共接待国内外游客1770万人次，比上年增长20.5%。旅游收入95.25亿元，增长27.0%。

【金融和保险】2014年年末，榆林市全市金融机构人民币各项存款余额2618.24亿元，比年初增加189.54亿元，增长7.8%；各项贷款余额1935.71亿元，比年初增加131.90亿元，增长7.3%。

全年有各类保险公司34家，全年保费收入29.36亿元，比上年增长13.4%。其中，财产险收入17.40亿元，增长4.7%；寿险收入11.96亿元，增长29.2%。各类保险公司累计赔付支出11.42亿元，下降2.1%，其中，财产赔付支出10.25亿元，下降5.3%；寿险赔付支出1.17亿元，与去年持平。保险深度0.98%，保险密度781元/人。

9

2014年安康市经济发展概况

【经济总量】2014年，安康市全年实现生产总值（GDP）689.44亿元，比上年增长11.7%。其中，第一产业增加值93.01亿元，增长5.5%；第二产业增加值380.00亿元，增长15.7%；第三产业增加值216.43亿元，增长9.1%。一、二、三产业占生产总值的比重为13.5:55.1:31.4。人均生产总值26117元，比上年增长11.6%。

【农业】2014年，安康市全年粮食播种面积26.87万公顷，下降0.5%。其中，夏粮11.67万公顷，下降0.2%；秋粮15.2万公顷，下降0.7%。全年粮食产量85.63万吨，下降0.7%。其中，夏粮30.0万吨，增长3.5%；秋粮55.63万吨，下降2.8%。

【工业和建筑业】2014年，安康市全年全部工业实现增加值291.10亿元，比上年增长17.1%。其中：规模以上工业增加值273.21亿元，增长18.3%。

全年全社会建筑业增加值88.9亿元，比上年增长14.6%。88家资质以上总承包和专业承包建筑企业实现总产值89亿元，增长27.4%；签订合同额149.4亿元，增长23.4%；房屋建筑施工面积830.4万平方米，增长16.1%。

【固定资产投资】2014年，安康市全年全社会固定资产投资605.56亿元，比上年增长25.5%。其中，固定资产投资541.78亿元，增长22.0%；农户投资28.03亿元，增长0.5%。

固定资产投资中，第一产业投资55.38亿元，比上年增长48.6%；第二产业投资126.53亿元，下降1.3%；第三产业投资359.88亿元，增长31.5%。

【科学技术】2014年，安康市全年地方登记的科技成果共44项，其中：工业4项，农、林、牧、渔业12项，建筑业1项，科学研究、综合技术服务和地质勘探业1项，卫生、体育和社会福利业26项。

全年受理专利申请量465件，其中发明专利63件，实用新型专利126件，外观设计专利276件；专利授权量236件，其中授权发明专利10件，实用新型专利97件，外观设计专利129件。

【国内贸易和对外经济】2014年，安康市全年社会消费品零售总额193.02亿元，比上年增长12.5%。其中：限额以上企业（单位）实现零售额95.32亿元，增长12.9%。

全年外贸进出口总额3538.3万美元，比上年增长20.97%，其中：出口3538.3万美元，比上年增长27.36%。

【交通、邮电和旅游】2014年，安康市全年货运量6712万吨（不含铁路，下同），比上年增长12.8%；货物周转量60.80亿吨公里，增长13.4%。客运量5160万人，增长4.4%；旅客周转量23.93亿人公里，增长4.6%。

全年完成邮电业务总量20.57亿元，比上年增长16.6%。其中，邮政业务总量1.92亿元，增长12%；电信业务总量18.65亿元，增长17.1%。年末固定电话用户36.48万户，其中，城市电话用户21.06万户，农村电话用户13.12万户，公用电话用户2.30万户。年末移动电话用户达到211.32万户，其中3G移动电话用户70.22万户。全市固定及移动电话用户总数达247.80万户，比上年末增加11.96万户。互联网宽带接入用户数27.33万户，比上年末增加1.53万户。

全年接待境内外游客2529万人次，比上年增长16.75%；旅游总收入119.91亿元，增长25.82%。其中接待入境旅游者2.42万人次，增长10%；旅游外汇收入532.4万美元，增长18.31%；接待国内游客2526.58万人次，增长16.78%；国内旅游收入119.76亿元，增长25.94%。

【金融和保险】2014年年末，安康市全市金融机构人民币各项存款余额884.51亿元，比年初增加94.16亿元，同比增长11.9%；各项贷款余额474.35亿元，比年初增加91.24亿元，同比增长23.8%。

全年保险业实现保费收入16.47亿元，增长26.0%。其中寿险保费收入11.61亿元，产险保费收入4.86亿元。产险赔付2.5亿元，寿险公司给付2.08亿元（含满期给付），赔款支出0.24亿元，退保金支出1.49亿元。

10

2014年商洛市经济发展概况

【经济总量】2014年，商洛市全年全市生产总值576.27亿元，比上年增长11%。其中，第一产业增加值

90.82亿元，增长4.7%，占生产总值的比重为15.8%；第二产业增加值299.67亿元，增长15.2%，占52%；第三产业增加值185.78亿元，增长8.1%，占32.2%。按常住人口计算，全市人均生产总值24538元，比上年增长10.8%。非公有制经济实现增加值297.22亿元，占全市生产总值比重为51.58%。

【农业】2014年，商洛市全年实现农林牧渔业总产值165.92亿元，增长4.7%。实现增加值90.82亿元，增长4.7%。全年粮食总产量为52.2万吨，下降19.8%。其中夏粮产量25.08万吨，秋粮产量27.12万吨。

【工业和建筑业】2014年，商洛市全年规模以上工业实现增加值171.09亿元，增长20%，实现总产值632.47亿元，增长29.5%。其中轻工业实现产值129.4亿元，增长39.5%；重工业实现产值503.06亿元，增长27.1%。

建筑业增加值100.74亿元，比上年增长13.1%。资质等级以上建筑企业产值114.67亿元，增长2.9%，其中国有及国有控股企业完成32.2亿元，增长7.9%。房屋建筑施工面积580.5万平方米，其中实行投标承包面积485.2万平方米。

【固定资产投资】2014年，商洛市全年全社会固定资产投资625.16亿元，增长26%。其中固定资产投资597.72亿元，增长20.3%。

在固定资产投资中，第一产业投资38.29亿元，同比增长14.4%；第二产业投资196.91亿元，增长12%；第三产业投资362.53亿元，增长41.4%。

【科学技术】2014年，商洛市全市专利申请量达到1519件，发明专利567件，专利授权223件，培育科技成果39项，技术合同成交额6977万元。

【国内贸易和对外经济】2014年，商洛市全年实现社会消费品零售总额136.87亿元，增长12.4%。按经营单位所在地分，城镇消费品零售额105.91亿元，增长12.7%；乡村消费品零售额30.96亿元，增长11.2%。按行业分，批发业28.85亿元，增长9.4%；零售业92.99亿元，增长14.1%；住宿业2.06亿元，下降0.1%；餐饮业12.98亿元，增长9.3%。

外贸进出口总额3.62亿美元，增长4.75倍。其中，出口总额2.95亿美元，增长5.15倍，进口总额0.67亿美元，增长3.47倍，实现贸易顺差2.28亿美元。全市招商引资到位资金365亿元，增长17.8%。

【交通、邮电和旅游】2014年，商洛市全年客运量4167万人次，增长4.9%；客运周转量208745万人公里，增长4.9%。货运量3439万吨，增长13.1%；货运周转量481783万吨公里，增长13.8%。

邮电业务总量11.16亿元。2014年末，全市固定及移动电话用户总数178万部，电话普及率76部/百人。

全年共接待游客3005.65万人次，实现旅游综合收入153.29亿元。

【金融和保险】2014年年末，商洛市全市金融机构各项存款余额671.44亿元，增长13.9%。其中：城乡居民储蓄存款余额463.68亿元，增长13.1%。全市金融机构各项贷款余额285.12亿元，增长14.9%。其中，短期贷款为96.23亿元，增长21.2%；中长期贷款为169.64亿元，增长4.7%。

甘肃省

| 兰州市 | 嘉峪关市 | 金昌市 | 白银市 | 天水市 | 武威市 | 张掖市 |
| 平凉市 | 酒泉市 | 庆阳市 |

1

2014年兰州市经济发展概况

【经济总量】2014年，兰州市全年完成生产总值1913.5亿元，比上年增长10.4%。其中，第一产业增加值53.6亿元，增长6.3%；第二产业增加值829.2亿元，增长9.1%；第三产业增加值1030.7亿元，增长11.8%。

【农业】2014年，兰州市全年粮食总产量47.23万吨，比上年增产0.8%。其中，夏粮产量17.99万吨，增产2.61%；秋粮产量29.24万吨，减产0.3%。

粮食作物种植面积12.77万公顷，比上年下降0.31万公顷；蔬菜种植面积6.25万公顷，增加0.36万公顷，其中设施蔬菜种植面积0.74万公顷，增加0.07万公顷；中药材种植面积1.1万公顷，增加0.32万公顷。

【工业和建筑业】2014年，兰州市全年完成全部工业增加值594.3亿元，比上年增长8.2%。规模以上工业企业完成工业增加值565亿元，比上年增长8.1%。规模以上市属工业完成增加值125.9亿元，比上年增长14.5%。规模以上工业企业产品销售率93.8%，比上年下降0.7个百分点。

全年建筑业完成增加值234.96亿元，比上年增长11.6%。全市具有建筑业资质等级的总承包和专业承包建筑业企业完成总产值845.28亿元，增长11.7%。

【固定资产投资】2014年，兰州市全年完成固定资产投资1610.68亿元，比上年增长22.31%。其中，项目投资1274.14亿元，增长23.70%。按三次产业分，第一产业投资19.24亿元，增长79.71%；第二产业投资409.40亿元，增长12.76%，其中工业投资405.31亿元，增长13.69%；第三产业投资1182.04亿元，增长25.34%。

【科学技术】2014年，兰州市全年全市科技成果478项，比上年减少1项。其中，基础理论成果77项，应用技术成果339项，软科学成果62项。全年获得奖励184项，比上年增加8项。专利申请受理4288件，比上年增长9.8%；授权专利2139件，增长9.0%；授予发明专利权589件，增长4.1%。全年共签订技术合同2605项，减少14.28%；技术合同成交金额37.95亿元，增长18.4%。

【国内贸易和对外经济】2014年，兰州市全年完成社会消费品零售总额944.86亿元，比上年增长12.7%。按销售单位所在地统计，城镇完成社会消费品零售总额825.67亿元，增长12.5%，其中城区完成社会消费品零售总额661.65亿元，增长16.8%；乡村完成社会消费品零售总额119.19亿元，增长13.8%。

全年外贸进出口总值为45.6亿美元，比上年增长12.2%。其中，出口总值为40.07亿美元，增长11.4%；进口总值为5.53亿美元，增长17.6%。

【交通、邮电和旅游】2014年，兰州市全年交通运输、仓储和邮政业完成增加值140.77亿元，比上年增长2.7%。

全年各种运输方式完成货物周转量1737.67亿吨公里，旅客周转量436.56亿人公里。其中：铁路运输完成货运周转量1634.31亿吨公里，旅客周转量377.27亿人公里；公路运输完成货运周转量103.36亿吨公里，旅客周转量59.29亿人公里。

按2010年价格计算，全年完成邮电业务总量69.34亿元，比上年增长29.9%。其中：电信业务总量64.5亿元；邮政业务总量4.84亿元。年末固定电话用户76.72万户。其中：城市73.62万户；农村3.1万户。本年减少固定电话用户6.85万户。年末移动电话用户527.37万户，本年新增35.47万户。其中，3G移动电话用户275.3万户。年末固定互联网宽带接入用户数达73.72万户，互联网宽带接入端口149.7万个。

全年接待国内旅游人数3030.77万人次，比上年增长24.37%；入境旅游人数2.71万人次，比上年下降22.13%。国内旅游收入232.28亿元，比上年增长25.34%。

【金融和保险】2014年年末，兰州市全市金融机构本外币各项存款余额6639.67亿元，比上年末增长20.22%。金融机构人民币各项存款余额6617.51亿元，增长20.34%。其中，单位存款余额3996.22亿元，增长24.16%；城乡居民储蓄存款余额2262.94亿元，增长11.94%。年末全市金融机构本外币各项贷款余额5932.48亿元，比上年末增长25.75%。金融机构人民币各项贷款余额5612.72亿元，增长27.33%。

2014年全年保费收入74.52亿元，比上年增长13.61%。其中，财产险收入28.3亿元，增长21.93%；寿险收入38.68亿元，增长5.34%；健康险和意外伤害险收入7.54亿元，增长33.22%。全年赔付额29.93亿元，比上年增长28.73%。

2

2014年嘉峪关市经济发展概况

【经济总量】2014年，嘉峪关市全年实现地区生产总值（GDP）243.1亿元，比上年增长10.0%。其中，第一产业增加值4亿元，增长5.3%；第二产业增加值169.7亿元，增长11.3%；第三产业增加值69.4亿元，增长5.8%。其中批发和零售贸易业增加值17.1亿元，增长7.4%，住宿和餐饮业增加值1.73亿元，增长3.2%，金融保险业增加值5.6亿元，增长10%，房地产业增加值7.94亿元，下降10.1%。人均GDP为101955元。

【农业】2014年，嘉峪关市全年粮食总产量12499.98吨，比上年增产2.46%。其中，夏粮产量2500吨，减产7.41%。

粮食作物种植面积1.9万亩，比上年增加0.03万亩，其中：小麦种植面积0.6万亩，比上年增加0.01万亩；油料种植面积0.04万亩，减少0.02万亩；薯类种植面积0.14万亩，增加0.02万亩；蔬菜种植面积2.91万亩，增加0.12万亩。

【工业和建筑业】2014年，嘉峪关市全年完成工业增加值160.69亿元，比上年增长11.4%。规模以上工业企业完成工业增加值147.84亿元，比上年增长11.3%。其中，市属规模以上工业企业完成工业增加值35.04亿元，增长7.7%。规模以上工业企业产品产销率99.1%，比上年上升4.7个百分点。

全市建筑业实现增加值8.96亿元，比上年增长11.3%。

【固定资产投资】2014年，嘉峪关市全年完成固定资产投资125.24亿元，比上年增长21.63%。其中，第一产业投资2.11亿元，比上年增长78.32%；第二产业投资72.42亿元，下降1.31%，其中工业投资67.65亿元，下降1.3%；第三产业投资50.71亿元，增长78.53%。

【科学技术】2014年，嘉峪关市全年安排市级科技费900万元，组织实施市级科技计划项目53项，其中：工业类18项，农业类19项，社科类16项。获得国家、省立项科技计划项目15项，其中：国家科技计划项目4项，省级科技计划项目11项。省级以上科技成果15项，市级科技成果24项。技术合同成交金额39000万元。

【国内贸易和对外经济】2014年，嘉峪关市全年实现社会消费品零售总额42.53亿元，比上年增长12.7%。全年限额以上批发和零售业实现零售额22.4亿元，比上年增长8.8%。其中，石油及制品类零售额6.78亿元，下降10.1%；汽车类零售额8.25亿元，增长25.6%；粮油、食品、饮料、烟酒类零售额3.72亿元，增长8.2%；家用电器和音响器材类零售额0.15亿元，下降5.8%；中西药品类零售额0.28亿元，增长0.3%。

全年外贸进出口总值为32762万美元，比上年下降61%。其中，出口总值为5969万美元，增长3.54倍；进口总值为26793万美元，下降67%。

【交通、邮电和旅游】2014年，嘉峪关市全年交通运输、仓储和邮政业实现增加值18.7亿元，比上年增长4.4%。

全市公路运输业实现客运量6029.89万人次，比上年增长16.86%；旅客周转量91553.25万人公里，增长23.71%。货运量7356万吨，增长17.26%；货物周转量119980万吨公里，增长16.24%。历时四年建设，作为国家重点铁路建设项目的兰新高铁第二双线（又称兰新高铁、兰新客运专线），是我国首条在高海拔地区修建的高速铁路，于2014年12月26日全线开通，实现新疆等西部地区与内地的快速客运连接，同时使既有的兰新铁路货运运能得到释放。年末新建铁路投产里程（高铁）490公里，实现客运量187.64万人次，比上年下降0.3%；货运量890万吨，比上年增长1.6%。受进疆航班停运影响，民用航空完成旅客吞吐量31.45万人次，下降11.03%，货邮吞吐量1194吨，增长19.4%。机动车保有量48614辆，比上年增长9.13%，个人汽车拥有量36299辆，比上年增长19.62%。

按2010年价格计算，全年完成邮电业务总量5.86亿元，增长34.4%。其中，电信业务总量5.5亿元，增长19.21%；邮政行业业务总量0.36亿元，增长9.69%；邮政行业业务收入0.46亿元，增长11.44%；快递业务量（收寄）51.73万件，增长44.05%，快递业务量（投递）281.27万件，增长81.41%。年末固定电话用户9.99万户。其中：城市9.79万户，农村0.2万户。年末移动电话用户44.24万户，3G移动电话用户21.34万户。年末互联网宽带接入用户达到6.61万户。

全市实现旅游收入29亿元，增长28.51%。旅游人数450.48万人次，增长26.04%。游客平均停留天数为1.43天，比上年减少0.02天；客房出租率为44%，比上年下降8个百分点。

【金融和保险】2014年年末，嘉峪关市全市金融机构本外币各项存款余额334.81亿元，比上年末增长12.46%。全市金融机构人民币各项存款余额330.87亿元，增长12.04%。其中，单位存款余额198.87亿元，增长15.59%；城乡居民储蓄存款余额126.06亿元，增长11.76%。年末全市金融机构本外币各项贷款余额388.54亿元，比上年末增长10.02%。全市金融机构人民币各项贷款余额357.32亿元，比上年末增长11.37%。

全年保费收入51368.8万元。其中，财产险收入26139万元，增长8.63%；寿险收入25229.8万元，比上年增长14.74%。

3

2014年金昌市经济发展概况

【经济总量】2014年，金昌市全年实现地区生产总值（GDP）245.64亿元，按可比价计算，比上年增长7.8%。其中：第一产业增加值17.41亿元，增长5.19%；第二产业增加值170.28亿元，增长7.9%；第三产业增加值57.96亿元，增长7.5%。一、二、三产业结构比为7.1:69.3:23.6。人均GDP达到52336元（折合8520美元），比上年增长7.5%。

【农业】2014年，金昌市全年全市农作物播种面积达到111.53万亩，较上年增加0.81万亩，同比增长0.73%。其中：粮食作物播种面积69.95万亩，较上年减少1.78万亩，下降2.48%。小麦播种面积33.79万亩，较上年减少0.19万亩；大麦播种面积14.03万亩，减少3.19万亩；玉米播种面积18.23万亩，增加0.17万亩；薯类播种面积3.67万亩，增加1.23万亩；油料播种面积11.59万亩，增加0.35万亩；药材播种面积2.14万亩，增加0.09万亩；蔬菜播种面积20.35万亩，增加1.45万亩；其他作物播种面积5.52万亩，增加0.73万亩。

【工业和建筑业】2014年，金昌市全年全市实现工业增加值142.5亿元，比上年增长7.64%。其中：规模以上工业企业实现增加值139.91亿元，增长7.6%。规模以上工业中地方企业实现增加值19.8亿元，增长1%。

全年建筑业完成总产值106.38亿元，同比增长0.6%。全部建筑企业签订合同金额137.43亿元，下降7.4%。本年房屋建筑施工面积565.2万平方米，比上年增加31.44万平方米，增长4.9%；房屋竣工面积240.46万平方米，较上年增加54.57万平方米，增长29.4%。

【固定资产投资】2014年，金昌市全年完成固定资产投资247.16亿元，比上年增长22.54%。共实施投资项目416项，其中：新开工项目212项，本年投产项目203项。

【科学技术】2014年，金昌市全年全市组织实施科技计划项目67项，安排市拨科技三项费240万元。共申报国家（省）级科技项目117项，批准立项13项，其中：国家级项目3项，省级项目10项；受理专利申请

541件，已授权373件。

【国内贸易和对外经济】2014年，金昌市全年个体工商户户数累计19230户，同比增长0.17%；从业人员35915人，增长7.3%；注册资金12.68亿元。私营企业户数3308户，同比增长36.41%；从业人员44112人，增长22.93%；注册资金133.68亿元。全市非公有制经济实现纳税额2.64亿元，增长8.62%；全年实现非公经济增加值58.4亿元，增长17.8%。

全年全市累计实现进出口贸易总额195850万美元，同比下降48%，占全省进出口总额的23%。其中：出口额30822万美元，增长6.22倍；进口额165028万美元，下降55%。

【交通、邮电和旅游】2014年，金昌市全年全市交通基础设施建设完成投资5.62亿元。全市公路通车总里程2675.71公里。全年新建改建通村油路10条，共73.04公里。完成公路客运量100.12万人次，比上年增长6.09%，客运周转量5903.25万人公里，增长9.52%；货运量523.01万吨，增长38.06%，货运周转量50762万吨公里，增长38.02%。注册机动车总量61352辆，其中:汽车50297辆，本年新增注册7263辆。

全年全市完成邮电业务总量4.31亿元，比上年下降12.4%。年末全市固定电话用户4.17万户，其中：城市电话用户3.75万户，乡村电话用户0.43万户。移动电话用户47.57万户。年末全市固定及移动电话用户总数达到51.74万户。全年订阅报纸81.3万份，同比减少34.23%；杂志7.64万份，减少0.91%。

全年全市接待旅游人数227.48万人（次），比上年增长25.09%。其中：一日游游客154.8万人（次），过夜旅客64.19万人（次）。实现旅游接待收入11.91亿元，增长29.46%。

【金融和保险】2014年年末，金昌市全市金融机构本外币各项存款余额300.31亿元，比年初增加29.43亿元，与上年同期相比增长10.86%；金融机构本外币各项贷款余额236.44亿元，比年初增加27.54亿元，同比增长13.18%。

全年全市保险业实现保费收入6.7亿元，同比增长7.2%，其中：财产保险保费收入0.85亿元，增长2.4%；机动车险保费收入1.43亿元，下降15.88%。

4

2014年白银市经济发展概况

【经济总量】2014年，白银市全年实现地区生产总值（GDP）497.58亿元，比上年增长8.9%。其中：第一产业增加值57.11亿元，增长5.7%；第二产业增加值251.05亿元，增长10.4%；第三产业增加值189.42亿元，增长7.1%。三次产业结构比例由上年的11.62：54.73：33.65调整为11.48：50.45：38.07，与上年相比，第一产业下降0.14个百分点，第二产业下降4.28个百分点，第三产业提高4.42个百分点。按常住人口计算，人均生产总值29094元，比上年增长9.2%。

【农业】2014年，白银市全年完成农作物播种面积460.14万亩，比上年增加4.38万亩。其中：粮食种植面积363.34万亩，增长0.87%。小麦播种面积69.36万亩，下降0.17%；玉米播种面积146.45万亩，比上年增加5.21万亩，增长3.69%；薯类播种面积103.65万亩，下降0.75%；蔬菜种植面积28.34万亩，油料种植面积25.16万亩。粮食总产量达到83.27万吨，增长7.08%。其中：夏粮16.58万吨，增长10.51%；秋粮66.69万吨，增长6.26%。粮食亩产达到229.19公斤，较上年增加13.3公斤。蔬菜产量137.14万吨。油料、瓜类、水果产量分别为2.53万吨、13.52万吨、18.15万吨，红黑瓜籽产量1.31万吨。

【工业和建筑业】2014年，白银市全年实现工业增加值204.67亿元，比上年增长10.2%，其中：规模以上工业企业完成增加值161.05亿元，增长10%。在规模以上工业中，中央企业完成增加值34.82亿元，下降0.9%；省属企业完成增加值96.21亿元，增长18%；市以下企业完成增加值30.02亿元，下降0.3%。

全年完成建筑业增加值46.38亿元，比上年增长11.5%。全市具有建筑业资质等级建筑业企业68家，完成建筑业总产值74.5亿元，增长0.8%。

【固定资产投资】2014年，白银市全年完成固定资产投资428.44亿元，同比增长21.71%。其中:中央、省属单位完成30.09亿元，增长22.39%；地方投资完成398.36亿元，增长21.66%。按产业分：第一产业完成投资46.63亿元，增长61.44%；第二产业完成投资230.21亿元，增长9.58%，其中完成工业投资170.46亿元，增长12%；第三产业完成投资151.61亿元，增长34.1%。

【国内贸易和对外经济】2014年，白银市全年完成社会消费品零售总额152.35亿元，同比增长12.8%。其中：城镇零售额129.36亿元，增长11.55%；乡村零售额22.99亿元，增长20.31%。批发业实现零售额11.29亿元，增长13.02%；零售业实现零售额123.4亿元，增长12.55%；住宿和餐饮业实现零售额17.66亿元，增长15.4%。

【交通、邮电和旅游】2014年，白银市全年交通运输和邮电通信业实现增加值33.09亿元，比上年增长6.9%。全年完成公路客运量4941万人，客运周转量214283万人公里；公路货运量11235万吨，货运周转量2274708万吨公里。

全年完成邮电业务总量11.44亿元，比上年增长5.73%。本地固定电话用户年末达到20.88万户，其中：城市用户年末达14.08万户；农话用户年末达到6.8万户。移动电话用户年末达到159.12万户，增加13.58万户；电话普及率达到105部／百人。

全年接待旅游人数589.01万人次，比上年增长22.92%；实现旅游综合收入32.93亿元，增长24.6%，旅游业新增直接就业人数2751人，增长10%。

【金融和保险】2014年年末，白银市全市金融机构本外币各项存款余额578.97亿元，同比增长9.71%。其中，储蓄存款余额330.02亿元，增长23.32%。金融机构本外币各项贷款余额407.31亿元，增长17.28%。其中:短期贷款余额223.46亿元，增长9.29%；中长期贷款178.23亿元，增长29.48%。

全市共有保险公司19家。其中：财产保险公司11家，人身保险公司8家。全年实现保费收入15亿元，比上年增长13%，其中：财产险保费收入5.3亿元，增长11.8%；人身险保费收入9.7亿元，增长13.6%。全年处理财产险综合赔付率达到57.13%，赔款支付6.2亿元。

5

2014年天水市经济发展概况

【经济总量】2014年，天水市全年实现地区生产总值（GDP）496.89亿元，按可比价格计算，比上年增长8.9%。其中第一产业增加值90.65亿元，增长6.2%；第二产业增加值193.02亿元，增长11.3%；第三产业增加值213.22亿元，增长7.6%。第一、二、三产业增加值占生产总值的比重18.3：38.8：42.9。

【农业】2014年，天水市全年实现农林牧渔业增加值90.65亿元，比上年增长6.22%。其中种植业增加值78.14亿元，增长6.57%；林业增加值1.24亿元，增长2.95%；牧业增加值10.98亿元，增长4.02%；渔业增加值0.12亿元，增长11.47%。

【工业和建筑业】2014年，天水市全年规模以上工业企业完成工业增加值113.16亿元，比上年增长10.5%。其中市属工业企业增加值50.6亿元，增长20%。分轻重工业看，重工业增加值54.01亿元，增长10.3%；轻工业增加值59.15亿元，增长11.6%。分经济类型看，股份制企业增加值57.08亿元，增长17.2%；国有企业增加值53.38亿元，增长4.7%。

【固定资产投资】2014年，天水市全年完成固定资产投资537.76亿元，比上年增长21.42%。其中项目投资502.77亿元，增长24.49%。按三次产业分，第一产业投资36.71亿元，增长42.92%；第二产业投资170.7亿元，增长9.97%。其中工业投资152.12亿元，增长7.1%；第三产业投资330.35亿元，增长26.1%。

【科学技术】2014年，天水市全市共组织实施市级以上科技项目329项，取得科技创新成果107项，其中87项达到国内先进以上水平。建成省级工程技术研究中心17家，重点实验室5家，国家、省级创新型企业及试点企业11家，其中国家级5家、省级6家。高新技术企业29家。

【国内贸易和对外经济】2014年，天水市全年实现社会消费品零售总额224.28亿元，比上年增长12.7%。按经营地统计，城镇零售额160.97亿元，增长11.5%；乡村零售额63.31亿元，增长15.9%。

全年完成进出口总额3.72亿美元，比上年增长1%。其中出口总额2.51亿美元，下降6.84%；进口总额1.21亿美元，增长22.38%。

【交通、邮电和旅游】2014年，天水市全年公路通车总里程1.04万公里。全社会公路客运量4310万人，比上年增长16%；客运周转量17.24亿人公里，增长17.2%。货运量2682万吨，比上年增长23%；货运周转量52.42亿吨公里，增长25.88%。

全年完成邮电业务总量19.18亿元，比上年增长13.8%。年末本地固定电话用户30.44万户，比上年增长4.7%；移动电话（包含移动、联通、电信部门）用户258.2万户，增长11.6%。

全年累计接待海内外游客1703万人次，比上年增长28.05%；实现旅游综合收入96.5亿元，增长28.18%。

【金融和保险】2014年年末，天水市金融机构本外币各项存款余额898.21亿元，比上年增长13.4%。金融机构人民币各项存款余额897.31亿元，比上年增长13.39%。其中个人存款605.02亿元，增长12.85%。金融机构本外币各项贷款余额475.1亿元，比上年增长22.44%。金融机构人民币各项贷款余额473.72亿元，比上年增长22.19%。其中短期贷款126.42亿元，增长9.74%；中长期贷款347.07亿元，增长27.65%。

全年实现保费收入12.77亿元，比上年增长17.91%。其中财险收入4.22亿元，增长19.55%；寿险收入8.55亿元，增长17.12%。

6

2014年武威市经济发展概况

【经济总量】2014年，武威市全年实现地区生产总值（GDP）405.97亿元，按可比价计算，比上年增长9.1%。其中:第一产业增加值94.7亿元，增长6%；第二产业增加值172.89亿元，增长11.3%；第三产业增加值138.37亿元，增长8.3%。

按常住人口计算，人均生产总值22385元，比上年增长12.25%。三次产业结构由2013年的23.4：43.6：33调整为23.3：42.6：34.1，第一、第二产业所占比重分别下降0.1、1个百分点，第三产业比重上升1.1个百分点，经济结构进一步优化。

【农业】2014年，武威市全年完成农作物播种面积370.97万亩，同比增加4.25万亩。其中：粮食作物总播种面积201.32万亩，增长1.2%，经济作物播种面积169.65万亩，增长1.1%，粮经比由上年的54.2：45.8调整到54.3：45.7。粮食作物中，夏粮播种面积39.86万亩，下降11.7%，秋粮播种面积161.46万亩，增长4.98%，夏秋比由上年的22.7：77.3调整到19.8：80.2。

【工业和建筑业】2014年，武威市全年完成工业增加值119.72亿元，按可比价计算，比上年增长11.4%。其中，规模以上工业增加值97.05亿元，增长10.8%。

全年完成建筑业增加值53.17亿元，增长11.6%。

【固定资产投资】2014年，武威市全市实施500万元及以上在建项目953项，比2013年减少65项，计划总投资1433亿元，比去年同期增加5亿元。其中亿元以上项目311项，比2013年增加34项。完成全社会固定资产投资836.2亿元，增长22.11%。

【科学技术】2014年，武威市全年组织实施科技项目114项，其中国家级12项，省级30项，市级72项；组织鉴定各类科技成果70项；获得省部级奖励1项。研究与实验发展经费支出占生产总值的比重达1.9%，比上年提高0.5个百分点。

【国内贸易和对外经济】2014年，武威市全年实现社会消费品零售总额131.7亿元，增长12.7%，其中，城镇实现零售额88亿元，增长13.4%；乡村实现零售额43.7亿元，增长11.2%。

全年实现外贸进出口总额3968万美元，增长69.5%，其中：进口755万美元，增长326%；出口3213万美元，增长48.5%。

【交通、邮电和旅游】2014年，武威市全年交通运输、仓储、邮政业实现增加值34.83亿元，比上年增长11.4%。

全年完成公路运输周转量101.64亿吨公里，增长22.2%。其中，客运量4891.5万人，增长3.4%，客运周转量343332.4万人公里，增长12.3%；货运量3914.94万吨，增长42%，货运周转量982068.76万吨公里，增长22.6%。

全年邮电业务总量达到12.34亿元，增长11.78%。其中：邮政业务总收入0.68亿元，增长2.53%；电信业务总量达11.66亿元，增长12.05%。年末固定电话用户17.98万户，比上年减少1.95万户；年末移动电话用户128.75万户，新增8.02万户；年末互联网宽带接入用户达到14.63万户，增加2.37万户。

全年接待国内外游客631.2万人次，比上年增长23.6%，实现旅游总收入31.75亿元，增长27.35%。

【金融和保险】2014年，武威市全年金融机构本外币存款余额704.58亿元，增长16.4%；各项贷款余额527.95亿元，增长32.26%。月末余额存贷比为74.93%。继续扩大惠农贷款规模和覆盖面，发放“双业”贷款5.85万户、76.9亿元，累计达9.58万户、128.53亿元；“双联”贷款1.82万户、14.45亿元，累计达3.65万户、27.17亿元。

全市保险系统实现保费收入13.19亿元，增长25.26%。其中，财产险公司保费收入4.34亿元，增长29.16%；人身险公司保费收入8.85亿元，增长23.43%。累计赔付支出及满期年金给付3.2亿元，增长9.5%。其中，财产险公司支付赔款1.58亿元，增长3.3%；人身险公司死伤医疗给付0.36亿元，增长20%；人身险公司满期年金给付1.26亿元，增长14.5%。

7

2014年张掖市经济发展概况

【经济总量】2014年，张掖市全年实现地区生产总值（GDP）353.43亿元，比上年增长8%。其中，第一产业增加值88.98亿元，增长5.4%；第二产业增加值119.04亿元，增长8.1%；第三产业增加值145.41亿元，增长9.6%。文化产业实现增加值7.03亿元，比上年增长24.67%，占生产总值的1.98%。按常住人口计算，人均生产总值29163元，比上年增长7.9%。三次产业结构调整为25.2：33.7：41.1，与上年相比，第一产业比重下降0.7个百分点，第二产业比重下降1.4个百分点，第三产业比重上升2.1个百分点。

【农业】2014年，张掖市全年粮食种植面积275.5万亩，比上年减少2.18万亩；油料种植面积38.23万亩，增加1.08万亩；蔬菜种植面积42.98万亩，增加4.69万亩；棉花种植面积2.86万亩，减少0.73万亩；中药材种植面积22.62万亩，增加1.94万亩。

【工业和建筑业】2014年，张掖市全年完成全部工业增加值85.23亿元，比上年增长6.9%。规模以上工业增加值66.59亿元，增长5.4%。

全年建筑业实现增加值36.27亿元，比上年增长11.7%。全市具有资质等级的总承包和专业承包建筑业企业实现利润6.98亿元，增长21.4%。

【固定资产投资】2014年，张掖市全年完成固定资产投资275.69亿元，增长21.45%。按三次产业分，第一产业投资26.14亿元，增长123.6%；第二产业投资113.52亿元，增长15.7%，其中，工业投资98.99亿元，增长13.5%；第三产业投资136.03亿元，增长16.1%。民间固定资产投资180.12亿元，增长30.1%，占固定资产投资的比重为65.3%。

【科学技术】2014年年末，张掖市共有科研机构5个，各类专业技术人员2.25万人。其中工程技术人员0.13万人、农业技术人员0.16万人、卫生技术人员0.44万人、教学人员1.45万人。全年财政科学技术支出7222万元，比上年增长16.82%。全年共取得市、省级以上科技成果71项，获得奖励项目99项。受理专利申请714件，授权专利199件，授予发明专利权23件。全年共签订技术合同62项，比上年增加15项，技术合同成交金额11.07亿元，比上年增长19.03%。

【国内贸易和对外经济】2014年，张掖市全年实现社会消费品零售总额118.4亿元，比上年增长12.4%。按经营地统计，城镇消费品零售额87.3亿元，增长11.2%；乡村消费品零售额31.1亿元，增长16.2%。按消费类型统计，商品零售95.4亿元，增长10.4%；餐饮收入23亿元，增长21.8%。在限额以上企业商品零售额中，粮油、食品、饮料、烟酒类零售额比上年增长20.6%，服装、鞋帽、针纺织品类增长43.4%，化妆品类增长42.5%，金银珠宝类增长25.8%，日用品类增长14.7%，家用电器和音像器材类增长3.5%，中西药品类增长11%，石油及制品类下降5.7%，汽车类下降20.6%。

全年外贸进出口总值为2327万美元，与上年持平。其中，出口总值2316万美元，增长1%；进口总值11万美元，下降48%。

【交通、邮电和旅游】2014年，张掖市全年交通运输、仓储和邮政业实现增加值22.42亿元，比上年增长7.5%。

全年完成客运量4905万人，旅客周转量199100万人公里，货运量3499万吨，货物周转量235704万吨公里。全年张掖机场年旅客吞吐量5.56万人次，比上年增长32%。年末客运线路350条，公交线路62条，公交车辆257辆，出租车辆1956辆，货车28873辆。年末机动车保有量13.69万辆，其中客运车辆7.98万辆，货运车辆3.15万辆。汽车保有量11.26万辆，比上年末增长16.7%。

全年完成邮电业务收入76248万元，增长2.4%。其中，邮政业务收入7734万元，同比增长6.5%；电信业务收入68514万元，增长2%。快递行业业务总量完成74.06万件，同比增长88.24%。快递业务收入完成1957.43万元，同比增长44.87%。年末电话用户总数达到146.04万户，其中固定电话用户27.25万户，移动电话用户118.79万户。固定电话普及率22.5部/百人，移动电话普及率98部/百人。固定互联网宽带接入用户15.79万户，比上年增加1.68万户。

全年接待国内外游客1100万人次，比上年增长46.2%。实现旅游综合收入58.95亿元，增长50.7%，旅游综合收入占生产总值的比重为16.7%。

【金融和保险】2014年年末，张掖市全市金融机构各项贷款余额为390.72亿元，比上年增加96.82亿元，增长32.9%。各项存款余额500.51亿元，比上年增加64.05亿元，增长14.7%。其中，居民储蓄存款余额294.09亿元，增加34.54亿元，增长13.3%。

全年保费收入151700万元，比上年增长10.9%。其中，财产险收入49831万元，增长30.07%；寿险收入101869万元，增长3.43%。全年赔付支出34275万元，比上年增长22.2%。其中，财产险赔付支出17441万元，增长30.07%；寿险赔付支出16834万元，增长15.03%。

8

2014年平凉市经济发展概况

【经济总量】2014年，平凉市全年实现地区生产总值（GDP）350.53亿元，比上年增长8%。其中，第一产业增加值85.08亿元，增长6.4%；第二产业增加值134.3亿元，增长7.5%；第三产业增加值131.15亿元，增长9.1%。批发和零售贸易业增加值12.08亿元，增长9.0%；金融保险业增加值13.63亿元，增长11.4%；房地产业增加值12.27亿元，增长4.6%。

【农业】2014年，平凉市全年粮食总产量114.52万吨，比上年增产3.05%。其中，夏粮产量40.25万吨，增产8.17%；小麦产量40.06万吨，增产8.33%；秋粮产量74.27万吨，增产0.47%；玉米产量49.38万吨，增产3.24%。全年谷物产量93.49万吨，增产3.08%。

【工业和建筑业】2014年，平凉市全年全部工业完成增加值97.23亿元，增长6.5%。规模以上工业增加值83.46亿元，增长5%。规模以上工业企业产品销售率95.8%，比上年提高10.9个百分点。

全年全社会建筑业完成增加值37.07亿元，增长11.9%。

【固定资产投资】2014年，平凉市全年固定资产投资完成537.56亿元，增长21.39%。实施500万元以上各类建设项目1079项，完成投资499.15亿元，增长23.92%；5000万元以上投资项目411项，完成投资374.39亿元，下降1.13%；亿元以上投资项目113项，完成投资173.87亿元，下降40.98%；过10亿元投资项目7个，完成投资49.01亿元，下降27.18%。

固定资产投资中，第一产业完成投资44.78亿元，增长93.8%；第二产业完成投资283.57亿元，增长11.11%；第三产业完成投资209.2亿元，增长27.16%。

【科学技术】2014年，平凉市全年争取国家和省上科技项目18项，资金1218万元。国家项目4项，落实资金384万元；省列项目14项，落实资金834万元；安排实施市列科技项目10项，经费100万元。本年度共评出科技进步奖172项，一等奖18项，二等奖115项，三等奖39项。

【国内贸易和对外经济】2014年，平凉市全年社会消费品零售总额完成152.71亿元，增长12.7%。从销售所在地分，城镇消费品零售额107.25亿元，增长12.2%；乡村消费品零售额45.46亿元，增长13.8%。从商品形态看，餐饮业实现收入额21.98亿元，增长16.5%；商品零售业实现收入额130.73亿元，增长12.1%。从销售营业情况看，批发业实现销售额79.36亿元，增长7.4%；零售业实现销售额178.15亿元，增长22.21%；住宿业实现营业额7.95亿元，增长8.6%；餐饮业实现营业额30.13亿元，增长21.42%。

全年进出口总额2833万美元，增长51%。出口2770万美元，进口62.6万美元。

【交通、邮电和旅游】2014年，平凉市全年交通运输、仓储和邮政业实现增加值18.62亿元，增长14.7%。全年完成公路客运量3407万人次，比上年增长6%，客运周转量17.97亿人公里，增长13%，货运量3887万吨，增长15.29%，货运周转量89.68亿吨公里，增长30.4%。

全年完成邮电业务总量16.52亿元，增长35.74%。电信业务总量15.97亿元，增长37.32%；邮政业务总量5547万元，增长2.61%。电信业全年新增移动电话交换机容量38.46万户。年末电话用户总数达到196.37万户，固定电话用户21.62万户，移动电话用户174.75万户；固定电话普及率10部/百人，移动电话普及率84部/百人。固定互联网宽带接入用户15.73万户，比上年增加3.65万户；移动宽带用户7.64万户，增加0.03万户。互联网上网人数135.83万人，增加5.33万人；手机上网人数123.03万人，增加4.42万人。

全年接待国内外游客1090万人（次），增长25.6%。国内游客1089.94万人（次），增长25.6%；境外游客627人（次），下降46.2%。旅游综合收入56.20亿元，增长26.0%。国内收入56.19亿元，增长26.0%；境外收入63.91万元，下降44.9%。

【金融和保险】2014年年末，平凉市全市金融机构本外币各项存款余额624.03亿元，增长5.63%。人民币各项存款余额623.62亿元，增长5.64%。单位存款195.51亿元，下降8.19%；城乡居民储蓄存款402.87亿元，增长15.95%。年末金融机构本外币各项贷款余额398.36亿元，增长24.63%。人民币各项贷款398.20亿元，增长24.65%。短期贷款140.58亿元，增长31.35%；中长期贷款256.24亿元，增长22.99%。

全年保费收入9.76亿元，增长14.55%。财险收入4.63亿元，增长17.22%；寿险收入4.46亿元，增长9.05%；健康险和意外伤害险收入6684万元，增长37.87%。财险赔款1.43亿元，下降7.2%；健康险和意外伤害险赔付141.82万元，增长19.91%。

9

2014年酒泉市经济发展概况

【经济总量】2014年，酒泉市全年实现地区生产总值（GDP）620.2亿元，比上年增长7.8%。其中，第一产业增加值81.7亿元，增长5.6%；第二产业增加值292.5亿元，增长8.1%；第三产业增加值246亿元，增长7.9%。按常住人口计算，全市人均GDP为55872元，按2014年平均汇率折算达9131美元。三次产业结构由上年的12.1：53：34.9调整为13.2：47.2：39.6。

【农业】2014年，酒泉市全年实现农林牧渔及其服务业增加值81.7亿元，比上年增长5.6%。

全市农作物播种面积258.9万亩，比上年增加1.9万亩，增长0.7%。其中，粮食种植面积59.5万亩，增加0.6万亩，增长1%；棉花种植面积35.5万亩，减少2.6万亩，下降6.8%；油料种植面积5.5万亩，增加1.2万亩，增长27.1%；蔬菜、瓜类、制种、啤酒花、药材、孜然等高效特色产业面积达到158.4万亩，增加2.7万亩，增长1.7%。

【工业和建筑业】2014年，酒泉市全年全市工业增加值达到229.4亿元，比上年增长7.4%，占GDP的比重为37%。地方工业增加值174.9亿元，比上年增长7.6%。全市规模以上工业增加值达202.8亿元，比上年增长6.8%。其中，国有控股企业117.6亿元，增长6.5%；股份制企业176.8亿元，增长7.1%；外商及港澳台投资企业2.9亿元，下降7.6%；私营企业18.3亿元，增长4%。分轻重工业看，轻工业增加值7.2亿元，比上年下降6.9%；重工业增加值195.6亿元，比上年增长7.3%。

全年全社会建筑业增加值63.1亿元，比上年增长11.7%。全市具有资质等级的总承包和专业承包建筑业企业实现营业收入106.9亿元，与上年持平，其中国有及国有控股企业11.9亿元，增长5.6%；上缴税金7.53亿元，增长6.9%，其中国有及国有控股企业0.86亿元，增长6.1%；实现利润6.93亿元，增长0.9%。

【固定资产投资】2014年，酒泉市全市固定资产投资达到1003.7亿元，比上年增长21%。分产业看，第一产业投资82.4亿元，增长74.7%；第二产业投资614.1亿元，增长18.7%，其中工业投资571亿元，增长16.4%，占全市投资额的比重达57.1%；第三产业投资307.2亿元，增长15.8%。分行业看，交通运输业投资41.8亿元，增长44.4%；水利、环境和公共设施管理业投资78.3亿元，增长48.3%；科学研究和技术服务业投资23.2亿元，增长51.3%；信息传输、软件和信息技术服务业投资6.7亿元，增长35.6%；教育投资7.3亿元，增长55.4%。

【科学技术】2014年年末，酒泉市全市共有各类专业技术人员27790人，比上年增长5.5%。其中具有中级及中级以上职称人员8028人，比上年增长4.6%。全市研究与实验发展（R&D）经费支出6.5亿元，比上年增长26.2%，占GDP的比重为1.05%。财政投入科技经费11677万元，比上年增长27.7%。全年引进新技术成果263项，申请专利1507项，授权专利340项，其中发明7项。全年签订技术合同60项，技术合同成交额20.16亿元，比上年增长34.4%。

【国内贸易和对外经济】2014年，酒泉市全年社会消费品零售总额达到156.8亿元，比上年增长12.6%，扣除价格因素，实际增长9.96%。按经营地统计，城镇消费品零售额134亿元，增长13%；乡村消费品零售额22.8亿元，增长10.1%。按消费形态统计，商品零售额141.2亿元，增长13.6%；餐饮收入额15.6亿元，增长4.5%。

全市外贸进出口企业134个，实现进出口总额7621.1万美元，比上年下降28.8%。其中，进口656.4万美元，下降15.3%；出口6964.7万美元，下降29.9%。

【交通、邮电和旅游】2014年，酒泉市全年交通运输、仓储和邮政业完成增加值38.8亿元，比上年增长6.7%。

年末全市公路总里程达16650.17公里。高速公路里程501.84公里，等级公路里程15135.64公里。年末民用汽车保有量121948辆，比上年增长14.7%，其中本年新注册汽车18430辆，增长2.4%；轿车48072辆，增长18%。年末私人汽车保有量106042辆，增长16.9%，其中本年新注册汽车18430辆，增长2.4%。年末私人轿车保有量43876辆，增长18.7%，其中本年新注册轿车7417辆，增长3.1%。全年公路运输货运量3090万吨，比上年增长6.7%，货物周转量107.63亿吨公里，比上年增长38%；公路客运量7996万人，比上年增长4.5%，旅客周转量51.24亿人公里，比上年增长37.6%。

全年邮电业务总量9.89亿元，比上年增长10.8%。其中，邮政业务总量0.71亿元，增长13.9%；电信业务总量9.18亿元，增长10.5%。邮政业全年完成快递业务量146.71万件，快递业务收入3519.52万元。电信业全年新增移动电话交换机容量85.4万门，达到309.38万门。年末全市电话用户总数达到163.2万户，其中固定电话用户35.6万户，移动电话用户127.6万户。电话普及率为120.2部/百人。国际互联网用户达13.14万户，普及率为39.6%。

全年旅游接待人数1384.2万人次，比上年增长26%，其中接待海外游客2.36万人次，下降50.8%。全年旅游收入120.5亿元，比上年增长26%；旅游创汇收入531.3万美元，比上年下降54.5%，其中旅游商品创汇收入124.3万美元，下降54.5%。

【金融和保险】2014年年末，酒泉市金融机构本外币各项存款余额840.73亿元，比上年末增长9.7%，其中人民币各项存款余额837.61亿元，增长9.6%。金融机构本外币各项贷款余额585.62亿元，增长25.4%，其中人民币各项贷款余额585.46亿元，增长25.4%。全部金融机构人民币消费贷款余额45.67亿元，比上年末增长56.5%。其中，短期消费贷款余额12.08亿元，增长76.1%；中长期消费贷款余额33.59亿元，增长50.5%。

全年保险公司保费收入19.24亿元，比上年增长24.2%。其中，财产险收入4.82亿元，增长17.1%；寿险收入14.42亿元，增长26.5%。支付各类赔款及给付6.53亿元，比上年增长1.8%。其中，财产险赔付金额2.04亿元，下降8.9%；寿险赔付金额4.49亿元，增长6%。

10

2014年庆阳市经济发展概况

【经济总量】2014年，庆阳市全年实现地区生产总值（GDP）668.93亿元，按可比价计算（下同），比上年增长10.2%。其中，第一产业增加值80.62亿元，增长5.8%；第二产业增加值424.14亿元，增长11.4%；第三产业增加值164.17亿元，增长8.9%。国民经济主要比例关系为第一产业增加值占生产总值的比重为12.1%，第二产业增加值比重为63.4%，第三产业增加值比重为24.5%。按常住人口计算，人均生产总值30090元，增长10.1%。

【农业】2014年，庆阳市全市粮食作物播种面积696.65万亩，比上年增长1.1%，粮食总产量达到164.23万吨，增长3.3%。其中夏粮播种面积186.57万亩，下降0.1%，总产量40.88万吨，增长20.2%；秋粮播种面积517.70万亩，增长1.5%，总产量123.36万吨，下降1.3%。油料播种面积106.58万亩，下降2.5%，总产量14.67

万吨，增产4.5%；蔬菜面积124.09万亩，增长1.5%，产量87.27万吨，增长7.1%；果园面积171.77万亩，其中：当年新栽17.8万亩。水果总产量65.05万吨，增长12.5%，其中苹果面积119.91万亩，产量54.37万吨，增长15.4%。全年完成农业总产值141.97亿元，按可比价格计算，增长5.3%。

【工业和建筑业】2014年，庆阳市全年完成全部工业增加值387.74亿元，比上年增长11.4%。其中，规模以上工业增加值完成371.04亿元，增长11.2%，规模以上工业中地方工业完成增加值39.58亿元，增长6.4%。规模以上工业完成销售产值688.26亿元，产品销售率为97.1%。

全市资质以上建筑企业79户，比上年减少1户；全年建筑企业实现增加值36.44亿元，比上年增长11.8%。

【固定资产投资】2014年，庆阳市全市固定资产投资总额完成1122.57亿元，比上年增长17.8%。其中：第一产业投资额29.99亿元，增长2.7倍；第二产业投资额802.08亿元（含长庆油田公司154.30亿元），增长21.4%；第三产业投资额290.50亿元，增长2.1%。在投资总额中，地方完成固定资产投资总额968.27亿元，比上年增长21.5%。

【科学技术】2014年，庆阳市全市事业单位各类专业技术人员43757，其中，高级技术人员2174人。

【国内贸易和对外经济】2014年，庆阳市全市完成社会消费品零售总额164.00亿元，比上年增长12.6%。其中，城镇消费品零售额123.02亿元，增长11.5%；农村消费品零售额40.99亿元，增长15.9%。分行业看，批发业36.16亿元，增长10.1%；零售业110.24亿元，增长13.9%；住宿业1.53亿元，增长10.4%；餐饮业16.07亿元，增长9.7%。

全市外贸出口创汇7269万美元，比上年下降16.1%。

【交通、邮电和旅游】2014年，庆阳市全市货物运输量3102.50万吨，比上年下降32.6%，货物周转量606360.84万吨公里，下降21.9%；旅客运输量2771.15万人，下降25.7%，旅客周转量175198.61万人公里，增长20.4%。

全年完成邮政通信业务总量17.28亿元，比上年增长16.3%。其中，邮政业务总量0.99亿元，增长13.0%；电信业务总量5.7亿元，增长22.2%；移动通信业务总量9.4亿元，增长4.4%；联通业务总量1.2亿元，增长12.9%。固定电话用户年末累计达到21.31万户，下降4.4%；移动电话年末累计达到227.22万户，增长3.4%；互联网用户年末达到16.74万户，增长19.6%。年末全市各类电话普及率达到111.8部/百人，每百人比上年增加1.8部。

全年接待国内外旅游人数449.40万人次，实现旅游收入20.71亿元，分别比上年增长21.7%和25.1%。

【金融和保险】2014年年末，庆阳市全市金融机构各项存款余额669.31亿元，比上年净增69.33亿元，增长11.6%。其中储蓄存款余额449.13亿元，比上年净增54.08亿元，增长13.7%。各项贷款余额447.54亿元，比上年净增109.76亿元，增长32.5%。

全年保费总收入107398万元，比上年下降3.2%。其中，寿险保费收入50192万元，比上年下降18.2%；财险保费收入57206万元，比上年增长15.3%。支付各类赔款及给付39130万元，比上年增长15.3%。其中，寿险支付11895万元，比上年增长19.8%；财险支付27235万元，比上年增长13.5%。

青海省

| 西宁市 | 海东市 | 海北州 | 黄南州 | 海南州 |

1

2014年西宁市经济发展概况

【经济总量】2014年，西宁市全年实现地区生产总值（GDP）1077.14亿元，增长13.5%。其中：第一产业增加值37.75亿元，增长5.4%，对全市经济的贡献率为1.2%，拉动经济增长0.2个百分点；第二产业增加值560.73亿元，增长16.7%，贡献率为69.3%，拉动经济增长9.3个百分点，其中工业拉动8.5个百分点；第三产业增加值478.66亿元，增长9.7%，贡献率为29.5%，拉动经济增长4.0个百分点。三次产业结构比由2013年的3.7：52.6：43.7调整为2014年的3.5：52.1：44.4。

【农业】2014年，西宁市全年农作物播种面积183.26万亩，其中：粮食播种面积84.61万亩，下降1.0%；油料播种面积49.16万亩，增长1.3%；蔬菜播种面积32.93万亩，增长1.9%；中草药材播种面积1.67万亩，增长28.5%；其他农作物播种面积14.89万亩，下降2.7%；油料、蚕豆、马铃薯、蔬菜特色农作物播种面积达到121.33万亩，占总播种面积的66.2%。

【工业和建筑业】2014年，西宁市全年完成工业增加值476.85亿元，增长17.3%，其中：规模以上工业增加值406.80亿元，增长17.3%。

【固定资产投资】2014年，西宁市全市完成固定资产投资1176.61亿元，增长27.1%。其中，市属固定资产投资893.02亿元，增长27.4%。

从产业看，第一产业完成投资45.85亿元，增长59.3%；第二产业完成投资529.66亿元，增长30.0%，其中：工业投资477.97亿元，增长25.4%；第三产业完成投资601.10亿元，增长22.8%。

【国内贸易和对外经济】2014年，西宁市全年完成社会消费品零售总额412.86亿元，增长13.3%。

按销售地区分，城镇实现零售额376.53亿元，增长13.1%；乡村实现零售额36.33亿元，增长15.8%。

全年实现进出口总值15.97亿美元，增长28.7%，其中：进口总值5.13亿美元，增长11.0%；出口总值10.84亿美元，增长39.2%。

【交通、邮电和旅游】2014年，西宁市全年货运总量6221万吨，增长20.1%，其中：铁路458万吨，下降6.7%；公路5761万吨，增长22.9%；航空1.98万吨，增长1.71倍。货物周转量269.25亿吨公里，增长11.9%，其中：铁路160.91亿吨公里，增长8.3%；公路108.22亿吨公里，增长17.7%；航空0.12亿吨公里，下降0.7%。全年客运总量2232万人次，增长14.4%，其中：铁路444万人次，增长3.2%；公路1587万人次，增长17.2%；航空200.97万人次，增长20.3%。客运周转量91.10亿人公里，增长11.3%，其中：铁路39.42亿人公里，增长2.6%；公路22.08亿人公里，增长17.0%；航空29.61亿人公里，增长20.6%。

全年完成邮电业务总量35.85亿元，增长25.6%，其中：邮政2.75亿元，增长20.0%；电信33.10亿元，增长26.1%。年末市话用户64.44万户，下降2.7%，其中：住宅电话45.07万户，下降5.4%。移动电话用户277.91万户，增长0.7%。互联网用户42.24万户，增长9.1%。

全年接待国内外游客1443.25万人次，增长10.4%。旅游总收入126.83亿元，增长25.9%。

【金融和保险】2014年年末，西宁市全市金融机构人民币各项存款余额3104.76亿元，比年初增加282.30亿元，同比增长10.0%，其中个人存款余额1093.09亿元，增长9.3%。人民币各项贷款余额3328.22亿元，比年初增加596.04亿元，同比增长22.0%，其中：短期贷款余额691.39亿元，增长3.9%；中长期贷款余额2433.22亿元，增长26.2%。

全年保费收入31.47亿元，增长18.7%，其中：财产险保费收入15.21亿元，增长18.3%；人寿险保费收入16.26亿元，增长19.2%。全年赔款支出17.64亿元，增长82.6%，其中：财产险赔款支出12.90亿元，增长1.23倍；人寿险赔款支出4.74亿元，增长22.2%。

2

2014年海东市经济发展概况

【经济总量】2014年，海东市全年实现地区生产总值（GDP）377.7亿元，按可比价格计算，比上年增长15.1%。分产业看，第一产业增加值53.1亿元，增长5.1%；第二产业增加值201.3亿元，增长20.4%；第三产业增加值123.3亿元，增长11.5%。从贡献率看：第一产业贡献率5.0%，拉动地区生产总值增长0.8个百分点；第二产业贡献率69.1%，拉动地区生产总值增长10.4个百分点；第三产业贡献率25.9%，拉动地区生产总值增长3.9个百分点。

【农业】2014年，海东市全年全市完成农林牧渔服务业增加值53.1亿元，按可比价格计算，比上年增长5.1%。农、牧、渔业对农林牧渔服务业增加值增长的贡献率分别为53.8%、40.5%、3.8%。

【工业和建筑业】2014年，海东市全年全市全部工业增加值150.6亿元，比上年增长18.4%。年末全市在库规模以上工业企业93家，全年规模以上工业增加值115.2亿元，比上年增长18.1%；分行业看：采矿业工业增加值15.8亿元，增长37.2%，制造工业增加值77.8亿元，增长16%，电力、热力、燃气生产和供应业工业增加值21.6亿元，增长2.6%；规模以上工业产品产销率93.35%，比上年提高0.43个百分点。

全年全社会建筑业增加值50.7亿元，按可比价计算，比上年增长27.8%。具有资质等级的总承包和专业承包建筑企业51家，比上年增加3家。

【固定资产投资】2014年，海东市全年全市完成固定资产投资508.1亿元，比上年增长25.32%。从投资类型看：全市国有及国有控股企业完成投资253.6亿元，增长63.5%；民间投资241.1亿元，增长3.99%；港澳台及外商投资13.4亿元，下降27.45%。在二产业投资中工业性投资115.8亿元，比上年下降4.3%，其中一般性工业投资95亿元，下降3.4%

【科学技术】2014年年末，海东市全市各类科技人员2.7万人。全年引进新技术38项，新品种75项。争取科技项目43项，项目总投资4.2亿元，争取无偿援助资金3435万元。申请各类专利110件，专利授权60件。

【国内贸易和对外经济】2014年，海东市全年全市完成社会消费品零售总额71.44亿元，比上年增长13.5%。按消费形态分，餐饮收入11.64亿元，增长12.68%，商品零售59.8亿元，增长13.66%。按消费区域划分，全市城镇实现消费品零售额45.27亿元，增长14.89%；乡村实现消费品零售额26.17亿元，增长11.18%。

【交通、邮电和旅游】2014年年末，海东市全市公路通车里程达8599公里。按行政等级分：国道203公里，省道834公里，县道2005公里，乡道2540公里，村道2796公里，专用公路221公里。按技术等级分：高速公路146公里，一级公路32公里，二级公路437公里，三级公路792公里，四级公路4783公里，等外公路2409公里。按路面类型分：沥青混凝土路面1092公里，水泥混凝土路面4768公里，沥青表处路面870公里，砂砾路面991公里，无路面878公里。

全年全市邮政通讯业务总量6.84亿元，比上年增长9.92%。其中邮政业务总量3441.5万元，增长9%；通讯业务总量6.5亿元，增长9.97%。年末全市拥有移动电话用户117.23万户；互联网用户5.1万户，增长8.5%；固定电话用户10.92万户，增长2.63%。全年全市规模以上快递服务企业业务量17.6万件，业务收入420.84万元。

全年全市共接待国内外游客753万人次，比上年增长11%，其中接待海外游客8100人次；实现旅游总收入22.5亿元，比上年增长32%，其中旅游外汇收入71.6万美元。

【金融和保险】2014年年末，海东市全市金融机构各项存款余额445.2亿元，比年初增加75.46亿元，同比增长20.4%。其中个人存款余额228亿元，比年初增加35亿元，增长18.2%。金融机构各项贷款余额213.00亿元，同比增长27.7%。其中短期贷款余额66.24亿元，同比增长39.2%；中长期贷款余额128.66亿元，同比增长14.7%。

全年全市保险公司保费收入51597万元，比上年增长17.59%，其中，寿险保费收入20347万元，增长26.4%；财产险保费收入31250万元，增长12.5%。全年保险赔付额16947万元，比上年增长1.45%，其中：寿险赔付额127万元，下降89%，财产险赔付额16820万元，增长8.19%。

3

2014年海北州经济发展概况

【经济总量】2014年，海北州全年实现地区生产总值（GDP）106.62亿元，按可比价计算（下同），比上年增长4.1%。其中：第一产业增加值17.49亿元、比上年增长6%，第二产业增加值58.37亿元、比上年增长1.8%，第三产业增加值30.76亿元、比上年增长8%。人均地区生产总值36188元。

第一、第二和第三产业分别拉动经济增长0.8、1.1和2.2个百分点，三次产业结构比由上年的14.8：60.4：24.8转变为16.4：54.8：28.8。

【农业】2014年，海北州全年农作物播种面积80.47万亩，比上年下降0.1%，其中：粮食作物播种面积23.59万亩、比上年增加2.81万亩，油料作物播种面积40.99万亩、比上年减少1.95万亩，蔬菜面积0.64万亩、比上年增加0.02万亩，青饲料面积15.25万亩、比上年减少0.97万亩。粮食产量达85996吨，比上年增加8602吨，增长11.1%；油料产量达45770吨，比上年减少1598吨，下降3.4%。

【工业和建筑业】2014年，海北州受江仓、木里煤田整治、企业生产不足和市场价格下降等多种因素影响，全州实现规模以上工业增加值40.41亿元，比上年下降0.7%。

全年全州建筑业增加值15.36亿元，按可比价格计算，比上年增长8.9%。注册地在州内的具有资质等级的总承包和专业承包建筑企业11个，实现利润0.38亿元。

【固定资产投资】2014年，海北州全年完成州县属固定资产投资（含飞地项目投资额）108.75亿元、比上年增长10.6%。分产业看：第一产业完成投资17.22亿元、比上年下降8.1%，第二产业（工业）完成投资40.03亿元、比上年增长0.3%，第三产业完成投资51.5亿元、比上年增长29.9%，三次产业投资比重由上年19.1：40.6：40.3调整为15.8：36.8：47.4。

【科学技术】2014年，海北州全年组织落实12个科技项目，落实项目资金2056万元，其中：落实省级科技基本计划项目2项、重大科技专项1项、中小企业创新基金项目3项、国家科技富民强县后续项目3项、科普惠农项目3项；在全州科技奖励大会，州农科所选送的《白菜型油菜新品种选育技术》等十项成果被评为海北州科学技术奖获奖项目；发展科技特派员110余名，培训基层农牧民技术员1000人次。

【国内贸易和对外经济】2014年，海北州全年实现社会消费品零售总额16.87亿元，比上年增长13.5%。分城乡看：城镇社会消费品零售总额14.54亿元、比上年增长13.7%，农村社会消费品零售总额2.33亿元、比上年增长12.4%。

【交通、邮电和旅游】2014年年末，海北州全州公路通车里程8553公里，比上年末增加1656公里。全年全州公路运输业完成客运量925.6万人次、比上年增长11%，旅客周转量24656.8万人公里、增长10.5%，公路货运量432.82万吨、增长16%，货运周转量87990.52万吨公里、增长16%。

全年全州邮电业务总量2.09亿元，比上年增长10.6%。其中，邮政业务量0.12亿元，增长0.5%；电信（中国电信、移动、联通、铁通）业务量1.97亿元，增长11.8%。快递总收入88.84万元，同比下降2.7%；业务量（含派件量和揽收量）完成25.02万件，同比增长287%。年末移动电话用户29.3万户，其中3G移动电话用户10.25万户；固定电话用户2.92万户。互联网上网人数21.21万人，其中手机上网人数17.46万人。

全年接待国内外游客563.82万人次，比上年增长26.3%；旅游总收入12.74亿元，增长50.9%。

【金融和保险】2014年，海北州全州金融机构各项存款余额110.92亿元，比上年末增加13.58亿元，增长

14%。其中：单位存款余额69.22亿元，增长19.3%；个人存款余额40.38亿元，增长11%；财政性存款余额0.48亿元，下降82.5%；临时性存款余额0.83亿元，增长2.8倍。金融机构各项贷款余额42.7亿元，比上年末增加9.07亿元，增长27%；其中：短期贷款余额14.21亿元、增长8.8%，中长期贷款余额26.37亿元、增长28.2%。

全年全州保险公司保费收入9683万元，保险赔付额3444万元。

4

2014年黄南州经济发展概况

【经济总量】2014年，黄南州全年实现地区生产总值（GDP）68.83亿元，按可比价格计算，比上年增长3.8%，人均生产总值25974元。分产业看，第一产业增加值20.09亿元，比上年增长4.6%；第二产业增加值24.81亿元，比上年增长2.8%；第三产业增加值为23.93亿元，比上年增长4.4%。三次产业结构由上年的28.87：37.54：33.59调整为29.19：36.05：34.76。

【农业】2014年，黄南州全年农作物总种植面积17624公顷，比上年增加207公顷，增长1.19%。其中粮食种植面积7898公顷，比上年增长0.16%。在粮食作物中，小麦种植面积为4670公顷，比上年增长1.36%，马铃薯种植面积1207公顷，比上年下降21.65%；青稞种植面积1258公顷，比上年增长7.64%；豌豆种植面积522公顷，比上年下降2.54%。油料种植面积4484公顷，比上年下降3.6%；蔬菜种植面积337公顷，比上年增长13.08%；其他作物种植面积4906公顷，比上年增长7.05%。在农产品产量中：粮食总产量2.94万吨，比上年增长0.06%；油料总产量0.62万吨，比上年下降9.54%；蔬菜产量1.12万吨，比上年增长24%。

【工业和建筑业】2014年，黄南州全年工业增加值15.84亿元，比上年增长0.98%。其中规模以上工业增加值11.85亿元，比上年下降5.4%；规模以下工业增加值4亿元，比上年增长27.48%。在工业增加值中：国有企业增加值1.25亿元，比上年下降15.3%；股份制企业增加值9.91亿元，比上年下降1.43%。在工业产品产量中：发电量81.83亿度，比上年下降8.75%；生产铝锭3.13万吨，比上年下降0.6%；生产红砖15007万块，比上年增长11.2%；鲜冻牛羊肉1.55万吨，比上年增长72.5%。工业企业销售产值33.99亿元，产销率为95.55%，比上年提高0.79个百分点。

全州具有资质等级以上的施工建筑企业共11家，有工作量的企业10家，总产值7.36亿元，比上年增长29.1%。竣工产值3.94亿元，比上年增长29.2%。建筑业签订合同额达到8.98亿元，比上年增长28.2%。其中：本年新签订合同额6.99亿元，比上年增长45.1%。建筑业企业房屋建筑施工面积为31.1万平方米，比上年增长27.4%；新开工房屋面积23.79万平方米，比上年增长88.6%。房屋建筑竣工面积16.6万平方米，比上年增长38.9%。

【固定资产投资】2014年，黄南州全年固定资产投资64.72亿元，比上年增长20.47%。按产业分，第一产业完成投资13.31亿元，比上年增长30.93%；第二产业完成投资6.1亿元，比上年下降3.66%；第三产业完成投资45.31亿元，比上年增长21.72%。按投资类型分：国有和国有控股投资40.2亿元，比上年增长10.03%，民间投资24.47亿元，比上年增长42.35%。

【科学技术】2014年，黄南州全年争取和实施各类科技项目12项，其中科技成果推广计划项目10项，科技富民计划2项，共投入资金6182万元，其中资助1582万元。

【国内贸易和对外经济】2014年，黄南州全年社会消费品零售总额7.55亿元，比上年增长13.5%。按经营地分：城镇消费品零售额5.42亿元，比上年增长12%；乡村消费品零售额2.13亿元，比上年增长16.9%。按行业分：批发零售贸易业零售额5.53亿元，比上年增长12.5%；住宿业零售额0.23亿元，比上年增长24.5%；餐饮业零售额1.78亿元，比上年增长13.2%。

【交通、邮电和旅游】2014年，黄南州全年公路通车里程达4573公里，通油路乡（镇）达到30个，占全州乡（镇）的96%。经营车辆达到1910辆，其中：货运车辆1018辆；客运车辆320辆；出租车522辆；公交车50辆。全年货运总量596万吨，比上年增长2.05%，货物周转量19.01亿吨公里，比上年增长2.05%。客运总量364万人（次），比上年增长3.12%，客运周转量2.51亿人公里，比上年增长3.12%。

全年邮电业务总量达2.09亿元，比上年增长7.5%。年末固定电话用户1.83万户，比上年末增长6.3%。年末移动电话用户29.16万户，比上年末增长14.93%。全州互联网用户1.71万户，比上年末增长33.60%。

全年共接待国内外游客301.5万人次，比上年增长10.3%。其中：国外游客0.46万人次；国内游客301.04万人次。旅游总收入8.69亿元，比上年增长23.5%。

【金融和保险】2014年年末，黄南州全州金融机构各项存款余额92.59亿元，比年初增加13.29亿元，增长16.76%。其中单位存款余额58.83亿元，较上月增加0.68亿元，增长0.74%；同比增加7.6亿元，增长14.85%；储蓄存款余额31.85亿元，较上月增加2.85亿元，增长9.82%；同比增加4.71亿元，增长17.34%；财政存款余额1.57亿元，较上月减少3.43亿元，下降68.6%，同比增加1.19亿元，增长307.31%；各项贷款余额32.22亿元，比年初增加6.6亿元，增长25.78%。其中短期贷款余额9.82亿元，环比增加2.75亿元，增长38.88%，同比增加3.35亿元，增长51.82%；中长期贷款余额20.68亿元，环比增加0.13亿元，增长0.65%，同比增加1.54亿元，增长8.02%。

全年保费收入9807.15万元，比上年增长14.46%。保赔支出4829.75万元，比上年增长7.52%，综合赔付率49.24%。

5

2014年海南州经济发展概况

【经济总量】2014年，海南州全年实现地区生产总值（GDP）130.72亿元，比上年增长10.5%。分产业看，第一产业增加值31.12亿元，增长5.5%；第二产业增加值64.84亿元，增长13.2%；第三产业增加值34.76

亿元，增长9.9%。第一、第二和第三产业对生产总值的贡献率分别为12.1%、60.7%和27.2%，拉动生产总值增长1.3、6.4和2.8个百分点。三次产业结构为24：50：26。

【农业】2014年，海南州全年农作物总播种面积148.8万亩，比上年增加9.16万亩，增长6.6%。粮食作物播种面积81.5万亩，增长8.5%。其中：青稞增长18.7%，小麦下降13.8%，马铃薯下降10.1%。油料播种面积36.1万亩，下降15.4%。蔬菜播种面积4.2万亩，增长29.2%。全年粮食产量13.9万吨，增长2.5%。

【工业和建筑业】2014年，海南州全年全部工业增加值41.78亿元，比上年增长16.2%。规模以上工业增加值38.15亿元，增长14.8%。按经济类型分，规上工业企业中，国有企业增加值增长5.9%；股份制企业增加值增长35.7%；外商及港澳台投资企业增加值下降20.4%。按规上轻、重工业分，轻工业增加值增长5.9%；重工业增加值增长15.4%。规模以上工业企业产品销售率为97.8%。按门类分，规上工业企业中，采矿业增加值增长6.1%，制造业增加值增长8.0%，电力、燃气及水的生产和供应业增加值增长16.5%。

全年全社会建筑业总产值12.98亿元，比上年增长74.9%。建筑业竣工产值5.97亿元，增长17.5%。具有资质等级的总承包和专业承包建筑企业16个，劳务分包1个。

【固定资产投资】2014年，海南州全年全社会固定资产投资185.50亿元，比上年增长32.7%。其中：州属固定资产投资132.72亿元，增长22.8%。全社会投资按城乡分，城镇投资103.09亿元，增长3.2%；农村投资82.41亿元，增长1.1倍。按投资类型分，国有及国有控股投资110.04亿元，增长32.1%；民间投资75.46亿元，增长33.8%。按产业分，三次产业投资分别为15.55亿元、108.56亿元和61.39亿元，分别增长5.1%、58.5%和8.8%。

【科学技术】2014年，海南州全年开展科技培训100期，培训2万人（次）。培训种养大户、科技示范户、科技带头人0.5万人（次），开展科普宣传活动70次，宣传人数达3万多人（次），发放科普知识各类宣传资料2.5万份。

【国内贸易和对外经济】2014年，海南州全年社会消费品零售总额22.07亿元，比上年增长13.5%。按销售地区分，城镇消费品零售额14.43亿元，增长14.2%；乡村消费品零售额7.64亿元，增长12.2%。按行业分，批发业消费品零售额2.6亿元，下降16.2%；零售业17.05亿元，增长20.3%；住宿和餐饮业2.41亿元，增长11.9%。

【交通、邮电和旅游】2014年，海南州全年交通运输、仓储和邮政业增加值3.6亿元，比上年增长4.1%。年末公路通车里程10753.4公里，增长6.0%。

全年邮电业务总量达3.4亿元，增长11.7%。其中：邮政业务量0.13亿元，增长17.1%；通讯业务量3.27亿元，增长11.8%。年末移动电话用户44.76万户，下降0.4%；固定电话用户3.36万户，增长10.5%。

全年接待国内外游客322.3万人次，比上年增长15.9%，旅游总收入8.65亿元，增长23.0%。

【金融和保险】2014年年末，海南州金融机构人民币各项存款余额152.37亿元，比年初增加20.78亿元，增长15.8%。其中：单位存款余额79.42亿元，比年初增加3.79亿元，增长5.0%；个人存款余额60.26亿元，增加5.45亿元，增长9.9%；财政性存款余额12.13亿元，增加11.14亿元，增长11.3倍。金融机构人民币各项贷款余额62.13亿元，增加9.27亿元，增长17.6%。其中：短期贷款余额29.04亿元，增加6.76亿元，增长30.4%；中长期贷款余额32.08亿元，增加3.04亿元，增长10.5%。

全年保险公司保险保费收入1.47亿元，比上年增长18.4%。其中：寿险保费收入0.47亿元，增长17.5%；财产险保费收入1亿元，增长18.8%。全年保险赔付额0.36亿元，下降25.9%。其中：寿险赔付额0.01亿元，增长11.9%；财产险赔付额0.35亿元，下降26.9%。

宁夏回族自治区

|银川市|石嘴山市|吴忠市|固原市|中卫市|

1

2014年银川市经济发展概况

【经济总量】2014年，银川市全年实现地区生产总值（GDP）1395.67亿元，按可比价格计算，同比增长9.5%。分产业看，第一产业实现增加值56.66亿元，同比增长5.3%；第二产业实现增加值760.27亿元，增长11.6%；第三产业实现增加值578.74亿元，增长7.2%。按常住人口计算，人均地区生产总值66277元。三次产业结构为4.0∶54.5∶41.5，对经济增长的贡献率分别为2.3%、66.6%、31.1%。

【农业】2014年，银川市全年完成农林牧渔业总产值106.83亿元，按可比价格计算，比上年增长6.0%。其中农业产值63.44亿元，增长3.0%；林业产值2.21亿元，增长9.3%；畜牧业产值28.86亿元，增长13.0%；渔业产值6.33亿元，增长3.8%；农林牧渔服务业产值5.98亿元，增长8.7%。

【工业和建筑业】2014年，银川市全市规模以上工业实现增加值471.7亿元，比上年增长10.5%，全市规模以上工业大中型企业完成增加值375.1亿元，增长7.6%。按轻重工业分，轻工业完成增加值94.2亿元，增长18.8%；重工业完成增加值377.5亿元，增长8.7%。按经济类型分，国有及国有控股企业完成增加值263.4亿元，增长3.9%；股份制企业完成增加值418.7亿元，增长11.1%；外商及港澳台商投资企业完成增加值18.6亿元，增长9.9%。

全年全市具有资质等级建筑业企业352个，实现建筑业总产值440.46亿元，增长17.4%；其中国有及国有控股企业实现产值149.97亿元，增长12.2%；建筑装修装饰业实现产值9.39亿元，增长46.4%。房屋建筑施工面积3044.7万平方米，下降8.5%；房屋建筑竣工面积1309.6万平方米，下降1.6%。具有资质等级的建筑企业实现利润总额12.66亿元，增长146.7%；实现税金总额13.71亿元，增长9.3%。

【固定资产投资】2014年，银川市全年完成全社会固定资产投资1392.76亿元，比上年增长21.2%。其中，基本建设投资885.15亿元，增长22.0%；更新改造投资87.17亿元，增长22.7%；房地产开发投资388.90亿元，增长17.6%。分城乡看，城镇投资1371.92亿元，增长29.2%。分投资主体看，国有经济投资667.73亿元，增长30.1%；非国有经济投资725.03亿元，增长14.1%。从投资结构看，第一产业投资17.81亿元，比上年增长87.5%；第二产业投资481.66亿元，增长5.6%，其中工业投资479.96亿元，增长5.4%；第三产业投资893.29亿元，增长30.7%。施工项目计划总投资5898.67亿元，其中新开工项目计划总投资980.68亿元，增长25.8%。

【科学技术】2014年，银川市全年投入科技三项费用2400万元，比上年增长11.1%；实施各类科技计划项目141项。全年申请专利2704件，增长15.3%。

【国内贸易和对外经济】2014年，银川市全年实现社会消费品零售总额382.47亿元，比上年增长9.9%。分城乡看，城镇消费品零售额369.48亿元，增长9.3%；乡村消费品零售额12.99亿元，增长28.7%。分行业看，批发零售业零售额346.19亿元，增长9.3%；住宿餐饮业零售额36.28亿元，增长15.4%。分经济类型看，国有经济实现零售额6.08亿元，增长2.5%；集体经济实现零售额1.68亿元，增长15.0%；股份制经济实现零售额185.83亿元，增长2.7%；私营经济实现零售额105.94亿元，增长6.3%；个体经济实现零售额74.5亿元，增长34.1%。其他各种经济实现零售额8.44亿元，增长89.0%。

全年实现进出口总额45亿美元，比上年增长86.7%。其中，出口总额36亿美元，增长55.2%；进口总额9亿美元，增长1.7倍。

【交通、邮电和旅游】2014年，银川市全年铁路货运量396.2万吨，下降19.0%；铁路客运量406.5万人次，增长5.2%。铁路货运周转量20.92亿吨公里，下降18.6%；铁路客运周转量26.54亿人公里，增长5.5%。公路货运量1.53亿吨，增长5.5%；公路客运量3366万人次，增长19.4%。公路货运周转量164.34亿吨公里，公路客运周转量30.32亿人公里，分别增长2.4%和20.6%。民航货运量1.18亿吨，增长23.7%，民航客运量214.3万人次，增长8.9%；民航货运周转量1865万吨公里，增长29.0%，民航客运周转量28.22亿人公里，增长9.3%。年末全市各种民用汽车保有量51.23万辆，增长15.5%，私人汽车保有量44.70万辆，增长19.4%。

全年完成邮电业务总量36.54亿元。其中，邮政业务总量1.28亿元，电信业务总量35.21亿元。全年订销报刊3542万份，增长8.0%；完成邮政函件业务581万件，下降11.2%。年末本地固定电话用户53.21万户，增长2.3%；移动电话用户379.65万户，增长10.7%；计算机互联网用户44.03万户，增长14.1%。

全年接待国内游客669.46万人次，下降16.2%；接待海外游客2.57万人次，增长40.2%。国内旅游收入82.02亿元，增长12.2%；国际旅游外汇收入1400.15万美元，增长60.1%。

【金融和保险】2014年年末，银川市全市金融机构人民币各项存款余额2608.97亿元，比上年末增长11.5%，其中，城乡居民储蓄存款余额1089.89亿元，增长7.4%。人民币各项贷款余额3185.93亿元，比上年末增长19.7%，其中，中长期贷款2151.45亿元，增长19.9%，短期贷款904.55亿元，增长14.4%。

全年实现保费收入50.16亿元，比上年增长14.1%。其中，财产险保费收入20.94亿元，增长15.3%；人身险保费收入29.22亿元，增长13.2%。全年支付各项赔款及给付额16.19亿元，增长20.8%。其中，财产险赔款10.99亿元，人身险赔款及给付5.20亿元，分别增长25.4%和12.2%。

2

2014年石嘴山市经济发展概况

【经济总量】2014年，石嘴山市全年实现地区生产总值（GDP）467.17亿元，增长6.7%。其中：第一产业增加值24.94亿元，增长5.3%；第二产业增加值304.28亿元，增长9.1%；第三产业增加值137.95亿元，增长1.4%。三次产业比例为5.4：65.1：29.5。

【农业】2014年，石嘴山市全年实现农林牧渔业总产值46.84亿元，比上年增长5.7%。其中：农业（种植业）实现产值32.03亿元，增长4.0%；林业实现产值0.39亿元，增长3.6%；牧业实现产值8.80亿元，增长10.0%；渔业实现产值4.06亿元，增长10.1%；农林牧渔服务业实现产值1.56亿元，增长7.7%。

全年粮食播种面积6.64万公顷，比上年下降0.4%。粮食产量46.48万吨，增长1.5%。

【工业和建筑业】2014年，石嘴山市全市实现工业增加值256.67亿元，比上年增长8.3%，其中规模以上工业企业增加值增长7.5%。在规模以上工业增加值中，轻工业增长31.5%，重工业增7.3%。

全市具有资质等级的建筑业企业43家，实现建筑业增加值47.61亿元，比上年增长13.9%。

【固定资产投资】2014年，石嘴山市全市完成固定资产投资498.01亿元，比上年增长8.5%。其中：第一产业投资17.40亿元，增长50.3%；第二产业投资253.46亿元，增长7.6%；第三产业投资227.15亿元，增长7.1%。

【国内贸易和对外经济】2014年，石嘴山市全市实现社会消费品零售总额90.75亿元，比上年增长7.6%。按经营地统计，城镇消费品零售额84.43亿元，增长7.0%；乡村消费品零售额6.32亿元，增长16.6%。按行业统计，批发业实现零售额16.33亿元，下降3.9%；零售业实现零售额57.04亿元，增长11.0%；住宿业实现零售额0.45亿元，下降19.1%；餐饮业实现零售额16.93亿元，增长10.1%。

全市实现进出口总额4.56亿美元，比上年下降4.4%。其中，出口额3.13亿美元，下降9.4%；进口1.43亿美元，增长9.0%。

【交通、邮电和旅游】2014年，石嘴山市全市公路货运量3515万吨，比上年下降3.9%；货运周转量23.08亿吨公里，比上年下降6.1%。全年公路客运量1519万人，比上年下降1.2%；客运周转量5.58亿人公里，比上年下降0.7%。

全年完成邮电业务总量7.38亿元，比上年下降5.1%，其中：邮政业务总量0.42亿元，增长3.5%；电信业务总量6.96亿元，下降5.6%。年末固定电话用户13.55万户，比上年下降4.2%。移动电话用户82.04万户，与上年持平。年末互联网用户11.92万户，比上年增长10.9%。

全年接待国内游客269.27万人次，比上年增长6.5%；实现旅游收入14.72亿元，比上年增长11.2%；人均消费546.6元/次，比上年增长4.4%。

【金融和保险】2014年年末，石嘴山市金融机构人民币存款余额481.86亿元，比上年下降4.6%。其中：单位存款133.91亿元，下降23.5%；个人存款334.51亿元，增长5.2%。年末全市金融机构人民币贷款余额418.63亿元，比上年增长4.1%。其中：短期贷款242.66亿元，下降5.2%；中长期贷款143.10亿元，增长17.2%；票据融资27.61亿元，增长18.2%。

全年实现保费收入3.65亿元，比上年增长4.6%。其中，财产险保费收入2.01亿元，增长6.6%；人身险保费收入1.64亿元，增长2.3%。全年支付各项赔款及给付额1.32亿元，比上年增长40.8%，其中，财产险赔款及给付额0.87亿元，增长4.9%；人身险赔款及给付0.45亿元，增长3.1倍。

3

2014年吴忠市经济发展概况

【经济总量】2014年，吴忠市全年实现地区生产总值（GDP）383.43亿元，按可比价计算，比上年增长7.6%。其中，第一产业增加值53.93亿元，增长6%；第二产业增加值218.71亿元，增长10.5%；第三产业增加值110.8亿元，增长2.4%。第一产业增加值占全市生产总值的比重为14%，第二产业增加值比重为57%，第三产业增加值比重为29%。

【农业】2014年，吴忠市全年完成农林牧渔业总产值105.18亿元，比上年增长6.1%。其中，农业产值53.85亿元，增长2.7%；林业产值2.11亿元，下降7.6%；牧业产值43.32亿元，增长11%；渔业产值1.65亿元，增长9.7%；农林牧渔服务业产值4.25亿元，增长7.4%。全市农林牧渔业增加值53.93亿元，比上年增长6%。

【工业和建筑业】2014年，吴忠市全年工业增加值160.19亿元，比上年增长13%。规模以上工业增加值149.94亿元，比上年增长13.2%。其中，大中型工业企业增加值88.31亿元，增长7%；国有控股工业企业增加值68.88亿元，增长6.7%。

全年建筑业总产值77亿元，比上年增长1%，完成增加值59亿元，比上年增长7.6%，占第二产业的28.6%，占全市地区生产总值的15.4%。全市具有资质等级的总承包和专业承包建筑企业75个。

【固定资产投资】2014年，吴忠市全年完成固定资产投资总额602.07亿元，比上年增长21.2%。其中，基本建设投资514.69亿元，增长20.6%；更新改造投资18.97亿元，增长36.8%；房地产开发投资68.41亿元，增长21.9%。

分产业看，第一产业完成投资58.6亿元，增长41.5%；第二产业完成投资323.8亿元，增长13.4%。其中，完成工业投资317亿元，增长16.3%，占固定资产投资总量的52.6%；第三产业完成投资219.6亿元，增长29.4%。其中，房地产开发完成投资68.4亿元，增长21.9%。

【国内贸易和对外经济】2014年，吴忠市全年实现社会消费品零售总额87.57亿元，比上年增长12%。

全年货物进出口总额1.37亿美元，比上年下降30%。其中，出口1.25亿美元，增长21.7%；进口0.12亿美元，下降87%。

【交通、邮电和旅游】2014年，吴忠市全市行政村公路通达率100%。公路线路里程10754.9公里，比上年增长8.2%，其中等级公路10304.2公里，比上年增长9.4%。

全年完成邮电业务总量12.69亿元，比上年增长15.6%。其中，邮政业务总量0.43亿元；电信业务总量12.26亿元。年末固定电话用户11.9万户，比上年增长14.7%；年末移动电话用户115.2万户，比上年增长2.6%。互联网用户11.1万户，比上年增长6%。

全年接待国内游客228万人次，比上年增长8.8%。国内旅游收入13.8亿元，比上年增长11.2%。接待海外旅游者917人次，比上年下降22.9%，实现海外旅游外汇收入46.8万美元，比上年下降17.5%。

【金融和保险】2014年年末，吴忠市全市金融机构人民币各项存款余额474.9亿元，比上年增长13.8%，其中，单位存款180.7亿元，增长15.5%；储蓄存款281.7亿元，增长12.2%。金融机构人民币各项贷款余额430.5亿元，比上年增长16.6%，中长期贷款余额178.9亿元，增长17.3%。

4

2014年固原市经济发展概况

【经济总量】2014年，固原市全年实现地区生产总值（GDP）200.12亿元，按可比价格计算，比上年增长9.3%。其中：第一产业增加值46.45亿元，增长5.6%；第二产业增加值55.65亿元，增长16.8%；第三产业增加值98.02亿元，增长6.8%。经济结构由上年的24.5∶26.2∶49.3转变为23.2∶27.8∶49，第一产业比重下降0.7个百分点，第二产业提高1.6个百分点，第三产业下降0.3个百分点。

【农业】2014年，固原市全年实现农林牧渔业总产值96.4亿元，剔除物价因素，实际比上年增长5.3%，其中：农业产值61.53亿元，林业产值4.08亿元，牧业产值25.43亿元，渔业产值0.05亿元，农林牧渔服务业产值5.32亿元。实现农林牧渔业增加值46.45亿元，增长5.6%。

【工业和建筑业】2014年，固原市全市完成工业增加值29.87亿元，剔除物价因素，实际比上年增长14.2%。其中：规模以上工业增加值16.6亿元，增长12.3%；规模以下工业增加值13.27亿元，增长16.6%。规模以上工业中，轻工业完成增加值5.83亿元，增长31.3%；重工业完成增加值10.77亿元，增长4.8%。按经济类型分，国有工业完成增加值6.38亿元，增长0.2%；股份制工业完成增加值10.22亿元，增长23.1%。

全市具有资质等级的建筑企业45个，实现建筑业总产值39.68亿元，比上年增长19%。全员劳动生产率达到40.61万元/人。房屋建筑施工面积191.07万平方米，增长4.9%，房屋建筑竣工面积102.11万平方米，增长4.4%。

【固定资产投资】2014年，固原市全市完成全社会固定资产投资300.8亿元，比上年增长30.1%。其中：完成厅局及农户投资72.8亿元，增长63.8%，占完成总投资的24.2%；完成地方项目投资228亿元，增长22.1%，占完成总投资的75.8%。地方项目投资中，第一产业完成投资22.21亿元，增长20.9%，占地方项目投资的9.7%；第二产业完成投资60.58亿元，增长47.4%，占地方项目投资的26.6%；第三产业完成投资145.21亿元，增长14.1%，占地方项目投资的63.7%。

【科学技术】2014年，固原市全年争取科技项目167项，落实项目资金5190万元。宁夏固原国家农业科技园区挂牌成立，投入各类资金61378.57万元，园区建成面积15.85万亩，其中核心区1.71万亩，示范区14.14万亩，入园企业28家，从业人员4700人。全市科技特派员达到603名，建立各类科技示范户1559户。全年申报专利58项。

【国内贸易和对外经济】2014年，固原市全年实现社会消费品零售总额55.73亿元，比上年增长12.5%。从城乡销售看：城镇零售额36.65亿元，增长11.5%；乡村零售额19.08亿元，增长14.5%。从经济类型看：国有经济实现零售额1.84亿元，增长4.1%；集体经济零售额1.14亿元，增长13.4%；私营经济零售额11.81亿元，增长19.9%；个体经济零售额31.47亿元，增长14.3%；股份制经济零售额9.41亿元，增长1.7%。分行业看，批发业零售额12.29亿元，增长10.2%；零售业零售额29.47亿元，增长10.4%；住宿业零售额1.92亿元，增长21.1%；餐饮业零售额12.05亿元，增长19.3%。

【交通、邮电和旅游】2014年，固原市全市境内等级公路里程达到7657公里。其中：国道387公里（国道主干线106公里），省道419公里，县道524公里，乡道2017公里，村道4250公里，专用公路60公里。年末民用车辆拥有量达到24.46万辆，其中：载客汽车7.03万辆，载货汽车2.73万辆，其他汽车2.33万辆，摩托车7.82万辆，拖拉机4.25万辆，挂车0.3万辆。全市营运车辆达3.11万辆，非营运车辆达17.1万辆。全年完成公路货运量4624.4万吨，比上年增长18.9%，货物周转量达到112.34亿吨公里，增长13.1%；完成公路客运量1113.5万人，增长12%，旅客周转量达到14.94亿人公里，增长12.2%。全年铁路发送旅客量126.09万人次，增长0.6%；发送货物量57.86万吨，减少8.1%。全市公共交通运营车辆437辆，出租汽车达到3446辆，旅游客运43辆。

全年完成邮电业务总收入7.19亿元，比上年增长8.5%，拥有固定电话9.94万部，移动电话113.67万部，固定电话上网用户达6.91万户，全市电话普及率92部/百人。

全市共有旅游景点9个，拥有4A级旅游景点5个，拥有2A级旅游景点1个。全市有14个注册旅行社，注册导游18人。全年共接待国内游客237.63万人次，接待海外游客1756人次；接待国内游客总收入10.83亿元，国内游客人均花费455.55元，实现旅游外汇收入103.5万美元。

【金融和保险】2014年，固原市全市金融机构各项存款余额304.18亿元，比上年增长12.2%，其中：城乡居民储蓄存款余额166.75亿元，增长15.6%；各项贷款余额187.41亿元，增长15.6%，存贷比54.8%，比上年下降5个百分点。

全市各类保险保费收入4.67亿元，比上年增长11.4%；保险赔款支出2.03亿元，增长2.5%，保险赔付率为43.5%。

5

2014年中卫市经济发展概况

【经济总量】2014年，中卫市全年实现地区生产总值（GDP）296.86亿元，按可比价格计算，比上年增长5.4%。分产业看，第一产业完成增加值47.55亿元，增长5.8%；第二产业完成增加值137.07亿元，增长

8.2%；第三产业完成增加值112.24亿元，增长1.5%。按常住人口计算，人均地区生产总值26291元，增长4.2%。三次产业结构比为16：46.2：37.8，对经济增长的贡献率分别为16.8%、72.7%、10.5%。

【农业】2014年，中卫市全年完成农林牧渔业总产值89.61亿元，按可比价格计算，比上年增长6.2%。其中农业产值63.78亿元，增长4.5%；林业产值0.88亿元，下降2.1%；牧业产值19.84亿元，增长9.4%；渔业产值2.44亿元，增长29.9%；农林牧渔服务业产值2.66亿元，增长8.6%。

【工业和建筑业】2014年，中卫市全年全市全部工业增加值93.32亿元，比上年增长4.5%，对经济增长的贡献率为28.5%。其中，规模以上工业增加值89.83亿元，增长2.7%。大中型企业完成增加值53.09亿元，下降2.1%。规上工业按轻重工业分，轻工业完成增加值8.72亿元，增长1.5%；重工业完成增加值81.11亿元，增长2.9%。按经济类型分，国有及国有控股企业完成增加值24.58亿元，下降2.6%；股份制企业完成增加值85.58亿元，增长3.1%；私营企业完成增加值36.6亿元，下降4.4%；外商及港澳台商投资企业完成增加值3.80亿元，下降5%。按行业分，电力、热力的生产和供应业增加值23.55亿元，增长29.6%；有色金属冶炼及压延加工业增加值16.9亿元，增长44.3%；黑色金属冶炼及压延加工业增加值12.41亿元，下降2.1%；化学原料及化学制品制造业增加值12.54亿元，增长25.3%；非金属矿物制品业增加值5.5亿元，下降5.5%；酒、饮料制造业增加值5.26亿元，增长40.1%；造纸和纸制品业增加值0.97亿元，增长22.1%；通用设备制造业增加值0.17亿元，下降46.1%。

全年全市具有资质等级建筑企业51家，实现建筑业总产值36.15亿元，比上年下降24.1%；其中国有及国有控股企业实现产值4.62亿元，下降2.3%；建筑装修、装饰业实现产值1.94亿元，下降26.5%。具有资质等级的建筑企业实现利润总额4.2亿元，增长6.3%；实现税金总额2.64亿元，增长12.8%。房屋建筑施工面积327.65万平方米，下降2.3%；房屋建筑竣工面积65.55万平方米，下降33.7%。按建筑业总产值计算的劳动生产率为21.4万元/人，下降33.1%。

【固定资产投资】2014年，中卫市全年全市完成全社会固定资产投资334.03亿元，比上年增长5.5%。其中，地方投资291.1亿元，增长3.0%。在地方投资中，基本建设投资282.6亿元，增长18.1%；更新改造投资8.4亿元，下降80.1%。分城乡看，城镇投资195.49亿元，增长6.2%；农村非农户投资47.18亿元，增长25.7%。分投资主体看，国有经济投资110.23亿元，下降3.4%；非国有经济投资219.7亿元，增长8%。从投资结构看，第一产业投资10.29亿元，比上年增长18.2%；第二产业投资193.74亿元，增长13.9%，其中工业投资191.98亿元，增长13.2%；第三产业投资87.08亿元，下降6.2%。

【科学技术】2014年，中卫市全年共争取上级科技项目30个，其中国家级科技项目7项、自治区级23项，争取项目资金1404万元，比上年增长35.5%。安排市（县）级科技创新项目41项。年内全市专利申请量168件，专利授权量112件。

【国内贸易和对外经济】2014年，中卫市全年全市实现社会消费品零售总额56.7亿元，比上年增长12.4%。分城乡看，城镇消费品零售额46.65亿元，增长11.5%；乡村消费品零售额10.05亿元，增长16.6%。分行业看，批发零售业零售额46.12亿元，增长10.5%；住宿餐饮业零售额10.57亿元，增长21.1%。分经济类型看，国有经济零售额1.96亿元，增长8.4%；集体经济零售额2.04亿元，增长12.8%；股份制经济零售额12.03亿元，增长2.6%；私营经济零售额14.82亿元，增长14.1%；个体经济零售额25.64亿元，增长16.6%。

全年实现进出口总额0.62亿美元（海关口径），比上年下降59.1%。其中，出口总额0.41亿美元，下降5.7%；进口总额0.21亿美元，下降80.6%。

【交通、邮电和旅游】2014年年末，中卫市全市公路通车里程达到7128公里，比上年末增加143公里，其中高速公路通车里程达377公里。年末全市民用汽车保有量达到9.29万辆，比上年末增长14%，其中私人汽车保有量8.01万辆，增长16.7%。全市轿车保有量3.58万辆，增长24.2%，其中私人轿车3.35万辆，增长26%。

全年完成邮电业务总量8.74亿元，比上年增长17.9%。其中，邮政业务总量0.28亿元，增长12.2%；电信业务总量8.46亿元，增长18.1%。年末电话用户101.01万户，增长5.2%，其中固定电话用户12.07万户，增长3.5%；移动电话用户88.94万户，增长5.4%。每百人拥有电话（含移动）89.1部，增加3.7部。计算机互联网用户8.95万户。

全市旅游景区达21家，其中，“A”级景区5家，“5A”级景区1家，旅游度假区1家。全年全市共接待国内外游客336.84万人次，比上年增长13.4%，实现旅游总收入20.96亿元，增长15.9%。其中入境游客0.46万人次，增长36.9%，旅游外汇收入265.95万美元，增长65.8%。旅游总收入占第三产业增加值的比重为18.7%，比上年提高2.6个百分点；占国内生产总值的比重为7.1%，比上年提高0.8个百分点。

【金融和保险】2014年年末，中卫市金融机构人民币各项存款余额339.18亿元，比上年末增长7.3%。其中，城乡居民储蓄存款余额194.46亿元，增长13.4%。人民币各项贷款余额356.04亿元，比上年末增长15.7%。其中，短期贷款197.52亿元，增长16.8%；中长期贷款144.28亿元，增长13.4%。

全年实现保费收入7.06亿元，比上年增长23.8%。其中，财产险保费收入3.65亿元，增长35.9%；人身险保费收入3.41亿元，增长13.1%。全年支付各项赔付支出3亿元，增长60.2%。其中，财产险赔付支出2.38亿元，人身险赔付支出0.62亿元，分别增长85.1%和5.7%。

新疆维吾尔自治区

｜乌鲁木齐市｜克拉玛依市｜

1

2014年乌鲁木齐市经济发展概况

【经济总量】2014年，乌鲁木齐市全年实现地区生产总值（GDP）2510亿元，按可比价格计算，比上年增长10.5%。其中，第一产业实现增加值30亿元，增长5.6%；第二产业实现增加值955亿元，增长12.2%；第三产业实现增加值1525亿元，增长9.3%。三次产业结构比例为1.2：38.1：60.7。

【农业】2014年，乌鲁木齐市全年完成农林牧渔业总产值61.99亿元，按可比价格计算，比上年增长5.0%。其中，农业产值29.29亿元，增长0.5%；林业产值3.84亿元，增长2.9%；畜牧业产值24.98亿元，增长10.0%；渔业产值0.94亿元，下降2.1%；农林牧渔服务业产值2.94亿元，增长17.6%。

【工业和建筑业】2014年，乌鲁木齐市全年全部工业企业实现增加值780亿元，比上年增长12%。在全部工业中，非石油工业实现增加值475亿元，增长20%；石油工业实现增加值305亿元，增长4.4%。在全部工业中，大中型企业实现增加值592亿元，增长13.0%；小微企业实现增加值188亿元，增长6.0%。工业企业产品产销率为96.7%，其中：轻工业为93.0%，重工业为97.0%。

全年建筑企业完成总产值688.39亿元，比上年增长4.9%。建筑企业房屋建筑施工面积4259.96万平方米，竣工面积1075.91万平方米。按总产值计算的全员劳动生产率达26.48万元/人，增长13.5%。

【固定资产投资】2014年，乌鲁木齐市全年完成全社会固定资产投资额1526亿元，比上年增长20%。

从产业投向看，第一产业投资7亿元，比上年增长31.4%；第二产业投资417亿元，增长5.3%；第三产业投资1102亿元，增长26.7%。在第二产业中，制造业投资271.85亿元，增长20.1%。

【科学技术】2014年年末，乌鲁木齐市全市拥有各类科研机构79家；专业化科技中介机构18家；专业从事技术开发的机构113家；从事技术服务的机构67家；批准成立工程技术研究中心16家；拥有各类重点实验室52个；建立了5个国家级特色产业化基地。经科技部认定的高新技术企业193家，占全疆高新技术企业总数的52.0%。全年专利申请量4545件、专利授权量2362件，分别比上年增长22.8%和5.5%。乌鲁木齐地区技术市场登记技术合同597份，合同总成交金额达到2.89亿元。

【国内贸易和对外经济】2014年，乌鲁木齐市全年实现社会消费品零售总额1070亿元，比上年增长10.3%。分行业看，批发和零售业零售额959.75亿元，增长10.6%；住宿和餐饮业零售额110.25亿元，增长8.0%。分城乡看，城镇零售额1065.70亿元，增长10.3%；乡村零售额4.30亿元，增长9.1%。

全年实现外贸进出口总额82.85亿美元，比上年增长6.3%，其中：出口总额72.17亿美元，增长12.8%；进口总额10.68亿美元，下降23.6%。

【交通、邮电和旅游】2014年年末，乌鲁木齐市全市公路总里程2783公里，其中，高速公路192公里。年末拥有各种机动车辆74.29万辆，比上年增长16.2%；其中私人拥有汽车55.78万辆，增长21.5%。

全年完成交通货运周转量249.88亿吨公里，比上年增长7.6%，其中，铁路货运周转量84.54亿吨公里，下降2.6%；公路货运周转量162.54亿吨公里，增长13.9%；民航货运周转量2.8亿吨公里，增长5.3%。

全年实现邮电业务总收入63.16亿元，比上年下降3.6%，其中，邮政业务收入4.43亿元，增长7.7%；电信业务收入58.73亿元，下降4.4%。年末固定电话用户144.60万户，比上年减少2.75万户；移动电话用户463.40万户，比上年减少3.53万户；互联网宽带用户91.80万户，比上年增加5.95万户。

全年接待国内外游客（含一日游）2014.47万人次，比上年增长3.1%，其中，接待国外游客31.57万人次，下降10.4%。全年实现旅游总收入274.57亿元，下降0.8%，其中国际旅游收入11.84亿元，下降9.9%。

【金融和保险】2014年年末，乌鲁木齐市全市金融机构存款余额6233.97亿元，比上年增长11.1%。其中：单位存款3695.89亿元，增长10.7%，城乡居民储蓄存款余额1974.84亿元，增长4.1%；金融机构贷款余额4502.33亿元，增长14.3%。其中：短期贷款1283.01亿元，增长14.2%，中长期贷款2539.94亿元，增长12.9%。

年末全市拥有保险公司200家，全年保费收入104.44亿元，比上年增长17.7%，其中，财产险保费收入33.04亿元，增长21.1%；人身险保费收入71.40亿元，增长16.1%。全年支付各类保险赔款及给付34.51亿元，比上年增长16.3%，其中，财产险17.07亿元，增长11.7%；人身险17.44亿元，增长21.2%。

2

2014年克拉玛依市经济发展概况

【经济总量】2014年，克拉玛依市全年实现地区生产总值（GDP）847.5亿元，按可比价计算，比上年增长1.5%。其中，第一产业增加值5.6亿元，增长2.8%；第二产业增加值719.8亿元，增长0.3%；第三产业增加值122.1亿元，增长10.5%。三次产业结构比例为：0.66：84.93：14.41。

【农业】2014年，克拉玛依市农业生产平稳增长。农林牧渔业增加值5.6亿元，按可比价计算，比上年增长2.8%。其中，种植业增加值2.64亿元，增长12.8%；林业增加值1.06亿元，下降10.1%；畜牧业增加值1.38亿元，增长1.0%；渔业增加值0.06亿元，增长5.0%；农林牧渔服务业增加值0.5亿元，下降11.5%。

【工业和建筑业】2014年，克拉玛依市工业生产基本稳定。全市规模以上工业企业实现工业增加值688.6亿元（现价，下同），按可比价格计算，较上年持平。工业产品销售率为100.1%。其中，中央石油石化企业实现工业增加值655.8亿元，增长0.8%，工业产品销售率为100.4%；地方工业企业实现工业增加值

32.8亿元，下降13.7%，工业产品销售率为96.3%。

全社会建筑业增加值24.2亿元，按可比价格计算，比上年增长3.6%。全部建筑业企业完成产值105.7亿元，下降26.6%。竣工产值63.0亿元，下降7.2%。

【固定资产投资】2014年，克拉玛依市全社会固定资产完成投资334.8亿元，比上年下降20.8%。其中，中央项目投资195.8亿元，下降20.3%；地方项目投资139.0亿元，下降21.5%。按三次产业划分，第一产业投资0.3亿元，下降62.9%；第二产业投资245.9亿元，下降14.4%，第三产业投资88.6亿元，下降34.1%。在第二产业中，工业投资238.5亿元，下降14.1%。

【科学技术】2014年，克拉玛依市全市高新技术企业32家，共计15项科技成果荣获自治区科技进步奖，35项科技成果获市本级科技进步奖。全年申请专利651件（发明专利189件），授权专利363件（发明专利41件）。

【国内贸易和对外经济】2014年，克拉玛依市社会消费品零售总额55.8亿元，比上年增长4.2%，扣除价格因素，实际增长3.0%。

全年一般货物进出口额5.1亿美元，比上年下降34.2%，其中，出口0.8亿美元，下降62.2%；进口4.3亿美元，下降23.7%。

【交通、邮电和旅游】2014年年末，克拉玛依市全市民用汽车保有量达到11.2万辆（包括三轮车和低速货车），比上年增长9.8%，其中，私人汽车保有量8.1万辆，增长13.7%。全市共有城市公交汽车503辆，城市公交线路39条。

邮政业务总量5479万元，比上年增长2.7%；邮政业务收入6558万元，下降4.1%。电信业务收入61473.3万元。固定电话用户16.0万户，其中，城市电话用户14.5万户，农村电话用户1.5万户。互联网用户11.6万户。

全年旅游业总收入25.32亿元，增长8.0%。入境旅游人数4705人次。其中，外国人3887人次，香港、澳门和台湾同胞818人次。

【金融和保险】2014年年末，克拉玛依市在辖区内银行业机构7家，金融机构人民币各项存款余额890.7亿元，比年初减少217.7亿元，下降19.6%。其中，单位存款余额622.2亿元，下降27.3%；居民储蓄存款余额236.5亿元，增长0.1%。

年末金融机构人民币各项贷款余额417.2亿元，比年初增加93.4亿元，增长28.8%。其中，短期贷款137.1亿元，下降8.6%；中长期贷款144.9亿元，增长60.7%。

第四篇

中国城市经济文库

新型城镇化的基本模式、具体路径与推进对策

中国社会科学院城市与竞争力研究中心主任　倪鹏飞

城镇化是由科技进步、社会生产力发展所引发的，分散聚居在农村功能区域的农业人口转为集中聚集在非农功能区的非农人口，进而传统乡村社会转为现代城市社会的历史过程。城镇化人口不是标签意义上的城市人口，而是享受城市基础设施和公共服务的人口。城镇化地区不是行政和地理意义上的区域，而是承载非农人口和非农产业的功能区。城镇化不仅表现为城镇数目的增多、城市面积的扩大、城市人口增加，还包括人口职业的转变、产业结构的转变、空间形态的变化，也包括人类社会的组织方式、生产方式和生活方式的变化，由此导致经济、社会、文化、环境和人的变化。

改革开放30年来，中国演绎了波澜壮阔的城镇化史诗，也有力地支撑了中国经济增长的奇迹。截至2011年，中国城镇化率超过50%，拥有6.9亿城镇人口，设市城市655个，小城镇近2000个，已初步形成以大城市为中心、中小城市为骨干、小城镇为基础的多层次的城镇体系。但目前中国已经进入城镇化的中期阶段，传统的以经济发展为中心目标、以外向型工业化为中心动力、以地方政府为主导、以土地为主要内容、以规模扩张为发展方式、以物质资本大量投入为驱动要素的城镇化模式已不可持续。这种城镇化模式的问题突出表现在，人口不完全城镇化：按照常住人口计算的城镇化率已达50%，而享受均等公共服务的城市户籍人口仅仅达到35%；土地过度城镇化：过去30 年城市人口增长1 倍，建成区面积增加了接近4倍；城市发展失序：大量人口向行政级别高的中心城市聚集，中等城市发展相对缓慢，小城市功能不完善，小城镇比较分散。这种城镇化模式还带来了资源大量消耗、空间过度集中、经济结构失衡、环境严重污染、社会矛盾激化等一系列问题，一些城市和乡村患上了比较严重的“城市病”和“乡村病”。

今天，全球超过50% 以上的人口居住在城市，生活在科学技术日新月异、城市集群化发展、经济全球化突飞猛进、生态环境持续恶化的城市世界。一方面，发达国家过度消费和新兴工业化大国迅速崛起导致的需求迅速膨胀，使不可再生资源变得严重短缺；另一方面，发达国家过度排污和新兴工业化大国的排污增加，导致全球变暖及环境进一步恶化，严重威胁人类生存环境。这要求中国的城镇化不能再走传统城镇化的道路。

目前中国已进入中等收入国家行列，改革开放创造的中国奇迹使中国拥有了城镇化转型升级的资本、人才和技术基础，与此同时，由于居民收入的提升、素质的提升和社会的开放，市民意识觉醒，社会矛盾突出，加上生态脆弱、资源短缺，难以持续支撑传统城镇化模式。中国作为一个发展中大国，具有人口众多、空间广阔、资源短缺、分布不均、发展水平差异大的特征，这也要求中国城镇化既要充分利用大国规模经济的优势，也要力避过度聚集和长距离、高成本流动。

总之，在这样一个全新的时代背景下，深刻反思中国的城镇化模式，对新型城镇化的模式、路径与战略进行全面系统的总结和探索，无疑具有特殊重要的意义。

新型城镇化的基本模式

基于传统城镇化的问题以及未来城镇化面临的时代特征和国情特点，本文认为，新型城镇化的基本模式应该是：以科学发展观为指导方针，坚持“全面、协调、可持续推进”的原则，以人口城镇化为核心内容，以信息化、农业产业化和新型工业化为动力，以“内涵增长”为发展方式，以“政府引导、市场运作”为机制保障，走可持续发展道路，建设城乡一体的城市中国。

（一）新的最终目标是城乡一体的城市中国

新型城镇化的最终目标应该是城乡一体的城市中国，即整个国家城市和乡村基础设施是一体的，公共服务是均等的，整个国家被着上城市的底色，农民拥有与市民相当的知识、技能、素质和收入以及均等的公共服务，农村也拥有与城市相近的基础设施。具体还包括：

1. 新型经济。以新型工业化为总体背景，拥有“科技含量高、经济效益好、资源消耗低、环境污染少、劳动力密集”的产业体系，“内需为主、消费支撑”的需求体系，“人力资本与技术创新”越来越起主导作用的要素结构体系，由顶天立地的大企业和铺天盖地的中小企业组成的企业结构体系，充满活力的经济。

2. 新型社会。以新型社区、新型社会组织和新型社会管理为基本要素，交往方式社会化、社会联系国际化、生活方式现代化、居民构成多元化和流动性、社会阶层橄榄型的包容和谐的社会。

3. 新型环境。城镇主导背景下的城乡，自然景色优美，生态环境良好，资源利用节约，环境保护有效，人与自然关系友好，共同塑造绿色低碳的环境。

（二）新的主要内容是农民市民化

1. 让所有城镇化人口获得均等的公共服务，推进“以人为本”的城镇化。人口城镇化主要有三种形式：升学城镇化、就地城镇化和异地城镇化。这三项城镇化的占比大致各为30%，其他形式的城镇化占10%。人口城镇化的新内容是让这三类人群尤其是农民工享受同城镇原来户籍人口均等的公共服务。未来城镇化的重点和主线应当是保障1.6亿存量和未来增量农民工享受同城市户籍人口均等的公共服务。

2. 以优化国土空间利用为关键点，推进内涵增长的城镇化。空间城镇化主要有三个区域：老城区、新城镇和农村居民点。空间城镇化的新内容是：通过旧城改造，提高城市土地的利用率；通过减缓新城的蔓延和扩张，提升城市的容量；通过农村居民点撤并，减少农村建设用地规模。

3. 着力克服“城乡病”，推进健康可持续的城镇化。在城镇化率超过50%以后，进入城市病集中爆发期，城镇化也有可能导致农村的凋敝和衰退，因此，防治“城乡病”，确保城乡健康发展和城乡双赢是新型城镇化的重要内容。

（三）新的基本动力是信息化、新型工业化和农业现代化

在全球日益信息化以及重大技术突破和第三次工业革命即将到来之际，中国新型城镇化拥有三大新动力：

1. 新的拉动力。基于信息化基础的科技含量高、经济效益好、资源消耗低、环境污染少、劳动力密集的新型工业化，与基于智能化基础的第三次工业革命，将构造城镇化的崭新需求拉动力。

2. 新的推动力。充分利用现代信息技术和信息系统的农业产供销及相关的管理和服务现代化，即生产工具的机械化、生产技术的科学化、生产组织的产业化、劳动者素质的提高，将构造城镇化的崭新供给推动力。

3. 新的源动力。信息化作为当今科技进步的集中体现，不仅间接影响着城镇化的供求推拉力，而且直接决定城镇化的规模、速度、形态与质量。以上三化不仅为新型城镇化提供了比以前更加强大的动力，而且决定了城镇化以人为本、创新驱动和可持续发展的新特征。

（四）新的发展方式是内涵集约增长

1. 提升城市和乡村集聚区的密度。充分利用有关地上地下城市空间，在有限的城市空间布局较高密度的产业和人口，促进城市产业布局的集群化和城市土地利用的集约化。

2. 优化城镇与乡村集聚区的布局。依托合理的城镇及乡村空间布局和便捷的联系渠道，提高资源、要素和产业的配置和利用效率。

3. 完善城镇和乡村集聚区的功能。完善和配套城乡基础设施和公共服务体系，提升城乡基础设施和公共服务的质量，使之更好地发挥外部经济的作用。

4. 培育和利用高端要素。改变过去依靠物质资本投入和资源大量消耗的做法，利用人力资本和创新要素促进城镇化的发展。

新型城镇化的具体路径

在“可持续城镇化”的总体路径下，推进新型城镇化要走以下八条具体路径。

1. 走以人为本的城镇化道路，推进居民的“迁转俱进”

发展城镇要依靠人也是为了人，城镇化的一切应当围绕人的城镇化来展开。“以人为本”的城镇化的关键是推进“迁转俱进”：实现人口从乡村到城镇的迁移与人口从农民到市民职业身份转换同步推进，让迁移到城市的居民能够在城市里“住有所居”、“学有所教”、“老有所养”、“劳有所得”、“娱有所乐”、“病有所医”，充分享受到城镇现代化的公共基础设施和服务，拥有一个良好的居住和空间环境、良好的人文社会环境、良好的生态环境、清洁高效的生产环境。“以人为本”是目的也是手段，提高了人口素质和收入水平，改善了要素供给，也扩大了消费需求，有利于城乡可持续发展。

2. 走倾斜平坦的城镇化道路，兼顾空间的“公平效率”

聚集和自由流动能够确保资源的最佳配置以及分享规模经济与外部经济，从而提升经济效率，但是过度聚集将会导致拥挤的成本、“城市病”、区域差距扩大。推进新型城镇化，第一，在全国空间布局上，一方面，要发挥中国作为大国的规模优势，积极消除城市之间各种市场分割障碍，促进全国统一大市场的形成，实现国内市场充分一体化；另一方面，要把握城镇化空间聚集的度，使城镇化聚集最大化规模经济和外部经济的效益，最小化规模不经济、外部经济的成本。第二，在城市规模和城市间发展关系方面，强调大城市、中等城市、小城市和小城镇协调和联合发展的城市集群化道路，改变单纯走中心城市带动或小城镇发展的道路。让空间上接近的若干大城市、中等城市、小城市和小城镇紧密联系起来，以便互相补充、相互配合，使处在城市群或城市带的每个城镇都能享受到城市群的正外部经济。第三，在城乡关系方面要走城乡一体的道路，要把工业与农业、城市与乡村、城镇居民与农村居民作为一个整体，逐步打破二元结构。实现基础设施和公共服务的城乡一体化，加快基础设施和公共服务向农村延伸和衔接；加强城市向农村的反哺力度，通过转移支付实现对弱势农村和落后地区的支持。

3. 走产城互动的城镇化道路，确保经济的“持久繁荣”

第一，继续保持或扩大第二产业优势，尤其是提升第二产业的国际竞争力，不仅能够为产业工人提供就业机会，而且能够提高第二产业的收入水平；第二，大力发展就业吸纳能力高的生产性、89新型城镇化的基本模式、具体路径与推进对策消费性、分配性和社会性服务业，不仅能够促进经济发展，而且能够加快城镇化的步伐；第三，积极推进农业产业化，提高农业生产效率，增加农民收入；第四，制定实施城市居民收入增长计划，确保城市居民收入增长，在扩大就业机会的同时提高非农就业者迁移到城市的能力，从而推进城镇化和经济社会发展。

4. 走绿色发展的城镇化道路，确保生态的“自然优美”

未来城镇化不走先发展后治理的老路，也不走唯环境不发展的道路，要走低碳化、工业化与城镇化协调发展之路。第一，鼓励发展节能性环保产业，降低产业发展对能源、水资源、空气等生态资源的消耗或破坏；第二，支持探索循环经济模式，以更少资源生产更多经济价值；第三，要求工业入区、入园，促进产业集群，既可以集中处理污染，又可以使各产业分享外部经济；第四，加强节能环保宣传，鼓励城市居民在日常生活中践行节能环保；第五，加强城市绿地资源建设，提高生态环境自我净化能力；第六，倡导绿色消费，减少消费污染；第七，重视调解资源占用与分配、环境污染方面的矛盾、冲突，促进城镇化与环境保护的良性互动。

5. 走包容增长的城镇化道路，确保社会的“公平正义”

推进新型城镇化，应统筹城镇化与社会发展的关系，在社会和谐中推进城镇化。第一，在政治方面，让更多的人获得参与决策和议事的机会，为不同社会阶层的人提供发展的机会和平台，让所有的人分享城市发展进步的成果。第二，在社会方面，正确处理政府、企业和居民的关系，保护农民和城镇居民的合法权益，尊重居民的意愿和选择；正确处理当地居民和外来居民的关系，切实保护外来居民权益，让外来居民与当地居民和谐相处；正确处理不同收入阶层之间的关系，既鼓励人们创新、创业和创富，同时关心和保护弱势群体，实行向弱势群体倾斜的普惠福利，建立与完善配套的社会保障政策，缩小贫富差距。

6. 走创新驱动的城镇化道路，确保城市的“引领未来”

中国作为后发城镇化国家，应毫不犹豫地实施创新驱动战略。第一，实施创新要素驱动，推动经济增长，迎头赶上先发国家。为此，要将教育置于更加优先发展的位置上，继续加大教育投入，延长义务教育，扩大职业教育和成人教育，建立与未来城市中国经济社会发展相适应的多层次的教育体系。加大科技投入，培育创新的主体，构建创新的网络，搭建创新的平台，积极发展和城市体系相适应、与产业体系相匹配的分层次、有分工的科技创新体系。第二，实施制度和管理创新，保障新型城镇化可持续推进。第三，不仅要在技术上不断创新，而且在管理上尤其在发展方式上不断创新，力争后发先至，后来居上，进而引领世界潮流。

7. 走政府引导的城镇化道路，发挥市场的“基础作用”

城镇化是市场主体分享外部经济偏好在空间聚集上的显示，是市场主体空间自由选择的过程。城镇化要求健全市场制度体系，但由于存在市场失灵，仅仅通过市场选择难以实现最优均衡。促进城镇化健康可持续发展，需要政府创造适宜的硬件环境和软件环境。一方面，便利市场主体流动，使其空间偏好得以显示；另一方面，兼顾国土空间利用的“效率与公平”。因此，政府的主要职能是：第一，顺应城镇化发展规律，对城镇化进行前瞻性科学规划；第二，建设辖区范围内的一体化的公共基础设施；第三，为在不同区位的居民提供均等化的公共服务；第四，为在不同空间区位活动的企业和居民提供公平、公正、均等、统一的规范化的制度环境。

8. 走本土开放的城镇化道路，确保城市的“世界个性”

第一，利用全球，借力世界。要积极实施全方位开放战略，利用全球的要素、资源和市场，借鉴全球的发展经验，坚持世界的发展标准，顺应全球的发展趋势，构建一个充分国际化的城市国家。第二，立足本土，保持个性。每个地方的城镇，都有自己不同的基础、背景、环境和发展条件，每一个城镇都应该有自己的个性，要突出多样性。在城市功能上，大城市、经济中心城市应该发挥集聚功能，增强对区域的辐射能力，重点发展具有优势902013. 1的技术密集型和资本密集型产业，大力发展生产性服务业，强化技术创新和制度创新，成为中国参与国际竞争的重要力量。中小城市则要在保持产业特色的同时，依托相对较低的投资成本和比较完善的产业发展环境，主动承接大城市的产业转移，为城市发展提供强有力的支撑和充足的动力，提升对周边区域的凝聚力和带动力，增强自身向大城市发展的能力。第三，在文化上，坚持国际化的多样性与当地化的主旋律的结合。一方面，要海纳百川，积极吸收外来优秀文化；另一方面，要注重保护和继承文化遗产，尊重当地居民的各种文化和生活特性，体现古今交融的文化魅力，实现当地文化与外来文化的多元并存和融合发展。

新型城镇化的推进对策

为恰到好处地发挥弥补市场失灵的职能，积极推进新型城镇化，政府可采取四项基本对策措施：制定战略与规划、提供基础设施和公共服务、完善制度与政策、加强监督与管理。

（一）制定战略与规划，引导新型城镇化可持续发展

1. 发展目标：城乡一体的城市中国

为建立一个城乡一体的城市中国，国家应制定面向2040 年的全国城乡发展规划，在科学发展观的指导下，对中国城镇化发展目标和步骤进行顶层设计和统筹安排。

（1）城镇化的速度：未来新型城镇化要根据经济社会发展和资源环境的承载状况，保持适当的速度。

有鉴于全球竞争格局和中国转型升级的未来形势，中国未来新型城镇化不应该也不可能再像过去一样，按照每年1% 的速度增长，未来中国城镇化将是内涵城镇化和外延城镇化并举，“重在质量”，一方面解决1.6亿人的不完全城镇化问题，另一方面继续解决3.6亿左右新增人口的城镇化。

（2）城镇化人口总规模与水平：预计2040 年中国人口应保持在14 亿左右。从人口空间分布来看，25% 居住在农村，25% 居住在小城镇，25%居住在中等城市，25% 居住在大都市。未来中国城镇化率以达到75% 为基本目标(东部80%、中部70%、西部60%)，中国城镇人口2030 年将达到8. 6 亿，2050 年将达到10.6亿左右。

（3）城镇化用地规模与水平：城镇化地区用地面积占非农建设用地面积的比例为65%，全部非农建设用地面积16 万平方公里，城镇地区非农建设用地总面积10 万平方公里，其中，大城市、中小城市、小城镇、农村非农建设土地占用比例分别为15%、20%、30%、35%。人口密度以每平方公里一万人为标准。

（4）城市规模体系：城市是国家资源的集结点和经济发展的龙头，更是国家创新和创富的中心。2040年，城市数量达到1000个左右，小城镇20000个，将形成超大城市、特大城市、大城市、中等城市、小城市、小城镇、居民点协调发展的城市发展空间格局。第一，要利用先进的交通通讯技术手段，通过合理规划，培育一批大城市和超大城市，在扩大城市规模的同时，重点提升城市的能级，使之发挥增长极和动力源的作用；第二，将一大批作为区域中心的小城市扩展为中等城市，同时加强对中等城市的支持，发挥其对区域整体经济社会发展的连接、带动和聚集作用；第三，针对目前小城市功能不全、管理水平低的特点，完善小城市的功能；第四，小城镇具有连接城乡、亦城亦乡的独特作用，应针对小城镇布局分散的问题，调整优化小城镇的布局。

（5）城市功能体系：从城市功能看，未来中国城市将是一个开放的体系，城市功能将呈现层级分化趋势。未来形成世界顶级城市2 个，世界城市3－5 个，国际化城市15 个左右，国家级城市30－50个，近千个区域性和地区性城市。香港、上海等，集聚世界产业体系中的高端服务业、高科技制造业，产业环节中的研发设计和品牌营销环节得以发展，成为全球经济控制和管理中心，成为世界顶级城市。有些城市承担某些服务世界的专业功能，成为国际型城市。有些城市承担管理和服务全国的综合功能，有些城市承担管理和服务全国的某些功能，有些城市承担管理和服务区域的综合功能，而中小城市承担专业制造功能，小城镇承担连接城市和农村的功能。

（6）城市空间布局：未来中国众多城镇将以91新型城镇化的基本模式、具体路径与推进对策城市绵延带、城市群或城市圈等形态，呈点、线、面三种结构，通过现代化的交通网络连接在一起，镶嵌在广袤的乡村大地上。城市成为区域空间的心血管，广大农村地区就是其肉体。

在全国空间布局上：第一，东部区位优越、环境适宜、人口稠密，以面为主、点线结合，支持东部地区率先发展，转型升级，走向世界，参与国际竞争。第二，中部和东北资源丰富、人口稠密，以线为主、点面结合，通过制定激励政策，鼓励人才、产业等向中部和东北地区转移，实现中部崛起和东北振兴，在发展中尤其注意资源节约和环境保护。第三，西部地广人稀，以点为主、线面配合，继续实施西部大开发政策，收缩战线，集中发展，同时着力进行环境保护和生态恢复。

在区域空间布局上：一方面，要充分利用规模经济和外部经济的优势，推动城市群的一体化发展，促进城市群区域交通同网、信息同享、市场同体、产业同布、环境同治，避免产业恶性竞争和基础设施重复，形成产业布局与分工合理、经济联系紧密、内部聚集效应与对外扩散效应明显的城市群；另一方面，关注并重点援助边缘区域。在城乡空间布局上：第一，通过建设集群化和网络化的城镇，使城乡融为一体，分工合作，互利双赢；第二，通过建设紧凑型城市等，减缓城市的蔓延和扩张；第三，通过新农村建设、农村居民点撤并等，在改变农村面貌的同时，实现农村土地的集约利用，确保农业区域面积不缩小。

2. 发展步骤：分两步实现理想城镇化目标

第一步，到2020 年实现60% 的城镇化率，从城乡三元结构向二元结构转变，城乡基础设施基本配套完善，城镇里当地人与外地人的收入及公共服务基本均等，外出人口逐步迁出，农村的基础设施、公共服务和留守居民的收入逐步提升，城乡之间收入和公共服务基础设施差距缩小。第二步，到2040 年实现75% 的城镇化率目标，城乡人口相互流动，从城乡二元结构变为城乡一元结构，即城乡一体化，城乡基础设施配套、完善和一体，收入、公共服务的城乡差距由缩小到均衡。

（二）提供基础设施与公共服务，支撑新型城镇化健康可持续发展

1. 基础设施：逐步实现基础设施的城乡与全国一体

（1）构建全国一体的基础设施网络。按照全国城乡规划布局以及城市分布状况，利用先进科学技术，构建和完善快速、高效、便捷、便宜的全国交通、通讯、信息等基础设施网络系统，使区域之间、城市之间、城乡之间的资源、人口和信息能够迅速、便捷、便宜地自由流动。

（2）完善区域一体的基础设施网络。加快城市有形基础设施和无形服务网络建设，完善由高速公路、高速铁路、航道、运输管道、电力输送、网络、排水管网体系和通讯干线等构成的区域性基础设施网络，缩短城市间的通勤距离，使城市群内部以及各大城市群之间资源和信息实现共建共享。

（3）实现城乡一体的基础设施网络。按照城乡一体的规划要求，尽可能将城市的基础设施网络延伸到乡村居民点或边缘城镇，使乡村居民可以使用到与城市居民一样的基础设施。

2. 公共服务：逐步推进公共服务的城乡及全国的均等化

（1）按照子女教育、五险、住房和养老的先后顺序，逐步推进农民工与当地居民的公共服务均等化。完善就业和创业服务体系，拉动居民收入增长；提升城市医疗卫生体系质量，扩大医疗保障覆盖率；加大商品住房供给能力，提高公共住房保障水平。与此同时，推进区域之间和城乡之间就业、社保、教育、医疗等公共服务更大区域的统筹及均等化。

（2）制定积极有效的财税、金融和产业政策，重点援助农村、非城市群、城市群边缘区发展，加大基础设施和公共服务的投入，避免马太效应，降低区域差距。

（三）改进监督与管理，促进新型城镇化顺利推进

为实现对市场行为主体的有效监督管理，首先要建立适应城市中国的行政监督与管理体制。

1. 建立适应城市中国的行政管理架构。适应城市中国的管理需求，借鉴发达国家的经验，调整行政区划，减少管理层次。以城市群为基础，结合地缘、政治、经济、文化、历史等因素，在东中部人口较多的发达区域增加一些直辖市，在缩小省区范围的基础上实行省管县制度。

2. 构建财权、事权对称的纵向政府间关系。重新界定中央和地方政府事权和财权，进一步厘清各级政府的公共职责与公共权限，明晰各级政府事权和公共支出责任，做到事权与财权相一致，以便地方政府更好地履行职责，促进城市良性发展。同时，中央各部委可通过国家项目对落后地区城市发展进行直接投资，或通过财政转移支付对落后城市开发项目进行补助，确保财政资金投入力度，为城市发展提供资金保障。

3. 建立横向政府区域协调机制。要进一步完善区域特别是城市群区域的协调机制，成立统筹区域内城市发展的组织机构，创新公共治理模式，推进区域协同，通过共同市场建设与基础设施的统一规划和共建，协调整个区域内的产业规划、道路交通网络建设、信息基础设施建设。

4. 建立城乡一体的市政管理体制。第一，适应日益复杂的城乡经济、社会、环境、对外联系等需要，完善城镇的管理职能，建立城乡一体、以城为主导的城市管理体制。第二，革新公共管理理念，推进政府管理的人性化、高效化、制度化、奖惩化、竞争化，提高公共服务水平，为城市的发展和城市竞争力的提升提供高效的政府服务。第三，培育非政府组织，将大量的事务交给非营利性组织完成。第四，强化城市社区建设，鼓励社区管理组织创新和制度创新，发挥城市社区的自治、学习、服务等功能，提升公众自我教育水平，充分发挥公众参与的作用，使广大居民能够参与城市社会管理，表达自身利益诉求。第五，建立健全城市危机应急机制，提升应急处理能力，通过制度化的防范和管理，最大限度地消除城市所面临的各种风险及突发事件隐患，或者将风险和突发事件所造成的危害降至最低限度。

5. 完善政绩考核和问责、追责制度。建立科学的绩效考核制度，制定以科学发展观为指导，体现全面、协调、可持续发展的政绩考核指标体系，将新型城镇化的标准体现在评价指标中，评价标准涉及城市经济建设、社会进步、文化繁荣和环境保护等方面，考核结果体现城市政府的发展绩效并作为城市主要负责人职务变动的重要依据。

6. 重新确定城市设立及相关功能的标准。第一，修改《城乡规划法》，重新明确城市规模等级。建议结合中国人口众多的实际情况，根据人口规模确定设市的标准，确定城市的大小，然后再根据城市规模确定城市职能标准。合并、收缩部分西部地区城市，以便降低其管理成本；推动东部地区较大镇改市步伐，以便完善其管理职能。第二，制定约束性的、量化的指标体系，对不同规模的城市资源利用、环境保护、基础设施、公共服务标准作出明确而具体的规定。

（四）改革制度与政策，保障新型城镇化健康发展

1. 建立确保城镇化可持续推进的政策制度

（1）深化财税体制改革。重构纵向政府间事权与财权对称关系。优先实施义务教育经费的全国统筹，逐步实施社会保障的全部或部分全国统筹。建立中央和省级财政支持农民工市民化的转移支付制度，建立农民工市民化的政府、企业与个人成本分摊制度。

（2）深化土地制度改革。建立城乡一体的土地制度，农村土地所有权国有化，赋予农民交易土地使用权的权利，激活农民的土地资产，推进土地资产股权化、农民股东化、权益民主化，着重培育公正、公开、公平的农村土地产权流转市场，积极促进土地产权流转，并建立严格的土地产权保障制度。建立城乡一体、同权同价、自由竞争的土地使用、交易和收益分配等制度。

（3）深化户籍制度改革。根据就业、投资、居住等状况，实行外来人口有选择的市民化制度。对于暂未市民化的居民，实施分享部分权益与义务的居住证制度。

（4）深化就业制度改革。进一步开放劳动力市场，对劳动者普遍放开所有的劳动行业，只要是社会需要、国家允许开办的行业，都要向公众开放。同时，清理限制农村劳动力进入城市的地方性政策法规，不断消除城市就业市场的形形色色的歧视制度，建立城乡统一的就业培训制度，保障公民平等的就业权利。

（5）完善社会保障制度。第一，积极推进社93新型城镇化的基本模式、具体路径与推进对策会保障制度改革，突破城市社会保障不管进城农民的误区，建立覆盖城市所有居民的统一的社会保障体系，改变社会保障城乡分割的二元格局。第二，进一步扩大社会保障的宽度和广度，建立全国统筹的养老保险、失业保险、医疗保险、工伤保险和生育保险等社会保险制度。第三，建立以最低生活保障为基础、专项救助为支撑、慈善帮扶为补充的新型社会救助体系。第四，建立具有地方特色的统筹就业、养老、医疗等方面的大社保制度框架和政策体系。

（6）深化投融资体制改革。应在政府财政的引导下，以中长期信贷支持为主，积极创新发展直接融资工具。加强制度和市场建设，扩大资本市场，健全金融体系。初步形成包括基础设施证券化、基础设施投资基金、市政债券、民间金融等形式的多元的融资模式。

2. 构建确保城镇化持续推进发展的长效机制

（1）价格调节机制。第一，运用先进技术手段，尽可能使基础设施和公共服务具有可排他性，对使用者付费的服务可以采取梯度式加价的收费方式，少使用者付低费，多使用者付高费，以减轻贫困人群的负担。第二，逐步建立农业用地经营权转让市场定价机制、规划建成区集体土地转为国有土地的使用权市场定价机制以及城镇拆迁安置过程中住房市场定价机制，充分发挥价格在土地利用中的调节作用，从而实现土地收益在农民、城镇居民、政府和企业之间的公平合理的分配。

（2）生态补偿机制。充分发挥价格在节约资源、保护环境中的杠杆作用，通过明确产权和贯彻实施“使用者付费、污染者付费”的原则，将经济生产和生活中的外部成本内部化。

（3）土地占用机制。根据现有的人地分布状况，设定不同地区人均可占用非农用地面积标准，同时将人口和用地指标票据化，各城市根据自己的承受能力，同时决定接收农民工数量和增加用地数量。接收城市要解决这些外地农民工的住房、医疗、教育和社保等，并缴纳购买土地的指标款；而各农村地区根据人口迁徙的数量，获得土地款，并将一定数量的废弃宅基地转为农业用地。

（4）资金筹措机制。城市基础设施资金需求规模大、回报周期长，存在资金供求期限错配等问题，因此，要发展长期融资的金融工具，如长期信贷、基金投资、长期债券、资产证券化等，实现基础设施建设供需现金流的匹配。

（5）财政补贴机制。中央财政和省级财政建立农民工市民化的转移支付机制，根据各城市吸纳农民工定居的规模，每年定向给予财政补助。财政补助主要用于支持城市政府建设更多面向农民工及其家庭成员的社会保障，建设医疗设施、义务教育和职业教育设施，建设廉租住房，加强市政设施的扩容改造等。

（6）税收调节机制。加快税收体制改革，尽快开征房地产税、土地税、资源税、环境税，并以此为基础健全城市税收体系，一方面，解决城市建设资金过度依赖“土地财政”的问题；另一方面，充分发挥税收在节约资源、保护环境中的杠杆作用。

如何顺利实现中国经济发展“新常态”

国务院发展研究中心研究员 吴敬琏

仅有增长减速而没有增长质量的提高，并不是我们希望见到的一种常态。相反，如果能够在增长减速的同时提高增长的质量，优化结构、提高效率，就能减轻增长减速的冲击，甚至能够在中速增长的情况下使人民得到更多的实惠。所以，在较高效率支撑下的中速增长，才是我们希望建立的“新常态”。

一、“新常态”仍待努力确立

对于经济大局，现在最热门的话题就是中国经济“新常态”。现在亟需做的，是对什么是中国经济的“新常态”，以及我们应当做些什么去适应“新常态”有一个清晰的认识。

近年来大多数人已经认识到，中国经济高增长、低效率、靠大量投资支撑的旧常态已经不可维持。它必然要过渡到一种新的常态。

这个“新常态”具备哪些特征？有多种不同的理解。大体上在两点上比较一致：第一是GDP从高速增长向中高速增长，甚至中速增长转换。第二是增长方式从靠投资驱动的粗放增长转向靠技术进步和效率提高驱动的集约增长。

应该看到，这两者有着很不相同的情况。前一点，增长减速已经是一个经济增长速度降低到了中高速，并将进一步降低，已经是不争的事实，而且也取得了朝野共识。至于第二点，经济增长的优化、经济效率的提高，或者说增长方式的转变，却是一件尚未实现、有待努力的事情。

我们面临这样一种情况：如果增长速度下降过程中，效率没有改善，原来由GDP数量扩张所掩盖的矛盾就会暴露出来，而且造成减速过快，加剧经济社会矛盾。因此，仅有增长减速而没有增长质量的提高，并不是我们希望见到的一种常态。相反，如果能够在增长减速的同时提高增长的质量，优化结构、提高效率，就能减轻增长减速的冲击，甚至能够在中速增长的情况下使人民得到更多的实惠。所以，在较高效率支撑下的中速增长，才是我们希望建立的“新常态”。

二、“三驾马车”分析框架的误区

研究增长降速，可以采取两种不同的分析框架。运用不同的分析框架，所得出的政策结论也会有很大的不同。

大致上从2009年开始，不知什么原因，在分析中国宏观经济走势的时候，流行起一种认为经济增长速度取决于消费、投资、净出口等“三驾马车”的需求大小的分析方法。也就是说，中国的增长乏力，是由消费、投资和净出口等三项需求造成的。只要能够把需求扩大到足够的水平，增长就能够重上台阶。

我认为这一套分析有重大的缺点。

首先，它用错了分析框架。十分明显，“三驾马车”分析法运用的是凯恩斯主义的短期分析框架。如同大家知道的，凯恩斯主义认为，需求决定了供给的边界，因此，产出总量等于消费、投资、财政赤字和净出口四项需求的总和。不过凯恩斯用这一理论框架来分析短期经济问题，把它用来分析长期发展显然是用错了分析框架。

其次，用这个理论框架去分析经济增长的趋势所得出的政策结论，也是有问题的。因为消费、投资、出口需求有多大，归根到底是由一些客观因素决定的，并不取决于中国的愿望。以净出口为例，它最终取决于整个的国际经济走势。过去中国对发达国家有大量的净出口，第一是因为在高消费、高福利导向下，西方国家的储蓄率很低，在储蓄和投资之间有很大的缺口，需要靠从发展中国家净出口来填补；第二是因为中国低成本的竞争力很强，能够在西方国家的净进口中分到一块比较大的“蛋糕”。全球经济危机发生以后，西方国家去杠杆化，提高了自己的储蓄率。这样一来，根据经济学的“双缺口模型”，只要这个西方国家储蓄跟投资的缺口越小，发展中国家净出口的可能性也越小。美国的储蓄率会有起伏，但是要想回到危机以前的水平，我看是不大可能的。随着中国劳动者收入水平的提高，中国产品的低成本优势也在减弱，因此在出口蛋糕中所占份额也会降低。消费需求的提高，也不是以人们的愿望为转移的。例如有人说，城市化可以使消费需求提高，因为农民进城以后消费需求会有很大的提高，所以只要加快城镇化消费需求就提高了。这里其实是把消费需求和消费愿望混为一谈了。在经济分析中所说的需求是说有购买力的需求，有钱做后盾的需求。所以要增加劳动者消费需求的前提，是增加他们的收入。而增加劳动者收入的首要办法，是发展生产，提高效率。即使政府能够给予补贴，也是“羊毛出在羊身上”，是不可能使人民普遍富裕起来的。

这样，每一次出现了速度下降，用“三驾马车”的分析办法算来算去，最后的结论就是进行强刺激，多发钞票，增加投资。2009年以后，用4万亿投资（两年）10万亿贷款进行刺激，结果造成了增长率的短期回升，但货币超发、负债增加等消极后果也同时发生。2012年以后，又多次采用增加投资的办法刺激经济，但正面效果愈来愈差，负面效果愈来愈大，这使许多人认识到这不是个好办法。

研究长期增长走势更可靠的办法，是对驱动经济增长的三个因素——劳动投入、资本投入和生产效率的状况进行分析。过去30多年的高速增长是怎么来的呢？主要是靠大规模的投资。还有一些次要的因素。第一个次要因素是大量新增劳动力，也就是中国社会科学院蔡昉教授所说的“人口红利”。还有一个因素就是效率的提高。改革开放对提高效率产生了十分积极的影响。一方面，市场化改革改变了城乡隔绝的状况，大量过去低效利用的农村劳动力和农村土地转移到城市，这种结构变化使资源的利用效率得到提高。另一方面，开放使我们能够通过引入外国的设备和技术，很快地提高中国的生产技术水平。

这样一来，改革开放以后，生产效率提高对增长的贡献较之改革开放以前有了相当大的提高。

现在的问题在于，以上这些有利于维持高增幅的因素，有的正在缩减，有的正在消失。首先，新增劳动力对经济增长的贡献也越来越小了，就像蔡昉教授在2006年就已提出，根据他们前三年的调查发现，剩余劳动力无限供应的情况正在发生改变，“刘易斯拐点”已经出现。其次，随着中国一般技术水平跟西方国家相接近，用引进外国设备和技术的办法去大幅度地提高自己的技术水平就变得不大可行了。清华大学的白崇恩教授和其他一些研究者都得到大致上一致的结论，就是从本世纪初开始，中国经济增长中全要素生产率提高的贡献明显降低，并引起中国经济潜在增长率的下降。

经济学的基本原理告诉我们，在由现有资源状况和技术状况决定的潜在增长率降低的情况下，要短期拉升增长率，唯一的办法就是采取刺激政策，通过信用扩张向市场“放水”。但是就中国的情况而言，长时期采取刺激政策已经使宏观经济变得十分脆弱，蕴藏着发生系统性风险的危险。

说到过度投资造成的风险，野村综合研究所的首席经济学家辜朝明写过好几本书来总结日本近年来经济衰退的教训。他在书中指出，日本的这次衰退以至全球多次重要的金融危机，都是在泡沫破灭后出现的衰退，而出现资产负债表衰退的基础，则是资产负债杠杆率（负债率）过高的缺陷。在我看来，如果说西方国家资产负债表的缺陷的主要成因是高消费和高福利，东亚国家的杠杆率过高则主要是由于企业和各级政府借债投资造成的。在目前我国资产负债表杠杆率过高的病象已经十分明显的情况下，某些政府机构和企业就会出现偿债困难，甚至“跑路”逃债的现象。在这种情况下，政府要做的是“去杠杆化”，控制和消解风险，而不是用加法“刺激”的办法，提高杠杆率将使爆发系统性风险的危险加大。

更何况2009年以来多次采取刺激政策，其效果递减已经变得非常明显。如果说2009年的4万亿投资和10万亿贷款还把2009年第四季度和2010年第一、第二季度的增长率拉高到10%以上。2014年第二季度的1万亿左右投资只把增长率从第一季度的7.4%提高到第二季度的7.5%，拉升了0.1个百分点，第三季度又降到7.3%。经济学所说的“投资报酬递减规律”的效应已经充分显现。

以上的分析说明，唯一的出路在于提高所谓索洛余量，即“技术进步、效率提高”对增长的贡献，也就是说，要优化结构，促进创新，实现经济发展方式从粗放发展到集约发展的转变。

三、体制转型是发展转型的基础

实现经济增长方式转型或者经济发展方式转型，并不是一个新口号和新要求。从1996-2000年的第九个五年计划开始，就提出实现这一转型的要求，只不过执行的情况很不理想。问题的症结在于发展方式转型受到旧体制的掣肘。

1995年制定“九五计划”的时候，先是原国家计委提出需要进行增长方式从粗放增长到集约增长的转变。在后来的讨论中，人们总结了苏联转型不成功的教训，指出体制的转变是增长方式转变的基础。因此，“九五”规定要实现“两个根本性转变”，一个是经济增长方式从粗放增长到集约增长的转变，一个是经济体制从计划经济到市场经济的转变。在“九五计划”期间，由于执行1993年十四届三中全会《决定》，市场取向改革全面推进，经济增长方式的转变也取得一定成就。可是到了2001-2005年的第十个五年计划期间，城市化加速这件好事在中国体制下却使各级政府大大增加他们手中掌握的土地等重要资源，于是许多地方都出现了政府主导的重化工业投资高潮。由于政府主导了重要资源的配置，经济发展方式转变出现了逆转。

“十一五”总结了“十五”的教训，再次提出以转变经济增长方式为主线。但是由于“十一五”期间改革推进缓慢，虽然我们制定了一个很好的“十一五规划”，但在转变经济发展方式上乏善可陈，以致中共中央在“十一五”最后一年的2010年提出了“加快转变经济发展方式刻不容缓”。

综合以上分析，我们在当前的情况下应当采取的方针，就应当是在采取措施保证不发生系统性危机的条件下，把自己的主要的注意力放在推进改革上。因为只有通过全面深化改革，建立一个好的经济社会体制，才能优化结构，转变方式，确立由较高效率支撑的中速增长的“新常态”。

四、控制和消解风险，保持宏观经济稳定

我国宏观经济部门的负责人都在讲话中指出，目前中国宏观经济虽然存在不容忽视的风险，但是总体上是可控的。我认为他们这个说法是有道理的。只要采取正确的措施，系统性风险是能够避免的。

我认为，可以采取的措施门类较多，其中包括：

第一，停止对回报过低或者是没有回报的项目的无效投资。现在有一种流行的说法，基础建设投资不需要考虑近期有没有回报，因为东西在这儿，早晚会有用。这完全不是经济学的思考方法。经济学考虑问题的一个最重要的前提，是资源具有稀缺性，做了这样就不能做那样，因此有一个选择的问题。只能做些效益最好、最需要做的事情。在这方面，我们要汲取日本的教训。1986年发生内需不足的问题以后，日本政府为拉动经济增长，启动了大规模的公共基础设施投资计划，结果酿成了最后的大崩盘。

第二，要停止对僵尸企业输血。这也是日本在上世纪80年代失败地“拉动内需”留下的教训。现在一些地方政府耗费财政资源，用贷款、用补贴维持一些根本无法起死回生的企业。政府不是发挥自己应当承担的社会保障功能，帮助解决企业破产带来的困难，而是支持这类僵尸企业继续无谓地浪费社会资源，这只会增加风险积累。

第三，动用国有资本偿还国家的或有负债。所谓“或有负债”，是在资产负债表上没有记载，却早晚必须偿还的负债。其中最突出的是社会保障基金缺口。据计算，其中对老职工的社会保障欠账就高达几万亿元。及早归还这类欠账，可以减轻偿债压力，还能创造更有效的公有制实现形式。对于这一点，十八届三中全会《决定》有明确的规定，要求拨付部分国有资本充实社保基金。应当尽快实现。

第四，对资不抵债的企业实施破产清盘或者在破产保护下重整。对于一些破产企业的债务，停止由政府出资实行100%的刚性兑付，来避免加大道德风险。这样来化大震为小震，避免风险积累，导致大震。

第五，盘活“死资产”。由于前一时期的过度投资和粗放增长，全国各地形成了一大批“晒太阳”的开发区、绵延好几个街区的“死城”等“死资产”。虽然很难，但是应当努力设法盘活，这样就能把资产负债表的杠杆率降下来，降低出现“资产负债表衰退”的可能性。

除了采取以上这类堵塞漏洞、释放风险的措施，还应当辅之以宏观经济当局的财政政策和货币政策进行适度的短期调节。这两类措施的综合运用，使我们能够保持宏观经济的稳定，不出现系统性危机，为推进改革争取时间，使改革和发展进入良性循环。

五、坚定有序地推进改革，保证合意的“新常态”得以确定

对于全面深化改革能不能从根本上解决我们面临的问题，当前应当把提升增长速度、还是应当把推进改革放在优先地位，学术界和经济界一直有争论。

在我看来，改革能够解决问题，不仅是一个在理论上得到证明的问题，也已经为近期的实践所证实。

有的经济学家认为，中国需要维持8%以上的GDP增长率，因为要保就业。保就业当然是必要的，但是这种观点从学理上说有点问题，就是把就业情况和GDP增长之间的关系看成是线性的。其实情况并不是这样的。因为增长有个结构问题，有的行业增长1%，它的就业可能超过1%，有的行业增长1%，它的就业可能不到1%。我们过去大量投资建设的资本密集型产业，长期就业数量并不大。这几年的情况非常明显，最近三年的经济增长率是一个台阶、一个台阶往下走的，但是就业的状况却有所改善。比如说中国的经济增长率从2010年的10.4%一路下行，降到7.7%，但就业的情况、特别是低技术水平劳动者的就业情况却比以前来得好。据国家统计局报告，2013年原来要求城镇新增就业900万人，实际完成1310万人；2014年前三季度增长率再下一个台阶，但就业情况比2013年还好一点。实际的情况可能没有统计数字那么好，但就业情况有所改善是肯定的。

为什么发生这样的情况？主要原因在于服务业加快了发展。

服务业的发展曾经是整个中国经济发展的一个瓶颈。我国的“十一五规划”总结“十五”的经验，提出要把转变经济增长方式作为经济工作的主线。转变经济增长方式的核心是提高效率。我的《中国增长模式的抉择》这本书讲到了当时讨论的提高效率的四个主要源泉。第一，是让农民工变成市民，成为有知识、有技术的劳动者。第二，是要实现制造业的服务化，或者说，产业链向微笑曲线的两端延伸，实现制造业的服务化。第三，是发展服务业，特别是生产性服务业。第四，是用现代信息技术改造整个国民经济，而信息产业从本质上说，或者说它的主要的成分，就是服务业。所以总而言之，转变经济发展方式，提高效率的要点，就是要发展服务业。

但是很可惜，“十一五”期间并没有做到这一点，有些地方稍有改善，有些地方甚至有所退步。但是最近两年的情况发生了改变。服务业的发展明显加快。原来一直是制造业一枝独秀，到2012年两个产业的增长率并驾齐驱。2013年服务业进一步提高了增长率，第三产业第一次成为中国第一大的产业。

这种变化提出了一个问题：为什么过去政府三令五申要求发展服务业，它却发展不起来，为什么这两年突然发生了改变呢？看来看去，就是我们从十八大前开始的，十八大后更进一步推广的两项改革推动了服务业的发展。

第一项改革是2012年从上海开始、接着很快在全国推开的营业税改增值税（“营改增”）改革。财税部门把“营改增”列在为企业“减负”项下。目前中国企业的税负太重，减负是应该的，但这并不是最主要的。经济学家之所以主张全面推广“营改增”，是因为他们相信亚当·斯密所说，分工是推动经济发展最主要动力的道理。营业税由于存在转移价值要重复征税的问题，是一种妨碍分工深化的税种。增值税只对增加价值征税，就不存在这个问题。所以营改增有利于分工深化。这在服务业，例如电商服务表现得十分

明显。

第二项改革就是2012年从广东开始，本届政府把它规定为转变政府职能的重要内容的工商登记便利化改革。有些地方这两年新登记的工商户增长了百分之几十。

目前在就业领域内存在的一个问题，是大学毕业生、有学位的研究生就业存在一定的困难，有些人拿到的薪酬甚至比保姆还低。这是跟经济发展模式没有实现根本性转变有关的。这说明就业方面有些问题还要进一步解决，但是总体情况还是不错的。

从以上的分析可以得出，刚才讲的这两项改革仅仅是全面深化改革序幕期间的小试牛刀，虽然它们不能从根本上解决效率的问题，但是小试牛刀尚且能够起这么好的作用，应该增强我们对于改革能够解决问题的信心。中国提高效率的余地是很大的，问题在于落后体制的掣肘。所以关键在于坚决执行十八届三中全会、四中全会的决议，坚定有序地推进改革。

今年是全面深化改革元年。从经济改革来说，有些改革项目正在有序推进。比如说金融的利率市场化、汇率市场化改革的进度甚至比原来预想的还快一些。财政改革在得到深改小组批准以后，正在正常推进。从国务院这边来说，简政放权也取得了不小的成效，它的成果有待巩固和进一步扩大。

我个人认为，从今年的执行情况看，有些方面的改革需要加快。

首先是国有经济的改革。在深改小组的336项改革分工中，国有经济改革方案由四个单位牵头制定。其中，只有一个国有企业领导人员薪酬改革方案已经公布实施。不过在我看来，这项改革只是现有体制下应答民众和行政部门官员质疑的措施。其余的方案还没有看到。但是从有关部委官员公开发表的文章可以看到，他们对于十八届三中全会有关国有资产管理从直接管企业转向以管资本为主存在认识上的差别。最近深改领导小组直接派出八个调查组到各地对国有经济进行调查，这预示着国有经济改革将在深改小组直接把握下加快。

还有一项重要的改革项目是中国（上海）自由贸易试验区进行的实验。它的意义非常重大，因为它是中国的上海自由贸易试验区，涉及的问题不仅事关上海，而且事关中国采取什么样的国际战略和建立什么样的对外经济体系。

现在不少地区积极要求建立本地的自贸区。但有些人按照过去的理解，把自贸区的优势理解为取得某些政策优惠。现在看来，这显然是一种误解。最近在和一些上海学者进行交流中得到很多启发。他们指出，世界的贸易规则，特别是投资规则正面临重大的改进升级。为了适应这种变化，我们必须选择一定地区进行适应下一步世界贸易和投资的规则升级的改革试验。取得经验以后，再在其他地区复制推广。不知道大家注意了没有，习近平总书记在深改小组10月27日的会议上对设立上海自贸试验区的目的作了清楚的阐明。他指出，上海自贸试验区的主要内容，在于通过体制机制创新，“促进贸易投资便利化以及营造市场化、国际化、法治化的营商环境”。这次会议还决定在其他具备条件的地方推广上海自贸试验区取得的经验。

上海自贸试验区经验在其他地区、乃至全国的推广，不但对于形成进一步开放的体制，而且对于建设我国统一开放、竞争有序的市场体系都会起到重要的促进作用。这一点在负面清单的引进上已经可以看得十分清楚。市场进入要实行负面清单制度，本来是在中美双边投资谈判中指出的。十八届三中全会《决定》要求在国内市场上也实行负面清单制度。这是一个非常重要的决定，对于建设我国法治的市场经济体制具有基础性的意义。李克强总理说得很对，在法治化的市场经济中，对于企业来说，法不禁止即可为，对于政府来说，法无授权就不可为。如果真能实现这个，我们的市场体系就大进一步，接近于十八届三中全会《决定》所说的“企业自主经营、公平竞争，消费者自由选择、自主消费，商品要素自由流动、平等交换的现代市场体系”了。

适应新常态推进安徽经济新一轮发展

安徽省发展战略研究会　程必定

“新常态”已成为人们对中国经济发展现状的共识。安徽必须适应新常态，把握好新常态带来的新机遇，推进经济新一轮发展。

一、新常态是符合客观规律的经济发展

新常态强调的是与过去不同的“常态”。从这个意义上看，新常态是符合客观规律的经济发展。

改革开放30多年来，我国经济发展成就不仅表现在持续保持高速增长、综合国力显著增强、成为世界第二大经济体、人民收入与生活水平逐年提升、进入中等收入国家行列，更为重要的是通过“摸着石头过河”，在建设中国特色的社会主义、发展社会主义市场经济等事关国家发展方向、发展道路的重大问题上进行了成功的探索。党的十八大以来，中央从更宽视野、更深层次对中国特色社会主义和社会主义市场经济的客观规律作出科学总结，对重大体制改革进行“顶层设计”，推进中国特色社会主义和社会主义市场经济制度体系走向成熟、定型。中国特色社会主义是政治、经济、社会、文化、生态“五位一体”的总布局。在这个总布局下，经济发展必须与政治、社会、文化、生态相适应，对经济发展提出了更高的要求，这就从中国特色社会主义发展总体布局层面体现了经济发展的客观规律。在新常态下，经济发展要走新型工业化、城镇化、信息化、农业现代化协调同步发展的路子，推进信息化与工业化、城镇化、农业现代化深度融合，工业化、城镇化和农业现代化良性互动、相互协调，加快经济发展方式转变。在新常态下，要素驱动、投资驱动作用下降，技术进步、经营模式创新等因素的作用上升，创新驱动成为经济发展的新动力，经济发展依靠新的要素依托和新的动力支撑。在新常态下，市场在资源配置中起决定作用，政府“看得见的手”要装进社会主义市场经济制度的“笼子”，市场化配置公共资源，打破垄断，规范竞争，这就使经济发展有了现代市场体制保障。在新常态下，不仅要遵循市场经济规律，还要遵循依法治国规律。国家的经济建设纳入法治轨道，以法律为准则，私权法不禁可为，公权法不授不可为。经济活动有了法治保障，市场经济就会健康发展，人们所期待的新常态就会实现。

二、抓住新常态新机遇推进经济新一轮发展

新常态是符合客观规律的经济发展，也是符合区域经济客观规律的经济发展，会给省区经济发展带来许多新的机遇。适应新常态推进安徽经济新一轮发展，要抓住新常态带来的新机遇，造就战略新优势。

进入21世纪以来，安徽已抓住了中国区域经济发展的两次重大战略机遇，经济发展上了两个大台阶：第一次是抓住了国家关于促进中部崛起的战略机遇，从2005年到2010年，全省经济总量由5300亿元上升到12360亿元，突破了万亿元大关；财政收入由656亿元上升到2064亿元，突破了2000亿元大关；全省人均收

入与全国平均水平的差距年均缩小了1.56个百分点，经济发展上了一个大台阶。第二次是2010年抓住了中央提出安徽要融入长三角的战略机遇，争取皖江城市带成为国家级的承接产业转移示范区，2013年全省经济总量达到19040亿元，接近2万亿元大关；财政收入达3365亿元，突破3000亿元大关；全省人均收入与全国平均水平的差距年均缩小了2.03个百分点，经济发展又上了一个大台阶。安徽省情省力已发生了巨大变化，特别是工业在全国的位次由17位上升到12位，由工业落后省份成为工业中等发达省份。对于安徽这样的经济欠发达省份来说，不到10年的时间上了两个大台阶，应该说是了不起的。

今年9月，国务院颁发《关于依托黄金水道推动长江经济带发展指导意见》，这是党中央、国第2页共2页务院基于新时代中国区域经济发展规律的认识与运用而作出的又一重大战略决策，也是安徽进入21世纪以来的第三次重大战略机遇。特别重要的是，在长江经济带发展的国家战略中，安徽全省进入长三角，合肥市与南京、杭州一起定位为长三角城市群的副中心，战略地位空前提升。战略地位的提升意味着战略机遇的增多，在国务院的《指导意见》中，从发挥水运优势到综合交通运输体系建设，从世界级长三角城市群构造到世界级产业集群培育，都给安徽带来大量的新机遇。我们应主动参与长江经济带建设，在新常态下推进安徽经济的新一轮发展。

要充分认识到，第三次重大战略机遇是前两次重大战略机遇的迭加，并且会使前两次重大战略机遇得到新的拓展与提升。建设长江经济带不仅会进一步促进中部崛起，也会进一步推进安徽融入长三角。由此，我们要有东西双向的战略视角，造就“东西逢源”的发展空间：在政策上用足用好国家促进中部崛起的优惠政策，为安徽的发展创造政策条件；在机制上深化改革，鼓励创新，与长三角等高对接，激发安徽的发展活力。这样，既有利于本地企业的发展，可以做大存量；对省外投资者又有吸引力，可以做好增量。在经济发展新常态下，不仅能确保安徽经济“稳中求进”，甚至会出现“稳中有快”，彻底扭转长期形成的“上——全国快、安徽慢；下——全国慢、安徽快”的局面，促进经济持续健康发展。

安徽参与长江经济带建设不能局限于沿江地区，而要全省参与，各地都能受益。一个重要的战略举措是，进一步拓展省内“南北结对合作”。2009年省委、省政府作出合肥、芜湖、马鞍山、铜陵等皖江部分城市与皖北三市六县结对合作以来，已取得初步成效。长江经济带的建设既会开拓皖江城市带发展的新机遇，也会为“南北结对合作”开拓新空间。通过“南北结对合作”，在更大范围、更深层次上加快全省融入长三角，就会在新常态下进一步推进安徽经济的新一轮发展。

实施以人为本的城市群发展战略

中国人民大学城市规划与管理系主任、教授　叶裕民

城市空间的本质特征在于聚集，城市群是城市空间聚集的高级阶段。城市群是一个国家工业化和城镇化过程中产业发展和人口迁移的主要空间载体，是承载区域乃至整个国家经济社会发展的重要地区。

以城市群为主体的城镇化空间战略是我国长期探索的结果

改革开放30多年来，我国城镇化空间战略经历了以小城镇为主、以城市为主、以城市群为主的发展过程。

在20世纪80年代到90年代上半期，基于当时的国情，我国城镇化主要是以小城镇为主。1982年颁布的"六五"计划强调要"控制大城市规模，合理发展中等城市，积极发展小城市"。

进入20世纪90年代中后期，小城镇过度分散发展导致的环境问题和低效率问题日渐突出。这一时期，我国城市改革逐步深化，城市工业化快速推进，我国城镇化进入以城市为主的时期。1996年颁布的"九五"计划和2010年远景目标纲要提出要"逐步形成大中小城市和城镇规模适度，布局和结构合理的城镇体系"。

进入新世纪以来，我国对城镇化发展规律认识不断深化，充分认识到"聚集"是城市区别于农村最本质的空间特性，城镇化的聚集效应不仅表现为单一城市的聚集，还表现为多城市在空间上有序聚集。2006年颁布的"十一五"规划纲要明确提出"要把城市群作为推进城镇化的主体形态"。2011年颁布的"十二五"规划纲要也明确提出要"逐步形成辐射作用大的城市群"。

城市群是城市空间聚集的高级阶段，以城市群为主体的城镇化空间战略符合世界人口大国城镇化发展的一般规律。

以城市群为主体构建我国城镇化中后期发展的空间战略

城市群的出现，是一个国家在走向现代化的过程中，空间结构由增长极模式到点轴模式再到网络模式发展的必然结果。展望未来，我国将会形成以长三角城市群、珠三角城市群、京津冀城市群和成渝城市群为主要支点，以其余20个左右的城市群为节点的"准菱形"的空间战略。

目前，我国可以称为一级城市群的主要有4个：长三角城市群、珠三角城市群、京津冀城市群、成渝城市群。这4大城市群2010年创造的GDP都在1万亿元以上，常住人口5000万以上，其中吸收外来常住人口1000万以上。可以称为二级城市群的主要有8个：山东半岛城市群、辽中南城市群、中原城市群、海峡西岸城市群、武汉城市群、长株潭城市群、关中城市群和皖江城市群。这些二级城市群都发挥着超越省域经济社会发展的复合中心功能，它们2010年创造的GDP都在5000亿元以上，常住人口在1500万—5000万之间，

其中吸收外来常住人口在300万—1000万之间。此外，还有12个三级潜在城市群，主要包括长吉城市群、呼包鄂城市群、滇中城市群、昌九城市群、哈尔滨都市圈、太原城市群、兰州都市圈、黔中城市群、乌鲁木齐城市群、银川城市群、环北部湾城市群和浙中城市群。它们具有城市群雏形，并在一定程度上已经发挥着城市群的作用，但是发育水平较低。2010年，上述24个城市群合计国土面积占全国的14.7%，常住人口占全国的46.9%，创造的GDP占全国的60.4%。

2012年我国城镇化水平达到52.6%，按照世界城镇化规律，我国开始进入城镇化的中后期阶段。如果到2030年我国城镇化水平能达到70%，还将有接近3亿人口从农村进入城市，其中约2亿多人口要进入城市群发展。因此，未来我国城市群能否健康发展，对于我国新型工业化和城镇化发展具有极其重要的意义。城市群外围的城市化地区、县城和小城镇仍然具有重要的战略意义，它们是相应区域人口就业和提高生活质量的直接依托，是为广大农村地区农业现代化和生态建设提供服务的基地。

以人为本、以城市群为先导推进全国城乡一体化进程

城乡一体化是城镇化的最终目标。由于我国独特的城镇化历程，导致我国的城乡二元结构表现为双重性：城市与农村空间上的二元结构，城市内部本地居民与进入城市的农村居民之间的二元结构。“双重二元结构”使我国新型城镇化的任务更加艰巨。各城市群的规划与发展必须始终贯彻以人为本的理念，改善发展环境，引导和接纳人口有序流动，以城市群为先导推进农民工市民化，进而带动农村现代化，全面促进全国城乡一体化发展。

以人为本、以城市群为先导推进全国城乡一体化进程，其基本逻辑是：以高速交通网络建设增加城市群的通达性；坚持以人为本的理念，以“集约、紧凑、绿色、生态”为原则，优化城市群内部综合规划，为各城市群的培育和发展提供良好的宏观引导，创造稳定的市场预期；以城市群发展条件的改善引导企业家投资，推动产业发展转型升级，促进各城市群普遍持续地扩大就业；以扩大就业为依托引导全国人口有序向相应城市群流动和聚集。

完善投资体制改革尚需开展的工作

国家发展和改革委员会投资研究所原所长、中国投资协会会长　张汉亚

国务院办公厅2013年3月26日发布的《关于实施<国务院机构改革和职能转变方案>任务分工的通知》【国办发〔2013〕22号】（以下简称《通知》）提出要在2015年“基本完成投资体制改革”，表明2004年颁布的《国务院关于投资体制改革的决定》（以下简称《决定》）所确定的投资体制改革目标已基本完成。这是我国经济体制改革五大组成部分中第一个宣布将“基本完成”的改革，具有重要的意义。

《决定》所提出的深化我国投资体制改革的核心指导思想是：“按照完善社会主义市场经济体制的要求，在国家宏观调控下充分发挥市场配置资源的基础性作用”；实现市场配置资源的关键是实现“谁投资、谁决策、谁收益、谁承担风险”的原则。目标是要“建立市场引导投资、企业自主决策、银行独立审贷、融资方式多样、中介服务规范、宏观调控 有效的新型投资体制”。

一、国家近几年对投资体制改革的部署和出台措施

按《通知》的安排，国家近几年在投资体制改革方面的主要工作是：

2013年：减少和下放一批投资审批事项。列明取消审批的投资项目（含按照行政审批制度改革原则取消的 国家规划内需要审批的项目）、下放地方审批的投资项目（含下放地方的国家规划内需要审批的项目），列明国务院投资主管部门保留审批的涉及其他地区、需要全国统筹安排或需要总量控制的项目以及需要实行国家安全审查的外资项目；加强对投资活动的土地使用、能源消耗、污染排放等管理，发挥法律法规和发展规划、产业政策的约束和引导作用；完成下放一批国家采用补助、贴息等方式扶持地方的项目，国务院部门确定投资方向、原则和标准，具体由地方政府安排，相应加强对地方政府使用扶持资金的监督检查；对确需审批、核准、备案的项目，要简化程序、限时办结；发布新修订的《政府核准投资项目目录》，修改出台投资项目审批、核准、备案管理办法。

2014年：6月底前完成下放一批国家采用补助、贴息等方式扶持地方的项目，相应加强监督检查。出台并实施扶持地方项目及资金使用管理制度。

2015年：完发布新修订的政府核准投资项目目录，并基本完成投资体制改革。根据经济社会发展需要，按 照“谁投资、谁决策、谁收益、谁承担风险”的原则，最大限度地缩小审批、核准、备案范围，切实落实企业和个人投资自主权。

根据国家的上述安排，去年和今年上半年投资体制改革一直在不断出台改革政策和措施。

在进一步落实企业投资自主权的政策措施方面：去年已将44项原由国务院和国家发改委审批和核准的项目下放给地方政府和企业，其中一些改为备案制；公布了新修订的《政府核准投资项目目录》，大大缩小了核准范围；今年将继续下放由国务院和国家发改委审批和核准的项目，并将原定2015年发布新修订的

政府 核准投资项目目录的时间提前到今年，要最大限度地缩小核准范围。下放了一批国家采用补助、贴息等方式扶持地方的项目，由国务院部门确定投资方向、原则和标准，具体由地方政府安排，如教育、卫生等方面的项目；国家发改委同时将一些企业发债审批交由地方政府办理。今年已经出台了《政府核准投资项目管理办法》、《外商投资项目核准和备案管办法》、《境外投资项目核准和备案管理办法》，均在简化 程序、限时办结等方面提出了新的要求。在对政府投资管理方面出台了《中央预算内直接投资项目管理办法》。

为推进投资主体多元化，让社会资本特别是民间投资进入一些具有自然垄断性质、过去以政府资金和国企投资为主导的领域，4月23日召开的国务院常务会议，决定在基础设施等领域推出一批鼓励社会资本参与的项目，在铁路、港口等交通基础设施，新一代信息基础设施，重大水电、风电、光伏发电等清洁能源工程，油气管网及储气设施、现代煤化工和石化产业基地等方面，首批推出80个符合规划布局要求、有利转型升级的示范项目，面向社会公开招标，鼓励和吸引社会资本以合资、独资、特许经营等方式参与建设营运。下一步将推动油气勘查、公用事业、水利、机场等领域扩大向社会资本开放。并要求，要完善配套实施细则，推动基础设施和公用事业特许经营等立法，加强对落实情况的督促检查。为鼓励中小企业发展， 国家提高了小微企业的纳税起点，国家发改委推广了中小企业集合发债的办法。

二、深化投资体制改革还需采取的措施

30多年的投资体制改革取得了一定的成绩，但目前在投资领域还没有真正解决投资资源由市场优化配置的问题，政府投资的效益情况也未见彻底好转，投资规模、投资结构一直难以得到有效地控制和约束，使国家对投资的调控和管理丝毫不能放松。因此，投资体制改革还有待进一步深入。

根据《决定》的精神，今后一个时期的投融资体制改革应围绕“培育市场、规范行为、完善管理、强化调控”展开。总的方向是要在政府宏观调控下更多地发挥市场配置资源的基础性作用，真正做到“该管的坚决管好，不该管的坚决放开”。

要实现“宏观调控有效”，除了要更多地采用政府补贴、税收、贷款利率、市场价格等经济手段之外，还需要加强以下的工作。

1. 改进政府对全社会投资的管理

（1） 完善政府的配套协调体制。投资活动与许多方面都有密切的联系，在政府对全社会投资的管理上，涉及到政府多个有关部门、中央和地方政府以及企业之间的分工与合作关系；在资金的来源上，涉及政府财政和金融机构，以及企业和社会资金；在项目的实施方面，要与建设、土地、环保、规划、城建、工商、金融、设计、施工、咨询部门或单位打交道。因此，投资体制改革所涉及的许多内容并不是投资领域本身的问题，国家的行政管理体制、计划（规划）体制、财政体制、金融体制、市场和价格体制、企业体制、法律法规乃至人事体制都直接影响投资体制的发展与变化。投资体制实际上是融合在上述各种体制之内，并受上述各种体制所制约的。

目前政府对投资宏观管理方面的一个主要弊病在于政出多门。各级政府的投资主管部门、财政部门和

各有关专业部门都具有一定的投资管理职能，而且在投资的管理上职能交叉，每个部门都按自己制定的法规和办法，插手投资项目的管理，形成对社会投资项目的管理缺乏统一协调机制。投资体制改革多年以来虽然一直在探索之中，并且出台了众多的方案，却没有完全令人满意，很重要的一个原因是各种体制的改革难以与投资体制改革配套。

要改变上述状况，必须建立齐抓共管的协调机制，实现各部门对投资的管理体制配套、信息共享，相互监督，相互制衡，使各部门真正实现有效的管理和监督。国务院的《决定》已经对此做出了规定，但要具体落实还需要做许多工作，包括对一些政府部门的投资管理职能重新定位。

（2）改进政府投资主管部门的工作，增加透明度。政府投资主管部门要努力提高审批和核准的质量和效率，一是要适当简化目前投资主管部门内部较为繁琐的审批和核准流程；二是要增强参与投资项目审批和核准人员的责任意识和服务意识，严格按程序和规 定的时间办事；三是要增加工作的透明度，将投资项目审批或核准的申报程序、前期工作深度、项目审批 和核准条件、需报送的相关材料、审批和核准时限等在部门公开网站上向社会公布，以便投资者查阅和做 好申报项目的准备工作，了解审批或核准的程序，减少盲目性和浪费时间；同时对已申报的项目建立网上直通系统，使申报单位从中能够及时了解自己的项目正在哪个环节审批或核准，以及是否需要增加材料和进行说明等等，便于项目申报单位对投资主管部门的审批和核准工作进行配合与监督。目前国家发改委正在进行这方面的工作。

2. 加强政府对投资的调控能力

（1）提高规划（计划）的权威性。国家规划是包括发达国家在内的许多国家对固定资产投资进行调控的重要工具，许多国家是通过规划去引导投资者的投资方向，实现国民经济发展目标和结构调整的。

我国曾是计划经济国家，但长期以来出现的规划脱离现实，随意更改，执行过程中没有监督，缺少事后的总结与提高等等一系列违背规划使用原则和规律的做法，使我们的国民经济规划对投资主体行为难以起到引导的作用，反过来又使现实发展与规划产生很大的背离。因此，恢复规划的权威性，使投资主体重视国家的发展规划并使自己的投资行为与之相适应，对加强国家投资宏观调控具有重要的意义。

恢复国家规划的权威性，首先是要提高规划的质量，使规划既要反映政府对国家的发展意向，又要符合国家经济发展的客观实际，对投资者有指导作用。为此，应改变规划只是反映国家意志的制定方法。在制定国家规划时，要加强调查研究，以科学预测为依据，对规划要进行可行性分析与论证。其次，在国家规划制定之后，不能任意更改，政府部门应以实现规划为工作目标，如果国家政府部门都不认真执行规划， 是无法建立起规划的权威的。第三是建立规划执行的监督机制，对指令性的要严格执行，任何人、任何部门都不能例外；对指导性的要加强指导并为其执行提供良好的条件；监督应该是制定规划部门的重要职责 。第四是建立规划的后评价制度，在规划期结束后对规划的执行情况进行分析与评价，总结经验与教训， 达到不断提高规划质量的目的。

（2）实行严格的法律约束。法律和法规是对社会成员行为进行约束的有效手段，投资调控就是要对投资主体的投资行为进行引导和约束，法律和法规自然是不可少的。

目前我国投资领域存在大量无法可依、有法不依、执法不严的现象，为不法分子和腐败官员提供了可乘之机。投资法规的滞后，也是使投资体制严重不适应社会主义市场经济发展的需要，影响我国经济运行质量提高的重要原因之一。因此，我国投资领域的法制建设必须加强，一方面是弥补空白，制定和出台相应的法律，另一方面要抓执法，要按法律法规办事，严格执法。

由于投资建设涉及的方面和领域太多，如：关于土地和其它资源的开发与利用、环境保护、产业政策、 筹资和融资、城市规划、企业组建、招投标、合同执行、设计、施工、监理、审计、统计，等等，都需要法律法规的约束，无法用一部《投资法》来解决我国投资建设领域的可能遇到的各种法律问题。因此，当前我国不应该追求制订一部对全社会固定资产投资都能起调控作用的《投资法》，而是应该像市场经济国家那样，利用《国家安全法》、《环保法》、《资源保护法》、《土地法》、《规划法》、《标准法》、《合同法》、《公路法》、《海洋法》、《流域开发法》、《能源法》等国家的法律去严格规范和约束投资者的投资行为。

（3）建立有效的信息导向制度。信息是现代经济发展的重要资源，固定资产投资是立足现实为未来发展做准备的经济活动，信息是其决策的基本依据。我国经常出现产品过剩和短缺的主要原因就是信息缺乏造成的。

对投资者有引导意义的信息主要有两大类，一类是与未来资源和市场条件发展变化有关的信息，包括国家的经济和社会发展信息、总需求与总供给信息，国家产业政策变化信息、产业发展和调整信息、行业的 需求和供给信息、地区市场发展和变化的信息、国际市场发展和变化的信息、产品的价格走向以及各种对投资者建成项目的效益可能产生影响的信息；另一类是产品技术信息，包括新技术、新产品在产业中的应 用前景和对市场的影响、国外同类技术应用效果情况、国内同行对技术的看法和采用计划、产品更新换代的时间周期等等。

政府具有掌握全面信息的条件和能力，必须承担起信息导向的责任。

政府的信息导向方法有两种，一是投资信息发布制度，即由国家和地方政府有关部门，汇总项目审批、核 准、备案的情况，在其管理范围内定期公开发布有关的行业、地区主要产品投资建设的情况和未来市场产品供需的预测信息、产业技术发展和应用信息等等。二是培训制度，即由政府或政府委托有关单位定期 举办企业领导培训班，向他们传达有关的信息。一些发达国家，如法国、瑞典都有以中小企业为对象的技术服务中心或类似机构，定期培训企业领导，向他们通报各种有关的信息，平时则为他们提供信息咨询， 作为政府对中小企业投资引导和服务的主要途径。同时要鼓励社会团体和中介组织对企业领导者的信息培训和咨询；对宣传国家政策的公益型培训，政府应该给予适当资助。

为了加强政府的信息导向，国家应该建立并不断完善“投资决策支持系统”，充分利用现代计算机和网络系统，将与投资决策有关的信息汇总，供各类投资者查询和参考。

3. 规范社会咨询服务体系

在市场经济条件下，投资主体往往会因为人力、时间、专业、信息资源、经验和水平等方面的限制，而难以正确地决策和管理好项目的建设。社会上的规划设计、项目评估、财务、法律、信息、监理等投资咨询服务单位，可以成为投资主体提高决策水平和项目建设质量的好帮手。目前我国已经建立了一定数量的投资咨询服务机构，但由于各种原因，较为普遍地存在着管理混乱，资质与水平不符，不按科学规律办事，不能保持客观公正，营私舞弊等现象，必须对其加以整顿与规范。

（1）严格从业登记和资质评定制度。工商部门和有关的资质评定机构要根据有关的规章制度和标准审批每个咨询服务单位的从业资格和水平等级；并要建立咨询业绩和质量档案制度，每年定期进行检查，发现违法违规的要及时提出警告，对多次不改的要降低其资质等级或取消营业资格。

（2）咨询服务单位要与政府部门真正脱钩。目前许多咨询服务单位在名义上已与政府部门脱钩，但实际上还有许多实质性的联系，按政府的意愿提供咨询报告等等现象仍大量存在。要解决这个问题，主要是通过对投资咨询市场化运作的监督，提高招投标过程的透明度，加强群众和媒体的监督，严格法纪，对黑箱操作的政府工作人员和提供虚假咨询报告的咨询单位进行处罚等等。

（3）制订合理的服务收费标准。我国大多数咨询服务的收费都缺少可靠的依据，多收费和少付费的现象大量存在，使咨询单位或咨询委托单位受到损害，不利于投资咨询行业的健康发展。国家有关部门应该认真研究和确定投资咨询服务的价格标准，服务的收费水平应该既能体现知识的价值，又要使被咨询单位能够承受，认为物有所值。这是使咨询服务单位能够保持客观公正，并注意不断提高咨询服务水平的重要条件 。

（4）加强竞争机制。应在严格咨询市场秩序的同时鼓励合理竞争，促进各类中介机构提高服务质量和水平 。

4. 拓宽投融资渠道

（1）加快企业债券市场发展。要给企业更多更大的发债自主权；要维护债券投资者的利益，需制定发债企业的资质标准并严格对申请企业的资质审核工作；同时要积极培育和发展企业债券交易市场，增强企业债券对各类投资者的吸引力。

（2）鼓励多种直接融资方式探索和创新。尽快开展新建基础设施项目上市融资的试点工作，选择一些建成后预期效益较好并且稳定的新建基础设施项目，组建规范的股份有限公司，通过公开上市筹措投资建设资金；鼓励基础设施项目和国有企业采取特许经营权转让（例如BOT方式和TOT方式）、资产经营权转让、股权转让和出售出租、信托投资、融资租赁等多种直接融资方式，筹集建设资金，盘活存量资产。

（3）扩大城市建设债试点。为解决城镇化过程中城市基础设施建设资金短缺问题，目前已在十个省市进行试点，应该尽快总结经验，完善规则，推向全国。

（4）切实解决中小投资者“融资难”问题。在严格金融秩序的基础上，发展和规范为中小投资者提供融资服务的各类中小型金融机构，包括成立民营股份制银行、合作金融组织、信用担保机构和贷款担保基金，让一些经营规范、信用好的地下金融组织公开经营等等。

（5）对政策性银行进行改革。政策性银行要履行政策性投融资功能，而不是追求商业利益。为此，国家要进一步明确商业性银行与政策性银行的分工，并为政策性银行的发展创造必要的条件。

5. 营造投资领域公平竞争市场环境

（1）净化招投标市场。对达到一定规模的国有资产投资项目，其勘查设计、设备采购、建设施工、工程监理单位均须采取向社会公开招投标的方式确定，对目前普遍存在的议标行为进行严格限制；大力培育招标代理服务机构，强化政府对招标代理机构监管和群众监督，促进招投标活动的规范化和制度化。

（2）规范投资领域的行政性收费。目前对建设项目乱收费的现象依然严重，必须由政府出面对投资领域各类收费进行清理，对不合理的收费要坚决予以取消，确需保留的收费项目，政府部门要在征求各方面意见的基础上重新核定收费标准，每年应将收费的数量和用途向社会公布。

三、建立国有投资的效益保证制度

国有投资的效益欠佳一直是全社会关注的问题，为提高国有投资项目的效益，防止腐败、浪费、渎职等现象的发生，需要在以下方面加强工作。

1. 落实投资决策者责任制

项目决策是决定投资效益的首要因素。长期以来，我国国有单位投资决策者的利益与投资项目的成败没有必然的联系，成功了可以显示政绩，失败了只当是交学费，没有任何的责任。在这种体制下，自然难免“ 投资饥渴症”的蔓延，无论是投资规模、投资结构，还是投资效益都难以控制，国有资产的浪费现象几乎是无法避免，而且是愈演愈烈。要解决这个问题，应该建立国有投资“谁投资，谁决策，谁承担风险”的责任制度。

（1）尽快制定并出台《政府投资条例》等法规，明确国家有关部门审批使用国家预算资金、建设债券、建设基金等财政性资金和政策性贷款建设项目的审批程序和各部门及其有关人员的责任；对有多个出资主体的建设项目，应共同协商审批。使用银行贷款的项目，应该让贷款银行参加可行性论证会，让其了解项目情况，决定是否贷款，但没有审批权。

（2）总结十几年来推行《投资项目法人责任制》的经验与教训，不断完善并认真贯彻执行建设项目法人责 任制，落实该制度中各项管理制度和责、权、利的规定，理顺各方面的关系。按法人责任制的要求选择有工作能力、实践经验、作风正派的人负责和管理项目的建设工作。

（3）尽快出台《政府项目“代建制”管理条例》，规范需要采用“代建制”方式建设的公益性项目的建设管理。上级主管部门或建设主管部门要依法监督代建单位的工作。

（4）真正落实责任制，国家主管部门要建立授权投资主体和项目法人的业绩档案制度，定时考核他们的业绩，并酌情给予奖励和处罚。每年在国家重点项目中选择几个管理好的和差的典型，对其项目决策者和执行负责人给予事先规定的奖励和处罚，并进行广泛宣传，认真执行是使人们认真对待各项制度和合同的重要因素。

（5）严明法纪，落实“问责制”。对因个人失职、失误、以权谋私而给国有投资项目建设带来重大损失的，不但要给予行政处罚，还应进行法律制裁。

2. 严格国有投资项目可行性论证的制度

虽然国家从上世纪80年代初期就要求国有投资大中型项目的建设必须进行严格的可行性分析论证，得出可行的结论之后才能投入建设。但是，由于我国的干部体制和其他一些原因，导致一些部门和地方政府为了追求政绩和形象，投资决策不是以市场为导向，公共品投资不是以公众的需要为目的，而是取决于领导者利益取向。导致出现所谓的“首长工程”、“拍脑袋工程”。为了能使这些项目获得批准，不惜违背科学和客观实际而造假，把可行性论证变成“可批性”论证。同时，由于地方政府许多投资项目的资金由中央政府解决，因此有的项目单位从自身的利益出发，随意变更设计，扩大规模，提高标准，出现了许多“钓鱼工程”，高估冒算、多计成本和建设过程中不断超概算等现象。这些投资决策不仅浪费资源，而且败坏了政府形象。因此，必须严格可行性论证的制度，对可行性论证进行审核的部门必须真正负起责任，对在可行性论证上造假的主要责任人和不认真论证的审核部门给予严厉的处罚。

3. 强化对政府出资项目的监督

按照目前的管理体制，国家财政预算出资的建设项目，由专业主管部门或地方政府提出，国家有关部门审批，由财政拨款或银行贷款，由地方相关部门管建设过程设计、施工、监理的实施，建成运行后由业主负责经营管理。各部门各管一段，没有一个部门对项目负总责，也没有建立完善的相对独立监督制度，出了问题无法追究责任人和责任单位。这种缺乏责任制的体制，使建设项目在审批、实施阶段的招投标、建设过程中的质量控制以及竣工验收等环节上都缺乏有效的监督制约机制。特别是在招投标环节，许多当事者利用手中掌握的评标、发包、分包的巨大权力，进行寻租，暗箱操作，腐败问题十分严重。

为减少和杜绝上述现象的发生，有必要建立对政府出资项目的监督机制。

（1）明确各级政府的纪检监察和项目稽察机构对使用政府资金项目的监督责任。对政府出资建设的重大项目的投资决策、工程招投标、材料设备采购、建设进度、工程质量、资金使用情况以及投资概预算控制等实施全过程的监督检查，并将检查的结果及时向投资主管部门报告。

（2）完善和认真执行对于政府投资项目的监督体制。我国目前已经有了一些制度，如群众举报制度、项目稽察和审计制度等等，要强化这些制度，使其真正能够发挥应有的作用。

（3）要鼓励人民代表大会、媒体和广大群众对国有资产使用情况和效果进行监督。

4. 严格落实项目后评价制度

项目后评价是根据项目建成后的运行情况，对建设项目的决策、设计、施工等方面的质量进行事后的评价。主要是总结经验和教训，为以后的建设项目提供借鉴；同时主管部门可据此对项目可行性论证的预测结果与实际运营结果进行比较，评定可行性论证的质量，作为评定可行性论证单位业绩的主要依据。2008年国家发改委出台了《中央政府投资项目后评价管理办法（试行）》，决定从2009年1月1日开始施行，并选了几个项目试点。但到目前为止，这项政策很难推行。我国应严格落实这项制度的施行，并尽快扩大到所有国有投资的大中型建设项目。

不能把“城市病”演变成“区域病”

中国城市经济专家委员会副主任，中国总部经济研究中心主任 赵弘

历史上，北京的结构调整曾经有过教训，也有过成功的经验。

三十多年来，国家一直致力于推进京津冀地区的协同发展，但进展缓慢，收效甚微。

自去年底以来，京津冀合作再次被提升到一个高度，这既是为了解决北京的“城市病”问题，也是为了促进京津冀区域经济的发展。

但面对京津冀一体化概念的热潮现象，我们应更加理性地思考京津冀协同发展的问题。

着力发挥京津冀合作潜力

从全球来看，创新的地位越来越重要，美国提出创新战略，要放大硅谷的创新效应；日本提出战略综合特区，打造以东京大阪等核心城市为中心的创新特区。我们国家粗放的发展模式已经走到尽头，不实现创新驱动，在国际上没有竞争力。

创新要有创新区域，现在京津冀地区最具备条件。这里集中了全国1/3左右的国家重点实验室和工程技术研究中心，拥有超过2/3的两院院士，聚集了以中关村国家自主创新示范区为代表的14家国家级高新区和经济技术开发区，是我国重要的科技创新源头。习近平总书记到中关村集体学习，寄希望于中关村和京津冀成为中国创新引领的新的增长极。这是在更大尺度上、更广阔的视野上推动京津冀的发展。

我认为，新一轮京津冀合作要做好下面几方面的工作。

一是建议成立国家层面的京津冀协调委员会，或者叫首都圈协调委员会，建议由国家领导人担任主任。没有这样高规格的领导机制、组织机制、协调机制，这个区域的协同发展不好推进。在这个前提下，要建立一个稳定的推进机制，最好能够在国家发展改革委专门设立一个司针对这个区域的发展。既然是国家战略，这个区域的特殊性就要有专门的机构来负责推进。二是把这个区域作为一个财税体制改革的实验区，探索我们的体制和机制，比如探索首都财政，解决首都发展的压力。三是建立首都或者京津冀发展引导基金，对于一些功能疏解和产业疏解给予一定的利益补偿，比如员工、企业补贴，适当财税返还和奖励，推动利益的引导而不是命令，使产业和功能向周边疏解，当然这个前提是要建立便捷的快速交通体系。

失败教训与成功经验

京津冀协同发展一定要认清一个背景，这个背景就是市场经济。因为今天的结构调整不同于计划经济时代，计划经济时代可以靠行政命令，让企业和事业单位搬迁，但是今天要考虑其可行性、代价和成本甚至后果。

历史上，北京的结构调整曾经有过教训，也有过成功的经验。教训就是北京有一大批工业企业，在上

世纪80年代调整的时候退二进三，基本上把总部和制造业全部搬到外地或者郊区。实践证明这批搬迁以失败告终。北京的工业品牌在历史上曾经非常辉煌，但是这些企业基本都消亡了。

计划经济时代很多企业从一个山沟搬到另一个山沟，从山沟搬到县城甚至省城，企业依然存在。因为在计划经济时代职工依附于机构和企业，档案、户口、布票、粮票、住房、上学、医院、养老，都是企业包揽，市场没有正常的供应，人必须随着企业走。

但是在上世纪80年代北京很多工业企业调整的时候，企业搬迁了，很多高端人才走了可以再选择，但是核心灵魂人才没有了，企业最后就消亡了。不调整死在本地，结构方法使用不当死在外地，教训明显。

成功的经验只有首钢，首钢搬迁采取总部留下来，人才留下来，创新能力留下来，上百年的品牌和销售渠道留下来，通过结构升级，把一个现代化的工厂放到曹妃甸，少数核心工人跟着过去，主管生产的厂长去指挥，本地就业为主，所以首钢成功了。今天的首钢钢产量3000万吨，是当年北京最高产量800万吨的4倍，但是没有再消耗北京的水资源和能源，同时按照总部经济模式进一步扩张投资，发展进入世界500强，并且逐年提高。

今天我们面对同样情况，就要加快与周边城市市郊铁路的建设，如果这个条件不具备，强行命令一些企业总部、大学、医院迁过去，这些员工在路上要耗费2~3个小时的时间，对于他们太困难了。其结果只能是一流大学变成三流，一流医院变成三流，企业消亡。我们要创造条件，逐步推进整个结构调整。

让河北的发展冲动回归理性

在这一轮京津冀协同发展中，河北热情很高，但是我认为要理性思考，正确认识，要整体谋划、统筹谋划、稳步推进。

对接首都城市功能疏解的整体谋划，应有重点地推进。对接和疏解不是每个城市每个县都能有所对接，一定是条件具备的先对接，比如廊坊、固安、涿州、北三县这几个地方相对比较完善，可以率先规划这些地方的某一些区域来承担北京的功能和产业。加快建设新一代的卫星城要实现差异化定位。

要严格控制要素价格的飞涨。现在炒概念很严重，先炒股后炒房，股价很高，房价也很高，但是条件不具备。国外卫星城建设，周边城市建立与中心城之间的联系需要三个条件：一是城际铁路一定要快速到达，修建最多1小时的城市圈；二是一定要有价格差，比中心城价格偏低，无论是房价和租金各种要素价格都偏低；三是优越的生态环境，往往是生态低密度的，绿化率很高。这三个条件是周边区域与中心城合作的重要条件。

目前，北京周边的合作形势很严峻，上述三个要素都不成熟。热炒现象一方面使当地的老百姓受损，低工资承受着高房价，低收入承受着各种要素的高成本，另一方面将来即使具备了城际铁路也会失去对中心城产业功能的吸引力，因为动力机制没有了。

现在保定房价涨了10%，河北板块股市涨停，这是灾难性的，对于整个区域的治理是极其不利的，有可能使“城市病”转变为“区域病”。

我们应该积极通过区域合作解决北京的“城市病”，而不是把“城市病”演变成“区域病”。

以价值创造者为本

中国管理科学研究院学术委员会委员　余少雄

中国经济进入新常态，强调“必须遵循经济规律的科学发展，必须遵循自然规律的可持续发展，必须遵循社会规律的包容性发展。”2014年11月，在亚太经合组织（APEC）工商领导人峰会上，习近平总书记通过题为《谋求持久发展，共筑亚太梦想》的主旨演讲，向包括130多家跨国公司领导人在内的世界工商领袖们，首次公开全面阐述中国经济的“新常态”。所谓“新常态”有几个主要特点，一是从高速增长转为中高速增长；二是经济结构不断优化升级，第三产业、消费需求逐步成为主体，城乡区域差距逐步缩小，居民收入占比上升，发展成果惠及更广大民众；三是从要素驱动、投资驱动转向创新驱动。那么，作为企业来说，认识新常态、适应新常态、引领新常态，是当前和今后一个时期我国经济的发展逻辑。而建筑行业在当前经济发展形势下，一段时期内仍将是拉动国家经济稳定增长的重要着力点，对我们建筑装饰行业而言无疑是一次难得的历史发展机遇。

一、建筑装饰行业面临的市场环境

国民经济形势进入增长速度换挡期、结构调整阵痛期、前期刺激政策消化期三期叠加局面，压力不断加大，今年以来房地产持续调整的累积效应有所增加，建筑业高增长的时代已渐行渐远，尤其是新签合同额的增长大幅下降，将对未来一段时间建筑业的产值规模产生巨大影响，增速下滑成为行业发展新常态。

（一）建筑装饰新常态

增速整体放缓是建筑业最显著的变化，行业增速下滑、人工成本快速上升、工程款回款困难、竞争加剧、高风险的PPP盛行、政府大力推行BIM与工业化......前20年高速增长期的简单粗暴式经营思维已不能延续。建筑企业家不是在公关的路上，就是在“救火”的路上，无暇顾及学习和研究，行业也因此缺少研究管理理论、关注企业文化的思想家。

当前的形势虽然凶险，但并非末日，新金触与技术正逐步演变成为一种趋势，引领了建筑行业的转型升级。对优秀的企业是更大的机会，只是新常态下的竞争环境将企业之间拉开差距，而不是如过去凭一招关系竞争力吃遍天下。在新常态、互联网时代，企业为了更好生存，需要建立全新的企业理念、经营战略、强大的执行系统。

（二）新技术、新机遇

2013年9月，住建部发布《关于推进BIM技术在建筑领域内应用的指导意见》（征求意见稿），并向社会各界广泛征求意见，其中也明确指出“2016年，所有政府投资的2万平米以上的建筑的设计、施工必须使

作者简介：余少雄，高级经济师、中国管理科学研究院学术委员会委员、深圳奇信建设集团股份有限公司董事、总裁。

用BIM技术”。BIM技术开始浮出水面，进入行业视野。（BIM-Building Information Modeling，指“建筑信息模型”，是一种应用于工程设计建造管理的数据化工具，通过参数模型整合各种项目的相关信息，为各方建设主体提供协同工作的基础，在提高生产效率、节约成本和缩短工期方面发挥重要作用。）

2014年8月30日，中装协牵头组织召开《建筑装饰装修工程BIM实施标准》制定工作会议，多家装饰企业纷纷加入BIM大潮，再次加速推进转型升级步伐。洪涛股份控股中装新网，收购上海同筑信息科技公司55%股，收购标的主要是提供工程全生命周期BIM系统解决方案，力图实现BIM技术在公装及家装的标准化运作、推进智能城市运维平台、以BIM为载体推动中装新网在线教育产业发展，布局BIM技术端，创新领先优势。2014年10月，亚厦股份投资4900万元，打造“企业BIM平台建设项目”。企业总部及各分支机构全面开展BIM工作，立足于集成化研发、企业运营和项目综合管理三个层面，建立全面的BIM研发平台，目标是将亚厦股份打造成建筑装饰行业内BIM管理协同的示范企业。

新技术带来新机遇。行业增速虽然放缓，但装饰龙头企业仍有明显的竞争优势和腾挪余地。首先是中国经济继续朝前发展，城镇化和转型升级两大对建筑业利好的主题依然不会降温。其次是“一带一路”的新思维为建筑业带来了世界建筑业“大同”的新机遇，推动着中国建筑企业走向世界。最后是建筑业制度改革和新技术推广带来的红利。

（三）新常态要求我们创新思维和策略

新常态下，随着业务量不断增多，施工企业规模不断增大、人员数量不断扩充、组织层次不断增加、业务模式不断丰富、业务区域不断变广、客户需求不断丰富，使企业各个层次管理者的能力受到越来越大的挑战，企业的复杂性甚至超越企业最高领导者们的能力，能力的不及，导致组织效率降低、内部腐败增加、市场经营判断力下降，这些都是中国建筑企业，尤其是大型和高速增长企业面临的新挑战，这一挑战的力度将不断增大。发展是我们永恒的追求。新常态下，装饰企业要有新思维、新策略，尤其是人力资本策略要与时俱进，不断创新。

华为的虚拟有限持股计划、万科的事业合伙人制、阿里巴巴的人力资本合伙人制等案例和实践，宣告中国人力资源管理经过人事行政管理阶段、人力资源专业职能管理阶段、战略人力资源管理阶段，现在已迈入人力资本价值管理阶段，进入人力资本价值管理时代。创新与人力资本已经成为中国经济持续繁荣和企业转型升级的内在驱动力。随着人口红利消失，中国企业要从过去追求低廉劳动力的成本优势转变为追求高素质人才的人力资本优势，以寻求企业的成长和发展，企业的竞争力最终取决于人力资本的竞争力。

二、企业要以价值创造者为本

新常态下企业更应该回归本质，企业的本质就是创造价值。任正非说：“我们奋斗的目的，主观上是为自己，客观上是为国家、为人民。但主、客观的统一确实是通过为客户服务来实现的。没有为客户服务，主、客观都是空的”。客户价值来源于人的价值创造，因此，要基于对人性的洞悉及对人的价值的尊重构建人力资源机制。

企业是功利性组织，是客户价值创造本体，必须以价值创造者为本，以持续奋斗者为本。人才资源机制与制度创新的核心是激活人的价值创造，让每位员工成为价值创造者，并有价值地工作。企业不能养懒人、庸人、不创造价值的人，这是企业生存的基本人力法则。企业要有盈利能力，企业就要按贡献分配，要以价值创造者为本。

企业高福利容易导致员工失去持续奋斗的精神，高福利支出造成高经营成本而使企业失去竞争能力。企业不能片面强调员工幸福，追求员工幸福这个目标没有错，但是要厘清对象，如果让庸人、懒人、投机取巧等非价值创造者幸福，那这个企业就离死亡不远了。对没有创造价值能力的弱势群体的关爱，是政府和社会的责任。作为企业不以价值创造者为本，就会失去竞争力，失去企业本质。惠普、诺基亚、索尼，还有国内的“胖东来”，都曾是“以人为本”，善待员工、追求员工幸福的典范，但为什么这些高举“以人为本”旗帜的企业都衰落了，因为它们违背了价值创造的规律。我们要让员工在价值创造、获得工作成就、获得回报的同时，获得快乐与幸福感，不能简单地满足员工需要。做企业一定是围绕价值创造，一定不能违背价值创造规律。因此，以价值创造者为本就是尊重人的价值创造，让价值创造者、持续贡献者获得回报；通过竞争淘汰机制让价值创造者有幸福感、有成就感；并且，机会和资源向价值创造者倾斜，激发价值创造活力与能力。这要求我们一方面从机制和制度上进行创新，避免惠普等企业那样从辉煌顶端跌入濒临破产的深渊。另一方面建立客户价值导向的高绩效文化，依据价值贡献来确定分配。

（一）华为公司的“奋斗者”

2010年8月下旬，一份神秘邮件进入华为部分中高层干部邮箱，“公司倡导以奋斗者为本的文化，为使每位员工都有机会申请成为奋斗者，请您与部门员工沟通奋斗者申请的背景与意义，以及具体申请方式。在他们自愿的情况下，可填写奋斗者申请，并提交反馈。”申请“华为奋斗者”有一个必备条件，需要添加“我申请成为与公司共同奋斗的目标责任制员工，自愿放弃带薪年休假、非指令性加班费和陪产假”这句话。

在华为的部分员工看来，这封邮件所述的“自愿”，并没有想象中的那样简单。领导口头传述，签字与否，都平等对待，只是后期分红、配股会倾向于奋斗者。几年前，任正非在《华为的冬天》一文中说道，“如果你不能正确对待变革，抵制变革，公司就会死亡。在改革过程中，很多变革总会触动某些员工的一些利益和矛盾，希望大家不要发牢骚，说怪话，特别是我们的干部要自律，不要传播小道消息。”华为高级副总裁、党委书记周代琪发表演讲，阐述华为的奋斗者文化内涵，“华为在企业管理流程上，以奋斗者为本，不让奋斗者吃亏，企业懒汉的懒惰只会使企业落后。”

华为的奋斗者，引起舆论高度关注，除了涉嫌规避劳动法引起争论之外，更多的是关注华为针对员工小富即安、养尊处优的管理困境的又一次大规模的管理手术。华为超过15万的员工当中，已有9万多申请确认为“奋斗者”。“奋斗者”概念，在华人商界已经深入人心。

（二）人力资本价值管理策略

价值创造者组成的团队，是能够创造价值的优秀人才，是企业最重要的资本。我们要满足价值创造者的需求，以价值创造者为本。

华为的做法值得每一家企业学习。向优秀的企业学习，不搞盲目崇拜，也不盲目批判。应该博采众长，因地制宜，根据自身实际借鉴、汲取养分，不断发展、完善和壮大自己。他山之石，可以攻玉；前事之鉴，后事之师。华为的“奋斗者”无疑值得我们学习，但不同规模、体量、类型和行业的企业，选择的方法和内容不一样，只能根据自己的需求来决定。每一个企业都要研究与众不同的，研究针对自己企业特点的做法和方针，才能走出更好的路子。“橘生淮南则为橘，橘生淮北则为枳”，不能邯郸学步，东施效颦。

三、如何以价值创造者为本

关于价值创造，是一个一直争议的问题，可以说，价值创造已超出了经营管理学的范畴，而成为经济学面临着的一个重大的课题。进入网络时代以来，特别是移动互联网高速推进信息化社会，传统的经济学观点还没有完全解释价值创造问题，而社会实践的现实又迫使我们不得不注意到一个新的价值创造要素。“劳动、知识、企业家和资本创造了公司的全部价值。”《华为基本法》比较科学、全面地解释、回答这个问题。确立了价值创造、价值评价、价值分配三位一体的价值管理体系。而价值创造是基础，只有清楚了谁创造了价值，才可能知道评价谁的价值，最终才可能向谁分配多少价值。华为为我们塑造了一个学习范本。

（一）专注为顾客创造价值。

创造客户价值是企业存在的唯一理由，是所有员工工作成绩的标尺。德鲁克先生也很直截了当地表明了自己的立场：企业只有一个定义，那就是创造顾客。2008年9月，因三聚氰胺事件导致三鹿企业轰然倒下，中国乳业全面崩溃；2012年4月毒胶囊事件再次让国人胆战心惊。这些频发的事件，折射出这些企业根本不了解企业存在的理由到底是什么。企业领导者应该专心致志于提升为顾客不断创造价值的能力，根据顾客的价值需要来发展策略，让顾客价值导向成为企业产品的起点、企业服务附加值的起点、企业策略的内在标准、企业行为的准则，进而将这种价值观和资源分配向为客户创造价值的价值创造者倾斜，实现以价值创造者为本。

如何为客户创造价值，对于装饰施工企业而言，一是要转变经营理念。要意识到行业转折点的到来，关系竞争力时代逐步过去，能力竞争力时代逐步到来。竞争要开始基于客户价值之上，而不是只在经营关系。更要眼光向前看，变革提升自我。二是要充分运用战略竞争力。能力提升必须依赖战略聚焦，否则很难从行业同质化竞争泥沼中冲出来。为什么在某个领域比别人做得好，战略聚焦才是最大的理由，才是最基本的商业逻辑，才能将战略竞争力充分发挥出来。战略聚焦需要我们有比较多的放弃，这对长期处于机会主义市场环境的建筑装饰行业无疑是挑战和考验，但却是下一阶段最重要的出路。三是要抢占细分市场领导品牌。这是下一阶段最有效率的竞争策略。旗帜鲜明地进行品牌建设，抢占细分市场的头把交椅，是建筑企业下一阶段最值得做的事。必须尽快落实行动，全力以赴。抢占细分市场领导品牌的机会将越来越少，时不我待。

（二）确立人力资本思维，提升企业成本能力 。

人力资本价值管理阶段，人力资本真正成为企业价值创造主导要素，尤其是知识创新者和企业家成为企业价值创造的主导要素。人力资本从被动依附于货币资本，转变为主动与货币资本共创、共享、共治。吸引员工最重要的组织属性是协作环境、目的和使命、道德和价值观。传统上，公司决策都是领导说了算，工作要等领导布置任务。对此，我们要逐步去组织化，去中心化，让优秀的价值创造者自我管理，最大化的实现个人价值。提高组织的自适应性，让组织更开放，吸收更多的资源和能量，提高组织对内外部环境的适应性，实现组织持续发展。“没有成功企业，只有时代企业，我们要做时代的企业”。

装饰企业要充分利用BIM、互联网建设强大的执行系统，建立企业大数据。当前建筑企业的精细化能力相当低下，无法支撑下一阶段残酷的低成本竞争。大企业成本比小企业高，小企业成本比市场游击队高，工程项目运营变成一种“公司套餐式消费”模式，管理线长、人多、面广、事杂，项目管理费用增大，无法做到精益管理，这样的经营模式永远处在恶性竞争中。只有大企业成本能力上来之后，良性的竞争淘汰才会真正开始。提升成本竞争能力，BIM、互联网是我们提升成本能力的资源和工具，也是我们行业本质所决定的依托载体。

（三）精心塑造企业灵魂、血性和品德。

每一家企业，都应该是员工心中的图腾，承载着企业、员工的未来和希望。古人云，“道德传家，十代以上，耕读传家次之，诗书传家又次之，富贵传家，不过三代”。家族兴衰，德行为要；企业发展，也必须坚持我们的企业文化和核心价值，创造价值是企业存在的唯一价值和理由。企业文化必须是高绩效文化，必须是高效执行力文化，也必须是爱员工、爱企业、爱国家的文化，使文化知价值观升华成为企业的灵魂、血性和品德。提升企业文化的凝聚力和号召力，打造企业自身的平台、品牌和价值。

经济发展进入新常态，企业的管理人员与员工精神面貌要有新状态。要求我们必须尽快转变工作思维、工作习惯、工作方法，进入一种“新状态”；企业经营管理更需要创新，需要注入新鲜文化理念与理论，补充引进“新人类”。归根到底，企业发展，要在人才和人才的头脑上实现更新迭代，换装升级。

（四）致力打造价值创造者的事业平台。

创造客户价值的时代，就如逆水行舟，不进则退。不进步就是退步，无功就是过，拒绝平庸，不允许不进步，这是对价值创造者的要求。不求有功但求无过，浑浑噩噩过日子，那是公司不允许的行为。公司应该提供多通道晋升机制，除了行政职级，员工可以在技术、专业的序列上得到发展。员工只要专业做得好，就可以得到晋级、调薪的机会。甚至赋予员工在专业事项上专业技术决策能力，即对于一些专业问题具有决策权。拿一个很简单的例子来说，一个专业对口的优秀大学毕业生加盟公司，首先是开始他的职场生涯，我们就应该创造条件引导他开始自己的事业起步，规划职业发展路径和对未来的预期。其次是现在他可以租个个农民房或合租单身公寓，过几年经过工作实践、培养和积累，变成骨干，再下来谈恋爱结婚了......在公司服务十年，还得租房住，这就谈不上事业或平台，更谈不上体现个人价值。

（五）价值创造者共享价值分配的激励。

员工激励与组织绩效息息相关。互联网时代，企业内部的劳资关系、干群关系已经悄然发生变化，成为一起干事业的伙伴关系，成为一个利益共同体。单纯的薪酬概念已经演化为更丰富的全面报酬，企业除了提供短期的劳动报酬、绩效奖金之外，还要考虑完善的福利、长期发展的股权期权、增量利润的分享、员工的工作软环境等。价值分配是一个系统工程，要平衡好价值创造过程中的各种矛盾。比如个人与集体、劳动与资本、公平与效率、短期与长期、历史贡献者与当前贡献者、期望与现实等。员工的激励，要解决好四个基本问题：即报酬是什么，怎么报酬，报酬多少，以及支付能力。以价值创造者为本，必须以价值贡献确定报酬；怎么报酬是指各种形式的定位，比如工资、奖金、福利等，应该建立结构合理、定位清晰的报酬体系；报酬多少的确定要考虑外部劳动力市场的报酬水平，再就是权衡内部应拉开多大的差距，有差距才有动力；支付能力是要在期望和可能之间找到平衡，以使报酬政策保持稳定。合理、适度、长久的激励，才是对员工健康成长、对企业持续发展的负责任之所在。

（六）以业绩结果导向的竞争原则。

员工的成绩不是靠领导评价，而是结果导向，用数据说话。所以，空缺的岗位，可以面向全员进行竞聘上岗，为价值创造者提供更多公平、公正、公开的机会，发现更多优秀的价值创造者。彭剑锋说：中国企业最大的威胁是源于干部没有责任担当。责任胜于能力，责任是企业的生命线。一个企业的员工都有对客户负责的责任心，企业所有的漏洞都有人去补，这个企业是无论如何都不会死的。赛马就要让跑得快的马儿吃到最好的草料。价值分配要拒绝平均主义。“不患寡，而患不均”的小国寡民思想是抹杀杰出价值创造者的贡献。我们必须打造价值评价机制，做到奖罚分明，让优秀的价值创造者得到超值的回报。

（七）打造企业“两心机制”。

什么叫“两心”？“两心”就是“操心”和“安心”。企业管理人员个个能够对自己的职责、使命和追求像老板一样操心；员工能够真正把企业当成“家”，像“家人”一样为家里做事，尽职尽责“安心”工作。企业要关爱员工，关心他的能力成长，关怀他的生活。老板的第一要义就是复制出像自己一样对企业操心的人，让员工安心工作，把企业当做自己终生的事业。待遇留人，事业留人，把员工视为有思维、有情绪的资本。企业要把员工变成了企业的主人，员工把企业当成自己的家，像家人一样尽心尽力为家里做事，那就是负责任和担当精神。

（八）提倡长期坚持艰苦奋斗。

任何企业都需要不断坚持艰苦奋斗的作风，开源节流，奋发图强。习近平总书记强调：抓改进工作作风，各项工作都很重要，但最根本的是要坚持和发扬艰苦奋斗精神。坚持和发扬艰苦奋斗精神，是抵御形式主义、官僚主义、享乐主义和奢靡之风的侵蚀的关键。“忧劳兴国，逸豫亡身。”艰苦奋斗既是生活作风，又是思想作风、工作作风；既是指始终保持勤俭节约、淡泊人生的生活态度，又是指始终保持昂扬向上、顽强拼搏、奋发进取的精神状态。作为体现为一种不怕艰难困苦、自强不息的英雄气概，一种锐意进取、开拓创新的与时俱进精神，一种真抓实干、戒奢以俭的优良作风，艰苦奋斗永远是创业之魂、成事之基。

打江山的时候个个不怕死，人人能吃苦，胜利了一进城就麻痹松懈，贪图安逸，奢侈享乐而腐败落马。企业也一样，发展到一定程度，各级领导干部素质弱化和不负责任是企业发展的最大障碍。如果干部队伍腐化变质成为负能量，成为一把把插向企业肢体腐蚀、瓜分利益的刀子，就是企业生存发展的致命问题。艰苦奋斗纯洁队伍，强化战斗力的保障。艰苦奋斗对装饰施工企业还有另外一层含义，那就是提升资本运作能力。宏观经济下行、房地产危机、建筑业增速大幅降低，政府业主和开发商支付能力出现问题，对建筑企业的第一个考验就是资金问题。政府公建项目大力推行PPP模式，建筑企业融资能力更成为核心竞争力。建筑企业需要拓宽融资渠道，降低融资成本。同时随着产业整合的开始，资金能力强的企业将会有更多的并购机会，进行低成本快速扩张。随着互联网金融、众筹的兴起，建筑企业的融资已有更多的渠道，创新和发展的前景更加乐观。

（九）个人利益服从公司利益。

个人服从集体，以公司利益高为重。以价值创造者为本，不是说公司整体利益不重要。公司整体利益最大化是终极诉求，我们不能为世俗私利而抛弃道德的独立与尊严，也不能为名利而损人利己、破坏规矩。任何价值创造者都要服从组织效率。“公司”因“公”不因“私”。虽然很多组织的设计都是围绕价值创造者进行的，但个人只是组织的一部分，个人是归属于组织的。如果无限制的拔高个别人的利益，就会使内部运作出现高成本，就会被市场抛弃，就会在竞争中落败，最后反而会使价值创造者无家可归。这种不能持续的爱，不是真爱。

知识经济和互联网经济风起云涌，不断自我变革与创新是企业管理的永恒主题。忽略个体的组织在互联网2.0时代定将失去未来。马云曾经说过，“员工的离职原因很多，只有两点最真实：钱没给到位、心委屈了。”对于当下职场的80、90后来说，除了工资外，更看重公司与个人职业的发展。我们常常集中精力考虑企业的问题，而忽略了企业中的组织细胞——个体。企业组织存在的目的是将企业内部的各个要素特别是人力资源要素协调起来。但现实是很多企业并没能使人力资源得到充分开发，某些僵化的机制倒成了员工的桎梏。企业要做到的是，以价值创造者为本，建立一套充分发挥价值创造者作用的机制，为客户创造价值，进而为企业创造价值，实现企业愿景，也实现员工个人价值最大化。

发展城市科学不断“攀登”的领路人
——深切怀念中国城市科学研究会原理事长周干峙院士

中国城市经济专家委副主任、住建部规划司原副司长　顾文选

2004年，是中国城市科学研究会（以下简称中国城科会或城科会）成立20周年，当时我是秘书长，直接协助周干峙理事长开展城市科学研究工作。如何纪念20年，我和秘书处的同事商量，也向城科会的老同志请教，阅读了能找到的历史文档。鉴于中国城市科学研究会是在党和国家领导人万里、李瑞环直接关心推动下成立和发展起来的，并一直由建设部在任领导兼任理事长的一个规格高、跨学科、综合性、以国家城市发展战略为主要研究方向的全国性学术团体，干峙理事长嘱咐20周年纪念不是应景、不搞形式。经酝酿决定编一本《中国城市科学研究20年》，着眼总结改革开放以来我国顾文选:发展城市科学不断“攀登”的领路人纪念周干峙院士城市持续快速发展的经验、提出城市化和城市建设面临的现实问题，探索归纳中国城镇化发展的特点与规律，以服务于“发展城市科学，科学发展城市”的目标。

为总结经验，探讨规律，一个重要活动是访问中国城市科学研究会筹备成立发起的专家和曾担任主要领导的老同志，请他们回忆亲历亲为的往事，思考和总结他们认为在城市规划、建设和管理体制方面最重要的问题；有条件的还请他们题字，把自己对城市科学研究所思、所盼、所想，凝练精华，留下墨宝。经秘书处联系协调，先后访问了中国城市科学研究会的发起倡议者之一，著名哲学社会科学家于光远先生；中国城市科学研究会筹备委员会主任（时任国家城市建设总局副总局长，后为城乡建设环境保护部顾问）曹洪涛先生；中国城市科学研究会另一位重要倡导者清华大学教授、两院院士吴良镛先生；还拜访了研究会历届理事长李锡铭老部长、芮杏文老部长、廉仲常务副部长等。周干峙作为理事长，既是秘书处拜访的对象，又是重要采访的参加者，他亲自参加了城乡建设环境保护部首任部长和首届中国城市科学研究会理事长李锡铭的采访，和他共同回忆我国城市近年发展的经历和城市科学研究需要面对的新问题。他还嘱咐我采访李瑞环的事由他直接联系安排（后因故未能成行）。大概在那次采访后不久，干峙理事长的秘书告诉我，周部长为城市科学研究20年专门题了字。取来一看，有点出乎意料，他只写了两个字“攀登”。攀登什么，朝哪儿攀登?经过整理和阅读领会各位专家领导的谈话和题字，似乎对此有所悟。

早在几年前，周干峙院士就撰文提出城市是多元素交互、多因子叠加的复杂巨系统；在纪念中国城市科学研究会成立20周年前夕，他又以《城市发展和复杂科学》为题，探讨如何量化求解城市发展的复杂性问题，他认为“城市的复杂系统有可预测的方面，也有不可预测的方面”，因而既要做好规划，也要准备规划的滚动，不断探索；他还认为“城市复杂系统既具有可控部分，也有不可控部分”，城市系统可能受到旁系统或更大系统“突发性”的冲击，引致灾难。城市发展的长河不断，其发展规律、理论也在不断延伸和创新，很难穷尽。同时他又认为:城市，特别是规模较大的城市或城市群，作为复杂巨系统，具有很

强的自组织能力，通过实践认识多次往复，可以使城市发展的路径得以矫正和修复。因而我们可以有所作为，有信心建设管理好城市。

其他专家也从不同角度阐述了城市科学的特点与规律。比如吴良镛院士在采访谈话中强调“城市科学是多学科的综合性科学”，需从城市规划、建筑学、环境科学、社会学、区域科学各个方面对城市进行研究。城市科学只要“坚持城市科学的综合方向，将可能超过专业学科而形成科学的前沿”。中国城市科学研究会的重要发起人、倡导者于光远先生将他的所思所想，凝成一句话“多方面研究城市，多方面发展城市”。

从城市发展的实践看，正如建设部老部长叶如棠为纪念中国城市科学研究会20年题词寄语所言，“发展循环经济，创建生态城市，精心营造人与自然和谐共存的美好家园”，这为如何科学发展城市在实践上点明了方向。从解决城市复杂性科学、到形成多学科交叉的综合性学科前沿、乃至实践上发展循环经济创建生态城市，城市科学研究要做的事还很多很多，需要不断地“攀登”！

实际上周干峙理事长身体力行，他是在“发展城市科学，科学建设城市”的大道上奋斗终生的领路人。如本文前面所述周干峙院士不仅为纪念中国城市科学研究会成立20年专文从理论上阐述城市科学为什么是复杂的巨系统，城市巨系统的结构和特点，以及不同子系统相互作用、协调运转的机制和演变规律等，他还从实践上对具体的城市建设领域进行大量实际探索，比如针对城市所依存的自然系统，他从城市下垫面植被群落衍生、地表水排放地下水运行以及地面土层可透水等实际变化，提出城市大面积不透水层的扩张，将给城市的宜人空间和安全运转带来不可控的因素，在遇到极端天气时甚至酿成灾难。在2005年的一次城市生态发展的专题学术会上，周理事长呼吁城市建设中对道路、停车场和广场等开放空间应尽可能广施可透水材料，并以德国城市为例建议城市下垫面开放空间可透水面积不低于三分之一的比例。其后不久一些国内特大城市的暴雨成灾，证实他的意见是多么重要。面对大城市地表空间资源的稀缺性和地面超强度开发的弊端，周理事长牵头组织了城市地下空间开发的大型研究课题，既借鉴外国城市的经验，也从我国城市实际出发，提出我国城市地下空纪念周干峙院士鲍世行:深切怀念周干峙先生间开发的巨大潜力和实施的一系列审慎途径与原则。其成果得到中国工程院高度重视和行业的广泛认可。周理事长还十分关注城市发展建设中的社会系统协调问题，有一段时期他反复阐述城市化中农民的权益、农村居民点的改善和城郊农地的保护问题。他认为中国城市化的核心问题是农民的权益问题，城市化应建立在城乡共同发展的基础上，中国不能走“剥夺农民的城市化”路子。他对所谓“城市经营”，“土地财政”一直持警惕、怀疑和批判的态度。

随着年事日高，干峙院士退出了中国城市科学研究会理事长的领导岗位，但他仍然活跃在城市规划建设的前沿。偶尔因事去拜访他，他会介绍最近到了哪些城市，观察了城市发展中哪些新问题。有时他甚至会津津乐道讲述如何为地方城市进行具体的规划设计指导，从他的言谈中你会深切具体地感受到他倾注于城市发展的区域观、历史观、生态观、地方特色观、人民城市观是多么强烈和鲜明。周干峙理事长以他实践的行动、学术的研究、理论的探索给我们树立了一个终生的榜样，一个不知疲倦奋力“攀登”的前辈。

努力推进京津冀协同发展

中国社会科学院学部委员　吕政

今年2月26日，习近平同志在京主持召开京津冀协同发展座谈会，提出了推进京津冀协同发展的指导思想和要求。实现京津冀协同发展，需要认清京津冀经济发展的特点和面临的主要矛盾，把握好三地经济发展的定位和趋势，研究推进协同发展的途径和措施。

正确认识京津冀经济发展的特点和差异

京津冀在地理区位上属于相互毗邻的渤海湾经济带。改革开放以来，北京市和天津市经济快速发展，为河北省提供了广阔的需求市场和劳动力就业机会，河北省也为京津经济发展做出了重要贡献。但京津冀经济发展水平存在较大差距。从经济发展阶段考察，北京已进入后工业化发展阶段，天津的工业化也基本完成，河北还处于工业化的中期；从社会经济形态看，北京和天津是特大城市，河北是城乡二元结构特征突出、人口超过7000万的大省；在产业结构上，北京以服务业为主导，天津以加工制造业和港口服务业为主导，河北以资源密集型的重化工业和农业为主导。出现这种差异，有历史形成的经济基础的原因，有自然资源和生态环境等客观条件的制约，也有行政区划体制机制不顺的牵制，还有社会文化传统的影响，不存在谁限制谁、谁阻碍谁的问题。

进一步明确京津冀协同发展的目标定位

做好京津冀协同发展的顶层设计，需要明确这三个地区经济发展的不同定位及其相互关系。

北京作为首都，其定位应突出国家政治与行政中心，不应再强调和扩大经济中心功能。随着体制改革的深化，政府审批项目将减少，资金权力将削弱，企业总部向权力中心城市集中、地方政府“跑部钱进”的必要性和机制将淡化。另一方面，北京作为全国高等教育和科技中心的作用也在发生变化。例如，中国科技大学从北京迁到安徽合肥，并没有妨碍其成为国内外著名大学。大多数“985”高校不在北京，也没有影响它们的发展和地位。2012年北京申请的专利数量占全国的4.5%，累计发明专利拥有量低于广东。这些事实说明，北京只是我国重要的科技和高等教育中心之一。除了北京，我国已形成哈尔滨、沈阳、天津、上海、南京、广州、武汉、西安、成都等多个经济、科技和高等教育中心。应逐步推进北京的高等教育、科学研究和文化事业机构向其他区域转移和分流。调整企事业单位机构存量有较大难度，要有一个过程，但增量必须从严控制。改变北京多中心的格局，有利于不同区域协调发展，有利于解决北京的城市病问题，有利于缓解华北地区生态脆弱和人口过度向北京集聚的矛盾。

天津应建设成为华北经济中心。天津有临海的区位优势和完善的港口设施，有以先进制造业为主导的现代工业体系，有发达的商业、贸易等服务业基础，有可供开发的沿海滩涂和周边土地空间，有与河北社会经济联系更紧密的历史传统。天津应继续发挥沿海城市和现代产业体系完善的优势，利用实施滨海新区开发开放国家战略的机遇，以发展先进制造业和现代服务业为主导，建设成为经济发达的世界级现代化大都市，并发挥对河北以及华北地区经济发展的辐射与带动作用。

河北的经济发展应以继续推进工业化和城镇化，到2020年全面建成小康社会为目标。为此，需要优化产业结构，提升产业竞争力，承接京津产业转移；发挥毗邻京津的区位优势，加快京津周边地区特色产业发展，建设适应京津市场需求的工业品和农副产品供应基地；在建设和发展环京津经济圈的同时，还应着眼全国市场和海外市场，培育在国内外具有比较优势和竞争优势的产业，扩大进出口贸易，提高对外开放水平；继续减少和消除贫困，改善生态环境，实现可持续发展。

完善交通运输和物流体系

完善交通运输和物流体系是实现协同发展的重要条件。经过几十年建设特别是近20年快速发展，京津冀之间基本形成现代化交通运输体系，大的交通运输格局已不再是经济融合的障碍，今后的主要任务是进一步完善交通运输和物流网络体系。一是消除地区之间的断头路和局部地区的交通运输瓶颈。二是加快京津与周边城市客运快速轨道交通建设，并与产业转移相结合，以提供更多就业机会，引导京津市区常住人口向周边河北的中小城镇转移。加强京津周边中小城镇基础设施和文化、教育、医疗等社会公共事业建设，改变居民在京津上班、在河北居住而形成的“睡城”局面。三是加快毗邻京津的现代物流体系和物流信息化平台建设，促进京津商品仓储和批发业向周边转移。

调整和优化产业结构，提高产业关联度

优化产业结构、提高产业关联度是实现京津冀协同发展的关键。目前的情况是，北京的制造业除首钢搬迁到河北曹妃甸之外，从高端的航空航天产品制造业、集成电路制造业到中端的机械制造业、低端的建材制造业和服装生产，具有门类比较齐全的工业体系；天津工业包括冶金、石油化工、基础化工、机械制造、汽车、电子信息产品、纺织服装等，也一应俱全；河北的工业以冶金、建材等重化工业为主导。三个地区的工业都自成体系，没有形成产业链上下游相互关联的社会化分工。京津冀产业结构调整，首先应明确战略目标，其次应有具体实施路径，第三应把政府规划引导与市场选择结合起来。

北京应提高产业层次，收缩产业范围，优化产业分工。重点发展高附加值、知识与技术密集型的先进制造业和现代服务业。应敢于做“减法”，逐步压缩直至放弃一批高耗能、高污染的重化工业和用人多、占地多、附加值低的劳动密集型产业。不必纠结局部产业GDP的增减得失，也不必担心一些产业收缩会对就业产生负面影响。北京就业机会减少，将会增加河北等地的就业机会，减少劳动力不合理流动，也有利于降低劳动力成本。在中高端制造业领域，应重点发展产品研发与设计、关键零部件制造和产品总成，降低企业零部件自制率，推动一般零部件制造业向河北等地转移，形成专业化、社会化的分工体系。

天津制造业的比重显著高于北京，是我国重要的老工业基地。天津产业结构调整与北京的共同点在于都要积极推进产业升级，淘汰高耗能、高污染的落后产能，促进低附加值产业转移，优化产业组织结构，通过专业化、社会化分工提高与河北的产业关联度；区别在于天津既要加快现代服务业发展，又必须坚持以发展先进制造业为基础，瞄准工业发达国家先进水平，加强现有制造业改造和创新。

在河北的工业构成中，重化工业与轻纺工业的比例为8：2。重工业比重过高，超出了华北地区自然生态环境的承载能力；近来国内需求结构变化和产能过剩矛盾突出，加剧了钢铁、建材等重工业的生产经营困难。在生态环境和市场环境的双重压力下，河北产业结构调整的任务更为艰巨。一是下决心淘汰钢铁、建材等高耗能工业的落后产能；二是优化重化工业的生产力布局，促进钢铁、建材、化工等重化工业向沿海地区集中；三是调整和优化企业组织结构，促进资源密集型重化工业的生产要素向生产技术先进和具有规模经济效益的大型企业集中；四是发展与京津产业配套的零部件制造业和现代物流业；五是承接京津劳动密集型制造业转移；六是发挥毗邻京津的地理优势，发展面向京津大市场的农牧产品种养加产业，培育蔬菜生产基地，改变京津地区蔬菜供应依靠远距离运输的状况。

河北产业结构调整和新兴产业发展，应学习和借鉴上海周边县市如昆山、张家港、江阴等地的经验，发挥市场在资源配置中的决定性作用。论行政级别，这些地区都是县级市，但一些产业的竞争力甚至超过了上海，也不是靠开发房地产发展起来的。河北的白沟原来是京津冀三地交界、交通不便的穷乡僻壤，却发展成为我国北方地区重要的箱包生产基地和小商品交易集散地。许多地区经济发展的经验表明，经济发展主要依靠本地经济主体的创造力和竞争力，政府的扶持政策是第二位的。

防治污染，改善生态环境

京津冀水土相连，同在一片蓝天下。防治污染、改善生态环境是京津冀城乡居民的共同愿望，也是京津冀各级政府、企业和社会的共同责任。治理污染的重点是治理重化工业污染。在我国能源消耗总量中，70%是工业部门消耗的，其中冶金、建材、火力发电、石油炼化、化工、重型装备制造六大行业消耗的能源又占工业总能耗的79%，其废气排放是空气污染的主要源头。我国空气质量最差的大中城市主要集中在京津冀地区，说明这一地区的重化工业污染超出了自然净化能力，必须降低高耗能重化工业总量。京津地区高耗能、高污染企业退出，也不应以搬迁到河北作为出路。重化工业的结构调整必须坚持生产力标准。从工业技术经济指标考察，国内大型钢铁企业吨钢综合能耗为640千克，已达到国际先进水平，但中小钢铁企业综合能耗超过900千克，比大型钢铁企业高40%。采用先进技术和大型装置的水泥企业，生产每吨熟料消耗标准煤140千克，小水泥厂生产每吨熟料要消耗170千克。因此，在资源密集型重化工业领域，那些能耗高、污染严重的中小企业应当被淘汰。

治理污染应当实行谁污染、谁治理原则。一些企业片面追求利润最大化，导致严重的外部不经济。企业赚钱、环境遭殃、政府花钱治理的状况必须改变。解决办法，一是在指导思想上明确以维护广大人民群众利益为出发点，经济发展不能以牺牲环境为代价；二是提高企业生产排放标准和地区环境容量标准，从市场准入规则上严格限制达不到标准的企业；三是加强传统高耗能、高污染企业的技术改造和产业组织结构调整，努力降低能源原材料消耗；四是积极培育和发展新的替代产业，优化区域产业结构；五是改变以罚代管的做法，开征污染物排放与环境保护税，运用强制性的经济杠杆引导企业主动防治污染；六是协调地区利益关系，对河北为保护京津水源和生态环境而限制开发的地区，应建立补偿机制。

社会团体与经济社会发展研究
——总结“中国城市经济学会”2003-2013年工作有感

中国城市经济专家委员会副主任兼秘书长 张巨功

20世纪90年代以来，随着经济体制改革的不断深入，我国的社会团体有了较快的发展。由于社会转型，经济体制改革和行政管理体制改革所赋予社会团体的职能任务也越来越重。但是，我们应看到历史的原因和体制转变的复杂性，我国现有的社会团体与它应承担的改革和经济社会发展变迁所赋予的，应由它承接的任务相比能力还相差很远。这就需要我们实事求是，认真学习，加强研究，努力工作。

我担任社会团体（秘书长）实际工作达10年之久，深感对我国社会团体应从实际出发，加强在三个方面的分析研究：其一是理论和政策研究。社会团体是一种复杂的社会现象。从世界意义看，它的发展历史久远，各国国情不同，社会历史文化发展背景不同，无统一理论概念，无可以直接效仿的经验，这就需要我们从自己的国情和实际出发，建设自己的理论和政策体系，当然这是一个复杂的过程。其二是管理服务体制研究。社会团体产生的国度不同，国家政治经济制度不同，管理服务形式、职能、任务都不同，可以学习借鉴，不可能照搬。在西方发达国家，社会团体、民间组织是同权利的分享和社会职能的分化联系在一起的。在政府和市场不能占据空间中迅速发展起来,它们在规模、性质、任务、内部管理以及与政府关系等方面显示出多样化的特征。在我国，历史上没有社会团体的概念，有些民间组织，多是以“会”、“社”来冠名。20世纪后，民主制度的发展，社会民间组织不断出现。特别是改革开放以来，市场经济的发展和政治体制改革进程加快，社会团体的概念越来越与国际化接近。但是，由于我国长期以来经济不发达，政治权力高度集中等因素，反映了政府在界定社会团体时一个特定角度，偏?政治和权利关系，偏?社会管理。这些都是我们应加强研究和深化改革的课题。其三是实践能力的研究。我国社会团体的能力建设和实践操作如何加强并有效，是当前面临的一个重要而迫切的任务。当然，我国的社会团体情况也是复杂的，内部差异也很大。在改革不断深化，社会转型加快的今天，我们期待我国社会团体在经济社会发展中不断成熟，增加能力，承担起自己的历史责任，这是我作此发言，提出问题的动力所在。由于个人知识所限，深入研究不够，仅以几年的社团工作实际，以“中国城市经济学会”实际工作为例，谈些粗浅认识。概况起来，社会团体在经济社会发展中主要发挥了“四个作用”。

现将这“四个作用”分述如下：

一、为贯彻落实党和国家的方针政策、战略决策发挥“桥梁作用”。学会一贯把认真学习和贯彻落实党中央、国务院的重大战略决策和方针政策摆在首位

例如，中国城乡一体化发展是党中央、国务院提出的重大战略决策。学会早在2004年10月在山西晋城

市召开了“落实科学发展观，促进小城镇建设”高峰论坛，山西省人大常委副主任赵劲夫、省政协副主席吕日周、湖南省人大常委副主任罗海藩、晋城市市长李雁红，以及江苏省启东市、河南省南阳市、荥阳市等政府代表，有关专家学者，在会上就如何坚持城乡统筹发展、协调发展、可持续发展，进行深入研讨。之后，于2005年7月29日，在昆明市召开题为“科学发展小城镇，推进城乡和谐发展”研讨会，就城乡统筹发展提出了“探索符合中国国情的新型城市化道路”的7条建议。党的十七届三中全会提出“加快形成城乡经济社会发展一体化新格局，成为我国国民经济社会发展的根本要求”，学会于2008年1 2月28日在河北省霸州市召开“促进城乡一体化发展高层论坛”，霸州市、芜湖市、大同市、安阳市、阳泉市、耒阳市等市委、市政府领导，以及有关部委专家学者，对开创城市经济社会发展新局面进行理论研究和案例交流。2012年12月，由中国城市经济学会与江苏省城市发展研究院、浙江省发展改革研究所、上海浦东改革发展研究院、安徽省社会科学院共同组建的“长江三角洲发展研究中心”，在杭州召开的第四届长三角发展论坛上，由学会王茂林第一副会长牵头，开启了各为“新时期长三角地区城乡一体化发展研究”的重大课题，对长：三角地区中每一个省、市，选择一个城乡一体化发展最有成效的地级市，进行系统调查研究，总结成功的经验和存在的问题，从中探索实现中国城乡一体化发展的新道路、新格局。目前课题进入中期，明年上半年争取拿出成果。

又如，为贯彻落实党的“十七大”精神，学会于2007年10月30日在京郊河北省廊坊市，召开“城市经济理论创新和体系建设座谈会”，邀请了二十多位城市经济学资深专家学者以及廊坊市人大常委主任、副主任、副市长等参加。参会的人员，在深刻领会党的“十七大"报告确立的重大理论体系、重大战略思想、重大工作部署的基础上，以科学发展观为指导，进一步分析当前我国经济高速增长情况下城市经济社会发展中存在的问题，梳理了在新形势下对城市经济理论提出的新任务，研究如何建立新时期城市经济的理论体系，以推进城市经济学科进入创新性的发展时期，为开创中国特色社会主义伟大事业作贡献。

再如，党中央、国务院自十六大以来高度关注民生问题，将全面改善民生、实现国民共享发展成果，作为国家发展的重要目标。中国城市经济学会与中国劳动学会自2009年到201 0年启动了“中国城市民生建设调研"重大项目，报名城市和县(区)达569个，调查数据共200余项。2010年7月22日在北京人民大会堂重庆厅隆重召开“首届中国城市民生建设调研成果发布会暨中国城市民生建设论坛”，第十届全国人大副委员长、学会荣誉顾问顾秀莲及有关领导出席了大会，各城市代表、专家学者200多人参加了大会。由中国城市经济学会和中国劳动学会共同发布的《中国城市民生建设发展报告》(蓝皮书)，推出了十座“民生建设先进城市"和二十座“关注民生建设先进县(市、区)的先进事迹，通过(蓝皮书)和媒体得到传播。党的十八大胜利召开，全党全民十分振奋。由中国城市经济学会与中共三河市委、三河市人民政府共同主办的“中国城市经济(河北•三河)论坛，于2012年1 2月26日在河北省三河市隆重举行，论坛的主旨是“城市•民生•经济•转型”。全国人大常委会原副委员长、中国城市经济学会荣誉顾问顾秀莲、北京军区原司令员李来柱上将及国家机关相关部委、国内部分城市的领导、知名专家学者、企业家代表200余人出席。论坛的重要内容之一，就是要把党的十八大精神，落实到城市发展的目的，使人民生活水平得到全面提高，实现全面建成小康社会的伟大目标上来。民生问题，一直是学会关注的重点。

学会每年大体举行一次重大课题论坛暨学会年会，其中的主题都是围绕党中央、国务院重大战略部署为内容进行的，旗帜是十分鲜明的。

二、以解决经济社会发展中的热点、难点问题发挥“理论探索和创新的作用”

近十年来，中国经济社会发展和改革进入新的发展阶段，学会针对发展改革中的重点、热点、难点问题，分别召开大型或专业性的论坛。

例如，2006年9月在上海举办了“中国城市经济学会成立二十周年庆典暨中国城市持续、协调、科学发展高层论坛”，学会名誉会长李铁映为大会题词“走中国城市化道路”，荣誉顾问顾秀莲题词“广泛开展学术交流，推进城市经济发展”。上海市市长韩正及到会有关省市领导、专家学者，以“科学发展观统领城市全面、协调、可持续发展”为主题，分别发表演讲。大会还编辑出版了《实践科学发展观优秀论文集》、《中国城市经济前瞻性问题研究》以及《中国市长论城市经济》等专著。同时还展示了二十年来学会的领导、学者、专家撰写的二百余部城市经济学术专著。大会展示了学会成立二十年来的重大成果，有二百多位城市领导人、学会会员、理事、常务理事和学会领导人参加，是一次中国城市经济学者的盛会。

又如，中国城市经济发展中现代服务业一直是短板，中国城市经济学会对发展现代服务业十分关注。早在2007年7月21日，学会与中国国际贸易促进会、深圳市人民政府，于深圳召开“2007中国国际服务业论坛”，中国贸促会副会长王锦珍、深圳市副市长陈应春，以及中国证监会、保监会、香港贸易发展局、中国建设银行、招商银行等金融服务机构负责人，有关专家学者共二百余人参加大会。周道炯会长做了“推动区域性服务业的发展，提高中国金融服务业的竞争力”的主题演讲。论坛针对近年来泛珠三角地区金融业对全区经济发展越来越起到举足轻重的作用，提出了必须充分发挥泛珠三角九省及港澳两地金融市场的优势，加快金融业及现代服务业的发展，以促进珠三角地区城市经济的全面提升的建议。2011年4月，为促中西部地区现代服务业发展，中国城市经济学会与洛阳市人民政府共同主办“中国中西部城市(洛阳)现代服务业发展研讨会"在洛阳市举行。研讨会以“十二五规划建议”提出：“把推动服务业大发展作为产业结构优化升级的战略重点”的要求，共同探索洛阳市现代服务业快速发展策略，以辐射带动中西部地区产业结构优化升级，实现城市经济全面、快速、可持续发展。

再如，城市环境保护是国家发展的重大战略重点，由国际节能环保协会、中国城市经济学会、世界风能协会、英国伦敦发展署等机构共同参与主办的“第三届世界环保大会”，于20 10年7月在北京隆重召开。大会以“推动中国可持续展，构建未来竞争力”为主题，中国城市经济学会会长周道炯致开幕词，第九、十届全国人大副委员长成思危、蒋正华发表了演讲，马尔代夫国家住房及环境部部长穆罕默德. 阿斯拉姆、联合国工业发展组织驻华首席代表爱德华. 克拉伦斯. 史密斯、世界银行首席能源专家罗伯特•泰勒、国际节能环保协会节能委员会会长沈龙海等在会上发表讲话，中国城市经济学会第一副会长王茂林做主旨演讲。大会来自世界二十多个国家和地区的政府机构、经济组织、环保企业、科研院校等领导、官员、代表百余人参加历时三天的会议，为开创全球生态、环保、低碳领城合作新局面，取得了完满的成果。

还有，为吸取世界城市经济可持续发展新经验，介绍我国节能、环保取得的新成就，经国务院批准，由中国投资协会与中国城市经济学会共同主办“2011国际城市发展论坛”，于2011年1月5日在北京召开。第十届全国人大副委员长成思危、蒋正华、顾秀莲出席大会并发表演讲。美国前副总统戈尔、玻利维亚前总统豪尔赫•基罗加、联合国助理秘书长齐帕等出席论坛。本届论坛以“新能源、新科技、绿色城市和可持续发展”为主题，总结新世纪以来世界城市可持续发展新经验，结合国际城市可持续发展案例、新能源领域的新发展、环保领域最新科技、金融机构如何服务城市经济等内容，展望世界主流城市今后5-10年的发展规划，为我国胜利实现“十二五规划”提供借鉴，也同时展现了我国在节能、环保、生态文明建设方面取得的重大成果。

其他经济改革发展的热点、难点问题，学会也都举办过各类专业性论坛：

中国城市经济学会与经济日报社、北京市社科院、顺义区人民政府共同举办“2005品牌战略高层论坛”，于2005年6月8日召开，论坛的主旨是“自主品牌推动中国制造从加工走向创新”。中国名牌战略推进委员会主任林宗堂、国务院发展研究中心副主任刘世锦、国家工商总局商标局局长发表演讲，联想集团、海信集团、北京现代汽车、燕京啤酒等企业领导介绍打造品牌的成功经验，为中国企业走向创新发展道路起到积极的推动作用。

中国城市经济学会与中国信息协会于2005年11月联合召开了“中国城市经济发展与城市信息化建设研讨会”，中国城市规划学会副会长陈为邦、中国信息协会副会长杜链、国家发改委专家委员会评估组组长张瑞权等专家分别作演讲，探讨城市信息化建设在促进城市经济发展中的作用；城市信息化发展的方向；中国特色城市化建设道路等重大课题，为推动中国城市信息化建设走向加速发展道路做出贡献。

中国城市经济学会与无锡市人民政府联合主办“中国旅游竞争力百强城市高峰论坛”于2007年4月无锡市召开。会议就如何创新发展旅游产业、提高城市旅游核心竞争力、推进旅游区域合作、加快建设旅游强市等课题进行研讨，有50多个城市主管旅游的领导出席了会议。

中国城市经济学会与中国民(私)营经济研究会联合主办“中国民营经济活力城市峰会”于2009年2月5月在人民大会堂召开。全国政协副主席孙孚凌、全国工商联副主席孙晓华以及有关部门领导、专家学者、部分城市代表、民营企业家共200余人参加会议。峰会就当前国际金融危机冲击下，民营经济如何从困境中发展，互相交流经验，提出应对措施，为中国经济发展做出新贡献。

还有，中国城市经济学会还举办过：“中国房地产业与房地产市场高层座谈会”、“中国总部经济与广州发展高层论坛”、“第二届中国节庆产业年会”、“第三届全国城市中央商务区(CBD)发展研究高级论坛”、“文化产业带动城市产业全面发展研讨会”、“第三届中国城市建设投融资论坛”、“第二届地热技术应用高级论坛”、“中国临空经济发展论坛"等，不一一例举。

三、为交流、推广经济社会发展先进经验，发挥了“平台作用”

中国城市经济学会通过调研、论坛等形式，重点交流城市经济科学发展、产业结构调整、资源型城市可持续发展的先进经验。

1. 为解决我国百多座资源型城市战略转型问题，中国城市经济学会与山西省城市经济学会、大同市人民政府联合主办“大同市科学发展战略转型高层论坛”，于2007年9月23日召开。会上，大同市委书记、市长介绍了大同市生态环境现状和转型升级急需解决的问题。大同煤矿集团公司董事长介绍了塔山工业园区发展“围煤”产业、实现循环利用的先进经验。参会的专家学者对大同“煤都”转型升级提出各项建议，兄弟城市代表介绍各自实现转型的经验。大会对大同市今后实现战略转型和其他城市转型升级，提供了发展的新思路。

2. 为直接掌握城乡一体化建设的实践经验，中国城市经济学会组织有关专家，到阳泉市开展实践调查，历时8个多月，完成了《阳泉市推进城乡一体化实践研究》的调查报告，约二十万字。2008年12月5日，在阳泉市召开了课题评审会，全国人大农村农业委员会主任王云龙、中国规划学会副理事长陈为邦、国务院发展研究中心农村经济研究部副主任徐小青等专家学者参加了评审。评审会认为，该课题报告贯彻了党的十七届三中全会精神，针对阳泉市从城乡对立、到统一、到和谐发展、到走向一体化，进行了系统的概述和理论研究，并提出了前瞻性、可行性的政策措施，对推进城乡一体化建设和经济社会改革具有一定的参考意义。

3. 为推进中部城市的科学发展，中国城市经济学会与中共衡阳市委、市政府共同主办“中国城市经济科学发展(耒阳)论坛”，于2009年12月22日在耒阳市召开。论坛以耒阳市经济发展为实例，探讨、总结中部城市经济实现新跨越的现实经验。全国人大常委会“十届”副委员长蒋正华到会致词，深刻分析了当时世界经济形势之后，提出中国城市发展应实行经济、社会、文化、市政“四位一体”的建设，真正建成一个有实力、有魅力、有潜力的现代城市。耒阳市委书记介绍了耒阳市最近完成的发展规划，重点内容是：进一步发挥本地特有的资源优势，拓展“黑色”资源，做大做强以煤炭为代表的矿业经济；挖掘“白色”资源，丰富以蔡伦造纸为代表的古代历史文化资源；整合“红色”资源，提高当地旅游资源品质；开发“绿色”资源，加快发展附加值高的现代农业，大力推动全市经济转型升级，努力实现富民强市的目标。参加论坛的专家学者认为，在国家中部崛起的战略引导和国际金融危机冲击下，国际国内城市发展面临重大的选择时机，耒阳市积极制订转型发展规划，把科学发展观落实到城市转型的具体实践中来，注重发展本地优势产业，走调结构、富民生之路，对耒阳市乃至中部城市的新发展，具有重要意义。

4. 创业问题也是城市经济发展的难点之一。中国城市经济学会、共青团济南市委、济南时报、中国青年创业国际计划(YBC)联合举办“城市经济与青春创业论坛”，于2008年5月4日在济南市召开。本次论坛，就是贯彻党的十七大报告提出“以创业带动就业”的发展战略，通过政府支持、专家引导、导师帮助、资金支持的方式，指导青年创业就业。济南市的做法，值得借鉴。

5. 借助优秀历史文化传统，推动城市经济发展，具有巨大的软动力作用。由国际儒商学会、扬州市人民政府、中国城市经济学会、扬州大学等单位联合主办的第六届国际儒商大会，于2008年5月10日在扬州召开。来自世界各地的国际儒商学会会员、知名人士和国内各地政府官员、企业家、专家学者，围绕“守信立德、尽责创新、共建和谐”的主题，进行广泛交流。周道炯会长在大会致词中指出：“在当今全球经济一体化发展进程中，如何根据国家民族的长远利益，科学投资经营，为振兴中国经济做出自己的贡献，正是现代儒商所肩负的历史使命”。扬州市的经济、社会、文化建设，借助儒商的文化承传和儒商事业的发展，得到有力的推动。

6. 为推动城市群的建设，带动区域经济协调发展，中国城市经济学会、中共芜湖市委、芜湖市政府、安徽省社会科学院联合主办“皖江(长三角)城市区域发展高层论坛”于2010年11月6日在芜湖市召开。安徽省、湖南省、甘肃省领导，以及来自京、津、沪、成都、兰州、长沙、南京、太原、青岛等城市代表200余人参加会议。大家围绕“皖江城市带承接产业转移的推进与示范”为主题，对安徽省及芜湖市经济社会快速稳步发展给予高度评价，对皖江城市带如何融入长三角城市区域发展；如何承接一线城市的产业转移；以及皖江城市带今后发展的路径与对策，提供理论支持与实践对策建议，使皖江城市带对促进中部地区的崛起，发挥更大的作用。皖江城市带的建设，对带动区域经济发展，具有参考借鉴意义。

学会召开的年会和专题论坛，一般都选择在城市经济工作成果比较显著，专业特色比较鲜明，具有一定推广和借鉴意义。还有其他论坛，不再一一列举。

四、为组织领导有关专家学者投入经济社会发展中的理论研究和实践活动发挥“团结凝聚作用”

中国城市经济学会成立到现在已经有25年了，是中国城市经济领域最具全国性、权威性的学术组织。这个学会有二个鲜明的特点：

第一、学会的品质层次高。学会的发起人是当时的中央政治局委员王任重、上海市市长汪道涵、中国社科院院长马洪等。学会成立时在上海召开第一届代表大会，王任重从北京发来一篇两千多字的长信，讲当时改革开放形势，讲学会成立后的任务，给予很大期望。汪道涵连任三届会长，领导学会开展各项工作取得显著成果。学会名誉会长李铁映是原中央政治局委员、中国社科院院长。学会第三届代表大会在太原市召开，李铁映院长专程到会同代表一起合影并讲话。他还给学会题词：“走中国城市化道路”。在中南海办公室专门接见学会两位副会长，讲述了自己当市长时的体会，指示学会和杂志社如何做好工作。学会的特邀顾问顾秀莲是全国人大常委副主任，多次参加学会召开的论坛并发表讲话。这样高层的现职领导人兼任学会职务，是很少有的。学会第一届至第三届会长为汪道涵，第四届为中国证监会原主席、建设银行原行长周道炯，第一副会长为山西省湖南省委原书记、中共中央思想政治领导小组原副组长王茂林，还有三十位省、部级干部和著名经济学家担任副会长、顾问等职。如建设部原副部长、两院院士周干峙，社科院原副院长、著名经济学家刘国光，国务院发展研究中心原主任王梦奎，国务院体制改革委员会原副主任高尚全，国家统计局原局长李德水等。还有北京市、上海市、天津市、重庆市、广州市、武汉市、成都市等市原市长、副市长、政协副主席也是学会的领导成员。学会有四百多名理事和常务理事，他们都是各城市、各有关研究院所、大专院校的领导，以及对城市经济研究有贡献的专家、学者、企业家。

第二、学会的群众基础好。中国城市经济学会的理事成员广泛，由城市领导人、经济部门专业人员、科研院所研究人员、大专院校教授、关心城市经济研究的企业家、媒体工作者等组成学会还设有若干全国性二级专业委员会，如学科建设专业委员会、大城市建设专业委员会、中等城市建设专业委员会、中小城市建设专业委员会等。这些全国性的专业委员会，吸收全国有关专家、学者、专业工作者参加，每年都召开一次年会或专业研讨会，研究本领域经济发展中的重大问题，汇集当年的研究成果。

为适应专业研究工作需要和服务经济社会发展需要，还设置若干二级工作机构，如长江三角洲发展研究中心，城市品牌建设研究中心，中国城市经济发展服务中心，中国城市经济教育培训中心，中国城市临空经济研究中心等。

全国还有不少省、市建立了本省市的城市经济学会，如上海市、北京市、天津市、江苏省、山西省、山东省、湖南省、武汉市、大连市等。不少学会为本省市城市经济的发展改革做了很多工作，成果显著。

学会作为有如此广泛群众基础的社会团体，团结凝聚着广大专家学者、城市经济工作者们总结经验，开拓进取，投入到史无前例的中国特色社会主义现代化建设的伟大实践中去。我们坚信，随着改革的不断深入，在党和国家的关心领导下，社会团体一定会得到更健康稳步的发展。以自己特具的工作方式和服务模式，在中国经济社会发展实践中，为实现中华民族伟大复兴之梦作出应有贡献。

华侨城要走多元整合创新之路

中国城市经济专家委员会副主任，兴华时代国际城市经济研究院副院长　宋丁

作为央企，华侨城已经走过了三十年发展路程，形成了旅游、地产和电子产品三大主业为核心的产业结构，尤其是旅游产业，已经是亚洲第一、全球第四的水平了，资产规模也超过千亿。然而，与“两桶油”之类的巨无霸相比，仍然是央企中的“小弟弟”，尽管如此，国资委历来对华侨城还是十分关注，为什么？因为，在央企中，华侨城显然是市场化改革发展的典范。

近年来，随着住宅产业的巨大震荡，地产巨头纷纷介入华侨城的传统优势领域——旅游地产，对华侨城形成了重大挑战。华侨城当然不能丢掉已经形成气候的旅游地产的发展模式，但是必须在此基础上寻求更新更高的发展战略和策略。

如何找到新的突破点？回顾华侨城三十年来的发展，支撑其发展的核心竞争力和基本动力是创新。从中国最早的真正意义上的主题公园的创建到华侨城股份踏上资本市场，从影响巨大的旅游地产模式到文化旅游产业发展模式，从都市娱乐旅游到山海生态旅游，从总部城市旅游布局到全国旅游基地布局，华侨城的发展历程无时不刻不饱含了创新的理念和行动，甚至提出了“优质生活的创想家”的企业产业发展目标定位。对于华侨城来说，未来发展同样要继续坚定不移地走创新发展的路子，但是，时代变了，创新的模式也要进步，华侨城过去惯常采用的创新方式已经难以继续有效推进集团的发展，必须由过去那些单点、单线、单向、单层式的创新发展为多元整合创新模式。

多元整合创新就是在互联网思维引导下，充分利用大数据和云计算手段，把任何一项重大创新活动都置于资源、空间、产业、市场、资本、政策等多元发展要素的内在动力整合过程中，通过严格的科学流程和市场法则的检验，确保重大创新活动效率、效能和效益的最大化。

从华侨城的旅游发展战略诉求看，多元整合创新的核心切入点主要包括如下方面：

第一，轻资产战略大平台切入点。未来的产业行业企业竞争，某种意义上说，就是轻资产战略大平台的竞争。华侨城历史上的成功，在相当层次上是重资产的成功，比如旅游大投入，房地产、自有资金投放、银行贷款等等。未来的当务之急，是构建顺应时代要求的轻资产战略大平台，这是典型的多元整合创新，这个轻资产战略大平台内容包括：华侨城未来十年新战略、更加符合市场需求的现代企业运营体制机制、“互联网+”的网络架构、政策体系的高效利用策略、科技文化创新创意模式、以直接融资为核心的资本市场支持系统、开放型的国际化发展策略等等。这些轻资产战略之所以置于大平台概念之上，其一是理论价值的整合创新，其二是执行策略的全程贯彻，必须以大平台导入具体操作，而不是停留在理论层面，要在大平台上实施各类轻资产形态的能量整合，在此基础上推出并实施符合华侨城未来发展方向的战略创新。

第二，产业发展模式切入点。华侨城过去依托主题公园、旅游地产、生态度假区、都市休闲区等产业

模式不断推进企业的成长。如今，面对日益激烈的市场竞争，华侨城急需通过多元整合创新的方式，更加高效地推进产业模式的创新和企业的品牌化发展。华侨城应该大胆突破原有的产业空间业态的局限性，有步骤、有创意地进入更多发展空间，例如，大都市的城市中心地带、老工业厂区地带、乡村小城镇地带、国家公园领域等等，要在这些新型空间内部寻求旅游资源的整合开发和创新发展。与此同时，对原有的主题公园、生态度假区、都市休闲区等产业及空间进行创新性升级，保障传统旅游产业的可持续发展。产业发展模式的多元整合创新集中表现在：在更加宽广的发展空间内，把以往产业发展的成功经验和模式引入新空间，实施产业优势整合，推出更具活力和扩张力的产业业态和产品创新，并在此基础上总结和生成华侨城全新的核心竞争力和利润增长点。

第三，企业国际化切入点。华侨城从旅游业绩看，已经进入全球第四，亚洲第一，并且把进入全球旅游业第二大企业作为未来十年战略目标，但是，华侨城的产业布局从来没有跨进国际空间，这和国内大型企业的发展战略方向是不吻合的。华侨城未来必须以国际化作为企业重大的多元整合创新的切入点，实施必要的、合理的、符合实际需要的国际化战略。例如，可以输出管理，输出产品，输出整体主题公园，输出品牌，可以采取全资、控股、参股、租赁等多种合作模式，总之，要通过国际化的整合创新和品牌运作，有效扩大华侨城的国际地位和影响力，为华侨城未来的发展创造更加广阔的空间和前景。

第四，航空产业切入点。国际上著名的旅游企业不少都进入了航空产业，因为国际旅游业的一个标志性形象正是航空客运能力。国内的海航则是由航空产业导入旅游业，做得非常成功。华侨城历史上曾经试图进入深圳航空，但没有坚持执行，错失历史机遇。建议华侨城仍然把航空产业列入集团未来重大的多元整合创新发展方向，第一目标是通过和深圳市政府磋商，继续争取进入深圳航空股权架构，力争未来达到控股深航的战略目标，这个目标看起来非常难，但是只要有想法、抓机遇，再难的事也有可能成功；第二目标是和总部设在深圳的东海航空进行谈判，力争全资收购东海航空，构建华侨城自己的航空产业，为未来的华侨城旅游插上高飞的翅膀。

第五，直接融资体系切入点。企业发展需要外部资金支持，这是不可逾越的一道门槛。近年来随着业务量的急剧扩张，华侨城的资产负债率也明显上升，负债太高不是件好事，一旦经营出现较大压力，就会威胁企业的生存。华侨城要逐步减少对银行信贷的依赖性，在上市融资模式的基础上，积极稳妥进入各类资本市场，包括基金市场、债券市场、资产证券化、职工持股、股权融资、风险投资、私募投资、众筹融资等等，构建以直接资本融资为核心的发展资金依托系统，通过直接融资模式的实施，有效降低企业运营的金融风险，同时积极落实国家倡导的分享经济的发展战略。

第六，网络华侨城切入点。互联网作为国家战略，已经形成未来产业发展的刚性基础设施的格局，国内旅游业的互联网平台模式发展十分迅速。华侨城已经清晰地看到了这一点，也在部署相关发展策略。我们要强调的是，应该通过多元整合创新模式，正确、全面、深度地导入互联网战略，特别是移动互联网战略，构建网络华侨城。具体操作策略是，实施双向互联网互动整合，一方面，在华侨城现有产业平台上，实施“+互联网”的操作，把互联网手段全面导入华侨城业务系统；另一方面，配合国家互联网战略，实施

“互联网+”的操作，在国家互联网平台上全面加挂华侨城业务系统。

中国即将进入第十三个五年规划期，前景光明，任重光荣，道路绵长。对于华侨城来说，这是一个难得的战略转型机遇期。期盼曾经创造过中国旅游业辉煌业绩的华侨城能够在多元整合创新的策略引导下，再创国家经济新常态下新的发展辉煌。

研究山西经济　认知中华文明

中国城市经济专家委员会副主任兼秘书长　张巨功

翻开中国历史，特别是经济史，我们有理有据的说，山西是华夏经济的摇篮；山西晋商誉满天下；山西支柱产业影响全国经济发展。请看：

一、山西是华夏摇篮

农业是人类历史上出现最早的最古老的生产部门。我国历史上早有黄帝和其农师后稷的传说作为华夏古文化摇篮的山西，在农业的早期发展中曾做出了杰出的贡献。

说的是早在远古时代，在山西南部的黄河、汾河流域一带，曾居住着一个非常强大的原始部落，它的首领就是我们后人称颂为中华民族祖先的黄帝。黄帝姬姓，号轩辕氏，又号有熊氏。据说他一生下来就十分聪明，小小年纪时就懂得了许多道理，长大以后凭借他过人的聪明智慧和慓悍雄壮的体魄被众人推为部落首领。黄帝做了部落首领后，为了避免以往部落迁徙时遭到的种种危险和困难，他带领群众造房筑屋，开始了定居生活。但是定居后，生活问题很快遇到了麻烦。由于长期定居一地和人口的增长，居住地周围的野兽很快被猎杀一空。每天清晨，当部落的男人们整装上路，携弓带箭奔向茫茫的草原和茂密的森林时，人们就充满希望地等待他们的满载而归。但情况却并不像人们希望的那样，男人们常常是奔忙了一天却毫无所获。望着饿着肚子拖着疲惫的双腿空手而回的男人们，望着因填不饱肚子而少气无力的妇女和嗷嗷乱叫的婴孩，部众的情绪降到了冰点，黄帝也陷入了极度的苦恼之中。正在这紧要关头，黄帝发现了后稷，这使他带领部众渡过了这最困难的时刻。后稷名弃，青少年时期大约生活在今天山西南部的稷山县一带。后稷很小的时候，就发现植物的种子掉到地里后来年能重新发芽、生长、结果，开始他以为这很好玩，就试着种着玩，及至长大成人后，他发现重的植物种子可以食用，于是他就选择适宜这些植物生长的土地进行耕种，收获果实以取得食物。周围的人看到后，就纷纷效仿他。正当黄帝为其部众的吃饭问题犯难的时候，他偶然听说了关于后稷的事，于是他亲往查看，在证实了后稷的做法后，他就礼聘后稷为他的师师，教授他的部众进行植物的种植和采收，由此黄帝的部众也不再为食物发愁。这就是历史上传说的后稷教民稼穑的故事，它实际上反映窨勺是我国原始农业早期出现和发展的过程。后稷教民稼穑于稷山的这一传说，清楚地说明山西是我国原始农业最早出现和发展的城区之一，这与今天的考古发现也是一致的。据考古发现，山西的原始农业最早出现在距今大约1万年左右的新石器时代，到距今6、7千年的仰韶文化时期，居住在山西的华夏祖先已经懂得了种植谷物和蔬菜。到了传说时代，即我们上而提到熊黄帝和后稷所处的那个时代，山西的原始农业已相当发达，是当时黄河流域农业最发达的地区之一。

黄帝和其农师后稷的传说告诉我们：我们的先人，很早就在山西这块美丽富饶的土地上生息和繁衍了，他们用他们的勤劳和智慧，为我国早期农业的发展做出了巨大的贡献，并由此翻开了中华民族经济发展的第一章。

1. 尧帝“禅让”、舜帝烧陶和大禹治水

黄帝之后，在1山西南都的黄河、汾河流域一带又先后出现了3个强大的部落，他们的首领分别是尧帝、舜帝和禹帝。这一时期，在山西南部，不仅原始农业已有相当的发展，而且最初的手工业也开始出现。

尧帝姓伊祁，名放勋，号陶唐氏，史称唐尧。他16岁时登上帝位，最初建都城于唐(今太原市南效区古城营村一带)，后迁都平阳(今山西省临汾市)。传说尧很会治理天下。他命令羲、和两个人掌管天地，派羲叔、羲伯、和仲、和叔分别掌管东、西、南、北四方。他还制订历法，规定一年为365日，分春、夏、秋、冬4个季节，使农牧业、渔猎业都能根据季节来安排生产，这对农业生产的发展起了很大的促进作用。

尧86岁时，在位已70年。他觉得自己年老力衰，需要找一个人来接替他。于是他向当地发出公告，号召人们推荐贤能的人。过了不久，人们推荐了舜，舜帝姓姚，名重华，号有虞氏，史称虞舜。为了考察舜的能力，尧先命令舜去历山(今山西芮城县东北)脚下去种地。舜到历山后，调解农民之间的矛盾，讲授耕作方法，很快使那里农业生产搞好了。尧又派舜去雷泽(今山西永济县南)捕鱼。舞到雷泽后，看到当地的渔民经常为争夺房屋打得头破血流，他就给他们讲团结互助的好处，很快使那里的渔民和睦相处了。最后，尧又派舜到河滨(今山西永济县东)去烧制陶器。他发现那里的陶工干活不认真，粗制滥造，陶器的质量很低，就给他们讲解认真干活的重要性，教育他们讲究产品质量，结果，陶工们很快就烧制出了精美实用的陶器。舜每到一地，人民就紧紧跟随着他，在他的带领下，那里的生产也就很快发生变化。尧帝看到舜的才能如此大，又如此受群众的拥戴，就决定把帝位传让于他。舜接受帝位后，更加勤恳发奋地工作，终于把天下治理的井井有条。

还是在尧帝在位时，华夏大地发生了特大洪水，淹没了农田，冲塌了房屋，淹死不少人。为了解除人民的痛苦，尧帝号召人们推举贤能的人去治理洪水。人们推举鲧去丁：这件事，鲧治水9年，采用筑堤挡水的办法，效果很差，尧就派舜去查看，舜看到鲧治水无方时就把鲧处死了。鲧死后，舜又命鲧的儿子禹去治水。禹帝姓姒，名文命，亦称大禹或夏禹。禹接受了父亲治水失败的教训，决定先行实地考察。为此禹和他的助手们爬山涉水，跑遍了祖国的山川大河，三过家门而不入。经过艰辛的实地调查考征，禹确定了新的治水方法，这次他改堵为疏，通过凿山开渠，疏通壅塞，把洪水引入大江大河，然后再归入大海。当时，在今天山西的河津和陕西的韩城之间，有一溜高山正好挡住了黄河的去路。奔腾的河水到了这里找不到出路，就溢出河床，四处奔流，两岸的广大地区经常被淹成一片汪洋。禹到这里查看后，决定把高山凿开一个缺口，替黄河找一条出路。在禹的带领下，人们开始了异常艰苦的凿山工作。为了凿通大山，禹长年累月地泡在水里，他的脚指甲都脱落了，小腿上的汗毛也掉光了。最后，大山终于被凿通了，奔腾咆哮的黄河水一泄而出，欢快地流向了大海。

舜帝烧陶和大禹治水的传说表明在距今6、7千年前，我国的生产水平已相当高了。人们不仅懂得种植作物，而且已经懂得治理水利和烧制陶器。而山西在全国的地位是十分突出的。

2. “庚儿鼎”与“并州剪刀”

传说时代结束后，我国逐步进入了奴隶制社会，在此以后长达数千年的时间里，山西经济的发展一直居全国领先的地位。这一方面是由于山西属于早期原始农业产生和发展最早的地区之一，另一方面是当时山西冶炼业的迅速发展，对手工业和农业的发展起了巨大的推动和促进作用。

山西的冶炼业最早起于何时尚待考征。但在秦汉以前，山西的冶炼业已相当发达。本世纪60年代初，在山西南部的侯马和闻喜一带曾出土了大量的东周时代的青铜器，其中不少造形优美，纹案精细，显示着相当高的工艺水平。以著名的“庚儿鼎”为例，它不仅造形奇特，结构合理，而且上有29个铭文字，书体飘逸不拘，铸造精美，堪称我国少有的艺术瑰宝。它的发掘出土表明，山西的青铜铸造艺术在周代已有了很高的水平。

继青铜铸造业之后，山西的冶铁业也在公元前500多年的春秋时代出现。公元前513年，晋国最先用从民间征收的土铁，铸造了一个刑鼎。至迟在春秋战国之交，铁制工具在山西已被广泛地运用在了农业和其他手工业中，在侯马、万荣、长治等地的战国墓葬中出土的铁锥、铁锛、铁铲、铁镢等便是证明。

铁制工具的普遍使用，对山西经济的早期发展起到了重要的推动和促进作用。春秋战国时期，晋、魏等国的经济繁荣、国势强盛，可以说是得力于铁制农具的普遍使用，在铁制农具出现前，农业生产的工具基本上是用石、蚌等粗笨材料制作的，工效很低，尽管当时的青铜铸造技术已役发达，但由于其工艺特殊、复杂，材料稀少，因而主要是为王室贵族服务的。冶铁业兴起后，这一情况很快出现了变化，冶铁工艺的简单和材料来源的广泛，很快使铁制农具得到了普遍的运用。

随之，农业的耕作方式也由以前的两人并力发一耜的“耦耕”方式变成了牛拉犁的牛耕方式。这一方面使耕作工具更为尖利，另一方面又用牛代替了人作为动力，因而工效有了极大的提高，农业生产也有了迅速的发展。当时魏国的农业生产水平已达到每亩可收获桑一石半的水平。

进入秦、汉以后，由于煤的开采和利用，山西的冶炼业更加迅速地发展起来了。隋代，在山西的晋城和阳城两地曾专门设置过铸铁局。到了盛唐，山西的手工冶炼业达到了空前的繁荣。晋城的铁鼎、并州的剪刀、荫城的铁货不仅在国内享受盛誉，而且在印度、尼泊尔、不丹等南亚国家也盛名远播。诗人杜南曾有诗云：“焉得并州快剪刀，剪取吴淞半江水”，就是对并州剪刀的称赞。唐代以后，山西的冶炼业虽仍有进步，如采用了用土制钳锅装矿，用无烟煤作燃料和还原剂的新技术，但总的来说是逐渐衰落了。

3. 杜康造酒与老西爱醋

原始社会末期，酒在我国已成为中原各个氏族部落贵族中的一种常见饮料，这说明至少在3、4千年之前，我们的先人就已懂得了酿酒。那么，我国酒的发明究竟起源何时何地呢?仪狄作酒和杜康造酒的传说多少能给我们一点启示。

据传，我国酒的发明最早起源予夏禹时代的仪狄。仪狄，夏禹的臣属。他酿的酒十分甘美。禹帝的女儿听说后，就令仪狱作酒献给禹。禹饮后，感到甘美无比，对仪狄大加赞赏，并把仪狄所进之物称之为酒。夏禹都在今山西运城，夏县一带。如此看来，山西可能是我国最早出现酿酒的地区之一。在我国流传的另一个造酒发明的故事是杜康造酒。民间传说，杜康十分善酿。一日，周朝有位天子喝了杜康酿造的酒后，食欲大增，心旷神怡，；连称好酒，遂封杜康为“酒伯”，赐他酿酒的村庄为“杜康仙庄”。从此以后，杜康善酿的名声大振，远播四方，上达天意。玉帝听说后，就召杜康上天应差，专司酿造御酒一职。到了晋代，为了点化王母娘娘瑶池酒童下凡的刘冷，杜康又奉玉帝之旨下凡，在洛阳龙门山附近开了一个酒店。杜康的酒店虽深居小巷深处，但他酿酒的香气却远飘四方，数十里之外都能闻到。刘伶十分喜欢喝酒，一日外出访友，忽然闻到阵阵酒香。他寻着酒香找

到了小巷深处的杜康酒店。3碗过后，刘伶便醉倒在地。家人都还以为他死了，就把他埋了。8年后，杜康来到刘伶家，告诉刘伶的家人，刘伶大醉将醇，请他们把他从墓中挖出。起初家人们并不相信，待到掘开墓一看，刘伶正缓缓醒来，嘴里还连说：“好酒！好酒！”这就是民间流传很广的杜康造酒和桂康醉刘伶的故事。据晋人张华所著的《博物志》记载，杜康是周代运城人，这一记载虽然并不一定确实，但它却说明，在周代时，山西的造酒技术已是十分先进的了。

进入封建社会后，南于农业生产的发展，农产品剩余的增多，出西的酿酒业也迅速发展了起来。这一时期山西涌现出许多在当时颇负盛名的名酒、好酒。其中尤以汾阳杏花村产的汾清酒(即今天的汾酒)和太原一带产的葡萄酒为最。汾清酒大约出现于南北朝时期，据《北齐书》记载：北齐武成帝高湛曾向他在河南的侄儿康舒王孝瑜写信推荐过一种酒，信中说：“吾饮汾清二杯，劝汝于邺酌两杯。”这说明在南北朝时，汾清酒已颇有名气。到了唐代，汾清酒的酒名更盛，不仅汾清酒在全国家喻户晓，就是生产汾清酒的汾阳杏花村也无人不知。唐代著名诗人杜甫曾在诗中写道；“清明时节雨纷纷，路上行人欲断魂，借问酒家何处有，牧童遥指杏花村。”在唐代，太原一带生产的葡萄酒，在当时的名气也有诗为证：“自言我晋人，种此如种玉，酿此成美酒，令人饮不足。”这里所说的如种玉就是指的种葡萄，而由此酿成的美酒也就是葡萄酒。到了清代，山西的酿酒业达到极盛时期，当时全省有酿酒作坊约500多家，分布于全省的27个县，可说盛极一时。日寇侵略山西后，推行所谓“强化治安”，山西的酿酒业逐渐衰落了下去。

除了酿酒业外，山西的酿醋业也历史悠久，源远流长，并由此造就了山西人爱醋、喜醋、食醋的传统民间风俗。有一则笑话这样写道：山西有一妇女要分娩，可是孩子怎么也生不下来，这时他的丈夫灵机一动，高声喝到：“醋来了!”小孩听到后奋力一振，就呱呱坠地。这虽是一则嬉言，但山西人食醋的嗜好却是确有其事和由来已久的。《尚书》中记载着这样一个故事：殷高祖武丁为聘请一个叫傅说的人出来做宰相，曾夸奖傅说说：你的才干是多么的卓越，假如作甜酒，你就是那制酒必不可少的曲和蘖；假如作羹汤，你就是那必不可少的盐和梅，这里的梅即指的是醋。这个故事表明，早在3000多年以前，山西的劳动人民就已开始酿醋和食醋了。到了春秋时代，醋已成为山西劳动人民的家常食品。北魏时，大农家贾思勰曾在他的名著《齐民要术》中总结了12种制醋法，其中许多就是以山西人酿醋的方法所归纳和总结出来的。清顺治年间，山西介休人王来福对相传的熏醋工艺进行了改进，使山西的酿醋方法有了新的发展，他用此法创造出的“山西老陈醋”，色泽更美、味道更鲜，时至今日仍是享誉全国的名醋。

4. 煤的开采和利用

山西是我国煤炭发现最早和开采利用最早的省份。大约在距今2，400多年前的春秋战国时期，山西的劳动人民就发现了煤，并开始对煤进行开采和利用。在《山海经•北山经》中曾有这样的记载；“孟门之山，其上多苍玉，多金。其下多黄垩，多涅石。”涅石即煤炭的古称，孟门之山就在今天山西吉县的西南。这说明，在当时山西的劳动人民就已发现了煤。

周末秦初，山西的冶炼业曾有很大的发展，当时在全国之所以具有高水平，这与当时山西煤的开采利用是息息相关的，因为当时无论冶铜还是冶铁，都要仰赖煤来做为燃料。到唐朝以前，山西的煤炭开采已有相当规模。1962年，山西晋城县龙化村的村民曾在唐朝时始建的乌政营古庙院内掘井采煤，结果发现地下已被挖掘一空，说明在唐朝以前这里就曾有过大规模的开采。进入宋代后，山西煤炭的开采不仅发展得快，而且开采水平也提高得很快。这时煤炭已开始进入流通领域，官府也开始设官课税。宋仁宗庆历五年(公元1045年)，河东路转运使陈尧佐曾上书宋仁宗，请为窑民免税。他说：河东一带，地寒民贫，唯以煤炭为生，采煤异常苦累且十分危险，而煤炭的利又很少，所以请免除煤的税收。陈尧佐的请求，反映当时山西的采煤业已十分发达。明代，随着煤的开采利用的发展，煤的用途也越来越广，它与劳动人民的生活也更加密切。在山西的许多地方，曾有元宵节烧旺火的习惯。这一习惯大概就始于明代。清初，由于统治者采取“重农抑商”的改策，认为开厂办矿“有妨本分，”于是下令禁止开采煤炭长达百年，山西的采煤业也因此而沉寂了很长时间。只是到了清朝中叶，采煤业才又重新兴盛起来。但是好景并不长，1840年鸦片战争后，中国的大门被帝国主义侵略者的枪炮打开，丰厚优良的山西煤炭便成为侵略者觊觎的主要对象。从此，山西的采煤业进入更加困难的境地，只是到了解放后，山西的煤炭工业才获得了新生。

5. 从始祖养蚕到男耕女织

人类进入文明生活之前，其生存和生活是异常困苦的，不仅缺少食物，而且无衣御寒。想象一下当时的情景：夏日炎炎，一群原始人奔逐在茫茫的林海草原，忽然一阵倾盆大雨自天而降，他们个个被淋得透湿，好不容易找到一块遮风挡雨的地方，但骤降的气温还是使他们慷慷发抖。到了冬天，茫茫的原野上银装素裹，凛冽的西北风阵阵袭来，虽靠火堆烘烤奔跳，但仍有多少熬不过冬天。一个伟大的人物出现了，他就是黄帝的妻子嫘祖。嫘祖是一个非常聪明而又十分能干的人。她看到当时人们冬天披兽皮、夏天串树叶却不能抵挡风雨的侵袭，心里十分难过，决心为人们寻找一种挡风御寒的东西。一天，嫘祖偶然发现蚕吐丝后结成了一个精美的茧，由此而受到启示。她养蚕收茧，用茧抽丝，然后用丝织帛，用帛制衣，终于制成了第一件穿着舒适又可挡风御寒的衣服。衣服制成后，为了使衣服更加好看，嫘祖又采撷各种草卧，用其熬成的汁做颜料采漂染衣服，使衣服变得更加漂亮美观，嫘祖的发明创造，终于使我们的祖先走出了无衣御寒的原始生活。后人为了纪念嫘祖的杰出贡献，就尊称她为“先蚕娘娘”。据传说，嫘祖养蚕的地方就在今天山西南部的夏县一带。由此可见，山西可以说是我国织造业最早发明的地方。

进入封建社会后，山西的家庭纺织逐渐兴起。一时间，在河东大地上，千家万户机声隆隆，银梭飞舞，编织起了一幅颇为壮观的男耕女织圈。这一时期，山西的纺织原料开始趋于多样化。除了原有的蚕茧外，麻、棉等也开始逐步被用来纺纱织布。这对整个纺织的水平和生产的提高超到了重大的促进，乍用，使山西的纺织水平和纺织能力一度在全国处于领先水平。但是后来，随着全国经济中心的南移，山西的纺织技术逐渐落后，生产能力也逐渐下降，直到近代，仍处于自纺、自织、自用的低下水平，同江南等地在汉、唐时期就丝绸业兴盛一时相比，差得就很远了。19世纪末期，山西开始出现手工纺织作坊，纺织作为一个独立于农业的行业才逐渐出现。到了近代，在山西的运城、晋中一带，有人开始兴办机器纺织工厂，纺织业作为一个独立工业部门才在三晋大地上姗姗来迟。山西近代的纺织工业最早起源予上个世纪末山西巡抚胡聘之等人发起和兴办的绛州纱厂，但该厂由于在建厂过程中，建厂人员的大肆挥霍和浸吞，尚未建成便告关闭。山西第一家规模较大的纺织企业，是1906年在山西祁县创办的祁县益晋染织股份有限公司。该公司有资本100万元，铁木织机200多台，工人500名，主要以生产棉纱和毛巾、袜子为主，曾一度销至宁夏等西北地区。日本人占领山西后，该公司逐渐衰落。

二、晋商走遍天涯海角

山西的商业有着悠久的历史，传说原始社会末期，以物品交换著称的舜，就是以河东的盐为主，频繁活动在山西的南部。夏商时代，山西的手工业有了较大的发展，随之商品交换也繁荣了起来。官府特设“工商馆”来经营手工业和商业。春秋对期，晋国商人的活动已扩大到长江流域的楚国等地，可见当时山西境内的商品交换已经十分活跃了。夏商周以后，山西商业历代相沿，历经几千年不衰，到明清时，达到了它的全盛时期。

当时，山西的商号遍布长城内外，大江南北，山西人善经商的美名也被广为传颂。鸦片战争以后，山西的商业虽受到外国资本主义势力的冲击，但仍相当繁荣。在当时的社会经济生活中，山西的商业资本作为一种强大的经济势力仍然存在，并在清政府的财政中占有重要的地位。当时，山西商人资本普垄断了中国北方的贸易和资金调度：而且插足链个亚洲地区，甚至把触角伸向欧洲市场。有的商人甚至能用蒙古语，哈萨克爵、俄语，与北方少数民族和俄国人对答如流。可以说从蒙古草原上的骆驼商队一到吴松口正在扬帆出海的商船，都有山西人诗价核算；从呼伦贝尔的醋味，到贵州茅台的酒香，都有山西人在那里酿造叫卖。他们自称：“凡是有鸡鸣狗叫的地方，都有山西人。”山西商人活动的遗迹至今仍到处可见，甘肃的老西庙，新疆的西商人活动的遗迹至今仍到处可觅：甘肃的老西庙，新疆的古城塔，昆明盒殿的铜鼎，江苏扬州的亢园．安徽亳州的花戏楼，都是或大都是山西商人创建的。山西商人在全国各地修建的会馆更是不胜校举。安徽雉河集(涡阳)的出西会馆，曾为捻军起义的发源地；河南洛阳的路泽会馆，至今仍为当地的名胜古迹。如同意大利北部伦巴第商人在伦敦留下伦巴敦街一样，以山西商人的邦派，字号命名的城市街巷至令犹存，如张家口的日升昌巷、包头的复盛西巷、蒙古人民共和国科布多的大盛魁街、呼和浩特的定襄巷，宁武巷等。无怪在东北流传有“先有曹家号，后有朝阳县”，在内蒙古流传有“先有复盛西，后有包头城”，在西北流传“先有晋益老，后有西宁城，，等语。山西商人离乡在外省有多少人，无确数可稽。唯有1933年7月1日截止的山海关报告，山西商人因东北沦陷，由关外返回者达17万。在国外经商的人有多少，也无法统让。在俄国，出西商入有1万人左右。由此可见山西商人经商地城之广，人数之众了。

山西商业资本的发展，不仅使山西商人聚积了大量货币资财，也促进了山西手工业的发展和全国商品物资的交流，加快了中国自然经济解体和商品经济发展的进程，并造就了一代已理财人物。在中国金融贸易史上做出了贡献。再看：

近代山西的“钱庄”、“票号”

明清时期，市面上流通的货币种类很多，有金，有银，也有制钱(也叫铜钱)。这给商业交往带来很大的不便。一方面，大宗交易需要使用银两，面零星小额交易却要用制钱，银两与制钱兑换频繁而又十分麻烦；另一方面，金、银、铜皆属重金属，随身携带很不方便。于是，适应商业繁荣的需要，钱庄应运而生。钱庄，也称钱铺、钱局、钱号，最初只是兑换钱，银的地方，后来逐渐发展为兼管兑换、拔兑、发行钱票等综合经营的金融组织。

山西的第一家钱庄始建于1759年，是由太原清徐县徐沟人创立的“广和隆”。随后，由于山西商业的繁荣，钱庄在山西很快发展了起来，到清末民初，山西的钱庄已达400余家，垄断了北京、天津，张家口、宣化、包头、西宁、兰州、河南、汉口等大半个中国的金融业，以其无可争辩的地位称雄于北方金融界。

票号，亦称票庄或汇兑庄，为山西人所首创，其主要业务是办理国内商业汇兑。最早的票号是山西平遥县商人雷履泰创设的“日升昌”。清朝中叶，随着国内商业贸易的发展和中日、中俄贸易的剧增，埠际间商品交换十分频繁，资金的流转也很快。但是，当时却缺乏一种有效的资金兑换组织，因而交易起来十分不便。山西的票号就是为解决这一问题而产生的。票号产生后，由于为商业资本的流转起到了有效的服务，因而发展很快。到清同治年间，山西的票号已在全国85个城镇设立了400多家分号，并远渡重洋，在日本、朝鲜、新加坡、莫斯科等地都设立了分号，构成了四通八达的跨越国际的金融汇兑网，享有“汇通天下”的美誉。在当时，山西的票号总号大都设在本省，滚滚的白银从四面八方流入山西，不仅使票号经营者置田产，起楼阁，称雄乡里，富甲一方，而且对山西经济的繁荣和商业的发展起到了重要的推动和促进作用。清朝末期，随着票号的存放款业务逐渐扩大，其经营的主要对象也逐渐转变为封建官吏和政府，成为清王朝的财政支柱。为清政府镇压太平天国、捻军起义等汇兑并借垫军饷，扮演了不光彩的角色。1889年后，随着各类官办银行和以江浙一带商人为代表的“南邦票号”的出现，票号为山西商人所霸占的局面被打破。票号与票号之问，票号与银行之间的竞争越来越激烈。加之帝国主义的入侵和辛亥革命后清王朝的崩溃，使清末金融市场频频出现倒帐风潮，不少票号因存款逼提、贷款无法收回而纷纷倒闭。到1921年，垄断山西乃至全国金融市场达100多年的山西票号，除三晋源、大德通，大德恒家票号改为钱庄继续开业外，其余票号先后倒闭歇业。但就是在这一时期，山西票号商人的资本仍是十分雄厚的。1902年，官办的火柴局难以为继时，祁县大票号渠大翘即以5千两白银将其收买，改名为“双福火柴公司”，开创了山西民族资本工业的先声。直到日本人侵略山西后，山西的钱庄、票号才完全衰落了。

三、山西的三大支柱产业影响全国经济

1. 闪光的煤海

山西，古人称之为“表里山河”。在这块美丽富饶的土地上，不仅地上资源丰富、奇珍繁多；而且地下也宝藏无尽，用之不竭，是有名的“煤铁之乡”。而其中又以煤为最。跨入出西，无论你从南走判北，还是从东走到西，映人你眼帘的处处都是林立的井架，成山的乌金，不由不使你产生一一种置身煤海的感觉。山西煤多，山西煤好，这的确是事实。据地质勘探资料表明，山西强前已探鰓的煤的储量为2千亿吨以上，约占全国已探明储量的1／3，高居全国各省煤储量的榜首。除了储量丰富以外，山西的含媒面积也十分广大，全省面积的近2／5含有煤，118个县(市、区)中94个县程度不同地含有煤。山西煤的品种也十分齐全，既有炼焦用的主焦煤，也有发电用的动力煤，还有人民日常垒活用的无烟煤，而且煤质都非常优良。丰富的煤炭资源为山西煤炭生产的发展提供得天独厚的便利条件。早在春秋战国时期，山西的劳动人民就已开始了对煤的开采和利用，然而正如我们在“华夏经济的摇篮”一节中所看到的，由于历代统治者对采煤业的鄙视和对采煤工人的残酷剥削和压榨，山西的采煤业发展并不迅速，直到近代，仍未摆脱原始落后的手工开采方式。只是到解放以看，山西的煤炭生产才焕发了生机，煤海也才处处闪光。

新中国诞生后，在党和政府的大力支持和关怀下，山西煤炭工业迅速医治战争留下的创伤，开始了大规模的建设，原煤产量也迅速上升。1979年，原煤产量首次突破亿吨大关，仅仅6年后，1985年就又突破了2亿吨大关。除了原煤产量的大幅度上升之外，采煤的技术装备也发生了根本性的变化。目前，山西全国统配煤矿的采煤机械化程度已超过87%，其中综合机械化采煤已达60%以上。矿井运输、提升、排水、通风电都全部实现了机械化。解放前那种手镐刨煤，人力拉筐的落后状况已一去不复返了。在生产发展的同时，矿工的生活也有了显著的改善，解放前那种黑、乱、脏庄、臭的状况已为矿区公园化，食堂饭馆化：、宿舍公寓化，澡塘淋浴化，医院，疗养院、俱乐部、职工学校、电视中心、通讯大楼等成龙配套的新面貌所代替。请看：

（1）塞北煤都——大同。塞北高原，山峦起伏，沟壑纵横，一派苍莽粗犷的北国风光。就在这里，有一座曾以辉煌绚丽的东方艺术瑰宝…云岗大佛而闻名于全国的城市——大同市。走进大同，你在领路传统文化之时，还会发现这样一个奇特现象；这里的街道、商店、人似乎都与煤有关。然而这在事实上并不奇怪，因为闻名全国的煤都，全国最大的矿务局——大同矿务局就座落在这里。

始建于新中国成立之初的大同矿务局，目前是全国生产能力最大的矿务局，从七峰山麓到武周川，在这方圆百里的山川沟壑之中，大同矿务局的15座大型矿井巍峨挺拔，与闻名于世的云岗石窟交相辉映，给大同这座历史文化名城增添了万千新气象。

大同煤田的开采历史十分悠久。明代时，这里已窑并林立，具有较大的开采规模。1949年11月，大同矿务局成立后，大同煤田的开采翻开了历史的新一页。到1989年，大同矿务届的年产能力已接近3，500万吨，名列全国各大矿务局之首，与德国的鲁尔、原苏联的顿巴斯、美国的阿帕拉契亚、法国的洛林等世界10大煤区并驾齐驱。加上地方煤矿的原煤产量，1989年大同煤炭产量达到5千多万吨，是1949年的430倍。

40年中，大同煤田总共生产煤炭7.3亿吨。如果把这些煤装毫火车上，一列一列地排列起来，可排到16万盒里长，相当于25个万里长城，可绕地球3.85圈。

大同的煤是优质的动力煤，上等的化工原料，每公斤煤的发热量为8，000大卡，号称工业的细粮，煤中之魁。火车爬大坡，只要往炉膛里加上几锹大同煤，汽笛一声长吼就舞腾了上去。大同煤还是玻璃工业最好的燃料，烧制的玻璃质地纯净，透明度高，没有沙眼气泡；磨成的煤粉喷射在炼钢炉中，可以代替燃油。因此，大同煤在市场上始终是抢手货，供应全国25个省、市、自治区的2，000多个企业，远销欧、亚、美20多个国家和地区。

大同矿务局在突破3，000万吨之后，没有停步，继续向高峰攀登，80年代建成了年产原煤400万吨的燕子山旷；90年代“八五”计划期间，年产原煤500万吨的四台沟矿已被列入国家重点工程，燕子山矿和四台沟矿的建设，将成为大同矿务局历史进程中的一个新的里碑，它的建成投产，宣布了年产原煤突破4，000万吨的目棕指日可待。

（2）煤海山城——阳泉。当你从石家庄乘坐石太线列车，向西穿过重峦叠嶂的太行山麓，越过闻名遐迩的“天下第一关——娘子关”后，你就进入了“煤海山城”——阳泉的地界。阳泉矿务局这颗“太行明珠”就镶嵌在这里。

阳泉矿务局地处山西省最大的沁水煤田的东北部，煤层埋藏较浅，储量丰富，地质构造简单，交通运输方便，开采利用极为便利。历史上这里就曾是我国最早进行煤炭开采的地方。相传“女娲补天”的神话故事，就发生在这里。1950年阳泉矿务局成立以来，矿区面貌和生产规模不断发展。矿务局对所有矿井进行了技术改选，大批采掘队实现了机械化生产，10多个采煤队用上了综合机械化采煤设备，实现了运输系统皮带化和通风系统自动控制。所有矿井建立了瓦斯抽放系统，试验成功了顶板钻孔，顶板岩巷抽放邻近层瓦斯等，抽出的瓦斯气进行了综合利用，生产出甲醛、碳墨等，并作燃料取暖做饭，化害为宝，在治理瓦斯方面居全国先进水平。在生产的无烟煤中已有特块煤、洗大块，洗中块、洗小块、洗精煤，选大块，混煤等20多个品种，其中有9个品种获省级以上优质产品称号。煤炭销往全国16个省、市、自治区的900多个单位，其中80%以上是工业用户，并向日本等国出口。煤炭全年产量已由1949年的35万吨发展到1989年的1，500多万吨，成为全国特大型煤炭企业和我国著名的大型无烟煤生产基地之一。

（3）“华夏煤海第一家”——潞安矿务局。潞安矿务局是全国特大型现代化煤炭企业之一，创建于1959年，是在石圪节煤矿的基础上发展起来的，现有石圪节、五阳、漳村、王庄4个大型煤矿。长期以来，矿务局就对矿区挖潜改造进行了统筹规划，先后对矿区进行了数次重大挖潜改造，采用了现代化的设备、技术和新工艺，使整个矿区在不增加新井的前提下，实现了矿井生产能力翻番。1989年，全局煤炭产量达1000万多吨，死亡率为零。特别是漳村煤矿，连续8年无死亡事故，创全国最好纪录。全局回采机械化程度为100%，掘进机械化程度接近95%，综采机械化程度为99．3%，这些主要技术水平指标均达到世界先进水平，提高幅度居全国首位。其中石圪节煤矿和王庄煤矿又是其中的佼佼者。

石圪节煤矿具有光荣的革命历史。1938年八路军总部驻太行山期间，曾派康克清等人到矿山进行革命活动，建立了第1个党支部。1945年矿工配合八路军举行武装起义，从日本侵略者手中夺回了矿山。石圪节爆矿从1952年开始逐步对小窑进行了技术改造，使生产不断发展。1963年石圪节煤矿被国家经委树为全国勤俭办厂的五面红旗之一，该矿山的代表受到了用恩来等中央领导的亲切搂见。此后，石圪节矿牢记周思来的嘱咐，发扬艰苦奋斗的精神，勤俭办矿，取得了一个又一个的显著成绩，多次受到上级的表彰。1982年又在全国煤矿矿际竞赛中被评为优胜矿；在中国企业管理协会召开的第4次年会上被弹为全国10个优秀企业之一。

王庄矿也是闻名全国的先进单位。1982年在全国煤矿矿际竞赛中获得了优胜杯，并多次受到上级表彰，被誉为全国煤炭战线上的明灯。1987年，王庄煤矿综采一队年产量达170.18万吨，创造了全国综采飘年产量最高纪录，打破了愿苏联波塔波夫综采队1986年创造的年产原煤165.4万吨的世界纪录。1989年，王庄矿全员工效高达5吨多，创全国最高纪录。最近石圪节煤矿和王庄煤矿又被煤炭部双双列为建设高标准现代化矿井的典型。为我国煤炭工业现代化闯出了新路子，有力地推动了我国煤炭工业现代化的进程。

（4）平朔安太堡露天煤矿。雁门关外的塞北高原，昔日曾是一片人烟稀少的荒凉之地，“雁门关外野人家，不植桑榆不种麻”的歌谣清楚地道出了这里的荒凉。但就是在这样一个荒凉的地方，今天，一座具有当今世界先进水平的现代化露天矿井正悄悄崛起，这就是中外合资的平朔安太堡露天煤矿。1987年9月10日，当原国务院副总理李鹏和美国西方石油公司董事长。哈默博士为露天矿的动工剪彩后，千年沉睡的荒原沸腾了。短短几年时间，一座具有当今世界先进水平的现代化煤矿就在这昔日的荒漠上诞生了。

煤矿的开采方武有2种。一种是井工开采，这就是我们较为熟悉的方式。简单地说，煤埋在地下，我们建立一个竖井，把煤从下面开采出来。丽露天煤矿的开采方式是把煤层上面覆盖的表土和岩石全部挖开运走，露出煤来，进行开采，所以叫露天开采。

说起来，似乎露天开采更简单一些。但是不符在我离还是在外国，露天煤矿总是较少的。在我国，直到现在，露天煤矿的产量也只能占全部媒产最的5%，这是为什么呢?因为露天开采需要较高的机械化程度和一定的表层剥离手段和运输手段。

平朔安太堡露天煤矿，煤炭船量为4.5亿吨，是设计年产原煤，500多万吨的中国最大的露天煤矿。如果您有机会到平朔来看看这个中外合作第一家的大型矿，将会有完全不同的感受：这里似乎空无一人，所有的只是饥器、是汽车。的确，这个煤矿是由美国西方石油公司按照国际上80年代最新工艺设计，采用了同行业的最新技术和设备，引进了国际上先进的管理方法，可以说，等于用一个大吊车，把美国西部的一个特大型现代化露天煤矿搬到了安太堡。

平朔安太堡露天煤矿的建设，不仅有直接的经济价值，而且使中国采煤的技术大大提高了一步，更主要的是为如何搞好中外合作提供了值得借鉴的经验和教训，对中国的改革开放有着重要意义。

（5）电的风彩。电，是人类从黑暗走向光明的使者。自从19世纪美国的爱迪生发明电以来，到今天电已进入了人类生活的各个角落。电灯、电话、电视机、电冰箱、电气火车、电子计算机，电动玩具……从生产到生活，从城市到乡村，电可以说无处不在，无时不有。在当今的世界，人类可以说已离不开电。无电的城市将是一座死城；无电的工厂将只是一堆废铜烂铁。电在当今的世界是如此的重要，但中国却是一个严重缺电的国家。中国缺电!华北缺电北京缺电!四起的告急声把人们的注意力引到了山西这个能源大省。

山西的电力工业起步很晚。迟迟到1902年，山西才有了第一座由太原电灯公司建立的电厂。但新中国成立后，特别是70年代以后，山西的电力工业却发展很迅速。50年代，山西在恢复和扩建了解放前遗留下来的太原第一火力热电厂后，又于1958年建成投产了太原第二热电厂，使山西的电力工业开始起步。70年代初，随着娘子关发电厂、霍县发电厂、永济发电厂的兴建，山西的电力工业建设开始逐渐加速。70年代末80年代初，随着神头电厂、大同二电厂等大型电厂的投产，山西的电力工业终于跨入了飞速发展的时期。到1989年，山西已拥有500千瓦以上的电厂370多座，其中10万千瓦以上的大中型电厂10座，并拥有神头电厂、大同二电厂这样跻身全国1O大火电厂行列的年发电逾百万千瓦的大厂。全省电厂的总装机容量由解放初的约4万千瓦增加到500多万千瓦，增长近130倍。发电量由解放初的6千多万千瓦小时增加到近300，L千瓦小时，增长433倍。今天，山西已是华北地区最大电力输出省和生产省，它还担负着首都北京1／4的电力供应。

神头电厂是山西年龄最小而规模最大的电厂。该厂1973年破土动工，1977年第一期工程竣工，1980年第二期工程竣工，两期工程的总装机容量达到了55万千瓦，一跃成为山西装机容量最大的火力电厂。1991年，又从捷克斯洛伐克引进了2台50万千瓦的以电机组，很快将投产运营。此外，还架设了从神头经大同到北京的500千伏超高压输电路。如今，神头电厂正以饱满的热情，冲天的干劲，展示着自己更新更美的风姿。

2. 冶金工业

（1）十里钢城太钢。山西的矿产资源极为丰富，素有“煤铁之乡”的称谓。得天独厚的自然条件为山西冶炼业的发展提供了十分有利的条件。早在商、周时代，山西的冶铜、冶铁就较为发达，随后历代相沿。到了近代，山西的冶金工业，在全国也处于数一数二的地位。民国时期，山西除拥有西北炼钢厂、阳泉铁厂、故县铁厂等8个具有近代工业技术装备的钢铁企业外，还有生产土铁的平定钢铁厂、高平铁厂、晋城铁厂等160多个炼铁生产社。这些铁厂尽管规模小、设备简陋、生产水平低，但在当时却还算有一定的基础，钢铁产量也仅次于辽宁省而居全国第2位。

解放后，山西的冶金工业迅速发展起来，形成了以120多家县营骨干企业为主，800多家大中小企业并举，可生产钢，铁、有色金属等多种产品的综合冶金工业体系。并拥有太原钢铁公司这样跻身于全国十大钢铁企业的大厂。

号称“十里钢城”的太原钢铁厂，始建于建国初期，其前身是1934年筹建的西北钢铁厂。解放后，通过对原有钢铁厂的一系列改造、扩建，太钢已成了拥有矿山、炼铁、炼钢，轧钢、键钢，耐火材料生产和发电，运输等数十个企业、门类齐全的钢铁公司。年产量也从解放初的1.6万吨钢提高到今天的160万吨。生产的钢材品种也是解放前元法比拟的。

太原钢铁公司能有今天的发展，这与太钢人坚持自力更生、艰苦奋斗、自我改造、自我完善的企业发展方针是分不开的。正是这种精神使他们在50年代和00年代，开发出硅钢片、电磁纯铁、不锈钢、炮弹体用钢、坦克用合金钢；70年代又试制当舰艇用钢、航空用薄钢板、火箭弹用铜等一系列新产品，新材料。党的十一届三中全会后，太钢在国家没有投资的情况下，靠自我积累进行技术改造，又缝成了一条现代化的不锈钢生产线，其中crl3冷轧不锈钢板获国家金质奖，产量达7.00万吨，居全国之首，并跨入了世界20家不锈铜生产厂家行列。

太钢在建设物质文明的同时，还注意企业素质的提高，大力建设社会主义精神文明。职工教育工作在全国成为一面红旗，连续5年获得思蕊政治工作优秀企业称号，涌现出王贵英、于成跃，卜宫喜、郑继恕等一批勇于奉献的先进模范人物。

（2）黄土地上的“金属城”。黄河之滨，中条山下的河东大地，历史上曾以其深厚、肥沃的黄土蕴育了华夏古老的文明。今天，在这块黄土地上又出现了一个以黄的铜、白的铝为主的“金属城”，这就是近年来崛起的山西河津铝厂和中条山有色金属公司。

山西河津铝厂作为国家“六五”期间的重点工程，从1983年动工到1988年建成投产，当年即为国家生产氧化铅12万吨，不仅在国内同行业首届一指，而且居亚洲之冠. 日出厂产品质量2、3、4级品中就占到81.8%，创造了国内同行业最新纪录，从而揭开了我国铝工业发展史的新篇章。目前，第2期工程正在进行，主要扩建年产100万吨氧化铝及配套工程。2期工程将于1993年建成，工程全部建成后，山西铝厂氧化铝生产能力将占全国氧化铝生产能力的38%左右，而跻身子世界大型氧化铝厂之列。

告别河津铝厂，沿着汾河岸前行，就到了中条山有色金属公司的所在地。在这块神奇的土地上，地下的矿产资源十分丰富，有钢、钴、银、铝、镓，还有铁、锰、硅及大理石、重晶石等等，仿佛埋藏在地下的一个百宝箱。其中以铜矿资源最为丰富，在国内已探明的大型矿山中位居第8，且矿体集中，埋藏不深。

1956年，作为国家“二五”计划期间的重点工程开始全面建设。现今中条山有色金属公司已经成为我国有色金属战线上的一支劲旅。1989年，主要产品产量粗钢17.000多吨，硫酸近3万吨，以及数百公斤黄金和数千公斤白银，工业总产值突破亿元，为历史最高水平。

3. 机械工业的骄子——重机

机械工业号称国民经济的“武装部”，它是一切工业的基础。解放前，山西的机械工业量有一定的基础，如在当时位于国统区的阎锡山军工厂和位于解放区的兵工厂都曾有一定的规模，其中解放区的兵工厂在解放前曾发展到拥有21个大厂、44个分厂，24，009多工人的水平。但总体采说，这些厂的生产水平都是很低的，主要从事的是修配和小型、简单机械产品的生产，制造大型、精密、尖端产品在当时可以说想也不敢想。解放后，山西的机械工业开始了薪生，1950年，在第一次全国机械工业会上，中央人民政府决定在太原投资建设中国人民自己的第一座重型机床厂。经过3年施工，1953年部分投产，到1958年初具规模的太原重型机床厂年产值已达到5564万元。现在年产机器产品产量达到28，000余吨，年产值近2亿元，共有冷热加工系统16个生产分厂，并形成轧钢、锻压、起重，挖掘设备和特种工程机械，煤气发生炉以及油膜轴承，大型铸锻件、工矿配件等为主导产品的助能齐全、设计制造水平高的大型骨干企业。

长期以来，太原重型机床厂不仅在技术进步、企业管理方面取得了相当成就，还造就了一批经验丰富、技术过硬的生产骨干。其中原高级工程师，现任省科委副主任陈惠波，打破了原苏联科学院采里柯夫的理论，研究出线接触式矫正辊理论。运用这种理论矫正钢管质量达到和超过了国际水平。获得国家科委的两项特等发明奖。企业职工的面貌也发生了巨大变化。1988年被评为国家计量先进单位，全国“讲理想、比贡献”先进单位，并连续3年评为山西省思想政治工作先进企业和太原市模范企业。

掀开太原重型机床厂的历史，便可展现出值得荣耀的辉煌业绩：设计制造了我国第1颗人造卫星、第1枚远程运载火箭的发射塔；火车车轮轧机结束了我国火车轮的进口历史；63吨对击锤结束了我国飞机叶轮的进口历史；各种规格的门式起重机雄伟耸立在长江葛州坝和黄河的7座电站上，其中龙羊峡500吨门机为国内最大、亚洲第一，还有我国第一套850／650初轧机、第一台φ200mm冷轧管机φ30～80mm钢管矫直机、8000吨车轮成型水压机等170多项产品填补了我国空白，被机电部誉为在国际上亨有盛誉的先进企业。

无论在大西北的矿山，还是在东南沿海的码头油田，都能见到太原重型机床厂产品的雄姿。甚至在东欧的罗马尼亚、非洲的刚果、喀麦隧、亚洲的朝鲜、巴基斯坦等国也都有太原重型机床厂提供的产品和援建的工厂。

近年来，这个厂坚持改革开放，引进国外先进技术，设计制造水平又跨上了新的台阶。1988年研制的WK-10B挖掘机获得国家优质产品金奖，以该产品为主要发备的千万吨级大型露天矿成套设备获国家科技进步特等奖。1989年又试制出17辊板材矫正机，获得国家优质产品金奖。1990年，太重牌ZYCl60-1800轧辊油膜轴承又获得国家优质产品金奖。1991年，太原重型机床厂又试制出我国第一台6，000吨人造金钢石液压机，从而结束了我国进口此种设备的历史。不断发展，不断创新，这就是太原人的性格，英雄的太原人还将以新的姿态为祖国现代化建设构出宏伟的蓝图。

4. 太行肥都——山西化肥厂

在巍峨太行之巅的上党盆地，有一座宏伟壮观的化肥城一一山西化肥厂。这个被写进国家“六五”计划中的重点建设项目，投资16亿元，以其浩大的工程投资而牵动了全国人民的心。这座化肥城，是从8个国家引进具有世界先进水平的第1套以煤为原料的化肥生产设备和技术专利。设计能力年产合成氨30万吨，硝酸54万吨，复合硝酸磷肥90万吨以及利用生产复肥排出的废渣为原料，年产高标水泥28万吨的世界最大复肥生产基地，作为亚洲之首，屹立在太行腹地潞城，昭示了中国化肥工业希望之光。“国以民为本，民以食为天，食以粮为源，粮以土为母，土以肥为粮”。这是中国人的老祖宗留给炎黄子孙的训导。然而，我们的“肥”呢?

虽然我国的化肥生产发展速度很决，1981年化肥总产量就已高达6，062万吨，跃居世界第3位。但是，作为拥有11亿人口，96O万平方公里大地的中国来说，人均化肥占有量仪有96斤，每亩耕地施用量16.4斤，这与世界上化肥工业发达的荷兰、新西兰、日本、西德等国家相比，那简直是九牛一毛。更主要的是，由于长期使用单一元素的化肥，地力急剧下降。绿色生命如同人一样，也需要摄取各种养份。据农业部调查，全国有10亿亩耕地缺磷，有1.5亿亩耕地缺钾。土地在呼唤，请还给我氮、磷、钾!

1987年9月18日，红色的电波传出振奋人心的消息。中国第1袋复合肥料——硝酸磷肥诞生了!中国的化肥工业进入了一个新纪元，中国农业将从此产生新的飞跃!

1988年山西化肥厂进入了全面试产阶段。如果将90万吨硝酸磷肥撒到耕地里，每年将保产粮食100多亿斤，每一个中国人将增加10斤粮食。

山西化肥厂的职工们牢记着邓小平和万里、李鹏的嘱托，深深理解肩上的重担，未来的蓝图已经构出；从1991年到1995年，将把主要精力集中到开发新产品，增强企业后劲上采。力争使工业总产值达到7亿元以上。从1996年到2000年，将是山西化肥厂经济效益起飞阶段。全厂将形成以化肥为主导的多品种综合性化工生产基地。浓陵，硫酸、电石、烧硷、甲醇，聚氯乙烯等改扩建项目全部形成生产规模。工业总产值将达到12.3亿元，利税将达到3。8亿元。到那时山西化肥厂将真正成为化工系统名副其实的“天脊”。

研究山西经济发展的历史和现状，打开人类文明史，让我们明白：经济发展是人类文明的基石，经济发展与人类文明是总是同步进行的。山西是华夏经济的摇篮，当然也是华夏文的摇篮。这正是我将本文取名为“研究山西经济，认知中华文明”的本意。

楼市去库存：背景、困境与策略

中国城市经济专家委员会副主任，兴华时代国际城市经济研究院副院长 宋丁

2015年接近年末，中央关于楼市去库存问题接连发声。先是习近平总书记在中央财经领导小组会议上强调加大房地产去库存力度，之后中央政治局召开中央经济工作会议，再一次重点提到中国房地产的去库存问题。在中国即将进入2016年，也就是"十三五"头一年的关键时刻，中央一再提房地产去库存，显然这件事对于"十三五"期间的中国经济能否稳步健康发展至关重要。

一、中国楼市库存量是个什么概念?

根据国家统计局的数据，到2015年10月底，中国楼市在售的商品房库存房源总面积为6.8亿平方米。这个库存量值得大惊小怪吗？当然不必。因为，中国2013年全年销售面积是13亿多平方米，2014年是12亿多平方米，这样看来，目前的在售库存量也就是半年的去化期，在楼市去化6—9个月的安全期内，看似没有什么问题。

然而，只看到建成在售部分，就以为没有库存压力问题，那就完全错了。我认为库存有大库存、中库存、小库存之分。建成在售的库存算是小库存，加上在建的部分，算中库存，全国有多少在建面积呢？55亿平方米，加上在售部分，大约有62亿平方米。按照2014年的去库存总量，需要5年以上的去化期。如果再加上已经出让土地上规划完成的建筑面积，就是大库存，已规划建筑面积有多少？大约70亿平方米，由此看，大库存总面积大概为132亿平方米，按照2014年的去库存总量，需要10年的去化期!

这下我们理解为什么中央一再强调去库存了。这些年，看到房地产赚钱，什么企业都挤进去了，全国搞了七、八万家房地产公司，各地政府拼命出让土地，赚土地出让金，大家一门心思盖房子，都想着靠房地产大捞一把，没想到一古脑儿把2020年的房子也盖好了。可是2020年的需求不可能提前兑现，房子卖不掉，银行贷款还不了，整个上下游五十多个产业都僵在那里了。这就可怕了，如此下去，必然拖累甚至拖垮全国经济。

所以，中央被迫亲自上阵发声了：加快去库存!

二、去库存如何从供需流程中的正常机制发展成一个问题?

实际上，房地产去库存本来是个专业术语和行为，正常情况下任何楼盘、任何城市都有去库存的问题，只是这个问题在中国被异化了，搞到要深刻影响全国经济健康发展了。

一般楼市供需流程中，要求供应量保持适度存量以平衡楼市，如果楼市供应始终处在无存量状态，一有开盘就卖光，那就是供不应求，甚至是严重的供不应求，其结果必然是房价飚升。存量现象应该是常态化的，必须保持一定的存量，以形成正常健康的楼市销售格局。这样的情况就会引导楼市制定合理的去化

机制。

去化机制由动态供应量、现实需求量和去化速度（存销比）构成。

经验和规律表明，中国楼市的合理去化率大约在6-9个月。据此分析，楼市可能出现三种情况，其一，供需平衡，楼市去化率为6-9个月左右；其二，供大需小，楼市去化率超过9个月，房价可能下跌；其三，供小需大，楼市去化率不足6个月，房价可能上升。

政策调控的直接目的就是通过维持正常的楼市去化速度稳定房价。过去十多年中，从中央政府到地方政府，不断出台一系列的调控政策，主要目的就是力图遏制住不断上涨的房价。而今天，多年积累的库存量已经成为中国房地产乃至中国经济的一大痛点，中国楼市发展中的去化机制碰到的最大问题是过量库存的去化问题，与此相呼应，政策走向已经反转，强化中国楼市的去库存已成为未来几年房地产的核心任务。

三、楼市去库存问题在不同阶段是如何表现的？

中国楼市的去库存问题大体来看，经历了三个不同的阶段。

2003年前，中国房地产还处在探索发展阶段，土地出让还没有实行招拍挂制度，楼市市场动能偏弱，去化相对均衡，问题不突出。

2003—2010年，中国房地产进入快车道，特别是土地招拍挂制度极大地刺激了房地产的发展，楼市需求异化，整体长期处于供不应求状态，特别是热点城市的去库存通常速度都比较快，与此呼应，房价也处在长期快速上升的通道里。这个阶段，为了避免房价过快上升，从中央到地方出台了非常多的调控政策，包括限购、限贷、限外等等。

2010年后，中国房地产业已经积累了过量的库存，加上宏观政策走向趋紧，楼市总体去库存速度开始减慢，楼市产生结构性分化，一线城市及部分强势二线城市的楼市库存压力相对不太大，但是偏弱的二线城市以及三四线城市去库存问题已经比较严重，部分城市的去库存周期需要几年时间。去年以来，国家及地方政府已经出台了连环政策刺激楼市，去库存速度有所提升，但是，从全国整体看，去库存速度仍然缓慢，存销比仍然偏高。同时，全国城市楼市去库存速度分化严重，像深圳这样的一线城市，其去库存周期仅有6个月左右，而大部分三四线城市的去库存周期在一年至三年。在这种情况下，因城施策已成为大趋势。

四、为什么中国楼市去库存难？

库存高了，就忙着去库存，不管其他，这是典型的头疼医头，脚疼医脚。要知道，去库存难，到底是为什么？

第一，地方土地财政助推土地过量出让。看看香港、新加坡，那么小的面积，那么多年，仍然有很多土地没有进入建设流程。而中国的财政分税制，让地方政府捞到了土地出让金这块大肥肉，而任命制官员的短期行为又迫使各地政府急于出让更多土地，以在短期内获取更多的土地出让金。土地出让多了，房子自然盖得多，这就为高库存埋下了伏笔。

第二，各种力量无节制地纷纷加盟房地产开发队伍，导致住宅开发和销售总量激增。如果多年来房地产开发力量控制得好，不批准那么多企业进入房地产，也会客观上控制和缩小开发规模，也就不至于酿成如此庞大的库存量。

第三，货币供应过快增长，客观上刺激了房地产的开发量和开发速度。过去十多年中，中国的货币供应量一直处在快速增长中，目前M2已经超过130万亿，是全球货币供应量最大的国家。超量的货币供应极大地助推了房地产的开发量，库存量伴随着货币增量急速提升。

第四，投资投机大量进入楼市，助推楼价虚火上升，直接导致大量常规消费人群无法进入楼市正常购买住房，形成供过于求的扭曲格局。

第五，调控政策不断加码，遏制了改善性需求甚至伤及到首套房消费。多年中，政府为了遏制楼市的投资投机行为，推出了一系列调控政策，出发点本来是好的，但也伴随出现了一些伤及刚需的政策，如提高首套房首付，让大量刚需难以入市购房，导致库存难以正常去化。

第六，三四线城市投资者快速进出导致存量房大量积压。2010年后，一二线城市的楼市受到政策挤压，大量开发商涌入三四线城市投资房地产，但是，大量房子盖起来以后，政策走向又发生重大变化，众多来自一二线城市的投资者迅速返回一二线城市，导致三四线城市住房大量积压。

第七，房价收入比普遍走高，普通市民难以应对高企的房价。过去一些年，居民的收入水平上升速度远低于房价上涨速度，导致房价收入比普遍走高。一二线城市的房价收入比普遍在十几、二十几倍的水平，远远高于国际认定的三至六倍的平均水平。市民买不起房，导致库存量上升。

五、楼市去库存，高招何在?

楼市去库存被中央高层反复强调，可见高库存的严重性和去库存的重要性。几十亿平方米建成和在建的商品房，加上几十亿已规划要建的商品房，去库存的确“压力山大”。但是，我认为还是要有信心，因为常言道，办法总比困难多。有哪些高招呢?

一是“供地截流”。要严控土地出让，特别是要因城施策，对三四线城市的住宅土地出让要严格管控，必要时停止土地出让；对一二线城市的住宅用地出让也要合理管控。

二是“裁减力量”。通过兼并重组收购等手段合理有效减少和调整房地产投资力量配置，把房地产开发项目更多地集中到规模化、品牌化的开发商手里，有效减少项目供应端的扩张压力。

三是“建面瘦身”。一方面对出让土地上已经规划完成的住宅建筑面积进行必要调整，大幅缩减建面，另一方面对在建项目进行功能调整，从住宅建面中腾出部分建面来合理调配到其他功能项目中去，以调结构降压力。

四是“定向转身”。各地政府应积极协调把部分积压商品房和在建商品房合理转化为保障房。

五是“农民购房”。国家住建部正在以人为本的新型城镇化框架下，制定一项庞大的落实农民进城住房的计划，积极创造条件为未来几年从农村进入城市的农民提供商品住房。这是一个非常具有前景的战略安排，如果实施到位，将对去库存产生重大积极影响。

六是“政策扶持”。适当松绑财政收税货币政策降低税收及贷款利率吸引需求入市。例如近日公布的以房贷利息抵扣个税得政策、公积金贷款以及普通信贷资产证券化政策等等都是有效的政策扶持。

七是“降价走量”。鼓励楼盘积压大的开发商特别是三四线城市的开发商应积极采取降价走量的销售策略。

八是“社会导入”。引入多种社会协调机制，推进住房成交量明显提升，加快去库存速度。高手在民间，近来国内有一些民间力量实施了有效的金融创新，用公共基金的方式介入楼盘去库存工作，取得了很好的效果。

九是“制度保障”。国家要进一步完善楼市去库存机制和相关制度建设，保障去库存均衡化和楼市健康发展。

十是“创新富民”。政府要创造条件鼓励全民创业大众创新，让民众实实在在增加收入水平，从而有效提高房产购置的支付能力。

中国楼市去库存，现在是头等大事，但总有一天，中国楼市再也不用为卖不动房子而发愁，楼市必将回归到正常的供需关系中，我们有理由充满期待。

创新与可持续发展
——国家级经开区转型升级的关键路径研究

中国城市经济专家委员会副秘书长 黄静进

国家级经开区的转型重点在于产业转型，但也同时包含开发区自身转型的重要内容，二者互为支撑。产业转型升级要求国家级经开区的转型核心应是“创新驱动”，而经开区转型为产业转型提供“可持续发展”的坚实保障。因此“创新驱动”与“可持续发展”即成为国家级经开区转型升级的重要关键词。

改革开放以来，中国先后设立了一大批国家级经济技术开发区。国家级开发区的建立在扩大对外开放、吸引外国投资、促进技术进步、加快经济增长等方面取得了明显成效。自1984年中国第一个经济技术开发区——大连经济技术开发区始建以来，中国国家级经开区是逐步分批次设立的，并呈现出明显的阶段性特点，历经起步和政策试验阶段、数量发展与空间扩张阶段，截至2013年底，全国国家级经济技术开发区数量增至210家。国家级经开区已成为所在地区保增长、扩内需、调结构、促就业的重要支撑点，作为产业发展平台，对于区域经济的发展具有重要的战略主导地位。

由于历史的原因，开发区产业发展存在一定的弊端问题。

早期的国家级经开区，随着外资的进入，中国开发区内崛起了一批新兴的工业行业。同时，伴随国外成熟技术的引进也形成了一些具有一定竞争力的出口加工与进口替代产业，在少数开发区内高新技术产业也得到一定程度的发展。但从开发区的整体水平来看，劳动密集型企业占了大多数，知识技术密集型企业比重不高，产业结构偏轻，价值链低端加工型企业占了很大比重，同时大中型高科技骨干支柱企业较少。各类国家级开发区自兴办以来，积极采取多种形式引进外资和技术，大部分开发区尤其是高新技术产业开发区已初具规模，但基本上都是沿着技术引进或“模仿”的轨迹发展，产品的技术含量低，出口产品附加值不高。很显然，随着中国国内市场日益国际化，技术引进与模仿的经济增长效应将逐步受到挑战甚至丧失，也必然导致各开发区产品的国际市场竞争力和产业利润率的下降。

以产业结构调整为转型思路，结合国家级经开区自身的平台特点，国家级经开区的产业转型核心问题应集中于传统产业转型升级、制造业与服务业协同发展以及培育战略性新兴产业这三大方向之上：

首先传统产业作为完整工业体系不可缺少的重要部分，仍然是中国保障经济增长、就业增长的重要力量，应成为国家级经开区平台上产业转型的重点内容。自1978年改革开放已经经历了37个年头，在这三十多年来，中国经济创造了GDP平均9%的年增长奇迹。其中，最大的功臣就是占国内经济半壁江山的传统实体经济。但是，近年来美国次贷危机、欧债危机等国际经济环境低迷的情况下，中国的实体经济逐步出现了下滑的迹象，加上全球提倡低碳经济和资源环境的限制，传统产业是夕阳产业，甚至认为传统产业便意味着低技术产业，要放弃传统产业。然而现在中国的基本国情是，中国的传统产业在三大产业中占了最大的份额，提供了最大的税收，保证了最多的就业岗位。然而在新的工业革命和工业化方式转变情况下，传统产业的发展也必须与构建现代产业体系和实现工业强国道路相适应，实施技术改造和转型升级。当前传统产业在全球产业链中处于不利地位，资源约束加剧，可持续发展弱，缺乏完善的技术系统和完整的技术链，技术改造模式有待改进，沉淀成本、信息不完全与交易成本、不确定风险等均导致转型的难度增加。基于此，自主创新、集约化可持续发展应成为传统产业转型升级的核心。探索传统产业转型升级的切入点和实施路径：以“改良工业化”思路提升传统产业，以“知识”和“品牌”带动传统产业转型升级；探索中低技术产业的创新路径；并从区域产业规划、产业配套和政策制定角度宏观把握传统产业的有序提升和发展。

其次，制造业仍是国家级经开区的主导产业，而另一方面，现代经济已经出现了现代服务业主导制造业的现状，经济活动发生了以制造为中心向以服务为中心的转变，制造业部门服务化趋势非常明显，因此制造业与服务业协同发展也应成为国家级经开区转型的重点内容。当前我国产业结构仍然为“二三一”格局，正处在工业化进程的中后期，正面临着产业结构调整和制造业优化升级的关键时刻，大力发展服务业，实现产业结构由高消耗、高污染的传统工业结构向高附加值、低消耗、低污染的精密机械、精细化工、电子计算机、交通等高附加值组装型重工业，以及信息产业、节能环保、生物技术等新技术的转变，是必须要解决的问题，而实现服务业和制造业的良性互动是其中关键。当前服务业滞后于制造业发展带来一系列诸如制造业粗放发展，缺乏国际竞争力；城市化落后于工业化；能源利用不合理等一系列问题。国家级经济技术开发区平台上制造业与服务业协同化发展是促进整体产业结构优化提升、推动东中西部区域经济平衡发展的重要力量。国家级经济技术开发区平台上推动制造业和服务业协同发展的重点应现阶段发展的要求，可着重在：制造业服务化、服务业高端化；加强制造业与服务业的产业融合；推进现代服务业集群式发展；促进服务业体制改革，构建公平的市场环境等方面。开发区的具体实践中，加强行业协会的组织协调功能；关注开发区与城市在服务业的分工协作并制定开发区服务业具体目标；建立开发区“白领化”人才结构相适应的后勤保障体系等均应成为开发区政府管理层面应关注的重点问题。

再次，培育战略性新兴产业已成为提升中国综合实力和国际竞争力的重要战略举措，可有效解决中国产业结构性矛盾凸显的问题（包括三大产业之间、轻工业与重工业之间、大企业不强与小企业不活之间、制造业与生产性服务业之间的矛盾），及能源资源环境约束日益强化，土地、劳动力、资金等要素成本持续上升等问题。培育战略性新兴产业在保障国家安全、政治稳定；优化产业结构、促进传统产业转型升级，降低能源资源消耗、促进生态文明建设，加强科技创新、提升国际竞争力等方面均有非常重要的作用。当前国家级经济技术开发区平台上战略性新兴产业的发展已具备一定的基础，但也存在着一些问题，诸如：技术成果转化率低，缺乏科技成果转化的中介服务机构；企业规模比较小，缺乏自主创新能力；资金缺乏，融资渠道狭窄；高科技人才流失严重，专业人才匮乏；国际竞争力不强，拥有自主知识产权较少；产业政策不健全，相关制度有待完善；需要应用驱动，避免产能过剩等一系列问题。基于此，国家级经济技术开发区平台上培育战略性新兴产业应重点关注战略性新兴产业与其他产业之间的协调发展及促进带动的互动关系，以及开发区平台上创新力体系的培育。重点问题包括：创新人才的培育；依托城市功能转型，促进新兴产业集群发展；注重产业结构平衡避免新兴产业结构同质化的问题；完善产业扶持政策，关注中小及微型企业，加强提升监督新兴产业发展环境；建立国家层面政策引导机制，推动战略性新兴产业均衡发展；构建科技创新体系，完善新兴产业的“创新基础设施”建设，建立国家级创新平台；将创意经济作为新兴经济的重要增长点等。

最后，国家级经济技术开发区自身转型是促进产业转型升级的重要保障。应关注关键环节的体制改革促进国家级经济技术开发区产业转型；优化投资环境，强化国家级经开区的产业引擎作用；优化融资渠道，“存量盘活”与“民资接轨”内外并重；助推国家级经济技术开发区“走出去”在全球价值链下“嵌链式”转型升级；提升关键性基础制度环境支撑力；借鉴上海自贸区经验加强开发区海关特殊监管区建设。

与此同时，国家级经济技术开发区上产业转型升级最终应将政策重点落实到具体的企业上，企业是产业转型升级的源动力，也是自主创新力培育的源泉，体制改革和政策制定应转到影响转型和升级的关键环节上来，构建公平的市场环境，不断提高市场准入标准并严格监管，把转型的压力有效传递给企业，迫使企业不断采取新技术，使之成为推动企业创新的重要动力。

从平推式工业化转向立体式工业化道路，才能走向产业结构相对平衡的发展路径。各个领域向着绿色化、精致化、高端化的产业制高点攀登，形成各产业向上发展的差异化竞争态势，从单纯追求规模扩张转向通过技术创新实现产业深化。

按照“三并重、二致力、一促进”新的发展要求，“十三五”期间，国家级经济技术开发区要“坚持先进制造业与现代服务业并重，利用境外投资与境内投资并重，经济发展与社会和谐并重，致力于提高发展质量和水平，致力于增强体制机制活力，促进国家级开发区向以产业为主导的多功能综合性区域转变。”新时期发挥区域产业引擎的重要作用，促进整体的结构转型与管理提升。

中国楼市的两极分化趋势

中国城市经济专家委员会副主任，兴华时代国际城市经济研究院副院长　宋丁

一、中国楼市正在呈现两极分化趋势

中国楼市在多年的发展中，曾经是全国一盘棋的大格局，要涨一起涨，要跌一起跌。正由于如此，国家调控政策多年中也表现为“一刀切”，一个政策制订出来，全国统一执行。然而，近年来，这种一盘棋的格局正在被打破，全国楼市已经呈现出两极分化的发展态势。具体分析，这种两极分化有如下的表现：

首先是房价的分化。近年来，一线城市的房价大体保持了上升的势头，尤其是2015年，像深圳这样的一线城市的房价可以飙升50%以上，空前火爆，与此同时，大批三四线城市楼市库存积压严重，死气沉沉，房价持续低位徘徊，部分城市的房价近年来出现深幅下跌。

其次是土地供应的分化。一线城市和部分二线城市由于市场仍然向好，土地供应量仍然保持上升态势，而三四线城市大多数由于库存积压严重，导致土地供应趋紧，呈现明显的下降。

再次是成交量的分化。一线城市的成交量继续保持上升和平稳态势，而三四线城市的成交量出现大幅下滑。

第四是两大阵营的分化。中国楼市由于基本面出现分化，将导致两大阵营的出现，一个是强势阵营，由一线城市以及部分强势二三线城市组成，楼市的基本表现是供需相对活跃，量价都有上升的动能；另一个是弱势阵营，由大部分偏弱势的二三线城市以及四线城市组成，楼盘库存积压比较严重，处在去库存化的艰难过程中。

第五是楼市政策的分化。当中国楼市基本面已经呈现出越来越强的分化趋势时，楼市政策也开始出现分化现象。从中央政策看，已经开始提出因城施策的要求，而地方政府在落实政策过程中也出现不同的安排，例如，执行了数年的限购政策从2014年开始陆续推出大多数城市，但北上广深一线城市以及三亚市根据自身情况仍然在执行限购政策。

当然，政策的分化仍然不到位。我们发现，相关政策的投放和执行、市场需求研判等方面却在很大程度上没有跟上这种分化的局面，仍然存在通行了多年的“一刀切”、“齐步走”的滞后现象，导致楼市问题无法得到因城施策的个性化效果。例如2015年把二手房五年免征营业税改为两年免征的330政策，本来是国家利用税收财政手段刺激楼市的积极政策，主要应该在楼市低迷的二三四线城市发挥效应，但是，楼市已经比较活跃的深圳却不恰当地在330政策刚刚推出的第二天就在全国率先宣布执行此项政策，结果引发了当年深圳楼市的暴涨。

二、正确理解中国楼市的两极分化现象

面对中国楼市的两极分化格局，各级政府以及房地产业必须保持清晰的认识，所有的政策诉求、市场研判和供需行动都必须遵循这个基本事实。

如何理解中国楼市的两极分化?

第一，要认清这种两极分化具有深刻的时代背景、城市及产业资源流动和发展的内在规律。中国经济经过三十多年的高速发展，已经积累了极为庞大的资产，这些资产通过产业、人口、资本、技术等生产要素的不断积聚和流动，分别以不同的总量沉淀在全国数百个城市中，并且以这些资产的规模和辐射能力形成了不同价值层次的一二三四线城市。在这些巨量的资产中，大约70%的资产表现为不动产形态，更为重要的是，同样体量的不动产由于所在城市或不同地段的不同价值而正在产生出日益扩大的估值，目前，这种估值的同城差异可以达到十几、二十倍，而异城差异更是超过一百倍。北京、上海的核心地段房价最高已经超过二十万元/平方米，远郊地带还能找到一平方米一两万元的房子，而四线城市的普通房价大都在两千元上下。

第二，要看清这种两极分化是楼市使用价值和投资价值的全国范围内的区域性分化。总体来讲，弱势阵营城市的楼市在漫长的去库存化过程中，将明显回归商品房的使用价值，其投资价值将明显下降，甚至失去投资价值，而强势阵营城市的楼市，其使用价值和投资价值都将得到明显提升。这两大阵营的楼市在未来若干年中，在楼价上将呈现继续扩大的格局，特别是一线城市，其投资价值将在相当长的时间内不断提升和大幅提升。

第三，这种两极分化还表现为主流需求的分化。强势阵营城市的楼市未来将大量承接国家产业转型升级过程中来自国内外的高端产业的消费和投资人群，弱势阵营城市的楼市更多地是在去库存化的过程中吸纳大量来自农村的新增人口以及由一二线强势城市返回的农民工人口。

第四，这种两极分化还将催生多元化的楼市政策。国家层面的政策投放将日益定向化和多样化，一刀切政策的适用范围将日益收缩，同时，更多的落地政策将由各个城市政府针对本城市楼市的特殊性制订并实施。

第五，这种两极分化将直接表现在楼市的成交量和价格上。总体看，弱势阵营城市的楼市在多重政策刺激下有可能适当提升活跃度，但成交量和价格仍然偏弱；强势阵营城市的楼市则总体表现活跃，像深圳这样的一线城市，由于库存量不高，去化率仅仅六七个月，因此未来成交量和价格仍然会保持明确的上升格局。

中国楼市将以两极分化的大格局迎接充满期待的十三五首年——2016年。在这样一个特殊的年份里，我们应该在楼市这个非常重要的市场上保持一份大分化的心态：面对弱势阵营城市，我们必须紧紧抓住去库存化这把战略锁钥，通过去库存化有效缓解这些城市的经济发展压力，推动城市及产业的转型升级；面对强势阵营城市，我们应当有力地稳定楼市的供需关系，在一些楼价上涨过快的城市实施有效的财政税收、货币以及产业政策调控，确保楼市的健康发展。

我国跨国公司总部国际竞争力研究*

北京市社会科学院中国总部经济研究中心，北京方迪经济发展研究院　赵弘

随着经济全球化的深入推进，跨国公司在全球经济发展中的作用日益凸显。近年来，随着综合国力的快速提升，我国加快实施“走出去”战略，鼓励企业特别是大型总部企业开展跨国经营，积极参与国际竞争与合作，逐步成长起一批实力大、竞争力强的跨国公司。但与美、日、欧等发达国家相比，我国跨国公司总部的跨国经营能力、科技创新能力及抗风险能力还不强，整体国际竞争力亟待提升。本报告以“我国跨国公司总部国际竞争力研究”为主题，选取2014年福布斯全球企业2000强作为样本，对我国跨国公司与全球特别是美国、日本等发达国家跨国公司进行比较研究，分析我国跨国公司国际竞争力的薄弱环节，并提出提升我国跨国公司国际竞争力的具体措施，为我国打造全方位对外开放新格局，进一步提升在全球经济格局中的地位提供参考与借鉴。

一、全球跨国公司发展新趋势与新格局

（一）全球跨国公司发展新趋势

当前，全球经济格局正处于深度调整期，新一轮国际竞争将日益激烈，对跨国公司也必将产生新的影响。新形势下，跨国公司的发展与全球布局、投资重点等也呈现出一些新的趋势和特点，主要表现在以下四个方面。

1. 跨国公司布局变化一定程度上反映出全球经济格局的变化

在推动经济全球化发展的进程中，跨国公司作为国际垄断资本扩张的载体和现代企业全新的一种特殊的生产组织形式迅猛发展，在推动全球贸易投资自由化和金融全球化的同时，也主导了生产国际化进程，扮演着世界生产组织者的角色，构筑起全球价值链。通过对全球产业价值链的控制，跨国企业在促进世界经济增长获取巨大经济利益的同时，还主导着全球财富乃至权力的再分配，深刻地改变了世界经济的结构和功能，与主权国家并列为世界经济和国际关系的行为主体。跨国公司与国家权力和国家经济实力有着紧密的联系，其布局变化在一定程度上反映了全球经济格局的变化。

从全球看，多年来大型跨国公司主要集中在美、日、欧等发达国家和地区，其中美国、日本、英国、德国、法国五国的跨国公司数量占到了全球的70%以上。在全球金融危机之后，世界经济呈现出总体放缓的态势，新兴经济体国家开始登上了世界和历史舞台，继续引领世界经济增长，为世界经济复苏注入活力和动力。来自发展新兴经济体的跨国公司也表现出了蓬勃生机，比如印度的塔塔集团、米塔尔公司，中国的联想、华为，巴西的淡水河谷、航空工业公司，墨西哥的西麦克斯等，这些新兴跨国公司以国内庞大的

---

* 课题组组长：赵弘
课题组成员：赵燕霞、张静华、单联香、陈瑜、江果、刘宪杰、哈妮丽、李真、宋凯捷。

市场和资源支撑逐步走向全球。这些新崛起的跨国公司全球性总部主要位于中国、印度、巴西、墨西哥和俄罗斯等11个新兴经济体国家。在过去的十几年内，财富《世界500强》榜单中新兴经济体的上榜企业数量增加了两倍以上，从占比不到8%提高到30%左右。2014年福布斯2000强排名中包含了494家新兴经济体国家企业。新兴市场国家的跨国公司已逐步成为重塑全球产业格局和经济格局的一支重要力量。

2. 战略资源的竞争成为跨国公司新一轮全球竞争的焦点

能源、技术、人才等战略资源往往是企业获取持续竞争优势的根源。在全球经济一体化格局中，各国跨国公司纷纷通过整合这些不同的战略资源，不断建立和提升跨国公司的核心能力，创造持续竞争优势。从石油领域来看，一些大型跨国石油公司不断调整公司战略，通过联合、兼并和重组形成巨型石油公司。如自1998年英国石油公司收购美国阿莫科石油公司开始，仅一年多的时间，国际石油跨国公司就形成埃克森-美孚、英国阿莫科、壳牌、道达尔-埃尔夫等石油垄断集团。国际石油公司优势互补、强强联合的过程也不断推动着能源国际贸易和能源投资开发，促进能源要素在全球的配置。我国的资源能源类企业也越来越多的利用跨国并购方式来获取战略性资源，积极参与全球资源能源产业分工协作，以及快速实现企业经营规模扩张。据国际能源署2014年发布的《中国国有石油公司海外投资报告》，中国石油公司近期在海外开展了大规模并购，仅2011年初-2013年底，在美国和加拿大的非常规资产并购规模就高达270亿美元。2013年，中国海洋石油有限公司斥资151亿美元收购加拿大尼克森石油公司，创出了中国企业有史以来最大金额的海外收购纪录。

为适应经济全球化的要求，跨国公司也通过在其他国家设立或与当地企业合作设立研发中心来实现技术、人才等战略资源的全球布局。据商务部相关资料显示，截止2013年5月底，跨国公司在华设立的各类研发中心已超过1800家，且这些研发中心主要分布在电子及通讯设备、医药、交通运输设备等技术密集领域。同时，各大跨国公司也在人才储备上积极布局，主要凭借其富有吸引力的文化氛围、公司治理模式、职业发展空间等吸引各类人才，充分储备国际化、专业化人才资源。例如，思科中国研发中心已与清华大学、中国电信研究院等多所高校和研究组织合作设立了科技联合研究实验室，鼓励科研创新，并与多所高校共同培养人才，目前在中国的研发力量超过了3200人。

3. 跨国公司制造业回归成为发达国家“再工业化”的重要标志

当前，发达国家为在新一轮全球竞争中抢占先机，并有效应对经济危机、重振实体经济和促进本国就业，纷纷提出了“再工业化”战略。如美国明确了“再工业化”道路，出台了《美国制造业促进法案》，提出通过出口推动型增长和制造业增长实现向实体经济的回归，并采取多种措施降低制造业成本；德国也提出“启动新一轮工业化进程”计划，实施工业4.0战略，以实现传统产业在低碳技术等新技术基础上的复兴；英国也积极探寻再工业化道路，抢占高科技制造业新的制高点；等等。

发达国家的“再工业化”战略及其相关配套政策的实施，对全球跨国公司的区域性投资战略产生了较大的影响，使其在供应链条上进行调整与重新整合，也带来了跨国公司制造业资本一定程度上向母国的回流，特别是一些传统产业中高附加值环节的回归态势明显。如今，美国的一些制造业公司，如通用电气、福特、惠普及美国最大的机械设备制造商卡特彼勒等，已把他们的部分生产线从遥远的外国转移到美国国内。苹果公司的iPhone和iPad等产品的部分零件已迁回美国制造，并于2013年在亚利桑那州建立一座新的元件制造工厂，在工程、制造和建设领域创造了2000多个就业岗位，新工厂将100%使用可再生能源。日本近几年加快实施“工业复兴计划”，吸引了大量跨国公司对本土工厂的投资，如东芝投资19亿美元建造晶片装配工厂，夏普投资15亿美元建造电视生产厂等。发达国家“再工业化”战略的实施，引致跨国公司更多地从母国出发考虑制造业投资决策，以确保本国投资和母公司发展的需要，进一步促使海外制造业资金向本土回归。

4. 全球经济危机后跨国公司投资并购进入新一轮活跃期

从19世纪末到21世纪初，全球跨国并购先后经历了五次浪潮，跨国并购已成为国际直接投资的主要方式，也是大型跨国公司进入东道国市场的重要渠道之一。截止2014年底，全球并购交易规模突破了3万亿美元大关，各国企业并购市场不断升温。据美国调查公司Dealogic调查显示，到2015年3月底全球并购总额为1.03万亿美元，较2014年同期增长20%。美国、欧洲等国家跨国公司在全球的并购案频发，如光伏变速器生产商德国SMA集团为开拓中国市场、巩固其在全球市场的领先地位，通过4000万欧元取得了中国兆伏爱索公司72.5%股权等；美国微软以37.9亿欧元收购诺基亚公司手机业务，同时以16.5亿欧元收购诺基亚的专利许可权，交易总额达54.4亿欧元；英特尔以现金及发行债券筹资167亿美元，收购可编程逻辑芯片巨头阿尔特拉（Altera），创下英特尔公司历史上最大单笔收购记录。

近几年，中国也迎来了跨国公司并购投资的热潮。据普华永道发布的数据显示，2014年中国地区企业并购交易创历史新高，达到6899宗；并购交易金额达4070亿美元，比2013年增长了55.4%①。一批央企和上市公司，充分利用各国投资政策放宽的机遇，纷纷加快海外并购投资的步伐。例如，中海油以151亿美元并购加拿大第十四大石油公司尼克森，新华信托等三家公司以52.8亿美元收购国际飞机租赁公司90%的股权，联想集团以29.1亿美元从谷歌手中收购摩托罗拉移动100%的股权，等等。根据《世界投资报告（2014）》预测，中国有可能在今年就由FDI净流入国转为FDI净流出国，变身为全球FDI的重要来源国。随着我国“一带一路”国家战略的加快实施，中国企业特别是跨国公司海外并购将持续增长，并购的多元化趋势逐渐加强，投资领域也将从石油、矿产、天然气等资源领域向电信、医疗、文化等行业扩展。

（二）跨国公司总部空间布局新特征

跨国公司总部在全球的分布呈现出一定的空间性特征，同时与其在全球的战略重点与结构调整也紧密联系。本节选取2014年福布斯全球企业2000强为样本数据，对全球2000家大型企业总部的空间分布特征等进行深入分析。

1. 跨国公司仍主要集中在发达国家，但新兴经济体比重较快提升

美国、日本、欧盟等老牌国际经济中心分布格局已经形成，美日欧等发达国家依然高居福布斯2000强前列。从福布斯全球2000强来看，美国、日本、英国、德国等国家2014年上榜企业数不断减少，分别比

① 数据来源：普华永道：2014年中国地区企业并购回顾与2015年前瞻，http://www.199it.com/archives/335492.html。

2004年减少了187、91、48、13家。但美国、日本、欧盟等发达国家国际经济中心的分布格局已经形成，因此依然是全球2000强前十名国家。其中，美国仍是主导全球经济格局最有力的主体之一。从福布斯2000强上榜企业数看，美国从2004-2014年始终名列榜首，2014年美国563家跨国公司数上榜，占全部跨国公司的比重高达28.1%。日本则一直排名全球前三名，2014年有225家跨国公司上榜，占比为11.2%；英国、法国、德国等欧盟国家一直是福布斯排行榜的前十名国家，仅这3个国家就有210家企业上榜，占比为10.5%。

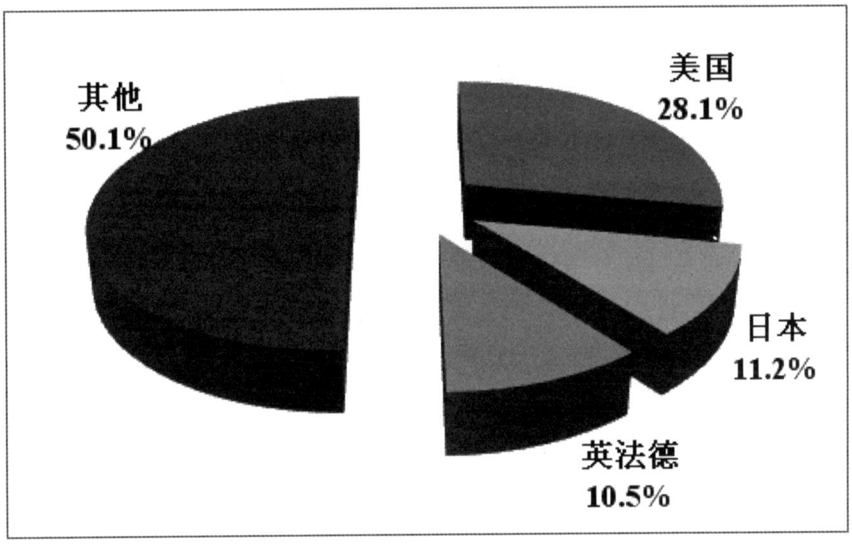

图1　主要国家全球企业2000强上榜数量占比情况

新兴市场国家和发展中国家处于齐头并进发展状态，上榜企业数不断增加。随着经济全球化的不断深入，一批拥有相当资源优势和市场潜力的新兴市场国家抓住机遇，大力发展对外贸易，培育壮大本土跨国公司，不断提高生产率和国际竞争力，经济快速发展。这些新兴市场国家经济互补性强，增长潜能突出，且拥有广阔市场，上榜福布斯全球2000强的企业数也不断增加。2014年11个新兴经济体国家上榜企业总数达到494家，占全球的24.7%。尤其是中国、印度、俄罗斯、巴西四个“金砖”国家，从2004年到2014年的十年间上榜企业分别增加了168家、27家、16家和10家。

中国跨国公司上榜数量大幅提高，企业规模实力不断增强。2014年，中国上榜企业总数达到254家，仅次于美国，已超过日本及其他所有国家。其中，中国大陆企业上榜数量从2004年的26家增加到149家，增加了4.7倍，福布斯2000强排名从2004年的第15名上升到2014年的第3名。在中国大陆经济快速发展的带动和辐射作用下，中国香港和中国台湾的跨国公司也不断增加，与2004年相比，2014年入围福布斯2000强的企业分别增加了33家和12家，达到58家和47家。

2. 金融、资源性行业和信息产业成为跨国公司总部最集中的三大领域

从跨国公司的行业分布特征看，福布斯2000强上榜企业主要分布在金融业、资源性行业、信息产业、

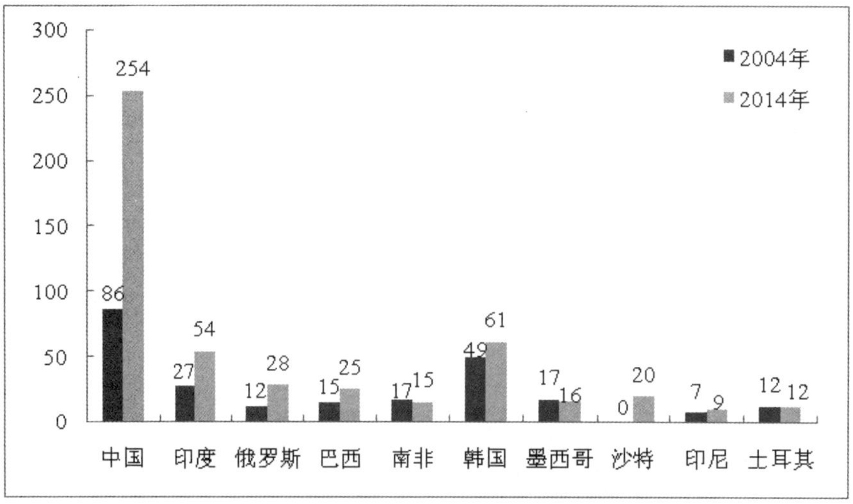

图2 主要新兴经济体国家2004、2014年全球2000强企业数

表1 2004、2014年中国福布斯2000强上榜企业数对比

	2014年	2004年	增加企业数
中国大陆	149	26	123
中国香港	58	25	33
中国台湾	47	35	12
共计	254	86	168

装备工业、房地产与建筑、新兴产业、流通服务业等领域。其中，金融业、资源性行业和信息产业三大行业上榜企业数量位居前三位，累计占上榜企业总数的比重超过50%，且金融业企业和资源性行业企业的数量仍在持续增长。

金融业企业比重最大，地位进一步上升。2014年，福布斯全球2000强中有金融业企业544家，占比27.2%，比2004年增加了20家。在企业排名上，金融业的地位进一步上升，2004年福布斯2000企业排名前5席中的2家、排名前10席中的5家是金融企业；2014年，福布斯2000企业排名前5席都是金融企业，前10席中的7家是金融企业。在金融行业内部，尽管随着金融自由化步伐的加快，全球金融混业经营的趋势逐渐明显，但是银行和保险企业实力增强更为显著。2014年上榜的前20家金融企业中，有13家商业银行，4家保险公司，分别比2004年增加了4家和1家。

资源型企业数量快速增长，能源类企业表现尤为明显。2014年，福布斯2000强中资源型企业达363家，比2004年的292家增长了71家。资源性行业占比也从2004年的14.6%增长到2014年的18.1%，是所有行业中企业数量增长最为明显的行业。其中，能源类企业比重已超过50%，且数量不断增长，从2004年的166家增长到2014年的192家。同时，为能源行业服务的油气专业工程建设与技术服务等细分行业从能源行业中分化并快速成长，从2004年的3家增长到2014年的20家。此外，金属、非金属与采矿行业、化工行业的企业数量也持续增长，分别从2004年的65家和58家增长到2014年的79家和72家。

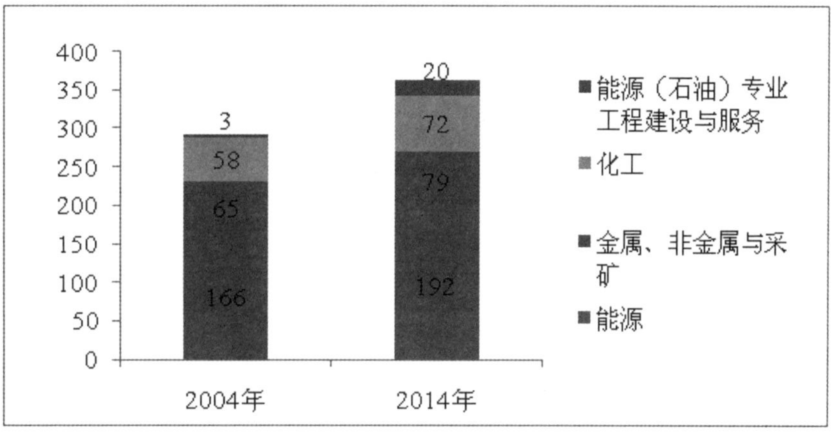

图3 2004、2014年福布斯2000强中资源型企业数量对比

信息产业稳步发展，电子信息产业成长迅速。2004-2014年，福布斯2000强中信息产业上榜企业数量变化不大，占比维持在11%左右，2014年上榜企业为211家。从行业内部看，电子信息产业在这一期间持续快速增长，从2004年的75家增加到2014年的94家，呈现出创新引领、融合发展、应用驱动的特征。相比之下，具有国家垄断性质的电信产业上榜企业数量下降较大，从2004年的82家减少到2014年的63家。近十年来，电信产业在不同国家的发展阶段也不同，发展中国家电信产业处于快速增长期，上榜企业数量明显增加，而美欧等发达国家电信产业规模增长相对较慢，上榜企业数量下降幅度较大。例如，美国2004年上榜电信企业有20家，十年后上榜电信企业仅有7家。

装备工业企业数量相对稳定，但内部分化明显。装备工业在过去十年中上榜企业数量基本保持不变，2004年为141家，2014年为140家。从细分行业来看，汽车及零配件行业（含摩托车）所占份额最大，上榜企业数量占整个装备工业的一半，销售额占到了七成。由于行业内竞争导致的兼并重组和不同国家之间竞争的加剧，装备工业内部分化较为明显，细分行业的上榜企业数量变化较为明显。如机械及专用设备行业2004年上榜企业有32家，十年后上榜企业37家，期间有14家企业落榜，19家企业新上榜。

航空航天、生物医药等新兴产业呈现出不同的发展态势，行业和创新风险是影响新兴产业快速增长的重要因素。航空航天和国防行业是直接影响到国家安全和国防力量的产业，其行业格局较为稳定。2014年，入选福布斯2000强的航空航天和国防企业有23家，2004年为24家，上榜企业数量基本稳定。生物医药与医疗健康服务业则变化较大，其中生物医药行业的上榜企业数量从2004年的51家减少到43家，医疗健康与服务业上榜企业数量从2004年的50家减少到39家。尽管生物医药与医疗健康服务被市场认为是回报能力最强的产业，但也具有“高投入、高风险”的行业特性，失败案例也不少。

商务服务、文化传媒等服务业成长微弱，不断被其他行业挤出。近十年间，金融业、资源性行业企业快速发展，不断向全球扩张，而商务、传媒、批发零售等服务业受到地域、文化、消费市场规模等的限制，成长有限。例如，批发零售业上榜企业从108家减少到99家，商务服务企业从36家减少到19家，文化传媒企业从60家减少到42家。但贸易行业2014年上榜企业比2004年增加了6家。

此外，房地产与建筑业在十年间未有太大变化，2004年在福布斯2000强上榜企业是114家，2014年为112家。类似的还有酒店、餐饮及休闲行业，2004年上榜企业31家，2014年为28家。而由于全球城市化的发展，公用事业上榜企业从25家增加到38家。

3.美国跨国公司行业分布较均衡，其他国家单个行业竞争力优势明显

美国金融业全球独大，资源性行业、信息产业及新兴产业等领域优势明显，布局相对均衡。美国大型跨国公司的行业领域相对齐全，各个行业领域均有涉及（见图4）。美国是全球金融规模最大的国家，2014年共有110家企业入选福布斯2000强，占全球金融业企业的38.6%。纽约是国际金融中心，全球经济金融信息的权威来源机构，如彭博资讯、华尔街时报以及道琼斯、标准普尔500、纳斯达克三大股票指数等，其总部均设在纽约。美国石油、电力、煤炭等资源性行业上榜企业为89家，占其全部上榜企业的15.8%，是仅次于金融业的第二大行业。此外，美国还聚集了大量新兴产业、文化传媒、生活性服务业等领域的跨国公司总部，2014年上述领域上榜企业分别为59家、22家和30家，占全球2000强相应行业的比重分别高达54.1%、52.4%和45.5%。

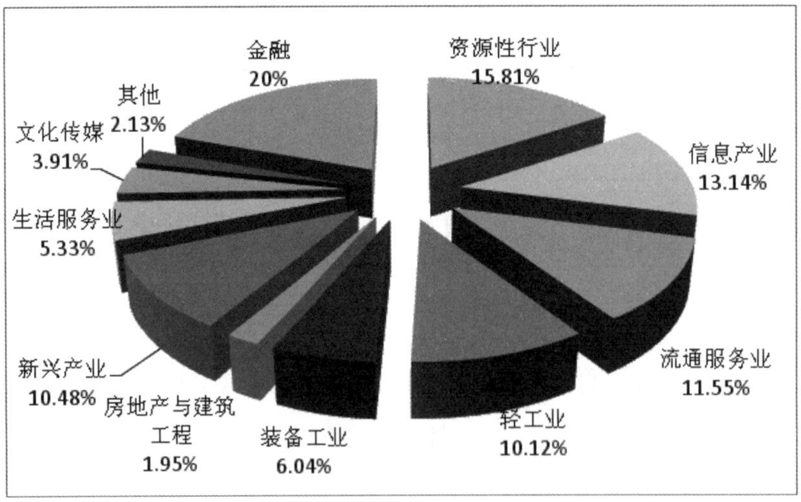

图4 美国福布斯2000强入选企业主要行业占比情况

日本以金融业和装备工业为主，且位居全球前列。日本是世界三大经济实体之一，雄厚的综合经济奠定了跨国公司的发展基础。2014年，日本金融业共计64家企业入选福布斯2000强，仅次于美国，占其全部上榜企业的28.4%。同时，在“技术立国”国策下，日本加快推动制造业二次创新，装备工业在全球优势显

著。2014年日本装备工业入选福布斯2000强共计27家，虽然企业数量比美国少7家，但资产高达11309亿美元，比美国装备工业资产多2651亿美元。其中，丰田汽车市值高达1935亿美元，是2000强装备工业中市值最大的企业。

欧盟国家跨国公司行业布局各有侧重，世界影响力和控制力不断增强。英国金融业优势明显，2014年福布斯2000强上榜金融企业27家，居全球第4名，占其上榜企业总数的29.3%，远远领先于其他行业。其中，伦敦是欧洲最大的金融中心，也是世界三大金融中心之一，拥有520多家银行和180多个外国证券交易中心，管理着全球近44%的资产，在欧洲债券、外汇市场、能源期货、全球保险等方面在全球居领导地位。德国则通过工业4.0战略的实施，继续保持全球装备制造领域领头羊地位。2014年福布斯2000强企业中德国装备工业企业的平均资产达1262.5亿美元、平均市值549亿美元，在全球装备工业企业中均稳居第一。

中国跨国公司主要集中在金融与资源性行业，非金融类服务业领域相对较少。从中国入选福布斯2000强企业来看，中国上榜企业主要集中在金融业、资源性行业两大领域，2014年上榜企业分别为55家和47家，两个行业领域合计占总上榜企业数的比重40.2%。房地产与建筑工程上榜企业数为46家，占比为18.1%，在全球房地产和建筑工程领域中排名第一。汽车、船舶、高铁、电力设备等装备工业也具备较大优势，"走出去"的步伐明显加快，覆盖地域不断扩大，海外战略布局初见雏形。如铁路装备已成中国出口新增长点，2014年中国南车、中国北车集团签订的海外项目合同金额超过60亿美元。比较而言，中国的非金融类服务业跨国公司上榜数量较少。2014年入选福布斯2000强的流通服务类企业20家，占比不足8%，生活性服务业企业仅4家，而文化传媒和商务服务领域目前还没有一家企业上榜，未来还有很大的提升空间。

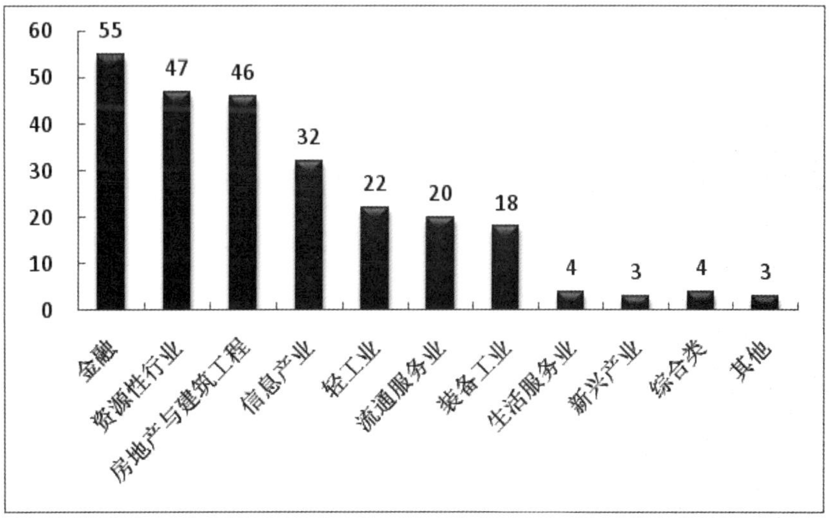

图5　2014年中国入选福布斯2000强企业行业分布情况

二、新时期提升我国跨国公司国际竞争力具有重要战略价值

（一）提升跨国公司国际竞争力是我国实施“一带一路”战略、打造全方位对外开放新格局的必然要求

在当前世界经济缓慢复苏的大背景下，加强区域合作已成为推动全球经济发展的重要动力，同时也是一种新趋势。为适应国际经济新格局的新变化，2013年习近平主席在出访中亚和东南亚国家期间，先后提出共同建设丝绸之路经济带和21世纪海上丝绸之路（简称“一带一路”）的战略构想。“一带一路”战略是我国实施新一轮扩大开放、营造有利于周边环境的重要举措，对于全面建成小康社会、实现中华民族伟大复兴的中国梦，也都具有重大而深远的意义。

目前，“一带一路”沿线国家和地区的经济增长对跨境贸易的依赖性较高，2000年各国的平均外贸依存度仅为32.6%，2012年则提高到了34.5%，远高于同期全球24.3%的平均水平。据统计，中国与“一带一路”沿线国家和地区仅2014年的贸易额就达1.12万亿美元，占中国外贸总额的1/4以上。未来10年，中国与沿线国家和地区的贸易额将大幅增长，预计会突破2.5万亿美元，带来的是更大的市场空间、更多的就业岗位及更广的合作领域。在2014年11月份的APEC会议上，习近平主席表示，未来十年中国的对外投资额将超过1.2万亿美元，会优先惠及“一带一路”国家和地区。同时，中国积极搭建向各国进行资本输出的战略性平台，出资400亿美元成立“丝路基金”，为“一带一路”沿线国家的基础设施建设、资源开发利用、产业对接合作等提供相关投融资支持。

跨国公司是我国对外投资、参与全球经济分工合作的主体。“一带一路”战略的实施，为我国跨国公司“走出去”、参与全球竞争创造了难得机遇。我国跨国公司通过建设新的生产基地、并购、承包工程等方式到海外投资，目的很多，有的是为了新的市场，有的是为了更低的成本，也可能需要更好的生产原料、品牌或销售渠道。但要注意的是，企业到海外投资、跨国经营，跟国内的文化环境、法治环境、政策环境等都存在很大差异，需要一个学习和适应的过程。只有那些国际竞争力强、能充分利用海外市场的跨国公司，才能获得更大发展。在“一带一路”战略加快实施的大背景下，我国跨国公司迫切需要抓住新机遇、适应新形势，加快提升自身国际竞争力和影响力。一方面，提升我国跨国公司核心竞争力，能够培育出更多规模实力强、品牌知名度高的跨国经营主体，深度参与和推动“一带一路”国家战略，在“一带一路”沿线国家和地区乃至更大区域开展广泛、深入的跨国经贸分工与合作；另一方面，在高铁、新能源、信息技术和文化旅游等重点领域，培育一批大型龙头跨国公司，能够引领和带动产业链上下游相关企业共同创新，走出一条“龙头引领—创新驱动—产业升级—集群发展”之路，促进“一带一路”战略加快实施，引领我国开放经济发展新格局。

（二）提升跨国公司国际竞争力是我国应对全球新一轮创新竞争、抢占制高点的有效途径

2008年国际金融危机爆发以来，国际形势发生了深刻而复杂的变化，全球经济格局仍处于深度调整期，主要经济体走势和政策取向继续分化，经济环境不确定性依然突出。首先，全球贸易保护主义更加激烈和隐蔽。美国等发达国家通过主导跨太平洋伙伴关系协议（TPP）、跨大西洋贸易与投资伙伴关系协议

（TTIP）、诸（多）边服务业协议（TISA）等贸易投资协定谈判，力图推行代表发达国家利益的高标准的贸易投资规则。国际贸易的“规则之争”成为新一轮全球化博弈角力点，这些规则试图建立在美国主导的区域下的高标准的贸易机制，目的是在国际市场上对我国形成战略挤压。其次，“再工业化”引发了全球新一轮科技革命和产业变革的潮流。德国2013年提出工业4.0[②]，旨在通过信息通信技术建立一个高度灵活的个性化和数字化的智能制造模式。随后，韩国提出了“制造业创新3.0战略”，美国提出了“工业互联网”，中国提出了“中国制造2025”等，新一轮技术与产业革命话语权的竞争已经拉开序幕。

与其他发达国家相比，我国创新能力还有很大的差距，据《全球创新指数2014》报告显示中国创新指数仅排在世界第29位，技术水平仅相当于美国的68.4%。跨国公司是我国参与全球新一轮竞争的直接主体。在全球经济格局深度调整的背景下，提升跨国公司国际竞争力，对于增强我国参与全球竞争的实力、抢占全球新一轮竞争制高点具有积极推动作用。首先，提升跨国公司国际竞争力能够促进我国企业稳定成长和开拓海外市场，提升企业跨国经营能力，不断增强我国企业在全球产业链和价值链分工体系中的地位与影响力，使我国在未来新一轮对外经贸合作中处于更有利的位置。其次，提升跨国公司国际竞争力有助于我国企业在全球范围内优化配置各类资源要素，转移部分过剩和落后产能，转而发展高附加值、高技术含量的新兴产业，推动国产业结构优化升级。第三，提高跨国公司竞争力也有助于我国企业加大研发创新投入，获取更多具有国际影响力的技术专利和品牌，提高自主创新能力，实现由单纯参与全球价值链向建立自己的区域及全球价值链转变，促进我国从全球产业价值链中处于“被支配”地位向中高端攀升，从而增强我国在全球资源整合、贸易竞争和产业变革中的话语权、支配权和主动权。

（三）提升跨国公司国际竞争力是“新常态”下我国加快转变发展方式的重大推动力

当前，我国正处于经济社会转型的关键期，经济发展进入“新常态”。认识新常态、适应新常态、引领新常态，已成为当前和今后一段时期我国经济发展的大思路，加快转变经济发展方式已提上新的战略高度，我们必须积极探索加快发展方式转变的新思路和新模式，把促改革、调结构、防风险和惠民生有机结合起来，更要突出创新驱动，不断增强经济的内生动力。中国企业过去在国际化进程中往往都是在低成本、低价格的层面竞争，依靠的是所谓成本优势和国内市场地位。中国虽然已成为世界工厂，但在全球价值链分工体系中总体上仍处于低端和低附加值环节，也就是制造加工环节，缺乏核心创新技术和自主品牌，无法涉及高利润的服务领域。据英国《金融时报》的相关调查显示，“如果中国企业都按照国际标准实施环保措施，中国经济的竞争力将丧失殆尽”。

我国要实现经济持续稳定发展，在全球经济版图中占有更高的位置，必须摆脱低成本制造的模式，关注创新发展，培育新的经济增长点，积极开展行业关键技术研发，形成一批具有自主知识产权和自主品牌的技术与产品，在行业发展的关键领域形成话语权。如今，越来越多的中国企业正把全球化战略提上日程，把握国际市场竞争的主动权，通过技术创新或商业模式创新形成独特的产品或服务，形成新的经济增

② 工业1.0是指通过蒸汽机实现工厂机械化。工业2.0是通过电力驱动的大规模生产。工业3.0是指70年代以来的电子信息技术的应用使得制造过程实现自动化。

长点。这些跨国公司积极推动了经济结构性矛盾和粗放型增长方式的根本改变，引导重要产业优化全球价值链布局，促进由“中国制造”向“中国创造”和“中国服务”转型升级，成为新时期转变发展方式的重大推动力。例如，通过多年持续的自主创新，华为、中兴通讯等跨国公司通过技术、专利储备提升全球化竞争力，冲破中国企业在技术上受制于国外通信巨头的战略困境，其产品及解决方案已广泛应用于全球100多个国家和地区。据世界知识产权组织（WIPO）发布的2014年国际专利申请件数统计数据显示，华为以3442件夺冠，中兴通讯以2179件排名第3，充分体现了我国在数字通信和计算机领域的技术优势。目前，华为、中兴通讯已成为多个国际标准化组织和论坛的成员，在众多的国际标准化组织担任重要职位，树立了中国企业自主创新、尊重他人知识产权的形象，也为中国技术和中国服务赢得了机会。

三、我国跨国公司总部全球竞争力分析

作为世界第二大经济体和最大的发展中国家，近年来中国经济实力迅速增强，为本土跨国公司的诞生与成长积淀了肥沃的土壤。2014年，中国跨国公司共有254家企业入选福布斯2000强，是2004年企业数的近3倍，仅次于美国，首次成为全球2000强企业第二多的国家。我国企业的排名也逐步上升。2004年福布斯2000强中前百名仅有两家中国大陆企业，中石油排在第55名，中石化排在第81名。到2014年中国共有9家企业进入福布斯2000强前百名，中国工商银行、中国建设银行、中国农业银行“三大行”一举包揽了榜单的前三甲，且进入全球10强的企业已达到5家。

表2　2014福布斯全球2000强前10名企业

排名	公司名称	国家/地区	销售额（亿美元）	利润（亿美元）	资产（亿美元）	市值（亿美元）
1	中国工商银行	中国大陆	1，487	427	31，249	2，156
2	中国建设银行	中国大陆	1，213	342	24，495	1，744
3	中国农业银行	中国大陆	1，364	270	24，054	1，411
4	摩根大通	美国	1，057	173	24，353	2，297
5	伯克希尔哈撒韦	美国	1，788	195	4，934	3，091
6	埃克森美孚	美国	3，940	326	3，468	4，223
7	通用电气	美国	1，433	148	6，566	2，596
8	富国银行	美国	887	219	15，430	2，614
9	中国银行	中国大陆	1，051	255	22，918	1，242
10	中国石油	中国大陆	3，285	211	3，869	2，020

（一）跨国公司整体经营能力比较

从入选全球2000强企业看，我国跨国公司的整体经营能力不断增强，无论是企业的资产、利润还是市值、资产利润率等指标，都有大幅增长，有些指标已经接近甚至超过全球2000强的平均水平，与美国、日

本等发达国家跨国公司的差距也在逐步缩小。

1.与全球2000强平均水平相比，我国跨国公司已接近甚至超过全球2000强平均水平。2014年，我国254家上榜企业的平均资产达930亿美元，比2004年的147.8亿美元增长了5.3倍，比全球2000强企业平均水平高125.5亿美元；实现平均利润为17.7亿美元，比2004年增长了3.5倍，也已超过14.6亿美元的全球平均水平。同时，我国跨国公司的整体经营能力与盈利水平也不断增强，2014年上榜企业的平均资产利润率为1.9%，高于全球2000强平均水平0.1个百分点；企业的平均销售额、平均市值等指标也逐步提高，分别为185.3亿美元和162.4亿美元，已接近全球2000强企业的平均水平。

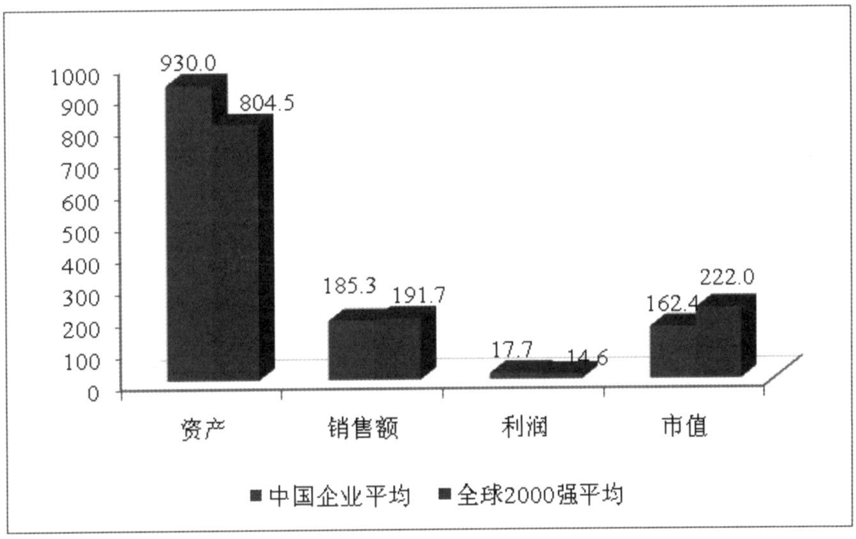

图6 我国上榜企业与全球2000强企业平均水平比较

2.与美、日等发达国家相比，我国跨国公司资产规模较大，整体经营能力仍有待提升。从跨国公司整体规模看，2014年我国入选企业资产总值达23.6万亿美元，实现销售额4.7万亿美元，实现利润4504亿美元，与美国的差距不断缩小，分别为美国入选企业的63.7%、40.8%和39.5%。从跨国公司平均指标看，我国跨国公司的平均资产较高，分别是美国的1.4 倍、日本的1.3倍，但与德国跨国公司的差距较大，仅为德国的65.6%。但我国跨国公司的平均销售额、平均市值等指标与美国、日本、德国等的差距较人，如2014年我国跨国公司的平均销售额为185.3亿美元，远低于德国的400.8亿美元和美国的204.6亿美元；资产利润率为1.9%，虽高于日本的1.3%和德国的1.2%，但与美国的3.1%相比还有较大差距，我国企业的经营水平与盈利能力仍有待进一步提升。

3.金融、信息等重点行业领域跨国公司经营能力比较

（1）金融业比较。整体来看，我国入选金融企业的数量较多，总体规模大、实力强。2014年，我国入选全球2000强的各类金融企业共55家，占入选金融企业总数（544家）的10.1%，仅少于美国（110家）和日

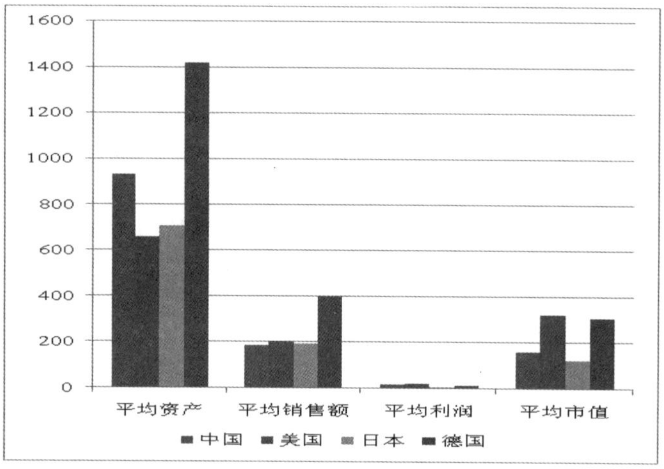

图7　我国上榜企业与美、日、德企业部分平均指标比较

本（64家），远高于英国、加拿大等其他国家和地区。我国入选金融企业规模较大，拥有资产总量达18.7万亿美元，实现销售额总量为11530亿美元，总利润2205亿美元，均仅次于美国，高于其他国家和地区。

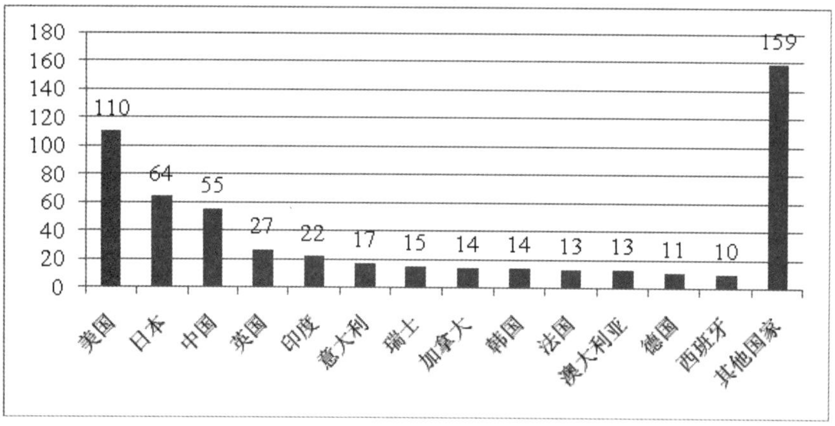

图8　主要国家金融企业入选全球2000强数量比较

从企业经营能力与盈利水平看，我国上榜金融企业的经营能力不断增强，与美、英、日等发达国家不相上下，有些指标甚至高于这些发达国家。2014年，我国入选金融企业的平均利润为40.1亿美元，高于美国、日本和英国金融业跨国公司的平均水平；平均资产、平均销售额分别达到3394亿美元和209.6亿美元，尽管与英国的4546.7亿美元和225.9亿美元相比较低，但远高于美国和日本；平均市值为261.1亿美元，是日本金融企业的3.7倍左右。需要注意的是，我国金融企业的平均营业收入利润率较高，为34.9%，比美国企业高4.9个百分点，但平均净资产收益率仅为14%，不足美国金融企业（29.2%）的一半。

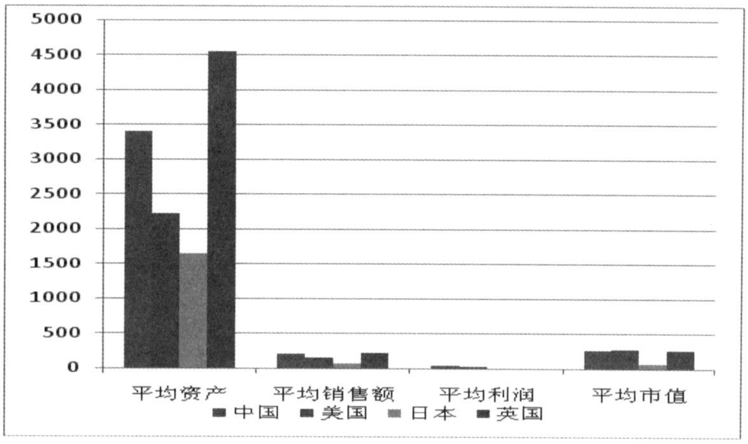

图9 我国金融跨国公司与美日英部分平均指标比较

（2）信息产业比较。2014年我国入选全球2000强的信息产业领域企业共32家，占全部信息产业企业的15.2%，仅少于美国的73家，多于日本（23家）及其他国家和地区。此外，欧盟各国共有38家信息产业企业入选。

从信息产业入选企业规模实力与经营能力比较看，我国入选企业平均规模仍偏小，平均资产为234.5亿美元，仅为日本企业平均资产的36.6%，低于欧盟（351.9亿美元）和美国（329.6亿美元）；平均利润为15.2亿美元，高于日本（13亿美元），与欧盟国家平均利润水平基本持平，与美国的差距较为明显，仅为美国信息产业企业平均利润的50%左右。从中外信息产业企业的资产利润率和营业收入利润率比较看，我国入选企业的平均资产利润率较高，为6.5%，远高于欧盟和日本，但比美国低2.3个百分点；营业收入利润率平均仅为11.2%，比美国企业低6.7个百分点。

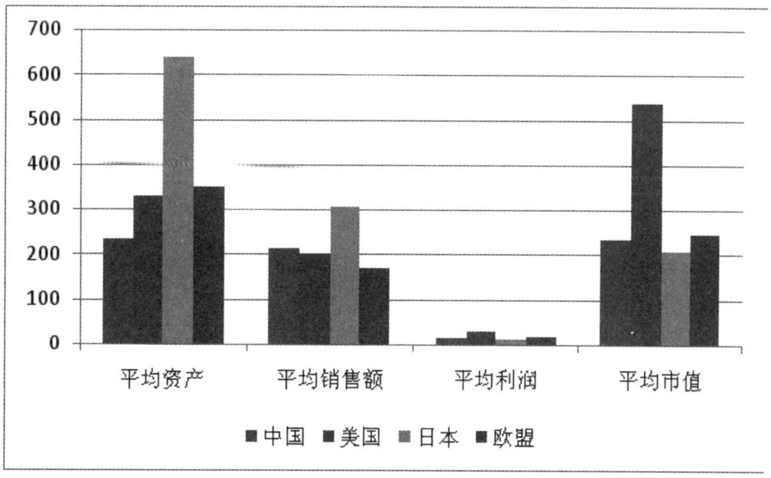

图10 我国信息产业入选企业与美日欧国家企业的平均指标比较（单位：亿美元）

表3 中国与欧、美、日装备工业企业比较（单位：亿美元）

指标	中国		欧盟		美国		日本	
	入选企业总量	企业平均	入选企业总量	企业平均	入选企业总量	企业平均	入选企业总量	企业平均
资 产	2823	156.8	17501	514.7	8658	254.6	11309	418.9
销售额	2188	121.6	11260	331.2	7102	208.9	9228	341.8
利 润	139	7.72	557	16.4	447	13.1	491	18.2
市 值	1889	104.9	9037	265.8	7643	224.8	6132	227.1

数据来源：根据福布斯2014年全球2000强企业榜单的相关资料整理而成。

（3）装备工业比较。与美国、日本和欧盟等国家相比，我国入选全球2000强的装备工业企业数量相对少，企业整体规模与经营能力、盈利水平等均有较大差距。欧盟国家的装备工业发展最具优势，入选34家企业的平均资产高达514.7亿美元、平均销售额为331.2亿美元、平均市值为265.8亿美元，分别是我国入选装备工业企业平均水平的3.3倍、2.7倍和2.5倍，其次是日本和美国。

（二）跨国公司跨国经营能力比较

十六大以来，我国深入实施“走出去”战略，对外投资合作取得新发展，大型企业特别是跨国公司的跨国经营规模迅速扩大，“走出去”的层次、水平与效益进一步提高。2014年，我国100大跨国公司的平均跨国指数为13.6%，拥有海外资产达52473亿元，占这100家跨国公司总资产的14.65%；实现海外收入50074亿元，占其总收入的20.86%。同时，这些大型跨国公司拥有海外员工已超过72万人，其中来自发达国家和地区的雇员就达9万余人。但是，与发达国家相比，我国跨国公司的跨国投资规模偏小，整体跨国经营业绩和能力仍亟待提升。

首先，从入围门槛比较来看，2014年我国100大跨国公司的入围门槛仅为21亿元，而同期世界100大跨国公司的入围门槛则高达2101.25亿元，是我国的100倍；发展中国家100大跨国公司的门槛也达到了233.11亿元，是我国11倍。从这个角度看，我国跨国企业达到世界100大跨国公司规模的只有3家，而入选发展中国家100大跨国公司的企业也仅有12家。

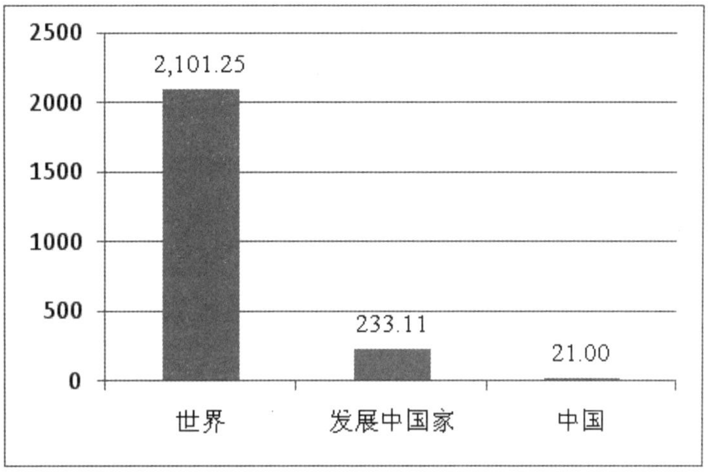

图11 中国100大跨国公司与世界、发展中国家入围门槛比较（单位：亿元）

其次，从跨国指数比较来看，2014年我国100大跨国公司的平均跨国指数仅为15.63%，不仅远低于世界100大跨国公司64.55%的平均跨国指数，而且也低于发展中国家跨国公司54.22%的平均跨国指数。从单个跨国公司看，我国跨国指数最高的是浙江吉利控股集团有限公司，其跨国指数为67.61%，刚刚超过世界100大跨国公司的平均跨国指数；达到发展中国家100大跨国公司平均跨国指数的也仅有吉利和中国中化2家。

第三，从海外资产占比、海外收入占比、海外员工占比等指标比较来看，我国跨国公司的国际化程度也远落后于世界平均水平。2013年，我国100大跨国公司平均海外资产占总资产的比重为14.61%，远低于世界100大跨国公司59.95%的平均海外资产占比水平，仅为发展中国家占比的1/2强；平均海外收入占总营业收入的比重为22.25%，仅为世界100大跨国公司平均占比的1/3强；海外员工占员工总量的平均比重则差距更大，我国大部分跨国公司的海外经营业绩与能力有待进一步提升。

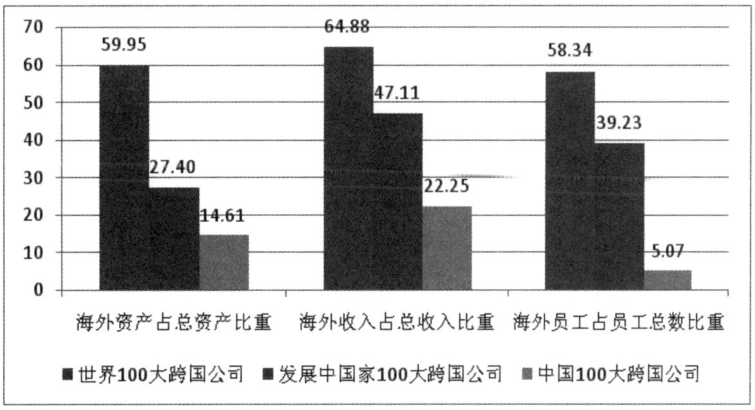

图12 中国100大跨国公司与世界及发展中国家100大跨国公司比较

（三）跨国公司研发创新能力比较

与美国、日本、欧盟等发达国家相比，我国跨国企业的研发投入较低，整体创新能力与科技水平仍存在较大差距。在2014年福布斯2000强企业中，电子信息、装备制造、生物医药、汽车等研发创新活动比较密集的重点行业领域共有647家上榜，根据相关数据的可获得性，我们选择其中的283家企业作为样本，对我国企业研发创新能力与其他国家进行比较。

这283家跨国企业的平均研发支出为11.64亿美元，研发费用支出占销售额总量的平均比重为5.41%。其中，64家中国企业的平均研发支出为3.16亿美元，仅为全球283家企业平均研发支出的27%，研发支出占销售额的平均比重为2.07%，比283家企业的平均水平低3.34个百分点。与发达国家企业相比，我国企业的研发投入也明显偏低，其中35家欧盟企业的平均研发支出高达20.06亿美元，研发支出占销售额的平均比重为6.32%，分别是我国企业的6.3倍和3.1倍；美国和日本企业的平均研发支出也分别是我国企业的4.1倍和3.2倍。

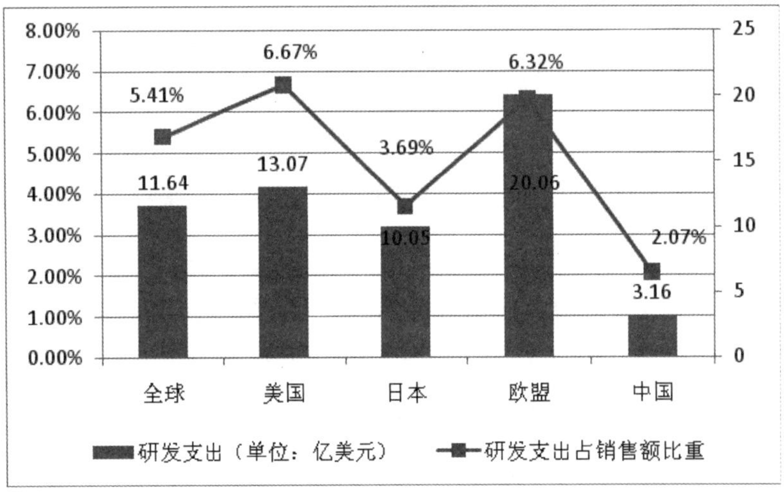

图13　主要国家全球2000强研发创新密集型行业部分上榜企业平均研发投入比较

从细分行业领域比较看，我国企业的研发投入与创新能力差距也很大。以电子信息产业为例，283家企业样本中有电子信息产业企业105家，2013年平均研发支出为14.09亿美元，研发支出占销售额的平均比重为6.77%。其中，美国55家、欧盟9家电子信息企业的平均研发支出分别为18.26亿美元、13.45亿美元，研发支出占销售额的平均比重分别为9.09%、7.44%。而我国24家电子信息企业的平均研发支出仅为4.53亿美元，研发支出占销售额的平均比重仅2.38%，差距较为明显。

尽管我国企业的整体研发投入偏低，自主创新能力还不强，但近年来我国越来越重视加强自主创新，一些企业特别是大型跨国企业的创新能力逐步提高，国际竞争力也不断增强。2013年中国PCT国际专利申请量达21516件，占全球申请总量的10.5%，仅次于美国（57239件）和日本（43918件），排名世界第三[③]。从企业国际专利申请量看，我国的中兴通讯、华为、深圳华星光电公司3家企业表现突出，其国际专利申请量分别为2309件、2110件和916件，在PCT国际专利申请人的排名分别为第2、第3和第17位。另据波士顿咨询公司（BCG）发布的《2014年最具创新力企业：寻求突破性创新之道》报告显示，我国的联想、小米、腾讯及华为四家企业入选全球最具创新力企业排行榜。

（四）跨国公司品牌影响力比较

世界水平的跨国公司一般拥有颇具世界影响力的品牌，企业在国际市场中的竞争优势集中体现为品牌优势。当前，中国部分企业已跻身世界500强的顶级企业行列，但仍缺乏世界知名的全球品牌。2014年福布斯全球品牌价值100强中，苹果、微软、IBM、三星等国际品牌纷纷上榜，但中国企业尚无一家挤身前一百名榜单。世界品牌实验室（World Brand Lab）编制的2014年《世界品牌500强》中，中国仅有29个品牌入选，在入选的27个国家中排名第五，而美国一个国家就有227个品牌入选。尽管在入选数量上中国超过了德国、瑞士等国家，但是在代表性品牌方面中国入选的品牌更多的是体现垄断性的大型国有企业，体现创新性和科技含量的品牌仍较少。从单个企业的品牌价值看，我国企业的品牌价值仍偏低，差距明显。据全球著名品牌咨询公司Interbrand的相关研究数据显示，2014年苹果的品牌价值在全球最高，达1188.63亿美元，其次是谷歌和可口可乐，品牌价值分别为1074.39亿美元和815.63亿美元，我国“华为”的品牌价值最高，但仅为43.13亿美元，与国外知名品牌相比差距仍很大。

表4 《世界品牌500强》中前五名国家代表性品牌

国家	代表性品牌
美国	苹果、谷歌、亚马逊、可口可乐、通用电气、微软
法国	欧莱雅、路易威登、香奈儿、卡地亚、迪奥、爱马仕
英国	剑桥大学、牛津大学、联合利华、汤森路透、汇丰
日本	佳能、索尼、丰田、松下、本田、花王、日本电信
中国	中央电视台、国家电网、中国工商银行、中国移动、联想

近几年，我国也越来越重视企业品牌培育和建设，先后制定了《商业企业品牌评价与企业文化建设指南》、《品牌培育管理体系实施指南》等指导性政策，并于2011年在全国启动了指导工业企业提升品牌培育管理水平的试点工作。在全国试点的示范效应下，9个全国性行业协会和20多个地方省市组织超过3000多家企业开展了行业性和地方性品牌培育工作，带动了一大批企业提高了开展品牌培育工作的积极性。据世界品牌实验室（WORLD BRAND LAB）发布的2014年《中国500最具价值品牌》排名中，我国具有世界性

③ 数据来源：世界知识产权组织（WIPO）发布的《PCT YEARLY REVIEW（2013）》，http://www.wipo.int/pct/en/activity/

影响力的品牌数为40个。在榜单前5名中，工商银行以2562.19亿元的品牌价值荣登榜首，其余是国家电网、中国石油、中国移动通信、中国人寿，从品牌价值角度分析，这些品牌已经开始迈进世界级品牌阵营。

四、提升我国企业总部国际竞争力的对策建议

（一）积极参与和服务国家开放战略

新形势下，我国企业特别是大型跨国公司要提升国际竞争力，必须立足国家战略、服务国家战略，积极投身到自由贸易区和“一带一路”等国家开放战略之中去。

一是利用好国家开放战略各项服务平台与政策，加快“走出去”。国家在推进各大开放战略实施中，搭建了许多服务平台，出台了“两行一金”等配套政策。例如，为推进“一带一路”战略实施，国家出资400亿美元设立丝路基金，倡导成立1000亿美金的亚洲基础设施投资银行，目前已有50多个国家和地区申请加入。国家对自由贸易区试点地区给予了利率市场化、汇率自由汇兑、金融业对外开放等金融政策，以及企业所得税优惠等相关政策。跨国公司要充分利用好国家自由贸易区、“一带一路”等战略实施的相关政策与配套机制，大胆创新，先行先试，在参与国家开放战略中实现核心竞争力的提升。

二是支持企业参与重大国际合作项目，打造一批竞争力强劲的产业集群。“一带一路”战略提出后，我国提出要以政策沟通、设施联通、贸易畅通、资金融通、民心相通为主要内容，积极加强与“一带一路”沿线国家和地区间的交流合作。企业要紧抓这一战略机遇，积极参与基础设施、能源、新兴产业等领域的国家间重大战略性合作项目建设，不断提升企业的国际竞争力，争取在高铁、核电、4G以及战略性新兴产业领域打造一批具有强劲国际竞争力的产业集群。

三是探索跨国共建产业园区模式，推动企业集群式“走出去”。新加坡从20世纪90年代初开始跨国共建产业园区，先后在印尼、越南、中国、印度、菲律宾等国家建立了十几个海外工业园区，总面积近12万平方公里，相当于再造了171个新加坡[④]。我国一些知名园区，如北京中关村、上海张江等，要借鉴新加坡经验，紧抓国家“一带一路”、自贸区等开放战略的新机遇，探索跨国共建产业园区，鼓励和引导大型企业集群式“走出去”，开展更深入的跨国经营。目前，我国正在与白俄罗斯共建占地约91平方公里的中白工业园，以基础设施、电力、工业现代化改造等项目为导向，努力打造中国与白俄罗斯共建“丝绸之路经济带”的合作典范。

（二）加强企业总部创新能力建设

新技术和创新是保持未来经济持续增长的必要条件。提升企业国际竞争力，必须要加强创新能力建设，瞄准产业发展新趋势和前沿领域，加强创新尤其是原始创新，努力培育一批具有技术主导权、处于领先地位的产业创新集群。

一是鼓励和支持企业总部前瞻布局，提升技术创新力。目前，我国企业的技术创新以模仿创新和跟随创新为主，真正具有颠覆性、推动人类生产生活方式发生根本性变革的原创性重大技术和产品创新不多。

④ 朱武祥，魏炜.新加坡：商业模式复制大师 [J].深圳特区科技.2009（Z1）.

表5 新加坡部分海外工业园区概况

序号	国家	名称	时间	占地面积（公顷）	投资规模（亿美元）
1	印尼	峇淡印都工业园	1992	320	3.44
2		民丹工业区	1994	500	1.1
3		克里曼海洋及工业区	1997	155	0.9
4	中国	中新苏州工业园	1994	8000	35
5		无锡新加坡工业园	1994	290	6
6		新川创新科技园	2010	1000	32
7	越南	越南新加坡工业园I	1996	500	24
8		越南新加坡工业园II	2006	345	
9		越南新加坡工业园—北宁省	2007	700	
10		越南新加坡工业园—海防市	2007	1600	
11		越南新加坡工业园—广义省	2012	1226	3.38
12	印度	印度班加罗尔国际科技园	1998	28	1.65
13	菲律宾	卡梅尔第二工业园	1998	-	-
14		科麦龙工业园	1996	143	-
15	阿联酋	阿布扎比工业城	2004	7000	-

今后，应瞄准产业发展新趋势和前沿领域，鼓励和引导企业加强创新尤其是原始创新，不断催生引领科技和产业发展潮流的原创性创新成果，抢占产业创新链和价值链高端，提升企业的科技创新能力和核心竞争力。同时，积极鼓励企业通过建立海外研发中心和孵化基地，提升全球创新资源配置能力。例如，华为在美、英、法等多国设立研发中心，招揽国际顶尖人才开展5G通信技术领域前瞻性研究；百度已在硅谷投资3亿美元成立了新的研发中心。

二是鼓励企业注重商业模式创新，提升市场竞争力。商业模式的创新往往比技术创新能够创造更大的价值。据统计，当今美国企业60%的创新是商业模式创新，40%是技术创新。以麦考林为例，之前麦考林主要是以邮购为主，后来将其原先的目录销售模式与互联网相结合，逐步将其他销售形式转移到互联网，已成为全球最大的中文女性网上购物网站。我国许多城市和地区开始认识到商业模式创新对改变产业竞争格局的重要作用，不断完善政府服务，已经推出或酝酿推出推动商业模式创新的鼓励政策。如在杭州，商业模式创新企业可评为高科技企业或软件企业，享受相应优惠政策。目前，我国商业模式创新的掣肘主要在金融、知识产权、市场准入等方面。未来应积极深化相关领域改革，完善政策，降低市场门槛，努力破除不利于新兴产业商业模式创新的体制机制障碍。

（三）鼓励企业开展跨国并购

一是支持企业重点开展技术并购。我国企业与发达国家的跨国公司在技术水平上存在较大差距，尤其是很多领域的核心关键性技术创新较少，跨国并购拥有先进技术的企业，可以说是快速获取核心技术的一条捷径。比如，联想并购美国云计算软件安全公司STONEWARE，为其带来安全云计算方面的经验和专业技术。又如，汉能控股成功收购硅谷企业MIASOL，获得全球转化率最高的铜铟镓硒（CIGS）技术，成为在技术上具世界领先水平的薄膜太阳能企业。今后，我国政府有关部门、行业组织应及时完善对跨国并购的技术、知识产权等相关服务，积极鼓励规模大、实力强的企业开展海外并购获取国际创新资源，实现在重点领域的技术突破，加快形成一批具有较强国际竞争力的领军企业。

二是提升企业跨国并购整合能力。据国际并购联盟成员公司英特华发布的一项调查显示，中国企业海外并购总体成功率不足三成。并购交易只是并购的第一步，而并购后的有效整合往往是跨国并购成功与否的关键。这种整合既有生产技术方面的内容，又有思想观念、管理水平和企业文化的协调等内容。要充分认识跨国并购后存在的问题和风险，对潜在的管理、文化等方面存在的问题认真识别，对并购整合比例进行合理科学预估，提高并购整合的成功率。同时，还要制定周详的文化整合方案，将异地文化有机地纳入自己的文化体系，形成共同的规则，建立一种协同效应把文化冲突降到最低。

三是支持企业跨国并购中的融资创新。近年来，随着我国企业海外并购规模的不断扩大，海外并购交易金额大幅攀升，海外并购所需的巨额资金仅靠企业自有资金很难满足。许多企业逐渐将国际化战略与海外资本运营战略结合起来，出现了资产入股、股票互换、海外发债等多种海外并购融资创新方式。例如，联想集团收购IBM个人电脑业务采取“现金+股票+债务”支付，通过换股联想减少了6亿美元的现金支出，并购交易完成后IBM拥有联想18.9%股权，规避了股价风险，还可以延期纳税，大大降低了并购成本。因此，应积极引导企业更多的依托海外资本市场来运行跨国并购活动，鼓励和支持企业不断进行融资创新，以解决跨国并购的资本来源问题。

（四）提升跨国公司品牌竞争力

世界一流企业，不仅要有一流的产品、一流的服务，更要有一流的品牌。目前，我国不少企业在国际分工体系中还处于价值链的中低端环节，全球资源优化配置能力和国际市场开拓能力亟待进一步提高。加强品牌建设，提高品牌知名度，对于提升跨国公司国际竞争力具有重要意义。

一是树立品牌意识，准确把握企业品牌定位。加强企业品牌建设的前提是树立品牌意识，企业从上到下要真正意识到品牌代表企业管理水平、产品质量和商业信用，从市场竞争的战略高度认识品牌。要准确把握企业品牌定位，结合自身行业特点、企业发展实际以及产品、服务的特性，以企业核心战略与客户价值为出发点，科学地确立企业的品牌定位，准确提炼品牌核心价值理念，在消费者心目中树立有别于其他竞争者的独立品牌形象。同时，大力实施质量提升战略，将质量作为“生命工程”，不断研发出高质量、高品质的产品，提供高水平、高效率的服务，增强品牌核心竞争力，为企业注入持续发展活力。

二是提高品牌管理能力，拓展品牌营销宣传渠道。苹果、谷歌、微软、可口可乐、耐克等全球知名跨国公司都很重视对品牌的科学管理。例如，苹果实施了品牌延伸、品牌联盟、品牌定位、品牌导入四大管理战略，成为全球最具价值的品牌；谷歌拥有一个简单至极的品牌管理体系，但却在顾客心目中扎下深刻的烙印。企业品牌建设也离不开高效的市场营销，在观念上要与国际接轨，在方式上要持续创新。联想集团为进军国际市场，将使用了近20年的企业标识“legend”更换为“lenovo”，迅速加大国际市场宣传，发展品牌业务，如今无论是在PC产品还是移动市场，都取得了很好业绩。此外，还要积极开展品牌保护工作，在国内外建立较为完善的品牌保护体系，防止各种侵权行为。

（五）大力实施国际化人才战略

一是加大国际化人才培育力度，完善多元化培育培训机制。鼓励企业加强全球化招聘，扩大海外人士和海归人才招募。加大政府部门、企业、研究机构和高校在国际化人才培养方面的合作力度，通过合作办学、举办各种形式的培训班等方式培养各类国际化人才，尤其要重视培养熟悉国际惯例、精通外语和懂得国际市场运作的国际化经营管理人才。加强跨国公司之间在人才培养方面的交流合作，通过远程交流、国际文化培训、再教育等多种形式开展定期或不定期的培训。

二是重视海外市场人才队伍建设，加强外籍当地人才的培养。跨国企业“走出去”，要充分利用投资地的人力资源，在海外分公司和生产基地的管理、市场分析、品牌运营、财务运营、新产品研发等领域选聘当地人才，加强外籍员工培训，最大限度地发挥当地人员在开拓当地市场中的作用。如，中国工商银行已在全球28个国家和地区设立了203家境外机构，在国际化人才队伍建设中大量聘用当地合适的外籍员工进入境外机构管理队伍，聘请熟悉当地客户的专业人员进行产品研发和市场拓展，其境外员工中外籍当地员工占比超过90%。

（六）健全国际化配套支持政策

一是完善相应的法律法规，支持和保护海外投资。与发达国家相比，我国现有涉外经济法律法规在保护和促进方面还存在一些薄弱环节，与国际法律法规的接轨程度不高。应加快完善与各国的双边投资保护协定体系，健全涉外经济的立法工作，完善海外经营法律风险防控制度，在金融借贷、技术开发、人才引进、反不正当竞争、海外投资保险等方面，对跨国企业进行专门扶持和保护，加强对涉外企业海外经营活动的法律指导，激发各类企业海外经营的活力。

二是加快对外投资管理与服务改革，提升企业跨国经营便利化水平。一要深化境外投资管理方式改革，进一步简化行政审批相关核准程序，下放审批权限，对境外投资开办企业实行以备案制为主的管理方式。二要进一步深化境外投资外汇管理改革，压缩外汇汇出前的审核周期，将放松管制落在实处，切实提升企业跨境投资和海外资金运作的便利化水平。三要加强对企业“走出去”的宏观指导和服务，在国家层面上建立“走出去”政策信息发布和共享机制，推进与有关国家和地区的投资协定谈判，为中方投资者营造有利的环境。

三是实施多样化扶持政策，为海外投资提供高品质、个性化服务。探索政府政策支持和服务方式的创新，针对不同行业领域、不同类型企业跨国经营的需求差异，给予差别化的优惠政策，从单纯的财政奖励与优惠政策逐步向支持其具体业务性活动转变，强化对研发创新、品牌建设、海外投资与并购等活动的扶持。加强对总部企业相关配套服务业，如商务服务、科技服务、会展服务等发展的政策支持。鼓励企业上下游关联企业、配套服务企业等捆绑式“走出去”，为企业跨国经营活动提供信息咨询、经贸洽谈、知识产权等专业服务。此外，积极整合中介服务、行业协会、驻外使领馆、各级政府海外平台等各类服务资源，建立企业“走出去”国际化服务平台，对企业在海外销售、设立研发机构、海外并购、技术和产品出口、标准检测认证等国际业务提供相关服务。

中国通用航空产业宏观环境分析

中国城市临空经济研究中心秘书长　马剑

一、中国通用航空产业发展的社会经济环境分析

（一）社会经济环境分析

1. 宏观经济环境

从国际看，国际金融危机影响尚未完全消除，全球经济复苏缓慢。在欧洲和北美等通用航空主要消费区域，潜在需求得到长时间释放后，经济环境恶化开始抑制通用航空发展，发展速度下降。亚太地区由于通用航空基础较为薄弱，整体发展水平低，随着发展政策的逐步出台，虽然受到金融危机的影响，通用航空仍然保持了较快增长，预计今后一段时间仍将保持较好的发展态势。

从国内看，我国经济将保持持续健康发展，预计到2020年我国GDP和城乡收入将比2010年翻一番，科技进步对经济增长的贡献率大幅提升，进入创新型国家行列，工业化基本实现，城镇化质量明显提高，农业现代化和社会主义新农村建设成效显著，区域协调发展机制基本形成，为通用航空快速发展、区域协调发展提供了强劲动力。“十八大”以来，城镇化作为扩内需的重要手段，成为我国未来发展最为重要的国家战略之一，将进一步发挥通用航空在城市管理、通勤摆渡、应急救援、私人消费等领域的应用。《国务院关于促进民航业发展的若干意见》（简称《意见》）提出，我国将大力发展通用航空，巩固农林业作业等传统业务，积极发展应急救援、医疗救助、海洋维权、私人飞行、公务飞行等新兴服务，加快把通用航空培育成新的经济增长点；推动通用航空企业创立发展，通过树立示范性企业鼓励探索经营模式，创新经营机制，提高管埋水平；坚持推进通用航空综合改革试点，加强通用航空设施建设，完善通用航空法规标准体系，改进通用航空监管，创造有利于通用航空发展的良好环境；到2020年通用航空的发展目标为飞行总量达到200万小时，年均增长19%。

2. 区域经济环境

“十二五”及中长期是我国加快实施区域发展总体战略和主体功能区战略的重要时期。区域开发总体战略将把西部大开发战略放在区域发展总体战略优先位置，全面振兴东北地区等老工业基地，大力促进中部地区崛起，积极支持东部地区率先发展，加大对革命老区、民族地区、边疆地区和贫困地区扶持力度，增强区域发展的协调性。其中，东部地区随着经济发展水平的提升，将成为我国消费类通用航空和通用航空城市公共服务的主要地区，西部地区和东北地区将成为我国通勤航空、农林航空的重点地区，中部地区将成为我国通用航空综合类发展的主要地区。

从区域经济发展态势看，未来我国消费类通用航空重点集中在28个城镇密集区，其中以京津冀、长三角、珠三角地区为消费类通用航空第一梯队区域，中西部地区省会在内的城镇群为第二梯队，其它为第三

梯队，这些地区将成为以私人飞行、公务航空为主的通用航空发展地区。传统型农林作业区域集中在我国主要农垦区、林业密集分布地区：农业作业集中在东北平原、新疆、长江中下游平原、华北平原、四川盆地等地区，林业作业集中在东北地区、西南地区、海峡西岸等地区。工业作业以海上石油服务为主，主要集中在我国南海地区、东海、渤海湾地区，电力巡线、航拍、陆上探矿在我国内陆地区广泛分布。公共服务类作业中，城市管理和城市应急救援主要集中在直辖市、省会城市和重要的经济城市，自然灾害的应急救援主要集中在我国突发事件多发区域，包括地震、地质灾害（泥石流、滑坡、崩塌等）和洪涝灾害（海上和内河应急救援）的多发区域。

3. 行业经济环境

经济与社会的发展与通用航空有紧密的联系，一个国家的经济与社会发展水平与通用航空业的发展存在着正比关系。国家的经济发展水平越高，可供人们支配的收入越多，人们有越有经济实力去消费通用航空服务或娱乐项目。国力的强大也可使国家有足够的财力改善基础设施，对基础技术研究进行投资。而我国过去由于经济发展水平较低和政策性导向问题，通用航空只作为为政治、经济服务的角色发展，通用航空制造和运营行业都没有得到充分发展。

2010年中国国内生产总值达到39.8万亿元，人均GDP已经超过4000美元，相当于美国上世纪90年代初的水平，而2014年中国国内生产总值达到63.6万亿元，人均GDP已经达到7000美元，社会经济发展完全具备支持通用航空发展的基础和需求。因此，从国家和相关行业管理部门到地方都出台了一系列的政策、法规、规划来鼓励通用航空的发展。按目前汇率测算，预计到2020年，中国国内生产总值将达到美国2000年的水平，境内私人拥有财富有望成倍增长，强大的社会经济实力将为中国通用航空的发展奠定坚实的财富基础和强大的市场需求动力。

（二）中国民用航空经济运行情况

1. 民用航空经济运行情况

2001年我国GDP为10.96万亿元，到2014年我国GDP增加到了63.6万亿元①。2008年开始受到由于受到美国次贷危机导致的全球金融振荡影响，我国GDP年均增长率有大幅度回落，但近几年仍能保持年增长率超过7%的增速。

2014年，全年国内生产总值63.6万亿元，比上年增长7.4%。2013年，全年国内生产总值568845亿元，比上年增长7.7%。其中，第一产业增加值56957亿元，增长4.0%；第二产业增加值249684亿元，增长7.8%；第三产业增加值262204亿元，增长8.3%。第一产业增加值占国内生产总值的比重为10.0%，第二产业增加值比重为43.9%，第三产业增加值比重为46.1%，第三产业增加值占比首次超过第二产业。

2013年，民用航空全行业完成运输总周转量671.72亿吨公里，比上年增加61.40亿吨公里，增长10.1%，其中旅客周转量501.43亿吨公里，比上年增加55.00亿吨公里，增长12.3%；货邮周转量170.29亿吨公里，比

① 李克强，2015年政府工作报告，人民网。

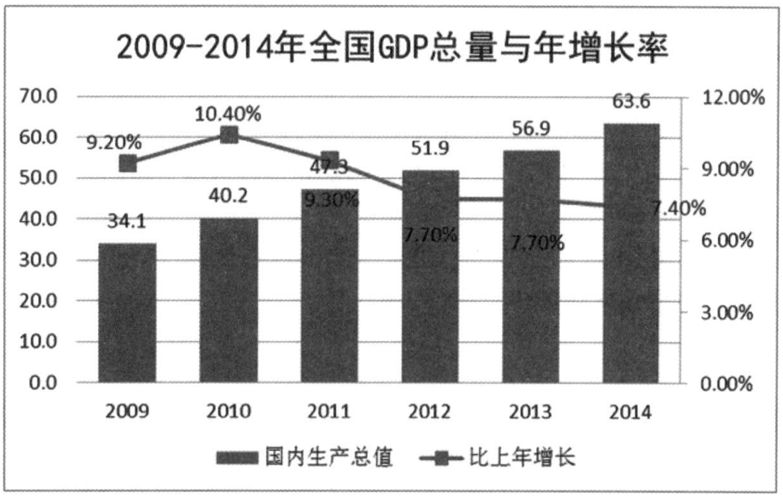

图1 2009-2014年全国GDP总量与年增长率

上年增加6.40亿吨公里，增长3.9%。

2013年，民用航空行业累计实现营业收入5889.6亿元，比上年增长6.5%，利润总额248.1亿元，比上年减少36.8亿元。其中，航空公司实现营业收入4049.9亿元，比上年增长5.2%，利润总额162.4亿元，比上年减少37.2亿元；机场实现营业收入625.9亿元，比上年增长11.9%，利润总额41.7亿元，比上年减少2.8亿元；保障企业实现营业收入1213.7亿元，比上年增长8.2%，利润总额44亿元，比上年增加0.3亿元。

2013年，民航直属院校在校生数达到57798人，其中：研究生2011人，普通本专科生47268人，成人在校生7407人，中专生1112人。2013年，民航直属院校共毕业学生14476人，其中：硕士研究生502人，普通本专科11157人，中专学生700人，成人学生2117人。2013年，民航共验收科技成果78项。推荐国家科技进步奖1项，2012年度民航科技进步奖29项。

2. 2014年中国通用航空发展基本情况

2014年，中国通用航空机队规模约为1987架，比2013年增长了15.48%；获得通用航空经营许可证的通用航空企业248家，筹建单位250家[②]；通用航空飞行总量为65.1万小时，比2013年增长了10.15%。目前，我国拥有运输机场189个，有通用机场与临时起降点约410个，其中通用机场78个、临时起降点329个。2014年，中国拥有非121部运输航空公司驾驶员10553名，141部驾驶员4391名，135部驾驶员975名，91部通航公司驾驶员963；全行业的从业人员超过1万人。

2013年，中国通用航空直接产值为76.01亿元[③]，比2012年增长了6.16%。其中，产值较大的三类为公务飞行、石油飞行和中国民航飞行学院的教学培训，产值分别为21.1亿元、18.8亿元和12.9亿元。传统的工农作业总产值不高，工业作业约有6亿元（不含石油飞行），农林作业约5.3亿元。

② 此数据为截止2015年3月的统计数据。

③ 2014年通航直接产值数量暂未统计出，这里使用2013年的数据。

截至2015年3月，我国通用航空企业数达到248家，筹建单位数达到250家，5年的复合增长率近20%；运营的飞机、直升机数量达到1910架，5年的平均增长率约13%。总体来说，这些年，我国通航领域的投资不可谓不旺盛，但2014年全年通用航空的飞行总量约为65.1万飞行小时，其中公务飞行约为29800小时，年均增长率仅为8%。此外，根据测算，如果排除为运输航空公司培养飞行员的训练业务，我国通用航空近5年的飞行总量增长率仅为5.6%左右。投资与产出之间显著的增速差异。

二、中国通用航空产业发展的政策环境分析

（一）产业政策分析

2009年，民航局颁布《关于加快通用航空发展的措施》，从产业规划、资金扶持、空域保障、机场建设、市场管理、人员培训、油料保障、信息统计等方面提出了十五条促进通用航空发展的措施。

2010年，国务院、中央军委发布《关于深化我国低空空域管理改革的意见》，提出通过5至10年的全面建设和深化改革，在低空空域管理领域建立起科学的理论体系、法规标准体系、运行管理体系和服务保障体系，逐步形成一整套既有中国特色又符合低空空域管理规律的组织模式、制度安排和运作方式，充分开发和有效利用低空空域资源。2010年2月民航局发布的《建设民航强国的战略构想》从加强政策扶持、增强基础保障、提高运营效益、保障通航安全等方面提出通用航空的战略任务。10月，国务院颁布《国务院关于加快培育和发展战略性新兴产业的决定》提出，重点发展以干支线飞机和通用飞机为主的航空装备，做大做强航空产业。

2011年，《中国民用航空发展第十二个五年规划》提出要加快基础设施建设，扩大服务领域和规模，完善规章标准体系，促进通用航空快速发展，重点是改善通用航空发展环境。《民航航空维修行业“十二五”发展指导意见》提出要针对部附件维修进一步完善通用航空器维修产业链，根据市场需求，引导鼓励行业维修竞争力的提高；同时，继续加强通用航空器、关键部附件的维修能力建设。

2012年，《国务院关于促进民航业发展的若干意见》（简称《意见》）明确提出到2020年，通用航空要实现规模化发展，飞行总量达200万小时，年均增长19%。民航局印发的《引进通用航空器管理暂行办法》将一般通用飞机和中小型公务机的审批权限下放至地区管理局，进一步简化了通用飞机审批手续。《通用航空发展专项资金管理暂行办法》明确服务于农林牧渔、工业、社会事业和应急救援作业的通用航空可以申请财政补贴，并按不同作业类别、不同机型、不同起飞全重规定了补贴标准。

2013年，国务院办公厅印发《促进民航业发展重点工作分工方案》，将《意见》的各项目标和任务进行了细化和分解，进一步明确了各省市、自治区人民政府及国务院有关部门贯彻落实《意见》的具体责任，并对加强立法和规划、加大空域管理改革力度、完善管理体制机制、强化科教和人才支撑、完善财税扶持政策、改善金融服务等六项政策措施进行了细化。《关于加强公务航空管理和保障工作的若干意见》提出要促进我国公务航空持续、健康、安全发展，从规范管理，确保安全运行；加强监督，维护运行秩序；创造公务飞行良好外部环境；完善保障设施，提升服务水平；加强领导，抓好贯彻落实等方面提出了加强公务航空管理的措施。农业部、林业局、工信部等部委也都在各自政策中确定了促进通用航空发展的

措施，农业部《全国农业机械化发展第十二个五年规划（2011-2015）》中提出要积极稳步发展农业航空，鼓励支持土地经营规模较高地区大规模应用农用航空技术。林业局《全国森林防火中长期发展规划》提出要拓展森林航空消防的覆盖范围，积极租用、调用通用航空飞机配置灭火装备。

2014年10月8日，国务院总理李克强主持召开国务院常务会议，决定再次修订政府核准的投资项目目录，促进有效投资和创业，决定向地方政府全部或部分下放通用机场、非跨境跨省电网等23类项目核准权限。

（二）低空开放鼓励政策

2010年11月14日，国务院、中央军委印发《关于深化我国低空空域管理改革的意见》，对深化我国低空空域管理改革作出战略部署。《意见》确定了空域改革的总体目标、阶段步骤和主要任务。总体目标是通过5至10年的全面建设和深化改革，在低空空域管理领域建立起科学的理论体系、发对标准体系、运行管理体系和服务保障体系。

具体实施分为三个阶段：2011年前在局部地区进行改革试点；2011年至2015年在全国推广改革试点；2016年至2020年进一步深化改革，使我国低空空域资源得到科学合理的开发利用。完成按照管制、监视和报告三类空域划分低空空域；逐步构建低空空域管理法规标准体系；改进创新服务模式；加强配套设施建设；以国家投资为主、股利地方政府和社会力量投资建设航空服务站，合理构建航空服务保障体系；建立健全飞行人员培训机制，加强低空飞行监控和管理；简历评估监督机制，提高低空空域管理水平等八项重要任务。

2013年11月，总参谋部联合中国民用航空局印发《通用航空飞行任务审批与管理规定》，将通用航空飞行任务审批范围与审批流程简化，规定除九种特殊情况外，其余通用航空飞行任务不再审批；同时对通用机场、空域航图使用等进行了具体规定。

2014年，低空开放更是迎来一系列政策的密集出台，通航产业发展已步入快车道。7月下旬，备受关注《低空空域使用管理规定（试行）》征求意见稿已成型，正在征求各方意见，待修改完善后择日下发。

2014年11月21日，全国低空空域管理改革工作会议在北京召开。会议对全面推进低空空域管理改革，提高空域资源利用率，分类划设空域，简化审批程序，加强运行管理等做出了系统性部署。在此次工作会议上，确定将沈阳、广州飞行管制区，海南岛、长春、广州、唐山、西安、青岛、杭州、宁波、昆明、重庆飞行管制分区作为1000米以下空域管理改革试点，并力争在2015年在全国推开。

值得一提的是，深化低空空域管理改革的制度建设也正在紧紧跟上。会议讨论了《低空空域使用管理规定》、《无人驾驶航空飞行器管理规定》、《通用航空信息服务站系统建设和管理规定》、《目视飞行航空地图管理规定》等法规草案。《通用航空飞行管制条例》、《空域使用管理条例》等法规的修订制定也取得实质性进展。据悉，航空法已列入国家立法计划，力争2015年进入立法程序。

（三）产业补贴政策

1. 关于印发加快通用航空发展有关措施的通知（民航发[2009]101号）

设立通用航空专项资金，对农林航空、紧急医疗救护、应急救援等公益性通用航空项目依据作业飞行量按年度进行补贴，提升通用航空作业服务能力。从2010年开始民航局每年安排的补贴资金额度不低于1.5亿元，并纳入民航预算管理范畴。

2. 《通用航空发展专项资金管理暂行办法》（民航发〔2012〕111号）

该办法由中国民用航空局和财政部发布，自2012年12月11日起施行。该办法旨在支持我国通用航空发展，充分发挥通用航空对国民经济和社会发展的服务和支撑作用。通用航空发展专项资金将用于通用航空作业补贴、通航飞行员培训补贴以及完善通用航空设施设备等方面，将重点支持农林牧渔、公益性较为明显的社会事业以及承担国家应急救援任务的应急救援飞行作业。该办法还明确了通航企业飞行员执照培训补贴标准以及购置、更新和改造作业设备和安全设备的补贴标准。

（四）收费税收政策

1. 《通用航空民用机场收费标准》（民航发〔2010〕85号 ）

《通知》旨在为推进民用机场收费改革，改善通用航空运营环境，支持和加快通用航空发展。主要内容有：一是明确通用航空机场收费项目和收费标准，做到价格透明、合理，同时取消不必要的收费环节；二是降低通用航空机场收费水平，减轻通用航空企业的负担，《通知》在现行收费标准基础上，起降费降低40%以上，停场费降低50%以上；三是制定通用航空机场收费减免政策，减免的范围有所扩大，支持力度有所增加。四是明确通用航空机场收费管理程序以及民航行业主管部门和价格主管部门的监管职责。

2. 《关于加快飞机租赁业发展的意见》（国办发〔2013〕108号 ）

该《意见》旨在通过七项政策措施的实施以及“三步走”战略，加快我国飞机租赁业发展，使我国在2030年前成为全球飞机租赁业的重要聚集地。

飞机租赁作为支撑航空业发展的生产性服务业，是航空制造、航空运输、通用航空以及金融业的重要关联产业。但由于起步晚、内外部条件不完善，我国飞机租赁业与发达国家相比还有较大差距，存在企业核心竞争力不足、政策措施不完善、产业联动不强等突出问题。为进一步推动实施“大飞机”战略和制造业转型升级，提高航空服务能力，优化资源配置，国务院专门出台了此项《意见》。

《意见》认为，今后10年~20年是我国大飞机市场开拓和航空制造业转型升级的关键时期，也是我国飞机租赁业发展的黄金时期。因此，在《意见》中提出，要从现在开始到2030年，即在2015年前，2015年~2020年，2020年~2030年这3个时间段内，通过“三步走”战略，不断营造有利的政策环境，加强政府引导，支持飞机租赁企业发展国内、国际市场，打造飞机租赁产业集群，使我国成为全球飞机租赁企业的重要聚集地。

为促进飞机租赁业健康发展，《意见》明确了改进购租管理、加大融资力度、完善财税政策、开拓国际市场、加强风险防控、完善配套条件、支持先试先行等七项政策措施。

3. 通用航空器进口涉及关税及增值税

通用航空企业在小型航空器进口关税和增值税方面承担的税赋主要体现在：机身税费和航材税费（含

购机航材和返厂大修所用航材）上。一般情况关税税率在2%-5%不等，增值税为17%，增值税在计征关税的基础上征收。航材税费，包括随机赠送航材、送修航材和购入航材。关税税率在1%-30%不等，平均在12%左右；增值税为17%，二者计算的比率大约为29%左右。同时还有飞机返厂送修，发生航材、维修费用，在入关时，同样还需征收关税和增值税。

（五）通用航空产业政策走向分析

从2010年国务院、中央军委印发《关于深化我国低空空域管理改革的意见》以来，通用航空产业相关政策频出、利好消息不断，特别是2014年与通用航空产业相关的促进政策不断推出，最主要的政策亮点是对低空空域管理思路的调整、通用机场审批权限的下放，以及即将出台的降低经营许可准入门槛的规定，这些政策举措的连续出台体现了国家和行业主管部门对于发展通用航空的重视。

2014年11月，低空空域管理改革会议如期召开，提出了在低空空域“优先划设管制空域，将其余空域放开”的思路。目前，改革进入到深水区，同时实施细则缺失未来的改革效果尚难以判断。但是，低空空域从“不能用、不好用”到“可用、好用”，再到“放开用”，需要一个渐进的过程，只要管理部门有决心与动力，中国低空空域的彻底放开不会太遥远，改革红利必将一步一步释放。

2014年10月，政府核准的投资项目目录中将通用机场审批权下放到省级政府，地方政府可以放手推动通用机场的布局和建设，这必将联动整个产业的良性发展。配合着民航局推动的飞行服务站和航汽配送中心的建设，未来几年我国通用航空基础设施建设远远落后于机队增长速度的局面将大为改观，通航企业的运营成本也必然会大幅降低，运营效率必然会大幅提升，由此将推动我国通用航空迎来新一轮发展的小高潮。

除了国家层面在积极释放政策红利外，民航主管部门也在积极推动政策改革，如即将出台的新《通用航空经营许可管理办法》。预计随着相应的实施细则及后续补充规定的出台，我国通用航空产业发展的政策环境将得到进一步改善。

三、中国通用航空产业发展的法规体系环境分析

我国现行的通用航空法规体系包括法律、法规、规章、标准等。

（一）通用航空法律体系

我国通用航空活动政策和管理的法律依据是《中华人民共和国民用航空法》（以下简称《民航法》），于1995年10月30日颁布，1996年3月1日正式实施。这部法律第十章第145条至150条对在我国从事通用航空活动须具备的法定条件做出了规定，设定了通用航空的定义以及从事通用航空活动的条件，明确提出保障飞行安全，保护用户、地面第三人以及从事通用航空活动的单位和个人的合法权益。

具体有：通用航空的定义以及从事通用航空活动应当具备的条件；关于保障飞行安全、保护环境和生态平衡、以及应当投保地面第三人责任险的原则性规定。《民航法》关于通用航空的规定，为法规、规章的制定奠定了基础，指明了方向。

（二）通用航空行政法规体系

1.《国务院关于通用航空管理的暂行规定》（国发〔1986〕2号）

该法规于1986年1月8日由国务院发布。该规定首次将“专业航空”更名为“通用航空”，明确了通用航空行业管理机构、从事通用航空活动需履行的报批手续、从事通用航空经营活动的审批管理程序、要求等等。在民航法出台之前，该规定为通用航空行业管理提供了法规依据。到目前为止，该规定仍作为实施通用航空企业赴境外开展经营活动的行政许可的法律依据。

2.《通用航空飞行管制条例》（国务院、中央军委第371号令）

该条例2003年1月10日由国务院、中央军委发布，2003年5月1日起施行。该条例是是管理我国通用航空飞行活动的基本依据，规范了从事通用航空飞行活动的单位或个人向当地飞行管制部门提出飞行计划申请的程序、时限要求；明确了在我国范围内进行的一些特殊飞行活动，所需履行的报批手续和文件要求；并对升放和系留气球做出了具体要求。它是我国颁布的第一部有关通用航空方面的飞行管理条例，为我国长期处于瓶颈状态的通用航空事业注入了活力，也是对通用航空活动依法管理的重要举措，对于合理开发和充分利用国家空域资源，保障飞行安全和通用航空事业的发展产生了积极的促进作用。

除上述两部专门行政法规外，涉及通用航空的行政法规还有：《民用航空器国籍登记条例》、《中华人民共和国飞行基本规则》（2007修订）、《民用航空器适航管理条例》、《机场管理条例》、《通用航空发展专项资金管理暂行办法》（民航发〔2012〕111号）等。内容有：用于通用航空的民用航空器的国籍登记的条件和程序、国籍标志和登记标志；通用航空飞行特殊需要时，经所在地大军区批准后由有关飞行管制部门划设；在我国境内从事民用航空器（含航空发动机和螺旋桨）的设计、生产、使用和维修的适航管理规定；明确将民用机场分为运输机场和通用机场、规定通用机场的规划和建设按照国家有关规定执行、通用机场投入使用应当具备的条件、通用机场投入使用的申请及审批程序、通用机场安全环境保护。

（三）民航规章体系

民航规章是规范通用航空活动的最主要和数量最多的规范，共有30多部，涉及通用航空的市场准入、运行标准、飞行管理、机场、专业人员资质等，具体内容主要有：设立通用航空企业（包括境外资本投资通用航空）以及非经营性通用航空活动的条件、经营项目、审批程序；对通用航空所涉及的一般运行、小型航空器商业运行的合格审定标准；飞行训练机构、飞行驾驶执照培训机构以及维修单位的审定标准；对民用航空器驾驶员、飞行和地面教员的合格审定；维修、签派、航行情报人员等资质、执照要求。

1. 经济管理规章

（1）《一般运行和飞行规则》（民航总局第120号令，CCAR-91）

2004年6月1日开始施行。该规章适用于在中国境内的所有民用飞行以及使用在中国登记的民用航空器所执行的所有运行。它不仅完善了对公共航空运输运行的管理，而且对更广泛主体的飞行和运行活动进行了规范，如对我国分布广泛和日益普及的农林喷洒作业和旋翼机机外载荷作业飞行作出详细规定，为规范这两种作业提供了可遵循的法规依据。这部规则整合了各种复杂的飞行、运作等规定，形成了通用航空的一个基础性规章，标志着通用航空立法走上规范化轨道。CCAR-91部的发布对我国广泛分布和日益普及的通用航空和航空作业飞行运行提供了管理依据，为我国通用航空和航空作业飞行的系统化、法制化管理奠定了基础。

（2）《通用航空经营许可管理规定》（民航总局令第176号，CCAR-135TR-R3）

该规章规范了行业管理部门的通用航空经营许可行为，规定了设立通用航空企业的条件、经营项目、申报文件要求、审批程序、时限等。该项行政许可由民航地区管理局负责实施。

（3）《非经营性通用航空登记管理规定》（民航总局令第130号，CCAR-285）

该规定规范了行政管理部门对非经营性通用航空活动的行政许可行为，规定了申请登记的条件、内容、文件要求、登记程序、时限等。该项行政许可由民航地区管理局负责实施。

（4）《通用航空企业审批管理规定》（民航总局令第102号，CCAR-135LR）

1996年8月1日发布，2001年8月31日修订。该规定规范了从事经营性通用航空活动的企业的设立条件和审批程序、通用航空的经营项目、开办通用航空企业应当遵循的主要原则、企业的变更、终止和经营许可证管理等。

（5）《外商投资民用航空业规定》（民航总局令第110号，CCAR-201）、《外商投资民用航空业规定的补充规定》（民航总局令第139号，CCAR-201LR-R1）、《外商投资民用航空业规定的补充规定（二）》（民航总局令第174号，CCAR-201LR-R2）、《外商投资民用航空业规定的补充规定（三）》（民航总局令第189号，CCAR-201LR-R3）等民航规章。

规定了境外资本投资民用航空包括通用航空的具体条件和审批程序等。在投资范围方面，鼓励外商投资建设民用机场，投资从事农、林、渔业作业的通用航空企业，允许投资从事公务飞行、空中游览或为工业服务的通用航空企业。在投资比例方面，若外商投资从事公务飞行、空中游览、为工业服务的通用航空企业，由中方控股；投资从事农、林、渔业作业的通用航空企业，外商投资比例由双方商定。

此外，民航局还于2010年发布了《通用航空民用机场收费标准》（民航发〔2010〕85号），明确了通用航空机场收费项目和收费标准，做到价格透明、合理，同时取消不必要的收费环节，降低了通用航空机场收费水平，减轻通用航空企业的负担；于2012年发布了《引进通用航空器管理暂行办法》对《关于引进进口通用航空器管理暂行办法》（民航发[2008]116号）进行了修订，将引进通航器的审批权由民航总局审批下放到地方管理局；于2013年发布了《关于加强公务航空管理和保障工作的意见》，对公务机发展中的安全管理、市场监管、服务保障等工作进行了规范。

2. 安全运行审定规章

（1）通用航空运行审定类

- 《一般运行和飞行规则》（CCAR-91）
- 《小型航空器商业运输运营人运行合格审定规则》（CCAR-135）

上述规章对通用航空所涉及的一般运行、小型航空器商业运行的合格审定标准进行了规范。

（2）专业机构审定类

- 《民用航空器驾驶员学校合格审定规则》（CCAR-141）
- 《飞行训练中心合格审定规则》（CCAR-142）
- 《民用航空器维修单位合格审定规定》（CCAR－145）

上述规章明确了对飞行训练机构、飞行驾驶执照培训机构以及维修单位的审定标准。

（3）专业人员执照、资质审定类：

- 《民用航空器驾驶员、飞行教员和地面教员合格审定规则》（CCAR-61-R1）
- 《民用航空器领航员、飞行机械员、飞行通信员合格审定规则》CCAR-63FS）
- 《民用航空器维修人员执照管理规则》（CCAR－66-R1）
- 《民用航空飞行签派员执照管理规则》（CCAR-65FS-R1）
- 《民用航空航行情报人员岗位培训管理规定》（CCAR-65TM-TV）
- 《民用航空航行情报员执照管理规则》（CCAR-65TM-III-R2）。

上述规章明确了对申请专业人员执照、资质的具体条件和要求。

（四）通用航空作业标准体系

1. 民航行业标准体系

- 航空摄影技术术语MH/T（0009-1996）
- 农业航空技术术语MH/T（0017-1998）
- 农业航空作业质量技术指标MH/T（1002-1995）
- 农业航空作业事故等级MH/T（1003-1996）
- 彩红外航空摄影影像质量控制MH/T（1004-1996）
- 民用航空摄影测量用航空摄影仪的技术要求MH/T（1005-1996）
- 航空摄影仪的检测技术规范MH/T（1006-1996）
- 飞机喷施设备性能技术指标MH/T（1008－1997）
- 航空物探飞行技术规范MH/T（1010-2000）等。

2. 通用航空作业标准体系

为保证通用航空作业质量，引导和规范通用航空企业开展作业项目，自1986年以来，我国先后发布了下列通用航空的标准：

- 飞机播种造林技术规程GB/T（15162-1994）
- 1：5000　1：10000　1：25000　1：50000　1：100000比例尺地形图航空摄影规范GB/T（15661-1995）
- 民用航空器飞行事故等级 GB（14648-1993）
- 航空摄影产品注记、包装规范GB/T（16176－1996）
- 通用航空机场设备设施GB/T（17836-1999）

- 通用机场建设规范（2012）
- 航空摄影技术设计规范MH/T（1009-2000）
- 1:500 1:1000 1:2000比例尺地形图航空摄影规范GB（6962-1986）等。

法律法规体系是影响通用航空发展的关键性问题。近年来，我国正在建立健全通用航空经济管理制度，目前已经制定了一些关于通用航空的法律规范。但是现存的法规和制度还严重不足，也不能充分体现通用航空的特色。就目前的通用航空法规体系看，存在以下问题：一是体系不够完整和系统，结构不合理，民航总局颁布的现行有效的一百多部民用航空规章中，公共航空运输和通用航空公用规章居多，专门适用通用航空的单行规章只有十多部，缺乏针对性和时效性；二是除《民用航空法》外，有关通用航空的法律规范仅限于法规规章以及标准，法律层次不高，缺少诸如美国的《通用航空振兴法》的法律；三是航空的标准对待通用航空。现行规章及事故等级分类标准未能明确两者间的差异，安全管理系统（SMS），安全监查员人员缺乏。发生通用航空安全事故后，处理措施相对航空运输企业过于严厉，通常做法是责令通用航空企业停业整顿，严重影响通用航空企业的经营。面对这些发展的不利因素，需要制定国家通用航空和通用航空产业发展规划、纲要、指引，明确产业发展道路，通过国家行为，引导通用航空产业健康发展。同时，加快制定（或者修订）适用于通用航空发展的法规和标准体系，促进通用航空产业快速发展。

“京津冀都市圈城市区位与交通可达性评价”

中国城市经济专家委员会副秘书长　何大勇

以大城市为核心的都市圈是伴随着人类文明的进步而产生的一种人与自然协调发展的人文景观，标志着人口增长、城镇拓展的历史进程。随着经济全球化和区域经济一体化进程不断加快，都市圈已成为国家和区域社会经济发展的主战场。京津冀都市圈以北京、天津两市为核心，包括河北省的石家庄、保定、唐山、秦皇岛、廊坊、沧州、张家口、承德，是我国的政治、文化中心和人口、经济密集区。京津冀都市圈作为我国经济发展第三增长极的核心引擎，担负着我国未来大规模推进国际化的重任。

改革开放以来，京津冀都市圈经济建设取得显著成就，但长期以来京津两大核心城市与周边地区的发展相互脱节，彼此间空间联系松散，逐步形成“先进的特大城市、落后的腹地”尴尬局面。京津两市半径100km内，环绕着32个贫困县，总面积8.3万km^2，有272.6万贫困人口，人均年收入不足625元，形成了“环京津贫困带”，加剧了京津冀都市圈区域发展的不平衡，与长三角、珠三角都市圈形成强烈反差。因此，加强都市圈城市间的联系，增大核心城市和其他城市的辐射作用，提升京津冀都市圈的整体协调发展能力，是京津冀都市圈发展的必经之路。基于此，本文从空间格局角度，结合最新行政区划、基础地理数据库及其统计资料，利用GIS空间分析方法，对京津冀都市圈内各城市区位优势、出行与内部资源整合与生产力要素合理配置，进而对实现京津冀都市圈各城市间统一协调发展具有借鉴作用。

一、京津冀都市圈可达性评价方法

（一）研究区域与数据获取

为避免空间分析的边界效应，本研究设定分析范围为京津冀都市圈覆盖区域并向外扩散70km（东经112.57°～121.27°，北纬37.01°～42.83°）。研究数据包括各级行政区划（省会、地级市、县级市、县、乡镇、各县行政界线）和交通设施（铁路、各级公路、港口、机场等），数据来源于国家基础地理信息中心1∶100万全国交通数据库（2003年）、交通部1∶25万“中国交通网络数据库”（2005年），同时辅以2005年12月出版的《中华人民共和国行政区划图集》，对京津冀都市圈范围内的行政区划、交通路网、交通基础设施等各类要素进行了更新。所有要素均采用Albers等面积投影，基于ArcGIS9.2进行数据处理和分析。此外，根据研究需要，各类要素均根据领域专家经验确定权值，各交通模式的平均速度分别设为：铁路90km/h、高速公路90km/h、国道70km/h、省道60km/h、县道40km/h、乡镇公路30km/h。

（二）评价方法与评价因子的选择

评价某一空间目标或区域的区位优势或交通运输便捷程度，业界一般称可达性评价，包括两种视角：

1）基于Tobler地理学第一定律，认为空间上两点间的相互作用随着距离的增大而减小，并且从社会经济学角度考虑两点间的吸引力规模，将待度量的实体与外部所有影响实体之间可能的影响之和视为外界施加于该实体的总潜能，分析因空间位置差异导致的需求点和吸引点之间潜在吸引力的规模和变化过程。此时，需要考虑所度量实体的需求规模和吸引点的引力规模，而与交通网络空间形态无关。这种分析过程主要是对空间区位的优劣程度进行度量。2）基于交通网络的空间配置，以待度量的实体与其他实体之间的人流、物流、信息流的交通交流便捷程度来度量该实体的位置优劣，不同交通网络设施或网络目标对于待度量的实体可能具有不同的重要性。此时，交通网络形态、密度、结构等与区位评价密切相关。这种分析过程主要是对交通运输的便捷程度进行度量。本文基于上述视角对京津冀都市圈可达性进行定量分析。

（1）区位优势综合评价。涉及行政区划要素（省会、地级市、县级市）与交通要素（内河港口、沿海港口、航空港、铁路车站、国道、高速公路、省道、县道）两大类。首先计算都市圈内各县级市到各类要素中最近要素的最短距离，然后依据表1所示的权值，采用重力模型方法获取都市圈内所有县级市的区位优势综合评价值。最后，利用反距离权重插值方法（IDW），对都市圈内所有县级市（点）的区位优势评价值进行内插，以获得整个都市圈的区位优势表面（栅格单元采用500m×500m.

（2）交通出行时距分析

目的在于通过度量各城市单位时间内交通出行所覆盖的空间范围，以表达各城市的交通可达性与各城市间的交通联系强度。交通出行时距分析涉及高速公路、国道、省道、县道等交通设施要素，其计算结果是距离出发点的等时距的最大空间可达范围。首先需将线要素类转成栅格图像。由于栅格单元中可能存在上述等级的交通网络覆盖空白，为保证计算精度，本研究在交通网络中增加一级基层路网（乡镇公路），按照乡镇公路的平均速度对栅格单元的nodata赋值。然后，将各类要素栅格数据集叠加，选取叠加后每个栅格单元中具有最高效率的交通模式衡量通过该栅格单元的最短时间。最后，采用ArcGIS中costdistance算子，得到各城市交通出行时距分析结果，采用交通出行时距图表达。由于目前京津冀都市圈内没有城际快捷高速铁路，其余铁路、民航等不能随时出发，故在计算中不予考虑。

二、可达性现状与特征分析

基于上述方法，经过一系列数据操作与计算，得到京津冀都市圈区位优势综合分析结果以及都市圈内各城市交通出行时距。

区位优势综合评价反映出不同地域的相对区位优势。由图1可知，京津冀都市圈区位水平等级以天津市、北京市为中心向外逐级递减。其中，天津市具有最高的综合区位等级，北京市次之，廊坊、唐山、秦皇岛、沧州、保定、石家庄都具有较高的区位优势，而承德、张家口则相对落后。北京、天津两大直辖市均为都市圈内核心城市，综合区位指标高、辐射范围广，且天津市区位水平略高于北京市。究其原因，天津地处中国北方黄金海岸中部，具有北方最大的综合性贸易港口，航运交通更为便利。8个地级市中，廊坊市位于北京、天津地域交界处，地处“联京津之廊、环渤海之坊”，其得天独厚的地理区位为该市赢得了最高的区位指标。而张家口北部及承德西北部地区由于地处太行山余脉与燕山山脉相连的山区与丘陵地带，过境铁路、高速公路、国道等干线稀少，交通基础设施建设薄弱，造成其区位水平较低。

出行时距图能直观地表达某城市与其他城市的联系强度与交通便捷度。各级时距环顺各级公路呈放射状延伸。从北京市中心出发，出行时距主要向四周扩展：1h内可达北京城区各地，同时伸入廊坊地域，触及天津地域边缘;2h可基本覆盖全市范围并至周边地域（如唐山、保定、张家口、承德等），6h可覆盖整个京津冀都市圈。如图3所示，从天津市中心出发，出行时距主要向西南、西北、东北方向呈扇形扩展：1h内可达天津城区各地，通达天津港，同时向西至廊坊东南部地域，触及北京边界;2h基本覆盖全市范围，并至周边市（如唐山、保定等），同时基本覆盖沧州，8h可覆盖整个京津冀都市圈。从图2、图3看，京津两市城区之间由高速公路、国道等重要交通干线连接，已形成2h互通线。此外，结合图4分析都市圈内8个地级市2h出行覆盖面积比例，发现京津冀都市圈内各市2h交通可达性总体较为相似，体现出京津冀都市圈内各城市公路建设的均衡性。其中秦皇岛、沧州、石家庄等地交通网络密集，其市中心临近都市圈边缘，但2h出行覆盖水平却表现稍差，原因是其城市中心地处都市圈边缘，出行30min后覆盖范围陆续伸出圈外，体现出其与周边交通网络基础设施的紧密联系。

《京津冀地区城乡空间发展规划研究》一期报告中提出建设“世界城市”的目标，这对于京津乃至京津冀都市圈都提出了巨大的挑战。北京、天津两市与“世界城市”尚有差距，尤其需加强区域内部资源整合、提升区域整体竞争力。目前只有大力加强交通基础设施建设、不断完善综合运输体系，以加强核心区的区位优势及各地区之间的可达性与连通性，同时充分发挥两市一省的优势，在交通、产业、人才等方面形成互补，才是实现京津冀都市圈整体协调发展目标的必由之路。

第五篇

2014年中国城市经济大事记

2014年中国城市经济大事记

1. 我国启动县级基本财力保障机制转型升级

1月10日，发布《国务院办公厅转发财政部关于调整和完善县级基本财力保障机制意见的通知》，标志着2010年启动的县级基本财力保障机制由解决财力缺口问题，转向解决财力均衡问题的新阶段。

2. 2014年中央一号文件《关于全面深化农村改革加快推进农业现代化的若干意见》发布

1月19日，中央一号文件发布，文件题为《关于全面深化农村改革加快推进农业现代化的若干意见》，全文共分8个部分33条，包括：完善国家粮食安全保障体系；强化农业支持保护制度；建立农业可持续发展长效机制；深化农村土地制度改革；构建新型农业经营体系；加快农村金融制度创新；健全城乡发展一体化体制机制；改善乡村治理机制等。

3. 中央全面深化改革领导小组召开第一次会议

2014年是深化改革元年，1月22日下午，中共中央总书记、国家主席、中央军委主席、中央全面深化改革领导小组组长习近平主持召开中央全面深化改革领导小组第一次会议并发表重要讲话。会议审议通过了《中央全面深化改革领导小组工作规则》《中央全面深化改革领导小组专项小组工作规则》《中央全面深化改革领导小组办公室工作细则》；审议通过了中央全面深化改革领导小组下设经济体制和生态文明体制改革、民主法制领域改革、文化体制改革、社会体制改革、党的建设制度改革、纪律检查体制改革6个专项小组名单。

4. 国务院决定建立全国统一的城乡居民基本养老保险制度

2月7日，召开的国务院常务会议决定合并新型农村社会养老保险和城镇居民社会养老保险，建立全国统一的城乡居民基本养老保险制度。基金筹集采取个人缴、集体助、政府补的方式，中央财政按基础养老金标准，对中西部地区给予全额补助，对东部地区给予50%的补助。地方政府为重度残疾人等缴费困难群体代缴部分或全部最低标准的养老保险费，鼓励公益慈善等社会组织为参保人缴费提供资助。

5. 全面推开城乡居民大病保险试点

2月8日，国务院医改办近日发出通知，要求已开展城乡居民大病保险试点的省份切实抓好有关各项工作；尚未开展试点的省份，要在2014年6月底前启动试点工作。大病保险筹资标准、待遇水平、年度收支情况等要向社会公开，接受社会监督。

6. 国务院部署进一步加强雾霾等大气污染治理

2月12日，国务院总理李克强主持召开国务院常务会议，研究部署进一步加强雾霾等大气污染治理。会议进一步推出以下措施：一是加快调整能源结构，推广使用洁净煤，2014年年底前全面供应国四车用柴油，推行供热计量改革，提前一年全面完成“十二五”落后产能淘汰任务。二是发挥价格、税收、补贴等的激励和导向作用。中央财政设立专项资金，2014年安排100亿元，对重点区域大气污染防治实行“以奖代补”。三是落实各方责任，实施大气污染防治责任考核。

7. 我国全面启动最严格水资源管理考核问责

2月13日，水利部、国家发展改革委、工信部、财政部等十部门近日联合印发《实行最严格水资源管理制度考核工作实施方案》，全面启动最严格水资源管理制度考核工作。其中明确，考核结果作为对各省级行政区人民政府主要负责人和领导班子综合考评的重要依据。目标完成情况主要考核用水总量、万元工业增加值用水量、农田灌溉水有效利用系数和重要江河湖泊水功能区水质达标率等4项指标。

8. 我国成为世界第一货物贸易大国

3月1日，据世界贸易组织秘书处统计，2013年中国已成为世界第一货物贸易大国。2013年我国货物进出口总额为4.16万亿美元，其中出口2.21万亿美元，进口1.95万亿美元。这是100多年来发展中国家首次成为世界货物贸易冠军，也是中国继成为全球第二大经济体、最大外汇储备国和最大出口国之后又一突破。

9. 全国两会在京开幕

全国政协十二届二次会议、十二届全国人大二次会议，分别于3月3日下午、3月5日上午在北京开幕。国务院总理李克强代表国务院向十二届全国人大二次会议作政府工作报告。

10. 2022年基本完成城区老工业区搬迁改造任务

3月11日，中国政府网发布《国务院办公厅关于推进城区老工业区搬迁改造的指导意见》。意见提出，力争到2022年基本完成城区老工业区搬迁改造任务，把城区老工业区建设成为经济繁荣、功能完善、生态宜居的现代化城区。

11. 全国两会在京闭幕

3月13日上午，十二届全国人大二次会议在圆满完成各项议程后，在北京人民大会堂闭幕。会议表决通过了关于政府工作报告的决议，关于2013年国民经济和社会发展计划执行情况与2014年国民经济和社会发展计划的决议，关于2013年中央和地方预算执行情况与2014年中央和地方预算的决议，关于全国人大常委会工作报告的决议，关于最高人民法院工作报告的决议，关于最高人民检察院工作报告的决议。全国政协十二届二次会议圆满完成各项议程后，3月12日上午在人民大会堂闭幕。）

12. 国家新型城镇化规划印发

3月16日，中共中央、国务院近日印发了《国家新型城镇化规划（2014—2020年）》，并发出通知，要求各地区各部门结合实际认真贯彻执行。通知指出，努力走出一条以人为本、四化同步、优化布局、生态文明、文化传承的中国特色新型城镇化道路，对全面建成小康社会、加快推进社会主义现代化具有重大现实意义和深远历史意义。通知要求，各级党委和政府要着重解决好农业转移人口落户城镇、城镇棚户区和城中村改造、中西部地区城镇化等问题，推进城镇化沿着正确方向发展。

13. 深化铁路投融资体制改革

4月2日召开的国务院常务会议确定了深化铁路投融资体制改革、加快铁路建设的政策措施。主要包括：设立铁路发展基金，总规模达到每年2000亿～3000亿元；创新铁路建设债券发行品种和方式，2014年向社会发行1500亿元；引导银行等金融机构积极支持铁路建设；对铁路承担的公益性、政策性运输任务，逐步建立规范的补贴制度。2014年全国铁路预计投产新线6600公里以上，比2013年增加1000多公里，其中国家投资近80%将投向中西部地区。

14. 非公立医疗机构医疗服务价格放开

国家发改委、卫计委、人力资源和社会保障部4月9日公布放开非公立医疗机构医疗服务价格、鼓励社会办医的一揽子政策措施，以引导和鼓励社会资本加快进入医疗卫生领域，增加医疗服务供给，缓解群众看病难的矛盾。按规定，各地应将符合医保定点相关规定的非公立医疗机构纳入职工基本医疗保险、城镇居民医疗保险、新型农村合作医疗、工伤保险、生育保险等社会保险的定点服务范围，并执行与公立医院相同的报销支付政策。

15. 修订后的环境保护法发布

4月24日，十二届全国人大常委会第八次会议表决通过了修订后的环境保护法，自2015年1月1日起施行。修订后的环境保护法进一步明确了政府对环境保护的监督管理职责，完善了生态保护红线、污染物总量控制、环境与健康监测及影响评价、跨行政区域联合防治等环境保护基本制度，强化了企业污染防治责任，加大了对环境违法行为的法律制裁，还就政府、企业公开环境信息与公众参与、监督环境保护作出了系统规定。

16. 国办印发2014—2015两年节能减排低碳发展行动方案

新华社5月26日报道，国务院办公厅印发《2014—2015年节能减排低碳发展行动方案》，进一步硬化节能减排降碳指标、量化任务、强化措施，对2014—2015年节能减排降碳工作作出具体要求。节能减排降碳的具体目标是：2014—2015年，单位GDP能耗、化学需氧量、二氧化硫、氨氮、氮氧化物排放量分别逐年下降3.9%、2%、2%、2%、5%以上，单位GDP二氧化碳排放量两年分别下降4%、3.5%以上。

17. 国办印发改善农村人居环境指导意见

新华社5月29日报道，国务院办公厅近日印发《关于改善农村人居环境的指导意见》，提出到2020年，全国农村居民住房、饮水和出行等基本条件明显改善，人居环境基本实现干净、整洁、便捷，建成一批各具特色的美丽宜居村庄。

18. 国务院通过《物流业发展中长期规划》

6月11日召开的国务院常务会议通过了《物流业发展中长期规划》，确定了农产品物流、制造业物流与供应链管理、再生资源回收物流等12项重点工程，提出到2020年基本建立现代物流服务体系，提升物流业标准化、信息化、智能化、集约化水平，提高经济整体运行效率和效益。

19. 中央安排230亿元支持贫困农户改造危房

新华社6月13日报道，2014年中央安排补助资金230亿元，支持全国266万贫困农户改造危房。补助标准为每户平均7500元，在此基础上对贫困地区每户增加1000元补助，对陆地边境县边境一线贫困农户、建筑节能示范户每户分别增加2500元补助。农村危房改造补助对象重点是居住在危房中的农村分散供养五保户、低保户、贫困残疾人家庭和其他贫困户。

20. 高标准农田建设国家标准发布

新华社6月13日报道，质检总局、国家标准委近日发布了《高标准农田建设通则》国家标准。通则明确，高标准农田的田间基础设施占地率不高于8%；田间道路通达度不低于90%；农田防护面积不低于90%；田间基础设施的使用年限不低于15年；建成后耕地质量等别应达到所在县同等自然条件下耕地的较高等别，粮食综合生产能力应有显著提高。

21. 国务院部署加强城市地下管线建设管理

新华社6月14日报道，国务院办公厅印发《关于加强城市地下管线建设管理的指导意见》，明确了近、中、远期的总体工作目标，提出了全面加强城市地下管线建设管理的重点任务，同时强调要纠正“重地上轻地下”“重建设轻管理”“重使用轻维护”等错误观念。

22. 中央进一步推进户籍制度改革

中共中央政治局6月30日召开会议，审议通过了《关于进一步推进户籍制度改革的意见》。会议指出，要优先解决好进城时间长、就业能力强、可以适应城镇和市场竞争环境的人，使他们及其家庭在城镇扎根落户。要逐步解决在城镇就业居住但未落户的农业转移人口享有城镇基本公共服务问题。

23. 中央确定深化财税体制改革总体方案

中共中央政治局6月30日召开会议，审议通过了《深化财税体制改革总体方案》。会议确定重点推进3个方面的改革，分别是加快建立全面规范、公开透明的现代预算制度；建立有利于科学发展、社会公平、市场统一的税收制度体系；进一步理顺中央和地方收入划分，建立事权和支出责任相适应的制度。新一轮财税体制改革2016年基本完成重点工作和任务，2020年基本建立现代财政制度。

24. 农业部启动实施新型职业农民培育工程

农业部7月4日在京举办培训班启动实施新型职业农民培育工程。2014年中央财政安排农民培训补助资金11亿元，计划培育一批新型职业农民。农业部相关负责人表示，要实现从“培训”到“培育”的创新，从“办班”到“育人”的创新，从传统培训到现代化、信息化培训的创新。要加快构建以农广校为基础依托的“一主多元”新型职业农民教育培训体系。

25. 国资委启动“四项改革”试点

新华社7月8日报道，国务院国资委已启动“四项改革”试点工作，包括国有资本投资运营公司试点、混合所有制试点、规范董事会制度试点以及纪检工作试点。

26. 加快新能源汽车推广应用

新华社7月21日报道，国务院办公厅近日印发《关于加快新能源汽车推广应用的指导意见》，明确以纯电驱动为新能源汽车发展的主要战略取向，重点发展纯电动汽车、插电式混合动力汽车和燃料电池汽车。

27. 国务院出台户籍制度改革意见

新华社7月30日报道，近日，国务院印发《关于进一步推进户籍制度改革的意见》，标志着进一步推进户籍制度改革开始进入全面实施阶段。意见提出三方面11条具体政策措施。一是进一步调整户口迁移政策。全面放开建制镇和小城市落户限制，有序放开中等城市落户限制，合理确定大城市落户条件，严格控制特大城市人口规模。二是创新人口管理。建立城乡统一的户口登记制度，建立居住证制度，健全人口信息管理制度。三是切实保障农业转移人口及其他常住人口合法权益。完善农村产权制度，扩大城镇基本公共服务覆盖面，加强基本公共服务财力保障。

28. 国务院部署加快发展生产性服务业

新华社8月6日报道，国务院印发了《关于加快发展生产性服务业促进产业结构调整升级的指导意见》，强调促进我国产业逐步由生产制造型向生产服务型转变：一是鼓励企业向产业价值链高端发展；二是推进农业生产和工业制造现代化；三是加快生产制造与信息技术服务融合。这是国务院首次对生产性服务业发展做出全面部署。

29. 全国加快宅基地和集体建设用地确权登记发证工作

国土资源部8月10日公布了国务院五部门关于进一步加快推进宅基地和集体建设用地使用权确权登记发证工作的通知，明确将宅基地和集体建设用地使用权确权登记发证纳入不动产统一登记制度的实施进程，强调要为建立城乡统一的建设用地市场奠定产权基础。

30. 二氧化碳排放强度纳入干部政绩考核体系

国家发改委8月15日称，我国把二氧化碳排放强度降低指标完成情况纳入各地区（行业）经济社会发展综合评价体系和干部政绩考核体系。考核评估对象为各省（自治区、直辖市）人民政府。2014年将首次开展考核评估。

31. 中央全面深化改革领导小组第四次会议召开

中共中央总书记、国家主席、中央军委主席、中央全面深化改革领导小组组长习近平8月18日上午主持召开中央全面深化改革领导小组第四次会议并发表重要讲话。会议审议了《中央管理企业主要负责人薪酬制度改革方案》、《关于合理确定并严格规范中央企业负责人履职待遇、业务支出的意见》、《关于深化考试招生制度改革的实施意见》，建议根据会议讨论情况进一步修改完善后按程序报批实施。会议审议通过了《关于推动传统媒体和新兴媒体融合发展的指导意见》、《党的十八届三中全会重要改革举措实施规划（2014—2020年）》、《关于上半年全面深化改革工作进展情况的报告》。

32. 国务院出台意见促进旅游业改革发展

新华社8月21日报道，国务院近日印发《关于促进旅游业改革发展的若干意见》，提出到2020年，境内旅游总消费额达到5.5万亿元，城乡居民年人均出游4.5次，旅游业增加值占国内生产总值的比重超过5%。

33. 国务院进一步推进排污权有偿使用和交易试点工作

新华社8月25日报道，国务院办公厅近日印发《关于进一步推进排污权有偿使用和交易试点工作的指导意见》，部署充分发挥市场机制在环境保护和污染物减排中的作用，促进主要污染物排放总量持续有效减少，提出到2015年底前试点地区全面完成现有排污单位排污权核定，到2017年底基本建立排污权有偿使用和交易制度，为全面推行排污权有偿使用和交易制度奠定基础。

34. 预算法完成20年来首次大修

8月31日，十二届全国人大常委会表决通过了关于修改预算法的决定，国家主席习近平签署第12号主席令予以公布。素有“经济宪法”之称的预算法完成了20年来的首次大修。修改后的预算法在明确立法宗旨、细化全口径预算管理制度、预算公开制度、赋予地方政府有限发债权，以及完善预算审查、监督、强化预算责任等方面做了进一步规定，凸显全面规范、透明预算、提高效率的预算制度改革方向。关于修改预算法的决定自2015年1月1日起施行。

35. 国务院决定全面建立临时救助制度

9月17日召开的国务院常务会议决定全面建立临时救助制度、为困难群众兜底线救急难。会议决定，对遭遇突发事件、意外伤害、重大疾病或其他特殊原因导致生活陷入困境，其他社会救助暂时无法覆盖或救助之后基本生活仍有严重困难的家庭或个人，给予应急、过渡性救助。

36. 我国页岩气进入规模化开发初期阶段

新华社9月17日报道，我国石油企业经过近5年努力，在四川盆地取得页岩气勘探突破，探明首个千亿方整装页岩气田，勘查开发技术基本实现国产化，开始进入规模化开发初期阶段。据国土资源部预计，2014年页岩气产量将达15亿立方米，2015年达到或超过65亿立方米规划目标。

37. 区域通关一体化改革启动

广东地区海关和长江经济带海关区域通关一体化改革9月22日启动，当日石家庄海关也加入了京津冀海关区域通关一体化改革。区域通关一体化改革后，企业可自主选择向经营单位注册地、货物实际进出境地海关或其直属海关集中报关点办理申报、纳税和查验放行手续，实现“多关如一关”。同时，取消报关企业跨关区从事报关服务的限制，允许报关企业在“一地注册、多地报关”。

38. 国务院决定进一步开放国内快递市场

9月24日召开的国务院常务会议决定，全面开放国内包裹快递市场，对符合许可条件的外资快递企业，按核定业务范围和经营地域发放经营许可。会议强调，要完善经营许可程序，加强资质审核；推进快递与电子商务、制造业联动发展；鼓励快递企业兼并重组。

39. 国务院推动长江经济带发展

新华社9月25日报道，近日国务院印发《关于依托黄金水道推动长江经济带发展的指导意见》，部署将长江经济带建设成为具有全球影响力的内河经济带、东中西互动合作的协调发展带、沿海沿江沿边全面推进的对内对外开放带和生态文明建设的先行示范带。意见提出了七项重点任务：提升长江黄金水道功能；建设综合立体交通走廊；创新驱动促进产业转型升级；全面推进新型城镇化；培育全方位对外开放新优势；建设绿色生态廊道；创新区域协调发展体制机制。

40. 国务院全面规范地方政府性债务管理

新华社10月2日报道，国务院近日印发《关于加强地方政府性债务管理的意见》，强调按照“疏堵结合、分清责任、规范管理、防范风险、稳步推进”的原则，建立“借、用、还”相统一的地方政府性债务管理机制。一是加快建立规范的地方政府举债融资机制。二是对地方政府债务实行规模控制和预算管理。三是控制和化解地方政府性债务风险。地方政府对其举借的债务负有偿还责任，建立债务风险应急处置和责任追究机制。建立对违法违规融资和违规使用政府债务资金的惩罚机制。

41. 国务院深化预算管理制度改革

新华社10月8日报道，近日国务院印发《关于深化预算管理制度改革的决定》。改革内容涉及预算编制、执行、公开和监督等各个方面，主要包括七项：完善政府预算体系，积极推进预算公开；改进预算管理和控制，建立跨年度预算平衡机制；加强财政收入管理，清理规范税收优惠政策；优化财政支出结构，加强结转结余资金管理；加强预算执行管理，提高财政支出绩效；规范地方政府债务管理，防范化解财政风险；规范理财行为，严肃财经纪律。

42. 党的十八届四中全会在北京举行

中国共产党第十八届中央委员会第四次全体会议，于10月20日至23日在北京举行。全会听取和讨论了习近平受中央政治局委托作的工作报告，审议通过了《中共中央关于全面推进依法治国若干重大问题的决定》。全会提出，全面推进依法治国，总目标是建设中国特色社会主义法治体系，建设社会主义法治国家。全会强调，党的领导是中国特色社会主义最本质的特征，是社会主义法治最根本的保证。全会明确了全面推进依法治国的重大任务。

43. 国务院决定为社会有效投资拓展更大空间

10月24日召开的国务院常务会议，决定创新重点领域投融资机制、为社会有效投资拓展更大空间。一是进一步引入社会资本参与水电、核电等项目。二是支持基础电信企业引入民间战略投资者。三是加快实施引进民间资本的铁路项目。四是支持农民合作社、家庭农场等投资生态建设项目。五是吸引社会资本对教育、医疗、养老、体育健身和文化设施等加大投资。要大力创新融资方式，积极推广政府与社会资本合作（PPP）模式，使社会投资和政府投资相辅相成。

44. 21国签约决定成立亚洲基础设施投资银行

包括中国、印度、新加坡等在内21个首批意向创始成员国的财长和授权代表10月24日上午在北京签约，共同决定成立亚洲基础设施投资银行，标志着这一中国倡议设立的亚洲区域新多边开发机构的筹建工作将进入新阶段。亚投行将是一个政府间性质的亚洲区域多边开发机构，按照多边开发银行的模式和原则运营，重点支持基础设施建设，总部将设在北京。

45. 习近平主持召开中央全面深化改革领导小组第六次会议

中共中央总书记、国家主席、中央军委主席、中央全面深化改革领导小组组长习近平10月27日上午主持召开中央全面深化改革领导小组第六次会议并发表重要讲话。会议审议了《关于加强社会主义协商民主建设的意见》、《关于中国（上海）自由贸易试验区工作进展和可复制改革试点经验的推广意见》、《关于加强中国特色新型智库建设的意见》，审议通过了《关于国家重大科研基础设施和大型科研仪器向社会开放的意见》。

46. 国务院部署推进消费扩大和升级

10月29日召开的国务院常务会议，部署推进消费扩大和升级。重点推进6大领域消费：扩大移动互联网、物联网等信息消费；促进绿色消费，推广节能产品；稳定住房消费，加强保障房建设，放宽提取公积金支付房租条件；升级旅游休闲消费，落实职工带薪休假制度；提升教育文体消费；鼓励养老健康家政消费。

47. 中韩自贸区结束实质性谈判

11月10日，中国国家主席习近平与韩国总统朴槿惠在北京举行会晤，双方共同确认中韩自贸区结束实质性谈判。11月17日，商务部部长助理王受文说，中韩自贸区年内将完成全部谈判，争取2015年尽早签署中韩自贸协定。如果一切顺利，协定将有望在2015年下半年生效实施。中国很多产业都会从中韩自贸协定中受益，特别是机电产品、金属制品等，还包括农产品领域。

48. 沪港通正式启动

11月17日，沪港通试点正式启动，沪港两地证券市场成功实现联通，中国资本市场国际化进程迈入了新纪元。在中国资本项目尚未完全实现可兑换的情况下，沪港通开创了操作便利、风险可控的跨境证券投资新模式，有利于推动人民币国际化，有利于促进内地与香港资本市场共同发展，巩固上海和香港国际金融中心地位。

49. 中办国办发文：土地经营权应有序流转

新华社11月20日报道，近日中共中央办公厅、国务院办公厅印发了《关于引导农村土地经营权有序流转发展农业适度规模经营的意见》。意见提出，坚持农村土地集体所有，实现所有权、承包权、经营权三权分置，引导土地经营权有序流转，坚持家庭经营的基础性地位，积极培育新型经营主体，发展多种形式的适度规模经营，巩固和完善农村基本经营制度。

50. 央行下调存贷款基准利率

中国人民银行自11月22日起下调金融机构人民币贷款和存款基准利率。金融机构一年期贷款基准利率下调0.4个百分点至5.6%，一年期存款基准利率下调0.25个百分点至2.75%。同时结合推进利率市场化改革，将金融机构存款利率浮动区间的上限由存款基准利率的1.1倍调整为1.2倍；其他各档次贷款和存款基准利率相应调整，并对基准利率期限档次作适当简并。这是继2012年7月后，两年多来央行首次降息。

51. 国务院部署再设三个自由贸易园区

12月12日召开的国务院常务会议部署推广上海自贸试验区试点经验、加快制定完善负面清单，推动更高水平对外开放。会议要求，除涉及法律修订等事项外，在全国推广包括投资、贸易、金融、服务业开放和事中事后监管等方面的28项改革试点经验，在全国其他海关特殊监管区域推广6项海关监管和检验检疫制度创新措施。依托现有新区、园区，在广东、天津、福建特定区域再设三个自由贸易园区。

52. 南水北调中线正式通水

12月12日，南水北调中线一期工程正式通水。北京、天津、河北、河南4个省市沿线约6000万人将直接用上水质优良的汉江水，近1亿人间接受益。整个项目年均调水量为95亿立方米，其中河南省年均配额为37.7亿立方米（含刁河灌区现状用水量6亿立方米），河北省34.7亿立方米，北京市12.4亿立方米，天津市10.2亿立方米。线路全长1432公里。

53. 国务院公布《不动产登记暂行条例》

新华社2014年12月22日报道，近日国务院公布《不动产登记暂行条例》，自2015年3月1日起施行。条例要求国土资源部会同有关部门建立统一的不动产登记信息管理基础平台，确保国家、省、市、县四级登记信息的实时共享；国土资源、公安、民政、财政、税务、工商、金融、审计、统计等不同部门之间要加强不动产登记有关信息互通共享。

54. 中央农村工作会议在京召开

中央农村工作会议2014年12月22日至23日在北京举行。会议强调，推进农业现代化，要坚持把保障国家粮食安全作为首要任务，确保谷物基本自给、口粮绝对安全。要大力发展农业产业化，积极发展多种形式适度规模经营，建设资源节约、环境友好农业，加大农业政策和资金投入力度，用好两个市场两种资源。会议要求发挥好新型城镇化对农业现代化的辐射带动作用。

55. 中央全面深化改革领导小组第八次会议召开

中共中央总书记、国家主席、中央军委主席、中央全面深化改革领导小组组长习近平2014年12月30日上午主持召开中央全面深化改革领导小组第八次会议并发表重要讲话。会议强调，要把提高改革质量放到重要位置，坚持速度服从质量，做实做细调查研究，多深入基层听取各方意见，严格方案制定程序。会议审议通过了《关于2014年全面深化改革工作的总结报告》、《中央全面深化改革领导小组2015年工作要点》、《贯彻实施党的十八届四中全会决定重要举措2015年工作要点》。

第六篇

中国城市经济科研机构及专业机构

中国人民大学财政金融学院

中国人民大学财政金融学院汇集了我国财政金融学科领域的一大批著名学者，他们中既有黄达、陈共、王传纶、周升业等享誉海内外的学术泰斗，又有陈雨露、吴晓求、郭庆旺、张杰、赵锡军、任淮秀、汪昌云、朱青、岳树民、岳希明、张顺明等中青年学术带头人，还有以张成思、郑志刚、吕冰洋、魏丽、贾俊雪、汤珂、何青等为代表的一批青年学术骨干，形成一支老中青均衡组合、具有强大发展后劲和创新精神的学术梯队。学院现有教授27人，副教授33人，其中有14位教师毕业于剑桥大学、伦敦大学、曼彻斯特大学、波士顿大学等海外名校；有3位教育部长江学者特聘教授、2位国家杰出青年科学基金获得者、4位人事部百千万人才工程国家级人选、11位教育部新世纪优秀人才支持计划入选者。

财政金融学院现有全日制在校学生2208人，其中本科生1372人（含留学生61人）、硕士生527人（含留学生12人）、博士生272人（含留学生11人）、第二学士学位生37人；此外，还有金融EMBA和在职硕士研究生班等非全日制学生1241人。学院始终以培养能够“在东西方两个文化平台上自由漫步的人才”为目标，实施多项教学改革，积极探索人才培养模式，不断完善具有中国特色的财政金融高层次人才培养机制，培养了一大批财政金融领域的领袖人才。

清华大学建筑学院

清华大学建筑学院作为清华大学设置的19个学院之一，其前身清华大学建筑系由著名建筑学家梁思成先生于1946年10月创办，后于1988年成立学院。目前建筑学院下设建筑系、城市规划系、景观学系、建筑技术科学系。此外，跨院系成立的校级科研机构清华大学建筑与城市研究所、清华大学人居环境研究中心和清华大学建筑节能研究中心也依托建设于建筑学院。

清华大学建筑学院自成立以来，始终探索明确的办学思想；近三十年来，逐步确立了以“专业帅才”为目标的人才培养定位，和“一个基础、两点关注、三项结合”的办学思想——即以人居环境学科为基础、关注国家建设前沿和学科发展前沿、教学科研和实践三结合。

基于上述办学思想的指导，清华大学建筑学院已累计培养毕业生五千余名，为国家城乡建设事业及国内外建筑领域培养输送了大批优秀人才；同时还承担完成了大量科研与实践项目，成果获得包括世界人居奖、国家最高科技奖、国家自然科学一等奖等在内的重大国际国内学术奖励。

清华大学建筑学院每年通过全国高考以及清华大学自主招生的方式择优录取本科生，其中在全国各省市高考招生中的录取分数线多年名列全国前茅；同时通过本、外校推荐免试以及全国统考的方式择优录取研究生，生源优秀。截至2012年年底，建筑学院全日制在读学生共计1174人（含留学生121人），其中本科生626人（含留学生39人）、硕士研究生322人（含留学生65人）、博士研究生226人（含留学生17人）。

在2003年和2008年全国学位与研究生教育发展中心开始进行的前两轮学科评估中，清华大学均获得建筑学一级学科评估全国排名第1。2011年经教育部学科目录调整，原建筑学一级学科调整为建筑学、城乡规划学、风景园林学3个一级学科。随后在2012年进行的第3轮全国学科评估中，清华大学建筑学院获得建筑学全国第1、城乡规划学全国第1、风景园林学全国第2的一级学科排名成绩。

上海交通大学建筑系

上海交通大学建筑工程专业设立于1907年，是我国历史上最早设立的土木工程专业之一。1952年全国院系调整时，全系师生并入同济大学。1985年上海交通大学恢复建立土木建筑工程系，1993年土木建筑工程系开设建筑学专业，并于当年开始招生。1998年建筑学专业与工业设计系联合建立设计艺术硕士点。2002年从建筑工程系分出，单独建系。2004年5月13日，上海交通大学正式批复新合并的船舶海洋与建筑工程学院成立建筑学系。

该系以培养知识、能力、素质协调统一的高水平、高素质、国际化高端建筑人才为己任，为造就未来的学科领袖、创新人才打下坚实基础。该系目前拥有上海市精品课程一门、上海市教委重点课程三门。在教学中，充分利用校内跨院系合作教学、中外建筑院校联合教学、国内外知名建筑师执教设计课程等方式，加上各类高水准学术讲座、论坛，不断提升、完善学术与教学环境。该系还与国内多家著名设计机构合作建立校外教学实践基地，以提高学生的社会实践能力和职业素质。

截至2012年年底，建筑学系共有专任教师31名，其中教授4名，副教授17名，是一支高素质、多元化的师资队伍。77％的教师具有博士学位，20%具有海外学位，90%具有海外学习、工作经历。另有中国工程院院士、国家设计大师等国内外著名专家学者担任系学术委员会顾问或兼职教授。

该系学科主要研究方向包括：创新的建筑设计理论和方法研究，建筑节能技术研究，集约型城市规划技术研究，建筑与城市遗产保护更新研究等。

该系近5年获得多项重要科研项目，其中包括：国家自然科学基金项目，国土资源部、住房和城乡建设部重点项目，建设部“十一五科技支撑计划”课题，教育部人文社科项目，教育部留学回国人员科研启动基金项目，上海市科学技术委员会资助项目，上海市文物管理委员会资助项目等。

系主任：黄建云

副系主任：马文军、范文兵、连之伟

北京大学光华管理学院

北京大学光华管理学院（Guanghua School of Management,Peking University）前身是成立于1985年的北京大学经济管理系，1994年正式更名为光华管理学院。依托北京大学深厚的历史底蕴和文化积淀，作为北大工商管理教育的主体，北京大学光华管理学院是亚太地区最优秀的商学院之一。以“创造管理知识，培养商界领袖，推动社会进步”为使命，本科、学术型研究生、金融硕士、MBA、EMBA、MPAcc、高层管理教育等课程已获得国际权威认证。光华管理学院的著名教授包括厉以宁、张维迎等。现任院长是蔡洪滨。

光华管理学院有着完整的学科结构，现设有会计学系、应用经济学系、商务统计与经济计量系、金融学系、管理科学与信息系统系、市场营销系、组织管理系、战略管理系等8个系，其中国民经济学是国家重点学科点。

学院拥有一流的师资队伍，其中包括以厉以宁教授为代表的国内著名学者，以及一批有着国际学术影响力的中青年学术骨干。学院现有115名全职教研人员，78人获得海外知名学府博士学位，并有多位拥有丰富的海外任教经历。学院有4位国家“千人计划”教授，2位国际学会会士（Fellow），2位教育部“长江学者特聘教授”，7位国家杰出青年科学基金获得者，12位教育部新世纪优秀人才支持计划获得者。

学院的科研水平在国内商学院中名列前茅，国内问题研究方面也有着很大的社会影响。学院国际顶级学术论文的人均发表量已经达到并超过国际一流水平，并在国内商学院中常年保持领先位置。光华管理学院积极参与国家大政方针的研究与制定，对中国的经济改革和发展产生了积极的社会影响。

学院具有完整的人才培养体系。学位项目有本科、研究生、金融硕士、工商管理硕士（MBA）、高级管理人员工商管理硕士（EMBA）、会计硕士（MPAcc）项目等。2014年度《金融时报》公布的全球百强MBA排名中，光华MBA项目位居第57位，成为中国大陆高校中唯一上榜的商学院。光华金融硕士项目在《金融时报》2012年度全球金融硕士项目排名中位列第8位，也是排名榜前35位中唯一入选的亚洲院校。学院还设立了高层管理教育中心（ExEd），提供非学位的公开课程、定制课程和国际课程。

光华管理学院持续引领中国商学教育的国际化进程。学院已与百余所世界知名院校在教学、科研、学生交流等方面建立了紧密的合作关系，实现了中国学生出国交换的全覆盖，并吸引大量来自世界各国的留学生和交换学生，2013—2014年度在校的国际学生有183位，为扩大学院国际影响力奠定了坚实基础。

光华管理学院将继续不断创新、追求卓越，为世界一流商学院的发展目标而不懈努力。

浙江大学建筑工程学院

浙江大学建筑工程学院的前身为浙江大学土木工程学系，创建于1927年，是浙江大学最早建立的工科学科之一。1998年新浙江大学成立后，土木工程学系、建筑学系、区域与城市规划系联合组建成新建筑工程学院。2001年水利与海洋工程学系成立。

目前学院拥有教职员工290余人，其中教授60余人。拥有中国工程院院士2名、国家“千人计划”2名、教育部长江特聘教授2名、国家杰出青年科学基金获得者4名、国家“百千万人才工程”第一层次1名、教育部新世纪人才支持计划获得者4名、浙江省特级专家1名。

学院共有土木工程、建筑学、城市规划、水资源与海洋工程（水利工程）4个本科专业，全部纳入浙江大学大类招生，目前在校生800余人。拥有国家质量工程项目创新人才模式实验区1个，国家级特色专业建设点2个，国家工科基础课力学教学基地1个（共建），国家级力学实验教学中心1个（共建），浙江省实验教学示范中心1个；获国家教学改革成果二等奖1项，浙江省教改成果一等奖2项，国家普通高等教育精品教材1部，教育部优秀教材1部，浙江省教学团队1个（共建），教育部“高等教育教学改革”项目1项，浙江省新世纪教改项目5项，十二五”国家级规划教材2部，浙江省重点建设教材5部，浙江省教学名师1人，国家级精品课程1门，浙江省精品课程4门。

学院在册研究生1000余人。目前拥有3个一级学科博士学位授予点；6个二级学科博士学位授予点；16个科学学位硕士授予点及4个专业学位硕士授予点。拥有土木工程、水利工程2个博士后流动站。

近年来，学院承担了国家重大水专项1项，大量省部级重点项目和国家自然科学基金项目、新上973首席科学家项目1项。取得了一批高水平研究成果，包括国家科技进步奖6项（含合作），省部级科技成果一等奖和二等奖共计30余项。目前拥有教育部创新团队1个、浙江省重点科技创新团队4个，浙江大学科技创新团队4个。

深圳大学建筑与城市规划学院

深圳大学建筑与城市规划学院的前身深圳大学建筑系成立于1983年9月。1997年4月，学校院系调整将建筑系、土木工程系、环境设计系、建筑设计研究院、世界建筑导报社合并成立“建筑与土木工程学院”。2006年8月经学科和院系调整，建筑与城市规划学院成立：由建筑学、城市规划等本科专业组成，含建筑设计及其理论、建筑历史与理论、城市规划与设计、建筑技术科学四个硕士研究生学位授予点。学院下辖建筑系、规划系、城市与建筑环境实验室、世界建筑导报社以及作为学院规划设计实践基地和对外窗口的建筑设计研究院、城市规划设计研究院。

建筑学院在职教师56人，其中教授10人、副教授12人。其中教授级教师14人，副教授、高级工程师21人，讲师、建筑师15人；具有博士学位的14人，硕士学位31人；有国外留学或进修经历的占三分之一。学院教师队伍整体素质好，理论基础和基本功扎实，重教学、重教书育人、重团队精神，形成了严谨求实的教风，近年来又不断增强改革创新的活力，为进一步提高教学质量提供了坚实的基础。

建筑与城市规划学院实行教学、科研、实践三结合的方针，学术研究与设计规划创作紧密联系，针对国家城乡建设中的重大课题开展多学科的综合研究，在建筑学学科的各主要领域全面协调发展，使整体水平处于学术前沿。学院承担并完成多项国家级、省部级科研项目，内容涵盖城市交通、人口流动、居住问题研究，建筑设计及其理论研究，建筑历史及历史文化遗产保护研究，建筑环境控制与建筑节能研究等。学科研究一方面关注国内外当代城市和建筑设计理念动态，同时结合我国发展现状，进行大量的工程实践，立足深圳市，服务于广东省乃至全国范围内的城市规划、管理和建设。现有四个研究方向：1. 公共建筑设计及其理论；2. 居住建筑设计与环境研究；3. 建筑文化与建筑理论研究；4. 亚热带建筑技术研究。2000—2006年间，建筑与城市规划学院完成了包括国家自然科学基金重点项目“后小康居住建筑与环境——珠江三角洲城市居住模式研究”和“珠江三角洲城市流动人群聚居环境研究”在内的多项科研成果。六年间学院教师发表论文275篇；出版学术著作、译著和教材19部。

广州城市职业学院

广州城市职业学院是2005年3月经广东省人民政府批准、国家教育部备案，由广州市人民政府举办的高等职业院校。学院于2005年9月揭牌成立。2009年5月，广州市政府批准学院加挂“广州社区学院”牌子，成为广州首家社区学院。

学院办学历史最早可以追溯至1962年，几十年来为社会各界培养了30多万人才，受到社会的广泛好评。2009年12月，学院以优异的成绩通过教育部人才培养工作评估。

学院拥有一支结构合理的专兼结合高素质教师队伍。现有教职工567人，其中专任教师368人，具有高级职称的142人，双师素质的教师195人。

学院正推进办学体制机制创新，构建以学院为核心，校企双主体，依托市、区、街三级教育网络，校企社政四方合作的“一核双体三级四方”社区职业教育办学模式。通过优化师资队伍结构，改革人才培养模式，深化校企合作，加强内涵建设，不断提高人才培养质量。

学院坚持开放办学，加强国内外合作与交流，提升办学的国际化水平。目前已与德国、美国、英国、澳大利亚、香港等多个国家和地区外文化教育机构建立了校际合作关系，选派大批骨干教师赴国（境）外培训学习，提高教师职业教育能力。在选派教师出国培训的同时，也启动并成功实施了遴选学生出国进修实训工程，目前已有三批学生学成归来。与国家留学基金委员会东方国际教育交流中心合作组建成立了“广州城市职业学院东方国际学院”，与英国威尔士格林多大学合作举办专升本“3+1”项目，为学生提供了更高层次的国际教育交流与出国深造平台，并与国内多所高校开展合作办学。

四川城市职业学院

四川城市职业学院位于四川省省会——成都市，是一所经四川省人民政府批准、教育部备案的全日制综合性普通高等学校，于2008年4月在具有十多年本科办学历史的四川师范大学信息技术学院、四川师范大学外事学院办学基础上组建而成。学院地处成都市东三环，紧邻成都铁路东客站、地铁2号线洪河站，区位优势十分明显。

学院现拥有建筑工程系、经济管理系、公共服务系、汽车与信息工程系、艺术设计系、国际部共6个系（部），土木建筑类、财经商贸类、交通运输类、制造类、电子信息类、文化艺术类、公共管理类、旅游类、教育与体育类、资源环境与安全类等10大专业群、41个在校生专业，全日制在校生14500多名的办学格局，是四川省办学规模最大的民办高职院校。

2014年1月，中国科学评价研究中心（RCCSE）、中国科教评价网（www.nseac.com）发布了2014—2015年中国专科院校排行榜中的所有名单，包括全国1264所公办民办专科院校的总排名及所在地区的分地区排名。四川城市职业学院排名第176位，位列四川省50多所高职高专第2位。2014年1月，中国科学评价研究中心（RCCSE）、武汉大学中国教育质量评价中心和中国科教评价网（www.nseac.com）联合发布了2014年中国民办院校竞争力排行榜。四川城市职业学院在全国所有本专科民办院校中排名第136位，位列四川省50多所本专科民办院校第3位、民办高职院校第1位。

长江大学城市建设学院

1983年原江汉石油学院成立工民建教研室，挂靠教务处，1984年招收第一届工民建专业专科生，奠定专业发展基础，1987年经国家教委批准招收本科生，挂靠机械系，1992年成立建筑工程系，1999年立项建设结构工程硕士点，开办给水排水工程专业，2000年更名为土木与建筑系，开始招收建筑学专业学生，2003年开办工程管理专业。

1994年原湖北农学院成立建城系，招收工民建专业专科生，1997年开始招收本科生，2001年更名为工程技术系，开始招收城市规划专业学生。

2004年1月，原江汉石油学院土木与建筑系与原湖北农学院工程技术系合并组建长江大学城市建设学院。

学院现有5个本科专业：土木工程、给排水科学与工程、建筑学、城乡规划、工程管理。2个一级学科硕士点：土木工程、风景园林学，涵盖结构工程、岩土工程、市政工程、桥梁与隧道工程、防灾减灾工程及防护工程、供热供燃气通风及空调工程、建筑学、城市规划与设计、工程管理9个二级学科硕士点。1个工程硕士学位授予点：建筑与土木工程。本科生、研究生学生规模2000人左右。

师资实力雄厚学院现有专任教师78人，其中，高级职称教师43人，拥有博士学位教师19人。青年教师均具有硕士以上学历。赴美国、英国、加拿大访问学者4人，大多数教师均到访美国、欧洲、日本、新加坡、马来西亚、泰国及港澳地区。教师中，有博士生指导教师1人，硕士生指导教师16人。

拥有1个省级实验教学示范中心：土木工程实验中心；1个中央与地方共建实验室：结构工程实验室；6个实验室：建筑材料实验室、土力学实验室、工程测量实验室、建筑模型室、建筑物理实验室、给水排水实验室。实验室面积3690平方米，设备1300多台（套），资产总值1441万元。

学院设有7个研究所：工程抗震研究所、结构鉴定与加固研究所、钢结构研究所、道路桥梁研究所、岩土工程研究所、CAD研究所、工程管理研究所。经过长期发展，逐步形成了以结构工程为先导，防灾减灾工程及防护工程、岩土工程为基础，建筑材料、道路与桥梁工程、建筑学与城乡规划、工程管理和水环境工程为发展范畴的整体学科分布。学院在工程结构震害防治理论及应用研究、在役结构防灾安全性评估、土木工程结构加固技术等研究方向具有特色与优势。近5年来，出版专著（教材）24部，在国内外核心期刊、国内外学术会议上公开发表学术论文700余篇，承担国家自然科学基金、湖北省自然科学基等纵向科研项目100多项。

石家庄城市经济职业学院

石家庄城市经济职业学院是经河北省人民政府批准设立、国家教育部备案、河北省教育厅直属的培养城市经济建设发展与管理职业人才的全日制普通高等院校，面向全国招生。毕业由学院颁发教育部统一印制的普通高等学校专科学历证书。

学院地处河北省会石家庄经济技术开发区，交通便利。占地面积近360亩，校园环境幽雅整洁。无线网络覆盖整个校园，全部实现多媒体教学，教育教学软硬件设施一应俱全。学院逐步实现“专家治校、名师执教、准军事化管理、校园文化育人”。现有专兼职教师124名，外籍教师3名。教授、副教授及“双师型”教师占47%以上。学院2008年顺利通过教育部教学水平工作评估并受到各界好评。

学院为适应现代城市经济建设对职业人才的需求，不断拓展了新的专业领域。现设有财会、经贸、金融、工程、职业外语、科技信息、航空旅游与管理服务等八个主干专业，34个专业方向。在校生近3000人。

学院提出了“品德好、专业强、懂经济、会管理、善创业”的高素质技能型职业人才培养目标，旨在加强学生职业技能训练，提升学生综合就业和创业能力素质。为此，学院重视加强职业技能培训中心建设。目前拥有Y7型实体飞机一架、航空模拟方舱一座，以及会计电算化、金融实务、报关操作、营销策划、工程赏析、电子商务、情景外语、软件开发、动漫设计、酒店服务、形体训练等18个实训室。使学生在校既能系统学到专业知识，更能得到端正人生观、树立职业道德、强化商业思维、提高就创业能力的教育训练，力争使学生毕业时均能获得“双证”或“专本连读”，为学生适应未来职场竞争打下坚实基础。

学院秉持“以育人为根本、以就业为导向”的办学理念，注重内涵建设，坚持把培养道德素养放在首位，把培训学生创业技能贯穿始终。并逐步探索形成了“校企合作办学”、“订单培养”、“顶岗实习”、“课、证、赛一体”等教学模式，努力使学生学有所长、学有所用，积蓄潜能，顺利就业。学院还在北京、上海、深圳等大中城市设立了学生就业办事处。与国内银行、铁路、民航、教育等多家单位签署了联合培养协议。近年来学院毕业生均以“职业化程度高、综合能力素质强”的竞争优势受到用人单位欢迎。学院每届毕业生就业率达到96%以上，专接本率名列省内同类院校前茅。目前毕业生多在铁路、民航、银行、外语教学、进出口贸易、导游、翻译、销售、信息网络等多项工作领域大显身手，享有较稳定丰厚的工薪待遇。还有部分学生飞出国门赴美国、加拿大、德国、澳大利亚、新西兰等国家继续深造或加入外籍从事工作。

中国城市经济专家委员会

中国城市经济专家委员会由中国城市经济学会、中国投资协会、中国信息学会、中国城市建设研究院等单位联合组成，是国家级权威研究机构，以课题研究、经济咨询、城市及产业规划为主要服务内容，以市场为导向对口政府部门和大中小型企事业单位的专业机构。专家委主要领导：主任为王茂林（中国城市经济学会（第一、二、三、四届）第一副会长），副主任龙永枢（中国城市经济学会（第三、四届）副会长，副主任兼秘书长张巨功（中国城市经济学会（第四届）秘书长，副秘书长兼项目部主任黄静进（原中国城市经济网总编）。

秘书处负责日常及项目研究工作调配，并服务于相关领导。

项目团队

为更好的服务城市经济的发展，在学会指导下专家委创设自己的研究团队，从单纯的作为琏接专家与政府及企事业单位的研究平台，转变为能直接提供城市经济研究服务的研究单位。自成立以来为各地及中央提供了数百项重大的课题研究成果，同时也提升了自身的研究能力，做到具体的研究团队与专家、顾问团队相结合，中青年研究人员的拼搏精神与中老年专家的经验相结合，现有名牌大学国家级研究机构专家及海外归国博士、硕士数十人。

专家顾问库

中国城市经济专家委员会拥有城市经济、金融、文化产业、管理、城市生态、规划、旅游等诸多领域的专家顾问。

对中国或世界经济研究与社会发展有贡献的专家学者，目前多供职于重点科研院所和海内外大专院校,享有院士、学部委员21人，相应领域学科带头人56人，其它专家近百人。

科研成果

中国城市经济专家委员会自成立以来与各级城市积极合作，成功的完成了大量的课题研究和咨询服务，在城市经济发展中作出了杰出贡献，得到了各级领导的好评。同时也举办了大量的高峰论坛，进一步促进了城市之间经济发展经验的交流。

多年来，专家委在实践工作中多次创新，推动了城市理论的建设与发展，受到了学界的好评，并为各媒体所瞩目。

航空经济发展河南省协同创新中心

（河南航空经济研究中心）

航空经济发展河南省协同创新中心（河南航空经济研究中心）是河南省教育厅批准建设的省级协同创新中心和省级研究机构，是以航空经济为研究对象，为服务郑州航空港经济综合实验区建设而设立的科研机构。中心以郑州航空工业管理学院为牵头单位，与河南省发展和改革委员会、郑州市人民政府、河南省工业和信息化厅、河南省民航发展建设委员会办公室、河南省机场集团有限公司、河南民航发展投资有限公司、中国城市临空经济研究中心（北京）等多家单位联合组成的航空经济发展协同创新战略联盟体。

中心依托郑州航空工业管理学院8个省级重点学科和协同创新联盟体合作方资源，开展航空产业、航空物流、航空金融、航空贸易、航空信息、航空材料、航空维修、航空都市领域的技术研发、服务咨询和成果孵化与推广。聘请了John Kasarda（约翰·卡萨达，美国北卡来罗纳大学教授，世界航空城大会主席，美国科学促进协会院士）、Alex Kirby（阿历克斯·科比，世界航空经济咨询专家，世界航空城大会秘书长）、张宁（北京航空航天大学教授，博导）、耿明斋（河南大学教授，博导）为首席科学家，组建了24个创新团队，拥有一批省级实验室和科研机构。

中心面向郑州航空港经济综合实验区建设，先后承担了河南省市发改委、省民航办、省航投、富士康等单位委托的关于实验区建设相关航空物流、航空维修、航空人才、实验区投资规模等政策咨询、规划论证和研究项目29项，取得了良好的社会经济效益，多项成果获得升级奖励。中心与经济科学出版社合作出版了《航空经济论丛》第一批专著4部。

中心正努力打造成为航空经济理论研究的学术创新高地、航空港经济发展战略决策的高端智库、航空经济高端特色人才的培养基地和航空经济建设的国际交流平台，为郑州航空港实验区建设提供理论指导、决策咨询、信息支持、技术支撑和人才培训，为把郑州航空港实验区建设成为全国航空港经济发展示范区提供服务。

中国城市规划学会风景环境规划设计学术委员会

原名为风景与环境规划学组，于1982年5月成立，隶属于中国城市规划学会的专业学术团体。1991年10月更名为风景与环境规划学术委员会。2006年因原挂靠单位北京市园林局重组，经中国城市规划委员会同意，重新挂靠在城市建设研究院。

本会宗旨

以推动学会对城市和风景名胜区的风景名胜和城乡环境规划设计方面的科学研究、学术交流、规划设计咨询，以保护和利用风景环境为宗旨的学术组织。

业务范围

1. 组织本学术委员会成员和社会各方面相关组织和单位的成员开展风景名胜和城乡环境的研究及规划工作的学术交流活动，以推动学科的发展和进步；

2. 组织有关风景名胜和城乡环境的研究及规划设计的信息资料；

3. 积极向有关各级政府主管部门、风景名胜区管理部门和城乡建设主管部门提出技术性、政策性的建议和意见，并与兄弟学会合作开展各种评审和咨询活动；

4. 面向全国与挂靠单位和相关高等学校一起组织培训工作；

5. 组织本学术委员会的成员开展研究和规划设计咨询工作。

组织机构

本会最高权力机构是全体委员大会，为执行机构。由全体委员会选举产生常务委员会，履行职责。秘书办理日常工作。本学会有主任委员1名、副主任委员6名、秘书长1名、学术委员20名、学会会员200名。

主任委员1名：谢凝高（北京大学世界遗产保护中心博导）。

副主任委员6名：王磐岩（城市建设研究院副院长）、李炜民（北京市公园管理中心总工程师）、贾建中（中国城市规划设计研究院风景所所长）、刘彦（广东省肇庆市城乡规划局总工程师）、朱观海（江西省城乡规划设计研究院顾问总工）、樊晟（四川省城乡规划设计研究院院长）。

秘书长：李金路（城市建设研究院风景园林专业院院长）。

中国科学院城市环境研究所

中国科学院城市环境研究所成立于2006年7月4日，中国科学院下属的事业法人单位，是目前国际唯一的专门从事城市环境综合研究的国立研究机构，位于美丽的南方海滨城市——厦门市。

研究所目前拥有“环境科学与工程”、“生态学”专业一级学科博士、硕士学位授予点以及“环境科学与工程”博士后科研流动站。

研究所是中华人民共和国科学技术部“国际科技合作基地”、“国家级对台科技合作与交流基地”，拥有“中国科学院城市环境与健康重点实验室”、“厦门水环境安全与水质保障工程技术研究中心”、“中国科学院厦门生物产业技术研究开发公共服务平台”（国家高新技术产业发展计划项目）、国际科联“城市健康计划国际项目办公室”。仪器设备实验中心已通过国家实验室资质认可。

研究所已与美国、英国、德国、法国、日本、加拿大、澳大利亚、荷兰、韩国等十多个国家及中国香港、中国台湾的高水平研究机构保持着频繁的交流和密切的合作关系，并与英国阿伯丁大学、美国佛罗里达大学、美国新泽西州立大学、中国香港理工大学等单位签署了全面合作协议。

研究所人员规模为760人，其中工作人员410人，研究生300人，博士后、客座人员及访问学者50名。研究所现有国家杰出青年基金获得者2人、国家青年千人计划1人、“引进海外杰出人才”11人、国家青年科技奖获得者2人、博士生导师29人，在国际组织任职14人次。

中国智慧科学研究院

中国智慧科学研究院（China Academy of Wisdom Sciences）成立于2012年，总部设立于北京，并在香港、上海、武汉、重庆、广州、沈阳等地设立分院。是由中国多个行业协会、知名大学、研究机构和产业联盟组成中国智慧科学和智慧产业研究的最高机构。是一家集合了全球智慧城市、产业资源和具有智慧科学领域的跨行业、跨领域、跨学科的多学科综合性研究机构。

中国智慧科学研究院主要从事与智慧城市、智慧产业及智慧科学及相关学科密切相关的智慧全产业链的基础研究和应用研究，四个重点研究方向为：智慧城市与产业系统：三维数字、云计算、物联网、移动互联网；三维立体电子商务系统：商学、哲学、科学；三维复合系统：产业规划、平台建设；资源整合的定慧系统。建院以来，先后承担并完成了国家重点科研项目和重大工程项目30多项，荣获国家多项科技专利和创新成果，参与制定和编写了《中国智慧城市指数》、《中国智慧城市年鉴》等智慧城市、产业、科学等国家标准和行业技术规定多项。智慧科学的研究成果广泛应用于智慧旅游、智慧商城、智慧新区、智慧交通、智慧环保等智慧科学以及城市建设方面，形成了独具特色的顶层设计方法和最佳实施路径，成为国内具有影响力的智慧科学和智慧城市的领军机构和规划企业。

中国智慧科学研究院及其属下机构，中盟智慧（北京）投资管理有限公司、网贸港集成科技有限公司、北京大学智慧商城与数字贸易课题组、全球智慧城市与产业联盟、中国智慧商城联盟等机构，成为集投资、规划、定位、策划、设计、招商、管理、运营于一体的大型企业集团和国际化专业、产业和科学研究机构。中国智慧科学研究院与住建部中国智慧城市年鉴编委会、中国城乡小康促进中心、中国智慧工程研究会、IMB（中国）云计算中心、中国城市发展联盟、《科技视界》、《中国信息界——智慧城市》、“央视网”等多家机构和媒体建立了长期的合作伙伴关系，与北京大学、上海交通大学、同济大学等国内多家重点院校联合开展EMBA和智慧科学等领域的论坛培训。

中国城市经济年鉴推荐专业机构

马剑　中国城市临空经济研究中心

中国城市临空经济研究中心

中国城市临空经济研究中心（China Center for Urban Airport Economy Research，以下简称“研究中心”）成立于2011年在中国城市经济学会指导下，由中国城市经济专家委员会和兴华时代国际城市经济研究院（原中国城市经济杂志社）共同组建，是国内较早开展临空经济研究，推动临空产业发展为宗旨的专业机构。

研究中心自成立以来，按照“兼容并蓄”的科研理念，积极整合社会各方资源，打造开放式研究和产业融合平台。2011年6月，在京成立首届理事会，2013年12月，研究中心第二届理事会成立。理事会由来自政府、民航局、机场集团、航空企事单位、航空院校和国家发改委系统等近50名官、产、学、研、用各方人员共同组成。研究中心目前实行理事会领导下的秘书长负责制。

研究中心目前提供包括临空经济区（航空城）战略规划、产业规划、区域规划、投融资体系设计、营运体系构建、通航产业规划、机场建设项目的政策研究、口岸物流与保税物流协同发展规划及通用飞机制造的可研及项目申请等方面的咨询服务。

研究中心积极推动中国通用航空产业的发展，为政府和企业搭建学术、产业和投资交流平台，与地方政府密切合作，先后在华北、中南、东北等多个城市的临空经济区和航空产业园建立产业实践基地，帮助地方政府进行产业规划和重点项目引进。

未来，研究中心将在中国城市经济专家委员会的指导下，扎根航空领域，以务实的姿态推动中国城市经济和航空经济的发展，践行理论研究与产业发展并举之路。

中国城市临空经济研究中心

主任：马剑

中国城市经济教育培训中心

王东风　中国城市经济教育培训中心

中国城市经济教育培训中心，是中国城市经济领域科研、教育培训机构成立于　　年。在中国城市经济学会指导下，由中国城市经济专家委员会、兴华时代国际城市经济研究院（原《中国城市经济》杂志社）和上海城市经济进修学院共同组建。

中国城市经济学会在“科学发展观”和“构建和谐社会”思想的指导下，邀请全国著名的专家、学者参与组织建设一所具有中国特色、能满足日新月异的城市化进程需求的教育培训和科研交流机构；为全国范围内的城市规划、建设及其经济发展，提供领导干部、专业人员培训和科研学术交流；努力为提高中国城市经济发展水平做出积极的贡献。

中心的宗旨

中国城市经济教育培训中心的宗旨是：“以人为本，崇尚科学，求真务实，服务城市。”

办学的目标

中国城市经济教育培训中心的目标是成为：全国城市经济领域的共享教育平台；引领知识经济时代的科研平台；主动与国际接轨的学术交流平台；勇破实践难题的咨询平台。

师资的联盟

中国城市经济教育培训中心将与中国社会科学院、北京大学、清华大学、中国人民大学、复旦大学、同济大学、上海交通大学、上海财经大学、上海师范大学、西安交通大学、华东政法学院、北京交通大学、英国利物浦大学、日本早稻田大学、澳大利亚教师进修学院等国内外多所名校合作，形成师资联盟体，为“城市经济”人才的教育培养提供丰富的教育支撑和强有力的科研后盾。

培训的模式

中国城市经济教育培训中心在全国相关城市设立培训基地，开展党政干部与各级城市管理人员培训，组织会员和相关城市管理干部和科研人员进行国内、国际城市之间的学术交流和经验介绍。同时，中心还与中国城市经济网、中国网络新闻网、邸讯网建立战略合作伙伴关系，协作开展网络教育和培训，共享城市经济教育、科研在全国的交流平台。

中国城市经济教育培训中心

主任：王东风

戚占云　中国城市驻外机构研究会

中国城市驻外机构研究会

中国城市驻外机构研究会是由中国社会科学院原局长、中国城市经济专家委员会副主任兼秘书长张巨功、国务院机关事务管理局驻京办管理司前司长戚占云、原北京市经济技术协作办公室主任郑焕明、北京军区宣传部原部长、政研室主任张月奎、中共中央党校原校委会委员、组织部长、三农问题研究中心主任张虎林、中国文物学会会馆专业委员会会长、驻京历史研究专家汤锦程、中国城市经济专家委员会副秘书长兼中国城市经济网总编辑李罡等人发起成立。宗旨为："梳理城市驻外机构历史渊源，总结城市驻外机构发展经验，传播城市驻外机构典型，服务城市经济发展，为城市驻外机构发展贡献力量。"

中国城市驻外机构研究主要工作：

一、推进中国城市驻外机构转型，促进城市驻外机构健康可持续发展。

二、制作开发城市驻外机构信息化工程，编辑出版中国城市驻外机构招商年鉴，《中国城市驻外机构发展报告》蓝皮书。

三、中国城市驻外机构发展论坛、中国城市驻外机构发展研讨会。

四、引导城市驻外机构为民转型，为城市经济和民生服务。

中国城市驻外机构研究会

会长：戚占云

章兆平　中国城市互联网金融研究中心

中国城市互联网金融研究中心

为了适应现代信息科技对金融模式产生的根本影响，促进金融服务实体经济发展，解决中小企业融资难、成本高的难题，应金涌投资公司要求，2014年底由中国城市经济专家委员会和兴华时代国际城市经济研究院成立中国城市互联网金融研究中心。

中国城市互联网金融研究中心由金涌投资公司负责具体运营，是国内首家开展互联网金融研究的专业基地。该中心以“研究互联网金融存在的问题，研究互联网金融行业标准，维护投资者合法权益，搭建互联网金融联盟平台，服务城市经济和企业发展”为宗旨；以促进普惠金融意义的最终实现为目标；以解决中小企业融资难问题助力实体经济发展为首要任务；全心全意为互联网金融行业的健康发展服务。

研究中心成立之后，为了给互联网金融行业树立优良的行业标杆，进而推动互联网金融行业更加安全健康发展，在中国城市经济专家委员的指导下，特开设“年度互联网金融行业最安全示范品牌”奖项活动，以此鼓励在互联网金融行业内做出突出贡献的网贷平台，以更加专业负责的态度迎接新的挑战，并做好模范带头作用，促进网贷行业进入大发展，大繁荣阶段。

中国城市互联网金融研究中心

主任：章兆平

杜冰郯 中国城市旅游开发投资服务中心

中国城市旅游开发投资服务中心

中国城市旅游开发投资服务中心由中国城市经济专家委员会（以下简称“专家委”）和兴华时代国际城市经济研究院（以下简称“研究院”）成立，日常工作由中城旅文化传媒（北京）有限公司负责具体运营。

中国城市旅游开发投资服务中心以国际先进的旅游理念，广泛的旅游市场为前提，集专家委和研究院及北京地区相关领导专家资源，为城市旅游提供咨询、调研、规划、培训、活动、出版、市场营销、招商引资等方面提供整合式服务。

中国城市旅游开发投资服务中心致力为城市旅游事业贡献力量，有效挖掘城市旅游资源和文化品牌，努力为城市旅游资源再现价值力。该中心以城市论坛等形式让城市旅游走向世界，以传统的视角再现各类城市文化积淀。整合城市旅游相关上下游资源为城市旅游定位、传播、营销、招商、咨询、调研提供全链条服务。

服务内容包括：城市旅游品牌定位、旅游产业规划与调研、形象包装与传播、名人活动的营销、国家政策项目扶持的培训、旅游地产的策划与招商、旅游产品的设计与开发、文化品牌的梳理与推广媒体传播与舆情的监测等服务。

中国城市旅游开发投资服务中心

主任：杜冰郯

杜光　中国城市人力资源管理服务中心

中国城市人力资源管理服务中心

中国城市人力资源管理服务中心是由中国城市经济专家委员会（以下简称“专家委”）和兴华时代国际城市经济研究院（以下简称“研究院”）共同组建。中国城市经济专家委员会是由中国社科院、国家发展和改革委员会、国有资产监督管理委员会为主管单位的中国城市经济学会、中国投资学会、中国城市建设研究院、北京现代循环经济研究院、中城经会经济咨询中心联合组建的国家级科研、学术团体。中国城市人力资源管理服务中心由专家委和研究院进行日常工作指导，翌光（北京）汉文化发展有限公司负责具体运营。

中国城市人力资源管理服务中心依托专家委和研究院雄厚专家资源，以向各级地方政府、全国大中小型企事业单位多家机构和部门提供有效的政策指导、组织人力资源管理专项课题研究、开展人力资源交流和就业、创业、培训工作。

中心秉承党中央、国务院关于“全民创业、大众创新、建设人力资源强国”的方针，力求做到全国人力资源优势的互利和合力，按照“统一、集中、规范、高效”的宗旨，为社会经济发展提供人力资源方面服务。

中国城市人力资源管理服务中心

主任：杜光

中国古城古运河湿地发展研究中心

王安利　中国古城古运河湿地发展研究中心

一、中心简介

为了挖掘、传承和弘扬中华古城古运河数千年历史文化，保护我国湿地生态环境，加强对古城古运河湿地文化以及人文和自然资源所形成的区域经济进行研究，进一步对中华历史文化挖掘、传承与弘扬和经济开发研究，“中国古城古运河湿地发展研究中心”（以下简称“中心”）于2015年7月在北京成立，旨在通过对古城古运河及生态湿地的保护开发和利用，并彰显中华文明及传统历史文化的魅力，借古拥今，托古厚今，宣传历史。

中心的上级单位为：中国城市经济专家委员会、兴华时代国际城市经济研究院，上述两单位均为国家一流城市智库，具有权威性与指导性，在我国社会经济发展中有着举足轻重的地位。

中国城市经济专家委员会、兴华时代国际城市经济研究院是由中国社会科学院、国家发展和改革委员会、国家国有资产监督管理委员会，为主管单位的中国城市经济学会、中国投资协会、中国城市建设研究院、北京现代循环经济研究院、兴华时代国际城市经济研究院、中国城市经济咨询中心联合组建的国家级学术团体。

中心拥有经济管理、文化产业、城市生态、城市规划、城市建设等诸多领域的专家及学者，是我国古城古运河和生态湿地文化研究及城市经济专业技术与投资的高端咨询机构。中心主要以挖掘、传承与弘扬古城古运河和生态湿地的历史文化及自然资源文化的科学和经济研究，服务和提升区域经济及文化产业规划建设和投资运营；为古城古运河旅游开发区、湿地保护等制定相关区域经济和产业发展规划、为政府决策提供智力服务，并将学术研究、学术成果与相关机构及部门的资源进行战略整合，形成一个完全市场对接，充满内在活力的科研机构，盘活不动产资源，实现地区GDP增长，推动区域经济和文化产业大发展。

二、中心文化介绍

中心宗旨：挖掘传承与弘扬中华历史文化，促进国际文化交流，为一路一带发展建设服务；

中心使命：让世界了解中国古城古运河与湿地文化；让中国古城古运河与湿地文化走向世界；

三、中心组织机构

1. 领导机构：中心设主任一名、副主任二名、秘书长一名，首席顾问。
2. 组织机构：中心下设顾问团、专家工作部、经济工作部、秘书处。

中国古城古运河湿地发展研究中心

主任：王安利

向诗强　中国城市园区经济研究中心

中国城市园区经济研究中心

中国城市园区经济研究中心是为深入贯彻党的十八大精神，进一步落实国家有关园区经济建设的发展战略，推动新常态下城市园区经济转型升级、创新发展，建设和发展新型特色示范园区，由中国城市经济专家委员会批准设立组建的专业机构。

中国城市经济专家委员会是由中国社科院、国家发展和改革委员会、国有资产监督管理委员会为主管单位的中国城市经济学会、中国投资学会、中国城市建设研究院、中国信息协会等多家权威机构联合组建的国家级科研、学术智库团体。

中国城市园区经济研究中心依托中国城市经济专家委员会和兴华时代国际城市经济研究院的研究成果和专家资源，秉承“服务政府，服务企业”的理念，围绕园区经济，进行情况调研、政策探讨、学术交流、课题研究，为地方政府园区经济建设提供战略研究、产业规划、招商引资、项目对接等服务，为园区企业发展提供多方面服务和帮助，举办园区经济发展论坛，编辑出版有关园区经济方面的专著，推广园区经济建设经验成果，推动我国园区经济更好发展。

中国城市园区经济研究中心由中国城市经济专家委员会和兴华时代国际城市经济研究院进行日常工作指导，由北京中城创发经济咨询中心负责具体运营。

中国城市园区经济研究中心

主任：　向诗强

中国城市金融理财研究中心

徐步明 中国城市金融理财研究中心

中国城市金融理财研究中心是由中国城市经济专家委员会和兴华时代国际城市经济研究院共同组建成立，以开展城市金融理财研究为基础，促进城市金融理财发展为宗旨的专业研究机构。主要面向政府、银行、企业和客户等提供金融理财规划、金融理财政策研究、金融理财服务城市经济发展规划、城市金融招商引资发展研究、金融理财产业发展规划等，为各级政府、企事业单位制定有关城市金融理财规划和经济建设招商决策提供智力服务。

互联网金融在中国城市的起步并快速发展的同时，正在向体系、生态的方向演变。单纯的平台与技术已无法代表互联网金融，而其价值和作用将更多地体现在体系和生态之中。这个体系包括手机银行、商城、支付手段、线上线下、投融资平台、支付结算平台、大数据分析等重要的节点。只有功能齐全、应用广泛的系统和生态才能满足客户和企业的金融需求，才能适应大城市发展的需要，在竞争中赢得先机。互联网金融思维越来越成为满足群众金融需求的新型载体和手段，成为打造金融智慧城市的主要工具和力量。智慧城市是信息化应用的高级阶段，是城市发展的新型模式。展望未来，城市对互联网金融理财的需求和依赖将越来越多越来越强。基于信息技术的城市互联网金融思维要随着信息技术的发展而发展，丰富服务内涵，创新服务方式，不断提高，精益求精，充分发挥其在打造智慧城市中的主力军作用。

中国城市金融理财研究中心

主任： 徐步明

江涛　中国城市经济一带一路研究中心

中国城市经济一带一路研究中心

中国城市经济一带一路研究中心是由中国社会科学院、国家发展和改革委员会、国有资产监督管理委员会、中国城市经济学、中国投资协会、中国信息学会、中国城市建设研究院、北京现代循环经济研究院等单位联合组建的中国城市经济专家委员会（以下简称“专家委”）和兴华时代国际城市经济研究院（以下简称“研究院”）共同成立的，该中心以开展“一带一路”沿线城市经济基础研究，促进“一带一路”城市经济发展为宗旨的专业研究机构。主要面向政府、企业、高新区等提供经济区域规划、“一带一路”经济政策研究。

作为新型智库，中国城市经济“一带一路”研究中心为“新丝绸之路经济带”和“21世纪海上丝绸之路”国家战略服务。充分发挥专家委和研究院专家资源及学科优势，搭建广阔的国际合作交流平台，以“一带一路网”、“一带一路”城市课题等形式重点服务政府相关部委、部门、相关企业事业单位及“一带一路”沿线城市经济。

中国城市经济“一带一路”研究中心，在“一带一路”沿线64个国家和地区的若干城市研究他们的旅游、经济、文化、贸易的长期实践和工作经验，已具备长期研究的基础，以丰硕成果服务当今的经济社会发展需要。

中国城市经济一带一路研究中心

主任：江涛

第七篇

区域和城市经济畅销书

《产业集聚与枯竭型资源城市经济发展战略研究》

作　　者：郝家龙
出 版 社：光明日报出版社
字　　数：210000　　页　　数：349
开　　本：16开　　装　　帧：简装
ISBN　978-7-5112-5576-1　　版　　次：1　　印　　次：1
出版时间：2014年4月

《产业集聚与枯竭型资源城市经济发展战略研究》对发展观的演变进行了回顾，对基于不同发展观的经济发展战略进行了剖析，对经济发展战略制定的基本程序及发展的度量进行了介绍。重点基于资源枯竭型城市发展中的经济发展危机、就业危机、环境危机，对资源枯竭型城市产业的培育战略进行了研究，对产业集聚是资源枯竭型城市解决经济发展问题的重要途径。

《 时寒冰说 未来二十年，经济大趋势（现实篇）》

作　　者：时寒冰　著
出 版 社：上海财经大学出版社
页　　数：432
开　　本：16开　　装　　帧：简装
ISBN　978-7-5642-1923-9　　版　　次：1
出版时间：2014年6月

是什么导致了货币的持续超发？如何看待中国的股市？判断中国房价趋势转变的关键点是什么？当下与未来的风险和机会在哪里？大宗商品的涨跌周期如何界定？面对未来的大趋势，投资者该如何做选择？企业家应该如何决策？……

《时寒冰说 未来二十年，经济大趋势（现实篇）》通过分析中国决策、大国角逐、全球博弈三条主线，对上述问题一一做出解答，展现出一个波澜壮阔的涵盖中国和全球主要经济体的宏大趋势，以及涵盖楼市、汇率、大宗商品等在内的微观趋势，让未来20年纤毫毕现。

现在，我们正处在全球巨变的前夜。这场注定将改变许多国家和民众命运的巨变，将以怎样的形式展开？它对中国乃至每一个人的命运意味着什么？……本书给出的解答，将展现出未来20年令人惊讶的大趋势。我们需要知道未来的趋势，洞悉即将到来的大风险、大机会，及早做好准备。

《中国区域经济发展报告2014：中国区域经济发展趋势与城镇化进程中的问题》

丛 书 名：中国人民大学研究报告系列
作　　者：孙久文　著
出 版 社：中国人民大学出版社
页　　数：204
开　　本：16开　　　装　　帧：简装
ISBN　978-7-3001-9356-4　　　版　　次：1
出版时间：2014年7月

本年度报告以中国区域经济发展趋势与城镇化进程中的问题为主题，主要内容包括：2013年的中国区域经济与城镇化、中国城市发展的规模效率、中国十大城市群特征分析、城市集聚的基本特征、"城市病"对城市经济效率损失的估算 、中国城镇化进程中基础设施需求、中国农民工市民化成本、城镇化与粮食安全、我国城镇化进程的特点及其与工业化的关系研究。

《都市区经济地域空间系统研究：关于中心城市区域化的地理学解释》

作　　者：曹传新　著
出 版 社：商务印书馆有限公司
开　　本：大32开　　　装　　帧：简装
ISBN　978-7-1000-8927-2　　　版　　次：1
出版时间：2014年8月

都市区是区域经济地理学、城市地理学研究的重要领域。书中以区域和城市相互作用为研究基底，以系统方法论为思维支撑，以中心城市区域化的地理学解释为独特视角，以长春都市区调控为案例，讲述了都市区形成发展的机制、结构和功能、调控原理等内容。《都市区经济地域空间系统研究:关于中心城市区域化的地理学解释》视角独特、观点鲜明、论证严密、内容翔实、资料丰富，可供地理学、城市规划学、区域经济学及相关领域的科研和实际工作者参考。

《自给自足的城市》

丛 书 名：设计之都大设计新经济丛书
作　　者：比森特·瓜里亚尔特　著　万碧玉　译
出 版 社：中信出版社
页　　数：248
开　　本：16开　　装　　帧：简装
ISBN　978-7-5086-4793-7　　版　　次：1
出版时间：2014年10月

《自给自足的城市》书中尝试定义城市环境中的种种情况，让21世纪的城市实现在互联的自给自足条件中供人居住的情况。这些情况让城市人能够掌控生存的结构。本书着眼于在这代人的效率、能源消耗和人们生活质量的打造的基础上，使城市恢复人性，同时基于全球化的技术和经济，提升本土文化。一种城市创新的新经济。

《小趋势2015：读懂新常态》

作　　者：曹传新　著
出 版 社：中信出版社
页　　数：368
开　　本：16开　　装　　帧：简装
ISBN　978-7-5086-3639-9　　版　　次：1
出版时间：2015年3月

“新常态”之下的中国，未来存在哪些不确定性？2015年的经济形势以及“十三五”走向，成为读者关注的焦点，来自各方的猜测和传言也令时局显得异常扑朔迷离。精准把握中国趋势，是各界人士在自己领域掌握主动权的关键。

在“小趋势”品牌2014年赢得市场认可后，智石经济研究院联合国内外主流智库、尖端高等学府、各大证券投资公司、银行金融机构与30多位实务界一流经济学家共同打造《小趋势2015：中国新常态》，披露众多机构的精彩研判，是目前国内一本专业解读短期趋势的重磅之作。

《小趋势2015：读懂新常态》务实理性地分析了新常态逻辑、经济新常态、金融新常态、风险新常态、政策新常态、改革新常态，让读者看清趋势，把握未来，赢得先机。

《智慧城市顶层设计导论》

作　　者：程大章
外文书名：Introduction to the Top Design of Smart City
出 版 社：科学出版社有限责任公司
页　　数：304
开　　本：16开　　装　　帧：精装
ISBN　978-7-0303-5841-7　　版　　次：1　　印　　次：1
出版时间：2015年3月

程大章主编的《智慧城市顶层设计导论》详细论述了“智慧城市”的概念、支撑技术与社会、经济、文化价值，分析了“智慧城市”与社会及经济发展的关系、与社会及经济信息化的关系、与市民信息化环境生存能力的关系及与建设低碳城市的关系，讨论了“智慧城市”运行的体制和机制。针对“智慧城市”建设中的盲目跟随现象，本书提出了“智慧城市”公共管理的伦理，并就“智慧城市”顶层架构设计流程、“智慧城市”规划设计与“智慧城市”的信息集成的方法与要点确定了指导思想。本书最后汇集了部分国内外典型智慧城市案例，并进行了点评。
《智慧城市顶层设计导论》可供从事“智慧城市”、信息化应用工程的研究与工程技术人员阅读，也可作为计算机与信息类专业学生的参考书。
经济发展问题的重要途径。

《新土改：土地制度改革焦点难点辨析》

作　　者：华生
出 版 社：东方出版社
字 数：340000　　页　　数：372
开　　本：16开　　装　　帧：简装
ISBN　978-7-5060-7890-0　　版　　次：1
出版时间：2015年4月

城市化道路的选择，反映和制约着中国现代化道路的抉择，在一定程度上决定了未来二三十年中国的前途与命运。在本书中，华生从城市化道路选择的战略高度，全面分析了缠绕中国社会几千年的“老三农”问题如何向“新三农”问题演变，剖析了城乡对立的二元体制和土地财政的困境，揭示了土地权利的症结。在总结中国和世界各国城市化道路经验教训的基础上，提出了新型城市化道路以及土地和户籍制度改革的总体规划设计，包括如何统筹解决土地财政、户籍制度、房产税和小产权房等焦点、难点问题的具体方案。

《城市可持续发展与中国绿色城镇化发展战略》

作　　者：宋涛　郭迷　著
出 版 社：经济日报
页　　数：204
开　　本：16开　　装　　帧：简装
ISBN　978-7-8025-7830-2　版　　次：1　　印次：1
出版时间：2015年6月

宋涛、郭迷编著的《城市可持续发展与中国绿色城镇化发展战略》共10章，首先研究了城市发展的溯源，分析了目前中国城市发展过程中日益严峻的“城市病”问题。在此基础上，提出可持续发展模式是解决城市病的必由之路，走绿色城镇化道路是实现中国城市可持续发展的战略选择。研究进一步提出，实现绿色城镇化，需要实现“五化”的深度融合，其基本动力是实现“绿色工业化”，核心要求是“以人为本”，要创新“生态文明”顶层设计，不能忽视城镇化发展过程中的“三农问题”，并且需要在区域可持续发展方面进行有益的尝试。

《生产性服务业与城市经济可持续发展研究》

丛 书 名：中国经济文库
作　　者：曹传新　著
出 版 社：中国经济出版社
字　　数：140000　　页　　数：198
开　　本：其他　　装　　帧：简装
ISBN　978-7-5136-3829-6　版　　次：1
出版时间：2016年2月

本书以“我国国民经济和社会发展十二五规划纲要”“中共中央关于全面深化改革若干重大问题的决定”和“国家新型城镇化规划（2014-—2020）”为指导，把“推动生产性服务业发展作为产业结构优化升级的战略性重点”和“在大型城市形成生产性服务业为主的产业结构”相结合，在充分利用现有城市经济可持续发展和生产性服务业理论研究成果的基础上，主要从分工理论、价值链理论和产业集聚理论的角度，基于生产性服务业的知识密集、产业关联和中间投入等基本产业特征，研究城市经济转型过程中生产性服务业所扮演的关键性角色，以及生产性服务业对城市经济可持续发展的影响机制、路径和政策选择。

《环境·经济·社会：近代徐州城市社会变迁研究》

作　　者：赵良宇　著
出 版 社：中国社会科学出版社
开　　本：16开　　　装　　帧：简装
ISBN　978-7-5161-6418-1　　　版　　次：1　　　印　　次：1
出版时间：2015年9月

《产业集聚与枯竭型资源城市经济发展战略研究》对发展观的演变进行了回顾，对基于不同发展观的经济发展战略进行了剖析，对经济发展战略制定的基本程序及发展的度量进行了介绍。重点基于资源枯竭型城市发展中的经济发展危机、就业危机、环境危机，对资源枯竭型城市产业的培育战略进行了研究，对产业集聚是资源枯竭型城市解决经济发展问题的重要途径。

《“一带一路”引领中国》

作　　者：金立群　林毅夫　著
出 版 社：中国文史出版社
页　　数：302
开　　本：16开　　　装　　帧：精装
ISBN　978-7-5034-6676-2　　　版　　次：1
出版时间：2015年10月

《“一带一路”引领中国》以“一带一路”为核心，从战略格局、亚投行、金融崛起、大国外交、产业趋势等角度切入，深入讲解中国在不断变换的世界形势中的战略选择与应对；从当前政府工作入手，逐步分析“一带一路”的制定思路、核心内涵、实现方式、面临的机遇与挑战以及最终所产生的重大影响。“一带一路”是国家大战略，对探寻经济增长之道，实现全球化再平衡，开创地区新型合作具有决定性的作用。《“一带一路”引领中国》一书由中国著名学者、经济学家、社科院、国务院研究中心、商务部等专业人士集体创作，如张业遂、金立群、林毅夫、汤敏、葛剑雄等。全书以先宏观，后具体措施的原则对“一带一路”进行总分式解读，兼具官方与大众双重视角，内容，观点严密，措施精准且落地性强，对各地如何实施“一带一路”大战略提供了重要的指导性意见。

《城市整合营销》

外文书名：City Integrated Marketing
作　　者：董嘉鹏　著
出 版 社：经济管理出版社
页　　数：233
开　　本：16开　　　　　　　装　　帧：简装
ISBN　978-7-5096-3979-5　　版　　次：1
出版时间：2015年10月

《城市整合营销》深入揭示了如何整合营销环境中的行为主体，将城市单一主体按照城市内外、公私两个维度分解为多营销主体，明确了整合营销的机理。《城市整合营销》提出，城市营销的目标追求在于价值增值，从城市主体效用满足的角度刻画了城市价值，通过对最佳城市实践的提炼得到城市形象系统、制度供给等九类价值构成要素，提炼出城市营销价值增值中自我强化和调整干预共同作用的主要环节和动态机制。

《绿色发展之路：来自盐城的实践探索》

作　　者：张颢瀚　主编
出 版 社：中国社会科学出版社
字　　数：244000　　　　　　页　　数：296
开　　本：16开　　　　　　　装　　帧：简装
ISBN　978-7-5161-6947-6　　版　　次：1
出版时间：2015年10月

本书以盐城绿色发展成功经验为案例，包括绿色发展理念、绿色转型、绿色增长、绿色制造、绿色农业、绿色生活、绿色国土和绿色发展模式等诸多方面；以绿色增长为标志的增长模式，以绿色产业为标志的结构层次，以绿色开发为标志的建设形态，以绿色农业为代表的现代农业，以绿色生活为代表的城乡环境，在全国率先形成了具有盐城特色的绿色发展体系，走出了盐城的绿色发展之路。

《全球视野下的科技创新中心城市建设》

丛书名：上海社会科学院城市与人口发展研究丛书
作　　者：屠启宇　张剑涛　等著
出 版 社：上海社会科学院出版社
字　　数：229000　　页　　数：209
开　　本：16开　　装　　帧：简装
ISBN　978-7-5520-0836-4　　版　　次：1　　印　　次：1
出版时间：2015年5月

科技创新作为一种高度开放的活动，必然深植于区域性和全球创新网络中。今后相当长的一段时期，融入全球创新网络，进而成长成为创新网络的节点——科技创新中心，将是一大批城市发展的升级版愿景。本书旨在全面梳理全球先锋城市在创新战略、产业创新、科技创新、管理创新等方面的经验与实践，为城市创新驱动发展提供一个完整的全球坐标系。

《市场经济下的中国城市规划--发展规划的范式（第2版）》

作　　者：时寒冰　著
出 版 社：中国建筑工业出版社
页　　数：324
开　　本：16开　　装　　帧：简装
ISBN　978-7-1121-7543-7　　版　　次：2
出版时间：2015年11月

《市场经济下的中国城市规划--发展规划的范式（第2版）》讲述了市场积极下的城市规划，经济制度改革过程中城市建设的市场化，以及带来的两个挑战：缺乏有效开发控制的城市规划，试图推动城市发展的城市规划，经济制度壮行中的城市建设制度，规划通过市场机制建设美好城市：新加坡经验，中国的城市规划理论：发展规划等内容。

《城乡一体化的推进路径及相关政策:基于广东省的研究》

作　　者：汤放华　陈修颖　著
出 版 社：中国社会科学出版社
页　　数：235
开　　本：16开　　装　　帧：简装
ISBN　978-7-5161-6438-9　　版　　次：1
出版时间：2016年1月

《城乡一体化的推进路径及相关政策:基于广东省的研究》的核心目标是在对区域城乡一体化现状做出科学评价的基础上，为区域制定科学可行的城乡一体化行动路径，同时为地方政府提供一套完整的在城乡一体化过程中要重点设计和改革的相关政策以及投入的重大建设工程。主要内容包括：（1）具有中国特色的城乡一体化理论研究，以此指导区域城乡一体化实践。（2）区域城乡一体化监测、评价及绩效评估指标体系研究。（3）推进城乡一体化可资借鉴的国内外经验研究。（4）未来中长期区域城乡一体化的总体目标和主要任务研究。（5）城乡一体化的区域特征及地域性策略研究。（6）区域城乡一体化的推进模式选择及适应性评价。（7）区域推进城乡一体化的政府转型和政策创新。

《城镇化与增长：城市是发展中国家繁荣和发展的发动机吗》

丛 书 名：诺贝尔经济学奖获得者丛书
作　　者：迈克尔·斯彭斯　帕特里夏·克拉克·安妮兹　著　陈新　译著
出 版 社：中国人民大学出版社
页　　数：256
开　　本：16开　　装　　帧：简装
ISBN　978-7-3002-1836-6　　版　　次：1
出版时间：2016年1月

《城镇化与增长:城市是发展中国家繁荣和发展的发动机吗？》是美国增长与发展委员会邀请来自世界各地的知名学者和政策制定者举办的12个专题讨论会形成的一系列专题论文的汇编。这些文献内容涉及城镇化与经济增长的背景、从经济地理的视角对全球化背景下经济增长的思考、空间不平等与经济发展的理论、实践与政策、发展中国家的住房政策、美国次贷危机问题的产生及其经验教训等主题，通过评估有关经济增长理论和实践的数据为当下和将来的政策制定者提供有针对性的政策借鉴。

《集聚经济学：城市、产业区位与全球化》

作　　者：（日）藤田昌久　（比）雅克-弗朗斯瓦蒂斯　石敏俊等　曾道智
出 版 社：当代经济学系列丛书
字　　数：570000　　　　页　　数：379
开　　本：16开　　　　　装　　帧：简装
ISBN　978-7-5432-2560-2　　版　　次：2
出版时间：2016年1月

经济活动并非全部集中于一个地点，也不是零散分散于各处。相反，它们在各个区位、地区或国家间不平等地分布。尽管如此，在某种程度上，经济活动会因为一个国家的资源特点、经济体制（平衡各种形式的递增报酬）以及运输成本而形成集聚。作为现代集聚经济学、经济地理学的经典文献，本书有别于其他集聚理论文献之处在于，并非结合某个领域（如产业的集聚）对集聚现象加以研究，而是从一般性的角度研究集聚行为并提出了一个普遍适用的分析框架，进一步解释了在不同形式的递增报酬和不同类型的运输成本之间的权衡问题，并首次对企业和家庭集聚成群的经济学原因提供了一个完整的解释。

本书探究了各种形式的集聚（从全球到本地）形成的经济原因。第二版融合了空间经济学以及经济地理与城市经济学的最新研究成果，并暗示当下社会几个主要的经济发展趋势。需要注意的是，经济集聚的概念是真实世界非常鲜明的情况。本书立足于现代经济学，同时借鉴了地理学与区域科学的概念和思想，从而使得本书适用于广大的读者群，包括经济学家、地理学家、区域规划人员和其他科学工作者，也可作为研究生和高年级本科生的教科书。

《经济学在城市建设中的应用研究》

作　　者：杨晗　著
出 版 社：人民日报出版社
页　　数：192
开　　本：16开　　　　　装　　帧：简装
ISBN　978-7-5115-3247-3　　版　　次：1
出版时间：2014年6月

《经济学在城市建设中的应用研究》从城市经济规划实证分析的角度，围绕城市交通、城市土地和居民城发展、城市生态环境与可持续发展等热点问题，以城市经济学的基本框架，论述了在城市建设中应该具备的新思路、新理念。《经济学在城市建设中的应用研究》注重理论与实践结合、突出解决城市经济学中的瓶颈问题、难点问题，为读者提供了一个城市经济学研究的新视角。

《十三五时期城镇化和区域发展战略研究》

作　　者：魏后凯　王业强　苏红键　著
出 版 社：社会科学文献出版社
页　　数：24
开　　本：16开　　　　　　　装　　帧：简装
ISBN　978-7-5097-8393-1　　　版　　次：1
出版时间：2016年1月

魏后凯、王业强、苏红键著的《十三五时期城镇化和区域发展战略研究/中国社会科学院智库报告》分析评价了“十二五”时期中国城镇化和区域发展的基本特征，提出了“十三五”时期推进新型城镇化和区域协调发展的总体思路、重点任务和举措。“十二五”时期，中国城镇化快速推进，城镇化率提前实现规划目标，中国整体进人城市型社会，城镇化率超过世界平均水平，城镇化的区域差距不断缩小，城市群加快发展，城市基础设施建设稳步推进。但目前中国的城镇化质量还较低，农业转移人口市民化任务艰巨，城镇规模体系两极化倾向严重，城市无序蔓延现象更加显著，城市建设与管理水平相对落后。“十三五”时期，要紧紧围绕实现有质量的健康城镇化目标，全面推进城镇化战略转型，以市民化为核心实现以人为本的中国特色新型城镇化。为此，重点需要从有序推进市民化与户籍制度改革、优化城镇化规模格局和空间形态、建立完善多元化的投融资机制、积极推进土地制度改革与集约利用等方面稳步推进新型城镇化。区域发展方面，“十二五”时期，国家采取了一系列政策措施深化完善区域发展总体战略和主体功能区战略。总体来看，国家区域发展战略取得了较大成效，中西部经济呈现快速增长态势，区域发展的相对差距逐步缩小，老少边穷地区发展步伐加快，区域合作和开放取得了较大进展，主体功能区建设开始试点。随着国际国内发展形势的变化，中央已明确提出重点实施“一带一路”、京津冀协同发展和长江经济带三大战略，并将海洋经济纳入区域发展总体战略框架，实行陆海统筹发展，由此勾画出“四大区域+经济支撑带”的区域总体战略框架。“十三五”时期，应进一步完善区域发展总体战略，推动形成东西联动、陆海统筹、协同发展的新格局，为此，国家应以主体功能区和特殊问题区为载体，实行差别化的区域政策，进一步完善区域补偿政策，同时以创新、信息化和开放为驱动力，三轮驱动促进区域协调发展，全面缩小地区发展差距。

《中国城市群的理论、模型与实证》

作　　者：王丽　著
出 版 社：科学出版社有限责任公司
字　　数：263000　　　　　页　　数：209
开　　本：16开　　　　　　装　　帧：简装
ISBN　978-7-0304-6071-4　　版　　次：1
出版时间：2016年1月

《中国城市群的理论、模型与实证》以城市群的界定和识别为主线，从城市群的理论、模型、实证层面展开了较为系统的研究。在理论层面，探讨了以规模集聚效应为核心的区域作用；在模型层面，提出了城市群的模型界定标准和识别技术：在应用层面，研究了中国不同城市群的结构和发育特征。另外，《中国城市群的理论、模型与实证》在测算可达性、距离衰减曲线、城市潜力、资源环境承载状况等过程中开展了城市内部、城市与腹地、城市与城市维度的相关研究。从城市群的理论体系、实践操作，到实证分析，《中国城市群的理论、模型与实证》实现了城市群的全流程研究。以期为研究学者、政府官员、学生群体研究城市群提供参考。

图书在版编目（CIP）数据

2015中国城市经济年鉴 / 张巨功主编. -- 北京 : 线装书局, 2016.5
ISBN 978-7-5120-2278-2

Ⅰ. ①2… Ⅱ. ①张… Ⅲ. ①城市经济－中国－2015－年鉴 Ⅳ. ①F299.2-54

中国版本图书馆CIP数据核字(2016)第127044号

2015中国城市经济年鉴

主　　编： 张巨功
责任编辑： 李　旻　高晓彬
装帧设计： 张宇民
出版发行： 线装书局
地　址：北京市西城区鼓楼西大街41号（100009）
电　话：010-64045283（发行部）64045583（总编室）
网　址：www.xzhbc.com
经　　销： 新华书店
印　　制： 廊坊市瑞得印刷有限公司
开　　本： 890mm×1240mm　1/16
印　　张： 52.25
字　　数： 1110千字
版　　次： 2016年5月第1版第1次印刷
印　　数： 0001—1000册
广告许可登记号：京西工商广字第8011号（1-1）

定　　价： 580.00元